DEEP LEARNING

심층 학습

Deep Learning
by Yoshua Bengio, Ian Goodfellow and Aaron Courville

Copyright © 2016 Massachusetts Institute of Technology

All rights reserved.
This Korean Edition was published by J-Pub in 2018 by arrangement with
The MIT Press, Cambridge, MA through KCC(Korea Copyright Center Inc.), Seoul.

이 책은 (주)한국저작권센터(KCC)를 통한 저작권자와의 독점 계약으로 제이펍에서 출간되었습니다.
저작권법에 의해 한국 내에서 보호를 받는 저작물이므로 무단전재와 복제를 금합니다.

심층 학습

1쇄 발행 2018년 10월 31일
4쇄 발행 2022년 3월 24일

지은이 이안 굿펠로, 요슈아 벤지오, 에런 쿠빌
옮긴이 류 광
펴낸이 장성두
펴낸곳 주식회사 제이펍

출판신고 2009년 11월 10일 제406-2009-000087호
주소 경기도 파주시 회동길 159 3층 / **전화** 070-8201-9010 / **팩스** 02-6280-0405
홈페이지 www.jpub.kr / **원고투고** submit@jpub.kr / **독자문의** help@jpub.kr / **교재문의** textbook@jpub.kr

편집부 김정준, 이민숙, 최병찬, 이주원, 송영화
소통기획부 이상복, 송찬수, 배인혜 / **소통지원부** 민지환, 김수연 / **총무부** 김유미

진행 및 교정·교열 장성두 / **내지디자인 및 편집** 김지영
용지 신승지류유통 / **인쇄** 해외정판사 / **제본** 일진제책사

ISBN 979-11-88621-42-4 (95000)
값 42,000원

제이펍은 독자 여러분의 아이디어와 원고 투고를 기다리고 있습니다. 책으로 펴내고자 하는 아이디어나 원고가 있는
분께서는 책의 간단한 개요와 차례, 구성과 저(역)자 약력 등을 메일(submit@jpub.kr)로 보내주세요.

DEEP LEARNING
심층 학습

이안 굿펠로, 요슈아 벤지오, 에런 쿠빌 지음 / 류 광 옮김

제이펍

차례

제2부 현세대 심층 신경망의 실제 ——————————— 183

CHAPTER **6**   심층 순방향 신경망 185

CHAPTER **7**   심층 학습을 위한 정칙화 251

웹사이트

www.deeplearningbook.org

위의 URL은 이 책(원서)의 부록 웹사이트 주소이다. 이 웹사이트에는 연습문제, 강연 슬라이드, 정오표 등 독자와 교사 모두에게 유용할 다양한 보충 자료가 있다.

옮긴이 머리말

2010년대 중반에 우리는 인공지능이 바둑에서 세계 정상급 프로 기사를 이기는 장면을 직접 목격했습니다. 비슷한 시기에 음성 인식이나 기계 번역, 자동 주행 같은 인공지능 응용들의 품질이 획기적으로 개선되어서, 일상생활에 실제로 도움이 될 정도가 되었습니다. 관련 업계 내부에서는 대략 2010년대 초반에 시작한 이 모든 변화의 바탕에는 이 책의 주제인 '심층 학습'이 깔려 있습니다. 그리고 앞으로도(적어도 당분간은) 인공지능의 비약적 발전에 심층 학습이 큰 역할을 할 것입니다. 심층 학습에 관한 좀 더 깊고 넓은 이해가 요구되는 지금, 특정 소프트웨어 라이브러리나 프레임워크를 활용하는 방법을 알려주는 데 치중하는 책들과는 조금 다른 차원의, 이론적 기초와 고급 연구 주제를 망라한 본격적인 심층 학습 교과서를 번역하게 되어서 기쁩니다.

앞 문단의 '본격적인 교과서'라는 표현에는 이 책이 술술 읽으면서 내용을 바로 이해할 수 있는 책은 아니라는 뜻도 들어 있습니다. 간단히 말해서 이 책은 꽤 어렵습니다. 이 책의 대상 독자에 "기계 학습을 공부하는 대학생들(학부생과 대학원생 모두) … 심층 학습과 인공지능 연구 경력을 시작하는 졸업생들"과 함께 "기계 학습이나 통계학의 배경지식이 없지만 … 심층 학습을 활용하길 원하는 소프트웨어 기술자"들도 포함되지만 (§1.1 '이 책의 대상 독자' 참고), 후자에 해당하는 독자라면 아마 관련 배경지식을 따로 공부해야 할 수도 있겠습니다. 비록 제1부(제2, 3, 4장)에서 필수 배경지식을 정리해 주긴 하지만, 이미 배운 적이 있는 내용을 상기하는 데 도움이 되는 수준일 뿐 해당 내용을 새로이 배우기에 적합할 정도로 자세하지는 않습니다.

배경지식과 관련해서 독자가 다른 참고서나 자료를 공부해야 할 수도 있다는 점과,

좀 더 일반적으로는 심층 학습을 포함한 기계 학습의(그리고 더 크게는 인공지능 분야 전체의) 용어 중 다른 학문 분야에서 비롯된 것들이 많다는 점을 고려해서, 용어 선택 시 관련 분야 학회 또는 단체의 관례를 최대한 따랐습니다. 예를 들어 대한수학회의 수학 용어집[1] 과 한국통계학회의 통계용어 자료실[2], 한국정보통신기술협회의 정보통신용어사전[3] 등을 주되게 참고했습니다. 가능하면 복합어의 띄어쓰기도 기존 관례를 최대한 따랐지만, 현행 맞춤법이나 외래어 표기법과 맞지 않는 용어는 적절히 수정했습니다(이를테면 절대값 대신 절댓값). 따로 용어집을 갖추지 않은 분야의 용어나 심층 학습과 관련해서 새로이 고안된 용어의 경우에는 한국어 위키백과의 관련 페이지들이나 해당 분야 학술 논문들의 제목과 초록을 참고하기도 하고, 기존 용어들의 조어법을 활용해서 새로 만들어 내기도 했습니다.

용어를 비롯하여 이 책에 관해 질문이나 의견이 있으시면 제 홈페이지 occam's Razor (http:// occamsrazr.net)를 활용해 주시기 바랍니다. 오타와 오역 보고도 환영합니다. 모자란 재주로 어려운 책을 번역하다 보니 오역이 당연히 있을 것입니다. 어쩌면, 복잡하고 읽기 어려운 문장보다는 오히려 매끄럽게 읽히는(그래서 교정 과정에서 특별히 주의하지 않고 넘어간) 문장에 오역이 더 많을 수도 있겠습니다. 오역과 오타를 보고해 주시면 저는 물론이고 이 책을 읽는 다른 독자들에게 큰 도움이 될 것입니다. 제 홈페이지의 '번역서 정보' 페이지에 이 책에 관한 웹페이지로의 링크가 있고, 그 웹페이지의 하단에 의견을 적을 수 있는 공간이 있습니다.

이 번역서의 탄생에 이바지하신 분들에 대한 감사의 글로 역자의 글을 마무리하겠습니다. 이 책을 번역할 기회를 주시고 번역 원고를 검토해 주신 장성두 제이펍 대표님과 수식 많은 책을 훌륭히 조판해 주신 김지영 디자이너님, 그리고 제가 잘 알지 못하는 출판 과정의 여러 영역에서 자신에게 주어진 일을 성실하게 수행하신 모든 분께 감사드립니다. 마지막으로, 시쳇말로 "역대급으로" 더웠던 2018년 여름 내내 불평 없이 제 번역 원고를 꼼꼼히 살펴보고 중요한 오역과 오타를 잡아낸 아내 오현숙에게 감사와 사랑, 그리고 경탄의 마음을 전합니다.

옮긴이 **류광**

---

1) http://www.kms.or.kr/mathdict/list.html
2) http://www.kss.or.kr/bbs/board.php?bo_table=psd_sec
3) http://terms.tta.or.kr/main.do

감사의 글

많은 이의 도움이 없었다면 이 책은 나오지 못했을 것이다.

우선, 우리 저자들은 이 책의 저술 계획에 의견을 제공한, 그리고 이 책의 내용을 기획하고 조직화하는 데 도움을 준 Guillaume Alain, Kyunghyun Cho(조경현), Çağlar Gülçehre, David Krueger, Hugo Larochelle, Razvan Pascanu, Thomas Rohée에게 감사한다.

우리는 책의 내용 자체에 의견을 제공한 여러 사람에게 감사한다. 우선, 다수의 장 (chapter)에 의견을 제공한 분들은 다음과 같다: Martín Abadi, Guillaume Alain, Ion Androutsopoulos, Fred Bertsch, Olexa Bilaniuk, Ufuk Can Biçici, Matko Bošnjak, John Boersma, Greg Brockman, Alexandre de Brébisson, Pierre Luc Carrier, Sarath Chandar, Pawel Chilinski, Mark Daoust, Oleg Dashevskii, Laurent Dinh, Stephan Dreseitl, Jim Fan, Miao Fan, Meire Fortunato, Frédéric Francis, Nando de Freitas, Çağlar Gülçehre, Jurgen Van Gael, Javier Alonso García, Jonathan Hunt, Gopi Jeyaram, Chingiz Kabytayev, Lukasz Kaiser, Varun Kanade, Asifullah Khan, Akiel Khan, John King, Diederik P. Kingma, Yann LeCun, Rudolf Mathey, Matías Mattamala, Abhinav Maurya, Kevin Murphy, Oleg Mürk, Roman Novak, Augustus Q. Odena, Simon Pavlik, Karl Pichotta, Eddie Pierce, Kari Pulli, Roussel Rahman, Tapani Raiko, Anurag Ranjan, Johannes Roith, Mihaela Rosca, Halis Sak, César Salgado, Grigory Sapunov, Yoshinori Sasaki, Mike Schuster, Julian Serban, Nir Shabat, Ken Shirriff, Andre Simpelo, David Slate, Scott Stanley, David Sussillo, Ilya Sutskever, Carles Gelada Sáez, Graham Taylor, Valentin Tolmer, Massimiliano Tomassoli, An Tran, Shubhendu Trivedi, Alexey Umnov, Vincent

Vanhoucke, Marco Visentini-Scarzanella, Martin Vita, David Warde-Farley, Dustin Webb, Kelvin Xu, Wei Xue, Ke Yang, Li Yao, Zygmunt Zając, Ozan Çağlayan.

또한, 개별 장에 유용한 의견을 제공한 다음과 같은 분들께 고마운 마음을 전한다.

- 표기법: Zhang Yuanhang.
- 제1장, 소개: Yusuf Akgul, Sebastien Bratieres, Samira Ebrahimi, Charlie Gorichanaz, Brendan Loudermilk, Eric Morris, Cosmin Pârvulescu, Alfredo Solano.
- 제2장, 선형 대수: Amjad Almahairi, Nikola Banić, Kevin Bennett, Philippe Castonguay, Oscar Chang, Eric Fosler-Lussier, Andrey Khalyavin, Sergey Oreshkov, István Petrás, Dennis Prangle, Thomas Rohée, Gitanjali Gulve Sehgal, Colby Toland, Alessandro Vitale, Bob Welland.
- 제3장, 확률론과 정보이론: John Philip Anderson, Kai Arulkumaran, Vincent Dumoulin, Rui Fa, Stephan Gouws, Artem Oboturov, Antti Rasmus, Alexey Surkov, Volker Tresp.
- 제4장, 수치 계산: Tran Lam AnIan Fischer, Hu Yuhuang.
- 제5장, 기계 학습의 기초: Dzmitry Bahdanau, Justin Domingue, Nikhil Garg, Makoto Otsuka, Bob Pepin, Philip Popien, Bharat Prabhakar, Emmanuel Rayner, Peter Shepard, Kee-Bong Song(송기봉), Zheng Sun, Andy Wu.
- 제6장, 심층 순방향 신경망: Uriel Berdugo, Fabrizio Bottarel, Elizabeth Burl, Ishan Durugkar, Jeff Hlywa, Jong Wook Kim(김종욱), David Krueger, Aditya Kumar Praharaj, Sten Sootla.
- 제7장, 심층 학습을 위한 정칙화: Morten Kolbæk, Kshitij Lauria, Inkyu Lee(이인규), Sunil Mohan, Hai Phong Phan, Joshua Salisbury.
- 제8장, 심층 모형의 훈련을 위한 최적화 기법: Marcel Ackermann, Peter Armitage, Rowel Atienza, Andrew Brock, Tegan Maharaj, James Martens, Mostafa Nategh, Kashif Rasul, Klaus Strobl, Nicholas Turner.
- 제9장, 합성곱 신경망: Martín Arjovsky, Eugene Brevdo, Konstantin Divilov, Eric Jensen, Mehdi Mirza, Alex Paino, Marjorie Sayer, Ryan Stout, Wentao Wu.
- 제10장, 순차열 모형화를 위한 순환 신경망과 재귀 신경망: Gökçen Eraslan, Steven

Hickson, Razvan Pascanu, Lorenzo von Ritter, Rui Rodrigues, Dmitriy Serdyuk, Dongyu Shi, Kaiyu Yang.

- 제11장, 실천 방법론: Daniel Beckstein.
- 제12장, 응용: George Dahl, Vladimir Nekrasov, Ribana Roscher.
- 제13장, 선형 인자 모형: Jayanth Koushik.
- 제15장, 표현 학습: Kunal Ghosh.
- 제16장, 심층 학습을 위한 구조적 확률 모형: Minh Lê, Anton Varfolom.
- 제18장, 분배함수 공략: Sam Bowman.
- 제19장, 근사 추론: Yujia Bao.
- 제20장, 심층 생성 모형: Nicolas Chapados, Daniel Galvez, Wenming Ma, Fady Medhat, Shakir Mohamed, Grégoire Montavon.
- 참고문헌: Lukas Michelbacher, Leslie N. Smith.

우리는 또한 자신의 논문에 나온 이미지나 도식, 자료의 전재를 허락한 분들께도 감사한다. 해당 기여는 본문의 그림 설명에 명시해 두었다.

이 책의 웹 버전을 만드는 데 사용한 소프트웨어 pdf2htmlEX를 작성했으며 HTML 결과물 품질 개선을 도운 Lu Wang에게 감사한다.

이 책을 쓰는 동안 이안을 참을성 있게 지원했을 뿐만 아니라 원고를 교정하기까지 한 이안의 아내 다니엘라 플로리 굿펠로Daniela Flori Goodfellow에게 감사한다.

이안이 이 책을 저술하는 데 많은 시간을 투여할 수 있는 지적인 환경을 제공한 구글 브레인Google Brain 팀에게 감사한다. 특히, 이 저술 프로젝트를 지지한 이안의 전 관리자 그레그 코라도Greg Corrado와 현재 관리자 새미 벤지오Samy Bengio에게 특별한 감사의 마음을 전한다. 마지막으로, 저술이 힘들었던 시간에 저자들을 격려해 준 제프리 힌턴Geoffrey Hinton에게 감사한다.

표기법

다음은 이 책 전체에 쓰이는 표기법을 간략히 정리한 것이다. 이 표기들에 관련된 대부분의 수학 개념을 제2~4장에서 설명하니, 익숙하지 않은 수학 개념이 있다면 그 장들을 참고하기 바란다.

수와 배열

a	스칼라(정수 또는 실수)
$\boldsymbol{u}$	벡터
$\boldsymbol{A}$	행렬
$\mathbf{A}$	텐서
$\boldsymbol{I}_n$	$n{\times}n$ 단위행렬, 즉 행이 n개, 열이 n개인 단위행렬
$\boldsymbol{I}$	단위행렬(차원을 문맥에서 짐작할 수 있는 경우)
$\boldsymbol{e}^{(i)}$	i번째 성분이 1인 표준 기저 벡터 $[0,...,0,1,0,...,0]$
$\mathrm{diag}(\boldsymbol{a})$	벡터 $\boldsymbol{a}$의 성분들이 주대각 성분들인 정방 대각행렬
a	스칼라 확률변수
$\mathbf{a}$	벡터값 확률변수
$\mathbf{A}$	행렬값 확률변수

집합과 그래프

$\mathbb{A}$	집합
$\mathbb{R}$	실수 집합
$\{0,1\}$	0과 1을 담은 집합
$\{0,1,...,n\}$	0에서 n까지의 모든 정수를 담은 집합
$(a,b]$	a는 포함하지 않고 b는 포함하는 실수 구간
$[a,b]$	a와 b를 포함하는 실수 구간
$\mathbb{A}\setminus\mathbb{B}$	여집합(집합의 뺄셈). 즉, $\mathbb{B}$에는 없는 $\mathbb{A}$의 원소들로만 이루어진 집합
$\mathcal{G}$	그래프
$Pa_{\mathcal{G}}(\mathrm{x}_i)$	$\mathcal{G}$에서 x_i의 부모

색인(첨자) 적용

a_i	벡터 $\boldsymbol{a}$의 성분 i(즉, i번째 성분; i은 1부터 시작)
a_{-i}	성분 i를 제외한 $\boldsymbol{a}$의 모든 성분
$A_{i,j}$	행렬 $\boldsymbol{A}$의 성분 i,j
$\boldsymbol{A}_{i,:}$	행렬 $\boldsymbol{A}$의 행 i
$\boldsymbol{A}_{:,i}$	행렬 $\boldsymbol{A}$의 열 i
$A_{i,j,k}$	3차원 텐서 A의 성분 (i,j,k)
$\mathsf{A}_{:,:,i}$	3차원 텐서의 2차원 조각(슬라이스)
a_i	확률벡터(무작위 벡터) $\mathbf{a}$의 성분 i

선형대수 연산

$\boldsymbol{A}^\top$	행렬 $\boldsymbol{A}$의 전치행렬
$\boldsymbol{A}^+$	행렬 $\boldsymbol{A}$의 무어-펜로즈 유사역행렬
$\boldsymbol{A}\odot\boldsymbol{B}$	행렬 $\boldsymbol{A}$와 $\boldsymbol{B}$의 성분별 곱(아다마르 곱)
$\det(\boldsymbol{A})$	행렬 $\boldsymbol{A}$의 행렬식

미적분

$\dfrac{dy}{dx}$	y의 x에 대한 미분
$\dfrac{\partial y}{\partial x}$	y의 x에 대한 편미분
$\nabla_{\boldsymbol{x}} y$	y의 $\boldsymbol{x}$에 대한 기울기
$\nabla_{\boldsymbol{X}} y$	y의 $\boldsymbol{X}$에 대한 미분을 담은 행렬
$\nabla_{\mathbf{X}} y$	y의 $\mathbf{X}$에 대한 미분들을 담은 텐서
$\dfrac{\partial f}{\partial \boldsymbol{x}}$	$f:\mathbb{R}^n \to \mathbb{R}^m$의 야코비 행렬 $\boldsymbol{J} \in \mathbb{R}^{m \times n}$
$\nabla_{\boldsymbol{x}}^2 f(\boldsymbol{x})$ 또는 $\boldsymbol{H}(f)(\boldsymbol{x})$	입력점 $\boldsymbol{x}$에서의 f의 헤세 행렬
$\displaystyle\int f(\boldsymbol{x}) d\boldsymbol{x}$	$\boldsymbol{x}$의 정의역 전체에 관한 정적분
$\displaystyle\int_{\mathbb{S}} f(\boldsymbol{x}) d\boldsymbol{x}$	집합 $\mathbb{S}$에 관한, $\boldsymbol{x}$에 대한 정적분※

확률과 정보이론

$\mathrm{a} \perp \mathrm{b}$	확률변수 a와 b가 독립이다.
$\mathrm{a} \perp \mathrm{b} \mid \mathrm{c}$	확률변수 c가 주어졌을 때 확률변수 a와 b가 조건부 독립이다.
$P(\mathrm{a})$	이산변수에 관한 확률분포
$p(\mathrm{a})$	연속변수 또는 이산인지 연속인지 지정되지 않은 변수에 관한 확률분포
$\mathrm{a} \sim P$	확률변수 a의 분포는 P이다.
$\mathbb{E}_{\mathrm{x} \sim P}[f(x)]$ 또는 $\mathbb{E} f(x)$	$f(x)$의 $P(\mathrm{x})$에 대한 기댓값
$\mathrm{Var}(f(x))$	분포 $P(\mathrm{x})$ 하에서 $f(x)$의 분산
$\mathrm{Cov}(f(x), g(x))$	분포 $P(\mathrm{x})$ 하에서 $f(x)$와 $g(x)$의 공분산
$H(\mathrm{x})$	확률변수 x의 섀넌 엔트로피
$D_{\mathrm{KL}}(P \| Q)$	P와 Q의 KL 발산값
$\mathcal{N}(\boldsymbol{x}; \boldsymbol{\mu}, \boldsymbol{\Sigma})$	$\boldsymbol{x}$에 관한, 평균이 $\boldsymbol{\mu}$이고 공분산이 $\boldsymbol{\Sigma}$인 가우스 분포

※ **역주** 다수의 대상을 다루는 수학 연산을 설명하는 문장에서 "~에 관한" 또는 "~에 관해"는 원문의 "over ~"를 옮긴 것으로, 주어진 연산이 다루는 대상들의 집합 또는 범위를 지칭한다. 한편 그런 문장에서 "~에 대한" 또는 "~에 대해·대하여"는 원문의 "with respect to ~"에 해당하는 것으로, 연산의 주된 대상을 지칭한다. 이러한 용어 선택은 단지 "A에 대한 B에 대한 적분"이나 "A에 관한 B에 관한 미분" 같은 애매한 문장을 피하기 위한 것일 뿐, 필연적인 선택은 아니다. 또한, 많은 경우 수식과 문장은 상호보완적인 관계이다. 즉, 수식이 잘 이해가 되지 않으면 관련 문장을 보고, 문장이 잘 이해가 되지 않으면 수식을 다시 살펴보는 것이 이 책을 읽는 데 도움이 될 것이다.

함수

$f:\mathbb{A}\to\mathbb{B}$	정의역이 $\mathbb{A}$이고 치역이 $\mathbb{B}$인 함수 f
$f\circ g$	함수 f와 g의 합성
$f(\boldsymbol{x};\boldsymbol{\theta})$	$\boldsymbol{\theta}$로 매개변수화된 $\boldsymbol{x}$의 함수(간결함을 위해 인자 $\boldsymbol{\theta}$를 생략하고 그냥 $f(\boldsymbol{x})$로 표기하기도 한다)
$\log x$	x의 자연로그
$\sigma(x)$	로지스틱 S자형 함수 $\dfrac{1}{1+\exp(-x)}$
$\zeta(x)$	소프트플러스 함수 $\log(1+\exp(x))$
$\|\boldsymbol{x}\|_p$	$\boldsymbol{x}$의 L^p 노름
$\|\boldsymbol{x}\|$	$\boldsymbol{x}$의 L^2 노름
x^+	x의 양수부, 즉 $\max(0,x)$
$1_{조건}$	만일 조건이 참이면 1, 그렇지 않으면 0

종종, 인수가 스칼라인 함수 f를 $f(\boldsymbol{x})$나 $f(\boldsymbol{X})$, $f(\mathbf{X})$처럼 벡터나 행렬, 텐서에 적용하기도 한다. 이런 경우 f는 해당 대상의 모든 성분에 개별적으로 적용된다('성분별' 적용). 예를 들어 $\mathbf{C}=\sigma(\mathbf{X})$는 색인 i, j, k의 모든 유효한 값에 대해 $C_{i,j,k}=\sigma(\boldsymbol{X}_{i,j,k})$라는 뜻이다.

자료 집합과 분포

$p_{자료}$	자료 생성 분포
$\hat{p}_{훈련}$	훈련 집합이 정의하는 경험분포
$\mathbb{X}$	훈련 집합(훈련을 위한 견본들의 집합)
$\boldsymbol{x}^{(i)}$	자료 집합의 i번째 견본(입력)
$y^{(i)}$ 또는 $\boldsymbol{y}^{(i)}$	지도 학습을 위한, $\boldsymbol{x}^{(i)}$와 연관된 목푯값
$\boldsymbol{X}$	행 $\boldsymbol{X}_{i,:}$에 입력 견본 $\boldsymbol{x}^{(i)}$가 담긴 $m\times n$ 행렬

1

소개

오래전부터 발명가들은 생각하는 기계를 꿈꾸었다. 그러한 열망은 적어도 고대 그리스까지 거슬러 올라간다. 신화 속 인물 피그말리온, 다이달로스, 헤파이스토스는 모두 전설적인 발명가라고 할 수 있으며, 갈라테아나 탈로스, 판도라는 인공생명으로 간주할 수 있다(Ovid & Martin, 2004; Sparkes, 1996; Tandy, 1997).

백 년도 더 전에 프로그래밍이 가능한 컴퓨터가 처음 등장했을 때, 사람들은 그런 기계가 지능을 갖출 수 있을지 궁금해했다(Lovelace, 1842). 오늘날 **인공지능**(artificial intelligence, AI)은 크게 번창하고 있는 분야로, 실용적인 용도가 많고 활발하게 연구 중인 주제들도 많다. 이 책에서 우리는 반복적인 노동을 자동화하고, 음성이나 영상을 이해하고, 의료 진단을 내리고, 기본적인 과학 연구를 지원하는 지능적인 소프트웨어를 살펴본다.

인공지능 초창기에서 이 분야는 인간은 지적으로 풀기 어렵지만 컴퓨터에는 비교적 쉬운 여러 문제, 그러니까 일련의 형식적이고(formal) 수학적인 규칙들로 서술할 수 있는 문제들을 빠르게 공략하고 풀어냈다. 그러나 시간이 지나면서 인공지능의 진정한 난제는 사람들이 쉽게 해내는, 그러나 형식적으로 서술하기는 어려운 과제들을 푸는 것이라는 점이 밝혀졌다. 말해진 단어를 인식하거나 이미지에서 얼굴을 알아보는 것처럼 우리가 직관적으로, 그리고 별 노력 없이 저절로 해내는 문제들이 바로 그러한 과제들이다.

이 책은 그런 좀 더 직관적인 문제에 대한 하나의 해결책을 다룬다. 그 해결책이란, 컴퓨터가 개념들의 계통구조(hierarchy of concepts; 간단히 개념 계통구조)를 이용해서 경험으로부터 배우고 세상을 이해하게 만든다는 것이다. 개념 계통구조에서 각 개념은 자신보다 더 간단한 개념들과의 관계를 통해서 정의된다. 이러한 접근 방식에서는 경험으로부터 지식을 수집하기 때문에, 컴퓨터에 필요한 모든 지식을 인간 운영자가 형식적으로 일일이 지정할 필요가 없다. 개념 계통구조 덕분에 컴퓨터는 간단한 개념들을 조합해서 좀 더 복잡한 개념을 배우게 된다. 그러한 개념들의 연결 관계를 그래프 구조로 표현한다면, 여러 층(layer)으로 이루어진 '깊은' 그래프가 나올 것이다. 이 때문에 이러한 인공지능 접근 방식을 **심층 학습**(deep learning)이라고 부른다.

인공지능의 초기 성공 사례 중 다수는 비교적 단조롭고 형식적인 환경에서 일어난 것으로, 컴퓨터가 실세계에 관한 지식을 많이 갖출 필요가 없었다. 예를 들어 IBM의 체스 플레이 시스템인 딥 블루$^{Deep Blue}$는 1997년에 체스 세계 챔피언 개리 카스파로브$^{Garry Kasparov}$를 이겼다(Hsu, 2002). 물론, 체스는 단 64개의 장소와 아주 제한된 방식으로만 움직일 수 있는 32개의 말로 이루어진 아주 단순한 세계이다. 성공적인 체스 전략의 고안이 엄청난 성과이긴 하지만, 체스 말들의 집합과 허용되는 수(이동)들을 컴퓨터에게 서술하는 것 자체는 그리 어렵지 않다. 체스는 프로그래머가 미리(인공지능을 실행하기 전에) 완전히 형식적인 규칙 몇 개로 간결하게 서술해서 컴퓨터에 제공할 수 있다.

모순적이게도, 사람에게 지적으로 가장 어려운 축에 속하는 추상적이고 형식적인 과제가 컴퓨터에는 가장 쉬운 과제이다. 컴퓨터가 최고의 인간 체스 선수를 물리친 것은 아주 오래전 일이지만, 물체나 음성을 인식하는 것처럼 보통 사람이 아무 어려움 없이 하는 일을 컴퓨터가 비슷하게나마 해내기 시작한 것은 비교적 최근의 일이다. 사람이 일상생활을 영위하려면 세계에 관한 엄청난 양의 지식이 필요하다. 그러한 지식 중 상당 부분은 주관적이고 직관적이기 때문에 형식적인 방식으로 서술하기 어렵다. 컴퓨터가 지능적으로 행동하려면 바로 그러한 지식을 갖추어야 한다. 인공지능의 핵심 난제 중 하나는, 그러한 비형식적 지식을 컴퓨터에 제공하는 것이다.

세계에 관한 지식을 형식 언어(formal language)를 이용해서 하드코딩$^{hard-coding}$하는 것을 목표로 하는 인공지능 프로젝트가 여럿 있었다. 컴퓨터는 논리 추론(logical inference)

규칙들을 이용해서 그러한 형식 언어로 된 문장을 자동으로 추론할 수 있다. 인공지능에 대한 이러한 접근 방식을 **지식 베이스**(knowledge base; 또는 지식 기지) 접근 방식이라고 부른다. 그러나 그런 프로젝트 중 중요한 성과를 올린 것은 하나도 없었다. 가장 유명한 프로젝트는 Cyc^사이크이다(Lenat & Guha, 1989). Cyc는 하나의 추론 엔진이자, CycL이라는 언어로 이루어진 문장들의 데이터베이스이다. 그런 문장들은 인간 감독자들이 직접 입력해야 하는데, 이는 상당히 버거운 과정이다. 사람들은 세계를 정확히 서술하기에 충분한 복잡도를 가진 형식 규칙들을 고안하려고 노력했지만, 큰 성과를 거두지는 못했다. 예를 들어 Cyc는 아침에 면도하는 프레드^Fred라는 사람에 대한 어떤 이야기를 이해하는 데 실패했다(Linde, 1992). Cyc의 추론 엔진은 그 이야기에서 논리적인 모순을 발견했다. 추론 엔진은 사람에는 전기 부품이 없음을 알고 있었는데, 프레드가 전기면도기를 쥐고 있다는 문장으로부터 "FredWhileShaving"이라는 개체에 전기 부품이 있다고 추론해 버린 것이다. 그래서 Cyc는 면도 중에도 프레드가 여전히 사람인지 물어봤다.

하드코딩된 지식에 의존하는 시스템들이 직면했던 어려움들을 생각해 보면, AI(인공지능) 시스템에는 원본(미가공) 자료에서 패턴을 추출해서 스스로 지식을 획득하는 능력이 필요함을 알 수 있다. 그러한 능력을 **기계 학습**(machine learning)이라고 부른다. 기계 학습이 도입되면서, 실세계의 지식이 관여하는 문제들과 주관적으로 보이는 의사결정 문제들을 컴퓨터로 풀 수 있게 되었다. 예를 들어 **로지스틱 회귀**(logistic regression)라고 하는 간단한 기계 학습 알고리즘을 이용하면 제왕절개 추천 여부를 컴퓨터로 결정할 수 있다(Mor-Yosef 외, 1990). 또한, **단순 베이즈**(naive Bayes; 또는 소박한 베이즈)라는 간단한 기계 학습 알고리즘을 이용하면 정상적인 이메일과 스팸 이메일을 분류할 수 있다.

이런 간단한 기계 학습 알고리즘들의 성과는 주어진 자료의 **표현**(representation; 또는 표상)에 크게 의존한다. 예를 들어 로지스틱 회귀를 제왕절개 추천에 사용할 때, AI 시스템이 환자를 직접 진찰하지는 않는다. 대신 의사가 시스템에 여러 가지 관련 정보(자궁 반흔 여부 등)를 제공한다. 환자 자료의 표현에 있는 그러한 각각의 정보 조각을 **특징**(feature; 또는 자질)이라고 부른다. 로지스틱 회귀는 환자의 그러한 특징들과 다양한 결과(outcome)들의 상관관계를 학습한다. 그러나 로지스틱 회귀는 특징들이 정의되는 방식에는 전혀 영향을 미치지 않는다. 로지스틱 회귀에 의사의 형식화된 보고서가

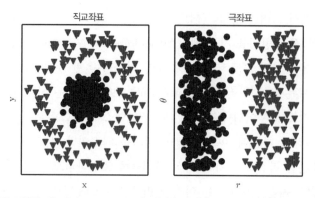

그림 1.1: 서로 다른 표현의 예: 산점도(scatterplot)에 직선을 그어서 두 범주의 자료를 분류한다고 하자. 왼쪽 산점도는 어떤 자료를 직교좌표(데카르트 좌표)로 표현한 것인데, 이 경우에는 직선으로 두 범주를 구분할 수 없다. 오른쪽은 같은 자료를 극좌표로 표현한 것인데, 이 경우에는 그냥 수직선 하나로 문제가 간단하게 해결된다. (이 그림은 데이비드 워드-팔리David Warde-Farley와 함께 만든 것이다.)

아니라 환자의 MRI 스캔 사진을 제공한다면 유용한 예측을 하지 못할 것이다. MRI 스캔 사진의 개별 픽셀과 출산 과정의 합병증의 상관관계는 무시할 수 있을 정도로 작다.

이러한 표현에 대한 의존성은 컴퓨터 과학과 일상생활 전반에서 나타나는 일반적인 현상이다. 컴퓨터 과학에서, 어떤 자료 집합(dataset)에서 뭔가를 검색하는 연산은 만일 그 자료 집합이 검색에 적합한 구조와 색인을 갖추고 있다면 지수적으로 빨라진다. 마찬가지로, 사람들은 아라비아 숫자로 된 수들에 관한 계산은 쉽사리 해내지만 로마 숫자로 된 수들에 관한 계산에는 시간을 훨씬 많이 소비한다. 자료를 어떻게 표현하느냐에 따라 기계 학습 알고리즘의 성능이 크게 달라진다는 것은 놀랄 일이 아니다. 그림 1.1은 이 점을 시각적으로 보여주는 간단한 예이다.

인공지능 과제 중에는 주어진 과제에 맞는 적절한 특징 집합을 추출하고 그 특징들에 대해 간단한 기계 학습 알고리즘을 적용해서 풀 수 있는 것들이 많다. 예를 들어 음성으로부터 화자(speaker)를 식별하는 과제에 유용한 특징은 화자의 성도(vocal tract) 길이의 추정치이다. 이 특징은 화자가 남자인지, 여자인지, 또는 아동인지에 관한 강력한 단서를 제공한다.

그러나 어떤 특징을 추출해야 할지 알아내기가 어려운 과제들도 많다. 예를 들어 사진에서 자동차를 검출하는 프로그램을 작성한다고 하자. 차에는 바퀴가 있으므로,

바퀴 존재 여부를 하나의 특징으로 사용하면 될 것이다. 그러나 바퀴의 형태를 픽셀값들로 서술하기란 쉽지 않은 일이다. 바퀴의 기하학적 형태는 단순하지만, 바퀴에 그림자가 드리우거나, 바퀴의 금속 부분에 햇빛이 반사되거나, 차의 바퀴 덮개 또는 전경의 어떤 물체가 바퀴 일부를 가리거나 해서 바퀴의 이미지가 복잡해질 수 있다.

이 문제의 한 가지 해법은, 표현을 출력으로 사상(mapping; 대응)하는 방법뿐만 아니라 표현 자체까지도 인공지능 시스템이 기계 학습 알고리즘으로 배우게 하는 것이다. 이러한 접근 방식을 **표현 학습**(representation learning; 또는 표상 학습)이라고 부른다. 사람이 손으로 설계한 표현보다 학습된 표현을 사용할 때 훨씬 나은 성과를 보이는 경우가 많다. 또한, 이러한 접근 방식에서는 AI 시스템이 새로운 과제에 빠르게 적용한다(사람의 개입은 최소한의 수준이다). 표현 학습 알고리즘을 이용해서 간단한 과제의 특징 집합을 추출하는 데는 몇 분 정도밖에 걸리지 않는다. 복잡한 과제라면 몇 시간에서 몇 달 정도까지 걸릴 수 있다. 복잡한 과제에 대한 특징들을 사람이 직접 설계하려면 엄청난 시간과 노력이 필요하다. 연구자 공동체 전체가 몇십 년을 투여해야 할 수도 있다.

표현 학습 알고리즘의 대표적인 예는 **자동부호기**(autoencoder)이다. 자동부호기는 입력 자료를 어떤 다른 표현으로 변환하는 **부호기**(encoder; 또는 엔코더) 함수와 그 표현을 원래의 자료 형식으로 되돌리는 **복호기**(decoder; 또는 디코더) 함수의 조합이다. 자동부호기는 입력이 부호기를 거쳐서 복호기를 통과하는 과정에서 정보를 최대한 유지하도록 훈련되며, 그와 함께 새로운 표현이 여러 가지 좋은 속성을 가지도록 훈련되기도 한다. 어떤 종류의 속성들을 원하느냐에 따라 다양한 종류의 자동부호기들이 존재한다.

특징 집합을 설계하거나 특징 학습을 위한 알고리즘을 고안할 때는 흔히 **변동 인자**(factor of variation; 또는 변동 요인)들을 추출하는 것을 목표로 둔다. 여기서 변동 인자는 관측된 자료를 설명해 주는 어떤 요인이다. 지금 문맥에서 '인자'는 그냥 자료에 미치는 영향력의 개별 근원(source of influence)을 말한다. 일반적으로 이런 인자들을 서로 곱하지는 않는다. 이런 인자들은 직접 관측된 수량이 아닌 경우가 많다. 대신 이들은 관측 가능한 수량에 영향을 미치는, 물리적 세계의 관측되지 않은 물체 또는 관측되지 않은 힘으로 존재할 수 있다. 또한, 이들은 인간의 마음속에 있는, 관측된 자료의 설명을 단순화하거나 그 원인을 추론하는 데 유용한 어떤 구인構因(construct)일 수도 있다. 변동 인자라는 것을 자료에 존재하는 풍부한 변동성(variability)을 이해하는 데 도움이 되는 어떤 개념 또는 추상이라고 생각해도 될 것이다. 녹음된 음성을 분석할 때는, 이를테면 화자의 나이, 성별, 억양, 발음된 단어 등이 변동 인자일 수 있다. 자동차 이미지를 분석할 때의 변동 인자로는 차의 위치, 색상, 태양의 각도와 밝기 등을 생각할 수 있다.

여러 실세계 인공지능 응용의 주된 난제는 관측 가능한 자료에 영향을 주는 변동 인자가 너무 많다는 점이다. 밤에 촬영한 빨간색 자동차 이미지의 개별 픽셀들은 빨간색이 아니라 검은색에 더 가깝다. 자동차의 윤곽선은 시선 각도에 따라 달라진다. 대부분의 인공지능 응용에는 변동 인자들을 **풀어헤쳐서**(disentangle), 주어진 과제와 무관한 변동 인자들을 골라내는 능력이 필요하다.

물론 그런 고수준의 추상적인 특징들을 원본 자료로부터 추출하는 것이 아주 어려울 수 있다. 변동 인자 중에는 자료를 거의 인간 수준으로 정교하게 이해해야만 식별할 수 있는 것들이 많다. 화자의 억양이 그러한 예이다. 문제를 풀기 위해 표현을 얻는 것이 애초의 문제를 푸는 것만큼이나 어려울 때는 이러한 표현 학습이 별 도움이 되지 않는 것으로 보인다.

심층 학습(deep learning)은 자료를 다른 좀 더 간단한 표현들을 이용해서 표현함으로써 표현 학습의 이러한 중심 문제를 해결한다. 심층 학습을 이용하면 컴퓨터가 간단한 개념들로 더 복잡한 개념을 구축할 수 있다. 그림 1.2는 심층 학습 시스템이 사람의 이미지에 담긴 개념을 모퉁이(corner)와 윤곽선(contour) 같은 좀 더 간단한 개념들로 표현한 예이다. 모서리나 윤곽선 등은 변(edge; 가장자리)이라는 좀 더 간단한 개념들로 구성된다.

심층 학습 모형의 대표적인 예는 순방향 심층 신경망(feedforward deep network), 즉 **다층 퍼셉트론**(multilayer perceptron, MLP)이다. 본질적으로 다층 퍼셉트론은 일단一團의 입력값을 일단의 출력값으로 사상하는 수학 함수이다. 이 함수는 좀 더 간단한 여러 함수로 구성된다. 이때 각각의 수학 함수 적용을 입력의 새로운 표현을 만드는 것이라고 간주할 수 있다.

자료의 적절한 표현을 배운다는 착안은 심층 학습에 대한 하나의 관점이다. 심층 학습에 대한 또 다른 관점은, 학습이 "깊게(여러 층으로)" 이루어지는 덕분에 컴퓨터가 다단계(multistep) 컴퓨터 프로그램을 배울 수 있게 된다는 것이다. 이런 관점에서는 표현의 각 층을, 일단의 명령들이 병렬적으로 실행된 후의 컴퓨터 메모리의 상태(스냅숏)

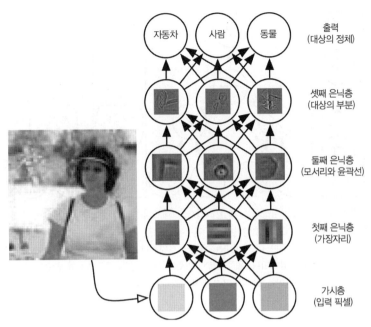

그림 1.2: 심층 학습 모형의 예. 일단의 픽셀값들로 표현된 이 이미지 같은 원본 지각(sensory) 입력 자료의 의미를 컴퓨터가 이해하기는 어렵다. 픽셀 집합을 대상의 정체(identity; 또는 신원)로 사상하는 함수는 아주 복잡하다. 이러한 사상을 배우거나 평가하는 과제를 직접 공략하는 것은 현실적으로 불가능한 일로 보인다. 심층 학습은 원하는 복잡한 사상을 일련의 내포된 단순한 사상들로 분할함으로써 그러한 어려움을 해결한다. 이때 분할된 각각의 사상은 모형의 개별 층으로 서술된다. 원본 입력 이미지는 **가시층**(visible layer)으로 입력된다. 가시층이라는 이름은 이 층이 우리가 실제로 관측할 수 있는 변수들을 담고 있다는 점에서 유래한 것이다. 가시층 밑에는 일련의 **은닉층**(hidden layer)들이 있다. 은닉층들은 이미지로부터 점점 더 추상적인 특징들을 추출한다. 은닉층의 '은닉'은 이 층의 값들이 원본 자료에 주어지지 않은 것이라는 점을 반영한 것이다. 대신 모형은 관측된 자료의 관계들을 서술하는 데 유용한 개념들을 스스로 결정해야 한다. 오른쪽 이미지들은 각 은닉층이 표현하는 특징들의 종류를 보여준다. 첫째 은닉층은 이미지에서 가장자리들을 추출해서 둘째 은닉층에 제공한다. 둘째 은닉층은 그로부터 손쉽게 모퉁이와 윤곽선(둘 다 일단의 가장자리들로 구성된다)을 찾아낸다. 둘째 은닉층의 모퉁이들과 윤곽선들에 기초해서 셋째 은닉층은 대상의 특정 부분들을 식별한다. 각 부분은 특정한 모퉁이들과 윤곽선들로 구성된다. 마지막으로, 대상의 부분들에 대한 서술에 기초해서 모형은 주어진 이미지에 담긴 대상의 정체를 결정한다. [Zeiler & Fergus, 2014]의 그림들을 허락하에 전재했다.

라고 생각할 수 있다. 신경망이 깊을수록 더 많은 명령이 순차적으로 실행된다. 이러한 층별 순차 명령 실행 방식은 다음 층의 명령들이 이전 층의 명령들의 결과를 참조할 수 있으므로 대단히 강력하다. 심층 학습에 대한 이러한 관점에 따르면, 한 층에서 활성화된 정보 중에는 변동 인자들(입력을 설명하는)을 부호화하지는 않는 것들도 있을

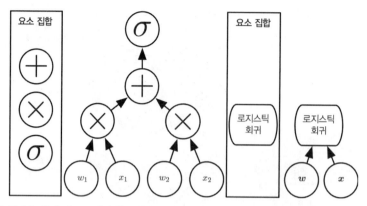

그림 1.3: 한 입력을 한 출력으로 사상하는 계산 그래프. 그래프의 각 노드는 하나의 연산을 수행한다. 깊이는 입력에서 출력으로의 가장 긴 경로의 길이인데, 그 길이는 가능한 계산 단계를 구성하는 요소들이 어떤 것인 가에 따라 달라진다. 그림의 그래프들이 나타내는 계산은 로지스틱 회귀 모형 $\sigma(\boldsymbol{w}^T\boldsymbol{x})$ 의 출력인데, 여기서 σ 는 로그 S자형(logistic sigmoid) 함수이다. 왼쪽 그래프처럼 덧셈과 곱셈, 로그 S자형 함수를 컴퓨터 언어의 요 소들로 사용한다면 이 모형의 깊이는 3이다. 그러나 로지스틱 회귀 자체를 하나의 요소로 간주한다면 모형의 깊이는 1이다.

수 있다. 또한, 표현은 입력을 제대로 설명하고 이해하는 프로그램을 실행하는 데 도 움이 되는 상태 정보도 저장한다. 이 상태 정보는 전통적인 컴퓨터 프로그램의 카운터 나 포인터에 비유할 수 있다. 상태 정보는 입력의 구체적인 내용 사체와는 무관한 것 으로, 학습 모형이 입력의 처리를 조직화하는 데 도움이 된다.

심층 학습 모형의 깊이를 측정하는 방법은 크게 두 가지이다. 첫 방법은 구조 (architecture)를 평가하기 위해 반드시 실행해야 하는 순차 명령들의 수에 기초한 것이 다. 그러한 명령 개수를, 주어진 입력들에 대해 모형의 각 출력을 계산하는 방법을 서 술한 흐름도(flow chart)에서 가장 긴 경로의 길이라고 생각해도 될 것이다. 같은 일을 하는 컴퓨터 프로그램들도 어떤 프로그래밍 언어로 작성했느냐에 따라 그 길이가 다 른 것과 마찬가지로, 같은 사상을 수행하는 함수들이라고 해도 흐름도의 개별 단계들 에 어떤 내부 함수를 사용할 수 있는가에 따라 흐름도의 모양이 달라진다. 그림 1.3은 같은 구조라도 언어에 따라 깊이가 달라지는 예를 보여준다.

둘째 방법은 계산을 서술하는 그래프의 깊이가 아니라 개념들의 관계를 나타낸 그 래프의 깊이를 모형의 깊이로 간주하는 것으로, 심층 확률 모형들이 주로 사용한다. 이 경우 각 개념의 표현을 계산하는 데 필요한 계산들의 흐름도의 깊이가 개념들 자체의 그래프보다 훨씬 깊을 수 있다. 왜냐하면, 더 복잡한 개념에 대한 정보가 주어지면 더 단순한 개념들에 대한 시스템의 이해가 좀 더 정련될 수 있기 때문이다. 예를 들어 한쪽 눈이 그림자에 가려진 얼굴 이미지를 관찰하는 AI 시스템은 처음에는 눈을 하나만 인식하지만, 이미지에서 사람 얼굴을 검출한 후에는 아마 다른 한쪽 눈도 있을 것이라고 추론할 수 있다. 이 예에서 개념들의 그래프는 단 두 층(눈에 대한 층과 얼굴에 대한 층)으로 이루어지지만, 계산 그래프는 $2n$개의 층으로 이루어진다(각 개념의 추정치를 주어진 다른 개념들에 기초해서 n번 정련한다고 할 때).

두 방법, 즉 계산 그래프의 깊이를 사용하는 방법과 확률 모형 그래프의 깊이를 사용하는 방법 중 어떤 것이 더 타당한지가 항상 명확하지는 않다. 게다가 사람마다 그래프의 최소 구성 요소들을 다르게 선택한다. 따라서 주어진 모형의 깊이에 대해 어떤 단일한 정답이 있는 것은 아니다. 이는 주어진 컴퓨터 프로그램의 길이에 대해 단일한 정답이 없는 것과 마찬가지이다. 이는 컴퓨터 프로그램의 길이를 측정하는 유일하게 옳은 방법이 없는 것과 마찬가지이다. 또한, 주어진 학습 모형의 깊이가 얼마나 되어야 '깊은' 모형, 즉 심층 학습 모형으로 간주할 수 있는지도 합의된 바가 없다. 그렇긴 하지만, 심층 학습은 학습된 함수 또는 학습된 개념들의 조합이 전통적인 기계 학습보다 훨씬 더 많이 관여하는 모형들을 연구하는 분야라는 점은 대부분 동의한다고 봐도 안전하다.

정리하자면, 이 책의 주제인 심층 학습은 인공지능에 대한 접근 방식 중 하나이다. 좀 더 구체적으로 말하면 심층 학습은 기계 학습의 일종으로, 컴퓨터 시스템이 경험과 자료를 통해서 자신을 스스로 개선하게 하는 기법이다. 우리(저자들)는 복잡한 실세계 환경에서 작동할 수 있는 AI 시스템을 실제로 구축할 수 있는 접근 방식은 기계 학습이 유일하다고 강력히 주장한다. 그리고 여러 기계 학습 기법의 하나인 심층 학습은 세계를 내포된 개념들의 계통구조로 표현하는 덕분에 그 능력과 유연성이 뛰어나다. 그러한 계통구조에서 각 개념은 자신보다 간단한 개념들과의 관계로 정의되며, 따라서 모형은 더 추상적인 표현을 덜 추상적인 표현들로 계산할 수 있다. 그림 1.4에 여러 인공지능 분야들의 관계가 나와 있다. 그림 1.5는 각 분야의 개괄적인 구성을 나타낸 것이다.

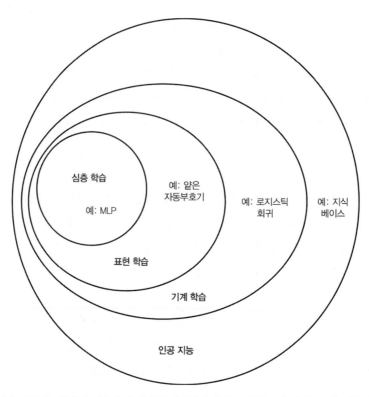

그림 1.4: 여러 인공지능 분야의 관계와 각 분야의 대표적인 예를 보여주는 벤 다이어그램. 심층 학습이 표현 학습의 일종이고, 표현 학습은 기계 학습의 일종임을 알 수 있으며, 기계 학습 접근 방식이 인공지능의 여러 분야에 쓰이긴 하지만 모든 분야에 쓰이는 것은 아니라는 점도 알 수 있다.

1.1 이 책의 대상 독자

이 책은 다양한 독자에게 도움이 되겠지만, 기본적으로는 두 부류의 독자들을 염두에 두고 저술되었다. 한 부류는 기계 학습을 공부하는 대학생들(학부생과 대학원생 모두)이다. 여기에는 심층 학습과 인공지능 연구 경력을 시작하는 졸업생들도 포함된다. 다른 부류는 기계 학습이나 통계학의 배경지식이 없지만 그런 지식을 빠르게 갖추고 자신의 제품이나 플랫폼에서 심층 학습을 활용하길 원하는 소프트웨어 기술자(engineer)들이다. 심층 학습은 컴퓨터 시각(vision), 음성 및 음향 처리, 자연어 처리, 로봇공학, 생물정보학과 화학, 비디오 게임, 검색 엔진, 온라인 광고 및 금융을 비롯한 다양한 소프트웨어 분야에 유용함이 이미 증명되었다.

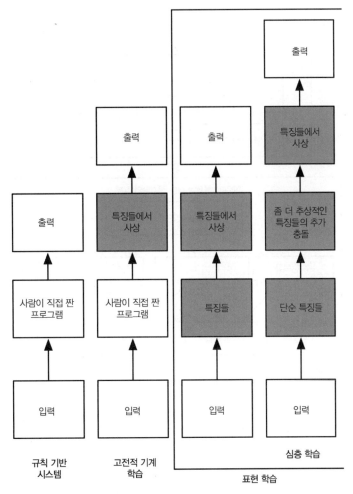

그림 1.5: 여러 인공지능 접근 방식에서 AI 시스템을 구성하는 부분들과 그 관계. 짙은 색 상자는 해당 구성 요소가 자료로부터 학습할 수 있음을 나타낸다.

다양한 독자의 편의를 극대화하기 위해 이 책은 세 부(part)로 구성되었다. 제1부는 기본적인 수학 도구들과 기계 학습 개념들을 소개한다. 제2부는 충분히 확립된 심층 학습 알고리즘들을 설명한다. 그런 알고리즘들은 본질적으로 '해결된' 기술들이라 할 수 있다. 제3부는 많은 사람들이 향후의 심층 학습 연구에 중요할 것이라고 믿고 있는 좀 더 모험적인 착안들을 설명한다.

자신의 관심사나 배경지식과 무관하다고 생각하는 부는 건너뛰어도 좋다. 예를 들

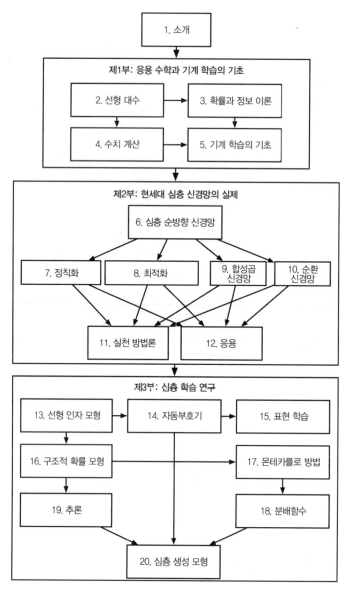

그림 1.6: 이 책의 개괄적인 구성. 한 장에서 다른 장으로의 화살표는 후자를 이해하려면 전자의 내용이 꼭 필요하다는 뜻이다.

어 선형 대수와 확률, 기본적인 기계 학습 개념들에 익숙한 독자라면 제1부를 건너뛰고 제2부부터 읽으면 될 것이다. 그리고 실제로 작동하는 시스템을 구현하는 것이 목표인 독자라면 제3부는 읽지 않아도 된다. 그림 1.6은 이 책의 개괄적인 구성을 보여주는 흐름도이다. 어떤 장(chapter)들을 읽어야 하는지 결정하는 데 도움이 될 것이다.

이 책은 모든 독자가 컴퓨터 과학에 관한 배경지식이 있다고 가정한다. 또한, 독자가 프로그래밍에 익숙하고, 계산 성능 관련 주제와 복잡도 이론, 초급 수준의 미적분학을 기본적으로 이해하고 있으며, 그래프 이론의 몇몇 용어를 알고 있다고 가정한다.

1.2 심층 학습의 역사적 추세

역사적 맥락을 알면 심층 학습을 이해하기가 훨씬 쉽다. 여기서 심층 학습의 역사를 자세히 서술하지는 않겠다. 대신 다음과 같은 주요 추세들만 짚고 넘어간다.

- 심층 학습의 역사는 길고 다채롭다. 그동안 서로 다른 철학적 관점들을 반영한 수많은 이름이 등장해서 인기를 끌다가 점차 사라졌다.
- 심층 학습은 사용할 수 있는 훈련 자료의 양이 늘어남에 따라 좀 더 유용해졌다.
- 심층 학습 모형들의 크기는 심층 학습을 위한 컴퓨터 기반구조(하드웨어와 소프트웨어 모두)가 개선됨에 따라 점점 더 커졌다.
- 시간이 흐르면서 심층 학습은 점점 더 복잡한 응용문제들을 해결했으며, 그 정확성도 점점 증가했다.

1.2.1 신경망의 다양한 이름과 흥망성쇠

아마 심층 학습을 '딥 러닝'이라는 이름의 한창 뜨거운 신기술로 알고 있는 독자가 많을 것이다. 그런 독자라면 이 새로운 분야를 다루는 책에서 '역사'라는 단어가 등장하는 것을 의외로 생각할 수도 있겠다. 그러나 심층 학습의 역사는 무려 1940년대로 거슬러 올라간다. 심층 학습은 단지 새로운 **것처럼 보일** 뿐인데, 이는 최근 인기를 얻기 전 몇 년 동안은 심층 학습이 비교적 인기가 없었기 때문이자, 또한 '심층 학습'이나 '딥 러닝'이라는 이름으로 불린 것은 최근의 일이고 그전에는 여러 가지 다른 이름으로 불렸기 때문이다. 이 분야의 이름은 여러 연구자와 여러 관점의 영향에 따라 여러 번 바뀌었다.

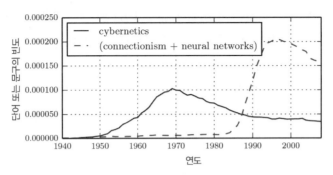

그림 1.7: 인공 신경망 연구의 역사에서 일어난 세 번의 물결 중 둘을 Google 도서(Google Books)에 "cybernetics" 라는 문구가 나온 빈도와 "connectionism" 또는 "neural networks"라는 문구가 나온 빈도로 측정한 그래프(세 번째 물결은 너무 최근이라서 생략했다). 첫 물결은 1940년대에서 1960년대에 사이버네틱스로 시작했다. 이때 생물학적 학습 이론(McCulloch & Pitts, 1943; Hebb, 1949)이 등장했고, 하나의 뉴런을 훈련할 수 있는 퍼셉트론(Rosenblatt, 1958) 같은 초창기 모형들이 구현되었다. 두 번째 물결은 1980~1995년 사이에 연결주의와 함께 시작했다. 이때 은닉층이 하나나 둘인 신경망을 훈련하는 역전파 알고리즘(Rumelhart 외, 1986a)이 나왔다. 세 번째이자 현재의 물결인 심층 학습은 2006년경에 시작했으며(Hinton 외, 2006; Bengio 외, 2007; Ranzato 외, 2007a), 이 책은 그보다 10년 정도 지난 2016 현재의 심층 학습을 반영하고 있다. 그와 비슷하게, 다른 두 물결은 해당 과학 활동이 일어났을 때보다 훨씬 이후에야 책의 형태로 나타났다.

심층 학습의 자세한 역사는 이 책의 범위를 넘는 것이다. 그러나 몇 가지 기본적인 맥락을 알아 두면 심층 학습을 이해하는 데 도움이 될 것이다. 크게 볼 때 이 분야에는 변화의 물결이 세 번 있었다. 1940년대에서 1960년대에는 심층 학습 분야를 **사이버네틱스** cybernetics(인공 두뇌학)라고 불렀으며, 1980년대에서 1990년대에는 **연결주의**(connectionism) 라고 불렀다. 그리고 2006부터 이 분야가 심층 학습이라는 이름으로 되살아났다. 그림 1.7은 이러한 흐름을 수치로 보여 준다.

오늘날 우리가 알고 있는 초창기 학습 알고리즘 중 일부는 생물학적 학습을 위한 계산 모형, 다시 말해 생물의 뇌에서 일어나는(또는 일어나리라 추측한) 학습을 본뜬 모형이었다. 그래서 당시는 심층 학습을 **인공 신경망**(artificial neural network, ANN)이라고 불렀다. 심층 학습 모형에 대한 그러한 생물학적 관점은, 생물학적 뇌(인간의 것이든, 아니면 다른 동물의 것이든)에서 영감을 받아서 학습 시스템을 구축하자는 것이다. 한때는 실제로 뇌의 기능을 이해하기 위해 이런 종류의 신경망을 사용하기도 했지만 (Hinton & Shallice, 1991), 생물학적 기능을 사실적으로 본뜨기 위해 이런 종류의 신경망을 설계하는 경우는 드물다. 심층 학습에 대한 이러한 신경과학적 시각은 두 가지 착안에서 비롯되었다. 하나는, 뇌는 생물이 지능적으로 행동할 수 있음을 보여주는 증거이며, 따라서 지능을 구축하는 개념적으로 확실한 경로는 바로 뇌에 깔린 계산 원리들을 역공학으로 파악해서 그 기능성을 복제하는 것이라는 착안이다. 또 다른 착안은, 사람의 뇌와 지능에 깔린 원리들을 이해하는 것은 대단히 흥미로운 일이며, 따라서 그러한 근본적인 과학적 질문에 영감을 제공하는 기계 학습 모형은 공학적인 응용문제를 푸는 능력과는 무관하게 그 자체로 유용하다는 것이다.

현세대의 기계 학습 모형들에 대한 현대적인 용어인 '심층 학습'은 이전 세대의 신경과학적 관점을 뛰어넘은 것이다. 심층 학습은 **다수준 구성**(multiple levels of composition) 학습이라는 좀 더 일반적인 원리에 호소한다. 그러한 원리는 뇌와 뉴런neuron(신경 단위)에서 영감을 받지 않은 기계 학습 프레임워크들에도 적용할 수 있다.

현대적인 심층 학습의 가장 이른 조상은 그냥 신경과학적 관점에서 비롯된 단순 선형 모형들이다. 이런 모형들은 n개의 입력값 $x_1,...,x_n$을 하나의 출력 y에 연관시키는 역할만 한다. 이런 모형들로 일단의 가중치 $w_1,...,w_n$을 학습해서 하나의 출력 $f(\boldsymbol{x},\boldsymbol{w})=x_1w_1+...+x_nw_n$을 계산할 수 있다. 이것이 신경망 연구의 첫 물결인 사이버네틱스에 해당한다(그림 1.7).

매컬록-피츠 뉴런McCulloch-Pitts neuron(McCulloch & Pitts, 1943)은 두뇌 기능의 초기 모형 중 하나이다. 이 선형 모형은 $f(\boldsymbol{x},\boldsymbol{w})$가 양수인지 음수인지 판정함으로써 입력들을 두 범주로 분류할 수 있었다. 물론, 이 모형이 원하는 두 범주를 제대로 구분할 수 있으려면 그 범주들을 정의하는 가중치들이 제대로 설정되어 있어야 하는데, 그 가중치들은 사람이 설정했다. 1950년대에는 각 범주의 예제 입력들로부터 원하는 범주들을 정의하는 가중치들을 학습할 수 있는 최초의 모형인 퍼셉트론(Rosenblatt, 1958; Rosenblatt, 1962)이 등장했다. 같은 시기에 등장한 **적응성 선형 요소**(adaptive linear element, ADALINE; 또는 적응성 선형 소자)는 그냥 $f(\boldsymbol{x})$ 자체의 값을 돌려줌으로써 하나의 실수實數를 예측했다(Widrow & Hoff, 1960). 또한, 그러한 수들의 예측을 자료로부터 배울 수도 있었다.

이러한 단순한 학습 알고리즘들은 현재의 기계 학습 지형에 큰 영향을 미쳤다. ADALINE의 가중치들을 적응시키는 데 쓰인 훈련 알고리즘들은 **확률적 경사 하강법**(stochastic gradient descent)이라고 부르는 알고리즘의 한 특수 사례이다. 확률적 경사 하강 알고리즘을 약간 수정한 버전들은 오늘날에도 심층 학습을 위한 주된 훈련 알고리즘들로 쓰이고 있다.

퍼셉트론과 ADALINE이 사용한, $f(\pmb{x}, \pmb{w})$에 기초한 모형들을 **선형 모형**(linear models)
이라고 부른다. 현재 아주 널리 쓰이는 기계 학습 모형 중 일부도 바로 이러한 선형
모형에 해당하지만, 모형을 **훈련**하는 방법은 원래의 모형들이 쓰였던 때와는 다르다.

선형 모형에는 한계가 많다. 가장 유명한 것은 XOR(배타적 논리합) 함수, 즉
$f([0,1], \pmb{w}) = 1$이고 $f([1,0], \pmb{w}) = 1$이지만 $f([1,1], \pmb{w}) = 0$이고 $f([0,0], \pmb{w}) = 0$인 함
수를 학습하지 못한다는 것이다. 선형 모형에서 이러한 결함들을 발견한 비평가들은
생물에서 영감을 받은 학습이라는 좀 더 일반적인 착안 자체에까지 공격의 화살을 돌
렸다(Minsky & Papert, 1969). 이때 처음으로 신경망의 인기가 크게 떨어졌다.

오늘날 신경과학은 심층 학습 연구자들에게 영감을 주는 중요한 원천으로 간주되긴
하지만, 더 이상 이 분야의 유력한 지침으로 작용하지는 않는다.

오늘날 심층 학습 연구에서 신경과학의 역할이 낮아진 주된 이유는, 그냥 뇌를 지침
으로 삼을 수 있을 정도로 우리가 뇌를 잘 알지는 못하기 때문이다. 뇌의 작동에 쓰이
는 실제 알고리즘들을 깊게 이해하기 위해서는 서로 연결된 (적어도) 수천 개의 뉴런
들의 활동을 동시에 감시할 수 있어야 한다. 현재 그런 일은 불가능하기 때문에, 뇌
중에서 가장 간단하고 잘 연구된 부분조차도 우리가 이해하고 있다고는 말하기 힘들
다(Olshausen & Field, 2005).

신경과학은 하나의 심층 학습 알고리즘이 서로 다른 여러 과제를 해결할 수 있다는
희망에 나름의 근거를 제공했다. 신경과학자들은 페럿(흰족제비)의 뇌를 조작해서 시
각 신호를 청각 신호를 처리하는 영역으로 보내도 여전히 페럿이 사물을 "볼" 수 있다
는 점을 발견했다(Von Melchner 외, 2000). 이러한 발견은 포유류 뇌의 상당 부분이 단일
한 알고리즘을 이용해서 서로 다른 아주 어려운 과제들(뇌가 일상적으로 처리하는)을 해
결한다는 점을 암시한다. 이러한 가설이 나오기 전에는 기계 학습 연구가 지금보다
더 파편화되어 있었다. 이를테면 자연어 처리, 컴퓨터 시각, 운동 계획, 음성을 연구하
는 공동체가 따로 있었다. 오늘날에도 그러한 응용 공동체들은 여전히 분리되어 있지
만, 그래도 심층 학습 연구 그룹들이 그런 응용 영역 다수 또는 전부를 동시에 연구하
는 경우가 흔하다.

신경과학에서 심층 학습의 연구를 위한 대략적인 지침 몇 가지를 유도할 수 있다.
계산 단위들이 그 자체로는 지능적이지 않지만, 그 단위들을 서로 연결하면 지능적인

행동이 나타난다는 기본적인 착안은 뇌에서 얻은 것이다. 네오코그니트론neocognitron (Fukushima, 1980)은 영상 처리를 위한 강력한 모형 구조를 소개했는데, 그 구조는 포유류의 시각 체계에서 영감을 받았다. 이후 네오코그니트론은 §9.10에서 살펴볼 현재의 합성곱 신경망(convolutional network; LeCun 외, 1998b)의 기초가 되었다. 오늘날의 신경망들은 대부분 **정류 선형 단위**(rectified linear unit, ReLU)라고 부르는 모형 뉴런에 기초한다. 원래의 코그니트론(Fukushima, 1975)은 뇌의 기능에 대한 당시의 이해에 크게 영감을 받은 좀 더 복잡한 버전을 소개했다. 그보다 단순해진 현대의 버전은 다양한 관점에서 비롯된 착안들을 통합한 것인데, [Nair & Hinton, 2010]과 [Glorot 외, 2011a]에 신경과학의 영향들이 언급되어 있고, [Jarrett 외, 2009]에는 좀 더 공학 지향적인 영향들이 언급되어 있다. 신경과학이 중요한 영감의 원천이긴 하지만, 엄격한 지침으로 간주해서는 안 된다. 알려진 바로, 뇌의 실제 뉴런들은 현재의 정류 선형 단위와는 아주 다른 함수를 계산한다. 그리고 아직은 뇌와 뉴런들을 좀 더 사실적으로 재현한다고 해서 기계 학습의 성과가 개선되는 것은 아니라는 점도 알려졌다. 또한, 신경과학이 여러 신경망 **아키텍처**architecture들에 성공적으로 영감을 제공하긴 했지만, 신경과학의 생물학적 학습이 그런 아키텍처들을 훈련하는 데 쓰이는 **학습 알고리즘**들에 그만큼의 지침을 제공하는지는 아직 알 수 없다.

방송·언론들은 심층 학습과 뇌의 유사성을 강조하는 경향이 있다. 핵 기계(kernel machine)나 베이즈 통계학 등 기계 학습의 다른 분야에서 일하는 연구자들보다 심층 학습 연구자들이 영감의 원천으로 뇌를 드는 경우가 많은 것은 사실이다. 그러나 현대적인 심층 학습은 그 외에도 많은 분야에서 영감을 끌어온다. 특히 선형대수나 확률, 정보 이론, 수치 최적화 같은 응용 수학의 근본 분야에서 영감을 많이 받는다. 신경과학을 영감의 중요한 원천으로 드는 심층 학습 연구자들도 있지만, 신경과학을 전혀 신경 쓰지 않는 연구자들도 있다.

단, 뇌의 작동 방식을 알고리즘 수준에서 이해하고자 하는 작업은 여전히 활발하게 진행되고 있음을 주목하기 바란다. 그러한 노력을 흔히 '계산뇌과학(computational neuroscience)'이라고* 부른다. 계산뇌과학은 심층 학습 연구와는 개별적인 분야이지만, 연구자들이 두 분야를 오가는 경우가 흔하다. 심층 연구 분야는 기본적으로 지능이

※ **역주** neuroscience를 흔히 신경과학이라고 옮기지만, 여기서는 관련 국내 학회의 명칭이 한국계산뇌과학회(Korean Society for Computational Neuroscience)라는 점을 참작해서 '계산뇌과학'을 사용했다.

필요한 과제를 성공적으로 해결할 수 있는 컴퓨터 시스템을 구축하는 문제에 관심을 두지만, 계산뇌과학 분야는 기본적으로 뇌의 실제 작동 방식을 좀 더 정확하게 반영하는 모형을 구축하는 문제에 관심을 둔다.

1980년대에 신경망 연구의 두 번째 물결이 시작되었다. 그 물결의 주된 동력은 **연결주의**(connectionism) 또는 **병렬 분산 처리**(parallel distributed processing)라고 부르는 움직임이었다(Rumelhart 외, 1986c; McClelland 외, 1995). 연결주의는 인지과학(cognitive science)의 맥락에서 등장했다. 인지과학은 의식(정신)을 이해하려는 학문 분야로, 정신 분석의 다양한 수준들이 결합하여 있다. 1980년대 초반에 대부분의 인지과학자는 기호 추론(symbolic reasoning) 모형을 연구했다. 그러한 기호 추론 모형은 인기가 높긴 했지만, 뇌가 뉴런들을 이용해서 실제로 추론을 수행하는 방식에 근거해서 기호 추론 모형을 설명하기가 어려웠다. 연결주의자들은 실제로 신경 구현들에 근거할 수 있는 인지 모형들을 공부하기 시작했다(Touretzky & Minton, 1985). 그 과정에서 1940년대에 심리학자 도널드 헵Donald Hebb이 이룩한 연구 성과(Hebb, 1949)로까지 거슬러 올라가는 여러 착안이 되살아났다.

연결주의의 핵심 착안은, 많은 수의 단순한 계산 단위를 연결해서 망(네트워크)을 만들면 지능적인 행동이 나타난다는 것이다. 이러한 통찰은 생물학적 신경계의 뉴런들과 계산 모형의 은닉 단위(은닉층 계산 단위)들에 동등하게 적용된다.

1980년대의 연결주의 운동에서 제기된 몇몇 핵심 개념은 오늘날의 심층 학습에도 여전히 중심 개념으로 자리잡고 있다.

그런 개념 중 하나는 **분산 표현**(distributed representation; Hinton 외, 1986)이다. 분산 표현에 깔린 착안은, 시스템의 각 입력을 여러 개의 특징으로 표현해야 하며, 각 특징이 가능한 한 많은 입력의 표현에 관여해야 한다는 것이다. 예를 들어 세 가지 물체 승용차, 트럭, 새를 인식할 수 있는 시각 시스템이 있다고 하자. 각 물체의 색은 빨간색일 수도 있고, 녹색이나 파란색일 수도 있다. 그런 시스템의 입력들을 표현하는 한 가지 방법은, 가능한 아홉 가지 조합(빨간 트럭, 빨간 승용차, 빨간 새, 녹색 트럭, 등등) 각각에 대해 개별적인 뉴런 또는 은닉 단위를 활성화하는 것이다. 그러면 총 아홉 개의 뉴런이 필요하며, 각 뉴런이 색상과 물체의 정체 개념을 독립적으로 학습하게 해야 한다. 분산 표현을 이용하면 이러한 부담스러운 상황을 좀 더 개선할 수 있다. 분산 표현 접근 방식에서는 색상을 서술하는 뉴런 세 개와 물체의 정체를 서술하는 뉴런 세 개만 있으면 된다. 즉, 필요한 뉴런은 아홉 개가 아니라 여섯 개이다. 그리고 빨간색을 서술하는 뉴런은 승용차, 트럭, 새 중 한 가지가 아니라 셋 모두의 이미지에서 빨간색을 배울 수 있다. 분산 표현은 이 책의 핵심 개념 중 하나로, 제15장에서 좀 더 자세히 설명한다.

연결주의 운동의 또 다른 주된 성과는 내부 표현들을 가진 심층 신경망을 훈련하는 데 역전파(back-propagation) 알고리즘을 성공적으로 적용했다는 것과 역전파 알고리즘을 널리 알렸다는 점이다(Rumelhart 외, 1986a; LeCun, 1987). 이 알고리즘의 인기가 부침을 겪긴 했지만, 역전파는 오늘날 심층 학습 모형의 훈련에 대한 주된 접근 방식이다.

1990년대에는 연구자들이 신경망으로 순차열(sequence)을 모형화)하는 데 중요한 진전을 이루었다. [Hochreiter, 1991]과 [Bengio 외, 1994]는 긴 순차열을 모형화(modeling)할 때의 근본적인 수학적 난제들 몇 가지를 지적했는데, 이에 관해서는 §10.7에서 설명한다. [Hochreiter & Schmidhuber, 1997]은 그러한 난제 중 일부를 해결하는 장단기 기억(long short-term memory, LSTM) 신경망을 소개했다. 오늘날 LSTM망은 구글의 여러 자연어 처리 과제들을 비롯해 많은 수의 순차열 모형화 작업에 널리 쓰이고 있다.

신경망 연구의 두 번째 물결은 1990년대 중반까지 지속되었다. 신경망과 기타 인공지능 기술들에 기초한 벤처 회사들은 투자자의 눈길을 끌기 위해 비현실적으로 야심만만한 주장을 내놓았다. 그러나 인공지능 연구가 그러한 비합리적인 기대를 충족하지 못하자 투자자들은 실망했다. 그와 동시에 기계 학습의 다른 분야들이 진전을 보였다. 핵 기계(kernel machine; Boser 외, 1992; Cortes & Vapnik, 1995; Schölkopf 외, 1999)와 그래프 모형(graphical model; Jordan, 1998) 둘 다 여러 주요 과제들에서 좋은 성과를 냈다. 이 두 요인 때문에 신경망의 인기가 떨어지기 시작했으며, 그러한 하락세는 2007년까지 이어졌다.

이 시기에도 신경망은 몇몇 과제에 대해 인상적인 성능을 보여주었다(LeCun 외, 1998b; Bengio 외, 2001). 신경망 연구의 명맥이 유지된 데는 CIFAR(Canadian Institute for Advanced Research; 캐나다 고등연구소)의 NCAP(Neural Computation and Adaptive Perception; 신경 계산 및 적응성 인지) 연구 프로젝트가 도움이 되었다. 이 프로젝트는 토론토 대학교(University of Toronto)의 제프리 힌턴Geoffrey Hinton, 몬트리올 대학교(University of Montreal)의 요슈아 벤지오Yoshua Bengio, 뉴욕 대학교(New York University)의 얀 르쿤Yann LeCun이 각각 이끌던 기계 학습 연구진들을 통합했다. CIFAR의 이러한 다분야 NCAP

연구 프로그램에는 신경과학자들과 인간 시각 및 컴퓨터 시각 전문가들도 참여했다.

이 시기에는 심층망(심층 신경망)을 훈련하기가 몹시 어렵다는 믿음이 널리 퍼져 있었다. 현재의 우리는 1980년대에 나온 알고리즘들로도 심층망을 꽤 잘 훈련할 수 있음을 알고 있지만, 2006년경에는 그 점이 명확하지 않았다. 어쩌면, 그냥 그런 알고리즘들의 계산 비용이 너무 커서 당시 사용 가능한 하드웨어로는 실험을 충분히 할 수 없었던 것이 이유였을 수도 있다.

신경망의 세 번째 물결은 2006년에 일어난 한 혁신으로 시작했다. 제프리 힌턴은 심층 믿음망(deep belief network)이라고 부르는 종류의 신경망을 '탐욕적 층별 사전훈련(greedy layer-wise pretraining)'이라고 부르는 전략을 이용해서 효율적으로 훈련할 수 있음을 보였다(Hinton 외, 2006). 이에 관해서는 §15.1에서 좀 더 자세히 설명한다. 다른 CIFAR 참여 연구진들은 같은 전략으로 다른 여러 종류의 심층망을 훈련할 수 있다는 점도 빠르게 증명했다(Bengio 외, 2007; Ranzato 외, 2007a). 또한, 검사 사례(test example)들을 체계적으로 개선하는 데에도 그런 전략이 도움이 된다는 점도 보여 주었다. 신경망의 이러한 새 물결 덕분에, 연구자들이 이제는 이전보다 더 깊은 신경망을 훈련할 수 있음을 강조하는, 그리고 깊이의 이론적 중요도에 좀 더 관심을 두게 하는 '심층 학습'이라는 용어가 좀 더 널리 쓰이게 되었다(Bengio & LeCun, 2007; Delalleau & Bengio, 2011; Pascanu 외, 2014a; Montufar 외, 2014). 이 시기에 심층 신경망은 다른 기계 학습 기술들에 기초한 경쟁 AI 시스템들은 물론이고 손으로 설계한 기능성에 의존하는 AI 시스템들보다도 우월한 성능을 보여주었다. 신경망의 이러한 세 번째 유행 물결은 이 책을 쓰는 현재까지 이어지고 있다. 단, 이 시기 안에서 심층 학습 연구의 초점은 극적으로 바뀌었다. 세 번째 물결의 초기에는 무감독(비지도) 학습 기법과 심층 모형이 작은 자료 집합으로도 잘 일반화되는 능력이 주목받았지만, 요즘은 훨씬 더 오래된 감독(지도) 학습 알고리즘들과 심층 모형이 대규모의 분류된 자료 집합(labeled dataset)을 활용하는 능력이 좀 더 관심을 끌고 있다.

1.2.2 자료 집합 크기의 증가

인공 신경망의 첫 실험이 벌써 1950년대에 실행되었음에도 사람들이 심층 학습을 최신 기술로 알고 있는 것은 다소 의아한 일이다. 심층 학습은 1990년대부터 상용 응용 프로그램들에서 성공적으로 쓰였지만, 얼마 전까지만 해도 기술보다는 예술(art)에 가까운, 전문가들이나 사용할 수 있는 어떤 것으로 간주하는 경우가 많았다. 심층 학습 알고리즘으로 좋은 성과를 얻으려면 어느 정도 숙련된 기술이 필요한 것은 사실이지만, 다행히도 필요한 숙련도의 수준은 자료 집합의 크기가 증가함에 따라 감소한다. 오늘날 복잡한 과제에 대해 인간 수준의 성과를 내는 학습 알고리즘들은 1980년대에 장난감 수준의 문제들을 힘겹게 풀던 알고리즘들과 거의 동일하다. 바뀐 것은 그런 알고리즘들로 훈련하는 모형들이다. 요즘의 모형들은 아주 깊은 아키텍처를 이전보다 훨씬 수월하게 배운다. 가장 중요한 발전은, 이제는 그런 알고리즘들이 좋은 성과를 내는 데 충분한 자원을 알고리즘에 제공할 수 있다는 것이다. 그림 1.8은 시간이 흐르면서 벤치마크용 자료 집합들의 크기가 얼마나 현저하게 증가했는지 보여준다. 이러

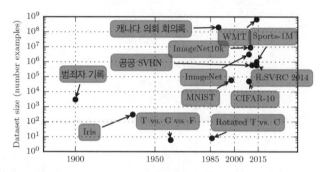

그림 1.8: 시간에 따른 자료 집합 크기 증가. 1900년대 초반 통계학자들은 직접 수집한 수백, 수천의 측정값들을 담은 자료 집합을 연구했다(Garson, 1900; Gosset, 1908; Anderson, 1935; Fisher, 1936). 1950년대에서 1980년대까지는 생물학에서 영감을 받은 기계 학습의 선구자들이 계산 비용이 낮은 소규모의 합성 자료 집합(이를테면 글자들의 이미지를 담은 저해상도 비트맵)을 연구에 사용하는 경우가 많았다. 그들은 신경망이 특정 종류의 함수를 배울 수 있음을 보여주는 데 그런 자료 집합을 사용했다(Widrow & Hoff, 1960; Rumelhart 외, 1986b). 1980년대와 1990년대에는 기계 학습이 통계학에 좀 더 가까워졌으며, 수만 개의 사례를 담은 좀 더 큰 자료 집합들을 활용하기 시작했다. 손으로 쓴 숫자들을 스캔한 MNIST 자료 집합(그림 1.9)이 그러한 예이다(LeCun 외, 1998b). 새 천 년이 시작되고 처음 10년간은 같은 크기의 좀 더 정교한 자료 집합들이 계속 만들어졌다. CIFAR-10 자료 집합(Krizhevsky & Hinton, 2009)이 그러한 예이다. 2000년대 말에서 시작해서 현재(2010년대 중후반)는 수십만에서 수억 개의 사례들을 담은 훨씬 큰 자료 집합들이 쓰이는데, 이 덕분에 심층 학습으로 할 수 있는 일들이 완전히 바뀌었다. 그런 자료 집합으로는 공공 SVHN(Street View House Numbers; 스트리트뷰에 찍힌 주택 번지수들) 자료 집합(Netzer 외, 2011), ImageNet 자료 집합의 여러 버전들(Deng 외, 2009; Deng 외, 2010a; Russakovsky 외, 2014a), Sports-1M 자료 집합(Karpathy 외, 2014) 등이 있다. 그래프의 제일 위에는 IBM의 캐나다 의회 회의록(Canadian Hansard)으로 만든 자료 집합(Brown 외, 1990)과 WMT 2014 English to French(영-불 번역) 자료 집합(Schwenk, 2014) 등 번역된 문장들의 자료 집합이 있는데, 대체로 이런 자료 집합들은 다른 자료 집합들보다 훨씬 크다.

한 증가 추세는 사회의 디지털화 증가에 힘입은 것이다. 사람들이 컴퓨터로 하는 활동이 많아질수록, 그러한 활동을 기록한 자료도 늘어난다. 그리고 점점 더 많은 컴퓨터가 네트워크에 연결될수록 기록 자료를 중앙집중화하고 기계 학습 응용 프로그램에 적합한 형태의 자료 집합으로 정리하기가 쉬워진다. 소위 '빅데이터'Big Data 시대에 접어들면서 기계 학습이 훨씬 쉬워졌는데, 이는 학습의 핵심적인 부담인 통계적 추정(statistical estimation)의 부담, 즉 적은 양의 자료만 관측해서 얻은 결론을 새로운 자료에

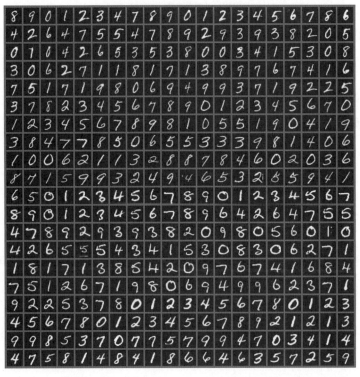

그림 1.9: MNIST 자료 집합에서 뽑은 입력들의 예. MNIST의 "NIST"는 애초에 이 자료를 수집한 기관인 National Institute of Standards and Technology(미국 국립 표준 기술 연구소)를 뜻한다. 그리고 "M"은 "modified(수정된)"를 뜻하는데, 이는 이 자료 집합이 기계 학습 알고리즘들의 편의를 위해 전처리를 거쳤음을 반영한 것이다. MNIST 자료 집합은 손으로 쓴 숫자 이미지들과 각 이미지에 담긴 것이 숫자 0~9 중 어떤 것인지 말해 주는 이름표들로 구성되어 있다. 이 간단한 분류 문제는 심층 학습 연구에 가장 널리 쓰이는, 그리고 가장 간단한 검사 중 하나이다. 현대적인 기법들로는 꽤 쉽게 풀리는 문제이긴 하지만, 그래도 여전히 널리 쓰이고 있다. 제프리 힌턴은 이것을 "기계 학습의 초파리(drosophila)"라고 묘사한 적이 있는데, 이는 이 자료 집합이 마치 생물학자들이 초파리를 연구하듯이 기계 학습 연구자들이 자신의 알고리즘을 잘 통제된 실험실 조건 안에서 연구할 수 있게 하는 수단이라는 뜻이다.

잘 일반화하는 작업의 부담이 상당히 가벼워졌기 때문이다. 2016년 현재, 대략적인 수치로 말하자면 감독 심층 학습(supervised deep learning) 알고리즘은 범주마다 약 5,000개의 분류된 사례들로 모형을 훈련하면 꽤 쓸만한 성과를 내며, 적어도 1000만 개의 분류된 사례를 담은 자료 집합으로 훈련하면 사람과 같거나 우월한 성과를 낸다. 이보다 작은 자료 집합으로 성공적인 결과를 얻는 것은 중요한 연구 분야이다. 그런 연구 분야는 특히 무감독 또는 준감독(semi-supervised) 학습에서 분류되지 않은(unlabeled) 대량의 사례들을 활용하는 문제에 초점을 두고 있다.

1.2.3 모형 크기의 증가

신경망이 1980년대에 비교적 작은 성공을 거둔 후에 오늘날에 와서야 널리 흥하게 된 또 다른 주요 이유는, 이제는 훨씬 큰 모형을 실행하기에 충분한 계산 자원이 마련되

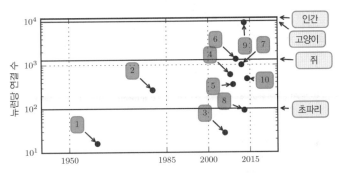

그림 1.10: 시간에 따른 뉴런당 연결 수 증가 추세. 초창기 인공 신경망의 뉴런 간 연결은 하드웨어 능력의 제약을 받았다. 오늘날 뉴런 간 연결은 대부분 설계상의 고려사항이다. 어떤 인공 신경망은 뉴런당 연결 수가 고양이의 뇌와 거의 비슷한 수준이다. 그리고 쥐처럼 좀 더 작은 포유류의 뉴런당 연결 수에 근접하는 신경망들은 많이 있다. 사람의 뇌도 뉴런당 연결 수가 인공 신경망의 것보다 엄청나게 많지는 않다. 생물학적 신경망 크기들은 [Wikipedia, 2015]를 참고했다.

1. 적응성 선형 요소(Widrow & Hoff, 1960)
2. 네오코그니트론(Fukushima, 1980)
3. GPU 가속 합성곱 신경망(Chellapilla 외, 2006)
4. 심층 볼츠만 기계(Salakhutdinov & Hinton, 2009a)
5. 무감독 합성곱 신경망(Jarrett 외, 2009)
6. GPU 가속 다층 퍼셉트론(Ciresan 외, 2010)
7. 분산 자동부호기(Le 외, 2012)
8. 다중 GPU 합성곱 신경망(Krizhevsky 외, 2012)
9. COTS HPC 무감독 합성곱 신경망(Coates 외, 2013)
10. GoogLeNet(Szegedy 외, 2014a)

었다는 것이다. 연결주의의 주된 통찰 중 하나는, 많은 수의 뉴런이 함께 작동할 때 동물이 지능적인 행동을 보인다는 것이다. 개별 뉴런 또는 적은 수의 뉴런은 그리 유용하지 않다.

생물학적 뉴런들이 특별히 빽빽하게 연결되어 있는 것은 아니다. 그림 1.10에서 보듯이, 수십 년 전부터 기계 학습 모형들의 뉴런당 연결 수는 동물들의 것보다 훨씬 많으며, 심지어 포유류의 것보다도 많다(포유류의 뉴런당 연결 수의 수십 배 수준).

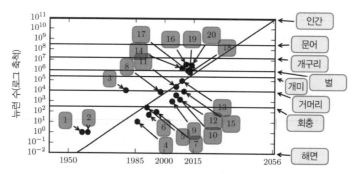

그림 1.11: 시간에 따른 뉴런 수 증가 추세. 은닉 단위들이 도입된 후부터 인공 신경망의 크기는 약 2.4년마다 두 배로 증가했다. 생물학적 신경망 크기들은 [Wikipedia, 2015]를 참고했다.

1. 퍼셉트론(Rosenblatt, 1958; Rosenblatt, 1962)
2. 적응성 선형 요소(Widrow & Hoff, 1960)
3. 네오코그니트론(Fukushima, 1980)
4. 초기 역전파망(Rumelhart 외, 1986b)
5. 음성 인식용 순환 신경망(Robinson & Fallside, 1991)
6. 음성 인식용 다층 퍼셉트론(Bengio 외, 1991)
7. 평균장 S자형 믿음망(Saul 외, 1996)
8. LeNet-5(LeCun 외, 1998b)
9. 반향 상태 신경망(Jaeger & Haas, 2004)
10. 심층 믿음망(Hinton 외, 2006)
11. GPU-가속 합성곱 신경망(Chellapilla 외, 2006)
12. 심층 볼츠만 기계(Salakhutdinov & Hinton, 2009a)
13. GPU 가속 심층 믿음망(Raina 외, 2009)
14. 무감독 합성곱 신경망(Jarrett 외, 2009)
15. GPU 가속 다층 퍼셉트론(Ciresan 외, 2010)
16. OMP-1 신경망(Coates & Ng, 2011)
17. 분산 자동부호기(Le 외, 2012)
18. 다중 GPU 합성곱 신경망(Krizhevsky 외, 2012)
19. COTS HPC 무감독 합성곱 신경망(Coates 외, 2013)
20. GoogLeNet(Szegedy 외, 2014a)

총 뉴런 수를 따지자면, 그림 1.11에서 보듯이 비교적 최근까지도 인공 신경망의 뉴런 수는 놀랄 만큼 적다. 그러나 시간이 지남에 따라 신경망의 크기는 계속 커지고 있다. 은닉 단위들이 도입된 후부터 인공 신경망의 크기는 약 2.4년마다 두 배로 증가했다. 이러한 성장의 동력은 컴퓨터의 속도와 메모리 증가, 그리고 사용 가능한 자료 집합의 크기 증가이다. 신경망이 크면 좀 더 복잡한 과제들을 좀 더 정확하게 처리할 수 있다. 이러한 추세는 이후 수십 년 동안 지속할 것으로 보인다. 인공 신경망들의 규모를 더 빨리 증가하는 어떤 새로운 기술들이 등장하지 않는 한, 인공 신경망의 뉴런 수가 사람의 뇌의 뉴런 수를 따라잡으려면 적어도 2050년대는 되어야 할 것이다. 그리고 생물학적 뉴런들이 현재의 인공 뉴런들보다 좀 더 복잡한 기능들을 표현할 수 있으므로, 뉴런 수가 비슷해지는 날이 오더라도 여전히 생물학적 신경망이 인공 신경망보다 훨씬 더 클 것이다.

돌이켜 보면, 거머리보다도 뉴런 수가 적은 신경망으로 복잡한 인공지능 문제를 풀지 못했던 것은 별로 놀랄 일이 아니다. 계산 시스템치고는 상당히 큰 시스템이라 할 수 있는 오늘날의 인공 신경망조차도, 개구리처럼 비교적 원시적인 척추동물의 신경계보다 작다.

시간이 흐르면서 CPU들이 더 빨라지고, 범용 GPU들이 대중화되고(§12.1.2 참고), 네트워크 연결이 더 빨라지고 분산 컴퓨팅을 위한 소프트웨어 기반구조가 개선됨에 따라 모형의 크기가 증가한 것은 심층 학습 역사에서 가장 중요한 추세 중 하나이다. 대체로, 이러한 추세는 이후에도 꽤 오랫동안 계속될 것으로 기대한다.

1.2.4 정확성과 복잡도, 그리고 실세계에 미치는 영향의 증가

1980년대부터 심층 학습의 인식 및 예측 정확도가 꾸준히 개선되었다. 또한, 심층 학습을 성공적으로 적용할 수 있는 응용 분야도 그 범위가 계속해서 넓어졌다.

초창기 심층 학습 모형들은 여백이 거의 없는 매우 작은 이미지 안에 있는 개별 물체를 인식하는 데 쓰였다(Rumelhart 외, 1986a). 그 후로 신경망이 처리할 수 있는 이미지의 크기가 계속 증가했다. 현재의 사물 인식(object recognition; 또는 사물 재인, 물체 인식) 신경망들은 다채로운 고해상도 사진들을 처리하며, 사진에서 인식할 물체만 남기고 주변 여백을 제거해야 할 필요도 없다(Krizhevsky 외, 2012). 또한, 초창기 신경망들은 오직 두 종류의 물체만(경우에 따라서는 한 종류의 물체의 존재 여부만) 식별할 수 있었지

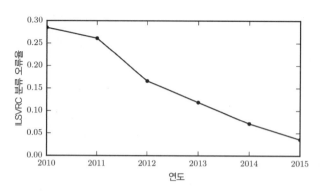

그림 1.12: 시간에 따른 오류율 감소 추세. 심층 신경망이 ILSVRC에서 좋은 성과를 낼 수 있을 정도의 규모에 도달한 후부터는 매년 심층 신경망이 그 대회의 우승컵을 차지하고 있으며, 오류율도 계속 낮아지고 있다. 그래프의 수치들은 [Russakovsky 외, 2014b]와 [He 외, 2015]에서 추출한 것이다.

만, 요즘에는 적어도 1천 가지 범주의 물체들을 인식하는 신경망들이 흔하다. 최대의 사물 인식 성능 경쟁 행사는 매년 열리는 ILSVRC(ImageNet Large Scale Visual Recognition Challenge; ImageNet 대규모 시각 인식 대회)이다. 심층 학습이 마치 혜성처럼 시선을 끌게 된 극적인 순간은, 합성곱 신경망이 이 대회에 처음으로 등장해서 월등한 성적으로 우승한 사건이었다. 상위 다섯 범주에 대한 오류율(top-5 error rate)은 그때까지만 해도 26.1%가 최선이었지만, 합성곱 신경망은 그 오류율을 15.3%로 끌어내렸다(Krizhevsky 외, 2012). 즉, 주어진 이미지가 속할 만한 범주들을 그 가능성에 따라 나열한 목록의 상위 다섯 범주 중에 이미지의 실제 범주가 없는 검례 이미지들이 예전에는 전체 이미지의 26.1%였지만, 합성곱 신경망의 경우에는 그 비율이 15.3%밖에 되지 않았다. 이때부터 심층 합성곱 신경망이 이런 대회들에서 꾸준히 우승을 차지했다. 이 글을 쓰는 현재, 심층 학습은 이 대회에서 상위 5 범주 오류율을 3.6%까지 끌어 내릴 정도로 발전했다 (그림 1.12 참고).

심층 학습은 음성 인식에도 심대한 영향을 미쳤다. 음성 인식의 오류율은 1990년대에는 꾸준히 개선되었지만, 약 2000년부터는 개선이 정체되기 시작했다. 그러나 심층 학습이 음성 인식에 도입되면서(Dahl 외, 2010; Deng 외, 2010b; Seide 외, 2011; Hinton 외, 2012a) 오류율이 갑자기 뚝 떨어졌다. 일부 오류율은 절반으로 줄었다. 이 역사는 §12.3 에서 좀 더 자세히 살펴보겠다.

심층 신경망은 또한 보행자 검출(pedestrian detection)과 영상 분할(image segmentation)

에서도 주목할 만한 성공을 거두었다(Sermanet 외, 2013; Farabet 외, 2013; Couprie 외, 2013). 그리고 교통 표지판 분류(traffic sign classification)에서는 인간을 능가하는 성과를 보였다(Ciresan 외, 2012).

같은 시기에 심층 신경망의 규모와 정확도도 증가해서, 심층 신경망으로 처리할 수 있는 과제들의 복잡도가 증가했다. [Goodfellow 외, 2014d]는 주어진 이미지에서 하나의 물체를 인식하는 것이 아니라 이미지에 있는 일련의 문자들을 모두 인식해서 출력할 수 있음을 보여주었다. 이전에는 이런 종류의 학습을 위해서는 문자열의 개별 요소를 일일이 분류해야 한다고 믿는 연구자들이 많았다(Gülçehre & Bengio, 2013). 요즘에는 앞에서 언급한 LSTM(장단기 기억) 순차열 모형 같은 순환 신경망(recurrent neural network)을 그냥 고정된 입력들이 아니라 **순차열**과 다른 **순차열**들의 관계를 모형화하는 데 사용한다. 이러한 순차열 대 순차열 학습 덕분에 조만간 또 다른 응용인 기계 번역에서 혁신이 일어날 것이다(Sutskever 외, 2014; Bahdanau 외, 2015).

이러한 복잡도 증가 추세를 논리적으로 연장하면, 기억 세포(memory cell)에 해당하는 저장 단위들을 읽어서 학습하고 임의의 내용을 저장 단위들에 기록하는 신경 튜링 기계(neural Turing machine)가 구현될 것이라는 귀결로 이어진다(Graves 외, 2014a). 그런 신경망은 원하는 결과들의 사례들로 간단한 프로그램을 학습할 수 있다. 예를 들어 순서가 뒤섞인 수열들과 정렬된 수열들로 훈련하면 신경망은 수열을 정렬하는 방법을 배우게 될 것이다. 이러한 자기 프로그래밍 기술은 아직 초보 단계이지만, 미래에는 이론적으로 거의 모든 과제에 적용할 수 있을 것이다.

심층 학습의 또 다른 주요 업적은 **강화 학습**(reinforcement learning)에도 심층 학습이 도입된 것이다. 강화 학습에서 자율 에이전트는 주어진 과제를 수행하는 방법을 시행착오를 통해서 스스로, 즉 인간 운영자의 그 어떤 지도도 없이 배워나간다. 딥마인드 DeepMind는 심층 학습에 기초한 강화 학습 시스템이 Atari의 비디오 게임들을 플레이하는 방법을 배울 수 있으며 여러 과제에서 인간 수준의 성과를 낼 수 있음을 보여주었다(Mnih 외, 2015). 심층 학습은 또한 로봇공학을 위한 강화 학습의 성능도 현저하게 개선했다(Finn 외, 2015).

심층 학습의 이러한 여러 응용은 수익성이 높다. 현재 Google, Microsoft, Facebook, IBM, Baidu, Apple, Adobe, Netflix, NVIDIA, NEC 같은 여러 일류 기술 기업들이 심층 학습을 활용하고 있다.

심층 학습의 발전은 소프트웨어 기반구조의 발전에도 크게 의존한다. 중요한 연구 프로젝트들이나 상용 제품들은 모두 Theano(Bergstra 외, 2010; Bastien 외, 2012), PyLearn2 (Goodfellow 외, 2013c), Torch(Collobert 외, 2011b), DistBelief(Dean 외, 2012), Caffe(Jia, 2013), MXNet(Chen 외, 2015), TensorFlow(Abadi 외, 2015) 같은 소프트웨어 라이브러리들의 도움을 받았다.

심층 학습은 또한 다른 과학 분야에도 기여했다. 현세대의 사물 인식용 합성곱 신경 망들은 신경과학자들이 연구할 만한 시각 처리 모형을 제공했다(DiCarlo, 2013). 심층 학습은 여러 과학 분야에서 대량의 자료를 처리하거나 유용한 예측을 만드는 데에도 유용한 도구로 쓰인다. 예를 들어 심층 학습은 제약회사들의 신약 개발을 위해 분자들이 상호작용하는 방식을 예측하는 데 성공적으로 쓰였으며(Dahl 외, 2014), 아원자 입자 검색(Baldi 외, 2014)이나 인간 두뇌의 3차원 지도를 구축하는 데 쓰이는 현미경 사진들의 자동 파싱 작업(Knowles-Barley 외, 2014)에도 성공적으로 쓰였다. 이후 여러 과학 분야에서 심층 학습이 점점 더 많이 등장할 것으로 예측한다.

정리하자면, 심층 학습은 기계 학습에 대한 하나의 접근 방식으로, 인간의 뇌에 관한 지식과 통계학, 응용 수학에서 많은 것을 가져왔으며 수십 년의 발전 역사가 있다. 최근 몇 년 사이에 심층 학습의 인기와 유용함이 엄청나게 증가했는데, 이는 대체로 컴퓨터들이 더 강력해지고, 자료 집합들이 더 커지고, 좀 더 깊은 신경망을 훈련할 수 있는 기법들이 등장한 덕분이다. 심층 학습은 아직도 발전 중이다. 심층 학습을 더욱 개선하고 심층 학습을 새로운 전선으로 이끌고 가는 데 필요한 다양한 과제들과 기회들이 우리 앞에 놓여 있다.

제1부
응용 수학과 기계 학습의 기초

이 책의 제1부는 심층 학습을 이해하는 데 필요한 기본적인 수학 개념들을 소개한다. 제1부의 처음 몇 장(chapter)은 변수가 여러 개인 함수를 정의하거나, 그런 함수들의 최고점과 최저점을 찾거나, 믿음의 정도를 수량화하는 데 필요한 응용 수학의 일반적인 개념들을 소개한다.

그다음 장들은 기계 학습의 근본적인 목표들을 소개하고, 특정한 믿음(belief)을 나타내는 모형을 지정하고, 그러한 믿음이 현실과 얼마나 부합하는지 측정하는 비용함수를 설계하고, 훈련 알고리즘을 이용해서 그러한 비용함수의 값을 최소화함으로써 그러한 목표들을 달성하는 방법을 설명한다.

제1부에서 다루는 기본 틀은 그리 깊지 않은 기계 학습 접근 방식들을 포함한 아주 다양한 기계 학습 알고리즘들의 토대이다. 이후의 부들은 바로 이 틀 안에서 심층 학습 알고리즘들을 전개한다.

2

선형대수

수학의 한 분야인 선형대수(linear algebra)는 과학과 공학 전반에서 널리 쓰인다. 그러나 선형대수는 이산수학이 아니라 연속수학에 속하기 때문에, 컴퓨터 과학자 중에 의외로 선형대수에 익숙하지 않은 사람이 많다. 여러 기계 학습 알고리즘들, 특히 심층학습 알고리즘들을 이해하고 사용하려면 선형대수를 잘 알아야 한다. 그런 만큼, 심층학습을 논의하기 전에 선형대수의 필수적인 주요 개념들부터 살펴보는 것이 바람직하다.

선형대수에 이미 익숙한 독자는 이번 장을 건너뛰어도 좋다. 선형대수를 접한 적이 있지만 주요 공식들을 모두 기억하지는 않아서 상세한 참고자료가 필요한 독자에게는 *The Matrix Cookbook*(Petersen & Pedersen, 2006)을 추천한다. 선형대수를 전혀 모르는 독자라면, 비록 이 책을 읽는 데 필요한 내용은 이번 장에 모두 들어 있긴 하지만, [Shilov, 1977] 같은 전문적인 선형대수 독학서를 공부하길 강력히 권한다. 선형대수의 주요 주제 중 심층 학습을 이해하는 데 꼭 필요하지는 않은 것들은 이번 장에 나오지 않는다.

2.1 스칼라, 벡터, 행렬, 텐서

선형대수는 다음과 같은 여러 종류의 수학적 대상을 다룬다.

- **스칼라**scalar: 선형대수가 다루는 다른 대상들은 대부분 여러 개의 수로 이루어진 배열이지만, 스칼라는 그냥 하나의 수數이다. 일반적으로 스칼라 변수는 이탤릭으로 표기한다. 스칼라 변수의 이름으로는 흔히 영문 소문자를 사용한다. 스칼라 변수를 도입할 때는 그 변수가 나타내는 수들의 종류도 명시한다. 예를 들어 "$s \in \mathbb{R}$이 직선의 기울기라고 하자."라는 문장은 하나의 실숫값(real-valued) 스칼라 변수를 정의한다. 그리고 "$n \in \mathbb{N}$이 계산 단위들의 개수라고 하자."는 하나의 자연수 스칼라 변수를 정의한다.

- **벡터**vector: 벡터는 여러 개의 수를 특정한 순서로 나열한 것이다. 벡터에 있는 특정한 하나의 수, 즉 벡터의 한 성분(요소)은 벡터 안에서의 그 성분의 위치를 뜻하는 색인을 이용해서 지칭한다. 일반적으로 벡터 자체는 $\boldsymbol{x}$처럼 굵은 영문 소문자로 표기한다. 벡터의 개별 성분을 지칭할 때는 벡터 이름을 굵지 않은 이탤릭으로 표기하고 그다음에 해당 성분의 색인을 아래 첨자(색인) 형태로 표기한다. 예를 들어 $\boldsymbol{x}$의 첫 성분은 x_1, 둘째 성분은 x_2, 등등이다. 벡터에 담긴 수들의 종류도 명시할 필요가 있다. 모든 성분이 실수 집합 $\mathbb{R}$에 속하고 성분들의 개수가 n인 벡터는 데카르트 곱으로 $\mathbb{R}$을 n번 거듭제곱해서 나온 곱집합에 속한다. 그러한 곱집합을 $\mathbb{R}^n$으로 표기한다. 벡터의 성분들로 직접 명시할 때는 다음처럼 대괄호 쌍 안에서 성분들을 하나의 열(column)로 나열한다.

$$\boldsymbol{x} = \begin{bmatrix} x_1 \\ x_2 \\ \vdots \\ x_n \end{bmatrix}. \tag{2.1}$$

벡터를, 공간의 한 점을 식별하는 값으로 간주할 수 있다. 그런 경우 벡터의 각 성분은 공간의 각 축에 따른 좌푯값(좌표성분)에 해당한다.

종종 벡터의 일부 성분들을 함께 지칭해야 할 때가 있다. 그럴 때는 해당 성분들의 색인들을 담은 집합을 사용한다. 예를 들어 x_1과 x_3, x_6을 지칭할 때는 집합 $S = \{1,3,6\}$을 정의하고 $\boldsymbol{x}_S$라고 표기한다. 주어진 집합의 여집합을 나타낼 때는 − 기호를 사용한다. 예를 들어 $\boldsymbol{x}_{-1}$은 x_1을 제외한 $\boldsymbol{x}$의 모든 성분으로 이루어진 벡터이고, $\boldsymbol{x}_{-S}$는 x_1, x_3, x_6을 제외한 $\boldsymbol{x}$의 모든 성분으로 이루어진 벡터이다.

- **행렬**matrix: 행렬은 수들을 2차원으로 배열한 것이다. 따라서 특정한 한 성분(요소)을 지칭하려면 하나가 아니라 두 개의 색인이 필요하다. 일반적으로 행렬 자체는 $\boldsymbol{A}$처럼 굵은 영문 대문자로 표기한다.* 실숫값 행렬 $\boldsymbol{A}$의 높이(세로)가 m이고 너비(가로)가 n일 때, 이를 $\boldsymbol{A} \in \mathbb{R}^{m \times n}$이라고 표기한다. 행렬의 개별 성분을 지칭할 때는 행렬 이름을 굵지 않은 이탤릭 소문자로 표기하고 그다음에 해당 성분의 두 색인을 쉼표로 구분해서 아래 첨자 형태로 표기한다. 예를 들어 $A_{1,1}$은 $\boldsymbol{A}$의 왼쪽 제일 위 성분이고 $A_{m,n}$은 오른쪽 제일 아래 성분이다. 행렬에서 수직 좌표성분이 i인 성분들을 한꺼번에 지칭할 때는 수평 좌표성분에 :를 지정한다. 예를 들어 $\boldsymbol{A}_{i,:}$은 $\boldsymbol{A}$에서 수직 좌표가 i인 수평 성분들을 뜻한다. 그러한 성분들을 $\boldsymbol{A}$의 i번째 **행**(row)이라고 부른다. 마찬가지 원리로, $\boldsymbol{A}_{:,i}$는 $\boldsymbol{A}$의 i번째 **열**(column)이다. 행렬의 성분들을 명시적으로 나타낼 때는 다음처럼 성분들의 2차원 배열을 대괄호로 감싸서 표기한다.

$$\begin{bmatrix} A_{1,1} & A_{1,2} \\ A_{2,1} & A_{2,2} \end{bmatrix}. \tag{2.2}$$

행렬로 평가되는 어떤 표현식(영문자 하나로 표기할 수 없는)의 특정 성분을 지칭해야 할 때도 있다. 그런 경우에는 아래 첨자 표기법을 사용하되, 그 앞의 부분을 소문자로 만들지 않는다. 예를 들어 $f(\boldsymbol{A})_{i,j}$는 $\boldsymbol{A}$에 함수 f를 적용해서 계산된 행렬의 (i,j) 성분을 뜻한다.

- **텐서**tensor: 축(차원)이 셋 이상인 배열을 사용해야 할 때도 있다. 2차원 행렬을 일반화해서, 수들의 배열을 임의의 개수의 축을 가진 정규 격자 형태로 배치한 것을 가리켜 텐서라고 부른다. 'A'라는 이름의 텐서를 **A** 같은 글꼴로 표시한다. 그리고 **A**의 개별 성분은 좌표쌍 (i,j,k)를 이용해서 $\mathsf{A}_{i,j,k}$로 표기한다.

※ **역주** 일반화하자면, 굵은 수식 기호는(영문자뿐만 아니라 그리스 글자도) 여러 개의 값들로 이루어진 수학적 대상(벡터, 행렬, 텐서 등)을 뜻한다. 이러한 표기 관례는 이 번역서에서 관련 대상의 단·복수 표현에도 영향을 미친다. 예를 들어 '가중치 $\boldsymbol{w}$'라는 표현은 하나의 가중치가 아니라 다수의 가중치 w_i들을 뜻한다.

행렬에 대한 중요한 연산 하나는 **전치**(transpose)이다. 한 행렬의 전치, 즉 전치행렬은 원래의 행렬을 **주대각**(main diagonal)을 대칭으로 반사한 것인데, 여기서 주대각(또는 주대각선)이란 행렬의 제일 왼쪽 위 성분에서 제일 오른쪽 아래 성분 방향으로의 대각선을 말한다. 그림 2.1에 이 전치 연산이 나와 있다. 행렬 A의 전치를 $A^\top$로 표기한다. 정의는 다음과 같다.

$$\left(A^\top\right)_{i,j} = A_{j,i}. \tag{2.3}$$

벡터는 열이 하나인 행렬이라 할 수 있다. 따라서, 벡터를 전치하면 행이 하나인 행렬이된다. 종종 벡터의 성분들을 본문 문단 안에 표기할 때는 그런 1행 행렬을 사용하되, 표준적인 열벡터를 만들기 위해 전치 연산도 적용한다. $x = [x_1, x_2, x_3]^\top$가 그러한 예이다.

스칼라는 성분이 하나인 행렬이라 할 수 있다. 따라서 스칼라의 전치는 스칼라 자신이다. 즉, $a = a^\top$이다.

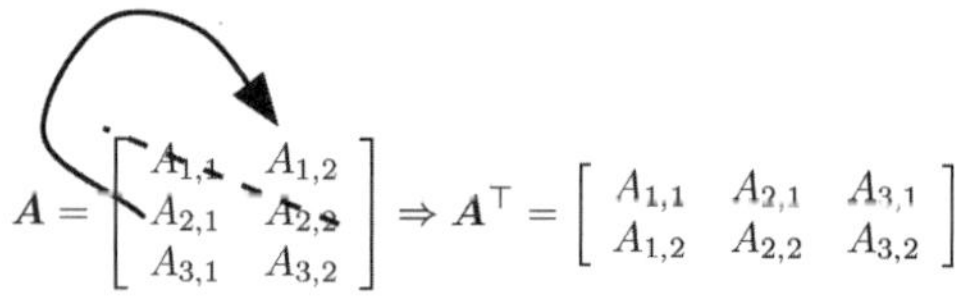

그림 2.1: 행렬의 전치는 주대각을 기준으로 행렬을 반사한 것과 같다.

두 행렬의 형태(차원들)가 같으면 더할 수 있다. 행렬의 덧셈은 그냥 대응되는 성분들을 더한 것이다. 즉, $C = A + B$는 $C_{i,j} = A_{i,j} + B_{i,j}$로 정의된다.

스칼라에 행렬을 더하거나 행렬에 스칼라를 곱하는 것도 가능하다. 그냥 행렬의 각 성분에 해당 연산을 적용하면 된다. 즉, $D = a \cdot B + c$는 $D_{i,j} = a \cdot B_{i,j} + c$로 정의된다.

심층 학습의 맥락에서는 좀 덜 표준적인 표기법도 사용한다. 심층 학습에서는 행렬과 벡터를 더해서 또 다른 행렬을 산출하는 연산도 허용한다. $C = A + b$는 $C_{i,j} = A_{i,j} + b_j$로 정의된다. 즉, 벡터 b의 성분들이 행렬의 각 행에 더해지는 것이다. 이러한 단축 표기법을 사용하면 먼저 모든 행이 b인 행렬을 따로 정의해서 행렬과 더하는 번거로움을 피할 수 있다. 이처럼 b를 여러 장소에 암묵적으로 복사하는 것을 가리켜 벡터 **뿌리기**(broadcasting)라고 부른다.

2.2 행렬과 벡터의 곱셈

행렬에 관한 가장 중요한 연산 중 하나는 두 행렬의 곱셈이다. 행렬 A와 B를 곱한 결과, 즉 **행렬곱**(matrix product)은 또 다른 행렬 C이다. 이러한 행렬곱이 정의되려면 A의 열 수(열들의 개수)가 B의 행 수와 같아야 한다. A가 $m \times n$ 행렬이고 B가 $n \times p$ 행렬이면 C는 $m \times p$ 행렬이 된다. 행렬곱을 나타낼 때는 그냥 다음처럼 둘 이상의 행렬을 연달아 표기한다.

$$C = AB. \tag{2.4}$$

이러한 두 행렬의 곱셈은 다음과 같이 정의된다.

$$C_{i,j} = \sum_k A_{i,k} B_{k,j}. \tag{2.5}$$

표준적인 정의에서, 두 행렬의 행렬곱은 그냥 두 행렬의 대응 성분들을 곱한 것이 아니다. 그냥 성분끼리 곱하는 연산도 있는데, 그런 연산을 **성분별 곱**(element-wise product; 또는 요소별 곱) 또는 **아다마르 곱**(Hadamard product)이라고 부르고 $A \odot B$로 표기한다.

차원이 같은 두 벡터 x와 y의 **내적**(dot product; 또는 점곱)은 행렬곱 $x^\top y$이다. 그리고 행렬곱 $C = AB$에서 각 성분 $C_{i,j}$는 A의 행 i와 B의 열 j의 내적에 해당한다.

행렬곱 연산에는 행렬의 분석에 도움이 되는 여러 유용한 성질이 있다. 예를 들어 행렬곱은 분배법칙을 만족한다.

$$A(B + C) = AB + AC. \tag{2.6}$$

또한, 결합법칙도 만족한다.

$$A(BC) = (AB)C. \tag{2.7}$$

그러나 행렬 곱셈은 **비가환적**이다. 즉, 스칼라 곱셈과는 달리 행렬 곱셈은 교환법칙을 만족하지 않는다($AB = BA$가 항상 성립하지는 않는다). 그렇지만 두 벡터의 내적은 교환법칙을 만족한다.

$$x^\top y = y^\top x. \tag{2.8}$$

행렬곱의 전치를 다음처럼 좀 더 단순하게 구할 수 있다.

$$(\boldsymbol{AB})^\top = \boldsymbol{B}^\top \boldsymbol{A}^\top. \tag{2.9}$$

이 공식과 스칼라의 전치가 자기 자신이라는 점을 이용하면 식 2.8의 항등식을 증명할 수 있다.

$$\boldsymbol{x}^\top \boldsymbol{y} = \left(\boldsymbol{x}^\top \boldsymbol{y}\right)^\top = \boldsymbol{y}^\top \boldsymbol{x}. \tag{2.10}$$

이 책의 초점은 선형대수가 아니므로, 행렬곱의 다른 여러 유용한 성질을 여기서 모두 나열하지는 않겠다. 다만, 여기서 말한 것 외에도 여러 유용한 성질이 있다는 점은 기억해 두기 바란다.

이 정도의 선형대수 지식이 있으면 일차연립방정식(system of linear equations; 선형 방정식계)을 다음처럼 행렬과 벡터로 표현할 수 있다.

$$\boldsymbol{Ax} = \boldsymbol{b} \tag{2.11}$$

여기서 $\boldsymbol{A} \in \mathbb{R}^{m \times n}$은 알려진 행렬이고 $\boldsymbol{b} \in \mathbb{R}^m$은 알려진 벡터, 그리고 $\boldsymbol{x} \in \mathbb{R}^n$은 방정식을 풀어서 알아내고자 하는 미지수(값이 알려지지 않은 변수)들로 이루어진 벡터이다. $\boldsymbol{x}$의 각 성분 x_i는 그런 미지수 중 하나이다. $\boldsymbol{A}$의 각 행과 $\boldsymbol{b}$의 각 성분은 미지수들이 만족해야 할 제약(constraint; 구속조건)을 제공한다. 식 2.11을 다음과 같이 풀어쓸 수 있다.

$$\boldsymbol{A}_{1,:}\boldsymbol{x} = b_1 \tag{2.12}$$

$$\boldsymbol{A}_{2,:}\boldsymbol{x} = b_2 \tag{2.13}$$

$$\cdots \tag{2.14}$$

$$\boldsymbol{A}_{m,:}\boldsymbol{x} = b_m \tag{2.15}$$

이를 좀 더 명시적으로 전개하면 다음과 같다.

$$\boldsymbol{A}_{1,1}x_1 + \boldsymbol{A}_{1,2}x_2 + \ldots + \boldsymbol{A}_{1,n}x_n = b_1 \tag{2.16}$$

$$\boldsymbol{A}_{2,1}x_1 + \boldsymbol{A}_{2,2}x_2 + \ldots + \boldsymbol{A}_{2,n}x_n = b_2 \tag{2.17}$$

$$\cdots \tag{2.18}$$

$$\boldsymbol{A}_{m,1}x_1 + \boldsymbol{A}_{m,2}x_2 + \ldots + \boldsymbol{A}_{m,n}x_n = b_m. \tag{2.19}$$

이 예에서 보듯이, 행렬 벡터 곱 표기법을 이용하면 일차연립방정식을 좀 더 간결하게 표현할 수 있다.

2.3 단위행렬과 역행렬

선형대수에는 $\boldsymbol{A}$의 여러 값에 대해 식 2.11을 해석적으로 풀 수 있는 강력한 수단이 있다. **행렬의 역**(matrix inversion)이 바로 그것이다.

행렬의 역을 설명하려면 먼저 **단위행렬**(identity matrix)이라는 개념을 정의해야 한다. 단위행렬은 그것에 어떤 벡터를 곱해도 원래의 벡터가 그대로 나오는 행렬이다. 이처럼 n차원 벡터를 그대로 보존하는 단위행렬을 $\boldsymbol{I}_n$으로 표기한다. 공식으로 표현하자면, $\boldsymbol{I}_n \in \mathbb{R}^{n \times n}$이고

$$\forall \boldsymbol{x} \in \mathbb{R}^n, \boldsymbol{I}_n \boldsymbol{x} = \boldsymbol{x} \tag{2.20}$$

이다. 단위행렬의 구조는 간단하다. 주대각 성분들만 1이고 다른 모든 성분은 0이다. 그림 2.2에 단위행렬의 예가 나와 있다.

행렬 $\boldsymbol{A}$의 **역행렬**(inverse matrix) 또는 행렬 역원(matrix inverse)을 $\boldsymbol{A}^{-1}$로 표기하고 다음과 같이 정의한다.

$$\boldsymbol{A}^{-1}\boldsymbol{A} = \boldsymbol{I}_n. \tag{2.21}$$

이제 식 2.11의 연립방정식을 다음과 같이 풀 수 있다.

$$\boldsymbol{A}\boldsymbol{x} = \boldsymbol{b} \tag{2.22}$$

$$\boldsymbol{A}^{-1}\boldsymbol{A}\boldsymbol{x} = \boldsymbol{A}^{-1}\boldsymbol{b} \tag{2.23}$$

$$\boldsymbol{I}_n\boldsymbol{x} = \boldsymbol{A}^{-1}\boldsymbol{b} \tag{2.24}$$

$$\boldsymbol{x} = \boldsymbol{A}^{-1}\boldsymbol{b}. \tag{2.25}$$

물론 이러한 풀이는 A^{-1}을 구할 수 있을 때만 가능하다. A^{-1}이 존재하는 조건들에 관해서는 다음 절(§2.4)에서 논의하겠다.

A^{-1}이 존재한다고 할 때, 그것의 닫힌 형식을 구하는 알고리즘이 여러 개 있다. 이론적으로, 같은 역행렬을 서로 다른 b에 대해 사용해서 방정식을 여러 번 풀 수 있다. 그러나 기본적으로 A^{-1}은 이론상의 도구로 유용할 뿐이다. 대부분의 소프트웨어 응용 프로그램에서 실제로 사용하지는 말아야 한다. 디지털 컴퓨터로는 A^{-1}을 제한된 정밀도로만 표현할 수 있기 때문에, 대체로 b의 값들을 활용하는 알고리즘들이 x를 좀 더 정확하게 추정할 수 있다.

$$\begin{bmatrix} 1 & 0 & 0 \\ 0 & 1 & 0 \\ 0 & 0 & 1 \end{bmatrix}$$

그림 2.2: 단위행렬의 예. 이것은 I_3이다.

2.4 일차종속과 생성공간

A^{-1}이 존재하려면, 모든 b 값에 대해 식 2.11에 정확히 하나의 해가 있어야 한다. 일부 b 값에 대해서는 해가 하나도 없거나 무한히 많아도 역행렬이 존재할 수 있다. 그러나 특정 b에 대해 해의 개수가 둘 이상, 무한대 미만인 경우가 있어서는 안 된다. x와 y가 둘 다 유효한 해라고 할 때, 임의의 실수 α에 대해

$$z = \alpha x + (1-\alpha)y \tag{2.26}$$

도 유효한 해이다.

방정식의 해가 몇 개인지 분석할 때는, A의 열들을 **원점**(origin; 모든 성분이 0인 벡터에 해당하는 점)에서부터 나아갈 수 있는 서로 다른 방향들을 명시한다고 간주하고, 그 방향들로 나아가서 실제로 b에 도달하는 방법이 몇 개인지 센다. 이러한 방식에서 x의 각 성분은 해당 방향으로 얼마나 멀리 나아가야 하는지를 나타낸다. 즉, 각 x_i은 열 i의 방향으로의 진행 거리를 나타낸다.

$$\boldsymbol{Ax} = \sum_i x_i \boldsymbol{A}_{:,i}. \qquad (2.27)$$

일반화하자면, 이런 종류의 연산을 **일차결합**(linear combination; 또는 선형결합)이라고 부른다. 공식으로 표현하자면, 벡터 집합 $\{\boldsymbol{v}^{(1)}, ..., \boldsymbol{v}^{(n)}\}$의 일차결합은 다음처럼 각 벡터 $\boldsymbol{v}^{(i)}$에 해당 스칼라 계수를 곱해서 모두 더한 것이다.

$$\sum_i c_i \boldsymbol{v}^{(i)}. \qquad (2.28)$$

주어진 벡터 집합의 일차결합으로 얻을 수 있는 모든 점의 집합을 그 벡터 집합의 **생성공간**(span; 또는 펼침)이라고 부른다.

일차연립방정식 $\boldsymbol{Ax} = \boldsymbol{b}$에 해가 있는지는 $\boldsymbol{b}$가 $\boldsymbol{A}$의 열들의 생성공간에 속하는지로 판정할 수 있다. 그러한 특정한 생성공간을 $\boldsymbol{A}$의 **열공간**(column space) 또는 **치역**(range; 또는 범위)이라고 부른다.

따라서, 모든 $\boldsymbol{b} \in \mathbb{R}^m$에 대해 일차연립방정식 $\boldsymbol{Ax} = \boldsymbol{b}$에 하나의 해가 존재하려면, $\boldsymbol{A}$의 열공간이 $\mathbb{R}^m$ 전체와 같아야 한다. 만일 $\mathbb{R}^m$의 어떤 점이 그 열공간에 존재하지 않는다면, 그 점에 해당하는 $\boldsymbol{b}$에 대해서는 방정식에 해가 존재하지 않을 가능성이 있다. $\boldsymbol{A}$의 열공간이 $\mathbb{R}^m$ 전체와 같아야 한다는 요구조건은 곧 $\boldsymbol{A}$의 열이 직어도 m개여야 한다는, 다시 말해 $n \geq m$이어야 한다는 요구조건으로 이어진다. 만일 그렇지 않다면 열공간의 차원 수가 m보다 작을 것이기 때문이다. 예를 들어 3×2 행렬을 생각해 보자. 목표 벡터 $\boldsymbol{b}$는 3차원이지만 $\boldsymbol{x}$는 2차원일 뿐이므로, $\boldsymbol{x}$의 값을 이리저리 바꾸어서 시도한다고 해도 $\mathbb{R}^3$ 안의 한 2차원 평면에서만 해를 찾게 된다. 방정식의 해는 만일 $\boldsymbol{b}$가 그 평면에 있으면, 그리고 오직 그럴 때만 존재한다.[※]

그런데 $n \geq m$은 모든 점에 대해 해가 있을 필요조건일 뿐, 충분조건은 아니다. 일부 열들이 중복될 수도 있기 때문이다. 예를 들어 2×2 행렬의 두 열이 동일하다고 하자. 그러면 그 행렬의 열공간은 그냥 동일한 열 하나만 있는 2×1 행렬의 열공간과 같다. 다른 말로 하면, 열이 두 개라고 해도 그 열공간은 하나의 직선일 뿐이라서 $\mathbb{R}^2$ 전체를 포괄하지 못한다.

※ **역주** 이 번역서에서 "만일 P이면, 그리고 오직 그럴 때만 Q이다" 형태의 문장은 두 명제가 서로의 필요충분조건임을 뜻하는 쌍조건문 P $\Leftrightarrow$ Q(영어로는 "Q if and only if P")를 표현한 것이다.

이러한 종류의 중복성을 공식적으로 **일차종속**(linear dependence; 또는 선형종속)이라고 부른다. 반대로, 일차결합 벡터(벡터 집합에 속한 다른 벡터들의 일차결합으로 표현할 수 있는 벡터)가 하나도 없는 벡터 집합을 가리켜 **일차독립**(linear independence; 또는 선형독립)이라고 부른다. 일차결합 벡터를 벡터 집합에 추가해도 그 집합의 생성공간에는 아무런 점도 추가되지 않는다. 이는 주어진 한 행렬의 열공간이 $\mathbb{R}^m$ 전체에 해당하려면 그 행렬에는 일차독립인 열들이 m개인 집합이 적어도 하나는 있어야 한다는 뜻이다. 이 조건은 모든 **b** 값에 대해 식 2.11에 하나의 해가 있을 필요조건이자 충분조건이다. 이 조건이 행렬에 일차독립 열이 적어도 m개는 있어야 한다는 것이 아님을 주의하기 바란다. 일차독립 열이 정확히 m개인 벡터 집합이 있어야 하며, 서로 일차독립인 열들이 m개를 넘는 m차원 벡터 집합이 존재해서는 안 된다. 그러나 열의 개수가 m개를 넘는 행렬에서 일차독립 열이 정확히 m개인 벡터 집합이 여러 개 있는 것은 괜찮다.

행렬에 역이 존재하려면, 모든 **b** 값에 대해 식 2.11의 해가 **최대** 하나만 존재해야 한다는 조건이 추가된다. 그러려면 행렬의 열이 많아야 m개이어야 한다. 그렇지 않으면 각 해를 매개변수화하는 방법이 여러 개가 된다.

정리하자면, 행렬은 바드시 **정방행렬**(square matrix), 즉 $m = n$인 행렬이어야 하며, 모든 열이 일차독립이어야 한다. 정방행렬이지만 열들이 일차종속인 행렬을 **특이행렬**(singular matrix)이라고 부른다.

A가 정방행렬이 아니거나, 정방행렬이지만 특이 행렬일 때도 방정식을 푸는 것이 여전히 가능할 수 있지만, 행렬의 역을 이용한 해법으로 반드시 해를 구할 수 있다는 보장은 없다.

지금까지의 논의는 행렬의 왼쪽에 곱해서 단위행렬이 나오는 역행렬에 관한 것이다. 그런데 다음처럼 역행렬을 오른쪽에 곱해서 정의하는 것도 가능하다.

$$AA^{-1} = I. \tag{2.29}$$

정방행렬은 왼쪽 역행렬과 오른쪽 역행렬이 동일하다.

2.5 노름

종종 벡터의 크기를 측정해야 할 때가 있다. 일반적으로 기계 학습에서는 벡터의 크기를 **노름**^{norm}이라고 부르는 함수를 이용해서 측정한다. L^p로 표기하는 노름의 정의는 다음과 같다.

$$\|\boldsymbol{x}\|_p = \left(\sum_i |x_i|^p\right)^{\frac{1}{p}} \tag{2.30}$$

여기서 $p \in \mathbb{R}$, $p \geq 1$이다.

일반적으로 노름(L^p 노름 포함)은 벡터를 음이 아닌 값으로 사상하는 함수이다. 직관으로 이해하자면, 벡터 $\boldsymbol{x}$의 노름은 원점에서 점 $\boldsymbol{x}$까지의 거리이다. 좀 더 엄밀하게 정의하자면, 노름은 다음과 같은 성질들을 만족하는 임의의 함수 f이다.

- $f(\boldsymbol{x}) = 0 \Rightarrow \boldsymbol{x} = \boldsymbol{0}$
- $f(\boldsymbol{x} + \boldsymbol{y}) \leq f(\boldsymbol{x}) + f(\boldsymbol{y})$ (삼각부등식)
- $\forall \alpha \in \mathbb{R}, f(\alpha \boldsymbol{x}) = |\alpha| f(\boldsymbol{x})$

$p = 2$인 L^2 노름을 **유클리드 노름**(Euclidean norm)이라고 부른다. 유클리드 노름은 그냥 원점에서 $\boldsymbol{x}$에 해당하는 점까지의 유클리드 거리이다. L^2 노름은 기계 학습에서 아주 자주 쓰이기 때문에 위 첨자 2를 생략하고 이중 수직선을 이용해서 간단하게 $\|\boldsymbol{x}\|$로 표기하는 경우가 많다. 또한, 주어진 벡터의 크기를 제곱(squared) L^2 노름으로 측정하는 경우도 흔하다. 제곱 L^2 노름은 간단히 $\boldsymbol{x}^\top \boldsymbol{x}$로 계산할 수 있다.

L^2 노름 자체보다 제곱 L^2 노름이 수학적으로나 계산에서나 다루기 편하다. 예를 들어 $\boldsymbol{x}$의 각 성분에 대한 제곱 L^2 노름의 각 미분(도함수)은[※] 오직 $\boldsymbol{x}$의 해당 성분에만 의존하지만, L^2 노름의 모든 미분은 벡터 전체에 의존한다. 많은 경우 제곱 L^2 노름은 원점 부근에서 아주 느리게 증가하기 때문에 바람직하지 않다. 기계 학습 응용

※ 역주 원서는 도함수(derivative)와 미분계수(differential coefficient; 도함수를 특정 인수로 평가한 값)를 특별히 구분하지 않고 derivative로 쓴 경우가 많으며, derivative를 도함수로 봐도 유효하고 미분계수로 봐도 유효한 문맥도 종종 나온다. 그 점을 참작해서, 그리고 일반적으로도 함수와 함수의 값을 구분하지 않아도 뜻이 통할 때가 많다는 점에서(이를테면, "그 구간에서 함수 f의 값은 0보다 크다"를 그냥 "그 구간에서 함수 f는 0보다 크다"라고 표현하는 등), 이 번역서에서도 혼동의 여지가 없는 한 도함수와 미분계수를 굳이 구분하지 않고 그냥 '미분'으로 표기하기로 한다.

중에는 정확히 0과 같은 성분과 작지만 0은 아닌 성분을 구분하는 것이 중요한 것들이 많다. 그런 경우에는 수학적인 단순함을 유지하면서도 모든 장소에서 같은 비율로 증가하는 또 다른 노름 함수를 사용한다. L^1 노름이 바로 그것이다. L^1 노름을 간단히 정의하면 다음과 같다.

$$\|\boldsymbol{x}\|_1 = \sum_i |x_i|. \tag{2.31}$$

이러한 L^1 노름은 0과 0이 아닌 성분의 차이가 아주 중요한 기계 학습 응용에 흔히 쓰인다. $\boldsymbol{x}$의 한 성분이 0에서 ϵ만큼 멀어질 때마다 L^1 노름은 ϵ만큼 증가한다.

0이 아닌 성분의 개수를 벡터의 크기로 사용할 때도 있다. 그런 함수를 'L^0 노름'이라고 부르는 저자들도 있지만, 이는 정확하지 않은 이름이다. 벡터를 α로 비례해도(즉, 스칼라 α를 벡터에 곱해도) 0이 아닌 성분의 개수는 변하지 않는다는 점을 생각하면, 그러한 개수를 노름이라고 부를 수는 없다. 그래서 0이 아닌 성분들의 개수 대신 L^1 노름을 벡터의 크기로 사용하는 경우가 많다.

기계 학습에 흔히 쓰이는 또 다른 노름으로 L^∞ 노름이 있다. 이것을 **최대 노름**(max norm)이라고 부르기도 한다. 이 노름은 벡터에서 크기가 가장 큰 성분의 절댓값이다.

$$\|\boldsymbol{x}\|_\infty = \max_i |x_i|. \tag{2.32}$$

또한, 행렬의 크기를 구해야 할 때도 있다. 심층 학습의 맥락에서 가장 흔히 쓰이는 행렬 크기는 다른 분야에서는 다소 생소할 **프로베니우스 노름**Frobenius norm이다.

$$\|A\|_F = \sqrt{\sum_{i,j} A_{i,j}^2}, \tag{2.33}$$

이 노름은 벡터의 L^2 노름과 비슷하다.

두 벡터의 내적을 노름으로 다음처럼 표현할 수 있다.

$$\boldsymbol{x}^\top \boldsymbol{y} = \|\boldsymbol{x}\|_2 \|\boldsymbol{y}\|_2 \cos\theta. \tag{2.34}$$

여기서 θ는 $\boldsymbol{x}$와 $\boldsymbol{y}$ 사이의 각도이다.

2.6 특별한 종류의 행렬과 벡터

특히나 유용한, 특별한 종류의 행렬과 벡터 몇 가지를 살펴보자.

대각행렬(diagonal matrix; 또는 대각선행렬)은 0이 아닌 성분들이 주대각에만 있고 나머지 성분들은 모두 0인 행렬이다. 공식화하자면, 행렬 D는 만일 모든 $i \neq j$에 대해 $D_{i,j} = 0$이면, 그리고 오직 그럴 때만 대각행렬이다. 대각행렬의 예를 이미 만나 보았다. 주대각 성분들이 모두 1인 단위행렬이 바로 그것이다. 벡터 v의 성분들이 주대각 성분들인 정방 대각행렬을 $\mathrm{diag}(v)$로 표기한다. 대각행렬이 흥미로운 한 가지 이유는 대각행렬과 벡터의 곱셈 계산이 아주 효율적이라는 점이다. $\mathrm{diag}(v)x$를 계산하려면 그냥 각 x_i를 v_i로 비례하면 된다. 다른 말로 하면, $\mathrm{diag}(v)x = v \odot x$이다. 역행렬은 모든 주대각 성분이 0이 아닐 때만 존재한다. 그런 경우 $\mathrm{diag}(v)^{-1} = \mathrm{diag}([1/v_1, ..., 1/v_n]^\top)$이다. 많은 경우, 임의의 행렬들로는 다소 일반적인 기계 학습 알고리즘을 유도할 수 있지만, 일부 행렬이 대각행렬이어야 한다는 제약을 두면 덜 비싼(그리고 덜 서술적인) 알고리즘이 나오게 된다.

대각행렬이 반드시 정방행렬이어야 하는 것은 아니다. 직사각형 형태의 대각행렬을 만드는 것도 가능하다. 비정방 대각행렬에는 역행렬이 없지만, 그래도 곱셈이 효율적이다. D가 비정방 대각행렬일 때, 곱 Dx은 x의 각 성분을 비례한 후 만일 D가 세로로 긴 형태이면 적절한 개수의 0들을 비례 결과에 덧붙이고, D가 가로로 긴 형태이면 벡터의 마지막 성분들을 적절히 폐기해서 구하면 된다.

대칭행렬(symmetric matrix)은 전치행렬이 곧 자신과 같은 행렬이다.

$$A = A^\top. \tag{2.35}$$

인수가 두 개이되 두 인수의 순서에 의존하지 않는 함수로 행렬의 성분들을 생성하면 대칭행렬이 만들어지는 경우가 많다. 예를 들어 A가 거리 측정치들로 이루어진 행렬이고 각 성분 $A_{i,j}$가 i번째 점에서 j번째 점까지의 거리라고 하자. 그러한 거리 함수는 대칭이므로, $A_{i,j} = A_{j,i}$이다.

단위벡터(unit vector)는 크기가 **단위노름**(unit norm)인 벡터이다.

$$\|x\|_2 = 1. \tag{2.36}$$

벡터 x와 y가 $x^\top y = 0$을 만족할 때, 그러한 두 벡터를 가리켜 서로 **직교**(orthogonal)라고 말한다. 두 벡터 모두 노름이 0이 아니라면, 두 벡터의 각도는 90도이다. $\mathbb{R}^n$에서 노름이 0이 아니고 서로 직교인 벡터들은 n개를 넘지 않는다. 직교일 뿐만 아니라 크기가 단위노름인 벡터를 가리켜 **정규직교**(orthonormal) 벡터라고 부른다.

직교행렬(orthogonal matrix)은 행들이 서로 정규직교이고 열들도 서로 정규직교인 정방행렬이다.

$$A^\top A = AA^\top = I. \tag{2.37}$$

이는 다음을 함의한다.

$$A^{-1} = A^\top. \tag{2.38}$$

따라서 직교행렬은 역행렬을 계산하기가 아주 쉽다. 이 점이 우리가 직교행렬에 관심을 두는 주된 이유이다. 직교행렬의 정의를 세심하게 살펴보기 바란다. 언뜻 생각하기와는 달리, 행들과 열들이 그냥 직교가 아니라 완전히 정규직교이어야 한다. 행들이나 열들이 정규직교가 아니라 그냥 직교인 행렬을 특별히 부르는 이름은 없다.

2.7 고윳값 분해

수학적 대상 중에는 그것을 구성요소들로 분해해서, 표현 방식과는 무관하게 보편적인 어떤 성질을 찾아내면 더 잘 이해할 수 있는 것이 많다.

예를 들어 정수는 소인수(prime factor)들로 분해할 수 있다. 수 12는 밑(기수)을 10으로 두느냐 2로 두느냐에 따라 십진수 또는 이진수로 표현되지만, 어떤 경우이든 12=2×2×3이라는 사실은 항상 참이다. 이러한 소인수분해 표현에서 여러 유용한 성질을 이끌어낼 수 있는데, 이를테면 12는 5로 나누어지지 않으며, 12의 임의의 정수배는 3으로 나누어짐을 알 수 있다.

정수를 소인수들로 분해하면 정수의 진정한 본성에 관한 뭔가를 알아낼 수 있는 것과 비슷하게, 행렬을 다양한 방식으로 분해해 보면 성분들의 배열 형태로 표현된 행렬에서는 미처 발견하지 못한 여러 기능적인 속성이 드러난다.

가장 널리 쓰이는 행렬 분해 방법의 하나는 **고윳값 분해**(eigendecomposition)라는 것이다. 고윳값 분해에서는 행렬을 일단의 고유벡터들과 고윳값들로 분해한다.

정방행렬 $\boldsymbol{A}$의 **고유벡터**(eigenvector)는 하나의 0이 아닌 벡터 $\boldsymbol{v}$인데, $\boldsymbol{A}$와 곱해도 $\boldsymbol{v}$의 축척(scale)만 변한다는 조건을 만족한다.

$$\boldsymbol{A}\boldsymbol{v} = \lambda\boldsymbol{v}. \tag{2.39}$$

여기서 스칼라 λ를 이 고유벡터에 대응되는 **고윳값**(eigenvalue)이라고 부른다. ($\boldsymbol{v}^{\top}\boldsymbol{A}$ $= \lambda\boldsymbol{v}^{\top}$로 정의되는 **좌고유벡터**(left eigenvector)도 있지만, 일반적으로 심층 학습에서는 우고유벡터만 다룬다.)

$\boldsymbol{v}$가 $\boldsymbol{A}$의 한 고유벡터이면, 그것을 임의의 $s \in \mathbb{R}$, $s \neq 0$으로 비례한 벡터 $s\boldsymbol{v}$도 $\boldsymbol{A}$의 한 고유벡터이다. 더 나아가서, $s\boldsymbol{v}$의 고윳값은 $\boldsymbol{v}$의 고윳값과 같다. 그래서 보통은 비례되지 않은 단위 고유벡터만 고려한다.

행렬 $\boldsymbol{A}$에 일차독립인 n개의 고유벡터 $\{\boldsymbol{v}^{(1)}, ..., \boldsymbol{v}^{(n)}\}$이 있으며, 이들에 대응되는 고윳값들이 $\{\lambda_1, ..., \lambda_n\}$이라고 하자. 이 고유벡터들을 열마다 하나씩 연결해서 행렬 $\boldsymbol{V}$를 만들 수 있다. 즉, $\boldsymbol{V} = [\boldsymbol{v}^{(1)}, ..., \boldsymbol{v}^{(n)}]$이다. 마찬가지로, 고윳값들로 하나의 벡터 $\boldsymbol{\lambda} = [\lambda_1, ..., \lambda_n]^{\top}$를 만들 수 있다. 이때, $\boldsymbol{A}$의 **고윳값 분해**(eigendecomposition)는 다음과 같이 정의된다.

$$\boldsymbol{A} = \boldsymbol{V}\mathrm{diag}(\boldsymbol{\lambda})\boldsymbol{V}^{-1}. \tag{2.40}$$

사실 이상의 논의는 특정한 고윳값들과 고유벡터들로 행렬을 **구축**(construction)함으로써 공간을 원하는 방향들로 확장할 수 있음을 보여준다. 그러나 이처럼 행렬을 새로 구축하는 것이 아니라 기존 행렬을 고윳값들과 고유벡터들로 **분해**(decomposition)할 필요가 있는 경우도 많다. 정수를 그 소인수들로 분해하면 그 정수의 행동을 이해하는 데 도움이 되는 것처럼, 행렬을 분해하면 행렬의 특정 성질을 분석하는 데 도움이 된다.

모든 행렬을 고윳값들과 고유벡터들로 분해할 수 있는 것은 아니다. 그리고 주어진 행렬의 분해가 존재하지만 실수가 아니라 복소수가 관여할 때도 있다. 다행히 이 책에서는 일반적으로 간단한 분해 결과가 나오는 특별한 부류의 행렬들만 분해한다. 좀더 구체적으로 말하면, 실수(real number) 대칭행렬은 다음처럼 오직 실숫값 고유벡터들과 고윳값들만으로 이루어진 표현식으로 분해된다.

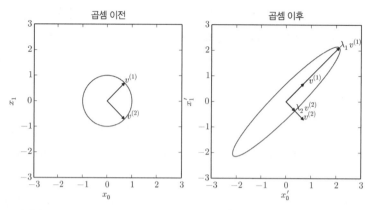

그림 2.3: 고유벡터와 고윳값의 효과의 예. 행렬 A에는 두 개의 정규직교 고유벡터들이 있는데, $v^{(1)}$의 고윳값은 λ_1이고 $v^{(2)}$의 고윳값은 λ_2이다. (왼쪽) 모든 단위벡터 $u \in \mathbb{R}^2$을 단위 원(unit circle)으로 표시한 그래프. (오른쪽) 모든 점 Au를 표시한 그래프. A가 공간을 $v^{(i)}$ 방향으로 λ_i만큼 비례했기 때문에 단위 원이 그 방향으로 길쭉한 타원이 되었다.

$$A = Q \Lambda Q^\top. \tag{2.41}$$

여기서 Q는 A의 고유벡터들로 이루어진 직교행렬이고 Λ는 대각행렬이다. 고윳값 $\Lambda_{i,i}$는 Q의 열 i의 고유벡터와 연관되는데, 그 고유벡터를 $Q_{:,i}$로 표기한다. Q는 직교행렬이므로, A는 공간을 $v^{(i)}$ 방향으로 λ_i만큼 비례한 것이라고 할 수 있다. 그림 2.3은 그러한 공간 비례의 예를 나타낸 것이다.

임의의 실대칭행렬(실숫값 대칭행렬) A에는 적어도 하나의 고윳값 분해가 존재한다. 그러나 그 고윳값 분해가 유일하다는(즉, 하나만 존재한다는) 보장은 없다. 둘 이상의 고유벡터들이 동일한 고윳값을 가지고 있다면, 해당 생성공간에 놓인 임의의 직교벡터들 역시 그러한 고윳값을 가진 고유벡터들이며, 그 고유벡터들로도 동등하게 Q를 선택할 수 있다. 관례상 Λ의 성분들을 내림차순으로 정렬해서 나열한다. 그러한 관례에서, 주어진 고윳값 분해는 오직 모든 고윳값이 유일할 때만 유일하다.

행렬의 고윳값 분해는 행렬에 관한 여러 유용한 사실을 말해 준다. 만일 고윳값 중 하나라도 0이면, 그리고 오직 그럴 때만, 행렬은 특이행렬이다. 실대칭행렬의 고윳값 분해는 $f(x) = x^\top A x$ 형태의 이차식을 $\|x\|_2 = 1$이라는 제약에 따라 최적화하는 데에도 활용할 수 있다. x가 A의 한 고유벡터와 같으면 f는 해당 고윳값이 된다. 제약 영역 안에서 f의 최댓값은 최대 고윳값이고 최솟값은 최소 고윳값이다.

모든 고윳값이 양수인 행렬을 **양의 정부호**(positive definite) 행렬이라고 부른다. 그리고 모든 고윳값이 양수 또는 0인 행렬을 **양의 준정부호**(positive semidefinite) 행렬이라고 부른다. 그와 비슷하게, 모든 고윳값이 음수인 행렬은 **음의 정부호**(negative definite) 행렬, 모든 고윳값이 음수 또는 0인 행렬을 **음의 준정부호**(negative semidefinite) 행렬이라고 부른다. 양의 준정부호 행렬은 $\forall \boldsymbol{x}$, $\boldsymbol{x}^\top \boldsymbol{A}\boldsymbol{x} \geq 0$을 보장한다는 점에서 흥미롭다. 양의 정부호 행렬은 그와 함께 $\boldsymbol{x}^\top \boldsymbol{A}\boldsymbol{x} = 0 \Rightarrow \boldsymbol{x} = \boldsymbol{0}$도 보장한다.

2.8 특잇값 분해

§2.7에서는 행렬을 고유벡터들과 고윳값들로 분해하는 방법을 살펴보았다. 그와는 다른 방식의 행렬 분해인 **특잇값 분해**(singular value decomposition, SVD)는 행렬을 **특이벡터**(singular vector)들과 **특잇값**(singular value)들로 분해한다. 그래서 얻을 수 있는 정보는 고윳값 분해와 동일하지만, SVD는 좀 더 일반적인 행렬들에 적용 가능하다는 장점이 있다. 모든 실수 행렬에는 특잇값 분해가 존재하지만, 항상 고윳값 분해가 존재하는 것은 아니다. 예를 들어 행렬이 정방행렬이 아니면 고윳값 분해가 정의되지 않는다. 따라서 반드시 특잇값 분해를 사용해야 한다.

기억하겠지만, 고윳값 분해는 행렬 $\boldsymbol{A}$를 분석해서, 다음 등식을 만족하는 고유벡터들로 이루어진 행렬 $\boldsymbol{V}$와 고윳값들로 이루어진 벡터 $\boldsymbol{\lambda}$를 얻는 것이다.

$$\boldsymbol{A} = \boldsymbol{V}\mathrm{diag}(\boldsymbol{\lambda})\boldsymbol{V}^{-1}. \tag{2.42}$$

특잇값 분해도 이와 비슷하되, $\boldsymbol{A}$가 다음처럼 세 행렬의 곱으로 표현된다.

$$\boldsymbol{A} = \boldsymbol{U}\boldsymbol{D}\boldsymbol{V}^\top. \tag{2.43}$$

$\boldsymbol{A}$가 $m \times n$ 행렬이라고 하자. 그러면 $\boldsymbol{U}$는 $m \times m$ 행렬이고 $\boldsymbol{D}$는 $m \times n$ 행렬, 그리고 $\boldsymbol{V}$는 $n \times n$ 행렬이다.

이 행렬들은 각자 특별한 구조를 가진다. 행렬 $\boldsymbol{U}$와 $\boldsymbol{V}$는 둘 다 직교행렬로 정의된다. 행렬 $\boldsymbol{D}$는 대각행렬로 정의된다. $\boldsymbol{D}$가 반드시 정방행렬인 것은 아님을 주의하기 바란다.

D의 주대각 성분을 행렬 A의 **특잇값**(singular value)이라고 부른다. 그리고 U의 열을 **좌특이벡터**(left-singular vector)라고 부르고, V의 열을 **우특이벡터**(right-singular vector)라고 부른다.

사실, A의 특잇값 분해를 A의 함수(A를 입력으로 받는 함수)의 고윳값 분해로 표현할 수 있다. A의 좌특이벡터는 $AA^\top$의 고유벡터이다. A의 우특이벡터는 $A^\top A$의 고유벡터이다. A의 0이 아닌 특잇값은 $A^\top A$의 고윳값의 제곱근이다. 이러한 관계들은 $AA^\top$에도 성립한다.

SVD의 가장 유용한 특징은, SVD를 이용하면 역행렬의 정의를 비정방행렬에도 부분적으로나마 일반화할 수 있다는 것이다. 이에 관해서는 다음 절에서 살펴보겠다.

2.9 무어-펜로즈 유사역행렬

정방행렬이 아닌 행렬에는 역행렬이 정의되지 않는다. 다음과 같은 연립방정식을 푼다고 하자.

$$Ax = y \tag{2.44}$$

행렬 A의 왼쪽 역행렬 B를 양변에 곱하면 다음이 나온다.

$$x = By. \tag{2.45}$$

그런데 문제의 구조에 따라서는 A에서 B로의 사상이 유일하지 않을 수 있다. A가 세로로 긴 비정방행렬이면 이 방정식에는 해가 없을 수 있다. A가 가로로 긴 행렬이면 해가 여러 개일 수 있다.

이런 상황에서는 **무어-펜로즈 유사역행렬**(Moore-Penrose pseudoinverse)이 도움이 될 수 있다. A의 유사역행렬은 다음과 같이 정의된다.

$$A^+ = \lim_{\alpha \searrow 0}(A^\top A + \alpha I)^{-1} A^\top. \tag{2.46}$$

그런데 유사역행렬을 구하는 데 실제로 쓰이는 알고리즘들은 이 정의가 아니라 다음과 같은 정의에 기초한다.

$$A^+ = VD^+ U^\top. \tag{2.47}$$

여기서 U, D, V는 A의 특잇값 분해이다. 그리고 대각행렬 D의 유사역행렬 D^+는 D의 0이 아닌 성분의 역수를 취하고 그 결과를 전치해서 간단하게 구할 수 있다.

A가 행보다 열이 많은 행렬일 때, 이러한 유사역행렬로 연립방정식을 풀면 여러 가능한 해 중 하나가 나온다. 구체적으로 말하면, 모든 가능한 해 중 유클리드 노름 $\|x\|_2$가 최소인 해 $x = A^+ y$를 얻게 된다.

A가 열보다 행이 많은 행렬일 때는 해가 없을 수 있다. 그런 경우 유사역행렬을 적용하면 유클리드 노름 $\|Ax - y\|_2$를 측정 기준으로 해서 y와 최대한 가까운 Ax에 해당하는 x를 얻게 된다.

2.10 대각합 연산자

대각합 연산자(trace operator) Tr은 행렬의 모든 주대각 성분의 합을 계산한다.

$$\mathrm{Tr}(A) = \sum_i A_{i,i}. \tag{2.48}$$

대각합 연산자가 유용한 이유는 여러 가지이다. 합산 표기법(시그마) 없이는 표현하기 어려운 연산 중에 행렬 곱과 대각합 연산자로 표현할 수 있는 것들이 있다. 예를 들어 대각합 연산자를 이용하면 행렬의 프로베니우스 노름을 다음과 같이 이전과는 다른 방식으로 표현할 수 있다.

$$\|A\|_F = \sqrt{\mathrm{Tr}(AA^\top)}. \tag{2.49}$$

수식을 대각합 연산자로 표현해 보면 여러 유용한 항등식들로 수식을 조작할 기회가 생긴다. 예를 들어 대각합 연산자는 전치 연산자에 대해 불변(invariant)이다.

$$\mathrm{Tr}(A) = \mathrm{Tr}(A^\top). \tag{2.50}$$

여러 행렬의 곱으로 이루어진 정방행렬의 대각합은 그 행렬곱의 마지막 인수를 첫 위치로 이동해도 변하지 않는다. 단, 이는 자리를 바꾸어도 행렬곱이 정의되는 형태의 행렬들에만 적용된다.

$$\mathrm{Tr}(ABC) = \mathrm{Tr}(CAB) = \mathrm{Tr}(BCA) \tag{2.51}$$

이를 임의의 개수의 행렬들로 일반화하면 다음과 같다.

$$\mathrm{Tr}(\prod_{i=1}^{n}\boldsymbol{F}^{(i)}) = \mathrm{Tr}(\boldsymbol{F}^{(n)}\prod_{i=1}^{n-1}\boldsymbol{F}^{(i)}). \tag{2.52}$$

이러한 순환치환(cyclic permutation)에 대한 불변성은 최종 행렬곱이 원래의 행렬곱과 형태가 달라도 성립한다. 예를 들어 $\boldsymbol{A}\in\mathbb{R}^{m\times n}$과 $\boldsymbol{B}\in\mathbb{R}^{n\times m}$에 대해 다음이 성립한다.

$$\mathrm{Tr}(\boldsymbol{A}\boldsymbol{B}) = \mathrm{Tr}(\boldsymbol{B}\boldsymbol{A}). \tag{2.53}$$

$\boldsymbol{A}\boldsymbol{B}\in\mathbb{R}^{m\times m}$과 $\boldsymbol{B}\boldsymbol{A}\in\mathbb{R}^{n\times n}$은 형태(차원)가 다르지만, 그래도 대각합은 같다.

기억해 둘 만한 또 다른 유용한 성질은, 스칼라의 대각합은 스칼라 자신이라는 것이다. 즉, $a = \mathrm{Tr}(a)$이다.

2.11 행렬식

정방행렬의 **행렬식**(determinant)은 행렬을 실수 스칼라로 사상하는 함수로, 표기는 $\det(\boldsymbol{A})$이다. 행렬식은 행렬의 모든 고윳값을 곱한 것과 같다. 행렬식의 절댓값은 주어진 행렬을 곱했을 때 공간이 얼마나 확장 또는 축소되는지를 나타내는 측도라고 할 수 있다. 행렬식이 0이면 공간은 적어도 하나의 차원에서 완전히 축소되며, 결과적으로 공간의 부피가 0이 된다. 행렬식이 1이면 행렬을 곱해도 공간의 부피는 변하지 않는다.

2.12 예: 주성분분석

지금까지 말한 기본적인 선형대수 지식만으로도 간단한 기계 학습 알고리즘의 하나인 **주성분분석**(principal components analysis, PCA)을 유도할 수 있다. $\mathbb{R}^n$에 있는 m개의 점들의 집합 $\{\boldsymbol{x}^{(1)},...,\boldsymbol{x}^{(m)}\}$에 유손실 압축(lossy compression)을 적용한다고 하자. 여기서 유손실 압축이란, 점들을 저장하는 데 필요한 메모리를 줄이되 정밀도(precision)를 어느 정도 잃는 것이 허용되는 압축을 말한다. 가능하면 정밀도를 최소한으로 잃는 것이 바람직하다.

필요한 저장 공간을 줄이는 한 가지 방법은 이 점들을 더 낮은 차원으로 부호화하는 것이다. 각 점 $\boldsymbol{x}^{(i)} \in \mathbb{R}^n$에 대해, 그에 대응되는 부호 벡터(code vector) $\boldsymbol{c}^{(i)} \in \mathbb{R}^l$을 구한다. 만일 l이 n보다 작다면, 그러한 원래의 자료보다 더 적은 메모리로 그러한 부호점(code point)을 저장할 수 있다. 이를 위해서는 주어진 점에 대한 부호를 산출하는 어떤 부호화 함수(encoding function) $f(\boldsymbol{x}) = \boldsymbol{c}$와 주어진 부호로부터 원래의 점을 재구축(reconstruction; 또는 복원)하는 복호화 함수(decoding function) $\boldsymbol{x} \approx g(f(\boldsymbol{x}))$가 필요하다.

PCA를 바로 그러한 복호화 함수로 사용할 수 있다. 구체적으로는, 복호기(decoder; 복호화 함수)를 아주 단순하게 만들기 위해 행렬 곱셈을 이용해서 부호를 다시 $\mathbb{R}^n$의 점으로 복원한다. $g(\boldsymbol{c}) = \boldsymbol{D}\boldsymbol{c}$라고 하자. 여기서 $\boldsymbol{D} \in \mathbb{R}^{n \times l}$은 복호화 과정을 정의하는 행렬이다.

이 복호기를 위한 최적의 부호를 계산하는 것이 어려운 문제일 수 있다. 부호화 문제를 단순하게 유지하기 위해, PCA는 $\boldsymbol{D}$의 열들이 반드시 서로 직교라는 제약을 둔다. ($l = n$이 아닌 한, 엄밀히 말해서 $\boldsymbol{D}$가 반드시 '직교행렬'은 아님을 주의하기 바란다.)

시금까지 서술한 문제에는 해가 여러 개 존재할 수 있다. 모든 점에 비례해서 c_i를 감소함으로써 $\boldsymbol{D}_{:,i}$의 비례 정도를 증가할 수 있기 때문이다. 이 문제의 해가 고유(유일)함을 보장하기 위해, $\boldsymbol{D}$의 열들이 모두 단위 노름이어야 한다는 제약을 도입한다.

이러한 기본 착안을 구현 가능한 알고리즘으로 만들려면, 우선 각 입력점 $\boldsymbol{x}$에 대한 최적의 부호점 $\boldsymbol{c}^*$를 생성하는 방법을 고안해야 한다. 한 가지 방법은 입력점 $\boldsymbol{x}$와 그것의 재구축 결과인 $g(\boldsymbol{c}^*)$ 사이의 거리를 최소화하는 것이다. 이 거리는 노름으로 측정할 수 있다. 주성분분석 알고리즘에서는 L^2 노름을 사용한다.

$$\boldsymbol{c}^* = \underset{\boldsymbol{c}}{\arg\min} \|\boldsymbol{x} - g(\boldsymbol{c})\|_2. \tag{2.54}$$

그런데 L^2 노름 대신 다음처럼 제곱 L^2 노름을 사용해도 된다. L^2 노름은 음이 아닌 수이고, 제곱 연산은 음이 아닌 인수에 대해 단조 증가하므로, 결과적으로 두 노름 모두 같은 $\boldsymbol{c}$ 값에 의해 최소화된다.

$$c^* = \underset{c}{\arg\min} \|x - g(c)\|_2^2. \tag{2.55}$$

최소화 대상 함수(arg min의 인수)를 따로 전개, 정리해 보자.

$$(x - g(c))^\top (x - g(c)) \tag{2.56}$$

(식 2.30의 L^2 노름의 정의에 따라)

$$= x^\top x - x^\top g(c) - g(c)^\top x + g(c)^\top g(c) \tag{2.57}$$

(분배법칙에 따라)

$$= x^\top x - 2x^\top g(c) + g(c)^\top g(c) \tag{2.58}$$

(스칼라 $g(c)^\top x$의 전치는 스칼라 자신과 같으므로).

그런데 최소화 대상 함수에서 첫 항은 c에 의존하지 않으므로 생략해도 된다.

$$c^* = \underset{c}{\arg\min} -2x^\top g(c) + g(c)^\top g(c). \tag{2.59}$$

더 나아가서, 이 공식에 $g(c)$의 정의를 대입해서 정리하면 다음이 나온다.

$$c^* = \underset{c}{\arg\min} -2x^\top Dc + c^\top D^\top Dc \tag{2.60}$$

$$= \underset{c}{\arg\min} -2x^\top Dc + c^\top I_l c \tag{2.61}$$

(D에 대한 직교성 제약과 단위 노름 제약에 따라)

$$= \underset{c}{\arg\min} -2x^\top Dc + c^\top c. \tag{2.62}$$

이제 벡터 미적분(vector calculus)을 이용해서 이 최적화 문제를 풀 수 있다(방법을 잘 모른다면 §4.3을 보기 바란다).

$$\nabla_c (-2x^\top Dc + c^\top c) = 0 \tag{2.63}$$

$$-2D^\top x + 2c = 0 \tag{2.64}$$

$$c = D^\top x. \tag{2.65}$$

공식을 이렇게 만들면 알고리즘의 효율성이 좋아진다. x를 그냥 행렬·벡터 곱셈 연산 한 번만 사용해서 최적으로 부호화할 수 있다. 벡터를 부호화할 때는 다음과 같은 부호화 함수를 적용한다.

$$f(\boldsymbol{x}) = \boldsymbol{D}^\top \boldsymbol{x}. \tag{2.66}$$

그리고 행렬 곱셈을 하나만 더 사용하면 PCA 재구축 연산을 정의할 수 있다.

$$r(\boldsymbol{x}) = g(f(\boldsymbol{x})) = \boldsymbol{D}\boldsymbol{D}^\top \boldsymbol{x}. \tag{2.67}$$

다음으로, 부호화 행렬(encoding matrix) $\boldsymbol{D}$를 선택해야 한다. 이를 위해, 입력과 재구축 사이의 L^2 거리를 최소화한다는 착안을 다시 고찰해 보자. 모든 점을 동일한 행렬 $\boldsymbol{D}$로 복호화할 것이므로 점들을 따로 고려할 필요가 없다. 대신, 모든 차원과 모든 점에 관해 계산한 오차들로 이루어진 행렬의 프로베니우스 노름을 최소화해야 한다.

$$\boldsymbol{D}^* = \underset{\boldsymbol{D}}{\arg\min} \sqrt{\sum_{i,j}\left(x_j^{(i)} - r(\boldsymbol{x}^{(i)})_j\right)^2}, \text{ 단 } \boldsymbol{D}^\top \boldsymbol{D} = \boldsymbol{I}_l. \tag{2.68}*$$

이제 이러한 $\boldsymbol{D}^*$를 구하는 알고리즘을 유도해 보자. 우선, $l = 1$인 경우를 고찰한다. 이 경우 $\boldsymbol{D}$는 그냥 하나의 벡터 $\boldsymbol{d}$이다. 식 2.67을 식 2.68에 대입하고 $\boldsymbol{D}$를 $\boldsymbol{d}$로 표현하면 문제는 다음으로 정리된다.

$$\boldsymbol{d}^* = \underset{\boldsymbol{d}}{\arg\min} \sum_i \|\boldsymbol{x}^{(i)} - \boldsymbol{d}\boldsymbol{d}^\top \boldsymbol{x}^{(i)}\|_2^2, \text{ 단 } \|\boldsymbol{d}\|_2 = 1. \tag{2.69}$$

이 공식은 대입을 아주 직접 적용해서 얻은 것이라서 유도 과정이 간단하지만, 공식의 스타일이 그리 아름답지는 않다. 이 공식에서는 스칼라 $\boldsymbol{d}^\top \boldsymbol{x}^{(i)}$가 벡터 $\boldsymbol{d}$의 오른쪽에 있다. 그러나 일반적으로는 스칼라 계수를 그 적용 대상인 벡터의 왼쪽에 두는 것이 관례이다. 그러한 관례에 따라, 식 2.69를 다음과 같이 다시 표현하자.

$$\boldsymbol{d}^* = \underset{\boldsymbol{d}}{\arg\min} \sum_i \|\boldsymbol{x}^{(i)} - \boldsymbol{d}^\top \boldsymbol{x}^{(i)}\boldsymbol{d}\|_2^2, \text{ 단 } \|\boldsymbol{d}\|_2 = 1. \tag{2.70}$$

※ **역주** 수식에서 "단 ~"은 "subject to~"를 옮긴 것이다. "P, 단 Q" 형태의 수식은 P가 Q라는 제약하에서 성립 또는 작용한다는 뜻이다.

또는, 스칼라의 전치가 스칼라 자신이라는 점을 이용해서 다음과 같이 좀 더 정리할 수도 있다.

$$d^* = \arg\min_d \sum_i \|x^{(i)} - x^{(i)\top} dd\|_2^2, \ \text{단} \ \|d\|_2 = 1. \tag{2.71}$$

독자는 이런 미학적 수식 정리에 익숙해질 필요가 있다.

지금 단계에서는 문제를 개별 견본(example) 벡터들에 관한 합으로 표현하는 대신, 견본들로 이루어진 하나의 단일한 설계 행렬(design matrix)로 표현하는 것이 도움이 될 수 있다. 그렇게 하면 좀 더 간결한 표기가 가능해진다. $X \in \mathbb{R}^{m \times n}$이 점들을 서술하는 모든 벡터를 쌓아서 정의한 행렬이라고 하자. 즉, $X_{i,:} = x^{(i)\top}$이다. 그러면 문제를 다음과 같이 이전과는 다른 형태로 표현할 수 있다.

$$d^* = \arg\min_d \|X - Xdd^\top\|_F^2, \ \text{단} \ d^\top d = 1. \tag{2.72}$$

제약은 잠시 무시하고, 프로베니우스 노름 부분을 다음과 같이 단순화할 수 있다.

$$\arg\min_d \|X - Xdd^\top\|_F^2 \tag{2.73}$$

$$= \arg\min_d \mathrm{Tr}\left((X - Xdd^\top)^\top (X - Xdd^\top)\right) \tag{2.74}$$

(식 2.49에 따라)

$$= \arg\min_d \mathrm{Tr}(X^\top X - X^\top Xdd^\top - dd^\top X^\top X + dd^\top X^\top Xdd^\top) \tag{2.75}$$

$$= \arg\min_d \mathrm{Tr}(X^\top X) - \mathrm{Tr}(X^\top Xdd^\top) - \mathrm{Tr}(dd^\top X^\top X) + \mathrm{Tr}(dd^\top X^\top Xdd^\top) \tag{2.76}$$

$$= \arg\min_d - \mathrm{Tr}(X^\top Xdd^\top) - \mathrm{Tr}(dd^\top X^\top X) + \mathrm{Tr}(dd^\top X^\top Xdd^\top) \tag{2.77}$$

(d가 관여하지 않는 항들은 $\arg\min$에 영향을 미치지 않으므로)

$$= \arg\min_d - 2\mathrm{Tr}(X^\top Xdd^\top) + \mathrm{Tr}(dd^\top X^\top Xdd^\top) \tag{2.78}$$

(식 2.52에 따라, 행렬들의 순서를 바꾸어도 대각합은 변하지 않으므로)

$$= \underset{d}{\arg\min} - 2\mathrm{Tr}(\boldsymbol{X}^\top \boldsymbol{X} \boldsymbol{d}\boldsymbol{d}^\top) + \mathrm{Tr}(\boldsymbol{X}^\top \boldsymbol{X} \boldsymbol{d}\boldsymbol{d}^\top \boldsymbol{d}\boldsymbol{d}^\top) \tag{2.79}$$

(같은 성질에 따라).

이제 제약을 다시 도입한다.

$$\underset{d}{\arg\min} - 2\mathrm{Tr}(\boldsymbol{X}^\top \boldsymbol{X} \boldsymbol{d}\boldsymbol{d}^\top) + \mathrm{Tr}(\boldsymbol{X}^\top \boldsymbol{X} \boldsymbol{d}\boldsymbol{d}^\top \boldsymbol{d}\boldsymbol{d}^\top), \quad 단 \ \boldsymbol{d}^\top \boldsymbol{d} = 1. \tag{2.80}$$

$$= \underset{d}{\arg\min} - 2\mathrm{Tr}(\boldsymbol{X}^\top \boldsymbol{X} \boldsymbol{d}\boldsymbol{d}^\top) + \mathrm{Tr}(\boldsymbol{X}^\top \boldsymbol{X} \boldsymbol{d}\boldsymbol{d}^\top), \quad 단 \ \boldsymbol{d}^\top \boldsymbol{d} = 1. \tag{2.81}$$

(제약에 따라)

$$= \underset{d}{\arg\min} - \mathrm{Tr}(\boldsymbol{X}^\top \boldsymbol{X} \boldsymbol{d}\boldsymbol{d}^\top), \quad 단 \ \boldsymbol{d}^\top \boldsymbol{d} = 1. \tag{2.82}$$

$$= \underset{d}{\arg\max} \, \mathrm{Tr}(\boldsymbol{X}^\top \boldsymbol{X} \boldsymbol{d}\boldsymbol{d}^\top), \quad 단 \ \boldsymbol{d}^\top \boldsymbol{d} = 1. \tag{2.83}$$

$$= \underset{d}{\arg\max} \, \mathrm{Tr}(\boldsymbol{d}^\top \boldsymbol{X}^\top \boldsymbol{X} \boldsymbol{d}), \quad 단 \ \boldsymbol{d}^\top \boldsymbol{d} = 1. \tag{2.84}$$

이러한 최적화 문제를 고윳값 분해로 풀 수도 있다. 구체적으로 말하면, 최적의 $\boldsymbol{d}$는 $\boldsymbol{X}^\top\boldsymbol{X}$의 가장 큰 고윳값에 대응되는 고유벡터이다.

이상의 유도는 $l = 1$인 경우에 한한 것으로, 오직 첫 번째 주성분만 재구축한다. 좀 더 일반적으로, 주성분들의 기저(basis)를 복원하고자 할 때는 가장 큰 고윳값 l개에 대응되는 l개의 고유 벡터들로 이루어진 행렬 $\boldsymbol{D}$를 사용하면 된다. 이 점은 수학적 귀납법으로 증명할 수 있다. 여러분이 직접 증명해 보길 권한다.

선형대수는 심층 학습을 이해하는 데 꼭 필요한 근본적인 수학 분야 중 하나이다. 또 다른 핵심 수학 분야는 기계 학습의 어디에나 쓰이는 확률론인데, 다음 장에서 살펴보기로 하겠다.

3

확률론과 정보 이론

이번 장에서는 확률론과 정보 이론을 설명한다.

확률론(probability theory)은 과학과 공학의 여러 분야에서 근본적인 도구로 쓰인다. 이번 장은 기본적으로 소프트웨어 공학에 기반이 있는, 그래서 확률론은 그리 많이 접하지 못한 독자가 이 책의 내용을 이해하는 데 필요한 수준으로 확률론을 설명한다.

확률론을 이용하면 불확실한 명제를 서술할 수 있으며, 불확실성이 존재하는 상황에서 뭔가를 추론할 수 있다. 한편, 정보 이론(information theory)을 이용하면 주어진 확률분포에 존재하는 불확실성의 양을 추정할 수 있다.

확률론과 정보 이론에 익숙한 독자라면 이번 장을 건너뛰어도 되지만, §3.14만큼은 읽고 넘어가기 바란다. §3.14는 기계 학습을 위한 구조적 확률 모형을 서술하는 데 쓰이는 그래프를 설명한다. 이런 주제를 전혀 접한 적이 없는 독자라도, 심층 학습 연구 프로젝트를 성공적으로 수행하는 데 필요한 확률론 및 정보 이론 관련 내용을 이번 장에서 얻을 수 있다. 그렇긴 하지만, [Jaynes, 2003] 같은 다른 참고자료도 살펴보길 권한다.

3.1 확률의 필요성

컴퓨터 과학의 하위 분야들은 대부분 완전히 결정론적이고 확실한 대상을 다룬다. 예를 들어 일반적으로 프로그래머는 CPU가 각 기계어 명령을 결함 없이 실행할 것이라는 가정에 의심을 두지 않는다. 하드웨어도 종종 오류를 일으키지만, 그런 경우는 아주 드물기 때문에 대부분의 소프트웨어 응용 프로그램은 설계 시 그런 가능성을 염두에 둘 필요가 없다. 대다수의 컴퓨터 과학자와 소프트웨어 기술자는 비교적 깨끗하고 확실한 환경에서 일하기 때문에, 기계 학습이 확률론을 적극적으로 활용한다는 점이 의외일 수도 있다.

기계 학습은 항상 불확실한 수치들을 다루어야 하며, 확률적(stochastic; 또는 확률론적) 또는 비결정론적(nondeterministic) 수치들을 다룰 때도 있다. 불확실성(uncertainty)과 확률성(stochasticity)의 원천은 여러 가지이다. 연구자들은 그러한 불확실성을 확률을 이용해서 측정하는 것이 유익하다는 점을 적어도 1980년대부터 설득력 있게 주장했다. 이번 장의 주장 중 다수는 [Pearl, 1988]의 것을 요약하거나 그로부터 영감을 얻은 것이다.

거의 모든 활동에는 불확실성의 존재를 추론하는 어떤 능력이 필요하다. 실제로, 정의에 의해 참인 수학적 명제를 제외할 때, 절대적으로 참인 어떤 명제나 반드시 발생하는 사건을 생각해 내기란 어려운 일이다.

다음은 불확실성을 발생할 수 있는 세 가지 원천이다.

1. 모형화할 시스템에 내재한 확률성. 예를 들어, 대부분의 양자역학 해석은 아원자 입자가 확률적으로 행동하는 것처럼 서술한다. 또한, 작동 방식이 무작위한(확률적인) 가상의 시나리오도 고안해 낼 수 있다. 예를 들어 카드들이 무작위 순서로 완전히 뒤섞인다고 가정하는 가상의 카드 게임에는 게임 자체에 확률성이 내재한다.

2. 불완전한 관측 가능성(observability). 결정론적인 시스템이라고 해도, 그 시스템의 행동을 추동하는 변수들을 모두 관측할 수 없을 때는 시스템이 확률적으로 행동하는 것처럼 보일 수 있다. 예를 들어 유명한 몬티 홀$^{Monty\ Hall}$ 문제에서, 퀴즈 프로 참가자는 세 문 중 하나를 선택해서 그 문 뒤에 있는 상품을 받는다. 세 문 중 둘의 뒤에는 염소가 있고, 다른 하나에는 자동차가 있다. 참가자의 선택 결과는 결정론적이지만, 참가자의 관점에서 그 결과는 불확실하다.

3. 불완전한 모형화. 관측한 정보의 일부를 반드시 폐기해야 하는 모형을 사용하는 경우, 폐기한 정보 때문에 모형의 예측에 불확실성이 발생한다. 예를 들어 주변에 있는 모든 물체의 위치를 정확하게 관측할 수 있는 로봇을 만든다고 하자. 만일 로봇이 주변 공간을 이산화(discretization)해서 물체들의 향후 위치를 예측한다면, 그러한 이산화 때문에 물체의 정확한 위치가 불확실해진다. 이산화된 한 칸 안에서는 물체가 어디에 있든 같은 위치로 파악될 것이기 때문이다.

많은 경우, 복잡하지만 확실한 규칙보다는 간단하지만 불확실한 규칙을 사용하는 것이 좀 더 실용적이다. 심지어, 진정한 규칙이 결정론적이고 모형화 시스템이 복잡한 규칙을 감당할 수 있을 정도의 충실도를 갖추었다고 해도 그렇다. 예를 들어 "대부분의 새는 하늘을 난다" 같은 간단한 규칙은 개발 비용이 낮고 적용 범위가 넓지만, "새는 하늘을 난다, 단 다음은 예외이다: 아직 비행 방법을 배우지 못한 아주 어린 새나, 병이 나거나 상처를 입어서 날 수 없는 새, 화식조나 타조, 키위처럼 애초에 날 수 없는 새, …" 같은 복잡한 규칙은 개발, 유지보수, 설명하기가 어려울 뿐만 아니라, 노력을 들여 개발했다고 해도 깨지거나 고장 날 가능성이 크다.

불확실성을 표현하고 추론하는 수단이 필요하다는 점은 명확하지만, 인공지능 응용 프로그램에 필요한 모든 수단을 과연 확률론이 제공할 것인지는 그리 명확하지 않다. 원래 확률론은 사건의 도수(빈도)를 분석하려고 개발한 것이다. 포커 게임에서 특정한 조합을 이루는 카드들을 뽑는 것 같은 사건을 연구하는 데 확률론을 적용하는 방법은 쉽게 이해할 수 있다. 그런 종류의 사건들은 종종 반복이 가능하다. 어떤 결과가 발생할 확률이 p라는 것은, 실험(포커에서 일정 개수의 카드들을 뽑는 것)을 무한히 많이 반복할 때 전체 반복 중 해당 결과가 나온 반복들의 비율이 p라는 것이다. 언뜻 생각하면, 반복할 수 없는 명제들에는 이런 종류의 추론을 적용할 수 없을 것 같다. 예를 들어 의사가 환자 한 명을 진단한 후 환자가 독감에 걸렸을 가능성이 40%라고 말하는 것은 앞의 추론과는 성격이 아주 다르다. 환자를 무한히 복제할 수는 없으며, 그것이 가능하다고 해도 환자의 여러 복제본이 증상은 같지만 그 바탕(underlying) 조건은 다를 것이라고 추론할 근거도 없다. 환자를 진단하는 의사의 경우 확률은 사건의 비율이 아니라 **믿음의 정도**(degree of belief), 줄여서 **확신도**를 나타낸다. 확신도가 1이라는 것은 그 환자가 독감에 걸렸음이 절대적으로 확실하다는 뜻이고, 0은 그 환자가 독감에 걸리지 않았음이 절대적으로 확실하다는 뜻이다. 전자, 즉 특정 사건이 일어날 비율과 직접 관련된 종류의 확률을 흔히 **빈도론자 확률**(frequentist probability; 또는 빈도주의 확률)이라고 부르고, 후자, 즉 확실성의 수준을 수치화하는 데 관련된 확률을 흔히 **베이즈 확률**(Bayesian probability)이라고 부른다.

불확실성에 관한 추론이 갖추리라고 상식적으로 기대하는 여러 성질을 나열해 보면, 그러한 성질을 충족하는 방법은 베이즈 확률을 빈도론자 확률과 같은 방식으로(즉, 빈도론자 확률과 정확히 같은 방식으로 행동한다고) 취급하는 것뿐임을 알게 된다. 예를 들어, 포커 게임에서 플레이어가 이길 확률을 플레이어가 가진 카드들에 기초해서 계산하는 공식이 있다고 할 때, 바로 그 공식을 환자가 독감에 걸렸을 확률을 환자의 증상들에 기초해서 계산하는 데도 사용할 수 있다. 그것이 유일한 방법인 이유, 즉 적은 수의 상식적인 가정들의 집합이 두 종류의 확률을 모두 제어하는 동일한 공리公理들을 함의하는 이유에 관한 좀 더 자세한 내용은 [Ramsey, 1926]를 보기 바란다.

확률이라는 것을, 논리(logic)를 불확실성까지 다룰 수 있도록 확장한 것이라고 생각해도 좋을 것이다. 논리학은 어떤 명제가 주어진 가정하에서 참인지 아니면 거짓인지를 결정하는(가정 역시 참 아니면 거짓인 명제들의 집합이다) 일단의 형식적인 규칙들을 제공한다. 확률론은 다른 명제들의 가능도(likelihood)가 주어졌을 때 어떤 명제가 참일 가능도를 결정하는 일단의 형식적인 규칙들을 제공한다.

3.2 확률변수

확률변수(random variable)는 여러 값을 무작위하게 가지는 변수이다. 일반적으로 확률변수 자체는 보통 글꼴의 영문 소문자로 표기하고, 확률변수의 값은 이탤릭 영문 소문자로 표기한다. 예를 들어 x_1과 x_2는 확률변수 x가 가질 수 있는 값들이다. 벡터값 변수의 경우에는 굵은 글꼴을 사용해서, 확률변수를 **x**로, 그리고 가능한 값을 $\boldsymbol{x}$로 표기한다. 확률변수 자체는 그냥 그 변수가 가질 수 있는 상태들을 서술할 뿐이다. 확률변수는 반드시 확률분포와 결합되어야 한다. 확률분포는 각 상태(state)가 실제로 확률변수의 값이 될 가능성을 명시한다.

확률변수는 이산(discrete)일 수도 있고 연속(continuous)일 수도 있다. 이산 확률변수는 상태들의 개수가 유한한, 그리고 그 개수를 셀 수 있는 확률변수이다. 그 상태들이 반드시 정수이어야 하는 것은 아니다. 수치로는 간주할 수 없는 어떤 이름들일 수도 있다. 연속 확률변수는 실숫값들과 연관된다.

3.3 확률분포

확률분포(probability distribution)는 하나의 확률변수 또는 확률변수들의 집합이 각각의 상태를 가질 가능도를 정의한다. 확률분포를 서술하는 방식은 확률변수가 이산이냐 연속이냐에 따라 다르다.

3.3.1 이산 변수와 확률질량함수

이산 변수를※ 서술하는 한 가지 방법은 **확률질량함수**(probability mass function, PMF)를 이용하는 것이다. 일반적으로 확률질량함수는 대문자 P로 표기한다. 흔히 확률변수마다 다른 확률질량함수를 부여하는데, 각 확률질량함수는 함수 자체의 이름을 달리 하는 대신 그냥 연관된 확률변수로 구분한다. 예를 들어, 일반적으로 $P(\mathrm{x})$와 $P(\mathrm{y})$는 서로 다른 확률질량함수를 나타낸다.

확률질량함수는 확률변수의 한 상태를, 변수가 그 상태를 가질 확률로 사상한다. $\mathrm{x} = x$일 확률을 $P(x)$로 표기하는데, 이 확률이 1이라는 것은 항상 $\mathrm{x} = x$라는 뜻이고 0이라는 것은 절대로 $\mathrm{x} = x$일 수 없다는 뜻이다. 서로 확률질량함수들을 구분하기 어려울 때는 $P(\mathrm{x} = x)$처럼 확률변수 이름을 명시적으로 표기한다. 경우에 따라서는 변수 이름을 먼저 표기하고 ~ 기호 다음에 그 변수가 따르는 분포를 표기하기도 한다. $\mathrm{x} \sim P(\mathrm{x})$가 그러한 예이다.

확률질량함수가 여러 변수에 동시에 작용할 수도 있다. 다수의 변수에 관한 확률분포를 가리켜 **결합확률분포**(joint probability distribution), 줄여서 결합분포라고 부른다. $P(\mathrm{x} = x, \mathrm{y} = y)$라는 표기는 동시에 $\mathrm{x} = x$이고 $\mathrm{y} = y$일 확률을 나타낸다. 이를 간결하게 $P(x, y)$로 표기하기도 한다.

어떤 함수 P가 확률변수 x에 대한 하나의 확률질량함수가 되려면 반드시 다음 성질들을 충족해야 한다.

※ **역주** 앞으로, 혼동할 여지가 없을 때는 확률변수나 확률분포에서 '확률'을 생략하기도 하겠다.

- P의 정의역은 x의 모든 가능한 상태의 집합이어야 한다.
- $\forall x \in x, 0 \leq P(x) \leq 1$이어야 한다. 불가능한 사건의 확률은 0이어야 하고, 그보다 발생 가능성이 낮은 상태는 없어야 한다. 마찬가지로, 반드시 일어나는 사건의 확률은 1이어야 하고, 그보다 발생 가능성이 높은 상태는 없어야 한다.
- $\sum_{x \in x} P(x) = 1$이어야 한다. 이 성질을 충족하게 만드는 것을 **정규화**(normalization)라고 부른다. 이 성질이 없으면, 발생하는 여러 사건 중 하나의 확률을 계산할 때 1보다 큰 확률이 나올 수 있다.

예를 들어 상태가 k가지인 이산 확률변수 x를 생각해 보자. x에 다음과 같은 확률질량함수를 적용하면, x는 **고른 분포**(uniform distribution; 또는 균등분포)를 따르게 된다.

$$P(\mathrm{x} = x_i) = \frac{1}{k}, \ \text{모든 } i\text{에 대해.} \tag{3.1}$$

이 함수가 확률질량함수의 조건들을 충족하는지 살펴보자. 우선, k가 양의 정수이므로 $\frac{1}{k}$는 양수이다. 또한, 다음이 성립한다.

$$\sum_i P(\mathrm{x} = x_i) = \sum_i \frac{1}{k} = \frac{k}{k} = 1, \tag{3.2}$$

즉, 분포가 적절히 정규화되어 있다.

3.3.2 연속 변수와 확률밀도함수

연속 확률변수를 다룰 때는 확률질량함수 대신 **확률밀도함수**(probability density function, PDF)를 이용해서 확률분포를 서술한다. 어떤 함수 P가 확률밀도함수가 되려면 반드시 다음 성질들을 충족해야 한다.

- p의 정의역은 x의 모든 가능한 상태의 집합이어야 한다.
- $\forall x \in x, p(x) \geq 0$이어야 한다. 반드시 $p(x) \leq 1$일 필요는 없음을 주목하기 바란다.
- $\int p(x)dx = 1$이어야 한다.

확률밀도함수 $p(x)$가 특정 상태의 확률을 직접 돌려주지는 않는다. 대신, 이 함수는 확률변수의 값이 부피가 δx인 무한소(infinitesimal) 영역 안에 있을 확률이 $p(x)\delta x$

임을 말해 준다.

밀도함수를 적분하면 점 집합의 실제 확률질량을 구할 수 있다. 구체적으로, x가 어떤 상태 집합 $\mathbb{S}$에 속할 확률은 그 집합에 관해 $p(x)$를 적분한 것이다. 단변량의 예에서, x가 구간 $[a,b]$에 있을 확률은 $\int_{[a,b]} p(x)dx$이다.

연속 확률변수에 관한 특정한 확률밀도에 대응되는 확률밀도함수의 예로, 어떤 실수 구간에 대한 고른 분포를 생각해 보자. 그러한 분포는 $u(x;a,b)$로 정의할 수 있는데, 여기서 a와 b는 구간의 양 끝점이고 $b > a$이다. ';' 기호는 매개변수화(parameterization)를 뜻한다. 이 경우 x는 함수의 인수(argument)이고, a와 b는 그 함수를 정의하는 매개변수로 간주한다. 이 구간 바깥에는 확률질량이 없음을 보장하기 위해, 모든 $x \notin [a,b]$에 대해 $u(x;a,b) = 0$으로 둔다. $[a,b]$ 안에서는 $u(x;a,b) = \dfrac{1}{b-a}$이다. 이 함수가 모든 곳에서 음수가 아님은 쉽게 증명할 수 있다. 더 나아가서, 이 함수를 적분하면 1이 된다. x가 구간 $[a,b]$에 대한 고른 분포를 따른다는 것을 흔히 $x \sim U(a,b)$로 표기한다.

3.4 주변확률

어떤 변수들의 집합에 관한 확률분포를 알고 있는 상태에서 그 집합의 한 부분집합에 관한 확률분포를 알고 싶을 때가 종종 있다. 부분집합에 관한 확률분포를 **주변확률분포**(marginal probability distribution), 줄여서 주변 분포라고 부른다.

예를 들어 x와 y가 이산 확률변수이고, 그 둘에 대한 확률질량함수 $P(\mathrm{x},\mathrm{y})$를 알고 있다고 하자. 확률의 **합의 법칙**(sum rule)을 이용하면 $P(\mathrm{x})$를 구할 수 있다.

$$\forall x \in \mathrm{x}, P(\mathrm{x} = x) = \sum_y P(\mathrm{x} = x, \mathrm{y} = y). \tag{3.3}$$

'주변확률'이라는 이름은 확률표가 있는 종이의 여백(margin)에서 주변확률을 계산하던 관행에서 비롯된 것이다. 각 행이 x의 여러 값에 해당하고 각 열이 y의 여러 값에 해당하는 격자의 칸들에 $P(\mathrm{x},\mathrm{y})$들을 기입했다고 할 때, 한 행의 확률들의 합에 해당하는 $P(x)$를 그 행의 오른쪽 여백에 기입하는 것은 자연스러운 일이다.※

※ **역주** 그러한 유래를 생각하면 주변확률보다는 '여백확률'이 더 그럴듯하겠지만, 이 책에서는 대한수학회의 용어집에 따라 그냥 '주변확률'을 사용한다.

연속 변수에 대해서는 합산 대신 적분을 사용해야 한다.

$$p(x) = \int p(x,y)dy. \tag{3.4}$$

3.5 조건부 확률

인공지능에서는 하나의 사건이 따로 발생할 확률이 아니라, 어떤 사건이 발생했을 때 다른 어떤 한 사건이 발생할 확률에 관심을 두는 경우가 많다. 그러한 확률을 **조건부 확률**(conditional probability)이라고 부른다. $x = x$일 때 $y = y$일 확률을 $P(y = y \mid x = x)$로 표기한다. 다음은 이러한 조건부 확률을 계산하는 공식이다.

$$P(y = y \mid x = x) = \frac{P(y = y, x = x)}{P(x = x)}. \tag{3.5}$$

조건부 확률은 $P(x = x) > 0$일 때만 정의된다. 절대 발생하지 않는 사건을 조건으로 한 조건부 확률은 계산할 수 없다.

조건부 확률을 계산하는 것과 어떤 행동을 취했을 때 어떤 사건이 발생할 것인지 계산하는 것은 다른 일이라는 점을 주의하기 바란다. 독일에서 온 사람이 독일어를 할 확률은 상당히 높지만, 무작위로 선택한 사람에게 독일어를 가르친다고 해서 그 사람의 국적이 독일로 변하지는 않는다. 어떤 행동의 결과(consequence)를 계산하는 것을 가리켜 **개입 질의**(intervention query)를 수행한다고 말한다. 개입 질의는 이 책에서는 다루지 않는 **인과관계 모형화**(causal modeling)의 일부이다.

3.6 조건부 확률의 연쇄법칙

다수의 확률변수에 관한 임의의 결합확률분포를 다음처럼 각각 하나의 변수에 관한 조건부 분포들로 분해할 수 있다.

$$P(x^{(1)}, ..., x^{(n)}) = P(x^{(1)}) \prod_{i=2}^{n} P(x^{(i)} \mid x^{(1)}, ..., x^{(i-1)}). \tag{3.6}$$

이러한 관계를 확률의 **연쇄법칙**(chain rule) 또는 **곱의 법칙**(product rule)이라고 부른다. 이 법칙은 식 3.5의 조건부 확률 정의에서 직접 유도할 수 있다. 예를 들어 그 정의를 두 번 적용하면 다음이 나온다.

$$P(\mathrm{a,b,c}) = P(\mathrm{a\,|\,b,c})P(\mathrm{b,c})$$
$$P(\mathrm{b,c}) = P(\mathrm{b\,|\,c})P(\mathrm{c})$$
$$P(\mathrm{a,b,c}) = P(\mathrm{a\,|\,b,c})P(\mathrm{b\,|\,c})P(\mathrm{c}).$$

3.7 독립과 조건부 독립

두 확률변수 x와 y의 확률분포를 다음처럼 x만 관여하는 인수와 y만 관여하는 인수의 곱으로 표현할 수 있으면, 그 두 변수는 서로 **독립**(independent)이다.

$$\forall x \in \mathrm{x}, y \in \mathrm{y}, \ p(\mathrm{x} = x, \mathrm{y} = y) = p(\mathrm{x} = x)p(\mathrm{y} = y). \tag{3.7}$$

확률변수 z가 주어졌을 때, 두 확률변수 x와 y에 관한 조건부 확률분포를 다음처럼 z의 모든 값에 대해 인수분해할 수 있으면 그 두 변수는 **조건부 독립**(conditionally independent)이다.

$$\forall x \in \mathrm{x}, y \in \mathrm{y}, z \in \mathrm{z}, p(\mathrm{x} = x, \mathrm{y} = y \,|\, \mathrm{z} = z) = p(\mathrm{x} = x \,|\, \mathrm{z} = z)p(\mathrm{y} = y \,|\, \mathrm{z} = z). \tag{3.8}$$

이러한 독립과 조건부 독립 관계를 좀 더 간결하게 표기하는 방법이 있다. x⊥y는 x와 y가 독립이라는 뜻이고, x⊥y|z는 z가 주어졌을 때 x와 y가 조건부 독립이라는 뜻이다.

3.8 기댓값, 분산, 공분산

확률분포 $P(\mathrm{x})$에 대한 함수 $f(x)$의 **기댓값**(expectation 또는 expected value)은 P에서 뽑은 x들에 대한 f 값들의 평균을 뜻한다. 이산 변수의 경우에는 다음처럼 합산으로 기댓값을 계산할 수 있다.

$$\mathbb{E}_{\mathrm{x} \sim P}[f(x)] = \sum_x P(x)f(x). \tag{3.9}$$

연속 변수의 경우에는 적분으로 계산한다.

$$\mathbb{E}_{\mathrm{x} \sim p}[f(x)] = \int p(x)f(x)dx. \tag{3.10}$$

확률분포를 문맥에서 확실히 알 수 있을 때는 해당 기호를 생략하고 확률변수(기댓값의 대상인)의 이름만 표기한다. $\mathbb{E}_{\mathrm{x}}[f(x)]$이 그러한 예이다. 그리고 확률변수까지 확실한 경우에는 $\mathbb{E}[f(x)]$처럼 아래 첨자를 아예 생략할 수 있다. 기본적으로 $\mathbb{E}[\cdot]$의 대상은 대괄호 쌍 안의 확률변수의 모든 변수이다. 더 나아가서, 혼동의 여지가 없다면 대괄호 쌍 자체를 생략할 수도 있다.

기댓값은 선형적(일차 함수)이다. 예를 들어, α와 β가 x에 의존(종속)하지 않는다고 할 때 다음이 성립한다.

$$\mathbb{E}_{\mathrm{x}}[\alpha f(x) + \beta g(x)] = \alpha \mathbb{E}_{\mathrm{x}}[f(x)] + \beta \mathbb{E}_{\mathrm{x}}[g(x)], \tag{3.11}$$

분산(variance)은 확률변수 x의 함수가 해당 확률분포에서 비롯한 x의 여러 값들에 따라 어느 정도나 변하는지를 나타내는 측도이다. 분산은 다음과 같이 정의된다.

$$\mathrm{Var}(f(x)) = \mathbb{E}\left[(f(x) - \mathbb{E}[f(x)])^2\right]. \tag{3.12}$$

분산이 작다는 것은 $f(x)$ 값들이 해당 기댓값 주변에 몰려 있다는 뜻이다. 분산의 제곱근을 **표준편차**(standard deviation)라고 부른다.

공분산(covariance)은 두 값의 선형(일차) 관계가 어느 정도인지, 그리고 그 값들의 규모가 어느 정도인지 말해 주는 측도이다.

$$\mathrm{Cov}(f(x), g(y)) = \mathbb{E}\left[(f(x) - \mathbb{E}[f(x)])(g(y) - \mathbb{E}[g(y)])\right]. \tag{3.13}$$

공분산의 절댓값이 크다는 것은 값들이 아주 크게 변하며, 둘 다 해당 평균에서 동시에 크게 벗어남을 뜻한다. 공분산이 양수이면 두 변수가 동시에 상대적으로 큰 값을 가지는 경향이 있다. 공분산이 음수이면 한 변수가 상대적으로 큰 값일 때 다른 한 변수는 상대적으로 작은 값인(또는 그 반대일) 경향이 있다. 그외의 측도로 **상관계수**(correlation)가 있는데, 이것은 개별 변수의 규모에는 영향을 받지 않고 변수들의 관계만 측정하기 위해 각 변수의 기여를 정규화한 것이다.

공분산은 종속(dependence)이라는 개념과 관련이 있긴 하지만, 둘은 서로 구별되는 개념이다. 둘의 관계는, 독립인 두 변수의 공분산은 0이고, 공분산이 0이 아닌 두 변수는 종속이라는 것이다. 그러나 독립은 공분산과는 개별적인 성질이다. 한편 독립은 공분산과는 개별적인 성질이다. 두 변수의 공분산이 0이려면 둘 사이에 선형 종속관계가 존재하지 않아야 한다. 독립의 조건은 공분산이 0이라는 조건보다 강하다. 두 변수가 독립이려면 비선형적인 관계도 없어야 하기 때문이다. 두 변수가 종속이라도 공분산은 0일 수 있다. 예를 들어, 먼저 구간 $[-1,1]$에 관한 균등분포(고른 분포)에서 실수 x를 추출하고, 그런 다음 -1과 1 중 하나를 $\frac{1}{2}$의 확률로 선택해서 확률변수 s의 값으로 둔다고 하자. 그런 다음 $y = sx$로 배정해서 확률변수 y를 만든다. 이 경우, y의 크기는 전적으로 x의 값에 따라 결정되므로 x와 y는 독립이 아님이 확실하다. 그렇지만 $\mathrm{Cov}(x,y) = 0$이다.

확률벡터(random vector) $\mathbf{x} \in \mathbb{R}^n$의 **공분산행렬**(covariance matrix)은 다음을 만족하는 $n \times n$ 행렬이다.

$$\mathrm{Cov}(\mathbf{x})_{i,j} = \mathrm{Cov}(\mathrm{x}_i, \mathrm{x}_j). \tag{3.14}$$

이러한 공분산행렬의 주대각 성분은 분산이다.

$$\mathrm{Cov}(\mathrm{x}_i, \mathrm{x}_i) = \mathrm{Var}(\mathrm{x}_i). \tag{3.15}$$

3.9 흔히 쓰이는 확률분포들

기계 학습의 여러 맥락에서 몇 가지 간단한 확률분포들이 유용하게 쓰인다.

3.9.1 베르누이 분포

베르누이 분포(Bernoulli distribution)는 하나의 이진 확률변수에 관한 분포이다. 이 분포는 매개변수 $\phi \in [0,1]$로 제어되는데, 이 매개변수는 주어진 확률변수가 1일 확률을 결정한다. 이 분포는 다음과 같은 성질들을 가지고 있다.

$$P(\mathrm{x} = 1) = \phi \tag{3.16}$$

$$P(\mathrm{x} = 0) = 1 - \phi \tag{3.17}$$

$$P(\mathrm{x} = x) = \phi^x (1 - \phi)^{1-x} \tag{3.18}$$

$$\mathbb{E}_x[x] = \phi \tag{3.19}$$

$$\mathrm{Var}_x(x) = \phi(1 - \phi) \tag{3.20}$$

3.9.2 멀티누이 분포

멀티누이^{multinoulli} **분포**[1] 또는 **범주 분포**(categorical distribution)는 서로 다른 상태가 k개인 하나의 이산 변수에 관한 분포로, 여기서 k는 유한한 값이다. 멀티누이 분포의 매개변수는 벡터 $p \in [0,1]^{k-1}$인데, 벡터의 각 성분 p_i는 i번째 상태의 확률이다. 마지막 상태, k번째 상태의 확률은 $1 - \mathbf{1}^\top p$로 정의된다. 이때 반드시 $\mathbf{1}^\top p \leq 1$이라는 제약을 만족해야 함을 주의하기 바란다. 멀티누이 분포는 대상들의 범주들에 관한 분포를 나타낼 때 자주 쓰인다. 따라서 첫 번째 상태가 수치 1에 해당하는 식으로 상태들을 수치화할 수 있다고 가정해서는 안 된다. 그런 이유로, 멀티누이 분포를 따르는 확률변수에 대한 기댓값이나 분산을 계산할 일은 별로 없다.

베르누이 분포와 멀티누이 분포는 각자의 정의역에 관한 그 어떤 확률분포도 서술할 수 있다. 이들이 자신의 정의역에 관한 임의의 분포를 서술할 수 있는 이유는, 특별하게 강력해서가 아니라 해당 정의역이 단순하기 때문이다. 이 분포들은 모든 상태를 나열하는 것이 현실적으로 가능한 이산 변수들을 모형화한다. 연속 변수의 상태는 셀 수 없이 많으므로(불가산), 적은 수의 매개변수들로 서술되는 임의의 분포에 상당한 제약이 따를 수밖에 없다.

3.9.3 가우스 분포

실수에 관한 분포 중 가장 흔히 쓰이는 것은 **가우스 분포**(Gaussian distribution)라고도 부르는 **정규분포**(normal distribution)이다.

$$\mathcal{N}(x; \mu, \sigma^2) = \sqrt{\frac{1}{2\pi\sigma^2}} \, exp\left(-\frac{1}{2\sigma^2}(x - \mu)^2\right). \tag{3.21}$$

---

1) '멀티누이'는 최근에 구스타보 라세르도^{Gustavo Lacerdo}가 고안하고 [Murphy, 2012]가 유행시킨 용어이다. 멀티누이 분포는 **다항분포**(multinomial distribution)의 한 특수 사례이다. 다항분포는 $\{0,...,n\}^k$의 벡터들에 대한 분포인데, 그 벡터들은 다항분포에서 n개의 표본을 추출했을 때 k개의 범주 각각이 몇 번이나 방문되었는지를 나타낸다. $n = 1$일 때만 다항분포를 멀티누이 분포라고 부른다는 점을 명확히 밝히지 않고 그냥 '다항분포'를 멀티누이 분포를 뜻하는 용어로 사용하는 교과서가 많다.

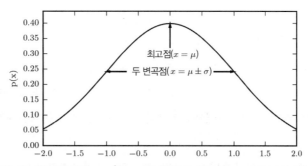

그림 3.1: 정규분포의 예. 정규분포 $\mathcal{N}(x;\mu,\sigma^2)$는 고전적인 "종 곡선(bell curve)" 모양이다. 가운데 봉우리 최고점의 x좌표는 매개변수 μ로 결정되고, 봉우리의 뾰족한 정도는 σ로 결정된다. 그림의 예는 $\mu=0$이고 $\sigma=1$인 **표준정규분포**(standard normal distribution)이다.

그림 3.1에 정규분포의 밀도함수 그래프가 나와 있다.

정규분포는 두 매개변수 $\mu\in\mathbb{R}$와 $\sigma\in(0,\infty)$가 제어한다. 매개변수 μ는 가운데 부분에 있는 최고점의 위치(x좌표)를 결정한다. 이 매개변수는 분포의 평균값이기도 하다. 즉, $\mathbb{E}[\mathrm{x}]=\mu$이다. σ는 분포의 표준편차이고 σ^2은 분산이다.

확률밀도함수를 평가하려면 σ의 제곱의 역수를 계산해야 한다. 서로 다른 매개변수들로 확률밀도함수를 자주 평가해야 한다면, 다음처럼 분포의 분산의 역수에 해당하는 매개변수 $\beta\in(0,\infty)$를 이용해서 분포를 매개변수화하는 것이 더 효율적이다. 이 매개변수는 분포의 **정밀도**(precision)에 해당한다.

$$\mathcal{N}(x;\mu,\beta^{-1})=\sqrt{\frac{\beta}{2\pi}}\,exp\left(-\frac{1}{2}\beta(x-\mu)^2\right). \tag{3.22}$$

기계 학습 응용에서는 일단은 정규분포를 선택하는 것이 합리적인 경우가 많다. 기계 학습이 다루는 실수 수치들의 분포가 구체적으로 어떤 것인지 알지 못하는 상황에서는 기본적으로 정규분포를 선택하는 것이 바람직한데, 주된 이유는 두 가지이다.

첫째로, 우리가 모형화하고자 하는 분포 중에는 정규분포에 아주 가까운 것들이 많다. **중심극한정리**(central limit theorem)에 따르면, 다수의 독립 확률변수들의 합은 근사적으로 정규분포를 따른다. 실제 응용의 관점에서 이는, 복잡한 시스템을 정규분포를 따르는 잡음을 이용해서 성공적으로 모형화할 수 있는 경우가 많다는 뜻이다. 심지어, 시스템을 좀 더 구조적인 행동을 보이는 부분들로 분해할 수 있는 경우에도 정규분포 잡음이 유용하다.

둘째로, 주어진 분포가 실수에 관한 불확실성을 얼마나 부호화할 수 있는지를 따진다고 할 때, 같은 분산을 가진 모든 가능한 분포 중에서 가장 많은 양의 불확실성을 부호화하는것이 바로 정규분포이다. 다른 말로 하면, 정규분포는 모형에 주입하는 사전 지식의 양이 가장 적은 분포라고 할 수 있다. 이러한 개념을 완전하게 전개하고 정당화하려면 더 많은 수학 도구들이 필요하므로, 이에 관한 논의는 §19.4.2로 미루기로 하겠다.

정규분포는 $\mathbb{R}^n$으로 일반화된다. 그런 분포를 **다변량정규분포**(multivariate normal distribution)라고 부른다. 이 분포를 다음과 같이 양의 정부호 대칭행렬 $\boldsymbol{\Sigma}$로 매개변수화할 수 있다.

$$\mathcal{N}(\boldsymbol{x};\boldsymbol{\mu},\boldsymbol{\Sigma}) = \sqrt{\frac{1}{(2\pi)^n \det(\boldsymbol{\Sigma})}}\, exp\left(-\frac{1}{2}(\boldsymbol{x}-\boldsymbol{\mu})^\top \boldsymbol{\Sigma}^{-1}(\boldsymbol{x}-\boldsymbol{\mu})\right). \tag{3.23}$$

다변량정규분포에서도 매개변수 $\boldsymbol{\mu}$는 분포의 평균에 해당하지만, 이전과는 달리 스칼라가 아니라 벡터이다. 매개변수 $\boldsymbol{\Sigma}$는 분포의 공분산행렬에 해당한다. 단변량 정규분포에서처럼, 매개변수들을 다르게 해서 확률밀도함수를 여러 번 평가해야 한다면 공분산행렬로 분포를 매개변수화하는 것은 계산 비용 면에서 그리 효율적이지 않다. 확률밀도함수를 계산하려면 $\boldsymbol{\Sigma}$의 역행렬을 구해야 하기 때문이다. 그렇게 하는 대신, 다음처럼 **정밀도 행렬**(precision matrix) $\boldsymbol{\beta}$를 사용할 수 있다.

$$\mathcal{N}(\boldsymbol{x};\boldsymbol{\mu},\boldsymbol{\beta}^{-1}) = \sqrt{\frac{\det(\boldsymbol{\beta})}{(2\pi)^n}}\, exp\left(-\frac{1}{2}(\boldsymbol{x}-\boldsymbol{\mu})^\top \boldsymbol{\beta}(\boldsymbol{x}-\boldsymbol{\mu})\right). \tag{3.24}$$

공분산행렬을 하나의 대각행렬로 고정하는 경우도 많다. 그보다 단순한 버전은 **등방성**(isotropic) 가우스 분포인데, 이 분포의 공분산행렬은 스칼라를 단위행렬에 곱한 것이다.

3.9.4 지수분포와 라플라스 분포

심층 학습에서는 최고점(sharp peak)이 $x = 0$에 있는 확률분포를 사용하는 것이 바람직할 때가 많다. 그러한 조건을 충족하는 한 가지 방법은 다음과 같은 **지수분포**(exponential distribution)를 사용하는 것이다.

$$p(x;\lambda) = \lambda 1_{x \geq 0}\exp(-\lambda x). \tag{3.25}$$

지수분포는 정의함수(indicator function) $1_{x \geq 0}$을 이용해서 x의 모든 음수 값에 대해 확률 0을 배정한다.

지수분포와 밀접한 관계가 있는 분포로 **라플라스 분포**(Laplace distribution)라는 것이 있다. 라플라스 분포에서는 확률질량의 최고점을 원하는 임의의 점 μ에 둘 수 있다.

$$\text{Laplace}(x;\mu,\gamma) = \frac{1}{2\gamma}exp\left(-\frac{|x-\mu|}{\gamma}\right). \tag{3.26}$$

3.9.5 디랙 분포와 경험분포

확률분포의 모든 질량이 한 점 주변에 몰려 있는 것이 바람직할 때가 종종 있다. 그런 경우 다음처럼 **디랙 델타 함수**(Dirac delta function) $\delta(x)$로 확률밀도함수를 정의하면 된다.

$$p(x) = \delta(x-\mu). \tag{3.27}$$

디랙 델타 함수는 0을 제외한 모든 곳에서는 값이 0이지만, 그럼에도 적분하면 1이 되는 함수이다. 디랙 델타 함수는 각 값 x를 실숫값 출력에 대응시키는 보통의 함수가 아니다. 디랙 델타 함수는 **초함수**(generalized function)라고 하는, 적분할 때의 성질들에 의해 정의되는 또 다른 종류의 함수이다. 디랙 델타 함수를, 0 이외의 모든 점에 점점 더 작은 질량을 부여하는 함수들의 급수(series)의 극한점이라고 생각하면 될 것이다.

주어진 입력을 $-\mu$만큼 이동한 δ를 확률밀도함수 $p(x)$로 정의하면, $x = \mu$일 때 확률질량들의 봉우리가 무한히 좁고 무한히 높은 분포가 만들어진다.

일반적으로 디랙 델타 분포는 다음과 같은 **경험분포**(empirical distribution)의 한 구성요소로 쓰인다.

$$\hat{p}(\boldsymbol{x}) = \frac{1}{m}\sum_{i=1}^{m}\delta(\boldsymbol{x}-\boldsymbol{x}^{(i)}). \tag{3.28}$$

이 분포는 m개의 점 $\boldsymbol{x}^{(1)},...,\boldsymbol{x}^{(m)}$ 각각에 확률질량 $\frac{1}{m}$을 부여한다. 디랙 델타 분포는 연속 변수에 대한 경험분포를 정의할 때만 필요하다. 이산 변수의 경우에는 상황이 좀 더 간단하다. 그런 경우 경험분포는 그냥 각각의 가능한 입력값에, 훈련집합에서 그 값이 나타나는 **경험도수**(empirical frequency)와 같은 확률을 부여하는 멀티누이 분포와 같은 것이라고 생각할 수 있다.

훈련 견본(training example)들로 이루어진 자료 집합에서 만들어진 경험분포는 그 자료 집합으로 모형을 훈련할 때 추출하는 값들의 분포를 지정하는 것이라고 볼 수 있다. 경험분포에 대한 또 다른 중요한 관점은, 이것이 훈련 자료의 가능도를 최대화하는 확률밀도라는 것이다(§5.5 참고).

3.9.6 분포의 혼합

간단한 확률분포들을 결합해서 좀 더 복잡한 확률분포를 정의하는 경우도 많다. 분포들을 결합할 때 흔히 사용하는 한 가지 방법은 여러 분포로 하나의 **혼합분포**(mixture distribution)를 만드는 것이다. 혼합분포는 다수의 분포들로 구성된다. 각 시행(trial)에서는 멀티누이 분포에서 추출한 단위 성분(component identity; 즉 혼합분포를 구성하는 개별 분포)으로 혼합분포의 표본(sample)을 생성한다.

$$P(\mathrm{x}) = \sum_i P(c = i) P(\mathrm{x}|c = i). \tag{3.29}$$

여기서 $P(c)$는 단위 성분들에 관한 멀티누이 분포이다.

혼합분포의 예를 이미 본 적이 있다. 실숫값 변수에 관한 경험분포는 훈련 견본마다 하나의 디렉 성분이 있는 혼합분포이다.

이러한 혼합모형은 확률분포들을 결합해서 좀 더 다채로운 분포를 만드는 여러 전략 중 간단한 것에 해당한다. 제16장에서는 간단한 분포들로부터 복잡한 확률분포를 구축하는 기법을 좀 더 자세히 살펴본다.

혼합모형을 언급한 김에, 나중에 아주 중요하게 쓰이는 개념인 **잠재변수**(latent variable; 또는 잠복 변수)를 잠깐 짚고 넘어가자. 잠재변수는 직접 관측할 수 없는 확률변수이다. 혼합분포의 구성 단위 변수 c는 하나의 견본을 제공한다. 잠재변수가 결합분포를 통해서 x와 연관될 수도 있는데, 그런 경우 $P(\mathrm{x}, c) = P(\mathrm{x}|c) P(c)$이다. 잠재변수에 관한 분포 $P(c)$와 잠재변수들을 가시적인(관측 가능한) 변수들과 연관시키는 분포 $P(\mathrm{x}|c)$는 분포 $P(\mathrm{x})$의 형태를 결정한다. $P(\mathrm{x})$를 잠재변수를 언급하지 않고 서술할 수 있을 때도 그렇다. 잠재변수는 §16.5에 좀 더 논의한다.

흔히 쓰이는, 그리고 아주 강력한 혼합모형으로 **가우스 혼합모형**(Gaussian mixture model)이 있다. 이 혼합모형에서 성분 $p(\mathbf{x}|c = i)$는 하나의 가우스 분포이다. 각 성분 분포의 평균 $\boldsymbol{\mu}^{(i)}$와 공분산 $\boldsymbol{\Sigma}^{(i)}$로 다른 성분 분포들과는 개별적으로 매개변수화된다. 제

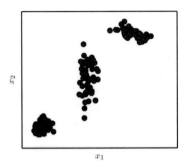

그림 3.2: 가우스 혼합모형의 표본들. 이 예에서 혼합분포의 성분은 세 개이다. 그림의 왼쪽 성분은 공분산행렬이 등방성이다. 이는 각 방향의 분산이 같음을 뜻한다. 가운데 성분의 공분산행렬은 대각행렬이다. 이는 각 축 방향의 분산을 따로 제어할 수 있음을 뜻한다. 그림의 예에서는 x_2축 방향의 분산이 x_1축 방향의 분산보다 크다. 오른쪽 성분의 공분산행렬은 최대 계수(full rank; 또는 완전 위수) 행렬이다. 따라서 임의의 방향의 기저에 따라 분산을 따로 제어할 수 있다.

약이 좀 더 많은 혼합모형들도 있다. 예를 들어 $\Sigma^{(i)} = \Sigma$, $\forall i$ 라는 제약을 둔 모형에서는 공분산을 여러 성분이 공유할 수 있다. 단일한 가우스 분포에서처럼, 다수의 가우스 분포들을 결합한 혼합분포에서 각 성분의 공분산행렬이 대각행렬 또는 등방행렬이어야 한다는 제약을 둘 수도 있다.

평균과 공분산 외에, 가우스 혼합의 매개변수들은 각 성분 i에 대해 **사전확률**(prior probability) $\alpha_i = P(c = i)$를 부여한다. 사전확률의 '사전'은 이 확률이 **x**를 관측하기 이전의 c에 대한 모형의 확신도를 나타냄을 뜻한다. 이와 대조적으로 $P(c|\boldsymbol{x})$는 **사후확률**(posterior probability)이라고 부르는데, 이는 이 확률이 **x**를 관찰한 **이후의** 모형의 확신도를 나타내기 때문이다. 성분이 충분히 많은 가우스 혼합모형을 이용하면 임의의 매끄러운 밀도를 임의의 0이 아닌 오차로 근사할 수 있다는 점에서, 가우스 혼합모형은 밀도들의 **보편적 근사기**(universal approximator; 또는 범용 근사 함수)라 할 수 있다.

그림 3.2는 가우스 혼합모형에서 추출한 표본들을* 나타낸 것이다.

※ **역주** 엄밀히 말해서 통계학에서 말하는 표본(sample)은 개별적인 자료 값이 아니라 여러 자료 값들(모집단에서 추출한)로 이루어진 하나의 집합이지만, 원서는 이 문장에서처럼 표본을 그냥 개별 자료 값으로 취급할 때가 많다. 번역서에서도 구분이 꼭 필요한 경우가 아닌 한 그러한 어법을 따랐는데, 주된 이유는 경제성이다. 예를 들어 "표본 10개의 평균"과 "10개의 자료점으로 이루어진 한 표본의 평균"은 같은(통계학의 엄밀한 용어 정의를 무시할 때) 뜻이지만 전자가 훨씬 짧다. 참고로, 표본을 구성하는 개별 자료 값은 문맥에 따라 표본점(smple point)이나 표본추출단위(sampling unit), 관측값(observation) 등으로 부른다.

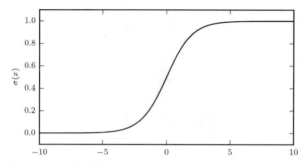

그림 3.3: 로그 S자형 함수

3.10 흔히 쓰이는 함수들의 유용한 성질들

확률분포를 다룰 때, 특히 심층 학습 모형에 쓰이는 확률분포들을 다룰 때 자주 만나는 함수들이 있다.

그런 함수 중 하나가 다음과 같은 **로그 S자형 함수**(logistic sigmoid)이다.

$$\sigma(x) = \frac{1}{1 + \exp(-x)}. \tag{3.30}$$

로그 S자형 함수는 베르누이 분포의 ϕ 매개변수를 산출할 때 흔히 쓰인다. 이는 이 함수의 치역이 ϕ 매개변수의 유효한 범위에 속하는 $(0,1)$이기 때문이다. 그림 3.3에 S자형 함수의 그래프가 나와 있다. 인수가 큰 음수나 큰 양수일 때 이 함수는 평평한 수평선에 아주 가깝다. 이는 입력이 변해도 함수의 값이 거의 변하지 않음을 뜻한다. 이를 두고 S자형 함수가 **포화**(saturation)되었다고 말한다.

흔히 만나는 또 다른 함수로 **소프트플러스 함수**(softplus function)가 있다(Dugas 외, 2001).

$$\zeta(x) = \log(1 + \exp(x)). \tag{3.31}$$

소프트플러스 함수는 치역이 $(0,\infty)$이라서 정규분포의 β 매개변수나 σ 매개변수를 산출하는 데 사용할 수 있다. 또한 이 함수는 S자형 함수가 관여하는 수식을 조작할 때도 흔히 쓰인다. 소프트플러스라는 이름은 이 함수가 다음 함수를 평활화(smoothing)한, 다시 말해 "부드럽게 만든(softend)" 버전이라서 붙었다.

$$x^+ = \max(0,x). \tag{3.32}$$

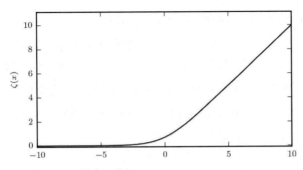

그림 3.4: 소프트플러스 함수

그림 3.4에 소프트플러스 함수의 그래프가 나와 있다.

다음은 모두 기억해 두면 유용한 성질들이다.

$$\sigma(x) = \frac{\exp(x)}{\exp(x) + \exp(0)} \tag{3.33}$$

$$\frac{d}{dx}\sigma(x) = \sigma(x)(1 - \sigma(x)) \tag{3.34}$$

$$1 - \sigma(x) = \sigma(-x) \tag{3.35}$$

$$\log\sigma(x) = -\zeta(-x) \tag{3.36}$$

$$\frac{d}{dx}\zeta(x) = \sigma(x) \tag{3.37}$$

$$\forall x \in (0,1), \sigma^{-1}(x) = \log\left(\frac{x}{1-x}\right) \tag{3.38}$$

$$\forall x > 0, \zeta^{-1}(x) = \log(\exp(x) - 1) \tag{3.39}$$

$$\zeta(x) = \int_{-\infty}^{x} \sigma(y)dy \tag{3.40}$$

$$\zeta(x) - \zeta(-x) = x \tag{3.41}$$

함수 $\sigma^{-1}(x)$를 통계학에서는 **로짓**logit이라고 부르지만, 기계 학습에서는 그 용어가 거의 쓰이지 않는다.

식 3.41은 '소프트플러스'라는 이름의 또 다른 근거를 제공한다. 소프트플러스 함수는 **양수부 함수**(positive part function; 또는 양의 부분 함수) $x^+ = \max\{0, x\}$를 부드럽게 만든 버전에 해당한다. 양수부 함수는 **음수부 함수**(negative part function; 또는 음의 부분 함수) $x^- = \max\{0, -x\}$와 짝을 이룬다. 음수부 함수의 평활화 버전이 필요하다면 $\zeta(-x)$를 사용하면 된다. 항등식 $x^+ - x^- = x$를 이용해서 음수부와 양수부로부터 x를 복원할 수 있듯이, 식 3.41에 나온 $\zeta(x)$와 $\zeta(-x)$의 관계를 이용하면 그 둘로부터 x를 복원할 수 있다.

3.11 베이즈 법칙

$P(\mathrm{y}|\mathrm{x})$를 아는 상태에서 $P(\mathrm{x}|\mathrm{y})$를 구해야 할 때가 종종 있다. 다행히, 만일 $P(\mathrm{x})$까지 알고 있다면 다음과 같은 **베이즈 법칙**(Bayes' rule)을 이용해서 $P(\mathrm{x}|\mathrm{y})$를 구할 수 있다.

$$P(\mathrm{x}|\mathrm{y}) = \frac{P(\mathrm{x})P(\mathrm{y}|\mathrm{x})}{P(\mathrm{y})}. \tag{3.42}$$

공식에 $P(\mathrm{y})$가 나오는데, 이 확률은 $P(\mathrm{y}) = \sum_x P(\mathrm{y}|x)P(x)$로 그리 어렵지 않게 구할 수 있는 경우가 많으므로 $P(\mathrm{y})$를 미리 알고 있어야 할 필요는 없다.

이 공식 자체는 조건부 확률의 정의에서 바로 유도할 수 있다. 그러나 여러 책에서 이 공식을 베이즈 법칙이라고 부르므로, 베이즈 법칙이라는 이름을 기억해 두면 유용할 것이다.* 이 이름은 이 공식의 한 특수 경우를 처음 발견한 토머스 베이즈[Thomas Bayes] 목사의 이름을 딴 것이다. 위에 나온 일반식은 토머스 베이즈와는 별도로 피에르 시몽 라플라스[Pierre-Simon Laplace]가 발견했다.

3.12 연속 변수의 특별한 세부 사항

연속 확률변수와 확률밀도함수를 제대로 이해하려면 **측도론**(measure theory)이라고 하는 수학 분야의 개념들로 확률론을 확장할 필요가 있다. 측도론은 이 책의 범위를 넘는 주제이므로, 측도론이 풀고자 하는 문제들이 어떤 것인지만 간략히 소개하겠다.

※ **역주** 참고로, 베이즈 법칙 대신 **베이즈 정리**(Bayes' theorem)라는 용어를 사용하는 문헌도 있다.

§3.3.2에서 보았듯이, 어떤 집합 $\mathbb{S}$에 있는 연속 벡터값 $\mathbf{x}$의 확률은 $p(\boldsymbol{x})$를 집합 $\mathbb{S}$에 관해 적분한 것이다. 그런데 집합 $\mathbb{S}$의 특징에 따라서는 역설(paradox)이 발생한다. 예를 들어 $p(\boldsymbol{x} \in \mathbb{S}_1) + p(\boldsymbol{x} \in \mathbb{S}_2) > 1$이지만 $\mathbb{S}_1 \cap \mathbb{S}_2 = \varnothing$인 집합 $\mathbb{S}_1$과 $\mathbb{S}_2$가 만들어질 수도 있다. 대체로, 실수의 무한 정밀도를 아주 과하게 사용하면 이런 집합들이 나타난다. 그러면, 이를테면 프랙털 형태의 집합들이나 유리수 집합의 변환으로 정의되는 집합들이 만들어진다.[2] 측도론이 확률론에 기여한 중요한 사항 하나는, 이런 역설을 만나지 않고도 확률을 계산할 수 있는 집합들의 집합을 특징짓는 수단이다. 그러나 이 책은 비교적 간단하게 서술할 수 있는 집합들만 적분의 대상으로 사용하므로, 측도론의 그러한 측면이 중요해지는 상황은 나오지 않는다.

이 책의 목적에서 측도론은 $\mathbb{R}^n$의 점들 대부분에 적용되지만 몇몇 극단적인 사례들에는 적용되지 않는 정리를 서술하는 데 더 유용하다. 측도론은 무시할 수 있을 정도로 작은 점들의 집합을 엄격하게 서술하는 수단을 제공한다. 그런 집합을 가리켜 **측도 0**(measure zero) 집합이라고 부른다. 이 책에서 이러한 개념을 공식으로 정의하지는 않겠다. 이 책의 목적에서는, 측도 0 집합이 우리가 측정하는 공간에서 아무런 부피도 차지하지 않는다는 직관적인 사실을 이해하는 것으로 충분하다. 예를 들어 $\mathbb{R}^2$에서 선(line)의 측도는 0이지만 속이 채워진 다각형의 측도는 양수이다. 마찬가지로, 개별 점의 측도는 0이다. 셀 수 있는 임의의 개수의 측도 0 집합들의 합집합도 측도가 0이다 (따라서, 예를 들어 모든 유리수의 집합은 측도 0 집합이다).

측도론에서 가져온 또 다른 유용한 용어로, **거의 모든 점**(almost everywhere)이라는 표현이 있다. 어떤 성질이 '거의 모든 점'에서 성립한다는 것은, 그 성질이 측도 0 집합을 제외한 모든 공간에서 성립한다는 뜻이다. 예외적인 측도 0 집합이 공간에서 차지하는 부피는 무시할 수 있을 정도로 작으므로, 그런 집합을 무시해도 안전한 응용들이 많다. 확률론의 중요한 결과 중에는, 모든 이산 값에 대해 성립하지만 연속값들의 경우에는 "거의 모든 점에서만" 성립하는 것들이 있다.

연속 변수의 또 다른 특별한 세부 사항은 각자가 상대방의 결정론적 함수인 연속 변수들을 다루는 것과 관련이 있다. 예를 들어, g가 비가역적이고 미분 가능한 연속 변환 함수일 때 어떤 두 확률변수 $\mathbf{x}$와 $\mathbf{y}$가 $\boldsymbol{y} = g(\boldsymbol{x})$를 만족한다고 하자. 그러면

---

2) 바나흐-타르스키 정리(Banach-Tarski theorem)에서 그런 집합들의 재미있는 사례 하나를 볼 수 있다.

$p_y(\boldsymbol{y}) = p_x(g^{-1}(\boldsymbol{y}))$ 라고 생각하기 쉽지만, 실제로는 그렇지 않다.

간단한 예로, 어떤 스칼라 확률변수 x와 y에 대해 $y = \dfrac{x}{2}$ 이고 x ~ $U(0,1)$ 이라고 하자. $p_y(y) = p_x(2y)$ 라는 규칙을 적용하면, p_y 는 구간 $[0, \dfrac{1}{2}]$ 을 제외한 거의 모든 점에서 0이 되며, 그 구간에서는 0이 된다. 그러면

$$\int p_y(y) dy = \frac{1}{2} \tag{3.43}$$

이 되어서 확률분포 정의와 어긋난다. 이는 흔히 저지르는 실수이다. 이 접근 방식의 문제는, 함수 g 때문에 공간이 왜곡된 것을 고려하지 않았다는 점이다. 부피가 $\delta\boldsymbol{x}$ 인 무한소 영역에 있는 $\boldsymbol{x}$ 의 확률이 $p(\boldsymbol{x})\delta\boldsymbol{x}$ 로 주어짐을 기억할 것이다. 그런데 g 는 공간을 확장하거나 축소하므로, $\boldsymbol{x}$ 공간의 $\boldsymbol{x}$ 주변 무한소 공간은 $\boldsymbol{y}$ 공간의 해당 무한소 공간과는 부피가 다를 수 있다.

문제를 바로잡는 방법을 스칼라의 경우를 이용해서 설명해 보겠다. 우선, 다음 성질을 유지할 필요가 있다.

$$|p_y(g(x))dy| = |p_x(x)dx|. \tag{3.44}$$

이를 풀고 정리해서 다음을 얻는다.

$$p_y(y) = p_x(g^{-1}(y)) \left| \frac{\partial x}{\partial y} \right| \tag{3.45}$$

이는 곧 다음과 동등하다.

$$p_x(x) = p_y(g(x)) \left| \frac{\partial g(x)}{\partial x} \right|. \tag{3.46}$$

더 높은 차원들에서 도함수는 **야코비 행렬**(Jacobian matrix), 즉 $J_{i,j} = \dfrac{\partial x_i}{\partial y_j}$ 인 행렬의 행렬식으로 일반화된다. 따라서, 실숫값 벡터 $\boldsymbol{x}$ 와 $\boldsymbol{y}$ 에 대해서는 다음과 같은 공식을 세울 수 있다.

$$p_x(\boldsymbol{x}) = p_y(g(\boldsymbol{x})) \left| \det\left(\frac{\partial g(\boldsymbol{x})}{\partial \boldsymbol{x}} \right) \right|. \tag{3.47}$$

3.13 정보 이론

정보 이론은 응용 수학의 한 분야로, 신호에 존재하는 정보의 양과 관련이 있다. 원래 정보 이론은 잡음 섞인 통신 채널로 이산적인 알파벳들을 전송해서 메시지를 보내는 문제(이를테면 무선 통신)를 연구하기 위해 만들어졌다. 그러한 맥락에서 정보 이론은 최적의 부호들을 설계하는 방법과 특정 확률분포에서 다양한 부호화 방식으로 추출한 메시지 표본들의 평균 길이를 계산하는 방법을 제공한다. 한편, 기계 학습의 맥락에서는 그러한 메시지 길이 해석의 일부가 적용되지 않는 연속 변수들에도 정보 이론을 적용할 수 있다. 정보 이론은 전기·전자공학과 컴퓨터 과학의 여러 분야에서 근본적인 토대이다. 이 책에서는 정보 이론의 몇 가지 핵심 개념을 확률분포를 특징짓거나 확률분포들의 유사성을 수량화하는 데 사용한다. 정보 이론을 좀 더 자세히 공부하고 싶다면 [Cover & Thomas, 2006]이나 [MacKay, 2003]을 보기 바란다.

정보 이론에 깔린 기본적인 직관은, 발생 가능성이 낮은 사건을 배우는 것이 발생 가능성이 큰 사건을 배우는 것보다 더 많은 정보를 얻을 수 있다는 것이다. 예를 들어 "오늘 아침에 해가 떴다"라는 메시지는 굳이 전송할 필요가 없을 정도로 정보가 적다. 그러나 "오늘 아침에 일식이 있었다"라는 메시지는 그보다 정보가 훨씬 많다. 정보를 수량화하는, 즉 정보의 양을 수치화하는 방법은 그러한 직관을 반영할 수 있어야 한다. 정리하자면, 수량화 방법은 다음 성질들을 가져야 한다.

- 발생 가능성이 큰 사건은 정보량이 적어야 한다. 극단적인 경우, 반드시 발생하는 사건에는 아무런 정보도 없어야 한다.
- 발생 가능성이 낮은 사건은 정보량이 많아야 한다.
- 개별 사건들의 정보량을 더할 수 있어야 한다. 예를 들어, 동전을 두 번 던져서 두 번 다 앞면이 나온 사건의 정보량은 동전을 한 번 던져서 앞면이 나온 사건의 정보량의 두 배이어야 한다.

이러한 세 성질을 모두 충족하기 위해, 사건 x = x의 **자기 정보**(self-information)를 다음과 같이 정의한다.

$$I(x) = -\log P(x). \tag{3.48}$$

이 책에서 log는 항상 자연로그, 즉 밑이 오일러 상수 e인 로그이다. 따라서, 이 $I(x)$의 단위는 **내트**nat이다.* 1내트는 확률이 $\frac{1}{e}$인 사건을 관측해서 얻는 정보의 양이다. 기수 2 로그를 사용하는 책들은 내트 대신 **비트**bit 또는 **섀넌**shannon이라는 단위를 사용하기도 한다. 비트 단위로 측정된 정보량을 적절히 비례하기만 하면 내트 단위로 측정된 정보량이 나온다.

x가 연속 확률변수일 때도 이와 비슷한 방식으로 정보량을 정의하지만, 이산 변수의 경우에서 성립하는 몇 가지 성질이 더 이상 성립하지 않게 된다. 예를 들어 확률밀도가 1인 사건이라고 해서 반드시 발생하는 것은 아니지만, 그래도 그런 사건의 정보량은 0이다.

자기 정보는 오직 하나의 결과(outcome)만 다룬다. 확률분포 전체의 불확실성은 **섀넌 엔트로피**Shannon entropy로 수량화할 수 있다.

$$H(\mathrm{x}) = \mathbb{E}_{\mathrm{x} \sim P}[I(x)] = -\mathbb{E}_{\mathrm{x} \sim P}[\log P(x)]. \tag{3.49}$$

이를 $H(P)$로 표기하기도 한다. 공식에서 보듯이, 확률분포의 섀넌 엔트로피는 그 분포에서 뽑은 사건들의 평균 정보량이다. 섀넌 엔트로피는 분포 P에서 뽑은 기호들을 부호화하는 데 필요한 평균 비트수의 하계(lower bound)를 말해 준다(여기서 비트수는 기수가 2인 로그를 사용할 때이고, 그렇지 않은 경우는 단위가 다르다). 거의 결정론적인(즉, 결과가 거의 확실한) 분포는 엔트로피가 낮고, 고른 분포에 가까울수록 엔트로피가 높다. 그림 3.5는 이를 시각화한 것이다. x가 연속 변수일 때는 섀넌 엔트로피를 **미분 엔트로피**(differential entropy)라고 부른다.

같은 확률변수 x에 관한 개별적인 두 확률분포 $P(\mathrm{x})$와 $Q(\mathrm{x})$가 있을 때, 그 두 분포의 차이를 다음과 같은 **쿨백-라이블러 발산값**(Kullback-Leibler divergence), 줄여서 KL 발산값으로 측정할 수 있다.

※ **역주** 외래어표기법의 영어 표기 세칙에 따르면 '냇'이 더 올바른 표기이지만, 흔히 쓰이는 '비트(역시 표기법상으로는 '빗'이 더 올바르다)'와의 관계를 고려해서 '내트'로 표기하기로 한다.

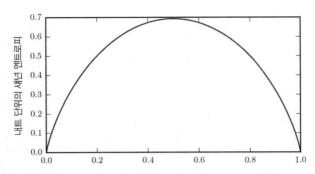

그림 3.5: 이진 확률변수의 섀넌 엔트로피. 이 그래프는 결정론적인 분포일수록 섀넌 엔트로피가 낮고 고른 분포에 가까울수록 섀넌 엔트로피가 높음을 보여준다. 수평축은 p, 즉 이진 확률변수의 값이 1과 같을 확률이다. 엔트로피 값은 $(p-1)\log(1-p)-p\log p$로 주어진다. p가 0에 가까우면 확률변수가 거의 항상 0이므로 분포는 거의 결정론적이다. p가 1에 가까우면 확률변수가 거의 항상 1이므로 분포는 역시 거의 결정론적이다. $p=0.5$일 때는 두 결과가 고르게 분포되므로 엔트로피가 최대가 된다.

$$D_{\mathrm{KL}}(P \parallel Q) = \mathbb{E}_{\mathrm{x} \sim P}\left[\log \frac{P(x)}{Q(x)}\right] = \mathbb{E}_{\mathrm{x} \sim P}[\log P(x) - \log Q(x)]. \qquad (3.50)$$

이산 변수의 경우 KL 발산값은, 확률분포 Q에서 뽑은 기호들로 이루어진 메시지의 길이가 최소가 되는 부호화 방식을 사용한다고 할 때 확률분포 P에서 뽑은 기호들로 이루어진 메시지를 보내는 데 필요한 추가 정보량이다(기수 2 로그를 사용할 때 그 정보량의 단위는 비트이지만, 기계 학습에서는 주로 자연로그를, 따라서 내트 단위를 사용한다).

KL 발산값에는 유용한 성질이 많다. 특히, KL 발산값은 음수가 아니다(즉, 항상 0 또는 양수이다). 이산 변수의 경우 KL 발산값은 만일 P와 Q가 같은 분포이면, 그리고 오직 그럴 때만 0이 된다. 연속 변수의 경우에는 만일 P와 Q가 "거의 모든 점에서" 같은 분포이면, 그리고 오직 그럴 때만 0이다. 음수가 아니라는 점과 두 분포의 차이를 측정한 값이라는 점 때문에 KL 발산값을 두 분포 사이의 일종의 '거리'를 나타내는 것으로 취급하는 때도 많다. 그러나 진정한 거리라고 말할 수는 없는데, 왜냐하면 이 '거리'가 반드시 대칭은 아니기 때문이다. 즉, 어떤 P와 Q에 대해 $D_{\mathrm{KL}}(P \parallel Q)$ $\neq D_{\mathrm{KL}}(Q \parallel P)$이다. 이러한 비대칭성은 $D_{\mathrm{KL}}(P \parallel Q)$를 사용하느냐 $D_{\mathrm{KL}}(Q \parallel P)$를 사용하느냐에 따라 결과에 중요한 차이가 생길 수 있음을 뜻한다. 그림 3.6이 이 점을 보여준다.

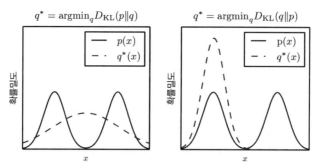

그림 3.6: KL 발산값은 비대칭이다. 분포 $p(x)$를 또 다른 분포 $q(x)$를 이용해서 근사한다고 하자. 이때 $D_{KL}(p \| q)$를 최소화할 수도 있고 $D_{KL}(q \| p)$를 최소화할 수도 있다. 그림의 두 그래프는 그러한 선택의 효과를 나타낸 것으로, p는 두 가우스 분포를 혼합한 것이고 q는 하나의 가우스 분포이다. KL 발산값의 방향을 어떻게 선택하는 것이 좋은지는 주어진 문제에 따라 다르다. 실제 분포에서 확률이 높은 지점들에서는 항상 높은 확률이 나오도록 근사하는 것이 바람직한 응용이 있는가 하면, 실제 분포에서 확률이 낮은 지점들에서는 높은 확률이 거의 나오지 않도록 근사하는 것이 바람직한 응용도 있다. 따라서, KL 발산값의 방향을 선택할 때는 그런 사항들을 주어진 문제에 따라 고려해야 한다. (왼쪽) $D_{KL}(p \| q)$ 최소화의 효과. p가 높은 확률인 지점에서 q도 높은 확률이 되도록 방향을 선택했다. p에 최빈값(mode)이 여러 개이면, q는 그 최빈값들을 혼합해서(blur) 모든 최빈값에 높은 확률질량을 부여한다. (오른쪽) $D_{KL}(q \| p)$ 최소화의 효과. p가 낮은 확률인 지점에서 q도 낮은 확률이 되도록 방향을 선택했다. p에 최빈값이 여러 개이고 그것들이 충분히 넓게 퍼져 있으면(이 그림처럼), p의 최빈값들 사의의 낮은 확률 영역에 확률질량이 배치되는 일을 피하기 위해 KL 발산값이 최소화되는 최빈값 하나를 선택한다. 지금 예는 왼쪽 최빈값이 강조되도록 q를 선택했을 때의 결과를 보여준다. 오른쪽 최빈값을 선택했어도 같은 KL 발산값이 나왔을 것이나. 최빈값들이 확률이 아주 낮은 영역에 충분히 넓게 퍼져 있지 않으면, 이 KL 발산값 방향에서도 최빈값들을 혼합하는 방법을 적용할 수 있다.

KL 발산값과 밀접히 관련된 수량으로 **교차 엔트로피**(cross-entropy) $H(P, Q) = H(P) + D_{KL}(P \| Q)$가 있다. 이것은 KL 발산값과 비슷하나, 왼쪽에 항이 하나 빠졌다.

$$H(P, Q) = -\mathbb{E}_{x \sim P} \log Q(x). \tag{3.51}$$

생략된 항에 Q가 관여하지 않으므로, Q에 관해 교차 엔트로피를 최소화하는 것은 KL 발산값을 최소화하는 것과 같다.

이런 여러 수량을 계산하다 보면 $0 \log 0$ 형태의 수식이 자주 나온다. 정보 이론의 맥락에서는 그런 수식을 $\lim_{x \to 0} x \log x = 0$ 으로 간주하는 것이 관례이다.

3.14 구조적 확률 모형

기계 학습 알고리즘에는 아주 많은 수의 확률변수들에 관한 확률분포가 관여할 때가 많다. 그리고 그런 확률분포들에는 비교적 적은 수의 변수들 사이의 직접적인 상호작용이 관여할 때가 많다. 결합확률분포 전체를 하나의 함수로 서술하는 것은 계산 측면에서나 통계 측면에서나 대단히 비효율적이다.

확률분포를 하나의 함수로 나타내는 대신, 하나의 분포를 여러 인수로 분해해서 그것들의 곱으로 표현할 수도 있다. 예를 들어 세 확률변수 a, b, c가 있는데, a는 b의 값에 영향을 미치고 b는 c의 값에 영향을 미치지만 주어진 b에 대해 a와 c가 독립이라고 하자. 이 세 변수 모두에 관한 확률분포를 두 변수에 관한 확률분포들의 곱으로 표현할 수 있다.

$$p(a,b,c) = p(a)p(b \mid a)p(c \mid b). \tag{3.52}$$

이런 식으로 분포를 인수분해하면 분포를 서술하는 데 필요한 매개변수의 개수가 크게 줄어든다. 각 인수가 사용하는 매개변수들의 개수는 그 인수에 있는 변수 개수의 거듭제곱에 비례한다. 따라서, 만일 분포를 더 적은 수의 변수를 가진 인수들로 분해할 수 있다면 분포를 표현하는 비용이 크게 줄어든다.

이런 종류의 인수분해를 그래프로 표현할 수 있다. 여기서 말하는 '그래프'는 함수의 그래프가 아니라 그래프 이론에서 말하는 그래프, 즉 일단의 정점(vertex)들이 간선(edge)들로 연결된 구조를 뜻한다. 확률분포의 인수분해를 그래프로 표현한 것을 **구조적 확률 모형**(structured probabilistic model) 또는 **그래프 모형**(graphical model)이라고 부른다.

구조적 확률 모형은 크게 두 종류로 나뉘는데, 하나는 유향 모형이고 다른 하나는 무향 모형이다. 두 종류 모두 확률변수들이 그래프의 노드들인 그래프 $\mathcal{G}$를 사용한다. 그러한 그래프에서 두 확률변수 노드를 잇는 간선은 그 두 확률변수 사이의 직접적인 상호작용을 확률분포로 표현할 수 있음을 뜻한다.

유향(directed; 방향이 있는) 그래프 모형은 유향 간선을 사용한다. 유향 모형은 앞의 예에서처럼 하나의 확률분포를 여러 조건부 확률분포들로 인수분해한 것을 나타낸다. 구체적으로 말하면, 유향 모형에는 분포의 확률변수 x_i마다 하나의 인수가 있으며, 그러한 각 인수는 해당 x_i의 부모들이 주어졌을 때의 x_i에 관한 조건부 분포이다. 즉, x_i의 부모들은 $Pa_{\mathcal{G}}(x_i)$로 표기할 때, 유향모형이 나타내는 확률분포는 다음과 같다.

$$p(\mathbf{x}) = \prod_i p(\mathbf{x}_i | Pa_{\mathcal{G}}(\mathbf{x}_i)) \tag{3.53}$$

$$p(a,b,c,d,e) = p(a)p(b|a)p(c|a,b)p(d|b)p(e|c). \tag{3.54}$$

분포를 이런 그래프 모형으로 표현하면 분포의 몇 가지 성질이 그대로 드러난다. 예를 들어 a와 c는 직접 상호작용하지만 a와 e는 c를 거쳐서 간접적으로만 상호작용한다. 유향 그래프와 그것이 나타내는 확률분포 인수분해의 예가 그림 3.7에 나와 있다.

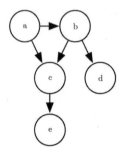

그림 3.7: 확률변수 a, b, c, e에 관한 유향 그래프 모형. 이 그래프는 다음과 같이 인수분해할 수 있는 확률분포에 해당한다.

무향(undirected) 그래프 모형은 무향 간선을 사용한다. 무향 모형은 일단의 함수들로의 인수분해를 나타낸다. 유향 모형과는 달리 그 함수들은 그 어떤 종류의 확률분포도 아닌 경우가 일반적이다. $\mathcal{G}$의 노드 중 서로 완전히 연결된 노드들의 집합을 파벌(clique)이라고 부른다. 무향 모형의 각 파벌 $C^{(i)}$는 하나의 인수 $\phi^{(i)}(C^{(i)})$와 연관된다. 이러한 인수들은 확률분포가 아니라 그냥 함수들이다. 각 인수의 출력은 반드시 음수가 아니어야 하지만, 확률분포처럼 인수의 합 또는 적분이 1이어야 한다는 제약은 없다.

확률변수들이 특정한 하나의 구성을 이룰 확률은 해당 인수들을 모두 곱한 값에 **비례한다.** 즉, 인수 값이 큰 구성일수록 발생할 가능성이 커진다. 물론 그러한 곱들의 합이 1이 되리라는 보장은 없다. 따라서, 정규화된 확률분포를 얻으려면 다음처럼 곱들을 하나의 정규화 상수 Z로 나누어야 한다. 그 상수는 ϕ 함수들의 곱의 모든 상태에 관한 합 또는 적분이다.

$$p(\mathbf{x}) = \frac{1}{Z}\prod_i \phi^{(i)}(\mathcal{C}^{(i)}). \tag{3.55}$$

무향 그래프와 그것이 나타내는 확률분포 인수분해의 예가 그림 3.8에 나와 있다.

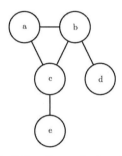

그림 3.8: 확률변수 a, b, c, d, e에 관한 무향 그래프 모형. 이 그래프는 이 그래프는 다음과 같이 인수분해 할 수 있는 확률분포에 해당한다.

$$p(a,b,c,d,e) = \frac{1}{Z}\phi^{(1)}(a,b,c)\phi^{(2)}(b,d)\phi^{(3)}(c,e). \tag{3.56}$$

분포를 이런 그래프 모형으로 표현하면 분포의 몇 가지 성질이 그대로 드러난다. 예를 들어 a와 c는 직접 상호작용하지만, a와 e는 c를 거쳐서 간접적으로만 상호작용한다.

인수분해의 이러한 그래프 표현들은 확률변수를 서술하는 하나의 언어임을 명심하 기 바란다. 이들이 확률분포의 서로 다른, 배타적인 종류는 아니다. 즉, 유향이냐 무향 이냐는 확률분포 자체의 속성이 아니라 확률분포의 특정 **서술**(description; 또는 기술)의 속성일 뿐이며, 모든 확률분포는 유향 모형으로도 무향 모형으로도 표현할 수 있다.

이 책의 제1부와 제2부 전체에서 구조적 확률 모형은 여러 기계 학습 알고리즘이 나타내는 직접적인 확률 관계를 서술하는 용도로만 쓰인다. 제3부에서 연구 주제들을 논의하기 전까지는, 구조적 확률 모형을 이번 장에서 소개한 수준 이상으로 이해할 필요는 없다. 제3부에서는 구조적 확률 모형을 훨씬 더 자세하게 살펴본다.

이번 장에서는 확률론과 정보 이론의 기본 개념 중 심층 학습과 관련이 가장 깊은 것들을 살펴보았다. 심층 학습의 논의에 필요한 근본적인 수학 도구가 하나 더 남아 있는데, 바로 수치 계산 방법(numerical method)들이다.

4

수치 계산

일반적으로 기계 학습 알고리즘에는 대량의 수치 계산이 필요하다. 대체로 그런 알고리즘들은 정답에 해당하는 기호적 표현을 제공하는 수학 공식을 해석적으로 유도해서 문제를 푸는 것이 아니라, 어떤 반복적인 과정을 통해서 정답의 추정값을 계속 갱신함으로써 문제를 푼다. 최적화(함수가 최소 또는 최대가 인수 값을 구하는 것)나 일차연립방정식 풀기가 그런 예이다. 그런데 디지털 컴퓨터에서는 실수가 관여하는 수학 함수를 그냥 평가하는 것 자체가 어려운 일일 수 있다. 이는, 유한한 메모리를 가진 디지털 컴퓨터는 실수를 정확하게 표현할 수 없기 때문이다.

4.1 넘침과 아래넘침

디지털 컴퓨터에서 연속 수학을 수행할 때 근본적인 난제는 무한히 많은 실수를 유한한 개수의 비트 패턴들로 표현해야 한다는 것이다. 이는, 거의 모든 실수의 경우 컴퓨터로 실수를 표현하려면 일정한 근사 오차가 발생할 수밖에 없다는 뜻이다. 많은 경우 그러한 오차는 그냥 반올림(rounding error)일 뿐이다. 그러나 반올림 오차는 문제를 일으킨다. 특히, 여러 연산을 거치면서 반올림 오차가 점점 쌓이면 문제가 커진다. 이론적으로는 멀쩡한 알고리즘이라도, 반올림 오차의 누적이 최소가 되도록 설계하지 않으면 실제 실행 시에는 실패할 수 있다.

반올림 오차의 여러 현상 중 특히나 지독한 것이 **아래넘침**(underflow; 또는 아래 흘림)이다. 아래넘침은 0에 가까운 수가 반올림 때문에 정확히 0이 되는 것을 말한다. 함수 중에는 인수가 작은 양수일 때와 0일 때 다른 방식으로 행동하는 것들이 많다. 예를 들어 0으로 나누기(이런 일이 일어났을 때 예외를 발생하는 소프트웨어 환경도 있고 미리 정해진 'NaN(not a number; 수가 아님)' 값을 돌려주는 환경도 있다)나 0의 로그 구하기(0의 로그는 흔히 $-\infty$로 간주하지만, $-\infty$가 이후에 다른 산술 연산에 쓰일 때는 NaN으로 취급된다)는 일반적으로 피해야 할 연산이다.

또 다른 파괴적인 수치 오류로 **넘침**(overflow; 또는 위넘침)이 있다. 넘침은 크기(절댓값)가 큰 수가 ∞나 $-\infty$로 근사되는 것을 말한다. 일반적으로, 그러한 무한대 값들은 이후 연산에서는 NaN 값으로 변한다.

아래넘침과 넘침에 대해 안정화할 필요가 있는 함수의 한 예가 **소프트맥스 함수**(softmax function)이다. 소프트맥스 함수는 멀티누이 분포를 따르는 확률들을 예측하는 데 흔히 쓰인다. 소프트맥스 함수의 정의는 다음과 같다.

$$\text{softmax}(\boldsymbol{x})_i = \frac{\exp(x_i)}{\sum_{j=1}^{n} \exp(x_j)}. \tag{4.1}$$

그런데 모든 x_i가 어떤 상수 c와 같으면 어떤 일이 생길지 생각해 보자. 해석적으로는 모든 출력이 $\frac{1}{n}$과 같아야 한다. 그러나 수치적으로는 c의 크기가 클 때 그렇게 되지 않을 수 있다. c가 크기가 아주 큰 음수이면 $\exp(c)$는 아래로 넘친다(즉, 아래넘침이 발생해서 0이 된다). 결과적으로 소프트맥스 함수의 분모가 0이 되어서 최종 결과가 정의되지 않는 사태가 발생한다. c가 아주 큰 양수일 때는 $\exp(c)$가 위로 넘치며, 이 역시 수식 전체가 정의되지 않는 결과를 낳는다. 대신 $\boldsymbol{z} = \boldsymbol{x} - \max_i x_i$인 $\text{softmax}(\boldsymbol{z})$를 평가한다면 이러한 두 가지 어려움을 피할 수 있다. 대수 법칙들을 간단하게 적용해 보면, 입력 벡터에 스칼라를 더하거나 빼도 소프트맥스 함수의 값이 해석적으로 변하지 않음을 확인할 수 있다. $\max_i x_i$를 빼면 $\exp$의 가장 큰 인수가 0이 되므로 넘침(위넘침)의 가능성이 사라진다. 마찬가지로, 분모에 1인 항이 적어도 하나 존재하면 아래넘침 때문에 분모가 0이 되어서 0으로 나누기가 발생할 가능성이 사라진다.

그런데 아직도 작은 문제가 하나 남아 있다. 분자가 아래로 넘쳐서 전체 수식이 0으로 평가될 수 있음을 주목하기 바란다. 예를 들어 만일 $\log \mathrm{softmax}(\boldsymbol{x})$를 먼저 소프트맥스 함수를 실행한 후 그 결과를 로그 함수에 입력하는 식으로 구현한다면, 로그 함수의 값이 $-\infty$가 되는 오류가 발생할 수 있다. 그렇게 하는 대신, $\log \mathrm{softmax}$를 수치적으로 안정된 방식으로 계산하는 개별 함수를 구현해야 한다. $\log \mathrm{softmax}$는 앞에서 말한 $\mathrm{softmax}$ 함수를 안정화하는 방식과 같은 요령으로 안정화할 수 있다.

이 책에는 다양한 알고리즘이 나오는데, 알고리즘을 설명할 때 구현과 관련된 모든 수치적 고려사항을 일일이 나열하지는 않음을 주의하기 바란다. 저수준 라이브러리를 개발하는 독자는 심층 학습 알고리즘을 구현할 때 수치 문제를 항상 염두에 두어야 한다. 이 책의 독자들은 대부분의 경우 안정적인 구현을 제공하는 저수준 라이브러리를 그냥 사용하기만 할 것이다. 그러나 가끔은 어떤 새로운 알고리즘을 구현하기도 할 텐데, 다행히 새 구현을 자동으로 안정화하는 것이 가능하다. Theano(Bergstra 외, 2010; Bastien 외, 2012)는 심층 학습의 맥락에서 나타나는 수치적으로 불안정한 여러 흔한 수식을 자동으로 검출하고 안정화해 주는 소프트웨어의 예이다.

4.2 나쁜 조건화

조건화(conditioning)는 입력의 작은 변화에 대해 함수가 얼마나 급하게 변하는지를 뜻하는 용어이다. 과학 계산에서는 입력에 작은 변동이 있을 때 급하게 변하는 함수가 문제가 될 수 있다. 그러면 입력의 반올림 오차가 증폭되어서 출력의 차이가 커질 수 있기 때문이다.

$f(\boldsymbol{x}) = \boldsymbol{A}^{-1}\boldsymbol{x}$라는 함수를 생각해 보자. 고윳값 분해가 존재하는 행렬 $\boldsymbol{A} \in \mathbb{R}^{n \times n}$의 **조건수**(condition number)는

$$\max_{i,j} \left| \frac{\lambda_i}{\lambda_j} \right|. \tag{4.2}$$

이다. 즉, 조건수는 가장 큰 고윳값과 가장 작은 고윳값의 크기(절댓값)의 비이다. 이 비가 크면, 역행렬 계산은 입력의 오차에 특히나 민감하다.

이러한 민감도는 행렬 자체의 성질이지, 역행렬 계산에서 발생한 반올림 오차의 결과가 아니다. 조건화가 나쁜 행렬에 진짜 역행렬을 곱하면 기존의 오차가 증폭된다.

실제 응용에서는 역행렬 계산의 수치 오차 때문에 오차가 더욱 심해진다.

4.3 기울기 벡터 기반 최적화

대부분의 심층 학습 알고리즘에는 어떤 형태로는 최적화가 관여한다. 여기서 최적화(optimization)는 x의 값을 바꾸어 가면서 어떤 함수 $f(x)$의 값을 최대화 또는 최소화하는 것을 말한다. 그런데 일반적으로 대부분의 최적화 문제는 $f(x)$를 최소화하는 것을 기준으로 설명한다. 최대화는 $-f(x)$를 최소화하는 알고리즘으로 수행하면 된다.

최소화 또는 최대화할 함수를 **목적함수**(objective function) 또는 **판정기준**(criterion)이라고 부른다. 최소화의 경우에는 그러한 함수를 **비용함수**(cost function)나 **손실함수**(loss function), **오차함수**(error function)라고 부르기도 한다. 이 책에서는 그 용어들을 같은 의미로 섞어 쓰지만, 기계 학습 문헌 중에는 그 용어 중 일부에 특별한 의미를 부여하는 것도 있다.

함수를 최소화 또는 최대화하는 인수의 값에 흔히 위 첨자 *를 붙인다. 예를 들어 $x^* = \arg\min f(x)$이다.

이 책은 독자가 미적분에 이미 익숙하다고 가정하지만, 미적분의 개념들이 최적화 문제와 어떻게 연관되는지 지금 잠시 짚고 넘어가는 것이 좋겠다.

$y = f(x)$라는 함수가 있다고 하자. 여기서 x와 y는 둘 다 실수이다. 이 함수의 **미분**(도함수)을 $f'(x)$ 또는 $\dfrac{dy}{dx}$로 표기한다. 미분 $f'(x)$는 점 x에서의 $f(x)$의 기울기(slope)를 뜻한다. 다른 말로 하면, 미분은 입력의 작은 변화에 비례해서 출력이 얼마나 변하는지를 말해 준다. 이를 수식으로 표현하면 $f(x + \epsilon) \approx f(x) + \epsilon f'(x)$이다.

이러한 미분 함수의 최소화에 유용하다. 왜냐하면, 도함수는 출력 y를 좀 더 개선하려면 입력 x를 얼마나 변화해야 하는지 말해 주기 때문이다. 예를 들어 충분히 작은 ϵ에 대해서는 $f(x - \epsilon \operatorname{sign}(f'(x)))$가 $f(x)$보다 작다. 따라서, x를 미분과는 부호(sign)가 반대인 방향으로 작은 단계(step)만큼 이동함으로 $f(x)$의 값을 줄일 수 있다. 이런 기법을 **경사 하강법**(gradient descent)이라고 부른다(Cauchy, 1847). 그림 4.1에 이 기법의 예가 나와 있다.

그런데 $f'(x) = 0$일 때는 미분이 이동 방향에 관해 그 어떤 정보도 제공하지 않는

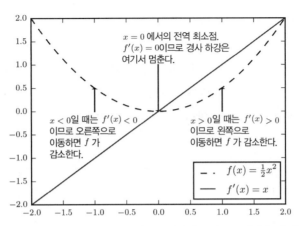

그림 4.1: 경사 하강법. 경사 하강법 알고리즘에서 함수를 따라 극소점으로 내려갈 때 이동 방향을 미분을 이용해서 판단하는 방법을 나타낸 그림이다.

다. $f'(x) = 0$인 점을 **임계점**(critical point) 또는 **정류점**(stationary point)이라고 부른다. 그리고 $f(x)$가 모든 이웃 점보다 작은 점을 **극소점**(local minimum point)이라고 부른다. 극소점에서는 무한소 단계(infinitesimal step)만큼 이동해도 $f(x)$가 감소할 가능성이 없다. 반대로, **극대점**(local maximum point)은 $f(x)$가 모든 이웃 점보다 큰 점이다. 극대점에서는 무한소 단계만큼 이동해도 $f(x)$가 증가할 가능성이 없다. 그런데 극소점도 아니고 극대점도 아닌 임계점도 있다. 그런 임계점을 **안장점**(saddle point)이라고 부른다. 그림 4.2에 이상의 각 종류의 임계점이 나와 있다.

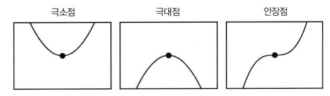

그림 4.2: 여러 종류의 임계점들. 입력이 1차원일 때의 세 가지 임계점의 예이다. 임계점은 기울기가 0인 점이다. 그런 점은 이웃 점들보다 낮은 극소점일 수도 있고, 이웃 점들보다 높은 극대점일 수도 있고, 이웃 점들보다 높기도 하고 낮기도 한 안장점일 수도 있다.

$f(x)$가 가장 작은 값이 되는 점을 **전역 최소점**(global minimum)이라고 부른다. 한 함수의 전역 최소점이 하나일 수도 있고 여러 개일 수도 있다. 또한, 극소점이 전역

최소점은 아닐 수도 있다. 심층 학습에서는 전역 최소점이 아닌 극소점이 여러 개 있는 함수나 아주 평평한 영역에 다수의 안장점이 있는 함수도 최적화하게 된다. 그런 함수들은 최적화하기가 어렵다. 특히, 함수의 입력이 여러 개(다차원 입력)이면 더욱 그렇다. 그래서 f의 값이 엄밀히 말해 최솟값은 아니더라도 아주 낮은 값이기만 하면 해당 인수 값을 받아들일 때가 많다. 그림 4.3에 예가 나와 있다.

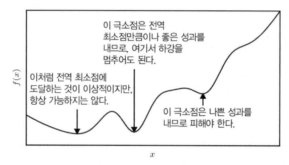

그림 4.3: 근사 최적화. 극소점이 여러 개이거나 대지(plateau; 평평한 부분)가 존재하면 최적화 알고리즘이 하나의 전역 최소점을 찾지 못할 수 있다. 심층 학습의 맥락에서는, 비용함수의 값이 현저히 낮다면 진짜 최소점이 아니라도 받아들일 때가 많다.

입력이 여러 개인 함수 $f: \mathbb{R}^n \rightarrow \mathbb{R}$을 최적화할 때도 많다. '최소화'라는 개념이 성립하려면, 그러한 함수의 출력은 반드시 하나의 값(스칼라)이어야 한다.

함수의 입력이 여러 개일 때는 **편미분**(partial derivative)이라는 개념을 사용해야 한다. 편미분 $\frac{\partial}{\partial x_i} f(\boldsymbol{x})$는 점 $\boldsymbol{x}$에서 변수 x_i만 증가했을 때의 f의 변화를 측정한다. 미분의 개념을 입력이 여러 개인(즉, 입력들이 하나의 벡터를 이루는) 함수로 일반화한 것을 **기울기**(gradient; 또는 그래디언트, 구배) 벡터라고 부른다.[※] f의 기울기는 모든 편미분으로 구성된 벡터이고 $\nabla_{\boldsymbol{x}} f(\boldsymbol{x})$로 표기한다. 기울기 벡터의 각 성분 i는 x_i에 대한 f의 편미분이다. 다차원 입력 함수에서 임계점은 기울기 벡터의 모든 성분이 0인 점이다.

※ **역주** 입력이 일차원인 함수의 기울기(slope)와 혼동할 여지가 없을 때는 '벡터'를 생략하고 그냥 '기울기'로만 표기하기도 하겠다. 그리고 사실 slope는 gradient의 1차원 특수 사례라 할 수 있으므로, 둘 다 기울기라고 부른다고 해도 크게 문제가 되지는 않는다.

함수 f의 u 방향 기울기를 $\boldsymbol{u}$ 방향의 **방향미분**(directional derivative)이라고 부른다. 다른 말로 하면, 방향미분을 α에 대한 $f(\boldsymbol{x}+\alpha\boldsymbol{u})$의 도함수를 $\alpha=0$에서 평가한 것이다. 연쇄법칙을 적용하면, $\alpha=0$일 때 $\frac{\partial}{\partial\alpha}f(\boldsymbol{x}+\alpha\boldsymbol{u})$는 $\boldsymbol{u}^{\top}\nabla_{\boldsymbol{x}}f(\boldsymbol{x})$로 평가됨을 알 수 있다.

f를 최소화하려면 f가 가장 빠르게 감소하는 방향을 찾아야 한다. 다음처럼 방향미분을 사용하면 그러한 방향을 알 수 있다.

$$\min_{\boldsymbol{u},\boldsymbol{u}^{\top}\boldsymbol{u}=1}\ \boldsymbol{u}^{\top}\nabla_{\boldsymbol{x}}f(\boldsymbol{x}) \tag{4.3}$$

$$=\min_{\boldsymbol{u},\boldsymbol{u}^{\top}\boldsymbol{u}=1}\ \|\boldsymbol{u}\|_2\|\nabla_{\boldsymbol{x}}f(\boldsymbol{x})\|_2\cos\theta. \tag{4.4}$$

여기서 θ는 $\boldsymbol{u}$와 기울기 벡터 사이의 각도이다. 이 공식에 $\|\boldsymbol{u}\|_2=1$을 대입하고 $\boldsymbol{u}$에 의존하지 않는 인수들을 생략해서 정리하면 $\min_{\boldsymbol{u}}\cos\theta$가 나온다. 이 값은 $\boldsymbol{u}$가 기울기의 반대 방향일 때 최소가 된다. 다른 말로 하면, 기울기는 언덕을 바로 올라가는 방향이고 음의 기울기는 언덕을 바로 내려가는 방향이다. 따라서, 음의 기울기 방향으로 이동하면 f가 감소한다. 이를 **최대 경사법**(method of steepest descent) 또는 **경사 하강법**(gradient descent)이라고 부른다.

최대 경사법은 다음과 같은 새 점을 제시한다.

$$\boldsymbol{x}'=\boldsymbol{x}-\epsilon\nabla_{\boldsymbol{x}}f(\boldsymbol{x}). \tag{4.5}$$

여기서 ϵ은 이동 단계의 크기를 결정하는 양의 스칼라인데, 개념적으로 이는 **학습 속도**(learning rate)에 해당한다. ϵ의 값을 정하는 방법은 여러 가지인데, 그냥 ϵ을 어떤 작은 상수로 두는 방법이 흔히 쓰인다. 때에 따라서는 방향미분이 소실되는 단계 크기를 구하기도 한다. 또는, ϵ의 여러 값으로 $f(\boldsymbol{x}-\epsilon\nabla_{\boldsymbol{x}}f(\boldsymbol{x}))$를 평가해서 목적함수의 값이 가장 작아지는 값을 선택하는 접근 방식도 쓰인다. 마지막 전략을 **직선 검색**(line search; 또는 선 찾기)이라고 부른다.

최대 경사법은 기울기 벡터의 모든 성분이 0이면(또는, 실제 응용에서는 0에 아주 가까우면) 수렴한다. 때에 따라서는 이러한 반복 알고리즘을 실행하는 대신 방정식 $\nabla_{\boldsymbol{x}}f(\boldsymbol{x})=0$을 $\boldsymbol{x}$에 대해 풀어서 임계점으로 직접 이동할 수도 있다.

경사 하강법은 연속 공간 함수의 최적화에만 적용할 수 있지만, 작은 단계의 이동(최적의 작은 이동에 가까운)을 반복해서 더 나은 인수 조합을 찾는다는 일반적인 개념은 이산 공간에도 적용할 수 있다. 매개변수들이 이산적인 목적함수를 그런 식으로 증가해서 최댓값을 찾는 기법을 **언덕 오르기**(hill climbing)라고 부른다(Russel & Norvig, 2003).

4.3.1 기울기를 넘어서: 야코비 행렬과 헤세 행렬

종종 입력뿐만 아니라 출력도 벡터인 함수의 편미분들을 모두 구해야 할 때가 있다. 그런 모든 편미분으로 구성된 행렬을 **야코비 행렬**(Jacobian matrix)이라고 부른다. 구체적으로 말하면, 함수 $f:\mathbb{R}^m \to \mathbb{R}^n$의 야코비 행렬 $J \in \mathbb{R}^{n \times m}$은 $J_{i,j} = \frac{\partial}{\partial x_j} f(x)_i$로 정의된다.

미분의 미분이 유용할 때도 있다. 그런 도함수를 **이차미분**(second derivative; 이계도함수)이라고 부른다. 예를 들어 함수 $f:\mathbb{R}^n \to \mathbb{R}$이 있을 때, f의 x_j에 대한 미분(편미분)의 x_i에 대한 미분을 $\frac{\partial^2}{\partial x_i \partial x_j} f$로 표기한다. 입력이 1차원인 경우에는 $\frac{d^2}{dx^2} f$를 그냥 $f''(x)$로 표기한다. 이러한 이차미분은 일차미분이 입력의 변화에 따라 어떻게 변하는지를 말해 준다. 그러한 정보는 경사 하강법의 한 단계(step)가* 우리가 기울기에만 근거해서 기대한 만큼이나 해를 개선할 것인지 알려준다는 점에서 중요하다. 이차미분을 **곡률**(curvature)의 측도로 간주할 수 있다. 예를 들어 어떤 이차함수(실제 응용에서는 이차함수가 아닌 함수를 많이 만나게 되지만, 그런 함수들도 적어도 국소적으로는 이차함수로 근사할 수 있다)가 있다고 하자. 그 함수의 이차미분이 0이라면, 그 함수에는 곡률이 없는 것이다. 즉, 그 함수는 완전한 직선이며, 따라서 함수의 값을 기울기만으로 예측할 수 있다. 기울기가 1인 경우, 음의 기울기 방향으로 ϵ 크기의 단계만큼 이동하면 비용함수는 ϵ만큼 감소한다. 이차미분이 음수이면 함수는 아래 방향으로 구부러진다. 따라서 비용함수는 ϵ보다 더 많이 감소한다. 마지막으로, 이차미분이 양수이면 함수는 위쪽으로 구부러지므로 비용함수는 ϵ보다 덜 감소한다. 그림 4.4는 여러 종류의 곡률이 비용함수의 참값과 추정치(기울기로 예측한) 사이의 관계에 미치는 영향을 나타낸 것이다.

※ 역주 참고로, 경사 하강법을 직관적으로 이해하는 데는 단계(step)를 '언덕 오르기(hill climbing)'의 비유에 따라 '걸음'으로, 그리고 단계 크기(step size)를 '보폭'으로 생각하는 것이 도움이 될 것이다.

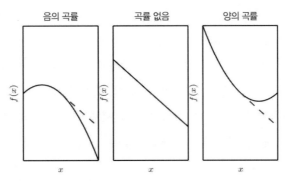

음의 곡률   곡률 없음   양의 곡률

그림 4.4: 이차미분은 함수의 곡률을 결정한다. 그래프들은 곡률이 서로 다른 세 가지 이차함수들을 나타낸 것이다. 점선은 기울기 정보만으로 예측한(경사 하강 단계 하나만큼 언덕을 따라 내려가서) 비용함수의 값을 나타낸다. 곡률이 음수이면 비용함수는 기울기로 예측한 것보다 더 빨리 감소한다. 곡률이 없으면 기울기는 감소량을 정확히 예측한다. 곡률이 양수이면 비용함수가 기울기로 예측한 것보다 느리게 감소하며, 결국에는 다시 증가하기 시작한다. 따라서 단계들이 너무 크면 의도(최소화)와는 달리 함수가 증가하게 된다.

함수의 입력이 다차원이면 이차미분이 여러 개이다. 그러한 이차미분들을 하나의 행렬로 모은 것을 **헤세 행렬**(Hessian matrix)이라고 부른다. 헤세 행렬 $\boldsymbol{H}(f)(\boldsymbol{x})$는 다음 과 같이 정의된다.

$$\boldsymbol{H}(f)(\boldsymbol{x})_{i,j} = \frac{\partial^2}{\partial x_i \partial x_j} f(\boldsymbol{x}). \tag{4.6}$$

다른 말로 하면, 헤세 행렬은 기울기의 야코비 행렬이다.

이차편미분이 연속인 모든 점에서는 미분 연산자(differential operator; 또는 미분작용소) 가 가환적이다. 즉, 미분 연산자가 교환법칙을 만족하므로 다음처럼 순서를 바꾸어도 된다.

$$\frac{\partial^2}{\partial x_i \partial x_j} f(\boldsymbol{x}) = \frac{\partial^2}{\partial x_j \partial x_i} f(\boldsymbol{x}). \tag{4.7}$$

이는 $H_{i,j} = H_{j,i}$라는 뜻이므로 그런 점들에서는 허세 행렬이 대칭행렬이다. 심층 학습의 맥락에서 만나는 대부분의 함수는 거의 모든 점에서 헤세 행렬이 대칭행렬이다. 그리고 헤세 행렬이 실숫값 대칭행렬일 때는 헤세 행렬을 실수 고윳값들의 집합과 고유벡터들로 이루어진 직교 기저(orthogonal basis)로 분해할 수 있다. 단위벡터 $\boldsymbol{d}$가 가리키는 특정 방향의 이차미분 $\boldsymbol{d}^\top \boldsymbol{H} \boldsymbol{d}$로 표기한다. $\boldsymbol{d}$가 $\boldsymbol{H}$의 한 고유벡터일 때, 그 방향의 이차미분은 그 고유벡터에 해당하는 고웃값이다. $\boldsymbol{d}$가 그 외의 방향일 때는 방향 이차미분이 모든 고웃값의 가중평균인데, 이때 가중치들은 0에서 1 사이의 값이고 고유벡터와 $\boldsymbol{d}$ 사이의 각도가 작을수록 해당 가중치가 크다. 최대 고웃값은 최대 이차미분을 결정하며, 최소 고웃값은 최소 이차미분을 결정한다.

방향이 있는 이차미분은 하나의 경사 하강 단계로 어느 정도의 효과를 볼 수 있을지를 말해 준다. 현재 점 $\boldsymbol{x}^{(0)}$ 주변의 함수 $f(\boldsymbol{x})$를 다음처럼 이차 테일러 급수로 근사할 수 있다.

$$f(\boldsymbol{x}) \approx f(\boldsymbol{x}^{(0)}) + (\boldsymbol{x} - \boldsymbol{x}^{(0)})^\top \boldsymbol{g} + \frac{1}{2}(\boldsymbol{x} - \boldsymbol{x}^{(0)})^\top \boldsymbol{H}(\boldsymbol{x} - \boldsymbol{x}^{(0)}). \tag{4.8}$$

여기서 $\boldsymbol{g}$는 기울기 벡터이고 $\boldsymbol{H}$는 점 $\boldsymbol{x}^{(0)}$에서의 헤세 행렬이다. 학습 속도가 ϵ이라고 할 때, 경사 하강법이 제시하는 새 점 $\boldsymbol{x}$는 $\boldsymbol{x}^{(0)} - \epsilon\boldsymbol{g}$이다. 이를 위의 근사 공식에 대입하면 다음이 나온다.

$$f(\boldsymbol{x}^{(0)} - \epsilon\boldsymbol{g}) \approx f(\boldsymbol{x}^{(0)}) - \epsilon\boldsymbol{g}^\top \boldsymbol{g} + \frac{1}{2}\epsilon^2 \boldsymbol{g}^\top \boldsymbol{H}\boldsymbol{g}. \tag{4.9}$$

이 공식에는 세 개의 항이 있다. 하나는 함수의 원래 값이고, 다른 하나는 함수의 기울기에 따라 예측한 개선 정도, 나머지 하나는 함수의 곡률에 의한 오차를 바로잡기 위한 값이다. 이 보정 값이 너무 크면, 경사 하강에 의해 오히려 언덕 위로 이동할 여지가 있다. $\boldsymbol{g}^\top \boldsymbol{H}\boldsymbol{g}$가 0이나 음수일 때, 이 테일러 급수 근사는 ϵ을 영원히 증가하면 f가 영원히 감소함을 뜻한다. 실제 응용에서는, ϵ가 크면 테일러 급수의 정확성이 떨어질 가능성이 크다. 그런 경우에는 발견법적인(heuristic) 방법을 사용해서 좀 더 나은 ϵ 값을 선택할 필요가 있다. $\boldsymbol{g}^\top \boldsymbol{H}\boldsymbol{g}$가 양수일 때, 함수의 테일러 급수 근사를 가장 많이 감소하는 최적의 단계 크기는 다음과 같다.

$$\epsilon^* = \frac{\boldsymbol{g}^\top \boldsymbol{g}}{\boldsymbol{g}^\top \boldsymbol{H}\boldsymbol{g}}. \tag{4.10}$$

최악의 경우, 즉 $\boldsymbol{g}$가 최대 고웃값 $\lambda_{\max}$에 대응되는 $\boldsymbol{H}$의 고유벡터와 같은 방향인 경우, 이 최적 단계 크기는 $\frac{1}{\lambda_{\max}}$이다. 따라서, 최소화할 함수를 이차함수로 잘 근사할 수 있는 한, 헤세 행렬의 고웃값들은 학습 속도의 규모(scale)를 결정한다.

주어진 임계점의 종류(극소점, 극대점, 안장점)를 결정할 때 이차미분을 사용할 수도 있다. 기억하겠지만, 임계점은 $f'(x) = 0$인 점을 말한다. 이차미분이 양수일 때(즉, $f''(x) > 0$일 때), 일차도함수 $f'(x)$는 오른쪽으로 이동하면 증가하고 왼쪽으로 이동하면 감소한다. 즉, 충분히 작은 ϵ에 대해 $f'(x-\epsilon) < 0$이고 $f'(x+\epsilon) > 0$이다. 다른 말로 하면, 오른쪽으로 이동할 때는 기울기가 오른쪽 언덕 위를 향하기 시작하고 왼쪽으로 이동할 때는 기울기가 왼쪽 언덕 위를 향하기 시작한다. 그러므로, $f'(x) = 0$이고 $f''(x) > 0$일 때는 x가 극소점이라고 결론지을 수 있다. 마찬가지로, $f'(x) = 0$이고 $f''(x) < 0$일 때는 x가 극대점이라고 결론지을 수 있다. 이런 판정을 **이차미분 판정**(second derivative test)이라고 부른다. 안타깝게도 $f''(x) = 0$일 때는 이 판정의 결론이 나지 않는다. 그런 경우 x는 안장점이거나 평평한 지역의 일부일 수 있다.

입력이 다차원일 때는 함수의 모든 이차미분을 조사해야 한다. 헤세 행렬의 고윳값 분해를 이용하면 이차미분 판정을 다차원의 경우로 일반화할 수 있다. 구체적으로 말하면, $\nabla_{\boldsymbol{x}} f(\boldsymbol{x}) = 0$이 되는 임계점에서 헤세 행렬의 고윳값들을 보면 그 임계점이 극소점인지, 극대점인지, 아니면 안장점인지 알 수 있다. 헤세 행렬이 양의 정부호 행렬(모든 고윳값이 양수인 행렬)이면 그 점은 극소점이다. 극소점에서는 임의의 방향의 이차방향미분이 반드시 양수이어야 한다는 사실과 단변량 이차미분 판정의 원리를 생각하면 이를 이해할 수 있을 것이다. 마찬가지로, 헤세 행렬이 음의 정부호 행렬(모든 고윳값이 음수인 행렬)이면 그 점은 극대점이다. 다차원에서는 주어진 임계점이 안장점임을 말해 주는 증거를 찾는 것이 가능할 때도 있다. 적어도 하나의 고윳값이 양수이고 적어도 하나의 고윳값이 음수이면, $\boldsymbol{x}$가 f의 어떤 한 단면(cross section)에서는 극대점이고 다른 어떤 한 단면에서는 극소점일 것임이 틀림없다. 그림 4.5에 그러한 예가 나와 있다. 마지막으로, 단변량의 경우처럼 다차원 이차미분 판정의 결론이 나지 않는 경우도 있다. 0이 아닌 모든 고윳값의 부호가 같지만 적어도 하나의 고윳값이 0이면 항상 판정의 결론이 나지 않는다. 이는, 0인 고윳값에 해당하는 단면에서 단변량 이차미분 판정의 결론이 나지 않기 때문이다.

다차원에서는 한 점의 여러 방향마다 각자 다른 이차미분이 있다. 그 점에서의 헤세 행렬의 조건수는 그 이차미분들이 서로 얼마나 다른지 나타내는 측도이다. 헤세 행렬의 조건수가 나쁘면 경사 하강법의 성과도 나쁘다. 이는, 그런 경우 한 방향에서는 미

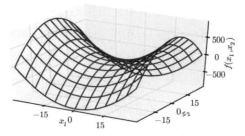

그림 4.5: 양의 곡률과 음의 곡률을 모두 가진 안장점. 이 예의 함수는 $f(\boldsymbol{x}) = x_1^2 - x_2^2$이다. 함수는 x_1에 해당하는 축을 따라 위로 구부러진다. 이 축은 헤세 행렬의 고유벡터 중 고윳값이 양수인 한 고유벡터이다. x_2에 해당하는 축을 따라서는 함수가 아래로 구부러진다. 이 방향은 고윳값이 음수인 고유벡터이다. '안장점'이라는 이름은 이 함수의 모습이 안장처럼 생겼다는 점에서 비롯되었다. 이 함수는 안장점이 있는 함수의 대표적인 예이다. 다차원의 경우에는, 값이 0인 고윳값이 존재한다는 것이 안장점의 필요조건은 아니다. 임계점이 안장점일 유일한 필요조건은 양의 고윳값과 음의 고윳값이 모두 있어야 한다는 것이다. 양과 음의 고윳값들이 모두 있는 안장점은 한 단면에 극대점이 있고 다른 한 단면에 극소점이 있는 임계점이라 할 수 있다.

분이 빠르게 증가하지만 다른 방향에서는 느리게 증가하기 때문이다. 경사 하강법은 미분들의 그러한 변화를 알아채지 못하므로, 미분이 더 오랫동안 음수를 유지하는 방향으로 이동하는 것이 바람직하다는 점도 알아채지 못한다. 조건수가 나쁘면 좋은 단계 크기를 선택하기도 어렵다. 단계 크기는 극소점을 지나치지 않을 정도로, 그리고 큰 양의 곡률 때문에 언덕 위로 올라가는 일이 없을 정도로 작아야 한다. 그러나 조건수가 나쁘면, 곡률이 더 작은 다른 방향들에서 의미 있는 개선을 이루기에는 그런 단계 크기가 너무 작을 때가 많다. 그림 4.6에 예가 나와 있다.

이 문제는 헤세 행렬에 있는 정보를 이용해서 검색 방향을 결정함으로써 해결할 수 있다. 그런 접근 방식 중 가장 간단한 방법이 소위 **뉴턴법**(Newton's method; 또는 뉴턴 방법)이다. 뉴턴법은 이차 테일러 급수 전개를 이용해서 어떤 점 $\boldsymbol{x}^{(0)}$ 근처의 $f(\boldsymbol{x})$를 근사한다.

$$f(\boldsymbol{x}) \approx f(\boldsymbol{x}^{(0)}) + (\boldsymbol{x} - \boldsymbol{x}^{(0)})^\top \nabla_{\boldsymbol{x}} f(\boldsymbol{x}^{(0)}) + \frac{1}{2}(\boldsymbol{x} - \boldsymbol{x}^{(0)})^\top \boldsymbol{H}(f)(\boldsymbol{x}^{(0)})(\boldsymbol{x} - \boldsymbol{x}^{(0)}). \tag{4.11}$$

이를 이 함수의 임계점에 대해 풀면 다음이 나온다.

$$\boldsymbol{x}^* = \boldsymbol{x}^{(0)} - \boldsymbol{H}(f)(\boldsymbol{x}^{(0)})^{-1} \nabla_{\boldsymbol{x}} f(\boldsymbol{x}^{(0)}). \tag{4.12}$$

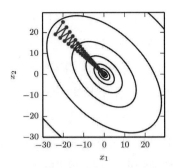

그림 4.6: 헤세 행렬에 담긴 곡률 정보가 경사 하강에 도움이 되지 않는 경우. 헤세 행렬의 조건수가 5인 이차함수 $f(\boldsymbol{x})$를 경사 하강법을 이용해서 최소화하는 예이다. 조건수가 5라는 것은 최대 곡률 방향의 곡률이 최소 곡률 방향의 곡률의 다섯 배라는 뜻이다. 이 예에서 최대 곡률 방향은 $[1,1]^\top$이고 최소 곡률 방향은 $[1,-1]^\top$이다. 등고선 형태의 곡선들을 자르는 지그재그 모양의 빨간 선분들은 경사 하강법이 따라가는 경로를 나타낸 것이다. 경사 하강법은 거듭해서 협곡의 절벽들을 따라 내려가느라(그 부분들에서 기울기가 아주 크기 때문에) 시간을 낭비한다. 단계 크기가 다소 크기 때문에, 한 이동에서 함수의 바닥을 지나쳤다가 다음 이동에서 다시 반대편 절벽으로 올라가게 된다. 헤세 행렬에서 이 방향의 고유벡터에 해당하는 가장 큰 양의 고윳값은 이 방향의 미분이 빠르게 증가함을 의미하므로, 헤세 행렬에 기초한 최적화 알고리즘은 이런 상황에서 기울기가 가장 큰 방향이 실제로는 그리 유망한 검색 방향이 아닐 수 있음을 예측할 수 있다.

f가 양의 정부호 이차함수일 때, 식 4.12로 뉴턴법을 한 번만 적용하면 즉시 함수의 최솟값에 도달한다. f가 정말로 이차함수는 아니지만 국소적으로 양의 정부호 이차함수로 근사할 수 있는 함수이면 식 4.12로 뉴턴법을 여러 번 반복해야 한다. 근사를 갱신해서 최소의 근삿값에 접근하는 과정을 반복하면 경사 하강법보다 훨씬 빨리 임계점에 도달하게 된다. 이러한 성질은 극소점 부근에서는 유용하지만, 안장점 부근에서는 오히려 해가 될 수 있다. §8.2.3에서 논의하겠지만, 뉴턴법은 근처의 임계점이 극소점(헤세 행렬의 모든 고윳값이 양수인 점)일 때만 적합하다. 반면 경사 하강법은 기울기 벡터가 안장점 쪽을 향하지 않는 한 안장점 쪽으로 끌려가지 않는다.

경사 하강법처럼 기울기만 사용하는 최적화 알고리즘들을 통칭해서 **일차 최적화 알고리즘**(first-order optimization algorithm)이라고 부른다. 뉴턴법처럼 헤세 행렬도 사용하는 최적화 알고리즘을 **이차 최적화 알고리즘**(second-order optimization algorithm)이라고 부른다(Nocedal & Wright, 2006).

이 책의 대부분의 문맥에 등장하는 최적화 알고리즘들은 다양한 함수들에 적용할 수 있지만, 제공하는 보장은 거의 없다. 대체로 심층 학습 알고리즘들은 보장이 없는 경우가 많은데, 이는 심층 학습에 쓰이는 함수들이 상당히 복잡한 함수의 부류에 속하기 때문이다. 반면, 다른 여러 분야에서는 제한된 부류의 함수들에만 적용할 수 있도록 최적화 알고리즘을 설계하는 것이 주된 최적화 접근 방식이다.

그러나 심층 학습의 맥락에서도 일정한 보장을 얻는 것이 가능하다. **립시츠 연속**(Lipschitz continuous) 함수류에 속하는 함수 또는 도함수가 립시츠 연속 함수인 함수만 사용하면 몇 가지 보장이 생긴다. 립시츠 연속 함수란 변화율의 범위가 **립시츠 상수**(Lipschitz constant) $\mathcal{L}$로 결정되는 함수 f를 말한다.

$$\forall \boldsymbol{x}, \forall \boldsymbol{y}, |f(\boldsymbol{x}) - f(\boldsymbol{y})| \leq \mathcal{L} \|\boldsymbol{x} - \boldsymbol{y}\|_2. \tag{4.13}$$

이러한 성질은 경사 하강법 같은 알고리즘에서 입력을 조금 변경했을 때 출력 역시 조금만 변할 것이라는 가정이 어느 정도나 사실인지를 수량화할 수 있다는 점에서 유용하다. 또한, 립시츠 연속성은 비교적 약한 제약이기 때문에, 심층 학습의 최적화 문제 중에는 조금만 수정해도 립시츠 연속성을 충족할 수 있는 문제들이 많다.

특정 부류의 함수들에 특화된 최적화 분야 중 가장 성공한 것은 아마도 **볼록함수 최적화**(convex optimization)일 것이다. 볼록함수 최적화 알고리즘은 좀 더 강한 제약을 둠으로써 더 많은 보장을 제공한다. 이 알고리즘들은 **볼록함수**(convex function), 즉 헤세 행렬이 모든 점에서 양의 준정부호인 함수에만 적용된다. 그런 함수에는 안장점이 없고 모든 극소점이 반드시 전역 극소점이기 때문에 검색의 성과가 좋다. 그러나 심층 학습의 대부분의 문제들은 볼록함수 최적화의 형태로 표현하기 어렵다. 볼록함수 최적화 알고리즘들을 분석해서 얻은 착안들을 심층 학습 알고리즘의 수렴 여부 증명에 유용하게 사용할 수는 있지만, 전반적으로 볼 때 심층 학습의 맥락에서 볼록함수 최적화는 그 중요성이 아주 낮다. 볼록함수 최적화에 관해 좀 더 알고 싶다면 [Boyd & Vandenberghe, 2004]나 [Rockafellar, 1997]을 읽기 바란다.

4.4 제약 있는 최적화

함수 $f(\boldsymbol{x})$를 $\boldsymbol{x}$의 모든 가능한 값에 대해 최대화 또는 최소화하는 것이 아니라, 어떤 집합 $\mathbb{S}$에 속한 $\boldsymbol{x}$의 값들에 대해서만 $f(\boldsymbol{x})$를 최대화 또는 최소화하고 싶을 때도 종종 있다. 그러한 최적화를 **제약 있는 최적화**(constrained optimization), 줄여서 **제약 최적화**

(또는 구속 최적화)라고 부른다. 집합 $\mathbb{S}$에 속하는 점 $\boldsymbol{x}$들을 제약 최적화의 용어로 **실현 가능 점**(feasible point)이라고 한다.

최적화 문제에서는 '작은(작다는 것의 의미는 다양하겠지만)' 해를 찾아야 하는 경우가 많다. 그런 상황에 흔히 쓰이는 접근 방식은 $\|\boldsymbol{x}\| \leq 1$ 같은 크기 제약을 두는 것이다.

간단한 제약 최적화 접근 방식 중 하나는, 그냥 주어진 제약을 고려하도록 경사 하강법 알고리즘을 수정하는 것이다. 작은 상수 단계 크기 ϵ을 사용하는 경우라면, 경사 하강을 한 단계 수행한 후 그 결과를 다시 $\mathbb{S}$에 사상하면 될 것이다. 그리고 직선 검색을 사용하는 경우에는 산출된 새 점 $\boldsymbol{x}$가 실현가능 점인 단계 크기 ϵ들에 대해서만 검색을 수행하면 될 것이다. 또는 직선의 각 점을 제약 영역으로 다시 투영할 수도 있다. 가능한 경우에는 하강 단계를 실행하기 전에, 또는 직선 검색을 시작하기 전에 기울기를 실현가능 영역의 탄젠트 공간으로 투영함으로써 이 방법의 효율을 더욱 높일 수도 있다(Rosen, 1960).

좀 더 정교한 접근 방식은 그 해(최종 결과)를 원래의 제약 최적화 문제의 해로 변환할 수 있는 또 다른 무제약 최적화 문제를 고안하는 것이다. 예를 들어 $\boldsymbol{x} \in \mathbb{R}^2$에 대해 $f(\boldsymbol{x})$를 최소화하되 $\boldsymbol{x}$의 크기가 정확히 단위 L^2 노름이어야 한다는 제약이 있는 최적화 문제가 있다고 하자. 이 문제를 직접 푸는 대신, θ에 대해 $g(\theta) = f([\cos\theta, \sin\theta]^\top)$를 최소화해서 얻은 $[\cos\theta, \sin\theta]$를 원래 문제의 해로 돌려주면 된다. 이러한 접근 방식에는 창의력이 필요하다. 이러한 최적화 문제 변환은 주어진 구체적인 문제마다 개별적으로 설계할 필요가 있다.

캐러시-쿤-터커 Karush-Kuhn-Tucker 접근 방식, 줄여서 KKT 접근 방식은[6] 제약 최적화에 대한 아주 일반적인 해법을 제공한다. KKT 접근 방식에서는 **일반화된 라그랑주 함수**(generalized Lagrange function 또는 generalized Lagrangian)라고 하는 새로운 종류의 함수를 사용한다.

라그랑주 함수를 정의하려면 우선 $\mathbb{S}$를 등식과 부등식으로 표현해야 한다. 구체적으로, m개의 함수 $g^{(i)}$들과 n개의 함수 $h^{(j)}$들을 이용해서 $\mathbb{S} = \{\boldsymbol{x} \mid \forall i, g^{(i)}(\boldsymbol{x}) = 0$ 그리고 $\forall j, h^{(j)}(\boldsymbol{x}) \leq 0\}$의 형태로 $\mathbb{S}$를 서술해야 한다. $g^{(i)}$가 관여하는 등식을 **상등 제약**(equality constraint)이라고 부르고, $h^{(j)}$가 관여하는 부등식을 **부등 제약**(inequality constraint)

---

6) KKT 접근 방식은 **라그랑주 승수법**(method of Lagrange multipliers)으로 일반화된다. 라그랑주 승수법은 상등 제약뿐만 아니라 부등(대소) 제약도 허용한다.

이라고 부른다.

각 제약에는 λ_i와 α_j라는 새로운 변수가 있다. 이들을 KKT 승수(multiplier; 또는 곱수)라고 부른다. 이상의 요소들로 서술된 일반화된 라그랑주 함수의 정의는 다음과 같다.

$$L(\boldsymbol{x},\boldsymbol{\lambda},\boldsymbol{\alpha}) = f(\boldsymbol{x}) + \sum_i \lambda_i g^{(i)}(\boldsymbol{x}) + \sum_j \alpha_j h^{(j)}(\boldsymbol{x}). \tag{4.14}$$

이제 제약 있는 최소화 문제를 일반화된 라그랑주 함수의 제약 없는 최적화 문제로 풀 수 있다. 실현가능 점이 적어도 하나는 존재하고 $f(\boldsymbol{x})$의 값이 절대로 ∞가 되지 않는다고 할 때, 함수

$$\min_{\boldsymbol{x}} \max_{\boldsymbol{\lambda}} \max_{\boldsymbol{\alpha},\boldsymbol{\alpha} \geq 0} L(\boldsymbol{x},\boldsymbol{\lambda},\boldsymbol{\alpha}) \tag{4.15}$$

의 최적값 및 최적점 집합은 목적함수의 최적값 및 최적점 집합(아래 식 4.16)과 같다.

$$\min_{\boldsymbol{x} \in \mathbb{S}} f(\boldsymbol{x}). \tag{4.16}$$

그 이유는, 제약이 충족될 때마다

$$\max_{\boldsymbol{\lambda}} \max_{\boldsymbol{\alpha},\boldsymbol{\alpha} \geq 0} L(\boldsymbol{x},\boldsymbol{\lambda},\boldsymbol{\alpha}) = f(\boldsymbol{x}) \tag{4.17}$$

가 성립하고, 제약이 위반될 때마다

$$\max_{\boldsymbol{\lambda}} \max_{\boldsymbol{\alpha},\boldsymbol{\alpha} \geq 0} L(\boldsymbol{x},\boldsymbol{\lambda},\boldsymbol{\alpha}) = \infty \tag{4.18}$$

가 성립하기 때문이다. 이러한 성질들은 실행가능 점이 아닌 점은 최적점이 될 수 없고 실행가능 범위 안의 최적점은 변하지 않음을 보장한다.

최대화가 목표인 제약 최적화는 $-f(\boldsymbol{x})$의 일반화된 라그랑주 함수를 만들어서 실행하면 된다. 그런 경우 최적화 문제는 다음과 같은 모습이 된다.

$$\min_{\boldsymbol{x}} \max_{\boldsymbol{\lambda}} \max_{\boldsymbol{\alpha},\boldsymbol{\alpha} \geq 0} -f(\boldsymbol{x}) + \sum_i \lambda_i g^{(i)}(\boldsymbol{x}) + \sum_j \alpha_j h^{(j)}(\boldsymbol{x}). \tag{4.19}$$

이를 다음처럼 최대화가 바깥쪽 루프에 있는 문제로 변환할 수도 있다.

$$\min_{\boldsymbol{x}} \max_{\boldsymbol{\lambda}} \max_{\boldsymbol{\alpha},\boldsymbol{\alpha} \geq 0} f(\boldsymbol{x}) + \sum_i \lambda_i g^{(i)}(\boldsymbol{x}) - \sum_j \alpha_j h^{(j)}(\boldsymbol{x}). \tag{4.20}$$

상등 제약 항의 부호는 중요하지 않다. 최적화는 각 λ_i 항의 부호를 자유로이 선택할 수 있으므로, 원한다면 덧셈 대신 뺄셈을 사용해도 된다.

이 경우에는 부등 제약이 특히나 흥미롭다. $h^{(i)}(\boldsymbol{x}^*)=0$인 제약 $h^{(i)}(\boldsymbol{x})$를 가리켜 **활성**(active)이라고 칭한다. 어떤 한 제약이 활성이 아니면, 그 제약을 이용해서 구한 해는 그 제약을 제거한다고 해도 적어도 하나의 국소 해(local solution)로 남는다. 비활성 제약으로 다른 해들을 배제할 수도 있다. 예를 들어 치역 전체가 전역 최적점인(즉, 비용이 같은 점들이 수평으로 펼쳐져 있는) 볼록함수의 최적화 문제에 특정한 제약을 가해서 그 치역의 일부를 제거할 수 있으며, 볼록함수가 아닌 함수의 최적화 문제에서라면 주변 점들보다 나은 국소 정류점들을 수렴 지점에서 비활성인 제약을 이용해서 배제할 수도 있다. 비활성 $h^{(i)}$의 값은 음수이므로, $\min_{\boldsymbol{x}}\max_{\boldsymbol{\lambda}}\max_{\boldsymbol{\alpha},\boldsymbol{\alpha}\geq 0}L(\boldsymbol{x},\boldsymbol{\lambda},\boldsymbol{\alpha})$의 해에서

$\alpha_i=0$이다. 따라서 그 해에서 $\boldsymbol{\alpha}\odot\boldsymbol{h}(\boldsymbol{x})=\mathbf{0}$이 성립한다. 다른 말로 하면, 모든 i에 대해, 해에서 활성인 제약 $\alpha_i\geq 0$ 또는 $h^{(i)}(\boldsymbol{x})\leq 0$이 적어도 하나는 존재한다. 이로부터 다음과 같은 착안을 직관적으로 얻을 수 있다. 즉, 해는 부등 제약에 의한 경계에 있거나, 아니면 부등식이 해에 아무런 영향을 주지 않는 것이다. 전자의 경우 알고리즘은 반드시 해당 KKT 승수로 $\boldsymbol{x}$의 해에 영향을 주어야 한다. 후자의 경우에는 부등식이 해에 영향을 주지 않는다는 점을 해당 KKT 승수를 0으로 두어서 반영한다.

제약 최적화 문제의 최적점들을 많지 않은 수의 성질들로 서술할 수 있다. 그러한 성질들의 집합을 캐러시-쿤-터커^{Karush-Kuhn-Tucker}(KKT) 조건(Karush, 1939; Kuhn & Tucker, 1951)이라고 부른다. 다음이 그러한 성질들인데, 이들은 주어진 점이 최적점일 필요조건일 뿐, 반드시 충분조건인 것은 아니다.

- 일반화된 라그랑주 함수의 기울기가 0이다.
- $\boldsymbol{x}$와 KKT 승수에 대한 모든 제약을 충족한다.
- 부등 제약은 '상보적 여유 조건(complementary slackness)'을 나타낸다. 즉, $\boldsymbol{\alpha}\odot\boldsymbol{h}(\boldsymbol{x})=\mathbf{0}$이다.

KKT 접근 방식에 관한 좀 더 자세한 정보는 [Nocedal & Wright, 2006]을 보기 바란다.

4.5 예제: 선형 최소제곱 문제

다음 함수를 최소화하는 x의 값을 구한다고 하자.

$$f(x) = \frac{1}{2}\|Ax - b\|_2^2. \tag{4.21}$$

특화된 선형대수 알고리즘들을 이용하면 이 문제를 효율적으로 풀 수 있다. 그러나 경사 하강법 기반 최적화 기법의 작동 방식을 이해하자는 취지로, 여기서는 이 문제를 그 기법으로 풀어보기로 한다.

우선, 기울기 벡터를 구해야 한다.

$$\nabla_x f(x) = A^\top (Ax - b) = A^\top Ax - A^\top b. \tag{4.22}$$

이제 이 기울기를 따라 작은 단계만큼 언덕을 내려가는 과정을 반복하면 해가 나온다. 알고리즘 4.1에 자세한 과정이 나와 있다.

알고리즘 4.1 경사 하강법을 이용해서 $f(x) = \frac{1}{2}\|Ax - b\|_2^2$를 x에 대해 최소화하는 알고리즘. 임의의 x 값에서 시작한다.

단계 크기 ϵ과 허용 오차(tolerance) δ를 작은 양수로 설정한다.

  while $\|A^\top Ax - A^\top b\|_2 > \delta$ **do**

   $x \leftarrow x - \epsilon(A^\top Ax - A^\top b)$

  end while

이 문제를 뉴턴법으로 풀 수도 있다. 지금 예에서는 목적함수가 실제로 이차함수이므로, 뉴턴법은 단 한 번의 반복으로 전역 최솟값에 수렴한다. 그렇게 얻은 이차 근삿값은 실제로 참값이다.

같은 함수를 최소화하되, $x^\top x \le 1$이라는 제약이 있다고 하자. 이를 풀기 위해 다음과 같은 라그랑주 함수를 도입한다.

$$L(x, \lambda) = f(x) + \lambda(x^\top x - 1). \tag{4.23}$$

이제 다음과 같은 최적화 문제를 풀면 된다.

$$\min_{\boldsymbol{x}} \max_{\lambda, \lambda \geq 0} L(\boldsymbol{x}, \lambda). \tag{4.24}$$

제약 없는 최소제곱(least-squares) 문제의 최소 노름 해를 무어-펜로즈 유사역행렬로 풀 수 있다. 이 경우 $\boldsymbol{x} = \boldsymbol{A}^+ \boldsymbol{b}$ 이다. 만일 이 점이 실현가능 점이면, 이 점은 제약 있는 문제의 해가 된다. 실현가능 점이 아니면, 제약이 활성인 해를 찾아야 한다. 라그랑주 함수를 $\boldsymbol{x}$에 대해 미분하면 다음과 같은 방정식이 나온다.

$$\boldsymbol{A}^\top \boldsymbol{A} \boldsymbol{x} - \boldsymbol{A}^\top \boldsymbol{b} + 2\lambda \boldsymbol{x} = 0. \tag{4.25}$$

이로부터, 문제의 해가 다음과 같은 형식임을 알 수 있다.

$$\boldsymbol{x} = (\boldsymbol{A}^\top \boldsymbol{A} + 2\lambda \boldsymbol{I})^{-1} \boldsymbol{A}^\top \boldsymbol{b}. \tag{4.26}$$

이제 해가 제약을 위반하지 않게 하는 λ의 값을 구하면 되는데, 그러한 값은 λ에 대해 경사 상승법(gradient ascent)을 적용해서 구할 수 있다. 이를 위해 다음 관계에 주목한다.

$$\frac{\partial}{\partial \lambda} L(\boldsymbol{x}, \lambda) = \boldsymbol{x}^\top \boldsymbol{x} - 1. \tag{4.27}$$

$\boldsymbol{x}$의 노름이 1보다 크면 이 미분이 양수이므로, 미분 방향으로 언덕을 올라가서 λ에 대한 라그랑주 함수를 증가하면 λ가 증가한다. 그러면 벌점(penalty)에 해당하는 $\boldsymbol{x}^\top \boldsymbol{x}$의 계수가 증가하므로, $\boldsymbol{x}$에 대한 연립방정식을 풀면 노름이 더 작은 해가 나온다. 이런 식으로 연립방정식을 풀고 λ를 조정하는 과정을, $\boldsymbol{x}$의 노름이 원하는 크기가 되고 λ에 대한 미분이 0이 될 때까지 반복한다.

이상으로 기계 학습 알고리즘을 개발하는 데 쓰이는 필수적인 수학에 관한 논의를 마무리하겠다. 이제 여러분은 번듯한 기계 학습 시스템 몇 가지를 구축하고 분석할 준비가 되었다.

5

기계 학습의 기초

심층 학습은 기계 학습의 구체적인 한 종류이다. 심층 학습을 이해하려면 기계 학습의 기본 원리들을 확실하게 이해할 필요가 있다. 이번 장은 이 책의 나머지 부분 전반에 적용되는 가장 중요한 일반 원리들을 간략히 살펴본다. 초보 독자 또는 좀 더 넓은 시각을 가지고 싶은 독자에게는 [Murphy, 2012]나 [Bishop, 2006]처럼 기계 학습의 기초를 좀 더 상세하게 다루는 기계 학습 교과서들을 먼저 읽어 보길 권한다. 기계 학습의 기초에 이미 익숙한 독자라면 §5.11로 건너뛰어도 좋다. §5.11은 심층 학습 알고리즘의 발전에 큰 영향을 미친 전통적인 기계 학습 기법들에 대한 관점 몇 가지를 고찰한다.

이번 장은 먼저 학습 알고리즘을 간략히 정의한 후, 선형회귀 알고리즘이라는 학습 알고리즘의 한 예를 제시한다. 그런 다음에는 훈련 자료의 적합에서 겪는 어려움들이, 새 자료로 일반화되는 패턴을 찾을 때 겪는 어려움들과 어떻게 다른지 살펴본다. 대부분의 기계 학습 알고리즘에는 **초매개변수(hyperparameter)**라고 부르는 설정들이 있는데, 그런 설정들은 학습 알고리즘의 외부에서 미리 결정해야 한다. 이번 장에서는 그런 추가 자료를 설정하는 방법을 논의한다. 본질적으로 기계 학습은 응용 통계학의 한 형태이다. 일반적인 통계학과는 달리 기계 학습은 컴퓨터를 이용해서 복잡한 함수를 통계적으로 추정하는 것을 좀 더 강조하고, 그런 함수들이 속하는 신뢰구간(confidence interval)을 증명하는 데는 관심을 덜 둔다. 그런 차원에서, 이번 장에서는 통계학에 대한 중심적인 접근 방식 두 가지를 제시한다. 하나는 빈도주의적 추정량(frequentist estimator)에 기초한 접근 방식이고, 다른 하나는 베이즈 추론(Bayesian inference)에 기초한 접근 방식이다. 대부분의 기계 학습 알고리즘은 지도 학습(감독 학습)과 비지도 학습(무감독 학습)이라는 두 범주 중 하나에 속한다. 이번 장은 그 두 범주를 설명하고, 범주마다 간단한 학습 알고리즘의 예도 제시한다. 또한, 이번 장에서는 최적화 알고리즘이나 비용함수, 모형, 자료 집합 같은 다양한 알고리즘 구성요소들을 조합해서 하나의 기계학습 알고리즘을 구축하는 방법도 설명한다. 마지막으로, §5.11에서는 전통적인 기계학습의 일반화 능력을 제한하는 몇 가지 요소를 설명한다. 그런 제한 요소들을 극복하려는 노력은 심층 학습 알고리즘들을 개발하고 발전시킨 동기가 되었다.

5.1 학습 알고리즘

기계 학습 알고리즘은 자료로부터 뭔가를 학습하는 능력을 가진 알고리즘이다. 그런데 여기서 말하는 '학습(learning)'이 과연 무엇일까? [Mitchell, 1997]에는 다음과 같은 간결한 정의가 나온다: "한 컴퓨터 프로그램이 어떤 과제류(class of tasks) T에 속하는 과제들을 수행하며 그 수행의 성과를 측정한 측도가 P라고 할 때, 만일 어떤 경험 E 때문에 T의 어떤 과제에 대한 성과 측도 P가 개선되었다면, 그 컴퓨터 프로그램은 경험 E로부터 학습한다고 말할 수 있다." 이 정의에서 말하는 경험 E나 과제 T, 성과 측도 P가 구체적으로 무엇인지는 주어진 응용 문제에 따라 다양할 것이다. 이 책이 그런 요소들로 사용할 수 있는 것들을 공식적으로 정의하려 하지 않는다. 대신, 이번 장에서는 기계 학습 알고리즘을 구축하는 데 사용할 수 있는 여러 종류의 과제와 성과 측도, 경험을 직관적으로 설명하고 몇 가지 예를 제시한다.

5.1.1 과제 T

기계 학습을 이용하면, 사람이 설계하고 작성한 고정된 프로그램으로는 풀기가 너무 어려운 과제(task)들을 공략할 수 있다. 과학과 철학의 관점에서 기계 학습이 흥미로운 것은, 기계 학습을 이해하면 지능(intelligence)에 깔린 원리들을 좀 더 잘 이해할 수 있을 것이라는 점 때문이다.

기계 학습을 구성하는 한 요소인 '과제'의 이러한 비교적 공식적인 정의에서, 학습 과정 자체는 과제가 아니다. 학습은 과제를 수행하는 능력을 얻기 위한 수단이다. 예를 들어 어떤 로봇을 걷게 만들려고 한다면, 걷기(보행)가 과제이다. 그러한 과제를 수행하기 위해 우리는 로봇이 보행을 학습하게 하는 프로그램을 만들어서 로봇에 넣을 수도 있고, 아니면 구체적인 보행 방법이 명시적으로 지정된 프로그램을 만들어서 로봇에 넣을 수도 있다.

기계 학습의 과제는 일반적으로 기계 학습 시스템이 **견본**(example)을 처리하는 방식을 서술하는 형태로 정의된다. 여기서 견본이란 기계 학습 시스템의 처리 대상인 어떤 물체나 사건으로부터 정량적으로 측정한 **특징**(feature)들의 집합이다. 일반적으로 견본은 벡터 $\boldsymbol{x} \in \mathbb{R}^n$으로 표현하는데, 이때 벡터의 각 성분 x_i는 각각의 특징이다. 예를 들어, 견본 디지털 이미지의 특징들은 이미지를 구성하는 픽셀값들이다.

기계 학습으로 풀 수 있는 과제의 종류는 다양하다. 다음은 가장 흔한 기계 학습 과제 몇 가지이다.

- **분류**(classification): 이런 종류의 과제에서 컴퓨터 프로그램은 주어진 입력이 k개의 범주 중 어떤 범주에 속하는지 판단해야 한다. 일반적으로, 이 과제를 풀기 위한 학습 알고리즘은 하나의 함수 $f : \mathbb{R}^n \rightarrow \{1, ..., k\}$를 산출해야 한다. $y = f(\boldsymbol{x})$라고 할 때, 학습 모형은 벡터 $\boldsymbol{x}$로 표현된 하나의 입력을 수치 부호(numeric code) y가 나타내는 한 범주에 배정한다. 그러한 기본적인 형태에서 변형된 분류 과제들도 있는데, 예를 들어 함수 f가 부류(class)들에 관한 확률분포를 산출하는 경우도 있다. 분류 과제의 좋은 예는 물체 인식이다. 이 경우 입력은 이미지(흔히 픽셀 밝기 값들로 구성된)이고, 출력은 이미지에 있는 물체의 종류를 말해 주는 수치 부호이다. 한 예로, Willow Garage PR2 로봇은 다양한 종류의 음료를 식별해서 주문한 손님에게 전달하는 웨이터 역할을 할 수 있다(Goodfellow 외, 2010). 현세대의 물체 인식은 심층 학습을 사용했을 때 가장 좋은 성과를 보인다(Krizhevsky 외, 2012; Ioffe & Szegedy, 2015). 물체 인식은 컴퓨터가 얼굴을 인식하게 하는 것(Taigman 외, 2014)과 동일한 기술을 기반으로 한다. 그러한 기본 기술을 이용하면 컴퓨터가 사진 앨범에서 사람들을 자동으로 식별해서 이름표를 달거나, 컴퓨터가 사용자와 좀 더 자연스러운 방식으로 상호작용할 수 있다.

- **결측 입력이 있는 자료의 분류**(classification with missing input): 컴퓨터 프로그램에 입력 벡터의 모든 측도가 항상 제공된다는 보장이 없을 때는 분류가 좀 더 어려워진다. 보통의 경우 학습 알고리즘이 분류 과제를 푸는 데 필요한 것은 입력 벡터를 출력 범주로 사상하는 하나의 함수를 배워서 정의하는 것뿐이다. 그러나 입력의 일부가 누락될 수 있는 환경, 즉 결측 입력이 있는 환경에서는 학습 알고리즘이 하나의 분류 함수가 아니라 여러 분류 함수들의 **집합**을 배워야 한다. 그러한 집합의 각 함수는 입력의 서로 다른 결측값들의 부분집합으로 x를 분류하는 분류함수이다. 이런 상황은 의료 진단에서 자주 발생한다(의료 진단에는 비싸거나 침습적인(invasive) 의료 시험들이 많이 관여하기 때문이다). 그런 함수들의 큰 집합을 효율적으로 정의하는 한 가지 방법은, 모든 관련 변수에 관한 확률분포를 학습하고 결측값들을 주변화(marginalization)해서 분류 문제를 푸는 것이다. 입력 변수가 n가지라고 할 때, 모든 가능한 결측 입력 구성에 각각 대응되는 분류 함수는 총 2^n가지이다. 그 모든 함수를 일일이 구하는 것이 가능하긴 하지만, 그 대신 컴퓨터 프로그램(학습 알고리즘)은 그냥 결합확률분포를 서술하는 하나의 함수만 배우면 된다. 결측 입력이 있는 분류 과제에 심층 확률 모형을 그런 방식으로 적용하는 예가 [Goodfellow 외, 2013b]에 나온다. 이번 절에서 설명하는 다른 여러 과제 역시 결측 입력이 있는 상황으로 일반화할 수 있다. 결측 입력이 있는 분류 과제는 기계 학습으로 할 수 있는 일 중 하나일 뿐이다.

- **회귀**(regression): 이 종류의 과제에서 컴퓨터 프로그램은 주어진 입력에 기초해서 하나의 수치를 예측해야 한다. 이 과제를 풀기 위해 학습 알고리즘이 배워야 할 것은 하나의 함수 $f : \mathbb{R}^n \to \mathbb{R}$이다. 이 과제는 분류 과제와 비슷하나, 출력의 형식이 다르다. 이를테면 보험 가입자가 받을 수 있는 보험금을 예측하거나(할증금 계산에 쓰인다) 향후의 주식 가격을 예측하는 것이 이러한 회귀 과제의 예이다. 그런 종류의 예측은 프로그램 매매(알고리즘적 주식 거래)에도 쓰인다.

- **전사**(transcription; 또는 옮겨쓰기): 이 종류의 과제에서 기계 학습 시스템은 비교적 구조적이지 않은 형태로 표현된 어떤 자료를 입력받아서 그 자료에 있는 정보를 이산적인 텍스트 형식으로 출력해야 한다. 예를 들어 OCR(광 문자 인식) 프로그램은 텍스트 이미지가 담긴 사진을 관측해서 그 텍스트에 해당하는 문자열(이를테면 ASCII 또는 유니코드 문자 부호들로 이루어진)을 출력해야 한다. Google 스트리트 뷰

는 건물 번지수를 처리할 때 심층 학습을 이런 식으로 활용한다(Goodfellow 외, 2014d). 또 다른 예는 음성 인식이다. 음성 인식에서 컴퓨터 프로그램은 입력된 음향 파형(waveform) 자료에서 발화된(spoken) 단어들을 식별해서 그 단어들에 해당하는 문자열 또는 단어 ID들을 출력한다. 심층 학습은 Microsoft와 IBM, Google을 비롯한 여러 주요 기업이 사용하는 현세대 음성 인식 시스템의 필수 구성요소이다(Hinton 외, 2012b).

- **기계 번역**(machine translation): 기계 번역 과제의 입력은 어떤 언어의 기호들로 이루어진 문자열이다. 컴퓨터 프로그램은 그러한 입력을 다른 언어의 기호들로 이루어진 문자열로 변환해야 한다. 이러한 과제는 흔히 자연어들에 적용된다(이를테면 영어를 프랑스어로 번역하는 등). 최근 심층 학습은 이런 종류의 과제에 큰 영향을 미치기 시작했다(Sutskever 외, 2014; Bahdanau 외, 2015).

- **구조적 출력**(structured output): 구조적 출력 과제는 출력이 하나의 벡터(또는 여러 값으로 이루어진 다른 자료구조)이고 벡터의 성분들 사이에 중요한 관계가 존재하는 형태의 모든 과제를 말한다. 이 과제는 위의 전사와 기계 번역을 비롯한 여러 과제를 포괄하는 넓은 범주의 과제이다. 구조적 출력의 예는 구문 분석(parsing)이다. 구문 분석은 주어진 자연어 문장의 구문 구조를 서술하는 트리를 형성하는 과정을 말하는데, 이때 그 트리의 각 노드에 해당 문장 요소의 품사(동사, 명사, 형용사 등등)를 뜻하는 꼬리표를 부여한다. 심층 학습을 구문 분석 과제에 적용하는 예가 [Collobert, 2011]에 나온다. 또 다른 예는 이미지의 픽셀별 분할(pixel-wise segmentation)이다. 이 경우 컴퓨터 프로그램은 주어진 이미지의 모든 픽셀에 특정 범주를 부여한다. 예를 들어 심층 학습을 이용해서 항공 사진에 도로 위치를 표시할 수 있다(Mnih & Hinton, 2010). 비슷한 성격의 다른 여러 주해(annotation) 표시 과제들과는 달리, 이 과제에서는 출력의 형식이 입력의 구조를 밀접하게 반영할 필요가 없다. 예를 들어 컴퓨터 프로그램이 이미지를 관측해서 그 이미지를 설명하는 문자열을 출력하는 이미지 제목 달기(image captioning) 과제의 입력은 픽셀들이지만 출력은 문자열이다(Kiros 외, 2014a; Kiros 외, 2014b; Mao 외, 2015; Vinyals 외, 2015b; Donahue 외, 2014; Karpathy & Li, 2015; Fang 외, 2015; Xu 외, 2015). 이런 종류의 과제들을 **구조적 출력 과제**(structured output task)라고 부르는 이유는, 컴퓨터 프로그램의 출력이 서로 밀접한 관계가 있는 여러 값들로 이루어진 자료구조이기 때문이다.

예를 들어 이미지 제목 달기 프로그램이 출력하는 단어들은 반드시 유효한 문장을 이루어야 한다.

- **비정상 검출**(anomaly detection; 또는 비정상 행위 탐지): 이런 종류의 과제에서 컴퓨터 프로그램은 일단의 사건들 또는 물체들을 살펴보고 그중 특이하거나 비정상적인 것들을 골라낸다. 비정상 검출 과제의 예로 신용카드 사기 검출이 있다. 신용카드 회사는 사용자의 카드 결제 습관을 모형화해서, 사용자가 카드를 잘못 사용했을 가능성이 큰 거래를 찾아낸다. 만일 신용카드 사기범이 사용자의 카드로 뭔가를 사면, 사용자의 기존 구매 형태들에 대한 확률분포와는 다른 확률분포가 발생한다. 뭔가 색다른 거래가 발생하면 신용카드 회사는 즉시 해당 계정을 잠가서 신용카드 사기의 피해를 방지한다. 이 과제에 관해서는 여러 비정상 검출 방법들을 개괄한 [Chandola 외, 2009]를 보기 바란다.

- **합성과 표본추출**(synthesis and sampling): 이 종류의 과제에서 기계 학습 알고리즘은 훈련 자료에 있는 견본들과 비슷한 새 견본들을 생성해야 한다. 매체 관련 응용에서 대량의 콘텐츠를 사람이 직접 생성하려면 비용이 너무 크거나, 너무 지루하거나, 시간이 너무 많은 경우 이러한 기계 학습을 이용한 합성과 표본추출(표집)이 유용힐 수 있다. 한 예로, 비디오 게임에서 큰 물체나 지형에 입힐 텍스처(새질 이미지)를 사람이 일일이 픽셀을 찍어서 그리는 대신 컴퓨터를 이용해서 자동으로 생성할 수 있다(Luo 외, 2013). 때에 따라서는 주어진 입력에 부합하는 특정 종류의 출력을 합성 또는 표본추출로 생성할 수도 있다. 예를 들어 음성합성 과제에서 프로그램은 주어진 문자열 문장에 해당하는 음성 표현들을 담은 음향 파형을 출력한다. 이러한 합성과 표본추출은 구조적 출력 과제의 일종으로, 각 입력에 대해 '정답'에 해당하는 하나의 출력이 있는 것은 아니라는 점과 좀 더 자연스럽고 현실적인 결과를 얻으려면 출력의 변동이 큰 것이 바람직하다는 점이 다른 구조적 출력 과제들과 다른 점이다.

- **결측값 대체**(imputation of missing values): 이 과제에서 기계 학습 알고리즘은 새 견본 $x \in \mathbb{R}^n$을 입력받는데, 그 x에는 일부 성분 x_i들이 빠져 있다. 알고리즘은 그러한 결측 성분들의 값을 예측해야 한다.

- **잡음 제거**(denoising): 이 종류의 과제에서 기계 학습 알고리즘은 **깨끗한 견본**(clean example) $x \in \mathbb{R}^n$이 알려지지 않은 어떤 손상 과정을 거친 결과로 만들어진 손상

된 견본(corrupted example) $\tilde{\boldsymbol{x}} \in \mathbb{R}^n$을 입력받는다. 학습 알고리즘은 손상된 견본 $\tilde{\boldsymbol{x}}$로부터 깨끗한 견본 $\boldsymbol{x}$를 예측해야 한다. 좀 더 일반적으로는, 학습 알고리즘은 조건부 확률분포 $p(\boldsymbol{x} \mid \tilde{\boldsymbol{x}})$를 예측해야 한다.

- **밀도 추정**(density estimation) 또는 **확률질량함수 추정**(probability mass function estimation): 확률밀도 추정 과제에서 기계 학습 알고리즘은 함수 $p_{\text{모형}}:\mathbb{R}^n \to \mathbb{R}$을 배워야 한다. 여기서 $p_{\text{모형}}(\boldsymbol{x})$는 견본들이 있던 공간에 따라서는 확률밀도함수로 해석할 수도 있고(x가 연속 확률변수일 때) 확률질량함수로 해석할 수도 있다(x가 이산 확률변수일 때). 이런 과제를 잘 수행하려면(잘 수행한다는 것이 정확히 어떤 의미인지는 잠시 후에 성과 측도 P를 논의할 때 명시하겠다), 학습 알고리즘은 주어진 자료의 구조를 배울 필요가 있다. 알고리즘은 견본들이 빽빽이 모여 있는 곳과 견본들이 나타날 가능성이 없는 곳을 알아야 한다. 앞에서 설명한 대부분의 과제에서 학습 알고리즘은 확률분포의 구조를 적어도 암묵적으로라도 파악할 필요가 있다. 원칙적으로, 확률분포의 구조를 파악하고 나면 다른 과제들도 그 분포에 대한 계산들을 수행해서 잘 풀 수 있다. 예를 들어 확률분포 $p(\boldsymbol{x})$에 대한 밀도 추정을 수행했다면, 그 분포를 이용해서 결측값 대체 과제를 풀 수 있다. 기억하겠지만, 어떤 성분 값 x_i가 누락되고 다른 모든 성분 값은 누락되지 않은 입력을 $\boldsymbol{x}_{-i}$로 표기한다. 그리고 그러한 입력에 관한 확률분포는 $p(x_i \mid \boldsymbol{x}_{-i})$이다. 실제 응용에서는 관련된 모든 과제를 밀도 추정으로 풀 수는 없을 때도 있다. 그런 과제들을 푸는 데 필요한 $p(\boldsymbol{x})$ 관련 연산이 처리 불가능한(intractable) 수준이기 때문이다(즉, 계산 비용이 너무 커서 현실적으로 계산이 불가능하다).

물론, 이런 각 종류에 대해 언급한 것 외의 여러 과제가 있으며, 또한 이 종류 외에도 다양한 과제 종류가 있다. 앞에서 살펴본 과제 종류들은 단지 기계 학습으로 무슨 일을 할 수 있는지 보여주기 위한 예일 뿐, 과제들을 엄격한 방식으로 분류하고 나열한 것은 아니다.

5.1.2 성과 측도 P

기계 학습 알고리즘의 능력을 평가하려면 그 성과를 수치로 측정한 측도(measure)를 고안할 필요가 있다. 일반적으로 그러한 성과 측도(performance measure)* P는 시스템이 수행하는 과제 T에 따라 다를 수 있다.

분류나 결측 입력이 있는 자료의 분류, 전사 같은 과제들에서는 모형의 **정확도**(accuracy)를 성과 측도로 사용할 때가 많다. 여기서 정확도는 주어진 견본 전체 중 모형이 정확한 결과를 출력한 견본들의 비율이다. **오류율**(error rate), 즉 모형이 틀린 결과를 출력한 견본들의 비율로도 그와 동등한 정보를 얻을 수 있다. 오류율을 기대(평균) 0−1 손실(expected 0−1 loss)이라고 부르는 경우가 많다. 구체적인 하나의 견본에 대한 0−1 손실은 만일 그 견본이 정확히 분류되었으면 0, 그렇지 않으면 1이다. 한편, 밀도 추정 같은 과제에서는 정확도나 오류율, 또는 다른 종류의 0−1 손실 같은 측도가 말이 되지 않는다. 그런 과제에서는 각 견본에 하나의 연속값 점수를 부여하는 성과 측정 방법이 필요하다. 가장 흔히 쓰이는 접근 방식은 학습 모형이 일부 견본들에 부여한 평균 로그 확률(log-probability)을 사용하는 것이다.

일반적으로 우리가 관심을 두는 것은 이전에 입력한 적이 없는 자료에 대한 기계 학습 알고리즘의 성과이다. 그러한 성과는 알고리즘을 실무에 배치했을 때 얼마나 잘 작동할 것인지를 말해 주기 때문이다. 그러한 성과 측도를 얻기 위해, 기계 학습 시스템을 훈련하는 데 사용한 것과는 다른 **시험 자료 집합**(test data set)으로 학습 시스템의 성과를 측정한다.

성과 측도를 별 어려움 없이, 그리고 객관적으로 선택할 수 있을 때도 있지만, 시스템의 바람직한 행동과 잘 부합하는 성과 측도를 선택하기가 어려울 때도 많다.

때에 따라서는 무엇을 측정할 것인지 결정하기 어렵기 때문에 성과 측도의 선택이 어려울 수 있다. 예를 들어 전사 과제를 수행하는 시스템의 성과를 측정할 때, 시스템이 전체 문장을 전사한 후 그 정확도를 측정하는 것이 나을지, 아니면 문장의 일부 요소들을 잘 처리할 때마다 부분 점수를 주는 것이 나을지 결정해야 한다. 회귀 과제에서는 중간 크기의 실수를 자주 저지를수록 더 많은 벌점을 부여하는 방향으로 성과

※ **역주** performance를 흔히 '성능'으로 옮기지만, 여기서 말하는 performance는 효율이나 능률, 속도와 거의 비슷한 뜻으로 쓰이는 '성능'보다는 핵심성과지표(key performance indicator)나 성과 평가(performance evaluation) 같은 용어의 '성과'에 더 가깝다고 판단해서 성능 대신 성과를 사용하기로 한다.

를 측정할 수도 있고, 아주 큰 실수를 덜 저지를수록 가산점을 주는 방향으로 성과를 측정할 수도 있다. 이런 종류의 설계상의 고려사항들은 응용에 따라 다르다.

한편, 측정하기에 적합한 수량들이 명확하긴 하지만 실제 측정 자체가 비현실적일 때도 있다. 이를테면 밀도 추정에서 그런 상황이 자주 발생한다. 최선의 확률 모형 중에는 확률분포를 오직 암묵적으로만(즉, 음함수 형태로) 표현하는 것들이 많다. 그런 모형에서는 공간의 특정한 점에 부여된 실제 확률의 계산이 처리 불가능이다. 이런 경우에는 설계상의 목표에 여전히 부합하는 다른 기준들을 고안하거나, 원하는 기준들을 잘 근사하는 방법을 고안해야 한다.

5.1.3 경험 E

기계 학습 알고리즘들은 학습 과정에서 허용되는 경험의 종류에 따라 크게 **비지도 학습**(unsupervised learning; 또는 무감독 학습)과 **지도 학습**(supervised; 또는 감독 학습)으로 나뉜다.

이 책에 나오는 대부분의 기계 학습 알고리즘은 **자료 집합**(dataset) 전체를 경험할 수 있는 부류에 속한다. 여기서 자료 집합은 다수의 견본(§5.1.1에서 정의한)을 모은 것이다. 자료 집합을 구성하는 견본을 **자료점**(data point)이라고 부르기도 한다.

통계학자들과 기계 학습 연구자들이 연구한 가장 오래된 자료 집합 중 하나는 Iris 자료 집합이다(Fisher, 1936). 이 자료 집합은 붓꽃(iris) 속屬 식물 150개의 서로 다른 부분을 측정한 측도들을 모은 것이다. 이 자료 집합에서 개별 식물은 하나의 견본에 해당한다. 각 견본을 구성하는 특징들은 해당 식물의 각 부분의 측도들이다. 이 자료 집합에는 각 식물이 속하는 종種도 기록되어 있는데, 자료 집합에 있는 서로 다른 종은 총 세 가지이다.

비지도 학습 알고리즘은 다수의 특징을 담은 자료 집합을 경험하고, 구조가 가진 유용한 성질들을 배운다. 심층 학습의 맥락에서 학습 알고리즘의 목표는, 주어진 자료 집합을 만들어 낸 생성원에 해당하는 전체 확률분포를 명시적으로(밀도 추정의 경우) 또는 암묵적으로(합성이나 잡음 제거 같은 과제의 경우) 학습하는 것이다. 군집화(clustering) 같은 다른 과제를 수행하는 비지도 학습 알고리즘도 있다. 군집화란 자료 집합의 견본들을 비슷한 것끼리 모아서 무리(군집)를 만드는 것을 말한다.

지도 학습 알고리즘 역시 다수의 특징을 담은 자료 집합을 경험하나, 이 경우는 자료 집합의 각 견본에 **이름표**(label; 또는 표지) 또는 **목표**(target)가 연관되어 있다. 예를 들어

Iris 자료 집합에는 각 붓꽃 속 식물의 종 이름이 부여되어 있다. 그러한 Iris 자료 집합에 지도 학습 알고리즘을 적용하면, 알고리즘은 각 견본의 측도들로부터 그 견본이 세 종 중 어떤 종에 해당하는지 분류할 수 있다.

개략적으로 말하자면, 비지도 학습은 한 확률벡터 $\mathbf{x}$의 여러 견본을 관측해서 확률분포 $p(\mathbf{x})$ 자체 또는 그 분포의 어떤 흥미로운 성질을 암묵적으로 또는 명시적으로 배우려 하는 것이다. 반면, 지도 학습에서는 확률벡터 $\mathbf{x}$와 그에 연관된 어떤 값 또는 벡터 $\mathbf{y}$의 여러 견본을 관측해서, $\mathbf{x}$로부터 $\mathbf{y}$를 예측하는 방법을 배우려 한다. 이때 흔히 $p(\mathbf{y} \mid \mathbf{x})$를 추정함으로써 $\mathbf{y}$를 예측한다. **지도 학습** 또는 감독 학습이라는 용어는 기계 학습 시스템의 학습을 어떤 지도자 또는 교사가 지도 또는 감독하면서 기계 학습 시스템에 목표 $\mathbf{y}$를 제공한다는 관점에서 비롯된 것이다. 비지도 학습에는 그런 지도자나 교사가 없으며, 알고리즘은 그런 지도 없이 스스로 자료를 이해하고 학습해야 한다.

비지도 학습과 지도 학습이 엄밀하게 정의된 용어들은 아니다. 둘의 구분이 흐릿할 때도 많다. 다수의 기계 학습 기술들은 두 과제를 모두 수행할 수 있다. 예를 들어, 확률의 연쇄법칙에 따르면 벡터 $\mathbf{x} \in \mathbb{R}^n$에 대한 결합확률분포를 다음과 같이 분해할 수 있다.

$$p(\mathbf{x}) = \prod_{i=1}^{n} p(\mathrm{x}_i \mid \mathrm{x}_1, \ldots, \mathrm{x}_{i-1}). \tag{5.1}$$

이러한 분해가 뜻하는 것은 $p(\mathbf{x})$를 모형화하는 하나의 비지도 학습 문제를 n개의 지도 학습 문제로 분할할 수 있다는 것이다. 반대로, $p(y \mid \mathbf{x})$를 학습하는 지도 학습 문제를 전통적인 비지도 학습 기술들을 이용해서 풀 수도 있다. 그런 경우 학습 알고리즘은 결합분포 $p(\mathbf{x}, y)$를 배운 후 다음을 추론한다.

$$p(y \mid \mathbf{x}) = \frac{p(\mathbf{x}, y)}{\sum_{y'} p(\mathbf{x}, y')}. \tag{5.2}$$

비록 비지도 학습과 지도 학습이 완전히 공식적인 개념들도 아니고 완전히 구별되는 개념들도 아니지만, 기계 학습 알고리즘으로 할 수 있는 일들을 개괄적으로나마 분류할 때 이들이 실제로 도움이 된다. 대체로 사람들은 회귀와 분류, 구조적 출력 과제를 지도 학습의 대상으로 분류한다. 한편, 다른 과제들을 지원하는 밀도 추정 문제는 흔히 비지도 학습으로 간주한다.

이 둘과는 다른 종류의 학습 패러다임들도 가능하다. 예를 들어 준準지도 학습(semi-supervised learning)에서는 학습 지도를 위한 표지(목표)가 붙은 견본들과 그렇지 않은 견본들로 구성된 자료 집합을 사용한다. 그리고 다중 인스턴스 학습(multi-instance learning)에서는 자료 집합에 특정 부류의 견본이 들어 있는지의 여부를 학습 알고리즘에 알려주지만, 자료 집합의 개별 견본에는 아무런 표지도 붙어 있지 않다. 심층 모형을 사용하는 다중 인스턴스 학습의 최근 사례가 [Kotzias 외, 2015]에 나온다.

경험하는 자료 집합이 고정되지 않은 기계 학습 알고리즘들도 있다. 예를 들어 **강화 학습**(reinforcement learning) 알고리즘은 하나의 환경과 상호작용한다. 즉, 학습 시스템과 그 경험들 사이에는 하나의 되먹임 루프(feedback loop)가 존재한다. 이런 알고리즘들은 이 책의 범위 밖의 주제들이다. 강화 학습에 관해서는 [Sutton & Barto, 1998]이나 [Bertsekas & Tsitsiklis, 1996]을, 강화 학습에 대한 심층 학습 접근 방식에 관해서는 [Mnih 외, 2013]을 보기 바란다.

대부분의 기계 학습 알고리즘들은 그냥 고정된 하나의 자료 집합을 경험한다. 학습에 쓰이는 자료 집합을 서술하는 방법은 여러 가지이지만, 어떤 경우이든 자료 집합은 견본들로 이루어지며, 각 견본은 특징들로 이루어진다.

자료 집합을 서술하는 데 흔히 쓰이는 한 가지 방법은 **설계 행렬**(design matrix)을 명시하는 것이다. 설계 행렬이란 한 행이 하나의 견본이고, 각 열은 해당 견본의 각 특징인 행렬이다. 예를 들어 Iris 자료 집합은 각각 네 개의 특징으로 이루어진 견본 150개로 구성된다. 그러한 자료 집합은 성분 $X_{i,1}$이 i번 식물의 꽃받침 길이, $X_{i,2}$가 i번 식물의 꽃받침 너비, 등등인 행렬 $\boldsymbol{X} \in \mathbb{R}^{150 \times 4}$으로 서술할 수 있다. 이 책은 대부분의 학습 알고리즘을, 그것이 설계 행렬 자료 집합을 다루는 방식을 중심으로 서술한다.

물론, 하나의 자료 집합을 설계 행렬로 서술하기 위해서는 각 견본을 하나의 벡터로 서술할 수 있어야 하며, 그러한 벡터들은 모두 크기(길이)가 같아야 한다. 그런데 그럴 수 없을 때도 있다. 예를 들어 너비(가로)와 높이(세로)가 서로 다른 사진들은 픽셀 수가 다를 것이므로, 모든 사진을 같은 길이의 벡터로 서술하지는 못할 가능성이 크다. §9.7과 제10장에서는 그런 여러 종류의 이질적 자료를 처리하는 방법을 설명한다. 그런 상황에서는 자료 집합을 m개의 행으로 된 하나의 행렬로 서술하는 대신 m개의 원소(성분)로 이루어진 하나의 집합 $\{\boldsymbol{x}^{(1)}, \boldsymbol{x}^{(2)}, ..., \boldsymbol{x}^{(m)}\}$으로 서술한다. 이러한 표기에서 두 견본 벡터 $\boldsymbol{x}^{(i)}$와 $\boldsymbol{x}^{(j)}$의 길이가 반드시 같지는 않음을 기억하기 바란다.

지도 학습에 쓰이는 견본에는 특징들뿐만 아니라 이름표 또는 목표도 있다. 예를 들어 사진에서 물체를 인식하는 과제에 학습 알고리즘을 사용한다면, 각 사진에 있는 물체가 무엇인지를 사람이 지정해 주어야 한다. 그런 경우 물체의 신원(정체)을 수치 부호로 표현할 수도 있다(이를테면 0은 사람, 1은 자동차, 2는 고양이 등). 특징 관측값들로 이루어진 설계 행렬 $\boldsymbol{X}$를 담은 자료 집합을 다룰 때는, 각 성분이 견본 i의 이름표 y_i인 이름표 벡터 $\boldsymbol{y}$도 학습 알고리즘에 제공한다.

물론, 이름표가 반드시 하나의 수인 것은 아니다. 예를 들어 문장 전체를 전사하기 위해 음성 인식 시스템을 훈련하는 경우 각 견본 문장은 일련의 단어들로 구성될 것이다.

지도 학습과 비지도 학습의 공식적인 정의가 없는 것처럼, 자료 집합들이나 경험들에 대한 엄격한 분류 기준도 없다. 대부분의 응용은 이번 장에서 설명한 구조들에 속하겠지만, 새로운 응용을 위해 새로운 구조를 개발하는 것도 항상 가능하다.

5.1.4 예제: 선형회귀

이 책이 정의하는 기계 학습 알고리즘은, 어떠한 과제에 대한 컴퓨터 프로그램의 성과를 어느 정도 추상화된 경험을 통해서 개선하는 능력이 있는 알고리즘이다. 그러한 정의를 좀 더 구체적으로 이해하는 데 도움이 되도록, 기계 학습 알고리즘의 간단한 예인 **선형회귀**(linear regression)를 살펴보기로 하자. 이후에도 새로운 기계 학습 개념을 소개할 때 해당 알고리즘의 작동 방식을 이해하는 데 도움을 주는 예로 이 선형회귀를 거듭 사용할 것이다.

이름에서 짐작하겠지만, 선형회귀는 회귀 과제를 푼다. 다른 말로 하면, 선형회귀의 목표는 벡터 $\boldsymbol{x} \in \mathbb{R}^n$(입력)으로부터 스칼라 $y \in \mathbb{R}$의 값(출력)을 예측하는 것이다. 선형회귀의 출력은 입력의 일차(선형)함수이다. 이러한 선형회귀 모형이 y의 값으로 예측한 값을 $\hat{y}$로 표기하기로 하자. 즉, 이 모형의 출력 함수는 다음과 같이 정의된다.

$$\hat{y} = \boldsymbol{w}^\top \boldsymbol{x}. \tag{5.3}$$

여기서 $\boldsymbol{w} \in \mathbb{R}^n$은 **매개변수**(parameter)들의 벡터이다.

매개변수는 시스템의 행동을 제어하는 값이다. 지금 예에서 모형은 각 특징 x_i에 매개변수 w_i를 곱한 것들을 모두 더한다. 이러한 $\boldsymbol{w}$를, 각 특징이 예측에 미치는 영향을 결정하는 **가중치**(weight)들의 집합이라고 생각하면 된다. 어떤 특징 x_i에 곱하는 가중치 w_i가 양수이면, 그 특징이 증가할수록 예측값 $\hat{y}$도 증가한다. 반대로, 특징에 곱하는 가중치가 음수이면 그 특징의 값이 증가할수록 예측은 감소한다. 특징의 가중치의 크기(절댓값)가 크면 예측에 더 큰 영향을 미치게 된다. 특징의 가중치가 0이면 그 특징은 예측에 아무런 영향도 미치지 않는다.

이상의 논의에 기초해서 선형회귀의 과제 T를 구체적으로 정의해 보자. 선형회귀의 과제는, $\hat{y} = \boldsymbol{w}^\top \boldsymbol{x}$를 출력함으로써 $\boldsymbol{x}$로부터 y를 예측하는 것이다. 다음으로, 그러한 과제의 성과를 측정하는 성과 측도 P를 정의해야 한다.

모형의 훈련에는 사용하지 않고 모형의 성과를 평가하는 데만 사용할, m개의 견본 입력으로 이루어진 설계 행렬이 있다고 하자. 그리고 그러한 각 견본에 대한 y의 참값을 제공하는 회귀 목푯값들의 벡터도 있다고 하자. 이 자료 집합은 평가에만 사용하므로, 시험 집합(test set)이라고 부른다. 입력들의 설계 행렬을 $\boldsymbol{X}^{(\text{시험})}$으로, 회귀 목푯값들의 벡터를 $\boldsymbol{y}^{(\text{시험})}$으로 표기하기로 한다.

이 모형의 성과를 측정하는 한 가지 방법은, 시험 집합에 대한 모형의 **평균제곱오차**(mean squared error, MSE)를 계산하는 것이다. 시험 집합에 대한 모형의 예측 결과들이 $\hat{\boldsymbol{y}}^{(\text{시험})}$이라고 할 때, 평균제곱오차는 다음과 같이 주어진다.

$$\text{MSE}_{\text{시험}} = \frac{1}{m}\sum_i (\hat{\boldsymbol{y}}^{(\text{시험})} - \boldsymbol{y}^{(\text{시험})})_i^2. \tag{5.4}$$

$\hat{\boldsymbol{y}}^{(\text{시험})} = \boldsymbol{y}^{(\text{시험})}$일 때 이 오차 측도가 0이 된다는 점은 직관적으로 이해할 수 있을 것이다. 또한, 다음이 성립한다는 점도 이해할 수 있을 것이다.

$$\text{MSE}_{\text{시험}} = \frac{1}{m}\| \hat{\boldsymbol{y}}^{(\text{시험})} = \boldsymbol{y}^{(\text{시험})} \|_2^2. \tag{5.5}$$

즉, 이 오차는 예측과 목표의 유클리드 거리에 비례해서 증가한다.

기계 학습 알고리즘을 설계할 때는, 알고리즘이 훈련 집합(training set) ($\boldsymbol{X}^{(\text{훈련})}$, $\boldsymbol{y}^{(\text{훈련})}$)을 관측해서 경험을 쌓으면서 가중치 벡터 $\boldsymbol{w}$를 개선함으로써 MSE$_{\text{시험}}$을 줄일 수 있게 해야 한다. 그렇게 하는 한 가지 직관적인 방법은(이 방법의 이론적인 근거는

$5.5.1에서 이야기한다), 그냥 훈련 집합 MSE_훈련에 대한 평균제곱오차를 최소화하는 것이다.

MSE_훈련을 최소화하는 방법은 간단하다. 그냥 기울기 벡터가 $\mathbf{0}$인 점을 구하면 된다.

$$\nabla_{\boldsymbol{w}} \text{MSE}_{\text{훈련}} = 0 \tag{5.6}$$

$$\Rightarrow \nabla_{\boldsymbol{w}} \frac{1}{m} \| \hat{\boldsymbol{y}}^{(\text{훈련})} - \boldsymbol{y}^{(\text{훈련})} \|_2^2 = 0 \tag{5.7}$$

$$\Rightarrow \frac{1}{m} \nabla_{\boldsymbol{w}} \| \boldsymbol{X}^{(\text{훈련})} \boldsymbol{w} - \boldsymbol{y}^{(\text{훈련})} \|_2^2 = 0 \tag{5.8}$$

$$\Rightarrow \nabla_{\boldsymbol{w}} (\boldsymbol{X}^{(\text{훈련})} \boldsymbol{w} - \boldsymbol{y}^{(\text{훈련})})^\top (\boldsymbol{X}^{(\text{훈련})} \boldsymbol{w} - \boldsymbol{y}^{(\text{훈련})}) = 0 \tag{5.9}$$

$$\Rightarrow \nabla_{\boldsymbol{w}} (\boldsymbol{w}^\top \boldsymbol{X}^{(\text{훈련})\top} \boldsymbol{X}^{(\text{훈련})} \boldsymbol{w} - 2\boldsymbol{w}^\top \boldsymbol{X}^{(\text{훈련})\top} \boldsymbol{y}^{(\text{훈련})} + \boldsymbol{y}^{(\text{훈련})\top} \boldsymbol{y}^{(\text{훈련})}) = 0 \tag{5.10}$$

$$\Rightarrow 2 \boldsymbol{X}^{(\text{훈련})\top} \boldsymbol{X}^{(\text{훈련})} \boldsymbol{w} - 2 \boldsymbol{X}^{(\text{훈련})\top} \boldsymbol{y}^{(\text{훈련})} = 0 \tag{5.11}$$

$$\Rightarrow \boldsymbol{w} = (\boldsymbol{X}^{(\text{훈련})\top} \boldsymbol{X}^{(\text{훈련})})^{-1} \boldsymbol{X}^{(\text{훈련})\top} \boldsymbol{y}^{(\text{훈련})} \tag{5.12}$$

해가 식 5.12와 같이 주어지는 연립방정식을 **표준방정식**(normal equation; 또는 정규방정식)이라고 부른다. 식 5.12의 평가 자체가 하나의 간단한 학습 알고리즘이다. 이러한 선형회귀 학습 알고리즘의 실행 예가 그림 5.1에 나와 있다.

선형회귀라는 용어가, 방금 본 모형에 매개변수 하나가 추가된 약간 더 정교한 모형을 뜻하는 경우가 많다는 점도 기억해 두기 바란다. 다음처럼 절편 항 b가 추가된 모형이 그러한 선형회귀 모형이다.

$$\hat{y} = \boldsymbol{w}^\top \boldsymbol{x} + b. \tag{5.13}$$

이 모형에서도 매개변수들에서 예측으로의 사상은 여전히 일차함수이지만, 특징에서 예측으로의 사상은 어파인 함수(affine function; 또는 아핀 함수)이다. 이러한 어파인 함수로의 확장은, 모형의 예측값들의 그래프가 여전히 직선이지만 그 직선이 반드시 그 원점을 지나지는 않음을 뜻한다. 이렇게 절편 항 b를 추가하는 대신, 그냥 가중치들만 있는 모형을 사용하되 항상 1로 설정되는 성분 하나를 $\boldsymbol{x}$에 추가할 수도 있다. 그러한 추가 1 성분의 가중치는 절편 항과 같은 역할을 한다. 이 책 전반에서 '선형' 함수 또는 일차 함수는 어파인 함수를 뜻하는 경우가 많다.

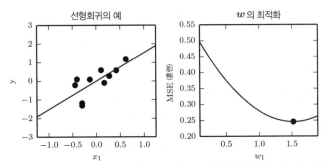

그림 5.1: 선형회귀 문제의 예. 훈련 집합은 열 개의 자료점으로 이루어지며, 각 자료점은 하나의 특징을 담는다. 견본의 특징이 하나뿐이므로 모형이 학습해야 할 가중치 벡터 w의 성분도 w_1 하나뿐이다. (왼쪽) 선형회귀 모형이, $y = w_1 x$가 훈련 집합의 모든 점을 최대한 가까이 통과하는 직선이 되는 w_1 값을 배웠음을 알 수 있다. (오른쪽) 평균제곱오차 그래프. 표시된 점은 표준방정식으로 구한 w_1의 값을 나타낸다. 점의 위치에서 보듯이, 그 점에서 훈련 집합에 대한 평균제곱오차가 최소화된다.

절편 항 b를 어파인 변환(affine transformation)의 **치우침**(bias; 또는 편의) 매개변수라고 부를 때가 많다. 이러한 용어는 입력이 없을 때 어파인 변환의 출력이 b만큼 치우친 것으로 보인다는 점에서 비롯된 것이다. 이 치우침 매개변수는 통계학에서 말하는 편향(bias)과는 다른 것이다. 편향은 어떤 수량을 통계적 추정 알고리즘으로 추정한 기대 추정값과 그 수량의 참값의 차이를 말한다(§5.4.2 참고).

물론, 선형회귀는 극도로 단순하고 제한적인 학습 알고리즘이다. 그러나 선형회귀는 학습 알고리즘이 어떤 식으로 작동하는지 보여주는 데 유용하다. 이번 장의 나머지 부분에서는 학습 알고리즘 설계에 깔린 기본 원리 몇 가지를 설명하고, 그런 원리들을 이용해서 좀 더 복잡한 학습 알고리즘을 구축하는 방법을 제시한다.

5.2 수용력, 과대적합, 과소적합

기계 학습의 주된 어려움은, 모형을 훈련하는 데 사용한 입력뿐만 아니라 **새로운, 이전에 본 적이 없는 입력**에 대해서도 알고리즘이 잘 작동하게 만드는 것이다. 이전에 관측한 적이 없는 입력들에 대해 잘 작동하는 능력을 **일반화**(generalization)라고 부른다.

일반적으로 기계 학습 모형을 훈련할 때는 훈련에 사용하는 자료 집합, 즉 훈련 집합을 우리가 직접 살펴보고 조작할 수 있다. 따라서 모형이 예측한 값과 훈련 집합에 있는 참값 사이의 오차를 측정할 수 있다. 그런 오차를 **훈련 오차**(training error)라고 부른다. 그러한 훈련 오차는 작을수록 좋다. 그런데 지금까지 설명한 것은 사실 기계 학습 문제가 아니라 최적화 문제였다. 기계 학습이 최적화와 다른 점 하나는, 훈련 오차뿐만 아니라 **일반화 오차**(generalization error)도 줄여야 한다는 것이다. **시험 오차**(test error)라고도 부르는 일반화 오차는 새 입력에 대한 오차의 기댓값이다. 이 기댓값은 실제 실행 시 학습 시스템이 마주할 입력들의 분포에서 추출한 모든 가능한 서로 다른 입력에 대한 오차들의 평균이다.

기계 학습 모형의 일반화 오차를 추정할 때 흔히 쓰이는 방법은, 훈련 집합과는 개별적으로 수집한 견본들로 이루어진 **시험 집합**(test set)에 대한 학습 모형의 성과를 측정해서 오차들의 평균을 내는 것이다.

앞의 선형회귀 예제에서는 다음과 같이 정의되는 훈련 오차를 최소화함으로써 모형을 훈련했다.

$$\frac{1}{m^{(\text{훈련})}} \| \boldsymbol{X}^{(\text{훈련})} \boldsymbol{w} - \boldsymbol{y}^{(\text{훈련})} \|_2^2. \tag{5.14}$$

그런데 기계 학습을 위해서는 이 오차가 아니라 시험 오차 $\frac{1}{m^{(\text{시험})}} \| \boldsymbol{X}^{(\text{시험})} \boldsymbol{w} - \boldsymbol{y}^{(\text{시험})} \|_2^2$ 을 최소화해야 한다.

그런데 우리가 훈련 집합만 관측할 수 있는 상황에서 시험 집합에 대한 성과를 개선하는 것이 가능할까? 다행히 **통계적 학습 이론**(statistical learning theory) 분야에 이에 대한 답이 있다. 만일 훈련 집합과 시험 집합을 전적으로 무작위로 수집한다면, 우리가 할 수 있는 일은 별로 없다. 그러나 훈련 집합과 시험 집합을 수집하는 데 일정한 가정과 제약을 두면, 모형의 성과를 어느 정도 개선할 수 있게 된다.

훈련 자료와 시험 자료는 자료 집합들에 관한 확률분포에 기초해서 생성된다. 그러한 확률분포를 **자료 생성 과정**(data-generating process, DGP)이라고 부른다. 이러한 자료 생성에는 흔히 **독립동일분포 가정**(independent-identically distributed assumptions), 줄여서 i.i.d. 가정이라고 부르는 일단의 가정들을 둔다. 독립동일분포 가정은 각 자료 집합의 견본들이 서로 **독립**(independent)이고, 훈련 집합과 자료 집합의 견본들이 같은 확률분포에 따라 **동일하게 분포**되어 있다는 것이다. 이러한 가정 덕분에 자료 생성 과정을 견본 하나에 관한 확률분포로 서술하고, 그 확률분포를 이용해서 모든 훈련 견본과 시험 견본을 생성할 수 있다. 그러한 공통의 확률분포를 **자료 생성 분포**(data-generating distribution)라고 부르고 $p_{\text{자료}}$로 표기한다. 이러한 확률적 틀과 독립동일분포 가정을 이용하면 훈련 오차와 시험 오차의 관계를 수학적으로 연구할 수 있다.

훈련 오차와 시험 오차 사이의 관계 중 그리 어렵지 않게 이해할 수 있는 것 하나는, 무작위로 선택된 모형의 기대 훈련 오차가 그 모형의 기대 시험 오차와 같다는 것이다. 어떤 확률분포 $p(\boldsymbol{x}, y)$에서 거듭해서 견본을 뽑아 훈련 집합과 시험 집합을 만든다고 하자. 어떤 고정된 값 $\boldsymbol{w}$에 대해 기대 훈련 집합 오차는 기대 시험 집합 오차와 같다. 두 기댓값 모두 동일한 자료 집합 표집(표본추출) 과정에서 비롯된 것이기 때문이다. 두 조건의 유일한 차이는 우리가 각 자료 집합에 붙인 이름뿐이다.

물론, 기계 학습 알고리즘을 사용할 때는 매개변수들을 미리 고정해 둔 후에 두 자료 집합을 생성하지는 않는다. 그 대신, 먼저 훈련 집합을 추출하고, 그것을 훈련 집합 오차가 줄어드는 매개변수들의 선택에 활용하고, 그런 다음 시험 집합을 추출한다. 그러한 훈련 과정에서 기대 시험 오차는 기대 훈련 오차보다 크거나 같다. 기계 학습 알고리즘의 성과는 알고리즘의 다음과 같은 두 가지 능력으로 결정된다.

1. 훈련 오차를 작게 만드는 능력
2. 훈련 오차와 시험 오차의 차이를 작게 만드는 능력

이 두 요인은 각각 기계 학습의 두 가지 주요 장애물에 대응된다. 하나는 **과소적합**(underfitting)이고 다른 하나는 **과대적합**(overfitting; 또는 과적합)이다. 과소적합은 모형이 훈련 집합의 오차 값을 충분히 작게 만들지 못할 때 발생하고, 과대적합은 훈련 오차와 시험 오차의 차이가 너무 클 때 발생한다.

주어진 학습 모형의 과대적합 또는 과소적합 가능성은 모형의 **수용력**(capacity)을 바꾸어서 제어할 수 있다. 비공식적으로, 모형의 수용력은 모형이 다양한 함수들에 적합하는* 능력이다. 수용력이 낮은 모형은 훈련 집합에 잘 적합하지 못할 수 있다. 반대로, 수용력이 높은 모형은 훈련 집합의 성질 중 시험 집합에는 잘 맞지 않는 성질들까지 기억해서 과대적합을 일으킬 수 있다.

※ **역주** 일반적으로 '적합하다'는 "A는 B에 적합하다"처럼 주어의 어떤 상태나 성질을 묘사하는 술어로 쓰이지만, 기계 학습(근본적으로는 통계학)의 일부 문맥에서는 '적합하다'가 "A가 B에 잘 적합한다"나 "A를 B에 적합시킨다"처럼 어떤 과정이나 동작을 서술하는 술어로도 쓰임을 주의하기 바란다.

학습 알고리즘의 수용력을 제어하는 한 가지 방법은 알고리즘의 **가설 공간**(hypothesis space)을 적절히 선택하는 것이다. 여기서 가설 공간이란 학습 알고리즘이 하나의 해답으로 선택할 수 있는 함수들의 집합이다. 예를 들어 선형회귀 알고리즘의 가설 공간은 주어진 입력에 대한 모든 일차함수의 집합이다. 가설 공간에 일차함수뿐만 아니라 다항식들을 포함함으로써 선형회귀를 좀 더 다양한 함수들로 일반화할 수 있다. 그렇게 하면 모형의 수용력이 커진다.

앞에서 살펴본 선형회귀 모형의 가설 공간은 차수(degree)가 1인 다항식에 해당하는 함수들로 구성된다. 그런 선형회귀 모형은 결과를 다음과 같이 예측한다.

$$\hat{y} = b + wx. \tag{5.15}$$

여기에 x^2 항을 도입하면 선형회귀 모형에 또 다른 특징이 추가된다. 이제 이 모형으로 다음과 같은 x의 이차함수를 학습할 수 있다.

$$\hat{y} = b + w_1 x + w_2 x^2. \tag{5.16}$$

이 모형은 주어진 **입력**의 이차함수를 구현하지만, 모형의 출력은 여전히 일차함수이다. 단, 입력의 일차함수가 아니라 **매개변수**들의 일차함수이다. 출력이 일차함수이므로 여전히 표준방정식을 이용해서 닫힌 형식(closed form)으로 모형을 훈련할 수 있다. 이런 식으로 x의 고차 항들을 모형에 도입해서 특징들을 추가할 수 있다. 이를테면 다음과 같이 9차 다항식도 구현할 수 있다.

$$\hat{y} = b + \sum_{i=1}^{9} w_i x^i. \tag{5.17}$$

일반적으로 기계 학습 알고리즘은 그 수용력이 수행할 과제의 진정한 복잡도와 주어진 훈련 자료의 양에 잘 맞을 때 최고의 성과를 거둔다. 수용력이 부족한 모형은 복잡한 과제를 풀지 못한다. 수용력이 높은 모형은 복잡한 과제를 풀 수 있지만, 수용력이 주어진 과제를 푸는 데 필요한 수준보다 너무 높으면 과대적합할 가능성이 있다.

그림 5.2는 이러한 원리를 보여주는 예들이다. 왼쪽에서부터 일차, 이차, 9차 모형으로 원래의 바탕 함수를 예측하려 하는 모습인데, 그 바탕 함수는 이차함수이다. 일차함수는 바탕 함수의 곡률을 포착할 수 없기 때문에 과소적합이 발생한다. 9차 모형은

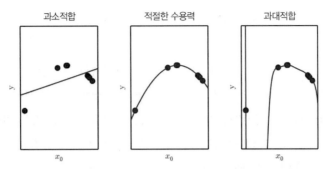

그림 5.2: 예제 훈련 집합에 세 개의 모형을 적합시킨 예. 예제 훈련 자료는 인공적으로, x 값들을 무작위로 추출하고 하나의 이차함수를 평가해서 y를 결정론적으로 선택하는 방식으로 생성한 것이다. (왼쪽) 일차함수는 자료에 과소적합한다. 일차함수는 자료가 나타내는 곡률을 포착하지 못한다. (가운데) 이차함수는 자료에 잘 적합하며, 새로운 자료점들에도 잘 일반화된다. 현저한 과소적합이나 과대적합은 발생하지 않는다. (오른쪽) 9차 다항식은 자료에 과대적합한다. 이 예는 무어-펜로즈 유사역행렬을 이용해서 과소결정(underdetermined; 미지수가 방정식보다 많은) 표준방정식을 푼다. 그 해는 주어진 모든 훈련 자료점을 정확히 지나가지만, 안타깝게도 원래의 바탕 함수의 진정한 구조를 모형이 포착하지는 못했다. 두 훈련 자료점 사이에 바탕 함수에는 없는 깊은 골짜기가 존재함을 주목하기 바란다. 또한, 자료의 오른쪽에서 함수가 급격히 증가하는데, 원래의 함수는 그 부분에서 감소한다.

바탕 함수를 잘 표현할 수 있지만, 훈련 견본보다 매개변수가 더 많기 때문에 바탕 함수 말고도 훈련 자료점들을 정확히 지나가는 무한히 많은 함수를 표현하는 능력도 갖추고 있다. 서로 아주 다른 해들이 많이 존재할 때는, 잘 일반화되는 하나의 해를 모형이 선택할 가능성이 거의 없다. 이 예에서는 이차 모형이 과제의 진정한 구조와 완벽하게 부합하므로 새로운 자료에도 잘 일반화된다.

지금까지 설명한, 입력 특징들의 수를 변경하고 그 특징들에 연관된 새 매개변수들을 추가하는 방법은 모형의 수용력을 변경하는 여러 방법의 하나일 뿐이다. 그 외에도 수많은 방법이 있다. 그리고 수용력이 모형의 선택으로만 결정되는 것도 아니다. 모형에는 훈련 목표량을 줄이기 위해 매개변수들을 변화시킬 때 학습 알고리즘이 선택할 수 있는 함수들이 속하는 함수족(family of functions)이 있다. 그런 함수족 전체를 감당할 수 있는 수용력을 모형의 **표현 수용력**(representational capacity)이라고 부른다. 많은 경우, 그러한 함수족에서 최적의 함수를 선택하는 것은 어려운 최적화 문제이다. 실제 응용에서 학습 알고리즘은 최적의 함수를 찾으려 드는 대신, 그냥 훈련 오차가 현저히 줄어드는 함수를 선택하는 것으로 만족한다. 이처럼 최적화 알고리즘의 불완전함을 비롯한 여러 추가 제한 때문에 모형의 **유효 수용력**(effective capacity)이 모형 함수족의 표현 수용력보다 작을 수 있다.

기계 학습 모형의 일반화 개선에 관한 이 책의 현대적인 착안들은 적어도 프톨레마이오스까지 거슬러 올라가는 고대 철학자들의 사고방식에서 기원한다. 예로부터 많은 학자가 검약(parsimony)의 원리를 천명한 바 있는데, 가장 유명한 것은 아마 **오컴의 면도날**(Occam's razor; 1287-1347년경)일 것이다. 이 원리는 알려진 관찰들을 동등하게 잘 설명하는 여러 가설이 있을 때, 가장 "단순한" 가설을 골라야 한다는 것이다. 20세기에 들어, 통계적 학습 이론의 기반을 마련한 여러 학자가 이러한 착안을 공식화하고 좀 더 세련되게 다듬었다(Vapnik & Chervonenkis, 1971; Vapnik, 1982; Blumer 외, 1989; Vapnik, 1995).

통계적 학습 이론은 모형의 수용력을 수량화하는 다양한 수단을 제공한다. 그중 가장 잘 알려진 것이 **바프니크-체르보넨키스 차원**(Vapnik-Chervonenkis dimension), 줄여서 VC 차원이다. VC 차원은 이진 분류기(binary classifier)의 수용력을 측정한다. 분류기가 임의로 이름표를 부여할 수 있는 서로 다른 m가지 자료점 $\boldsymbol{x}$들로 이루어진 훈련 집합이 존재한다는 조건을 만족하는 m의 가장 큰 값이 그 분류기의 VC 차원이다.

모형의 수용력을 수량화할 수 있으면, 통계적 학습 이론으로 예측들을 수량화할 수 있게 된다. 통계적 학습 이론의 가장 중요한 결과들에 따르면, 훈련 오차와 일반화 오차의 격차(gap)의 상계는 모형의 수용력이 증가하면 증가하지만 훈련 견본의 수가 증가하면 감소한다(Vapnik & Chervonenkis, 1971; Vapnik, 1982; Blumer 외, 1989; Vapnik, 1995). 그러한 한계들은 기계 학습 알고리즘이 실제로 작동할 수 있다는 이론적 근거가 되지만, 심층 학습 알고리즘에서 그런 한계들이 실제로 쓰이는 경우는 거의 없다. 그 이유는, 한편으로는 그런 한계들이 너무 느슨하기 때문이고 다른 한편으로는 심층 학습 알고리즘의 수용력을 구하는 게 상당히 어려울 때가 있기 때문이다. 심층 학습 모형의 수용력을 구하는 문제는 본질적으로 풀기 어려운 문제인데, 왜냐하면 유효 수용력이 최적화 알고리즘의 능력들에 제약을 받을 뿐만 아니라 심층 학습에 관여하는 일반적인 비볼록 함수(nonconvex) 최적화 문제를 아직은 우리가 이론적으로 잘 이해하지 못하기 때문이다.

함수가 단순할수록 더 잘 일반화되는(즉, 훈련 오차와 시험 오차의 격차가 작은) 경향이 있긴 하지만, 훈련 오차를 줄이려면 충분히 복잡한 가설을 선택해야 한다는 점을 기억하기 바란다. 대체로, 모형의 수용력이 증가함에 따라 훈련 오차는 가능한 최소 오차 값까지 점근적(asymptotically)으로 감소한다(오차의 측도에 최솟값이 존재한다고 할 때). 보

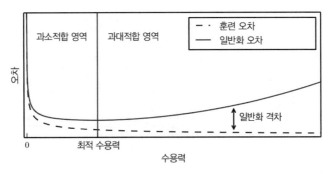

그림 5.3: 수용력과 오차의 전형적인 관계. 훈련 오차와 시험 오차가 다르게 행동한다. 그래프의 왼쪽 끝에서 는 훈련 오차와 일반화 오차가 둘 다 높다. 이런 부분을 **과소적합 기간**(underfitting regime)이라고 부른다. 수 용력이 증가하면서 훈련 오차가 감소하지만, 훈련 오차와 일반화 오차의 격차가 커진다. 그러다가 결국에는 그 격차가 훈련 오차의 감소량을 넘으면서 **과대적합 기간**(overfitting regime)이라고 부르는 영역에 들어선다. 이 영역에서는 수용력이 **최적 수용력**(optimal capacity)보다 크다.

통의 경우, 모형 수용력의 함수로서의 일반화 오차는 U자형 곡선을 이룬다. 그림 5.3 에 그러한 곡선이 나와 있다.

수용력이 예외적으로 높은 아주 극단적인 경우에 도달하기 위해, **비매개변수 모형** (nonparametric model; 또는 비모수 모형)이라고 하는 개념을 도입한다. 선형회귀를 비롯 해 지금까지 나온 모형들은 모두 매개변수 모형이었다. 매개변수 모형은 매개변수 벡 터로 서술되는 함수를 학습하는데, 그 벡터의 크기는 유한하며, 모형이 훈련 자료를 관측하기 전에 미리 고정된다. 그러나 비매개변수 모형에는 그런 제한이 없다.

때에 따라서는 비매개변수 모형이 실제로 구현할 수는 없는 이론적인 추상인 경우 도 있다(모든 가능한 확률분포를 검색하는 알고리즘 등). 그러나, 비매개변수 모형의 복잡 도를 훈련 집합 크기의 함수로 두어서 실제로 구현 가능한 모형을 설계할 수 있는 경 우도 있다. 그러한 알고리즘의 한 예가 **최근접 이웃 회귀**(nearest neighbor regression)이 다. 가중치 벡터의 크기가 고정된 선형회귀와는 달리 최근접 이웃 회귀 모형은 그냥 훈련 집합의 $\boldsymbol{X}$와 $\boldsymbol{y}$를 저장한다. 시험 자료점 $\boldsymbol{x}$를 분류할 때 모형은 훈련 집합에서 그 자료점과 가장 가까운 성분을 찾아서 그 자료점에 연관된 회귀 목표를 돌려준다. 다른 말로 하면, 이 모형의 출력은 $i = \arg\min \|\boldsymbol{X}_{i,:} - \boldsymbol{x}\|_2^2$일 때의 $\hat{y} = y_i$이다. 이러한 알고리즘은 L^2 노름 이외의 거리 측정 방식들로도 일반화된다. 이를테면 학습된 거리 측정(learned distance metrics; Goldberger 외, 2005)도 가능하다. 가장 가까운 성분이 여러

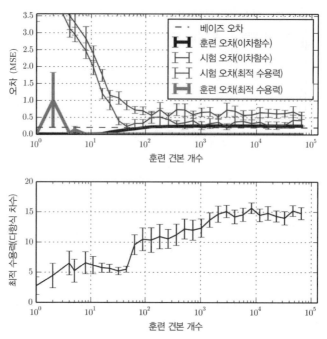

그림 5.4: 훈련 오차와 시험 오차에 대한, 그리고 모형의 최적 수용력에 대한 훈련 자료 집합 크기의 효과. 5차 다항식에 적당한 양의 잡음을 추가해서 하나의 시험 집합을 생성하고, 그런 다음 크기가 다른 여러 개의 훈련 집합을 생성해서 인위적인 회귀 문제를 만들었다. 그래프들은 크기별로 40개의 서로 다른 훈련 집합을 생성해서 측정한 오차들을 보여준다. 오차 막대는 95% 신뢰구간을 나타낸다. (위) 서로 다른 두 모형의 훈련 집합 MSE와 시험 집합 MSE. 한 모형은 이차이고 다른 한 모형은 시험 오차가 최소가 되는 차수를 선택한 것이다. 둘 다 닫힌 형식으로 적합된다. 이차 모형의 경우 훈련 집합의 크기가 증가함에 따라 훈련 오차가 증가한다. 이는 자료 집합이 클수록 적합이 어렵기 때문이다. 한편 시험 오차는 감소하는데, 이는 잘못된 가설이 적을수록 모형이 훈련 자료와 더 잘 부합하기 때문이다. 이차 모형은 그 수용력이 주어진 과제를 풀기에 부족하기 때문에 시험 오차가 높은 값으로 점근한다. 최적 수용력 모형의 경우 시험 오차는 베이즈 오차에 점근한다. 훈련 오차는 베이즈 오차에 훨씬 못 미칠 수 있는데, 이는 훈련 알고리즘이 훈련 집합의 특정 인스턴스들을 기억하는 능력 때문이다. 훈련 집합의 크기가 무한대에 가까워짐에 따라, 임의의 고정 수용력 모형(지금 예에서는 이차 모형)의 훈련 오차는 적어도 베이즈 오차까지는 증가하게 된다. (아래) 훈련 집합의 크기가 증가함에 따라 최적 수용력(그래프에는 최적의 다항식 회귀 함수의 차수로 표시되어 있다)이 증가한다. 주어진 과제를 풀기에 충분한 수준에 도달한 후에는 최적 수용력이 거의 변하지 않는다(평평한 대지를 형성).

개일 때 알고리즘이 해당 성분 $X_{i,:}$들의 y_i 값들의 평균을 선택하게 한다면, 임의의 회귀 자료 집합에 대해 가능한 최소의 훈련 오차를 얻는 것도 가능하다(동일한 두 입력이 서로 다른 출력들에 대응된다면, 그 최소 오차가 0보다 클 수 있다).

마지막으로, 매개변수적 학습 알고리즘을 필요에 따라 매개변수의 개수를 늘리는 다른 어떤 알고리즘으로 감싸서 비매개변수 학습 알고리즘을 만들 수도 있다. 예를 들어 학습 알고리즘의 안쪽 루프에서는 입력의 다항식 전개에 기초해서 선형회귀를 학습하되, 그 바깥쪽 루프에서 그러한 다항식의 차수를 적절히 변경하는 방식을 상상할 수 있다.

이상적인 모형은 그냥 자료를 생성하는 실제 확률분포를 알고 있는 신탁(oracle) 같은 모형이다. 그러나 그런 모형이라도 오차를 내는 문제들이 많을 것이다. 왜냐하면, 분포에 여전히 어느 정도의 잡음이 있을 수 있기 때문이다. 지도 학습의 경우 x에서 y로의 사상이 애초에 확률적일 수도 있고, y가 x에 포함된 변수 이외의 어떤 변수들과 관계가 있을 수도 있다. 신탁 모형의 예측과 실제 분포 $p(x, y)$ 사이의 오차를 **베이즈 오차**(Bayes error)라고 부른다.

훈련 집합의 크기가 달라지면 훈련 오차와 일반화 오차도 달라진다. 훈련 견본의 수가 증가할 때 기대 일반화 오차가 증가하는 일은 절대 발생하지 않는다. 비매개변수 모형에서는 자료가 많을수록 일반화가 개선된다(가능한 최상의 오차에 도달할 때까지는). 수용력이 최적 수용력에 못 미치는 임의의 고정된 매개변수 모형은 베이즈 오차보다 큰 오차 값으로 접근한다. 그림 5.4에 이 점이 나와 있다. 모형의 수용력이 최적 수용력이라도 훈련 오치와 일반화 오차의 격차가 클 수 있다는 점을 주의하기 바란다. 그런 상황에서는 훈련 견본을 더 많이 수집하면 그런 격차가 줄어들 수 있다.

5.2.1 공짜 점심 없음 정리

학습 이론에 따르면, 유한한 개수의 견본들로 이루어진 훈련 집합으로 훈련한 기계 학습 알고리즘이 임의의 새로운 자료에 잘 일반화되는 것이 가능하다. 어찌 보면 이는 논리적으로 모순이다. 귀납 추론(inductive reasonig), 즉 유한한 개수의 사례들로부터 어떤 일반적인 법칙을 도출하는 추론은 논리적으로 유효하지 않다. 주어진 집합의 모든 구성원을 설명하는 법칙을 논리적으로 추론하려면, 반드시 그 집합의 모든 구성원에 관한 정보가 있어야 한다.

기계 학습은 순수하게 논리적인 추론에 쓰이는 완전히 확실한 규칙이 아니라 확률적인 법칙만 제공함으로써 이러한 모순을 부분적으로나마 피해 간다. 즉, 기계 학습은 대상 집합의 거의 **대부분**의 구성원에 대해 정확할 **가능성**이 있는 규칙들을 찾고자 한다.

안타깝지만, 확률적 법칙이라는 변명으로 문제가 완전히 해결되지는 않는다. **공짜**

점심 없음 정리(no free lunch theorem; Wolpert, 1996)에 따르면, 모든 가능한 자료 생성 분포에 대해 평균을 구한다고 할 때, 이전에 관측한 적이 없는 자료점들을 분류하는 과제에서 모든 분류 알고리즘의 오차율은 서로 같다. 다른 말로 하면, 대체로 기계 학습 알고리즘들은 다 거기서 거기인 셈이다. 우리가 상상할 수 있는 가장 복잡한 알고리즘이라도, 평균적인(모든 가능한 과제에 대한) 성과는 그냥 모든 자료점이 같은 부류에 속한다고 예측하는 가장 단순한 알고리즘의 성과와 같다.

다행히 이런 결과들은 **모든** 가능한 자료 생성 분포에 대해 평균을 구할 때만 성립한다. 실제 응용에서 마주치는 확률분포들의 종류에 일정한 제약을 둔다면, 그런 분포들에 대해서는 잘 작동하는 학습 알고리즘을 설계하는 것이 가능하다.

따라서, 기계 학습의 연구 목표는 어떤 보편적인 학습 알고리즘이나 절대적으로 최고인 학습 알고리즘을 찾는 것이 아니다. 목표는, 인공지능 에이전트가 경험할 '현실 세계'에서 어떤 종류의 분포들이 의미가 있는지, 그리고 그런 종류의 자료 생성 분포들에서 뽑은 자료에 대해 잘 작동하는 기계 학습 알고리즘의 종류는 무엇인지 이해하는 것이다.

5.2.2 정칙화

공짜 점심 없음 정리는 우리가 설계해야 할 것이 구체적인 과제에 대해 잘 작동하는 기계 학습 알고리즘임을 말해 준다. 그런 알고리즘을 만들려면 알고리즘에 도움이 되는 선호도(preference)들의 집합을 구축할 필요가 있다. 그런 선호도들이 학습 알고리즘이 풀어야 할 학습 문제와 잘 맞는다면, 알고리즘은 더 나은 성과를 내게 된다.

지금까지의 논의에서 구체적으로 살펴본 학습 알고리즘 수정 방법은 해들의 가설 공간(알고리즘이 선택할 수 있는 함수들의 집합)에 함수를 추가하거나 제거해서 모형의 표현 수용력을 증가하거나 감소하는 것뿐이었다. 그와 관련해서, 회귀 문제를 위한 다항식의 차수를 증가하거나 감소하는 구체적인 예제도 살펴보았다. 그러나 지금까지 설명한 방법은 과도하게 단순화된 것이었다.

알고리즘의 행동 방식은 가설 공간의 함수 집합의 크기뿐만 아니라 그런 함수들의 구체적인 종류에도 영향을 받는다. 지금까지 살펴본 학습 알고리즘인 선형회귀의 가설 공간은 입력의 일차함수들의 집합으로 구성된다. 그러한 일차함수들은 입력과 출력의 관계가 실제로 일차(선형) 관계에 가까울 때 유용하다. 그러나 비선형 관계가 강한 경우에는 별로 유용하지 않다. 예를 들어 x로부터 $\sin(x)$를 예측하는 문제는 선형회귀가 잘 풀지 못한다. 정리하자면, 학습 알고리즘이 선택할 수 있는 함수들의 개수뿐만 아니라, 그런 함수들의 종류를 통해서도 알고리즘의 성과를 제어할 수 있다.

또한, 알고리즘에 특정한 선호도들을 부여함으로써 알고리즘이 가설 공간에서 특정함수를 다른 함수보다 먼저 선택하게 만들 수도 있다. 즉, 동등한 자격을 갖춘 두 함수중 하나를 알고리즘이 선호하게 만들 수 있는 것이다. 알고리즘이 선호하지 않는 해는그것이 선호하는 해보다 훈련 자료에 훨씬 더 잘 적합할 때에만 선택되게 한다.

한 예로, 훈련 판정기준(criterion)에 **가중치 감쇄**(weight decay)를 추가해서 선형회귀모형을 수정할 수 있다. 가중치 감쇄가 추가된 선형회귀 알고리즘은 훈련에 대한 평균제곱오차뿐만 아니라 제곱 L^2 노름이 더 작아지는 가중치들에 대한 알고리즘의 선호도에 해당하는 판정기준 $J(\boldsymbol{w})$도 최소화하려 한다. 그러한 판정기준을 공식으로 표현하면 다음과 같다.

$$J(\boldsymbol{w}) = \text{MSE}_{\text{훈련}} + \lambda \boldsymbol{w}^\top \boldsymbol{w}. \tag{5.18}$$

여기서 λ는 미리 설정한 값으로, 더 작은 가중치들에 대한 선호의 강도(세기)를 제어한다. $\lambda = 0$은 그런 가중치들을 더 선호하지 않는 것에 해당하고, λ가 클수록 더 작은가중치들을 선호하게 된다. 이 $J(\boldsymbol{w})$를 최소화함으로써 모형은 훈련 자료에 더 잘 적합한다는 목표와 가중치들을 더 작아진다는 목표를 절충해서 충족하는 가중치들을 산출하게 된다. 결과적으로 모형은 기울기가 더 작은 해들을 제시하거나, 또는 특징들이더 적은 해들에 무게를 두게 된다. 모형의 과대적합 또는 과소적합 가능성을 이러한가중치 감쇄로 제어할 수 있음을 보여주는 한 예로, 고차 다항식 회귀 모형을 여러 가지 λ 값들로 훈련하는 상황을 생각해 볼 수 있다. 그림 5.5가 그러한 훈련의 결과이다.

좀 더 일반화하자면, 함수 $f(\boldsymbol{x};\boldsymbol{\theta})$를 배우는 모형의 비용함수에 **정칙화 항**(regularizer)이라고 부르는 벌점(penalty) 항을 추가해서 모형을 제어할 수 있다. 가중치 감쇄의 경우 정칙화 항은 $\Omega(\boldsymbol{w}) = \boldsymbol{w}^\top \boldsymbol{w}$이다. 제7장에서는 이외에도 여러 가지 정칙화 항들이가능함을 알게 될 것이다.

이런 식으로 함수에 대한 선호도를 표현하는 것이 가설 공간의 구성원을 추가하거나 제거하는 것보다 더 일반적인 모형 수용력 제어 방법이다. 가설 공간에서 함수 하나를 제거하는 것은 그 함수에 대해 음의 무한대의 선호도를 부여하는 것과 같은 일

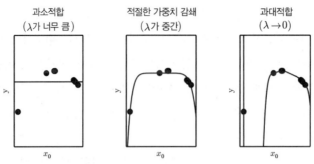

그림 5.5: 고차 다항식 회귀 모형을 그림 5.2의 예제 훈련 자료 집합에 적합시킨 예. 원래의 함수는 이차함수이지만, 여기서는 다항식의 차수가 9인 모형들만 사용했다. 그런 고차 모형들의 과대적합을 방지하기 위해 가중치 감쇄의 양을 여러 가지로 변화해서 적용했다. (왼쪽) λ가 아주 크면 모형은 기울기가 아예 없는 함수를 배우게 된다. 그러한 함수는 오직 한 가지 상수만 예측하므로 과소적합이 발생한다. (가운데) λ의 값이 중간 정도일 때 학습 알고리즘은 적절한 형태의 곡선을 복원한다. 모형 자체는 그보다 훨씬 복잡한 형태의 곡선들을 표현할 능력이 있지만, 가중치 감쇄 덕분에 모형은 더 작은 계수들로 서술되는 좀 더 단순한 함수를 선택한다. (오른쪽) 가중치 감쇄가 0에 접근할 때(즉, 무어-펜로즈 역함수를 이용해서 최소한의 정칙화로 미결 문제를 푸는 경우), 9차 다항식은 그림 5.2에서처럼 현저한 과대적합을 보인다.

로 생각할 수 있다.

앞의 가중치 감쇄 예제에서는 가중치들이 더 작은 일차 함수에 대한 선호도를, 최소화하려는 판정기준에 새로운 항을 추가해서 표현했다. 그 외에도 특정 해들에 대한 선호도를 명시적으로 또는 암묵적으로 표현하는 방법이 많이 있다. 그런 여러 접근 방식을 통칭해서 **정칙화**(regularization)라고 부른다. 훈련 오차가 줄지는 않더라도 일반화 오차를 줄이려는 의도로 학습 알고리즘에 가하는 모든 종류의 수정이 정칙화에 해당한다. 정칙화는 기계 학습 분야의 중심적인 고려사항 중 하나이다. 정칙화만큼 중요한 사항은 최적화 정도밖에 없다.

공짜 점심 없음 정리는 최고의 기계 학습 알고리즘 같은 것은 없음을 명확히 말해 준다. 특히, 최고의 정칙화는 없다. 우리가 해야 할 일은, 풀어야 할 구체적인 과제에 잘 맞는 형태의 정칙화를 선택하는 것이다. 일반적인, 그리고 특히 이 책에서 말하는 심층 학습의 원리는, 대단히 다양한 범위의 과제들(사람이 할 수 있는 모든 종류의 지적 과제들을 포함한)을 아주 범용적인 형태의 정칙화들을 이용해서 모두 효과적으로 풀 수 있다는 것이다.

5.3 초매개변수와 검증 집합

대부분의 기계 학습 알고리즘에는 초매개변수(hyperparameter)들이 있다. 기억하겠지만, 초매개변수는 알고리즘의 행동을 제어하는 데 사용할 수 있는 설정이다. 초매개변수들의 값을 학습 알고리즘 자체가 적응시키지는 않는다(단, 한 학습 알고리즘이 다른 학습 알고리즘의 최상의 초매개변수 값들을 배우는 방식으로 중첩된 학습 절차를 설계할 수는 있다).

그림 5.2의 다항회귀(polynomial regression) 예제에는 초매개변수가 하나 있는데, 다항식의 차수가 바로 그것이다. 그 예제에서 다항식 차수는 **수용력**(capacity) 초매개변수로 작용한다. 그리고 가중치 감쇄 예제에서 가중치 감쇄의 강도를 제어하는 데 쓰인 λ 값도 초매개변수의 예이다.

종종, 학습 알고리즘이 학습하지 않는 설정 중 최적화하기 어려운 설정을 초매개변수로 두기도 한다. 그보다 더 자주 쓰이는 접근 방식은, 훈련 집합으로 학습하기에 적합하지 않은 설정을 초매개변수로 두는 것이다. 모형의 수용력을 제어하는 모든 초매개변수가 그런 방식에 속한다. 만일 그런 초매개변수를 훈련 집합을 통해 학습한다면 모형은 가능한 최대의 모형 수용력에 해당하는 초매개변수들을 선택하게 되며, 결과적으로 과대적합이 일어난다(그림 5.3 참고). 예를 들어, 낮은 차수의 모형과 양의 가중치 감쇄 설정을 사용할 때보다 고자 모형과 $\lambda = 0$인 가중치 감쇄를 사용할 때 항상 모형이 훈련 집합에 더 잘 적합한다.

이런 문제를 극복하려면 훈련 알고리즘이 관측하지 않은 견본들로 이루어진 **검증 집합**(validation set)이 필요하다.

앞에서 우리는 훈련 집합과 같은 분포에서 비롯된 견본들로 이루어진 예비 시험 집합을 이용해서 학습 과정이 완료된 후의 학습 모형의 일반화 오차를 추정하는 방법을 살펴보았다. 여기서 중요한 점은, 모형에 관해 뭔가를 선택하고 결정하는 과정에서는 그러한 시험 견본들이 그 어떤 방식으로도 쓰이지 않는다는 점이다. 그리고 그러한 선택에는 초매개변수들이 포함된다. 이 때문에 검증 집합에는 시험 집합의 견본이 포함되어서는 안 된다. 그런 이유로 검증 집합은 항상 **훈련** 자료에서 뽑은 견본들로 만든다. 구체적으로 말하면, 우선 훈련 자료를 서로 겹치지 않는 두 부분집합으로 나눈다. 한 부분집합은 매개변수들을 학습하는 데 사용하고, 다른 부분집합은 훈련 이후에 일반화 오차를 추정할 때 검증 집합으로 사용한다. 이처럼 개별적인 검증 집합으로 일반화 오차를 추정하면 초매개변수들을 적절히(앞에서 말한 문제들을 극복하고) 갱신할 수 있다. 매개변수들을 학습하는 데 쓰이는 자료 부분집합을 흔히 훈련 집합이라고 부른다. 전체 훈련 과정에 쓰이는 좀 더 큰 자료를 뜻하는 훈련 집합과 혼동할 위험이 있지만, 그냥 훈련 집합이라고 부르는 경우가 많다. 그리고 초매개변수들을 선택할 때 지침으로 쓰이는 부분집합을 검증 집합이라고 부른다. 일반적으로 연구자들은 전체 훈련 자료의 약 80%를 훈련에, 나머지 20%를 검증에 사용한다. 검증 집합은 초매개변수들의 '훈련'에 쓰이므로, 검증 집합의 오차는 일반화 오차를 실제보다 작게 추정하는 경향이 있다. 그러나 그러한 경향이 훈련 오차보다는 덜하다. 초매개변수 최적화를 모두 마친 후에 시험 집합을 이용해서 일반화 오차를 추정할 수도 있다.

실제 응용에서 우리는 수년간 서로 다른 알고리즘들의 성과를 동일한 시험 집합을 이용해서 거듭 평가해 왔다. 그리고 과학 공동체는 그 시험 집합에 대한 당시 최고의 성과를 능가하기 위해 다양한 방법을 시도해 왔다. 그러다 보니 결국에는 시험 집합에 대한 낙관적인 평가들이 나오게 되었으며, 벤치마크들이 훈련된 학습 시스템의 진정한 실무 성과를 반영하지 못할 정도로 진부해졌다. 다행히 공동체는 새로운(그리고 일반적으로 좀 더 야심만만하고 크기도 큰) 벤치마크 시험 집합들로 이동하는 추세이다.

5.3.1 교차검증

자료 집합을 하나의 고정된 훈련 집합과 하나의 고정된 시험 집합으로 나눌 때, 만일 그 시험 집합이 너무 작으면 문제가 될 수 있다. 시험 집합이 작다는 것은 추정된 평균 시험 오차에 대한 통계적 불확실성이 존재한다는 뜻이며, 그러면 주어진 한 과제에 대해 알고리즘 A가 알고리즘 B보다 더 잘 작동한다고 주장하기 어렵다.

자료 집합이 수백, 수천 개 이상의 견본들로 이루어질 때는 이런 문제가 심하지 않다. 그러나 자료 집합이 너무 작을 때는 문제가 심해지므로, 대신 모든 견본을 평균 시험 오차의 추정에 사용하는 대안적인 절차를 사용할 수도 있다(단, 그렇게 하면 계산 비용이 증가한다). 그러한 절차는 원래의 자료 집합에서 무작위로 선택한 서로 다른 부분집합들 또는 원래의 자료 집합을 무작위로 나눈 분할들에 대해 훈련과 시험 계산을 반복한다는 착안에 기초한다. 그런 절차로 가장 흔히 쓰이는 것이 알고리즘 5.1에 나온 k중 교차 검증(k-fold cross-validation) 절차이다. 이 절차는 자료 집합을 k개의 서로 겹치지 않는 부분집합들로 나눈다. 그런 다음 k회의 시행으로 얻은 수치들로 평균 시험 오차를 구한다. 시행 i에서는 자료의 i번째 부분집합을 시험 집합으로 사용하고,

자료의 나머지는 훈련 집합으로 사용한다. 이 절차의 한 가지 문제점은 그러한 평균 오차 추정량의 분산에 대한 편향 없는 추정량이 존재하지 않는다는 것인데(Bengio & Grandvalet, 2004), 흔히 근사를 이용해서 이 문제를 해결한다.

5.4 추정량, 편향, 분산

통계학 분야는 기계 학습이 훈련 집합에 대해 과제를 수행할 뿐만 아니라 새로운 자료로도 일반화되어야 한다는 목표를 달성하는 데 필요한 여러 도구를 제공한다. 매개변수 추정이나 편향, 분산 같은 통계학의 기초 개념들은 학습 모형의 일반화, 과소적합, 과대적합 개념들을 공식적으로 정의하는 데 유용하다.

5.4.1 점 추정

점 추정(point estimation)은 어떤 대상 수량에 대한 "최고의" 예측 하나를 제공하는 것을 목표로 한다. 기계 학습의 맥락에서 일반적으로 '대상 수량'은 어떤 매개변수 모형의 한 매개변수 또는 매개변수들의 벡터이다. 이를테면 §5.1.4의 선형회귀 예제에 나온 가중치들이 그러한 수량이다. 그러나 함수 전체가 대상 수량일 수도 있다.

매개변수의 추정값과 참값을 구분하기 위해 이 책은 매개변수 θ의 점 추정값을 $\hat{\theta}$로 표기하는 관례를 사용한다.

집합 $\{\boldsymbol{x}^{(1)}, ..., \boldsymbol{x}^{(m)}\}$이 독립적이고 동일하게 분포된(i.i.d) m개의 자료점으로 이루어진 집합이라고 하자. 이 자료 집합의 **점 추정량**(point estimator) 또는 **통계량**(statistic)은 다음과 같이 정의된다.

$$\hat{\boldsymbol{\theta}}_m = g(\boldsymbol{x}^{(1)}, ..., \boldsymbol{x}^{(m)}). \tag{5.19}$$

이 정의에서 g가 반드시 θ의 참값에 가까운 하나의 값을 돌려주는 함수이어야 하는 것은 아니며, 심지어 g의 치역이 θ가 가질 수 있는 값들의 집합과 반드시 같아야 하는 것도 아님을 주의하기 바란다. 이러한 점 추정량 정의는 아주 일반적이기 때문에 추정량을 설계할 때 유연성이 아주 크다. 거의 모든 종류의 함수를 이러한 추정량으로 사용할 수 있긴 하지만, 좋은 추정량은 훈련 자료를 생성한 바탕 θ의 참값에 가까운 값을 산출해야 한다.

알고리즘 5.1 k중 교차 검증 알고리즘. 주어진 자료 집합 $\mathbb{D}$가 너무 작아서 단순한 훈련 집합/ 시험 집합 분할이나 훈련 집합/검증 집합 분할로는 학습 알고리즘 A의 일반화 오차를 정확히 추정하기 어려울 때(작은 시험 집합에 대해서는 평균 손실 L의 분산이 너무 높을 수 있으므 로), 이 알고리즘으로 그러한 일반화 오차를 추정할 수 있다. 자료 집합 $\mathbb{D}$는 추상적인 견본 $z^{(i)}(i$번째 견본)들에 대응되는 성분들을 담고 있다. 지도 학습의 경우 각 견본은 하나의 (입력, 목표) 쌍 $z^{(i)} = (x^{(i)}, y^{(i)})$에 해당하고, 비지도 학습에서는 그냥 하나의 입력 $z^{(i)} = x^{(i)}$에 해당 한다. 이 알고리즘은 $\mathbb{D}$의 각 견본에 대해 오차 벡터 e를 돌려준다. 그 벡터에 있는 오차들의 평균이 바로 일반화 오차 추정값이다. 개별 견본의 오차로는 평균 주변의 신뢰구간(식 5.47)을 계산할 수 있다. 교차 검증을 사용하는 경우에는 이 신뢰구간들이 별 의미가 없지만, 그래도 알고리즘 A의 오차의 신뢰구간이 알고리즘 B의 신뢰구간과 겹치지 않게 더 아래에 있을 때 만 알고리즘 A가 알고리즘 B가 더 낫다고 선언하는 용도로 그 신뢰구간들을 사용하는 경우 도 여전히 많다.

정의 KFoldXV($\mathbb{D}$, A, L, k):

필수: $\mathbb{D}$, 성분 $z^{(i)}$들로 이루어진 자료 집합.

필수: A, 학습 알고리즘. 하나의 자료 집합을 입력받고 학습한 함수를 출력하는 하나의 함수 로 간주된다.

필수: L, 손실함수. 학습한 함수 f와 견본 $z^{(i)} \in \mathbb{D}$로부터 하나의 스칼라 $\in \mathbb{R}$을 산출하는 함 수로 간주된다.

필수: k, 교차 검증의 겹수.

$\quad$ $\mathbb{D}$를 k의 서로 다른 부분집합 $\mathbb{D}_i$들로 분할한다. 그 부분집합들의 합집합은 $\mathbb{D}$이다.

$\quad$ **for** i = 1 **to** k **do**

$\qquad$ $f_i = A(\mathbb{D} \setminus \mathbb{D}_i)$

$\qquad$ **for** $z^{(j)}$ **in** $\mathbb{D}_i$ **do**

$\qquad\qquad$ $e_j = L(f_i, z^{(j)})$

$\qquad$ **end for**

$\quad$ **end for**

$\quad$ **return** e

일단 지금은 통계학에 대한 빈도주의자의 관점을 취하기로 한다. 즉, 매개변수 θ의 참값이 고정되어 있지만 알려지지는 않았으며, 점 추정량 $\hat{\theta}$는 그러한 자료점의 한 함 수라고 가정한다. 자료점을 무작위한(즉, 확률적인) 과정으로 추출하므로, 자료점의 함 수 역시 확률적이다. 따라서 $\hat{\theta}$는 하나의 확률변수이다.

입력과 목표 변수의 관계를 추정하는 것도 점 추정이라고 부르는데, 이 책에서는 그런 종류의 점 추정을 함수 추정이라고 칭한다.

함수 추정(function estimation)

종종 함수 추정 또는 함수 근사(function approximation)가 필요할 때가 있다. 함수 추정이란 주어진 입력 벡터 $\boldsymbol{x}$에 기초해서 변수 $\boldsymbol{y}$의 값을 예측하는 것이다. 함수 추정에서는 $\boldsymbol{y}$와 $\boldsymbol{x}$ 사이의 관계를 근사적으로 서술하는 함수 $f(\boldsymbol{x})$가 존재한다고 가정한다. 예를 들어, ϵ이 $\boldsymbol{y}$ 중 $\boldsymbol{x}$로 예측할 수 없는 부분이라고 할 때 $\boldsymbol{y} = f(\boldsymbol{x}) + \epsilon$이라고 가정할 수 있다. 함수 추정의 목표는 $\hat{f}$를 모형화 또는 추정하는 함수 f를 근사하는 것이다. 사실 함수 추정은 매개변수 $\boldsymbol{\theta}$를 추정하는 것과 다를 바 없다. 함수 추정량 $\hat{f}$는 그냥 함수 공간 안의 한 점 추정량일 뿐이다. 선형회귀 예제(§5.1.4)와 다항 회귀 예제(§5.2)는 매개변수 $\boldsymbol{w}$의 추정으로도 해석할 수 있고, $\boldsymbol{x}$를 y로 사상하는 함수 $\hat{f}$의 추정으로도 해석할 수 있는 예들이다.

다음으로는 널리 연구된 점 추정량의 몇 가지 성질을 개괄하고, 그런 성질들에 비추어서 점 추정량의 특징을 논의한다.

5.4.2 편향

추정량의 편향(bias)은 다음과 같이 정의된다.

$$\mathrm{bias}(\hat{\boldsymbol{\theta}}_m) = \mathbb{E}(\hat{\boldsymbol{\theta}}_m) - \boldsymbol{\theta}, \tag{5.20}$$

여기서 기댓값 $\mathbb{E}$는 자료(확률변수로 추출한 표본들로 간주한다) 전체에 대한 평균이고 $\boldsymbol{\theta}$는 자료 생성 분포를 정의하는 데 쓰인 $\boldsymbol{\theta}$의 참값이다. 추정량 $\hat{\boldsymbol{\theta}}_m$에 편향이 전혀 없으면, 즉 $\mathrm{bias}(\hat{\boldsymbol{\theta}}_m) = \boldsymbol{0}$이면(이는 $\mathbb{E}(\hat{\boldsymbol{\theta}}_m) = \boldsymbol{\theta}$임을 뜻한다), 그러한 추정량을 치우치지 않은 추정량, 줄여서 **불편추정량**(unbiased estimator)이라고 부른다. 그리고 $\lim_{m \to \infty} \mathrm{bias}(\hat{\boldsymbol{\theta}}_m) = \boldsymbol{0}$인(즉, $\lim_{m \to \infty} \mathbb{E}(\hat{\boldsymbol{\theta}}_m) = \boldsymbol{\theta}$인) 추정량 $\hat{\boldsymbol{\theta}}_m$을 가리켜 **점근 불편추정량**(asymptotically unbiased estimator)이라고 부른다.

예제: 베르누이 분포

다음과 같이 평균이 θ인 베르누이 분포에 따라 독립적이고 동일하게 분포된 표본들의 집합 $\{x^{(1)}, ..., x^{(m)}\}$을 생각해 보자.

$$P(x^{(i)}; \theta) = \theta^{x^{(i)}} (1 - \theta)^{(1 - x^{(i)})}. \tag{5.21}$$

이 분포의 θ 매개변수에 대해 흔히 쓰이는 추정량은 훈련 표본들의 평균이다.

$$\hat{\theta}_m = \frac{1}{m}\sum_{i=1}^{m}x^{(i)}. \tag{5.22}$$

이 추정량이 치우쳤는지 알아보기 위해 식 5.22를 식 5.20에 대입해 보자.

$$\mathrm{bias}(\hat{\theta}_m) = \mathbb{E}\left[\hat{\theta}_m\right] - \theta \tag{5.23}$$

$$= \mathbb{E}\left[\frac{1}{m}\sum_{i=1}^{m}x^{(i)}\right] - \theta \tag{5.24}$$

$$= \frac{1}{m}\sum_{i=1}^{m}\mathbb{E}\left[x^{(i)}\right] - \theta \tag{5.25}$$

$$= \frac{1}{m}\sum_{i=1}^{m}\sum_{x^{(i)}=0}^{1}\left(x^{(i)}\theta^{x^{(i)}}(1-\theta)^{(1-x^{(i)})}\right) - \theta \tag{5.26}$$

$$= \frac{1}{m}\sum_{i=1}^{m}(\theta) - \theta \tag{5.27}$$

$$= \theta - \theta = 0. \tag{5.28}$$

$\mathrm{bias}(\hat{\theta}) = 0$이므로 추정량 $\hat{\theta}$는 편향되지 않았다.

예제: 가우스 분포의 평균의 추정량

이번에는 가우스 분포 $p(x^{(i)}) = \mathcal{N}(x^{(i)};\mu,\sigma^2)$(여기서 $i \in \{1,...,m\}$)에 따라 독립적으로 동일하게 분포된 표본들의 집합 $\{x^{(1)},...,x^{(m)}\}$을 생각해 보자. 기억하겠지만, 가우스 분포의 확률밀도함수는 다음과 같이 주어진다.

$$p(x^{(i)};\mu,\sigma^2) = \frac{1}{\sqrt{2\pi\sigma^2}}exp\left(-\frac{1}{2}\frac{(x^{(i)}-\mu)^2}{\sigma^2}\right). \tag{5.29}$$

가우스 분포의 평균 매개변수에 대해 흔히 쓰이는 추정량은 다음과 같은 **표본평균**(sample mean)이다.

$$\hat{\mu}_m = \frac{1}{m}\sum_{i=1}^{m}x^{(i)}. \tag{5.30}$$

표본 평균이 치우쳤는지 알아보기 위해 앞에서처럼 기댓값과 참값의 차이를 구해 보자.

$$\mathrm{bias}(\hat{\mu}_m) = \mathbb{E}[\hat{\mu}_m] - \mu \tag{5.31}$$

$$= \mathbb{E}\left[\frac{1}{m}\sum_{i=1}^{m} x^{(i)}\right] - \mu \tag{5.32}$$

$$= \left(\frac{1}{m}\sum_{i=1}^{m} \mathbb{E}\left[x^{(i)}\right]\right) - \mu \tag{5.33}$$

$$= \left(\frac{1}{m}\sum_{i=1}^{m} \mu\right) - \mu \tag{5.34}$$

$$= \mu - \mu = 0. \tag{5.35}$$

이상에서 보듯이, 표본평균은 가우스 평균 매개변수의 불편추정량이다.

예제: 가우스 분포의 분산의 추정량

이번 예제에서는 가우스 분포의 분산 매개변수 σ^2에 대한 두 가지 추정량을 비교한다. 이 예제에서 우리의 관심사는 둘 중 어떤 것이 불편추정량인지 밝히는 것이다.

σ^2에 대한 첫 추정량으로 살펴볼 것은 다음과 같이 정의되는 **표본분산**(sample variance)이다.

$$\hat{\sigma}_m^2 = \frac{1}{m}\sum_{i=1}^{m}\left(x^{(i)} - \hat{\mu}_m\right)^2. \tag{5.36}$$

여기서 $\hat{\mu}_m$은 표본평균이다. 이 추정량이 불편추정량인지 밝히기 위해서는 다음을 계산해야 한다.

$$\mathrm{bias}(\hat{\sigma}_m^2) = \mathbb{E}[\hat{\sigma}_m^2] - \sigma^2. \tag{5.37}$$

그럼 이 공식의 $\mathbb{E}[\hat{\sigma}_m^2]$ 항을 평가해 보자.

$$\mathbb{E}[\hat{\sigma}_m^2] = \mathbb{E}\left[\frac{1}{m}\sum_{i=1}^{m}\left(x^{(i)} - \hat{\mu}_m\right)^2\right] \tag{5.38}$$

$$= \frac{m-1}{m}\sigma^2. \tag{5.39}$$

이것을 식 5.37에 대입하면 $\hat{\sigma}_m^2$의 편향이 $-\sigma^2/m$임을 알 수 있다. 따라서 표본분산은 치우친 추정량(편향추정량)이다.

표본분산 대신 다음과 같은 **불편 표본분산**(unbiased sample variance)을 사용할 수도 있다.

$$\tilde{\sigma}_m^2 = \frac{1}{m-1}\sum_{i=1}^{m}\left(x^{(i)} - \hat{\mu}_m\right)^2. \tag{5.40}$$

이름에서 짐작하겠지만 이 추정량은 치우치지 않은 추정량이다. 즉, $\mathbb{E}[\tilde{\sigma}_m^2] = \sigma^2$이다.

$$\mathbb{E}[\tilde{\sigma}_m^2] = \mathbb{E}\left[\frac{1}{m-1}\sum_{i=1}^{m}\left(x^{(i)} - \hat{\mu}_m\right)^2\right] \tag{5.41}$$

$$= \frac{m}{m-1}\mathbb{E}[\hat{\sigma}_m^2] \tag{5.42}$$

$$= \frac{m}{m-1}\left(\frac{m-1}{m}\sigma^2\right) \tag{5.43}$$

$$= \sigma^2. \tag{5.44}$$

이상에서 보듯이, 가우스 분포의 분산을 두 가지 방식으로 추정할 수 있는데, 하나는 치우쳤고 다른 하나는 치우치지 않았다. 불편추정량이 더 바람직함은 명백하지만, 그 것이 항상 '최상의' 추정량은 아니다. 이후에 보겠지만, 또 다른 중요한 성질들을 가진 치우친 추정량을 사용하는 경우도 많다.

5.4.3 분산과 표준오차

추정량의 주목할만한 또 다른 성질은 자료 표본의 함수로서의 추정량의 평균(기대) 변동(variation)이다. 추정량의 편향 여부를 파악할 때 추정량의 기댓값을 계산하듯이, 이러한 성질을 파악할 때는 추정량의 분산을 계산해 보면 된다. 추정량의 **분산**(variance)은 그냥 훈련 집합이 확률변수일 때의 분산

$$\mathrm{Var}(\hat{\theta}) \tag{5.45}$$

이다. 아니면, 이 분산의 제곱근인 **표준오차**(standard error)를※ 계산해 볼 수도 있다. 표준오차는 $\text{SE}(\hat{\theta})$로 표기한다.

추정량의 분산 또는 표준편차는 바탕 자료 생성 과정에서 얻은 자료 집합에서 독립적으로 추출한 표본들로 추정량을 계산하는 과정을 반복할 때 그 추정량들의 평균적인 차이가 어느 정도나 될 것인지를 말해 준다. 일반적으로 추정량의 편향이 작은 것이 바람직한 것처럼, 분산 역시 작은 것이 바람직하다.

유한한 개수의 표본들로 어떤 통계량을 계산할 때, 바탕 매개변수의 추정량이 그 참값과 같을지는 불확실하다. 다른 말로 하면, 같은 분포에서 표본들을 다시 뽑아서 추정량을 계산하면 이전과는 다른 값이 나올 수 있다. 임의의 추정량에서 그러한 변동의 기대 크기가 바로 우리가 수량화하고자 하는 오류의 원천이다.

평균의 표준오차는 다음과 같이 정의된다.

$$\text{SE}(\hat{\mu}_m) = \sqrt{\text{Var}\left[\frac{1}{m}\sum_{i=1}^{m} x^{(i)}\right]} = \frac{\sigma}{\sqrt{m}}. \tag{5.46}$$

여기서 σ^2은 표본 x^i들의 분산의 참값이다. 표준오차를 σ의 추정치를 이용해서 추정할 때가 많다. 안타깝게도, 표본분산의 제곱근이나 분산의 불편추정량의 제곱근이 곧 표준편차의 불편추정량은 아니다. 둘 다 표준편차의 참값을 과소평가하는 경향이 있다. 그렇긴 하지만 실제 응용에서는 그 제곱근들을 그대로 사용하기도 한다. 둘 중 분산의 불편추정량의 제곱근 쪽이 과소평가가 덜하다. 큰 m에 대해서는 참값에 어느 정도 가까운 근삿값이 나온다.

평균의 표준오차는 기계 학습의 실험에 대단히 유용하다. 일반화 오차는 흔히 시험 집합에 대한 오차의 표본평균을 계산해서 추정한다. 그러한 추정의 정확도는 시험 집합의 견본 개수에 의존한다. 표본이 충분히 크면 평균의 분포가 정규분포와 거의 같아진다는 중심극한정리에 근거해서, 기댓값의 참값이 임의의 선택된 구간에 속할 확률을 표준오차를 이용해서 계산할 수 있다. 예를 들어 평균이 $\hat{\mu}_m$이고 분산이 $\text{SE}(\hat{\mu}_m)^2$인 정규분포에서 평균 $\hat{\mu}_m$을 포함하는 95% 신뢰구간은 다음과 같이 주어진다.

※ **역주** 일반적으로 분산의 제곱근은 표준편차(standard deviation)라고 부른다. 표준오차는 표본 분포(지금 맥락에서는 자료 생성 분포)의 표준편차를 특별히 지칭하는 용어이다.

$$(\hat{\mu}_m - 1.96 \mathrm{SE}(\hat{\mu}_m), \hat{\mu}_m + 1.96 \mathrm{SE}(\hat{\mu}_m)). \tag{5.47}$$

기계 학습 실험에서는, 만일 알고리즘 A의 오차에 대한 95% 신뢰구간의 상계가 알고리즘 B의 오차에 대한 95% 신뢰구간의 한계보다 작다면 알고리즘 A가 알고리즘 B보다 낫다는 식의 분석이 흔히 쓰인다.

예제: 베르누이 분포

이번에는 베르누이 분포에 따라 독립적으로 동일하게 분포된 표본들의 집합 $\{x^{(1)}, ..., x^{(m)}\}$을 생각해 보자(베르누이 분포에서 $P(x^{(i)};\theta) = \theta^{x^{(i)}}(1-\theta)^{(1-x^{(i)})}$임을 기억하기 바란다). 이번에 계산할 것은 추정량 $\hat{\theta}_m = \frac{1}{m}\sum_{i=1}^{m} x^{(i)}$의 분산이다.

$$\mathrm{Var}(\hat{\theta}_m) = \mathrm{Var}\left(\frac{1}{m}\sum_{i=1}^{m} x^{(i)}\right) \tag{5.48}$$

$$= \frac{1}{m^2}\sum_{i=1}^{m} \mathrm{Var}(x^{(i)}) \tag{5.49}$$

$$= \frac{1}{m^2}\sum_{i=1}^{m} \theta(1-\theta) \tag{5.50}$$

$$= \frac{1}{m^2} m\theta(1-\theta) \tag{5.51}$$

$$= \frac{1}{m}\theta(1-\theta). \tag{5.52}$$

이 추정량의 분산은 자료 집합의 견본 개수 m의 함수로서 감소한다. 이는 흔히 쓰이는 추정량들이 공통으로 가진 성질인데, §5.4.5에서 일치성을 논의할 때 좀 더 이야기하겠다.

5.4.4 평균제곱오차의 최소화를 위한 편향과 분산의 절충

편향과 분산은 추정량에 존재하는 오차의 서로 다른 두 원천을 측정한 값이다. 편향은 함수나 매개변수의 기댓값과 참값의 편차를 측정한 것이고, 분산은 자료의 임의의 표본에서 기대할 수 있는 기대 추정값과 특정 표본에 대한 추정값의 편차를 측정한 것이다.

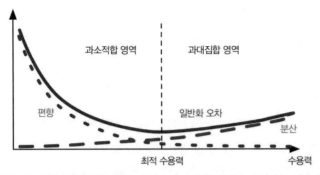

그림 5.6: 수용력(x축)이 증가하면 편향(점선)이 감소하고 분산(파선)은 증가하는 경향이 있다. 이 경우에도 일반화 오차(굵은 곡선)는 U자 형태의 곡선을 이룬다. 한 축을 따라 수용력을 변화시킬 때, 수용력이 최적 수용력보다 작으면 과소적합이 발생하고 최적 수용력보다 크면 과대적합이 발생한다. 이러한 관계는 §5.2와 그림 5.3에서 논의한 수용력과 과소집합, 과대집합 사이의 관계와 비슷하다.

편향이 큰 추정량과 분산이 큰 추정량 중 하나를 선택해야 한다면 무엇을 선택해야 할까? 선택의 기준이나 근거는 무엇일까? 예를 들어 그림 5.2에 나온 함수를 근사하는 모형이 두 개 있는데, 한 모형은 편향이 크고 다른 하나는 분산이 크다고 하면, 어떤 모형이 더 나을까?

이처럼 편향과 분산을 저울질할 때 흔히 쓰이는 방법은 교차검증을 적용하는 것이다. 기계 학습 공동체에는 수많은 실제 과제들에서 교차검증으로 좋은 성과를 낸 사례가 많다. 아니면 추정량들의 **평균제곱오차**(mean squared error, MSE)를 비교해서 선택할 수도 있다.

$$\text{MSE} = \mathbb{E}\left[(\hat{\theta}_m - \theta)^2\right] \tag{5.53}$$

$$= \text{Bias}(\hat{\theta}_m)^2 + \text{Var}(\hat{\theta}_m). \tag{5.54}$$

MSE는 매개변수 θ의 추정량과 참값 사이의 전반적인 기대 편차(expected deviation)를 나타낸다(오차의 제곱 형태로). 식 5.54에서 보듯이, MSE의 계산에는 편향과 분산이 모두 관여한다. 따라서, MSE가 더 작은 추정량을 선택한다는 것은 편향과 분산 둘 다 모두 작은 값으로 유지되는 추정량을 선택하는 것에 해당한다.

편향과 분산의 관계는 기계 학습의 수용력, 과대적합, 과소적합 개념과 밀접하게 연관되어 있다. 일반화 오차를 MSE로 측정하는 경우(편향과 분산이 일반화 오차의 의미 있는 구성 성분이라고 할 때), 수용력이 증가하면 분산이 증가하고 편향은 감소하는 경향이 있다. 그림 5.6이 이를 나타낸 것이다. 이 경우에도 수용력의 함수로서의 일반화 오차는 U자 모양의 곡선이다.

5.4.5 일치성

지금까지는 고정된 크기의 훈련 집합에 대한 여러 추정량의 성질들을 논의했다. 그런데 훈련 자료의 양이 증가할 때의 추정량의 변화도 중요하다. 특히, 자료 집합에 있는 자료점들의 개수 m이 증가함에 따라 점 추정값이 해당 매개변수들의 참값에 수렴하는 성질이 있으면 좋다. 이를 공식으로 표현하면 다음과 같다.

$$\text{plim}_{m \to \infty} \hat{\theta}_m = \theta. \tag{5.55}$$

plim이라는 기호는 극한에 따른 확률의 수렴을 나타낸다. 즉, 임의의 $\epsilon > 0$에 대해, $m \to \infty$에 따라 $P(|\hat{\theta}_m - \theta| > \epsilon) \to 0$이다. 식 5.55의 조건을 **일치성**(consistency) 조건이라고 부른다. 이 조건을 약한(weak) 일치성이라고 부르고, $\hat{\theta}$가 θ에 **거의 확실하게**(almost surely; 거의 모든 점에서) 수렴하는 것을 가리켜 강한(strong) 일치성이라고 부르기도 한다. 확률변수들의 수열 $\mathbf{x}^{(1)}, \mathbf{x}^{(2)}, \ldots$은 $p(\lim_{m \to \infty} \mathbf{x}^{(m)} = \boldsymbol{x}) = 1$일 때 값 $\boldsymbol{x}$에 **거의 확실하게 수렴**한다.

일치성 조건을 만족하는 추정량의 경우, 자료 견본들의 수가 늘어남에 따라 추정량에 의한 편향이 반드시 줄어든다. 그러나 그 역은 참이 아니다. 즉, 점근 불편성이 일치성이라고 함의하지는 않는다. 예를 들어 m개의 견본으로 이루어진 자료 집합 $\{x^{(1)}, \ldots, x^{(m)}\}$에 대한 정규분포 $\mathcal{N}(x; \mu, \sigma^2)$의 평균 매개변수 μ를 추정한다고 하자. 이때 자료 집합의 첫 표본 $x^{(1)}$을 하나의 불편추정량 $\hat{\theta} = x^{(1)}$로 사용할 수 있다. 그런 경우 $\mathbb{E}(\hat{\theta}_m) = \theta$이므로, 이 추정량은 자료점의 개수와는 무관하게 치우치지 않는다. 따라서 이 추정량이 점근 불편추정량이다. 그러나 이 추정량이 일치 추정량(일치성을 가진 추정량)은 아니다. 왜냐하면, $m \to \infty$에 따라 $\hat{\theta}_m \to \theta$가 성립하지는 않기 때문이다.

5.5 최대가능도 추정

앞에서 자주 쓰이는 몇 가지 추정량의 정의를 소개하고 그 성질들을 분석해 보았다. 그런데 애초에 사람들이 그런 추정량들을 어떻게 고안했을까? 그냥 좋은 추정량이 될 것 같은 함수들을 떠올려서 그 편향과 분산을 분석하는 주먹구구식 방법 대신, 주어진 모형에 대해 좋은 추정량이 될 가능성이 있는 구체적인 함수들을 어떤 원리에 따라 유도할 수 있다면 좋을 것이다.

그런 목적으로 가장 흔히 쓰이는 원리는 최대가능도(maximum likelihood, ML) 원리이다.

어떤 알려지지 않은 진(true; 추정이나 근사가 아니라 참값인) 자료 생성 분포 $p_{자료}(\mathbf{x})$에서 독립적으로 추출한 m개의 견본으로 이루어진 자료 집합 $\mathbb{X} = \{\boldsymbol{x}^{(1)}, \ldots, \boldsymbol{x}^{(m)}\}$을 생각해 보자.

$p_{모형}(\mathbf{x};\boldsymbol{\theta})$가 같은 공간에 관한 확률분포들의 하나의 매개변수적 모임(parametric family)이라고 하자(여기서 매개변수 $\boldsymbol{\theta}$는 그 모임의 한 확률분포를 지칭하는 색인 역할을 한다). 다른 말로 하면, $p_{모형}(\boldsymbol{x};\boldsymbol{\theta})$는 임의의 구성 $\boldsymbol{x}$를 진 확률 $p_{자료}(\boldsymbol{x})$의 추정값에 해당하는 하나의 실수로 사상한다.

이러한 설정에서, 매개변수 $\boldsymbol{\theta}$에 대한 최대가능도 추정량은 다음과 같이 정의된다.

$$\boldsymbol{\theta}_{\mathrm{ML}} = \underset{\boldsymbol{\theta}}{\arg\max}\ p_{모형}(\mathbb{X};\boldsymbol{\theta}), \tag{5.56}$$

$$= \underset{\boldsymbol{\theta}}{\arg\max} \prod_{i=1}^{m} p_{모형}(\boldsymbol{x}^{(i)};\boldsymbol{\theta}). \tag{5.57}$$

다수의 확률에 관한 이러한 곱은 여러 가지 이유로 다루기가 불편하다. 예를 들어 이런 곱에서는 수치적 아래넘침이 발생하기 쉽다. 이러한 곱의 최적화와 동등하지만 좀 더 다루기 쉬운 최적화 문제가 있으면 좋을 것이다. 가능도의 로그를 취해도 해당 argmax는 변하지 않는다는 점을 이용하면 그런 문제를 만들 수 있다. 로그를 취하면 곱이 합으로 변하므로 다루기가 편해진다.

$$\boldsymbol{\theta}_{\mathrm{ML}} = \underset{\boldsymbol{\theta}}{\arg\max} \sum_{i=1}^{m} \log p_{모형}(\boldsymbol{x}^{(i)};\boldsymbol{\theta}). \tag{5.58}$$

비용함수의 축척(비례)을 바꾸어도 argmax는 변하지 않으므로, 이것을 m으로 나누어도 최적화 문제는 이전과 동등하다. 그러면 훈련 자료로 정의된 경험분포 $\hat{p}_{자료}$에 대한 기댓값으로 표현된 판정기준이 나온다.

$$\boldsymbol{\theta}_{\mathrm{ML}} = \arg\max_{\boldsymbol{\theta}} \mathbb{E}_{\mathbf{x} \sim \hat{p}_{\text{자료}}} \log p_{\text{모형}}(\boldsymbol{x};\boldsymbol{\theta}). \tag{5.59}$$

최대가능도 추정을 해석하는 한 가지 방법은, 이 추정을 훈련 집합으로 정의된 경험 분포 $\hat{p}_{\text{자료}}$와 모형 분포의 비유사도(dissimilarity)를 최소화하는 것으로 보는 것이다. 이 때 그 둘의 비유사도는 다음과 같이 정의되는 KL 발산값으로 측정한다.

$$D_{\mathrm{KL}}(\hat{p}_{\text{자료}} \| p_{\text{모형}}) = \mathbb{E}_{\mathbf{x} \sim \hat{p}_{\text{자료}}}\left[\log \hat{p}_{\text{자료}}(\boldsymbol{x}) - \log p_{\text{모형}}(\boldsymbol{x})\right]. \tag{5.60}$$

좌변의 함수는 자료 생성 과정만의 함수이다. 모형은 이 함수의 인수가 아님을 주의하기 바란다. 이 때문에, KL 발산값을 최소화하도록 모형을 훈련하면 다음 항만 최소화된다.

$$-\mathbb{E}_{\mathbf{x} \sim \hat{p}_{\text{자료}}}\left[\log p_{\text{모형}}(\boldsymbol{x})\right]. \tag{5.61}$$

물론, 이는 식 5.59의 최대화와 같은 것이다.

이러한 KL 발산값의 최소화는 분포들 사이의 교차 엔트로피를 최소화하는 것에 정확히 대응된다. 베르누이 분포나 소프트맥스 분포의 음의 로그 가능도(log-likelihood)를 '교차 엔트로피(cross-entropy)'라고 부르는 저자들이 많지만, 그것은 잘못된 용어이다. 음의 로그 가능도로 구성된 모든 손실(loss)은 훈련 집합으로 정의된 경험분포와 모형이 정의하는 확률분포 사이의 교차 엔트로피이다. 예를 들어 평균제곱오차는 경험분포와 가우스 모형 사이의 교차 엔트로피이다.

따라서, 가능도를 최대화하는 것은 모형의 분포를 경험분포 $\hat{p}_{\text{자료}}$와 일치하게 만드는 시도라 할 수 있다. 이상적으로는 모형의 분포가 진 자료 생성 분포 $p_{\text{자료}}$와 일치하면 좋겠지만, 그 분포는 우리가 알지 못한다.

가능도를 최대화하든 KL 발산값을 최소화하든 최적의 $\boldsymbol{\theta}$는 동일하지만, 목적함수의 값들은 같지 않다. 소프트웨어에서는 그 둘을 하나의 비용함수의 최적화 형태로 다룰 때가 많다. 그런 경우 가능도의 최대화는 음의 로그 가능도(negative log-likelihood, NLL)의 최소화가 되는데, 이를 교차 엔트로피의 최소화로 처리해도 같은 결과를 얻을 수 있다. 이런 접근 방식에서는 최대가능도를 최소 KL 발산값으로 보는 관점이 도움이 되는데, 왜냐하면 KL 발산값은 그 최솟값이 0임이 밝혀져 있기 때문이다. 반면 음의 로그 가능도는 x가 실숫값일 때 실제로 음수가 될 수 있다.

5.5.1 조건부 로그가능도와 평균제곱오차

최대가능도 추정량을, $\mathbf{x}$가 주어졌을 때 $\mathbf{y}$를 예측하기 위해 조건부 확률 $P(\mathbf{y} \mid \mathbf{x};\boldsymbol{\theta})$를 추정하는 것으로 일반화하는 것이 그리 어렵지 않다. 실제로, 그러한 일반화는 대부분의 지도 학습의 토대에 해당하기 때문에 아주 자주 쓰인다. $\boldsymbol{X}$가 모든 입력을 대표하고 $\boldsymbol{Y}$가 관측된 모든 목표를 대표한다고 할 때, 조건부 최대가능도는 다음과 같다.

$$\boldsymbol{\theta}_{\mathrm{ML}} = \arg\max_{\boldsymbol{\theta}} P(\boldsymbol{Y} \mid \boldsymbol{X};\boldsymbol{\theta}). \tag{5.62}$$

만일 견본들이 독립동일분포이면 이를 다음과 같이 분해할 수 있다.

$$\boldsymbol{\theta}_{\mathrm{ML}} = \arg\max_{\boldsymbol{\theta}} \sum_{i=1}^{m} \log P(\boldsymbol{y}^{(i)} \mid \boldsymbol{x}^{(i)};\boldsymbol{\theta}). \tag{5.63}$$

예제: 최대가능도로서의 선형회귀

§5.1.4에서 소개한 선형회귀를 하나의 최대가능도 절차로 해석할 수도 있다. 이전에는 x를 입력받아서 $\hat{y}$를 출력하는 함수를 배우는 학습 알고리즘의 예로 선형회귀를 살펴 보았다. 그러한 선형회귀는 평균제곱오차를 최소화하는 x에서 $\hat{y}$로의 사상을 선택하는데, 평균제곱오차의 최소화라는 판정기준은 사실 다소 임의로 정한 것이었다. 이번 예제에서는 선형회귀를 최대가능도 추정의 관점에서 다시 살펴본다. 이전에는 하나의 예측값 $\hat{y}$를 산출하는 모형을 고찰했지만, 이번에는 하나의 조건부 확률분포 $p(y \mid \boldsymbol{x})$를 산출하는 모형을 고찰한다. 무한히 큰 훈련 집합을 상상해 보자. 그런 훈련 집합에서 매번 다른 훈련 견본들로 이루어진 표본을 추출한다면, 여러 훈련 견본들에서 입력값 $\boldsymbol{x}$에 대해 서로 다른 y 값들이 나오는 경우도 있을 것이다. 이러한 상황에서 학습 알고리즘의 목표는 확률분포 $p(y \mid \boldsymbol{x})$를 $\boldsymbol{x}$와 부합하는 서로 다른 모든 y 값에 적합시키는 것이다. 이전에 얻었던 것과 동일한 선형회귀 알고리즘을 유도하기 위해 $p(y \mid \boldsymbol{x}) = \mathcal{N}(y;\hat{y}(\boldsymbol{x};\boldsymbol{w}),\sigma^2)$으로 정의한다. 함수 $\hat{y}(\boldsymbol{x};\boldsymbol{w})$는 가우스 분포의 평균을 예측한 값을 돌려준다. 지금 예제에서는 분산이 사용자가 선택한 어떤 상수 σ^2으로 고정된다고 가정하겠다. $p(y \mid \boldsymbol{x})$를 $\mathcal{N}(y;\hat{y}(\boldsymbol{x};\boldsymbol{w}),\sigma^2)$이라는 형태의 함수로 둔 덕분에, 최대가능도 추정 절차의 관점에서 선형회귀 학습 알고리즘을 유도해도 이전과 같은

형태의 학습 알고리즘이 나오게 된다. 견본들이 독립동일분포라고 가정했으므로, 이 예제의 조건부 가능도(식 5.63)를 다음과 같이 정의할 수 있다.

$$\sum_{i=1}^{m} \log p\left(y^{(i)} \mid \boldsymbol{x}^{(i)}; \boldsymbol{\theta}\right) \tag{5.64}$$

$$= -m \log \sigma - \frac{m}{2} \log(2\pi) - \sum_{i=1}^{m} \frac{\|\hat{y}^{(i)} - y^{(i)}\|^2}{2\sigma^2}. \tag{5.65}$$

여기서 $\hat{y}^{(i)}$는 i번째 입력 $\boldsymbol{x}^{(i)}$에 대한 선형회귀의 출력이고 m은 훈련 견본 개수이다. 이제 이 로그가능도를 평균제곱오차

$$\text{MSE}_{\text{훈련}} = \frac{1}{m} \sum_{i=1}^{m} \|\hat{y}^{(i)} - y^{(i)}\|^2 \tag{5.66}$$

과 비교해 보면, $\boldsymbol{w}$에 대해 로그가능도를 최대화했을 때 나오는 매개변수 $\boldsymbol{w}$의 추정값이 평균제곱오차를 최소화했을 때 나오는 것과 같음을 바로 알 수 있다. 따라서 MSE 최소화를 최대가능도 추정 절차로 사용하는 것은 정당하다. 다음 절에서 보겠지만, 최대가능도 추정량에는 바람직한 성질이 여러 개 있다.

5.5.2 최대가능도의 여러 성질

최대가능도 추정량의 주된 매력은, 이것이 견본 개수가 m이 무한대에 접근함에 따라 (즉, $m \to \infty$) 점근적으로 최상의 추정량임을 증명할 수 있다는 것이다. 여기서 '최상'은 m의 증가에 따른 수렴률(rate of covergence)을 기준으로 한 것이다.

몇 가지 적절한 조건들이 충족되면 최대가능도 추정량은 일치성(§5.4.5)을 가진다. 즉, 어떤 한 매개변수의 최대가능도 추정값은 훈련 견본 개수가 무한대에 접근함에 따라 그 매개변수의 참값으로 수렴한다. 그 조건들은 다음과 같다.

- 진 분포 $p_{\text{자료}}$가 반드시 모형족(model family) $p_{\text{모형}}(\cdot; \boldsymbol{\theta})$에 속해야 한다. 다른 말로 하면, 그 어떤 추정량으로도 $p_{\text{자료}}$를 복원할 수 없어야 한다.
- 진 분포 $p_{\text{자료}}$는 반드시 $\boldsymbol{\theta}$의 정확히 하나의 값에 대응되어야 한다. 그렇지 않으면, 최대가능도가 $p_{\text{자료}}$의 참값을 복원할 수는 있지만 자료 생성 과정에 쓰인 $\boldsymbol{\theta}$의 값이 무엇인지는 결정할 수 없다.

최대가능도 추정량 외에도 여러 귀납 원리가 있으며, 그런 원리들의 다수는 최대가능도처럼 일치 추정량이라는 성질을 가지고 있다. 그러나 일치 추정량들이라도 그 **통계적 효율성**(statistical efficiency)은 서로 다를 수 있다. 즉, 고정된 개수(m)의 표본들에 대한 일반화 오차가 서로 다를 수 있는 것이다. 다른 식으로 표현하면, 같은 수준의 일반화 오차를 얻는 데 필요한 견본 개수가 서로 다를 수 있다.

통계적 효율성은 흔히 **매개변수적 사례**(parametric case; 또는 모수적 사례)들에서 고찰한다. 그런 사례들에서 우리의 목표는 함수의 값이 아니라 매개변수의 값을 추정하는 것이다(진 매개변수를 식별하는 것이 가능하다고 가정할 때). 추정값이 매개변수의 참값과 얼마나 가까운지는 기대 평균제곱오차, 즉 추정값과 매개변수의 참값의 차이의 제곱을 자료 생성 분포에서 뽑은 m개의 훈련 표본에 관해 평균한 값으로 파악할 수 있다. 그러한 매개변수 평균제곱오차는 m이 증가함에 따라 감소한다. 그리고 m이 클 때, 크라메르-라오 하계(Cramér-Rao lower bound)에 따르면(Rao, 1945; Cramér, 1946) 일치 추정량 중 최대가능도 추정량보다 MSE가 낮은 것은 없다.

이러한 일관성과 효율성 덕분에 기계 학습에서는 최대가능도가 매개변수의 추정량으로 즐겨 쓰인다. 견본들이 많지 않아서 과대적합이 발생하는 경우에는 가중치 감쇄 같은 정칙화 전략들이 도움이 된다. 그런 전략을 이용하면, 훈련 자료가 제한적이이도 분산이 크지 않은 최대가능도(의 편향된 버전)를 얻을 수 있다.

5.6 베이즈 통계학

지금까지는 **빈도론자 통계학**(frequentist statistics, 또는 빈도주의 통계학)의 관점에서 θ의 한 가지 값을 추정한 후 그 추정값에 기초해서 모든 예측을 수행하는 접근 방식들을 논의했다. 그와는 달리, θ의 모든 값을 고려해서 예측을 수행하는 접근 방식도 있다. 그런 접근 방식은 **베이즈 통계학**(Bayesian statistics)의 영역에 속한다.

§5.4.1에서 논의했듯이, 빈도주의 관점에서는 매개변수 θ의 참값이 고정되어 있으나 알 수 없고, 점 추정값 $\hat{\theta}$는 자료 집합(무작위하다고 간주하는)의 함수로서의 한 확률변수이다.

베이즈 통계학의 관점은 이와 상당히 다르다. 베이즈 통계학은 대상의 상태에 대한 지식의 확실성을 확률로 반영한다. 이 경우 자료 집합은 직접적인 관측 대상이지 확률적인 대상이 아니다. 반면, 진 매개변수 $\boldsymbol{\theta}$는 미지수 또는 불확실한 대상으로 간주해서 확률변수로 표현한다.

자료를 관측하기 전에 우리가 $\boldsymbol{\theta}$에 관해 알고 있는 지식을 **사전확률분포**(prior probability distribution) $p(\boldsymbol{\theta})$로 표현한다(사전확률분포를 그냥 '사전분포'라고 부르기도 한다). 일반적으로 기계 학습 실무자들은, 그 어떤 자료도 관측하기 전에는 $\boldsymbol{\theta}$의 값의 불확실성이 아주 크다는 점을 반영하기 위해 상당히 넓은(즉, 엔트로피가 높은) 사전분포를 선택한다. 예를 들어 $\boldsymbol{\theta}$가 어떤 유한한 범위나 부피 안에 고르게 분포된 사전분포를 가정할 수도 있다. 그러나 좀 더 '단순한' 해(크기 계수들이 더 작거나, 상수에 가까운 함수 등)에 대한 선호도를 반영하는 사전분포들도 많다.

자료 표본들의 집합 $\{x^{(1)},...,x^{(m)}\}$이 있다고 하자. 이 자료가 $\boldsymbol{\theta}$에 대한 우리의 믿음(belief)에 미치는 효과는 자료의 가능도 $p(x^{(1)},...,x^{(m)} \mid \boldsymbol{\theta})$를 다음과 같이 베이즈 법칙에 따라 사전분포와 결합해서 구할 수 있다.

$$p(\boldsymbol{\theta} \mid x^{(1)},...,x^{(m)}) = \frac{p(x^{(1)},...,x^{(m)} \mid \boldsymbol{\theta})p(\boldsymbol{\theta})}{p(x^{(1)},...,x^{(m)})}. \tag{5.67}$$

베이즈 추정이 흔히 쓰이는 시나리오들에서는 비교적 고른 분포 또는 엔트로피가 높은 가우스 분포를 사전분포로 삼아서 학습을 시작한다. 대체로, 자료를 관측한 후의 사후분포(posterior distribution)는 그보다 엔트로피가 낮고, 매개변수의 참값일 가능성이 큰 몇몇 값들 주변으로 표본이 집중된다.

최대가능도 추정에 비해 베이즈 추정은 두 가지 중요한 차이점이 있다. 첫째로, 최대가능도 접근 방식은 $\boldsymbol{\theta}$의 점 추정값 하나를 이용해서 예측을 수행하지만, 베이즈 접근 방식은 $\boldsymbol{\theta}$에 관한 분포 전체를 이용해서 예측을 수행한다. 예를 들어, m개의 견본을 관측한 후 그다음 자료 표본 $x^{(m+1)}$을 예측하는 데 쓰이는 분포는 다음과 같이 주어진다.

$$p(x^{(m+1)} \mid x^{(1)},...,x^{(m)}) = \int p(x^{(m+1)} \mid \boldsymbol{\theta})p(\boldsymbol{\theta} \mid x^{(1)},...,x^{(m)})d\boldsymbol{\theta}. \tag{5.68}$$

여기서 확률밀도가 양수인 $\boldsymbol{\theta}$의 각 값은 다음 견본에 대한 예측에 기여하는데, 사후밀도 자체가 기여도의 가중치로 작용한다. $\{x^{(1)},...,x^{(m)}\}$을 관측한 후에도 $\boldsymbol{\theta}$의 값을 확신할 수 없는 경우, 그러한 불확실성은 이후의 모든 예측에 직접 도입된다(적분을 통해서).

§5.4에서 논의했듯이, 빈도론자 접근 방식에서는 주어진 θ의 점 추정값의 불확실성을 분산을 이용해서 측정한다. 추정량의 분산은 관측된 자료에서 서로 다른 표본들을 추출했을 때 그 추정량이 얼마나 달라질 것인지를 나타내는 측도이다. 베이즈 통계학에서는 추정량의 불확실성을 그냥 적분을 통해서 해결한다. 이 방식은 과대적합을 잘 방지하는 경향이 있다. 물론, 이러한 적분은 그냥 확률 법칙들의 한 응용일 뿐이며, 그런 덕분에 베이즈 접근 방식을 정당화하기가 간단해진다. 반면, 빈도론자 접근 방식의 추정량 구축 방법은 자료 집합에 담긴 모든 지식을 하나의 점 추정값으로 요약한다는 다소 임의적인 결정에 기초한 것이다.

최대가능도 접근 방식과 베이즈 접근 방식의 또 다른 중요한 차이점은 베이즈 접근 방식에서는 사전분포가 예측에 기여한다는 것이다. 사전분포는 확률질량의 밀도를 매개변수 공간 중 사전분포가 선호하는 영역으로 집중하는 효과를 낸다. 실제 응용에서는 사전분포가 더 단순한 또는 더 매끄러운 모형들에 대한 선호도를 표현할 때가 많다. 베이즈 접근 방식을 비판하는 사람들은 이러한 사전분포가, 예측에 영향을 미치는 인간의 주관적 판정의 근원이라고 지적한다.

일반적으로, 훈련 자료가 제한적일 때 최대가능도 접근 방식보다 베이즈 접근 방식이 훨씬 잘 일반화된다. 그러나 훈련 견본이 많을 때는 계산 비용이 커진다는 단점이 있다.

예제: 베이즈 방식의 선형회귀

그럼 베이즈 추정 접근 방식에서는 선형회귀 매개변수를 어떻게 학습하는지 살펴보자. 선형회귀에서 학습하고자 하는 것은 입력 벡터 $\boldsymbol{x} \in \mathbb{R}^n$을 스칼라 $y \in \mathbb{R}$의 예측값으로 사상하는 일차함수이다. 이 예측 함수의 매개변수는 벡터 $\boldsymbol{w} \in \mathbb{R}^n$이다.

$$\hat{y} = \boldsymbol{w}^\top \boldsymbol{x}. \tag{5.69}$$

m개의 훈련 표본들의 집합 $(\boldsymbol{X}^{(\text{훈련})}, \boldsymbol{y}^{(\text{훈련})})$이 주어졌을 때, 훈련 집합 전체에 관한 y의 예측을 다음과 같이 표현할 수 있다.

$$\hat{\boldsymbol{y}}^{(\text{훈련})} = \boldsymbol{X}^{(\text{훈련})}\boldsymbol{w}. \tag{5.70}$$

$\boldsymbol{y}^{(\text{훈련})}$의 분포를 가우스 조건부 분포로 표현하면 다음과 같은 수식이 나온다.

$$p(\boldsymbol{y}^{(\text{훈련})} \mid \boldsymbol{X}^{(\text{훈련})}, \boldsymbol{w}) = \mathcal{N}(\boldsymbol{y}^{(\text{훈련})};\ \boldsymbol{X}^{(\text{훈련})}\boldsymbol{w}, \boldsymbol{I})]$$

$$\propto \exp\!\left(-\frac{1}{2}(\boldsymbol{y}^{(\text{훈련})} - \boldsymbol{X}^{(\text{훈련})}\boldsymbol{w})^{\top}(\boldsymbol{y}^{(\text{훈련})} - \boldsymbol{X}^{(\text{훈련})}\boldsymbol{w})\right). \tag{5.72}$$

이는 y에 대한 가우스 분포의 분산이 1이라는 가정하에서 표준적인 MSE 공식을 따른 것이다. 이제부터는 간단한 수식 표기를 위해 $(\boldsymbol{X}^{(\text{훈련})}, \boldsymbol{y}^{(\text{훈련})})$을 그냥 $(\boldsymbol{X}, \boldsymbol{y})$로 표기하기로 한다.

모형 매개변수 벡터 $\boldsymbol{w}$에 관한 사후분포를 구하려면 먼저 사전분포를 지정해야 한다. 그러한 사전분포는 매개변수들의 참값에 대한 우리의 소박한 믿음을 반영한 것이어야 한다. 우리의 사전 믿음들을 모형의 매개변수로 표현하기가 어렵거나 부자연스러울 때도 종종 있지만, 실제 응용에서는 $\boldsymbol{\theta}$에 대한 우리의 믿음이 대단히 불확실하다는 점을 반영하기 위해 상당히 넓은 분포를 가정하는 경우가 많다. 실숫값 매개변수에 대해서는 다음과 같이 가우스 분포를 사전분포로 사용하는 것이 일반적이다.

$$p(\boldsymbol{w}) = \mathcal{N}(\boldsymbol{w};\boldsymbol{\mu}_0, \boldsymbol{\Lambda}_0) \propto \exp\!\left(-\frac{1}{2}(\boldsymbol{w} - \boldsymbol{\mu}_0)^{\top}\boldsymbol{\Lambda}_0^{-1}(\boldsymbol{w} - \boldsymbol{\mu}_0)\right). \tag{5.73}$$

여기서 $\boldsymbol{\mu}_0$과 $\boldsymbol{\Lambda}_0$은 각각 사전분포의 평균 벡터와 공분산행렬이다.[1]

사전분포를 지정한 후에는 모형 매개변수들에 관한 **사후확률분포**(posterior probability distribution), 줄여서 사후분포를 구하는 단계로 넘어간다.

$$p(\boldsymbol{w} \mid \boldsymbol{X}, \boldsymbol{y}) \propto p(\boldsymbol{y} \mid \boldsymbol{X}, \boldsymbol{w})p(\boldsymbol{w}) \tag{5.74}$$

$$\propto \exp\!\left(-\frac{1}{2}(\boldsymbol{y} - \boldsymbol{X}\boldsymbol{w})^{\top}(\boldsymbol{y} - \boldsymbol{X}\boldsymbol{w})\right)\exp\!\left(-\frac{1}{2}(\boldsymbol{w} - \boldsymbol{\mu}_0)^{\top}\boldsymbol{\Lambda}_0^{-1}(\boldsymbol{w} - \boldsymbol{\mu}_0)\right) \tag{5.75}$$

$$\propto \exp\!\left(-\frac{1}{2}\left(-2\boldsymbol{y}^{\top}\boldsymbol{X}\boldsymbol{w} + \boldsymbol{w}^{\top}\boldsymbol{X}^{\top}\boldsymbol{X}\boldsymbol{w} + \boldsymbol{w}^{\top}\boldsymbol{\Lambda}_0^{-1}\boldsymbol{w} - 2\boldsymbol{\mu}_0^{\top}\boldsymbol{\Lambda}_0^{-1}\boldsymbol{w}\right)\right). \tag{5.76}$$

---

[1] 특별한 구조의 공분산행렬을 사용할 이유가 있는 것이 아닌 한, 일반적으로 이 책에서는 공분산행렬이 대각 공분산행렬 $\boldsymbol{\Lambda}_0 = \text{diag}(\boldsymbol{\lambda}_0)$이라고 가정한다.

이제 $\boldsymbol{\varLambda}_m = \left(\boldsymbol{X}^\top \boldsymbol{X} + \boldsymbol{\varLambda}_0^{-1}\right)^{-1}$과 $\boldsymbol{\mu}_m = \boldsymbol{\varLambda}_m\left(\boldsymbol{X}^\top \boldsymbol{y} + \boldsymbol{\varLambda}_0^{-1}\boldsymbol{\mu}_0\right)$을 정의한다. 이 두 변수를 이용하면 사후분포를 다음과 같이 가우스 분포 형태로 표현할 수 있다.

$$p(\boldsymbol{w} \mid \boldsymbol{X}, \boldsymbol{y}) \propto \exp\left(-\frac{1}{2}(\boldsymbol{w} - \boldsymbol{\mu}_m)^\top \boldsymbol{\varLambda}_m^{-1}(\boldsymbol{w} - \boldsymbol{\mu}_m) + \frac{1}{2}\boldsymbol{\mu}_m^\top \boldsymbol{\varLambda}_m^{-1}\boldsymbol{\mu}_m\right) \tag{5.77}$$

$$\propto \exp\left(-\frac{1}{2}(\boldsymbol{w} - \boldsymbol{\mu}_m)^\top \boldsymbol{\varLambda}_m^{-1}(\boldsymbol{w} - \boldsymbol{\mu}_m)\right). \tag{5.78}$$

매개변수 벡터 $\boldsymbol{w}$에 포함되지 않는 항들은 모두 생략했다. 분포의 적분이 1이 나오도록 반드시 분포를 정규화해야 하므로, 이들의 소거는 정당하다. 다변량 가우스 분포를 정규화하는 방법은 식 3.23을 보기 바란다.

이 사후분포를 잘 살펴보면 베이즈 추론의 효과를 어느 정도 직관적으로 이해할 수 있다. 대부분의 경우에는 $\boldsymbol{\mu}_0$을 $\boldsymbol{0}$으로 둔다. $\boldsymbol{\varLambda}_0 = \frac{1}{\alpha}\boldsymbol{I}$로 두면, 해당 $\boldsymbol{\mu}_m$으로 구한 $\boldsymbol{w}$의 추정값은 빈도론자 선형회귀에서 가중치 감쇄 벌점 $\alpha\boldsymbol{w}^\top\boldsymbol{w}$를 적용해서 구한 추정값과 같아진다. 한 가지 차이점은, α를 0으로 두면 베이즈 추정값이 정의되지 않는다는 것이다. 애초에, $\boldsymbol{w}$에 대한 무한히 넓은 분포를 사전분포로 삼아서 베이즈 학습 과정을 시작하는 것은 허용되지 않는다. 좀 더 중요한 차이점은, 베이즈 추정이 하나의 추정값 $\boldsymbol{\mu}_m$이 아니라 $\boldsymbol{w}$의 서로 다른 모든 값의 가능도를 담은 공분산행렬을 제공한다는 것이다.

5.6.1 최대 사후확률(MAP) 추정

원리가 있는 접근 방식들은 대부분 매개변수 $\boldsymbol{\theta}$에 관한 베이즈 사후확률 전체를 이용해서 예측을 수행하지만, 점 추정값 하나만 구하는 것이 바람직할 때도 여전히 많다. 점 추정값을 원하는 흔한 이유 하나는, 대부분의 흥미로운 모형들에서는 베이즈 사후분포가 관여하는 계산들이 처리 불가능 수준이지만, 그것을 점 추정값으로 근사하는 것은 처리 가능한 수준이다. 그런 경우 그냥 최대가능도 접근 방식으로 점 추정값을 구하는 대신, 사전분포가 점 추정값의 선택에 영향을 미치게 함으로써 베이즈 접근 방식의 일부 장점을 취할 수 있다. 이를 수행하는 한 가지 합리적인 방법은 **최대 사후확률**(maximum a posteriori, MAP) 점 추정값을 사용하는 것이다. MAP 추정에서는 사후확률이 가장 큰 점($\boldsymbol{\theta}$가 연속 변수인 좀 더 일반적인 경우에서는 확률밀도가 가장 큰 점)을 선택한다.

$$\boldsymbol{\theta}_{\mathrm{MAP}} = \arg\max_{\boldsymbol{\theta}} p(\boldsymbol{\theta} \mid \boldsymbol{x}) = \arg\max_{\boldsymbol{\theta}} \log p(\boldsymbol{x} \mid \boldsymbol{\theta}) + \log p(\boldsymbol{\theta}). \tag{5.79}$$

우변을 보면 $\log p(\boldsymbol{x} \mid \boldsymbol{\theta})$가 있는데, 기억하겠지만 이것은 표준 로그가능도 항이다. 그리고 $\log p(\boldsymbol{\theta})$가 바로 점 추정값에 영향을 미치는 사전분포이다.

한 예로, 가중치 벡터 $\boldsymbol{w}$에 대한 선형회귀 모형에 가우스 분포를 사전분포로 적용한다고 하자. 그 사전분포가 $\mathcal{N}(\boldsymbol{w}; 0, \frac{1}{\lambda}\boldsymbol{I}^2)$이라고 할 때, 식 5.79의 로그 사전분포 항은 익숙한 가중치 감쇄 벌점 항 $\lambda \boldsymbol{w}^\top \boldsymbol{w}$에 하나의 항을 더한 것에 비례한다. 후자의 항은 $\boldsymbol{w}$에 의존하지 않으며 학습 과정에 영향을 미치지 않는다. 따라서, 가중치들에 대한 가우스 사전분포를 사용한 MAP 베이즈 추론은 가중치 감쇄에 해당한다.

완전한 베이즈 추론처럼 MAP 베이즈 추론은 사전분포가 제공하는, 훈련 자료에는 없는 정보를 활용할 수 있다는 장점이 있다. 그러한 추가 정보는 MAP 점 추정값의 분산을 줄이는(ML 추정값과 비교할 때) 데 도움이 된다. 그러나 편향이 커진다는 대가를 치러야 한다.

가중치 감쇄로 정칙화한 최대가능도 학습처럼 정칙화를 적용한 추정 전략 중에는 베이즈 추론에 대해 MAP 근사를 적용한 것으로 해석할 수 있는 것들이 많다. 그러한 해석은 정칙화가 어떤 여분의(extra; 추가적인) 항을 $\log p(\boldsymbol{\theta})$에 대응되는 목적함수에 추가하는 형태일 때 유효하다. 모든 정칙화 벌점이 MAP 베이즈 추론에 해당하지는 않는다. 예를 들어 정칙화 항이 확률분포의 로그가 아닌 경우도 있다. 또한, 정칙화 항이 자료에 의존할 때도 있는데, 그러한 경우에는 당연히 사전확률분포의 사용이 허용되지 않는다.

MAP 베이즈 추론은 복잡하지만 해석 가능한 정칙화 항을 수월하게 설계하는 한 방법이 된다. 예를 들어 하나의 가우스 분포가 아니라 여러 가우스 분포의 혼합분포를 사전분포로 두어서 그로부터 좀 더 복잡한 벌점 항을 유도할 수도 있다(Nowlan & Hinton, 1992).

5.7 지도 학습 알고리즘

§5.1.3에서 이야기했듯이, 지도 학습 알고리즘은 간단히 말해서 특정 입력을 특정 출력에 연관시키는 방법을 입력 견본 모음 $\boldsymbol{x}$와 출력(목표) 모음 $\boldsymbol{y}$로 이루어진 하나의 훈련

집합으로부터 배우는 알고리즘이다. 그런데 y의 출력 사례들을 자동으로 수집하기가 어려워서 사람, 즉 '지도 교사(supervisor; 또는 감독)'가 출력들을 제공하는 경우가 많다. 그러나 훈련 집합의 목표들을 사람의 개입 없이 자동으로 수집하는 경우에도 여전히 '지도' 학습이라는 용어를 사용한다.

5.7.1 확률적 지도 학습

이 책에 나오는 대부분의 지도 학습 알고리즘은 확률분포 $p(y \mid \boldsymbol{x})$의 추정에 기초한다. 그러한 확률분포를 간단하게 추정하는 방법은, 그냥 분포 $p(y \mid \boldsymbol{x};\boldsymbol{\theta})$들의 한 매개변수적 모임(parametric family)에 대해 최상의 매개변수 벡터 $\boldsymbol{\theta}$를 최대가능도 추정을 이용해서 구하는 것이다.

선형회귀가 다음과 같은 매개변수적 확률분포 모임(분포족)에 대응된다는 점은 이미 앞에서 보았다.

$$p(y \mid \boldsymbol{x};\boldsymbol{\theta}) = \mathcal{N}(y;\boldsymbol{\theta}^\top \boldsymbol{x},\boldsymbol{I}). \tag{5.80}$$

그런데 이와는 다른 매개변수적 분포족을 정의하면 선형회귀를 분류 문제로 일반화할 수 있다. 견본들이 속하는 부류들이 두 개일 때는 두 부류 중 하나의 확률만 지정하면 된다. 두 부류의 확률들의 합은 1이어야 하므로, 한 부류의 확률을 알면 다른 한 부류의 확률도 알 수 있다.

이제까지 선형회귀 예제들에 사용한 실숫값 수치들에 관한 정규분포는 평균으로 매개변수화된다. 이 경우 그 평균은 어떤 값이라도 가능하다. 이진 변수에 관한 분포는 이보다 조금 복잡하다. 그런 분포의 평균은 항상 0과 1 사이여야 하기 때문이다. 이 문제를 해결하는 한 가지 방법은 로그 S자형 함수를 이용해서 일차함수의 출력을 구간 (0, 1)로 압축하고, 그 구간의 값을 확률로 사용하는 것이다.

$$p(y = 1 \mid \boldsymbol{x};\boldsymbol{\theta}) = \sigma(\boldsymbol{\theta}^\top \boldsymbol{x}). \tag{5.81}$$

이런 접근 방식을 **로지스틱 회귀**(logistic regression)라고 부른다(모형을 회귀가 아니라 분류에 사용한다는 점에서 다소 어색한 용어라고 할 수 있다).

선형회귀에서는 정규방정식을 풀어서 최적의 가중치들을 구할 수 있었다. 로지스틱 회귀에서는 최적의 가중치들을 구하기가 그보다 좀 더 어렵다. 이 경우에는 최적의 가중치에 대한 닫힌 형식의 해가 없기 때문이다. 대신, 경사 하강법을 이용해서 음의 로그가능도를 최소화해서 최적의 가중치들을 구해야 한다.

이러한 전략은 본질적으로 모든 감독 학습 문제에 적용할 수 있다. 주어진 입력 변수들과 출력 변수에 적합한 조건부 확률분포들의 매개변수적 모임을 지정하기만 하면 된다.

5.7.2 지지 벡터 기계

지도 학습에 대한 가장 영향력 있는 접근 방식 중 하나는 지지 벡터 기계(support vector machine, SVM)이다(Boser 외, 1992; Cortes & Vapnik, 1995). 이 모형은 일차함수 $\boldsymbol{w}^\top \boldsymbol{x} + b$ 가 학습을 주도한다는 점에서 로지스틱 회귀와 비슷하다. 그러나 로지스틱 회귀와는 달리 지지 벡터 기계는 확률들을 제공하지 않는다. 그냥 주어진 입력이 속한 부류만 알려줄 뿐이다. $\boldsymbol{w}^\top \boldsymbol{x} + b$가 양수일 때 SVM은 양성 부류(positive class)가 있다는 예측 결과를 제시한다. 마찬가지로, $\boldsymbol{w}^\top \boldsymbol{x} + b$가 음수일 때는 음성 부류(negative class)가 있음을 예측한다.

지지 벡터 기계의 혁신적인 특징 하나는 **핵 요령**(kernel trick)을 사용한다는 것이다. 핵 요령은 여러 가지 기계 학습 알고리즘을 전적으로 견본들의 내적(dot product)으로만 표현할 수 있다는 통찰에 기초한다. 예를 들어, 지지 벡터 기계가 사용하는 일차함수를 다음과 같이 표현할 수 있다.

$$\boldsymbol{w}^\top \boldsymbol{x} + b = b + \sum_{i=1}^{m} \alpha_i \boldsymbol{x}^\top \boldsymbol{x}^{(i)}. \tag{5.82}$$

여기서 $\boldsymbol{x}^{(i)}$는 하나의 훈련 견본이고 $\boldsymbol{\alpha}$는 계수들의 벡터이다. 학습 알고리즘을 이런 식으로 표현한 후에는, $\boldsymbol{x}$를 주어진 특징 함수(feature function) $\phi(\boldsymbol{x})$의 출력으로 대체하고 내적을 함수 $k(\boldsymbol{x}, \boldsymbol{x}^{(i)}) = \phi(\boldsymbol{x}) \cdot \phi(\boldsymbol{x}^{(i)})$로 대체할 수 있다. 후자의 함수를 수학에서 **핵**(kernel)이라고 부른다. · 연산자는 $\phi(\boldsymbol{x})^\top \phi(\boldsymbol{x}^{(i)})$와 비슷한 내적 연산을 나타낸다. 특징 공간에 따라서는 익숙한 벡터 내적 연산을 그대로 적용할 수 없을 때가 있다. 예를 들어 일부 무한차원 공간에서는 합산이 아니라 적분에 기초한, 벡터 내적과는 다른 형태의 내적을 사용해야 한다. 그런 종류의 내적에 대한 상세한 설명은 이 책의 범위를 넘는 것이다.

내적을 핵의 평가로 대체한 후에는 다음과 같은 함수를 이용해서 예측을 수행할 수 있다.

$$f(\boldsymbol{x}) = b + \sum_i \alpha_i k(\boldsymbol{x}, \boldsymbol{x}^{(i)}). \tag{5.83}$$

이 함수는 $\boldsymbol{x}$에 대해 비선형이지만, $\phi(\boldsymbol{x})$와 $f(\boldsymbol{x})$의 관계는 선형(일차)이다. 또한, $\boldsymbol{\alpha}$와 $f(\boldsymbol{x})$의 관계도 선형이다. 이러한 핵 기반 함수는 먼저 모든 입력에 $\phi(\boldsymbol{x})$를 적용해서 자료 공간을 변환한 후 그 공간에서 선형 모형을 학습하는 것과 정확히 동등하다.

이러한 핵 요령은 두 가지 이유에서 강력하다. 첫째로, 핵 요령을 적용하면 $\boldsymbol{x}$의 비선형 함수에 해당하는 모형을, 효율적인 수렴이 보장되는 볼록함수 최적화 기법들을 이용해서 학습할 수 있다. 이것이 가능한 이유는, 그런 경우 ϕ가 고정되었다고 가정하고 $\boldsymbol{\alpha}$만 최적화하기 때문이다. 즉, 최적화 알고리즘을 원래의 문제와는 다른 공간에서 일차함수인 하나의 결정 함수(decision function)로 볼 수 있는 것이다. 둘째로, 핵 함수 k를 좀 더 효율적으로 계산할 수 있다. 그냥 두 $\phi(\boldsymbol{x})$ 벡터들을 만들어서 그 내적을 취하는 소박한 방식보다 더 효율적으로 계산할 수 있는 형태로 핵 함수를 구현할 수 있을 때가 많다.

때에 따라서는 $\phi(\boldsymbol{x})$가 무한차원(infinite dimensional)일 때도 핵 요령이 가능하다. 그런 경우 핵 요령을 사용하지 않는 소박하고 명시적인 계산 방식에서는 계산 비용도 무한대가 된다. 많은 경우, $\phi(\boldsymbol{x})$의 계산이 처리 불가능일 때도 $k(\boldsymbol{x}, \boldsymbol{x}')$은 $\boldsymbol{x}$의 처리 가능한 비선형 함수이다. 무한차원 특징 공간에 대한 핵의 평가가 처리 가능한 경우의 예로, 정수 x들에 대한 특징 사상(특징 함수) $\phi(x)$가 무한히 많은 수의 0들 다음에 1들로 구성된 x를 담은 한 벡터를 돌려준다고 하자. 이 경우, 핵 함수 $k(x, x^{(i)}) = \min(x, x^{(i)})$는 소박한 방법에서 그러한 벡터를 예측하는 데 필요한 무한차원 내적과 정확히 동등하다.

가장 흔히 쓰이는 핵 함수는 다음과 같은 **가우스 핵**(gaussian kernel)이다.

$$k(\boldsymbol{u}, \boldsymbol{v}) = \mathcal{N}(\boldsymbol{u} - \boldsymbol{v}; 0, \sigma^2 \boldsymbol{I}). \tag{5.84}$$

여기서 $\mathcal{N}(\boldsymbol{x}; \boldsymbol{\mu}, \boldsymbol{\Sigma})$는 표준 정규 밀도이다. 이 핵을 **방사상 기저함수**(radial basis function, RBF; 또는 방사상 기초함수) 핵이라고도 부르는데, 왜냐하면 이 핵의 값이 $\boldsymbol{v}$ 공간에서 $\boldsymbol{u}$에서부터 사방으로 뻗어 나가는('방사상') 선들을 따라 감소하기 때문이다. 가우스 핵은 어떤 무한차원 공간의 내적에 해당하지만, 그 공간을 유도하기가 앞에서 본 정수들에 관한 min 핵의 예에서처럼 쉽지는 않다.

가우스 핵을 적용하는 것을, 일종의 **템플릿 부합**(template matching)을 수행하는 것으로 생각할 수 있다. 이 경우, 훈련 이름표(목표) y에 연관된 훈련 견본 $\boldsymbol{x}$는 부류 y에 대한 하나의 템플릿(형판)이 된다. 가우스 핵은 훈련 견본 $\boldsymbol{x}$에 가까이 있는(유클리드 거리를 기준으로) 시험 자료점(test point) $\boldsymbol{x}'$에 대해 크게 반응한다. 이는 $\boldsymbol{x}'$이 $\boldsymbol{x}$ 템플릿과 아주 비슷함을 뜻한다. 그러면 학습 모형은 해당 훈련 이름표 y에 큰 가중치를 부여한다. 전체적으로, 모형은 그런 여러 훈련 이름표들을 해당 훈련 견본과의 유사성을 반영한 가중치들로 가중 결합한 값을 예측 결과로 제시한다.

핵 요령으로 개선할 수 있는 알고리즘이 지지 벡터 기계뿐인 것 아니다. 다른 여러 선형 모형들도 그런 식으로 개선할 수 있다. 핵 요령을 사용하는 알고리즘들을 통칭해서 **핵 기계**(kernel machines) 또는 **핵법**(kernel method) 알고리즘이라고 부른다(Williams & Rasmussen, 1996; Schölkopf 외, 1999).

핵 기계들의 주된 단점은 결정 함수의 평가 비용이 훈련 견본 개수에 정비례해서 증가한다는 것이다. 이는 i번째 견본이 결정 함수의 $\alpha_i k(\boldsymbol{x}, \boldsymbol{x}^{(i)})$ 항에 기여하기 때문이다. 지지 벡터 기계에서는, 0인 성분들이 대부분인 $\boldsymbol{\alpha}$ 벡터를 학습함으로써 그러한 비용 부담을 완화할 수 있다. 그런 경우, 새 견본을 분류할 때 0이 아닌 α_i가 있는 훈련 견본들에 대해서만 핵 함수를 평가하면 된다. 그런 훈련 견본을 **지지 벡터**(support vector)라고 부른다.

핵 기계의 또 다른 단점은, 자료 집합이 클 때 훈련의 계산 비용이 높다는 것이다. 이 문제는 §5.9에서 다시 살펴보기로 한다. 일반적인(generic) 핵을 가진 핵 기계는 잘 일반화되지 않는데, 그 이유는 §5.11에서 설명하겠다. 현재 형태의 심층 학습은 핵 기계의 이러한 한계들을 극복하기 위해 고안된 것이다. 한동안 잊혔던 심층 학습은 MNIST 벤치마크에서 신경망이 RBF 핵 SVM보다 더 나은 성과를 낼 수 있음을 2006년에 힌턴을 비롯한 연구자들이 증명하면서(Hinton 외, 2006) 부활했다.

5.7.3 그 밖의 간단한 지도 학습 알고리즘들

또 다른 비확률적 지도 학습 알고리즘을 앞에서 이미 만난 적이 있다. 최근접 이웃 회귀가 바로 그것이다. 좀 더 일반적으로, k-최근접 이웃(k-nearest neighbors)이라고 부르는 부류의 기법들을 분류 과제나 회귀 과제에 사용할 수 있다. 비매개변수적 학습 알고리즘으로서의 k-최근접 이웃 알고리즘들은 매개변수들의 개수가 고정된 문제들에 한정되지는 않는다. 일반적으로 k-최근접 이웃 알고리즘에는 매개변수가 없다고 간주한다. 대신, 이런 알고리즘은 훈련 자료의 단순 함수를 구현하는 것으로 간주한다. 실제로, 이런 알고리즘에는 훈련 단계나 학습 과정 같은 것이 아예 없다. 대신, 새 시험 입력 x에 대한 출력 y를 얻고자 하는 시험 과정에서 k-최근접 이웃 알고리즘은 훈련 자료 X에서 x에 가장 가까운(최근접) 이웃 k개를 찾아내고, 그에 해당하는 y 값들(훈련 집합에 있는)의 평균을 돌려준다. 이러한 기법은 본질적으로 y 값들에 관한 평균을 정의할 수 있는 모든 종류의 지도 학습에 적용할 수 있다. 분류의 경우에는 한 성분만 0이 아닌, 즉 $c_y = 1$이고 그 외의 모든 i에 대해서는 $c_i = 0$인 '원핫one-hot' 부호 벡터(code vector) c에 대해 평균을 구하면 된다. 그러한 원핫 부호 벡터의 평균을 분류할 부류들에 관한 확률분포로 간주할 수 있다. 비매개변수적 학습 알고리즘으로서의 k-근접 이웃 알고리즘은 그 수용력이 아주 높을 수 있다. 예를 들어 성과를 0-1 손실로 측정하는 다부류(multiclass) 분류 과제를 생각해 보자. 그런 과제에 대한 1-최근접 이웃 알고리즘은 훈련 견본의 개수가 무한대에 접근함에 따라 베이즈 오차의 두 배로 수렴한다. 오차가 베이즈 오차보다 크면 알고리즘은 거리가 같은 이웃이 여러 개일 때 그중 하나를 무작위로 선택한다. 그런데 훈련 집합의 크기가 무한대이면 모든 시험 자료점 각각에 대해 거리가 0인 이웃이 무한히 많아지며, 따라서 알고리즘은 베이즈 오류율로 수렴하게 된다. 큰 수용력 덕분에 k-최근접 이웃은 큰 훈련 집합에 대해 정확도가 높다. 대신 계산 비용이 크며, 작고 유한한 훈련 집합에 대해서는 잘 일반화되지 않을 수 있다. k-최근접 이웃 알고리즘의 한 가지 약점은 한 특징이 다른 특징들보다 좀 더 특이하다는 사실을 배우지 못한다는 것이다. 예를 들어 등방성 가우스 분포에서 뽑은 $x \in \mathbb{R}^{100}$에 대한 회귀 과제가 있는데, 하나의 변수(특징) x_1만 출력과 유관하다고 하자. 더 나아가서, 그 특징이 그냥 그대로 출력으로 이어진다고 가정하자. 즉, 모든 경우에서 $y = x_1$이다. 최근접 이웃 회귀는 이런 단순한 패턴을 검출하지 못한다. x의 대부분의 자료점들에서 최근접 이웃은 특징 x_1만이 아니라 x_2에서 x_{100}까지의 다수의 특징들을 고려해서 결정된다. 따라서, 작은 훈련 집합에 대한 출력은 본질적으로 무작위하다(즉, 확률적이다).

입력 공간을 여러 영역으로 나누고 영역마다 개별적인 매개변수를 두는 또 다른 종류의 학습 알고리즘으로 **결정 트리**(decision tree; 또는 의사결정 트리) 알고리즘(Breiman 외, 1984)과 그것의 여러 변형이 있다. 그림 5.7에서 보듯이, 결정 트리의 각 노드는 입

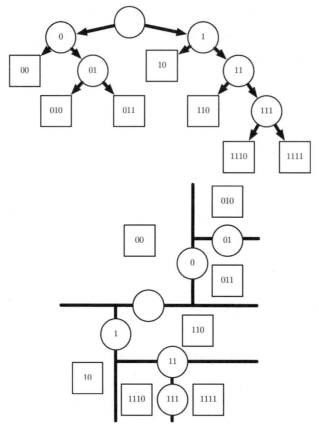

그림 5.7: 결정 트리의 작동 방식을 보여주는 도식. (위) 트리의 각 노드는 입력 견본들을 자신의 왼쪽 자식 노드(0)로 보낼지 아니면 오른쪽 자식 노드(1)로 보낼지 결정한다. 그림에서 동그란 노드는 내부 노드이고 사각형 노드는 잎 노드이다. 노드 안의 번호(이진수)는 트리 안에서 그 노드의 위치를 뜻하는데, 부모 노드를 기준으로 한 자신의 위치에 해당하는 비트(왼쪽 또는 위쪽이면 1, 오른쪽 또는 아래쪽이면 0)를 부모 노드의 번호에 이어붙인 것이다. (아래) 트리는 공간을 영역들로 나눈다. 그림의 예에서 공간은 $\mathbb{R}^2$ 평면이다. 내부 노드를 지나는 직선은 그 노드가 견본들을 분류하는 기준(결정의 경계선)임을 뜻한다. 잎 노드는 자신이 받는 견본들이 속하는 영역의 중앙에 표시되어 있다. 결과적으로 결정 트리는 조각별 상수 함수(piecewise-constant function)처럼 작용하는데, 각 잎 노드가 각 조각에 대응된다. 잎 노드들을 정의하려면 잎 노드당 적어도 하나의 훈련 견본이 필요하므로, 극소점이 훈련 견본보다 많은 함수를 결정 트리로 학습하는 것은 불가능하다.

력 공간의 한 영역과 연관되며, 내부 노드는 그 영역을 하위 영역들로 분할한다(흔히 축 정렬 절단(axis-aligned cut)을 통해서). 그러한 각 하위 영역은 각각의 자식 노드에 연관된다. 결과적으로 하나의 입력 공간은 서로 겹치지 않는 다수의 영역들로 분할되며, 잎 노드(leaf node; 또는 말단 노드)들과 분할된 입력 영역들 사이에 일대일 관계가 성립한다. 일반적으로 각 잎 노드는 해당 입력 영역의 모든 점을 같은 출력으로 사상한다. 결정 트리의 훈련에는 특화된 알고리즘들이 쓰이는데, 그런 알고리즘들은 이 책의 범위를 넘는 주제이다. 임의의 크기의 트리를 학습할 수 있는 학습 알고리즘은 비매개변수적 알고리즘으로 간주되지만, 실제 응용에서는 결정 트리의 크기를 제약하는 정칙화를 통해서 비매개변수적 알고리즘을 매개변수적 알고리즘으로 바꾸는 방법이 흔히 쓰인다. 흔히 쓰이는 형태의 결정 트리, 즉 축 정렬 절단과 노드별 상수 출력을 특징으로 하는 결정 트리에는 로지스틱 회귀로도 쉽게 풀리는 몇몇 문제를 제대로 풀지 못하는 단점이 있다. 예를 들어 $x_2 > x_1$이면 양성 부류가 발생하는 2부류 분류 문제에서는 결정의 경계선이 축에 정렬되지 않는다. 따라서 결정 트리는 다수의 노드로 그러한 결정 경계선을 근사해야 한다(실제 결정 함수의 경계선을 축에 정렬된 단계들로 끊임없이 왕복하는 단계 함수를 구현해서).

지금까지의 논의에서 보았듯이, 최근접 이웃 예측 알고리즘과 결정 트리에는 한계가 많다. 그렇긴 하지만, 계산 자원이 제한된 상황에서는 이들이 유용한 학습 알고리즘이다. 또한, k-최근접 이웃이나 결정 트리를 학습 알고리즘의 한 기준으로 활용할 수도 있다. 즉, 어떤 좀 더 복잡한 학습 알고리즘을 만났을 때, k-최근접 이웃이나 결정 트리와 다른 점과 비슷한 점을 고찰하면 그 알고리즘을 좀 더 파악할 수 있다.

전통적인 지도 학습 알고리즘에 관한 좀 더 자세한 내용은 [Murphy, 2012]나 [Bishop, 2006], [Hastie 외, 2001] 등의 다른 기계 학습 교과서를 보기 바란다.

5.8 비지도 학습 알고리즘

§5.1.3에서 이야기했듯이, 비지도 학습 알고리즘들은 그 어떤 지도, 지시도 받지 않고 그냥 '특징'들만 경험해서 뭔가를 배운다. 지도 학습과 비지도 학습 알고리즘의 차이가 공식적이고 엄격하게 정의되지는 않는데, 왜냐하면 하나의 값이 특징인지 아니면 지도 교사가 제공한 목표인지 구별하는 어떤 궁극의 판정 방법은 없기 때문이다. 비공식적으로, 비지도 학습은 사람이 견본들에 일일이 이름표(목표)를 부여해 주지 않아도 분포로부터 정보를 최대한 뽑아내려는 학습 알고리즘을 뜻한다. 비지도 학습은 흔히 밀도 추정, 분포에서 표본을 추출하는 방법의 학습, 분포에서 얻은 자료의 잡음 제거

방법 학습, 자료가 근처에 있는 다양체(manifold) 찾기, 서로 연관된 견본들로 무리 짓기 같은 응용과 연관된다.

비지도 학습의 고전적인 예로, 주어진 자료를 가장 잘 나타내는 '최상의(best)' 표현을 찾는 과제가 있다. 여기서 '최상'의 의미는 상황에 따라 다를 수 있지만, 일반적으로는 x에 관한 정보를 최대한 유지하는 표현을 최상의 표현으로 간주한다. 물론 이것은 자료가 아니라 그 표현이므로, 어떤 제약이나 벌점이 적용해서 x 자체보다 더 단순하거나 좀 더 다루기 쉬운 형태가 되게 해야 한다.

그런데 '더 단순한' 표현의 정의도 여러 가지인데, 저차원 표현(lower-dimensional representation)과 희소 표현(sparse representation), 독립 표현(independent representation) 세 가지가 가장 흔히 쓰인다. 저차원 표현은 x에 관한 최대한 많은 정보를 압축해서 더 작은 크기의 표현을 만들려고 한다. 희소 표현(Barlow, 1989; Olshausen & Field, 1996; Hinton & Ghahramani, 1997)은 대부분의 입력에 대해 성분이 0인 표현에 자료 집합을 내장한다. 일반적으로, 희소 표현을 사용하면 표현의 차원이 증가한다. 따라서 표현에 0들이 많이 있어도 정보가 너무 많이 소실되지는 않는다. 결과적으로, 표현의 전체적인 구조는 자료가 표현 공간의 축들에 따라 분포되는 경향을 보인다. 독립 표현은 자료 분포에 깔린 변동의 원천들을 풀어헤쳐서(desentangle), 표현의 차원들이 통계적으로 독립이 되게 만들려고 한다.

물론, 이러한 '단순 표현'의 기준들이 엄격하게 상호배제적이지는 않다. 예를 들어 저차원 표현은 원래의 고차원 자료보다 성분들 사이의 의존성(종속관계)이 더 적거나 더 약할 때가 많다. 이는, 표현의 크기를 줄이는 한 가지 방법이 중복(redundnacy)을 찾아서 제거하는 것이기 때문이다. 중복들을 많이 식별해서 제거할수록, 차원 축소(dimensionality reduction) 알고리즘은 정보를 덜 잃으면서 더 많은 정보를 압축할 수 있게 된다.

자료의 표현이라는 개념은 심층 학습의 중심 주제 중 하나이며, 따라서 이 책의 중심 주제 중 하나이다. 이번 절에서는 표현 학습 알고리즘의 간단한 예 몇 가지를 살펴본다. 전체적으로 이 예제 알고리즘들은 앞에서 말한 세 가지 기준 모두를 활용하는 방법을 보여준다. 그리고 이후의 대부분의 장들에서는 이러한 기준들을 다른 식으로 전개하거나 또 다른 기준을 도입하는 추가적인 표현 학습 알고리즘들을 소개한다.

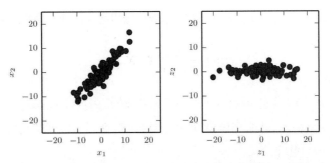

그림 5.8: PCA는 새로운 자료 공간의 축들과의 분산이 가장 큰 방향으로 정렬되는 선형 투영(linear projection)을 배운다. (왼쪽) 원래의 자료는 x의 표본들로 구성된다. 이 공간에서 최대 분산이 일어나는 방향은 공간의 축들과 정렬되지 않았다. (오른쪽) 변환된 자료 $z = x^{\top} W$의 대부분의 점들은 이제 축 z_1과 정렬된다. 그리고 분산이 두 번째로 큰 방향은 z_2 축과 정렬된다.

5.8.1 주성분분석

§2.12에서 보았듯이, 주성분분석(PCA) 알고리즘을 일종의 자료 압축 수단으로 사용할 수 있다. 그런데 PCA를 자료의 표현을 배우는 비지도 학습 알고리즘으로 사용할 수도 있다. 그러한 표현은 앞에서 말한 세 가지 단순 표현 기준 중 둘에 기초한다. PCA는 원래의 입력보다 차원이 낮은(차원수가 작은) 표현을 학습한다. 또한, PCA는 성분들 사이에 선형(일차) 관계가 없는 표현을 학습한다. 이는 독립 표현, 즉 성분들이 통계적으로 독립인 표현의 학습으로 가는 첫 걸음이다. 표현 학습 알고리즘이 완전한 독립성을 달성하려면, 변수들 사이의 비선형 관계도 제거할 수 있어야 한다.

PCA는 그림 5.8에서처럼 입력 x를 표현 z로 직교투영하는 하나의 선형 변환(일차 변환)을 학습한다. §2.12에서 보았듯이, 원래의 자료를 가장 잘(평균제곱오차를 기준으로) 재구축하는 1차원 표현을 학습하는 것이 가능하다. 그런데 그러한 표현은 바로 자료의 첫 번째 주성분에 해당한다. PCA를 자료의 정보를 최대한 유지하는(역시 평균제곱오차를 기준으로) 간단하고 효과적인 차원 축소 방법으로 사용할 수 있는 것은 그 때문이다. 다음으로, PCA 표현이 원래의 자료 표현 X의 상관관계를 제거한다는 점을 살펴보자.

$m \times n$ 설계 행렬 X를 생각해 보자. 자료의 평균이 0이라고, 즉 $\mathbb{E}[x] = 0$이라고 가정하겠다. 그렇지 않은 경우에는 전처리 단계에서 모든 견본에서 평균을 빼서 자료를 중앙으로 이동하면 된다.

X와 연관된 불편(치우치지 않은) 표본 공분산행렬은 다음과 같이 주어진다.

$$\text{Var}[\boldsymbol{x}] = \frac{1}{m-1} \boldsymbol{X}^\top \boldsymbol{X}. \tag{5.85}$$

PCA는 표현 $\boldsymbol{z} = \boldsymbol{W}^\top x$를 찾는다(선형 변환을 통해서). 여기서 $\text{Var}[\boldsymbol{z}]$는 대각행렬이다.

§2.12에서 보았듯이, 설계 행렬 $\boldsymbol{X}$의 주성분은 $\boldsymbol{X}^\top \boldsymbol{X}$의 고유벡터이다. 그러한 관점에서 다음이 성립한다.

$$\boldsymbol{X}^\top \boldsymbol{X} = \boldsymbol{W} \boldsymbol{\Lambda} \boldsymbol{W}^\top. \tag{5.86}$$

이번 절에서는 주성분을 다른 방식으로 유도한다. 특잇값 분해(SVD)로도 주성분들을 구할 수 있다. 구체적으로 말하면, 주성분은 $\boldsymbol{X}$의 우특이벡터이다. 실제로 그런지 확인해 보자. $\boldsymbol{W}$가 특잇값 분해 $\boldsymbol{X} = \boldsymbol{U} \boldsymbol{\Sigma} \boldsymbol{W}^\top$의 우특이벡터들로 이루어진 행렬이라고 하자. 그러면 $\boldsymbol{W}$를 고유벡터 기저로 사용해서 원래의 고유벡터 방정식을 복원할 수 있다.

$$\boldsymbol{X}^\top \boldsymbol{X} = (\boldsymbol{U} \boldsymbol{\Sigma} \boldsymbol{W}^\top)^\top \boldsymbol{U} \boldsymbol{\Sigma} \boldsymbol{W}^\top = \boldsymbol{W} \boldsymbol{\Sigma}^2 \boldsymbol{W}^\top. \tag{5.87}$$

SVD는 PCA가 하나의 대각행렬 $\text{Var}[z]$를 산출함을 보이는 데 도움이 된다. $\boldsymbol{X}$의 분산을 $\boldsymbol{X}$의 SVD를 이용해서 다음과 같이 표현할 수 있다.

$$\text{Var}[\boldsymbol{x}] = \frac{1}{m-1} \boldsymbol{X}^\top \boldsymbol{X} \tag{5.88}$$

$$= \frac{1}{m-1} (\boldsymbol{U} \boldsymbol{\Sigma} \boldsymbol{W}^\top)^\top \boldsymbol{U} \boldsymbol{\Sigma} \boldsymbol{W}^\top \tag{5.89}$$

$$= \frac{1}{m-1} \boldsymbol{W} \boldsymbol{\Sigma}^\top \boldsymbol{U}^\top \boldsymbol{U} \boldsymbol{\Sigma} \boldsymbol{W}^\top \tag{5.90}$$

$$= \frac{1}{m-1} \boldsymbol{W} \boldsymbol{\Sigma}^2 \boldsymbol{W}^\top. \tag{5.91}$$

이 유도 과정에는 $\boldsymbol{U}^\top \boldsymbol{U} = \boldsymbol{I}$라는 사실이 쓰였다. 특잇값 분해 행렬 $\boldsymbol{U}$가 직교행렬이므로 이 항등식이 성립한다. 이제 $\boldsymbol{z}$의 공분산행렬이 우리가 기대했던 것처럼 하나의 대각행렬임을 보일 수 있다.

$$\text{Var}[\boldsymbol{z}] = \frac{1}{m-1} \boldsymbol{Z}^\top \boldsymbol{Z} \tag{5.92}$$

$$= \frac{1}{m-1} \boldsymbol{W}^\top \boldsymbol{X}^\top \boldsymbol{X} \boldsymbol{W} \tag{5.93}$$

$$= \frac{1}{m-1} \boldsymbol{W}^\top \boldsymbol{W} \boldsymbol{\Sigma}^2 \boldsymbol{W}^\top \boldsymbol{W} \tag{5.94}$$

$$= \frac{1}{m-1} \boldsymbol{\Sigma}^2. \tag{5.95}$$

이 유도 과정에는 $\boldsymbol{W}^\top \boldsymbol{W} = \boldsymbol{I}$라는 사실이 쓰였는데, 이 항등식 역시 SVD의 정의에 의해 성립한다.

이상의 분석에 따르면, 자료 $\boldsymbol{x}$를 선형 변환 $\boldsymbol{W}$를 통해서 $\boldsymbol{z}$에 투영한 결과로 얻은 표현의 공분산행렬($\boldsymbol{\Sigma}^2$)은 하나의 대각행렬이다. 따라서, $\boldsymbol{z}$의 성분들 사이에는 상관관계가 존재하지 않는다.

자료를 성분들 사이에 상관관계가 없는 표현으로 변환하는 이러한 능력은 PCA의 아주 중요한 성질이다. 이는 자료의 바탕에 깔린, 서로 엉켜 있는 **미지의 변동 인자들을 풀어헤치려** 하는 표현의 간단한 예에 해당한다. PCA에서는, $\boldsymbol{z}$와 연관된 새로운 표현 공간이 분산의 주축들에 정렬되도록 입력 공간을 회전하는 변환($\boldsymbol{W}$)을 구하는 것이 바로 그러한 풀어헤치기에 해당한다.

상관관계(correlation)가 자료의 성분들 사이의 여러 종속관계 중 중요한 관계이긴 하지만, 우리는 복잡한 형태의 특징 의존성들을 풀어헤치는 표현의 학습에도 관심이 있다. 그러한 학습을 위해서는 단순한 선형 변환 이상의 무엇인가가 필요하다.

5.8.2 k-평균 군집화

단순 표현 학습 알고리즘의 또 다른 예로 k-평균 군집화(k-means clustering)가 있다. k-평균 군집화 알고리즘은 훈련 집합의 견본들을 서로 가까이 있는 것들끼리 모아서 k개의 서로 다른 군집으로 분할한다. 따라서, 이 알고리즘은 입력 $\boldsymbol{x}$를 나타내는 k차원 원핫 부호 벡터 $\boldsymbol{h}$를 제공한다고 생각할 수 있다. 표현 $\boldsymbol{h}$에서, 만일 $\boldsymbol{x}$가 클러스터 i에 속하면 $h_i = 1$이고 나머지 모든 성분은 0이다.

k-평균 군집화가 제공하는 이러한 원핫 부호 벡터는, 모든 입력에 대해 성분들의

대다수가 0이라는 점에서 희소 표현에 해당한다. 나중에 좀 더 유연한 희소 표현을 학습하는 다른 알고리즘들도 나오는데, 그런 알고리즘에서는 각 입력 x에 대해 0이 아닌 성분이 단 하나가 아니라 여러 개일 수 있다. 희소 표현의 극단적인 예인 원핫 부호 벡터에는 분산 표현(distributed representation)의 여러 장점이 없다. 그래도 원핫 표현에는 몇 가지 통계적 장점이 남아 있으며(같은 군집의 모든 견본이 서로 비슷하다는 개념을 자연스럽게 나타낸다), 전체 표현을 하나의 정수로 요약할 수 있다는 점에서 계산상의 장점도 가지고 있다.

k-평균 군집화 알고리즘은 우선 k개의 서로 다른 무게중심(centroid) $\{\boldsymbol{\mu}^{(1)}, ..., \boldsymbol{\mu}^{(k)}\}$를 각각 다른 값으로 초기화하는 것으로 시작한다. 그런 다음에는 수렴이 일어날 때까지 두 가지 단계를 번갈아 실행한다. 한 단계에서는 각 훈련 견본에 군집 번호 i를 부여한다. 이 i는 견본에 가장 가까운 무게중심 $\boldsymbol{\mu}^{(i)}$의 색인이다. 다른 한 단계에서는 각 무게중심 $\boldsymbol{\mu}^{(i)}$를 군집 i에 배정된 모든 훈련 견본 $x^{(j)}$의 평균으로 갱신한다.

군집화를 수행할 때 어려운 점 하나는, 군집화가 본질적으로 다루기 힘든 성격의 문제라는 것이다. 특히, 자료의 군집화가 실세계와 얼마나 잘 대응되는지를 측정하는 단일한 기준이 없다. 군집의 무게중심과 군집의 구성원들 사이의 평균 유클리드 거리 같은 군집회의 어떤 성질을 측정할 수는 있다. 그런 측도기 있으면 군집 배정들로부디 훈련 자료를 얼마나 잘 재구축할 수 있는지 알 수 있다. 그렇긴 해도, 군집 배정들이 실세계의 성질들에 얼마나 잘 대응되는지는 알 수 없다. 더 나아가서, 실세계의 어떤 성질과 잘 대응되는 군집화 방식이 여러 가지일 수도 있다. 어떤 한 특징과 잘 연관되는 군집화를 찾으려 했고 실제로 그런 군집화를 찾아내긴 했지만, 그것이 애초에 의도한 과제에는 별로 쓸모가 없을 수도 있다. 예를 들어 빨간색 승용차, 빨간색 트럭, 회색 트럭, 회색 승용차를 찍은 사진들로 이루어진 자료 집합에 대해 서로 다른 두 군집화 알고리즘을 실행한다고 하자. 그런 경우 한 알고리즘은 승용차들의 군집과 트럭들의 군집을 검출하지만 다른 알고리즘은 빨간색 차량들의 군집과 회색 차량들의 군집을 검출하는 결과가 나올 수 있다. 추가로, 군집의 개수를 미리 지정할 수 있는 또 다른 군집화 알고리즘이 있어서 군집 개수를 4로 지정해서 그 알고리즘을 실행한다고 하자. 그러면 빨간 승용차, 빨간 트럭, 회색 승용차, 회색 트럭이라는 네 군집이 나올 것이다. 이러한 새로운 군집화는 두 특성 모두에 관한 정보를 포착한 것이지만, 견본들의 유사성에 관한 정보는 사라졌다. 빨간색 승용차와 회색 승용차는 승용차라는 유사성이 있지만, 이제는 각자 다른 군집에 속한다. 회색 승용차와 회색 트럭은 회색이라는 유사성이 있지만, 역시 각자 다른 군집에 속한다. 군집화 알고리즘의 이러한 결과는 빨간색 승용차가 회색 트럭보다는 회색 승용차와 더 가깝다는 사실을 말해 주지 않는다. 군집화 알고리즘의 관점에서 그 셋은 각자 다른 부류에 속하는 사물들일 뿐이다.

이러한 문제점들은 원핫 표현보다 분산 표현이 더 나은 이유가 된다. 분산 표현에서는 차량마다 두 개의 특성, 즉 차량의 색상을 나타내는 특성과 차량의 종류(트럭 또는 승용차)를 나타내는 특성을 부여할 수 있다. 어떤 분산 표현이 최적인지는 여전히 명확하지 않지만(우리가 관심이 있는 두 특성이 색상과 승용차/트럭인지 아니면 자동차 제조사와 연식인지를 학습 알고리즘이 어떻게 알 수 있을까?), 어쨌든 특성이 여러 개이면 주어진 문제에 진정으로 관련이 있는 단 하나의 특성을 알고리즘이 추측해야 하는 부담이 줄어들고, 그냥 한 특성의 부합 여부만 판정하는 것이 아니라 여러 특성을 비교함으로써 대상들의 유사성을 좀 더 세밀한 방식으로 측정할 수 있게 된다.

5.9 확률적 경사 하강법

거의 모든 심층 학습은 **확률적 경사 하강법**(stochastic gradient descent, SGD)이라고 하는 아주 중요한 알고리즘의 힘으로 진행된다. 확률적 경사 하강법은 §4.3에서 소개한 경사 하강법의 한 확장이다.

기계 학습에서는, 일반화가 잘 되려면 훈련 집합이 커야 하지만 훈련 집합이 크면 계산 비용이 커진다는 딜레마에 자주 빠진다.

기계 학습 알고리즘이 사용하는 비용함수를, 어떤 견본별 손실함수의 훈련 견본들에 관한 합으로 분해할 수 있을 때가 많다. 예를 들어 훈련 자료의 조건부 음의 로그가능도를 다음과 같이 표기할 수 있다.

$$J(\boldsymbol{\theta}) = \mathbb{E}_{\mathbf{x}, \mathbf{y} \sim \hat{p}_{\text{자료}}} L(\boldsymbol{x}, y, \boldsymbol{\theta}) = \frac{1}{m} \sum_{i=1}^{m} L(\boldsymbol{x}^{(i)}, y^{(i)}, \boldsymbol{\theta}). \tag{5.96}$$

여기서 L은 견본별 손실함수 $L(\boldsymbol{x}, y, \boldsymbol{\theta}) = -\log p(y \mid \boldsymbol{x}; \boldsymbol{\theta})$ 이다.

이런 가산적 비용함수를 이용한 경사 하강법에서는 다음을 계산해야 한다.

$$\nabla_{\boldsymbol{\theta}} J(\boldsymbol{\theta}) = \frac{1}{m} \sum_{i=1}^{m} \nabla_{\boldsymbol{\theta}} L(\boldsymbol{x}^{(i)}, y^{(i)}, \boldsymbol{\theta}). \tag{5.97}$$

이 연산의 계산 비용은 $O(m)$이다. 따라서, 훈련 집합의 견본이 수십억 개 규모로 늘어나면 경사 하강 단계 하나를 수행하는 데도 비현실적으로 긴 시간이 걸릴 수 있다.

SGD(확률적 경사 하강법)에 깔린 통찰은, 기울기가 하나의 기댓값이라는 것이다. 기댓값으로서의 기울기가 적은 수의 표본들을 이용해서 근사적으로 구한 추정값일 수 있다. 좀 더 구체적으로, 경사 하강 알고리즘의 각 단계에서는 훈련 집합에서 적은 수의 견본들을 고르게 뽑아서 하나의 **미니배치**minibatch(작은 일괄 처리 단위) $\mathbb{B} = \{\boldsymbol{x}^{(1)},$ $...,\boldsymbol{x}^{(m')}\}$을 만든다. 일반적으로 이 미니배치의 크기(견본 개수) m'을 1에서 몇백 사이의 비교적 작은 수로 설정한다. 특히 중요한 것은, 학습 과정에서 훈련 집합 크기 m을 계속 키워도 이 m'은 그대로 고정하는 경우가 많다는 것이다. 즉, 수십억 개의 견본으로 이루어진 훈련 집합을 단 백 개의 견본에 대해 계산한 갱신 값들에 적합시킬 수 있다.

미니배치 $\mathbb{B}$의 견본들로 기울기 추정값을 계산하는 공식은 다음과 같다.

$$\boldsymbol{g} = \frac{1}{m'} \nabla_{\boldsymbol{\theta}} \sum_{i=1}^{m'} L(\boldsymbol{x}^{(i)}, y^{(i)}, \boldsymbol{\theta}). \tag{5.98}$$

기울기를 추정한 후, 확률적 경사 하강 알고리즘은 다음과 같이 그 기울기 추정값을 따라 언덕 아래로 내려간다.

$$\boldsymbol{\theta} \leftarrow \boldsymbol{\theta} - \epsilon \boldsymbol{g}. \tag{5.99}$$

여기서 ϵ은 학습 속도(학습률)이다.

일반적으로 경사 하강법은 느리거나 신뢰성이 떨어진다는 평가를 받을 때가 많다. 과거에는 경사 하강법을 비볼록함수 최적화 문제에 적용하는 것을 무모하거나 무원칙한 것으로 간주했다. 요즘은 제2부에서 설명하는 기계 학습 모형들을 경사 하강법으로 훈련하면 모형들이 아주 잘 작동한다는 점이 밝혀진 상태이다. 최적화 알고리즘이 적당한 시간 안에 최적점은 고사하고 극소점에도 도달하지 못할 수 있지만, 그래도 충분히 유용할 정도로 비용함수가 낮은 점을 빠르게 찾아낼 때가 많다.

확률적 경사 하강법은 심층 학습 이외의 여러 분야에서도 중요하게 쓰인다. SGD는 아주 큰 자료 집합에 대해 커다란 선형 모형을 훈련하는 주된 방법이다. 모형 크기가 고정된 경우, SGD 갱신당 비용은 훈련 집합 크기 m에 의존하지 않는다. 실제 응용에서는 훈련 집합이 커짐에 따라 점점 더 큰 모형을 사용할 때가 많지만, 꼭 그래야 하는 것은 아니다. 보통의 경우, 수렴에 이르는 데 필요한 갱신 횟수는 훈련 집합의 크기에 비례해서 증가한다. 그러나 m이 무한대에 접근하면, SGD가 훈련 집합의 모든 견본을 표본으로 추출하기 전에 모형이 자신의 가능한 최상의 시험 오차에 수렴하게 된다. 그러면 m을 더 증가해도 모형이 가능한 최상의 시험 오차에 도달하는 데 필요한 훈련 시간은 늘어나지 않는다. 이런 관점에서, 모형을 SGD로 훈련하는 점근적 비용이 m의 함수로서의 $O(1)$이라고 말할 수도 있다.

심층 학습이 등장하기 전에는 핵 요령과 선형 모형의 조합이 비선형 모형의 주된 학습 방법이었다. 여러 핵 기반 학습 알고리즘에서는 $m \times m$ 행렬 $G_{i,j} = k(\boldsymbol{x}^{(i)}, \boldsymbol{x}^{(j)})$를 만들어야 한다. 이 행렬을 구축하는 계산 비용은 $O(m^2)$이다. 견본 개수가 수십억 규모인 자료 집합에 이런 비용이 바람직하지 않음은 명백하다. 2006년부터 학계가 심층 학습에 관심을 두기 시작한 이유는 견본이 수만 개 규모인 중간 크기의 자료 집합으로 훈련한다고 할 때 심층 학습 알고리즘이 다른 경쟁 알고리즘보다 새 견본들에 더 잘 일반화된다는 점이었다. 얼마 지나지 않아, 비선형 모형을 큰 자료 집합에 대해 규모가변적인(scalable) 방식으로 훈련할 수 있다는 또 다른 장점 때문에 심층 학습은 다시금 주목을 받게 되었다.

확률적 경사 하강법은 제8장에서 여러 개선 방법과 함께 좀 더 논의한다.

5.10 기계 학습 알고리즘 만들기

거의 모든 심층 학습 알고리즘은 비교적 간단한 '조리법'을 필요에 따라 구체적으로 적용한 사례에 해당한다. 비교적 간단한 조리법이란, 자료 집합의 명세와 비용함수, 최적화 절차, 그리고 모형을 결합한다는 것이다.

예를 들어 선형회귀 알고리즘은 $\boldsymbol{X}$와 $\boldsymbol{y}$로 이루어진 자료 집합과 비용함수

$$J(\boldsymbol{w}, b) = -\mathbb{E}_{\mathbf{x}, \mathbf{y} \sim \hat{p}_{\text{자료}}} \log p_{\text{모형}}(y \mid \boldsymbol{x}) \tag{5.100}$$

와 모형 명세 $p_{\text{모형}}(y \mid \boldsymbol{x}) = \mathcal{N}(y; \boldsymbol{x}^\top \boldsymbol{w} + b, 1)$, 그리고 하나의 최적화 알고리즘의 조합이다. 대부분의 경우 그 최적화 알고리즘은 표준방정식을 풀어서 비용함수의 기울기가 0인 점을 구하는 형태이다.

한 학습 알고리즘의 각 구성요소를 다른 구성요소들과 거의 독립적으로 교체할 수 있다는 점을 이용하면 아주 다양한 알고리즘을 만들어 낼 수 있다.

일반적으로, 비용함수에는 학습 과정이 통계적 추정을 수행하게 만드는 항이 적어도 하나는 있다. 가장 흔히 쓰이는 비용함수는 음의 로그가능도이다. 그런 비용함수를 최소화하는 것은 최대가능도를 추정하는 것에 해당한다.

비용함수에 정칙화 항 같은 또 다른 항들이 있을 수도 있다. 예를 들어 다음은 선형회귀의 비용함수에 가중치 감쇄 항을 추가한 것이다.

$$J(\boldsymbol{w}, b) = \lambda \|\boldsymbol{w}\|_2^2 - \mathbb{E}_{\mathbf{x}, \mathbf{y} \sim \hat{p}_{\text{자료}}} \log p_{\text{모형}}(y \mid \boldsymbol{x}). \tag{5.101}$$

이렇게 해도 닫힌 형식의 최적화가 여전히 가능하다.

모형을 비선형 모형으로 바꾸면, 대부분의 비용함수는 닫힌 형식으로 최적화할 수 없게 된다. 그런 경우에는 경사 하강법 같은 반복적인 수치 최적화 절차를 선택해야 한다.

모형, 비용함수, 최적화 알고리즘을 조합해서 학습 알고리즘을 구축하는 조리법은 지도 학습과 비지도 학습을 모두 지원한다. 앞의 선형회귀의 예는 이 조리법이 지도 학습을 지원함을 보여준다. 비지도 학습의 경우에는 $\boldsymbol{X}$만 담은 자료 집합을 사용하고 적절한 비지도 비용함수와 모형을 지정하면 된다. 예를 들어 $\boldsymbol{w}$의 노름이 1이고 재구축 함수가 $r(\boldsymbol{x}) = \boldsymbol{w}^\top \boldsymbol{x}\boldsymbol{w}$인 모형을 사용하고 손실함수를

$$J(\boldsymbol{w}) = \mathbb{E}_{\mathbf{x} \sim \hat{p}_{\text{자료}}} \|\boldsymbol{x} - r(\boldsymbol{x}; \boldsymbol{w})\|_2^2 \tag{5.102}$$

로 두면, 주성분분석의 첫 번째 주성분 벡터를 얻게 된다.

실제로 평가할 수 없는(계산상의 이유로) 함수를 비용함수로 사용할 때도 있다. 그런 경우에도, 비용함수의 기울기를 근사할 수만 있다면 반복적 수치 최적화 절차를 이용해서 비용함수를 근사적으로 최소화하는 것이 가능하다.

대부분의 기계 학습 알고리즘은 이러한 조리법을 활용하지만, 그 점이 그리 명백하지 않을 때도 있다. 어떤 기계 학습 알고리즘이 대단히 독특하거나 세밀하게 조율된

것처럼 보인다면, 최적화 절차가 아주 특화된 것일 수 있다. 결정 트리나 k-평균 같은 모형은 그 비용함수의 치역에 평평한 영역(2차원의 경우 수평선)이 있기 때문에 기울기 기반 최적화 절차로 최소화하기가 적당치 않다. 따라서 그런 모형에는 특화된 최적화 절차가 필요하다. 대부분의 기계 학습 알고리즘을 이러한 조리법으로 서술할 수 있다는 점을 깨닫는 것은, 서로 다른 알고리즘들을 그냥 각자 나름의 작동 원리를 가진 수많은 알고리즘으로 인식하는 것이 아니라, 비슷한 작동 원리에 따라 서로 관련된 과제들을 수행하는 방법들에 대한 단일한 분류법(taxonomy)의 일부로 인식하는 데 도움이 된다.

5.11 심층 학습의 개발 동기가 된 기존 문제점들

이번 장에서 설명한 간단한 기계 학습 알고리즘들은 아주 다양한 주요 문제들에 잘 작동한다. 그러나 이들이 음성 인식이나 사물 인식 같은 인공지능의 중심 문제들을 푸는 데 성공하지는 못했다.

전통적인 알고리즘들이 그런 인공지능 과제들에 잘 일반화되지 못했다는 사실은 부분적으로나마 심층 학습의 개발 동기로 작용했다.

이번 절에서는 학습 모형을 새 견본들로 일반화하는 것이 고차원 자료를 다룰 때 지수적으로 더 어려워지는 문제점과 전통적인 기계 학습에서 일반화에 쓰이는 메커니즘들이 고차원 공간의 복잡한 함수들을 배우기에 부족하다는 문제점을 살펴본다. 또한, 그런 공간에서는 계산 비용 역시 높을 때가 많다는 것도 문제점이다. 심층 학습은 그런 문제점들을 비롯한 여러 장애물을 극복하기 위해 고안되었다.

5.11.1 차원의 저주

기계 학습이 풀고자 하는 문제 중에는 자료의 차원이 높을 때(즉, 차원들이 많을 때) 특히나 풀기 어려워지는 문제가 많다. 그런 현상을 **차원의 저주**(curse of dimensionality)라고 부른다. 특히 골치 아픈 점은, 변수의 개수가 증가함에 따라 그 변수들의 특정 값들로 이루어진 서로 다른 구성의 개수가 지수적으로 증가한다는 것이다.

이러한 차원의 저주는 컴퓨터 과학의 여러 분야에서 발생하는데, 특히 기계 학습에서 큰 문제가 된다.

그림 5.9: 자료의 관련 차원의 수가 늘어남에 따라(왼쪽에서 오른쪽), 우리가 관심이 있는 가능한 구성의 수가 지수적으로 증가한다. (왼쪽) 이 1차원의 예에는 변수가 하나뿐이고, 구별해야 할 변수의 서로 다른 값은 단 10가지이다. 각 값은 각각의 영역(그림의 정사각형 격자 칸)에 대응된다. 모든 영역에 견본이 배정되기에 충분할 정도로 견본들이 많으면 학습 알고리즘은 수월하게 잘 일반화된다. 한 가지 간단한 일반화 방법은 각 영역 안에서 대상 함수의 값을 추정하는 것이다(더 나아가서, 이웃 영역들의 값과 보간할 수도 있다). (가운데) 2차원 자료 공간에서는 각 변수의 서로 다른 10가지 값을 구별하기가 좀 더 어렵다. 총 10×10=100개의 영역을 관리해야 하며, 그러한 모든 영역에 견본이 배정될 정도로 견본의 수가 많아야 한다. (오른쪽) 3차원의 경우에는 영역의 수가 10^3=1,000개이고 견본 개수 역시 그 정도의 규모로 많아야 한다. d차원의 경우 축마다 구별되는 값이 각각 v가지이면 총 $O(v^d)$개의 영역과 견본이 필요하다. 그림들은 니콜라스 차파도스[Nicolas Chapados]가 친절하게 제공했다.

차원의 저주가 초래하는 여러 어려움 중 하나는 통계적 난제(statistical challenge)이다. 그림 5.9에서 보듯이, x의 가능한 구성들의 개수가 훈련 견본의 수보다 훨씬 크면 통계적 난제가 발생한다. 이해를 돕기 위해, 입력 공간이 그림에서처럼 격자 형태로 조직화된다고 하자. 저차원 공간에서는 격자의 칸이 많지 않고, 대부분의 칸에 자료가 들어 있다. 학습 모형을 새로운 자료점에 일반화할 때는, 학습 모형에게 그냥 같은 칸에 속하는 훈련 견본들을 새로운 입력으로 간주해서 관측하라고 지시하기만 하면 된다. 예를 들어 어떤 점 x에서의 확률밀도를 추정한다면, x가 있는 단위 부피 칸(격자 칸)의 훈련 견본들의 개수를 세어서 전체 훈련 견본 개수로 나누면 된다. 그리고 견본을 분류하는 경우에는 그 견본이 있는 칸에서 가장 많은 훈련 견본이 속한 부류를 선택하면 된다. 그러나 그 칸에 기존 훈련 견본이 하나도 없으면 어떻게 해야 할까? 고차원 공간에서는 가능한 구성의 수가 훈련 견본 개수보다 훨씬 크기 때문에, 훈련 견본을 담은 격자 칸보다 훈련 견본이 하나도 없는 격자 칸이 훨씬 많다. 그런 상황에서, 새로 주어진 구성에 대해 뭔가 의미 있는 정보를 추론하려면 어떻게 해야 할까? 그런 경우 여러 전통적인 기계 학습 알고리즘들은 그냥 새 자료점에 대한 출력이 가장 가까이 있는 훈련 자료점에 대한 출력과 근사적으로 같을 것이라고 가정한다.

5.11.2 국소 일치성과 평활성 정칙화

기계 학습 알고리즘이 잘 일반화되려면, 알고리즘이 배워야 할 함수의 종류에 관한 사전 믿음(prior belief)들을 알고리즘에 제공할 필요가 있다. 이전에 살펴본 예제들에서는 그러한 사전 믿음들을 모형의 매개변수들에 관한 확률분포의 형태로 명시적으로 지정했다. 또한, 매개변수와 함수의 관계 때문에 그러한 사전 믿음들이 **함수** 자체에 직접 영향을 미치고 매개변수들에는 간접적으로만 영향을 미친다는 점도 다소 비공식적으로 언급했다. 더 나아가서, 특정 부류의 함수들을 선호하도록 알고리즘을 편향되게 구현함으로써 사전 믿음들을 암묵적으로 지정할 수도 있다. 그러한 편향을 여러 함수에 관한 믿음의 정도를 나타내는 확률분포의 형태로 표현하곤 하지만, 항상 그런 것은 아니다(심지어, 그런 형태로 표현할 수 없을 때도 있다).

그런 암묵적 사전 믿음 또는 '사전분포'로 가장 널리 쓰이는 것은 **평활성(매끈함) 사전분포**(smoothness prior)이다. **국소 불변성 사전분포**(local constancy prior)라고도 부르는 이 사전분포는 함수가 작은 영역 안에서 아주 크게 변해서는 안 된다는 제약을 나타낸다.

간단한 축에 속하는 여러 알고리즘은 좋은 일반화를 보장하기 위한 수단이 이 사전분포밖에 없다. 그래서 그런 알고리즘들은 인공지능 과제라고 부를 만한 수준의 과제들을 풀 때 발생하는 통계적 난제들을 감당할 정도로 규모가 확장되지는 않는다. 이 책 전반에서, 정교한 과제에 대한 일반화 오차를 줄이기 위해 심층 학습에 도입하는 추가적인 사전분포들(명시적, 암묵적 모두)을 소개할 것이다. 일단 지금은 평활성 사전분포만으로는 그런 과제들을 풀기에 충분하지 않은 이유만 설명하겠다.

학습된 함수가 매끄러워야 한다는, 즉 국소적으로 불변이어야 한다는 사전 믿음을 명시적으로 또는 암묵적으로 표현하는 방법은 여러 가지이다. 그러한 여러 표현 방법은 모두, 학습 과정이 특정한 조건을 만족하는 함수 f^*를 배우도록 격려하기 위해 고안된 것이다. 특정한 조건이란, 대부분의 구성 $\boldsymbol{x}$와 작은 변화량 ϵ에 대해,

$$f^*(\boldsymbol{x}) \approx f^*(\boldsymbol{x} + \epsilon) \tag{5.103}$$

이어야 한다는 것이다. 다른 말로 하면, 입력 $\boldsymbol{x}$에 대한 좋은 답을 알고 있다고 할 때

(예를 들어 훈련 견본 x에 이름표가 부여되어 있을 때), 그 답은 x의 이웃에 대해서도 좋은 답이어야 한다는 것이다. 몇몇 이웃의 좋은 답 여러 개가 있으면, 그것들을 결합해서 (일종의 평균 또는 보간을 통해서) 그 이웃들이 최대한 동의하는 하나의 답을 산출할 수도 있다.

이러한 국소 불변성 접근 방식의 극단적인 예는 k-최근접 이웃 알고리즘에 속하는 학습 알고리즘들이다. 이런 알고리즘의 예측값은, k개의 최근접 이웃이 동일한 점들, 즉 훈련 집합에서 가장 가까운 이웃 견본 k개가 서로 같은 점들로 이루어진 각각의 영역 안에서는 말 그대로 상수(불변)이다. $k = 1$일 때는 구별 가능한 영역의 수가 훈련 견본 개수를 넘지 못한다.

k-최근접 이웃 알고리즘은 근처에 있는 훈련 견본들의 출력을 그대로 돌려주지만, 대부분의 핵 기계 방법들은 이웃 훈련 견본들에 연관된 훈련 집합 출력들을 보간해서 돌려준다. 그러한 핵들의 중요한 부류로 **국소 핵**(local kernel)들이 있다. 국소 핵에서는 $u = v$일 때 $k(u,v)$가 크고, u와 v가 멀어질수록 $k(u,v)$가 감소한다. 국소 핵을, 한 시험 견본 x가 각 훈련 견본 $x^{(i)}$와 얼마나 비슷한지를 측정해서 템플릿 부합을 수행하는 유사성 함수로 간주할 수 있다. 심층 학습의 현대적인 동기 중 상당 부분은 이러한 국소 템플릿 부합의 한계들에 대한 연구와 국소 템플릿 부합이 실패하는 사례들에 대해 심층 모형이 얼마나 성공적일 수 있는지에 대한 연구에서 비롯되었다(Bengio 외, 2006b).

결정 트리에도 평활성에만 의존하는 학습의 한계들이 적용된다. 이는, 결정 트리가 입력 공간을 잎 노드 개수만큼의 영역들로 분할하고 각 영역에 대해 개별적인 하나의 매개변수를 사용하기 때문이다(결정 트리의 일부 확장에서는 영역당 여러 개의 매개변수를 사용하기도 한다). 대상 함수를 정확히 표현하는 데 필요한 결정 트리의 잎 노드가 적어도 n개라고 할 때, 학습 모형을 그 결정 트리에 잘 적합시키려면 적어도 n개의 훈련 견본이 필요하다. 그리고 예측 결과의 통계적 신뢰도를 일정 수준 이상으로 확보하려면 훈련 견본의 개수가 n의 몇 배이어야 한다.

일반화하자면, 이런 모든 방법에서 입력 공간을 $O(k)$개의 서로 다른 영역들로 구분하기 위해서는 $O(k)$개의 견본이 필요하다. 일반적으로 $O(k)$개의 영역 각각에 $O(1)$개의 매개변수가 배정되므로, 매개변수 개수 역시 $O(k)$일 때가 많다. 그림 5.10

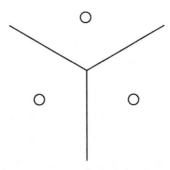

그림 5.10: 최근접 이웃 알고리즘이 입력 공간을 영역들로 분할한 예. 각 영역에 있는 견본(그림의 동그라미)은 그 영역의 경계(그림의 직선)를 결정한다. 그리고 각 견본에 연관된 y 값은 해당 영역에 있는 모든 점의 바람직한 출력을 결정한다. 최근접 이웃 알고리즘이 정의하는 영역들은 보로노이 다이어그램Voronoi diagram이라고 부르는 기하학 패턴을 형성한다. 이러한 인접 영역들의 개수가 훈련 견본의 개수보다 빠르게 증가할 수는 없다. 이 그림은 최근접 이웃 알고리즘에 국한된 행동을 나타낸 것이지만, 일반화를 위해 국소 평활성 사전분포에만 의존하는 다른 여러 기계 학습 알고리즘들도 이와 비슷한 행동을 보인다. 그런 알고리즘들에서 각 훈련 견본은 그 견본과 직접 이웃한 견본들로의 일반화를 위한 정보만 제공할 뿐이다.

은 각 훈련 견본을 많아야 하나의 영역을 정의하는 데 사용할 수 있는 최근접 이웃 접근 방식을 나타낸 것이다.

훈련 견본보다 많은 수의 영역을 구분할 수 있는 복잡한 함수를 표현할 방법이 있을까? 바탕 함수가 매끄럽다는 가정만으로는 학습 과정이 그런 함수를 표현할 수 없음은 명백하다. 예를 들어, 대상 함수가 검은색 칸들과 흰색 칸들이 이리저리 배치된 일종의 체스판이라고 하자. 그러한 흑백 칸들의 구성은 다양하겠지만, 그 모든 구성에 대해 하나의 간단한 구조가 존재한다. 훈련 견본이 체스판의 흑백 칸들보다 훨씬 적으면 어떤 일이 생길지 생각해 보자. 국소 일반화와 평활성 또는 국소 불변성 사전분포에만 근거해도, 학습 모형은 주어진 새 점이 만일 어떤 훈련 견본과 같은 체스판 칸에 놓여 있다면 그 칸의 색을 추측할 수 있다. 그러나 훈련 견본이 하나도 없는 칸에 놓인 점을 추측할 수 있을 정도로 체스판 패턴을 정확하게 확장할 수 있으리라는 보장은 없다. 평활성 사전분포만 적용할 때는, 주어진 한 견본에서 얻을 수 있을 정보는 그 견본이 놓인 칸의 색상뿐이다. 그리고 학습 모형이 전체 체스판의 색상들을 알아낼 수 있으려면, 각 칸에 해당하는 견본이 적어도 하나씩은 있어야 한다.

평활성 가정과 관련 비매개변수적 알고리즘들은, 학습할 실제 바탕 함수의 대부분의 봉우리(peak)들에서는 값이 큰(높은) 점들을 관측하고 대부분의 계곡들에서는 값이 작은(낮은) 점들을 관측하기만 한다면 대단히 잘 작동한다. 학습할 함수가 충분히 매끄럽고 그리 많지 않은 차원들에서만 변화할 때는 그런 조건이 충족된다. 그러나 차원이 높을 때는 아주 매끄러운 함수도 문제가 될 수 있다. 비록 변화가 매끄럽다고 해도, 함수가 각 차원에서 서로 다른 방식으로 변할 수 있기 때문이다. 함수가 다양한 영역에서 서로 다른 방식으로 행동하면, 하나의 훈련 집합으로 그 함수를 서술하기가 극도로 복잡해진다. 함수가 복잡하다면(즉, 구분해야 할 영역들이 견본들보다 훨씬 많다면), 그러한 함수가 잘 일반화되리라고 기대하기는 힘들지 않을까?

다행히, 복잡한 함수를 효율적으로 표현하는 것과 추정된 함수가 새 입력들에 잘 일반화되는 것 모두 가능하다. 여기서 핵심은, $O(k)$개의 표본들로 그보다 훨씬 많은 영역, 이를테면 $O(2^k)$개의 영역들을 정의할 수 있다는 것이다. 단, 그러려면 바탕 자료 생성 분포에 관한 추가적인 가정들을 도입해서 영역들 사이에 일정한 의존성을 부여해야 한다. 이렇게 하면 비국소적인 일반화가 가능해진다(Bengio & Monperrus, 2005; Bengio 외, 2006c). 심층 학습 알고리즘 중에는 광범위한 인공지능 과제들에 적합한 암묵적 또는 명시적 가정들을 도입함으로써 그러한 장점들을 취하는 것들이 많이 있다.

좀 더 강한, 그리고 주어진 과제에 특화된 가정들을 두는 기계 학습 접근 방식들도 있다. 예를 들어 앞에서 말한 체스판 과제는 대상 함수가 주기함수(periodic function)라는 가정을 두면 쉽게 풀린다. 일반적으로, 그런 강하고 과제에 특화된 가정들을 도입하는 목적은 신경망을 좀 더 다양한 구조로 일반화하려는 것이 아니다. 인공지능 과제들에는, 주기성처럼 단순하고 사람이 명시적으로 설정한 속성으로 제한하기에는 너무 복잡한 구조가 존재한다. 따라서, 그런 접근 방식보다는 좀 더 범용적인 가정들을 학습 알고리즘 안에 체현하는 접근 방식이 더 바람직하다. 심층 학습의 핵심 착안은, 자료가 **인자들의 조합**(composition of factors)을 통해서 생성된다는 것이다. 어쩌면, 어떤 계통구조(hierarchy)의 여러 수준에서 그러한 조합이 진행될 수도 있다. 이와 비슷한 다른 여러 범용적인 가정들로 심층 학습 알고리즘을 더욱 개선할 수 있다. 이러한 명백히 온건한 가정들 덕분에, 구분 가능한 영역 개수를 견본 개수의 몇 제곱에 해당하는 수준으로(즉, 지수적 규모로) 늘릴 수 있다. 이러한 지수적 이득은 §6.4.1과 §15.4, §15.5에서 좀 더 엄밀하게 설명하겠다. 심층 분산 표현으로 얻을 수 있는 지수적 장점은 차원의 저주가 유발하는 지수적 어려움을 상쇄한다.

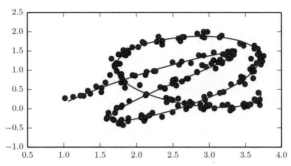

그림 5.11: 2차원 공간의 한 분포에서 뽑은 자료. 2차원 분포에서 뽑았지만, 실제로는 엉킨 끈 모양의 1차원 다양체 부근에 집중되어 있다. 실선은 학습 모형이 추론해야 하는 바탕 다양체를 나타낸다.

5.11.3 다양체 학습

기계 학습의 여러 착안에 깔린 중요한 개념 하나는 다양체라는 개념이다.

다양체(manifold)는 간단히 말해서 연결된 영역이다. 수학적으로, 다양체는 각 점 주변의 이웃과 연관된 점들의 집합이다. 주어진 임의의 점에서 볼 때, 다양체는 국소적으로 하나의 유클리드 공간으로 보이게 된다. 일상에서 우리는 이 세상의 표면을 2차원 평면으로 인식하지만, 실제로는 3차원 공간 안의 한 구면 다양체(spherical manifold)이다.

각 점 주변의 이웃이라는 개념은 다양체의 한 위치에서 그에 이웃한 위치로 이동하는 변환이 존재함을 함의한다. 세상의 표면을 예로 들면, 그러한 다양체에서 사람들은 동서남북으로 이동할 수 있다.

수학 용어로서의 '다양체'의 공식적인 정의가 있긴 하지만, 기계 학습에서 말하는 다양체는 그냥 더 높은 차원의 공간에 내장된, 그러나 그보다 낮은 차원 또는 자유도(degree of freedom)로도 잘 근사할 수 있는 일단의 연결된 점들로 느슨하게 정의된다. 이때 각 차원은 변동(variation)의 국소적 방향 하나에 대응된다. 그림 5.11은 훈련 자료가 2차원 공간에 내장된 1차원 다양체 부근에 놓여 있는 예이다. 기계 학습의 맥락에서는 다양체의 차원이 위치에 따라 다를 수 있다. 다양체가 자신과 교차할 때 그런 일이 자주 발생한다. 예를 들어 8자 모양의 다양체는 대부분의 점에서는 1차원이지만 가운데의 교점에서는 2차원이다.

기계 학습 문제 중에는 흥미로운 변동들이 $\mathbb{R}^n$ 전체에 걸쳐 있는 함수를 학습 알고리즘이 배울 수 있으리라 기대하기 어려워 보이는 것들이 많다. **다양체 학습**(manifold learning) 알고리즘들은 $\mathbb{R}^n$ 공간의 대부분이 유효하지 않은 입력으로 구성되고 흥미로운 입력들은 일부 점들로 이루어진 몇몇 다양체들에만 존재한다고, 그리고 학습 대상 함수의 출력에서 흥미로운 변동들은 그 다양체에 놓인 방향들에서만 발생하거나 한 다양체에서 다른 다양체로 이동할 때만 발생한다고 가정함으로써 그러한 어려움을 극복한다. 원래 다양체 학습은 연속값 자료를 사용하는 비지도 학습을 위해 도입되었지만, 다양체 학습의 확률 집중 착안을 이산 자료를 사용하는 지도 학습으로도 일반화할 수 있다. 그런 경우에도 핵심 가정은 확률질량이 고도로 집중되어 있다는 것이다.

자료가 저차원 다양체를 따라 배치되어 있다는 가정이 항상 옳거나 유용한 것은 아니다. 그렇지만 이미지나 음성, 텍스트 처리가 관여하는 인공지능 과제의 맥락에서는 그러한 다양체 가정이 적어도 근사적으로는 옳다는 것이 이 책의 주장이다. 이러한 가정을 지지하는 증거가 될 만한 두 종류의 논점이 있다.

이러한 다양체 가정 또는 **다양체 가설**(manifold hypothesis)을 지지하는 첫 논점은, 실세계에서 볼 수 있는 이미지나 텍스트 문자열, 음향에 관한 확률분포가 실제로 집중되어 있다는 것이다. 본질적으로, 인위적인 고른 분포의 잡음이 그런 영역에서 비롯된 입력들의 구조와 비슷한 경우는 전혀 없다. 대신, 고른 분포에 따라 추출된 점들은 방송 신호가 없을 때 아날로그 TV에 나타나는 잡음과 같은 패턴을 보인다. 그림 5.12가 그러한 예이다. 이와 비슷하게, 영문자들을 무작위로 고르게 선택해서 문서를 생성한다면, 의미 있는 영어 텍스트가 나올 확률은 0에 가깝다. 다수의 글자로 이루어진 대부분의 문자열은 자연어의 문장에 해당하지 않기 때문이다. 자연어 문장의 분포가 전체 문자열 공간에서 차지하는 부피는 아주 작다.

물론, 확률분포가 집중되어 있다는 것이 자료가 적당히 적은 수의 다양체들에 놓여 있음을 말해 주는 충분조건은 아니다. 학습 알고리즘이 체험하는 견본들이 다른 견본들과 연결되어 있으며, 각 견본 주변에는 그 견본과 아주 비슷한 견본들, 다시 말해 다양체상에서 변환을 적용해서 도달할 수 있는 이웃 견본들이 존재한다는 점도 입증해야 한다. 다양체 가설을 지지하는 두 번째 논점은, 그런 이웃들과 변환들을 적어도 비공식적으로는 상상할 수 있다는 것이다. 이미지 처리의 경우에는 이미지 공간 안의 한 다양체 안에서 이동하는 데 필요한 다양한 변환을 생각해 낼 수 있다. 예를 들어 전체적인 밝기를 조절해서 이미지를 더 밝게 또는 어둡게 만들거나, 이미지 안에서

그림 5.12: 이미지를 무작위로 고르게 추출하면(즉, 각 픽셀의 값을 고른 분포에 따라 무작위로 선택하면) 이처럼 잡음 섞인 이미지가 만들어진다. 이런 식으로 만들어 낸 이미지가 사람의 얼굴(또는, 인공지능 응용 프로그램들이 흔히 다루는 다른 어떤 사물)처럼 보일 확률이 정확히 0은 아니겠지만, 실제로 그런 모습이 나타나는 경우를 우리가 직접 목격할 가능성은 없다고 봐야 할 것이다. 이 점을 생각하면, 인공지능 응용 프로그램들이 경험할 이미지들은 전체 이미지 공간에서 무시할 수 있을 정도로 작은 부분만 차지한다고 할 수 있다.

그림 5.13: QMUL Multiview Face Dataset(다중 시점 얼굴 자료 집합)의 훈련 견본들(Gong 외, 2000). 피사체가 두 가지 회전각에 대응되는 2차원 다양체를 포괄하는 방식으로 얼굴의 방향을 움직이는 과정을 촬영한 것이다. 이 책은 그러한 다양체를 발견하고 그 다양체의 좌표를 풀어헤치는 능력이 있는 학습 알고리즘을 만들어 나간다. 그림 20.6에 그런 알고리즘의 학습 결과가 나와 있다.

물체들을 점진적으로 이동 또는 회전하거나, 물체의 표면 색상을 점진적으로 변화하는 등의 변환이 가능하다. 대부분의 응용에서는 하나가 아니라 여러 개의 다양체가 관여할 가능성이 크다. 예를 들어 사람 얼굴 이미지들의 다양체는 고양이 얼굴 이미지들의 다양체와 연결되지 않을 것이므로, 그 둘은 개별적인 다양체로 존재할 것이다.

이러한 사고思考 실험은 다양체 가설을 지지하는 몇 가지 직관적인 이유를 제공한다. 좀 더 엄격한 실험들(Cayton, 2005; Narayanan & Mitter, 2010; Schölkopf 외, 1998; Roweis & Saul, 2000; Tenenbaum 외, 2000; Brand, 2003; Belkin & Niyogi, 2003; Donoho & Grimes, 2003; Weinberger & Saul, 2004) 역시, 인공지능 응용과 관련된 큰 부류의 자료 집합들에서 이러한 가설이 실제로 참임을 명확히 보여준다.

자료가 저차원 다양체에 놓여 있다면, 기계 학습 알고리즘이 그러한 자료를 $\mathbb{R}^n$의 좌표가 아니라 그 다양체를 기준으로 한 좌표로 표현하는 것이 훨씬 더 자연스럽다. 예를 들어, 현실의 도로를 3차원 공간에 내장된 하나의 1차원 다양체로 생각할 수 있다. 어떤 건물로 갈 때, 3차원 공간의 좌표가 아니라 그러한 1차원 도로상의 한 번호를 이용해서 이동 방향을 지정할 수 있다. 이러한 다양체 좌표를 추출하기가 쉽지는 않지만, 해낼 수만 있다면 여러 기계 학습 알고리즘이 좀 더 개선될 가능성이 크다. 이러한 일반 원리는 다양한 맥락에 적용된다. 그림 5.13은 얼굴 이미지들로 이루어진 자료 집합의 다양체 구조를 보여준다. 독자가 이 책을 다 읽고 나면, 이런 다양체 구조를 학습하는 데 필요한 여러 방법을 알게 된다. 미리 그림 20.6을 보면 짐작하겠지만, 이런 다양체 구조를 성공적으로 배울 수 있는 기계 학습 알고리즘을 만나게 될 것이다.

이것으로 이 책의 제1부를 마무리하겠다. 제1부에서는 이 책의 나머지 부분 전체에 쓰이는 수학과 기계 학습의 기초 개념들을 설명했다. 이제 여러분은 심층 학습을 본격적으로 공부할 준비가 되었다.

제2부
현세대 심층 신경망의 실제

제2부는 실질적인 응용문제들을 푸는 데 쓰이는 심층 학습의 현황을 요약한다.

심층 학습은 역사가 길고, 다양한 목표와 포부를 가지고 있다. 아직 성과를 거두지 못한 제안들과, 아직 실현되지 못한 야심만만한 목표들이 많다. 심층 학습의 그러한 아직 덜 발전된 하위 분야들은 이 책의 마지막 부인 제3부에서 살펴보기로 한다.

이번 제2부는 이미 업계가 적극적으로 활용하고 있는, 본질적으로 잘 작동하는 기술에 해당하는 접근 방식들만 이야기한다.

현세대 심층 학습은 지도 학습을 위한 강력한 틀을 제공한다. 층을 더 추가할수록, 그리고 각 층에 더 많은 단위를 집어넣을수록, 심층망(심층 신경망)은 점점 더 복잡한 함수들을 표현할 수 있게 된다. 하나의 입력 벡터에서 하나의 출력 벡터로의 사상으로 구성된, 그리고 사람이 일상적으로 빠르게 수행할 수 있는 과제들은, 충분히 큰 모형과 충분히 큰 지도 학습용 자료 집합(즉, 충분히 많은 수의 이름표 붙은 훈련 견본들로 이루어진 자료 집합)이 주어지기만 한다면 대부분 심층 학습으로 해결할 수 있다. 그렇지 않은 과제, 즉 한 벡터를 다른 벡터로 사상하는 것으로는 서술할 수 없거나 사람이 어느 정도 시간을 들여서 고민해야 풀 수 있을 정도로 어려운 과제들은 현재로서는 심층 학습의 능력 밖에 있다.

제2부는 현세대 심층 학습의 거의 모든 실제 응용이 의존하는 핵심 매개변수적 함수 근사 기술을 설명한다. 제2부는 우선 그러한 함수를 표현하는 데 쓰이는 심층 순방향 신경망 모형을 설명한다. 그런 다음에는 그러한 모형의 정칙화와 최적화를 위한 고급 기법들을 소개한다. 그런 모형들을 고해상도 이미지나 긴 시계열 자료 같은 좀 더 큰 규모의 입력으로 확장하려면 특수화(specialization; 또는 특화, 전문화)가 필요하다. 이와 관련해서 제2부는 큰 이미지로의 규모 확장을 위한 합성곱 신경망과 시계열 자료의 처리를 위한 순환 신경망을 소개한다. 마지막으로는 심층 학습이 관여하는 응용 프로그램의 설계, 구축, 설정을 위한 실천적인 방법론에 대한 일반적인 지침들을 제시하고, 심층 학습의 실질적인 응용 사례 몇 가지를 개괄한다.

실무자, 즉 오늘부터 당장 심층 학습 알고리즘을 구현하기 시작해서 실세계의 문제들을 풀고자 하는 독자에게는 이 제2부의 장들이 가장 중요하다.

6

심층 순방향 신경망

심층 순방향 신경망(deep feedforward [neural] network), 줄여서 **순방향 신경망**은 심층 학습 모형의 정수라 할 수 있다. **다층 퍼셉트론**(multilayer perceptron, MLP)이라고 부르기도 하는 이 순방향 신경망의 목표는 어떤 함수 f^*를 근사하는 것이다. 예를 들어 분류기(classifier)의 경우 함수 $y = f^*(x)$는 주어진 입력 x를 하나의 범주 또는 부류(class) y에 사상한다. 순방향 신경망은 하나의 사상 $y = f(x;\theta)$를 정의하고, 실제 바탕 함수를 가장 잘 근사하는 매개변수 θ의 값들을 학습한다.

이 모형의 이름에 **순방향**(feedforward)이 있는 이유는, 이 모형에서 정보가 앞쪽으로만 흘러가기 때문이다. 정보는 x를 입력으로 하여 평가되는 함수를 통과한 후 f를 정의하는 데 쓰이는 중간 계산들을 거쳐서 최종적으로 출력 y에 도달한다. 이 모형에는 모형의 출력이 다시 모형 자신의 입력으로 투입되는 **되먹임**(feedback)이 전혀 없다. 그러한 되먹임 연결을 도입해서 순방향 신경망을 확장한 모형을 **순환 신경망**(recurrent neural network)이라고 부르는데, 이에 관해서는 제10장에서 살펴본다.

순방향 신경망은 기계 학습 실무자에게 대단히 중요하다. 여러 주요 상용 응용 프로그램의 기초가 바로 이 순방향 신경망이다. 예를 들어 사진에서 물체를 인식하는 데 쓰이는 합성곱 신경망은 순방향 신경망을 특수화한 버전에 해당한다. 순방향 신경망은 여러 자연어 처리 응용 프로그램의 바탕 기술인 순환 신경망으로 나아가는 개념적인 디딤돌이기도 하다.

순방향 신경망의 **망**(네트워크)은 이 모형을 흔히 서로 다른 함수들이 그물처럼 엮인 형태로 표현한다는 점을 반영한 것이다. 자료 구조의 관점에서 이 모형은 함수들의 연결 관계를 표현하는 유향 비순환 그래프(directed acyclic graph)에 해당한다. 예를 들어 세 함수 $f^{(1)}$, $f^{(2)}$, $f^{(3)}$을 연쇄적으로 적용해서 $f(\boldsymbol{x}) = f^{(3)}(f^{(2)}(f^{(1)}(\boldsymbol{x})))$라는 하나의 사슬 구조를 만들 수 있다. 이러한 사슬 구조는 가장 흔히 쓰이는 신경망 구조이다. 이때 $f^{(1)}$을 신경망의 **제1층**(first layer), $f^{(2)}$를 **제2층**(second layer), 등으로 부른다. 사슬의 전체 길이는 모형의 **깊이**(depth; 또는 심도)에 해당한다. '심층 학습'이라는 이름은 바로 이런 용어들에 비롯된 것이다. 순방향 신경망의 마지막 층을 **출력층**(output layer) 이라고 부른다. 신경망을 훈련한다는 것은 $f(\boldsymbol{x})$를 $f^*(\boldsymbol{x})$에 적합시키는 것에 해당한다. 훈련 자료에는 서로 다른 훈련 자료점에서 $f^*(\boldsymbol{x})$를 평가한, 잡음 섞인 근삿값 견본들이 있다. 지도 학습의 경우 각 견본 $\boldsymbol{x}$에는 그 견본의 이름표(표지) 또는 목표에 해당하는 $y \approx f^*(\boldsymbol{x})$가 부여되어 있다. 그러한 훈련 견본들은 각 점 $\boldsymbol{x}$에 대해 출력층이 산출해야 할 결과를 직접적으로 지정한다. 출력층은 반드시 y에 가까운 값을 산출해야 한다. 다른 층들의 행동은 훈련 자료의 직접적인 지도를 받지 않는다. 그런 층들이 바람직한 출력을 산출하게 만드는 방법은 학습 알고리즘이 결정해야 한다. 훈련 자료 자체는 개별 중간 층의 바람직한 행동에 관해 아무것도 말해 주지 않는다. f^*의 가장 좋은 근삿값이 산출되도록 그런 층들을 운용하는 방법은 학습 알고리즘이 결정해야 한다. 그런 층들의 바람직한 출력을 훈련 자료가 보여주지 않는다는 점에서, 그런 층들을 **은닉층**(hidden layer)이라고 부른다.

마지막으로, 순방향 신경망이라는 이름에서 **신경**(neural)은 역사적으로 이 모형이 신경과학에서 어느 정도 영감을 얻었기 때문에 붙은 것이다. 일반적으로 순방향 신경망의 각 은닉층은 벡터를 입력받아서 벡터를 출력하는 하나의 벡터값 함수라 할 수 있다. 그러한 벡터의 차원은 신경망의 **너비**(width; 또는 폭)를 결정한다. 그런데 은닉층이 벡터의 각 성분을 처리하는 방식을 뇌의 뉴런neuron들이 작동하는 방식에 비유할 수 있다. 하나의 은닉층을 하나의 벡터 대 벡터 함수로 보는 대신, 병렬로 작동하는 여러 **단위**(unit)로 구성된 층이라고 생각해 보기 바란다. 그러한 계산 단위들은 각각 하나의 벡터 대 스칼라 함수를 나타낸다. 각 계산 단위는 다른 여러 단위의 출력들로 이루어진 입력을 받아서 자신의 활성화(activation; 또는 활성 값)를 계산한다는 점에서 뉴런과 비슷하다. 이처럼 벡터값으로 표현되는 다수의 층을 사용한다는 착안은 신경과학 (neuroscience)에서 가져온 것이다. 그러한 표현을 계산하는 함수 $f^{(i)}(\boldsymbol{x})$들을 적절히 선택하는 방법 역시, 생물학적 뉴런들이 계산하는 함수들에 대한 신경과학의 연구 결과에서 영감을 받았다. 그렇긴 하지만 현대적인 신경망 연구는 신경과학뿐만 아니라 수학과 공학의 여러 분야에서 영향을 받고 있다. 무엇보다도, 신경망의 목표는 생물학적 뇌를 완벽하게 본뜨는 것이 아니다. 순방향 신경망을 뇌에 비유하기보다는, 통계적 일반화를 위해 고안된 함수 근사 기계로 간주하는 것이 더 낫다. 종종 뇌에 관해 밝혀진 사실에서 영감을 받기도 하지만, 뇌의 기능을 본뜨는 것이 목표는 아님을 명심하기 바란다.

순방향 신경망을 이해하는 한 가지 방법은 선형 모형의 한계를 어떻게 극복할지 고민해 보는 것이다. 로지스틱 회귀나 선형회귀 같은 선형 모형들은 닫힌 형식으로 또는 볼록함수 최적화를 통해서 효율적이고 신뢰성 있게 적합할 수 있다는 점이 매력이다. 그러나 선형 모형에는 모형의 수용력이 선형 함수들로만 국한된다는 명백한 결함이 있다. 이 결함 때문에 선형 모형은 임의의 두 입력 변수 사이의 상호작용을 이해하지 못한다.

선형 모형을 $\boldsymbol{x}$의 비선형 함수들로 확장하는 한 방법은, 선형 모형을 $\boldsymbol{x}$ 지체가 아니라 변환된 입력 $\phi(\boldsymbol{x})$에 적용하는 것이다. 여기서 ϕ는 하나의 비선형 변환이다. 아니면, §5.7.2에서 설명한 핵 요령을 적용해서 암묵적으로 ϕ 사상을 적용하는 비선형 학습 알고리즘을 만들어도 동등한 결과를 얻게 된다. ϕ를, $\boldsymbol{x}$를 서술하는 특징들의 집합을 제공하는 사상 또는 $\boldsymbol{x}$의 새로운 표현을 제공하는 사상이라고 생각하면 될 것이다.

문제는 어떤 함수를 ϕ로 사용할 것인가이다.

1. 한 가지 접근 방식은, RBF 핵에 기초한 핵 기계들이 암묵적으로 사용하는 무한 차원 ϕ 같은 아주 일반적인 ϕ를 사용하는 것이다. $\phi(\boldsymbol{x})$의 차원이 충분히 높으면, 모형은 항상 훈련 집합에 적합하기에 충분한 수용력을 가지게 된다. 그러나 시험 집합으로의 일반화는 여전히 나쁠 때가 많다. 아주 일반적인 특징 사상들은 대체로 국소 불변성(평활성) 원리에만 기초할 뿐, 고급 문제를 풀기에 충분한 정도의 사전 정보를 부호화하지는 않을 때가 많다.

2. 또 다른 접근 방식은, 좀 더 특화된 ϕ를 사람이 직접 고안하는 것이다. 심층 학습

이 등장하기 전에는 이것이 주도적인 접근 방식이었다. 이를 위해서는 개별 과제마다 사람이 수많은 노력(수십 년 분량의)을 쏟아야 한다. 과제의 성격에 따라 음성 인식이나 컴퓨터 시각 같은 서로 다른 응용 영역에 특화된 실무자들의 노력이 필요한데, 그러한 영역들 사이에서 지식이나 사람이 오가는 경우는 별로 없었다.

3. 심층 학습이 사용하는 전략은 ϕ를 배우는 것이다. 이 접근 방식에서 모형은 $y = f(\boldsymbol{x};\boldsymbol{\theta},\boldsymbol{w}) = \phi(\boldsymbol{x};\boldsymbol{\theta})^\top \boldsymbol{w}$이다. 이제는 다양한 부류의 함수들로부터 ϕ를 배우기 위한 매개변수 $\boldsymbol{\theta}$와 $\phi(\boldsymbol{x})$를 바람직한 출력으로 사상하기 위한 매개변수 $\boldsymbol{w}$가 있다. 이는 심층 순방향 신경망의 한 예로, ϕ는 하나의 은닉층을 정의한다. 지금 말하는 세 접근 방식 중 훈련 문제에 볼록성(convexity)이 있으면 실패하는 것은 이 접근 방식뿐이다. 그렇지만 이 접근 방식의 장점이 그러한 단점을 능가한다. 이 접근 방식은 모형의 표현을 $\phi(\boldsymbol{x};\boldsymbol{\theta})$로 매개변수화하고 최적화 알고리즘을 이용해서 좋은 표현에 해당하는 $\boldsymbol{\theta}$를 구한다. 필요하다면 첫 접근 방식의 장점(고도의 일반성)을 도입해서 수용력을 높일 수도 있다. 아주 다양한 함수를 포괄하는 함수족 $\phi(\boldsymbol{x};\boldsymbol{\theta})$를 사용하면 된다. 둘째 접근 방식의 장점도 도입할 수 있다. 좋은 성과를 낼 가능성이 있는 함수족 $\phi(\boldsymbol{x};\boldsymbol{\theta})$을 실무자(사람)가 직접 지정하면 된다. 둘째 접근 방식에 비한 장점은, 좋은 성과를 내는 구체적인 함수 하나를 사람이 고안해 낼 필요 없이 그럴 가능성이 있는 함수족을 지정하기만 하면 된다는 것이다.

이처럼 특징들의 학습을 통해서 모형을 개선한다는 일반적인 원리는 이번 장에서 설명하는 순방향 신경망 이외의 모형들에도 적용할 수 있다. 이러한 원리는 심층 학습에서 계속해서 등장하는 주제로, 실제로 이 책 전반에서 설명하는 모든 종류의 모형에 이 원리가 적용된다. 순방향 신경망은 이러한 원리를 되먹임 연결이 없는 $\boldsymbol{x}$에서 $\boldsymbol{y}$로의 결정론적 사상의 학습 문제에 적용한 결과라 할 수 있다. 이후의 장들에서는 이 원리를 확률적 사상이나 되먹임이 있는 함수, 하나의 벡터에 관한 확률분포에 적용해서 얻은 모형들을 소개한다.

이번 장은 순방향 신경망의 간단한 예로 시작한다. 그런 다음에는 순방향 신경망을 실제로 적용할 때 필요한 여러 설계상의 결정 사항을 살펴본다. 순방향 신경망 훈련에 필요한 결정 사항 중에는 선형 모형의 훈련에 필요한 결정 사항과 같은 것들이 많다. 최적화 함수의 선택, 비용함수의 선택, 그리고 출력 단위 형태의 선택이 바로 그것이다. 그러한 기본적인 선택 사항들을 기울기 기반 학습의 예를 통해서 개괄한다. 그런 다음에는 순방향 신경망에 고유한 설계상의 결정 사항들로 넘어간다. 순방향 신경망에는 은닉층이라는 개념이 도입되었다. 순방향 신경망을 설계하려면 그러한 은닉층의 값을 계산하는 데 사용할 **활성화 함수**(activation function; 또는 활성 함수)를 선택해야 한다. 또한, 신경망의 구조(architecture)도 설계해야 한다. 이를 위한 결정 사항으로는 신경망의 층 개수나 그 층들의 상호 연결 방식, 각 층의 계산 단위 개수 등이 있다. 심층 신경망이 학습하는 과정에는 복잡한 함수들의 기울기 계산이 관여한다. 이번 장에서는 그러한 기울기들을 효율적으로 계산하는 데 사용할 수 있는 **역전파**(back-propagation) 알고리즘과 그것의 현대적인 일반화들을 소개한다. 마지막으로는 몇 가지 역사적 고찰로 이번 장을 마무리한다.

6.1 예제: XOR의 학습

순방향 신경망의 개념을 좀 더 구체적으로 이해하는 데 도움이 되도록, 아주 단순한 과제를 수행하는 완전한 형태의 순방향 신경망을 예로 들어 보겠다. 아주 단순한 과제란, XOR 함수를 배우는 것이다.

XOR("exclusive or", 즉 배타적 논리합) 함수는 두 이진수 x_1과 x_2에 대한 연산이다. 두 이진수 중 정확히 하나가 1과 같으면 XOR 함수는 1을 돌려주고, 그렇지 않으면 0을 돌려준다. 이 XOR 함수가 바로 이 예제에서 학습할 목표 함수 $y = f^*(\boldsymbol{x})$에 해당한다. 이 예제의 모형은 함수 $y = f(\boldsymbol{x};\boldsymbol{\theta})$를 제공하며, 학습 알고리즘은 f가 f^*와 최대한 비슷해지도록 매개변수 $\boldsymbol{\theta}$를 적합시킨다.

이것은 간단한 예제이므로 통계적 일반화는 고려하지 않기로 한다. 우리의 목표는, 신경망이 네 자료점 $\mathbb{X} = \{[0,0]^\top, [0,1]^\top, [1,0]^\top, [1,1]^\top\}$에 대해 제대로 작동하게 만드는 것이다. 이를 위해 이 네 점 모두로 신경망을 훈련한다. 유일한 문제는, 모형을 그러한 훈련 집합에 적합시키는 방법을 찾는 것이다.

한 가지 방법은, 이 문제를 하나의 회귀 문제로 간주해서 평균제곱오차(MSE)를 손실함수로 사용하는 것이다. MSE를 선택한 것은, 단지 그렇게 하면 이 예제를 위한 수학이 더할 나위 없이 단순해지기 때문일 뿐이다. 대체로 실제 응용에서는 이진 자료의 모형화를 위한 손실(비용) 함수로 MSE가 그리 적절하지 않다. 좀 더 적절한 접근 방식들이 §6.2.2.2에 나온다.

훈련 집합 전체에 대해 평가되는 MSE 손실함수는 다음과 같다.

$$J(\boldsymbol{\theta}) = \frac{1}{4} \sum_{\boldsymbol{x} \in \mathbb{X}} \left(f^*(\boldsymbol{x}) - f(\boldsymbol{x};\boldsymbol{\theta}) \right)^2. \tag{6.1}$$

다음으로 모형 $f(\boldsymbol{x};\boldsymbol{\theta})$의 구체적인 형식을 선택해야 한다. 이 예제에서는 모형이 선형이고 $\boldsymbol{\theta}$가 $\boldsymbol{w}$와 b로 구성된다고 하겠다. 즉, 모형은 다음과 같이 정의된다.

$$f(\boldsymbol{x};\boldsymbol{w},b) = \boldsymbol{x}^\top \boldsymbol{w} + b. \tag{6.2}$$

이렇게 하면 $J(\boldsymbol{\theta})$를 표준방정식을 이용해서 $\boldsymbol{w}$와 b에 대한 닫힌 형식으로 최소화할 수 있다.

표준방정식을 풀면 $\boldsymbol{w} = \mathbf{0}$과 $b = \frac{1}{2}$이 나온다. 즉, 선형 모형은 그냥 모든 점에서 0.5를 출력한다. 왜 그럴까? 그림 6.1은 선형 모형이 XOR 함수를 표현할 수 없는 이유를 보여준다. 이 문제를 해결하는 방법 하나는, 선형 모형이 해법을 표현할 수 있는 특징 공간을 배우는 모형을 사용하는 것이다.

구체적으로 말하자면, 은닉 단위가 두 개인 은닉층 하나가 있는 간단한 순방향 신경망으로 이 문제를 해결할 수 있다. 그림 6.2에 그러한 모형이 나와 있다. 이 순방향 신경망의 은닉층은 은닉 단위들을 담은 벡터 $\boldsymbol{h}$로 구성된다. 신경망의 제1층인 은닉층은 함수 $f^{(1)}(\boldsymbol{x};\boldsymbol{W},\boldsymbol{c})$를 계산하며, 그 출력이 제2층인 출력층에 전달된다. 출력층은 이전처럼 그냥 하나의 선형회귀 모형인데, $\boldsymbol{x}$가 아니라 $\boldsymbol{h}$에 대해 작용한다는 것이 이전 모형과 다른 점이다. 이러한 층들로 구성된 신경망은 두 함수 $\boldsymbol{h} = f^{(1)}(\boldsymbol{x};\boldsymbol{W},\boldsymbol{c})$와 $y = f^{(2)}(\boldsymbol{h};\boldsymbol{w},b)$를 사슬로 연결한 형태이다. 즉, 최종 모형은 $f(\boldsymbol{x};\boldsymbol{W},\boldsymbol{c},\boldsymbol{w},b) = f^{(2)}(f^{(1)}(\boldsymbol{x}))$이다.

그런데 어떤 함수를 $f^{(1)}$로 두어야 할까? 지금까지는 선형 모형들이 잘 작동했으므로 $f^{(1)}$도 선형으로 두면 될 것 같다. 그러나 $f^{(1)}$이 선형이면 순방향 신경망 전체가 주어진 입력의 선형 함수가 된다. $f^{(1)}(\boldsymbol{x}) = \boldsymbol{W}^\top \boldsymbol{x}$이고 $f^{(2)}(\boldsymbol{h}) = \boldsymbol{h}^\top \boldsymbol{w}$이면(일단 지금은 절편은 무시한다) $f(\boldsymbol{x}) = \boldsymbol{w}^\top \boldsymbol{W}^\top \boldsymbol{x}$이다. $\boldsymbol{w}' = \boldsymbol{W}\boldsymbol{w}$로 두면 이 함수를 $f(\boldsymbol{x}) = \boldsymbol{x}^\top \boldsymbol{w}'$으로 표현할 수 있는데, 이는 선형이다.

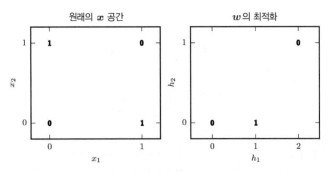

그림 6.1: 표현 학습으로 XOR 문제를 푸는 예. 그래프에서 굵은 수치들은 학습 대상 함수가 각 점에 대해 반드시 출력하는 값을 나타낸다. (왼쪽) 선형 모형을 원래의 입력에 직접 적용하면 XOR 함수를 배우지 못한다. $x_1 = 0$일 때는 x_2가 증가함에 따라 모형의 출력도 반드시 증가해야 하고, $x_1 = 1$일 때는 x_2가 증가함에 따라 모형의 출력이 반드시 감소해야 한다. 선형 모형은 x_2에 항상 고정된 계수 w_2를 적용할 뿐, x_1의 값으로 x_2의 계수를 변경하지는 못하기 때문에 이 문제를 풀 수 없다. (오른쪽) 신경망이 추출한 특징들로 표현되는 변환된 공간에서는 선형 모형을 이 문제를 풀 수 있다. 이 예제의 경우, 출력이 반드시 1이어야 하는 두 점이 특징 공간의 한 점으로 축약되었다. 다른 말로 하면, 비선형 특징들에 의해 $x = [1,0]^\top$와 $x = [0,1]^\top$ 둘 다 특징 공간의 한 점 $h = [1,0]^\top$로 사상되었다. 이제 선형 모형은 h_1이 증가하면 h_2가 감소하는 함수를 서술한다. 이 예제에 특징 공간 학습을 도입한 이유는 모형 수용력을 키워서 모형을 훈련 집합에 적합시키는 것이었다. 그러나 좀 더 현실적인 응용들에서는 이러한 표현 학습이 모형의 일반화를 개선하는 데 도움이 되기도 한다.

따라서, 특징들을 비선형 함수를 이용해서 서술해야 마땅하다. 대부분의 신경망은 학습된 매개변수들로 제어되는 어파인 변환 다음에 고정된 비선형 함수를 적용해서 특징들을 서술한다. 후자의 비선형 함수를 활성화 함수라고 부른다. 지금 예제에서도 그러한 전략을 사용할 수 있다. $h = g(W^\top x + c)$로 두면 되는데, 여기서 W는 선형 변환에 적용되는 가중치들이고 c는 치우침(bias) 매개변수 값들이다. 이전에는 입력 벡터를 출력 스칼라로 사상하는 어파인 변환을 서술하는 선형회귀 모형을 정의했다. 그러나 이번에는 벡터 x를 벡터 h로 사상하는 어파인 변환이 쓰이므로, 치우침 매개변수들의 벡터가 필요하다. 활성화 함수 g로는 성분별로 적용되는 함수를 사용하는 것이 일반적이다. 즉, g는 $h_i = g(x^\top W_{:,i} + c_i)$의 형태로 적용한다. 현세대의 신경망에서는 기본적으로 **정류 선형 단위**(rectified linear unit, ReLU)가 권장되는데(Jarrett 외, 2009; Nair & Hinton, 2010; Glorot 외, 2011a), 이 단위의 활성화 함수는 $g(z) = \max\{0, z\}$이다. 그림 6.3에 이 활성화 함수가 나와 있다.

이상의 논의를 종합해서 완전한 신경망을 공식으로 표현하면 다음과 같다.

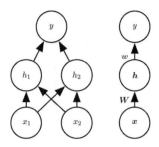

그림 6.2: XOR 학습 예제의 순방향 신경망을 두 가지 스타일로 표현한 모습. 이 신경망에는 은닉 단위가 두 개인 은닉층이 하나 있다. (왼쪽) 이것은 은닉층의 모든 단위를 각자 하나의 노드로 표현한 것이다. 이런 표현 스타일은 명시적이고 명백하지만, 이 예제보다 큰 신경망에 대해서는 그래프가 너무 커질 수 있다. (오른쪽) 이것은 각 층의 활성화를 표현하는 벡터를 노드로 표현한 것이다. 이 스타일이 훨씬 간결하다. 이 스타일에서는 두 층의 관계를 서술하는 매개변수의 이름을 그래프의 간선에 표기하기도 한다. 지금 예에서 행렬 $\boldsymbol{W}$는 $\boldsymbol{x}$에서 $\boldsymbol{h}$로의 사상을 서술하고 벡터 $\boldsymbol{w}$는 $\boldsymbol{h}$에서 y로의 사상을 서술한다. 이처럼 간선에 매개변수 이름을 표기할 때, 각 층에 연관된 절편 항 매개변수는 생략하는 것이 일반적이다.

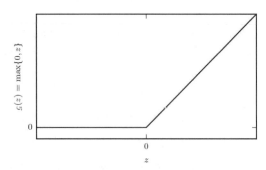

그림 6.3: 정류 선형 단위의 활성화 함수. 대부분의 순방향 신경망에서 기본적으로 권장되는 활성화 함수가 바로 이것이다. 이 함수를 선형 변환의 출력에 적용하면 하나의 비선형 변환이 나온다. 이 함수는 선분(조각) 두 개로 이루어진 조각별 함수라는 점에서 선형 함수에 아주 가깝다. 정류 선형 단위는 선형에 아주 가깝기 때문에 선형 함수의 여러 성질을 그대로 가지고 있다. 특히, 선형 함수를 기울기 기반 방법들로 최적화하기 쉽게 만드는 여러 성질과 일반화가 잘 되게 만드는 여러 성질이 여전히 남아 있다. 컴퓨터 과학 전반에 적용되는 한 가지 공통의 원리는, 복잡한 시스템을 최소한의 구성요소들의 조합으로 구축할 수 있다는 것이다. 튜링 기계의 메모리가 0 또는 1의 상태만 저장할 수 있어도 충분한 것처럼, 이러한 정류 선형 함수들로 범용 함수 근사기(approximator)를 구축할 수 있다.

$$f(\boldsymbol{x}; \boldsymbol{W}, \boldsymbol{c}, \boldsymbol{w}, b) = \boldsymbol{w}^\top \max\{0, \boldsymbol{W}^\top \boldsymbol{x} + \boldsymbol{c}\} + b. \tag{6.3}$$

이제 XOR 문제의 해법을 만들어 보자. 우선

$$\boldsymbol{W} = \begin{bmatrix} 1 & 1 \\ 1 & 1 \end{bmatrix}, \tag{6.4}$$

$$c = \begin{bmatrix} 0 \\ -1 \end{bmatrix}, \tag{6.5}$$

$$w = \begin{bmatrix} 1 \\ -2 \end{bmatrix}, \tag{6.6}$$

그리고 $b = 0$으로 두자.

다음으로, 모형이 입력 전체를 처리하는 과정을 짚어 보자. 입력 X는 이진 입력 공간의 네 점 모두를 담은 설계 행렬로, 하나의 행은 하나의 견본에 해당한다.

$$X = \begin{bmatrix} 0 & 0 \\ 0 & 1 \\ 1 & 0 \\ 1 & 1 \end{bmatrix}. \tag{6.7}$$

신경망의 첫 단계는 이 입력 행렬에 제1층의 가중치 행렬을 곱하는 것이다.

$$XW = \begin{bmatrix} 0 & 0 \\ 1 & 1 \\ 1 & 1 \\ 2 & 2 \end{bmatrix}. \tag{6.8}$$

여기에 치우침 벡터 c를 더하면 다음이 나온다.

$$\begin{bmatrix} 0 & -1 \\ 1 & 0 \\ 1 & 0 \\ 2 & 1 \end{bmatrix}. \tag{6.9}$$

이 공간에서 모든 견본은 기울기가 1인 직선에 놓여 있다. 그 직선을 따라갈 때 함수의 출력은 0에서 시작해서 1로 올라갔다가 다시 0으로 떨어진다. 선형 모형으로는 그런 함수를 구현할 수 없다. 각 견본에 대한 h의 값을 산출하기 위해, 지금까지의 결과에 다음과 같은 정류 선형 변환을 적용한다.

$$\begin{bmatrix} 0 & 0 \\ 1 & 0 \\ 1 & 0 \\ 2 & 1 \end{bmatrix}. \tag{6.10}$$

이 변환을 적용하면 견본들 사이의 관계가 변한다. 이제는 견본들이 하나의 직선에 놓인 것이 아니라, 그림 6.1의 오른쪽 그림에서처럼 선형 모형으로 문제를 풀 수 있는 형태의 공간에 놓이게 된다.

마지막으로, 다음과 같은 가중치 벡터 w를 곱한다.

$$\begin{bmatrix} 0 \\ 1 \\ 1 \\ 0 \end{bmatrix}. \tag{6.11}$$

이렇게 하면 신경망은 입력 행렬의 모든 견본에 대해 정확한 답을 낸다.

이 예제에서는 항상 정확한(오차가 0인) 답을 산출하는 해를 문제로부터 직접 유도했다. 그러나 실제 응용에서는 모형 매개변수 개수와 훈련 견본 개수가 수십억 규모라서 지금처럼 해를 바로 도출하지 못할 수 있다. 그런 상황에서는 기울기 기반 최적화 알고리즘을 이용해서 오차가 아주 작은 매개변수들을 찾는 것이 한 방법이다. 지금까지 살펴본 XOR 문제의 해는 손실함수의 한 전역 최소점에 해당하므로, 경사 하강법을 이용해서 그 점으로 수렴하는 것이 가능하다. XOR 문제의 다른 동등한 해들도 경사 하강법으로 구할 수 있다. 경사 하강의 수렴점은 매개변수들의 초깃값에 의존한다. 실제 응용에서는 이 예제에서처럼 깔끔하고 이해하기 쉬운 정숫값 해를 경사 하강법으로 구할 수 있는 경우가 많지 않다.

6.2 기울기 기반 학습

신경망을 설계하고 훈련하는 것이 경사 하강법을 이용해서 다른 어떤 기계 학습 모형을 훈련하는 것보다 아주 어렵지는 않다. §5.10에서는 하나의 최적화 절차와 하나의 비용함수, 그리고 하나의 모형족(model family)을 지정해서 기계 학습 알고리즘을 구축하는 방법을 설명했다.

이전에 살펴본 선형 모형들과 비한 신경망의 가장 큰 차이점은, 신경망은 비선형성이기 때문에 볼록함수를 손실함수로 사용하기가 적합하지 않을 때가 많다는 것이다. 일반적으로 신경망에서는 선형회귀 모형의 훈련에 쓰이는 연립방정식 해법이나 로지스틱 회귀 또는 SVM(지지 벡터 기계)의 훈련에 쓰이는 전역 수렴을 보장하는 볼록함수 최적화 알고리즘 대신, 그냥 비용함수를 아주 낮은 값으로 이끄는 역할만 하는 반복적인 기울기 기반 최적화 절차를 사용한다. 볼록함수 최적화는 임의의 초기 매개변수들에서 시작해서 반드시 수렴한다(이론적으로는 그렇다. 실제 응용에서는, 최적화가 비록 안정적으로 진행된다고 해도, 수치 문제들이 발생할 수 있다). 비볼록 손실함수에 확률적 경사 하강법을 적용할 때는 그러한 수렴이 보장되지 않으며, 결과가 초기 매개변수들에 민감하게 변한다. 순방향 신경망에서는 모든 가중치를 작은 난수들로 초기화하는 것이 중요하다. 치우침 매개변수들은 0 또는 작은 양수로 초기화하면 된다. 순방향 신경망을 비롯한 거의 모든 심층 모형의 훈련에 쓰이는 반복적인 기울기 기반 최적화 알고리즘들을 제8장에서 자세히 설명하는데, 특히 §8.4에서는 매개변수의 초기화를 논의한다. 일단 지금은, 훈련 알고리즘이 거의 항상 기울기를 이용해서 비용함수를 어떤 방식으로든 낮은 곳으로 이끄는 형태라는 점만 이해하면 될 것이다. 실제로 쓰이는 구체적인 알고리즘들은 §4.3에서 소개한 경사 하강법의 착안들을 개선하고 조율한 것인데, 좀 더 구체적으로 말하자면 그런 알고리즘들은 대부분 §5.9에서 소개한 확률적 경사 하강 알고리즘을 개선한 것이다.

선형회귀나 지지 벡터 기계 같은 모형들을 경사 하강법으로 훈련하는 것도 물론 가능하다. 사실, 훈련 집합이 극도로 클 때는 그런 방법을 흔히 사용한다. 이런 관점에서는 신경망의 훈련이 다른 어떤 모형의 훈련과 그리 다르지 않다. 신경망에서는 기울기 계산이 조금 복잡하지만, 그래도 효율적이고 정확하게 기울기를 계산할 수 있다. §6.5에서는 역전파 알고리즘과 그것의 현대적인 일반화들을 이용해서 기울기를 구하는 방법을 설명한다.

다른 기계 학습 모형들처럼, 신경망에 기울기 기반 학습을 적용하려면 비용함수를 선택해야 하며, 모형의 출력을 표현하는 방법도 선택해야 한다. 그럼 그런 설계상의 결정사항들을 신경망 시나리오에 맞추어서 다시 살펴보자.

6.2.1 비용함수

비용함수의 선택은 심층 신경망 설계의 중요한 측면 중 하나이다. 다행히, 신경망을 위한 비용함수들은 선형 모형 같은 다른 매개변수적 모형의 비용함수와 다소 비슷하다.

대부분의 경우 매개변수적 모형은 하나의 분포 $p(\boldsymbol{y} \mid \boldsymbol{x}; \boldsymbol{\theta})$를 정의한다. 그리고 그냥 최대가능도 원리를 적용해서 훈련을 진행한다. 그런 경우에는 훈련 자료와 모형의 예측 사이의 교차 엔트로피를 비용함수로 사용하면 된다.

그러나 때에 따라서는 $\boldsymbol{y}$에 관한 전체 확률 분포를 예측하는 대신 그냥 $\boldsymbol{x}$를 조건으로 한 $\boldsymbol{y}$의 어떤 통계량을 예측하는 좀 더 단순한 접근 방식이 바람직할 때도 있다. 그런 경우, 특화된 손실함수를 이용하면 그런 추정량을 예측하는 모형을 훈련할 수 있다.

신경망 훈련에 쓰이는 총비용함수(total cost function)는 여기서 설명하는 기본적인 비용함수 중 하나에 정칙화 항을 결합한 형태일 때가 많다. 선형 모형에 정칙화를 적용하는 간단한 예 몇 가지를 이미 §5.2.2에서 살펴보았다. 선형 모형에 쓰이는 가중치 감쇄 접근 방식을 심층 신경망에 직접 적용할 수 있다. 사실 그 접근 방식은 아주 흔히 쓰이는 정칙화 전략 중 하나이다. 신경망을 위한 좀 더 진보된 정칙화 전략들은 제7장에 설명한다.

6.2.1.1 최대가능도를 이용한 조건부 확률 학습

대부분의 현대적 신경망은 최대가능도를 사용해서 훈련한다. 이는 비용함수가 그냥 음의 로그가능도라는 뜻인데, 그러한 로그가능도는 훈련 자료와 모형 분포 사이의 교차 엔트로피로도 동등하게 서술할 수 있다. 이 경우 비용함수는 다음과 같이 주어진다.

$$J(\boldsymbol{\theta}) = -\mathbb{E}_{\mathbf{x}, \mathbf{y} \sim \hat{p}_{\text{자료}}} \log p_{\text{모형}}(\boldsymbol{y} \mid \boldsymbol{x}). \tag{6.12}$$

비용함수의 구체적인 형태는 모형마다 다른데, 특히 $\log p_{\text{모형}}$의 구체적인 형태에 의존한다. 식 6.12의 방정식을 전개하면 모형 매개변수들에 의존하지 않는, 그리고 제거해도 되는 항들이 나올 수 있다. 예를 들어, §5.5.1에서 보았듯이 $p_{\text{모형}}(\boldsymbol{y} \mid \boldsymbol{x}) = \mathcal{N}(\boldsymbol{y}; f(\boldsymbol{x}; \boldsymbol{\theta}), \boldsymbol{I})$일 때는 평균제곱오차 비용

$$J(\theta) = \frac{1}{2}\mathbb{E}_{\text{자료}}\|\boldsymbol{y} - f(\boldsymbol{x};\boldsymbol{\theta})\|^2 + \text{상수} \tag{6.13}$$

를 전개해서 정리하면 비례 계수 $\frac{1}{2}$과 $\boldsymbol{\theta}$에 의존하지 않는 한 항으로까지 줄일 수 있다. 폐기된 상수는 가우스 분포의 분산에 기초하는데, 지금 예에서는 그것을 매개변수화하지 않기로 한다. 이전에 우리는 선형 모형에 대해 출력 분포를 이용한 최대가능도 추정과 평균제곱오차의 최소화가 동등하다는 점을 배웠다. 그런데 사실 그러한 동등성은 분포의 평균을 예측하는 데 쓰이는 $f(\boldsymbol{x};\boldsymbol{\theta})$와는 무관하게 성립한다.

최대가능도에서 비용함수를 유도하는 이러한 접근 방식의 한 가지 장점은, 모형마다 매번 비용함수를 설계하는 부담이 없다는 것이다. 모형 $p(\boldsymbol{y} \mid \boldsymbol{x})$를 결정하기만 하면 비용함수 $\log p(\boldsymbol{y} \mid \boldsymbol{x})$가 자동으로 결정된다.

신경망 설계에서 거듭 등장하는 주제 하나는, 비용함수의 기울기는 학습 알고리즘을 잘 지도할 수 있을 정도로 크고 예측 가능해야 한다는 것이다. 포화하는(즉, 아주 평평해지는) 함수들은 그런 목적에 맞지 않는다. 평평한 영역에서 기울기가 아주 작기 때문이다. 많은 경우, 은닉 단위나 출력 단위의 출력을 산출하는 데 쓰이는 활성화 함수가 포화하면 비용함수의 기울기가 아주 작아진다. 그런 현상을 피하는 데 음의 로그가능도가 도움이 되는 모형이 많다. 신경망 모형 중에는 인수가 아주 큰 음수(즉, 절댓값이 아주 큰 음수)일 때 포화하는 exp 함수가 출력 단위에 관여하는 것들이 있다. 음의 로그가능도 비용함수의 log 함수는 그런 일부 출력 단위에 있는 exp의 효과를 상쇄한다. 비용함수와 출력 단위의 선택 사이의 상호작용은 §6.2.2에서 논의한다.

최대가능도 추정을 수행하는 데 쓰이는 교차 엔트로피 비용함수의 한 가지 독특한 성질은, 실제 응용에 흔히 쓰이는 모형들에서 이 함수에 최솟값이 없을 때가 많다는 것이다. 이산 출력 변수의 경우, 대부분의 모형은 정확히 확률값 0과 1을 표현하지 못하는, 그러나 그 두 극단에 얼마든지 가까워질 수는 있는 방식으로 매개변수화된다. 로지스틱 회귀가 그런 모형의 예이다. 실숫값 출력 변수의 경우에는, 만일 모형이 출력 분포의 밀도를 제어할 수 있다면(예를 들면 출력 가우스 분포의 분산 매개변수를 학습함으로써), 정확한 훈련 집합 출력들에 극도로 높은 밀도를 배정할 여지가 생긴다. 그러면 교차 엔트로피는 음의 무한대에 접근하게 된다. 제7장에서는 모형의 보상이 그런 식으로 무한대로 뛰어오르지 못하도록 학습 문제를 수정하는 여러 방법을 제시한다.

6.2.1.2 조건부 통계량의 학습

모형이 전체 확률분포 $p(y \mid x;\theta)$를 배우는 것이 아니라 x가 주어졌을 때의 y의 한 조건부 통계량만 배우면 되는 경우도 많이 있다.

예를 들어 y의 평균을 예측하는 예측 함수 $f(x;\theta)$를 모형이 학습해야 한다고 하자.

충분히 강력한 신경망은 광범위한 함수류(class of functions)에 있는 임의의 한 함수 f를 표현할 능력을 갖추고 있다. 여기서 광범위한 함수류란, 어떤 특정한 매개변수 구성으로 제한되는 것이 아니라 연속성이나 유계성(boundedness; 상계나 하계가 존재함) 같은 특징들로만 제한되는 다양한 함수들의 부류를 말한다. 이런 관점에서는 비용함수를 그냥 함수가 아니라 **범함수**(functional)로 간주할 수 있다. 범함수는 함수에서 실수로의 사상이다. 비용함수를 범함수로 간주하면, 학습이라는 것을 특정 형태의 함수의 매개변수 구성을 선택하는 것이 아니라 함수 자체를 선택하는 것으로 생각할 수 있다. 따라서, 비용 범함수를 설계하는 한 가지 방법은 어떤 바람직한 특정 함수에서 최솟값이 나오는 비용 범함수를 고안하는 것이다. 지금 예라면, x를 x가 주어졌을 때의 y의 기댓값으로 사상하는 함수에 대해 최솟값이 나오는 비용 범함수를 선택하면 된다. 함수에 관한 최적화 문제를 풀려면 §19.4.2에서 설명하는 **변분법**(calculus of variations)이라는 수학적 도구가 필요하다. 이번 장의 내용은 변분법을 몰라도 이해할 수 있다. 일단 지금은, 다음 두 결과를 유도하는 데 변분법이 쓰인다는 점만 이해하고 넘어가기로 하자.

변분법으로 유도한 첫 번째 결과는, 최적화 문제

$$f^* = \underset{f}{\arg\min}\, \mathbb{E}_{x,y \sim\, p_{\text{자료}}} \|y - f(x)\|^2 \tag{6.14}$$

을 풀면 다음과 같은 해가 나온다는 것이다.

$$f^*(x) = \mathbb{E}_{y \sim\, p_{\text{자료}}(y \mid x)}\big[y\big]. \tag{6.15}$$

(단, 이 함수가 우리가 최적화하고자 하는 함수류에 속한다고 할 때.) 다른 말로 하면, 만일 우리가 진(true) 자료 생성 분포로부터 무한히 많은 표본을 뽑아서 모형을 훈련할 수 있다면, 평균제곱오차 비용함수를 최소화함으로써 x의 각 값에 대해 y의 평균을 예측하는 하나의 함수를 얻을 수 있다.

그런 식으로 얻을 수 있는 통계량은 비용함수의 종류에 따라 다르다. 변분법으로 유도한 두 번째 결과는, 다음과 같은 최적화의 결과가 x의 각 값에 대해 y의 **중앙값**

(median)을 예측하는 함수라는 것이다.

$$f^* = \underset{f}{\arg\min} \, \mathbf{x}, \mathbf{y} \sim p_{\text{자료}} \|\boldsymbol{y} - f(\boldsymbol{x})\|_1. \tag{6.16}$$

(단, 이 함수가 우리가 최적화하고자 하는 함수류에 속한다고 할 때.) 이러한 비용함수를 흔히 **평균절대오차**(mean absolute error)라고 부른다.

안타깝게도 평균제곱오차나 평균절대오차를 기울기 기반 최적화와 함께 사용하면 성능이 나쁠 때가 많다. 그런 비용함수들을 사용하면 일부 출력 단위가 포화해서 기울기가 아주 작아진다. 이는 전체 확률분포 $p(\boldsymbol{y}\,|\,\boldsymbol{x})$를 평가하지 않아도 될 때도 평균제곱오차나 평균절대오차 대신 교차 엔트로피를 비용함수로 많이 사용하는 이유 중 하나이다.

6.2.2 출력 단위

비용함수의 선택은 출력 단위의 선택과 밀접하게 관련되어 있다. 대부분의 경우에는 자료 분포와 모형 분포 사이의 교차 엔트로피를 비용함수로 사용한다. 그러한 교차 엔트로피 비용함수의 형태는 출력의 표현 방식에 따라 달라진다.

출력 단위로 사용할 수 있는 모든 종류의 신경망 계산 단위를 은닉층의 은닉 단위로도 사용할 수 있다. 지금 논의는 그런 단위들을 모형의 출력층에 사용하는 것에 초점을 두지만, 원칙적으로는 내부 은닉층에도 사용할 수 있다. 이번 절에서 논의하는 단위들을 은닉층에서 사용할 때의 추가적인 세부 사항은 §6.3에서 좀 더 이야기하겠다.

이번 절 전체에서는 순방향 신경망이 $\boldsymbol{h} = f(\boldsymbol{x};\boldsymbol{\theta})$로 정의되는 일단의 숨겨진 특징들을 출력층에 공급한다고 가정한다. 이러한 가정하에서 출력층의 역할은, 그러한 특징들을 적절히 변환해서 신경망이 풀어야 할 과제를 만족하는 출력을 산출하는 것이다.

6.2.2.1 가우스 출력 분포를 위한 선형 단위

간단한 출력 유닛의 예로, 어파인 변환에 기초한 비선형성 없는 출력 단위를 하나 살펴보자. 이런 종류의 출력 단위를 그냥 선형 단위(linear unit)라고 부를 때가 많다.

선형 출력 단위들로 이루어진 선형 출력층은 주어진 특징 벡터 $\boldsymbol{h}$로부터 벡터 $\hat{\boldsymbol{y}} = \boldsymbol{W}^\top \boldsymbol{h} + \boldsymbol{b}$를 산출한다.

선형 출력층은 다음과 같은 조건부 가우스 분포의 평균을 산출하는 용도로 흔히 쓰인다.

$$p(\boldsymbol{y} \mid \boldsymbol{x}) = \mathcal{N}(\boldsymbol{y}; \hat{\boldsymbol{y}}, \boldsymbol{I}). \tag{6.17}$$

이 경우 로그가능도를 최대화하는 것은 평균제곱오차를 최소화하는 것과 동등하다.

이러한 최대가능도 구조를 이용하면 가우스 분포의 공분산도 간단하게 학습할 수 있고, 가우스 분포의 공분산을 입력의 함수로 만드는 것도 가능하다. 단, 공분산 행렬이 반드시 모든 입력에 대해 양의 정부호 행렬이어야 한다는 제약이 따른다. 선형 출력층으로는 그런 제약을 만족하기 어렵기 때문에, 공분산행렬을 매개변수화할 때는 선형 단위 이외의 출력 단위를 사용하는 것이 일반적이다. 공분산의 모형화에 대한 접근 방식들은 §6.2.2.4에서 간략하게 설명한다.

선형 단위들은 포화하지 않으므로 기울기 기반 최적화 알고리즘에서 문제를 별로 일으키지 않으며, 그밖에도 다양한 최적화 알고리즘들과 잘 작동한다.

6.2.2.2 베르누이 출력 분포를 위한 S자형 단위

심층 학습의 과제 중에는 이진 변수 y의 값을 예측하는 것이 많다. 대상들을 두 부류로 나누는 분류 문제들을 그러한 형태의 예측 과제로 형식화할 수 있다.

이러한 종류의 문제들에 최대가능도 접근 방식을 적용할 때는 $\boldsymbol{x}$가 주어졌을 때의 y에 관한 베르누이 분포(Bernoulli distribution)를 정의한다.

베르누이 분포는 그냥 하나의 수로 정의된다. 신경망은 $P(y = 1 \mid \boldsymbol{x})$만 예측하면 된다. 그 수는 유효한 확률이어야 하므로, 반드시 [0, 1] 구간에 속해야 한다.

이러한 제약을 충족하려면 설계 시 세심한 노력이 어느 정도 필요하다. 출력층이 선형 단위 하나로 이루어진다고 하자. 그 단위의 값이 유효한 확률이 되게 하려면 다음과 같이 범위를 한정할 필요가 있다.

$$P(y = 1 \mid \boldsymbol{x}) = \max\{0, \min\{1, \boldsymbol{w}^{\top} \boldsymbol{h} + b\}\}. \tag{6.18}$$

이것이 유효한 조건부 확률의 정의이긴 하지만, 경사 하강법을 이용해서 아주 효과적으로 훈련할 수는 없을 가능성이 크다. $\boldsymbol{w}^{\top} \boldsymbol{h} + b$가 단위 구간을 벗어날 때마다 모형 출력의 기울기(모형 매개변수들에 대한)가 $\mathbf{0}$이 될 것이기 때문이다. 일반적으로, 기울기가 $\mathbf{0}$이면 학습 알고리즘이 해당 매개변수들이 개선되는 방향을 결정할 수 없기 때문에 훈련에 문제가 발생한다.

모형이 잘못된 답을 낼 때마다 항상 강한 기울기를 산출하는 다른 접근 방식이 필요하다. 지금부터 살펴볼, S자형(sigmoid) 출력 단위를 최대가능도와 결합하는 접근 방식이 그러한 접근 방식 중 하나이다.

S자형 출력 단위는 다음과 같이 정의된다.

$$\hat{y} = \sigma(\boldsymbol{w}^\top \boldsymbol{h} + b).\tag{6.19}$$

여기서 σ는 §3.10에서 설명한 로그 S자형 함수이다.

이러한 S자형 출력 단위가 내부적으로 두 단계로 작동한다고 생각하면 이해에 도움이 될 것이다. 있다. 우선, 이 단위는 하나의 선형 단위를 이용해서 $z = \boldsymbol{w}^\top \boldsymbol{h} + b$를 계산한다. 그런 다음에는 S자형 활성화 함수를 이용해서 z를 하나의 확률값으로 변환한다.

y에 관한 확률분포를 z 값을 이용해서 정의하는 방법에 집중하기 위해, 일단 지금은 $\boldsymbol{x}$에 대한 의존성을 무시하기로 하겠다. S자형 함수가 필요한 이유는 정규화되지 않은, 즉 확률들의 합이 1이 아닌 확률분포 $\widetilde{P}(y)$를 구축하는 문제를 생각하면 이해하기 쉽다. 그러한 확률분포를 적당한 상수로 나누면 유효한 확률분포가 된다. 정규화되지 않은 로그 확률들이 y와 z에서 선형이라고 가정할 때, 그 로그 확률들을 거듭제곱하면 정규화되지 않은 확률들이 나온다. 그 확률들을 적당한 상수로 나누어서 정규화하면 유효한 확률분포가 나오는데, 다음에서 보듯이 그러한 확률분포는 z의 S자형 변환으로 제어되는 하나의 베르누이 분포이다.

$$\log \widetilde{P}(y) = yz,\tag{6.20}$$

$$\widetilde{P}(y) = \exp(yz),\tag{6.21}$$

$$P(y) = \frac{\exp(yz)}{\sum_{y'=0}^{1} \exp(y'z)},\tag{6.22}$$

$$P(y) = \sigma((2y-1)z).\tag{6.23}$$

이처럼 거듭제곱과 정규화에 기초한 확률분포들은 통계적 모형화를 다루는 문헌들에 자주 등장한다. 이진 변수에 관해 그러한 확률분포를 정의하는 z 변수를 **로짓**(logit)이라고 부른다.

로그 공간의 확률들을 예측하는 이러한 접근 방식은 최대가능도 학습과 잘 어울린다. 최대가능도 접근 방식을 적용하는 경우 비용함수가 $-\log P(y \mid \boldsymbol{x})$가 된다는 점에 주목하기 바란다. 이 비용함수의 log는 S자형 함수의 exp를 상쇄하는 효과를 낸다. 이러한 효과가 없다면 S자형 함수가 포화하며, 그러면 기울기 기반 알고리즘이 개선 방향으로 잘 나아가지 못하게 된다. S자형 함수로 매개변수화된 베르누이 분포에 대한 최대가능도 학습의 손실함수는 다음과 같다.

$$J(\boldsymbol{\theta}) = -\log P(y \mid \boldsymbol{x}) \tag{6.24}$$

$$= -\log \sigma((2y-1)z) \tag{6.25}$$

$$= \zeta((1-2y)z). \tag{6.26}$$

이 유도 과정에는 §3.10의 몇몇 성질이 쓰였다. 손실함수를 소프트플러스 함수를 이용해서 다시 표현해 보면, 이 손실함수는 $(1-2y)z$가 아주 큰 음수일 때만 포화함을 알 수 있다. 즉, $y=1$이고 z가 아주 큰 양수이거나 $y=0$이고 z가 아주 큰 음수일 때 포화가 일어나는 것인데, 둘 다 모형이 이미 좋은 답에 도달한 상황에 해당하므로 포화가 일어나도 문제가 되지 않는다. z의 부호가 틀렸을 때는 소프트플러스 함수의 인수 $(1-2y)z$가 $|z|$로 단순화될 수 있다. z의 부호가 틀린 경우, $|z|$가 커짐에 따라 소프트플러스 함수는 자신의 인수 $|z|$와 같은 값으로 점근한다. z에 대한 미분은 $\mathrm{sign}(z)$로 점근하므로, z가 극도로 부정확한 경우가 아닌 한 소프트플러스 함수의 기울기가 아주 작아지는 일은 없다. 기울기 기반 학습 알고리즘이 잘못된 z 값을 즉시 바로잡는 행동을 보일 것이라는 점에서, 이는 유용한 성질이다.

평균제곱오차 같은 다른 손실함수를 사용한다면, $\sigma(z)$가 포화할 때마다 손실함수가 포화할 수 있다. S자형 활성화 함수는 z가 아주 큰 음수일 때 0으로 포화하고 z가 아주 큰 양수일 때 1로 포화한다. 포화가 발생하면, 학습에 유용하지 않을 정도로 기울기가 작아질 수 있다(모형이 정답을 가지고 있든, 부정확한 답을 가지고 있든). 따라서, S자형 출력 단위들이 있는 신경망의 훈련에는 거의 항상 최대가능도가 바람직한 접근 방식이다.

해석적으로, S자형 함수의 로그는 항상 정의되고 유한하다. 이는 S자형 함수의 치역이 유효한 확률의 닫힌 구간(폐구간) $[0,1]$ 전체가 아니라 열린 구간(개구간) $(0,1)$이기 때문이다. 소프트웨어 구현에서 수치 문제를 피하려면 음의 로그가능도를 $\hat{y} = \sigma(z)$의 함수가 아니라 z의 함수 형태로 구현하는 것이 가장 좋은 방법이다. S자형 함수가 아래넘침을 일으켜서 0을 산출한 경우, $\hat{y}$의 로그를 취하면 음의 무한대가 나와 버린다.

6.2.2.3 멀티누이 출력 분포를 위한 소프트맥스 단위

가능한 값이 n가지인 이산 변수에 관한 확률분포를 표현해야 할 때는 소프트맥스 함수(제4장)를 사용하면 된다. 소프트맥스 함수는 이진 변수에 관한 확률분포를 표현하는 데 쓰이는 S자형 함수의 한 일반화라 할 수 있다.

소프트맥스 함수는 분류기의 출력 단위에서 서로 다른 n가지 부류에 관한 확률분포를 나타내는 용도로 쓰일 때가 아주 많다. 그보다는 드물지만, 모형이 어떤 내부 변수의 n가지 옵션 중 하나를 선택해야 할 때 소프트맥스 함수를 모형 자체의 내부에서 사용하기도 한다.

앞의 이진 변수의 예에서는 다음처럼 하나의 스칼라 값을 산출하고자 했다.

$$\hat{y} = P(y = 1 \mid \boldsymbol{x}). \tag{6.27}$$

이 값이 유효한 확률이려면 0과 1 사이의 값이어야 하므로, 그리고 이 값의 로그가 로그가능도에 대한 기울기 기반 최적화 알고리즘과 잘 맞아야 하므로, 앞에서는 이 값 대신 $z = \log \widetilde{P}(y = 1 \mid \boldsymbol{x})$를 예측하기로 했다. 이를 위해, S자형 함수로 제어되는 베르누이 분포를 거듭제곱과 정규화를 통해서 얻었다.

그러한 접근 방식을 가능한 값이 두 가지가 아니라 임의의 n가지인 이산 변수의 경우로 일반화하려면, 성분 $\hat{y}_i = P(y = i \mid \boldsymbol{x})$들로 이루어진 하나의 벡터 $\hat{\boldsymbol{y}}$를 산출해야 한다. 이 벡터가 하나의 유효한 확률 분포를 나타내려면, 각 성분 $\hat{y}_i$가 0과 1 사이의 값이어야 할 뿐만 아니라 모든 성분의 합이 1이어야 한다. 베르누이 분포에 사용한 정규화 접근 방식을 이러한 멀티누이 분포로 일반화할 수 있다. 우선, 선형 출력층은 정규화되지 않은 로그 확률들을 예측한다.

$$\boldsymbol{z} = \boldsymbol{W}^\top \boldsymbol{h} + \boldsymbol{b}. \tag{6.28}$$

여기서 $z_i = \log \widetilde{P}(y = i \mid \boldsymbol{x})$이다. 그런 다음에는 소프트맥스 함수를 이용해서 $\boldsymbol{z}$를 거듭제곱하고 정규화해서 원했던 분포 $\hat{\boldsymbol{y}}$를 얻는다. 소프트맥스 함수의 정의를 공식으로 나타내면 다음과 같다.

$$\mathrm{softmax}(\boldsymbol{z})_i = \frac{\exp(z_i)}{\sum_j \exp(z_j)}. \tag{6.29}$$

로그 S자형 함수에서처럼, exp 함수의 효과는 최대가능도를 이용해서 소프트맥스가 목표 값 y를 출력하도록 훈련하는 데 도움이 된다. 지금 예에서는 $\log P(\mathrm{y} = i;\boldsymbol{z}) = \log \mathrm{softmax}(\boldsymbol{z})_i$를 최대화해야 한다. 다음에서 보듯이 로그가능도의 log 가 소프트맥스의 exp 를 상쇄하는 효과를 낸다는 점에서, 소프트맥스를 식 6.29처럼 exp 로 정의하는 것이 자연스럽다.

$$\log \mathrm{softmax}(\boldsymbol{z})_i = z_i - \log \sum_j \exp(z_j). \tag{6.30}$$

식 6.30 우변의 첫 항은 입력 z_i가 항상 비용함수에 직접 기여함을 보여준다. 이 항은 절대 포화하지 않으므로, 식 30의 둘째 항에 대한 z_i의 기여가 아주 작아져도 학습이 계속 진행된다. 로그가능도를 최대화할 때는 첫 항 덕분에 기울기 기반 알고리즘은 z_i가 커지는 방향으로 올라가려 한다. 한편, 둘째 항은 $\boldsymbol{z}$ 전체가 작아지는 방향으로 알고리즘을 이끈다. 둘째 항 $\log \sum_j \exp(z_j)$ 의 의미를 직관적으로 이해하는 데는 이 항을 $\max_j z_j$로 대략 근사할 수 있다는 점이 도움이 될 것이다. 이러한 근사는, $\max_j z_j$보다 두드러지게 작은 임의의 z_k에 대해 $\exp(z_k)$가 무시할 수 있을 정도로 작다는 착안에 기초한 것이다. 이러한 근사로부터, 음의 로그가능도 비용함수가 항상 가장 활성화된 부정확한 예측에 강한 벌점을 부여한다는 직관을 얻을 수 있다. 만일 소프트맥스 함수의 최대 입력값이 이미 정답에 있다면, $-z_i$ 항과 $\log \sum_j \exp(z_j) \approx \max_j z_j = z_i$ 항은 근사적으로 상쇄된다. 따라서 해당 훈련 견본은 훈련 비용에 거의 아무것도 기여하지 않으며, 결과적으로 알고리즘의 행동은 아직 정확하게 분류되지 않는 다른 견본들이 주도하게 된다.

지금까지는 하나의 견본만 고려했다. 전체적으로 볼 때, 정칙화되지 않은 최대가능도는 모형이 소프트맥스 함수가 훈련 집합에서 관측한 결과들의 정답 비율을 예측하게 하는 매개변수들을 배우는 쪽으로 이끈다.

$$\mathrm{softmax}(\boldsymbol{z}(\boldsymbol{x};\boldsymbol{\theta}))_i \approx \frac{\sum_{j=1}^{m} 1_{\mathrm{y}^{(j)}=i, \boldsymbol{x}^{(j)}=\boldsymbol{x}}}{\sum_{j=1}^{m} 1_{\boldsymbol{x}^{(j)}=\boldsymbol{x}}}. \tag{6.31}$$

최대가능도는 일치 추정량이기 때문에, 학습 모형이 훈련 분포를 표현할 능력을 갖춘 모형족에 속하기만 한다면 그러한 학습은 반드시 성공한다. 그러나 실제 응용에서는 모형의 수용력이 부족하거나 최적화가 불완전해서 그러한 비율의 근삿값만 산출할 수 있을 때도 있다.

로그가능도 이외의 목적함수들은 소프트맥스 함수와 잘 맞지 않을 때가 많다. 특히, 소프트맥스의 exp를 상쇄하는 log가 없는 목적함수를 사용하면, exp의 인수가 아주 큰 음수일 때 기울기가 아주 작아져서 학습이 실패할 수 있다. 특히, 소프트맥스 단위에 대해 제곱 오차를 손실함수로 사용하는 것은 나쁜 선택이다. 그런 경우에는 모형이 부정확한 예측을 크게 확신할 때도 학습 알고리즘은 모형이 자신의 출력을 변경하게 만들지 못한다(Bridle, 1990). 그런 다른 여러 손실함수가 실패하는 이유를 이해하려면, 소프트맥스 함수 자체를 좀 더 살펴볼 필요가 있다.

S자형 함수처럼 소프트맥스 활성화 함수는 포화할 수 있다. S자형 함수는 하나의 값을 출력하는데, 그 출력은 입력이 아주 큰 음수이거나 아주 큰 양수일 때 포화한다. 소프트맥스 함수의 출력은 여러 개의 값으로 구성된다. 그 출력값들은 입력값들의 차이가 극도로 커질 때 포화할 수 있다. 소프트맥스가 포화하면 그에 근거한 여러 비용함수도 포화한다(비용함수가 활성화 함수의 포화를 상쇄하는 능력을 갖추고 있지 않은 한).

소프트맥스 함수가 입력들의 차이에 반응한다는 점을 확인하기 위해, 우선 모든 입력값에 동일한 스칼라 값을 더해도 소프트맥스의 출력은 변하지 않는다는 점에 주목하자. 즉, 다음이 성립한다.

$$\mathrm{softmax}(\boldsymbol{z}) = \mathrm{softmax}(\boldsymbol{z} + c). \tag{6.32}$$

이 성질을 이용해서 다음과 같이 수치적으로 안정된 버전의 소프트맥스 함수를 유도할 수 있다.

$$\mathrm{softmax}(\boldsymbol{z}) = \mathrm{softmax}(\boldsymbol{z} - \max_i z_i). \tag{6.33}$$

변형된 이 버전을 이용하면 극도로 큰 양수 또는 극도로 큰 음수가 있는 z에 대해 소프트맥스를 평가해도 수치 오차가 작게 나온다. 수치 안정 버전을 잘 살펴보면, 소프트맥스 함수의 출력을 결정하는 것은 주어진 인수들과 $\max_i z_i$의 차이의 크기임을 알 수 있다.

출력의 i번째 성분, 즉 $\text{softmax}(\boldsymbol{z})_i$는 해당 입력이 최댓값이고($z_i = \max_i z_i$) z_i가 다른 모든 입력보다 훨씬 클 때 1로 포화한다. 그리고 출력 $\text{softmax}(\boldsymbol{z})_i$는 z_i가 최댓값이 아니고 그보다 훨씬 작을 때 0으로 포화한다. 이는 S자형 출력 단위가 포화하는 방식의 일반화에 해당하며, 이를 보상하도록 설계되지 않은 손실함수를 사용했을 때 이러한 포화가 유발하는 문제점도 S자형 출력 단위의 포화가 유발하는 문제점들과 비슷하다.

소프트맥스 함수에 대한 인수 $\boldsymbol{z}$를 산출하는 방법은 두 가지이다. 가장 흔히 쓰이는 방법은 그냥 신경망의 이전 층이 $\boldsymbol{z}$의 모든 성분을 출력하게 하는 것이다. 앞에서 설명한 선형층 $\boldsymbol{z} = \boldsymbol{W}^\top \boldsymbol{h} + \boldsymbol{b}$가 그런 방식에 해당한다. 이러한 접근 방식은 간단하긴 하지만, 분포가 초과매개변수화(overparametrization)된다는 문제점이 있다. n개의 출력의 합이 1이어야 한다는 제약이 있으므로, 실제로 필요한 매개변수는 $n-1$개이다. n번째 값의 확률은 그 전의 $n-1$개의 확률들의 합을 1에서 빼면 나온다. 따라서, $\boldsymbol{z}$의 한 성분이 고정된 값이어야 한다는 조건을 둘 수 있다. 이를테면 $z_n = 0$이어야 한다는 제약을 둘 수 있는 것이다. $P(y = 1 \mid \boldsymbol{x}) = \sigma(z)$라고 정의하는 것은 2차원 $\boldsymbol{z}$와 $z_1 = 0$에 대해 $P(y = 1 \mid \boldsymbol{x}) = \text{softmax}(\boldsymbol{z})_1$이라고 정의하는 것과 동등하다. 소프트맥스의 인수를 $n-1$개로 두는 접근 방식과 n개로 두는 집근 방식이 서술할 수 있는 확률분포들의 종류는 동일하지만, 학습 특성은 서로 다르다. 실제 응용에서 초과매개변수화된 버전과 제약이 있는 버전의 차이는 거의 없으며, 구현하기는 초과매개변수화된 버전이 더 간단하다.

신경과학의 관점에서는 소프트맥스를 그에 관여하는 단위들 사이의 일종의 경쟁이라고 보는 것이 흥미롭다. 소프트맥스 출력들의 합은 항상 1이므로, 한 단위의 값이 증가하면 다른 단위들의 값이 감소한다. 이는 신경과학자들이 대뇌피질의 이웃 뉴런들에 존재한다고 믿고 있는 측면 억제(lateral inhibition)와 비슷하다. 극단적인 경우(최대 a_i와 다른 단위들의 차이의 절댓값이 큰 경우), 소프트맥스는 **승자독식**(winner-take-all)에 해당하는(즉, 한 출력만 1에 가깝고, 다른 모든 출력은 0에 가까운) 방식으로 작동한다.

'소프트맥스'라는 이름은 다소 혼동의 여지가 있다. 소프트맥스 함수는 사실 최댓값(max) 함수보다는 argmax 함수에 더 가깝다. '소프트'는 소프트맥스 함수가 연속 함수이자 미분 가능 함수라는 사실에서 비롯된 것이다. 결과가 원핫 벡터로 표현되는

argmax 함수는 연속도 아니고 미분 가능도 아니다. 따라서 소프트맥스는 argmax 를 '매끄럽게(soft)' 만든 버전이라 할 수 있다. 최댓값 함수를 매끄럽게 만든 버전은 $\text{softmax}(z)^\top z$이다. 따라서, 소프트맥스 함수를 차라리 "softargmax"라고 부르는 게 더 낫겠지만, 이미 소프트맥스로 굳어져 버렸다.

6.2.2.4 그 외의 출력 단위

가장 흔히 쓰이는 출력 단위는 지금까지 설명한 선형, S자형, 소프트맥스 출력 단위이다. 신경망들은 우리가 원하는 그 어떤 종류의 출력층으로도 일반화할 수 있다. 그리고 거의 모든 종류의 출력층에 대해, 최대가능도 원리는 좋은 비용함수를 설계하는 지침이 된다.

일반화하자면, 신경망을 위해 조건부 확률분포 $p(y\,|\,x;\theta)$를 정의했다고 할 때, 최대가능도 원리가 제시하는 비용함수는 $-\log p(y\,|\,x;\theta)$이다.

일반적으로, 신경망이라는 것을 함수 $f(x;\theta)$의 한 표현으로 생각할 수 있다. 이 함수의 출력이 곧 y의 예측값은 아니다. 대신, $f(x;\theta) = \omega$는 y에 관한 분포를 결정하는 매개변수들을 제공한다. 이러한 관점에서는 손실함수를 $-\log p(y;\omega(x))$로 해석할 수 있다.

예를 들어 $\mathbf{x}$가 주어졌을 때의 $\mathbf{y}$에 대한 조건부 가우스 분포의 분산을 배우려 한다고 하자. 분산 σ^2이 상수인 간단한 경우에는 닫힌 형식의 분산 공식이 존재한다. 그런 경우 분산의 최대가능도 추정량은 그냥 관측값(자료에서 관측한 값) y들과 해당 기댓값들의 차이의 제곱의 경험평균(empirical mean)이기 때문이다. 계산 비용이 크지만 특수 경우를 위한 코드를 작성할 필요가 없는 한 가지 접근 방식은, 그냥 그 분산을 $\omega = f(x;\theta)$로 제어되는 분포 $p(y\,|\,x)$의 한 속성으로 두는 것이다. 이 경우 비용함수는 음의 로그가능도 $-\log p(y;\omega(x))$에 적절한 항(최적화 절차를 통해서 그 분산을 점진적으로 배워나가는 데 필요한)을 추가한 형태이다. 표준편차가 입력에 의존하지 않는 간단한 경우에서는 자신의 값을 그대로 ω에 복사하는 새로운 매개변수를 신경망에 도입할 수 있다. 분포를 매개변수화하는 방식에 따라서는, 이 새 매개변수가 σ 자체일 수도 있고 σ^2에 해당하는 매개변수 v나 $\frac{1}{\sigma^2}$에 해당하는 매개변수 β일 수도 있다. 모형이 $\mathbf{x}$의 서로 다른 값에 대해 $\mathbf{y}$의 분산을 서로 다른 값으로 예측하는 것이 바람직할 것이다. 그런 모형을 **이분산**(heteroscedastic) 모형이라고 부른다. 이분산 모형에서는 그

냥 $f(\mathbf{x};\boldsymbol{\theta})$의 출력 중 하나를 분산으로 지정하면 된다. 이때 식 3.22에서처럼 분산이 아니라 정밀도(precision)를 이용해서 가우스 분포를 공식화하는 방법이 흔히 쓰인다. 다변량의 경우에서는 다음과 같은 대각 정밀도 행렬을 사용하는 것이 가장 흔한 방법이다.

$$\mathrm{diag}(\boldsymbol{\beta}). \tag{6.34}$$

이러한 공식화(formulation)는 경사 하강법과 잘 맞는데, 왜냐하면 $\boldsymbol{\beta}$로 매개변수화된 가우스 분포의 로그가능도에 대한 공식에는 β_i를 곱하는 연산과 $\log\beta_i$를 더하는 연산만 관여하기 때문이다. 곱하기, 더하기, 로그 연산의 기울기는 습성이 좋다. 반면, 출력을 분산으로 매개변수화하면 공식에 나누기가 관여할 수 있다. 입력이 0에 가까우면 나누기 함수의 기울기가 제멋대로 커진다. 기울기가 크면 학습에 도움이 되지만, 제멋대로 큰(arbitrarily large) 기울기는 수치적 불안정을 유발할 때가 많다. 출력을 표준 편차로 매개변수화하면 로그가능도에 여전히 나누기가 관여하며, 제곱(2제곱) 연산도 관여하게 된다. 입력이 0에 가까울 때 제곱 연산을 거치면 기울기가 소실될 수 있으며, 그러면 제곱된 매개변수들의 학습이 어려워진다. 표준편차를 사용하든, 아니면 분산이나 정밀도를 사용하든, 가우스 분포의 공분산행렬은 반드시 양의 정부호 행렬이어야 한다. 정밀도 행렬의 고윳값들은 공분산행렬의 고윳값들의 역수이므로, 공분산행렬이 양의 정부호이면 정밀도 행렬도 양의 정부호이다. 대각 행렬이나 스칼라를 대각 행렬에 곱한 행렬을 사용하는 경우, 모형의 출력에 강제해야 할 유일한 조건은 출력이 양수라는 것이다. $\boldsymbol{a}$가 대각 정밀도를 구하는 데 사용하는 모형의 원본 활성화라고 할 때, 소프트맥스 함수를 이용해서 양의 정밀도 벡터 $\boldsymbol{\beta} = \zeta(\boldsymbol{a})$를 구할 수 있다. 정밀도 대신 표준편차나 분산을 사용할 때도, 그리고 대각행렬 대신 스칼라 곱하기 단위행렬을 사용할 때도 이와 동일한 전략이 유효하다.

대각행렬보다 더 풍부한 구조를 가진 공분산행렬이나 정밀도 행렬을 학습하는 경우는 드물다. 공분산행렬이 완전하고(full) 조건부(conditional)일 때는 반드시 예측된 공분산행렬의 양의 정부호성(positive definiteness)을 보장하는 매개변수화를 선택해야 한다. $\boldsymbol{\Sigma}(\boldsymbol{x}) = \boldsymbol{B}(\boldsymbol{x})\boldsymbol{B}^{\top}(\boldsymbol{x})$로 두면 그런 조건을 만족할 수 이다. 여기서 $\boldsymbol{B}$는 제약 없는 정방행렬이다. 실제 응용에서 행렬이 최대 계수(full rank) 행렬일 때 생기는 한 가지 문제는 가능도 계산의 비용이 높다는 것이다. $d \times d$ 행렬의 경우 행렬식과 $\boldsymbol{\Sigma}(\boldsymbol{x})$의 역행렬을 구하는 데 $O(d^3)$의 계산이 필요하다(좀 더 흔한 구현 방식에서는 행렬식과 역행렬 계산 대신 그 행렬 또는 $\boldsymbol{B}(\boldsymbol{x})$의 고윳값 분해를 수행하지만, 역시 마찬가지 규모의 계산 비용이 필요하다).

종종, $\boldsymbol{x}$의 한 값에 대해 $\boldsymbol{y}$ 공간에 여러 개의 봉우리(peak)가 존재하는 조건부 분포 $p(\boldsymbol{y}\mid\boldsymbol{x})$로부터 실숫값들을 예측해야 할 때가 있다. 이를 다봉분포 회귀(multimodal regression)라고 부른다. 이 경우 출력을 표현하는 데는 가우스 혼합분포가 자연스럽다 (Jacobs 외, 1991; Bishop, 1994). 가우스 혼합분포를 출력으로 사용하는 신경망을 흔히 **혼합 밀도망**(mixture density network)이라고 부른다. 성분이 n개인 가우스 혼합분포 출력 은 다음과 같은 조건부 확률분포로 정의된다.

$$p(\boldsymbol{y}\mid\boldsymbol{x})=\sum_{i=1}^{n}p(\mathrm{c}=i\mid\boldsymbol{x})\ \mathcal{N}(\boldsymbol{y};\boldsymbol{\mu}^{(i)}(\boldsymbol{x}),\boldsymbol{\Sigma}^{(i)}(\boldsymbol{x})). \tag{6.35}$$

신경망의 출력은 반드시 세 가지이다. 하나는 $p(\mathrm{c}=i\mid\boldsymbol{x})$를 정의하는 벡터이고, 또 하나는 모든 i에 대한 $\boldsymbol{\mu}^{(i)}(\boldsymbol{x})$를 제공하는 행렬, 그리고 나머지 하나는 모든 i에 대한 $\boldsymbol{\Sigma}^{(i)}(\boldsymbol{x})$를 제공하는 텐서이다. 그리고 이 세 출력은 각자 다른 제약을 충족해야 한다.

1. 혼합분포 성분 $p(\mathrm{c}=i\mid\boldsymbol{x})$들은 잠재변수 c들과[1] 연관된 n개의 서로 다른 성분 들에 관한 하나의 멀티누이 분포를 형성한다. 그러한 혼합분포 성분들은 흔히 n 차원 벡터에 소프트맥스를 적용해서 얻는다(그러면 출력들이 항상 양수이고 그 합이 1이라는 조건을 충족할 수 있으므로).

2. 평균 $\boldsymbol{\mu}^{(i)}(\boldsymbol{x})$들은 가우스 분포의 i번째 성분과 연관된 중심 또는 평균들로, 제약 은 없다(대체로 이런 출력 단위들에 대해서는 비선형성이 전혀 요구되지 않는다). **y**가 d차원 벡터일 때, 신경망은 반드시 n개의 그러한 d차원 벡터들을 모두 담은 $n\times d$ 행렬을 출력해야 한다. 이러한 평균들을 최대가능도를 이용해서 학습하는 것은 출력 모드가 단 하나인 분포의 평균을 학습하는 것보다 조금 복잡하다. 학습 과정에서 관측값을 실제로 산출한 성분의 평균만 갱신해야 하기 때문이다. 실제

---

1) 이 책은 c를 잠재변수로 간주한다. 왜냐하면, 우리가 자료에서 c를 직접 관측하지는 않기 때문이다. 입력 **x**와 목표 **y**가 주어졌을 때, **y**가 가우스 분포의 어떤 성분에 의해 만들어진 것인지 확실하게 알아내는 것은 불가능하다. 그러나 그 **y**가 분포에서 선택한 한 성분에 의해 생성되었다고는 상상할 수 있으며, 따라 서 그러한 관측되지 않은 선택을 하나의 확률변수로 둘 수 있다.

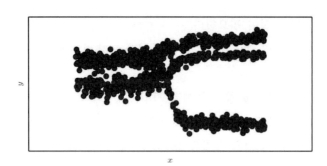

그림 6.4: 혼합분포 밀도 출력층이 있는 신경망에서 뽑은 표본들. 입력 x는 고른 분포에서 추출하고, 출력 y는 $p_{모형}(y \mid x)$에서 추출한다. 이러한 신경망은 입력을 출력 분포의 매개변수들에 대응시키는 비선형 사상을 배우는 능력이 있다. 그러한 매개변수들에는 세 혼합분포 성분 중 어떤 것이 출력을 생성할 것인지를 관장하는 확률들이 포함되며, 각 혼합분포 성분에 대한 매개변수들도 포함된다. 각 혼합분포 성분은 예측된 평균과 분산을 가진 가우스 분포이다. 출력 분포의 이 모든 측면은 입력 x에 따라 비선형적으로 변할 수 있다.

응용에서 각 관측값을 어떤 성분이 산출했는지는 알 수 없다. 음의 로그가능도 공식을 보면, 한 견본이 손실에 기여한 양을 산출할 때 각 성분이 그 견본을 산출했을 확률이 자연스럽게 가중치로 적용됨을 알 수 있다.

3. 공분산 $\mathbf{\Sigma}^{(i)}(\boldsymbol{x})$들은 각 성분 i의 공분산행렬을 결정한다. 가우스 분포의 한 성분을 학습할 때처럼, 행렬식 계산을 피하기 위해 대각행렬을 사용하는 것이 일반적이다. 그리고 혼합분포의 평균들을 학습할 때처럼, 최대가능도 기반 학습에서는 각 혼합분포 성분에 대한 각 점의 부분적 기여도를 배정해야 하기 때문에 알고리즘이 좀 더 복잡해진다. 혼합 모형 하에서의 음의 로그가능도를 정확하게 지정했다면, 경사 하강법은 저절로 적절한 경로를 따라가게 된다.

조건부 가우스 혼합분포의 기울기 기반 최적화(신경망의 출력에 대한)의 결과가 그리 믿음직하지 않을 수 있다는 연구 결과가 있다. 부분적인 이유는, 그런 경우 나누기 연산 때문에 수치적 불안정이 발생할 수 있다는 것이다(특정 견본에 대한 분산이 작으면 기울기가 아주 커질 수 있다). 한 가지 해결책은 **기울기 절단**(gradient clipping; 또는 기울기 한정)을 적용하는 것이다(§10.11.1 참고). 또는 기울기들을 발견법적으로 비례시키는 해결책도 있다(Murray & Larochelle, 2014).

가우스 혼합분포 출력은 음성(speech)의 생성 모형(generative model)에서 특히나 효과적이다(Schuster, 1999). 또한, 물리적 물체의 이동에서도 특히나 효과적이다(Graves, 2013).

혼합분포 밀도 전략을 이용하면 신경망이 여러 개의 출력 최빈값(mode)들을 표현할 수 있으며, 출력의 분산을 제어할 수 있다. 이는 그런 실숫값 응용 영역들에서 고품질의 결과를 얻는 데 꼭 필요한 능력이다. 혼합분포 밀도를 이용한 신경망의 예가 그림 6.4에 나와 있다.

일반적으로 우리는 더 많은 변수를 담은 좀 더 큰 벡터 y들을 모형화하게 되며, 그러면 이러한 출력 변수들에 좀 더 풍부한 구조를 부여하게 된다. 예를 들어 신경망이 하나의 문장을 구성하는 일련의 문자들을 출력해야 한다고 하자. 이 경우 그냥 최대가능도 원리를 모형 $p(y;\omega(x))$에 적용한다면, y를 서술하는 데 쓰이는 모형이 이 책의 범위를 넘을 정도로 복잡해질 것이다. 제10장에서는 순환 신경망을 이용해서 순차열(sequence)에 대한 그러한 모형을 정의하는 방법을 설명하고, 제3부에서는 임의의 확률분포를 모형화하는 고급 기법들을 설명한다.

6.3 은닉 단위

지금까지는 기울기 기반 최적화로 훈련하는 대부분의 매개변수적 기계 학습 모형에 공통으로 적용되는 신경망 설계 사항들을 주로 논의했다. 이제 순방향 신경망에 고유한 주제들로 관심을 돌려서, 모형의 은닉층에 쓰이는 은닉 단위(hidden unit)들의 종류와 그 선택 방법을 살펴보자.

은닉 단위의 설계는 대단히 활발한 연구 분야이며, 실무에 지침이 될 결정적인 이론적 원리들은 아직 많이 나오지 않았다.

기본적으로, 출력 단위로 아주 적합한 것은 정류 선형 단위이다. 그러나 다른 종류의 출력 단위들도 있으며, 상황에 따라서는 어떤 것을 선택해야 할지 결정하기 어려울 수 있다(보통의 경우 정류 선형 단위가 쓸만한 선택이긴 하지만). 이번 절에서는 각 출력 단위 종류의 도입 동기가 된 직관들을 설명한다. 그러한 직관들은 어떤 단위를 선택할지 결정할 때 도움이 될 것이다. 어떤 것이 가장 잘 작동할지 예측하기가 불가능할 때가 많다. 신경망의 설계 과정은 시행착오의 연속이다. 즉, 우리는 잘 작동할 것 같은 출력 단위의 종류를 직관적으로 선택하고, 그 출력 단위들이 있는 신경망을 훈련하고, 검증 집합으로 신경망의 성과를 평가하는 과정을 반복한다.

이번 절에서 나열하는 출력 단위 중에는 모든 입력 점에서 실제로 미분 가능은 아닌 것들도 있다. 예를 들어 정류 선형 함수 $g(z) = \max\{0, z\}$는 $z = 0$에서 미분 불가능이다. 원칙적으로, 그런 g는 기울기 기반 학습 알고리즘에 사용할 수 없다. 그러나 실제 응용에서는 그런 모형에 대해서도 경사 하강법이 충분히 잘 작동한다(기계 학습 과제들에 사용할 수 있을 정도로). 부분적으로 이는, 신경망 훈련 알고리즘들이 그림 4.3에 나온 것처럼 비용함수의 극소점에 실제로 도달하기보다는 그냥 비용이 충분히 낮은 점에 도달할 때가 많기 때문이다. (이러한 개념들은 제8장에서 좀 더 설명한다.) 훈련 알고리즘이 기울기가 **0**인 점에 실제로 도달할 것이라고는 기대하지 않으므로, 비용함수의 극소점이 기울기가 정의되지 않는 점에 해당해도 무방하다. 모든 점에서 미분 가능은 아닌 함수들은 대체로 아주 적은 수의 점에서만 미분 불가능이다. 일반적으로 함수 $g(z)$의 미분을 두 종류로 구분할 수 있는데, 하나는 점 z 바로 왼쪽에서의 함수의 기울기로 정의되는 왼쪽 미분(좌미분계수)이고 다른 하나는 점 z 바로 오른쪽에서의 함수의 기울기로 정의되는 오른쪽 미분(우미분계수)이다. 함수가 z에서 미분 가능이려면 그 왼쪽 미분과 오른쪽 미분이 정의되어야 하며, 둘이 같아야 한다. 신경망에 쓰이는 함수들은 대부분 왼쪽 미분과 오른쪽 미분이 정의된다. $g(z) = \max\{0, z\}$의 경우 $z = 0$에서의 왼쪽 미분은 0이고 오른쪽 미분은 1이다. 신경망 훈련을 구현한 소프트웨어는 둘 중 하나가 정의되지 않는 경우 그 사실을 보고하거나 오류를 발생하는 대신 그냥 다른 쪽 미분을 돌려준다. 디지털 컴퓨터에서는 어차피 기울기 기반 최적화에서 수치 오차가 발생하기 마련이라는 점을 생각하면, 소프트웨어 구현들의 그런 처리 방식을 수긍할 수 있다. 소프트웨어 구현이 $g(0)$을 평가할 때, 실제로 참값 0을 산출하기보다는 0으로 반올림되는 어떤 작은 값 ϵ을 산출할 가능성이 크다. 요점은, 실제 응용에서는 이번 절에서 설명하는 은닉 단위 활성화 함수들의 미분 불가능성을 무시해도 그리 문제가 되지 않는다는 것이다.

특별한 언급이 없는 한, 이번 절에서 설명하는 대부분의 은닉 단위는 하나의 벡터 $\boldsymbol{x}$를 입력받아서 어파인 변환 $\boldsymbol{z} = \boldsymbol{W}^\top \boldsymbol{x} + \boldsymbol{b}$를 계산하고, 거기에 성분별 비선형 함수 $g(\boldsymbol{z})$를 적용한다. 대부분의 은닉 단위들은 사용하는 활성화 함수 $g(\boldsymbol{z})$의 형태만 다를 뿐 다른 요소들은 거의 같다.

6.3.1 정류 선형 단위와 그 일반화들

정류 선형 단위(rectifed linear unit, ReLU)는 활성화 함수 $g(z) = \max\{0, z\}$를 사용한다. 정류 선형 단위는 선형 단위와 아주 비슷하기 때문에 최적화하기 쉽다. 선형 단위와의 유일한 차이점은, 정류 선형 단위는 정의역의 절반에 대해 0을 출력한다는 것이다. 이 덕분에 단위가 활성일 때면 항상 정류 선형 단위의 미분들이 큰 값을 유지한다. 이 기울기들은 크기가 클 뿐만 아니라 일치성 조건까지 만족한다. 정류 연산의 이차도함수는 거의 모든 점에서 0으로 평가되며, 정류 연산의 도함수는 단위가 활성화된 모든 점에서 1로 평가된다. 이는 기울기 방향이 2차 효과들을 도입하는 활성화 함수의 경우보다 학습에 훨씬 더 유용하다는 뜻이다.

일반적으로 정류 선형 단위는 다음과 같은 어파인 변환에 기초한다.

$$h = g(W^\top x + b). \tag{6.36}$$

실제 응용에서 어파인 변환의 매개변수들을 초기화할 때는 b의 모든 성분을 0.1 같은 작은 양수로 설정하는 것이 바람직하다. 그러면 정류 선형 단위가 훈련 집합의 모든 입력에 대해 처음부터 활성화되어서 해당 미분들이 다음 층으로 전달될 가능성이 아주 커진다.

이러한 정류 선형 단위를 일반화한 은닉 단위들이 여러 개 있다. 그런 일반화들은 대부분 정류 선형 단위와 비슷한 성능을 제공하지만, 더 나은 성과를 내는 것들도 있다.

정류 선형 단위의 한 가지 단점은, 활성화가 0인 견본들로는 기울기 기반 방법으로 학습할 수 없다는 것이다. 이런 단점을 극복하고 모든 점에서 반드시 기울기가 산출되도록 정류 선형 단위를 개선한 일반화들이 존재한다.

정류 선형 단위의 일반화 중 세 가지는 $z_i < 0$일 때 0이 아닌 기울기 α_i를 활용한다는 착안에 기초한 것이다. 구체적으로, $h_i = g(z, \alpha)_i = \max(0, z_i) + \alpha_i \min(0, z_i)$이다. **절댓값 정류**(absolute value rectification) 단위는 $\alpha_i = -1$로 고정해서 $g(z) = |z|$가 되게 한다. 이 단위는 이미지에서 물체를 인식하는 신경망에 쓰인다(Jarrett 외, 2009). 그런 응용에서는 입력 조명의 극성이 반전되어도 변하지 않는 특성들을 찾아야 하므로 절댓값 정류 단위가 적합하다. 다른 두 일반화는 이보다 좀 더 광범위한 분야에 적용할 수 있다. **누출 ReLU**(leaky ReLU)는 α_i를 0.01 같은 작은 값으로 고정하고(Maas 외, 2013), **매개변수적 ReLU**(parametric ReLU, PReLU)는 α_i를 학습 가능한 매개변수로

둔다(He 외, 2015).

맥스아웃 단위(maxout unit; 최대 요소 출력 단위)는 정류 선형 단위를 앞의 셋보다 더욱 일반화한다(Goodfellow 외, 2013a). 맥스아웃 단위를 사용하는 은닉층은 입력에 성분별 함수 $g(z)$를 적용하지 않는다. 그 대신, 입력 z를 k개의 값으로 이루어진 그룹들로 분할한다. 그러면 각 맥스아웃 단위는 각 그룹의 최대 성분을 출력한다.

$$g(\boldsymbol{z})_i = \max_{j \in \mathbb{G}^{(i)}} z_j. \tag{6.37}$$

여기서 $\mathbb{G}^{(i)}$는 그룹 i에 속하는 입력 성분들의 색인들로 이루어진 집합 $\{(i-1)k+1, ..., ik\}$이다. 이 덕분에 신경망은 입력 $\boldsymbol{x}$ 공간의 여러 방향에 대응하는 조각별 선형 함수를 배울 수 있다.

맥스아웃 단위들로 구성된 은닉층은 조각(선분)이 최대 k개인 조각별 선형 볼록함수를 학습할 수 있다. 따라서 맥스아웃 층은 그냥 단위들 사이의 관계를 배우는 것이 아니라 **활성화 함수 자체를 배우는** 수단이라고 할 수 있다. k가 충분히 크면 맥스아웃 층은 임의의 볼록함수를 임의의 정밀도로 배울 수 있다. 특히, 조각이 둘인 맥스아웃 층은 정류 선형 활성화 함수나 절댓값 정류 단위, 또는 누수 ReLU나 매개변수적 ReLU를 사용한 전통적인 은닉층과 동일한 입력 $\boldsymbol{x}$의 함수를 구현하는 방법을 배울 수 있으며, 그와는 완전히 다른 함수를 구현하는 방법도 배울 수 있다. 짐작했겠지만, 맥스아웃 층의 매개변수화는 다른 종류의 은닉층들의 매개변수화와는 다르다. 따라서 맥스아웃 층이 다른 종류의 은닉층들과 동일한 $\boldsymbol{x}$의 함수를 배우는 경우에도 그 학습 과정은 동일하지 않다.

각 맥스아웃 단위는 하나가 아니라 k개의 가중치 벡터들로 매개변수화되므로, 대체로 맥스아웃 단위들에는 보통의 정류 선형 단위보다 더 많은 정칙화(regulation)가 필요하다. 단, 훈련 집합이 크고 단위당 조각 개수가 적다면 정칙화 없이도 잘 작동할 수 있다(Cai 외, 2013).

맥스아웃 단위에는 그 외에도 몇 가지 장점이 있다. 필요한 매개변수들을 줄일 수 있는 경우에는 통계적 장점과 계산 비용상의 장점이 생기기도 한다. 구체적으로, n개의 서로 다른 선형 필터들로 포착하는 다수의 특징을 맥스아웃 단위를 이용해서 각각 k개의 특징으로 이루어진 각 그룹에서 최대 성분을 취해서 요약할 수 있다면, 그다음

층이 받는 가중치들의 개수가 k분의 1로 줄어들게 된다.

하나의 맥스아웃 단위는 여러 개의 필터로 작동하기 때문에, 각 맥스 아웃 단위에는 일정한 중복성(redundancy)이 존재한다. 이러한 중복성은 **파국적 망각**(catastrophic forgetting; 또는 재앙적 망각)이라고 부르는 현상에 저항하는 데 도움이 된다. 파국적 망각은 과거에 훈련했던 과제의 수행 방법을 신경망이 잊어버리는 것을 말한다(Goodfellow em et al., 2014a).

정류 선형 단위와 그것의 모든 일반화는 모형의 행동 방식이 선형 모형에 가까울수록 모형을 최적화하기 쉽다는 원리에 기초한다. 선형 행동에 기초해서 최적화를 쉽게 만든다는 이러한 일반 원리를 심층 선형 신경망 이외의 맥락에서도 적용할 수 있다. 순환 신경망은 순서 있는 자료로부터 학습하고, 상태들과 출력들의 순차열을 산출한다. 순환 신경망을 훈련할 때는 정보가 여러 시간 단계를 거쳐 전파되어야 하는데, 선형 계산들(일부 방향미분의 크기가 1에 가까운)이 관여할 때는 그러한 전파가 훨씬 간단해진다. 가장 좋은 성과를 내는 순환 신경망 아키텍처 중 하나인 LSTM은 시간에 따라 정보를 합산(summation)을 통해서 전파한다. 합산은 특히나 간단한 선형 활성화 연산에 해당한다. 이에 관해서는 §10.10에서 좀 더 논의하겠다.

6.3.2 로그 S자형 단위와 쌍곡탄젠트 단위

정류 선형 단위가 등장하기 전에 대부분의 신경망은 로그 S자형 활성화 함수

$$g(z) = \sigma(z) \tag{6.38}$$

또는 쌍곡탄젠트(hyperbolic tangent) 활성화 함수

$$g(z) = \tanh(z) \tag{6.39}$$

를 사용했다. $\tanh(z) = 2\sigma(2z) - 1$이라는 점에서 이 두 활성화 함수의 관계는 밀접하다.

S자형 단위는 이미 본 적이 있다. 이전에 이진 변수가 1일 확률을 예측하는 출력 단위로 쓰이는 S자형 단위를 논의했었다. 조각별 선형 단위와는 달리 S자형 단위는 정의역 전반의 대부분의 점에서 포화한다. S자형 활성화 함수는 z가 아주 큰 양수일 때 높은 값으로 포화하고, z가 아주 큰 음수일 때 낮은 값으로 포화한다. 이 함수는 z가 0에 가까울 때만 입력에 아주 민감하게 반응한다. 이처럼 S자형 단위는 포화 범위

가 넓기 때문에 기울기 기반 학습이 아주 어렵다. 그래서 현재는 신경망의 은닉층에서 S자형 단위를 사용하지 않는 것이 바람직하다고 간주된다. 그러나 출력 단위로 사용할 때는, 적절한 비용함수가 S자형 함수의 포화를 상쇄할 수 있다면 기울기 기반 학습에 장애가 되지는 않는다.

S자형 활성화 함수를 반드시 사용해야 한다면, 쌍곡탄젠트 활성화 함수가 로그 S자형 활성화 함수보다 나은 성과를 보일 때가 많다. $\sigma(0) = \frac{1}{2}$이지만 $\tanh(0) = 0$이라는 측면에서 쌍곡탄젠트 함수가 항등함수에 좀 더 가깝다. $\tanh$가 0 근처에서 항등함수와 비슷하므로, 심층 신경망 $\hat{y} = \boldsymbol{w}^\top \tanh(\boldsymbol{U}^\top \tanh(\boldsymbol{V}^\top \boldsymbol{x}))$의 훈련은 활성 값들을 작게 유지할 수만 있다면 선형 모형 $\hat{y} = \boldsymbol{w}^\top \boldsymbol{U}^\top \boldsymbol{V}^\top \boldsymbol{x}$의 훈련과 비슷하다. 이 덕분에 $\tanh$ 신경망의 훈련이 좀 더 쉬워진다.

S자형 활성화 함수는 순방향 신경망이 아닌 모형들에서 좀 더 흔히 쓰인다. 순환 신경망과 여러 확률적 모형들, 그리고 몇몇 자동부호기(autoencoder)들은 추가적인 요구조건 때문에 조각별 선형 활성화 함수를 사용할 수 없다. 그래서 그런 모형들에서는 비록 포화의 단점이 있긴 하지만 S자형 단위가 더 매력적이다.

6.3.3 기타 은닉 단위들

그 외에도 많은 종류의 은닉 단위가 있지만, 앞에서 말한 것들보다는 덜 자주 쓰인다.

일반적으로, 은닉 단위의 활성화 함수로 완벽하게 작동하는 미분 가능 함수들은 대단히 다양하다. 발표되지 않은 활성화 함수 중에 유명한 함수들만큼이나 좋은 성과를 내는 것들이 있다. 구체적인 예로, 우리(저자들)는 MNIST 자료 집합에 대해 $\boldsymbol{h} = \cos(\boldsymbol{Wx} + \boldsymbol{b})$를 사용하는 순방향 신경망을 시험해 보았는데, 좀 더 흔히 쓰이는 활성화 함수들을 사용했을 때와 버금가는 성과를 얻었다. 새로운 기법을 연구하고 개발할 때는 서로 다른 여러 활성화 함수를 시험해 보는 일이 흔한데, 표준적인 관행의 여러 변형이 표준적인 관행에 비견할 수 있는 성과를 낼 때도 많다. 이는, 일반적으로 새로운 종류의 은닉 단위는 이전보다 훨씬 나은 성과를 낼 때만 공개적으로 발표된다는 뜻이다. 새 은닉 단위가 이미 알려진 종류의 은닉 단위와 대략 비슷한 성과를 내는 일은 흔하기 때문에 별로 흥미롭지 않다.

문헌들에 나오는 모든 종류의 은닉 단위를 여기서 나열하는 것은 별로 실용적이지 못할 것이므로, 특별히 유용하고 독특한 것 몇 가지만 언급하겠다.

우선, 활성화 함수 $g(z)$를 아예 사용하지 않는 은닉 단위도 가능하다. 그냥 항등함수를 활성화 함수로 사용한다고 생각해도 될 것이다. 선형 단위를 신경망의 출력 단위로 사용하는 것이 유용할 수 있음은 이전에 이미 살펴보았다. 마찬가지로, 선형 단위를 은닉 단위로 사용할 수도 있다. 신경망의 모든 층이 선형 변환으로만 이루어진다면, 신경망 전체가 선형이 된다. 그러나 일부 층이 선형이 아니라도 신경망이 순수하게 선형이라고 간주할 수 있다. 입력이 n개이고 출력이 p개인 하나의 신경망 층 $h = g(W^\top x + b)$를 생각해 보자. 이를 두 개의 층, 즉 가중치 행렬 U를 사용하는 층과 가중치 행렬 V를 층으로 대체할 수 있다. 첫 층에 활성화 함수가 없다면, 이는 원래의 층의 가중치 행렬을 W에 기초해서 인수분해한 것에 해당한다. 이 경우 층은 $h = g(V^\top U^\top x + b)$를 계산한다. U의 출력이 q개라면, U와 V의 매개변수는 총 $(n+p)q$개밖에 되지 않는다. 반면 W의 매개변수는 np개이다. q가 작다면, 매개변수 개수가 훨씬 줄어든 셈이다. 단, 선형 변환의 계수(rank; 치역의 차원)가 낮아야 한다는 제약이 생기지만, 계수가 낮아도 신경망이 잘 작동하기에 충분할 때가 많다. 따라서 선형 은닉 단위는 신경망의 매개변수 개수를 줄이는 효과적인 방법을 제공한다.

주로 출력 단위로 쓰이지만 가끔은 은닉 단위로도 쓰이는 단위가 또 있는데, 바로 소프트맥스 단위이다(출력 단위로서의 소프트맥스 단위는 §6.2.2.3에서 설명했다). 소프트맥스 단위는 가능한 값이 k가지인 이산 변수에 관한 확률분포를 자연스럽게 표현하므로, 일종의 스위치로 사용할 수 있다. 보통의 경우 이런 종류의 은닉 단위는 메모리를 다루는 방법을 명시적으로 배울 수 있는 좀 더 진보된 아키텍처들(§10.12에서 설명한다)에서만 쓰인다.

그 밖에 비교적 흔히 쓰이는 은닉 단위 종류 몇 가지를 들자면 다음과 같다.

- **방사상 기저함수**(radial basis function, RBF) 단위: $h_i = \exp\left(-\frac{1}{\sigma_i^2}\|W_{:,i} - x\|^2\right)$. 이 함수는 x가 템플릿 $W_{:,i}$에 접근함에 따라 점점 더 활성화된다. 이 함수는 대부분의 x에서 0으로 포화하기 때문에 최적화하기가 어려울 수 있다.

- **소프트플러스**softplus: $g(a) = \zeta(a) = \log(1 + e^a)$. 이것은 정류 선형 단위의 매끄러운 버전이다. [Dugas 외, 2001]은 함수 근사를 위한 소프트플러스 단위를 소개했고, [Nair & Hinton, 2010]은 방향 없는 확률적 모형의 조건부 분포를 위한 소프

트플러스 단위를 소개했다. [Glorot 외, 2011a]는 소프트플러스와 정류 선형 단위를 비교했는데, 후자가 더 나은 결과를 냈다. 일반적으로 소프트플러스 단위는 권장되지 않는다. 소프트플러스 함수는 은닉 단위 종류들의 성능이 직관과는 아주다를 수 있음을 보여주는 예이다. 모든 점에서 미분 가능이라는 점이나 덜 완전하게 포화한다는 점에서 소프트플러스가 정류 함수보다 나을 것으로 생각하기 쉽지만, 실험들에 따르면 그렇지 않다.

- **유계 쌍곡탄젠트**(hard tanh): $g(a) = \max(-1, \min(1, a))$. 이 함수는 모양이 $\tanh$나 정류 선형 단위와 비슷하나, 유계라는(즉, 상계와 하계가 있다는) 점이 다르다. 이 함수는 [Collobert, 2004]가 소개했다.

은닉 단위 설계는 아직 연구가 활발하게 진행 중인 분야이다. 이후로도 여러 유용한 은닉 단위 종류들이 발견될 것이다.

6.4 아키텍처 설계

신경망 설계의 또 다른 핵심 고려사항은 아키텍처의 선택이다. 여기서 **아키텍처** architecture는 이를테면 단위 개수나 단위들의 연결 방식 등을 포괄하는, 신경망의 전반적인 구조를 뜻한다.

대부분의 신경망은 층(layer; 또는 계층)이라고 부르는 단위들의 묶음으로 조직화된다. 대부분의 신경망 아키텍처는 다수의 층을, 각 층이 그 이전 층의 함수(즉, 이전 층의 결과를 입력으로 받는 함수)로서 작용하는 형태의 사슬 구조로 조직화한다. 그러한 구조에서 첫 층은 다음과 같이 주어진다.

$$\boldsymbol{h}^{(1)} = g^{(1)}\big(\boldsymbol{W}^{(1)\top}\boldsymbol{x} + \boldsymbol{b}^{(1)}\big). \tag{6.40}$$

그리고 둘째 층은 다음과 같이 정의된다.

$$\boldsymbol{h}^{(2)} = g^{(2)}\big(\boldsymbol{W}^{(2)\top}\boldsymbol{h}^{(1)} + \boldsymbol{b}^{(2)}\big). \tag{6.41}$$

그 후의 층들도 마찬가지 방식이다.

이러한 사슬 기반 아키텍처에서 신경망의 구조에 관한 주된 고려사항은 신경망의 깊이와 각 층의 너비를 선택하는 것이다. 이후에 보겠지만, 신경망을 훈련 집합에 적합시키는 데는 은닉층이 하나만 있어도 충분하다. 더 깊은, 즉 층이 더 많은 신경망은 각 층의 단위와 매개변수가 훨씬 적고 시험 집합으로 일반화되는 경우가 많지만, 대신 최적화가 어려운 경향이 있다. 주어진 과제에 이상적인 신경망 아키텍처는 검증 집합 오차를 지침으로 삼아 실험을 거듭해서 찾아내야 한다.

6.4.1 보편 근사 정리와 신경망의 깊이

특징들을 행렬 곱셈을 통해서 출력들에 사상하는 선형 모형은 선형 함수만 표현할 수 있다(선형 모형의 정의 자체가 그렇다). 선형 모형은 훈련하기 쉽다는 장점이 있는데, 이는 많은 손실함수들이 선형 모형에 적용하면 볼록함수 최적화 문제가 되기 때문이다. 안타깝게도, 학습 시스템이 비선형 함수를 배워야 할 때가 많다.

언뜻 생각하면, 비선형 함수의 학습을 위해서는 배우고자 하는 비선형성의 종류에 맞는 어떤 특화된 부류의 모형들을 설계해야 할 것 같다. 다행히, 은닉층이 있는 순방향 신경망은 하나의 보편적인 근사의 틀을 제공한다. 구체적으로 말해서, **보편 근사 정리**(universal approximation theorem)에 따르면(Hornik 외, 1989; Cybenko, 1989) 선형 출력층이 있는, 그리고 임의의 '압박(squashing)' 활성화 함수(이를테면 로그 S자형 활성화 함수)를 사용하는 은닉층이 적어도 하나는 있는 순방향 신경망은 한 유한 차원 공간을 다른 유한 차원 공간으로 사상하는 모든 보렐 가측함수(borel measurable function)를 우리가 원하는 정확도로(임의의 0이 아닌 오차로) 근사할 수 있다(단, 신경망에 은닉 단위들이 충분히 많다고 할 때). 또한, 순방향 신경망의 미분들은 해당 함수의 미분들을 임의의 정확도로 잘 근사할 수 있다(Hornik 외, 1990). 보렐 가측성이라는 개념은 이 책의 범위를 넘는 주제이다. 이 책의 목적에서는, $\mathbb{R}^n$의 닫힌 유계 집합에 대한 모든 연속 함수는 보렐 가측함수이며, 따라서 순방향 신경망으로 근사할 수 있다는 점만 기억하면 될 것이다. 또한, 신경망은 임의의 유한차원 이산 공간을 다른 유한차원 이산 공간으로 사상하는 임의의 함수도 근사할 수 있다. 원논문에 나온 보편 근사 정리는 아주 큰 음수와 아주 큰 양수 모두에 대해 포화하는 활성화 함수를 가진 단위들에 대한 것이었지만, 이제는 이 정리가 좀 더 넓은 부류의 활성화 함수들에도 성립함이 증명되었다. 특히, 현재 널리 쓰이는 정류 선형 단위에 대해서도 이 정리가 성립한다(Leshno 외, 1993).

보편 근사 정리는, 배우고자 하는 함수가 어떤 것이든 큰 MLP(다층 퍼셉트론)로 그 함수를 **표현**할 수 있음을 뜻한다. 그러나 훈련 알고리즘이 그 함수를 **학습**할 수 있다는 보장은 없다. MLP가 함수를 표현할 수 있어도 그 함수를 배우지 못하는 이유는 두 가지이다. 첫째로, 훈련에 쓰이는 최적화 알고리즘이 원하는 함수에 해당하는 매개변수 값들을 찾아내지 못할 수 있다. 둘째로, 과대적합 때문에 훈련 알고리즘이 엉뚱한 함수를 선택할 수도 있다. §5.2.1에서 보았듯이, 공짜 점심 없음 정리에 따르면 보편적으로 우월한 기계 학습 알고리즘 같은 것은 없다. 순방향 신경망은 함수들을 표현하는 하나의 보편적인 체계를 제공한다. 이는 단지, 주어진 함수를 근사하는 하나의 순방향 신경망이 존재한다는 뜻일 뿐이다. 구체적인 견본들로 이루어진 훈련 집합을 조사해서 그 훈련 집합에 존재하지 않는 점들로까지 일반화되는 함수를 선택하는 어떤 보편적인 절차는 없다.

보편 근사 정리에 따르면, 주어진 함수를 우리가 원하는 정확도로 근사하기에 충분한 크기의 신경망이 존재한다. 그러나 그러한 신경망이 얼마나 큰지를 정리가 말해주지는 않는다. [Barron, 1993]은 어떤 넓은 부류의 함수들을 근사하는 데 필요한 단층 신경망의 몇 가지 크기 한계들을 제시했다. 안타깝게도, 최악의 경우 필요한 은닉 단위 개수는 지수적(거듭제곱 규모)일 수 있다(이를테면 구별해야 할 입력 +성당 은닉 단위 하나). 이진 함수를 생각하면 이를 이해하기 쉽다. 벡터 $v \in \{0,1\}^n$들에 대한 모든 이진 함수의 개수는 2^{2^n}이고, 그중 한 함수를 선택하는 데 필요한 비트수는 2^n이다. 이를 위해서는 일반적으로 $O(2^n)$의 자유도가 필요하다.

정리하자면, 단층 순방향 신경망은 임의의 함수를 표현하기에 충분하지만, 그 층이 감당할 수 없을 정도로 크고 학습과 일반화가 제대로 일어나지 않을 가능성이 있다. 많은 경우, 더 깊은 모형을 사용하면 원하는 함수를 표현하는 데 필요한 단위 개수가 줄어들고 일반화 오차의 양도 줄어든다.

깊이가 어떤 값 d를 넘는 아키텍처를 이용해서 효율적으로 근사할 수 있는 함수들의 종류는 다양하지만, 만일 깊이를 d 이하로 제한한다면 모형이 훨씬 더 커야 한다. 많은 경우, 얕은 모형에 필요한 은닉 단위 개수는 n의 거듭제곱 규모이다. 이러한 결과들은 기계 학습에 쓰이는 연속 미분 가능 신경망들과는 닮지 않은 모형들에 대해 먼저 증명되었고, 이후에 그런 연속 미분 가능 신경망들로까지 확대되었다. 첫 결과들은 논리 게이트 회로에 대한 것이었다(Hästad, 1986). 이후에는 그 결과들이 음이 아닌

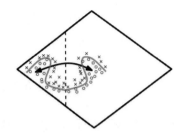 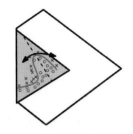 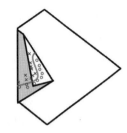

그림 6.5: 더 깊은 정류 신경망의 지수적 이득을 직관적이고 기하학적으로 표현한 도식. 출처는 [Montufar 외, 2014]이다. (왼쪽) 절댓값 정류 단위는 입력의 모든 거울상 대응점 쌍에 대해 같은 값을 출력한다. 거울상 대칭의 축은 단위의 가중치들과 치우침 매개변수로 정의되는 하나의 초평면(hyperplane)으로 주어진다. 그 단위에서 계산되는 함수(녹색 결정 표면)는 그 대칭축을 가로지르는 좀 더 단순한 패턴의 거울상이다. (가운데) 그함수는 공간을 대칭축을 중심으로 접어서 구할 수 있다. (오른쪽) 그러한 패턴을 또 다른 반복 패턴으로 접어서(이후의 은닉 단위에서) 또 다른 대칭성을 얻는다(그림은 두 개의 은닉층으로 이를 네 번 반복한 것이다). [Montufar 외, 2014]의 그림을 허락하에 전재했다.

가중치들을 가진 선형 문턱값 단위(threshold unit)들로 확대되었고(Hästad & Goldmann, 1991; Hajnal 외, 1993), 결국에는 연속값 활성화 함수를 사용하는 신경망들로까지 이어졌다(Maass, 1992; Maass 외, 1994). 현세대의 여러 신경망은 정류 선형 단위를 사용한다. [Leshno 외, 1993]은 정류 선형 단위를 포함해서 광범위한 부류의 비다항식 활성화 함수들을 사용하는 얕은 신경망은 보편 근사 정리를 지원하지만, 그런 보편 근사 성질이 깊이나 효율성 문제를 해결해 주지는 않음을 보였다. 그런 성질은 단지 충분히 다양한 정류 선형 신경망들이 임의의 함수를 표현할 수 있음을 말해 줄 뿐이다. [Montufar 외, 2014]는 심층 정류 신경망으로 표현할 수 있는 함수들을 얕은(은닉층이 하나인) 신경망으로 표현하는 경우 거듭제곱 규모의 은닉 단위들이 필요할 수 있음을 보였다. 좀 더 정확히 말하면, 그 논문은 조각별 선형 신경망(정류 비선형성이나 맥스아웃 단위로 얻을 수 있는)이 신경망 깊이의 거듭제곱에 비례하는 개수의 영역들이 있는 함수들을 표현할 수 있음을 보였다. 그림 6.5는 절댓값 정류 단위들을 사용하는 신경망이 어떤 은닉 단위에서 계산되는 함수의, 그 은닉 단위의 입력에 대한 거울상(mirror image)을 생성하는 모습을 보여준다. 각 은닉 단위는 거울상 대응점들을(절댓값 비선형성의 양변 모두에서) 만들기 위해 입력 공간을 어디에서 접어야 하는지를 지정한다. 이러한 접기(folding) 연산들을 조합함으로써, 모든 종류의 정규(즉, 되풀이되는) 패턴들을 포괄할 수 있는 지수적으로 많은 개수의 조각별 선형 영역들을 얻을 수 있다.

[Montufar 외, 2014]가 밝힌 주된 정리에 따르면, 입력이 d개이고 깊이가 l, 은닉층당 단위가 n개인 심층 정류 신경망으로 얻을 수 있는 선형 영역들의 개수는

$$O\!\left(\binom{n}{d}^{d(l-1)} n^d\right),\tag{6.42}$$

즉 깊이 l이 지수인 거듭제곱 규모이다. 단위당 필터가 k개인 맥스아웃 신경망의 경우 선형 영역의 개수는 다음과 같다.

$$O\!\left(k^{(l-1)+d}\right).\tag{6.43}$$

물론, 우리가 기계 학습 응용 프로그램에서(특히, 인공지능을 위한 응용 프로그램에서) 배우고자 하는 구체적인 함수에 이런 성질이 있다는 보장은 없다.

통계적인 이유로 더 깊은 모형을 원할 수도 있다. 특정 기계 학습 알고리즘을 선택할 때마다 우리는 그 알고리즘이 배워야 할 함수의 종류에 관한 우리의 몇몇 사전 믿음들을 암묵적으로 선언하게 된다. 심층 모형을 선택한다는 것은 우리가 배우려는 함수에 더 단순한 여러 함수의 조합이 관여한다는 우리의 아주 일반적인 믿음을 암시한다. 표현 학습의 관점에서는 그러한 믿음을, 주어진 학습 문제가 일단의 바탕 변동 요인들로 구성되며, 그러한 변동 요인들을 다른 더 단순한 비탕 변동 요인들로 서술할 수 있다는 믿음으로 해석할 수 있다. 또는, 심층 아키텍처를 선택한다는 것은 우리가 배우고자 하는 함수가 여러 단계로 구성된 하나의 컴퓨터 프로그램이고 각 단계는 이

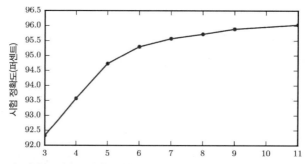

그림 6.6: 깊이의 효과. 번지수를 찍은 사진들에서 여러 숫자로 된 수치들을 전사하는 과제에 대한 실험 결과에 따르면, 신경망은 깊을수록 더 잘 일반화된다. 그래프는 [Goodfellow 외, 2014d]의 자료를 표시한 것이다. 시험 집합 정확도는 깊이의 증가에 따라 일관되게 증가한다. 모형의 다른 크기 수치들의 증가는 이런 효과를 내지 않음을 보여주는 대조 실험 결과가 그림 6.7에 나와 있다.

전 단계의 출력을 사용한다는 믿음을 암묵적으로 표출하는 것이라고 볼 수도 있다. 이 관점에서 각 단계의 중간 출력이 반드시 변동의 요인인 것은 아니다. 대신, 신경망이 자신의 내부 처리를 조직화하는 데 사용하는 어떤 카운터나 포인터 같은 것일 수도 있다. 실험들에 따르면, 신경망이 깊을수록 더 다양한 과제들에 잘 일반화된다(Bengio 외, 2007; Erhan 외, 2009; Bengio, 2009; Mesnil 외, 2011; Ciresan 외, 2012; Krizhevsky 외, 2012; Sermanet 외, 2013; Farabet 외, 2013; Couprie 외, 2013; Kahou 외, 2013; Goodfellow 외, 2014d; Szegedy 외, 2014a). 그림 6.6과 그림 6.7에 그러한 실험 결과들의 몇 가지 예가 나와 있다. 이러한 결과들은, 실제로 심층 아키텍처들이 모형이 배우고자 하는 함수들의 공간에 관한 유용한 사전 믿음들을 표현함을 암시한다.

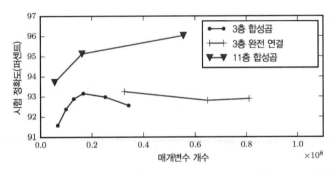

그림 6.7: 매개변수 개수의 효과. 모형이 깊을수록 더 나은 성과를 내는 경향이 있다. 이것이 단지 모형이 더 크기 때문만은 아니다. 이 그래프는 [Goodfellow 외, 2014d]의 실험 결과를 나타낸 것이다. 그래프에서 보듯이, 합성곱 신경망의 깊이를 증가하지 않고 매개변수만 늘리는 것은 시험 집합 정확도 향상에 효과적이지 못하다. 범례에 각 곡선에 해당하는 신경망의 깊이와 종류(합성곱 신경망 또는 층들이 완전히 연결된 신경망)가 나와 있다. 그래프는 얕은 신경망은 매개변수가 약 2000만 개일 때 과대적합하는 반면 깊은 신경망은 매개변수가 6000만 개가 될 때까지도 매개변수 증가에서 이득을 얻음을 보여준다. 이는, 깊은 모형을 사용하면 모형이 배울 수 있는 함수들의 공간에 대한 유용한 선호도를 표현할 수 있음을 뜻한다. 특히, 깊은 모형은 함수가 다수의 더 단순한 함수들을 조합한 형태이어야 한다는 믿음을 나타낸다. 깊은 모형의 이러한 특성은 더 단순한 표현들로 구성된 표현(이를테면 여러 윤곽선으로 이루어진 모퉁이)의 학습 또는 순차적인 의존 단계들로 이루어진 프로그램(이를테면 먼저 물체들의 집합을 찾고, 그 물체들을 분리하고, 그런 다음 각 물체를 식별하는 프로그램)의 학습으로 이어질 수 있다.

6.4.2 그 밖의 아키텍처 고려사항들

지금까지의 논의에서 신경망은 여러 층이 사슬처럼 연결된 단순한 구조이고, 주된 고려사항은 신경망의 깊이와 각 층의 너비였다. 그러나 실제 응용에 쓰이는 신경망들의 구조는 그보다 훨씬 다양하다.

신경망 아키텍처 중에는 특정 과제에 맞게 개발된 것들이 많다. 예를 들어 제9장에서 설명하는 합성곱 신경망은 컴퓨터 시각에 특화된 아키텍처이다. 그리고 제10장에서 설명하는 순환 신경망은 순방향 신경망을 순차열 처리에 맞게 일반화한 것으로, 순방향 신경망의 것들과는 다른 독자적인 아키텍처 고려사항들이 존재한다.

일반적으로, 신경망의 층들이 반드시 사슬로 연결될 필요는 없다. 그러나 실무에서 가장 흔히 쓰이는 것은 사슬 구조이다. 하나의 주된 사슬을 구축하되, 층 i에서 층 $i+2$나 그 이상의 층으로 건너뛰는 연결 같은 추가적인 구조적 특징을 부가하는 아키텍처들도 많다. 그러한 건너뛰기 연결(skip connection)을 이용하면 출력층들에서 입력에 가까운 층들로 기울기를 전달하기가 쉬워진다.

아키텍처 설계의 또 다른 핵심 고려사항은 한 쌍의 층들을 연결하는 구체적인 방법이다. 행렬 W를 통해 선형 변환으로 서술되는 기본적인 신경망 층의 경우에는 모든 입력 단위가 모든 출력 단위에 연결된다. 그러나 이후의 장들에 나오는 좀 너 특화된 신경망들은 그보다 연결이 적을 때가 많다. 즉, 입력층의 각 단위가 출력층의 일부 단위들에만 연결된다. 이런 식으로 연결 개수를 줄이면 매개변수 개수와 신경망을 평가하는 데 필요한 계산량이 줄지만, 대신 신경망의 문제에 대한 의존성이 높아질 때가 많다. 예를 들어 제9장에서 설명하는 합성곱 신경망은 컴퓨터 시각 문제들에 아주 효과적인, 희소한(단위들에 비해 연결들이 훨씬 적은) 연결 패턴을 사용한다. 이번 장에서 일반적인 신경망의 아키텍처에 관해 좀 더 구체적인 조언을 제공하기는 힘들다. 이후의 장들에서는 여러 응용 영역에서 잘 작동함이 입증된 좀 더 구체적인 아키텍처 전략들을 살펴볼 것이다.

6.5 역전파와 기타 미분 알고리즘들

입력 $\boldsymbol{x}$를 받아서 출력 $\hat{\boldsymbol{y}}$를 산출하는 순방향 신경망에서 정보는 신경망을 따라 앞으로(순방향) 흘러간다. 입력 $\boldsymbol{x}$는 초기 정보에 해당하고, 그 초기 정보는 각 층의 은닉 단위들로 전파되어서 결국 출력층에 도달하며, 거기서 최종적으로 $\hat{\boldsymbol{y}}$가 출력된다. 이러한 전파 과정을 순방향 전파, 줄여서 **순전파**(forward propagation)라고 부른다. 훈련 과정에서는 이러한 순전파를 반복해서 하나의 스칼라 비용 $J(\boldsymbol{\theta})$를 얻는다. 한편, 역방향 전파, 줄여서 **역전파**(back-propagation, 줄여서 backprop) 알고리즘은 그러한 비용에서 나온 정보를 신경망을 따라 거꾸로(역방향으로) 흐르게 해서 기울기를 계산한다.

기울기의 해석적 공식을 계산하는 것은 간단한 일이지만, 그러한 공식을 수치적으로 평가하려면 계산 비용이 클 수 있다. 역전파 알고리즘은 간단하고도 저렴한 절차를 이용해서 기울기를 계산한다.

역전파 알고리즘이 곧 다층 신경망의 학습 알고리즘 자체라고 오해하는 사람들도 있다. 사실 역전파는 단지 기울기를 계산하는 방법일 뿐이다. 그러한 기울기를 이용해서 학습을 수행하려면 확률적 기울기 하강법 같은 다른 알고리즘이 필요하다. 더 나아가서, 역전파를 다층 신경망에만 사용하는 것이라고 오해하는 사람들도 있다. 그러나 이론적으로 역전파 알고리즘은 모든 함수의 미분을 계산할 수 있다(물론 함수의 미분이 정의되는 경우에 한해서이다. 그렇지 않은 경우 역전파 알고리즘은 미분이 정의되지 않는다는 결과를 보고한다). 이번 절에서는 임의의 함수 f의 기울기 $\nabla_{\boldsymbol{x}} f(\boldsymbol{x}, \boldsymbol{y})$를 계산하는 방법을 설명한다. 여기서 $\boldsymbol{x}$는 우리가 그 미분들을 구하고자 하는 변수들의 집합이고 $\boldsymbol{y}$는 함수의 입력들이긴 하지만 미분들을 구할 필요는 없는 변수들의 집합이다. 학습 알고리즘에 가장 요구되는 기울기는 비용함수의 매개변수들에 대한 기울기 $\nabla_{\boldsymbol{\theta}} J(\boldsymbol{\theta})$이다. 그러나 학습을 위해 또는 학습된 모형의 분석을 위해 그 외의 미분들을 계산해야 하는 기계 학습 과제들도 많이 있다. 비용함수의 매개변수들에 대한 기울기 계산뿐만 아니라 그런 과제들에 필요한 미분의 계산에도 역전파 알고리즘을 적용할 수 있다. 신경망을 통해 정보를 전파함으로써 미분들을 계산한다는 착안은 아주 일반적이며, 출력이 여러 개인 함수 f의 야코비 행렬 같은 값들의 계산에도 적용할 수 있다. 그러나 여기서는 가장 흔히 쓰이는 경우, 즉 f의 출력이 하나인 경우로만 논의를 한정한다.

6.5.1 계산 그래프

지금까지는 비교적 비공식적인 그래프 언어로 신경망을 논의했다. 역전파 알고리즘을 좀 더 정확하게 설명하려면 좀 더 엄밀한 **계산 그래프**(computational graph) 언어가 필요하다.

계산을 그래프로 공식화하는 방법은 다양하다.

이 책에서는 그래프의 각 노드가 각각 하나의 변수를 나타낸다고 가정한다. 이때 변수는 스칼라일 수도 있고 벡터나 행렬, 텐서일 수도 있으며, 그 밖의 어떤 종류의 변수일 수도 있다.

그래프를 공식화하려면 **연산**(operation)이라는 개념도 도입해야 한다. 연산이란 하나 이상의 변수들의 함수이다. 이 책이 사용하는 그래프 언어에는 허용 가능 연산(allowable operation)들의 집합이 있다. 이 집합에 있는 연산보다 더 복잡한 함수는 이 집합의 여러 연산을 조합해서 서술할 수 있다.

하나의 연산이 오직 하나의 출력 변수만 돌려준다고 해도 일반성이 줄지는 않는다. 왜냐하면, 그 하나의 출력 변수가 여러 개의 성분으로 이루어질 수도 있기 때문이다 (이를테면 벡터처럼). 역전파 알고리즘의 소프트웨어 구현들은 다중 출력 연산들도 흔히 지원하지만, 그런 연산들을 지원하려면 개념의 이해에 별로 중요하지 않은 부차적인 세부사항들을 도입해야 하므로 여기서는 그런 연산들을 고려하지 않기로 한다.

변수 x에 어떤 연산을 적용해서 변수 y를 계산한다고 할 때, 그래프에서는 이를 x에서 y로의 유향 간선(화살표로 방향이 표시된 간선)으로 표시한다. 때에 따라서는 출력 노드 쪽에 해당 연산의 이름을 함께 표기한다. 그러나 어떤 연산인지를 문맥에서 확실하게 알 수 있을 때는 그런 이름표를 생략한다.

이상의 그래프 언어로 표현된 계산 그래프의 몇 가지 예가 그림 6.8에 나와 있다.

6.5.2 미분의 연쇄법칙

미분의 연쇄법칙(chain rule of calculus; 또는 미적분의 연쇄법칙. 확률의 연쇄법칙과는 다른 것임)은 도함수가 알려진 여러 함수를 결합해서 만든 함수의 미분을 계산하는 데 쓰인다. 역전파는 그러한 연쇄법칙을 고도로 효율적인 특정한 연산 순서로 계산하는 알고리즘이다.

x가 하나의 실수이고 f와 g가 실수를 실수로 사상하는 함수들이라고 하자. 그리고

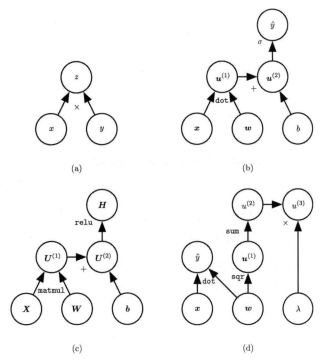

(a)

(b)

(c)

(d)

그림 6.8: 계산 그래프의 예. (a) 곱하기 연산(×)을 이용해서 $z = xy$를 계산하는 그래프. (b) 로지스틱 회귀 예측 $\hat{y} = \sigma(\boldsymbol{x}^\top \boldsymbol{w} + b)$의 그래프. 대수식(algebraic expression)에서는 중간 수식에 이름을 붙일 필요가 없지만, 그래프에서는 이름이 필요하다. 여기서는 i번째 변수를 그냥 $\boldsymbol{u}^{(i)}$로 지칭한다. (c) 수식 $\boldsymbol{H} = \max\{0, \boldsymbol{XW} + \boldsymbol{b}\}$의 그래프. 입력 $\boldsymbol{X}$들의 미니배치를 담은 설계 행렬로부터 정류 선형 단위 활성화 함수의 설계 행렬 $\boldsymbol{H}$를 계산한다. (d) 앞의 세 예(a, b, c)는 각 변수에 대해 많아야 하나의 연산을 적용하지만, 둘 이상의 연산을 적용하는 것도 가능하다. 이 그래프는 선형회귀 모형의 가중치 $\boldsymbol{w}$에 둘 이상의 연산을 적용하는 예이다. 가중치들은 예측값 $\hat{y}$의 계산과 가중치 감쇄 벌점 $\lambda \sum_i w_i^2$의 계산에 쓰인다.

$y = g(x)$이고 $z = f(g(x)) = f(y)$라고 하자. 그러면 연쇄법칙에 의해 다음이 성립한다.

$$\frac{dz}{dx} = \frac{dz}{dy}\frac{dy}{dx}. \tag{6.44}$$

이를 스칼라가 아닌 복합적인 값들로 일반화할 수 있다. $\boldsymbol{x} \in \mathbb{R}^m$, $\boldsymbol{y} \in \mathbb{R}^n$이고 g가 $\mathbb{R}^m$에서 $\mathbb{R}^n$으로의 사상이라고 하자. 그리고 f는 $\mathbb{R}^n$을 $\mathbb{R}$로 사상한다고 하자. $\boldsymbol{y} = g(\boldsymbol{x})$이고 $z = f(\boldsymbol{y})$라고 할 때 다음이 성립한다.

$$\frac{\partial z}{\partial x_i} = \sum_j \frac{\partial z}{\partial y_j} \frac{\partial y_j}{\partial x_i}. \tag{6.45}$$

이를 벡터 표기법으로 표현하면 다음과 같다.

$$\nabla_{\boldsymbol{x}} z = \left(\frac{\partial \boldsymbol{y}}{\partial \boldsymbol{x}}\right)^\top \nabla_{\boldsymbol{y}} z. \tag{6.46}$$

여기서 $\frac{\partial \boldsymbol{y}}{\partial \boldsymbol{x}}$ 는 g의 $n \times m$ 야코비 행렬(Jacobian matrix)이다.

이상의 공식들에서 보듯이, 변수 $\boldsymbol{x}$의 기울기는 야코비 행렬 $\frac{\partial \boldsymbol{y}}{\partial \boldsymbol{x}}$에 기울기 벡터 $\nabla_{\boldsymbol{y}} z$를 곱해서 구할 수 있다. 역전파 알고리즘은 그래프의 각 연산에 대해 그러한 야코비-기울기 곱을 계산하는 단계들로 구성된다.

일반적으로는 역전파 알고리즘을 벡터에만 적용하는 것이 아니라 임의의 차원의 텐서에 적용한다. 텐서에 대한 역전파 알고리즘은 벡터에 대한 역전파 알고리즘과 개념적으로 정확히 동일하다. 유일한 차이점은 텐서를 구성하기 위해 수치들을 격자 형태로 배치하는 방식뿐이다. 흔히 쓰이는 방식은, 각 텐서를 벡터 형태로 평평하게 펼친 후 벡터 값 기울기를 계산하고 그것을 다시 텐서 형태로 재조립하는 것이다. 이러한 재배치 접근 방식에서 역전파 알고리즘은 여전히 그냥 야코비 행렬을 기울기 벡터에 곱한다.

값 z의 텐서 $\mathbf{X}$에 대한 기울기를, $\mathbf{X}$를 그냥 벡터처럼 취급해서 $\nabla_{\mathbf{X}} z$로 표기한다. 그러나 벡터의 경우와는 달리 $\mathbf{X}$의 색인(아래 첨자)에는 좌표성분이 여러 개 있다. 예를 들어 3차원 텐서의 색인은 좌표성분 세 개로 구성된다. 불필요한 세부사항을 추상화하기 위해 색인 튜플 전체를 그냥 하나의 변수 i로 지칭하기로 하자. 즉, 모든 가능한 색인 튜플 i에 대해, $(\nabla_{\mathbf{X}} z)_i$는 $\frac{\partial z}{\partial \mathbf{X}_i}$를 뜻한다. 이는 모든 가능한 정수 색인 i로 벡터를 색인화하는 방식(즉, $(\nabla_{\boldsymbol{x}} z)_i$는 $\frac{\partial z}{\partial x_i}$를 뜻함)과 정확히 같다. 이러한 표기법으로 텐서에 대한 연쇄법칙을 표현해 보자. $\mathbf{Y} = g(\mathbf{X})$이고 $z = f(\mathbf{Y})$라 할 때 다음이 성립한다.

$$\nabla_{\mathbf{X}} z = \sum_j (\nabla_{\mathbf{X}} Y_j) \frac{\partial z}{\partial Y_j}. \tag{6.47}$$

6.5.3 연쇄법칙을 재귀적으로 적용해서 역전파 구하기

연쇄법칙 덕분에, 스칼라의 기울기(그 스칼라를 산출하는 계산 그래프의 노드들에 대한)를 구하는 대수식을 유도하는 것 자체는 어려운 일이 아니다. 그러나 그러한 수식을 실제로 컴퓨터에서 평가할 때에는 고려해야 할 사항들이 더 있다.

구체적으로 말하자면, 기울기에 대한 전체 수식 안에 다수의 부분식(subexpression)이 여러 번 되풀이될 수 있다. 기울기를 계산하는 절차를 설계할 때는 그러한 부분식들의 결과를 저장할 것인지 아니면 매번 다시 계산할 것인지 결정해야 한다. 부분식들이 반복되는 수식의 예가 그림 6.9에 나와 있다. 경우에 따라서는 같은 부분식을 두 번 계산하는 것이 너무 큰 낭비일 수 있다. 복잡한 그래프에서는 그러한 반복 계산 사례가 지수적으로 증가해서 연쇄법칙을 적용하기가 사실상 불가능할 수도 있다. 그러나 때에 따라서는 같은 부분식을 두 번 계산하는 것이 메모리 소비량을 줄이는(대신 실행 비용이 증가하더라도) 유효한 방법일 수 있다.

실질적인 기울기 계산을 직접 명시하는 형태의 역전파 알고리즘부터 살펴보자(알고리즘 6.2가 이 알고리즘이고, 알고리즘 6.1은 이 알고리즘을 위한 순방향 계산을 수행한다). 이 알고리즘은 역전파가 연쇄법칙의 재귀적인 적용을 통해서 실제로 기울기를 계산한다는 점을 보여주기 위한 것이다. 기울기를 그냥 직접 계산하는 시스템을 구현하면 되지

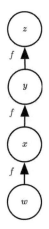

그림 6.9: 기울기를 계산할 때 부분식들이 반복되는 계산 그래프. $w \in \mathbb{R}$이 그래프의 입력이라고 하자. 사슬의 모든 단계에서 동일한 함수 $f : \mathbb{R} \to \mathbb{R}$이 적용된다. 즉, $x = f(w)$이고 $y = f(x)$, $z = f(y)$이다. 이들에 식 6.44를 적용하면 원했던 기울기 $\frac{\partial z}{\partial w}$가 나온다.

않느냐고 생각하는 독자도 있을 것이고, 이 알고리즘의 서술을 역전파 계산을 위한 계산 그래프를 기호적으로 명시한 것으로 간주하는 독자도 있을 것이다. 그러나 이번 절에서 말하는 공식화는 기울기 계산을 수행하는 기호적 그래프를 명시적으로 조작하거나 구축하지 않는다. 그런 공식화는 §6.5.6에 나오는 알고리즘 6.5에 해당한다. 그 절에서는 또한 노드들이 임의의 텐서를 담도록 계산 그래프 언어를 확장한다.

우선 살펴볼 것은 하나의 스칼라 $u^{(n)}$을 계산하는 방법을 서술하는 계산 그래프이다(이 스칼라가 이를테면 한 훈련 견본의 손실 값이라고 하자). 알고리즘의 목표는 이 스칼라의, $u^{(1)}$에서 $u^{(n_i)}$까지의 n_i개의 입력 노드들에 대한 기울기를 구하는 것이다. 다른 말로 하면, 모든 $i \in \{1, 2, ..., n_i\}$에 대해 $\frac{\partial u^{(n)}}{\partial u^{(i)}}$을 계산하고자 한다. 매개변수들에 관한 경사 하강법을 위해 기울기를 구하는 용도로 역전파 알고리즘을 사용할 때, $u^{(n)}$은 하나의 견본 또는 미니배치에 연관된 비용이고, $u^{(1)}$에서 $u^{(n_i)}$까지는 모형의 매개변수들에 대응된다.

그래프의 노드들이, $u^{(n_i+1)}$에서 $u^{(n)}$으로 거슬러 올라가는 순서로 출력을 계산하는 형태로 조직화되어 있다고 가정하겠다. 알고리즘 6.1의 정의에 나와 있듯이, 각 노드 $u^{(i)}$에는 하나의 연산 $f^{(i)}$가 부여되어 있다. 각 노드는 다음을 계산한다.

$$u^{(i)} = f(\mathbb{A}^{(i)}). \tag{6.48}$$

여기서 $\mathbb{A}^{(i)}$는 $u^{(i)}$의 모든 부모 노드의 집합이다.

알고리즘 6.1은 순전파 계산들을 나타낸다. 그러한 계산들을 명시하는 계산 그래프가 $\mathcal{G}$라고 하자. 역전파를 수행할 때는, 그 $\mathcal{G}$에 의존하되 또 다른 노드들이 추가된 하나의 계산 그래프를 구축한다. $\mathcal{G}$의 노드당 하나의 추가 노드로 이루어진 부분 그래프(subgraph)를 $\mathcal{B}$라고 하자. $\mathcal{B}$의 계산은 $\mathcal{G}$의 계산과 정확히 반대 순서로 진행되며, $\mathcal{B}$의 각 노드는 순방향 그래프 노드 $u^{(i)}$와 연관된 미분 $\frac{\partial u^{(n)}}{\partial u^{(i)}}$을 계산한다. 이러한 모든 계산은 스칼라 출력 $u^{(n)}$에 대한 미분의 연쇄법칙을 따른다.

$$\frac{\partial u^{(n)}}{\partial u^{(j)}} = \sum_{i \,:\, j \in pa(u^{(i)})} \frac{\partial u^{(n)}}{\partial u^{(i)}} \frac{\partial u^{(i)}}{\partial u^{(j)}}. \tag{6.49}$$

알고리즘 6.1 $u^{(1)}$에서 $u^{(n_i)}$까지의 n_i개의 입력을 하나의 출력 $u^{(n)}$에 사상하는 절차. 이 절차는 하나의 계산 그래프를 정의하는데, 이 계산 그래프의 각 노드는 $j \in Pa(u^{(i)})$이고 $j < i$인 이전 노드 $u^{(j)}$들의 값들로 구성된 인수 집합 $\mathbb{A}^{(i)}$에 함수 $f^{(i)}$를 적용해서 수치 $u^{(i)}$를 계산한다. 이 계산 그래프는 입력 벡터 $\boldsymbol{x}$의 성분들로 $u^{(1)}$에서 $u^{(n_i)}$까지의 처음 n_i개의 노드를 초기화한다. 이 계산 그래프의 마지막 노드(출력 노드) $u^{(n)}$의 값이 바로 계산 그래프 전체의 출력이다.

> **for** $i = 1, ..., n_i$ **do**
> $\quad u^{(i)} \leftarrow x_i$
> **end for**
> **for** $i = n_{i+1}, ..., n$ **do**
> $\quad \mathbb{A}^{(i)} \leftarrow \{ u^{(j)} \mid j \in Pa(u^{(i)}) \}$
> $\quad u^{(i)} \leftarrow f^{(i)}(\mathbb{A}^{(i)})$
> **end for**
> **return** $u^{(n)}$

$$\frac{\partial z}{\partial w} \tag{6.50}$$

$$= \frac{\partial z}{\partial y} \frac{\partial y}{\partial x} \frac{\partial x}{\partial w} \tag{6.51}$$

$$= f'(y)f'(x)f'(w) \tag{6.52}$$

$$= f'(f(f(w)))f'(f(w))f'(w). \tag{6.53}$$

식 6.52를 보면, 이 계산의 구현에서는 $f(w)$의 값을 한 번만 계산해서 변수 x에 저장해 두면 된다는 점을 알 수 있다. 역전파 알고리즘이 그러한 접근 방식을 사용한다. 또는 식 6.53에 $f(w)$가 두 번 나온다는 점에 주목할 수도 있다. 부분식의 값을 저장하는 데 필요한 메모리가 작다면, 실행 시간을 줄일 수 있는 식 6.52의 역전파 접근 방식이 확실히 낫다. 그러나 메모리가 제한적이라면 식 6.53처럼 $f(w)$를 매번 다시 계산하는 것도 여전히 유효한 연쇄법칙 구현이다.

이 공식이 알고리즘 6.2에 해당한다. 부분 그래프 $\mathcal{B}$의 간선들은 $\mathcal{G}$에서 노드 $u^{(j)}$에서 $u^{(i)}$로 가는 간선들과 정확히 일대일로 대응된다. $u^{(j)}$에서 $u^{(i)}$로의 간선에는

알고리즘 6.2 그래프의 변수들에 대한 $u^{(n)}$의 미분을 계산하는 역전파 알고리즘의 단순화된 버전. 이해를 돕기 위해 모든 변수가 스칼라라고 가정한다. 알고리즘의 목표는 $u^{(1)}, ..., u^{(n_i)}$에 대한 미분들을 계산하는 것이다. 이 단순화된 버전은 그래프의 모든 노드의 미분을 계산한다. 이 알고리즘의 계산 비용은 그래프의 간선 개수에 비례한다(각 간선에 연관된 편미분의 계산이 상수 시간이라고 가정할 때). 이는 순전파 계산 횟수와 같은 규모이다. 각 $\dfrac{\partial u^{(i)}}{\partial u^{(j)}}$는 $u^{(i)}$의 부모 $u^{(j)}$들의 함수이다. 이에 의해 순방향 그래프의 노드들이 역전파 그래프를 위해 추가된 노드들과 연결된다.

순전파 알고리즘(이 예의 경우 알고리즘 6.1)을 실행해서 신경망의 활성 값들을 구한다. 계산된 미분들을 담을 자료 구조 grad_table을 초기화한다. 이 자료구조의 각 요소 grad_table[$u^{(i)}$]에는 계산된 $\dfrac{\partial u^{(n)}}{\partial u^{(i)}}$ 값이 저장된다.

grad_table[$u^{(n)}$]←1

for $j = n - 1$ **to 1 do**

저장된 값들을 이용해서 $\dfrac{\partial u^{(n)}}{\partial u^{(j)}} = \displaystyle\sum_{i:j\in Pa(u^{(i)})} \dfrac{\partial u^{(n)}}{\partial u^{(i)}} \dfrac{\partial u^{(i)}}{\partial u^{(j)}}$를 계산한다:

grad_table[$u^{(j)}$]←$\displaystyle\sum_{i:j\in Pa(u^{(i)})}$grad_table[$u^{(i)}$]$\dfrac{\partial u^{(i)}}{\partial u^{(j)}}$

end for

return { grad_table[$u^{(i)}$] | $i = 1, ..., n_i$}

$\dfrac{\partial u^{(i)}}{\partial u^{(j)}}$를 계산하는 연산이 부여된다. 그와 더불어, 부분 그래프의 각 노드는 이미 계산된 기울기 벡터($u^{(j)}$의 자식 노드들인 $u^{(i)}$들에 대한)와 편미분 $\dfrac{\partial u^{(i)}}{\partial u^{(j)}}$들(같은 자식 노드들에 대한)을 담은 벡터의 내적도 계산한다. 정리하자면, 역전파를 수행하는 데 필요한 계산량은 $\mathcal{G}$의 간선 개수에 선형으로 비례하며, $\mathcal{G}$의 각 간선은 하나의 노드의 편미분(그 노드의 부모 노드 중 하나에 대한) 계산과 곱하기 1회 및 더하기 1회를 수행한다. 이후에 이러한 분석을 텐서 값 노드들로 일반화할 것이다. 그러한 일반화는 그냥 여러 개의 스칼라 값을 같은 노드로 묶어서 계산을 좀 더 효율적으로 수행하는 한 방법일 뿐이다.

역전파 알고리즘은 공통의 부분식 개수를 메모리를 고려하지 않고 줄이기 위해 고안된 것이다. 구체적으로 말하자면, 역전파 알고리즘의 계산 비용은 그래프의 노드당 1회의 야코비 행렬 곱셈을 수행하는 규모이다. 이 점은 알고리즘 6.2가 그래프의 노드 $u^{(j)}$에서 $u^{(i)}$로 가는 각 노드를 정확히 한 번씩 방문해서 해당 편미분 $\dfrac{\partial u^{(i)}}{\partial u^{(j)}}$를 구한다는 점을 생각하면 이해가 갈 것이다. 따라서 역전파 알고리즘에서는 반복된 부분식들의 지수적 폭발이 발생하지 않는다. 이와는 달리 계산 그래프를 단순화해서 부분식들의 평가 횟수를 줄이는 알고리즘들도 있을 수 있고, 부분식들의 결과를 저장하는 대신 매번 계산함으로써 메모리를 절약하는 알고리즘도 있을 수 있다. 역전파 알고리즘 자체를 설명한 후에 그런 착안들도 다시 고찰하겠다.

6.5.4 완전 연결 MLP의 역전파 계산

앞에서 이야기한 역전파 계산의 이해를 돕기 위해, 완전히 연결된 다층 퍼셉트론(MLP)에 연관된 구체적인 그래프를 고찰하기로 하자.

알고리즘 6.3은 역전파 알고리즘을 위한 순전파 알고리즘으로, 매개변수들을 (입력, 목표) 쌍 형태의 한 훈련 견본 $(\boldsymbol{x}, \boldsymbol{y})$와 연관된 지도 손실(supervised loss) $L(\hat{\boldsymbol{y}}, \boldsymbol{y})$에 사상한다. $\hat{\boldsymbol{y}}$는 입력에 $\boldsymbol{x}$가 있을 때의 신경망의 출력이다.

알고리즘 6.4는 알고리즘 6.3이 정의한 그래프에 역전파 계산을 적용하는 알고리즘이다.

알고리즘 6.3은 지금 말하는 특정한 문제 하나에만 특화된 형태임을 주의하기 바란다. 독자가 알고리즘을 쉽게 이해할 수 있도록 의도적으로 이렇게 특화된 버전을 만들었다.

현대적인 소프트웨어 구현들은 §6.5.6에서 설명하는, 좀 더 일반화된 형태의 역전파 알고리즘에 기초한다. 그런 일반화된 버전은 기호적 계산을 표현하는 자료 구조를 명시적으로 자작함으로써 임의의 계산 그래프를 처리할 수 있다.

알고리즘 6.3 전형적인 심층 신경망을 훑으면서 비용함수를 계산하는 순전파 알고리즘. 손실 함수 $L(\hat{y},y)$는 출력 $\hat{y}$와 목표 y에 의존한다(§6.2.1.1에 손실함수의 예들이 있다). 총 비용 J를 구하려면 손실 값을 정칙화 함수 $\Omega(\theta)$에 추가해야 할 수 있다. 여기서 θ는 모든 매개변수(가중치들과 치우침 매개변수들)를 담는다. 알고리즘 6.4는 매개변수 W와 b에 대한 J의 기울기를 계산하는 방법을 보여준다. 단순함을 위해, 이 예는 오직 하나의 입력 견본 x만 사용한다. 실제 응용에서는 여러 개의 견본을 담은 미니배치를 사용해야 할 것이다. §6.5.7에 좀 더 사실적인 예가 나온다.

필수: l, 신경망의 깊이
필수: $W^{(i)}, i \in \{1,...,l\}$, 모형의 가중치 행렬들
필수: $b^{(i)}, i \in \{1,...,l\}$, 모형의 치우침 매개변수들
필수: x, 처리할 입력
필수: y, 목표 출력

    $h^{(0)} = x$
    for $k = 1,...,l$ **do**
        $a^{(k)} = b^{(k)} + W^{(k)} h^{(k-1)}$
        $h^{(k)} = f(a^{(k)})$
    end for
    $\hat{y} = h^{(l)}$
    $J = L(\hat{y},y) + \lambda\Omega(\theta)$

알고리즘 6.4 알고리즘 6.3의 심층 신경망을 위한 역전파 계산. 입력 x뿐만 아니라 목푯값들을 담은 벡터 y도 사용한다. 이 알고리즘은 역방향으로, 즉 출력층에서 시작해서 첫 은닉층으로 가면서 각 층 k의 활성화 $a^{(k)}$들의 기울기를 산출한다. 가중치들과 치우침 값들에 대한 기울기들을 확률적 기울기 갱신 절차의 일부로 사용하거나(기울기를 계산한 즉시 갱신을 수행하는 식으로), 다른 기울기 기반 최적화 방법과 함께 사용할 수 있다.

    순전파 계산을 마친 후, 출력층의 기울기를 계산한다.
    $g \leftarrow \nabla_{\hat{y}} J = \nabla_{\hat{y}} L(\hat{y},y)$
    for $k = l, l-1,...,1$ **do**
        현재 층의 출력에 대한 기울기를 사전 비선형성(pre-nonlinearity) 활성화(f가 성분별 함수이면 성분별 곱셈)에 대한 기울기로 변환한다.
        $g \leftarrow \nabla_{a^{(k)}} J = g \odot f'(a^{(k)})$
        가중치들과 치우침 값들(필요하다면 정칙화 항들도 포함)에 대한 기울기들을 계산한다.
        $\nabla_{b^{(k)}} J = g + \lambda\nabla_{b^{(k)}}\Omega(\theta)$
        $\nabla_{W^{(k)}} J = g\, h^{(k-1)\top} + \lambda\nabla_{W^{(k)}}\Omega(\theta)$
        현재보다 한 수준 낮은 은닉층의 활성화들에 대한 기울기들을 전파한다.
        $g \leftarrow \nabla_{h^{(k-1)}} J = W^{(k)\top} g$
    end for

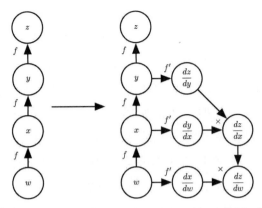

그림 6.10: 기호 대 기호 접근 방식으로 미분들을 계산하는 예. 이 접근 방식에서 역전파 알고리즘은 구체적인 실제 수치에 접근할 필요가 없다. 대신 그냥 해당 도함수들을 계산하는 방법을 서술하는 계산 그래프에 노드들을 추가할 뿐이다. 범용 그래프 평가 엔진은 나중에 그 도함수들을 평가할 수 있다. (왼쪽) 이 예는 $z = f(f(f(w)))$를 표현한 그래프로 시작한다. (오른쪽) 역전파 알고리즘을 실행해서 $\frac{dz}{dw}$에 해당하는 대수식에 대한 그래프를 구축한다. 이 예에서 역전파 알고리즘이 어떻게 작동하는지는 설명하지 않겠다. 이 예는 단지 도함수의 기호적 서술을 나타내는 계산 그래프가 어떻게 만들어지는지를 보여주기 위한 것이다.

6.5.5 기호 대 기호 미분법

대수식과 계산 그래프는 둘 다 **기호**(symbol), 즉 어떤 구체적인 값을 가지지 않은 변수를 다룬다. 그러한 대수식과 그래프 기반 표현을 **기호 표현**(symbolic representation)이라고 부른다. 신경망을 실제로 사용하거나 훈련할 때는 그런 기호들에 구체적인 값을 배정해야 한다. 즉, 신경망에 대한 기호적 입력 $\boldsymbol{x}$를 $[1.2, 3.765, -1.8]^{\top}$ 같은 구체적인 **수치**(numeric value)로 대체해야 한다.

일부 역전파 접근 방식들은 계산 그래프와 그 그래프의 입력으로 쓰이는 일단의 수치들을 받고 그 입력들에서의 기울기를 서술하는 일단의 수치들을 돌려준다. 그런 접근 방식을 **기호 대 수치 미분법**(symbol-to-number differentiation)이라고 부른다. Torch(Collobert 외, 2011b)나 Caffe(Jia, 2013) 같은 라이브러리들이 이 접근 방식을 사용한다.

한편, 계산 그래프를 받고 거기에 바람직한 도함수들의 기호 표현을 제공하는 노드들을 추가하는 접근 방식도 있다. 이러한 **기호 대 기호** 접근 방식은 이를테면 Theano(Bergstra 외, 2010; Bastien 외, 2012)나 TensorFlow(Abadi 외, 2015)에 쓰인다. 그림 6.10에 이러한 접근 방식의 작동 방식이 나와 있다. 이 접근 방식의 주된 장점은 계산 그래프를 서술하는 데 사용한 것과 같은 언어로 도함수들을 서술할 수 있다는 것이다. 도함수 역시 또 다른 계산 그래프일 뿐이므로, 도함수에 역전파 알고리즘을 다시 실행해서 더 높은 차수의 도함수를 유도할 수도 있다(고계 도함수의 계산은 §6.5.10에서 설명한다).

이 책에서는 후자의 접근 방식을 취한다. 즉, 도함수들에 대한 계산 그래프를 통해서 역전파 알고리즘을 서술한다. 그 그래프의 임의의 부분집합을 나중에 구체적인 수치들을 이용해서 평가할 수 있다. 이러한 접근 방식에서는 각 연산의 계산 시점을 명시적으로 지정할 필요가 없다. 대신, 범용적인 그래프 평가 엔진은 각 노드를 나중에 (그 부모 노들의 값들이 마련되는 즉시) 평가할 수 있다.

기호 대 기호 접근 방식의 서술에는 기호 대 수치 접근 방식이 포함되어 있다. 기호 대 수치 접근 방식도 기호 대 기호 접근 방식으로 만들어진 그래프가 수행하는 것과 정확히 동일한 계산을 수행한다. 핵심적인 차이는, 기호 대 수치 접근 방식은 해당 그래프를 명시적으로 산출하지 않는다는 점이다.

6.5.6 일반 역전파 알고리즘

역전파 알고리즘은 아주 간단하다. 어떤 스칼라 z의, 그래프에서 그 스칼라의 조상들 (x) 중 하나에 대한 기울기를 계산하는 과정을 살펴보자. 알고리즘은 우선 z의 자신에 대한 기울기인 $\frac{dz}{dz} = 1$로 시작한다. 그런 다음에는 그래프에서 z의 각 부모에 대한 기울기를 계산한다. 이 계산은 현재의 기울기에 z를 산출한 연산의 야코비 행렬을 곱하는 것으로 구성된다. 그래프의 층들을 거꾸로 훑으면서 이런 식으로 야코비 행렬을 곱해 나가다가, x에 도달하면 멈춘다. z에서 시작해서 도달한 역방향 경로가 둘 이상인 노드에 대해서는, 그 노드로 이어진 기울기들을 모두 합한 결과를 그 노드의 최종 기울기로 사용한다.

좀 더 공식화해서 말하자면, 그래프 $\mathcal{G}$의 각 노드는 각각 하나의 변수에 대응된다. 알고리즘의 일반성을 최대화하기 위해, 그러한 변수 V가 텐서라고 하겠다. 일반적으로 텐서의 차원에는 제약이 없다. 즉, 스칼라, 벡터, 행렬은 모두 텐서에 속한다.

각 변수 V에 다음과 같은 서브루틴들이 연관되어 있다고 가정한다.

- get_operation(V): 이 서브루틴은 V를 계산하는 연산을 돌려준다. 그러한 연산은 계산 그래프에서 V로 들어오는 간선들로 표현된다. 예를 들어 이를 파이썬이나 C++로 구현한다면, get_operation 함수는 연산을 나타내는 어떤 클래스의 인스턴

스를 돌려줄 것이다. 어떤 변수가 $C = AB$라는 행렬 곱셈으로 산출된다고 하면, get_operation(V)는 행렬 곱셈을 나타내는 C++ 클래스의 한 인스턴스를 돌려준다.

- get_consumers(V, $\mathcal{G}$): 이 서브루틴은 계산 그래프 $\mathcal{G}$에서 V의 자식 노드들에 해당하는 변수들의 목록을 돌려준다.
- get_inputs(V, $\mathcal{G}$): 이 서브루틴은 계산 그래프 $\mathcal{G}$에서 V의 부모 노드들에 해당하는 변수들의 목록을 돌려준다.

각 연산 op에는 또한 하나의 bprop 연산이 연관된다. 이 bprop 연산은 야코비 행렬과 벡터의 곱(식 6.47)을 계산한다. 역전파 알고리즘을 이런 식으로 구성하면 알고리즘의 일반성이 아주 좋아진다. 각 연산은 자신이 관여하는 그래프의 간선들을 따라서 역전파를 수행하는 방법을 알고 있어야 한다. 예를 들어 행렬 곱셈 연산을 이용해서 변수 $C = AB$를 만든다고 하자. 그리고 스칼라 z의 C에 대한 기울기가 G라고 하자. 행렬 곱셈 연산의 두 가지 역전파 규칙들(연산의 인수당 하나씩)은 연산 자체에 정의해 두어야 한다. 출력에서의 기울기가 G이고, A에 대한 기울기를 구하기 위해 bprop을 호출한다고 하자. 그러면 행렬 곱셈 연산을 대표하는 클래스의 bprop 메서드는 A에 대한 기울기가 $GB^{\top}$로 주어진다는 점을 반영한 코드를 갖추고 있어야 한다. 마찬가지로, B에 대한 기울기를 위해 bprop 메서드를 호출한다면, 해당 연산 클래스의 bprop 메서드는 요청된 기울기가 $A^{\top}G$임을 알고 있어야 한다. 역전파 알고리즘 자체는 그런 미분 방법들을 알 필요가 전혀 없다. 역전파 알고리즘은 그냥 각 연산의 bprop을 적절한 인수들로 호출하기만 하면 된다. 공식으로 표현하자면, op.bprop(inputs, X, G)는 반드시 다음을 돌려주어야 한다.

$$\sum_i (\nabla_{\mathbf{X}}\, \text{op.f(inputs)}_i)\, G_i. \tag{6.54}$$

이는 그냥 식 6.47의 연쇄법칙을 구현한 것일 뿐이다. 여기서 inputs는 연산에 넣을 입력들의 목록이고 op.f는 연산이 구현하는 수학 함수, X는 기울기를 계산하고자 하는 입력, G는 연산의 출력에서의 기울기이다.

op.bprop 메서드는 모든 입력이 서로 구분된다고 가장해야 한다(실제로는 그렇지 않더라도). 예를 들어 x의 두 복사본을 mul 연산자에 전달해서 x^2을 계산할 때도 op.bprop

메서드는 여전히 두 입력에 대한 미분 x를 돌려주어야 한다. 이후 역전파 알고리즘은 두 인수를 더해서 $2x$를 얻는데, 실제로 x^2을 x에 대해 미분하면 $2x$가 나온다.

대체로 역전파 알고리즘의 소프트웨어 구현들은 다양한 연산들과 해당 bprop 메서드들을 미리 갖추고 있으므로, 심층 학습 소프트웨어 라이브러리 사용자는 행렬 곱셈이나 거듭제곱, 로그 같은 흔히 쓰이는 기존 연산들로 계산 그래프를 구성해서 역전파를 실행할 수 있다. 한편, 역전파를 새로운 방식으로 구현하거나 기존 라이브러리에는 없는 자신만의 연산을 추가하고자 하는 고급 사용자가 새 연산을 자신이 직접 구현하는 것도 가능하다.

이상의 역전파 알고리즘을 공식화한 것이 알고리즘 6.5이다.

§6.5.2에서 역전파 알고리즘이 연쇄법칙의 부분식들을 여러 번 계산하는 일을 피하기 위해 고안되었다고 말했다. 부분식들을 매번 다시 계산하는 단순한 알고리즘은 실행 시간이 지수적으로 증가할 수 있다. 이제 완성된 역전파 알고리즘이 있으니, 그 계산 비용을 분석해 보기로 하자. 각 연산의 평가 비용이 대략 같다고 가정하면, 실행된 연산들의 횟수로 계산 비용을 분석할 수 있다. 여기서 말하는 연산은 계산 그래프의 최소 구성 단위를 말한다. 그러한 연산이 실제로는 여러 개의 산술 연산으로 구성될 수도 있다(예를 들어 여러 번의 곱셈과 덧셈이 필요한 행렬 곱셈도 하나의 연산으로 간주된다). 노드가 n개인 그래프로 기울기를 계산하는 데 필요한 연산의 수가 $O(n^2)$을 넘지는 않으며, 그 출력을 저장해야 할 연산의 수도 $O(n^2)$을 넘지 않는다. 여기서 말하는 연산의 수는 그래프에 있는 연산들의 실행 횟수이지 바탕 하드웨어가 실행하는 개별 산술 연산의 실행 횟수가 아니다. 따라서 서로 다른 연산들의 실제 실행 시간의 차이가 아주 클 수 있음을 명심해야 한다. 예를 들어 성분이 각각 수백만 개인 두 행렬을 곱하는 연산을 그래프의 한 연산으로 간주할 수 있다. 그래프로 기울기를 계산하는 데 최대 $O(n^2)$회의 연산이 필요한 이유는 이렇다. 순전파 과정에서 최악의 경우 원래의 그래프의 노드 n개를 모두 실행해야 한다(이는 최악의 경우의 이야기이고, 계산하고자 하는 값에 따라서는 그래프 전체를 실행하지 않아도 될 수 있다). 역전파 알고리즘은 원래의 그래프의 간선당 $O(1)$개의 노드들에 각각 야코비 행렬 대 벡터 곱셈 1회를 추가한다. 계산 그래프는 유향 비순환 그래프이므로 간선의 수는 $O(n^2)$을 넘지 않는다. 실제 응용에 흔히 쓰이는 종류의 계산 그래프의 경우에는 상황이 이보다 낫다. 대부분의 신경망에서 비용함수들이 대체로 사슬 구조로 연결되므로, 역전파의 비용은 $O(n)$이

알고리즘 6.5 역전파 알고리즘의 최외곽 뼈대. 이 부분은 그냥 간단한 초기화와 마무리만 담당한다. 대부분의 주요 작업은 알고리즘 6.6의 build_grad 서브루틴이 수행한다.

필수: $\mathbb{T}$, 기울기들을 계산할 변수들로 이루어진 목표 집합
필수: $\mathcal{G}$, 계산 그래프
필수: z, 미분할 변수

　$\mathcal{G}$에서 z의 조상 노드들과 $\mathbb{T}$의 노드들의 후손 노드들만 담은 그래프 $\mathcal{G}'$을 만든다.
　텐서들과 해당 기울기들을 연관시키는 자료 구조 grad_table을 초기화한다.
　grad_table$[z] \leftarrow 1$
　for V **in** $\mathbb{T}$ **do**
　　build_grad(V, $\mathcal{G}$, $\mathcal{G}'$, grad_table)
　end for
　return $\mathbb{T}$의 노드들에 대응되는 grad_table의 성분들

알고리즘 6.6 역전파 알고리즘의 내부 루프 서브루틴 build_grad(V, $\mathcal{G}$, $\mathcal{G}'$, grad_table). 알고리즘 6.5에 정의된 역전파 알고리즘이 호출한다.

필수: V, $\mathcal{G}$와 grad_table에 해당 기울기들을 추가할 변수들
필수: $\mathcal{G}$, 수정할 그래프
필수: $\mathcal{G}'$, 기울기 계산에 관여하는 $\mathcal{G}$의 노드들로만 이루어진 그래프
필수: grad_table, 노드들을 해당 기울기들에 대응시키는 자료 구조

　if V가 grad_table**에 있으면 then**
　　return grad_table$[$V$]$
　end if
　$i \leftarrow 1$
　for C **in** get_consumers(V, $\mathcal{G}'$) **do**
　　op$\leftarrow$get_operation(C)
　　D$\leftarrow$build_grad(C, $\mathcal{G}$, $\mathcal{G}'$, grad_table)
　　G$^{(i)} \leftarrow$op.bprop(get_inputs(C, $\mathcal{G}'$), V, D)
　　$i \leftarrow i + 1$
　end for
　G$\leftarrow \sum_i$G$^{(i)}$
　grad_table$[$V$] =$ G
　G와 그것을 생성한 연산들을 $\mathcal{G}$에 삽입한다.
　return G

다. 이는 지수적으로 많은 수의 노드들을 실행해야 할 수도 있는 단순한 접근 방식보다 훨씬 나은 규모이다. 재귀적인 연쇄법칙(식 6.49)을 재귀가 아닌 형태로 다시 써 보면 그러한 잠재적인 지수 비용이 드러난다.

$$\frac{\partial u^{(n)}}{\partial u^{(j)}} = \sum_{\substack{\pi_1 = j \text{에서 } \pi_t = n \text{으로의} \\ \text{경로}(u^{(\pi_1)}, u^{(\pi_2)}, \ldots, u^{(\pi_t)})}} \prod_{k=2}^{t} \frac{\partial u^{(\pi_k)}}{\partial u^{(\pi_{k-1})}}. \tag{6.55}$$

노드 j에서 노드 n으로의 경로들의 개수는 그러한 경로들의 길이에 지수적으로 증가한다. 그리고 식 6.55의 합에 포함되는 항들의 개수는 바로 그러한 경로들의 개수이다. 따라서, 식 6.55의 합을 계산하는 비용은 순전파 그래프의 깊이에 지수적으로 증가한다. 동일한 $\frac{\partial u^{(i)}}{\partial u^{(j)}}$ 계산이 여러 번 수행되면 그처럼 거대한 비용이 발생할 수 있다. 그런 재계산을 피하기 위해 역전파 알고리즘은 중간 결과 $\frac{\partial u^{(n)}}{\partial u^{(i)}}$들을 저장해 둔다. 이를 일종의 표 채우기(table-filling)라고 생각하면 이해에 도움이 될 것이다. 그래프의 각 노드는 기울기들을 담는 표(테이블)의 한 칸에 대응된다. 반대로 말하면, 표의 각 칸은 그에 대응되는 노드에 대해 계산한 기울기를 담는다. 역전파 알고리즘은 그러한 표의 칸들을 순서대로 채움으로써 여러 부분식들의 재계산을 피한다. 이러한 표 채우기 전략을 **동적 계획법**(dynamic programming)이라고 부르기도 한다.

6.5.7 예제: MLP의 훈련을 위한 역전파

한 예로, 다층 퍼셉트론을 훈련하는 데 쓰이는 역전파 알고리즘의 작동 과정을 따라가 보자.

이번 예제에서는 은닉층이 하나인 아주 간단한 다층 퍼셉트론을 미니배치 확률적 경사 하강법을 이용해서 훈련한다. 역전파 알고리즘은 한 미니배치에 대한 비용의 기울기를 계산하는 데 쓰인다. 구체적으로 말하면, 훈련 집합에서 뽑은 일정 개수의 견본들을 담은 미니배치를 설계 행렬 형태로 표현한 입력 행렬 $\boldsymbol{X}$와 그에 연관된 분류 이름표들을 담은 벡터 $\boldsymbol{y}$를 사용한다. 신경망은 은닉 특징들로 이루어진 은닉층 $\boldsymbol{H} = \max\{0, \boldsymbol{X}\boldsymbol{W}^{(1)}\}$ 하나로 구성된다. 설명을 단순화하기 위해, 이 모형에서는 치우침 매개변수들을 사용하지 않는다. 그리고 성분별 $\max\{0, \boldsymbol{Z}\}$를 계산할 수 있는 relu 연산이 그래프 언어에 포함되어 있다고 가정한다. 신경망은 분류할 부류(class)들에 대한 정규화되지 않은 로그 확률들을 예측한다. 그러한 예측은 $\boldsymbol{H}\boldsymbol{W}^{(2)}$로 주어진다. 또한, 그래프 언어에 목표 $\boldsymbol{y}$와 이러한 정규화되지 않은 로그 확률들로 정의되는 확률분포 사이의 교차 엔트로피를 계산하는 cross_entropy 연산도 포함되어 있다고 가정한다. 이 연산이 산출한 교차 엔트로피는 비용 J_{MLE}를 정의한다. 이 교차 엔트로피를 최소화하면 결과적으로 분류기의 최대 로그가능도가 추정된다. 그러나 예제를 좀 더 현실적으로 만들기 위해 정칙화 항도 하나 추가한다. 총 비용은 교차 엔트로피와 가중치 감쇄 항, 그리고 계수 λ로 구성된다.

$$J = J_{\mathrm{MLE}} + \lambda \left(\sum_{i,j} \left(W_{i,j}^{(1)} \right)^2 + \sum_{i,j} \left(W_{i,j}^{(2)} \right)^2 \right) \tag{6.56}$$

이다. 이에 해당하는 계산 그래프가 그림 6.11에 나와 있다.

이 예제의 기울기에 대한 계산 그래프는 너무 커서 지면에 표시하기에도, 그리고 독자가 읽고 이해하기에도 적합하지 않다. 이 점은 간단하긴 하지만 소프트웨어 기술자가 손으로 직접 유도하기에는 너무 지루한 기울기 계산 그래프를 자동으로 생성해 준다는 역전파 알고리즘의 한 장점을 잘 보여 준다.

역전파 알고리즘의 작동 과정은 그림 6.11의 순전파 그래프를 살펴보면 어느 정도 따라갈 수 있다. 훈련을 위해서는 $\nabla_{W^{(1)}} J$와 $\nabla_{W^{(2)}} J$ 둘 다 계산해야 한다. J에서 가

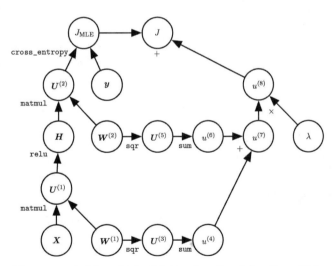

그림 6.11: 예제 단층 MLP를* 훈련하는 비용을 계산하는 데 쓰이는 계산 그래프. 비용은 교차 엔트로피 손실과 가중치 감쇄로 구성된다.

※ 역주 참고로, MLP 앞에 붙는 '~층'은 은닉층의 개수를 나타낸다. 즉, 단층 MLP는 단층 퍼셉트론(출력층 하나로만 이루어진 퍼셉트론)이 아니라 은닉층이 하나인 다층 퍼셉트론이다.

중치들로 돌아가는 경로는 두 가지이다. 한 경로는 교차 엔트로피 비용을 거치고 다른 한 경로는 가중치 감쇄 비용을 거친다. 가중치 감쇄 비용은 비교적 간단하다. 이 비용은 항상 $2\lambda \boldsymbol{W}^{(i)}$를 $\boldsymbol{W}^{(i)}$에 대한 기울기에 기여한다.

교차 엔트로피를 거치는 경로는 이보다 조금 더 복잡하다. $\boldsymbol{G}$가 cross_entropy가 산출한, 정규화되지 않은 로그 확률 $\boldsymbol{U}^{(2)}$에 대한 기울기라고 하자. 역전파 알고리즘은 서로 다른 두 경로를 탐색해야 한다. 더 짧은 경로에서는 행렬 곱산 연산의 둘째 인수에 대한 역전파 규칙을 이용해서 $\boldsymbol{H}^\top \boldsymbol{G}$를 $\boldsymbol{W}^{(2)}$에 대한 기울기에 더한다. 다른 한 경로는 신경망을 더 멀리 거슬러 올라가는 더 긴 사슬에 해당한다. 이 경로에 대해 역전파 알고리즘은 먼저 행렬 곱셈 연산의 첫 인수에 대한 역전파 규칙을 이용해서 $\nabla_{\boldsymbol{H}} J = \boldsymbol{G}\boldsymbol{W}^{(2)\top}$를 계산한다. 그런 다음 relu 연산을 적용하는데, 이 연산의 역전파 규칙은 $\boldsymbol{U}^{(1)}$의 0보다 작은 성분들에 대응되는 기울기 성분들을 0으로 설정한다. 그 결과가 $\boldsymbol{G}'$이라고 하자. 역전파 알고리즘의 마지막 단계에서는 matmul 연산의 둘째 인수에 대한 역전파 규칙을 이용해서 $\boldsymbol{X}^\top \boldsymbol{G}'$를 $\boldsymbol{W}^{(1)}$에 대한 기울기에 추가한다.

그러한 기울기들을 다 계산했다면, 그 기울기들을 경사 하강법 알고리즘이나 기타 최적화 알고리즘에 사용해서 매개변수들을 갱신하면 된다.

MLP의 경우 계산 비용의 대부분은 행렬 곱셈 연산들이 차지한다. 순전파 단계에서는 각 가중치 행렬을 곱해야 하므로, 가중치 개수가 w라고 할 때 $O(w)$회의 곱셈 및 덧셈이 필요하다. 역전파 단계에서는 각 가중치 행렬의 전치행렬을 곱해야 하는데, 그 비용은 순전파 단계와 같다. 알고리즘의 주된 저장 비용은 은닉층의 비선형성에 대한 입력을 저장하는 비용이다. 그러한 값들은 처음 계산되는 시점에서부터 역전파 단계가 같은 지점으로 돌아올 때까지 계속 메모리에 유지되어야 한다. 따라서, 미니배치의 견본 개수가 m이고 은닉 단위 개수가 n_h라고 할 때 저장 비용은 $O(mn_h)$이다.

6.5.8 구현 세부 사항

앞에서 설명한 역전파 알고리즘은 실제 응용에 쓰이는 구현들보다 단순한 형태이다.

앞에서 언급했듯이, 지금까지의 논의에서는 계산 그래프를 구성하는 연산을 하나의 텐서를 돌려주는 함수로만 제한했다. 그러나 실제 소프트웨어 구현에서는 여러 개의 텐서를 돌려주는 연산들도 지원해야 할 때가 많다. 예를 들어 텐서 안의 최대 성분과 그 성분의 색인을 모두 알아야 하는 경우 메모리를 한 번만 훑으면서 그 둘을 모두 계산하는 것이 효율적이므로, 그러한 절차를 출력이 두 개인 하나의 연산으로 구현하는 것이 유리하다.

역전파의 메모리 소비량을 제어하는 방법은 아직 설명하지 않았다. 역전파 과정에는 다수의 텐서들을 합하는 연산이 관여할 때가 많다. 단순한 접근 방식이라면 먼저 그런 텐서들을 각자 따로 계산하고, 그런 다음 또 다른 단계에서 그 텐서들을 모두 합할 것이다. 그러나 그렇게 하면 메모리 병목 현상이 심할 수 있다. 버퍼 하나를 두고, 각 텐서를 계산하는 즉시 그 버퍼에 텐서를 더하는 방식을 사용한다면 그러한 병목 현상을 피할 수 있다.

실제 응용에서 역전파를 구현할 때는 32비트 부동소수점이나 64비트 부동소수점, 정수 등의 다양한 자료 형식을 다루게 된다. 따라서, 그러한 자료 형식들을 각 형식의 특성에 맞게 처리하는 방침들을 세심하게 설계할 필요가 있다.

연산 중에는 기울기가 정의되지 않는 것들도 있으므로, 사용자가 요청한 기울기가 정의되지 않는 경우를 검출하고 적절히 처리해야 한다.

그 외에도 실제 응용 시의 구현이 복잡해지는 여러 기술적인 어려움들이 존재한다. 그런 어려움들이 극복 불가능할 정도로 어렵지는 않다. 이번 장에서는 미분을 계산하는 데 필요한 주요 수단들을 개념적으로 설명했을 뿐이다. 실제 구현에는 까다로운 세부 사항들이 많이 있음을 기억하기 바란다.

6.5.9 심층 학습 공동체 바깥에서 쓰이는 미분법들

심층 학습 공동체는 좀 더 넓은 범위의 컴퓨터 과학 공동체와 다소 격리되어서 성장했다. 그 과정에서 심층 학습 공동체는 미분을 수행하는 방법에 관해 자신만의 문화적인 태도를 형성했다. 좀 더 넓은 범위에서 **자동 미분**(automatic differentiation)이라는 분야는 미분을 알고리즘적으로 계산하는 방법을 연구한다. 이번 장에서 설명한 역전파 알고리즘은 자동 미분의 한 특수 사례일 뿐이다. 좀 더 구체적으로, 역전파 알고리즘은 자동 미분의 일종인 **역방향 모드 누적**(reverse mode accumulation)이라고 부르는 좀 더 넓은 범위의 접근 방식의 한 특수 사례이다. 연쇄법칙의 부분식들을 역전파와는 다른 순서로 평가하는 접근 방식들도 존재한다. 일반적으로, 계산 비용이 가장 낮은 평가 순서를 결정하는 것은 어려운 문제이다. 기울기 계산을 위한 최적의 연산 순서를 구하는 문제는, 각 대수식을 가장 비용이 낮은 형식으로 단순화하는 과정들이 요구될 수 있다는 측면에서 NP-완전(NP-complete) 문제에 해당한다(Naumann, 2008).

예를 들어 확률들을 나타내는 변수 $p_1, p_2, \dots, p_n$과 정규화되지 않은 로그 확률들을 나타내는 변수 $z_1, z_2, \dots, z_n$이 있다고 하자. 그리고 거듭제곱과 덧셈, 나눗셈 연산을 이용해서 다음과 같이 소프트맥스 함수를 정의한다고 하자.

$$q_i = \frac{\exp(z_i)}{\sum_i \exp(z_i)}. \tag{6.57}$$

그리고 교차 엔트로피 비용함수 $J = -\sum_i p_i \log q_i$도 정의하자. 관련 수학 지식이 있는 사람은 J의 z_i에 대한 미분이 아주 간단한 형태인 $q_i - p_i$임을 알 수 있다. 그러나 역전파 알고리즘은 기울기를 그런 식으로 단순화하지 못한다. 대신, 기울기들을 원래의 그래프의 모든 로그 연산과 지수 연산을 통해서 명시적으로 전파해야 한다. Theano 같은 소프트웨어 라이브러리는 순수한 역전파 알고리즘이 제시한 그래프에 일종의 대수적인 대입을 수행해서 그래프를 개선하는 능력도 갖추고 있다(Bergstra 외, 2010; Bastien 외, 2012).

순전파 단계가 산출한 그래프 $\mathcal{G}$에 출력 노드가 하나뿐이고 각 편미분 $\frac{\partial u^{(i)}}{\partial u^{(j)}}$를 계산하는 비용이 상수라고 할 때, 역전파 알고리즘으로 그러한 기울기를 계산하는 데 필요한 연산 횟수의 규모는 순전파 단계의 연산 횟수의 규모와 같다. 알고리즘 6.2를 보면 이를 확인할 수 있다. 각 국소 편미분 $\frac{\partial u^{(i)}}{\partial u^{(j)}}$의 계산과, 그와 연관된 재귀적 연쇄 법칙 공식(식 6.49)의 관련 곱셈 및 덧셈은 각각 한 번씩만 수행하면 된다. 따라서 전반적인 계산 비용은 O(간선 개수)이다. 역전파가 제시한 계산 그래프를 더 단순하게 만든다면 계산 비용을 줄일 수 있겠지만, 그러한 단순화는 NP-완전 문제에 해당한다. Theano나 TensorFlow 같은 구현들은 알려진 단순화 패턴들을 반복적으로 적용해 보는 발견법적 접근 방식을 이용해서 그래프를 단순화한다. 앞에서 설명한 역전파 알고리즘은 하나의 스칼라 기울기만 출력하지만, 이를 좀 더 확장해서 하나의 야코비 행렬을 출력할 수도 있다(그러한 출력은 그래프의 서로 다른 k개의 스칼라 노드들일 수도 있고, 또는 k개의 값을 담은 하나의 텐서 값 노드일 수도 있다). 이를 단순한 방식으로 구현한다면 원래의 순전파 그래프에 있는 각각의 스칼라 내부 노드에 대해 하나의 기울기가 아니라 k개의 기울기를 계산할 것이므로, 연산 횟수가 k배로 증가한다. 그래프의 출력이 입력보다 많으면, **순방향 모드 누적**(forward mode accumulation)이라고 하는 다른 자동 미분 접근 방식을 사용하는 것이 바람직하다. 순방향 모드 누적은 이를테면 순환 신경망에서 기울기들을 실시간으로 계산하기 위해 제안되었다(Williams & Zipser, 1989). 이 접근 방식은 또한 그래프 전체에 대한 기울기 값들을 메모리에 담아 둘 필요가 없다는 장점도 있다(대신, 계산 효율성은 낮아진다). 순방향 모드와 역방향 모드의 관계는 일련의 행렬들(이를테면 야코비 행렬들)을 왼쪽으로 곱하는 것과 오른쪽으로 곱하는 것의 관계와 비슷하다. 네 행렬의 곱

$$ABCD \tag{6.58}$$

를 생각해 보자. 만일 D가 열벡터이고 A에 행들이 많다면, 이 행렬곱의 계산 그래프는 출력이 하나이고 입력이 여러 개이다. 이 계산 그래프는 오른쪽 끝에서부터 역방향으로 행렬 대 벡터 곱셈만 수행한다. 이것이 역방향 모드의 순서이다. 만일 왼쪽에서부터 순방향으로 계산을 진행한다면 행렬 대 행렬 곱셈들을 수행해야 하므로 계산 비용이 훨씬 커진다. 그러나 A의 행들이 D의 열들보다 적으면 왼쪽에서 오른쪽으로의 순방향 모드가 더 효율적이다.

기계 학습 바깥의 여러 공동체에서는 함수들을 미분하는 프로그램의 코드(C나 파이썬 같은 기존 프로그래밍 언어로 된)를 자동으로 생성하는 방식으로 소프트웨어를 이용해서 자동 미분을 실행하는 것이 일반적이다. 그러나 심층 학습 공동체에서는 특화된 라이브러리들이 만들어 낸 명시적인 자료 구조를 통해서 계산 그래프를 표현할 때가 많다. 이러한 특화된 접근 방식에는 라이브러리 개발자가 모든 연산에 대해 bprop 메서드를 정의해야 하고 라이브러리 사용자는 이미 정의된 연산들만 사용할 수 있다는 단점이 있다. 그렇긴 하지만 특화된 접근 방식에는 각 연산에 대해 커스텀화된 역전파 규칙을 지정할 수 있다는 장점이 있다. 이를 통해서 개발자는 자동 코드 생성 방식으로는 얻을 수 없는(또는 없다고 간주되는) 고유한 방식으로 속도나 안정성을 개선할 수 있다.

정리하자면, 역전파가 기울기를 가장 효율적으로 계산하는 유일한 방법은 아니다. 현재 심층 학습 공동체가 실제 응용에 주로 사용하는 미분 방법이 역전파인 것은 분명하지만, 향후 심층 학습 실무자들이 좀 더 넓은 자동 미분 분야의 발전상을 좀 더 인식함에 따라 심층 신경망을 위한 미분 기술들이 좀 더 개선될 것이라는 예측도 가능하다.

6.5.10 고계 도함수

일부 소프트웨어 프레임워크들은 고계(고차) 도함수를 지원한다. 여러 심층 학습 소프트웨어 프레임워크 중에 적어도 Theano와 TensorFlow는 고계 도함수를 지원한다. 이런 라이브러리들이 도함수 수식을 서술하는 데 사용하는 자료 구조와 원함수(미분 대상 함수)를 서술하는 데 사용하는 자료 구조는 기본적으로 같다. 따라서, 기호 미분 방법들을 원함수뿐만 아니라 도함수에도 적용할 수 있다.

심층 학습의 맥락에서, 주어진 스칼라 함수의 이차미분 하나만 계산하는 경우는 드물다. 보통의 경우 관심의 대상은 헤세 행렬(Hessian matrix)의 성질들이다. 함수 $f : \mathbb{R}^n \to \mathbb{R}$의 헤세 행렬은 $n \times n$ 정방행렬이다. 전형적인 심층 학습 응용에서 n은 모형의 매개변수 개수인데, 그 개수가 수십억 규모인 경우도 드물지 않다. 따라서 헤세 행렬 전체를 컴퓨터 안에서 명시적으로 표현하는 것은 비현실적이다.

그래서 심층 학습에서는 헤세 행렬을 명시적으로 계산하는 대신 **크릴로프 방법**(Krylov method)을 사용할 때가 많다. 크릴로프 방법은 행렬의 역행렬이나 고유벡터 또는 고윳값 등을 행렬 대 벡터 곱셈만 이용해서 근사하는 여러 반복적 기법들을 아우르는 용어이다.

헤세 행렬 $\boldsymbol{H}$와 임의의 벡터 $\boldsymbol{v}$의 곱셈을 계산하는 방법만 알면 헤세 행렬에 크릴로프 방법을 적용할 수 있다. 다음은 그러한 곱셈을 간단하게 수행하는 기법의 하나이다 (Christianson, 1992).

$$\boldsymbol{H}\boldsymbol{v} = \nabla_{\boldsymbol{x}} \left[\left(\nabla_{\boldsymbol{x}} f(x) \right)^\top \boldsymbol{v} \right]. \tag{6.59}$$

적절한 소프트웨어 라이브러리가 있다면 이 수식의 기울기 계산들을 자동으로 수행할 수도 있다. 우변에서 외곽의 기울기가 안쪽 기울기 부분식의 함수의 기울기를 입력으로 삼는다는 점을 주목하기 바란다.

만일 $\boldsymbol{v}$ 자체가 계산 그래프가 산출한 벡터라면, $\boldsymbol{v}$를 산출한 그래프를 통해서 미분을 진행하지 않도록 자동 미분 소프트웨어를 설정하는 것이 중요하다.

대체로 헤세 행렬의 계산은 피하는 것이 좋지만, 필요하다면 헤세 벡터 곱셈으로 그러한 계산을 수행할 수 있다. 그냥 모든 $i = 1, \cdots, n$에 대해 $\boldsymbol{H}\boldsymbol{e}^{(i)}$를 계산하면 되는데, 여기서 $\boldsymbol{e}^{(i)}$는 성분 $e_i^{(i)}$만 1이고 나머지 모든 성분은 0인 원핫 벡터이다.

6.6 역사적 참고사항

순방향 신경망을, 경사 하강법으로 함수 근사의 오차를 최소화하는 접근 방식에 기초한 효율적인 비선형 함수 근사 수단으로 볼 수 있다. 이러한 관점에서, 현대적인 순방향 신경망은 일반적인 함수 근사 문제에 관한 수 세기 동안의 성과들이 누적되어서 만들어진 산물이다.

역전파 알고리즘의 바탕에 있는 연쇄법칙은 17세기에 고안되었다(Leibniz, 1676; L'Hôpital, 1696). 미적분학과 대수학은 오래전부터 최적화 문제를 닫힌 형식으로 푸는 데 쓰였지만, 최적화 문제의 해를 반복적으로 근사하는 기법으로 경사 하강법이 도입된 것은 19세기의 일이다(Cauchy, 1847).

1940년대부터 이런 함수 근사 기법들이 퍼셉트론 같은 기계 학습 모형들에 영감을 주었다. 그러나 초창기 모형들은 선형 모형에 기초했다. 마빈 민스키Marvin Minsky를 비롯한 여러 비판자는 그러한 선형 모형 부류의 여러 결점(이를테면 XOR 함수를 배우지 못하는 등)을 지적했으며, 결과적으로 신경망 접근 방식 전체가 위축되었다.

비선형 함수의 학습은 다층 퍼셉트론이 개발되고 그러한 모형을 통해서 기울기를 계산하는 수단이 등장하고서야 가능해졌다. 연쇄법칙을 동적 계획법에 기초해서 효율적으로 적용하는 기법들은 1960년대와 1970년대에 나오기 시작했는데, 대부분은 제어 응용을 위한 것이었지만(Kelley, 1960; Bryson & Denham, 1961; Dreyfus, 1962; Bryson & Ho, 1969; Dreyfus, 1973) 민감도 분석(sensitivity analysis)을 위한 것들도 있었다(Linnainmaa, 1976). [Werbos, 1981]은 그런 기법들을 인공 신경망의 훈련에 적용할 것을 제안했다. 그러한 착안을 다른 여러 연구자도 각자 독립적으로 떠올렸고(LeCun, 1985; Parker, 1985; Rumelhart 외, 1986a), 이후 그런 기법들을 실제로 신경망의 훈련에 적용한 사례들이 등장하기 시작했다. 서적 *Parallel Distributed Processing*(Rumelhart 외, 1986b)의 한 장에 초기의 성공적인 역전파 실험 결과들이 나온다. 이 책은 역전파의 대중화에 크게 기여했으며, 그 덕분에 다층 신경망 연구가 한동안 아주 활발하게 진행되었다. 그 책의 저자들, 특히 루멜하트Rumelhart와 힌턴Hinton은 역전파의 범위를 훨씬 벗어난 여러 착안을 주창했다. 이를테면 그들은 인지와 학습의 여러 핵심 측면을 계산으로 구현하는 문제에 관한 여러 착안을 제시했다. 이들의 관점과 제안을 통칭해서 '연결주의(connectionism)'라고 부른다(연결주의라는 이름은 이들이 학습과 기억이 일어나는 장소로서의 뉴런들 사이의 연결을 중요시했다는 점을 반영한 것이다). 특기할 것은 이들의 제안 중에 분산 표현 개념이 포함되어 있다는 점이다(Hinton 외, 1986).

역전파의 성공으로 시작된 신경망 연구의 인기는 1990년대 초반에 정점에 달했다. 그 후에는 다른 여러 기계 학습 기법들이 더 인기를 끌었지만, 2006년부터는 현대적인 심층 학습을 통해서 다층 신경망 접근 방식이 다시 살아났다.

현대적인 순방향 신경망에 깔린 핵심 개념들은 사실 1980년대의 것들에 비해 크게 변하지 않았다. 그때와 같은 역전파 알고리즘과 경사 하강법 접근 방식이 여전히 쓰이고 있다. 1986년에서 2015년까지 신경망의 성과 향상을 가능하게 한 요인은 크게 두 가지이다. 첫째로, 자료 집합의 크기가 커짐에 따라 신경망의 통계적 일반화를 방해하는 문제점들이 줄어들었다. 둘째로, 컴퓨터의 처리 능력이 향상되고 소프트웨어 기반 구조가 개선됨에 따라 점점 더 큰 신경망을 실행할 수 있게 되었다. 두 요인 외에, 그리 많지는 않지만 몇 가지 알고리즘의 변화 역시 신경망의 성과를 눈에 띄게 개선하는 데 기여했다.

그러한 알고리즘의 변화 중 하나는 평균제곱오차 대신 교차 엔트로피를 손실함수로 사용하게 된 것이다. 1980년대와 1990년대에는 평균제곱오차가 널리 쓰였지만, 통계학 공동체와 기계 학습 공동체가 의견을 교환하기 시작하면서 평균제곱오차가 차츰 교차 엔트로피 손실함수로 대체되었다. 교차 엔트로피 손실함수를 사용하면 S자형 단위와 소프트맥스 출력 단위로 구성된 모형의 성과가 개선된다. 평균제곱오차 손실함수를 사용할 때는 그런 단위들이 포화해서 학습이 느려지는 문제점이 있다.

순방향 신경망의 성과를 크게 개선한 또 다른 주요한 알고리즘 변화는 은닉층에 S자형 은닉 단위 대신 정류 선형 단위 같은 조각별 선형 단위를 사용하게 된 것이다. $\max\{0,z\}$ 함수를 이용한 정류는 적어도 코그니트론과 네오코그니트론까지 거슬러 올라가는 초기 신경망 모형들에 도입되었다(Fukushima, 1975; Fukushima, 1980). 이 초기 모형들은 정류 선형 단위를 사용한 것이 아니라, 비선형 함수들에 정류를 적용했다. 초기에 정류 기법이 인기를 끌었지만, 1980년대에는 대부분 S자형 단위들로 대체되었다. 아마도, 신경망이 아주 작았던 그 당시에는 S자형 단위가 더 잘 작동했기 때문일 것이다. 2000년대 초반에는 정류 선형 단위를 꺼리는 경우가 많았는데, 미분 불가능 점이 존재하는 활성화 함수는 반드시 피해야 한다는 다소 미신적인 믿음 때문이었다. 그러한 상황은 2009년 무렵부터 변하기 시작했다. [Jarrett 외, 2009]에 따르면 "정류 비선형성(rectifying nonlinearity)의 사용은 인식 시스템의 성과 개선에 가장 중요한 요인이다(신경망 아키텍처 설계의 여러 요인 중에서)".

[Jarrett 외, 2009]는 작은 자료 집합의 경우 정류 비선형성의 사용이 은닉층의 가중치들을 학습하는 것보다 훨씬 더 중요함을 지적했다. 유용한 정보를 정류 선형 신경망을 통해 전파하는 데는 무작위 가중치들로 충분하다. 이를 통해서 최상위의 분류층은 서로 다른 특징 벡터들을 해당 분류 표지들에 사상하는 방법을 배울 수 있다.

자료가 더 많으면 학습 모형은 무작위로 선택한 매개변수들의 성과를 뛰어넘는 데 충분한 유용한 지식을 추출하기 시작한다. [Glorot 외, 2011a]는 활성화 함수에 곡률 또는 양면(two-sided) 포화가 존재하는 심층 신경망보다 심층 정류 선형 신경망에서 학습이 훨씬 쉽게 일어남을 보였다.

정류 선형 단위는 신경과학이 심층 학습 알고리즘의 발전에 계속 영향을 미쳤음을 보여주는 증거라는 점에서도 역사적으로 흥미로운 대상이다. [Glorot 외, 2011a]는 생물학적 관점에서 정류 선형 단위의 사용을 권장했다. 특히, 생물학적 뉴런의 몇 가지 성질들을 반영하려는 의도로 반정류(half-rectifying) 비선형성들을 제안했는데, 그 성질들은 다음과 같다. (1) 일부 입력에 대해 생물학적 뉴런은 완전히 비활성 상태를 유지한다. (2) 일부 입력에 대해 생물학적 뉴런의 출력은 입력에 비례한다. (3) 생물학적 뉴런은 대부분의 시간을 비활성 상태로 보낸다(즉, 뉴런의 활성화는 **희소**하다(sparse).)

2006년에 심층 학습이 현대적인 형태로 부활하기 시작했지만, 순방향 신경망의 평판은 여전히 나빴다. 대략 2006년에서 2012까지는, 확률 모형 같은 다른 모형들의 도움이 없으면 순방향 신경망이 잘 작동하지 않는다고 생각하는 사람들이 많았다. 현재는 적절한 자원과 공학적 실행이 가해진다면 순방향 신경망이 아주 잘 작동한다는 점이 알려져 있다. 오늘날 순방향 신경망의 기울기 기반 학습은 제20장에서 설명하는 변분 자동부호기(variational autoencoder)나 GAN(generative adversarial network; 생성 대립 신경망) 같은 확률 모형을 개발하는 도구로 쓰인다. 2012년쯤부터 순방향 신경망은 다른 기술의 지원을 받아야 하는 신뢰성 없는 기술이 아니라 다른 여러 기계 학습 과제들에 적용할 수 있는 강력한 기술로 받아들여졌으며, 역설적이게도 지금은 비지도 학습을 보조하는 지도 학습 기술로 널리 쓰이고 있다.

순방향 신경망은 여전히 실현되지 않은 잠재력을 가지고 있다. 미래에는 순방향 신경망이 더 많은 과제에 적용될 것이며, 최적화 알고리즘과 모형 설계가 발전함에 따라 순방향 신경망의 성능이 더욱 향상될 것이다. 이번 장은 기본적으로 신경망 범주에 속하는 학습 모형들을 설명했다. 이후의 장들에서는 그 모형들을 사용하는 방법, 구체적으로 말하면 모형들을 정칙화하는 방법과 훈련하는 방법을 살펴본다.

7

심층 학습을 위한 정칙화

기계 학습의 중심 문제는, 알고리즘이 훈련 자료뿐만 아니라 새로운 입력에 대해서도 잘 작동하게 만드는 것이다. 기계 학습에 쓰이는 전략 중에는 시험 오차의 감소를 주된 목표로 삼아 설계된 것들이 많다. 심지어, 훈련 오차가 증가하는 대가를 치르더라도 시험 오차를 줄이려는 전략들이 많이 있다. 이와 같은 전략들을 통칭해서 정칙화(regularization)라고 부른다. 심층 학습의 실제 응용에서 실무자가 사용할 수 있는 정칙화 방법은 아주 다양하다. 사실, 좀 더 효과적인 정칙화 전략을 개발하는 것은 이 분야의 주된 연구 과제 중 하나이다.

제5장에서는 일반화, 과소적합, 과대적합, 편향, 분산, 정칙화 같은 기본 개념들을 소개했다. 그런 개념들에 아직 익숙하지 않은 독자라면 먼저 제5장을 읽은 후에 다시 이번 장으로 돌아오기 바란다.

이번 장에서는 정칙화를 좀 더 자세히 설명한다. 특히, 심층 모형 또는 심층 모형을 구성하는 요소로 사용할 수 있는 모형들을 위한 정칙화 전략에 초점을 둔다.

이번 장의 일부 절(section)들은 기계 학습의 표준 개념들을 다룬다. 그런 개념들에 이미 익숙한 독자라면 그런 절들을 건너뛰고 원하는 절로 넘어가도 무방하다. 단, 이번 장의 내용은 대부분 그런 기본 개념들을 신경망이라는 특수한 사례로 확장하는 문제에 관한 것이라는 점도 유념하기 바란다.

§5.2.2에서 말했듯이, "훈련 오차가 아니라 일반화 오차를 줄이기 위해 학습 알고리즘에 가하는 모든 종류의 수정"이 정칙화에 해당한다. 정칙화 전략은 여러 가지이다. 기계 학습 모형에 추가적인 제약(매개변수의 값을 특정 범위로 제한하는 등)을 도입하는 전략도 있고, 목적함수에 새로운 항(매개변수 값들에 대한 약한 제약으로 볼 수 있는)을 추가하는 전략도 있다. 그런 추가 제약과 벌점(penalty)들을 잘 선택한다면, 학습 모형의 시험 집합에 대한 성과가 향상될 수 있다. 때에 따라서는 구체적인 종류의 사전 지식을 부호화하기 위해 제약과 벌점을 고안하기도 한다. 또는, 일반화를 개선하기 위해 더 단순한 모형으로의 일반적인 선호도를 지정하려는 의도로 그런 제약들과 벌점들을 설계하는 때도 있다. 그리고, 해가 무수히 많은 과소결정(underdetermined) 문제를 해가 유일한 결정 문제로 바꾸려면 벌점과 제약이 꼭 필요한 경우도 있다.

심층 학습의 맥락에서 대부분의 정칙화 전략은 정칙화 추정량(regularizing estimator)에 기초한다. 한 추정량의 정칙화는 편향을 늘리는 대신 분산을 줄이는 식으로 이루어진다. 정칙화가 효과적이려면 그러한 절충에서 이득이 생겨야 한다. 즉, 편향을 너무 많이 증가하지 않으면서 분산을 크게 줄여야 한다. 제5장에서 일반화와 과대적합을 논의할 때는 세 가지 상황에 초점을 두었다. 세 가지 상황이란, 훈련할 모형족(모형들이 속한 부류)에 (1) 진(true) 자료 생성 과정이 배제된 상황(과소적합과 편향이 발생한 영역에 해당), (2) 모형족이 진 자료 생성 과정과 부합하는 상황, (3) 모형족에 진 자료 생성 과정이 포함되어 있지만 다른 여러 가능한 생성 과정도 포함된 상황(편향이 아니라 분산이 추정 오차를 주도해서 과대적합이 발생한 영역에 해당)이다. 정칙화의 목표는 모형을 세 번째 상황에 해당하는 영역에서 두 번째 상황에 해당하는 영역으로 옮기는 것이다.

실제 응용에서, 과도하게 복잡한 모형족에는 목표 함수나 진 자료 생성 과정이 포함되지 않을 수 있으며, 심지어 그 둘에 가까운 근사조차도 포함되지 않을 수 있다. 우리가 진 자료 생성 과정에 접근할 수 있는 경우는 거의 없기 때문에, 추정할 모형족에 진 자료 생성 과정이 포함되어 있는지를 확실하게 알아낼 수는 없다. 그러나 대부분의 경우 심층 학습 알고리즘은 진 자료 생성 과정이 모형족의 바깥에 있음이 거의 확실한 응용 영역에 적용된다. 일반적으로 심층 학습 알고리즘은 이미지나 음성 자료, 텍스트 같은 극도로 복잡한 영역에 적용된다. 그런 응용 영역의 진 자료 생성 과정에는 본질적으로 모집단 전체의 시뮬레이션이 관여한다. 어떤 의미로, 우리가 하려는 일은 사각형 막대(자료 생성 과정)를 둥근 구멍(모형족)에 끼우는 것과 비슷하다.

요지는, 모형의 복잡도를 제어하는 것이 그냥 적당한 크기의(즉, 적당한 개수의 매개변수들을 가진) 모형을 찾는 간단한 문제가 아니라는 것이다. 대신 우리는 큰 모형을 적절히 정규화해서 최적 적합 모형(일반화 오차가 최소라는 관점에서)을 찾아내야 하는데, 다행히도 실제 심층 학습 응용에서는 그런 모형을 거의 항상 찾아낸다.

그럼 그런 크고 정칙화된 심층 학습 모형을 만드는 여러 전략을 살펴보자.

7.1 매개변수 노름 벌점

정칙화는 심층 학습이 등장하기 전에도 수십 년간 쓰였다. 선형회귀나 로지스틱 회귀 같은 선형 모형들에서는 간단하고 이해하기 쉬우며 효과적인 정칙화 전략들이 가능하다.

정칙화 접근 방식 중에는 신경망이나 선형회귀, 로지스틱 회귀 같은 모형의 목적함수 J에 매개변수 노름 벌점(parameter norm penalty) $\Omega(\boldsymbol{\theta})$를 추가해서 모형의 수용력을 제한하는 것들이 많다. 그러한 정칙화가 가해진 목적함수 $\tilde{J}$는 다음과 같이 정의된다.

$$\tilde{J}(\boldsymbol{\theta};\boldsymbol{X},\boldsymbol{y}) = J(\boldsymbol{\theta};\boldsymbol{X},\boldsymbol{y}) + \alpha\Omega(\boldsymbol{\theta}). \tag{7.1}$$

여기서 $\alpha \in [0,\infty)$는 표준 목적함수 J에 대한 노름 벌점 항 Ω의 상대적인 기여도를 결정하는 가중치로 작용하는 초매개변수이다. α를 0으로 두면 정칙화를 전혀 가하지 않는 것과 같다. α가 클수록 정칙화의 영향이 커진다.

정칙화된 목적함수 $\tilde{J}$를 훈련 알고리즘이 최소화하면, 훈련 자료에 대한 원래의 목적함수 J와 매개변수들(또는 일부 매개변수들) $\boldsymbol{\theta}$의 크기에 대한 어떤 측도가 감소하게 된다. 매개변수 노름 Ω를 어떻게 선택하느냐에 따라 훈련 알고리즘이 선호되는 해의 특성이 달라진다. 이번 절에서는 모형 매개변수들에 대한 벌점으로 작용하는 여러 노름의 효과를 논의한다.

여러 노름의 정칙화 특성으로 들어가기 전에, 신경망에서는 각 층의 어파인 변환의 **가중치들에만** 벌점을 가하고 치우침 항들은 정칙화하지 않는 매개변수 노름 벌점 Ω를 사용하는 것이 일반적이라는 점을 언급하겠다. 대체로, 치우침 항들은 가중치들보다 더 적은 양의 자료로도 정확하게 적합시킬 수 있다. 하나의 가중치는 두 변수의 상호작용 방식을 결정한다. 따라서 가중치를 잘 적합시키려면 다양한 조건들에서 두 변수를 관측할 필요가 있다. 그러나 하나의 치우침 항은 하나의 변수만 제어한다. 따라서 치우침 매개변수들을 정칙화하지 않아도 분산이 아주 커지지는 않는다. 또한, 치우침 항들을 정칙화하면 과소적합이 크게 발생할 수 있다. 그래서 여기서는 가중치들만 정칙화한다. 이제부터 벡터 $\boldsymbol{w}$는 노름 벌점의 영향을 받아야 하는 모든 가중치를 뜻하고, 벡터 $\boldsymbol{\theta}$는 그 $\boldsymbol{w}$와 정칙화되지 않는 매개변수들을 모두 포함한 모든 매개변수를 뜻한다.

신경망의 맥락에서는 신경망 각 층의 서로 다른 α 계수에 대해 개별적인 벌점을 사용하는 것이 바람직할 때가 있다. 그런데 여러 초매개변수의 정확한 값을 구하려면 계산 비용이 클 수 있으므로, 모든 층에 대해 그냥 동일한 가중치 감쇄를 사용함으로써 검색 공간의 크기를 줄이는 것도 여전히 합리적인 선택이다.

7.1.1 L^2 매개변수 정칙화

가장 간단하고도 많이 쓰이는 매개변수 노름 벌점은 L^2 매개변수 노름 벌점인데, §5.2.2에서 이미 만난 적이 있는 **가중치 감쇄**(weight decay)가 바로 이 벌점을 사용하는 정칙화 전략이다. 이 정칙화 전략은 목적함수에 정칙화 항 $\Omega(\boldsymbol{\theta}) = \frac{1}{2}\|\boldsymbol{w}\|_2^2$를 추가함으로써 가중치들을 원점에 가까운 쪽으로 이동한다.[1] 이러한 L^2 정칙화를 **능선 회귀**(ridge regression)나 **티코노프 정칙화**(Tikhonov regularization)라고 부르기도 한다.

정칙화된 목적함수의 기울기를 살펴보면 가중치 감쇄 정칙화의 행동 방식에 대해 어느 정도의 통찰을 얻을 수 있다. 표기를 단순화하기 위해 치우침 매개변수는 없다고 가정한다. 즉, $\boldsymbol{\theta}$는 그냥 $\boldsymbol{w}$이다. 그러한 모형의 총 목적함수는 다음과 같다.

$$\tilde{J}(\boldsymbol{w};\boldsymbol{X},\boldsymbol{y}) = \frac{\alpha}{2}\boldsymbol{w}^\top\boldsymbol{w} + J(\boldsymbol{w};\boldsymbol{X},\boldsymbol{y}). \tag{7.2}$$

그리고 해당 매개변수 기울기는 다음과 같다.

$$\nabla_{\boldsymbol{w}}\tilde{J}(\boldsymbol{w};\boldsymbol{X},\boldsymbol{y}) = \alpha\boldsymbol{w} + \nabla_{\boldsymbol{w}}J(\boldsymbol{w};\boldsymbol{X},\boldsymbol{y}). \tag{7.3}$$

가중치들을 갱신하는 한 번의 기울기 단계는 다음과 같이 주어진다.

$$\boldsymbol{w} \leftarrow \boldsymbol{w} - \epsilon\big(\alpha\boldsymbol{w} + \nabla_{\boldsymbol{w}}J(\boldsymbol{w};\boldsymbol{X},\boldsymbol{y})\big). \tag{7.4}$$

---

1) 좀 더 일반적으로는 원점뿐만 아니라 임의의 점을 향해 매개변수들을 강제해도 정칙화 효과를 얻을 수 있지만, 참값에 좀 더 가까운 값을 사용할 때 더 나은 결과를 얻게 된다. 그리고 참값이 양수인지 음수인지 모르는 상황에서 적절한 기본값은 바로 0이다. 모형 매개변수들을 0쪽으로 정칙화하는 것이 훨씬 흔하므로, 여기서는 0이라는 특수 사례를 중심으로 논의를 진행하겠다.

우변을 전개해서 정리하면 다음이 나온다.

$$\boldsymbol{w} \leftarrow (1 - \epsilon\alpha)\boldsymbol{w} - \epsilon\nabla_{\boldsymbol{w}}J(\boldsymbol{w};\boldsymbol{X},\boldsymbol{y}). \tag{7.5}$$

이 수식에서 보듯이, 가중치 감쇄 항을 더했더니 하나의 갱신 단계에서 가중치 벡터가 상수 계수에 비례해서 줄어드는 형태로 학습 규칙이 바뀌었다. 이는 한 단계에서의 변화인데, 그렇다면 전체 훈련 과정은 어떻게 바뀔까?

분석을 더욱 단순화하기 위해, 정칙화되지 않은 훈련 비용이 최소화되는 가중치 값들인 $\boldsymbol{w}^* = \operatorname{argmin}_{\boldsymbol{w}} J(\boldsymbol{w})$의 부근에서 목적함수를 이차 함수로 근사해 보자. 만일 목적함수가 실제로 이차함수이면(평균제곱오차를 이용해서 선형회귀 모형을 적합시킬 때처럼), 그러한 근사는 완벽하다. 근사된 목적함수 $\hat{J}$는 다음과 같이 주어진다.

$$\hat{J}(\boldsymbol{\theta}) = J(\boldsymbol{w}^*) + \frac{1}{2}(\boldsymbol{w} - \boldsymbol{w}^*)^{\top}\boldsymbol{H}(\boldsymbol{w} - \boldsymbol{w}^*). \tag{7.6}$$

여기서 $\boldsymbol{H}$는 $\boldsymbol{w}^*$에서 평가된 J의 $\boldsymbol{w}$에 대한 헤세 행렬이다. 이 이차 근사에는 일차 항이 없다. 정의에 의해 $\boldsymbol{w}^*$는 최소인데, 그러면 기울기가 소멸하기 때문이다. 마찬가지로, $\boldsymbol{w}^*$는 J의 극소점에 해당하므로, $\boldsymbol{H}$는 양의 준정부호 행렬이라는 결론을 내릴 수 있다.

$\hat{J}$가 최소가 되는 기울기는

$$\nabla_{\boldsymbol{w}}\hat{J}(\boldsymbol{w}) = \boldsymbol{H}(\boldsymbol{w} - \boldsymbol{w}^*) \tag{7.7}$$

인데, 이는 $\boldsymbol{0}$과 같다.

가중치 감쇄의 효과를 살펴보기 위해, 식 7.7에 가중치 감쇄 기울기를 더한 후, 그것을 $\hat{J}$를 정칙화한 버전의 최소점에 대해 풀어 보자. 극소점에 해당하는 해 $\widetilde{\boldsymbol{w}}$를 다음과 같이 유도할 수 있다.

$$\alpha\widetilde{\boldsymbol{w}} + \boldsymbol{H}(\widetilde{\boldsymbol{w}} - \boldsymbol{w}^*) = 0 \tag{7.8}$$

$$(\boldsymbol{H} + \alpha\boldsymbol{I})\widetilde{\boldsymbol{w}} = \boldsymbol{H}\boldsymbol{w}^* \tag{7.9}$$

$$\widetilde{\boldsymbol{w}} = (\boldsymbol{H} + \alpha\boldsymbol{I})^{-1}\boldsymbol{H}\boldsymbol{w}^* \tag{7.10}$$

α가 0에 접근함에 따라 정칙화된 해 $\tilde{w}$는 w^*에 접근한다. 그런데 α가 증가하면 어떻게 될까? 헤세 행렬 H는 실숫값 대칭행렬이므로 그것을 대각행렬 Λ와 고유벡터들의 정규기저행렬 Q로 분해해서 $H = Q\Lambda Q^\top$를 얻을 수 있다. 이 분해를 식 7.10에 대입해서 정리하면 다음이 나온다.

$$\tilde{w} = (Q\Lambda Q^\top + \alpha I)^{-1} Q\Lambda Q^\top w^* \tag{7.11}$$

$$= [Q(\Lambda + \alpha I)Q^\top]^{-1} Q\Lambda Q^\top w^* \tag{7.12}$$

$$= Q(\Lambda + \alpha I)^{-1} \Lambda Q^\top w^*. \tag{7.13}$$

식 7.13에서 보듯이, 가중치 감쇄 항은 w^*를 H의 고유벡터들로 정의된 축들을 따라 재비례(rescaling)하는 효과를 낸다. 좀 더 구체적으로 말하면, w^*의 성분 중 H의 i번째 고유벡터 방향의 성분은 $\dfrac{\lambda_i}{\lambda_i + \alpha}$를 계수로 해서 비례된다. (이런 종류의 축 방향 비례가 어떻게 작동하는지 잘 기억이 나지 않는다면 제2장의 그림 2.3과 해당 본문을 다시 읽기 바란다.)

예를 들어, H의 고윳값들이 비교적 큰 방향들, 그러니까 $\lambda_i \gg \alpha$인 방향들에서는 정칙화의 효과가 비교적 작다. 반면 $\lambda_i \ll \alpha$인 성분들은 크기가 0에 가까워질 정도로 현저하게 줄어든다. 이러한 효과가 그림 7.1에 나와 있다.

매개변수들이 목적함수의 감소에 현저하게 기여하는 방향들만 비교적 원래대로 유지되었음을 주목하기 바란다. 목적함수의 감소에 기여하지 않는 방향들에서는 헤세 행렬의 고윳값이 작은데, 이는 그 방향으로 이동해도 기울기가 현저하게 증가하지는 않음을 뜻한다. 그런 중요하지 않은 방향들에 해당하는 가중치 벡터 성분들은 훈련 과정에서 정칙화에 의해 점차 감소하게 된다.

지금까지는 가중치 감쇄를, 추상적이고 일반적인 이차 비용함수의 최적화에 미치는 효과를 중심으로 논의했다. 그런데 그런 효과들이 기계 학습이라는 특정한 사례와는 어떻게 연관될까? 이 점은 진 비용함수가 이차인, 따라서 지금까지와 같은 종류의 분석을 적용할 수 있는 모형에 해당하는 선형회귀를 살펴보면 알 수 있다. 선형회귀에 앞의 분석을 적용해 보면 이전과 같은 결과의 한 특수 사례가 나오는데, 이전과는 달리 이제는 해가 훈련 자료의 관점으로 표현된다. 선형회귀의 비용함수는 제곱오차들의 합

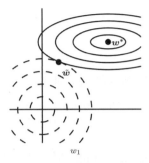

그림 7.1: 최적의 $\boldsymbol{w}$ 값에 대한 L^2 정칙화(즉, 가중치 감쇄)의 효과를 보여주는 그래프. 실선 타원들은 정칙화 되지 않은 목적함수의 동일한 값들로 이루어진 등고선들을 나타낸다. 점선 타원들은 L^2 정칙화 항의 동일한 값들로 이루어진 등고선들이다. 경쟁하는 목적함수 값들이 점 $\tilde{\boldsymbol{w}}$ 에서 평형에 도달한다. 첫 차원에서는 J의 헤세 행렬의 고윳값이 작다. $\boldsymbol{w}^*$ 에서 멀어지는 방향으로 수평으로 이동해도 목적함수가 그리 많이 증가하지 않는다. 목적함수가 그 방향으로의 이동에 대한 강한 선호도를 표현하지 않으므로, 정칙화 항은 그 축에 대해 큰 효과를 낸다. 정칙화 항은 w_1을 0 쪽으로 끌어당긴다. 둘째 차원에서 목적함수는 $\boldsymbol{w}^*$ 에서 멀어지는 쪽으로의 이동에 아주 민감하다. 큰 곡률에서 짐작하겠지만, 이 차원에서는 해당 고윳값이 크다. 결과적으로, 가중치 감쇄가 w_2의 위치에 미치는 영향은 비교적 작다.

$$(\boldsymbol{Xw} - \boldsymbol{y})^\top (\boldsymbol{Xw} - \boldsymbol{y}) \tag{7.14}$$

이다. 여기에 L^2 정칙화 항을 추가하면 목적함수는

$$(\boldsymbol{Xw} - \boldsymbol{y})^\top (\boldsymbol{Xw} - \boldsymbol{y}) + \frac{1}{2}\alpha \boldsymbol{w}^\top \boldsymbol{w} \tag{7.15}$$

가 된다. 이에 따라, 우리가 구하고자 하는 해의 표준방정식은

$$\boldsymbol{w} = (\boldsymbol{X}^\top \boldsymbol{X})^{-1} \boldsymbol{X}^\top \boldsymbol{y} \tag{7.16}$$

에서

$$\boldsymbol{w} = (\boldsymbol{X}^\top \boldsymbol{X} + \alpha \boldsymbol{I})^{-1} \boldsymbol{X}^\top \boldsymbol{y} \tag{7.17}$$

로 변한다. 식 7.16의 행렬 $\boldsymbol{X}^\top \boldsymbol{X}$는 공분산행렬 $\frac{1}{m}\boldsymbol{X}^\top \boldsymbol{X}$에 비례한다. L^2 정칙화를 적용하면 이 행렬이 식 7.17의 행렬 $(\boldsymbol{X}^\top \boldsymbol{X} + \alpha \boldsymbol{I})^{-1}$로 대체된다. 이 새 행렬은 원래의 행렬의 대각 성분(주대각 성분)들에 α를 더한 것이다. 이 행렬의 대각 성분들은 각 입력 특징의 분산에 해당한다. 따라서, L^2 정칙화는 학습 알고리즘이 입력 $\boldsymbol{X}$의 분산을 실제보다 더 높다고 "느끼게" 만든다. 결과적으로 학습 알고리즘은 출력 목표와의 공

분산이 그러한 증가된 분산보다 낮은 특징들에 대한 가중치를 감쇄하게 된다.

7.1.2 L^1 정칙화

L^2 정칙화가 가장 흔히 쓰이는 형태의 가중치 감쇄이긴 하지만, 모형 매개변수의 크기에 벌점을 부여하는 방법이 그것만은 아니다. 또 다른 방법은 L^1 정칙화 항을 적용하는 것이다.

공식화하자면, 모형 매개변수 $\boldsymbol{w}$에 대한 L^1 정칙화는 다음과 같이 정의된다.

$$\Omega(\boldsymbol{\theta}) = \|\boldsymbol{w}\|_1 = \sum_i |w_i|. \tag{7.18}$$

즉, L^1 정칙화 항은 개별 매개변수의 절댓값들의 합이다.[2] 그럼 L^2 정칙화를 분석할 때 살펴본, 치우침 매개변수가 없는 단순한 선형회귀 모형에 대한 L^1 정칙화의 효과를 살펴보자. 이 논의의 초점은 L^1 정칙화와 L^2 정칙화의 차이를 밝히는 것이다. L^2 가중치 감쇄처럼 L^1 가중치 감쇄는 0보다 큰 초매개변수 α를 이용해서 벌점 Ω를 비례함으로써 정칙화의 강도를 제어한다. 따라서, 정칙화된 목적함수 $\tilde{J}(\boldsymbol{w}; \boldsymbol{X}, \boldsymbol{y})$는 다음과 같이 주어진다.

$$\tilde{J}(\boldsymbol{w}; \boldsymbol{X}, \boldsymbol{y}) = \alpha \|\boldsymbol{w}\|_1 + J(\boldsymbol{w}; \boldsymbol{X}, \boldsymbol{y}). \tag{7.19}$$

그리고 이 목적함수의 기울기(실제로는 부분 기울기)는 다음과 같다.

$$\nabla_{\boldsymbol{w}} \tilde{J}(\boldsymbol{w}; \boldsymbol{X}, \boldsymbol{y}) = \alpha \operatorname{sign}(\boldsymbol{w}) + \nabla_{\boldsymbol{w}} J(\boldsymbol{X}, \boldsymbol{y}; \boldsymbol{w}). \tag{7.20}$$

여기서 $\operatorname{sign}(\boldsymbol{w})$는 그냥 $\boldsymbol{w}$의 성분별 부호(양수이면 1, 음수이면 -1)이다.

식 7.20을 잘 살펴보면, L^1 정칙화의 효과가 L^2 정칙화의 효과와 상당히 다름을 알 수 있다. 구체적으로 말하면, L^1 정칙화에서는 기울기에 대한 정칙화의 기여도가 각 w_i에 정비례하지 않는다. 대신, 기여도는 그냥 부호가 $\operatorname{sign}(w_i)$인 하나의 상수 계수에 의해 비례된다. 이런 형태의 기울기는 곧, L^2 정칙화에서와는 달리 $J(\boldsymbol{X}, \boldsymbol{y}; \boldsymbol{w})$의 이차 근사에 대한 깔끔한 대수적 해가 항상 존재하지는 않는다는 결과로 이어진다.

---

[2] L^2 정칙화에서처럼, 매개변수들을 0이 아니라 어떤 매개변수 값 $\boldsymbol{w}^{(o)}$ 쪽으로 정칙화하는 것도 가능하다. 그런 경우 L^1 정칙화 항은 $\Omega(\boldsymbol{\theta}) = \|\boldsymbol{w} - \boldsymbol{w}^{(o)}\|_1 = \sum_i |w_i - w_i^{(o)}|$이다.

이 예의 간단한 선형 모형의 이차 비용함수를 테일러 급수로 표현할 수 있다. 또는, 이것을 좀 더 복잡한 모형의 비용함수를 근사하는 절단된 테일러 급수로 간주할 수도 있다. 그런 표현에서 비용함수의 기울기는 다음과 같다.

$$\nabla_{\boldsymbol{w}} \hat{J}(\boldsymbol{w}) = \boldsymbol{H}(\boldsymbol{w} - \boldsymbol{w}^*). \tag{7.21}$$

이번에도 $\boldsymbol{H}$는 $\boldsymbol{w}^*$에서 평가된 J의 $\boldsymbol{w}$에 대한 헤세 행렬이다.

완전히 일반적인 헤세 행렬에서는 L^1 벌점을 나타내는 깔끔한 대수식이 반드시 존재한다는 보장이 없다. 그런 보장을 얻기 위해, 헤세 행렬이 반드시 대각행렬이어야 한다는 가정을 추가하기로 하자. 즉, $\boldsymbol{H} = \mathrm{diag}([H_{1,1},...,H_{n,n}])$이고 $H_{i,i} > 0$이다. 선형회귀 문제에 대한 자료를 적절히 전처리해서 입력 특징들 사이의 상관관계를 모두 제거했다면 이 가정이 성립한다. 그러한 전처리는 이를테면 PCA(주성분분석)를 통해서 수행할 수 있다.

L^1 정칙화가 가해진 목적함수의 이차 근사를, 다음과 같이 매개변수들에 관한 하나의 합으로 분해할 수 있다.

$$\hat{J}(\boldsymbol{w};\boldsymbol{X},\boldsymbol{y}) = J(\boldsymbol{w}^*;\boldsymbol{X},\boldsymbol{y}) + \sum_i \left[\frac{1}{2} H_{i,i}(\boldsymbol{w}_i - \boldsymbol{w}_i^*)^2 + \alpha|w_i| \right]. \tag{7.22}$$

이 근사 비용함수를 최적화하는 문제에는 해석적 해(각 차원 i마다 하나씩)가 존재한다. 그 해의 형식은 다음과 같다.

$$w_i = \mathrm{sign}(w_i^*)\max\left\{|w_i^*| - \frac{\alpha}{H_{i,i}}, 0\right\}. \tag{7.23}$$

모든 i에 대해 $w_i^* > 0$인 상황을 생각해 보자. 그런 경우 가능한 결과는 다음 두 가지이다.

1. $w_i^* \leq \dfrac{\alpha}{H_{i,i}}$일 때는, 정칙화된 목적함수에서 w_i의 최적값은 그냥 $w_i = 0$이다. 이는 정칙화된 목적함수 $\tilde{J}(\boldsymbol{w};\boldsymbol{X},\boldsymbol{y})$에 대한 i 방향으로의 $J(\boldsymbol{w};\boldsymbol{X},\boldsymbol{y})$의 기여가 L^1 정칙화에 의해 크게 증가해서, w_i의 값이 0쪽으로 밀렸기 때문이다.

2. $w_i^* > \dfrac{\alpha}{H_{i,i}}$ 일 때는, 정칙화가 w_i의 최적값을 0쪽으로 완전히 밀어붙이지 않는다. 그냥 최적값을 그쪽으로 $\dfrac{\alpha}{H_{i,i}}$ 에 해당하는 거리만큼만 이동시킨다.

$w_i^* < 0$일 때도 비슷한 상황이 벌어지는데, 물론 방향은 반대이다. 즉, L^1 정칙화는 w_i를 음수 쪽에서 0쪽으로 완전히 또는 $\dfrac{\alpha}{H_{i,i}}$ 만큼 이동한다.

L^2 정칙화에 비해 L^1 정칙화는 좀 더 **희소한**(sparse) 해를 산출한다. 이 문맥에서 희소성(sparsity)은 최적값 0에 도달하는 매개변수들이 많지 않음을 뜻한다. L^1 정칙화의 희소성은 L^2 정칙화에서 발생하는 것과는 성질이 다른 습성이라 할 수 있다. L^2 정칙화의 해 $\widetilde{w}$에 대한 표준방정식(식 7.13)을 생각해 보자. L^1 정칙화를 위해 도입한 가정, 즉 헤세 행렬 $\boldsymbol{H}$가 대각행렬이자 양의 정부호라는 가정을 이 방정식에 적용하면 $\widetilde{w}_i = \dfrac{H_{i,i}}{H_{i,i}+\alpha}w_i^*$라는 방정식을 얻을 수 있다. 만일 w_i^*가 0이 아니면 $\widetilde{w}_i$ 역시 0이 아니다. 이는 L^2 정칙화에서는 매개변수들이 희소해지지 않지만, L^1 정칙화에서는 α가 충분히 크다면 매개변수들이 희소해질 수 있음을 보여준다.

L^1 정칙화가 유발하는 이러한 희소성은 예전부터 일종의 **특징 선택**(feature selection)을 위한 히니의 메기니즘으로 적극 활용되었다. 특징 신댁은 사용 가능한 특징 중 반드시 사용해야 할 특징들의 부분집합을 선택함으로써 기계 학습 문제를 단순화한다. 특히 잘 알려진 LASSO(least absolute shrinkage and selection operator; 최소 절댓값 축소 및 선택 연산자) 모형은 L^1 벌점을 선형 모형과 최소제곱 비용함수에 적용한다(Tibshirani, 1995). L^1 벌점은 폐기해도 안전할 만한 일부 특징들에 해당하는 가중치들을 0으로 만드는 효과를 낸다.

§5.6.1에서 보았듯이, 정칙화 전략 중에는 MAP 베이즈 추론으로 해석할 수 있는 것들이 많다. 특히, L^2 정칙화는 가중치들에 관한 가우스 사전분포를 사용하는 MAP 베이즈 추론에 해당한다. L^1 정칙화의 경우, 비용함수를 정칙화하는 데 쓰이는 벌점 $\alpha\Omega(\boldsymbol{w}) = \alpha\sum_i|w_i|$는 사전분포가 $\boldsymbol{w}\in\mathbb{R}^n$에 관한 등방성 라플라스 분포(식 3.26)인 MAP 베이즈 추론이 최대화하는 로그 사전확률 항

$$\log p(\boldsymbol{w}) = \sum_i \log \text{ Laplace}\left(w_i; 0, \frac{1}{\alpha}\right) = -\alpha\|\boldsymbol{w}\|_1 + n\log\alpha - n\log 2 \tag{7.24}$$

에 해당한다. w의 최대화를 통한 학습의 관점에서는, w에 의존하지 않는 $\log\alpha - \log2$ 항을 생략해도 된다.

7.2 제약 있는 최적화로서의 노름 벌점

하나의 매개변수 노름 벌점으로 정칙화되는 다음과 같은 비용함수를 생각해 보자.

$$\tilde{J}(\boldsymbol{\theta};\boldsymbol{X},\boldsymbol{y}) = J(\boldsymbol{\theta};\boldsymbol{X},\boldsymbol{y}) + \alpha\Omega(\boldsymbol{\theta}). \tag{7.25}$$

§4.4에서 배웠듯이, 제약이 있는 목적함수를 최소화하는 한 가지 방법은 그 목적함수에 일단의 벌점들을 추가해서 정의한 일반화된 라그랑주 함수를 이용하는 것이다. 이때 각 벌점 항은 캐러시-쿤-터커[Karush-Kuhn-Tucker](KKT) 승수(multiplier; 또는 곱하는 수)라고 부르는 계수를 주어진 제약의 충족 여부를 나타내는 함수에 곱한 것이다. 예를 들어 $\Omega(\boldsymbol{\theta})$가 반드시 어떤 상수 k보다 작아야 한다는 제약을 가한다고 할 때, 그에 해당하는 일반화된 라그랑주 함수는 다음과 같다.

$$\mathcal{L}(\boldsymbol{\theta},\alpha;\boldsymbol{X},\boldsymbol{y}) = J(\boldsymbol{\theta};\boldsymbol{X},\boldsymbol{y}) + \alpha(\Omega(\boldsymbol{\theta}) - k). \tag{7.26}$$

이러한 제약 있는 문제(constrained problem)의 해는 다음과 같이 주어진다.

$$\boldsymbol{\theta}^* = \underset{\boldsymbol{\theta}}{\arg\min}\ \underset{\alpha,\alpha \geq 0}{\max}\ \mathcal{L}(\boldsymbol{\theta},\alpha). \tag{7.27}$$

§4.4에서 설명했듯이, 이 문제를 풀려면 $\boldsymbol{\theta}$와 α 둘 다 수정해야 한다. L^2 제약이 있는 선형회귀의 예를 §4.5에서 풀었던 기억이 날 것이다. 그 예제에서 사용했던 것 외에도 이 문제를 푸는 절차는 다양하다. 경사 하강법을 사용하는 것도 있고, 기울기가 0인 점에 대한 해석적 해를 사용하는 것도 있다. 그러나 그 어떤 절차이든, $\Omega(\boldsymbol{\theta}) > k$일 때는 α를 증가하고 $\Omega(\boldsymbol{\theta}) < k$일 때는 α를 감소한다는 점은 동일하다. 모든 양의 α는 $\Omega(\boldsymbol{\theta})$가 줄어들게 만든다. 최적값 α^* 역시 $\Omega(\boldsymbol{\theta})$가 줄어들게 만들지만, $\Omega(\boldsymbol{\theta})$가 k보다 작아질 정도로 그 효과가 강하지는 않다.

제약의 효과를 이해하기 위해 α^*를 고정하고 이 문제를 다음과 같은 $\boldsymbol{\theta}$의 함수로 간주해서 살펴보자.

$$\boldsymbol{\theta}^* = \underset{\boldsymbol{\theta}}{\arg\min} \, \mathcal{L}(\boldsymbol{\theta}, \alpha^*) = \underset{\boldsymbol{\theta}}{\arg\min} \, J(\boldsymbol{\theta}; \boldsymbol{X}, \boldsymbol{y}) + \alpha^* \Omega(\boldsymbol{\theta}). \tag{7.28}$$

이는 $\tilde{J}$를 최소화하는 정칙화된 훈련 문제와 정확히 같다. 따라서, 매개변수 노름 벌점을 통한 정칙화라는 것을 가중치들에 제약을 가하는 것이라고 생각해도 된다. 만일 Ω가 L^2 노름이면, 가중치들은 L^2 노름 공(norm ball) 안에 놓인다. 만일 Ω가 L^1 노름이면, 가중치들은 L^1 노름으로 제한되는 영역 안에 놓인다. 일반적으로, 계수가 α^*인 가중치 감쇄로 가한 그러한 제약 영역의 크기는 알 수 없다. 이는, α^*의 값에서 k의 값을 알아낼 수는 없기 때문이다. 원칙적으로는 k를 구할 수 있지만, k와 α^*의 관계는 J의 형태에 의존한다. 제약 영역의 정확한 크기를 알 수는 없지만, α를 증가하거나 감소해서 제약 영역의 크기를 어느 정도는 제어할 수 있다. α가 크면 제약 영역이 작고, α가 작으면 제약 영역이 크다.

가끔은 벌점 대신 명시적인 제약을 가하고 싶을 때도 있다. §4.4에서 설명했듯이, $J(\boldsymbol{\theta})$에 대해 아래쪽으로 한 단계 내려간 후 $\boldsymbol{\theta}$를 다시 $\Omega(\boldsymbol{\theta}) < k$를 만족하는 가장 가까운 점으로 투영하는 식으로 확률적 기울기 하강법 같은 알고리즘을 수정할 수 있다. k의 바람직한 값을 이미 알고 있으며 그러한 k 값에 해당하는 α 값을 찾느라 시간을 허비하고 싶지 않다면 이런 접근 방식이 유용할 수 있다.

벌점을 통해서 제약을 강제하는 대신 명시적인 제약을 사용하는 또 다른 이유는, 비볼록함수의 최적화에서는 벌점 때문에 최적화 절차가 작은 $\boldsymbol{\theta}$에 해당하는 극소점에 갇힐 수 있다는 것이다. 신경망의 경우 이러한 문제점은 훈련 과정에서 신경망에 여러 개의 '죽은(dead) 단위'가 생기는 현상으로 나타난다. 죽은 단위란, 크기가 너무 작은 가중치들이 입력되거나 출력되어서 학습 대상 함수의 행동에 별로 기여하지 않는 단위를 말한다. 가중치 노름에 벌점을 부여해서 신경망을 학습할 때는 그런 구성들이 국소 최적점이 될 수 있다(가중치들을 더 키우면 J가 훨씬 줄어들 여지가 남아 있어도). 재투영을 통해서 명시적인 제약을 가하는 접근 방식은 그런 상황에서 훨씬 나은 성과를 보일 수 있다. 왜냐하면, 그런 접근 방식은 가중치들을 원점으로 이동하려 들지 않기 때문이다. 재투영을 통한 명시적 제약 기법은 가중치들이 아주 커져서 제약 영역을 벗어나려 할 때만 효과를 발휘한다.

마지막으로, 재투영을 통한 명시적 제약 기법이 유용한 또 다른 이유는, 최적화 절차에 어느 정도의 안정성이 생긴다는 것이다. 학습 속도(learning rate)를 높게 잡아서 훈련을 진행할 때는 가중치가 커서 기울기가 커지고, 큰 기울기 때문에 다음 갱신에서 가중치가 커지는 과정이 반복되는 양(positive)의 되먹임 루프가 생길 수 있다. 그런 식으로 가중치가 계속 커지면 $\boldsymbol{\theta}$가 원점에서 점점 빠르게 멀어지다가 결국은 수치적 넘침(overflow)을 일으키게 된다. 재투영을 통한 명시적 제약은 그런 되먹임 루프 때문에 가중치의 크기가 한계를 넘어가는 일을 방지해 준다. [Hinton 외, 2012c]는 높은 학습 속도와 명시적 제약을 결합함으로써 매개변수 공간을 빠르게 탐색하면서도 안정성을 어느 정도 유지하는 접근 방식을 추천했다.

특히, [Hinton 외, 2012c]는 [Srebro & Shraibman, 2005]가 소개한 한 가지 전략을 권장했는데, 그 전략이란 신경망 층의 가중치 행렬 전체의 프로베니우스 노름에 제약을 가하는 대신 가중치 행렬의 각 **열**의 노름에 제약을 가하는 것이다. 각 열의 노름을 개별적으로 제약하면 임의의 한 은닉 단위의 가중치가 아주 커지는 일이 방지된다. 이러한 제약을 라그랑주 함수의 한 벌점 항으로 변환한다면, 그 벌점 항은 L^2 가중치 감쇄와 비슷하되 각 은닉 단위의 가중치들에 대해 개별적인 KKT 승수가 있는 형태일 것이다. 그러한 각 KKT 승수를 동적으로 따로 갱신함으로써, 각 은닉 단위가 해당 제약을 지키게 만들 수 있다. 그러나 실제 응용에서는 얼 노름 세한을 항상 재투영을 통한 명시적 제약의 형태로 구현한다.

7.3 정칙화와 과소제약 문제

경우에 따라서는 정칙화가 없으면 애초에 기계 학습 문제가 제대로 정의되지 않을 수도 있다. 선형회귀와 PCA를 포함한 기계 학습의 여러 선형 모형은 행렬 $\boldsymbol{X}^\top \boldsymbol{X}$의 역행렬에 의존한다. 그런데 $\boldsymbol{X}^\top \boldsymbol{X}$가 특이행렬이면 역행렬을 구할 수 없다. 이 행렬은 자료 생성 분포가 특정 방향에서 정말로 분산이 전혀 없거나, 또는 입력 특징들($\boldsymbol{X}$의 열들)보다 견본들($\boldsymbol{X}$의 행들)이 적어서 특정 방향에서 분산이 관측되지 않을 때 특이행렬이 된다. 한 가지 해결책은 이 행렬 대신 정칙화된 행렬 $\boldsymbol{X}^\top \boldsymbol{X} + \alpha \boldsymbol{I}$의 역행렬을 구하는 것이다. 정칙화된 행렬의 역행렬이 반드시 존재함을 보장하는 정칙화 기법들이 많이 있다.

이런 선형 문제들의 관련 행렬이 가역이면, 그 문제에 대한 닫힌 형식의 해가 존재한다. 그러나 닫힌 형식의 해가 존재하지 않는 과소결정(underdetermined) 문제를 풀어야 할 때도 있다. 예를 들어, 선형으로 분리할 수 있는 부류들의 분류 문제에 로지스틱 회귀를 적용할 때 그런 상황이 발생한다. 가중치 벡터 w로 견본들을 완벽하게 분류할 수 있다면, $2w$로는 더 높은 가능도로 견본들을 완벽하게 분류할 수 있다. 확률적 경사 하강법 같은 반복 최적화 절차는 w의 크기를 계속해서 증가하며, 이론적으로 그러한 증가 과정은 영원히 끝나지 않는다. 실제 응용에서는 경사 하강법의 구현상의 한계 때문에 언젠가는 큰 가중치들이 수치적 넘침을 일으키게 되는데, 그 시점에서 구현의 행동 방식은 프로그래머가 실수가 아닌 값들을 어떤 식으로 처리하기로 했는지에 따라 다르다.

대부분의 형태의 정칙화들에서, 과소결정 문제에 적용된 반복적 절차는 반드시 수렴한다. 예를 들어 가중치 감쇄를 경사 하강법에 적용한 경우, 가능도의 기울기가 가중치 감쇄 계수와 같아지면 가중치의 크기가 더 이상 증가하지 않는다.

정칙화를 이용해서 과소결정 문제를 푼다는 착안이 기계 학습에만 한정되지는 않는다. 그러한 착안은 기본적인 여러 선형대수 문제들에도 유용하다.

§2.9에서 보았듯이, 과소결정 연립방정식은 무어-펜로즈 유사역행렬을 이용해서 풀 수 있다. §2.9에서는 행렬 X의 유사역행렬 X^+의 여러 정의 중 하나로 다음을 제시했다.

$$X^+ = \lim_{\alpha \searrow 0} (X^\top X + \alpha I)^{-1} X^\top. \tag{7.29}$$

그런데 식 7.29를, 가중치 감쇄를 이용해서 선형회귀를 수행하는 공식으로도 볼 수 있다. 구체적으로 말하면, 식 7.29는 정칙화 계수가 0으로 접근할 때의 식 7.17의 극한이다. 따라서 유사역행렬을, 과소결정 문제를 정칙화를 이용해서 안정화하는 것이라고 해석할 수 있다.

7.4 자료 집합의 증강

학습 모형의 일반화를 개선하는 최선의 방법은 더 많은 자료로 모형을 훈련하는 것이다. 물론 실제 응용에서 우리가 사용할 수 있는 자료의 양은 한정되어 있다. 이 문제를 극복하는 한 가지 방법은 가짜 자료를 만들어서 훈련 집합에 추가하는 것이다. 기계 학습 과제에 따라서는 그러한 가짜 자료를 생성하는 것이 그리 어렵지 않다.

이런 접근 방식을 적용하기 가장 쉬운 기계 학습 과제는 분류이다. 분류기(classifier)는 복잡한 고차원 입력 x를 받아서 그것을 하나의 범주 식별자 y로 요약한다. 이는 분류기에게 주어지는 주된 과제는 다양한 변환들에 대해 달라지지 않는다는 뜻이다. 따라서, 그냥 훈련 집합의 기존 x들을 변환해서 새로운 (x, y) 쌍들을 생성할 수 있다.

그러나 다른 여러 과제에 대해서는 이런 접근 방식이 잘 통하지 않는다. 예를 들어 밀도 추정 과제를 위한 새 가짜 자료를 생성하기란 어려운 일이다(밀도 추정 문제를 이미 푼 것이 아닌 한).

이러한 자료 집합 증강(augmentation)은 특정 분류 문제에 특히나 효과적으로 쓰였다. 그 문제란 바로 물체 인식이다. 이미지는 고차원 자료이며, 대단히 다양한 변동 요인들을 포함한다. 그러한 요인 중 다수는 손쉽게 시뮬레이션할 수 있다. 훈련 이미지를 각 방향으로 몇 픽셀 이동하는 등의 연산을 적용하면 일반화가 크게 개선될 때가 많다. 심지어, 제9장에서 설명하는 합성곱과 풀링 기법을 이용해서 부분적으로 이동에 대해 불변성을 갖추도록 설계한 모형에서도 그렇다. 이미지의 회전이나 비례(확대·축소) 같은 연산들도 상당히 효과적임이 입증되었다.

단, 변환 때문에 견본이 잘못된 부류로 분류되는 일은 없어야 한다. 예를 들어 광학 문자인식(OCR) 과제에서는 'b'와 'd'나 '6'과 '9'를 구분할 수 있어야 한다. 따라서, 이미지를 수평 방향으로 뒤집거나 180° 회전하는 변환을 이용해서 자료 집합을 증강하는 것은 바람직하지 않다.

또한, 분류기가 불변성을 갖추는 것이 바람직하지만 수행하기가 쉽지 않은 변환들도 있다. 예를 들어 평면을 벗어나는(out-of-plane) 회전은 입력 픽셀들에 대한 간단한 기하학 연산으로는 구현할 수 없다.

자료 집합 증강은 음성 인식 과제에도 효과적이다(Jaitly & Hinton, 2013).

신경망의 입력에 잡음(noise)을 주입하는 것(Sietsma & Dow, 1991)도 일종의 자료 집합 증강이라 할 수 있다. 여러 분류 과제에서, 그리고 몇몇 회귀 과제에서는 입력에 작은 무작위한 잡음이 추가되어도 학습 모형이 과제를 완수할 수 있어야 한다. 그러나 신경망이 그러한 잡음에 대해 아주 강인하게 대처하지는 못한다는 점이 증명되었다(Tang & Eliasmith, 2010). 잡음에 대한 신경망의 강인함(robustness)을 개선하는 한 가지 방법은, 그냥 무작위 잡음이 더해진 입력으로 신경망을 훈련하는 것이다. 입력 잡음 주입은 잡음 제거 자동부호기(denoising autoencoder; Vincent 외, 2008) 같은 몇몇 비지도 학습 알고리즘의 일부이다. 잡음을 입력이 아니라 은닉 단위들에 주입할 수도 있는데, 이는 다수의 추상 수준에서의 자료 집합 증강으로 간주할 수 있겠다. 최근 [Poole 외, 2014]는 잡음의 크기를 잘 조율한다면 그러한 접근 방식이 아주 효과적일 수 있음을 보였다. §7.12에서 설명하는 강력한 정칙화 전략인 드롭아웃^{dropout} 정칙화는 입력에 잡음을 곱해서 새로운 입력을 만드는 과정으로 볼 수도 있다.

기계 학습 벤치마크 결과들을 비교할 때는 자료 집합 증강의 효과를 고려하는 것이 중요하다. 사람이 직접 설계한 자료 집합 증강 방안을 적용하면 기계 학습 기법의 일반화 오차가 극적으로 줄어들 수 있다. 한 기계 학습 알고리즘의 성능을 다른 알고리즘의 성능과 비교할 때는 반드시 통제된 실험을 수행해야 한다. A와 B라는 두 기계 학습 알고리즘을 비교할 때는 두 알고리즘 모두 동일한 자료 집합 증강 방안을 이용해서 평가해야 한다. 알고리즘 A가 증강하지 않은 자료 집합에 대해 나쁜 성과를 냈고 알고리즘 B가 여러 합성 변환을 가한 자료 집합에 대해 좋은 성과를 냈다면, 알고리즘 B가 우월해서가 아니라 합성 변환들 덕분에 좋은 성과가 나왔을 가능성이 크다. 주어진 실험이 제대로 통제되었는지 판정할 때, 어느 정도의 주관적 판단이 필요할 수도 있다. 예를 들어 입력에 잡음을 주입하는 기계 학습 알고리즘은 일종의 자료 집합 증강을 수행한다고 볼 수 있다. 대체로 사람들은, 일반적으로 적용할 수 있는 연산들(가우스 잡음을 입력에 더하는 등)은 기계 학습 알고리즘의 일부로 간주하고, 특정 응용 영역에 고유한 연산들(이미지를 무작위로 잘라내는 등)은 개별적인 전처리 과정으로 간주한다.

7.5 잡음에 대한 강인성

자료 집합 증강 전략의 하나로 입력에 잡음을 적용하는 접근 방식의 유용함을 §7.4에서 언급했다. 일부 모형에서는, 무한소 분산(infinitesimal variance)을 가진 잡음을 모형의 입력에 추가하는 것이 가중치 노름에 대해 벌점을 부과하는 것과 동등하다(Bishop, 1995a; Bishop, 1995b). 일반적인 경우에는 잡음 주입이 그냥 매개변수들의 크기를 줄이는 것보다 훨씬 강력할 수 있음을 기억해야 한다. 특히, 잡음을 은닉 단위들에 추가하면 그 효과가 더욱 강력하다. 잡음을 은닉 단위에 적용하는 것은 그 자체로 아주 중요한 주제이기 때문에 따로 논의할 필요가 있다. §7.12에서 설명하는 드롭아웃 알고리즘은 그러한 접근 방식의 주된 응용이다.

잡음을 모형의 정칙화에 활용해 온 또 다른 방법은, 잡음을 입력이 아니라 가중치들에 더하는 것이다. 기본적으로 이 기법은 순환 신경망의 맥락에서 쓰였다(Jim 외, 1996; Graves, 2011). 이 기법을 가중치들에 대한 베이즈 추론의 확률적 구현으로 생각할 수 있다. 베이즈식 학습에서는 모형 가중치들을 불확실한 것으로 간주해서, 그러한 불확실성을 반영하는 하나의 확률분포를 통해서 가중치들을 표현한다. 가중치들에 잡음을 추가하는 것은 그러한 불확실성을 확률적으로 반영하는 실용적인 방법이다.

가중치들에 잡음을 적용하는 것을, 학습할 함수의 안정성을 유도하는 좀 더 전통적인 형태의 정칙화와 동등한 것으로 볼 수도 있다(몇 가지 가정하에서). 특징 집합 $\boldsymbol{x}$를 하나의 스칼라로 사상하는 함수 $\hat{y}(\boldsymbol{x})$를 모형 예측값 $\hat{y}(\boldsymbol{x})$와 참값 y 사이의 최소제곱 비용함수를 이용해서 학습하는 문제를 생각해 보자. 이때 비용함수는 다음과 같이 주어진다.

$$J = \mathbb{E}_{p(x,y)}\left[(\hat{y}(\boldsymbol{x}) - y)^2\right]. \tag{7.30}$$

그리고 훈련 집합은 m개의 이름표 붙은 견본으로 이루어진 $\{(\boldsymbol{x}^{(1)}, y^{(1)})(\boldsymbol{x}^{(m)},,...,y^{(m)})\}$이다.

이러한 입력의 각 표현에 신경망 가중치들의 무작위(확률) 섭동(perturbation) $\epsilon_W \sim \mathcal{N}(\boldsymbol{\epsilon}; \mathbf{0}, \eta \boldsymbol{I})$를 추가한다고 하자. 그리고 신경망이 l층 MLP라고 가정하자. 이런 식으로 섭동된 모형을 $\hat{y}_{\epsilon_W}(\boldsymbol{x})$로 표기하겠다. 잡음을 주입하긴 했지만, 목표는 여전히 신경망 출력의 제곱오차를 최소화하는 것이다. 섭동된 모형의 목적함수는 다음과 같다.

$$\tilde{J}_W = \mathbb{E}_{p(\boldsymbol{x}, y, \boldsymbol{\epsilon}_W)} \left[\left(\hat{y}_{\boldsymbol{\epsilon}_W}(\boldsymbol{x}) - y \right)^2 \right] \tag{7.31}$$

$$= \mathbb{E}_{p(\boldsymbol{x}, y, \boldsymbol{\epsilon}_W)} \left[\hat{y}_{\boldsymbol{\epsilon}_W}^2(\boldsymbol{x}) - 2y \hat{y}_{\boldsymbol{\epsilon}_W}(\boldsymbol{x}) + y^2 \right]. \tag{7.32}$$

작은 η에 대해, 가중치 잡음(공분산이 $\eta \boldsymbol{I}$인)이 추가된 J를 최소화하는 것은 정칙화 항 $\eta \mathbb{E}_{p(\boldsymbol{x}, y)} \left[\| \nabla_W \hat{y}(\boldsymbol{x}) \|^2 \right]$이 추가된 J를 최소화하는 것과 동등하다. 이런 형태의 정칙화는 매개변수들을 매개변수 공간 중 가중치의 작은 섭동이 출력에 비교적 작게 영향을 미치는 영역들로 이끈다. 다른 말로 하면, 이러한 정칙화에 의해 최적화 알고리즘은 그냥 극소점이 아니라 평평한 영역들에 둘러싸인 극소점들에 도달하며, 결과적으로 모형은 가중치의 작은 변동들에 대해 모형이 비교적 둔감하게 반응하는 영역들 쪽으로 이동하게 된다(Hochreiter & Schmidhuber, 1995). 선형회귀의 단순화된 버전(이를테면 $\hat{y}(\boldsymbol{x}) = \boldsymbol{w}^\top \boldsymbol{x} + b$)에서 이러한 정칙화 항은 $\eta \mathbb{E}_{p(\boldsymbol{x})} \left[\| \boldsymbol{x} \|^2 \right]$으로 정리되는데, 이는 매개변수들의 함수가 아니므로 $\tilde{J}_W$의 모형 매개변수들에 대한 기울기에는 기여하지 않는다.

7.5.1 출력 목표들에 잡음 주입

대부분의 자료 집합에는 이류표(목표) y가 잘못 부여된 견본들이 존재하기 마련이다. y가 실수일 때, 즉 해당 견본의 정확한 이름표가 아닐 때, 모형이 $\log p(y \mid \boldsymbol{x})$를 최대화하면 성과가 나빠진다. 이를 방지하는 한 가지 방법은 이름표들에 명시적으로 잡음을 반영하는 것이다. 예를 들어 ϵ이 어떤 작은 상수라고 할 때, 훈련 집합의 이름표 y가 정확할 확률이 $1 - \epsilon$이라고 하자. 그리고 y가 정확한 이름표가 아닐 때는 다른 가능한 이름표 중 어떤 것이라도 정확한 이름표일 수 있다고 가정하자. 이러한 가정을 비용함수에 도입하려면, 잡음 표본을 명시적으로 추출하는 방식보다는 해석적인 방식을 이용하는 것이 더 쉽다. 예를 들어 **이름표 평활화**(label smoothing; 또는 표지 평활화)는 출력이 k가지인 소프트맥스 단위에 기초한 모형을, 엄밀한(hard) 0과 1 분류 목표를 각각 $\frac{\epsilon}{k-1}$과 $1 - \epsilon$으로 대체함으로써 정칙화한다. 소프트맥스가 정확히 0이거나 정확히 1인 확률값을 예측하는 일은 절대로 없으므로 모형은 점점 더 큰 가중치들을 학습하며, 결과적으로 예측값이 계속해서 커진다. 그런 사태는 가중치 감쇠 같은 다른 정칙화 전략들을 이용해서 방지할 수 있다. 이름표 평활화는 엄밀한 확률들을 추구해서 생기는 문제를 방지하면서도 정확한 분류를 방해하지 않는다는 장점이 있다. 1980년

대부터 쓰인 이 전략은 현세대 신경망들에서도 여전히 널리 쓰이고 있다(Szegedy 외, 2015).

7.6 준지도 학습

$P(y \mid x)$를 추정하거나 x로부터 y를 예측하는 과제에 대해, 준지도 학습(semi-supervised learning) 패러다임은 $P(x)$에서 추출한 이름표 없는 견본들과 $P(x; y)$에서 추출한 이름표 붙은 견본들을 함께 사용한다.

심층 학습의 맥락에서 준지도 학습은 표현 $h = f(x)$를 배우는 것을 말할 때가 많다. 그러한 준지도 학습의 목표는 같은 부류에 속하는 견본들이 비슷하게 표현되는 하나의 표현을 배우는 것이다. 표현 공간 안에서 견본들을 묶는 방법에 대한 힌트를 비지도 학습에서 얻을 수 있다. 입력 공간에서 가까이 뭉쳐 있는 견본들은 비슷한 표현들로 사상되어야 한다. 많은 경우, 선형 분류기는 새로운 표현 공간에서 더 잘 일반화될 수 있다(Belkin & Niyogi, 2002; Chapelle 외, 2003). 이러한 접근 방식의 한 변형으로 오랫동안 쓰여온 것은, 전처리 단계에서 주성분분석을 적용한 후에 분류기를 적용하는(투영된 자료에 대해) 것이다.

모형에 비지도 구성요소와 지도 구성요소를 따로 두는 대신, $P(x)$ 또는 $P(x, y)$의 생성 모형(generative model)이 $P(y \mid x)$의 판별 모형(discriminative model)과 매개변수들을 공유하는 형태의 모형을 만들 수도 있다. 그런 모형에서는 지도 학습의 판정기준 (criterion) $-\log P(y \mid x)$와 비지도 학습 또는 생성 판정기준(이를테면 $-\log P(x)$나 $-\log P(x, y)$)을 절충할 수 있다. 그런 경우 생성 모형의 판정기준은 지도 학습 문제의 해에 관한 특정한 형태의 사전 믿음을 표현한다(Lasserre 외, 2006). 구체적으로 말해서, 그 사전 믿음은 $P(x)$의 구조와 $P(y \mid x)$의 구조가 공유 매개변수화로 포착할 수 있는 방식으로 연관되어 있다는 것이다. 생성 판정기준을 전체 판정기준에 얼마만큼이나 포함할 것인지를 제어함으로써, 순수한 생성 훈련 판정기준과 순수한 판별 훈련 판정 기준의 더 나은 균형점을 찾을 수 있다(Lasserre 외, 2006; Larochelle & Bengio, 2008).

[Salakhutdinov & Hinton, 2008]은 회귀에 쓰이는 핵 기계의 핵 함수를 학습하는 방법 하나를 설명하는데, 그 방법은 $P(x)$의 모형화에 이름표 없는 견본들을 사용함으로써 $P(y \mid x)$를 꽤 크게 개선한다.

준지도 학습에 대해 더 알고 싶다면 [Chapelle 외, 2006]을 보기 바란다.

7.7 다중 과제 학습

다중 과제 학습(multitask learning)은 여러 과제에서 발생한 견본들을 저장, 공유함으로
써(이러한 소위 풀링pooling을, 매개변수들에 약한 제약들을 가하는 것으로 볼 수 있다) 일반화
를 개선하는 한 방법이다(Caruana, 1993). 훈련 견본들을 더 추가하면 모형의 매개변수
들이 일반화가 잘 되는 값들 쪽으로 이동하는 것과 마찬가지로, 여러 과제가 모형의
한 부분을 공유하면 그 부분은 좋은 값들 쪽으로 좀 더 한정되며(그러한 공유가 정당하
다고 가정할 때), 결과적으로 일반화가 개선될 때가 많다.

그림 7.2는 다중 과제 학습의 아주 흔한 형태이다. 이 예에서는 서로 다른 지도 학습
과제들($\mathbf{x}$가 주어졌을 때 $\mathbf{y}^{(i)}$를 예측하는)이 동일한 입력 $\mathbf{x}$를 공유하며, 일부 중간 수준
표현 $\boldsymbol{h}^{(공유)}$들도 공유함으로써 일부 공통 요인들의 풀pool을 형성한다. 일반적으로 이
러한 다중 과제 학습 모형은 다음과 같은 두 부분과 관련 매개변수들로 구성된다.

1. 과제에 고유한 매개변수들을 학습하는 부분(이 부분은 해당 과제의 견본들이 잘 일반
   화되는 데만 이득이 된다). 그림 7.2의 신경망에서 위쪽 층들이 이 부분에 해당한다.
2. 모든 과제가 공유하는 일반적인 매개변수들을 학습하는 부분(모든 과제가 공유하
   는 풀의 자료에 도움이 된다). 그림 7.2의 신경망의 아래쪽 층들에 해당한다.

매개변수들을 공유하면 매개변수들의 통계적 강도(statistical strength)가 크게 개선될
수 있다(단일 과제 모형을 기준으로, 그 개선 정도는 공유 매개변수들에 대한 견본들의 개수
증가에 비례한다). 그러면 결과적으로 모형의 일반화 및 일반화 오차 한계들이 개선된
다(Baxter, 1995). 물론 이는 서로 다른 과제들 사이의 통계적 관계가 유효하다는(간단히
말해서 몇몇 과제들이 뭔가를 공유한다는) 가정이 성립할 때의 이야기이다.

심층 학습의 관점에서 이러한 접근 방식에 깔린 사전 믿음은, 서로 다른 과제들에
연관된 자료에서 관측된 변동들을 설명하는 요인 중 일부를 둘 이상의 과제들이 공유한
다는 것이다.

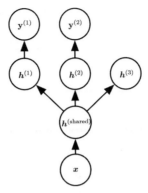

그림 7.2: 다중 과제 학습을 심층 학습의 틀에 끼워 맞추는 방법은 여러 가지이다. 이 그림은 흔히 쓰이는 한 방법을 나타낸 것으로, 여러 과제가 공통의 입력을 공유하되 목표 확률변수는 과제마다 다르다. 심층망(지도 학습 및 순방향 신경망이든, 아래쪽 화살표가 있는 생성 구성요소를 포함하는 신경망이든)의 아래쪽 층들은 여러 과제가 공유할 수 있다. 그리고 특정 과제에 국한된 매개변수들(각각 $h^{(1)}$과 $h^{(2)}$가 입력 또는 출력하는 가중치들에 연관된)은 아래쪽 층들이 산출한 공유 표현 $h^{(공유)}$에 기초해서 학습할 수 있다. 이러한 구조에 깔린 가정은, 입력 x의 변동들을 설명하는 어떤 공통 요인들의 풀이 존재하며, 각 과제는 그 요인들의 개별 부분집합과 연관된다는 것이다. 그러한 가정 외에, 그림의 예는 최상위 은닉 단위 $h^{(1)}$과 $h^{(2)}$가 각각 $y^{(1)}$을 예측하는 과제와 $y^{(2)}$를 예측하는 과제에 특화되었으되, 어떤 중간 수준 표현 $h^{(공유)}$는 모든 과제가 공유한다는 가정도 둔다. 비지도 학습의 맥락에서는 그런 최상위 요인 중 일부를 그 어떤 출력 과제에도 연관시키지 않는 것이 바람직하다. 그림에서는 $h^{(3)}$이 그러한 요인이다. 이런 요인들은 입력의 일부 변동을 설명하긴 하지만, $y^{(1)}$이나 $y^{(2)}$의 예측과는 무관하다.

7.8 조기 종료

과제에 대해 과대적합이 일어날 정도로 높은 표현 수용력을 가진 커다란 모형을 훈련할 때는, 훈련 오차가 시간이 지남에 따라 꾸준히 줄어들지만 검증 집합의 오차는 어느 지점부터 증가하기 시작하는 현상을 자주 볼 수 있다. 그림 7.3은 그러한 현상의 한 예(꽤 자주 발생하는)를 나타낸 것이다.

이러한 현상을 뒤집어서 생각하면, 훈련 알고리즘이 검증 집합 오차가 가장 낮은 점에서의 매개변수 값들을 출력하게 하면 더 나은 검증 집합 오차를 가진(따라서 시험 집합 오차도 더 나은) 모형을 얻게 됨을 알 수 있다. 그런 훈련 알고리즘은 검증 집합에 대한 오차가 개선될 때마다 그 지점에서의 모형 매개변수들을 기록해 둔다. 알고리즘의 실행이 끝나면, 훈련 알고리즘은 마지막 반복에서 나온 매개변수 값들이 아니라 기록해 둔 최상의 매개변수 값들을 돌려준다. 훈련 알고리즘을 일정 횟수만큼 반복해도 지금까지 나온 최상의 검증 오차보다 더 나은 오차가 나오지 않으면 알고리즘을

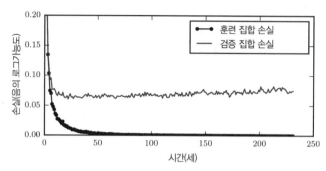

그림 7.3: 시간에 따른 음의 로그가능도 손실의 변화를 보여주는 학습 곡선(가로축은 자료 집합에 대해 훈련 알고리즘을 반복한 횟수이다. 그러한 횟수의 단위를 세(epoch; 또는 세대, 시대)라고 부른다. 즉, 1세는 자료 집합에 대해 학습 알고리즘을 한 번 적용한 것이다). 이 예는 MNIST 자료 집합으로 맥스아웃 신경망을 훈련한 것이다. 훈련 목표함수가 시간에 따라 꾸준히 감소하지만, 검증 집합의 평균 손실은 초반 감소 후 점차 증가해서 비대칭적인 U자 곡선이 된다.

종료한다. 이상의 절차를 좀 더 공식적으로 명시한 것이 알고리즘 7.1이다.

이러한 전략을 **조기 종료**(early stopping)라고 부른다. 아마도 심층 학습에서 가장 흔히 쓰이는 형태의 정칙화가 이것일 것이다. 이 전략은 간단하면서도 효과적이라서 인기가 높다.

조기 종료 전략을 매우 효율적인 초매개변수 선택 알고리즘으로 볼 수도 있다. 그러한 관점에서는 훈련 알고리즘의 반복 횟수가 그냥 또 다른 초매개변수이다. 그림 7.3은 그러한 초매개변수에 따른 검증 집합 성과 측도가 U자 곡선 형태임을 보여준다. 그림 5.3에 보았듯이, 모형의 수용력을 제어하는 대부분의 초매개변수는 검증 집합 성과 곡선이 U자 모양이다. 조기 종료의 경우 우리는 모형이 훈련 집합에 적합하는 데 필요한 반복 횟수를 설정함으로써 모형의 유효 수용력을 제어한다. 대부분의 초매개변수의 선택에는 값비싼 추측과 점검 과정이 반드시 필요하다. 즉, 훈련 시작 시점에서 초매개변수를 특정한 값으로 설정하고, 훈련 알고리즘을 여러 번 돌려서 그 값이 효과적인지 점검하는 과정을 반복해야 한다. '훈련 시간' 초매개변수의 독특한 특징은, 훈련 알고리즘을 한 번(훈련 시간의 정의에 따라) 실행하는 동안 초매개변수의 여러 값을 시도해 본다는 점이다. 조기 종료를 통해서 이 초매개변수를 자동으로 선택하는 데 드는 주된 비용은 주기적으로 훈련 도중 검증 집합을 평가하는 비용뿐이다. 이상적으로는 그러한 주기적 평가를 주된 훈련 과정과는 개별적인 컴퓨터나 같은 컴퓨터 안

알고리즘 7.1 최적의 훈련 시간(알고리즘 반복 횟수)을 결정하기 위한 조기 종료 메타알고리즘. 이 메타알고리즘은 다양한 훈련 알고리즘과 다양한 검증 집합 오차 측정 방식에 잘 적용되는 일반적인 전략이다.

---

n이 검증 집합 평가 사이의 훈련 알고리즘 반복 횟수라고 하자.

p가 '인내(patience)' 값, 즉 검증 집합 오차가 더 개선되지 않아도 포기하지 않고 평가를 진행할 최대 반복 횟수라고 하자.

$\boldsymbol{\theta}_o$가 초기 매개변수들이라고 하자.

$\boldsymbol{\theta} \leftarrow \boldsymbol{\theta}_o$

$i \leftarrow 0$

$j \leftarrow 0$

$v \leftarrow \infty$

$\boldsymbol{\theta}^* \leftarrow \boldsymbol{\theta}$

$i^* \leftarrow i$

while $j < p$ **do**

    훈련 알고리즘을 n회 반복해서 $\boldsymbol{\theta}$를 갱신한다.

    $i \leftarrow i+n$

    $v' \leftarrow$ 검증집합오차$(\boldsymbol{\theta})$

    if $v' < v$ **then**

        $j \leftarrow 0$

        $\boldsymbol{\theta}^* \leftarrow \boldsymbol{\theta}$

        $i^* \leftarrow i$

        $v \leftarrow v'$

    else

        $j \leftarrow j+1$

    end if

end while

최상의 매개변수들은 $\boldsymbol{\theta}^*$이고 최상의 훈련 반복 횟수는 i^*이다.

의 개별 CPU 또는 GPU에서 병렬로 수행하는 것이 좋을 것이다. 그럴 여건이 되지 않는다면, 훈련 집합보다 작은 검증 집합을 사용한다거나 검증 집합을 덜 자주 평가함으로써(그러면 최적의 훈련 시간으로 얻을 수 있는 결과의 저해상도 추정치를 얻게 되긴 하지만) 그런 주기적 평가의 비용을 줄일 수 있다.

조기 종료 전략의 또 다른 추가 비용은 최상의 매개변수들의 복사본을 관리하는 데 드는 비용이다. 그런 매개변수 값들은 더 느리고 용량이 큰 저장소에 담아두어도 된다는(이를테면 훈련 과정은 GPU 메모리를 사용하되 최적의 매개변수들은 주 메모리 또는 디스크 드라이브에 저장하는 등) 점에서, 이 비용은 일반적으로 무시할 수 있다. 훈련 과정에서 최상의 매개변수들을 가끔만 기록할 뿐 읽어 들이는 일은 없으므로, 이러한 간헐적이고 느린 쓰기 연산들은 총 훈련 시간에 영향을 거의 미치지 않는다.

바탕 훈련 절차나 목적함수, 허용되는 매개변수 값들의 집합을 거의 수정할 필요가 없다는 점에서 조기 종료는 비개입적(unobstrusive)인 형태의 정칙화이다. 이는 실행 시점에서의 학습 과정의 행동 방식에 악영향을 미치지 않고 조기 종료를 손쉽게 적용할 수 있다는 뜻이다. 반면, 가중치 감쇄 전략에서는 가중치 감쇄를 너무 강하게 적용하면 신경망이 나쁜 극소점에 갇혀서 가중치들이 쓸모없을 정도로 작은 해에 도달할 위험이 있다.

조기 종료를 단독으로만 사용할 수도 있고, 다른 정칙화 전략들과 함께 사용할 수도 있다. 더 나은 일반화를 위해 목적함수를 변경해야 하는 정칙화 전략을 사용할 때도, 최상의 일반화가 훈련 목적함수의 극소점에서 일어나는 경우는 드물다.

조기 종료를 위해서는 검증 집합이 필요하다. 이는 훈련 자료의 일부를 모형의 훈련에 사용하지 말고 따로 떼어 놓아야 함을 의미한다. 그러한 추가 자료를 활용하는 최상의 방법은, 조기 종료를 적용해서 초기 훈련을 완료한 후 모든 훈련 자료를 이용해서 추가로 훈련을 진행하는 것이다. 그러한 두 번째 훈련 절차에 사용할 수 있는 전략은 기본적으로 다음 두 가지이다.

한 전략(알고리즘 7.2)은, 두 번째 훈련 절차에서 모형을 다시 초기화하고 모든 자료로 모형을 다시 훈련하는 것이다. 두 번째 훈련 절차에서는 첫 훈련 절차에서 조기 종료 전략으로 구한 최적의 반복 횟수만큼 알고리즘을 반복한다. 이 절차와 관련해서 몇 가지 미묘한 고려사항들이 존재한다. 예를 들어, 두 번째 훈련 절차의 훈련 시간을 첫 훈련 절차에서 구한 최적의 반복 횟수가 아니라 그에 해당하는 매개변수 갱신 횟수를 기준으로 결정할 수도 있다. 두 번째 훈련 절차에서는 더 큰 자료 집합을 사용하므로, 자료 집합 전체를 훑는 한 번의 반복에서 매개변수들을 이전보다 더 많이 갱신하게 된다.

알고리즘 7.2 조기 종료를 이용해서 훈련 시간을 결정한 후 모든 자료로 훈련을 다시 실행하는 메타알고리즘.

> $X^{(훈련)}$과 $y^{(훈련)}$이 훈련 집합이라고 하자.
>
> $X^{(훈련)}$과 $y^{(훈련)}$을 각각 ($X^{(부분훈련)}$, $X^{(검증)}$)과 ($y^{(부분훈련)}$, $y^{(검증)}$)으로 분할한다.
>
> $X^{(부분훈련)}$, $y^{(부분훈련)}$을 훈련 자료로, $X^{(검증)}$과 $y^{(검증)}$을 검증 자료로 삼고 무작위로 선택한 θ 값으로 시작해서 조기 종료 알고리즘(알고리즘 7.1)을 실행한다. 조기 종료 알고리즘은 최적의 반복 횟수 i^*를 돌려준다.
>
> θ를 다시 무작위한 값으로 초기화한다.
>
> $X^{(훈련)}$과 $y^{(훈련)}$에 대해 훈련 알고리즘을 i^*회 반복한다.

모든 자료를 활용하는 또 다른 전략은, 첫 훈련 절차에서 얻은 매개변수들을 **그대로** 사용해서 모든 자료에 대해 두 번째 훈련을 진행하는 것이다. 두 번째 훈련 절차에서는 반복 횟수를 기준으로 훈련 절차의 종료를 결정하는 대신, 검증 집합에 대한 평균 손실을 기준으로 결정한다. 그 값이 이전에 조기 종료 절차가 끝났을 때의 훈련 집합 목적함수 값보다 작으면 훈련 절차를 종료한다. 이러한 전략은 모형을 처음부터 완전히 다시 훈련하지 않기 때문에 비용이 적게 들지만, 대신 훈련이 잘 이루어지지 않을 수 있다. 예를 들어 검증 집합에 대한 목적함수가 목푯값에 도달하지 못할 수 있다. 따라서 이 전략이 반드시 종료된다는 보장이 없다. 알고리즘 7.3은 이 전략을 좀 더 공식적으로 표현한 것이다.

조기 종료는 훈련 절차의 계산 비용이 줄어든다는 점에서도 유용하다. 훈련 반복 횟수가 제한되므로 비용이 감소한다는 명백한 이유 외에, 비용함수에 벌점 항을 추가하지 않고도 또는 그런 추가 항의 기울기를 계산하지 않고도 정칙화가 적용된다는 것도 비용 감소의 원인이다.

정칙화로서의 조기 종료

조기 종료가 하나의 정칙화 전략인 것은 **사실**이다. 그러나 앞에서는 검증 집합 오차의 학습 곡선이 U자 형태라는 점을 근거로 제시했을 뿐, 조기 종료가 모형을 실제로 정칙화하는 구체적인 방식은 설명하지 않았다. [Bishop, 1995a]와 [Sjöberg & Ljung, 1995]는 조기 종료가 최적화 절차를 매개변수 공간에서 초기 매개변수 값 θ_o 부근의 비교적 작은 영역으로 한정하는(그림 7.4 참고) 효과를 낸다고 주장했다. 이를 좀 더 구체적

알고리즘 7.3 과대적합으로 넘어가기 시작하는 지점에 해당하는 목적함수 값을 조기 종료를 이용해서 구하고, 그런 다음 목적함수가 그 값에 도달할 때까지 훈련 알고리즘을 반복하는 메타알고리즘.

$X^{(\text{훈련})}$과 $y^{(\text{훈련})}$이 훈련 집합이라고 하자.

$X^{(\text{훈련})}$과 $y^{(\text{훈련})}$을 각각 $(X^{(\text{부분훈련})}, X^{(\text{검증})})$과 $(y^{(\text{부분훈련})}, y^{(\text{검증})})$으로 분할한다.

$X^{(\text{부분훈련})}, y^{(\text{부분훈련})}$을 훈련 자료로, $X^{(\text{검증})}$과 $y^{(\text{검증})}$을 검증 자료로 삼고 무작위로 선택한 θ 값으로 시작해서 조기 종료 알고리즘(알고리즘 7.1)을 실행한다. 이에 의해 θ가 갱신된다.

$\epsilon \leftarrow J(\theta, X^{(\text{부분훈련})}, y^{(\text{부분훈련})})$

while $J(\theta, X^{(\text{검증})}, y^{(\text{검증})}) > \epsilon$ **do**

  $X^{(\text{훈련})}$과 $y^{(\text{훈련})}$으로 훈련을 n단계 진행한다.

end while

으로 살펴보자. 학습 속도가 ϵ이고 최적화를 τ단계 수행한다면(이는 훈련 알고리즘을 τ회 반복하는 것에 해당한다). 곱 $\epsilon\tau$는 유효 수용력의 한 측도라 할 수 있다. 기울기가 유계라고 할 때, 반복 횟수와 학습 속도를 제한하면 매개변수 공간에서 θ_o로부터 도달할 수 있는 영역이 제한된다. 이런 관점에서 $\epsilon\tau$는 마치 가중치 감쇄에 쓰이는 계수의 역수처럼 행동한다.

이차 오차함수(quadratic error function)와 단순한 경사 하강법을 사용하는 단순한 선형 모형의 경우에는 조기 종료가 L^2 정칙화와 동등함을 실제로 증명할 수 있다.

조기 종료를 고전적인 L^2 정칙화와 비교하기 위해, 매개변수들이 모두 선형 가중치들인(즉, $\theta = w$) 간단한 상황을 생각해 보자. 이 경우 비용함수 J를 다음과 같이 경험적인 최적 가중치 값 w^* 부근의 이차 근사로 모형화할 수 있다.

$$\hat{J}(\theta) = J(w^*) + \frac{1}{2}(w - w^*)^\top H(w - w^*). \tag{7.33}$$

H는 w^*에서 평가된 J의 w에 대한 헤세 행렬이다. w^*가 $J(w)$의 최솟값이라는 가정하에서 H는 양의 준정부호 행렬이다. 국소 테일러 근사하에서 기울기는 다음과 같이 주어진다.

$$\nabla_w \hat{J}(w) = H(w - w^*). \tag{7.34}$$

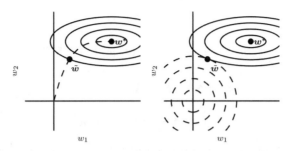

그림 7.4: 조기 종료의 효과를 보여주는 그래프. (왼쪽) 실선 타원들은 음의 로그가능도의 등고선들이다. 점선은 원점에서 시작해서 SGD(확률적 경사 하강법)가 따라가는 자취를 나타낸다. 조기 종료 절차는 비용이 최소가 되는 점 $\boldsymbol{w}^*$까지 가서 멈추는 대신, 그보다 일찍 만나는 점 $\tilde{\boldsymbol{w}}$에서 멈춘다. (오른쪽) 비교를 위해 L^2 정칙화의 효과를 나타낸 그래프. 점선 원들은 L^2 벌점의 등고선들이다. 이 벌점들 때문에 총 비용의 최소점은 정칙화되지 않은 최소 비용에 해당하는 점보다 원점에 더 가까운 곳에 있게 된다.

이제부터, 훈련 과정에서 매개변수 벡터가 따라가는 자취(trajectory; 또는 궤적)를 살펴보겠다. 단순함을 위해 초기 매개변수 벡터를 원점으로 설정한다. 즉, $\boldsymbol{w}^{(0)} = \boldsymbol{0}$이다.[3] 우선, $\hat{J}$에 대한 경사 하강을 분석해 보면 J에 대한 경사 하강 과정을 근사적으로 파악할 수 있다.

$$\boldsymbol{w}^{(\tau)} = \boldsymbol{w}^{(\tau-1)} - \epsilon \nabla_{\boldsymbol{w}} \hat{J}(\boldsymbol{w}^{(\tau-1)}) \tag{7.35}$$

$$= \boldsymbol{w}^{(\tau-1)} - \epsilon \boldsymbol{H}(\boldsymbol{w}^{(\tau-1)} - \boldsymbol{w}^*), \tag{7.36}$$

$$\boldsymbol{w}^{(\tau)} - \boldsymbol{w}^* = (\boldsymbol{I} - \epsilon \boldsymbol{H})(\boldsymbol{w}^{(\tau-1)} - \boldsymbol{w}^*). \tag{7.37}$$

$\boldsymbol{H}$의 고윳값 분해 $\boldsymbol{H} = \boldsymbol{Q} \boldsymbol{\Lambda} \boldsymbol{Q}^\top$ (여기서 $\boldsymbol{\Lambda}$는 대각행렬, $\boldsymbol{Q}$는 고유벡터들의 정규직교기저)를 이용해서 이 수식을 $\boldsymbol{H}$의 고유벡터들의 공간을 기준으로 다시 표현해 보자.

$$\boldsymbol{w}^{(\tau)} - \boldsymbol{w}^* = (\boldsymbol{I} - \epsilon \boldsymbol{Q} \boldsymbol{\Lambda} \boldsymbol{Q}^\top)(\boldsymbol{w}^{(\tau-1)} - \boldsymbol{w}^*) \tag{7.38}$$

$$\boldsymbol{Q}^\top (\boldsymbol{w}^{(\tau)} - \boldsymbol{w}^*) = (\boldsymbol{I} - \epsilon \boldsymbol{\Lambda}) \boldsymbol{Q}^\top (\boldsymbol{w}^{(\tau-1)} - \boldsymbol{w}^*) \tag{7.39}$$

$\boldsymbol{w}^{(0)} = \boldsymbol{0}$이고 ϵ이 $|1 - \epsilon \lambda_i| < 1$을 만족하는 충분히 작은 값이라고 할 때, 훈련 과정에서 매개변수들을 τ회 갱신한 후의 매개변수 벡터의 자취는 다음과 같다.

---

3) §6.2에서 논의했듯이, 신경망에서 은닉 단위들의 대칭성이 깨지려면 이처럼 모든 매개변수를 $\boldsymbol{0}$으로 초기화해서는 안 된다. 그러나 이 논의의 논점은 $\boldsymbol{w}_{(0)}$ 이외의 다른 초기치에도 여전히 적용된다.

$$Q^\top w^{(\tau)} = [I - (I - \epsilon\Lambda)^\tau]Q^\top w^*. \tag{7.40}$$

그런데 L^2 정칙화에 대한 식 7.13을 좌변이 $Q^\top \widetilde{w}$가 되도록 정리하면 다음이 나온다.

$$Q^\top \widetilde{w} = (\Lambda + \alpha I)^{-1}\Lambda Q^\top w^*, \tag{7.41}$$

$$Q^\top \widetilde{w} = [I - (\Lambda + \alpha I)^{-1}\alpha]Q^\top w^*. \tag{7.42}$$

식 7.40과 식 7.42를 비교해 보면, 만일 초매개변수 ϵ과 α, τ를 다음을 만족하도록 선택한다면 L^2 정칙화와 조기 종료가 동등한 것임을 알 수 있다(적어도 목적함수가 이차라는 가정하에서는).

$$(I - \epsilon\Lambda)^\tau = (\Lambda + \alpha I)^{-1}\alpha. \tag{7.43}$$

더 나아가서, 이 등식의 양변에 로그를 취하고 $\log(1 + x)$에 대한 급수 전개를 적용하면, 다음과 같은 결론까지 얻을 수 있다: 만일 모든 λ_i가 작다면(즉, $\epsilon\lambda_i \ll 1$이고 $\lambda_i/\alpha \ll 1$이면),

$$\tau \approx \frac{1}{\epsilon\alpha}, \tag{7.44}$$

$$\alpha \approx \frac{1}{\tau\epsilon} \tag{7.45}$$

이다. 즉, 이러한 가정들 하에서 훈련 반복 횟수 τ는 L^2 정칙화 매개변수의 역에 비례해서 작용하고, $\tau\epsilon$의 역수는 가중치 감쇄 계수의 역할을 한다.

　곡률(목적함수의)이 현저하게 큰 방향들에 해당하는 매개변수 값들은 작은 곡률 방향들보다 덜 정칙화된다. 물론, 조기 종료의 맥락에서 이는 현저한 곡률 방향들에 해당하는 매개변수들이 작은 곡률 방향들에 해당하는 매개변수들보다 더 일찍 학습되는 경향이 있음을 뜻한다.

　이번 절에서 유도한 공식들이 보여주듯이, 길이가 τ인 자취는 L^2 정칙화가 적용된 목적함수의 최솟값에 해당하는 점에서 끝난다. 물론 조기 종료가 자취의 길이를 제한하는 역할만 하는 것은 아니다. 대체로 조기 종료는 자취가 공간의 특별히 좋은 점에서 끝나게 하기 위해 검증 집합 오차를 감시하는 작업에 관여한다. 따라서 가중치 감쇄에 비해 조기 종료의 장점은 적절한 정칙화의 양이 자동으로 결정된다는 것이다.

반면 가중치 감쇄에서는 초매개변수의 값을 바꾸어 가면서 훈련을 여러 번 실행해 봐야 한다.

7.9 매개변수 묶기와 매개변수 공유

이번 장에서 매개변수들에 제약이나 벌점을 가하는 방법을 논의할 때는 항상 어떤 고정된 영역이나 점을 기준으로 그러한 제약이나 벌점을 적용했다. 예를 들어 L^2 정칙화(또는 가중치 감쇄)는 모형 매개변수들이 0이라는 고정된 값에서 벗어나면 벌점을 가한다. 그러나 모형 매개변수들의 적절한 값에 대한 우리의 사전 지식을 이와는 다른 방식으로 표현해야 할 때가 종종 있다. 예를 들어, 매개변수의 바람직한 값이 무엇인지 정확히 알지 못하고, 다만 모형 매개변수들 사이에 어떤 의존성(종속관계)들이 존재한다는 점만 문제의 영역과 모형의 구조에 관한 지식을 통해서 추론할 수 있을 때도 있다.

실제 응용에서 흔히 표현하는 매개변수들 사이의 종속관계 중 하나는, 특정 매개변수들이 서로 가까워야 마땅하다는 것이다. 이런 시나리오를 생각해 보자. 동일한 분류 과제를 수행하는(그리고 부류들의 집합도 동일한) 모형이 두 개 있는데, 두 모형에 주어지는 입력들의 분포는 서로 다르다. 공식으로 표현하자면, 모형 A의 매개변수들이 $\boldsymbol{w}^{(A)}$이고 모형 B의 매개변수들이 $\boldsymbol{w}^{(B)}$라고 할 때, 두 모형은 입력을 서로 다른, 그러나 연관된 두 출력 $\hat{y}^{(A)} = f(\boldsymbol{w}^{(A)}, \boldsymbol{x})$와 $\hat{y}^{(B)} = g(\boldsymbol{w}^{(B)}, \boldsymbol{x})$로 사상한다.

두 모형의 과제들이 충분히 비슷하기 때문에(입력과 출력 분포들이 비슷해서) 모형 매개변수들도 서로 가까울 것이라고, 다시 말해 $\forall i$에 대해 $w_i^{(A)}$가 $w_i^{(B)}$와 비슷할 것이라는 것이 우리의 사전 믿음이라고 가정하자. 이러한 사전 믿음을 정칙화를 통해서 활용할 수 있다. 좀 더 구체적으로 말하면, $\Omega(\boldsymbol{w}^{(A)}, \boldsymbol{w}^{(B)}) = \|\boldsymbol{w}^{(A)} - \boldsymbol{w}^{(B)}\|_2^2$ 형태의 매개변수 노름 벌점을 모형에 추가하면 된다. 여기서는 L^2 벌점을 사용했지만, 다른 전략을 사용하는 것도 가능하다.

이런 종류의 접근 방식은 라세흐 등이 제안했다(Lasserre 외, 2006). 해당 저자들은 지도 학습의 틀에서 하나의 분류기로 훈련되는 한 모형의 매개변수들이 비지도 학습의 틀에서 훈련되는 다른 모형의 매개변수들과 가까워야 한다는 제약을 가했다(관측된 입력 자료의 분포를 포착하기 위해). 논문에 나온 아키텍처는 분류기 모형의 여러 매개변수를 비지도 학습 모형의 해당 매개변수들과 짝을 지을 수 있는 구조였다.

매개변수 노름 벌점이 매개변수들이 다른 매개변수들과 가까워지도록 정칙화하는 한 방법이긴 하지만, 그보다는 일단의 매개변수들이 서로 같아야 한다는 제약을 적용하는 방법이 더 흔히 쓰인다. 이런 정칙화 방법을 흔히 **매개변수 공유**(parameter sharing)라고 부르는데, 이는 이런 방법을 다양한 모형들 또는 모형 구성요소들이 매개변수들의 부분집합을 공유하는 것으로 해석할 수 있기 때문이다. 매개변수들이 비슷하도록 정칙화하는(노름 벌점을 통해서) 방법에 비해 이러한 매개변수 공유의 두드러진 장점은, 매개변수들의 한 부분집합(중복 없는)만 메모리에 저장하면 된다는 것이다. 합성곱 신경망 같은 특정 모형들에서는 이 덕분에 모형의 메모리 사용량이 크게 줄어든다.

7.9.1 합성곱 신경망

지금까지의 기계 학습 역사에서 매개변수 공유 전략은 컴퓨터 시각에 대한 **합성곱 신경망**(convolutional neural network, CNN)에 가장 널리, 그리고 가장 적극적으로 쓰였다.

자연을 찍은 사진에는 이동(translation)에 불변인 통계적 성질들이 많이 있다. 예를 들어 고양이 사진을 오른쪽으로 한 픽셀 이동해도 여전히 고양이 사진이다. CNN은 이러한 성질에 근거해서 이미지의 여러 위치에서 매개변수들을 공유한다. 이에 의해 입력의 서로 다른 위치들에서 동일한 특징(가중치들이 동일한 은닉 단위)이 계산된다. 결과적으로, 고양이 모습이 이미지의 열 i에 나타나든 아니면 열 $i+1$에 나타나든, 동일한 고양이 검출기를 이용해서 고양이를 식별할 수 있다.

매개변수 공유 덕분에 CNN의 고유한 모형 매개변수 개수가 크게 줄어든다. 또한, 훈련 자료를 늘리지 않고도 네트워크를 훨씬 크게 만들 수 있다. 예나 지금이나 이는 문제 영역에 관한 지식을 네트워크 아키텍처에 효과적으로 도입하는 최고의 사례 중 하나이다.

CNN은 제9장에서 좀 더 자세히 논의한다.

7.10 희소 표현

가중치 감쇄는 모형 매개변수들에 직접 벌점을 가해서 모형을 정칙화한다. 그렇게 하는 대신, 신경망 단위들의 활성화 함수에 벌점을 가함으로써 활성화 값들이 희소해지는 쪽으로 모형을 이끄는 전략도 있다. 이는 모형 매개변수들에 단순하지 않은 벌점을 간접적으로 부여하는 한 방법이라 할 수 있다.

L^1 벌점이 매개변수들을 희소하게 만든다는 점은 §7.1.2에서 이미 이야기했다. 매개변수들을 희소하게 만든다는 것(희소 매개변수화)은 다수의 매개변수가 0 또는 0에 가까운 값이 되게 한다는 뜻이다. 반면, 표현이 희소하다는 것은 표현의 다수 성분이 0 또는 0에 가까운 값이라는 뜻이다. 매개변수 희소성과 표현 희소성의 이러한 차이를 선형회귀의 예를 통해 단순화해서 살펴보자.

$$
\begin{bmatrix} 18 \\ 5 \\ 15 \\ -9 \\ -3 \end{bmatrix} = \begin{bmatrix} 4 & 0 & 0 & -2 & 0 & 0 \\ 0 & 0 & -1 & 0 & 3 & 0 \\ 0 & 5 & 0 & 0 & 0 & 0 \\ 1 & 0 & 0 & -1 & 0 & -4 \\ 1 & 0 & 0 & 0 & -5 & 0 \end{bmatrix} \begin{bmatrix} 2 \\ 3 \\ -2 \\ -5 \\ 1 \\ 4 \end{bmatrix} \tag{7.46}
$$

$$\boldsymbol{y} \in \mathbb{R}^m \qquad \boldsymbol{A} \in \mathbb{R}^{m \times n} \qquad \boldsymbol{x} \in \mathbb{R}^n$$

$$
\begin{bmatrix} -14 \\ 1 \\ 19 \\ 2 \\ 23 \end{bmatrix} = \begin{bmatrix} 3 & -1 & 2 & -5 & 4 & 1 \\ 4 & 2 & -3 & -1 & 1 & 3 \\ -1 & 5 & 4 & 2 & -3 & -2 \\ 3 & 1 & 2 & -3 & 0 & -3 \\ -5 & 4 & -2 & 2 & -5 & -1 \end{bmatrix} \begin{bmatrix} 0 \\ 2 \\ 0 \\ 0 \\ -3 \\ 0 \end{bmatrix} \tag{7.47}
$$

$$\boldsymbol{y} \in \mathbb{R}^m \qquad \boldsymbol{B} \in \mathbb{R}^{m \times n} \qquad \boldsymbol{h} \in \mathbb{R}^n$$

식 7.46은 희소 매개변수화된 선형회귀 모형의 예이다. 그리고 식 7.47은 선형회귀 모형에 대한 자료 $\boldsymbol{x}$의 희소 표현 $\boldsymbol{h}$를 보여준다. 즉, $\boldsymbol{x}$의 함수인 $\boldsymbol{h}$는 어떤 의미로 볼 때 $\boldsymbol{x}$에 있는 정보를 희소 벡터로 표현한 것이라 할 수 있다.

표현 정칙화도 앞에서 매개변수 정칙화에 사용한 것과 동일한 종류의 메커니즘을 통해서 수행할 수 있다.

표현에 대한 노름 벌점 정칙화는 **표현**에 대한 노름 벌점을 손실함수 J에 추가해서 수행한다. 이 벌점을 $\Omega(\boldsymbol{h})$로 표기한다. 그리고 정칙화된 손실함수는 이전처럼 $\tilde{J}$로 표기한다.

$$\tilde{J}(\boldsymbol{\theta};\boldsymbol{X},\boldsymbol{y}) = J(\boldsymbol{\theta};\boldsymbol{X},\boldsymbol{y}) + \alpha\Omega(\boldsymbol{h}). \tag{7.48}$$

여기서 계수 $\alpha\in[0,\infty)$는 노름 페널티 항의 상대적 기여도를 결정하는 가중치로 작용한다. α가 클수록 정칙화가 더 많이 가해진다.

매개변수들에 대한 L^1 벌점이 매개변수 희소성을 유발하듯이, 표현의 성분들에 대한 L^1 벌점은 표현 희소성을 유발한다. $\Omega(\boldsymbol{h}) = \|\boldsymbol{h}\|_1 = \sum_i |h_i|$이다. 물론 L^1 벌점 이외의 벌점으로도 희소 표현을 만들어낼 수 있다. 그런 종류의 벌점으로는 이를테면 표현에 대한 스튜던트 t 사전분포(Student t prior)에서 유도한 벌점(Olshausen & Field, 1996; Bergstra, 2011)과 KL 발산 벌점(Larochelle & Bengio, 2008)이 있는데, 후자는 성분들이 단위 구간을 벗어나지 못한다는 제약이 있는 표현에 특히나 유용하다. [Lee 외, 2008]과 [Goodfellow 외, 2009]는 여러 표본의 평균 활성화 $\frac{1}{m}\sum_i \boldsymbol{h}^{(i)}$가 어떤 목푯값 (이를테면 모든 성분이 .01인 벡터 등)에 가까워지게 하는 정칙화에 기초한 전략들의 예들을 제공한다.

활성화 값에 강한 제약(hard constraint)을 가해서 희소 표현을 얻는 접근 방식들도 있다. 예를 들어 **직교 부합 추구**(orthogonal matching pursuit)는 입력 $\boldsymbol{x}$를, 다음과 같은 제약 최적화 문제를 푸는 표현 $\boldsymbol{h}$로 부호화한다(Pati 외, 1993).

$$\underset{\boldsymbol{h},\|\boldsymbol{h}\|_0 < k}{\arg\min} \|\boldsymbol{x} - \boldsymbol{W}\boldsymbol{h}\|^2. \tag{7.49}$$

여기서 $\|\boldsymbol{h}\|_0$은 $\boldsymbol{h}$의 성분 중 0이 아닌 성분의 개수이다. $\boldsymbol{W}$를 직교행렬로 제한하면 이 문제를 효율적으로 풀 수 있다. 이 방법을 흔히 OMP-k라고 부르는데, 여기서 k는 허용되는 0이 아닌 특징들의 개수이다. [Coates & Ng, 2011]은 OMP-1 방법이 심층 아키텍처에 대한 매우 효과적인 특징 추출기(feature extractor)가 될 수 있음을 보였다.

본질적으로, 은닉 단위가 있는 모형은 모두 희소하게 만들 수 있다. 이 책 전반의 다양한 맥락에서 희소성 정칙화의 여러 적용 사례를 보게 될 것이다.

7.11 배깅과 기타 앙상블 학습법

배깅bagging은 여러 모형을 결합해서 일반화 오차를 줄이는 기법이다(Breiman, 1994). (참고로 bagging이라는 단어는 bootstrap aggregating(부트스트랩 취합)을 줄인 것이다.) 배깅에서는 서로 다른 여러 모형을 따로 훈련한 후, 시험 견본들의 출력을 모든 모형의 투표로 결정한다. 이는 **모형 평균화**(model averaging)라고 부르는 일반적인 기계 학습 전략의 한 예이다. 이 전략을 채용한 학습 기법들을 **앙상블 학습법**(ensemble method)이라고 부른다.

모형들의 평균이 오차 감소에 유효한 이유는, 일반적으로 한 시험 집합에 대한 서로 다른 모형들의 오차가 서로 다르기 때문이다.

k개의 회귀 모형을 평균화하는 예를 보자. 각 모형의 각 견본에 대한 오차가 ϵ_i이고, 그러한 오차들은 평균이 0이고 분산이 $\mathbb{E}[\epsilon_i^2] = v$, 공분산이 $\mathbb{E}[\epsilon_i \epsilon_j] = c$인 다변량 정규분포를 따른다고 가정하겠다. 그러면, 모든 앙상블 모형의 평균 예측값의 오차는 $\frac{1}{k}\sum_i \epsilon_i$이다. 따라서 앙상블 예측 모형의 기대제곱오차(평균제곱오차)는 다음과 같이 주어진다.

$$\mathbb{E}\left[\left(\frac{1}{k}\sum_i \epsilon_i\right)^2\right] = \frac{1}{k^2}\mathbb{E}\left[\sum_i\left(\epsilon_i^2 + \sum_{j \neq i}\epsilon_i \epsilon_j\right)\right], \tag{7.50}$$

$$= \frac{1}{k}v + \frac{k-1}{k}c. \tag{7.51}$$

오차들이 완전히 상관되고 $c = v$인 경우 기대제곱오차는 v으로 감소한다. 따라서 모형 평균화는 전혀 도움이 되지 않는다. 그러나 오차들이 완전히 무관하고 $c = 0$일 때는 앙상블의 기대제곱오차가 $\frac{1}{k}v$밖에 되지 않는다. 이는 앙상블의 기대제곱오차가 앙상블 크기에 비례해서 감소함을 뜻한다. 다른 말로 하면, 앙상블은 적어도 그것을 구성하는 구성 모형들만큼은 잘 작동하며, 구성 모형들의 오차가 서로 독립적이라면 앙상블은 그 구성 모형들보다 훨씬 나은 성과를 보인다.

앙상블 학습법은 그 모형들을 조합(ensemble)하는 방법에 따라 여러 가지로 나뉜다. 예를 들어 각자 다른 알고리즘이나 목적함수로 훈련되는 서로 다른 종류의 모형들을 조합해서 앙상블을 형성할 수도 있다. 반면 배깅은 같은 종류의 모형과 훈련 알고리즘, 목적함수를 여러 번 재사용할 수 있는 형태의 앙상블 학습법에 해당한다.

구체적으로 말하자면, 배깅에서는 원래의 자료 집합에 복원 추출(sampling with replacement)을 적용해서 k개의 서로 다른 자료 집합을 만든다. 각 자료 집합의 크기(견본 개수)는 원 자료 집합과 같다. 복원 추출 때문에, 각 자료 집합에는 원본의 일부 견본이 빠진 대신 같은 견본이 여러 개 중복되어 있을 가능성이 크다(각 자료 집합이 원 자료 집합과 같은 크기라고 할 때, 평균적으로 각 자료 집합에는 원 자료 집합 견본들의 약 3분의 2가 중복해서 존재한다). 그런 다음 자료 집합 i를 이용해서 모형 i를 훈련한다. 자료 집합에 어떤 견본들이 포함되어 있느냐에 따라 모형의 훈련 결과가 달라진다. 그림 7.5에 한 예가 나와 있다.

이런 식으로 모형들을 훈련하면 충분히 다양한 해들을 얻을 수 있다. 그래서 심지어는 모든 모형을 같은 자료 집합으로 훈련해도 모형 평균화가 일반화에 도움이 된다. 자료 집합이 같아도, 무작위한 초기화나 미니배치 및 초매개변수의 무작위 선택에 따른 차이나 신경망의 비결정론적 구현에서 비롯된 차이가 커서 앙상블을 구성하는 모형들의 오차가 부분적으로라도 독립이 되게 만드는 데 충분할 때가 많다.

모형 평균화는 일반화 오차를 줄이는 대단히 강력하고 믿을 만한 방법이다. 대체로 과학 논문에서 알고리즘들을 벤치마킹할 때는 이 기법이 권장되지 않는데, 이는 그 어떤 기계 학습 알고리즘이라도 모형 평균화를 적용하면 성과가 크게 향상되기 때문

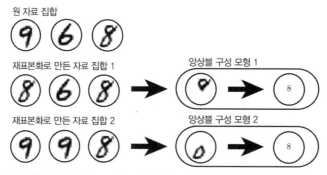

그림 7.5: 배깅의 작동 방식을 보여주는 그림. 8을 검출하는 검출기를, 각각 숫자 8, 6, 9를 담은 세 이미지로 구성된 자료 집합으로 훈련한다고 하자. 그리고 그 자료 집합으로부터 두 개의 서로 다른 자료 집합을 추출한다고 하자. 배깅 훈련 절차는 복원 추출을 이용해서 원 자료 집합으로부터 두 개의 자료 집합을 구축한다. 자료 집합 1에는 9가 없는 대신 8이 두 개 있다. 한편, 자료 집합 2는 9가 중복이고 6이 없다. 이 경우 검출기는 숫자의 아래 동그라미가 8에 대응된다는 점을 배운다. 이러한 분류 규칙들은 개별적으로는 그리 안정적이지 않지만, 이들의 출력을 평균화하면 검출기가 안정된다. 결과적으로, 검출기는 주어진 숫자 이미지에 8의 위, 아래 동그라미가 모두 있을 때만 최대 확신도에 도달한다.

이다(대신 계산 비용과 메모리 사용량이 늘긴 하지만). 그래서 벤치마크 비교에서는 단일 모형만 사용할 때가 많다.

일반적으로 기계 학습 공모전(contest)에서 우승하는 학습 기법들은 수십 개의 모형에 대한 모형 평균화를 사용한다. 최근의 두드러진 예는 2009년 Netflix Prize의 대상 수상작(Koren, 2009)이다.

앙상블 구축 기법 중에는 개별 모형보다 앙상블을 더 많이 정칙화하는 것이 목적이 아닌 것들도 있다. 예를 들어 **부양법**(boosting; 또는 부스팅)이라고 하는 기법은 개별 모형보다 수용력이 더 큰 앙상블을 구축한다(Freund & Schapire, 1996b; Freund & Schapire, 1996a). 부양법은 앙상블에 신경망들을 점진적으로 추가해서 신경망 앙상블을 구축하는 데 적용되기도 하고, 개별 신경망에 은닉 단위들을 점진적으로 추가해서 개별 신경망을 하나의 앙상블처럼 다루는 목적으로 적용되기도 했다(Bengio 외, 2006a).

7.12 드롭아웃

드롭아웃dropout(Srivastava 외, 2014)은 광범위한 모형의 정칙화를 위한, 강력하지만 계산 비용이 낮은 정칙화 방법이다. 개괄적으로 말하면, 드롭아웃은 아주 많은 수의 큰 신경망들로 이루어진 앙상블에 현실적으로 배깅을 적용할 수 있게 하는 기법이라 할 수 있다. 배깅을 위해서는 여러 개의 모형을 훈련한 후 그 모형들을 각 시험 견본으로 평가해야 한다. 큰 신경망을 훈련하고 평가하려면 실행 시간과 메모리가 많이 소비되므로, 많은 수의 큰 신경망들로 구성된 앙상블에 배깅을 적용하는 것이 현실적으로 불가능할 수 있다. 일반적으로 실제 응용에서 하나의 앙상블은 5에서 10개의 신경망으로 구성된다. ILSVRC 우승작은 여섯 개를 사용했다(Szegedy 외, 2014a). 신경망이 10개보다 많으면 앙상블이 빠르게 불안정해진다. 드롭아웃은 지수적으로 많은 신경망으로 구성된 배깅된 앙상블(bagged ensemble)을 작은 비용으로 근사적으로 훈련하고 평가하는 수단을 제공한다.

구체적으로 말하자면, 드롭아웃 기법에서는 기반 신경망에서 비출력 단위(출력 단위가 아닌 단위)들을 제거해서 만들 수 있는 모든 가능한 부분망(subnetwork)으로 구성된 앙상블을 훈련한다(그림 7.6 참고). 일련의 어파인 변환들과 비선형성들에 기초한 대부분의 현대적 신경망에서는, 한 단위의 출력값에 0을 곱하면 사실상 그 단위가 신경망에서 제거되는 효과가 난다. 그러나 단위의 상태와 어떤 기준값의 차이를 취하는 방사상 기저함수 신경망 같은 모형의 경우에는 그런 식으로 단위를 제거하려면 모형을 조금 수정해야 할 수도 있다. 논의의 단순함을 위해 여기서는 그냥 0을 곱해서 단위를 제거하는 방식의 드롭아웃 알고리즘을 소개하지만, 이와는 다른 방식으로 단위를 제거해야 하는 신경망에 맞게 이번 절의 드롭아웃 알고리즘을 수정하는 것은 전혀 어렵지 않다.

기억하겠지만, 배깅을 적용한 학습에서는 k개의 서로 다른 모형을 정의하고, 기본 훈련 집합을 복원 추출해서 k개의 서로 다른 자료 집합을 만들고, 자료 집합 i로 모형 i를 훈련한다. 드롭아웃의 목적은 그러한 과정을 지수적으로 많은 신경망으로 근사하

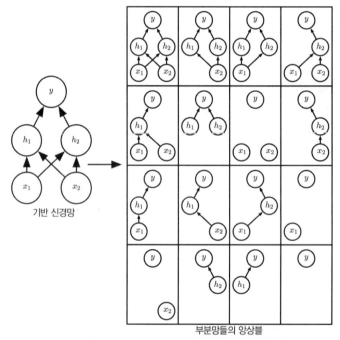

기반 신경망

부분망들의 앙상블

그림 7.6: 드롭아웃 기법에서는 기반 신경망에서 비출력 단위(출력 단위가 아닌 단위)들을 제거해서 만들 수 있는 모든 가능한 부분망으로 구성된 앙상블을 훈련한다. 이 예에서 기반 신경망에는 두 개의 가시 단위와 두 개의 은닉 단위가 있다. 이 네 단위로 만들 수 있는 부분망은 총 16개이다. 그림의 오른쪽에 기반 신경망에서 단위들을 제거해서 만들 수 있는 열여섯 가지 부분망이 모두 표시되어 있다. 이 작은 예에서는 부분망 중 입력이 없거나 입력에서 출력으로 이어지는 경로가 존재하지 않는 유효하지 않은 부분망의 비율이 꽤 크다. 그러나 더 넓은 층들로 이루어진 신경망에서는 입력에서 출력으로의 모든 가능한 경로가 삭제되어서 유효하지 않은 부분망이 만들어질 확률이 낮기 때문에, 이것이 그리 큰 문제가 되지 않는다.

는 것이다. 구체적으로 말하면, 드롭아웃을 이용한 훈련에서는 작은 단계들로 진행되는 미니배치 기반 학습 알고리즘(확률적 기울기 하강법 등)을 사용한다. 하나의 견본을 미니배치에 적재할 때마다 이진 마스크를 새로 무작위로 추출해서 신경망의 모든 입력 단위와 은닉 단위에 적용한다. 각 단위에 적용되는 각 마스크값은 다른 단위의 마스크값과는 독립적으로 추출한다. 마스크값이 1이면 그 단위는 부분망에 포함된다. 마스크값이 1일 확률은 훈련 시작 전에 결정하는 하나의 초매개변수이다. 이 확률은 모형 매개변수들의 현재 값이나 입력 견본의 함수가 아니라, 훈련 내내 일정한 상수이다. 입력 단위가 부분망에 포함되는 확률로는 흔히 0.8을 사용하고, 은닉 단위가 포함될 확률로는 흔히 0.5를 사용한다. 마스크들을 적용한 다음에는 평소대로 순전파, 역전파, 학습 갱신 절차를 수행한다. 그림 7.7에 드롭아웃에서 순전파를 적용하는 과정이 나와 있다.

좀 더 공식적으로 정의하자면, 포함할 단위들을 결정하는 마스크 벡터가 $\boldsymbol{\mu}$이고, 모형 매개변수 $\boldsymbol{\theta}$와 마스크 $\boldsymbol{\mu}$로 정의되는 모형의 비용함수가 $J(\boldsymbol{\theta}, \boldsymbol{\mu})$라고 하자. 드롭아웃 훈련은 $\mathbb{E}_{\boldsymbol{\mu}} J(\boldsymbol{\theta}, \boldsymbol{\mu})$를 최소화하는 과정으로 구성된다. 그 기댓값에는 지수적으로 많은 항이 포함되지만, 기울기의 불편 추정량(unbiased estimate)을 $\boldsymbol{\mu}$의 값들을 추출해서 구할 수 있다.

드롭아웃 훈련과 배깅 훈련은 같은 것이 아니다. 배깅에서는 모형들이 모두 독립이지만, 드롭아웃에서는 모형들이 매개변수들을 공유한다. 드롭아웃의 모형들은 부모 신경망의 매개변수들의 부분집합을 상속받는데, 그 부분집합의 구성은 모형마다 다르다. 이러한 매개변수 공유 덕분에 지수적으로 많은 모형을 현실적인 크기의 메모리로 표현할 수 있다. 배깅의 경우에는 각 모형을 해당 대표 훈련 집합에 대해 수렴하도록 훈련한다. 그러나 드롭아웃에서는 대부분의 모형을 아예 훈련하지 않는다(명시적으로는). 일반적으로 실제 응용에서는, 모든 가능한 부분망을 추출하려면 우주가 소멸할 때까지 기다려도 작업이 끝나지 않을 정도로 모형이 아주 크다. 그래서 드롭아웃은 한 단계에서 가능한 부분망의 극히 일부만 훈련하지만, 매개변수 공유 덕분에 다른 부분망들도 적절한 매개변수 값들을 가지게 된다. 이상이 둘의 유일한 차이점들이고, 그 외에는 드롭아웃 알고리즘과 배깅 알고리즘이 동일하다. 예를 들어 각 부분망이 만나는 훈련 집합은 원래의 훈련 집합에서 복원 추출한 부분집합이다.

배깅된 앙상블은 모든 구성원의 투표를 누적해서 예측값을 산출한다. 지금 맥락에

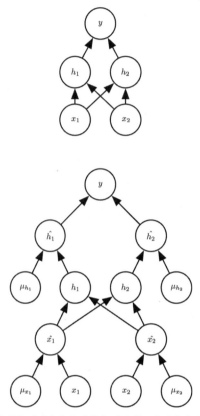

그림 7.7: 드롭아웃을 이용한 순방향 신경망의 훈련에서 일어나는 순전파의 예. (위) 이 예는 입력 단위가 둘인 입력층 하나와 은닉 단위가 둘인 은닉층 하나, 그리고 출력 단위 하나로 이루어진 순방향 신경망을 사용한다. (아래) 드롭아웃에서 순전파를 수행하기 위해 신경망의 각 입력 단위 또는 은닉 단위와 대응되는 마스크 값들로 이루어진 마스크 벡터 $\boldsymbol{\mu}$를 추출한다. $\boldsymbol{\mu}$의 성분들은 이진값이며, 서로 독립적으로 추출된다. 각 성분이 1일 확률은 신경망의 한 초매개변수인데, 은닉층에는 0.5가, 입력에는 0.8이 흔히 쓰인다. 신경망의 각 단위에 해당 마스크값을 곱한 후, 신경망의 나머지 부분에 대해 평소 방식대로 순전파를 진행한다. 단위들에 마스크값(확률적으로 추출한)을 곱하는 것은 그림 7.6의 오른쪽에 나온 부분망 중 하나를 확률적으로 선택하는 것에 해당한다.

서 그러한 과정을 **추론**(inference; 또는 추리)이라고 부른다. 배깅과 드롭아웃에 관한 지금까지의 설명에서는 모형이 반드시 확률적이어야 한다는 조건을 명시적으로 언급하지 않았다. 그러나 이제부터는 모형이 확률분포를 출력해야 한다고 가정하겠다. 배깅의 경우 각 모형 i는 하나의 확률분포 $p^{(i)}(y \mid \boldsymbol{x})$를 산출한다. 앙상블의 예측값은 그러한 모든 확률분포의 산술평균인

$$\frac{1}{k}\sum_{i=1}^{k}p^{(i)}(y\,|\,\boldsymbol{x}) \qquad\qquad (7.52)$$

이다. 그리고 드롭아웃에서는 마스크 벡터 $\boldsymbol{\mu}$로 정의되는 각 부분모형이 하나의 확률분포 $p(y\,|\,\boldsymbol{x},\boldsymbol{\mu})$를 산출한다. 모든 마스크에 관한 산술평균은

$$\sum_{\boldsymbol{\mu}}p(\boldsymbol{\mu})p(y\,|\,\boldsymbol{x},\boldsymbol{\mu}) \qquad\qquad (7.53)$$

인데, 여기서 $p(\boldsymbol{\mu})$는 훈련 시점에서 $\boldsymbol{\mu}$를 추출하는 데 쓰인 확률분포이다.

이 합은 지수적으로 많은 항을 포함하므로, 적절한 단순화가 가능한 구조로 된 모형이 아니면 이를 실제로 계산하는 것은 비현실적이다. 지금까지 밝혀진 바로는, 심층 신경망을 그러한 계산이 가능할 정도로 단순화하는 방법은 없다. 그래서 드롭아웃은 모든 항을 실제로 계산하는 대신 표본추출을 통해서 추론을 근사한다. 구체적으로, 드롭아웃은 여러 마스크로 선택한 부분망들의 평균을 그러한 근삿값으로 제시한다. 마스크를 10~20개만 사용해도 좋은 성과가 나올 때가 많다.

그런데 이보다 더 나은 접근 방식도 있다. 이 접근 방식은 순전파 1회의 비용만 추가해서 전체 앙상블의 예측을 좀 더 잘 근사한다. 이 접근 방식의 핵심은 앙상블 구성원들의 예측 분포들의 산술평균 대신 기하평균을 산출하는 것이다. [Warde-Farley 외, 2014]는 이런 맥락에서 산술평균보다 기하평균이 더 나은 성과를 내는 이유와 실험적 증거를 제시한다.

그런데 여러 확률분포의 기하평균이 반드시 유효한 확률분포가 되는 것은 아니다. 기하평균의 결과가 유효한 확률분포가 되게 하려면, 그 어떤 부분모형도 확률 0을 산출해서는 안 된다는 제약을 가해야 한다. 그리고 기하평균 확률분포를 재정규화해야 한다. 기하평균으로 구한, 정규화되지 않은 확률분포는 다음과 같이 주어진다.

$$\tilde{p}_{앙상블}(y\,|\,\boldsymbol{x}) = \sqrt[2^d]{\prod_{\boldsymbol{\mu}}p(y\,|\,\boldsymbol{x},\boldsymbol{\mu})}. \qquad\qquad (7.54)$$

여기서 d는 부분망 구축 시 제외할 단위들의 개수이다. 간단한 설명을 위해 식 7.54는 $\boldsymbol{\mu}$에 관한 고른 분포를 사용하지만, 고른 분포가 아닌 분포들도 사용할 수 있다. 식 7.54의 확률분포를 다음과 같이 재정규화하면 앙상블의 최종 예측 분포가 나온다.

$$p_{앙상블}(y \mid \boldsymbol{x}) = \frac{\tilde{p}_{앙상블}(y \mid \boldsymbol{x})}{\sum_{y'} \tilde{p}_{앙상블}(y' \mid \boldsymbol{x})}. \tag{7.55}$$

드롭아웃의 핵심 착안은, 모든 단위를 포함하되 가중치들을 적절히 수정하는(구체적으로는 단위 i에서 나가는 방향의 가중치들에 단위 i가 포함될 확률을 곱하는) 하나의 모형에서 $p(y \mid \boldsymbol{x})$를 평가함으로써 $p_{앙상블}$ 자체를 근사할 수 있다는 것이다(Hinton 외, 2012c). 가중치를 그런 식으로 수정하는 목적은, 그 단위가 출력하는 값의 정확한 기댓값이 반영되게 하는 것이다. 이러한 접근 방식을 **가중치 비례 추론 규칙**(weight scaling inference rule)이라고 부른다. 심층 비선형 신경망에 대해 이러한 근사 추론 규칙이 유효하다는 점이 아직 이론적으로 증명되지는 않았지만, 이 규칙이 아주 잘 작동한다는 경험적인 증거는 많다.

앞에서 말했듯이 단위가 포함될 확률로 흔히 $\frac{1}{2}$이 쓰이는데, 그런 경우 모형을 평소대로 사용하되 훈련의 끝에서 가중치들을 2로 나누면 가중치 비례 추론 규칙을 적용한 셈이 된다. 또는, 훈련 도중에 단위들의 상태에 2를 곱해도 같은 결과가 나온다. 어떤 방법을 사용하든 목표는, 비록 평균적으로 절반의 단위가 제외된 신경망을 훈련하지만, 시험 과정의 한 단위의 기대 총 입력이 훈련 과정에서의 그 단위의 기대 총 입력과 대략 같아야 한다는 것이다.

비선형 은닉 단위가 없는 모형 부류 중에는 가중치 비례 추론 규칙이 근삿값이 아니라 참값을 산출하는 것들이 많다. 간단한 예로, 벡터 $\mathbf{v}$로 표현되는 n개의 입력 변수를 가진 다음과 같은 소프트맥스 회귀 분류기를 생각해 보자.

$$P(\mathrm{y} = y \mid \mathbf{v}) = \mathrm{softmax}\left(\boldsymbol{W}^{\top} \mathbf{v} + \boldsymbol{b}\right)_y. \tag{7.56}$$

이러한 분류기에 속하는 특정 부류의 부분모형들은 다음과 같이 입력 벡터에 이진 벡터 d를 성분별로 곱해서 명시할 수 있다.

$$P(\mathrm{y} = y \mid \mathbf{v}; \boldsymbol{d}) = \mathrm{softmax}\left(\boldsymbol{W}^{\top} \left(\boldsymbol{d} \odot \mathbf{v}\right) + \boldsymbol{b}\right)_y. \tag{7.57}$$

이러한 부분모형들로 이루어진 앙상블의 예측 결과는 앙상블의 모든 부분모형의 예측 결과에 관한 기하평균을 재정규화한 것이다.

$$P_{앙상블}(\mathrm{y} = y \,|\, \mathbf{v}) = \frac{\tilde{P}_{앙상블}(\mathrm{y} = y \,|\, \mathbf{v})}{\sum_{y'} \tilde{P}_{앙상블}(\mathrm{y} = y' \,|\, \mathbf{v})}. \tag{7.58}$$

여기서

$$\tilde{P}_{앙상블}(\mathrm{y} = y \,|\, \mathbf{v}) = \sqrt[2^n]{\prod_{\boldsymbol{d} \in \{0,1\}^n} P(\mathrm{y} = y \,|\, \mathbf{v}; \boldsymbol{d})} \tag{7.59}$$

이다. 가중치 비례 추론 규칙의 결과가 참값임을 확인하기 위해, $\tilde{P}_{앙상블}$을 좀 더 정리해 보자.

$$\tilde{P}_{앙상블}(\mathrm{y} = y \,|\, \mathbf{v}) = \sqrt[2^n]{\prod_{\boldsymbol{d} \in \{0,1\}^n} P(\mathrm{y} = y \,|\, \mathbf{v}; \boldsymbol{d})} \tag{7.60}$$

$$= \sqrt[2^n]{\prod_{\boldsymbol{d} \in \{0,1\}^n} \mathrm{softmax}\big(\boldsymbol{W}^\top (\boldsymbol{d} \odot \mathbf{v}) + \boldsymbol{b}\big)_y} \tag{7.61}$$

$$= \sqrt[2^n]{\prod_{\boldsymbol{d} \in \{0,1\}^n} \frac{\exp\big(\boldsymbol{W}_{y,:}^\top (\boldsymbol{d} \odot \mathbf{v}) + b_y\big)}{\sum_{y'} \exp\big(\boldsymbol{W}_{y',:}^\top (\boldsymbol{d} \odot \mathbf{v}) + b_{y'}\big)}} \tag{7.62}$$

$$= \frac{\sqrt[2^n]{\prod_{\boldsymbol{d} \in \{0,1\}^n} \exp\big(\boldsymbol{W}_{y,:}^\top (\boldsymbol{d} \odot \mathbf{v}) + b_y\big)}}{\sqrt[2^n]{\prod_{\boldsymbol{d} \in \{0,1\}^n} \sum_{y'} \exp\big(\boldsymbol{W}_{y',:}^\top (\boldsymbol{d} \odot \mathbf{v}) + b_{y'}\big)}}. \tag{7.63}$$

그런데 $\tilde{P}$는 이후 정규화될 것이므로, y에 대해 상수인 계수들을 곱하는 연산은 무시해도 무방하다. 따라서

$$\tilde{P}_{앙상블}(\mathrm{y} = y \,|\, \mathbf{v}) \propto \sqrt[2^n]{\prod_{\boldsymbol{d} \in \{0,1\}^n} \exp\big(\boldsymbol{W}_{y,:}^\top (\boldsymbol{d} \odot \mathbf{v}) + b_y\big)} \tag{7.64}$$

$$= \exp\left(\frac{1}{2^n} \sum_{\boldsymbol{d} \in \{0,1\}^n} \boldsymbol{W}_{y,:}^\top (\boldsymbol{d} \odot \mathbf{v}) + b_y\right) \tag{7.65}$$

$$= \exp\left(\frac{1}{2} \boldsymbol{W}_{y,:}^\top \mathbf{v} + b_y\right) \tag{7.66}$$

이다. 이제 이것을 식 7.58에 다시 대입하면 가중치들이 $\frac{1}{2}\boldsymbol{W}$인 소프트맥스 분류기가 나온다.

이외에도 가중치 비례 추론 규칙이 참값을 산출하는 모형들이 있는데, 이를테면 조

건부 정규분포를 출력하는 회귀 신경망이나 비선형성이 없는 은닉층들로 이루어진 심층 신경망 등이 그렇다. 그러나 비선형성이 있는 심층 모형에서는 가중치 비례 추론 규칙이 그냥 근사일 뿐이다. 그러한 근사를 이론적으로 특징지은 연구 결과는 아직 없지만, 경험적으로는 잘 작동할 때가 많다. [Goodfellow 외, 2013a]는 앙상블 예측기에 대해 가중치 비례 근사가 몬테카를로 근사(Monte Carlo approximation)보다 더 잘(분류의 정확도를 기준으로) 작동함을 경험적으로 입증했다. 심지어 몬테카를로 근사가 최대 1,000개의 부분망을 추출하도록 허용한 경우에도 가중치 비례 근사가 더 나았다. 한편, [Gal & Ghahramani, 2015]에 따르면 일부 모형들은 20개의 표본과 몬테카를로 근사를 사용했을 때 더 나은 분류 정확도를 보였다. 이러한 상반된 결과를 생각하면, 아마도 최적의 추론 근사 기법은 문제에 따라 다른 것으로 보인다.

[Srivastava 외, 2014]는 계산 비용이 낮은 표준적인 정칙화 기법들(이를테면 가중치 감쇄, 필터 노름 제약, 희소 활성화 정칙화 등)보다 드롭아웃이 더 효과적임을 보였다. 또한, 드롭아웃을 다른 형태의 정칙화들과 결합했을 때 성과가 더 개선될 수도 있다.

드롭아웃의 한 가지 장점은 계산 비용이 아주 낮다는 것이다. 훈련 과정에서 드롭아웃을 사용할 때, n개의 무작위 이진수를 생성해서 신경망의 상태에 곱하는 한 번의 갱신에서 견본당 계산 비용은 $O(n)$밖에 되지 않는다. 저장 비용을 보면, 구현에 따라서는 역전파 단계로 진입하기 전에 그런 이진수들을 $O(n)$ 규모의 메모리에 저장해 두어야 한다. 훈련된 모형으로 추론을 실행하는 데 필요한 견본당 비용은 드롭아웃을 사용하지 않을 때의 비용과 동일하다. 단, 견본들에 대해 추론을 실행하기 전에 가중치들을 2로 나누는 계산이 반드시 필요하므로, 그에 따른 비용이 추가된다.

드롭아웃의 또 다른 두드러진 장점은, 드롭아웃을 적용할 수 있는 모형이나 훈련 절차에 별 제한이 없다는 것이다. 드롭아웃은 분산 표현을 사용하는, 그리고 확률적 경사 하강법으로 훈련할 수 있는 거의 모든 모형에서 잘 작동한다. 그런 모형에는 순방향 신경망들뿐만 아니라 제한 볼츠만 기계(Srivastava 외, 2014) 같은 확률적 모형들과 순환 신경망(Bayer & Osendorfer, 2014; Pascanu 외, 2014a)이 포함된다. 반면, 드롭아웃과 비슷한 위력을 지닌 다른 정칙화 전략들은 모형의 구조에 좀 더 엄격한 제약을 가한다.

특정 개별 모형에 드롭아웃을 적용하는 데 필요한 단계당 비용은 무시할 수 있을 정도이지만, 하나의 완결적인 시스템에 드롭아웃을 적용하는 데 필요한 비용은 상당히 클 수 있다. 드롭아웃은 정칙화 기법의 하나이므로, 드롭아웃을 적용하면 모형의 유효 수용력이 줄어든다. 그러한 효과를 상쇄하려면 반드시 모형의 크기를 키워야 한다. 일반적으로, 드롭아웃을 적용하면 최적의 검증 집합 오차가 보통의 경우보다 훨씬 낮아지지만, 대신 모형이 더 커지고 훈련 알고리즘을 더 많이 반복해야 한다. 자료 집합이 아주 클 때는 정칙화를 적용해도 일반화 오차가 별로 감소하지 않는다. 그런 경우에는 드롭아웃과 더 큰 모형을 사용해서 생기는 비용이 정칙화가 주는 이득보다 클 수 있다.

이름표 붙은 훈련 견본들이 아주 적은 상황에서는 드롭아웃이 덜 효과적이다. 주어진 견본이 5,000개 미만인 Alternative Splicing Dataset(Xiong 외, 2011)에 대해 베이즈 신경망(Neal, 1996)이 드롭아웃보다 나은 성과를 보인 사례가 있다(Srivastava 외, 2014). 그리고 추가로 이름표 없는 훈련 견본들이 주어지는 상황에서는 비지도 특징 학습이 드롭아웃보다 나을 수 있다.

[Wager 외, 2013]은 선형회귀에 대한 드롭아웃이 입력 특징마다 다른 가중치 감쇄 계수(해당 특징의 분산으로 결정되는)를 사용하는 L^2 가중치 감쇄와 동등한 것임을 보였다. 다른 선형 모형에서도 그와 비슷한 결과가 성립한다. 그러나 심층 모형에 대해서는 드롭아웃이 가중치 감쇄와 동등하지 않다.

드롭아웃을 이용한 학습 과정에 쓰이는 확률성이 드롭아웃으로 모형의 성과를 개선하는 데 꼭 필요한 요인은 아니다. 이는 그냥 모든 부분모형에 관한 합을 근사하는 수단일 뿐이다. [Wang & Manning, 2013]은 그러한 주변화에 대한 해석적 근사 방법을 유도했다. **빠른 드롭아웃**(fast dropout)이라고 부르는 그들의 근사 방법은 보통의 드롭아웃보다 더 빨리 수렴되었는데, 이는 기울기 계산의 확률성이 더 적은 덕분이다. 이 방법을, 모든 부분망에 관한 평균을 좀 더 엄격하게(대신 계산 비용이 더 높지만) 근사하는 한 방법으로서 시험 과정에도 적용할 수 있다. 지금까지 작은 신경망 문제에 대해서는 빠른 드롭아웃이 보통의 드롭아웃에 비견하는 성과를 보였지만, 더 나은 성과를 보였거나 더 큰 문제에 빠른 드롭아웃을 적용한 사례는 아직 없다.

확률성은 드롭아웃으로 정칙화 효과를 얻기 위한 필요조건이 아닐 뿐만 아니라, 충분조건도 아니다. 이 점을 보이기 위해 [Warde-Farley 외, 2014]는 **드롭아웃 부양법**(dropout boosting)이라고 부르는 방법을 이용해서 통제 실험을 수행했다. 드롭아웃 부양법은 보통의 드롭아웃과 정확히 같은 마스크 잡음을 사용하지만 정칙화 효과는 내지 않는다. 드롭아웃 부양법은 훈련 집합에 대한 전체적인 로그가능도가 최대가 되도록 앙상블 전체를 훈련한다. 보통의 드롭아웃이 어떤 의미에서 배깅과 비슷하다면, 그들의 접근 방식은 부양법과 비슷하다. 저자들의 의도대로, 신경망 전체를 하나의 모형으로 훈련했을 때에 비해 드롭아웃 부양법의 정칙화 효과가 거의 없다는 실험 결과가 나왔다. 이는 드롭아웃을 배깅으로 해석하는 것이 드롭아웃을 잡음에 대한 내성(강인함)을 제공하는 수단으로 해석하는 것보다 훨씬 가치가 있음을 보여준다. 배깅된 앙상블의 정칙화 효과는, 확률적으로 추출된 앙상블 구성원들이 각자 독립적으로 잘 작동하게 만드는 것을 목표로 구성원들을 훈련할 때만 생긴다.

드롭아웃은 가중치들을 공유하는 지수적으로 많은 모형으로 이루어진 앙상블의 훈련을 위한 다른 확률적 접근 방식들에 영감을 주었다. 드롭아웃의 한 특수 사례인 DropConnect는 하나의 스칼라 가중치와 하나의 은닉 단위 상태의 곱을 제외(드롭아웃) 가능한 단위로 간주한다(Wan 외, 2013). 확률적 풀링(stochastic pooling)은 합성곱 신경망들의 앙상블을 구축하는 데 쓰이는 일종의 무작위 풀링(§9.3 참고)인데, 각 합성곱 신경망은 각 특징 지도 안에서 서로 다른 위치에 자리한다. 현재, 드롭아웃은 가장 널리 쓰이는 암묵적 앙상블 학습법이다.

드롭아웃에 깔린 핵심적인 통찰 중 하나는, 확률적인 방식으로 신경망을 훈련하고 여러 확률적 결정들의 평균으로 예측값을 산출하는 것이 매개변수들을 공유하는 배깅의 일종이라는 것이다. 앞에서 우리는 단위들을 포함 또는 제외해서 만든 부분모형들로 구성된 앙상블에 배깅을 적용하는 기법의 관점에서 드롭아웃을 살펴보았다. 그런데 이러한 모형 평균화 전략이 반드시 단위의 포함과 제외에 기초할 필요는 없다. 원칙적으로는 그 어떤 무작위 수정 방법도 적용할 수 있다. 단, 신경망이 저항하는(resist) 법을 배울 수 있게 하는 수정 방법을 선택하는 것이 바람직하다. 더 나아가서, 빠른 근사 추론 규칙을 적용할 수 있는 부류의 모형을 사용하는 것이 이상적이다. 벡터 μ 로 매개변수화되는 모든 형태의 수정을, μ의 모든 가능한 값에 대한 $p(y \mid x, \mu)$들로 이루어진 하나의 앙상블을 훈련하는 것으로 생각할 수 있다. 이때 μ의 성분들이 가질 수 있는 값의 종류가 유한해야 한다는 제약은 없다. 예를 들어 μ가 실숫값 벡터일 수도 있다. [Srivastava 외, 2014]는 가중치들에 $\mu \sim \mathcal{N}(1, I)$를 곱했을 때 이진 마스크를 사용하는 드롭아웃보다 더 나은 성과를 얻을 수 있음을 보였다. $\mathbb{E}[\mu] = 1$이므로, 표준적인 신경망은 가중치 비례 없이도 앙상블에서 자동으로 근사 추론을 구현하게 된다.

지금까지는 드롭아웃을 전적으로 효율적인 배깅 근사 수단으로 설명했다. 그런데 드롭아웃을 그러한 범위 이상으로 해석하는 것도 가능하다. 모형들의 배깅된 앙상블의 훈련뿐만 아니라 은닉층들을 공유하는 모형들의 앙상블의 훈련에도 드롭아웃을 적용할 수 있다. 그러려면 각 은닉 단위가 모형의 다른 은닉 단위와는 독립적으로 잘 작동해야 한다. 또한, 모형들 사이에서 은닉 단위들을 교환할 수도 있어야 한다. [Hinton 외, 2012c]는 생물학의 유성생식이라는 개념에서 착안한 모형을 제시했다. 유성생식에는 서로 다른 두 개체가 유전자들을 교환하는 과정이 관여한다. 이에 의해 유전자들은 다른 유전자들보다 더 우월할 뿐만 아니라 개체들 사이에서 교환이 쉬워야 한다는 진화 압력을 받게 된다. 그런 유전자(또는 특징)들은 임의의 한 개체(또는 모형)의 특이한 특징에 잘못된 방식으로 적응되지 않기 때문에 환경의 변화를 더 잘 견딜 수 있다. 정리하자면, 드롭아웃은 각 은닉 단위를 단지 우월한 특징일 뿐만 아니라 여러 문맥에 적합한 특징으로 정칙화한다. [Warde-Farley 외, 2014]는 드롭아웃 훈련과 큰 앙상블들의 훈련을 비교해서, 개별 모형들의 앙상블에 비해 드롭아웃이 일반화 오차를 훨씬 더 개선함을 보였다.

드롭아웃의 위력 중 상당 부분은 은닉 단위들에 마스킹 잡음을 적용하는 것에서 비롯한다는 점을 이해하는 것이 중요하다. 이를, 입력의 원본 값들을 파괴하는 것이 아니라 입력에 존재하는 정보를 고도로 지능적이고 적응적인 방식으로 파괴하는 것이라고 볼 수 있다. 예를 들어 어떤 모형이 코를 인식해서 사람의 얼굴을 검출하는 은닉 단위 h_i를 학습했다고 하자. 드롭아웃이 h_i를 제외하는 것은 입력 이미지에 코 모양이 있다는 정보를 삭제(파괴)하는 것에 해당한다. 이 경우 모형은 제외된 h_i처럼 또 다시 코의 존재를 부호화하는, 또는 다른 어떤 특징(입 등)을 통해서 얼굴을 검출하는 다른 은닉 단위를 학습해야 한다. 입력에 구조가 없는 잡음을 추가하는 전통적인 잡음 주입 기법들은 사람 얼굴 이미지에서 코에 관한 정보를 무작위로 제거하지 못한다(잡음이 아주 강해서 이미지의 거의 모든 정보가 제거될 수는 있어도). 원래의 값이 아니라 추출된 특징을 파괴하는 능력이 있으면, 모형이 지금까지 획득한 입력 분포에 관한 모든 지식을 활용해서 파괴를 수행할 수 있게 된다.

드롭아웃의 또 다른 중요한 측면은, 잡음이 승산적(multiplicative)이라는 점이다. 잡음을 고정된 비율로 더하기만 하는 경우, 정류 선형 단위 h_i에 잡음 ϵ을 추가하는 신경망은 그냥 h_i를 아주 크게 만들어서 잡음 ϵ이 상대적으로 아주 작아지게 만드는 방법을 배울 뿐이다. 승산적 잡음을 사용하면 잡음 내성 문제에 대한 그런 무의미한 해법이 방지된다.

또 다른 심층 학습 알고리즘인 배치 정규화(batch normalization)는 훈련 시점에서 가산적 잡음과 승산적 잡음 둘 다 은닉 단위들에 도입하는 방식으로 모형을 재매개변수화(reparametrization)한다. 배치 정규화의 주된 목적은 최적화를 개선하는 것이지만, 잡음이 정칙화 효과를 낼 수 있으며, 종종 드롭아웃을 적용할 필요가 없어지기도 한다. 배치 정규화는 §8.7.1에서 좀 더 설명한다.

7.13 대립 훈련

독립동일분포(i.i.d) 시험 집합으로 평가했을 때 인간 수준의 성과를 내기 시작한 신경망들이 많이 있다. 그런 모형들이 해당 과제를 정말로 사람 수준으로 이해했는지 궁금해하는 것은 자연스러운 일이다. 모형이 잘못 분류한 견본들을 살펴보면 바탕 과제에 대한 신경망의 이해 수준을 가늠할 수 있다. [Szegedy 외, 2014b]가 밝힌 바에 따르면, 인간 수준의 정확도로 과제를 수행한 신경망들이라도 자료점 x 근처에서 입력 x'을 검색했을 때 모형이 x'과는 아주 다른 결과를 출력하게 하는 최적화 절차를 이용해서 의도적으로 구축한 견본들에 대해서는 100%에 가까운 오류율을 보였다. 그런데 그러한 x'이 x와 비슷해서, 사람이 보기에는 원 견본과 **대립 견본**(adversarial example; 또는 대항 견본, 적대적 견본)을 잘 구별하기 어려울 때가 많다. 그런 경우에도 신경망은 그 둘에 대해 아주 다른 예측값을 산출할 수 있다. 그림 7.8에 그러한 예가 나와 있다.

이러한 대립 견본들이 가지는 의미는 다양하다. 이를테면 컴퓨터 보안에서도 이런 대립 견본이 중요하다. 그러나 이는 이번 장의 범위를 넘는 주제이다. 정칙화의 관점에서 중요한 것은 원래의 독립동일분포 시험 집합에 대한 오류율을 **대립 훈련**(adversarial training; 또는 대항 훈련, 적대적 훈련)을 통해서 줄일 수 있다는 것이다. 여기서 대립 훈련이란 훈련 집합의 견본들을 대립적으로(adversarially) 섭동해서 만든 견본들로 신경망을 훈련하는 것을 말한다(Szegedy 외, 2014b; Goodfellow 외, 2014b).

[Goodfellow 외, 2014b]는 그러한 대립 견본들의 주된 원인 중 하나가 과도한 선형성

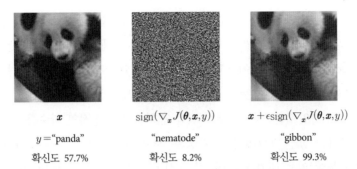

$\boldsymbol{x}$	$\text{sign}(\nabla_{\boldsymbol{x}} J(\boldsymbol{\theta}, \boldsymbol{x}, y))$	$\boldsymbol{x} + \epsilon\,\text{sign}(\nabla_{\boldsymbol{x}} J(\boldsymbol{\theta}, \boldsymbol{x}, y))$
$y =$ "panda"	"nematode"	"gibbon"
확신도 57.7%	확신도 8.2%	확신도 99.3%

그림 7.8: ImageNet에 대한 GoogLeNet에 대립 견본 생성 기법을 적용한 예(Szegedy 외, 2014a). 비용함수의 입력에 대한 기울기의 성분들과 부호가 같은 성분들로 이루어진 벡터들을 이미지에 추가했다. 그 벡터들은 알아 채기 어려울 정도로 크기가 작지만, 그래도 GoogLeNet의 이미지 분류 결과가 달라졌다. 허락하에 [Goodfellow 외, 2014b]에서 전재.

임을 보였다. 신경망은 주로 선형적인 구축 요소들로 만들어진다. 일부 실험에 따르면, 그런 요소들로 신경망을 구성하면 신경망이 구현하는 전체적인 함수 자체도 고도로 선형적이다. 그런 선형 함수들은 최적화하기 쉽다. 안타깝게도, 입력이 많으면 선형 함수의 값이 아주 빠르게 변할 수 있다. 각 입력을 ϵ만큼 변경하면, 가중치들이 $\boldsymbol{w}$인 선형 함수는 최대 $\epsilon\|\boldsymbol{w}\|_1$까지 바뀔 수 있는데, 만일 $\boldsymbol{w}$가 고차원이면 그 값이 아주 클 수 있다. 대립 훈련은 훈련 자료 부근에서 신경망이 국소적으로 고정되게 유도함으로써 그러한 고도로 민감한 국소적 선형 행동을 억제한다. 이를, 국소 상수성 사전분포를 지도 학습 신경망에 명시적으로 도입하는 한 방법으로 보아도 될 것이다.

대립 훈련은 큰 함수족을 표현할 수 있는 모형에 적극적인 정칙화를 결합할 때 생기는 위력을 이해하는 데 도움이 된다. 로지스틱 회귀처럼 순수하게 선형적인 모형은 말 그대로 선형적이기 때문에 대립 견본들을 견디지 못한다. 그러나 신경망은 선형에 아주 가까운 함수에서부터 국소 상수 함수에 아주 가까운 함수에 이르기까지 다양한 함수를 표현할 수 있으며, 그 덕분에 훈련 자료에 존재하는 선형 추세(trend)를 포착하는 유연성을 가지면서도 국소 섭동에 저항하는 방법을 배울 수 있다.

대립 견본들은 또한 준지도 학습을 수행하는 수단도 제공한다. 자료 집합의 한 자료 점 $\boldsymbol{x}$에 아무런 이름표도 부여되어 있지 않을 때, 모형 자신이 그 자료점에 어떤 이름 표 $\hat{y}$를 부여한다. 모형이 배정한 이름표 $\hat{y}$가 진짜 이름표는 아닐 수 있지만, 모형의 품질이 높다면 $\hat{y}$가 진짜 이름표일 확률이 높다. 준지도 학습을 위해서는 $y' \neq \hat{y}$인 어떤 y'을 모형(분류기)이 출력하게 만드는 대립 견본 x'을 만들어야 한다. 진짜 이름표가 아니라 훈련된 모형이 제시한 이름표를 이용해서 생성한 대립 견본을 **가상 대립 견본**(virtual adversarial example)이라고 부른다(Miyato 외, 2015). 그런 다음에는 x와 x'에 같은 이름표를 배정하도록 분류기를 훈련한다. 그러면 분류기는 이름표 없는 자료점들이 놓여 있는 다양체를 따라 발생한 작은 변화들에 안정적인 함수를 배우는 쪽으로 유도된다. 이러한 접근 방식에 깔린 가정은, 서로 다른 부류들은 연결되지 않은 다양체들에 각자 놓여 있을 때가 많으며, 작은 섭동을 가한다고 해서 한 부류의 다양체에서 다른 부류의 다양체로 도약하지는 못하리라는 것이다.

7.14 접선 거리, 접선 전파, 다양체 접선 분류기

기계 학습 알고리즘 중에는 자료가 저차원 다양체 부근에 놓여 있다는 가정을 통해서 차원의 저주(§5.11.3)를 극복하려는 것들이 많다.

그러한 다양체 가설을 활용하려 한 초기 시도 중 하나는 **접선 거리**(tangent distance; 또는 탄젠트 거리) 알고리즘(Simard 외, 1993; Simard 외, 1998)이다. 이 알고리즘은 비매개변수적 최근접 이웃 알고리즘에 속하는데, 일반적인 유클리드 거리 대신 확률이 집중된 다양체 부근에 대한 지식으로부터 유도된 거리를 사용한다는 점이 특징이다. 이 알고리즘은 모형이 할 일이 견본들을 분류하는 것이고, 같은 다양체에 있는 견본들은 같은 부류에 속한다고 가정한다. 그러한 분류기는 다양체의 이동에 따른 국소 변동 요인들에 대해 불변이어야 하므로, 각각 점 x_1과 x_2가 있는 다양체 M_1과 M_2 사이의 거리를 그 두 점 사이의 최근접 이웃 거리로 사용하는 것이 합당하다. 그러한 거리를 계산하기가 어려울 수 있는데(각각 M_1과 M_2에 가장 가까운 두 점을 구하는 최적화 문제를 풀어야 할 수 있다), 다행히 M_i를 x_i에서의 해당 접선 평면으로 근사하고 두 접선 평면 사이의 거리 또는 한 접선 평면과 한 점 사이의 거리를 구해서 다양체 사이의 거리 대신 사용하는 저비용 대안이 있다. 그런 거리는 하나의 저차원 연립방정식을 풀어서 (다양체의 차원에서) 구하는 것이 가능하다.

비슷한 맥락에서, **접선 전파**(tangent prop) 알고리즘(Simard 외, 1992)은 신경망 분류기에 추가적인 벌점을 부여해서 신경망의 각 출력 $f(x)$가 알려진 변동 요인에 국소적으로 불변이 되게 만든다(그림 7.9). 그런 변동 요인들은 같은 부류에 속하는 견본들이 집중된 다양체를 따라 이동하는 것에 해당한다. $\nabla_x f(x)$와 x에서의 알려진 다양체 접선 벡터 $v^{(i)}$들이 직교이어야 한다는 제약을 가하면 국소 불변성이 생긴다. 또는 다음과 같은 정칙화 벌점 Ω를 추가해서 x에서의 f의 $v^{(i)}$ 방향 기울기들(그 방향으로의 방향도함수들을 x로 평가한 값)을 작게 만들어도 그와 동등한 국소 불변성이 생긴다.

$$\Omega(f) = \sum_i \left(\left(\nabla_x f(x) \right)^\top v^{(i)} \right)^2. \tag{7.67}$$

이러한 정칙화를 적절한 초매개변수를 이용해서 비례하는 것도 물론 가능하다. 그리고 대부분의 신경망에서는 여러 개의 출력을 합해야 하지만, 여기서는 단순함을 위해 하나의 출력 $f(x)$만 고려한다. 접선 거리 알고리즘에서처럼 이 접선 벡터들은 어떤 지식(믿음)에 따라 유도하는데, 일반적으로 이미지의 이동, 회전, 비례 같은 변환의 효과에 대한 공식적인 지식이 그러한 용도로 쓰인다. 접선 전파는 지도 학습에 쓰였으며 (Simard 외, 1992), 강화 학습의 맥락에서도 쓰였다(Thrun, 1995).

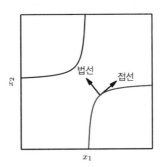

그림 7.9: 접선 전파 알고리즘(Simard 외, 1992)과 접선 분류기(Rifai 외, 2011c)의 핵심 개념을 나타낸 그림. 둘 다 분류기의 출력 함수 $f(x)$를 정칙화한다. 그래프의 두 곡선은 각각 서로 다른 부류에 대한 다양체를 나타내는데, 이 예에서 각 다양체는 2차원 공간에 내장된 1차원 다양체이다. 오른쪽 곡선의 한 점에 대해, 그 점에서 해당 부류 다양체와 접하는 접선 벡터와 다양체에 수직인(즉, 그 접선 벡터에 수직인) 법선 벡터를 표시해 두었다. 더 높은 차원에서는 접선 방향과 법선 방향이 여러 개일 수 있다. 입력이 다양체에 수직인 방향으로 이동할 때는 분류 함수가 빠르게 변하고, 다양체를 따라 이동할 때는 분류 함수가 변하지 않을 것이라고 기대할 수 있다. 접선 전파와 다양체 접선 분류기 모두, x가 다양체를 따라 이동할 때 $f(x)$가 그리 크게 변하지 않도록 $f(x)$를 정칙화한다. 접선 전파를 적용하려면 접선 방향을 계산하는 함수를 사용자가 직접 지정해야 한다(이미지가 조금 이동해도 견본이 해당 부류 다양체를 벗어나지 않는 방식의 함수를 지정하는 등). 그러나 다양체 접선 분류기는 자동부호기가 훈련 자료에 적합하도록 훈련함으로써 다양체 접선 방향을 스스로 추정한다. 자동부호기를 이용해서 다양체를 추정하는 방법은 제14장에서 설명한다.

접선 전파는 자료 증강과 밀접히 관련이 있다. 두 경우 모두, 알고리즘 사용자는 신경망에 적용해도 신경망의 출력이 변하지 않아야 하는 일단의 변환들을 지정함으로써 과제에 대한 자신의 사전 지식을 부호화한다. 둘의 차이는, 자료 증강의 경우에는 그러한 변환을 무한소(infinitesimal) 이상의 양으로 적용해서 생성한 서로 다른 입력들을 신경망이 정확히 분류하도록 신경망을 명시적으로 훈련한다는 것이다. 반면, 접선 전파는 새 입력 점을 명시적으로 방문하지 않아도 된다. 대신, 접선 전파는 지정된 변환에 해당하는 방향들로의 섭동을 견디도록 모형을 해석적으로 정칙화한다. 이러한 해석적 접근 방식이 지적으로 우아하긴 하지만, 중요한 단점이 두 개 있다. 첫째로, 이접근 방식은 무한소 섭동에 저항하도록 모형을 정칙화할 뿐이다. 반면 명시적으로 자료 집합을 증가하면 모형은 더 큰 섭동들도 견딜 수 있다. 둘째로, 정류 선형 단위에 기초한 모형에서 무한소 접근 방식을 적용하기가 어렵다. 그런 모형에서 해당 미분들을 줄이는 유일한 방법은 가중치를 끄거나 줄이는 것뿐이다. S자형 단위나 tanh 단위에서는 큰 가중치들을 이용해서 함수를 큰 값으로 포화함으로써 미분들을 감소할 수 있지만, 정류 선형 단위에서는 불가능하다. 반면 자료 증강은 정류 선형 단위에서도 별 문제가 없는데, 정류 선형 단위들의 서로 다른 부분집합이 원 입력을 서로 다른 방식으로 변환한 각각의 입력에 대해 활성화될 수 있기 때문이다.

접선 전파는 **이중 역전파**(double backprop; Drucker & LeCun, 1992)와 대립 훈련(Szegedy 외, 2014b; Goodfellow 외, 2014b)과도 연관이 있다. 이중 역전파는 야코비 행렬을 작게 제한하는 정칙화를 사용하고, 대립 훈련은 원래의 입력에 가까운 입력들을 찾아서 그런 입력들에 대해서는 원래의 입력에 대한 것과 같은 출력을 산출하도록 모형을 훈련한다. 접선 전파와 자료 집합 증강은 사람이 직접 지정한 변환들을 사용하는데, 그런 변환들은 입력이 지정된 특정 방향으로 변했을 때 모형의 출력이 변하지 않아야 한다는 조건을 충족해야 한다. 반면 이중 역전파와 대립 훈련에서는 입력의 변화가 작은 한, 입력이 **모든** 방향으로 변했을 때 모형이 불변이어야 한다. 자료 집합 증강이 접선 전파의 비非무한소 버전인 것처럼, 대립 훈련은 이중 역전파의 비무한소 버전이다.

다양체 접선 분류기(manifold tangent classifier; Rifai 외, 2011c)는 접선 벡터들을 사람이 미리 지정해야 할 필요성을 제거한다. 제14장에서 보겠지만, 자동부호기는 다양체의 접선 벡터들을 스스로 추정할 수 있다. 따라서 이 기법을 활용하는 다양체 접선 분류기에서는 사용자가 탄젠트 벡터들을 지정할 필요가 없다. 그림 14.10에 나와 있듯이,

이러한 추정된 탄젠트 벡터들은 이미지의 기하구조로부터 발생하는 고전적인 불변 변환들(이동, 회전, 비례 등) 이외의 변환들도 나타낼 수 있으며, 인식 대상(이를테면 움직이는 신체 부분)을 특정하는 요소라서 반드시 배워야 하는 요인들을 포괄한다. 이 때문에 다양체 접선 식별자를 위한 알고리즘은 단순하다. 그런 알고리즘은 (1) 자동부호기를 이용해서 다양체의 구조를 배우고(비지도 학습을 통해), (2) 접선 벡터들을 이용해서 신경망 분류기를 접선 전파에서처럼 정칙화한다(식 7.67).

이번 장에서는 신경망을 정칙화하는 데 쓰이는 대부분의 일반적인 전략들을 설명했다. 정칙화는 기계 학습의 한 중심 주제이며, 그런 만큼 이후의 대부분의 장들에 거듭 등장한다. 기계 학습의 또 다른 중심 주제는 다음 장에서 살펴볼 최적화이다.

8

심층 모형의 훈련을 위한 최적화

최적화(optimaztion)는 심층 학습 알고리즘에서 다양한 형태로 등장한다. 예를 들어 PCA 같은 모형에서 추론을 수행하려면 최적화 문제를 푸는 과정이 필요하다. 알고리즘을 증명하거나 설계할 때는 해석적(analytical) 최적화가 흔히 쓰인다. 심층 학습에 관여하는 모든 최적화 문제 중에서 가장 어려운 것은 신경망 훈련이다. 한 가지 신경망 훈련 문제를 풀기 위해 수백 대의 컴퓨터에서 훈련 알고리즘을 며칠에서 수개월 동안 실행하는 것은 상당히 흔한 일이다. 이 문제는 대단히 중요하지만 비용이 너무 크기 때문에, 이를 푸는 데 특화된 일단의 최적화 기법이 개발되었다. 이번 장에서는 신경망의 훈련을 위한 그런 최적화 기법들을 소개한다.

기울기 기반 최적화의 기본 원리들에 익숙하지 않은 독자는 제4장을 다시 읽는 것이 좋겠다. 제4장에는 일반적인 수치 최적화를 간단히 개괄하는 부분이 있다.

이번 장은 최적화의 한 특수 사례인, 신경망의 비용함수 $J(\boldsymbol{\theta})$를 현저히 감소하는 매개변수 값들의 집합 $\boldsymbol{\theta}$를 구하는 문제에 초점을 둔다. 일반적으로 그러한 문제의 해법에는 신경망 성과의 측도(전체 훈련 집합에 대해 평가하는) 하나와 추가적인 정칙화 항들이 포함된다.

이번 장은 우선 기계 학습 과제를 위한 훈련 알고리즘으로 쓰이는 최적화가 순수한 최적화와 어떻게 다른지 설명한다. 그런 다음에는 신경망의 최적화를 어렵게 만드는 몇 가지 구체적인 난제들을 제시한다. 다음으로는 몇 가지 실용적인 알고리즘을 정의하는데, 여기는 최적화 자체를 위한 알고리즘뿐만 아니라 매개변수들을 초기화하는 전략들도 포함된다. 좀 더 발전된 알고리즘들은 학습 도중에 학습 속도를 조정하거나 비용함수의 이차미분에 있는 정보를 활용한다. 마지막으로는 간단한 최적화 알고리즘들을 한 수준 위의 절차에서 조합해서 만든 몇 가지 최적화 전략들을 검토한다.

8.1 학습과 순수한 최적화의 차이점

심층 모형의 훈련에 쓰이는 최적화 알고리즘은 여러 면에서 전통적인 최적화 알고리즘과 다르다. 대체로 기계 학습은 간접적으로 작용한다. 대부분의 기계 학습 시나리오에서 우리는 시험 집합을 기준으로 정의되는 어떤 성과 측도 P에 주목하는데, 비용 때문에 그러한 성과 측도를 평가하는 것이 현실적으로 불가능할 수도 있다. 그래서 우리는 P를 간접적으로만 최적화한다. 즉, 우리는 성과 측도 대신 어떤 비용함수 $J(\boldsymbol{\theta})$를 최소화함으로써 성과 측도의 개선을 꾀한다. 이는 J를 최소화하는 것이 그 자체로 최적화의 목표인 순수한 최적화와 다른 점이다. 또 다른 차이점으로, 심층 모형의 훈련을 위한 최적화 알고리즘에는 기계 학습 목적함수의 구체적인 구조에 맞는 어떤 특수화가 적용될 때가 많다.

일반적으로, 비용함수를 다음과 같이 훈련 집합에 관한 하나의 평균으로 표현할 수 있다.

$$J(\boldsymbol{\theta}) = \mathbb{E}_{(\boldsymbol{x}, \mathrm{y}) \sim \hat{p}_{\text{자료}}} L(f(\boldsymbol{x};\boldsymbol{\theta}), y). \tag{8.1}$$

여기서 L은 견본당 손실함수이고 $f(\boldsymbol{x};\boldsymbol{\theta})$는 입력 $\boldsymbol{x}$에 대해 신경망이 예측한 출력이다. 그리고 $\hat{p}_{\text{자료}}$는 경험분포(empirical distribution)이다. 지도 학습에서 y는 목표(target) 출력이다. 이번 장의 논의는 L의 인수들이 $f(\boldsymbol{x};\boldsymbol{\theta})$와 y인, 정규화되지 않은 지도 학습을 기준으로 한다. 그러나 이번 장의 논의를 이를테면 인수들에 $\boldsymbol{\theta}$나 $\boldsymbol{x}$도 포함하거나 인수들에서 y가 빠진 형태로 확장하거나, 다양한 종류의 정칙화들을 개발하거나 비지도 학습을 수행하는 상황으로 확장하는 것도 어렵지 않다.

식 8.1은 훈련 집합에 대해 평가되는 목적함수를 정의한다. 그런데 일반적으로 신경망을 훈련할 때는 이처럼 훈련 집합 전체에 관한 목적함수를 최소화하는 대신, **자료**

생성 분포(data-generating distribution) $p_{\text{자료}}$로부터 기댓값(expectation)을 취하는 다음과 같은 목적함수를 최소화한다.

$$J^{*}(\boldsymbol{\theta}) = \mathbb{E}_{(\boldsymbol{x},\text{y}) \sim p_{\text{자료}}} L(f(\boldsymbol{x};\boldsymbol{\theta}),y).\tag{8.2}$$

8.1.1 경험적 위험도 최소화

기계 학습 알고리즘의 목표는 식 8.2로 주어진 기대(평균) 일반화 오차를 줄이는 것이다. 기대 일반화 오차를 흔히 **위험도**(risk)라고 부른다. 여기서 중요한 것은, 이때 기댓값이 진(true) 바탕 분포 $p_{\text{자료}}$에 관한 기댓값이라는 점이다. 진 분포 $p_{\text{자료}}(\boldsymbol{x},y)$를 알고 있는 경우 위험도 최소화는 최적화 알고리즘으로 풀 수 있는 (순수한) 최적화 문제이다. 그러나 $p_{\text{자료}}(\boldsymbol{x},y)$를 알지 못하고 그냥 견본들로 이루어진 훈련 집합만 있는 상황에서 위험도 최소화는 순수한 최적화 문제가 아니라 기계 학습 문제이다.

기계 학습 문제를 다시 최적화 문제로 변환하는 가장 간단한 방법은 훈련 집합에 대해 기대 손실을 최소화하는 것이다. 이는 진 분포 $p(\boldsymbol{x},y)$를 훈련 집합으로 정의되는 경험분포 $\hat{p}(\boldsymbol{x},y)$로 대체하는 것에 해당한다. 이제 우리가 최소화할 것은 다음과 같은 **경험적 위험도**(empirical risk)이다.

$$\mathbb{E}_{\boldsymbol{x},\text{y} \sim \hat{p}_{\text{자료}}(\boldsymbol{x},y)}[L(f(\boldsymbol{x};\boldsymbol{\theta}),y)] = \frac{1}{m}\sum_{i=1}^{m}L(f(\boldsymbol{x}^{(i)};\boldsymbol{\theta}),y^{(i)}).\tag{8.3}$$

여기서 m은 훈련 견본 개수이다.

이 평균 훈련 오차의 최소화에 기초한 훈련 과정을 **경험적 위험도 최소화**(empirical risk minimization)라고 부른다. 이러한 설정에서도 기계 학습은 여전히 보통의 최적화와 아주 비슷하다. 다만, 위험도를 직접 최적화하는 대신, 경험적 위험도를 최소화하면 위험도도 크게 줄어들길 바라면서 경험적 위험도를 최적화할 뿐이다. 현재, 진 위험도가 어떤 조건에서 어느 정도나 감소할 것인지에 관한 이론적 연구 결과들이 많이 나와 있다.

그런데 경험적 위험도 최소화의 한 가지 문제는 과대적합이 일어나기 쉽다는 것이다. 수용력이 큰 모형은 그냥 훈련 집합을 외워버린다. 그래서 많은 경우 경험적 위험도 최소화는 그리 바람직하지 않다. 그리고 가장 효과적인 현대적 최적화 알고리즘들은 경사 하강법에 기초하는데, 유용한 손실함수 중에는 쓸만한 미분이 없는(모든 점에서 미분이 0이거나 정의되지 않는 등) 것들이 많다. 이를테면 $0-1$ 손실함수가 그러한 예이다. 이 두 문제점 때문에 심층 학습에서는 경험적 위험도 최소화를 거의 사용하지 않는다. 대신 그와는 약간 다른 접근 방식을 사용하는데, 그 접근 방식에서는 실제로 최적화하는 수량과 우리가 정말로 최적화하고자 하는 수량의 차이가 더 크다.

8.1.2 대리 손실함수와 조기 종료

종종 우리가 정말로 관심이 있는 손실함수(이를테면 분류 오차)를 효율적으로 최적화할 수 없을 때가 있다. 예를 들어 $0-1$ 손실함수의 기댓값을 정확히 최소화하는 것은 비현실적이다(계산 비용이 입력 차원의 지수 규모이다). 심지어 선형 분류기에 대해서도 그렇다(Marcotte & Savard, 1992). 그런 상황에서는 흔히 진짜 손실함수 대신 진짜 손실함수에 비해 여러 가지 장점이 있는 **대리 손실함수**(surrogate loss function; 또는 대체 손실함수)를 최적화한다. 예를 들어, $0-1$ 손실함수의 대리로 흔히 정확한 부류(class)의 로그가능도를 사용한다. 음의 로그가능도를 이용하면 모형은 입력이 주어졌을 때의 부류들의 조건부 확률을 추정할 수 있으며, 그런 조건부 확률을 잘 추정하는 모형은 기대 분류 오차가 최소인 부류들을 선택할 수 있다.

경우에 따라서는 대리 손실함수를 사용한 덕분에 모형의 학습 능력이 개선되기도 한다. 예를 들어 로그가능도를 대리 손실함수로 사용해서 훈련한 모형을 시험 집합에 대해 실행하면, $0-1$ 손실함수가 0에 도달한 후에도 오랫동안 계속 감소할 수 있다. 이는 기대 $0-1$ 손실이 0일 때도 부류들을 서로 더 멀리 떼어 놓음으로써 분류기의 강인함을 개선할 수 있기 때문이다. 그러면 분류기의 확신도와 신뢰도가 높아져서, 그냥 훈련 집합에 대해 평균 $0-1$ 손실을 최소화했을 때보다 더 많은 정보를 훈련 자료로부터 추출하게 된다.

일반적인 최적화와 훈련 알고리즘으로 쓰이는 최적화의 아주 중요한 차이점 하나는, 대체로 훈련 알고리즘은 극소점에서 멈추지 않는다는 것이다. 일반적으로 기계 학습 알고리즘은 대리 손실함수를 최소화하며, 조기 종료(§7.8)에 기초한 수렴 판정기준이 충족되면 알고리즘의 실행이 끝난다. 보통의 경우 조기 종료 판정기준은 진 손실함수(이를테면 검증 집합에 대해 측정한 $0-1$ 손실 등)에 기초하며, 과대적합이 발생하기 시작하면 알고리즘을 끝낼 수 있도록 고안된다. 그래서 대리 손실함수의 미분이 아직 큰 상황에서도 훈련 알고리즘이 종료될 때가 많다. 이는 순수한 최적화와 아주 다른 점이다. 순수한 최적화 알고리즘은 기울기가 아주 작아지면 수렴이 일어난 것으로 간주해서 실행을 종료한다.

8.1.3 배치 알고리즘과 미니배치 알고리즘

기계 학습 알고리즘과 일반적인 최적화 알고리즘의 또 다른 중요한 차이점은, 기계 학습에서는 목적함수를 훈련 견본들에 관한 하나의 합으로 분해할 때가 많다는 것이다. 기계 학습을 위한 최적화 알고리즘은 각 반복에서 매개변수들을, 완전한 비용함수가 사용하는 항들의 일부만으로 추정한 비용함수 기댓값에 기초해서 갱신한다.

예를 들어, 로그 공간을 기준으로 최대가능도 추정 문제를 다음과 같이 각 견본에 관한 합으로 분해할 수 있다.

$$\boldsymbol{\theta}_{\text{ML}} = \arg\max_{\boldsymbol{\theta}} \sum_{i=1}^{m} \log p_{\text{모형}}(\boldsymbol{x}^{(i)}, y^{(i)}; \boldsymbol{\theta}). \tag{8.4}$$

이 합을 최대화하는 것은 훈련 집합으로 정의되는 경험분포에 관한 다음과 같은 기댓값을 최대화하는 것과 동등하다.

$$J(\boldsymbol{\theta}) = \mathbb{E}_{\mathbf{x}, y \sim \hat{p}_{\text{자료}}} \log p_{\text{모형}}(\boldsymbol{x}, y; \boldsymbol{\theta}). \tag{8.5}$$

이 책에 나오는 대부분의 최적화 알고리즘에 쓰이는 목적함수 J의 속성들은 대부분 훈련 집합에 관한 기댓값들이기도 하다. 예를 들어 가장 널리 쓰이는 속성인 기울기는 다음에서 보듯이 하나의 기댓값이다.

$$\nabla_{\boldsymbol{\theta}} J(\boldsymbol{\theta}) = \mathbb{E}_{\mathbf{x}, y \sim \hat{p}_{\text{자료}}} \nabla_{\boldsymbol{\theta}} \log p_{\text{모형}}(\boldsymbol{x}, y; \boldsymbol{\theta}). \tag{8.6}$$

이 기댓값을 실제로 계산하려면 자료 집합 전체의 모든 견본에 대해 모형을 평가해야 하므로 비용이 아주 많이 든다. 실제 응용에서는 자료 집합에서 적은 수의 견본들을 무작위로 추출한 후 그 견본들에 관해서만 평균을 계산해서 기댓값을 구한다.

식 5.46에서 보았듯이, n개의 표본으로 추정한 평균의 표준편차는 $\sigma/\sqrt{n}$ 이다. 여기서 σ는 표본들의 진(참값) 표준편차이다. 분모가 $\sqrt{n}$ 이므로, 더 많은 견본으로 기울기를 추정해도 그 이득은 정비례(선형 비례)의 경우보다 못하다. 이해를 돕기 위해, 같은 기울기를 100개의 견본으로 추정할 때와 10,000개의 견본으로 추정할 때를 비교해 보자. 후자는 전자보다 100배의 계산이 필요하지만, 평균의 표준오차는 100분의 1이 아니라 10분의 1로만 줄어들 뿐이다. 대부분의 최적화 알고리즘은 정확한 기울기를 느리게 계산할 때보다 기울기의 추정값을 빠르게 계산하는 것이 허용될 때 훨씬 빨리 (갱신 횟수가 아니라 총 계산량을 기준으로) 수렴한다.

적은 수의 표본들을 이용해서 기울기를 통계적으로 추정하는 것이 바람직한 또 다른 이유는 훈련 집합에 중복성이 존재한다는 점이다. 최악의 경우 한 훈련 집합의 견본 m개가 모두 같은 자료의 복사본들일 수 있다. 그런 경우 표본추출에 기초한 기울기 추정 방법에서는 단 하나의 표본으로 기울기의 참값을 계산할 수 있으며, 그러면 필요한 계산량은 단순한 방법(훈련 집합 전체를 사용하는)의 m분의 1이다. 물론 실제 응용에서 그런 최악의 경우를 만날 가능성은 작지만, 다수의 견본이 기울기에 아주 비슷하게 기여하는 상황은 실제로 만날 수 있다.

훈련 집합 전체를 사용하는 최적화 알고리즘을 **배치**batch 경사 하강법 또는 **결정론적**(deterministic) 경사 하강법이라고 부른다. 배치 경사법은 모든 훈련 견본을 하나의 커다란 배치(일괄 처리 묶음)에서 동시에 처리한다는 점에서 붙은 이름이다. 그런데 미니배치 확률적 경사 하강법에서는 미니배치를 그냥 '배치'라고 부를 때가 많다는 점에서 이런 어법에는 다소 혼동의 여지가 있다. 일반적으로 '배치 경사 하강법'이라는 용어는 훈련 집합 전체의 사용을 암시하지만, 그냥 견본들의 집힙을 '배치'라고 부르는 것은 훈련 집합 전체의 사용을 암시하지 않는다. 예를 들어 미니배치의 크기를 흔히 그냥 '배치 크기'라고 부른다.

한 번에 하나의 견본만 사용하는 최적화 알고리즘을 어떨 때는 **확률적**(stochastic; 또는 확률론적) 방법이라고 부르고 또 어떨 때는 **온라인**online 방법이라고 부른다. '온라인' 이라는 용어는 고정된 크기의 훈련 집합을 여러 번 훑으면서 견본들을 추출하는 것이 아니라 견본들이 끊임없이 생성되는 어떤 스트림에서 견본들을 가져올 때 주로 쓰인다.

심층 학습에 쓰이는 대부분의 최적화 알고리즘은 훈련 견본 하나만 사용하는 한 극단과 모든 견본을 사용하는 다른 한 극단 사이의 어딘가에 위치한다. 그런 알고리즘들을 전통적으로 **미니배치**minibatch 방법 또는 **미니배치 확률적**(minibatch stochastic) 방법이라고 불렀지만, 지금은 그냥 **확률적**(stochastic) 방법이라고 부르는 것이 일반적이다.

확률적 방법의 대표적인 예는 §8.3.1에서 자세히 설명하는 확률적 경사 하강법이다.

미니배치의 크기를 결정할 때 흔히 고려하는 사항들은 다음과 같다.

- 배치가 클수록 기울기의 추정값이 정확하지만, 정비례에 비해 이득이 낮다.

- 일반적으로, 다중 코어 아키텍처는 배치가 아주 작으면 일부 코어를 활용하지 못하게 된다. 이 때문에, 배치를 더 작게 해도 처리 시간이 더 이상 줄어들지 않는 어떤 절대적 최소 배치 크기를 정해 두기도 한다.

- 배치의 모든 견본을 병렬로 처리하는 경우(실제로 그럴 때가 많다), 메모리 사용량은 배치 크기에 비례한다. 여러 하드웨어 설정에서는 메모리 사용량이 배치 크기의 주된 제한 요인이다.

- 일부 하드웨어는 배열의 크기가 특정 값일 때 좋은 성능을 낸다. 특히 GPU를 사용할 때는 배치 크기를 2의 거듭제곱으로 설정하면 실행 시간이 개선된다. 흔히 쓰이는 2의 거듭제곱 배치 크기는 32에서 256까지지만, 큰 모형들은 16을 사용하기도 한다.

- 배치가 작으면 정칙화 효과가 생길 수 있다(Wilson & Martinez, 2003). 아마도 이는 작은 배치들이 학습 과정에 잡음을 도입하기 때문일 것이다. 일반화 오차는 배치 크기가 1일 때 가장 좋은 경우가 많다. 그런 작은 배치 크기로 훈련을 진행하는 경우, 안정성을 유지하려면 학습 속도를 작게 잡아야 할 수 있다. 이는 기울기 추정값의 분산이 크기 때문이다. 이 경우 총 실행 시간이 아주 길 수 있는데, 전체 훈련 집합을 관측하는 데 더 많은 단계가 필요할 뿐만 아니라 학습 속도가 낮아서 더 많은 단계를 수행해야 하기 때문이다.

알고리즘이 미니배치의 어떤 정보를 어떤 식으로 활용하느냐는 알고리즘의 종류에 따라 다르다. 예를 들어 적은 수의 표본들로 정확하게 추정하기 어려운 정보를 사용하는 알고리즘들은 그렇지 않은 알고리즘들보다 표본추출 오차에 좀 더 민감하다. 표본추출 오차가 좀 더 증폭되는 방식으로 미니배치의 정보를 사용하는 알고리즘들도 그렇다. 일반적으로, 기울기 g에만 기초해서 갱신량들을 계산하는 방법들은 상대적으로 안정적이며, 더 작은 배치 크기들(이를테면 100)을 지원한다. 기울기와 함께 헤세 행렬 H도 사용하고 $H^{-1}g$ 같은 갱신량들을 계산하는 2차 방법들에서는 일반적으로 배치 크기가 더 커야 한다(이를테면 10,000 등). $H^{-1}g$의 추정값들에 발생하는 변동(fluctuation)을 최소화하려면 그런 큰 배치 크기가 필요하다. H를 완벽하게 추정했지만 조건수(condition number)가 나쁜 상황을 상상해 보자. H나 그 역을 곱하면 기존의 오차들이 증폭되는데, 이 경우 기존의 오차들은 g의 추정 오차들이다. 따라서, H를 완벽하게 추정한다고 해도, g의 추정값이 조금만 변해도 갱신량 $H^{-1}g$가 크게 달라진다. 물론 실제 응용에서는 H를 완벽하게 추정하는 것이 아니라 근사적으로만 추정할 수 있을 때가 많으므로, 조건수가 나쁜 연산을 이용해서 g의 추정값을 예측하는 경우 갱신량 $H^{-1}g$의 오차는 더욱 커진다.

미니배치들을 무작위로 선택하는 것도 아주 중요하다. 일단의 표본들로 기대 기울기의 불편추정량을 계산하려면 그 표본들이 반드시 서로 독립이어야 한다. 또한, 연이은 두 기울기 추정값이 서로 독립인 것이 바람직하다. 그러려면 연이은 두 견본 미니배치들은 서로 독립이어야 한다. 그러나 대부분의 자료 집합은 인접한 두 견본이 상관관계가 아주 높은 형태로 조직화되는 것이 자연스러울 때가 많다. 예를 들어 일련의 혈액 검사 결과를 담은 자료 집합을 생각해 보자. 그러한 자료 집합은, 이를테면 서로 다른 시간에 첫 환자에서 뽑은 혈액 샘플 다섯 개의 결과 다음에 둘째 환자에서 뽑은 혈액 샘플 세 개의 결과가 나열되는 형태일 가능성이 크다. 만일 그런 자료 집합에서 견본들을 차례로 뽑는다면, 미니배치는 자료 집합의 여러 환자 중 한 환자에 대한 자료만으로 이루어질 것이므로 극도로 편향될 것이다. 이처럼 자료들이 어떤 의미가 있는 순서로 나열된 자료 집합을 사용할 때는, 미니배치를 추출하기 전에 견본들을 적절히 뒤섞을 필요가 있다. 그런데 아주 큰 자료 집합, 이를테면 한 데이터센터에 있는 수십억 개의 견본들을 담은 자료 집합에서는 미니배치를 만들 때마다 매번 진정으로 고른 분포를 따르는 무작위한 방식으로 견본들을 추출하는 것이 현실적으로 불가능할 수 있다. 다행히 실제 응용에서는 그냥 자료 집합의 순서를 한 번만 뒤섞어서 저장해 두는 것으로 충분할 때가 많다. 그렇게 하면 이후 모형의 모든 훈련에 쓰일 연이은 미니배치 구성들이 고정되며, 따라서 각 모형은 훈련 자료를 훑을 때마다 그러한 순서를 매번 재사용하게 된다. 이는 진정한 무작위 선택과는 다른 방식이지만, 그래도 어떤 두드러진 부작용은 없는 것으로 보인다. 어쨌든 핵심은, 견본들을 어떤 방식으로든 무작위로 뒤섞지 않고 그대로 사용하면 알고리즘의 효과가 크게 떨어지게 된다는 것이다.

기계 학습의 여러 최적화 문제 중에는 개별 갱신량 전체를 서로 다른 견본들에 대해 병렬로 계산해도 될 정도로 견본들에 대해 잘 분해되는 것들이 많다. 다른 말로 하면, 일단의 견본들로 이루어진 한 미니배치 X에 대해 $J(X)$를 최적화하기 위한 갱신량을 계산하는 과정과 그와는 다른 여러 미니배치에 대해 $J(\boldsymbol{X})$를 최적화하기 위한 갱신량을 계산하는 과정을 동시에 진행할 수 있는 것이다. 이런 비동기적인 병렬 분산 접근 방식은 §12.1.3에서 좀 더 자세히 논의한다.

미니배치 확률적 경사 하강법을 사용하게 만드는 한 가지 흥미로운 동기는, 같은 견본이 되풀이되는 일이 없는 한 이 경사 하강법이 진 **일반화 오차**(식 8.2)의 기울기를 따라간다는 점이다. 미니배치 확률적 경사 하강법의 구현들은 대부분 자료 집합을 한 번만 뒤섞은 후 여러 번 훑는다. 첫 패스에서 각 미니배치는 진 일반화 오차의 불편추 정량을 계산하는 데 쓰인다. 둘째 패스부터는 자료 생성 분포로부터 온전한 새 표본을 뽑는 것이 아니라 이미 사용된 값들을 재추출해서 일반화 오차를 추정하므로 편향된 추정값이 나온다.

확률적 경사 하강법이 일반화 오차를 최소화한다는 사실은 온라인 학습에서 아주 쉽게 확인할 수 있다. 여기서 온라인 학습이란 견본들 또는 미니배치들을 자료 **스트림** stream에서 뽑는 방식의 학습을 말한다. 온라인 학습에서 학습자는 고정된 크기의 훈련 자료를 받는 것이 아니라, 매 순간 새로운 견본을 경험하게 된다. 이때 각 견본 $(\boldsymbol{x}, y)$ 는 자료 생성 분포 $p_{\text{자료}}(\boldsymbol{x}, y)$로부터 생성된다. 이러한 시나리오에서는 견본들이 절대 되풀이되지 않는다. 즉, 학습자가 경험하는 모든 견본은 $p_{\text{자료}}$에서 얻은 온전한 새 자료이다.

$\boldsymbol{x}$와 y가 둘 다 이산 변수이면 확률적 경사 하강법과 일반화 오차의 최소화의 동등 성을 아주 쉽게 유도할 수 있다. 그런 경우 일반화 오차(식 8.2)를 다음과 같이 하나의 합으로 표현할 수 있다.

$$J^*(\boldsymbol{\theta}) = \sum_{\boldsymbol{x}} \sum_{y} p_{\text{자료}}(\boldsymbol{x}, y) L(f(\boldsymbol{x}; \boldsymbol{\theta}), y). \tag{8.7}$$

이때 기울기의 참값은 다음과 같이 주어진다.

$$\boldsymbol{g} = \nabla_{\boldsymbol{\theta}} J^*(\boldsymbol{\theta}) = \sum_{\boldsymbol{x}} \sum_{y} p_{\text{자료}}(\boldsymbol{x}, y) \nabla_{\boldsymbol{\theta}} L(f(\boldsymbol{x}; \boldsymbol{\theta}), y). \tag{8.8}$$

로그가능도에 대해서도 이러한 관계가 성립함을 식 8.5와 식 8.6에서 본 적이 있다. 지금의 예는 이러한 관계가 가능도 이외의 함수 L에 대해서도 성립함을 보여준다. $\boldsymbol{x}$ 와 y가 연속 변수일 때도 이와 비슷한 결과를 유도할 수 있다(단, $p_{\text{자료}}$와 L이 몇 가지 온건한 가정을 따른다고 할 때).

따라서, 견본 $\{x^{(1)}, \ldots x^{(m)}\}$과 그에 대응되는 목푯값 $y^{(i)}$들을 생성 분포 $p_{\text{자료}}$에서 뽑아서 미니배치를 구성하고, 손실함수의 그 미니배치에 대한 기울기를 계산함으로써 일반화 오차의 진 기울기의 불편추정량을 구할 수 있다.

$$\hat{g} = \frac{1}{m} \nabla_{\theta} \sum_i L(f(x^{(i)}; \theta), y^{(i)}). \tag{8.9}$$

θ를 $\hat{g}$의 방향으로 갱신하면 일반화 오차에 대한 확률적 경사 하강법의 한 단계가 수행된다.

물론 이러한 해석은 견본들을 재사용하지 않을 때만 적용된다. 그렇긴 하지만, 훈련 집합이 극도로 크지 않은 한 일반적으로는 훈련 집합을 여러 번 훑는 것이 가장 바람직하다. 한 훈련 집합을 그런 식으로 여러 번 훑는 경우, 첫 패스(또는 '세(epoch)')는 일반화 오차의 불편추정량을 따라가게 되지만, 이후의 패스들에서는 훈련 오차의 감소 덕분에 생긴 이득이 훈련 오차와 시험 오차의 격차가 커져서 생기는 단점을 상쇄할 정도로 커진다.

요즘에는 컴퓨팅 능력이 따라잡지 못할 정도로 자료 집합의 크기가 빠르게 증가하는 경우가 있으므로, 기계 학습 응용 프로그램들이 각 훈련 견본을 한 번씩만 사용하거나 심지어는 훈련 집합 전체를 훑기 전에 학습을 끝내는 경우도 흔해지고 있다. 극도로 큰 훈련 집합을 사용할 때는 과대적합이 문제가 되지 않으므로 과소적합과 계산 효율성이 주된 관심사가 된다. 훈련 견본 개수가 늘어남에 따라 일반화 오차의 계산에서 발생하는 병목의 효과에 관한 논의가 [Bottou & Bousquet, 2008]에 나온다.

8.2 신경망 최적화의 난제들

대체로 최적화는 지독히 어려운 과제이다. 지난 역사를 보면, 기계 학습은 최적화 대상이 볼록함수가 되도록 목적함수와 제약들을 세심하게 설계함으로써 일반적인 최적화의 어려움을 피했다. 신경망을 훈련할 때는 일반적인 비볼록 상황에 마주치게 된다. 게다가, 볼록함수 최적화 역시 마냥 쉬운 일은 아니다. 이번 절에서는 심층 모형의 훈련에 대한 최적화에 관련된 가장 두드러진 난제 몇 가지를 요약한다.

8.2.1 불량조건

볼록함수를 최적화할 때도 몇 가지 어려움이 존재한다. 그중 가장 두드러진 것이 헤세 행렬 H의 불량조건(ill-conditioning; 또는 조건화 나쁨)이다. 이는 볼록함수뿐만 아니라 대부분의 수치 최적화에서 발생하는 아주 일반적인 문제인데, §4.3.1에서 자세히 이야 기했다.

신경망 훈련 문제에도 이런 불량조건들이 존재한다고 믿는 사람들이 많다. 불량조 건이 존재하면 SGD(확률적 경사 하강법)가 "발목을 잡힐" 수 있다(아주 작은 단계들에서 도 비용함수가 증가한다는 의미에서).

식 4.9에서 보았듯이, 비용함수의 2차 테일러 급수 전개에 따르면 $-\epsilon g$만큼의 경사 하강 단계에 의해 비용함수는

$$\frac{1}{2}\epsilon^2 g^\top Hg - \epsilon g^\top g \tag{8.10}$$

만큼 증가한다. 그런데 기울기의 조건화가 나쁘면, $\frac{1}{2}\epsilon^2 g^\top Hg$가 $\epsilon g^\top g$보다 클 때 문 제가 발생한다. 신경망 훈련에서 불량조건이 이런 악영향을 미칠 것인지 가늠하는 한 가지 방법은 제곱 기울기 노름 $g^\top g$와 $g^\top Hg$ 항을 살펴보는 것이다. 많은 경우, 학습 과정에서 기울기 노름은 크게 줄어들지 않지만, $g^\top Hg$는 자릿수가 달라질 정도로 증 가한다. 그러면 강한 기울기가 존재해도 학습이 아주 느려진다. 이는, 기울기보다도 더욱 강한 곡률을 보상하기 위해 학습 속도(learning rate; 또는 학습률)가 줄어들어야 하 기 때문이다. 신경망의 성공적인 훈련 도중에 기울기가 크게 증가하는 예가 그림 8.1 에 나와 있다.

불량조건은 신경망 이외의 상황들에서도 발생하는데, 그런 다른 상황들에 쓰이는 기법 중 일부는 신경망에 그리 효과가 없다. 예를 들어 뉴턴법은 헤세 행렬이 불량조 건인 볼록함수의 최적화에 아주 좋지만, 신경망에 적용하려면 뉴턴법을 크게 뜯어고 쳐야 한다(이에 관해서는 이번 장에서 좀 더 이야기할 것이다).

8.2.2 극솟값

볼록함수 최적화 문제의 두드러진 특징 하나는, 그런 문제를 극솟값(local minimum; 또 는 극소점)을 찾는 문제로 환원할 수 있다는 것이다. 볼록함수에서는 극솟값이 반드시 최솟값(global minimum)이다. 그런데 일부 볼록함수는 하단부에 평평한 영역이 존재한

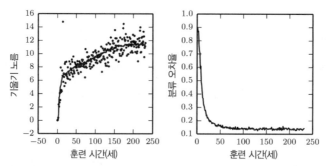

그림 8.1: 경사 하강법이 그 어떤 종류의 임계점에도 도달하지 못할 수 있다. 이 그림은 물체 인식을 위한 합성곱 신경망의 훈련에서 뽑은 예인데, 훈련 과정 내내 기울기 노름이 증가했다. (왼쪽) 이 산점도(scatterplot)는 평가된 개별 기울기 노름들이 시간에 따라 분포된 모습을 보여준다. 가독성을 위해 훈련 패스(세)당 하나의 기울기 노름만 표시했다. 실선 곡선은 모든 기울기 노름의 이동 평균(running average)이다. 훈련 과정이 하나의 임계점으로 수렴한다면 기울기 노름이 시간에 따라 감소하겠지만, 이 예에서는 기울기 노름이 계속 증가했다. (오른쪽) 기울기들이 증가하긴 했지만, 그래도 훈련 과정은 비교적 성공적이다. 검증 집합 분류 오차가 낮은 수준으로 감소했다.

다. 그런 볼록함수는 최소점이 하나가 아니다. 평평한 영역의 어떤 점이라도 최소점으로 간주할 수 있다. 볼록함수를 최적화할 때는, 꼭 유일한 최소점이 아니라도 임의의 종류의 임계점(극소점이나 평평한 영역의 한 점 등)에 도달했다면 충분히 좋은 해를 얻은 것으로 간주할 수 있다.

신경망 같은 비볼록함수에서는 극솟값이 여러 개일 수 있다. 사실, 거의 모든 심층 모형은 본질적으로 극솟값이 엄청나게 많을 수밖에 없다. 그러나, 이후에 보겠지만 그 것이 큰 문제가 되지는 않는다.

신경망을 비롯해서, 동등하게 매개변수화된 여러 개의 잠재변수가 있는 모든 모형은 극솟값이 여러 개이다. 이는 **모형 식별성**(model identifiability)이라는 문제 때문이다. 충분히 큰 훈련 집합으로 모형 매개변수들의 모든 가능한 구성 중 하나를 유일하게 결정할 수 있을 때, 그러한 모형을 가리켜 식별 가능하다(identifiable) 또는 식별성이 있다고 말한다. 그런데 잠재변수들이 있는 모형은 식별성이 없을 때가 많다. 이는, 잠재변수들을 서로 교환함으로써 동등한(equivalent) 모형들을 얻을 수 있기 때문이다. 예를 들어 어떤 신경망의 첫 층에서 단위 i에 대한 입력 가중치 벡터와 단위 j에 대한 입력 가중치 벡터를 맞바꾸고, 출력층에서도 해당 출력 가중치 벡터들을 맞바꾼다고 하자. 각각 n개의 단위로 이루어진 층들이 총 m개라고 할 때, 은닉 단위들을 배열하는 방법은 $n!^m$ 가지이다. 이런 종류의 비식별성을 **가중치 공간 대칭성**(weight space symmetry)이라고 부른다.

가중치 공간 대칭성 이외의 원인으로 식별성이 없는 신경망들도 많이 있다. 예를 들어 모든 종류의 정류 선형 단위 신경망이나 맥스아웃 신경망에서는, 한 단위의 모든 입력 가중치들과 치우침 매개변수들을 계수 α로 비례하고 출력 가중치들을 $\frac{1}{\alpha}$로 비례해도 신경망이 달라지지 않는다. 이는, 비용함수에 모형의 출력이 아니라 가중치들에 직접 의존하는 항(가중치 감쇄 등)이 없는 한, 정류 선형 신경망이나 맥스아웃 신경망의 모든 극소점은 그와 동등한 극소점들의 $(m \times n)$차원 쌍곡선에 놓임을 뜻한다.

이러한 모형 식별성 문제가 뜻하는 바는 신경망의 비용함수에 극솟값들이 엄청나게 많이 있거나, 심지어는 그 수가 무한대일 수 있다는 것이다. 그러나 어차피 비식별성에서 비롯된 그런 모든 극솟값은 해당 비용함수 값이 같다. 따라서 그런 극솟값들 때문에 비볼록함수가 일으키는 형태의 문제가 발생하지는 않는다.

그러나, 만일 극소점에서의 비용이 최소점에서의 비용보다 훨씬 크면 문제가 될 수 있다. 극소점 비용이 최소점 비용보다 큰 소규모(심지어 은닉 단위도 없는) 신경망을 구축하는 것이 가능하다(Sontag & Sussman, 1989; Brady 외, 1989; Gori & Tesi, 1992). 비용이 큰 극소점들이 흔하다면, 기울기 기반 최석화 알고리즘에서 심각한 문제가 발생할 수 있다.

실제 응용에서 많이 쓰이는 신경망들에 고비용 극소점이 많이 있는지, 그리고 그런 극소점들 때문에 최적화 알고리즘들이 문제를 겪는지는 아직 연구 중인 문제이다. 지난 수년간 실무자들은 극소점이 신경망 최적화에서 흔히 발생하는 문제점이라고 믿었다. 그러나 요즘은 그런 문제점이 없는 것으로 보인다. 이 문제는 여전히 활발한 연구 주제이지만, 현재 전문가들은 충분히 큰 신경망에서는 대부분의 극소점에서 비용함수가 작은 값이 된다고 추측하며, 매개변수 공간에서 진정한 최소점을 찾는 것이 그리 중요하지 않고 그냥 비용이 최소는 아니라도 충분히 작은 점을 찾는 것보다 중요하지는 않다고 생각한다(Saxe 외, 2013; Dauphin 외, 2014; Goodfellow 외, 2015; Choromanska 외, 2014).

그러나 실무자 중에는 신경망 최적화와 관련된 거의 모든 어려움이 극소점에서 비롯된다고 생각하는 사람들이 많다. 혹시 독자도 그런 생각이라면, 구체적인 문제를 세심하게 검토해 보기 바란다. 예를 들어 시간에 따른 기울기 노름들을 산점도로 그려 보면, 극소점들이 정말로 문제의 원인인지 파악할 수 있다. 만일 기울기 노름이 크게 줄어들지 않는다면 극소점이(그리고 모든 종류의 임계점이) 문제는 아니다. 고차원 공간에서는 극소점이 문제임을 확인하는 것이 아주 어렵다. 극소점 이외의 여러 구조에서도 작은 기울기가 나올 수 있다.

8.2.3 대지, 안장점, 기타 평평한 영역들

고차원 비볼록함수 중에는 극소점(그리고 극대점)이 기울기가 0인 다른 종류의 임계점인 안장점(saddle point)에 비해 상당히 드문 것들이 많다. 안장점 주변에는 안장점보다 비용이 큰 점들도 있고 비용이 작은 점들도 있다. 안장점에서 헤세 행렬은 양의 고윳값들과 음의 고윳값들을 모두 가진다. 양의 고윳값들과 연관된 고유벡터 방향의 점들은 안장점보다 비용이 크고, 음의 고윳값들과 연관된 고유벡터 방향의 점들은 안장점보다 비용이 작다. 안장점을, 비용함수의 한 단면에서의 극소점과 다른 한 단면에서의 극대점이 일치하는 점이라고 생각할 수 있다. 그림 4.5를 참고하기 바란다.

확률함수(무작위 함수) 중에는 저차원 공간에서는 극소점들이 흔하고 고차원 공간에서는 극소점들이 드문 대신 안장점들이 더 흔한 것들이 많이 있다. 그런 종류의 함수 $f : \mathbb{R}^n \rightarrow \mathbb{R}$에서 안장점 개수 대 극소점 개수의 비는 n의 거듭제곱 규모로 증가한다. 극소점에서의 헤세 행렬이 양의 고윳값들로만 구성되고 안장점에서의 헤세 행렬은 양의 고윳값들과 음의 고윳값들이 섞여 있다는 점을 생각하면 그러한 현상에 깔린 이유를 직관적으로 이해할 수 있을 것이다. 각 고윳값의 부호가 동전 던지기로 결정된다고 상상해 보자. 1차원에서는 극소점이 나오기 쉽다. 동전의 앞면이 한 번만 나오면 되기 때문이다. 그러나 n차원 공간에서 극소점이 나오려면 동전을 n번 던져서 모두 앞면이 나와야 하므로, 극소점이 나오기가 지수적으로 어려워진다. 이와 관련된 이론 연구 결과를 전반적으로 파악하고 싶다면 [Dauphin 외, 2014]를 보기 바란다.

여러 확률함수의 멋진 속성 한 가지는, 비용이 작은 영역에 접근함에 따라 헤세 행렬의 고윳값들이 양수가 될 가능성이 점점 커진다는 점이다. 동전 던지기의 비유에서 이는 저비용 임계점에서는 앞면이 n번 나올 확률이 더 크다는 뜻이다. 또한, 이는 극소점에서 비용이 낮을 가능성이 비용이 높을 가능성보다 훨씬 크다는 뜻이기도 하다. 고비용 임계점들은 극소점이 아니라 안장점일 가능성이 훨씬 크고, 비용이 극도로 높은 임계점들은 극소점일 가능성이 크다.

이러한 행동은 여러 확률함수류에서 볼 수 있다. 신경망에서도 그런 행동이 나타날까? [Baldi & Hornik, 1989]는 비선형성이 없는 얕은 자동부호기(제14장에서 설명하는, 입력을 그대로 출력으로 복사하도록 훈련된 순방향 신경망)에는 최소점과 안장점이 있지만 최소점보다 비용이 큰 극소점은 없음을 이론적으로 증명하고, 그러한 결과들이 비선형성이 없는 심층망으로도 확장된다고 주장했다(증명 없이). 그런 신경망은 주어진 입력의 선형 함수에 해당하지만, 비선형 신경망의 한 모형으로 연구하는 데도 유용하다. 이는, 그런 신경망의 비용함수가 신경망 매개변수들의 한 비볼록함수이기 때문이다. 본질적으로 그런 신경망들은 그냥 여러 행렬을 합성한 것에 해당한다. [Saxe 외, 2013]은 그런 신경망에서의 완전한 학습 동역학에 대한 정확한 해를 제공하고, 그런 모형들에서의 학습이 비선형 활성화 함수를 가진 심층 모형의 훈련에서 볼 수 있는 여러 정성적 특징들을 가지고 있음을 보였다. [Dauphin 외, 2014]는 실제로 쓰이는 신경망들에도 고비용 안장점들이 아주 많은 비용함수가 있음을 실험적으로 보여주었다. [Choromanska 외, 2014]는 추가적인 이론적 논증을 통해서, 신경망과 관련된 또 다른 부류의 고차원 확률함수들도 그런 행동을 보인다는 점을 밝혔다.

안장점들이 많다는 것이 훈련 알고리즘에는 어떤 영향을 미칠까? 알고리즘이 기울기 정보만 사용하는 1차 최적화에서는 상황이 명확하지 않다. 안장점 근처에서는 기울기가 아주 작아질 때가 많다. 그러나 경사 하강법이 안장점들을 잘 탈출할 수 있음을 보여주는 경험적 사례들도 많이 있다. [Goodfellow 외, 2015]에 최신 신경망들의 여러 학습 자취(궤적)를 시각화한 그림들이 있다. 그림 8.2가 그중 하나다. 이러한 시각화들은 현저한 안장점(모든 가중치가 0인) 근처에서 비용함수가 평평해진다는 점을 보여줌과 동시에, 경사 하강법이 그러한 영역을 빠르게 탈출한다는 점도 보여준다. [Goodfellow 외, 2015]는 또한 연속 시간(continuous-time) 경사 하강법이 근처의 안장점으로 끌려가는 것이 아니라 오히려 밀려날 수 있음을 해석적으로 증명할 가능성도 언급했다. 그러나 경사 하강법의 좀 더 현실적인 용법에서는 상황이 다를 수도 있다.

뉴턴법의 경우에는 안장점이 문제가 될 것이 확실하다. 경사 하강법은 "언덕을 따라 내려가도록" 설계된 알고리즘일 뿐, 명시적으로 임계점을 찾아가도록 만들어진 것이 아니다. 반면 뉴턴법은 기울기가 0인 점을 구하기 위해 설계된 방법이다. 적절한 수정이 없다면 뉴턴법이 안장점으로 뛰어 들어가서 발목을 잡힐 수 있다. 경사 하강법 대신 2차 최적화 알고리즘들을 이용해서 신경망을 훈련하려는 시도가 그리 성공하지 못

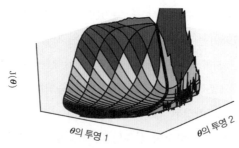

그림 8.2: 신경망 비용함수의 시각화. 실제 물체 인식과 자연어 처리 과제에 적용된 순방향 신경망과 합성곱 신경망, 순환 신경망의 비용함수들은 시각화 결과가 대체로 비슷하다. 놀랍게도, 이런 시각화들에 두드러진 장애물들은 별로 나타나지 않는다. 2010년경부터 아주 큰 모형을 확률적 경사 하강법으로 훈련하는 데 성공하기 전에는, 신경망 비용함수의 표면에 비볼록 구조가 훨씬 많다는(이런 투영들에서 드러난 것보다) 생각이 지배적이었다. 이러한 투영에서 드러난 주된 장애물은 고비용 안장점이다. 그런 안장점 부근에서는 매개변수들이 초기화되지만, 파란 경로에서 보듯이 확률적 경사 하강법의 훈련 자취는 그런 안장점을 너끈하게 벗어난다. 훈련 시간의 대부분은 비용함수의 비교적 평평한 계곡을 통과하는 데 쓰이는데, 아마도 이는 그런 영역에서 기울기의 잡음이 많고 헤세 행렬의 조건화가 나쁘기 때문이거나, 아니면 그냥 그림에 보이는 높은 '산'을 반원형 경로를 따라 돌아가야 하기 때문일 수도 있다. [Goodfellow 외, 2015]의 그림을 허락하에 수정했다.

했던 것은 아마도 고차원 공간에 안장점들이 많다는 사실 때문일 것이다. [Dauphin 외, 2014]는 2차 최적화를 위한 **안장점 없는 뉴턴법**(saddle-free newton method)을 소개하고, 그것이 기존 뉴턴법보다 훨씬 나은 성과를 낸다는 점을 보였다. 2차 방법들을 큰 신경망에 맞게 확장하는 것은 아직 어렵지만, 규모가변성 문제를 해결할 수만 있다면 이런 안장점 없는 접근 방식들은 장래가 유망하다.

극소점과 안장점 말고도 기울기가 0인 점들이 있다. 극대점은 최적화의 관점에서 볼 때는 안장점과 아주 비슷하다. 극대점으로 끌려가지 않는 알고리즘들이 많지만, 수정되지 않은 뉴턴법은 끌려간다. 극소점과 마찬가지로, 고차원 공간에서는 극대점이 지수적으로 드문 확률함수 부류들이 많다.

고정된 값들이 넓게 퍼져 있는 평평한 영역도 존재할 수 있다. 그런 영역에서는 기울기와 헤세 행렬이 모두 0이다. 그런 퇴화(degenerate) 지점들은 모든 수치 최적화 알고리즘에서 중요한 문제를 일으킨다. 볼록함수 최적화에서 넓고 평평한 영역은 최댓값들로만 이루어지지만, 일반적인 최적화 문제에서 그런 영역은 그냥 목적함수의 값이 상대적으로 큰 영역일 수 있다.

8.2.4 절벽과 기울기 폭발

층이 많은 신경망의 비용함수 공간에는 절벽(cliff; 또는 벼랑)에 비유할 수 있는 아주 가파른 영역이 있는 경우가 많다. 그림 8.3에 그러한 예가 나와 있다. 큰 가중치들이 함께 곱해졌을 때 이런 영역이 만들어진다. 극도로 가파른 절벽 구조의 표면에서는 한 번의 기울기 갱신 단계에서 매개변수들이 크게 변해서 절벽 구조를 완전히 뛰어넘는 일이 흔하게 발생한다.

절벽을 위에서 아래로 또는 아래에서 위로 접근한다면 문제가 발생할 여지가 많지만, 다행히 §10.11.1에서 설명하는 **기울기 절단**(gradient clipping; 또는 기울기 한정)을 이용하면 그런 경우 발생하는 심각한 결과를 대부분 피할 수 있다. 기울기 절단 기법을 이해하는 데 있어 핵심은, 기울기가 최적의 단계 크기를 나타내는 것이 아니라 무한소 영역 안에서의 최적의 방향을 나타낸다는 점을 깨닫는 것이다. 전통적인 경사 하강법 알고리즘이 아주 큰 크기의 갱신 단계를 적용하는 상황에서, 발견법적 기울기 절단은 그러한 단계의 크기를 줄이는 효과를 낸다. 결과적으로, 근사적으로 가장 가파른 하강 방향을 가리키는 기울기가 있는 영역을 단번에 벗어날 가능성이 줄어든다. 절벽 구조는 순환 신경망의 비용함수에서 가장 흔하게 나타나는데, 이는 그런 모형에서는 단계마다 하나의 인수(factor)를 곱하는 식으로 여러 인수를 함께 곱하는 경우가 많기 때문이다. 그래서 긴 시간적 순차열(temporal sequence)에서는 곱셈에 의해 극히 큰 값이 산출된다.

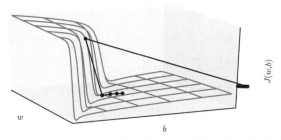

그림 8.3: 고도의 비선형 심층 신경망 또는 순환 신경망의 경우, 목적함수의 매개변수 공간에 급한 비선형성들이 존재할 때가 많다. 이는 여러 매개변수를 곱하는 데서 비롯되는 현상이다. 이런 비선형성들 때문에 일부 지점에서 미분이 아주 커진다. 매개변수들이 절벽 영역에 가까워지면, 경사 하강법의 한 갱신 단계에 의해 매개변수들이 급격히 변해서 그때까지 이루어진 최적화 결과의 대부분이 사라질 수 있다. [Pascanu 외, 2013]의 그림을 허락하에 수정했다.

8.2.5 장기 의존성

계산 그래프가 극도로 깊어질 때 발생하는 어려움 역시 신경망 최적화 알고리즘이 반드시 극복해야 하는 난제의 하나이다. 층이 많은 순방향 신경망에서는 그런 깊은 계산 그래프가 나오게 된다. 제10장에서 설명하는 순환 신경망도 마찬가지이다. 순환 신경망은 긴 시간적 순차열의 각 단계에서 같은 연산을 반복 적용하기 때문에 아주 깊은 계산 그래프가 만들어진다. 같은 매개변수들을 되풀이해서 적용하면 문제가 특히나 두드러진다.

예를 들어, 행렬 W를 거듭 곱하는 연산들로 이루어진 경로가 계산 그래프에 있다고 하자. t회의 단계가 지나면 이는 W^t을 곱하는 것과 같게 된다. W의 고윳값 분해가 $W = V\text{diag}(\lambda)V^{-1}$이라고 하자. 지금과 같은 간단한 경우에는 다음이 성립함을 이해하기가 어렵지 않다.

$$W^t = \left(V\text{diag}(\lambda)V^{-1}\right)^t = V\text{diag}(\lambda)^t V^{-1}. \tag{8.11}$$

크기(절댓값)가 1과 가깝지 않은 임의의 고윳값 λ_i는, 만일 크기가 1보다 크면 폭발(또는 발산; 아주 커지는 것)하고 1보다 작으면 소실(또는 소멸; 0이 되는 것)한다. **기울기 소실 및 폭발 문제**(vanishing and exploding gradient problem)는 그런 그래프를 통과하는 기울기들이 $\text{diag}(\lambda)^t$에 따라 지수적으로 비례한다는 사실을 나타내는 용어이다. 기울기 소실이 발생하면 비용함수의 개선을 위해 매개변수들이 이동할 방향을 알아내기가 어려워지고, 기울기 폭발이 발생하면 학습이 불안정해질 수 있다. 앞에서 설명한, 기울기 절단 기법의 동기가 된 절벽 구조는 이러한 기울기 폭발 현상의 한 예이다.

매 단계에서 W 곱셈을 되풀이하는 것은 행렬 W의 최대 고윳값과 그에 해당하는 고유벡터를 구하는 데 쓰이는 **거듭제곱법**(power method; 또는 누승법)과 아주 비슷하다. 그런 관점에서 볼 때, $x^\top W^t$이 결국에는 W의 주 고유벡터와 직교인 x의 모든 성분을 폐기하게 되는 것도 놀랄 일이 아니다.

순환 신경망은 매 단계에서 동일한 행렬 W를 사용하지만, 순방향 신경망은 그렇지 않다. 따라서 아주 깊은 순방향 신경망이라도 기울기 소실 및 폭발 문제를 대부분 피할 수 있다(Sussillo, 2014).

순환 신경망 훈련의 난제들에 관해서는 제10장에서 순환 신경망 자체를 좀 더 자세히 설명한 후에 §10.7에서 좀 더 논의하기로 한다.

8.2.6 부정확한 기울기

대부분의 최적화 알고리즘은 우리가 정확한(참값) 기울기나 헤세 행렬에 접근할 수 있다는 가정을 두고 설계된 것이다. 그러나 실제 응용에서는 기울기나 헤세 행렬이 잡음 섞인 근삿값 또는 편향된 추정량으로만 주어질 때가 많다. 거의 모든 심층 학습 알고리즘은 표본추출 기반 추정에 의존한다(적어도 훈련 견본들의 미니배치를 이용해서 기울기를 계산하는 형태로).

그 외에, 우리가 최소화하려는 목적함수 자체가 실제로 처리 불가능(intractable)일 때도 있다. 목적함수가 처리 불가능이면 기울기를 근사하는 수밖에 없다. 이런 문제점들은 제3부에서 다루는 좀 더 고급의 모형들에서 주로 발생한다. 예를 들어 볼츠만 기계(Boltzmann machine)의 처리 불가능한 로그가능도의 기울기를 근사할 때는 대조 발산(contrastive divergence) 기법이 유용하다.

기울기 추정이 완벽하지 않다는 점을 고려해서 설계한 신경망 최적화 알고리즘들이 다양하게 나와 있다. 또한, 실제 손실함수보다 근사하기 쉬운 대리 손실함수를 선택함으로써 부정확한 기울기 문제를 피하는 것도 가능하다.

8.2.7 국소 구조와 전역 구조의 부실한 대응 관계

지금까지 논의한 여러 문제점은 주어진 한 점에서 손실함수가 가지는 불리한 속성들에 대응된다. 즉, 이런 문제점들은 현재 점 θ에서 $J(\theta)$의 조건화가 나쁘거나, θ가 절벽에 걸려 있거나, θ가 안장점(기울기를 따라 언덕을 내려감으로써 비용을 개선할 기회를 감춰버리는)에 있는 상황에 대응된다.

그런데 하나의 점에서 이런 모든 문제점을 극복한다고 해도, 국소적으로 가장 개선이 큰 방향이 멀리 떨어져 있는, 비용이 훨씬 작은 영역을 가리키지 않는다면 전체적인 성과가 여전히 나쁠 수 있다.

[Goodfellow 외, 2015]는 훈련에 걸리는 시간의 대부분이 해에 도달하는 데 필요한 궤적의 길이에 기인한다고 주장한다. 그림 8.2에 훈련 시간의 대부분을 차지하는 학습 궤적이 산 모양의 구조를 멀리 돌아가는 반원형 경로인 예가 나와 있다.

최적화의 어려움들에 관한 연구 중에는 훈련이 최소점이나 극소점, 안장점에 도달하는지의 여부에 초점을 둔 것들이 많지만, 실제 응용에서는 신경망이 그런 종류의 임계점에 아예 도달하지 않는다. 그림 8.1에 나온 것처럼 신경망이 기울기가 작은 영

역에 도달하지 않을 때가 많다. 사실 그런 임계점들이 반드시 존재하리라는 보장도 없다. 예를 들어 손실함수 $-\log p(y\,|\,\boldsymbol{x};\boldsymbol{\theta})$에는 최소점이 없고, 대신 모형의 확신이 커짐에 따라 어떤 값에 접근할 뿐일 수도 있다. y가 이산 변수이고 $p(y\,|\,\boldsymbol{x})$가 소프트맥스 함수로 주어지는 분류기의 경우, 모형이 훈련 집합의 모든 견본을 정확히 분류할 수 있다면 음의 로그가능도가 0에 임의로 접근할 수는 있지만 딱 0이 되지는 못한다. 마찬가지로, 실숫값 $p(y\,|\,\boldsymbol{x})=\mathcal{N}(y;f(\boldsymbol{\theta}),\beta^{-1})$들의 모형에서는 음의 로그가능도가 음의 무한대에 접근할 수 있다. 만일 $f(\boldsymbol{\theta})$가 훈련 집합의 모든 y 목표를 정확하게 예측할 수 있다면, 학습 알고리즘에 의해 β가 무한대로 증가할 수 있는 것이다. 극소점이나 안장점이 전혀 없어도 국소 최적화가 쓸만한 비용함수 값에 도달하는 데 실패하는 예가 그림 8.4에 나와 있다.

학습 자취의 길이에 영향을 미치는 요인들을 좀 더 잘 이해하고 학습 과정의 결과를 더 잘 특징지을 수 있으려면 추가적인 연구가 필요하다.

기존의 여러 연구는 비국소 이동들을 활용하는 알고리즘을 개발하는 것보다는 어려운 전역 구조를 가진 문제들에 적합한 초기 위치들을 찾는 데 초점을 두었다.

경사 하강법은, 그리고 본질적으로 신경망 훈련을 위한 모든 학습 알고리즘은 작은 국소 이동을 반복하는 방식이다. 지금까지 이번 장이 논의는 주로 그러한 국소 이동의 적절한 방향을 계산하는 것이 왜, 얼마나 어려운지에 초점을 두었다. 목적함수의 속성

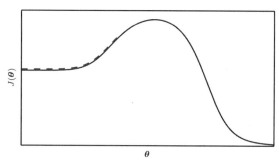

그림 8.4: 국소 언덕 내려가기에 기초한 최적화는 국소 표면이 전역 최적해를 가리키는 방향이 아닐 때 실패할 수 있다. 이 그림은 안장점이나 극소점이 없어도 그런 일이 발생할 수 있음을 보여준다. 이 예에서 비용함수의 곡선은 극솟값이 아니라 낮은 값들을 향한 접근선들로만 이루어진다. 이 경우 발생하는 주된 어려움은, 초기화가 '산'의 반대편에서 일어나지만 최적화 알고리즘이 산을 넘어가지 못하는 데에서 비롯된다. 고차원 공간에서는 학습 알고리즘이 그런 산들을 잘 넘어갈 때가 많지만, 관련된 자취가 길어져서 훈련 시간이 필요 이상으로 늘어날 수 있다(그림 8.2가 그러한 경우이다).

중 일부는 오직 근사적으로만 계산할 수 있다. 기울기가 대표적인 예이다. 정확한 방향을 근사한 추정량에는 편향이나 변동이 존재한다. 국소적인 경사 하강을 통해서 유효한 해로의 비교적 짧은 경로를 정의하는 것이 가능한 경우에도, 경사 하강법이 그런 경로를 실제로 따라가지는 못할 수 있다. 목적함수에 불량조건이나 불연속 기울기 같은 문제점이 존재하면, 기울기가 목적함수의 적절한 모형을 제공하는 영역이 아주 작을 수 있다. 그런 경우, 단계 크기가 ϵ인 국소 하강이 해로의 비교적 짧은 경로를 정의한다고 해도, 경사 하강법은 단계 크기 $\delta \ll \epsilon$으로만(즉, ϵ보다 훨씬 작은 단계 크기로만) 국소 하강 방향을 계산할 수 있다. 그러면 경로를 구성하는 단계 수가 아주 많아져서 그 경로를 따르는 데 필요한 계산 비용이 치솟게 된다. 종종 국소 정보가 바람직한 방향에 관해 아무런 힌트도 제공하지 않을 수 있다. 예를 들어 함수에 넓은 평평한 영역이 있거나, 알고리즘이 어떤 한 임계점에 정확히 도달했을 때 그런 상황에 부닥칠 수 있다(후자는 뉴턴법처럼 임계점들을 명시적으로 푸는 방법들에서만 발생한다). 그런 경우 국소 하강은 해에 대한 유효한 경로를 아예 정의하지 못한다. 그 외의 경우에는 국소 이동이 너무 탐욕적이라서, 언덕을 따라 내려가긴 하지만 해로부터는 오히려 멀어지는 경로가 만들어질 수 있다. 그림 8.4에서 그러한 예를 볼 수 있다. 또는 그림 8.2에서처럼 필요 이상으로 긴 자취를 따라가야 해에 도달할 수도 있다. 이런 여러 문제점 중 신경망 최적화를 가장 어렵게 만드는 것이 어떤 것인지는 아직 밝혀지지 않았다. 이는 활발한 연구가 진행 중인 주제이다.

어떤 문제점이 가장 중요한지는 아직 모르지만, 만일 국소 하강이 따라갈 수 있는 어떤 경로를 통해서 해로 비교적 직접 이어지는 영역이 존재한다면, 그리고 그런 바람직한 영역 안에서 학습을 초기화할 수 있다면, 이런 문제점들을 모두 피할 수도 있다. 그런 차원에서 전통적인 최적화 알고리즘들이 사용할 좋은 초기 점들을 잘 선택하는 문제 역시 의미 있는 연구 주제이다.

8.2.8 최적화의 이론적 한계들

몇몇 이론 연구 결과에 따르면, 신경망 훈련을 위해 설계할 수 있는 모든 최적화 알고리즘의 성능에는 일정한 한계들이 존재한다(Blum & Rivest, 1992; Judd, 1989; Wolpert & MacReady, 1997). 그러나 대체로 이런 연구 결과들이 신경망의 실제 응용에 미치는 영향은 별로 크지 않다.

일부 이론적 결과들은 신경망의 단위들이 이산 값들을 출력할 때만 적용된다. 그러나 대부분의 신경망 단위들은 매끄럽게 증가하는 값들을 출력하며, 그런 덕분에 국소 검색을 통한 최적화가 가능해진다. 처리 불가능한 부류의 문제들이 존재함을 보여주는 이론적 결과들도 있지만, 주어진 구체적인 문제가 그런 부류에 속하는지를 판정하기는 어려울 수 있다. 한편, 주어진 크기의 신경망에 대한 해를 찾는 것이 처리 불가능함을 증명한 결과들도 있지만, 실제 응용에서는 더 큰(받아들일 만한 해에 대응되는 더 많은 매개변수 설정들이 있는) 신경망을 이용해서 손쉽게 해를 구할 수 있다. 게다가, 신경망 훈련에서는 함수의 정확한 극솟값을 구하는 것이 목표가 아니다. 그냥, 함수의 값이 충분히 크게 감소해서 일반화 오차가 좋아지기만 하면 된다. 주어진 한 최적화 알고리즘이 그러한 목표를 달성할 수 있는지를 이론적으로 분석하는 것은 극도로 어렵다. 따라서, 최적화 알고리즘 성능의 좀 더 현실적인 한계들을 파악하는 문제는 아직 해결되지 않았으며, 기계 학습의 한 중요한 연구 과제로 남아 있다.

8.3 기본 알고리즘

전체 훈련 집합의 기울기를 따라 언덕을 내려가는 경사 하강법 알고리즘은 이미 제4장에서 소개했다(§4.3 참고). 그리고 무작위로 선택한 미니배치의 기울기를 따라 내려 감으로써 하강을 크게 가속하는 확률적 경사 하강법도 §5.9와 §8.1.3에서 소개했다. 이번 절에서는 확률적 경사 하강법을 좀 더 자세히 살펴보고, 다른 두 알고리즘도 소개한다.

8.3.1 확률적 경사 하강법

기계 학습 전반에서, 특히 심층 학습에서 가장 자주 쓰이는 최적화 알고리즘은 아마도 확률적 경사 하강법(stochastic gradient descent, SGD)과 그 변형들일 것이다. §8.1.3에서 논의했듯이, 자료 생성 분포로부터 독립적으로 추출한 m개의 견본으로 이루어진 미니배치의 평균 기울기를 취함으로써 훈련 집합 전체의 기울기의 불편추정량을 구할 수 있다.

알고리즘 8.1은 그러한 기울기 추정량을 따라 언덕을 내려가는 방법을 보여준다. SGD 알고리즘의 핵심적인 매개변수는 학습 속도이다. 이전에 설명한 SGD는 고정

알고리즘 8.1 훈련의 k번째 반복에서의 확률적 경사 하강법(SGD) 갱신

필수: 학습 속도 ϵ_k

필수: 초기 매개변수 $\boldsymbol{\theta}$

   while 종료 조건이 충족되지 않은 동안 **do**

      훈련 집합 $\{\boldsymbol{x}^{(1)},...,\boldsymbol{x}^{(m)}\}$에서 m개의 견본과 그에 대응되는 목푯값 $\boldsymbol{y}^{(i)}$들을 추출해서 미니배치를 만든다.

      기울기 추정값을 계산한다: $\hat{\boldsymbol{g}} \leftarrow \dfrac{1}{m}\nabla_{\boldsymbol{\theta}}\sum_i L(f(\boldsymbol{x}^{(i)};\boldsymbol{\theta}),\boldsymbol{y}^{(i)})$.

      갱신을 적용한다: $\boldsymbol{\theta} \leftarrow \boldsymbol{\theta} - \epsilon\hat{\boldsymbol{g}}$.

end while

된 학습 속도 ϵ을 사용했다. 그러나 실제 응용에서는 시간에 따라 학습 속도를 점차 줄일 필요가 있으므로, 이제부터는 학습 속도를 시간에 따른 매개변수로 취급한다. 알고리즘의 k번째 반복에서의 학습 속도를 ϵ_k로 표기하겠다.

학습 속도를 줄여야 하는 이유는, SGD의 기울기 추정에 의해 잡음이 도입되기 때문이다. 학습 과정에서 m개의 훈련 견본을 무작위로 추출하는 것이 하나의 잡음원(source of noise)으로 작용하는데, 이 잡음원은 알고리즘이 최솟값에 도달해도 사라지지 않는다. 반면, 배치 경사 하강법에서는 총 비용함수의 기울기 참값이 훈련이 진행됨에 따라 점점 작아져서, 최솟값에 도달하면 **0**이 된다. 따라서 배치 경사 하강법에서는 고정된 학습 속도를 사용해도 된다. SGD가 반드시 수렴할 충분조건은 다음과 같다.

$$\sum_{k=1}^{\infty}\epsilon_k = \infty, \text{ 그리고} \tag{8.12}$$

$$\sum_{k=1}^{\infty}\epsilon_k^2 < \infty. \tag{8.13}$$

실제 응용에서는 τ번째 반복까지는 학습 속도 ϵ를 다음과 같이 선형으로 감소하고, τ번째 반복 이후에는 ϵ을 그대로 두는 방법이 흔히 쓰인다.

$$\epsilon_k = (1-\alpha)\epsilon_0 + \alpha\epsilon_\tau \tag{8.14}$$

여기서 $\alpha = \dfrac{k}{\tau}$이다.

학습 속도를 시행착오를 통해서 결정할 수도 있지만, 보통의 경우는 목적함수를 시간의 함수로 간주해서 함수의 곡선을 보고 결정하는 것이 최선이다. 이는 과학보다는 예술에 가까우므로, 이 문제에 관한 조언이나 지침은 대부분 회의적으로 취급할 필요가 있다. 선형 감소 방식을 사용할 때 결정해야 할 매개변수는 ϵ_0과 ϵ_τ, 그리고 τ이다. 일반적으로 τ는 훈련 집합을 수백 번 정도 훑는 데 필요한 반복 횟수로 설정하면 된다. 그리고 일반적으로 ϵ_τ는 ϵ_0 값의 약 1% 정도로 잡아야 한다. 주된 질문은 ϵ_0을 어떻게 설정할 것인가이다. 이 초기 학습 속도가 너무 높으면 비용함수가 크게 증가할 때가 많아서 학습 곡선이 요동칠 수 있다. 학습 속도가 너무 낮으면 학습이 느리게 진행되며, 이 초기 학습 속도가 너무 낮으면 학습이 큰 비용에 머무를 위험이 있다. 일반적으로, 최적의(총 훈련 시간과 최종 비용을 기준으로) 초기 학습 속도는 처음 약 100회 반복 이후에 최고의 성과를 내는 학습 속도보다 높다. 따라서, 알고리즘을 여러 번 반복해서 성과를 측정하고, 최고의 성과를 낸 학습 속도를 기록한 후 그보다 더 큰 값을 초기 학습 속도로 정하는 방법이 가장 바람직할 때가 많다. 단, 학습이 심각하게 불안정해질 정도로 큰 값을 선택하지는 말아야 한다.

SGD의, 그리고 관련 미니배치 또는 온라인 기울기 기반 최적화 알고리즘이 갖추어야 할 가장 중요한 속성은, 갱신당 계산 시간이 훈련 견본의 수에 비례하지 않는 것이다. 그런 속성을 가진 알고리즘은 훈련 견본이 아주 많아도 수렴된다. 최종 시험 집합 오차가 어떤 고정된 허용치 이하가 되면 훈련 집합 전체를 다 훑지 않았어도 알고리즘을 종료하도록 설정한다면, SGD는 충분히 큰 자료 집합에 대해 수렴할 수 있다.

최적화 알고리즘의 수렴 속도를 파악할 때 흔히 사용하는 측도는 $J(\boldsymbol{\theta}) - \min_{\boldsymbol{\theta}} J(\boldsymbol{\theta})$로 정의되는 **초과 오차**(excess error)이다. 정의에서 보듯이, 이는 현재 비용함수가 가능한 최소 비용보다 얼마나 큰지를 나타낸 값이다. SGD를 볼록함수 문제에 적용할 때, k회 반복 이후의 초과 오차는 $O\left(\dfrac{1}{\sqrt{k}}\right)$이다. 그리고 강한 볼록함수의 경우에는 $O\left(\dfrac{1}{k}\right)$이다. 추가적인 조건들을 가정하지 않는 한, 이러한 한계들을 더 개선할 수는 없다. 이론적으로, 배치 경사 하강법이 확률적 경사 하강법보다 수렴 속도가 좋다. 그러나 크라메르-라오 한계(Cramér-Rao bound)에 따르면(Cramér, 1946; Rao, 1945) 일반화 오차는 $O\left(\dfrac{1}{k}\right)$보다 빠르게 감소할 수 없다. 그래서 기계 학습 과제에 대한 최적화 알고리즘이

$O\left(\dfrac{1}{k}\right)$보다 빠르게 수렴하게 만들려고 노력할 필요는 없다고 주장하는 연구자들도 있다(Bottou & Bousquet, 2008). 그보다 수렴이 빠르다는 것은 과대적합에 해당할 수 있다. 더 나아가서, 적은 수의 갱신 단계 이후에 확률적 경사 하강법이 가지는 여러 이득이 점근 분석에서는 잘 드러나지 않는다. 큰 자료 집합의 경우 초반에 아주 적은 수의 견본들을 평가하면서도 학습을 아주 빠르게 진행하는 SGD의 장점이 점근적 수렴이 느리다는 단점을 능가한다. 이번 장의 나머지 부분에서 설명하는 대부분의 알고리즘은 실제 응용에 의미 있는 이득을 제공하지만, $O\left(\dfrac{1}{k}\right)$ 점근 분석에서는 그 이득들이 상수 인수들에 흡수되어 보이지 않게 된다. 학습 과정에서 미니배치의 크기를 점차 증가함으로써 배치 경사 하강법과 확률적 경사 하강법의 장점들을 적절히 절충하는 것도 가능하다.

SGD를 좀 더 알고 싶은 독자는 [Bottou, 1998]을 보기 바란다.

8.3.2 운동량

확률적 경사 하강법이 인기 있는 최적화 전략이긴 하지만, 종종 학습이 느리다는 단점이 있다. 운동량 방법(Polyak, 1964)은 학습을 가속하기 위해 고안된 것으로, 특히 높은 곡률이나 작지만 일관된 기울기들, 잡음 섞인 기울기들이 있는 상황에서 학습을 빠르게 해 준다. 운동량 알고리즘은 이전 단계 기울기들의 지수적으로 감소하는(exponentially decaying) 이동 평균을 누적해서, 그 기울기들의 방향으로 계속 이동한다. 그림 8.5는 운동량의 효과를 직관적으로 보여준다.

운동량 알고리즘을 좀 더 구체적으로 살펴보자. 운동량 알고리즘은 속도(velocity) 역할을 하는 변수 v를 사용한다. 이 속도 변수는 매개변수들이 매개변수 공간에서 움직이는 방향과 빠르기(speed; 속력)를 결정한다. 매 반복에서 알고리즘은 이 속도를 음의 기울기의 지수 감소 평균으로 설정한다. **운동량**(momentum)이라는 이름은 물리학에서 가져온 것으로, 음의 기울기는 하나의 입자가 뉴턴의 운동 법칙에 따라 매개변수 공간 안에서 이동하게 만드는 힘으로 작용한다. 물리학에서 운동량은 질량 곱하기 속도로 정의된다. 운동량 학습 알고리즘에서는 입자의 질량이 1이라고 가정하므로, 속도 벡터 v 자체를 입자의 운동량으로 간주할 수 있다. 초매개변수 $\alpha \in [0,1)$은 이전 단계 기울기들의 기여가 지수적으로 얼마나 빠르게 감소하는지를 결정한다. 갱신 규칙은 다음과 같이 주어진다.

$$\boldsymbol{v} \leftarrow \alpha\boldsymbol{v} - \epsilon\nabla_{\boldsymbol{\theta}}\left(\frac{1}{m}\sum_{i=1}^{m}L(\boldsymbol{f}(\boldsymbol{x}^{(i)};\boldsymbol{\theta}),\boldsymbol{y}^{(i)})\right), \tag{8.15}$$

$$\boldsymbol{\theta} \leftarrow \boldsymbol{\theta} + \boldsymbol{v}. \tag{8.16}$$

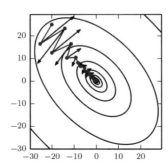

그림 8.5: 운동량 학습 알고리즘이 해결하고자 하는 주된 문제점은 두 가지이다. 하나는 헤세 행렬의 불량조건이고 다른 하나는 확률적 기울기들에 존재하는 분산이다. 이 그래프는 운동량 방법이 첫 번째 문제점을 어떻게 극복하는지 보여준다. 등고선들은 불량조건 헤세 행렬을 가진 이차 손실함수를 나타낸다. 그 등고선들을 지그재그 모양으로 가로지르는 빨간색 경로는 그 손실함수를 최소화하는 운동량 학습 알고리즘이 따르는 경로이다. 그 경로의 각 단계에 있는 검은색 화살표는 해당 점에서 보통의 경사 하강법이 따라갔을 단계를 나타낸다. 불량조건 이차 목적함수가 마치 길고 좁은 계곡 또는 가파른 경사면이 있는 협곡과 비슷한 모양임을 알 수 있다. 운동량 방법은 그러한 협곡을 길이 방향으로 제대로 통과하지만, 경사 하강법은 협곡의 좁은 축을 가로질러 왕복하느라 시간을 낭비한다. 이 그림을, 운동량을 적용하지 않은 경사 하강법의 행동을 보여주는 그림 4.6과도 비교해 보기 바란다.

알고리즘 8.2 운동량을 적용한 확률적 경사 하강법

필수: 학습 속도 ϵ, 운동량 매개변수 α

필수: 초기 매개변수 $\boldsymbol{\theta}$, 초기 속도 $\boldsymbol{v}$

    while 종료 조건이 충족되지 않은 동안 **do**

        훈련 집합 $\{\boldsymbol{x}^{(1)},...,\boldsymbol{x}^{(m)}\}$에서 m개의 견본과 그에 대응되는 목표 값 $\boldsymbol{y}^{(i)}$들을 추출해서 미니배치를 만든다.

        기울기 추정값을 계산한다: $\boldsymbol{g} \leftarrow +\frac{1}{m}\nabla_{\boldsymbol{\theta}}\sum_i L(f(\boldsymbol{x}^{(i)};\boldsymbol{\theta}),\boldsymbol{y}^{(i)})$.

        속도를 갱신한다: $\boldsymbol{v} \leftarrow \alpha\boldsymbol{v} - \epsilon\boldsymbol{g}$.

        갱신을 적용한다: $\boldsymbol{\theta} \leftarrow \boldsymbol{\theta} + \boldsymbol{v}$.

    end while

속도 $\boldsymbol{v}$는 기울기 성분 $\nabla_{\boldsymbol{\theta}}\left(\frac{1}{m}\sum_{i=1}^{m}L(\boldsymbol{f}(\boldsymbol{x}^{(i)};\boldsymbol{\theta}),\boldsymbol{y}^{(i)})\right)$들을 누적한다. α가 ϵ에 비해 클수록 이전 기울기들이 현재 방향에 더 큰 영향을 미친다. 운동량을 적용한 SGD 알고리즘이 알고리즘 8.2에 나와 있다.

이전에는 단계 크기를 그냥 기울기 노름에 학습 속도를 곱한 것으로 설정했다. 이제는 단계 크기가, 기울기들의 **순차열**(sequence; 또는 수열)이 얼마나 크고 어떻게 정렬되는지에 따라 달라진다. 단계 크기는 정확히 같은 방향을 가리키는 인접한 기울기들이 다수일 때 최대가 된다. 운동량 알고리즘이 항상 기울기 $\boldsymbol{g}$를 관측한다면, 훈련은 $-\boldsymbol{g}$의 방향으로 가속되다가 결국에는 종단 속도(terminal velocity; 또는 끝속도)에 도달한다. 이때 각 단계 크기는 다음과 같이 주어진다.

$$\frac{\epsilon\|\boldsymbol{g}\|}{1-\alpha}. \tag{8.17}$$

따라서, 운동량 초매개변수를 $\frac{1}{1-\alpha}$의 관점에서 생각하는 것이 도움이 된다. 예를 들어 $\alpha=0.9$는 경사 하강법 알고리즘을 기준으로 최대 빠르기에 10을 곱하는 것에 해당한다.

α의 값으로는 0.5나 0.9, 0.99 등이 흔히 쓰인다. 학습 속도와 마찬가지로, α 역시 훈련 도중에 시간에 따라 변하게 할 수 있다. 처음에는 작은 값으로 시작해서 점차 증가하는 방식이 흔히 쓰인다. 그러나 시간에 따라 α를 적응시키는 것은 시간에 따라 ϵ을 감소하는 것보다 덜 중요하다.

운동량 알고리즘을, 연속 시간 뉴턴 동역학에서 입자 운동을 흉내 내는 것으로 볼 수 있다. 이러한 물리학의 비유는 운동량과 경사 하강법 알고리즘의 작동 방식을 직관적으로 이해하는 데 도움이 된다.

임의의 한 시점(time point)에서 입자의 위치는 $\boldsymbol{\theta}(t)$로 주어진다. 입자에 가해지는 모든 힘의 합, 즉 알짜힘(net force) $\boldsymbol{f}(t)$에 의해 입자는 다음과 같이 가속된다.

$$\boldsymbol{f}(t) = \frac{\partial^2}{\partial t^2}\boldsymbol{\theta}(t). \tag{8.18}$$

이를 위치의 2차 미분방정식으로 보는 대신, 시간 t에서의 입자의 속도를 나타내는 변수 $\boldsymbol{v}(t)$를 도입해서 이 뉴턴 동역학 방정식을 다음과 같이 1차 미분방정식으로 표현할 수 있다.

$$\boldsymbol{v}(t) = \frac{\partial}{\partial t} \boldsymbol{\theta}(t), \tag{8.19}$$

$$\boldsymbol{f}(t) = \frac{\partial}{\partial t} \boldsymbol{v}(t). \tag{8.20}$$

이러한 관점에서 운동량 알고리즘은 수치 시뮬레이션을 통해서 미분방정식을 푸는 과정에 해당한다. 미분방정식을 푸는 간단한 수치적 방법으로 오일러 방법(Euler's method)이 있다. 이 방법은 방정식이 정의하는 동역학을, 그냥 각 기울기 방향으로 작고 유한한 단계만큼 나아감으로써 시뮬레이션하는 것이다.

이상이 운동량 알고리즘의 기본적인 갱신 방법이다. 그런데 입자에 가할 힘들이 구체적으로 무엇일까? 한 가지 힘은 비용함수의 음의 기울기에 비례하는 $-\nabla_{\boldsymbol{\theta}} J(\boldsymbol{\theta})$이다. 이 힘은 입자를 비용함수 표면을 따라 아래쪽으로 밀어낸다. 경사 하강법 알고리즘은 그냥 각 기울기에 기초한 하나의 단계를 취하지만, 뉴턴 동역학의 비유에 기초한 운동량 알고리즘은 이 힘을 이용해서 입자의 속도를 변경한다. 이를, 입자가 마치 굴곡진 얼음 표면 위를 미끄러져 내려가는 하키 퍽처럼 움직인다고 생각해도 좋을 것이나. 표면의 가파른 부분을 따라 내려가는 하키 퍽은 점점 속도가 붙어서, 위로 올라가는 부분에서도 멈추지 않고 어느 정도까지는 위로 올라가게 된다.

그런데 이 힘만으로는 부족하다. 만일 비용함수의 기울기에 비례하는 힘만 적용한다면 입자는 결코 정지 상태에 이르지 못할 것이다. 얼음 표면에 마찰이 전혀 없다고 가정하면, 하키 퍽은 계곡의 한쪽 면을 따라 내려가다 반대편 면으로 올라간 후 다시 원래의 면으로 돌아가는 왕복 운동을 무한히 반복할 것이다. 이 문제를 해결하려면 $-\boldsymbol{v}(t)$에 비례하는 또 다른 힘을 추가해야 한다. 물리학의 용어로 이 힘은 점성 항력(viscous drag)에 해당한다. 간단히 말하면, 입자가 완벽하게 매끄러운 얼음이 아니라 시럽처럼 끈적끈적한 표면 위를 움직이는 것이라고 할 수 있다. 이 항력 때문에 입자는 시간이 지남에 따라 점차 에너지를 잃어서, 결국에는 하나의 극소점으로 수렴하게 된다.

그런데 비슷한 효과를 내는 다른 힘들 대신 딱 $-\boldsymbol{v}(t)$와 점성 항력을 사용하는 이유는 무엇일까? 부분적인 이유는, $-\boldsymbol{v}(t)$가 수학적으로 편하다는 것이다. 속도의 정수 거듭제곱은 다루기 쉽다. 흉내 내려는 물리계에 따라서는 속도의 다른 정수 거듭제곱에 기초한 다른 종류의 항력을 사용할 수도 있다. 예를 들어 공기 중을 날아서 움직이는 입자는 속도의 제곱(2승)에 비례하는 난류 항력(turbulent drag)을 받고, 지면 위를 움직이는 입자는 크기가 일정한 건마찰력(dry friction)을 받는다. 그러나 신경망 훈련에서는 두 힘 모두 적합하지 않다. 속도의 제곱에 비례하는 난류 항력은 속도의 크기가 작을 때 아주 약하기 때문에, 입자가 정지 상태에 이르게 한다는 목적을 달성하지 못할 수 있다. 반대로, 초기 속도가 0이 아닌 입자가 난류 항력만 받게 되면 초기 위치에서 영원히 멀어지는데, 초기 위치와의 거리는 $O(\log t)$의 규모로 증가한다. 이는 속도를 거듭제곱하는 지수가 2보다 작을 필요가 있음을 뜻한다. 그렇다고 건마찰력에서처럼 지수를 0으로 하면 입자의 운동을 방해하는 힘이 너무 커진다. 비용함수의 기울기에 의한 힘이 작지만 0이 아닌 경우, 마찰에 의한 상수 힘 때문에 입자가 극소점에 도달하기도 전에 멈출 수 있다. 점성 항력은 두 문제점 모두에서 자유롭다. 점성 항력은 극소점에 도달할 때까지 기울기 힘이 입자를 밀고 나갈 수 있을 정도로 작으면서, 기울기 힘이 필요 이상으로 입자를 움직이지 못하게 할 정도로 크다.

8.3.3 네스테로프 운동량

[Sutskever 외, 2013]은 네스테로프의 가속 경사 하강법(Nesterov, 1983; Nesterov, 2004)에서 영감을 얻어서 만든, 운동량 알고리즘의 한 변형을 제시했다. 그 알고리즘은 다음과 같은 갱신 규칙을 사용한다.

$$\boldsymbol{v} \leftarrow \alpha\boldsymbol{v} - \epsilon\nabla_{\boldsymbol{\theta}}\left[\frac{1}{m}\sum_{i=1}^{m} L\big(\boldsymbol{f}(\boldsymbol{x}^{(i)};\boldsymbol{\theta} + \alpha\boldsymbol{v}),\boldsymbol{y}^{(i)}\big)\right], \tag{8.21}$$

$$\boldsymbol{\theta} \leftarrow \boldsymbol{\theta} + \boldsymbol{v}. \tag{8.22}$$

여기서 매개변수 α와 ϵ은 표준적인 운동량 알고리즘에서와 비슷한 역할을 한다. 네스테로프 운동량 알고리즘과 표준 운동량 알고리즘은 기울기를 평가하는 지점에서 차이가 있다. 네스테로프 운동량 방법은 현재 속도를 적용한 후에 기울기를 갱신한다. 따라서, 네스테로프 운동량 방법을 표준 운동량 방법에 하나의 **보정 인자**(correction factor)를 더한 것으로 생각해도 된다. 완전한 네스테로프 운동량 알고리즘이 알고리즘 8.3에 나와 있다.

필수: 학습 속도 ϵ, 운동량 매개변수 α

필수:: 초기 매개변수 $\boldsymbol{\theta}$, 초기 속도 $\boldsymbol{v}$

 while 종료 조건이 충족되지 않은 동안 **do**

  훈련 집합 $\{\boldsymbol{x}^{(1)},...,\boldsymbol{x}^{(m)}\}$에서 m개의 견본과 그에 대응되는 목푯값 $\boldsymbol{y}^{(i)}$들을 추출해서 미니배치를 만든다.

  위치를 잠정적으로 갱신한다: $\tilde{\boldsymbol{\theta}} \leftarrow \boldsymbol{\theta} + \alpha\boldsymbol{v}$

  기울기를 계산한다(잠정적인 점에서): $\boldsymbol{g} \leftarrow \dfrac{1}{m}\nabla_{\tilde{\boldsymbol{\theta}}}\sum_i L(f(\boldsymbol{x}^{(i)};\tilde{\boldsymbol{\theta}}),\boldsymbol{y}^{(i)})$

  속도를 갱신한다: $\boldsymbol{v} \leftarrow \alpha\boldsymbol{v} - \epsilon\boldsymbol{g}$

  새 속도로 위치를 갱신한다: $\boldsymbol{\theta} \leftarrow \boldsymbol{\theta} + \boldsymbol{v}$

 end while

[Nesterov, 1983]은 볼록 배치 경사 하강의 경우 네스테로프 운동량 방법을 적용하면 초과 오차의 수렴 속도가 $O(1/k)$(k단계 이후)에서 $O(1/k^2)$으로 올라감을 보여주었다. 안타깝게도, 확률적 하강의 경우 네스테로프 운동량 방법은 수렴 속도를 개선하지 않는다.

8.4 매개변수 초기화 전략

반복적이지 않은 최적화 알고리즘들도 있다. 그런 알고리즘들은 그냥 해에 해당하는 점을 풀어서 구한다. 그리고 반복적인 알고리즘 중에도, 적절한 종류의 최적화 문제에 적용했을 때는 초기화와는 무관하게 적당한 시간 안에 쓸만한 해로 수렴하는 것들이 있다. 안타깝게도, 둘 다 심층 학습 훈련 알고리즘들에는 해당하지 않는다. 일반적으로 심층 학습을 위한 훈련 알고리즘은 반복적이며, 따라서 사용자는 반복을 시작할 어떤 시작점(초기점)을 지정해야 한다. 게다가, 심층 학습의 모형은 충분히 어려운 과제이기 때문에 대부분의 알고리즘은 시작점을 어떻게 초기화하느냐에 강하게 영향을 받는다. 시작점에 따라서는 알고리즘이 수렴할 수도 있고 도중에 수치적인 어려움을 만나서 수렴에 실패할 수도 있다. 학습이 수렴하는 경우에도, 시작점에 따라서는 수렴이 빨리 일어날 수도 있고 느리게 일어날 수도 있으며, 비용이 큰 점으로 수렴할 수도 있고 작은 점으로 수렴할 수도 있다. 또한, 비용이 비슷한 점들이라도 일반화 오차는 아주 다를 수 있는데, 시작점은 일반화 오차에도 영향을 미친다.

현대적인 초기화 전략들은 간단하고 발견법적이다. 개선된 초기화 전략을 고안하는 것은 쉽지 않은 일인데, 왜냐하면 신경망의 초기화 자체가 아직 잘 파악되지 않았기 때문이다. 대부분의 초기화 전략은 학습을 시작하기 전에 신경망이 어떤 좋은 속성들을 갖추게 하는 것에 기초한다. 그러나, 일단 학습이 시작된 후에 그런 속성 중 어떤 것들이 어떤 상황에서 유지되는지는 아직 잘 파악되지 않은 상태이다. 게다가, 최적화의 관점에서는 바람직한 시작점이 일반화의 관점에서는 그리 좋지 않은 선택으로 판명되기도 한다. 시작점들이 일반화에 미치는 영향에 관한 연구는 아직 초보 단계이기 때문에, 일반화를 고려해서 시작점을 선택할 때 유용한 지침을 기대하기는 어렵다.

아마도, 확실하게 파악된 좋은 속성은 초기 매개변수들이 서로 다른 단위들 사이의 '대칭성'을 깨야 한다는 것뿐이다. 활성화 함수가 같은 두 은닉 단위가 같은 입력들에 연결되어 있다고 할 때, 그 단위들의 초기 매개변수들은 반드시 서로 달라야 한다. 만일 그런 두 단위의 초기 매개변수들이 같으면, 결정론적 비용함수와 모형에 적용된 결정론적 학습 알고리즘은 그 두 단위를 계속해서 같은 방식으로 갱신한다. 확률성을 활용해서 서로 다른 단위를 서로 다른 방식으로 갱신할 수 있는 모형이나 훈련 알고리즘(이를테면 드롭아웃 정칙화를 사용하는 알고리즘)이라고 해도, 각 단위가 다른 모든 단위와는 다른 함수를 계산하게 초기화하는 것이 최선일 때가 많다. 그렇게 하면 입력 패턴들이 순전파의 영공간(null space)에서 사라지는 일이 없으며, 기울기 패턴들이 역전파의 영공간에서 사라지는 일도 생기지 않는다. 각 단위가 서로 다른 함수를 계산하게 한다는 목표를 달성하는 한 방법은 매개변수들을 무작위로 초기화하는 것이다. 이를 위해 서로 다른 수많은 기저함수들로 이루어진 커다란 함수 집합을 명시적으로 검색할 수도 있지만, 그러면 계산 비용이 현저히 증가할 때가 많다. 예를 들어 출력 단위의 개수가 입력 단위의 개수를 넘지 않는 신경망이라면, 초기 가중치 행렬에 대해 그람-슈미트 직교화(Gram-Schmidt orthogonalization)를 적용하는 방법이 있다. 그러면 반드시 단위들이 각자 아주 다른 함수를 계산하게 된다. 고차원 공간에 관한 고엔트로피 분포에 따른 무작위 초기화는 계산 비용이 작고, 서로 다른 단위들이 같은 함수를 계산하게 될 가능성이 별로 없다.

일반적으로, 각 단위의 치우침 매개변수는 그냥 발견법적으로 선택한 상수 하나를 사용한다. 즉, 모든 단위는 동일한 치우침 매개변수를 받으며, 무작위로 초기화하는 것은 가중치들뿐이다. 예측의 조건부 분산을 부호화하는 매개변수 같은 추가적인 매개변수들도 치우침 매개변수처럼 그냥 발견법적으로 선택한 상수를 사용할 때가 많다.

거의 대부분의 경우, 모형의 모든 가중치는 가우스 분포나 고른 분포에서 무작위로 추출한 값들로 초기화한다. 가우스 분포냐 고른 분포냐는 별로 중요하지 않은 것으로 보이나, 이 문제가 상세히 연구되지는 않았다. 그러나 초기 분포의 규모(scale)는 최적화 절차의 결과와 신경망의 일반화 능력 모두에 큰 영향을 미친다.

초기 가중치들이 클수록 대칭성 깨짐 효과가 강해져서, 단위들이 같은 함수를 사용하는 문제가 줄어든다. 또한, 큰 초기 가중치들은 각 층의 선형 구성요소를 통해 순전파 또는 역전파되는 과정에서 신호가 사라지는 문제를 피하는 데도 도움이 된다. 행렬의 성분들이 크면 행렬들을 곱한 결과의 성분들도 크기 때문이다. 그러나 초기 가중치들이 너무 크면 순전파나 역전파 과정에서 값들이 폭발할 수 있다. 순환 신경망에서는 큰 가중치들이 소위 **혼돈**(chaos) 현상을 일으킬 여지도 있다(여기서 혼돈은, 신경망이 입력의 작은 섭동에 너무 민감해서 결정론적인 순전파 절차가 마치 무작위하게(확률적으로) 행동하는 것처럼 보이는 것을 말한다). 가중치 폭발 문제는 가중치 절단 기법(가중치 하강 단계를 수행하기 전에 가중치 값들을 일정 범위로 제한하는 것)으로 어느 정도까지는 완화할 수 있다. 또한, 가중치들이 크면 활성화 함수의 입력이 너무 커져서 활성화 함수가 포화할 수 있다. 그러면 포화한 단위를 통과하는 과정에서 가중치가 완전히 사라지게 된다. 가중치들의 이상적인 규모를 결정할 때는 이상의 서로 대립되는 요인들을 고려할 필요가 있다.

정칙화의 관점에서 본 신경망의 바람직한 초기화 방식은 최적화의 관점에서 본 것과는 아주 다르다. 최적화의 관점에서는 정보가 제대로 전파되도록 가중치를 충분히 크게 잡는 것이 바람직하지만, 일부 정칙화 방법의 관점에서는 가중치가 너무 크면 곤란할 때가 있다. 확률적 경사 하강법처럼 가중치들을 조금씩 변경하는, 그리고 초기 매개변수들에 가까운 영역에서 멈추는(기울기가 낮은 영역에 갇혀서이든, 과대적합에 기초한 어떤 조기 종료 판정기준이 충족되어서이든) 경향이 있는 최적화 알고리즘을 사용한다는 것은, 최종 매개변수들이 초기 매개변수들과 가까워야 한다는 우리의 사전 믿음을 표현하는 것에 해당한다. §7.8에서 말했듯이, 일부 모형의 경우 조기 종료가 적용된 경사 하강법은 가중치 감쇄와 동등하다. 일반적인 경우에서는 조기 종료가 적용된 경사 하강법이 가중치 감쇄와 같지 않지만, 그래도 초기화의 효과에 관해 생각해 볼 여지가 있는 느슨한 비유를 제공하기는 한다. 매개변수 벡터 $\boldsymbol{\theta}$를 $\boldsymbol{\theta}_0$으로 초기화하는 것은 평균이 $\boldsymbol{\theta}_0$인 가우스 사전분포 $p(\boldsymbol{\theta})$를 적용하는 것과 비슷하다고 할 수 있다. 이러한 관점에서는 $\boldsymbol{\theta}_0$을 0에 가까운 값들로 선택하는 것이 합당하다. 그러한 사전분포는 신경망의 단위들이 상호작용할 가능성보다 상호작용하지 않을 가능성이 더 큼을 뜻한다. 단위들은 목적함수의 가능도 항이 단위들의 상호작용을 강하게 선호하는 것에 해당하는 값일 때만 서로 상호작용하게 된다. 한편, 만일 $\boldsymbol{\theta}_0$을 큰 값들로 설정하면, 사전분포는 상호작용해야 할 단위들이 어떤 것들이고 그 단위들이 어떤 방식으로 상호작용해야 하는지를 지정하는 역할을 한다.

가중치들의 초기 규모를 선택하는 발견법적 방법이 몇 가지 있다. 그중 하나는 입력 단위 m개와 출력 단위 n개가 완전히 연결된 층의 가중치들을 $U(-\frac{1}{\sqrt{m}}, \frac{1}{\sqrt{m}})$로부터 추출한 값들로 초기화하는 것이다. 한편, [Glorot & Bengio, 2010]은 다음과 같은 **정규화된 초기화**(normalized initialization)를 사용할 것을 제안했다.

$$W_{i,j} \sim U\left(-\sqrt{\frac{6}{m+n}}, \sqrt{\frac{6}{m+n}}\right). \tag{8.23}$$

이 발견법적 방법은 모든 층의 활성화 분산이 같아지도록 초기화한다는 목표와 모든 층의 기울기 분산이 같아지도록 초기화한다는 목표를 절충하도록 고안된 것이다. 식 8.23은 신경망이 일련의 행렬 곱셈들로만 구성될 뿐 비선형성은 전혀 관여하지 않는다는 가정하에서 유도된 공식인데, 실제 신경망들에서는 그러한 가정이 성립하지 않음이 명백하다. 그러나 선형 모형에 맞게 설계된 전략 중에는 비선형 모형에도 잘 작동하는 것들이 많다.

[Saxe 외, 2013]은 매개변수들을 무작위 직교 행렬로 초기화하되, 각 층에 적용되는 비선형성을 고려한 비례 계수 또는 **이득**(gain) 인자 g를 세심하게 선택할 것을 추천했다. 그 논문은 여러 종류의 비선형 활성화 함수에 맞게 유도한 구체적인 비례 계수 값들도 제시한다. 이러한 초기화 방안은 비선형성이 없는 일련의 행렬 곱셈들로 이루어진 모형으로서의 심층 신경망에도 잘 맞는다. 그런 모형에 이 초기화 방안을 적용하면, 수렴에 도달하는 데 필요한 총 훈련 반복 횟수가 신경망의 깊이와는 무관함이 보

장된다.

비례 계수 g를 증가하면 신경망은 활성화 값들이 순방향으로 전파됨에 따라 활성화 노름이 증가하고 기울기들이 역방향으로 전파됨에 따라 기울기 노름이 증가하는 영역으로 이동하게 된다. [Sussillo, 2014]는 이득 인자를 제대로 설정하기만 하면 직교 초기화 없이도 1,000층 정도의 깊은 신경망을 충분히 훈련할 수 있음을 보였다. 이 접근 방식의 핵심적인 통찰은, 순방향 신경망에서 활성화 값들과 기울기들이 순전파 또는 역전파의 각 단계에서 일종의 무작위 걷기(random walk) 행동에 따라 증가하거나 감소할 수 있다는 것이다. 이는 순방향 신경망이 각 층에서 서로 다른 가중치 행렬을 사용하기 때문이다. 이러한 무작위 걷기를 잘 조율해서 노름들이 유지되게 만들면, 순방향 신경망은 각 단계에서 같은 가중치 행렬이 쓰일 때 발생하는 기울기 소실 및 폭발 문제(§8.2.5)를 대부분 피할 수 있다.

안타깝게도, 초기 가중치들에 대한 이러한 최적 판정기준들이 최적의 성과로 이어지지는 않을 때가 많다. 주된 이유는 크게 세 가지이다. 첫째로, 판정기준 자체가 잘못되었을 수 있다. 즉, 신경망 전체에서 신호의 노름을 유지하는 것이 그리 이득이 되지 않을 수 있는 것이다. 둘째로, 초기화를 통해 부과한 바람직한 속성들이 일단 학습을 시작하고 나면 더 이상 유지되지 않을 수 있다. 셋째로, 판정기준 덕분에 최적화가 빨라지긴 했지만, 일반화 오차는 의도치 않게 증가했을 수 있다. 실제 응용에서는 가중치들의 규모를, 최적의 값들이 이론적으로 예측한 값들 근처에 있긴 하지만 그런 값들과 정확히 같지는 않은 하나의 초매개변수로 두어야 할 때가 많다.

모든 초기 가중치의 표준편차가 같은 값(이를테면 $\frac{1}{\sqrt{m}}$)이 되게 하는 비례 규칙의 한 가지 단점은, 층들이 크면 개별 가중치가 극도로 작아진다는 것이다. [Martens, 2010]은 **희소 초기화**(sparse initialization)라고 부르는 또 다른 초기화 방안을 소개했다. 희소 초기화는 가중치들을 초기화할 때 각 단위에서 0이 아닌 가중치가 정확히 k개이어야 한다는 제약을 가한다. 이 방법에 깔린 착안은, 개별 가중치 성분의 크기를 입력 개수 m에 따라 감소하지 않음으로써 단위에 대한 입력의 총량이 m과 독립적으로 되게 한다는 것이다. 희소 최소화는 초기화 시점에서 단위들이 좀 더 다양해지게 하는 데 도움이 된다. 그러나 이 방법은 가중치들이 큰 가우스 값들을 가지도록 하는 아주 강한 사전분포를 적용하는 결과를 낸다. 경사 하강법이 그러한 "잘못된" 큰 가중치들을 충분히 감소하게 될 때까지는 시간이 오래 걸리므로, 서로 세심하게 협동해야 하는 다수의 필터를 가진 단위(이를테면 맥스아웃 단위)들에서는 이러한 초기화 방안이 문제가 될 수 있다.

계산 자원이 허락하는 한, 각 층의 가중치들의 초기 규모를 각각의 초매개변수로 두고 §11.4.2에서 설명하는 초매개변수 검색 알고리즘들(이를테면 무작위 검색 등)을 적용하는 것이 좋을 때가 많다. 희소 초기화를 사용할 것인지 조밀(dense) 초기화를 사용할 것인지의 선택 역시 하나의 초매개변수로 둘 수 있다. 아니면, 그냥 최상의 초기 규모를 개발자가 직접 찾아볼 수도 있다. 초기 규모 선택 시 적용되는 일반적인 원칙 하나는, 자료의 미니배치 하나에 대한 활성화 값들이나 기울기들의 범위 또는 표준편차를 살펴보라는 것이다. 가중치들이 너무 작으면, 활성화 값들이 신경망을 따라 순방향으로 전파됨에 따라 미니배치 전반에 대한 활성화 값들의 범위가 줄어든다. 받아들일 수 없을 정도로 활성화 값들이 작아진 첫 번째 층을 선택해서 해당 가중치들을 증가하는 과정을 반복하다 보면 전반적으로 합당한 초기 활성화 값들을 가진 신경망을 구할 수 있다. 그 시점에서 학습이 너무 느리다면, 활성화 값들뿐만 아니라 기울기들의 범위나 표준편차도 살펴보는 것이 유용할 수 있다. 원칙적으로는 이러한 절차를 자동화할 수 있으며, 필요한 계산 비용은 검증 집합 오차에 기초한 초매개변수 최적화의 비용보다 대체로 작다. 이는, 이러한 절차가 자료의 배치 하나에 대한 초기 모형의 행동에서 비롯된 피드백에 기초하기 때문이다(검증 집합에 대한, 훈련된 모형의 피드백이 아니라). 이런 절차가 오랫동안 발견법적으로 쓰였지만, 최근에는 이를 좀 더 공식적으로 명시하고 연구한 결과(Mishkin & Matas, 2015)도 나왔다.

지금까지의 논의는 가중치들의 초기화에 초점을 두었다. 다행히, 일반적으로 다른 매개변수들의 초기화는 가중치들의 초기화보다 쉽다.

치우침 매개변수들을 초기화하는 방식은 가중치들을 초기화하는 방식과 맞아야 한다. 치우침 매개변수를 0으로 설정하는 것은 대부분의 가중치 초기화 방안들과 잘 맞는다. 그러나 다음과 같은 상황들에서는 치우침 매개변수를 0이 아닌 값으로 설정해야 할 수도 있다.

- 출력 단위를 위한 치우침 매개변수의 경우, 출력의 오른쪽 주변 통계량(marginal statistics)이 나오도록 치우침 매개변수를 초기화하는 것이 이득이 될 때가 많다. 이를 위해서는 단위의 출력이 오직 치우침 매개변수로만 결정될 정도로 초기 가

중치들이 충분히 작다고 가정한다. 그러면 치우침 매개변수를 훈련 집합의 출력의 주변 통계량에 적용된 활성화 함수의 역으로 설정하는 것이 정당화된다. 예를 들어 분류를 위한 신경망의 출력이 부류들에 관한 하나의 분포이고 그 분포가 어떤 벡터 c의 성분 c_i가 주어졌을 때의 부류 i의 주변 확률에 의해 크게 치우쳐(skewed) 있다면, 방정식 $\mathrm{softmax}(b) = c$를 풀어서 치우침 벡터 b를 설정하면 된다. 이러한 방법은 분류기뿐만 아니라 제3부에 나온 다른 여러 모형(이를테면 자동부호기나 볼츠만 기계)에도 적용된다. 그런 모형들에는 출력이 반드시 입력 자료 x와 비슷해야 하는 층들이 있는데, 그런 층들의 치우침 매개변수들을 x에 관한 주변 분포에 맞게 초기화하는 것이 아주 많은 도움이 된다.

- 초기화에서 포화가 너무 많이 일어나지 않게 하는 것을 목표로 치우침 매개변수들을 선택해야 할 때도 있다. 예를 들어 은닉 ReLU(정류 선형 단위)의 치우침을 0이 아니라 0.1로 설정하면 초기화 시 ReLU가 포화하지 않는다. 그러나, 이 접근 방식은 치우침 매개변수들로부터의 강한 입력을 기대하지 않는 가중치 초기화 방안들과는 맞지 않는다. 예를 들어 무작위 걷기와 이 방법을 함께 사용하는 것은 권장되지 않는다(Sussillo, 2014).

- 다른 단위들이 어떤 함수에 관여하는지의 여부를 하나의 단위가 제어하는 경우가 종종 있다. 그런 상황에서, 출력이 u인 단위 하나와 출력이 $h \in [0,1]$인 또 다른 단위 하나가 있다고 하자. 두 단위가 곱해지면 출력 uh가 산출된다. 이때, 출력이 h인 단위(이하 그냥 h 단위)는 $uh \approx u$가 되어야 할지 아니면 $uh \approx 0$이 되어야 할지를 결정하는 하나의 게이트gate 소자로 생각할 수 있다. 이러한 상황에서는 h 단위에 대한 치우침 매개변수를, 초기화 시점에서 대부분의 경우 $h \approx 1$이 되게 하는 값으로 설정하는 것이 바람직하다. 그렇게 하지 않으면 u 단위에게는 학습할 기회가 주어지지 않는다. 예를 들어 [Jozefowicz 외, 2015]는 LSTM(장단기 기억) 모형($10.10에서 설명한다)의 망각 게이트 소자에 대한 치우침 매개변수를 1로 설정할 것을 주장했다.

흔히 쓰이는 또 다른 종류의 매개변수로 분산(variance) 또는 정밀도(precision) 매개변수가 있다. 예를 들어 다음은 조건부 분산 추정값이 있는 선형회귀를 수행하는 모형이다.

$$p(y|\boldsymbol{x}) = \mathcal{N}(y|\boldsymbol{w}^T\boldsymbol{x} + b, 1/\beta). \tag{8.24}$$

여기서 β가 정밀도 매개변수이다. 보통의 경우 분산 매개변수나 정밀도 매개변수는 1로 설정하면 무난하다. 또 다른 접근 방식은, 가중치들이 치우침 매개변수들의 설정에 영향을 미치지 않을 정도로 초기 가중치들이 0에 충분히 가까운 경우, 치우침 매개변수들은 출력의 정확한 주변 평균이 산출되도록 설정하고, 분산 매개변수는 훈련 집합의 출력의 주변 분산으로 설정하는 것이다.

이처럼 간단한 상수나 확률분포를 이용해서 모형 매개변수를 초기화하는 방법들 외에, 기계 학습을 이용해서 모형 매개변수들을 초기화하는 것도 가능하다. 이 책의 제3부에서 논의하는 한 가지 흔한 전략은, 지도 학습 모형의 매개변수들을 그 모형과 같은 입력들로 훈련한 비지도 학습 모형이 배운 매개변수들로 초기화하는 것이다. 또한, 관련된 과제에 대해 지도 훈련을 수행해서 매개변수 초기치들을 구할 수도 있다. 심지어는, 관련이 없는 과제에 대해 지도 훈련을 수행해서 얻은 값들로 매개변수들을 초기화해도 무작위 초기화를 사용했을 때보다 수렴이 더 빨리 일어날 수 있다. 이러한 초기화 전략들의 일부는 수렴이 더 빠를 뿐만 아니라 일반화도 개선된 성과를 낼 수 있는데, 이는 이런 전략들이 분포에 관한 정보를 모형의 초기 매개변수들 안에 부호화하기 때문이다. 한편, 다른 전략들이 명백히 좋은 성과를 내는 주된 이유는 매개변수들이 적절한 규모의 값들로 설정되거나 서로 다른 단위들이 서로 완전히 다른 함수를 계산하게 되기 때문이다.

8.5 학습 속도를 적절히 변경하는 알고리즘들

오래전부터 신경망 연구자들은 설정하기 아주 어려운 초매개변수의 하나로 학습 속도 (learning rate)를 꼽았다. 학습 속도의 설정이 어려운 이유는, 그것이 모형의 성과에 심대한 영향을 미치기 때문이다. §4.3과 §8.2에서 논의했듯이, 비용함수는 매개변수 공간의 일부 방향들로는 아주 민감하게 반응하지만, 그 외의 방향들에서는 아주 둔감하다. 그런 문제점을 운동량 알고리즘으로 어느 정도 완화할 수 있지만, 또 다른 초매개변수를 도입해야 한다는 대가를 치러야 한다. 따라서, 그런 대가를 치르지 않는 다른 방법은 없는지 궁금해하는 것도 당연하다. 만일 민감도의 방향들이 공간의 축에 어느 정도 정렬되어 있다고 가정한다면, 매개변수마다 개별적인 학습 속도를 두고 학습 과정에서 그 학습 속도들을 자동으로 적응시키는 방법이 합당할 것이다.

훈련 도중 개별 학습 속도를 모형 매개변수들에 적응시키는 발견법적 접근 방식으로는, **델타-바-델타**delta-bar-delta라는 알고리즘(Jacobs, 1988)이 제시된 바 있다. 이 알고리즘은 "만일 손실함수의 주어진 모형 매개변수에 대한 편미분의 부호가 바뀌지 않았다면 학습 속도를 증가하고, 부호가 바뀌었다면 학습 속도를 감소해야 한다"라는 간단한 착안에 기초한다. 물론 이런 종류의 규칙은 완전 배치 최적화에만 적용할 수 있다.

좀 더 최근에는 모형 매개변수의 학습 속도를 적응적으로 변화시키는 여러 점진적(또는 미니배치 기반) 방법들이 제시되었다. 이번 절에서는 그런 알고리즘 중 몇 가지를 간략히 살펴본다.

8.5.1 AdaGrad

알고리즘 8.4에 나온 **AdaGrad**※ 알고리즘은 모든 모형 매개변수의 학습 속도들을 지난 모든 단계의 기울기들을 누적한 값(구체적으로는 기울기 제곱들의 합의 제곱근)에 반비례해서 개별적으로 적응시킨다(Duchi 외, 2011). 손실함수의 편미분이 가장 큰 매개변수에 대응되는 학습 속도는 그 편미분의 크기에 상응해서 빠르게 감소하고, 편미분이 작은 매개변수들의 학습 속도는 비교적 느리게 감소한다. 이에 의해, 전반적으로 매개변수 공간에서 좀 더 완만한 경사를 따라 학습이 진행되는 효과가 생긴다.

볼록함수 최적화의 맥락에서 AdaGrad 알고리즘은 이론적으로 몇 가지 바람직한 성질을 가지고 있다. 그러나 실제로 심층 신경망 모형을 훈련한 경험들에 따르면, **훈련 시작에서부터 기울기 제곱들을 누적하면 유효 학습 속도가 필요 이상으로 빠르게, 그리고 과도하게 감소하는 현상**이 나타난다. 일부 심층 학습 모형에는 AdaGrad가 잘 작동하지만, 모든 모형에서 잘 작동하지는 않는다.

8.5.2 RMSProp

RMSProp※※ 알고리즘(Hinton, 2012)은 비볼록 상황에서 잘 작동하도록 AdaGrad를 수정한 것으로, 기울기 누적 대신 지수 가중 이동 평균(exponentially weighted moving average)을 사용한다. AdaGrad는 볼록함수에 적용했을 때 빠르게 수렴하도록 만들어진

※ **역주** 참고로, AdaGrad는 adaptive gradient(적응적 기울기)를 줄여서 만든 이름이다.
※※ **역주** 참고로, RMSProp은 root mean square propagation(제곱평균제곱근 전파)을 줄여서 만든 이름이다.

알고리즘이다. AdaGrad를 비볼록함수에 적용해서 신경망을 훈련하면 학습 자취가 다른 구조들을 지나쳐서 결국에는 국소적으로 볼록한 사발(bowl) 모양의 영역에 도달할 수 있다. AdaGrad는 학습 속도를 기울기 제곱의 전체 역사에 따라 감소하는데, 그러면 그런 볼록 구조에 도달하기 전에 학습 속도가 너무 작아질 수도 있다. RMSProp은 지수 감쇠 평균을 이용하기 때문에 아주 오래전의 기울기들은 학습 속도의 변경에 반영되지 않는다. 그래서 볼록한 사발을 찾은 후에 학습이 빠르게 수렴할 수 있다(마치 AdaGrad 알고리즘을 그런 사발 안에서 초기화했을 때처럼).

알고리즘 8.4 AdaGrad 알고리즘

필수: 전역 학습 속도 ϵ
필수: 초기 매개변수 $\boldsymbol{\theta}$
필수: 수치 안정성을 위한 작은 상수 δ(이를테면 10^{-7})
   기울기 누적 변수를 초기화한다: $\boldsymbol{r} = 0$
   while 종료 조건이 충족되지 않은 동안 **do**
      훈련 집합 $\{\boldsymbol{x}^{(1)},...,\boldsymbol{x}^{(m)}\}$에서 m개의 견본과 그에 대응되는 목푯값 $\boldsymbol{y}^{(i)}$들을 추출해서 미니배치를 만든다.
      기울기를 계산한다: $\boldsymbol{g} \leftarrow \dfrac{1}{m} \nabla_{\boldsymbol{\theta}} \sum_i L(f(\boldsymbol{x}^{(i)};\boldsymbol{\theta}),\boldsymbol{y}^{(i)})$.
      기울기 제곱을 누적한다: $\boldsymbol{r} \leftarrow \boldsymbol{r} + \boldsymbol{g} \odot \boldsymbol{g}$
      갱신량을 계산한다: $\Delta \boldsymbol{\theta} \leftarrow -\dfrac{\epsilon}{\delta + \sqrt{\boldsymbol{r}}} \odot \boldsymbol{g}$. (나눗셈과 제곱근은 성분별로 적용됨)
      갱신을 적용한다: $\boldsymbol{\theta} \leftarrow \boldsymbol{\theta} + \Delta \boldsymbol{\theta}$
end while

알고리즘 8.5는 표준 형태의 RMSProp 알고리즘이고, 알고리즘 8.6은 그것에 네스테로프 운동량을 적용한 버전이다. AdaGrad와는 달리 이 알고리즘들은 이동 평균을 사용하기 때문에 이동 평균의 길이 비율을 제어하는 새로운 초매개변수 ρ가 도입되었다.

알고리즘 8.5 RMSProp 알고리즘

필수: 전역 학습 속도 ϵ, 감쇄율(감쇄 속도) ρ
필수: 초기 매개변수 $\boldsymbol{\theta}$
필수: 작은 값으로 나누는 연산의 안정성을 위한 작은 상수 δ(흔히 10^{-6}이 쓰임)
   기울기 누적 변수를 초기화한다: $\boldsymbol{r} = \boldsymbol{0}$
  while 종료 조건이 충족되지 않은 동안 **do**
     훈련 집합 $\{\boldsymbol{x}^{(1)},...,\boldsymbol{x}^{(m)}\}$에서 m개의 견본과 그에 대응되는 목푯값 $\boldsymbol{y}^{(i)}$들을 추출해서 미니배치를 만든다.
     기울기를 계산한다: $\boldsymbol{g} \leftarrow \dfrac{1}{m}\nabla_{\boldsymbol{\theta}}\sum_i L(f(\boldsymbol{x}^{(i)};\boldsymbol{\theta}),\boldsymbol{y}^{(i)})$.
     기울기 제곱을 누적한다: $\boldsymbol{r} \leftarrow \rho\boldsymbol{r} + (1-\rho)\boldsymbol{g}\odot\boldsymbol{g}$.
     매개변수 갱신량을 계산한다: $\Delta\boldsymbol{\theta} = -\dfrac{\epsilon}{\sqrt{\delta+\boldsymbol{r}}}\odot\boldsymbol{g}$. ($\dfrac{1}{\sqrt{\delta+\boldsymbol{r}}}$은 성분별로 적용됨)
     갱신을 적용한다: $\boldsymbol{\theta} \leftarrow \boldsymbol{\theta} + \Delta\boldsymbol{\theta}$.
end while

알고리즘 8.6 네스테로프 운동량을 적용한 RMSProp 알고리즘

필수: 전역 학습 속도 ϵ, 감쇄율(감쇄 속도) ρ, 운동량 계수 α
필수: 초기 매개변수 $\boldsymbol{\theta}$, 초기 속도 $\boldsymbol{v}$
   기울기 누적 변수를 초기화한나: $\boldsymbol{r} = \boldsymbol{0}$
  while 종료 조건이 충족되지 않은 동안 **do**
     훈련 집합 $\{\boldsymbol{x}^{(1)},...,\boldsymbol{x}^{(m)}\}$에서 m개의 견본과 그에 대응되는 목푯값 $\boldsymbol{y}^{(i)}$들을 추출해서 미니배치를 만든다.
     위치를 잠정적으로 갱신한다: $\tilde{\boldsymbol{\theta}} \leftarrow \boldsymbol{\theta} + \alpha\boldsymbol{v}$.
     기울기를 계산한다: $\boldsymbol{g} \leftarrow \dfrac{1}{m}\nabla_{\tilde{\boldsymbol{\theta}}}\sum_i L(f(\boldsymbol{x}^{(i)};\tilde{\boldsymbol{\theta}}),\boldsymbol{y}^{(i)})$.
     기울기 제곱을 누적한다: $\boldsymbol{r} \leftarrow \rho\boldsymbol{r} + (1-\rho)\boldsymbol{g}\odot\boldsymbol{g}$.
     속도를 갱신한다: $\boldsymbol{v} \leftarrow \alpha\boldsymbol{v} - \dfrac{\epsilon}{\sqrt{\boldsymbol{r}}}\odot\boldsymbol{g}$. ($\dfrac{1}{\sqrt{\boldsymbol{r}}}$은 성분별로 적용됨)
     갱신을 적용한다: $\boldsymbol{\theta} \leftarrow \boldsymbol{\theta} + \boldsymbol{v}$.
end while

RMSProp이 심층 신경망을 위한 효과적이고 실용적인 최적화 알고리즘임이 실험과 응용 경험을 통해서 증명되었다. 현재 RMSProp은 심층 학습 실무자들이 일상적으로 사용하는 주된 최적화 방법의 하나이다.

8.5.3 Adam

알고리즘 8.7에 나온 **Adam**(Kingma & Ba, 2014)은 또 다른 적응적 학습 속도 최적화 알고리즘이다. 'Adam'이라는 이름은 'adaptive moments(적응적 적률)'를 줄인 것이다. 앞에서 살펴본 알고리즘들을 기준으로 말하자면, Adam은 기본적으로 RMSProp과 운동량 방법의 조합이되 몇 가지 사항이 다른 알고리즘이라고 생각하면 이해하기 쉽다. 첫째 차이점은, Adam은 운동량을 기울기의 적률(moment)의 추정값으로서 직접(지수 가중을 통해서) 도입한다는 것이다. 운동량을 RMSProp에 추가하는 가장 직접적인 방법은 기울기를 재비례(rescaling)하는 것이다. 그러나 운동량과 재비례의 조합이 유익하다는 이론적 근거는 명확하지 않다. 둘째 차이점은, Adam은 1차 적률(운동량 항)의 추정

알고리즘 8.7 Adam 알고리즘

필수: 단계 크기 ϵ(추천하는 기본값은 0.001).
필수: 적률 추정값을 위한 지수 감쇄율 ρ_1과 ρ_2(둘 다 범위는 $[0,1)$이고, 추천하는 기본값은 각각 0.9와 0.999).
필수: 수치 안정성을 위한 작은 상수 δ(추천하는 기본값은 10^{-8})
필수: 초기 매개변수 $\boldsymbol{\theta}$
  1차, 2차 적률 변수들을 초기화한다: $\boldsymbol{s} = 0,\ \boldsymbol{r} = 0$.
  시간 단계를 초기화한다: $t = 0$.
  while 종료 조건이 충족되지 않은 동안 **do**
    훈련 집합 $\{\boldsymbol{x}^{(1)},...,\boldsymbol{x}^{(m)}\}$에서 m개의 견본과 그에 대응되는 목푯값 $\boldsymbol{y}^{(i)}$들을 추출해서 미니배치를 만든다.
    기울기를 계산한다: $\boldsymbol{g} \leftarrow \dfrac{1}{m}\nabla_{\boldsymbol{\theta}}\sum_i L(f(\boldsymbol{x}^{(i)};\boldsymbol{\theta}),\boldsymbol{y}^{(i)})$.

    $t \leftarrow t+1$
    1차 적률의 편향 추정값을 갱신한다: $\boldsymbol{s} \leftarrow \rho_1\boldsymbol{s}+(1-\rho_1)\boldsymbol{g}$.
    2차 적률의 편향 추정값을 갱신한다: $\boldsymbol{r} \leftarrow \rho_2\boldsymbol{r}+(1-\rho_2)\boldsymbol{g}\odot\boldsymbol{g}$.
    1차 적률의 편향을 보정한다: $\hat{\boldsymbol{s}} \leftarrow \dfrac{\boldsymbol{s}}{1-\rho_1^t}$.

    2차 적률의 편향을 보정한다: $\hat{\boldsymbol{r}} \leftarrow \dfrac{\boldsymbol{r}}{1-\rho_2^t}$.

    갱신량을 계산한다: $\Delta\boldsymbol{\theta} = -\epsilon\dfrac{\hat{\boldsymbol{s}}}{\sqrt{\hat{\boldsymbol{r}}}+\delta}$. (연산들은 성분별로 적용됨)

    갱신을 적용한다: $\boldsymbol{\theta} \leftarrow \boldsymbol{\theta}+\Delta\boldsymbol{\theta}$.
  end while

값과 2차 적률(중심화되지 않은)의 추정값 모두에 편향 보정 인자를 적용한다는 것이다. 이는 이들의 원점에서의 초기화를 고려한 것이다(알고리즘 8.7 참고). RMSProp도 중심화되지 않은(uncentered) 2차 적률을 도입하지만, 보정 인자는 적용하지 않는다. 그래서 Adam과는 달리 RMSProp의 2차 적률 추정값은 훈련 초기에 크게 편향될 수 있다. 대체로 Adam은 초매개변수들의 선택에 상당히 견고하다고 알려져 있지만, 학습 속도의 경우에는 흔히 추천하는 기본값 이외의 값을 사용해야 할 때도 종종 있다.

8.5.4 적절한 최적화 알고리즘의 선택

지금까지 학습 속도를 각 모형 매개변수에 적응시킴으로써 심층 학습 모형의 최적화에서 발생하는 어려움들을 해결하려 하는 여러 관련 알고리즘들을 논의했다. 이 시점에서 그 알고리즘 중 어떤 것을 사용해야 하느냐는 질문이 자연스럽게 떠오를 것이다.

안타깝게도, 현재 이 문제에 관해 아직 아무런 공감대도 형성되지 않은 상태이다. [Schaul 외, 2014]는 광범위한 학습 과제들에 대한 많은 수의 최적화 알고리즘들을 비교한 가치 있는 연구 결과를 제시했다. 그 결과에 따르면, 학습 속도의 적응을 이용하는 부류의 알고리즘들(대표적으로는 RMSProp과 AdaDelta)이 상당히 안정적인 성과를 보였지만, 어떤 하나의 알고리즘이 두드러지게 뛰어나지는 않았다.

현재, 실무에 가장 널리 쓰이는 최적화 알고리즘으로는 SGD, 운동량이 적용된 SGD, RMSProp, 운동량이 적용된 RMSProp, AdaDelta, Adam을 들 수 있다. 현재로서는, 알고리즘 선택 문제는 사용자가 주어진 알고리즘에 얼마나 익숙한가(초매개변수의 조율 편의성 면에서)에 크게 의존하는 것으로 보인다.

8.6 근사 2차 방법들

이번 절에서는 2차 방법들을 심층 신경망의 훈련에 적용하는 문제를 논의한다. 기계 학습 초기의 2차 방법 적용에 관해서는 [LeCun 외, 1998a]를 보기 바란다. 설명의 단순함을 위해, 이번 절에서는 신경망의 목적함수가 항상 다음과 같은 경험적 위험도(기대 일반화 오차)라고 가정한다.

$$J(\boldsymbol{\theta}) = \mathbb{E}_{\mathbf{x}, y \sim \hat{p}_{\text{자료}}(\boldsymbol{x}, y)} [L(f(\boldsymbol{x}; \boldsymbol{\theta}), y)] = \frac{1}{m} \sum_{i=1}^{m} L(f(\boldsymbol{x}^{(i)}; \boldsymbol{\theta}), y^{(i)}). \tag{8.25}$$

그러나 이번 절에서 설명하는 방법들은 좀 더 일반적인 목적함수들(이를테면 제7장에서 논의한, 매개변수 정칙화 항이 있는 목적함수 등)로도 잘 확장된다.

8.6.1 뉴턴법

§4.3에서 2차 경사 하강법을 소개했다. 1차 방법들과는 달리 그런 2차 방법들은 최적화 개선을 위해 이차미분(이계도함수)을 활용한다. 가장 널리 쓰이는 2차 방법은 뉴턴법(Newton's method; 또는 뉴턴 방법)이다. 이번 절에서는 뉴턴법을 신경망 훈련에 적용하는 문제에 초점을 두어서 뉴턴법을 좀 더 자세히 설명한다.

뉴턴법은 테일러 급수 전개를 이용해서 $J(\boldsymbol{\theta})$를 근사하는 데 기초한 최적화 방안이다. 구체적으로, 뉴턴법은 다음과 같은 2차 테일러 급수 전개를 이용해서(더 높은 차수의 미분들은 무시하고) 어떤 점 $\boldsymbol{\theta}_0$ 부근에서 $J(\boldsymbol{\theta})$를 근사한다.

$$J(\boldsymbol{\theta}) \approx J(\boldsymbol{\theta}_0) + (\boldsymbol{\theta} - \boldsymbol{\theta}_0)^\top \nabla_{\boldsymbol{\theta}} J(\boldsymbol{\theta}_0) + \frac{1}{2}(\boldsymbol{\theta} - \boldsymbol{\theta}_0)^\top \boldsymbol{H}(\boldsymbol{\theta} - \boldsymbol{\theta}_0). \tag{8.26}$$

여기서 $\boldsymbol{H}$는 $\boldsymbol{\theta}_0$에서 평가된, J의 $\boldsymbol{\theta}$에 대한 헤세 행렬이다. 이 함수를 임계점에 대해 풀면 다음과 같은 뉴턴 매개변수 갱신 규칙이 나온다.

$$\boldsymbol{\theta}^* = \boldsymbol{\theta}_0 - \boldsymbol{H}^{-1}\nabla_{\boldsymbol{\theta}} J(\boldsymbol{\theta}_0). \tag{8.27}$$

따라서, 국소 이차함수(양의 정부호 $\boldsymbol{H}$를 가진)의 경우 뉴턴법은 기울기를 $\boldsymbol{H}^{-1}$으로 재비례해서 극소점에 직접 도달하게 된다. 볼록함수이긴 하지만 이차함수는 아닌(즉, 더 높은 차수의 항들이 있는) 목적함수에 대해서는, 이 갱신 규칙을 여러 번 되풀이해서 극소점에 점차 접근할 수 있다. 알고리즘 8.8은 이러한 뉴턴법으로 신경망을 훈련하는 알고리즘이다.

목적함수의 표면이 이차가 아니어도, 헤세 행렬이 양의 정부호이기만 하면 뉴턴법을 반복해서 적용할 수 있다. 이 경우 2단계 반복 절차가 필요하다. 첫 단계에서는 헤세 행렬의 역행렬(간단히 헤세 역행렬)을 갱신 또는 계산한다(해당 이차 근사를 갱신함으로써). 둘째 단계에서는 매개변수들을 식 8.27에 따라 갱신한다.

§8.2.3에서 언급했듯이, 뉴턴법은 헤세 행렬이 양의 정부호 행렬일 때만 적합하다. 심층 학습에서 목적함수의 표면은 일반적으로 볼록이 아니다. 심층 학습 목적함수의 표면에는 뉴턴법에 방해가 되는 여러 특징(이를테면 안장점)이 존재한다. 예를 들어, 만

알고리즘 8.8 목적함수 $J(\theta) = \frac{1}{m} \sum_{i=1}^{m} L(f(x^{(i)};\theta),y^{(i)})$에 대한 뉴턴법.

필수: 초매개변수 θ_0

필수: m개의 견본으로 이루어진 훈련 집합

  while 종료 조건이 충족되지 않은 동안 **do**

      기울기를 계산한다: $g \leftarrow \frac{1}{m} \nabla_\theta \sum_i L(f(x^{(i)};\theta),y^{(i)})$.

      헤세 행렬을 계산한다: $H \leftarrow \frac{1}{m} \nabla_\theta^2 \sum_i L(f(x^{(i)};\theta),y^{(i)})$.

      헤세 역행렬 H^{-1}을 계산한다.

      갱신량을 계산한다: $\Delta\theta = -H^{-1}g$.

      갱신을 적용한다: $\theta = \theta + \Delta\theta$

end while

일 안장점 부근에서 헤세 행렬에 양수가 아닌 고윳값이 존재하면 뉴턴법은 해와 멀어지는 방향으로 이동하게 된다. 헤세 행렬을 정칙화하면 이런 문제를 피할 수 있다. 이를 위해 흔히 쓰이는 정칙화 전략 중 하나는 헤세 행렬의 주대각 성분들에 상수 α를 더하는 것이다. 다음은 그러한 정칙화 전략을 적용한 갱신 규칙이다.

$$\theta^* = \theta_0 - \left[H(f(\theta_0)) + \alpha I \right]^{-1} \nabla_\theta f(\theta_0). \tag{8.28}$$

이 정칙화 전략은 레번버그-마쿼트 알고리즘(Levenberg, 1944; Marquardt, 1963) 같은 뉴턴법 근사 알고리즘에 쓰인다. 이 전략은 헤세 행렬의 음의 고윳값들이 0에 가깝다면 상당히 잘 작동한다. 만일 곡률에 극단적인 방향들이 많이 있으면, 음의 고윳값들의 영향을 상쇄하기에 충분할 정도로 α를 크게 잡을 필요가 있다. 그러나 α가 커질수록 주대각 αI가 헤세 행렬을 지배하게 되며, 뉴턴법이 선택한 방향은 표준 기울기 나누기 α로 수렴한다. 강한 음의 곡률이 존재하는 경우, 뉴턴법이 경사 하강법(학습 속도를 적절히 선택한)보다 더 작은 단계들을 취하게 하려면 α가 아주 커야 할 수 있다.

목적함수의 어떤 특징들(안장점 등) 때문에 생기는 어려움 외에, 높은 계산 비용도 뉴턴법을 큰 신경망의 훈련에 적용하기 곤란하게 만드는 요인이다. 헤세 행렬의 성분 개수는 매개변수 개수의 제곱에 비례한다. 매개변수가 k개라고 하면, 뉴턴법은 $k \times k$ 행렬의 역행렬을 구해야 한다. 그러한 계산의 복잡도는 $O(k^3)$이다(게다가, 아주 작은 신경망이라도 매개변수 개수 k가 몇백만 정도일 수 있음을 기억해야 한다). 또한, 매개변수들이 갱신마다 변하므로, 헤세 역행렬을 **모든 훈련 반복에서 매번** 계산해야 한다. 이 때문에, 현실적으로 뉴턴법으로 훈련할 수 있는 신경망은 매개변수가 아주 적은 것들뿐이다. 이번 절의 나머지 부분에서는 뉴턴법의 일부 장점을 취하면서도 계산 비용 문제를 피해갈 수 있는 몇 가지 대안들을 논의한다.

8.6.2 켤레 기울기법

켤레 기울기법(conjugate gradient; 또는 켤레 경사법)은 두 **켤레방향**(conjugate direction)들을 번갈아 취해서 하강함으로써 헤세 역행렬의 계산을 피하는 효율적인 방법이다. 이 접근 방식은 기울기와 연관된 방향으로 직선 검색을 반복해서 적용하는 최대 경사법(§4.3 참고)의 약점에 관한 세심한 연구에서 영감을 얻은 것이다. 그림 8.6은 최대 경사법을 사발 모양의 이차 표면에 적용했을 때 비효율적인 지그재그 경로가 발생한 예를 나타낸 것이다. 이런 모양의 경로는 각 직선 검색의 방향(기울기에 따른)이 이전 직선 검색의 방향과 반드시 수직이어야 하기 때문에 생긴다.

이전 단계의 직선 검색 방향이 d_{t-1}이라고 하자. 직선 검색이 끝나는 점인 최소점에서 d_{t-1} 방향으로의 방향미분은 0이다. 즉, $\nabla_\theta J(\theta) \cdot d_{t-1} = 0$이다. 이 점의 기울기는 현재 단계의 검색 방향 $d_t = \nabla_\theta J(\theta)$를 결정한다. 이 검색 방향에는 이전 검색 방향 d_{t-1}으로의 성분이 존재하지 않으므로 d_t는 d_{t-1}과 수직이다. d_{t-1}과 d_t의 이러한 관계가 그림 8.6에 나타나 있다. 그림에서 보듯이, 이전과 수직인 방향으로 하강하면 이전 방향에서의 최소점이 보존되지 않는다. 이처럼 현재 기울기 방향에서 최소점으로 내려가는 것은 이전 기울기 방향에서의 목적함수를 다시 최소화해야 한다는 뜻이다. 즉, 각 직선 검색의 끝점에서의 기울기를 따라 내려간다는 것은 이전 직선 검색의 방향에서 얻은 개선을 취소하는 것이라고 할 수 있다. 결과적으로 그림과 같은 비효율적인 지그재그 패턴이 발생하게 된다. 켤레 기울기법은 최대 경사법의 이러한 문제점을 극복하기 위해 만들어진 것이다.

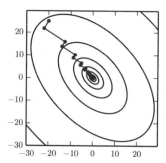

그림 8.6: 최대 경사법을 이차 비용함수 표면에 적용한 예. 최대 경사법은 각 단계에서 시작점에서의 기울기로 정의되는 직선을 따라 비용이 가장 작은 점으로 이동하는 행동을 반복한다. 학습 속도가 일정할 때 이러한 최대 경사법에서 발생하는 문제점을 그림 4.6에서 본 적이 있다. 학습 속도를 최적으로 정한다고 해도, 최적점으로 나아가는 경로가 이 그림처럼 비효율적인 지그재그 형태로 나타날 수 있다. 정의에 의해, 주어진 방향으로 이동해서 목적함수의 최소점에 도달했을 때 그 점의 기울기 방향은 애초의 방향과 수직이다.

켤레 기울기법에서는 이전 직선 검색 방향과 **켤레**(conjugate) 관계인 검색 방향을 선택한다. 따라서 이전 방향에서의 개선이 취소되지 않는다. 이 방법은 t번째 반복에서의 검색 방향 $\boldsymbol{d}_t$를 다음과 같이 정의한다.

$$\boldsymbol{d}_t = \nabla_{\boldsymbol{\theta}} J(\boldsymbol{\theta}) + \beta_t \boldsymbol{d}_{t-1}. \tag{8.29}$$

여기서 β_t는 이전 방향 $\boldsymbol{d}_{t-1}$을 현재 검색 방향에 어느 정도나 반영할 것인지를 결정하는 계수이다.

두 방향 $\boldsymbol{d}_t$와 $\boldsymbol{d}_{t-1}$이 켤레 관계이려면 $\boldsymbol{d}_t^{\top} \boldsymbol{H} \boldsymbol{d}_{t-1} = 0$을 만족해야 한다. 여기서 $\boldsymbol{H}$는 헤세 행렬이다.

이러한 켤레방향들을 직접적으로 구하는 방법이 있긴 하지만, 그 방법에서는 β_t를 선택하기 위해 $\boldsymbol{H}$의 고유벡터들을 계산해야 한다. 이는 큰 신경망에 대해 뉴턴법보다 계산 비용이 낮은 방법을 찾고자 했던 우리의 목적과는 맞지 않는다. 그런 계산 없이도 켤레방향을 구할 수는 없을까? 다행히 그런 방법이 있다.

켤레방향을 구하기 위해 β_t를 계산하는 데 흔히 쓰이는 방법은 다음 두 가지이다.

1. 플레처-리브스Fletcher-Reeves:

$$\beta_t = \frac{\nabla_{\boldsymbol{\theta}} J(\boldsymbol{\theta}_t)^{\top} \nabla_{\boldsymbol{\theta}} J(\boldsymbol{\theta}_t)}{\nabla_{\boldsymbol{\theta}} J(\boldsymbol{\theta}_{t-1})^{\top} \nabla_{\boldsymbol{\theta}} J(\boldsymbol{\theta}_{t-1})}. \tag{8.30}$$

2. 폴락-리비에르$^{Polak-Ribière}$:

$$\beta_t = \frac{\left(\nabla_{\boldsymbol{\theta}} J(\boldsymbol{\theta}_t) - \nabla_{\boldsymbol{\theta}} J(\boldsymbol{\theta}_{t-1})\right)^{\top} \nabla_{\boldsymbol{\theta}} J(\boldsymbol{\theta}_t)}{\nabla_{\boldsymbol{\theta}} J(\boldsymbol{\theta}_{t-1})^{\top} \nabla_{\boldsymbol{\theta}} J(\boldsymbol{\theta}_{t-1})}. \tag{8.31}$$

이차 표면의 경우, 켤레방향들을 이용하면 이전 방향으로의 기울기의 크기가 증가하지 않는다는 성질이 생긴다. 따라서 갱신 시 이전 방향으로의 최솟값이 유지된다. 결과적으로, k차원 매개변수 공간에서 켤레 기울기법으로 최소점에 도달하는 데 필요한 직선 검색 횟수는 k를 넘지 않는다. 알고리즘 8.9에 이러한 켤레 기울기법 알고리즘이 나와 있다.

알고리즘 8.9 켤레 기울기법

필수: 초매개변수 $\boldsymbol{\theta}_0$

필수: m개의 견본으로 이루어진 훈련 집합

감쇄율을 초기화한다: $\boldsymbol{\rho}_0 = \mathbf{0}$

기울기를 초기화한다: $\boldsymbol{g}_0 = \mathbf{0}$

시간을 초기화한다: $t = 1$

while 종료 조건이 충족되지 않은 동안 **do**

기울기를 초기화한다: $\boldsymbol{g}_t = \mathbf{0}$.

기울기를 계산한다: $\boldsymbol{g}_t \leftarrow \dfrac{1}{m} \nabla_{\boldsymbol{\theta}} \sum_i L(f(\boldsymbol{x}^{(i)}; \boldsymbol{\theta}), \boldsymbol{y}^{(i)})$.

베타 계수를 계산한다: $\beta_t = \dfrac{(\boldsymbol{g}_t - \boldsymbol{g}_{t-1})^{\top} \boldsymbol{g}_t}{\boldsymbol{g}_{t-1}^{\top} \boldsymbol{g}_{t-1}}$. (폴락-리비에르 방법)

(비선형 켤레 기울기법: 가끔, 예를 들어 t가 어떤 상수 k(이를테면 $k=5$)의 배수일 때, β_t를 0으로 초기화한다.)

검색 방향을 계산한다: $\boldsymbol{\rho}_t = -\boldsymbol{g}_t + \beta_t \boldsymbol{\rho}_{t-1}$.

직선 검색을 실행해서 최솟값을 찾는다: $\epsilon^* = \operatorname{argmin}_\epsilon \dfrac{1}{m} \sum_{i=1}^{m} L(f(\boldsymbol{x}^{(i)}; \boldsymbol{\theta}_t + \epsilon \boldsymbol{\rho}_t), \boldsymbol{y}^{(i)})$.

(비용함수가 이차함수일 때는 ϵ^*를 명시적으로 검색하는 대신 해석적인 해를 구해도 된다.)

갱신을 적용한다: $\boldsymbol{\theta}_{t+1} = \boldsymbol{\theta}_t + \epsilon^* \boldsymbol{\rho}_t$.

$t \leftarrow t + 1$

end while

비선형 켤레 기울기법

앞의 설명은 켤레 기울기법을 이차 목적함수에 적용하는 것을 기준으로 한 것이다. 그러나 이번 장의 주제는 신경망 모형을 비롯한 여러 심층 학습 모형의 훈련을 위한 최적화 방법인데, 그런 모형들의 목적함수는 이차함수와는 거리가 멀다. 의외라고 생각할 수도 있겠지만, 다행히 켤레 기울기법을 이차함수가 아닌 목적함수들에도 적용할 수 있다. 단, 어느 정도의 수정이 불가피하다. 목적함수가 이차함수라는 보장이 없으면, 켤레방향들이 이전 방향의 목적함수의 최솟값을 유지한다는 보장도 없다. 이 때문에, 보통의 켤레 기울기법과는 달리 **비선형 켤레 기울기법**은 가끔씩 변경되지 않은 기울기를 따라 직선 검색을 다시 시작한다.

실무자들의 보고에 따르면, 실제 응용에서 비선형 켤레 기울기법 알고리즘을 신경망 훈련에 적용해서 어느 정도 괜찮은 결과를 얻을 수 있다. 그러나 비선형 켤레 기울기법을 적용하기 전에 먼저 확률적 경사 하강법을 몇 번 돌리는 게 유리할 때가 많다고 한다. 또한, (비선형) 켤레 기울기법 알고리즘은 전통적으로 배치(훈련 집합 전체) 방법으로 분류되긴 하지만, 미니배치 버전들이 신경망의 훈련에 성공적으로 쓰인 사례도 있다(Le 외, 2011). 켤레 기울기법을 신경망에 맞게 특화한 버전들도 제시된 바 있는데, 비례 켤레 기울기(scaled conjugate gradient) 알고리즘(Moller, 1993)이 그러한 예이다.

8.6.3 BFGS

BFGS(Broyden – Fletcher – Goldfarb – Shanno) **알고리즘** 역시 켤레 기울기법처럼 계산 부담 없이 뉴턴법의 일부 장점을 취하려는 시도의 하나이다. 켤레 기울기법과의 차이점은, BFGS는 뉴턴법의 갱신 규칙을 좀 더 직접적으로 근사한다는 것이다. 기억하겠지만, 뉴턴법의 갱신 규칙은 다음과 같다.

$$\boldsymbol{\theta}^* = \boldsymbol{\theta}_0 - \boldsymbol{H}^{-1} \nabla_{\boldsymbol{\theta}} J(\boldsymbol{\theta}_0). \tag{8.32}$$

여기서 $\boldsymbol{H}$는 $\boldsymbol{\theta}_0$에서 평가된, J의 $\boldsymbol{\theta}$에 대한 헤세 행렬이다. 신경망 훈련에 뉴턴법을 적용하기 어려운 주된 이유는 헤세 역행렬 $\boldsymbol{H}^{-1}$의 계산 비용이 크다는 것이다. 준準뉴턴법(quasi-Newton method)이라고 부르는 접근 방식(그중 두드러진 것이 바로 BFGS 알고리즘이다)은 낮은 계수(rank)의 갱신들로 근사 역행렬을 반복 정련함으로써 목표 역행렬 $\boldsymbol{H}^{-1}$에 좀 더 가까운 근사 역행렬을 구한다.

BFGS 근사의 구체적인 과정과 그 증명은 여러 최적화 교과서들에 나와 있다. 이를 테면 [Luenberger, 1984]를 보기 바란다.

헤세 역행렬을 근사한 행렬을 M_t라고 할 때, 하강 방향 ρ_t는 $\rho_t = M_t g_t$로 주어진다. 이 방향으로 직선 검색을 수행해서 단계 크기 ϵ^*를 결정하고, 그 크기만큼 최적점을 향해 나아간다. 최종적인 매개변수 갱신 공식은 다음과 같다.

$$\theta_{t+1} = \theta_t + \epsilon^* \rho_t. \tag{8.33}$$

켤레 기울기법처럼 BFGS 알고리즘도 2차 정보가 반영된 방향으로 직선 검색을 반복한다. 켤레 기울기법과 다른 점은, 전체적인 최적화의 성공 여부가 직선 검색이 그 방향으로의 진짜 최소점에 아주 가까운 점을 찾느냐의 여부에 그리 크게 의존하지 않는다는 점이다. 따라서, 켤레 기울기법에 비해 BFGS는 각 직선 검색을 정련하는 데 시간을 덜 들여도 된다는 장점이 있다. 한편, BFGS 알고리즘은 반드시 헤세 역행렬 근사 M을 저장해야 하는데, 그러려면 $O(n^2)$의 메모리가 필요하다. 그래서 매개변수가 수백만 개일 때가 흔한 대부분의 현대적 심층 학습 모형에는 BFGS가 실용적이지 못하다.

메모리 제한 BFGS(limited memory BFGS, L-BFGS)

헤세 역행렬을 근사한 행렬 M 전체를 메모리에 저장해 두면 BFGS 알고리즘의 메모리 비용을 크게 줄일 수 있다. L-BFGS(메모리 제한 BFGS) 알고리즘은 BFGS 알고리즘과 같은 방법을 이용해서 근사 역행렬 M을 계산하되, $M^{(t-1)}$이 단위행렬이라고 가정하고 근사 과정을 시작한다(매 단계에서 근사 역행렬을 저장하는 대신). L-BFGS를 정확한 (exact) 직선 검색과 함께 사용하는 경우, L-BFGS가 정의하는 방향들은 서로 켤레 관계이다. 그러나, 켤레 기울기법과는 달리 이 방법은 직선 검색이 최소점에 근사적으로만 도달할 때도 잘 작동한다. 이처럼 근사 역행렬을 저장하지 않는 L-BFGS 전략을 좀 더 일반화해서, 각 시간 단계에서 M을 갱신하는 데 쓰이는 벡터 중 일부를 저장함으로써 헤세 행렬에 관한 더 많은 정보를 포함하게 만들 수도 있다. 그러한 저장 비용은 단계당 $O(n)$밖에 되지 않는다.

8.7 최적화 전략과 메타알고리즘

최적화 기법 중에는 그 자체가 구체적인 알고리즘은 아니고, 구체적인 알고리즘을 만들어 내거나 기존 알고리즘에 끼워 넣을 수 있는 서브루틴을 만들어 낼 수 있는 일반적인 틀에 해당하는 것들이 많다. 이번 절에서는 그런 일반적인 최적화 전략들을 살펴본다.

8.7.1 배치 정규화

배치 정규화(batch normalization; Ioffe & Szegedy, 2015)는 최근 심층 신경망의 최적화 분야에서 발생한 가장 흥미로운 혁신 중 하나이다. 사실 배치 정규화는 최적화 알고리즘이 전혀 아니다. 이것은 적응적 재매개변수화(adaptive reparametrization) 방법의 하나로, 아주 깊은 모형의 훈련에서 발생하는 어려움을 극복하기 위해 만들어진 것이다.

아주 깊은 모형은 다수의 층으로 구성되며, 따라서 여러 함수의 합성이 모형에 관여한다. 경사 하강법은 다른 모든 층이 변하지 않는다는 가정하에서 기울기에 기초해서 각 매개변수의 갱신 방향을 결정한다. 그런데 실제 응용에서는 모든 층을 동시에 갱신한다. 하나의 갱신을 적용하는 과정에서 함께 합성된 다수의 함수가 동시에 변하게 된다. 그런데 그 함수들은 각각 다른 함수들이 변하지 않는다는 가정하에서 갱신되기 때문에, 전체적으로는 예기치 않은 결과가 발생할 수 있다. 간단한 예로, 각 층이 하나의 단위로만 구성되며 각 은닉층에서 활성화 함수를 사용하지 않는 심층 신경망을 생각해 보자. 그러한 신경망의 결과는 $\hat{y} = xw_1w_2w_3...w_l$로 정의된다. 여기서 w_i는 층 i(i번째 층)의 가중치이다. 층 i의 출력은 $h_i = h_{i-1}w_i$로 주어진다. 신경망의 출력 $\hat{y}$는 입력 x의 선형 함수이지만, w_i들에 대해서는 비선형 함수이다. $\hat{y}$에서 비용함수의 기울기가 1이라고 하자. 그러면 $\hat{y}$를 조금 감소하는 것이 바람직하다. 역전파 알고리즘은 기울기 $\boldsymbol{g} = \nabla_{\boldsymbol{w}}\hat{y}$를 계산하게 된다. 이때 $\boldsymbol{w} \leftarrow \boldsymbol{w} - \epsilon\boldsymbol{g}$라는 갱신을 수행하면 어떤 일이 발생할까? $\hat{y}$의 1차 테일러 급수 전개에 따르면 $\hat{y}$의 값은 $\epsilon\boldsymbol{g}^{\top}\boldsymbol{g}$만큼 감소한다. $\hat{y}$를 0.1만큼 감소하기로 했다고 가정할 때, 기울기에 존재하는 이러한 1차 정보에 근거한 바람직한 학습 속도 ϵ은 $\dfrac{0.1}{\boldsymbol{g}^{\top}\boldsymbol{g}}$이다. 그러나 실제 갱신에는 2차 효과와 3차 효과를 비롯해서 최대 l차까지의 효과들이 포함된다. 즉, $\hat{y}$의 새 값은 다음과 같이 주어진다.

$$x(w_1 - \epsilon g_1)(w_2 - \epsilon g_2)...(w_l - \epsilon g_l). \tag{8.34}$$

이러한 갱신에서 나오는 여러 2차 항 중 하나는 $\epsilon^2 g_1 g_2 \prod_{i=3}^{l} w_i$이다. 만일 $\prod_{i=3}^{l} w_i$이 작으면 이 항이 무시할 수 있을 정도로 작고, 층 3에서 층 l까지의 가중치들이 1보다 크다면 이 항이 지수적으로 크다. 이 예는 한 층의 매개변수들을 갱신할 때 생기는 효과가 다른 모든 층에 크게 의존할 수 있음을 잘 보여준다. 그런 상황에서는 바람직한 학습 속도를 선택하기가 아주 어렵다. 2차 최적화 알고리즘들은 2차 상호작용들을 고려하는 갱신량을 계산함으로써 이 문제를 해결하지만, 아주 깊은 신경망에서는 그보다 차수가 높은 상호작용들도 두드러지게 존재한다. 2차 최적화 알고리즘만 해도 계산 비용이 높기 때문에 다양한 값들을 근사적으로만 구해야 할 때가 많은데, 그러면 모든 의미 있는 2차 상호작용들이 제대로 반영될 수 없다. 그러니 $n > 2$인 n차 최적화 알고리즘을 구축한다는 것은 사실 가망이 없는 일이다. 뭔가 다른 대안이 필요하다.

배치 최적화는 거의 모든 심층망을 재매개변수화할 수 있는 우아한 방법을 제공한다. 재매개변수화를 거치면 여러 층의 갱신들이 서로 연동되어서 생기는 문제가 크게 줄어든다. 배치 최적화는 신경망의 입력층이나 임의의 은닉층에 적용할 수 있다. H가 정규화할 층의 활성화 값들의 한 미니배치를 담은 설계 행렬이라고 하자. 이 행렬의 각 행은 각 견본에 대한 활성화 값들이다. 이 H를 정규화하는 공식은 다음과 같다.

$$H' = \frac{H - \mu}{\sigma}. \tag{8.35}$$

여기서 μ는 각 단위의 평균을 담은 벡터이고 σ는 각 단위의 표준편차를 담은 벡터이다. 우변의 연산에는 행렬 H에 대한 벡터 μ와 벡터 σ의 벡터 뿌리기(broadcasting) 표기법이 쓰였다. 즉, 이 연산은 각 행에 대해 성분별로 이루어진다. 다른 말로 하면, 성분 $H_{i,j}$에서 μ_j를 빼고 그것을 σ_j로 나눈 것이 그 성분의 정규화 결과이다. 일단 이런 식으로 H'을 구하고 나면, 나머지 과정에서는 원래의 H를 사용할 때와 정확히 동일한 방식으로 H'을 사용한다.

훈련 시점에서

$$\mu = \frac{1}{m} \sum_i H_{i,:} \tag{8.36}$$

이고

$$\boldsymbol{\sigma} = \sqrt{\delta + \frac{1}{m}\sum_i (\boldsymbol{H}-\boldsymbol{\mu})_i^2} \tag{8.37}$$

이다. 여기서 δ는 10^{-8} 같은 작은 양수인데, $z=0$에서 기울기 $\sqrt{z}$가 정의되지 않는 문제를 피하기 위한 것이다. 여기서 핵심은, **역전파를 통해서** 이 연산들로 평균과 표준 편차를 구하고 그것들로 $\boldsymbol{H}$를 정규화한다는 것이다. 따라서, 기울기 때문에 h_i의 표준 편차나 평균이 증가하는 연산이 발생하는 일은 절대로 없다. 정규화 연산들은 그러한 연산의 효과를 제거하고, 기울기에서 해당 성분들을 0으로 만든다. 이것이 배치 정규화 접근 방식의 주된 혁신이었다. 배치 정규화가 나오기 전의 재매개변수화 방법들은 비용함수에 벌점을 추가함으로써 단위들의 활성화 관련 통계량들이 정규화되는 효과를 내거나, 경사 하강법 각 단계의 끝에서 단위 통계량들을 재정규화하는 단계를 추가하는 접근 방식을 사용했다. 그러나 전자의 접근 방식은 정규화가 완전히 일어나지 않는 결과를 낼 때가 많았고, 후자는 시간이 많이 허비되는(학습 알고리즘은 평균과 분산을 거듭 변경하려 들지만 정규화 단계가 그러한 변경을 계속 취소해서) 결과를 낼 때가 많았다. 배치 정규화는 일부 단위들이 항상 표준화되게(정의에 의해) 만듦으로써 그 두 문제 모두를 능숙하게 피해간다.

시험 시점에서는 $\boldsymbol{\mu}$와 $\boldsymbol{\sigma}$를 훈련 과정에서 수집한 이동 평균들로 대체할 수도 있다. 그러면 미니배치 전체에 의존하는 $\boldsymbol{\mu}$와 $\boldsymbol{\sigma}$의 정의들을 사용하지 않으므로, 모형을 단 하나의 견본에 대해 평가할 수 있게 된다.

$\hat{y} = xw_1w_2...w_l$의 예를 다시 살펴보면, 이 모형의 학습에서 발생하는 대부분의 어려움은 h_{l-1}을 정규화해서 해결할 수 있음을 깨닫게 될 것이다. x가 하나의 단위 가우스 분포에서 뽑은 값이라고 하자. 그러면 h_{l-1} 역시 가우스 분포를 따른다. x에서 h_l로의 변환이 선형이기 때문이다. 그런데 h_{l-1}의 평균은 더 이상 0이 아니고, 분산도 더 이상 1이 아니다. 그러나 배치 정규화를 적용해서 얻은 정규화된 $\hat{h}_{l-1}$은 다시 0 평균과 단위 분산의 조건을 만족한다. 낮은 층들의 거의 모든 갱신에서 $\hat{h}_{l-1}$은 단위 가우스 분포를 유지한다. 그러면 출력 $\hat{y}$를, 그냥 간단한 선형 함수 $\hat{y}= w_l\hat{h}_{l-1}$을 학습한 결과로서 산출할 수 있다. 즉, 이제는 낮은 층들의 매개변수들이 대부분의 경우 결과에 영향을 미치지 않기 때문에, 이 모형의 학습은 아주 간단하다. 낮은 층들의 출력

은 항상 하나의 단위 가우스 분포로 재정규화된다. 낮은 층의 가중치 중 하나를 0으로 변경하면 출력이 퇴화하며, 낮은 층의 가중치 중 하나의 부호를 바꾸면 $\hat{h}_{l-1}$과 y 사이의 관계가 뒤집힌다. 그런 상황은 아주 드물다. 정규화가 없다면 거의 모든 갱신은 h_{l-1}의 통계량들에 극단적인 영향을 미치게 된다. 그런 만큼, 배치 정규화는 이 모형의 학습을 상당히 간단하게 만들어주는 효과를 낸다. 물론, 이 예의 경우 학습이 간단해지는 대신 낮은 층들이 쓸모가 없어지긴 했다. 이 선형 예제에서 낮은 층들은 학습에 악영향을 주지 않지만, 득이 되는 영향도 주지 않는다. 이는, 사실 결과에 영향을 미칠 수 있는 요인은 1차 통계량들과 2차 통계량들뿐인데, 그것들을 모두 정규화했기 때문이다. 비선형 활성화 함수가 있는 심층 신경망에서는 낮은 층들이 자료의 비선형 변환을 수행할 수 있으므로, 정규화를 거쳐도 그런 층들이 여전히 유용할 수 있다. 배치 정규화는 학습을 안정화하기 위해 각 단위의 평균과 분산만 표준화할 뿐이다. 단위들과 한 단위의 비선형 통계량들 사이의 관계 변화는 여전히 가능하다.

신경망의 마지막 층이 선형변환을 배울 수 있으므로, 한 층 안의 단위들 사이의 모든 선형 관계를 제거하는 것이 실제로 바람직할 수 있다. 배치 정규화에 영감을 준 논문 [Desjardins 외, 2015]에 나온 방법이 실제로 그런 접근 방식을 사용했다. 안타깝게도, 모든 선형 상호작용을 제거하는 것이 개별 단위의 평균과 표준편차를 표준화하는 것보다 계산 비용이 훨씬 높다. 따라서 지금까지는 배치 정규화가 가장 실용적인 접근 방식이다.

한 단위의 평균과 표준편차를 정규화하면 그 단위가 있는 신경망의 표현력이 줄어들 수 있다. 신경망의 표현력을 유지하기 위해 흔히 쓰이는 한 방법은 은닉 단위 활성화 값들의 배치 $\boldsymbol{H}$를 그냥 정규화된 $\boldsymbol{H}'$으로 대체하는 대신 $\gamma \boldsymbol{H}' + \beta$로 대체하는 것이다. 변수 γ와 β는 학습되는 매개변수들인데, 새 변수가 임의의 평균과 표준편차를 가지게 하는 수단이다. 평균을 $\boldsymbol{0}$으로 설정한 뒤에 다시 임의의 값 β로 설정하는 이유는 무엇일까? 그 이유는, 새 매개변수화가 기존 매개변수화와 동일한 함수족(주어진 입력에 대한)을 표현할 수 있다는 것이다. 기존 매개변수화에서 $\boldsymbol{H}$의 평균은 $\boldsymbol{H}$ 아래에 있는 층들의 매개변수들 사이의 복잡한 상호작용에 의해 결정되었다. 새 매개변수화에서 $\gamma \boldsymbol{H}' + \beta$의 평균은 전적으로 β로만 결정된다. 따라서 새 매개변수화를 경사 하강법으로 학습하기가 훨씬 쉽다.

대부분의 신경망 층은 $\phi(\boldsymbol{XW}+\boldsymbol{b})$의 형태인데, 여기서 ϕ는 어떤 고정된 비선형 활성화 함수(이를테면 정류 선형변환 등)이다. 여기서 자연스럽게 제기되는 질문은, 배치 정규화를 입력 $\boldsymbol{X}$에 적용해야 할지 아니면 변환된 값 $\boldsymbol{XW}+\boldsymbol{b}$에 적용해야 할지이다. [Ioffe & Szegedy, 2015]는 후자를 추천했다. 좀 더 구체적으로 말하면, 그 논문은 $\boldsymbol{XW}+\boldsymbol{b}$를 $\boldsymbol{XW}$의 정규화된 버전으로 대체할 것을 권했다. 치우침 항은 반드시 제거해야 하는데, 왜냐하면 그 항은 배치 정규화가 적용하는 β 매개변수와 중복되기 때문이다. 일반적으로 한 층의 입력은 그 이전 층의 비선형 활성화 함수(정류 선형 함수 등)의 출력이다. 따라서 입력의 통계량들은 비 가우스 분포를 더 많이 따르고, 선형 연산에 의한 표준화를 덜 따른다.

제9장에서 설명하는 합성곱 신경망에서는 한 특징 맵 안의 모든 위치(공간상의)에서 동일한 μ와 σ 정규화를 적용하는 것이 중요하다. 그래야 특징 맵의 통계량들이 위치와 무관하게 같아지기 때문이다.

8.7.2 좌표 하강법

주어진 최적화 문제를 더 작은 조각들로 분해해서 빠르게 풀 수 있을 때가 종종 있다. $f(\boldsymbol{x})$를 한 변수 x_i에 대해 최소화하고, 그런 다음 또 다른 변수 x_j에 대해 최소화하는 식으로 모든 변수에 대해 차례로 최소화한다면, 반드시 하나의 최솟값 또는 극솟값에 도달하게 된다. 이러한 기법을, 한 번에 한 좌표(좌표성분)씩 최적화한다는 점에서 **좌표 하강법**(coordinate descent)이라고 부른다. 이를 좀 더 일반화한 기법으로, 일부 변수들에 대해 동시에 함수를 최소화하는 **블록 좌표 하강법**(block coordinate descent)이 있다. 흔히 '좌표 하강법'이라고 하면 개별 좌표성분을 하나씩 최소화하는 좌표 하강법을 뜻할 때도 있지만, 이 블록 좌표 하강법을 뜻할 때도 많다.

좌표 하강법은 최적화 문제의 여러 변수를 그 역할이 비교적 격리된 일단의 그룹들로 깔끔하게 분리할 수 있을 때나 한 변수 그룹에 대한 최적화가 나머지 모든 변수에 대한 최적화보다 훨씬 효율적일 때 가장 적합하다. 예를 들어 다음과 같은 비용함수를 생각해 보자.

$$J(\boldsymbol{H}, \boldsymbol{W}) = \sum_{i,j} |H_{i,j}| + \sum_{i,j} \left(\boldsymbol{X} - \boldsymbol{W}^\top \boldsymbol{H}\right)_{i,j}^2. \tag{8.38}$$

이 함수는 희소 부호화(sparse coding)라고 부르는 학습 문제를 대표한다. 희소 부호화의 목표는 활성화 값들의 행렬 H를 선형으로 복호화해서 훈련 집합 X를 재구축할 수 있는 하나의 가중치 행렬 W를 구하는 것이다. 그리고 희소 부호화를 실제로 응용할 때는 극도로 작은 H와 극도로 큰 W 때문에 쓸모없는 해가 나오는 일을 방지하기 위해 가중치 감쇄를 적용하거나 W의 열들의 노름들에 어떤 제약을 가할 때가 많다.

이 함수 J는 볼록함수가 아니다. 그렇지만 입력들을 두 개의 집합, 구체적으로 말하면 사전(dictionary) 매개변수 W와 부호 표현 변수 집합 H로 나누어서 훈련 알고리즘에 넣는다면 상황이 달라진다. 이 두 변수 집합 중 하나로 목적함수를 최소화하는 것은 볼록함수 최소화 문제이다. 이제 블록 좌표 하강법과 효율적인 볼록함수 최적화 알고리즘을 조합해서, H를 고정하고 W에 대해 최적화하는 단계와 W를 고정하고 H를 최적화하는 단계를 번갈아 수행하는 최적화 전략이 가능하다.

한 변수의 값이 다른 변수의 최적값에 강하게 영향을 미칠 때는 좌표 하강법이 그리 좋은 전략이 아니다. α가 양의 상수인 함수 $f(x) = (x_1 - x_2)^2 + \alpha(x_1^2 + x_2^2)$이 그러한 예이다. 첫 항을 보면 함수는 두 변수가 비슷한 값일 때 작아지고, 둘째 항을 보면 두 변수의 크기가 0에 가까울 때 함수가 작아진다. 실제로 최솟값은 두 변수 모두 0일 때 나온다. 이는 하나의 양의 정부호 이차 문제이므로, 뉴턴법은 한 단계 만에 해에 도달한다. 그러나 α가 작은 값일 때 좌표 하강법은 해에 느리게 도달하는데, 이는 첫 항 때문에 한 변수를 다른 변수의 현재 값과 크게 다른 값으로 변경하지 못하기 때문이다.

8.7.3 폴리액 평균법

폴리액 평균법(Polyak averaging)은 최적화 알고리즘이 매개변수 공간을 거쳐 간 자취(궤적)에 있는 여러 점의 평균을 구한다(Polyak & Juditsky, 1992). 경사 하강법을 t회 반복해서 방문한 매개변수 공간의 점들이 $\theta^{(1)}, ..., \theta^{(t)}$라고 할 때, 폴리액 평균화 알고리즘의 출력은 $\hat{\theta}^{(t)} = \frac{1}{t}\sum_i \theta^{(i)}$이다. 볼록함수 문제에 경사 하강법을 적용하는 등의 몇몇 문제 부류에서 이 접근 방식은 강한 수렴 보장성을 제공한다. 신경망에 적용할 때의 이 방법의 유효성은 다소 발견법적이지만, 어쨌든 실제 응용에서 잘 작동한다. 이 방법의 기본 착안은, 최적화 알고리즘이 계곡 바닥 근처에 있는 점에 전혀 도달하지 못하면서 계곡의 양쪽을 여러 번 왕복하기만 하는 상황이 벌어질 수도 있는데, 계곡 양쪽의 모든 점을 평균화하면 바닥과 가까워진다는 것이다.

비볼록 문제에서는 최적화 알고리즘이 따르는 경로가, 매개변수 공간의 서로 다른 여러 영역을 거쳐 가는 아주 복잡한 형태일 수 있다. 먼 과거에 거쳐 간, 현재 점과는 커다란 장애물로 분리되어 있을 수도 있는 매개변수 공간 점들을 비용함수의 평균에 포함하는 것은 그리 유용할 것 같지 않다. 그래서 폴리액 평균법을 비볼록 문제에 적용할 때는 다음과 같이 지수적으로 감소하는 이동 평균을 사용할 때가 많다.

$$\hat{\boldsymbol{\theta}}^{(t)} = \alpha\hat{\boldsymbol{\theta}}^{(t-1)} + (1-\alpha)\boldsymbol{\theta}^{(t)}. \tag{8.39}$$

이러한 이동 평균 접근 방식은 여러 응용에 쓰이는데, 최근 사례 하나가 [Szegedy 외, 2015]에 나온다.

8.7.4 지도 사전훈련

모형이 복잡하고 최적화하기 어렵거나 과제가 아주 어려울 때는, 특정 과제를 풀기 위해 모형을 직접 훈련하는 것이 부담스러울 수 있다. 그런 경우, 더 간단한 모형을 훈련해서 과제를 푼 다음 그 모형을 좀 더 복잡하게 만드는 것이 더 효과적일 때가 있다. 또는 더 간단한 과제를 풀도록 모형을 훈련한 후 그 모형을 최종 과제에 적용하는 것이 더 효과적일 때도 있다. 이처럼 더 간단한 과제에 대해 더 간단한 모형을 훈련한 후 실제 과제에 대해 실제 모형을 훈련하는 문제에 도전하는 접근 방식을 통칭해서 **사전훈련**(pretraining)이라고 부른다.

탐욕 알고리즘(greedy algorithm)에 속하는 알고리즘들은 하나의 문제를 여러 구성요소로 분해한 후 각 구성요소의 최적 버전을 개별적으로 구한다. 그런데 안타깝게도, 개별적인 최적 구성요소를 합친다고 해서 반드시 원래의 문제에 대한 최적의 해가 나오지는 않는다. 그렇긴 하지만, 탐욕 알고리즘은 최상의 결합(joint) 해를 구하는 알고리즘보다 계산 비용이 훨씬 낮을 수 있으며, 탐욕적 해(탐욕 알고리즘으로 구한 해)가 실제로 최적의 해는 아니더라도 그 품질이 받아들일 수 있을 정도일 때가 많다. 또한, 탐욕 알고리즘을 마친 후 결합 최적화 알고리즘의 한 **미세조정**(fine-tuning; 또는 미세조율) 단계에서 원래의 문제에 대한 최적의 해를 찾는 방법도 있다. 이처럼 탐욕적 해로 결합 최적화 알고리즘을 초기화하면 속도가 아주 빨라지고, 찾아낸 해의 품질이 크게 개선될 수 있다.

사전훈련 알고리즘, 특히 탐욕적 사전훈련 알고리즘은 심층 학습에서 보편적으로 쓰인다. 이번 절에서는 특히 하나의 지도 학습 문제를 좀 더 간단한 여러 지도 학습 문제들로 분할하는 사전훈련 알고리즘들을 살펴본다. 그런 접근 방식을 흔히 **탐욕적 지도 사전훈련**(greedy supervised pretraining)이라고 부른다.

탐욕적 지도 사전훈련의 원래 버전(Bengio 외, 2007)에서 각 단계는 최종 신경망의 일부 층들만 관여하는 하나의 지도 학습 훈련 과제로 구성된다. 그림 8.7에 탐욕적 지도 사전훈련의 예가 나와 있다. 이 예는 얕은 지도 MLP 훈련의 일부를 수행하는 은닉층들을 점차 추가한다. 각 은닉층은 이전에 훈련된 은닉층의 출력을 입력으로 삼는다. [Simonyan & Zisserman, 2015]는 깊은(가중치 층이 11개인) 합성곱 신경망을 사전훈련할 때 한 번에 한 층씩 사전훈련을 진행하는 대신 처음 네 층과 마지막 세 층으로 더 깊은 신경망(가중치 층이 최대 19개인)을 초기화하는 방법을 제시했다. 이때 새(더 깊은) 신경망의 가운데 층들은 무작위로 초기화한다. 초기화를 마친 다음에는 새 신경망을 결합적으로(분해하지 않고) 훈련한다. 또 다른 방식으로, [Yu 외, 2010]은 이전에 훈련한 MLP들의 **출력**들을 원래의 입력들과 함께 추가된 은닉층의 입력으로 사용하는 방법을 제시했다.

이러한 탐욕적 지도 사전훈련이 왜 도움이 될까? 초기에 [Bengio 외, 2007]이 논의한 가설은 이 접근 방식이 깊은 계통구조의 중간 수준들에 대해 더 나은 지침을 제공한다는 것이었다. 일반적으로, 사전훈련은 최적화와 일반화 모두에 도움이 될 수 있다.

관련 접근 방식의 하나로, 지도 사전훈련의 착안을 전달 학습(transfer learning)의 맥락으로 확장한 것이 있다. [Yosinski 외, 2014]의 방법은 가중치 층이 8개인 심층 합성곱 신경망을 일단의 과제들(1,000개의 ImageNet 사물 범주의 한 부분집합)에 대해 사전훈련한 후, 그 신경망의 처음 k개의 층들로 같은 크기의 신경망을 초기화한다. 그런 다음 둘째 신경망의 모든 층(상위 층들은 무작위로 초기화한다)을 결합적으로 훈련해서 원래와는 다른 일단의 과제들(1,000개의 ImageNet 사물 범주의 또 다른 부분집합)을 수행하되, 처음 과제 집합보다는 더 적은 수의 훈련 견본들을 사용한다. 신경망으로 전달 훈련을 수행하는 접근 방식은 이밖에도 여러 가지가 있는데, 이들은 §15.2에서 논의한다.

이와 관련된 또 다른 성과로 **FitNets**(Romero 외, 2015) 접근 방식이 있다. 이 접근 방식은 먼저 충분히 얕고 충분히 넓은(즉, 층별 단위 개수가 충분히 큰) 신경망을 훈련한다. 그런 다음, 그 신경망을 **교사**(teacher)로 삼아서 **학생** 역할을 하는 또 다른 신경망을 훈련한다. 학생 신경망은 교사보다 훨씬 깊고(층이 11에서 19개) 가늘며, 보통의 상황에서 SGD로는 훈련하기 어려운 형태의 신경망이다. 이 접근 방식에서는 원래의 과제의 출력뿐만 아니라 교사망의 중간 층들의 값들도 예측하도록 학생망을 훈련함으로써 학생망의 학습을 촉진한다. 교사망 중간 층 예측이라는 추가적인 과제는 은닉층들의 바람직한 작동 방식에 대한 힌트를 제공하며, 최적화 문제를 간단하게 만드는 효과도 낼 수 있다. 이 방법은 5층 교사망의 중간 층들을 그보다 깊은 학생망의 중간 층으로부터 회귀를 통해 예측하기 위한 추가적인 매개변수들을 도입한다. 이 훈련의 목적은 최종

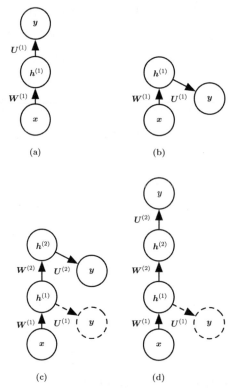

(a) (b) (c) (d)

그림 8.7: 탐욕적 지도 사전훈련의 한 형태(Bengio 외, 2007). (a) 충분히 얕은 구조의 훈련으로 시작한다. (b) 같은 구조를 형태만 다르게 표현한 것이다. (c) 원 신경망에서 입력-은닉층 부분(입력층에서 은닉층으로 이어지는 부분)만 남기고, 은닉-출력층 부분은 제거한다. 첫 은닉층의 출력을, 원래의 신경망과 동일한 목적함수로 훈련하는 또 다른 지도 학습 단일 은닉층 MLP에 연결한다. 결과적으로 두 번째 은닉층이 추가된다. (d) 같은 구조를 형태만 다르게 표현한 것으로, 전체적으로 하나의 순방향 신경망이 잘 나타나 있다. 이 과정의 마지막 단계에서만 또는 각 단계에서 신경망의 모든 층을 결합적으로 세부 조정함으로써 최적화를 더욱 개선할 수 있다.

분류 목푯값을 예측하는 것이 아니라 교사망의 중간 은닉층을 예측하는 것이다. 즉, 학생망의 낮은 층들은 목적이 두 가지이다. 하나는 주어진 과제를 수행하는 학생망의 매개변수 값들을 산출하는 것이고, 또 하나는 교사망의 중간 층을 예측하는 것이다. 가늘고 깊은 신경망이 넓고 얕은 신경망보다 훈련하기가 더 어려울 것 같지만, 가늘고 깊은 신경망이 일반화가 더 잘 될 수 있고, 매개변수들이 훨씬 적을 정도로 가늘다면 계산 비용이 확실히 더 작다. 실험 결과들을 보면, 은닉층들에 대한 힌트가 제공되지 않을 때는 훈련 집합에서나 시험 집합에서나 학생망의 성과가 아주 나쁘다. 따라서, 중간 층들에 대한 힌트들은 훈련하기 어려워 보이는 신경망의 훈련에 도움을 주는 도구 중 하나일 수 있다. 그러나 다른 최적화 기법을 사용하거나 아키텍처를 변경해서 문제를 해결할 수도 있다.

8.7.5 최적화를 위한 모형 설계

최적화 알고리즘을 개선하는 것이 항상 최고의 최적화 개선 전략은 아니다. 알고리즘을 바꾸는 대신 처음부터 최적화가 쉽도록 모형을 설계해서 심층 모형의 최적화를 개선하는 경우도 많다.

원칙적으로는, 비단조적으로 증가, 감소해서 지그재그 패턴을 보이는 함수도 심층 학습 모형의 활성화 함수로 사용할 수 있다. 그러나 그렇게 하면 최적화가 극도로 어려워진다. 실제 응용에서는 **강력한 최적화 알고리즘을 사용하는 것보다 최적화하기 쉬운 모형족을 선택하는 것이 더 중요하다**. 지난 30년 동안 신경망 학습에서 일어난 대부분의 진보는 최적화 절차의 변경이 아니라 모형족의 변경에서 비롯되었다. 1980년대에 신경망 훈련에 쓰인 운동량을 적용한 확률적 경사 하강법이 현세대의 최신 신경망 응용들에도 여전히 쓰이고 있다.

좀 더 구체적으로 말하면, 현세대의 신경망들은 거의 모든 점에서 미분 가능인, 그리고 정의역의 대부분에서 기울기가 현저히 큰 활성화 함수들과 신경망 층들 사이의 선형변환을 사용한다는 하나의 **설계상의 선택**(design choice)을 반영하고 있다. 특히, LSTM이나 정류 선형 단위, 맥스아웃 단위 같은 혁신적인 모형들은 모두 기존 모형들 (S자형 단위에 기초한 심층망 등)에 비해 선형 함수 쪽으로 더 많이 이동한 형태이다. 그런 혁신적인 모형들은 최적화가 쉽다는 바람직한 성질을 가지고 있다. 선형변환의 야코비 행렬에 적당한 특잇값들이 존재하는 한, 그런 모형들에서는 기울기들이 여러 층을 통과해서 흘러간다. 더 나아가서, 선형 함수들은 한 방향으로 꾸준히 증가하기 때문에, 모형 출력이 정확한 해와 아주 먼 경우에도, 손실함수가 줄어들려면 출력을 어느 쪽으로 이동해야 하는지를 기울기들로부터 간단히 파악할 수 있다. 다른 말로 하면, 현대적인 신경망들은 국소적인 기울기 정보가 멀리 떨어져 있는 해로 가는 방향에 잘 대응되도록 설계되어 있다.

그 외에도 최적화에 도움이 되는 모형 설계 전략들이 있다. 예를 들어, 층들 사이에 직선 경로 또는 도약 연결(skip connection)이 존재하면 낮은 층의 매개변수들에서 출력으로 이어지는 최단 경로의 길이가 줄어들어서 기울기 소실 문제가 완화된다(Srivastava 외, 2015). 도약 연결과 관련된 착안 하나로, 출력의 복사본을 신경망의 중간 은닉층에 부착하는 방법도 있다. 이를테면 GoogLeNet(Szegedy 외, 2014a)과 심층 지도 신경망(deeply supervised nets; Lee 외, 2014)이 그런 방법을 사용한다. 아래쪽 층들이 큰 기울기들을 받도록, 그러한 '보조 헤드(auxiliary head)'들을 신경망 상단의 주된 출력과 동일한 과제를 수행하도록 훈련한다. 이는 이전 절에서 소개한 사전훈련 전략의 한 대안에 해당한다. 이 방법에서는 모든 층을 하나의 단계(phase)에서 결합적으로 훈련하되, 바람직한 행동 방식에 대한 힌트가 더 짧은 경로들을 통해서 중간 층들(특히, 더 아래쪽에 있는 층들)에 주어지도록 아키텍처를 변경할 수 있다. 그러한 힌트들은 더 낮은 층들에게 하나의 오류신호(error signal)를 제공한다.

8.7.6 연속법과 커리큘럼 학습

§8.2.7에서 설명했듯이, 최적화의 여러 어려움은 비용함수의 전역 구조에서 비롯된다. 단지 추정값을 개선하거나 국소 갱신 방향을 개선한다고 해서 그런 어려움들이 사라지지는 않는다. 이러한 문제를 극복하는 데 주로 쓰이는 전략은, 매개변수 공간 안에서 짧은 경로를 통해서 해와 연결된, 그리고 국소 하강을 통해서 그 해에 도달할 수 있는 한 영역 안에서 매개변수들을 초기화해 보는 것이다.

연속법(continuation method)은 국소 최적화 과정이 그러한 바람직한 영역에서 대부분의 시간을 보내도록 초기점들을 선택함으로써 최적화를 쉽게 만드는 일단의 전략들을 통칭하는 용어이다. 연속법의 핵심은 같은 매개변수들에 관한 일련의 목적함수들을 구축하는 것이다. 하나의 비용함수 $J(\boldsymbol{\theta})$를 최소화한다고 하자. 연속법에서는 여러 개의 새 비용함수 $\{J^{(0)},...,J^{(n)}\}$을 만든다. 이 비용함수들은 최소화가 점점 더 어려워지도록 설계된 것이다. $J^{(0)}$이 최소화하기 가장 쉽고, $J^{(n)}$이 최소화하기 가장 어렵다. 그리고 진 비용함수 $J(\boldsymbol{\theta})$는 최소화 과정 전체를 이끄는 역할을 한다. $J^{(i)}$가 $J^{(i+1)}$보다 최소화하기 쉽다는 것은 전자가 $\boldsymbol{\theta}$ 공간의 더 큰 영역에서 바람직하게 행동한다는 뜻이다. 그런 경우 매개변수들을 무작위로 초기화했을 때 국소 하강이 비용함수를 성공적으로 최소화할 수 있는 영역에서 초기화가 일어날 가능성이 더 높다(그런 영역이 더 크므로). 일련의 새 비용함수들은 한 비용함수의 해가 그다음 비용함수의 좋은 초기점이 되도록 설계된다. 즉, 이 방법은 쉬운 문제를 풀어서 구한 해를 좀 더 정련해서 더 어려운 문제의 해로 만드는 과정을 원래 의도했던 문제의 해가 나올 때까지 반복하는 것이라 할 수 있다.

전통적인 연속법(신경망 훈련에 연속법을 적용하기 이전부터 쓰인)은 목적함수의 평활화(smoothing)에 기초하는 경우가 많다. [Wu, 1997]은 그런 방법의 예를 제시하고, 몇 가지 관련 방법을 개괄한다. 또한, 연속법은 모의 정련(simulated annealing)과도 밀접히 관련되어 있다. 모의 정련에서는 매개변수들에 잡음을 추가한다(Kirkpatrick 외, 1983). 최근 몇 년간 연속법은 대단히 성공적이었다. [Mobahi & Fisher, 2015]는 이 주제의 최근 문헌들, 특히 인공지능 응용과 관련된 문헌들을 개괄한다.

전통적으로 연속법에 속하는 알고리즘들은 대부분 극소점과 관련된 어려움들을 극복하는 것을 목표로 설계되었다. 특히, 그런 알고리즘들은 극소점이 많이 존재하는 상황에서도 최소점에 도달할 수 있도록 설계되었다. 이를 위해 그런 연속법 알고리즘들은 원래의 비용함수를 흐리게 만들어서 더 쉬운 비용함수들을 구축한다. 그런 '흐림(blurring; 또는 번짐)' 연산을 다음과 같이 표본추출을 통한 근사를 통해서 수행할 수 있다.

$$J^{(i)}(\boldsymbol{\theta}) = \mathbb{E}_{\boldsymbol{\theta}' \sim \mathcal{N}(\boldsymbol{\theta}'; \boldsymbol{\theta}, \sigma^{(i)2})} J(\boldsymbol{\theta}'). \tag{8.40}$$

이 접근 방식에 깔린 직관은, 일부 비볼록함수를 흐리면 근사적으로 볼록함수가 된다는 것이다. 많은 경우 이러한 흐림 연산은 최소점의 위치에 관한 정보를 충분히 유지하기 때문에, 문제의 덜 흐려진 버전들을 연달아 풀어서 최소점을 찾는 것이 가능하다. 그러나 이 접근 방식이 항상 잘 통하는 것은 아니다. 이 접근 방식이 실패하는 이유는 크게 세 가지이다. 첫째로, 볼록함수로 시작하는 일련의 비용함수들을 정의하고

한 함수에서 그다음 함수로의 최적의 경로(결국에는 최소점에 도달하는)를 정의할 수 있다고 해도, 중간 단계의 비용함수들이 너무 많아서 전체 과정의 비용이 높을 수 있다. NP-어려움에 속하는 최적화 문제는 이 접근 방식을 적용해도 여전히 NP-어려움에 속한다(연속법을 적용해서 풀 수 있는 문제일 때도). 다른 두 이유는 주어진 비용함수에 연속법을 적용할 수 없는 두 상황에 대응된다. 첫째로, 비용함수를 아무리 흐려도 볼록함수가 되지 않을 수 있다. 이를테면 $J(\boldsymbol{\theta}) = -\boldsymbol{\theta}^\top \boldsymbol{\theta}$라는 함수가 그러한 예이다. 둘째로, 흐림 연산으로 볼록함수를 만들 수는 있지만, 그 볼록함수의 최소점이 원래의 비용함수의 최소점이 아니라 극소점으로 이어질 수도 있다.

원래 연속법의 주된 설계 의도는 극소점 문제를 해결하는 것이었지만, 신경망 최적화에서는 극소점이 주된 문제가 아니라는 의견이 지배적이다. 다행히, 그래도 연속법은 신경망 최적화에 도움이 된다. 연속법으로 구한 쉬운 목적함수들은 평평한 영역을 제거하거나, 기울기 추정값들에서 분산을 감소하거나, 헤세 행렬의 조건화를 개선하거나, 그 밖에 국소 갱신량을 계산하기 쉽게 만들거나, 국소 갱신 방향이 전역 최적해로의 전반적인 방향과 좀 더 잘 맞게 하는 등의 긍정적인 효과를 낸다.

[Bengio 외, 2009]는 **커리큘럼 학습**(curriculum learning) 또는 **조성**(shaping)이라고 부르는 접근 방식을 하나의 연속법으로 해석할 수 있음을 지적했다. 커리큘럼 학습은 먼저 간단한 개념들을 배우고 그 개념들에 의존하는 좀 더 복잡한 개념들의 학습으로 나아간다는 착안에 기초한 것이다. 이러한 기본 전략이 동물 조련에서 학습을 가속한다는 점은 예전부터 알려져 있었으며(Skinner, 1958; Peterson, 2004; Krueger & Dayan, 2009), 이후 기계 학습에서도 유용함이 밝혀졌다(Solomonoff, 1989; Elman, 1993; Sanger, 1994). [Bengio 외, 2009]는 이러한 전략이 하나의 연속법에 해당함을 증명했다. 간단히 말하자면, 앞쪽(더 쉬운)의 $J^{(i)}$들은 더 간단한 견본들의 영향을 증가함으로써(비용함수에 대한 기여도를 결정하는 계수를 더 크게 하거나, 그런 견본들을 더 자주 추출해서) 이후 비용함수들의 최소화를 쉽게 만든다. 또한, 대규모 신경망 모형화 과제에 관한 하나의 커리큘럼을 따랐을 때 더 나은 성과를 얻을 수 있다는 실험 결과도 있다. 커리큘럼 학습은 다양한 범위의 자연어 처리 과제에서 성공적으로 쓰였고(Spitkovsky 외, 2010; Collobert 외, 2011a; Mikolov 외, 2011b; Tu & Honavar, 2011), 컴퓨터 시각 과제에서도 성공을 거두었다(Kumar 외, 2010; Lee & Grauman, 2011; Supancic & Ramanan, 2013). 또한, 커리큘럼 학습은 인간이 뭔가를 가르치는 방법과도 부합한다는 점이 입증되었다(Khan 외, 2011). 교사는 먼저 더

쉽고 좀 더 기본적인 예들을 보여주고, 그런 다음 학습자가 덜 명확한 사례들에 대해 결정 표면(decision surface)을 정련하는 것을 돕는다. 인간의 학습에서 커리큘럼 기반 전략들은 고른 분포에 따라 견본들을 표집하는 방식에 기초한 전략들보다 더 **효과적**이며, 다른 학습 전략들의 효과를 증가하는 역할도 할 수 있다(Basu & Christensen, 2013).

장기 의존성을 포착하기 위한 순환 신경망 훈련과 관련된 결과도 커리큘럼 학습의 연구에 중요하게 기여했다. [Zaremba & Sutskever, 2014]에 따르면, 항상 쉬운 견본들과 어려운 견본들을 무작위로 섞되 좀 더 어려운(즉, 좀 더 장기간의 의존성들이 있는) 견본들의 비율을 점차 증가해서 만든 훈련 집합을 학습자에게 제공하는 **확률적 커리큘럼**(stochastic curriculum) 학습 방법이 훨씬 더 나은 성과를 냈다. 반면, 결정론적인 커리큘럼 학습에서는 기준선(완전한 훈련 집합을 이용한 보통의 훈련)에 비한 개선이 관찰되지 않았다.

이번 장까지 우리는 기본적인 신경망 모형들의 한 부류(family)를 살펴보고, 그것들을 정칙화하고 최적화하는 방법도 배웠다. 다음 장부터는 아주 큰 크기로 확장되며 특별한 구조의 입력 자료를 처리할 수 있는 구체적인 신경망을 만들기 위해 그러한 기본 모형을 특수화하는 방법을 살펴본다. 많은 경우, 이번 장에서 설명한 최적화 방법들을 전혀 수정 없이 또는 약간만 수정해서 그런 특수화된 아키텍처들에 직접 적용할 수 있다.

9

합성곱 신경망

합성곱망(convolutional network; LeCun, 1989)이라고도 부르는 **합성곱 신경망**(convolutional neural network, CNN)은 정해진 격자 형태로 배열된 자료를 처리하는 데 특화된 신경망이다. 예를 들어 시계열 (time-series) 자료는 일정 시간 간격으로 수집한 표본들을 1차원 격자 형태로 나열한 것이라 할 수 있다. 그리고 이미지 자료는 픽셀들이 2차원 격자 형태로 배열된 형태라고 할 수 있다. 합성곱 신경망은 실제 응용에서 엄청난 성공을 거두었다. 합성곱 신경망이라는 이름은 이 신경망이 **합성곱**(convolution; 또는 포갬)이라고 하는 수학 연산을 사용하기 때문에 붙은 것이다. 합성곱은 특별한 종류의 선형 연산이다. 적어도 하나의 층에서 일반적인 행렬 곱셈 대신 합성곱을 사용하는 신경망이면 그 어떤 것이든 합성곱 신경망이라고 할 수 있다.

이번 장에서는 먼저 합성곱이 무엇인지 설명하고, 합성곱의 동기, 즉 신경망에서 합성곱을 사용하는 이유를 제시한다. 그런 다음에는 거의 모든 합성곱 신경망에 쓰이는 **풀링**pooling(공동 사용)이라는 연산을 설명한다. 일반적으로 합성곱 신경망에 쓰이는 연산이 다른 분야(공학이나 순수 수학 등)에 쓰이는 합성곱의 정의와 일치하지는 않는다. 이번 장에서는 신경망들에서 실제로 쓰이는 합성곱 함수의 여러 변형을 설명한다. 또한, 합성곱을 여러 종류의 자료들(차원이 서로 다른)에 적용하는 방법도 설명한다. 그런 다음에는 합성곱 신경망을 좀 더 효율적으로 만드는 방법을 논의한다. 합성곱 신경망은 신경과학의 원리들이 심층 학습에 영향을 미친 두드러진 예이다. 이번 장의 끝부분에서는 그러한 신경과학의 원리들을 논의하고, 심층 학습의 역사에서 합성곱 신경망의 역할에 관한 논평으로 이번 장을 마무리한다. 합성곱 신경망 관련 주제 중에서 합성곱 신경망의 아키텍처를 선택하는 방법은 이번 장에서 다루지 않는다. 이번 장의 목표는 합성곱 신경망이 제공하는 여러 도구를 설명하는 것이다. 주어진 상황에서 어떤 도구를 선택할 것인지에 관한 일반적인 지침들은 제11장에서 설명한다. 합성곱 신경망 아키텍처에 관한 연구는 너무나 빠르게 진행되고 있기 때문에, 특정 벤치마크에서 최고의 성과를 낸 아키텍처가 몇 달 또는 몇 주마다 새로 바뀔 정도이다. 따라서 인쇄된 서적에서 최고의 아키텍처를 설명하는 것은 별 의미가 없다. 그렇긴 하지만, 최고의 아키텍처들에 쓰이는 주요 구성요소들은 대체로 일정하므로, 이번 장에서는 그런 구성요소들을 설명한다.

9.1 합성곱 연산

가장 일반적인 형태에서, 합성곱은 실숫값을 받는 두 함수에 관한 연산이다. 합성곱의 정의를 이해하는 데 도움이 되도록, 여기시는 간단한 시나리오를 위한 누 함수를 예로 사용하겠다.

레이저 감지기를 이용해서 우주선(spaceship)의 위치를 추적한다고 상상해 보자. 레이저 감지기는 시간 t에서의 우주선의 위치를 뜻하는 $x(t)$를 출력한다. x와 t 모두 실수이다. 따라서 시간상의 임의의 순간에서 레이지 감지기는 매번 다른 값을 출력할 수 있다.

그런데 이 레이저 감지기가 다소 부실해서 종종 출력에 잡음이 섞인다고 하자. 우주선 위치 추정값에서 잡음을 줄이는 한 방법은 측정한 여러 추정값의 평균을 위치 추정값으로 사용하는 것이다. 물론 좀 더 최근의 측정값들이 더 의미가 있으므로, 최근 측정한 값일수록 더 큰 가중치를 부여해서 가중 평균을 구하는 것이 바람직하다. 이를 위해 가중 함수 $w(a)$를 사용한다. 여기서 a는 측정값의 나이(age), 즉 측정이 얼마나 오래되었는지를 나타내는 값이다. 이러한 가중 평균 연산을 매 순간 적용해서 우주선 위치의 평활화된 추정값을 얻을 수 있다. 그러한 추정값을 정의하는 함수 s는 다음과 같이 두 함수를 특정한 방식으로 합성한 형태이다.

$$s(t) = \int x(a)w(t-a)da. \tag{9.1}$$

이런 식으로 두 함수를 합성하는 연산을 **합성곱**(convolution)이라고 부른다. 일반적으로 합성곱 연산은 다음과 같이 별표로 표기한다.

$$s(t) = (x * w)(t). \tag{9.2}$$

지금 예에서 w는 유효한 확률밀도함수이어야 한다. 그렇지 않으면 출력은 유효한 가중 평균이 되지 않는다. 또한, w는 반드시 모든 음의 인수에 대해 0이어야 한다. 그렇지 않으면 음의 인수에 대해 함수는 미래를 예측한 위치를 출력하게 되는데, 그러한 예측은 우리의 능력을 벗어난 것이다. 그런데 이러한 제약은 이 예제에만 국한된 것이다. 일반적으로 합성곱은 적분이 가능하기만 하면 그 어떤 함수들에 대해서도 정의할 수 있으며, 가중 평균 이외의 목적에도 유용할 수 있다.

합성곱 신경망의 어법에서 합성곱은 첫 인수(지금 예에서는 함수 x)를 **입력**(input)이라고 부르고, 둘째 인수(지금 예에서는 함수 w)를 **핵**(kernel)이라고 부를 때가 많다. 그리고 합성곱의 출력을 **특징 맵**(feature map; 또는 특징 지도)이라고 부르기도 한다.

지금 예에서 레이저 감지기가 매 순간 측정값을 제공할 수 있다는 가정은 다소 비현실적이다. 일반적으로 우리는 컴퓨터에 있는 자료를 다루므로, 시간을 연속적인 값이 아니라 이산적인 값으로 취급하게 된다. 그런 환경에서 감지기는 일정 간격마다 자료를 제공할 것이다. 따라서, 지금 예에서는 레이저 감지기가 이를테면 1초에 한 번씩 측정값을 제공한다고 가정하는 것이 더 현실적이다. 그러면 시간 색인 t는 정숫값만 가진다. 이제 x와 w가 오직 정수 t에 대해서만 정의된다고 가정하고, 이산적인 합성곱 연산을 다음과 같이 정의할 수 있다.

$$s(t) = (x * w)(t) = \sum_{a=-\infty}^{\infty} x(a)w(t-a). \tag{9.3}$$

일반적으로 기계 학습 응용에서는 입력이 다차원 배열 형태의 자료이고 핵이 학습 알고리즘으로 적응되는 매개변수들의 다차원 배열이다. 이후의 논의에서는 그러한 다차원 배열들을 텐서^{tensor}라고 부르기로 하겠다. 입력과 핵의 각 성분(원소)을 반드시 따로 명시적으로 저장해야 하므로, 명시적으로 저장된 일단의 점들을 제외한 거의 모든 점에서 이 함수들의 값이 0이라고 가정하는 것이 일반적이다. 그러한 가정에 따라, 실제 응용에서는 무한합을 유한한 개수의 원소들로 이루어진 배열에 관한 합으로 구현하게 된다.

마지막으로, 종종 합성곱을 한 번에 여러 축에 적용할 때가 많다. 예를 들어 2차원 이미지 I를 입력으로 사용할 때는 다음과 같이 2차원 핵 K를 적용하는 것이 바람직하다.

$$S(i,j) = (I * K)(i,j) = \sum_m \sum_n I(m,n)K(i-m,j-n). \tag{9.4}$$

합성곱은 가환적이다. 즉, 합성곱은 교환법칙을 만족한다. 실제로, 다음은 식 9.4와 동등하다.

$$S(i,j) = (K * I)(i,j) = \sum_m \sum_n I(i-m,j-n)K(m,n). \tag{9.5}$$

기계 학습 라이브러리로 구현하기에는 이 식 9.5가 더 편하다. m과 n의 유효한 값들의 범위에 변동이 더 적기 때문이다.

합성곱의 가환성은 입력을 기준으로 핵을 **뒤집었기**(flip; 반전) 때문에 생긴 것이다. 여기서 핵을 뒤집었다는 것은, m이 증가함에 따라 입력에 대한 색인은 증가하지만 핵에 대한 색인은 감소하는 것을 말한다. 핵을 뒤집는 유일한 이유는 가환성을 충족하는 것이다. 그런데 가환성은 증명을 작성할 때는 유용하지만, 신경망 구현에서는 그리 중요한 성질이 아니다. 그래서 여러 신경망 라이브러리는 핵을 뒤집는 대신 **상호상관**(cross-correlation; 또는 교차상관)이라고 부르는 관련 함수를 구현한다. 다음에서 보듯이, 상호상관 함수는 합성곱과 같되 핵을 뒤집지 않는다.

$$S(i,j) = (I * K)(i,j) = \sum_m \sum_n I(i+m,j+n)K(m,n). \tag{9.6}$$

여러 기계 학습 라이브러리는 이러한 상호상관 연산도 그냥 합성곱이라고 부른다. 이 책에서는 두 연산 모두 합성곱이라고 부르는 그러한 관례를 따르되, 필요한 경우에는 핵의 반전(뒤집기) 여부를 명시하기로 하겠다. 기계 학습의 맥락에서 학습 알고리즘은 핵의 적절한 값들을 적당한 장소에서 배우게 되므로, 핵을 뒤집는 합성곱에 기초한 알고리즘이 학습한 핵은 핵을 뒤집지 않는 합성곱에 기초한 알고리즘이 학습한 핵을 뒤집은 형태가 된다. 또한, 기계 학습에서 합성곱만 사용하는 경우는 드물다. 보통은 합성곱을 다른 함수들과 함께 사용하는데, 합성곱이 핵을 뒤집든 그렇지 않든 그러한 함수들의 합성은 교환법칙을 만족하지 않는다.

그림 9.1은 2차원 텐서에 합성곱(핵을 뒤집지 않는)을 적용한 예이다.

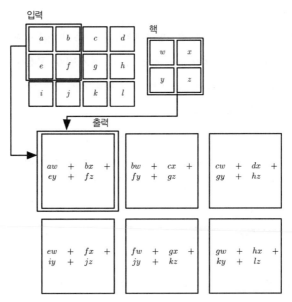

그림 9.1: 핵을 뒤집지 않는 2차원 합성곱의 예. 핵 전체가 이미지 안에 놓이는 위치들로만 출력을 제한했다. 일부 문헌에서는 이를 '유효한' 합성곱이라고 부른다. 화살표들은 핵을 입력 텐서의 왼쪽 위 영역에 적용해서 출력 텐서의 왼쪽 위 성분이 산출되는 방식을 나타낸다.

이산 합성곱은 일부 성분들이 다른 성분들과 같아야 한다는 제약이 있는 행렬을 곱하는 연산에 해당한다. 예를 들어 단변량 이산 합성곱에서 행렬의 각 행은 반드시 그 위 행의 성분들을 한 자리 이동한 것과 같아야 한다. 그러한 조건을 만족하는 행렬을 **퇴플리츠 행렬**(Toeplitz matrix)이라고 부른다. 2차원의 경우에는 **이중 블록 순환 행렬** (doubly block circulant matrix)이 합성곱에 해당한다. 여러 성분이 서로 같아야 한다는 제약 외에, 일반적으로 합성곱은 아주 희소한 행렬(즉, 대부분의 성분이 0인 행렬)에 해당한다는 특징도 있다. 이는 일반적으로 핵이 입력 이미지보다 훨씬 작기 때문이다. 행렬 곱셈을 지원하고 행렬 구조의 특정한 성질에 의존하지 않는 임의의 신경망 알고리즘은 알고리즘이나 신경망을 전혀 변경하지 않아도 합성곱 신경망에 적용할 수 있다. 전형적인 신경망들은 큰 입력을 효율적으로 처리하기 위해 추가적인 특수화를 활용하지만, 이론적인 관점에서는 꼭 그럴 필요가 없다.

9.2 동기

합성곱 신경망은 기계 학습 시스템을 개선하는 데 도움이 되는 세 가지 중요한 개념을 활용한다. 바로 **희소 상호작용**(sparse interaction), **매개변수 공유**(parameter sharing), 그리고 **등변 표현**(equivariant representation)이다. 더 나아가서, 합성곱은 가변적인 크기의 입력을 처리하는 수단을 제공한다. 그럼 이러한 개념들을 차례로 살펴보자.

전통적인 신경망의 층들은 매개변수들의 행렬을 곱하는 연산을 수행한다. 이때 각 매개변수는 각 입력 단위와 각 출력 단위의 상호작용을 나타낸다. 결과적으로, 모든 출력 단위는 모든 입력 단위와 상호작용한다. 그런데 보통의 경우 합성곱 신경망에는 **희소 상호작용**(sparse interaction)이라는 성질이 있다(희소 상호작용을 **희소 가중치**(sparse weights) 또는 **희소 연결성**(sparse connectivity)이라고 부르기도 한다). 이는 핵이 입력보다 작기 때문에 생긴 성질이다. 예를 들어 이미지 처리에서 입력 이미지는 수천 또는 수백만 개의 픽셀로 이루어지지만, 윤곽선 같은 작고 의미 있는 특징들은 단 수십 또는 수백 개의 픽셀로만 이루어진 핵으로 검출할 수 있다. 이 덕분에 상대적으로 적은 수의 매개변수들만 저장해도 되며, 결과적으로 모형의 메모리 사용량이 줄어들고 통계적 효율성이 높아진다. 또한, 출력을 계산하는 데 필요한 연산의 수도 줄어든다. 일반적으로 이에 의한 효율성 개선이 상당히 크다. 입력 단위가 m개, 출력 단위가 n개라고 할 때, 행렬 곱셈에는 $m \times n$개의 매개변수가 관여한다. 그리고 실제 응용에 쓰이는 알고리즘들의 실행 시간 복잡도는 견본당 $O(m \times n)$이다. 만일 출력의 연결 수를 최대 k로 제한한다면, 희소 연결 접근 방식에 필요한 매개변수는 $k \times n$개이고 실행 시간은 $O(k \times n)$이다. 여러 실제 응용에서는 k를 m보다 몇 자리 작은 수로 두어서 좋은 성능을 낼 수 있다. 그림 9.2와 그림 9.3은 희소 연결성의 예를 보여준다. 심층 합성곱 신경망에서 더 깊은 층들에 있는 단위들이 입력층의 더 큰 부분과 **간접적으로**

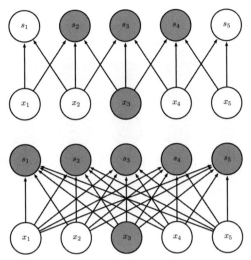

그림 9.2: 희소 연결성을 아래에서 본 모습. 입력 단위 하나(x_3)와, 출력 단위들(s) 중 그 입력 단위가 영향을 미치는 것들을 강조해서 표시했다. (위) 너비가 3인 핵을 가진 합성곱으로 출력 s를 산출할 때, x_3에 영향을 받는 출력은 세 개뿐이다. (아래) 행렬 곱셈으로 출력 s를 산출할 때는 연결성이 더 이상 희소하지 않으므로 모든 출력이 x_3에 영향을 받는다.

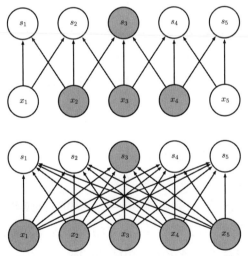

그림 9.3: 희소 연결성을 위에서 본 모습. 출력 단위 하나(s_3)와 입력 단위들(x) 중 그 출력 단위에 영향을 미치는 것들을 강조해서 표시했다. 그런 입력 단위들을 s_3의 **수용 영역**(receptive field)이라고 부른다. (위) 너비가 3인 핵을 가진 합성곱으로 출력 s를 산출할 때, s_3에 영향을 미치는 입력은 세 개뿐이다. (아래) 행렬 곱셈으로 출력 s를 산출할 때는 연결성이 더 이상 희소하지 않으므로 모든 입력이 s_3에 영향을 미친다.

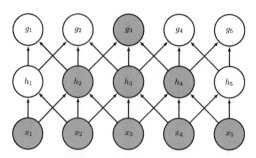

그림 9.4: 합성곱 신경망의 더 깊은 층들에 있는 단위들의 수용 영역은 더 얕은 층들에 있는 단위들의 수용 영역보다 크다. 이 효과는 만일 신경망에 간격 있는 합성곱(strided convolution; 그림 9.12)이나 풀링(§9.3) 같은 구조적 특징이 포함되어 있으면 더욱 커진다. 이는, 비록 합성곱 신경망 안에서 직접 연결은 드물지만(희소), 더 깊은 층들에서는 단위들이 입력 이미지 전체 또는 대부분과 간접적으로 연결될 수 있음을 뜻한다.

상호작용할 수 있다. 그림 9.4가 그러한 상황을 보여준다. 이처럼 합성곱 신경망은 희소한 상호작용만 서술하는 간단한 구성요소들 사이의 상호작용을 구축함으로써 여러 변수 사이의 복잡한 상호작용을 효율적으로 서술한다.

매개변수 공유는 모형의 둘 이상의 함수에 같은 매개변수를 사용하는 것을 말한다. 전통적인 신경망에서는 한 층의 출력을 계산할 때 가중치 행렬의 각 성분은 딱 한 번씩만 사용된다. 가중치 행렬의 각 성분은 입력의 한 성분에 곱해지는 데만 쓰이고, 그 이후에는 다시 쓰이지 않는다. 이러한 매개변수 공유를 두고 신경망이 **가중치들을 "묶었다(tied)"**라고 표현하기도 하는데, 이는 한 입력에 곱해진 가중치의 값이 다른 모든 곳에서도 그 값에 "묶여 있다(고정되어 있다)"고 말할 수 있기 때문이다. 합성곱 신경망에서 핵의 각 성분은 입력의 모든 곳에 쓰인다(단, 이미지 가장자리에 관한 설계상의 결정에 따라서는, 가장자리 픽셀들에서 일부 성분이 쓰이지 않을 수도 있다). 합성곱 연산에 적용되는 매개변수 공유는 모든 위치에 대해 개별적인 매개변수 집합을 학습하는 것이 아니라 하나의 집합만 학습하는 것에 해당한다. 이것이 순전파의 실행 시간에 영향을 미치지는 않는다. 실행 시간은 여전히 $O(k \times n)$이다. 다만, 매개변수 공유는 모형이 저장해야 하는 매개변수 개수를 k로 줄인다. 일반적으로 k는 m보다 몇 자리 작은 수임을 기억하기 바란다. 대체로 m과 n은 같은 크기이기 때문에, $m \times n$에 비하면 k는 사실상 무시할 수 있을 정도로 작다. 따라서 합성곱은 조밀한 행렬 곱셈보다 메모리 요구량과 통계적 효율성 면에서 엄청나게 효율적이다. 그림 9.5는 매개변수 공유의 작동 방식을 나타낸 것이다.

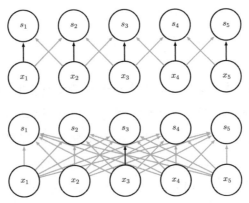

그림 9.5: 매개변수 공유. 검은색 화살표는 같은 매개변수를 사용하는 서로 다른 두 단위 사이의 연결 관계를 나타낸다. (위) 검은색 화살표들은 합성곱 모형에서 3성분 핵의 중앙 성분의 쓰임새를 보여준다. 매개변수 공유 때문에 이 하나의 매개변수가 모든 입력 위치에 쓰인다. (아래) 유일한 검은색 화살표는 완전 연결 모형에서 가중치 행렬의 중앙 성분의 쓰임새를 보여준다. 이 모형에는 매개변수 공유 성질이 없기 때문에 매개변수들이 각자 한 번씩만 쓰인다.

그림 9.6: 윤곽선 검출의 효율성. 오른쪽 이미지는 왼쪽에 나온 원본 이미지의 픽셀들을 입력으로 삼아서 각 픽셀의 값에서 그 왼쪽 픽셀의 값을 빼서 만들어 낸 것이다. 이러한 이웃 픽셀값 차이들은 입력 이미지의 수직 방향 윤곽선의 강도를 나타내므로 물체 검출에 유용하다. 두 이미지 모두 높이(세로)가 280픽셀이고, 입력 이미지는 너비가 320픽셀, 출력 이미지는 319픽셀이다. 이러한 변환을 2성분 핵을 가진 하나의 합성곱 연산으로 서술할 수 있다. 이에 필요한 계산량은 합성곱 계산을 위한 부동소수점 연산 $319 \times 280 \times 3 = 267,960$회이다 (출력 픽셀당 곱셈 2회와 덧셈 1회). 같은 변환을 행렬 곱셈으로 표현하려면 $320 \times 280 \times 319 \times 280$개(80억 개가 넘는다)의 행렬 성분들이 필요하다. 따라서, 이 변환을 표현하는 데는 합성곱이 약 40억 배 더 효율적이다. 그리고 직접적인 행렬 곱셈 알고리즘은 160억 회 이상의 부동소수점 연산을 수행할 것이므로, 필요한 부동소수점 연산 횟수는 160억이 넘는다. 따라서 이 변환을 실제로 계산하는 데는 합성곱이 약 6만 배 더 효율적이다. 물론, 행렬의 성분들은 대부분 0이므로, 0이 아닌 성분들만 실제로 저장한다면 행렬 곱셈과 합성곱 모두 같은 횟수의 부동소수점 연산을 수행할 것이다. 그래도 행렬 곱셈에서는 $2 \times 319 \times 280 = 178,640$개의 성분을 저장해야 한다. 합성곱은 입력 전체의 작은 국소 영역들에 같은 선형변환을 적용하는 변환을 서술하는 데 대단히 효율적이다. 사진 출처: Paula Goodfellow.

그림 9.6은 처음 두 개념 모두에 대한 예이다. 이 예는 희소 연결성과 매개변수 공유가 이미지에서 윤곽선(테두리)을 검출하는 선형 함수의 효율성을 극적으로 개선할 수 있음을 보여준다.

합성곱의 경우, 매개변수 공유의 특정한 형태 때문에 신경망 층에는 이동(translation)에 대한 **등변성**(equivariance)이라는 성질이 생긴다. 어떤 함수가 등변이라는 것은 입력이 변하면 출력도 같은 방식으로 변한다는 뜻이다. 좀 더 구체적으로 말하면, 함수 $f(x)$와 g가 있을 때 만일 $f(g(x)) = g(f(x))$이면 $f(x)$는 g에 대해 등변이다. 합성곱의 경우, 만일 g가 입력을 이동하는 함수이면 합성곱 함수는 g에 대해 등변이다. 예를 들어 I가 정수 좌표에서 이미지의 밝기를 돌려주는 '이미지 함수'라고 하자. 그리고 g는 한 이미지 함수를 다른 이미지 함수로 사상하는 함수이되, $I' = g(I)$가 $I'(x, y) = I(x-1, y)$를 만족한다고 하자. 간단히 말해서, g는 I에 해당하는 이미지의 모든 픽셀을 오른쪽으로 한 단위 이동하는 효과를 낸다. I에 이러한 변환 g를 적용한 후 합성곱을 적용한 결과는 I'에 합성곱을 적용한 후 변환 g를 적용한 결과와 같다. 시계열 자료를 처리하는 경우, 이는 합성곱이 입력에서 서로 다른 특징들이 나타난 시점들을 보여주는 일종의 연대표(timeline)를 산출함을 뜻한다. 입력의 연대표에서 어떤 사건을 나중의 한 시점으로(미래 방향으로) 이동하면, 출력의 해당 표현 역시 더 나중의 시점으로 이동하게 된다. 이미지의 경우에도 이와 비슷하게, 합성곱은 입력에서 특정 특징들이 나타나는 위치를 보여주는 하나의 2차원 지도를 산출한다. 입력에서 어떤 대상을 이동하면 출력에서도 해당 표현이 같은 양으로 이동한다. 이러한 성질은 적은 수의 인접 픽셀들을 처리하는 어떤 함수를 입력의 여러 위치에 적용하는 것이 바람직함을 알고 있을 때 유용하다. 예를 들어 이미지 처리에서는 합성곱 신경망의 첫 층에서 윤곽선을 검출하는 것이 바람직하다. 같은 윤곽선이 이미지의 거의 모든 곳에 나타나기 때문에, 이미지 전체에서 매개변수들을 공유하는 것이 실용적이다. 그러나 이미지 전체에서 매개변수들을 공유하지 않는 것이 나을 때도 있다. 예를 들어 한 사람의 얼굴이 가운데에 오도록 이미지를 적절히 잘랐다면, 입력의 서로 다른 위치에서 서로 다른 특징들을 추출하는 것이 바람직할 것이다. 그런 경우 이를테면 신경망의 한 부분은 얼굴 위쪽에서 눈썹을 찾아보고, 다른 한 부분은 얼굴 아래쪽에서 턱을 찾아보아야 할 것이다.

이동 이외의 변환들, 이를테면 이미지의 비례 변경(확대·축소)이나 회전에 대해서는 합성곱이 저절로 등변이 되지는 않을 수 있다. 그런 종류의 변환들을 처리하려면 다른 메커니즘이 필요하다.

마지막으로, 고정된 형태의 행렬을 사용하는 행렬 곱셈으로 정의되는 신경망으로는 처리할 수 없는 종류의 자료들도 있다. 합성곱은 그런 종류의 자료도 처리할 수 있다. 이에 관해서는 §9.7에서 좀 더 논의한다.

9.3 풀링

일반적으로 합성곱 신경망의 한 층은 세 단계(stage)로 작동한다(그림 9.7). 첫 단계에서는 다수의 합성곱을 병렬로 수행해서 일단의 선형 활성화 값들을 산출한다. 둘째 단계에서는 각 선형 활성화 값이 정류 선형 활성화 함수 같은 비선형 활성화 함수를 거치게 된다. 이 단계를 **검출기 단계**(detector stage; 또는 검출 단계)라고 부르기도 한다. 셋째 단계에서는 **풀링 함수**(pooling function)를 이용해서 그 층의 출력을 좀 더 수정한다.

풀링 함수는 특정 위치에서의 신경망의 출력을 근처 출력들의 요약통계량(summary statistics)으로 대체한다. 예를 들어 **최댓값 풀링**(max pooling) 연산은 직사각형 영역 안에 있는 이웃 단위들의 출력 중 가장 큰 값을 사용한다(Zhou & Chellappa, 1988). 그 외에, 직사각 이웃들의 평균이나 L^2 노름, 또는 중앙 픽셀과의 거리에 기초한 가중 평균을 사용하는 풀링들도 흔히 쓰인다.

어떤 경우이든, 풀링은 표현이 입력의 작은 이동에 대해 근사적으로 **불변**(invariant)이 되게 하는 데 도움을 준다. 이동에 대한 불변성(invariance)이란, 입력을 조금 이동해도 풀링된 출력들의 값들은 대부분 변하지 않는 것을 말한다. 그림 9.8에 그러한 이동 불변성의 예가 나와 있다. 어떤 특징의 구체적인 위치가 아니라 그런 특징의 존재 여부 자체가 더 중요할 때는 이러한 국소 이동에 대한 불변성이 유용할 수 있다. 예를 들어 이미지에 사람 얼굴이 들어 있는지 결정할 때 눈을 구성하는 픽셀들의 정확한 좌표가 필요하지는 않다. 단지 얼굴의 왼쪽에 눈이 하나 있고 오른쪽에 또 다른 눈이 하나 있음을 알기만 하면 된다. 물론, 특징의 위치를 보존하는 것이 더 중요한 경우도 있다. 예를 들어 두 윤곽선 변이 특정 방향으로 만나서 정의되는 모퉁이(corner)를 찾는다고 할 때, 주어진 두 변이 만나는지를 제대로 판정하려면 변들의 위치를 보존할 필요가 있다.

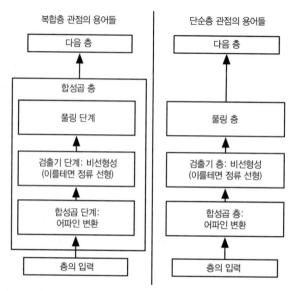

복합층 관점의 용어들   단순층 관점의 용어들

그림 9.7: 전형적인 합성곱 신경망 층의 구성. 이런 층들을 서술하는 데 쓰이는 용어들은 크게 두 종류이다. (왼쪽) 이 용어들은 합성곱 신경망이 적은 수의 상대적으로 복합적인 층들로 구성된다고 보는 관점을 반영한 것이다. 이 관점에서 각 층은 다수의 '단계(stage)'로 구성되며, 핵 텐서들과 신경망 층들은 일대일로 대응된다. 이 책은 이 관점의 용어들을 주로 사용한다. (오른쪽) 이 용어들은 합성곱 신경망이 다수의 단순한 층들로 구성된다는 관점을 반영한 것이다. 이 관점에서는 처리의 각 단계(step)를 개별적인 층으로 간주한다. 단, 그렇다고 그러한 모든 '층'에 반드시 매개변수들이 있는 것은 아니다.

    풀링을 적용한다는 것을, 신경망의 층이 학습하는 함수가 작은 이동들에 대해 반드시 불변이어야 한다는 믿음을 나타내는 무한히 강한 사전분포를 신경망에 추가하는 것으로 볼 수 있다. 그러한 불변성 가정이 실제로 성립하는 경우에는 신경망의 통계적 효율성이 크게 개선될 수 있다.

    공간 영역들에 대한 풀링은 이동에 대한 불변성을 신경망에 도입한다. 한편, 개별적으로 매개변수화된 합성곱 연산들의 출력들에 풀링을 적용하면, 특징들이 어떤 변환에 대해 불변이어야 하는지를 학습할 수 있다(그림 9.9 참고).

    풀링은 이웃한 모든 단위의 반응을 요약하므로, 간격이 픽셀 하나가 아니라 픽셀 k개인 풀링 영역들의 요약통계량을 보고하게 한다면 검출기 단위들보다 더 적은 수의 풀링 단위들을 사용해도 된다. 그림 9.10에 그러한 예가 나와 있다. 그러면 다음 층이 처리해야 할 입력의 수가 약 k분의 1로 줄어들기 때문에 신경망의 계산 효율성이 좋아진다. 만일 다음 층의 매개변수 개수가 입력 크기의 함수이면(이를테면 다음 층이 완

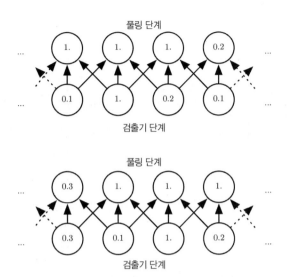

그림 9.8: 최댓값 풀링은 신경망에 불변성을 도입한다. (위) 합성곱 신경망의 한 층의 출력 중 가운데 부분. 아래 행은 비선형성의 출력들을 보여준다. 위 행은 최댓값 풀링의 출력들인데, 풀링 영역들이 한 픽셀씩 떨어져 있고 각 풀링 영역은 너비가 세 픽셀이다. (아래) 같은 신경망에서 입력을 오른쪽으로 한 픽셀 이동한 후의 모습. 아래 행의 모든 값이 변했지만, 위 행의 값들은 절반만 변했다. 이는 최댓값 풀링 단위들이, 인접한 여러 값 중 가장 큰 값에만 민감하게 반응하기 때문이다(그 값들의 정확한 위치에는 반응하지 않고).

전히 연결된 층이고 행렬 곱셈에 기초한 연산을 수행하는 경우), 이러한 입력 크기 감소는 통계적 효율성의 향상과 매개변수 저장을 위한 메모리 요구량의 감소로도 이어진다.

여러 학습 과제에서, 크기가 여러 가지인 입력들을 처리하려면 풀링이 필수이다. 예를 들어 다양한 크기의 이미지들을 분류하는 경우에도 분류층의 입력은 고정된 크기이어야 한다. 이 문제를 해결하는 데 흔히 쓰이는 한 가지 방법은 풀링 영역들 사이의 간격을 입력 이미지에 맞게 변경함으로써 분류층이 입력 크기와는 무관하게 항상 같은 개수의 요약통계량들을 받게 하는 것이다. 예를 들어 신경망의 마지막 풀링 층이 입력 이미지의 크기와는 무관하게 항상 네 개(이미지의 사분면(quadrant)당 하나씩)의 요약통계량 집합을 출력하게 만들 수 있다.

다양한 상황에서 어떤 종류의 풀링을 사용할 것인지에 관한 지침을 제공하는 이론적 연구 성과도 나와 있다(Boureau 외, 2010). 여러 특징을 동적으로 함께 풀링하는 것도 가능하다. 이를테면 흥미로운 특징들의 위치들에 대해 어떤 군집화(clustering) 알고리즘을 실행해서 그러한 풀링을 적용할 수 있다(Boureau 외, 2011). 이러한 접근 방식에서

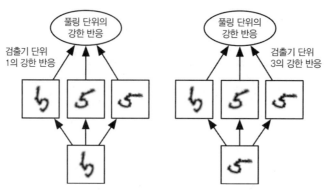

그림 9.9: 학습된 불변성의 예. 개별 매개변수들로 학습된 여러 특징을 풀링하는 풀링 단위는 입력의 특정 변형들에 대한 불변성을 배울 수 있다. 이 예는 세 개의 학습된 필터들과 하나의 최댓값 풀링 단위가 회전 변환에 대한 불변성을 학습한 예이다. 세 필터는 모두 손으로 쓴 숫자 5를 검출하도록 만들어졌다. 각 필터는 5가 조금씩 다른 각도로 회전된 이미지에서 5를 인식하려 한다. 입력에 5가 존재하면 해당 필터는 그것을 검출하며, 결과적으로 검출기 단위의 활성화 값이 커진다. 그러면 최댓값 풀링 단위도 큰 활성화 값을 산출하는데, 이때 세 검출기 단위 중 구체적으로 어떤 것이 강하게 반응했는지는 중요하지 않다. 그림의 왼쪽과 오른쪽은 서로 다른 두 입력에 대한 신경망의 작동을 보여준다. 입력이 다르기 때문에 강하게 활성화된 검출기 단위도 다름을 주목하기 바란다. 그러나 풀링 단위의 반응은 두 경우에서 거의 비슷하다. 맥스아웃 신경망(Goodfellow 외, 2013a)과 기타 합성곱 신경망들은 바로 이러한 원리를 활용한다. 공간적 위치들에 대한 최댓값 풀링은 저절로 이동에 대해 불변성을 가진다. 이 그림에 나온 것 같은 다채널 접근 방식은 이동 이외의 변환에 대한 불변성을 원할 때만 필요한 것이다.

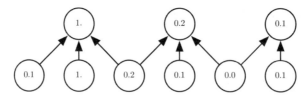

그림 9.10: 하향 표본화(downsampling)를 적용한 풀링. 그림은 풀링 영역의 너비가 세 픽셀이고 풀링 영역 사이의 간격이 두 픽셀인 최댓값 풀링을 나타낸 것이다. 간격을 두 픽셀로 잡은 덕분에 표현의 크기가 2분의 1로 줄어들며, 결과적으로 다음 층의 계산 및 통계 비용이 감소한다. 제일 오른쪽 풀링 영역은 너비가 두 픽셀밖에 되지 않음을 주목할 것. 일부 검출기 단위가 무시되는 결과를 원하지 않는다면 이런 풀링 영역도 반드시 포함해야 한다.

는 풀링 영역들이 이미지마다 다르게 형성된다. 또 다른 접근 방식으로, 하나의 풀링 구조를 **학습**한 후 그것을 모든 이미지에 적용할 수도 있다(Jia 외, 2012).

볼츠만 기계나 자동부호기처럼 하향식(top-down) 정보를 사용하는 일부 신경망 아키텍처에서는 풀링이 복잡해질 수 있다. 이런 문제들은 제3부에서 그런 종류의 신경망

소프트맥스의 출력: 부류 확률 1,000개	소프트맥스의 출력: 부류 확률 1,000개	소프트맥스의 출력: 부류 확률 1,000개
행렬 곱셈의 출력: 1,000단위	행렬 곱셈의 출력: 1,000단위	평균 풀링의 출력: $1 \times 1 \times 1,000$
벡터로 바꾼 출력: 16,384단위	벡터로 바꾼 출력: 576단위	합성곱의 출력: $16 \times 16 \times 1,000$
간격 4 풀링의 출력: $16 \times 16 \times 64$	3×3격자에 대한 풀링의 출력: $3 \times 3 \times 64$	간격 4 풀링의 출력: $16 \times 16 \times 64$
합성곱+ReLU의 출력: $64 \times 64 \times 64$	합성곱+ReLU의 출력: $64 \times 64 \times 64$	합성곱+ReLU의 출력: $64 \times 64 \times 64$
간격 4 풀링의 출력: $64 \times 64 \times 64$	간격 4 풀링의 출력: $64 \times 64 \times 64$	간격 4 풀링의 출력: $64 \times 64 \times 64$
합성곱+ReLU의 출력: $256 \times 256 \times 64$	합성곱+ReLU의 출력: $256 \times 256 \times 64$	합성곱+ReLU의 출력: $256 \times 256 \times 64$
입력 이미지: $256 \times 256 \times 3$	입력 이미지: $256 \times 256 \times 3$	입력 이미지: $256 \times 256 \times 3$

그림 9.11: 분류 과제를 위한 합성곱 신경망 아키텍처의 예들. 이 그림에 나온 구체적인 간격(보폭)과 깊이 수치들을 실제 응용에서 사용하는 것은 바람직하지 않다. 이 그림의 수치들은 그림을 한 페이지 안에 넣을 수 있을 정도로 신경망을 얕게 만들기 위해 아주 작게 설정한 것임을 주의하기 바란다. 또한, 이 그림에서는 단순함을 위해 직선적인 사슬 구조를 사용했지만, 실제 합성곱 신경망은 이보다 분기가 훨씬 많다. (왼쪽) 고정된 크기의 이미지를 처리하는 합성곱 신경망. 몇 층에 걸쳐 합성곱과 풀링을 번갈아 적용한 후, 합성곱 특징 맵에 대한 텐서를 평평하게 펼쳐서 1차원 벡터 형태로 변경한다(reshape). 신경망의 나머지 부분은 제6장에서 설명한 보통의 순방향 신경망 분류기이다. (가운데) 가변 크기 이미지를 처리하는 합성곱 신경망으로, 단위들이 완전히 연결된 부분은 여전히 남아 있다. 이 신경망은 풀링 영역들의 크기가 가변적인 풀링 연산을 사용하지만, 풀링 영역들의 개수는 일정하다. 이는 신경망의 완전 연결 부분에 576개의 성분으로 이루어진 고정 크기 벡터를 입력하기 위해서이다. (오른쪽) 완전히 연결된 가중치 층이 아예 없는 합성곱 신경망. 마지막 층은 부류(class)당 하나의 특징 맵을 출력한다. 이 모형은 각각의 공간적 위치에서 각 부류가 발생할 확률들로 이루어진 하나의 맵(지도)을 배울 수 있다. 그 특징 맵을 평균 연산을 이용해서 하나의 값으로 축약한 결과를 최상위 층의 소프트맥스 분류기에 입력한다.

들을 소개할 때 논의하겠다. §20.6에서는 합성곱 볼츠만 기계에 대한 풀링을 논의하고, §20.10.6에서는 일부 미분 가능 신경망들에 필요한, 풀링 단위들에 대한 일종의 역연산 (inverse operation)들을 설명한다.

그림 9.11은 합성곱과 풀링을 이용하는, 분류 과제를 위한 완전한 형태의 합성곱 신경망 아키텍처의 몇 가지 예를 보여준다.

9.4 무한히 강한 사전분포로서의 합성곱과 풀링

§5.2에서 **사전확률분포**(prior probability distribution)라는 개념을 소개했었다. 사전확률분포, 줄여서 사전분포는 모형의 매개변수들에 관한 하나의 확률분포인데, 바람직한 모형에 대한 우리의 사전 믿음(prior belief), 그러니까 그 어떤 자료도 관측하기 전에 우리가 가지고 있던, 주어진 과제에 바람직한 모형이 어떤 것인가에 관한 우리의 믿음을 확률분포 형태로 부호화한 것이라 할 수 있다.

사전분포의 확률밀도가 얼마나 조밀한지에 따라 사전분포를 "강하다(strong)" 또는 "약하다(weak)"라고 표현한다. 약한 사전분포는 엔트로피가 높은 사전분포이다. 이를테면 분산이 큰 가우스 분포가 약한 사전분포에 해당한다. 그런 사전분포를 적용하면 훈련 자료가 매개변수들을 다소 자유롭게 이동하게 된다. 강한 사전분포는 엔트로피가 아주 낮은 사전분포이다. 이를테면 분산이 작은 가우스 분포가 강한 사전분포에 해당한다. 그런 사전분포는 매개변수들의 최종값을 결정하는 데 좀 더 능동적인 역할을 한다.

무한히 강한 사전분포는 일부 매개변수 값들에 0의 확률을 부여함으로써 그런 매개변수 값들이 절대로 허용되지 않음을(자료가 그런 값들을 아무리 강하게 지지한다고 해도) 표현한다.

합성곱 신경망을, 완전 연결 신경망과 비슷하되 그 가중치들에 관한 무한히 강한 사전분포가 있는 신경망이라고 생각할 수 있다. 그러한 무한히 강한 사전분포는 한 은닉 단위에 대한 가중치들이 그 이웃의 가중치들을 공간상에서 한 자리 이동한 것과 같아야 함을 뜻한다. 또한, 이 사전분포는 그 은닉 단위에 배정된, 작고 공간적으로 연속적인 수용 영역 이외의 곳에서는 가중치들이 반드시 0이어야 한다는 뜻이기도 하다. 정리하자면, 신경망에서 합성곱을 사용한다는 것은 한 층의 매개변수들에 관한 하나의 무한히 강한 사전분포를 도입하는 것이라고 할 수 있다. 그러한 사전분포는 그 층이 배워야 하는 함수에 오직 국소적인 상호작용들만 존재하며, 그 함수가 이동에 대해 등변이어야 함을 나타낸다. 마찬가지로, 풀링을 사용한다는 것은 각 단위가 작은 이동에 대해 불변이어야 함을 뜻하는 무한히 강한 사전분포를 도입하는 것에 해당한다.

물론 합성곱 신경망을 무한히 강한 사전분포가 있는 완전 연결 신경망으로 구현하는 것은 계산 비용 면에서 낭비가 극히 심하다. 그러나 합성곱 신경망을 무한히 강한 사전분포가 있는 완전 연결 신경망의 관점에서 고찰하면 합성곱 신경망의 작동 방식에 관해 일정한 통찰을 얻을 수 있다.

핵심적인 통찰 하나는, 합성곱과 풀링이 과소적합을 일으킬 수 있다는 것이다. 다른 모든 사전분포와 마찬가지로, 합성곱과 풀링은 그 사전분포의 가정이 실제로 어느 정도 성립할 때만 유용하다. 예를 들어 정확한 공간 정보를 유지하는 것이 중요한 과제를 푸는 경우, 모든 특징에 풀링을 적용하면 훈련 오차가 증가할 수 있다. 합성곱 신경망 아키텍처 중에는 특징들의 불변성을 높임과 동시에, 이동 불변성 사전분포의 가정이 성립하지 않아도 특징들에 대해 과소적합이 일어나지 않도록 일부 채널에만 풀링을 사용하고 그 외의 채널에는 풀링을 사용하지 않는 것들도 있다(Szegedy 외, 2014a). 다른 예로, 입력 공간 안에서 아주 멀리 떨어진 곳에 있는 정보를 가져와야 하는 과제에는 합성곱이 뜻하는 사전분포가 적절하지 않을 수 있다.

이러한 관점이 주는 또 다른 핵심 통찰은, 통계적인 학습 성과에 관한 벤치마크에서 합성곱 모형을 다른 합성곱 모형들하고만 비교해야 한다는 것이다. 합성곱을 사용하지 않는 모형은 이미지의 모든 픽셀을 치환(permutation; 순열치환)한다고 해도 학습에 성공할 것이다. 이미지 자료 집합 중에는 **치환에 대해 불변**이고 반드시 학습을 통해서 위상구조(topology)의 개념을 발견해야 하는 모형들에 대한 벤치마크와 공간상의 관계에 관한 지식을 설계자가 신경망 자체에 박아 넣은 모형들에 대한 벤치마크를 따로 마련해 둔 것들이 많다.

9.5 기본 합성곱 함수의 여러 변형

사실, 신경망에 관한 논의에 등장하는 합성곱이 수학에서 흔히 말하는 표준적인 이산 합성곱 연산과 정확히 일치하지는 않는다. 실제 응용에서 쓰이는 합성곱 함수는 수학의 합성곱과는 차이가 있다. 이번 절에서는 신경망에 쓰이는 함수들의 몇 가지 유용한 성질에 중점을 두어서 그러한 차이점들을 자세히 설명한다.

첫째로, 신경망의 맥락에서 말하는 합성곱은 여러 합성곱을 병렬로 적용하는 하나의 연산을 뜻할 때가 많다. 그러한 병렬 적용이 필요한 이유는, 하나의 핵을 가진 합성곱이 오직 한 종류의 특징만 추출할 수 있기 때문이다(비록 공간상의 여러 위치에서 그 특징을 추출한다고 해도). 보통의 경우 신경망의 각 층이 여러 위치에서 여러 가지 특징을(한 종류의 특징이 아니라) 추출하는 것이 바람직하다.

또한, 신경망의 합성곱에서는 입력이 그냥 실숫값들의 격자가 아니라, 각각 여러 개의 관측값(observation)들로 이루어진 벡터들의 격자이다. 예를 들어 원색 이미지의 한 픽셀은 빨간색, 녹색, 파란색의 세기로, 즉 세 가지 값으로 구성된다. 다층 합성곱 신경망에서 둘째 층의 입력은 첫 층의 출력인데, 보통의 경우 그 출력은 이미지의 각 위치에서 서로 다른 여러 합성곱 연산들을 적용한 결과들로 이루어진다. 이미지를 다룰때는 합성곱의 입력과 출력을 3차원 텐서로 간주할 때가 많은데, 이때 한 색인은 여러 채널 중 하나를 지정하고 다른 두 색인은 그 채널의 공간 좌표를 결정한다. 소프트웨어 구현들은 흔히 배치 모드로 작동하므로, 특정 배치를 지정하는 네 번째 색인(차원)이 추가된 4차원 텐서를 사용할 때가 많다. 그러나 이번 절에서는 단순함을 위해 그러한 배치 차원 색인은 생략하기로 한다.

합성곱 신경망은 흔히 다채널 합성곱을 사용한다. 그런데 그런 합성곱이 기초하는 선형 연산들이 반드시 가환적인 것은 아니다(심지어 핵을 뒤집는다고 해도). 그런 다채널 연산들은 각 연산의 출력 채널 수와 입력 채널 수가 같을 때만 교환법칙을 만족한다.

출력의 i번째 채널의 한 단위와 입력의 j번째 채널의 한 단위 사이의 연결 강도(세기)에 해당하는 성분 $K_{i,j,k,l}$들로 이루어진 4차원 핵 텐서 $\mathbf{K}$가 있다고 하자. 각 성분에서 셋째, 넷째 색인 k와 l은 해당 단위의 행 번호와 열 번호이다. 입력으로 쓰이는 관측 자료 $\mathbf{V}$는 채널 i의 j행 k열 입력 단위의 관측값을 담은 성분 $V_{i,j,k}$들로 이루어지고, 출력에 해당하는 텐서 $\mathbf{Z}$ 역시 $\mathbf{V}$와 같은 구조라고 하자. 핵 $\mathbf{K}$를 뒤집지 않고 $\mathbf{K}$와 입력 $\mathbf{V}$의 합성곱으로 출력 $\mathbf{Z}$를 산출한다면, 출력의 각 성분은 다음과 같이 주어진다.

$$Z_{i,j,k} = \sum_{l,m,n} V_{l,j+m-1,k+n-1} K_{i,l,m,n}. \tag{9.7}$$

우변의 합산의 범위는 유효한 입력 성분과 핵 성분을 가리키는 텐서 색인 l, m, n의 모든 값이다. 공식을 보면 색인들에 -1이 있는데, 이는 선형대수의 표기법에서 배열의 첫 성분(원소)의 색인이 1이기 때문이다. 색인이 0부터 시작하는 C나 파이썬 같은 프로그래밍 언어들에서 이러한 합성곱을 구현한다면 공식이 좀 더 간단해질 것이다.

계산 비용을 줄이기 위해 핵의 일부 위치를 건너뛸 수도 있다(대신 특징들을 세밀하게 추출하지는 못하게 되지만). 이를, 완전한 합성곱 함수의 출력을 하향표본화(downsampling)하는 것으로 생각해도 될 것이다. 다음은 출력의 각 방향에서 픽셀 s개마다 한 번씩만 출력을 산출하는 하향표본화된 합성곱 함수 c의 정의이다.

$$Z_{i,j,k} = c(\mathbf{K}, \mathbf{V}, s)_{i,j,k} = \sum_{l,m,n} [V_{l,(j-1) \times s + m, (k-1) \times s + n} K_{i,l,m,n}]. \tag{9.8}$$

이 공식의 s를 이 하향표준화의 **보폭**(stride; 또는 간격)이라고 부르기로 하겠다. 이 정의와는 달리 이동 방향마다 보폭을 다르게 둘 수도 있는데, 그림 9.12에 그러한 예가 나와 있다.

모든 합성곱 신경망 구현이 반드시 갖추어야 하는 기능 하나는 입력 $\mathbf{V}$에 암묵적으로 0들을 채워서 입력 텐서를 더 넓게 만드는 것이다. 그러한 기능이 없으면 각 층에서 표현의 너비가 핵의 너비보다 한 픽셀 작아진다. 입력에 0들을 채우면 핵의 너비와 출력의 크기를 개별적으로 제어할 수 있다. 0을 채우는 기능이 없으면 신경망의 공간적 크기가 빠르게 줄어들게 하는 것과 아니면 작은 핵들을 사용하는 것 중 하나를 선택할 수밖에 없는데, 둘 다 신경망의 표현력을 크게 제한한다. 그림 9.13에 예가 나와 있다.

0 채우기 설정의 세 가지 특별한 경우를 언급할 필요가 있다. 하나는 0 채우기를 아예 사용하지 않는 극단적인 경우이다. 그러면 합성곱 핵은 핵 전체가 이미지 안에 완전히 들어가는 위치들만 방문할 수 있다. MATLAB은 이를 **유효한**(valid) 합성곱이라고 부른다.[*] 이 경우 출력의 모든 픽셀은 입력의 같은 수의 픽셀들의 함수이므로, 출력 픽셀의 행동이 다소 규칙적이다. 그러나 출력의 크기가 각 층에서 줄어든다. 입력 이미지의 너비가 m이고 핵의 너비가 k이면 출력의 너비는 $m - k + 1$이 된다. 따라서 큰 핵들을 사용하면 출력의 너비가 급격히 줄어들 수 있다. 출력의 너비가 다시 커지는 일은 없으므로, 이 방식에서는 신경망에 포함할 수 있는 합성곱 층의 개수가 제한된다. 합성곱 층들을 추가하다 보면 신경망의 공간 차원이 결국에는 1×1로 축소되며, 그때부터는 층들을 더 추가해도 의미 있는 합성곱 연산이 신경망에 적용되지는 않는

※ 역주 '유효한 합성곱'은(그리고 이 문단의 다른 MATLAB 관련 용어들도) 원문을 이 번역서에 쓰인 다른 용어들과 어울리게 번역한 것일 뿐, MATLAB의 공식 한국어판에 쓰이는 용어와는 다를 수 있다. 이는 공식 한국어판이 존재하는 다른 모든 소프트웨어에 관련된 용어들에도 적용된다.

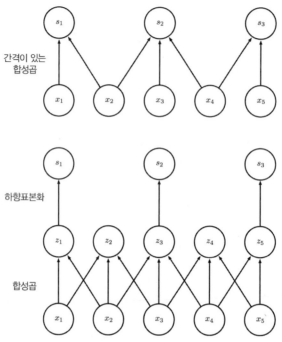

그림 9.12: 간격이 있는 합성곱. 이 예에서 보폭(간격)은 두 픽셀이다. (위) 간격 2 합성곱을 하나의 연산으로 구현한 예. (아래) 수학적으로, 보폭이 두 픽셀 이상인 합성곱은 보폭이 1인 합성곱에 하향표본화를 적용한 것과 동등하다. 물론, 하향표본화가 관여하는 그러한 2단계 접근 방식은 계산 후 그냥 폐기하는 값들이 많다는 점에서 계산 비용의 낭비이다.

다. 0 채우기 설정의 또 다른 특별한 경우는 출력이 입력과 같은 크기가 될 정도로만 0들을 채우는 것이다. MATLAB은 이를 **동일**(same) 합성곱이라고 부른다. 이 경우 합성곱 연산이 다음 층에 대한 구조적 가능성을 축소하지 않으므로, 신경망에 포함할 수 있는 합성곱 층의 수는 하드웨어의 능력에만 제약을 받는다. 그러나 가장자리 부근의 입력 픽셀들은 중앙 부근의 입력 픽셀들보다 적은 수의 출력 픽셀들에 영향을 미친다. 그래서 가장자리 픽셀들이 모형에 다소 덜 반영되는 결과가 발생한다. 이를 해결하기 위해, 각 방향에서 모든 픽셀이 k번 방문되도록 충분히 많은 0들을 채우는 방법도 있다. 이것이 나머지 한 극단적 경우로, MATLAB은 이를 **완전**(full) 합성곱이라고 부른다. 이 경우 출력 이미지의 너비는 $m + k - 1$이 된다. 이 0 채우기 설정에서는 가장자리 부근의 출력 픽셀이 중앙 부근의 출력 픽셀보다 더 적은 수의 입력 픽셀들에 영향을 받는다. 그러면 합성곱 특징 맵의 모든 위치에서 잘 작동하는 하나의 핵을 학습하기가

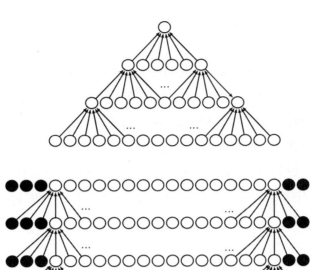

그림 9.13: 0 채우기가 신경망의 크기에 미치는 영향. 이 그림은 각 층에 너비가 6인 핵이 하나씩 있는 합성곱 신경망의 예를 보여준다. 이 예는 풀링을 전혀 사용하지 않으므로, 합성곱 연산 자체가 신경망의 크기를 줄인다. (위) 이 합성곱 신경망에는 0 채우기를 전혀 적용하지 않는다. 그래서 각 층에서 표현이 다섯 픽셀씩 줄어든다. 16픽셀 입력에 대해 합성곱 층을 세 개까지만 사용할 수 있는데, 마지막 층은 핵을 이동하지도 않는다. 따라서 셋 중 진정한 합성곱 층은 둘뿐이다. 더 작은 핵을 사용하면 감소 속도가 줄어들지만, 핵이 작으면 신경망의 표현력도 작아지며, 애초에 이런 종류의 아키텍처에서는 표현 크기의 감소를 피할 수 없다. (아래) 각 층에 0 다섯 개를 암묵적으로 추가하면 층에서 층으로 넘어갈 때 표현이 작아지지 않는다. 따라서 합성곱 신경망을 임의로 깊게 만들 수 있다.

어려울 수 있다. 보통의 경우, 최적의(시험 집합 분류 정확도를 기준으로) 0 채우기 분량은 '유효한' 합성곱과 '동일' 합성곱 사이의 한 지점이다.

때에 따라서는 합성곱을 사용하는 대신 그냥 층들을 국소적으로 연결하는 것이 바람직할 수도 있다(LeCun, 1986; LeCun, 1989). 그런 국소 연결 MLP의 구조를 나타내는 그래프의 인접성 행렬은 해당 합성곱 신경망의 것과 같지만, 모든 연결에 각각 고유한 가중치가 부여된다는 점이 다르다. 그러한 가중치들을 6차원 텐서 W에 담는다고 할 때, 특정 가중치를 지칭하는 여섯 색인 중 색인 i는 출력 채널, 색인 j는 출력 채널 안에서의 행, 색인 k는 출력 채널 안에서의 열을 뜻하고, 나머지 색인 l, m, n은 마찬가지로 입력 채널과 해당 행 및 열을 뜻한다. 이러한 국소 연결 신경망 층의 선형 부분은 다음과 같이 주어진다.

$$Z_{i,j,k} = \sum_{l,m,n} [V_{l,j+m-1,k+n-1} w_{i,j,k,l,m,n}].\qquad(9.9)$$

이를 **비공유 합성곱**(unshared convolution)이라고 부르기도 하는데, 작은 핵을 가진 이산 합성곱과 비슷하되 여러 위치에서 매개변수들을 공유하지 않기 때문에 그런 이름이 붙었다. 그림 9.14는 국소 연결, 합성곱, 완전 연결을 비교한 것이다.

국소적으로 연결된 층들은 각 특징이 반드시 공간의 작은 부분의 함수이고 그 특징이 공간의 모든 곳에 나타난다고 생각할 이유는 없는 경우에 유용하다. 예를 들어 주어진 이미지가 사람 얼굴 사진인지 판정하는 경우, 입 모양은 이미지의 아래쪽 절반에서만 찾으면 된다.

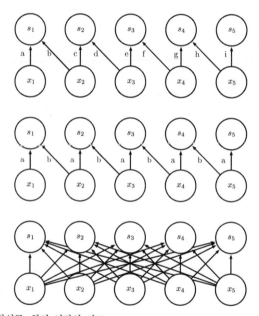

그림 9.14: 국소 연결, 합성곱, 완전 연결의 비교.

(위) 패치patch 크기가 2픽셀인 국소 연결 층. 각 간선에 부여된 소문자는 해당 가중치 매개변수의 이름이다. 모든 간선의 가중치가 서로 다르다는 점에 주목하기 바란다.

(가운데) 핵의 너비가 2픽셀인 합성곱 층. 단위들의 연결 구조는 국소 연결 층과 동일하다. 즉, 단위들의 상호작용 방식은 국소 연결 층과 다른 것이 없다. 차이점은, 이 합성곱 층은 매개변수들을 공유한다는 것이다. 국소 연결 층은 매개변수들을 전혀 공유하지 않는다. 각 간선에 부여된 소문자에서 보듯이, 합성곱 층은 두 가지 가중치를 입력 전체에서 거듭해서 사용한다.

(아래) 완전 연결 층. 각 간선에 고유한 매개변수가 있다는 점은 국소 연결 층과 같다(간선이 너무 많아서 매개변수 이름은 생략했다). 그러나, 국소 연결 층과는 달리 단위들 사이의 연결에 제약이 없다.

또한, 합성곱이나 국소 연결 층들의 연결 관계(연결성)를 좀 더 제한한 특별한 버전들을 만드는 것이 유용할 수 있다. 이를테면 각 출력 채널 i가 오직 입력 채널 l의 한 부분집합의 함수이어야 한다는 제약을 둘 수도 있다. 그러한 제약을 가할 때 흔히 쓰이는 방법은 처음 m개의 출력 채널을 처음 n개의 입력 채널들에만 연결하고, 그다음 m개의 출력 채널들은 그다음 n개의 입력 채널들에만 연결하는 식으로 나아가는 것이다. 그림 9.15에 그러한 예가 나와 있다. 이처럼 일부 채널들 사이의 상호작용을 모형화하면 신경망의 매개변수 개수를 줄일 수 있으며, 그러면 메모리 소비량이 줄고 통계적 효율성이 증가하며 순전파와 역전파를 수행하는 데 필요한 계산량이 줄어든다. 은닉 단위들의 수를 줄이지 않고도 그런 목표들을 달성할 수 있다.

타일식 합성곱(tiled convolution; Gregor & LeCun, 2010a; Le 외, 2010)은 합성곱 층과 국소 연결 층 사이의 한 절충에 해당한다. 타일식 합성곱은 공간상의 **모든** 위치에서 개별적인 가중치 집합을 학습하는 대신, 공간을 나아가는 과정에서 순환되는 핵들의 집합을 학습한다. 따라서, 타일식 합성곱에서는 국소 연결 층에서처럼 인접한 이웃 위치들에 각자 다른 필터들이 적용되지만, 매개변수들을 저장하는 데 필요한 메모리 요구량은 그러한 핵 집합의 크기에만(전체 출력 특징 맵 전체의 크기가 아니라) 비례해서 증가한다. 그림 9.16에 국소 연결 층과 타일식 합성곱, 그리고 표준적인 합성곱의 비교가 나와 있다.

그럼 타일식 합성곱을 공식으로 정의해 보자. 타일식 합성곱에는 핵들을 쌓아서 만든 6차원 텐서 $\mathbf{K}$가 쓰인다. 이 텐서의 두 차원(색인)은 출력 맵의 한 위치를 결정한다. 그런데 나머지 네 색인이 그 위치에 대한 텐서의 한 성분을 직접 지정하지는 않는다. 대신, 아래의 공식에서 보듯이 각 방향에서 t가지 서로 다른 핵 중 하나가 출력 위치에 따라 순환적으로 선택된다. 만일 t(타일링 범위)가 출력의 너비가 같으면 국소 연결 층과 같은 구조가 된다.

$$Z_{i,j,k} = \sum_{l,m,n} V_{l,j+m-1,k+n-1} K_{i,l,m,n,j\%t+1,k\%t+1}.$$

(9.10)

여기서 퍼센트 기호는 나머지 연산을 뜻한다. 즉, $t\%t = 0$, $(t+1)\%t = 1$, 등등이다. 이를 좀 더 일반화해서, 각 방향에 대해 서로 다른 타일링 범위를 사용하게 하는 것도 어려운 일이 아니다.

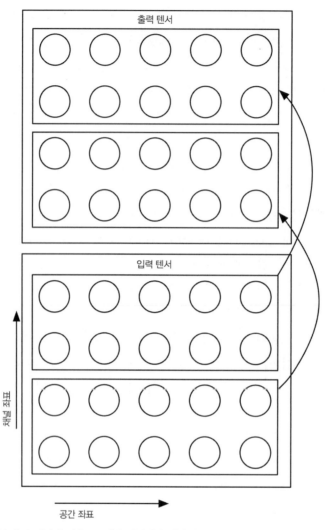

그림 9.15: 처음 두 출력 채널이 처음 두 입력 채널에만 연결되고 그다음 두 출력 채널이 그다음 두 입력 채널에만 연결된 합성곱 신경망.

국소 연결 층과 타일식 합성곱 층에 최댓값 풀링을 적용할 때 흥미로운 점은, 두 경우 모두 검출기 단위들이 서로 다른 필터들에 의해 주도된다는 것이다. 이 필터들이 동일한 바탕 특징들을 서로 다른 방식으로 변환한 결과를 검출하도록 학습되면, 최댓값 풀링을 적용한 단위들은 학습된 변환에 대한 불변성을 가진다(그림 9.9). 합성곱 층은 애초에 이동에 대해 불변이 되도록 만들어져 있다.

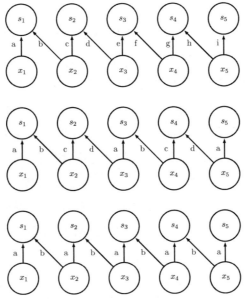

그림 9.16: 국소 연결 층과 타일식 합성곱, 그리고 표준 합성곱의 비교. 세 구성 모두 단위들의 연결 관계는 동일하다. 이 그림의 예에서 핵의 너비는 2픽셀이다. 세 구성은 매개변수들을 공유하는 방식이 다르다. (위) 국소 연결 층은 매개변수를 전혀 공유하지 않는다. 각 간선에 붙은 매개변수 이름이 모두 다르다. (가운데) 타일식 합성곱은 t개의 서로 다른 핵들로 이루어진 핵 집합을 사용한다. 그림은 $t = 2$인 경우이다. 간선에 붙은 a와 b는 두 핵 중 한 핵에 해당하고 c와 d는 다른 핵에 해당한다. 출력에서 한 픽셀 오른쪽으로 이동할 때마다 핵 집합의 다음 핵이 순환적으로 선택된다. 따라서, 국소 연결 층에서처럼 인접한 출력 단위들에는 서로 다른 매개변수들이 적용된다. 그러나 국소 연결 층과는 달리 t개의 핵을 모두 거쳐 간 후에는 다시 첫 핵으로 돌아간다('순환'). 만일 두 출력 단위의 거리가 t의 배수이면 그 둘은 매개변수들을 공유한다. (아래) 전통적인 합성곱은 $t = 1$인 타일식 합성곱과 동등하다. 즉, 단 하나의 핵이 모든 위치에 적용된다. 그림을 보면 한 핵의 두 가중치 a, b가 모든 곳에 쓰였다.

합성곱 신경망을 구현할 때 합성곱 이외의 연산들이 필요한 경우도 많다. 합성곱 신경망이 학습을 수행하려면 출력에 대한 기울기가 주어졌을 때 핵에 대한 기울기를 계산할 수 있어야 한다. 그러한 연산까지도 합성곱 연산으로 수행할 수 있는 간단한 경우도 있지만, 보폭이 1보다 큰 경우를 포함해 여러 흥미로운 경우에서는 그렇지 않다.

합성곱은 선형 연산임을 기억할 것이다. 따라서 합성곱을 하나의 행렬 곱셈으로 서술하는 것이 가능하다(입력 텐서를 1차원 벡터로 평평하게 만든다고 할 때). 이때 관여하는 행렬은 합성곱 핵의 한 함수이다. 그러한 행렬은 핵의 각 성분이 행렬의 여러 성분에 복사된 형태의 희소 행렬이다. 이러한 관점은 합성곱 신경망을 구현하는 데 필요한 다른 몇몇 연산을 유도하는 데 도움이 된다.

그런 연산 중 하나로, 합성곱으로 정의되는 행렬의 전치행렬(간단히 '전치')을 곱하는 것이 있다. 이 연산은 하나의 합성곱 층을 통해서 오차 미분들을 역전파하는 데 필요하다. 따라서, 은닉층이 둘 이상인 합성곱 신경망을 훈련하려면 그런 연산을 수행할 수 있어야 한다. 또한, 은닉 단위들로부터 가시 단위들을 재구축(reconstruction; 또는 복원)할 때도 이 연산이 필요하다(Simard 외, 1992). 가시 연산(visible unit)들의 재구축은 자동부호기, RBM, 희소 부호화 등 이 책의 제3부에서 설명하는 모형들에서 흔히 쓰이는 연산이다. 그런 모형들의 합성곱 버전을 만들려면 전치 곱셈 연산이 꼭 필요하다. 핵 기울기 연산처럼 이러한 입력 기울기 연산도 합성곱으로 수행할 수 있는 경우가 없지 않지만, 일반적으로는 개별적인 연산으로 구현할 필요가 있다. 순전파에서 이러한 전치 곱셈 연산을 수행할 때는 조심해야 할 점이 있다. 바로, 전치 곱셈 연산의 출력의 크기가 순전파의 출력 맵의 크기뿐만 아니라 0 채우기 설정과 순전파 연산의 보폭에도 의존한다는 점이다. 경우에 따라서는 순전파에 대한 입력의 크기가 서로 다른 신경망들이라도 출력 맵의 크기는 같을 수 있다. 따라서, 입력의 원래 크기가 전치 곱셈 연산에 명시적으로 전달되게 해야 한다.

임의의 깊이의 순방향 합성곱 신경망의 훈련에 필요한 모든 기울기를 계산하는 데는 합성곱, 출력에서 가중치들로의 역전파, 그리고 출력에서 입력으로의 역전파라는 세 가지 연산만 있으면 된다. 또한, 그 세 연산이 있으면 합성곱의 전치 곱셈에 기초한 재구축 기능을 가진 합성곱 신경망도 훈련할 수 있다. 완전히 일반적인 다차원, 다중 견본의 경우에서 해당 방정식들을 유도하는 완전한 과정이 [Goodfellow, 2010]에 나오니 참고하기 바란다. 그런 방정식들이 어떤 식으로 작동하는지 감을 잡을 수 있도록, 여기서는 2차원 단일 견본의 예를 하나 살펴보기로 하자.

간격 있는 합성곱 연산을 다채널 이미지 $\mathbf{V}$에 적용하는 합성곱 신경망을 훈련한다고 하자. 합성곱의 보폭이 s이고 핵들의 텐서가 $\mathbf{K}$라고 할 때, 합성곱 연산은 식 9.8에서처럼 함수 $c(\mathbf{K}, \mathbf{V}, s)$로 정의된다. 어떤 손실함수(비용함수) $J(\mathbf{V}, \mathbf{K})$를 최소화한다고 하자. 순전파 과정에서는 c 함수 자체가 $\mathbf{Z}$를 출력하고, 그 $\mathbf{Z}$가 신경망의 나머지 부분으로 전파되어서 결국에는 그 $\mathbf{Z}$에 기초해서 비용함수 J가 계산되어야 한다. 역전파 과정에서는 $G_{i,j,k} = \dfrac{\partial}{\partial Z_{i,j,k}} J(\mathbf{V}, \mathbf{K})$를 만족하는 텐서 $\mathbf{G}$를 받게 된다.

이 신경망을 훈련하려면 핵의 가중치들에 대해 미분들을 계산해야 한다. 다음과 같은 함수를 사용하면 될 것이다.

$$g(\mathbf{G},\mathbf{V},s)_{i,j,k,l} = \frac{\partial}{\partial K_{i,j,k,l}} J(\mathbf{V},\mathbf{K}) = \sum_{m,n} G_{i,m,n} V_{j,(m-1)\times s+k,(n-1)\times s+l}. \quad (9.11)$$

만일 현재 층이 신경망의 바닥(최하단) 층이 아니라면, 오차를 더 아래 층으로 역전파하기 위해 $\mathbf{V}$에 대한 기울기를 계산할 필요가 있다. 다음과 같은 함수를 사용하면 된다.

$$h(\mathbf{K},\mathbf{G},s)_{i,j,k} = \frac{\partial}{\partial V_{i,j,k}} J(\mathbf{V},\mathbf{K}) \quad (9.12)$$

$$= \sum_{\substack{l,m \\ \text{단} \\ (l-1)\times s+m=j}} \sum_{\substack{n,p \\ \text{단} \\ (n-1)\times s+p=k}} \sum_{q} K_{q,i,m,p} G_{q,l,n}. \quad (9.13)$$

제14장에서 설명하는 자동부호기 신경망은 입력을 출력에 복사하도록 훈련된 순방향 신경망이다. 함수 $\mathbf{W}^\top \mathbf{W} \boldsymbol{x}$를 이용해서 입력 $\boldsymbol{x}$를 근사적으로 재구축한 $\boldsymbol{r}$을 산출하는 PCA(주성분분석) 알고리즘이 그러한 자동부호기의 간단한 예이다. 좀 더 일반적인 자동부호기들에서는 PCA처럼 가중치 행렬의 전치를 곱하는 것이 흔하다. 그런 모형을 합성곱 신경망으로 만들려면, 합성곱 연산의 전치행렬을 곱하는 함수 h를 사용하면 된다. 은닉 단위들의 텐서 $\mathbf{H}$가 $\mathbf{Z}$와 같은 형식이고 재구축 함수 $\mathbf{R}$이 다음과 같이 정의된다고 하자.

$$\mathbf{R} = h(\mathbf{K},\mathbf{H},s). \quad (9.14)$$

자동부호기를 훈련할 때는 $\mathbf{R}$에 대한 기울기들로 구성된 텐서 $\mathbf{E}$를 받게 된다. 복호기(decoder)를 훈련할 때는 $\mathbf{K}$에 대한 기울기들을 구해야 한다. 그런 기울기들은 $g(\mathbf{H},\mathbf{E},s)$로 주어진다. 부호기를 훈련할 때는 $\mathbf{H}$에 대한 기울기들을 구해야 한다. 그런 기울기들은 $c(\mathbf{K},\mathbf{E},s)$로 주어진다. c와 h를 이용해서 g를 미분하는 것도 가능하지만, 모든 표준적인 신경망 아키텍처에 대한 역전파 알고리즘에는 그런 연산들이 필요하지 않다.

일반적으로, 하나의 합성곱 층에서 입력을 출력으로 변환할 때 선형 연산 하나만 사용하지는 않는다. 또한, 비선형성을 적용하기 전에 각 출력에 어떤 치우침 항을 추가할 때가 많다. 그렇다면 그런 치우침 항들은 어떤 방식으로 공유해야 하는지 궁금할 것이다. 국소 연결 층에서는 각 단위에 개별적인 치우침 항을 부여하는 것이 자연스럽고, 타일식 합성곱에서는 핵들의 타일링 패턴과 동일한 타일링 패턴으로 치우침 항들을 공유하는 것이 자연스럽다. 합성곱 층에서는 출력 채널당 하나의 치우침 항을 두고 각 합성곱 맵 안의 모든 위치에서 하나의 치우침 항을 공유하는 것이 일반적이다. 그러나 입력의 크기가 고정되어 있고 그 크기를 미리 알고 있다면, 출력 맵의 각 위치에서 개별적인 치우침 값을 학습하는 것도 가능하다. 그런 식으로 치우침 값들을 분리하면 모형의 통계적 효율성이 조금 줄어들 수 있지만, 대신 서로 다른 위치에서의 이미지 통계량들의 차이를 모형이 보정할 수 있게 되는 장점도 생긴다. 예를 들어 암묵적 0 채우기를 적용하는 경우 이미지 가장자리의 검출기 단위들은 다른 단위들보다 적은 수의 입력을 받게 되므로, 더 큰 치우침 값들이 필요할 수 있다.

9.6 구조적 출력

합성곱 신경망이 분류 과제에서 하나의 부류 표지(이름표)를 예측하거나 회귀 과제에서 하나의 실숫값을 예측하는 대신, 어떤 고차원 구조적 객체를 출력하게 만들 수도 있다. 그러한 객체는 표준적인 합성곱 층이 산출하는 하나의 텐서일 때가 많다. 예를 들어 각 성분 $S_{i,j,k}$가 신경망에 입력된 이미지의 픽셀 (j,k)가 부류 i에 속할 확률을 뜻하는 어떤 텐서 S를 모형이 출력할 수도 있다. 그런 모형은 이미지의 모든 픽셀에 표지를 부여할 수 있으며, 그러면 개별 물체의 윤곽선을 따라 정교한 마스크를 그리는 등의 활용이 가능하다.

이와 관련해서 자주 발생하는 문제점은 출력 평면이 입력 평면보다 작을 수 있다는 것이다. 그림 9.13에 그러한 예가 나왔었다. 이미지에서 하나의 물체를 식별, 분류할 때 흔히 쓰이는 종류의 신경망 아키텍처들에서, 신경망의 공간 차원 축소는 보폭이 큰 풀링 층들을 사용할 때 가장 크게 나타난다. 입력과 비슷한 크기의 출력 맵을 산출하는 한 가지 방법은 풀링을 아예 사용하지 않는 것이다(Jain 외, 2007). 또 다른 전략으로는 그냥 표지들의 저해상도 격자를 산출하는 것이 있다(Pinheiro & Collobert, 2014; Pinheiro & Collobert, 2015). 마지막으로, 단위 보폭 풀링 연산자(간격이 1인 풀링 연산자)를 사용하는 것도 원칙적으로 가능하다.

이미지의 픽셀별 표지 부여를 위한 한 가지 전략은, 먼저 이미지 표지들을 잠정적으로 추측한 후 그 초기 추측들을 이웃 픽셀들과의 상호작용을 이용해서 좀 더 정교하게 정련하는 것이다. 그러한 정련 단계를 여러 번 반복하는 것은 각 단계(stage)에서 동일한 합성곱을 적용하되 심층 신경망의 마지막 층들에서 가중치들을 공유하는 것에 해당한다(Jain 외, 2007). 그런 식으로 가중치들을 공유하면서 일련의 계산을 수행하는 인접한 합성곱 층들은 특별한 종류의 순환 신경망에 해당한다(Pinheiro & Collobert, 2014; Pinheiro & Collobert, 2015). 그림 9.17에 그러한 순환 합성곱 신경망의 구조가 나와 있다.

각 픽셀의 표지를 예측한 다음에는 다양한 방법으로 그 예측을 정련해서 입력 이미지를 여러 영역으로 나눌 수 있다(Briggman 외, 2009; Turaga 외, 2010; Farabet 외, 2013). 이러한 구획화(segmentation)에 깔린 일반적인 착안은, 비슷한 값을 가진 다수의 인접한 픽셀들은 같은 표지에 속할 가능성이 크다는 것이다. 그래프 모형은 이웃 픽셀들 사이의 확률적 관계를 서술할 수 있다. 아니면, 그래프 모형의 훈련 목적함수의 근삿값을 최소화하도록 합성곱 신경망을 훈련할 수도 있다(Ning 외, 2005; Thompson 외, 2014).

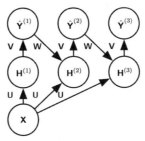

그림 9.17: 픽셀 표지(이름표) 부여를 위한 순환 합성곱 신경망의 예. 입력은 이미지 텐서 **X**로, 텐서의 축들은 이미지의 행들과 열들, 그리고 채널들(적, 녹, 청)에 대응된다. 목표는 표지들의 텐서 $\hat{\mathbf{Y}}$를 산출하는 것인데, 이 텐서는 각 픽셀의 표지들에 관한 하나의 확률분포를 나타낸다. 이 텐서의 축들은 이미지의 행들과 열들, 그리고 서로 다른 부류(분류 표지들)에 대응된다. 순환 신경망은 그러한 $\hat{\mathbf{Y}}$를 단번에 출력하는 대신, $\hat{\mathbf{Y}}$를 추정하고 그것을 입력으로 삼아서 추정을 좀 더 정련하는 과정을 반복한다. 그러한 정련 과정을 원하는 만큼 여러 번 반복할 수 있는데, 모든 반복에서 동일한 매개변수들을 사용한다. 그림의 **U**는 각 단계에서 주어진 입력 이미지에 대한 은닉 표현을 계산하는 데 쓰이는 합성곱 핵들의 텐서이고, **V**는 주어진 은닉 값들에 대한 표지들을 추정하는 데 쓰이는 핵 텐서이다. 첫 반복을 제외한 모든 반복에서는 **W**의 핵들을 $\hat{\mathbf{Y}}$와 합성곱한 결과를 은닉층의 입력으로 삼는다. 첫 반복에서는 그냥 0들을 사용한다. 각 반복에서 같은 매개변수를 사용한다는 점에서 이 신경망은 제10장에서 설명하는 순환 신경망에 속한다.

9.7 자료 형식

일반적으로, 합성곱 신경망에 쓰이는 자료는 여러 채널로 구성된다. 그러한 채널들은 시간 또는 공간의 한 지점에서 서로 다른 어떤 수량을 관측한 값들이다. 표 9.1에 차원과 채널 수가 서로 다른 여러 자료 형식의 예가 나와 있다.

합성곱 신경망을 동영상에 적용한 예가 [Chen 외, 2010]에 나온다.

지금까지는 훈련 자료와 시험 자료의 견본들이 모두 같은 차원(공간적 차원)인 경우만 논의했다. 합성곱 신경망의 한 가지 장점은 공간적 차원이 서로 다른 입력들도 처리할 수 있다는 것이다. 전통적인 행렬 곱셈 기반 신경망으로는 그런 종류의 입력을 처리할 수 없다. 이 점은 계산 비용과 과대적합이 큰 문제가 아닐 때도 전통적인 신경망 대신 합성곱 신경망을 선택하는 강력한 이유이다.

예를 들어 너비와 높이가 서로 다른 일단의 이미지들을 처리한다고 하자. 고정된 크기의 가중치 행렬로는 그런 입력들을 어떻게 모형화해야 할지가 명확하지 않다. 그러나 합성곱 신경망을 적용하는 것은 간단하다. 핵은 그냥 이미지의 크기에 맞는 횟수

표 9.1: 합성곱 신경망에 사용할 수 있는 여러 자료 형식의 예.

	단일 채널	다중 채널
1차원	음향 파형 자료: 유일한 축은 시간에 해당한다. 시간을 이산화하고, 각 시간 단계에서 한 번만 파형(waveform)의 진폭을 측정한다.	골격 애니메이션 자료: 3차원 컴퓨터 렌더링 캐릭터의 골격 애니메이션(skeleaton animation)은 시간에 따라 '골격(뼈대)'의 자세를 변경해서 생성한다. 각 시점(time point)에서 캐릭터의 자세는 캐릭터 골격의 각 관절의 각도들로 서술된다. 합성곱 신경망에 공급하는 자료의 각 채널은 한 관절의 한 축의 각도에 해당한다.
2차원	푸리에 변환으로 처리한 음향 자료: 음향 파형 자료를, 행들이 서로 다른 주파수(진동수)들에 대응되고 열들이 서로 다른 시점들에 대응되는 하나의 2차원 텐서로 변환할 수 있다. 시간 축에 대한 합성곱을 적용하면 모형은 시간의 이동에 대한 등변성을 가진다. 주파수 축에 대한 합성곱을 적용하면 모형은 주파수에 대한 등변성을 가지므로, 모형은 같은 선율을 다른 옥타브로 연주한 음향 자료에 대해 동일한(신경망 출력의 높이만 다른) 표현을 산출한다.	색상 이미지 자료: 한 채널은 픽셀의 적색광 세기를, 다른 한 채널은 녹색광 세기를, 나머지 한 채널은 청색광 세기를 담는다. 합성곱 핵은 이미지의 수평축과 수직축 모두를 따라 이동하며, 모형은 두 방향 모두에 대해 이동에 대한 등변성을 가진다.
3차원	부피(입체) 자료: 이런 종류의 자료는 흔히 CT 스캔 같은 의학 영상 기술에서 나온다.	색상 동영상 자료: 한 축은 시간, 다른 한 축은 동영상 프레임의 세로 방향(높이), 나머지 한 축은 동영상 프레임의 가로 방향(너비)에 대응된다.

로 적용되며, 그에 따라 합성곱 연산의 출력의 크기가 적절히 결정된다. 합성곱을 하나의 행렬 곱셈으로 볼 수도 있는데, 하나의 동일한 합성곱 핵이 서로 다른 크기의 이미지에 대해 서로 다른 크기의 이중 블록 순환 행렬을 산출한다. 한편, 신경망의 입력뿐만 아니라 출력의 크기도 가변적이어야 할 때도 있다. 입력의 각 픽셀에 부류 표지를 부여하는 경우가 그러한 예이다. 이 경우에는 합성곱 신경망의 설계에 시간을 더 들일 필요가 없다. 그러나 신경망이 어떤 고정된 크기의 출력을 산출해야 하는 경우(이를테면 이미지 전체에 대해 하나의 부류 표지를 부여하는 등)에는 풀링 층을 도입하는 등의 추가적인 설계 과정이 필요하다(풀링 층을 도입하는 경우에는 원하는 고정된 개수의 출력들이 나오도록 풀링 영역들의 크기를 입력 이미지의 크기에 비례해서 조정해야 할 것이다). 이런 전략의 몇 가지 예를 그림 9.11에서 보았다.

가변 크기 입력들을 처리하기 위해 합성곱을 사용하는 것은 같은 종류의 대상을 측정한 값들의 분량이 달라서(이를테면 음향 자료의 녹음 시간이 다르거나, 사진의 해상도가 다르거나 등등) 입력의 크기가 다른 경우에만 유효하다. 관측값들의 종류 자체가 달라서(특정 항목이 생략될 수도 있는 등) 입력의 크기가 다른 경우에는 합성곱 신경망이 적합하지 않다. 예를 들어 대학 입학 지원서들을 신경망으로 처리한다고 하자. 주되게 살펴볼 특징은 내신 등급과 표준화된 입학시험 점수인데, 일부 지원자는 표준화된 시험을 보지 않고 내신 등급만 제출할 수도 있다. 그런 경우 등급에 해당하는 특징들과 시험 점수에 해당하는 특징들에 대해 동일한 가중치들로 합성곱을 적용하는 것은 말이 되지 않는다.

9.8 효율적인 합성곱 알고리즘

현대적인 합성곱 신경망 응용 프로그램들은 흔히 백만 개 이상의 단위들로 이루어진 신경망을 처리한다. 그런 응용 프로그램에는 병렬 컴퓨팅 자원을 활용하는 강력한 구현 기법(§12.1 참고)이 필수적이다. 그런데 적절한 합성곱 알고리즘을 선택함으로써 합성곱 연산의 속도를 높이는 것도 가능하다.

합성곱 연산은 입력과 핵 모두를 푸리에 변환(Fourier transform)을 이용해서 두 신호의 점별(point-wise) 곱셈을 통해 주파수 정의역으로 변환하고, 역 푸리에 변환을 이용해서 다시 시간 정의역으로 변환하는 것과 동등하다. 문제의 크기에 따라서는 이산 합성곱 연산을 그대로 구현하는 것보다 이런 푸리에 변환을 구현해서 합성곱을 계산하는 것이 더 빠를 수 있다.

d차원 핵을 d개의 벡터들(차원당 벡터 하나씩)의 외적으로 표현할 수 있을 때, 그러한 핵을 가리켜 **분리 가능**(separable; 또는 분해 가능)이라고 부른다. 핵이 분리 가능일 때는 보통 방식의 합성곱 계산은 효율적이지 않다. 이 경우 합성곱은 그러한 각 벡터와의 1차원 합성곱 d개를 결합한 것과 동등하다. 이러한 결합 접근 방식은 벡터들의 외적과의 d차원 합성곱을 한 번 수행하는 것보다 훨씬 빠르다. 또한, 핵이 벡터들을 표현하는 데 필요한 매개변수들도 적다. 핵이 각 차원에서 w개의 성분으로 구성된다고 할 때, 보통의 다차원 합성곱의 실행 시간과 매개변수 저장 공간 요구량은 $O(w^d)$ 규모이지만 분리 가능한 핵의 합성곱의 실행 시간과 매개변수 저장 공간 요구량은 $O(w \times d)$이다. 물론 모든 합성곱을 이런 식으로 표현할 수 있는 것은 아니다.

합성곱을 더 빠르게 계산하는 방법이나 모형의 정확도를 떨어뜨리지 않고 합성곱을 근사하는 방법은 활발히 연구되는 주제이다. 순전파의 효율성만 개선하는 기법들도 유용한데, 상업적인 응용 환경에서는 신경망의 훈련보다 신경망의 실제 실행에 더 많은 자원이 투여될 때가 많기 때문이다.

9.9 무작위 특징 또는 비지도 특징 학습

일반적으로 합성곱 신경망 훈련에서 비용이 가장 많이 드는 부분은 특징들의 학습이다. 출력층은 대체로 비용이 낮은데, 중간의 여러 풀링 층 때문에 출력층에 입력되는 특징들은 그리 많지 않기 때문이다. 경사 하강법으로 지도 학습을 수행할 때, 각각의 경사 하강 단계에서는 신경망 전체를 훑는 완전한 순전파와 역전파를 각각 한 번씩 수행해야 한다. 합성곱 신경망 훈련의 비용을 줄이는 한 가지 방법은, 지도 학습의 방식으로 훈련되지 않는 특징들을 사용하는 것이다.

지도 훈련을 요구하지 않는 합성곱 핵들을 얻는 기본적인 전략은 여러 가지인데, 그중 하나는 그냥 핵들을 무작위로 초기화하는 것이다. 또 다른 한 방법은 핵들을 사람이 직접 설계하는 것이다(이를테면 특정 방향 또는 특정 크기의 가장자리들을 검출하도록 각 핵을 설정하는 등). 마지막으로, 비지도 판정조건을 이용해서 핵들을 학습할 수도 있다. 예들 들어 [Coates 외, 2011]은 k-평균 군집화(k-means clustering)를 작은 이미지 패치들에 적용한 후, 각각의 학습된 무게중심을 하나의 합성곱 핵으로 사용한다. 제3부에서 그 밖의 여러 비지도 학습 접근 방식들을 설명할 것이다. 비지도 판정기준으로 특징들을 학습하면 신경망 아키텍처 위에 놓인 분류층에서 그 특징들을 개별적으로 결정하는 것이 가능해진다. 그러면, 전체 훈련 집합에서 특징들을 한 번 추출한 후, 그 특징들을 본질적으로 마지막 층을 위한 하나의 새로운 훈련 집합으로 활용할 수 있다. 이때 마지막 층의 학습에는 일반적으로 볼록함수 최적화 문제가 관여하게 된다 (마지막 층이 로지스틱 회귀나 SVM 같은 것이라고 할 때).

합성곱 신경망에서 무작위 필터가 놀랄 만큼 잘 작동할 때가 자주 있다(Jarrett 외, 2009; Saxe 외, 2011; Pinto 외, 2011; Cox & Pinto, 2011). [Saxe 외, 2011]은 합성곱 다음에 풀링을 적용하는 층들에 무작위로 가중치들을 부여하면 그 층들이 자연스럽게 주파수 선택적(frequency selective)이자 이동 불변적인 방식으로 작동함을 보였다. 이에 기초해서 그 논문은 합성곱 신경망의 아키텍처를 낮은 비용으로 선택, 훈련하는 다음과 같은 방법을 제시했다: 우선 여러 합성곱 신경망 아키텍처의 성과를 각각 마지막 층만 훈련해서 평가하고, 성과가 가장 좋은 아키텍처를 선택해서 아키텍처 전체를 좀 더 비싼 접근 방식을 이용해서 훈련한다.

중간적인 접근 방식 하나로, 모든 경사 하강 단계에서 완전한 순전파와 역전파를 수행하지는 않는 방법을 사용해서 특징들을 학습할 수도 있다. 이 접근 방식에서는 다층 퍼셉트론에서처럼 탐욕적 층별 사전훈련을 적용하되, 첫 층만 따로 훈련해서 첫 층에서 모든 특징을 한 번만 추출한 후, 그 특징들로 둘째 층을 따로 훈련한다. 나머지 층들도 그런 식으로 하나씩 훈련한다. 탐욕적 층별 사전훈련은 제8장에서 설명했다. 제3부에서는 이를 각 층에서 비지도 판정기준을 적용하는 탐욕적 층별 사전훈련으로 확장한다. 합성곱 모형의 이러한 탐욕적 층별 사전훈련의 대표적인 예는 합성곱 심층 믿음망(Lee 외, 2009)이다. 합성곱 신경망에서는 사전훈련 전략을 다층 퍼셉트론에서 가능한 것보다 한 걸음 더 나아가서 적용하는 것이 가능하다. 합성곱 층 전체를 한 번에 훈련하는 대신, 작은 패치의 모형을 훈련할 수 있다. [Coates 외, 2011]은 k-평균 군집화를 이용해서 그러한 훈련을 적용한다. 그런 다음에는 패치 기반 모형에서 얻은 매개변수들로 합성곱 신경망의 핵들을 정의하면 된다. 이는 훈련 과정에서 합성곱을 사용하지 않고도 비지도 학습을 이용해서 합성곱 신경망을 훈련할 수 있음을 뜻한다. 이 접근 방식을 이용하면 아주 큰 모형을 훈련할 수 있다. 계산 비용은 추론 시점에서만 높다(Ranzato 외, 2007b; Jarrett 외, 2009; Kavukcuoglu 외, 2010; Coates 외, 2013). 이 접근 방식은 대략 2007년에서 2013년까지 인기를 끌었는데, 그때는 지금보다 이름표 붙은 자료 집합들의 크기가 작고 계산 능력이 훨씬 제한적이었다. 요즘은 대부분의 합성곱 신경망을 전적으로 지도 학습 방식으로, 모든 훈련 반복에서 전체 신경망을 완전히 순전파·역전파해서 훈련한다.

비지도 사전훈련의 다른 접근 방식들처럼, 이러한 접근 방식이 제공하는 장점들의 바탕 원인을 파악하기란 여전히 어렵다. 비지도 사전훈련이 지도 훈련에 비해 몇 가지 정칙화를 제공한다는 것이 원인일 수도 있고, 또는 그냥 학습 규칙의 계산 비용이 낮아서 훨씬 더 큰 아키텍처를 훈련할 수 있다는 것이 원인일 수도 있다.

9.10 합성곱 신경망의 신경과학적 근거

아마도 합성곱 신경망은 생물학에서 영감을 얻은 인공지능의 가장 큰 성공 사례일 것이다. 합성곱 신경망에 영향을 미친 분야는 여러 가지이지만, 합성곱 신경망의 핵심 설계 원리 몇 가지는 확실히 신경과학(뇌과학)에서 온 것이다.

합성곱 신경망의 역사는 관련 계산 모형이 개발되기 훨씬 전의 신경과학 실험들로 시작했다. 신경과학자 데이비드 허블David Hubel과 토르스텐 비셀Torsten Wiesel은 포유류의 시각체계의 작동 방식에 관한 아주 기본적인 여러 사실을 밝혀내기 위해 여러 해 동안 공동 연구를 진행했다(Hubel & Wiesel, 1959; Hubel & Wiesel, 1962; Hubel & Wiesel, 1968). 그 연구 성과 덕분에 두 연구자는 노벨상을 받았다. 그들의 발견 중 현재의 심층학습 영향에 가장 큰 영향을 미친 것들은 고양이의 개별 뉴런의 활동을 기록한 자료에 기초한 것이다. 그들은 고양이 앞에 놓인 화면의 정확한 위치들에 투영된 이미지에 대해 고양이 뇌의 뉴런들이 반응하는 방식을 관찰했다. 가장 위대한 발견은, 초기 시각체계의 뉴런들이 몇 가지 특정한 빛 패턴들(일정한 방향의 막대 형태 등)에 아주 강하게 반응하지만 다른 패턴들에는 거의 반응하지 않는다는 것이었다.

그들의 연구는 뇌의 기능의 다양한 측면을 특징짓는 데 도움을 주었는데, 그 측면들은 대체로 이 책의 범위를 넘어선다. 심층 학습의 관점에서는 뇌의 기능을 단순화해서 '만화 관점(cartoon view)'으로 살펴보는 것으로 충분하다.

단순화된 만화 관점에서는 **1차 시각피질**(primary visual cortex)이라고 하는 뇌의 한 부분에 초점을 둔다. 그 부분을 간단히 V1이라고 부르기도 한다. V1은 뇌가 시각 입력을 본격적으로 처리하기 시작하는 부분이다. 만화 관점에서, 사물에 반사된 빛이 수정체를 거쳐 눈 안쪽에 있는 망막의 빛 감지 세포들을 자극하면 입력 이미지가 형성된다. 망막의 뉴런들은 이미지에 대해 일종의 전처리(preprocessing)를 수행하지만, 이미지의 표현 방식을 크게 변경하지는 않는다. 그 이미지는 시신경을 거쳐서 **외측 슬상핵**(lateral geniculate nucleus, LGN)이라고 하는 뇌의 한 영역에 도달한다. 두 해부학적 영역(망막과 외측 슬상핵)의 주된 임무는 그냥 신호를 눈에서 머리 뒤쪽의 V1로 전달하는 것이다.

합성곱 신경망의 설계에는 V1의 다음 세 성질이 반영되었다.

1. V1은 하나의 공간적 지도(맵) 형태로 배치된다. 실제로 V1은 망막의 이미지 구조를 반영하는 2차원 구조이다. 예를 들어 망막의 아래쪽 절반에 도달한 빛은 V1의 해당 절반에만 영향을 미친다. 이와 마찬가지로, 합성곱 신경망은 특징들이 2차원 지도 형태로 정의되도록 설계되었다.

2. V1은 다수의 **단순세포**(simple cell)들로 구성된다. 어느 정도까지는, 단순 세포의 활성화를 작은 국소 공간 수용 영역에 있는 이미지에 대한 하나의 선형 함수로 간주할 수 있다. 합성곱 신경망의 검출기 단위들은 단순세포의 그러한 특성을 흉내 내도록 설계되었다.

3. V1에는 다수의 **복합세포**(complex cell)들도 있다. 이 세포들은 단순세포들이 검출하는 것과 비슷한 특징들에 반응하되, 특징의 위치의 작은 이동에 대해서는 불변성을 가진다. 이 점이 합성곱 신경망의 풀링 단위들에 영감을 준다. 또한, 복합세포는 그냥 공간적 위치들에 대한 풀링으로는 포착할 수 없는 빛의 작은 변화에도 불변이다. 이러한 불변성은 합성곱 신경망의 채널 간 풀링 전략들(이를테면 맥스아웃 단위 등)에 영감을 주었다(Goodfellow 외, 2013a).

시각과 관련해서 가장 많은 것이 밝혀진 영역은 V1이지만, 시각체계의 다른 영역에도 이와 동일한 기본 원리가 적용된다는 것이 일반적인 믿음이다. 시각체계의 만화 관점에서, 검출 후 풀링이라는 기본 전략은 뇌의 더 깊은 영역들에도 거듭 적용된다. 뇌의 여러 해부학적 층들을 거쳐 가다 보면 결국에는 특정 개념에 반응하는, 그리고 입력의 여러 변환에 대해 불변인 세포들에 도달한다. 그런 세포들을 '할머니 세포(grandmother cell)'라는 별명으로 부르기도 한다. 이는 사람의 뇌에는 사진에서 자신의 할머니를 보았을 때 활성화되는(할머니가 사진의 왼쪽에 있든 오른쪽에 있든, 할머니의 얼굴을 가까이 찍은 사진이든, 아니면 멀리서 몸 전체를 찍은 사진이든, 또는 조명이 밝든 어둡든 등등과는 무관하게) 뉴런이 존재할 수 있다는 이야기에서 비롯된 별명이다.

실제로 사람의 뇌에 그러한 할머니 세포들이 존재한다는 점이 밝혀졌다. **내측두엽**(medial temporal lobe)이라고 부르는 영역에 할머니 세포들이 있다(Quiroga 외, 2005). 연구자들은 개별 뉴런이 유명인사들의 사진에 반응하는지 시험했다. 그들은 소위 '할리 베리Halle Berry' 뉴런이라는 것을 발견했다. 이 개별 뉴런은 할리 베리의 '개념'에 대해 활성화된다. 그러니까 할리 베리의 사진을 보았을 때뿐만 아니라 할리 베리의 캐리커처를 보거나 심지어는 '할리 베리'라는 단어가 있는 텍스트를 보았을 때도 이 뉴런이 활성화된다. 물론 이 뉴런이 할리 베리 본인과 직접적인 관계가 있는 것은 아니다. 빌 클린턴Bill Clinton이나 제니퍼 애니스턴Jennifer Aniston 등의 존재에 반응하는 뉴런들도 있다.

현세대 합성곱 신경망이 이름(텍스트)으로 사물을 식별할 수 있도록 저절로 일반화되지는 않는다는 점에서, 이러한 내측두엽 뉴런들은 현세대 합성곱 신경망보다는 다소 일반적이다. 합성곱 신경망의 마지막 특징 층과 가장 비슷한 뇌의 영역은 **하측두피질**(inferotemporal cortex, IT 피질)이다. 사물을 볼 때 망막으로 들어온 시각 정보는 LGN을 거쳐 V1로 가고, 거기서 다시 V2와 V4를 거쳐서 IT 피질에 도착한다. 이러한 과정은 물체를 흘끗 본 시점에서 100ms 이내로 일어난다. 만일 사람이 물체를 더 오래 보고 있으면 뇌는 하향식(top-down) 되먹임 과정을 통해서 아래쪽 수준의 뇌 영역들의 활성화들을 갱신하기 시작한다. 즉, 정보가 역방향으로 흐르기 시작하는 것이다. 그러나 사람이 처음 100ms 동안 물체를 보다가 뭔가에 방해를 받아서 시선을 다른 곳으로 돌렸다면, 뇌가 처음 100ms 동안 관측하는 신호들은 대부분 순방향 활성화에 의해 발화된 것들이다. 따라서 그런 경우에는 IT 피질이 합성곱 신경망과 비슷하게 작동한다고 할 수 있다. 합성곱 신경망은 IT 피질의 발화속도(firing rate)를 예측해서 인간의 물체 인식(제한된 시간 동안의)과 비슷한 과제들을 수행할 수 있다(DiCarlo, 2013).

이렇게 비슷한 면들이 있긴 하지만, 합성곱 신경망과 포유류의 시각체계는 다른 점도 많다. 그런 차이점 중에는 계산 신경과학자들에게 잘 알려진 것들도 있지만, 이 책의 범위를 넘는 주제이므로 자세히 설명하지는 않겠다. 또한, 아직 해명되지 않은 차이점들도 있는데, 이는 포유류 시각체계의 작동 방식에 대한 여러 기본적인 의문 자체가 아직 밝혀지지 않았기 때문이다. 그런 차이점들을 간략히 요약하자면 다음과 같다.

- 사람의 눈은 대체로 해상도가 아주 낮다. 단, **중심와**(fovea)라고 부르는 작은 구역은 예외이다. 중심와는 팔을 쭉 폈을 때 엄지손가락의 손톱 정도의 크기만 관측할 수 있다. 사람은 자신이 장면 전체를 고해상도로 보고 있다고 느끼지만, 이는 뇌의 무의식 부분이 만들어 낸(흘끗 본 작은 영역들을 이어붙여서) 환상일 뿐이다. 그러나 대부분의 합성곱 신경망은 실제로 커다란 고해상도 사진 이미지를 입력받는다. 사람의 뇌는 **단속운동**(saccade; 또는 시선도약)이라고 하는 안구 운동을 여러 번 수행해서 장면 중 가장 눈에 띄는 부분들 또는 과제에 중요한 부분들을 짧은 시간 안에 파악한다. 이와 비슷한 주의(주목) 메커니즘을 심층 학습 모형에 도입하는 것은 아직 연구 중인 주제이다. 심층 학습의 맥락에서 주의 메커니즘은 자연어 처리에서 가장 큰 성공을 거두었다(§12.4.5.1 참고). 중심와 주목 메커니즘을 가진 여러 시각 모형이 개발되었지만, 아직 주된 접근 방식으로 자리 잡지는 못했다(Larochelle & Hinton, 2010; Denil 외, 2012).
- 사람의 시각체계는 다른 여러 감각(청각 등)과 통합되어 있다. 또한, 시각에는 감정이나 생각 같은 다른 요인들이 영향을 미친다. 그러나 현재 합성곱 신경망은 시각(으로 해석할 수 있는 한 종류의 신호)만 다룬다.
- 사람의 시각체계는 물체를 인식하는 것 이상의 여러 일을 수행한다. 사람은 다수의 물체를 인식하고 그 물체들 사이의 관계를 파악해서 장면 전체를 이해할 수 있다. 또한, 사람의 시각체계는 몸이 세상과 상호작용하는 데 필요한 풍부한 3차원 기하 정보를 처리한다. 합성곱 신경망을 그런 문제 중 일부에 적용한 사례가 있긴 하지만, 그러한 응용들은 아직 초보 단계이다.
- V1 같은 아주 단순한 뇌 영역도 더 높은 수준의 되먹임에 크게 영향을 받는다.

신경망 모형들에 대해서도 연구자들이 그러한 되먹임을 자세히 연구하긴 했지만, 커다란 개선을 이룰만한 연구 성과는 아직 없다.

- 순방향 IT 피질 발화속도가 포착하는 정보가 합성곱 신경망이 학습하는 특징들과 상당히 비슷하긴 하지만, 중간 계산들도 비슷한지는 아직 명확하지 않다. 어쩌면 사람의 뇌는 합성곱 신경망과는 전혀 다른 활성화 함수와 풀링 함수를 사용할지도 모른다. 하나의 선형 필터 반응으로는 개별 뉴런의 활성화를 제대로 특징짓지 못할 가능성이 크다. V1의 최근 모형에는 뉴런당 여러 개의 이차 필터들이 관여한다(Rust 외, 2005). 실제로, 앞에서 설명한 만화 관점의 '단순세포'와 '복합세포'라는 구분이 실제로는 존재하지 않을 수 있다. 즉, 단순세포와 복합세포가 사실은 같은 종류의 세포이고, 단지 세포의 '매개변수'들이 우리가 '단순세포'라고 부르는 행동과 '복합세포'라고 부르는 행동 사이의 연속체 중 한 지점을 결정하는 것일 뿐일 수도 있다.

또한, 합성곱 신경망의 **훈련**에 관해서는 신경과학에서 배울 것이 별로 없다는 점도 언급할 필요가 있겠다. 매개변수들이 여러 공간적 위치들에서 공유되는 모형 구조는 시각에 대한 초기 연결주의 모형(Marr & Poggio, 1976)으로까지 거슬러 올라가지만, 그런 모형들은 현대적인 역전파 알고리즘과 경사 하강법을 사용하지 않는다. 예를 들어 네오코그니트론(Fukushima, 1980)은 현세대 합성곱 신경망에 쓰이는 대부분의 모형 아키텍처 설계 요소들을 가지고 있지만, 훈련에 사용하는 알고리즘은 층별 비지도 군집화 알고리즘이다.

[Lang & Hinton, 1988]은 역전파를 이용해서 **시간지연 신경망**(time-delay neural network, TDNN)을 훈련하는 방법을 소개했다. 현대적인 용어로 말하자면, TDNN은 시계열 자료를 처리하는 1차원 합성곱 신경망이다. 이런 모형에 적용되는 역전파는 신경과학의 발견에서 영감을 받은 것이 아니다. 실제로, 일부 연구자는 이런 모형의 역전파가 생물학적으로는 불가능할 것이라고 생각한다. TDNN의 역전파 기반 훈련의 성공에 힘입어, [LeCun 외, 1989]는 같은 훈련 알고리즘을 이미지에 대한 2차원 합성곱에 적용하는 현대적인 합성곱 신경망을 개발했다.

앞에서 우리는 단순세포가 대체로 선형적이고 특정 특징들에 대해 선택적이지만 복합세포는 비선형적이고 단순세포가 반응하는 특징들의 일부 변환들에 대해 불변성을 가진다는 점과, 백잡음 선택성을 가진 층과 불변성을 가진 층을 번갈아 쌓음으로써 특정 현상에 대한 할머니 세포가 나타날 수 있다는 점을 이야기했다. 그러나 그런 개별 세포가 검출하는 것이 정확히 무엇인지는 아직 설명하지 않았다. 심층 비선형 신경망에서는 개별 세포의 기능을 이해하기가 어려울 수 있다. 첫 층의 단순세포들은 분석하기 쉽다. 그런 세포의 반응을 선형함수로 특징지을 수 있기 때문이다. 인공 신경망에서는 그냥 합성곱 핵의 수치들을 직접 살펴보면 해당 합성곱 층의 채널이 무엇에 반응하는지 확인할 수 있다. 그러나 생물학적 신경망에서는 그런 가중치들을 직접 살펴볼 수 없다. 대신 뉴런에 전극을 꽂고, 실험 대상 동물의 망막 앞에 백잡음 이미지의 여러 표본을 표시하고, 각 표본에 대해 어떤 뉴런이 활성화되는지 기록하는 과정을 거쳐야 한다. 그런 다음에는 하나의 선형 모형을 그런 반응들에 적합시켜서 뉴런 가중치들을 근사한다. 이러한 접근 방식을 **역상관**(reverse correlation)이라고 부른다(Ringach & Shapley, 2004).

역상관 연구 결과를 보면, V1의 세포들은 대부분 그 가중치를 **가보르 함수**(Gabor function)로 서술할 수 있다. 가보르 함수는 이미지의 한 2차원 점의 가중치를 서술하는 함수이다. 이미지를 2차원 좌표의 함수 $I(x,y)$로 생각할 수 있다. 그와 비슷하게, 단순세포는 x 좌표성분들의 집합 $\mathbb{X}$와 y 좌표성분들의 집합 $\mathbb{Y}$로 정의되는 일단의 위치들에서 이미지의 표본들을 추출하고 거기에 가중치들을 적용하는 장치로 생각할 수 있는데, 이때 가중치들 역시 2차원 위치들의 함수 $w(x,y)$이다. 이러한 관점에서, 주어진 이미지에 대한 단순세포의 반응은 다음으로 정의된다.

$$s(I) = \sum_{x \in \mathbb{X}} \sum_{y \in \mathbb{Y}} w(x,y) I(x,y). \tag{9.15}$$

함수 $w(x,y)$는 구체적으로 다음과 같은 형태의 가보르 함수이다.

$$w(x,y;\alpha,\beta_x,\beta_y,f,\phi,x_0,y_0,\tau) = \alpha \exp\left(-\beta_x x'^2 - \beta_y y'^2\right) \cos\left(f x' + \phi\right). \tag{9.16}$$

여기서

$$x' = (x - x_0)\cos(\tau) + (y - y_0)\sin(\tau) \tag{9.17}$$

이고

$$y' = -(x - x_0)\sin(\tau) + (y - y_0)\cos(\tau) \tag{9.18}$$

이다. 그리고 α와 β_x, β_y, f, ϕ, x_0, y_0, τ는 가보르 함수의 성질들을 제어하는 매개 변수들이다. 그림 9.18은 이러한 매개변수들의 값이 서로 다른 몇 가지 가보르 함수의 예를 보여준다.

매개변수 x_0, y_0, τ는 하나의 좌표계를 정의한다. 그 좌표계 안에서 x와 y를 이동, 회전하면 x'과 y'이 나온다. 좀 더 구체적으로, 단순세포는 점 (x_0, y_0)을 중심으로 한 이미지 특징들에 반응하며, 수평선을 기준으로 τ라디안만큼 회전한 직선을 따라 이동할 때의 밝기 변화에 반응한다.

함수 w를 x'과 y'의 함수로 본다면, 이 함수는 x'축 방향으로 이동할 때의 밝기의 변화에 반응한다. 크게 보아 이 함수는 두 인수를 곱한 형태인데, 한 인수는 가우스 함수이고 다른 하나는 코사인 함수이다.

가우스 인수 $\alpha \exp(-\beta_x x'^2 - \beta_y y'^2)$을, 단순세포가 x'과 y' 둘 다 0에 가까운 값 들에만 반응하게 하는 일종의 게이팅^{gating} 항(관문 제어 항)으로 볼 수 있다. 즉, 이 인 수는 단순세포가 자신의 수용 영역의 중심에 가까운 위치에 대해서만 반응하게 하는 역할을 한다고 할 수 있다. 비례계수 α는 단순세포의 반응의 총 크기를 조정하고, β_x

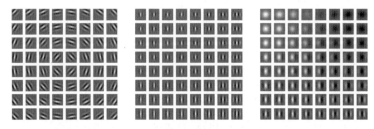

그림 9.18: 매개변수 설정이 서로 다른 가보르 함수들. 흰색은 절댓값이 큰 양수 가중치, 검은색은 절댓값이 큰 음수 가중치, 그리고 배경의 회색은 값이 0인 가중치에 해당한다. (왼쪽) 좌표계를 제어하는 매개변수 x_0, y_0, τ의 값이 서로 다른 가보르 함수들. 이 격자에 있는 각 가보르 함수의 x_0 값과 y_0 값은 격자에서의 함수 의 위치에 비례한다. 그리고 τ 값은 해당 가보르 함수가 격자 중심에서 그 함수로 향하는 방사 방향에 민감하 게 반응하도록 설정했다. 다른 두 격자(가운데 격자와 오른쪽 격자)에서는 x_0, y_0, τ가 모두 0이다. (가운데) 가우스 필터 비례 매개변수 β_x와 β_y의 값이 서로 다른 가보르 함수들. 왼쪽에서 오른쪽으로 갈수록 필터의 너비가 증가하고(β_x는 감소), 위에서 아래로 갈수록 필터의 높이가 증가한다(β_y는 감소). 다른 두 격자에서 는 β 값들이 이미지 너비의 1.5배로 고정되어 있다. (오른쪽) S자형 매개변수 f와 ϕ가 서로 다른 가보르 함 수들. 위에서 아래로 갈수록 f가 증가하고, 왼쪽에서 오른쪽으로 갈수록 ϕ가 증가한다. 다른 두 격자에서 ϕ 는 0으로, f는 이미지 너비의 5배로 고정된다.

와 β_y는 수용 영역의 감쇠(fall off) 속도를 제어한다.

코사인 인수 $\cos(fx' + \phi)$는 x'축 방향의 밝기 변화에 대한 단순세포의 반응 방식을 제어한다. 매개변수 f는 코사인의 주기를, ϕ는 코사인의 위상 오프셋을 제어한다.

정리하자면, 만화 관점에서 단순세포는 특정 위치에서 특정 방향으로의 밝기의 특정한 공간 주파수(spatial frequency)에 반응한다. 단순세포는 이미지의 밝기 파형의 위상(phase)이 가중치 파형의 위상과 일치할 때 가장 크게 반응한다. 가중치가 양수인 곳에서 이미지가 밝고 가중치가 음수인 곳에서 이미지가 어두우면 그런 상황이 된다. 단순세포는 밝기 파형과 가중치 파형이 완전히 어긋날 때 가장 억제된다. 가중치가 양수인 곳에서 이미지가 어둡고 가중치가 음수인 곳에서 이미지가 밝으면 그런 상황이 된다.

만화 관점에서 복합세포는 두 단순세포의 반응들로 이루어진 2차원 벡터의 L^2 노름을 계산한다. 즉, 복합세포의 활성화 함수는 $c(I) = \sqrt{s_0(I)^2 + s_1(I)^2}$이다. 주목할 만한 특별한 경우로, ϕ를 제외한 s_1의 모든 매개변수가 s_0의 해당 매개변수들과 같은 값이고 s_1의 ϕ가 s_1과 s_0의 위상이 4분의 1주기만큼 어긋나게 되는 값인 경우가 있다. 이 경우 s_0과 s_1은 하나의 **직교 쌍**(quadrature pair)을 형성한다. 이렇게 구성된 복합세포는 가우스 재가중(reweighted) 이미지 $I(x, y) \exp(-\beta_x x'^2 - \beta_y y'^2)$의 (x_0, y_0) 부근에 τ 방향으로 주파수가 f인 고진폭 S자 파형이 존재할 때 반응한다. 반응은 이 파형의 **위상 오프셋과는 무관하다.** 다른 말로 하면, 복합세포는 τ 방향으로의 이미지의 작은 이동에 불변이거나 이미지를 부정(negation; 이 문맥에서는 흰색을 검은색으로, 검은색을 흰색으로 바꾸는 것)한다.

기계 학습 모형이 학습한 특징들을 V1이 인식한 특징들과 시각적으로 비교해 보면 신경과학과 기계 학습의 아주 두드러진 대응 관계 몇 가지가 드러난다. [Olshausen & Field, 1996]은 단순한 비지도 학습 알고리즘의 하나인 희소 부호화(sparse coding)를 이용해서 신경망이 학습하는 수용 영역의 특징들이 단순세포들이 인식하는 해당 특징들과 비슷하다는 점을 보였다. 그 후로, 자연 이미지들에 적용했을 때 가보르 함수나 그와 비슷한 함수들로 서술되는 특징들을 학습할 수 있는 통계적 학습 알고리즘이 대단히 다양하다는 점이 밝혀졌다. 그러한 알고리즘에는 그러한 특징들을 첫 번째 층에서 학습하는 대부분의 심층 학습 알고리즘이 포함된다. 그림 9.19에 몇 가지 예가 나와 있다. 윤곽선 검출기를 배울 수 있는 학습 알고리즘이 아주 다양하기 때문에, 사람의 시각을 모형화하는 데 '가장 적합한' 학습 알고리즘을 그냥 알고리즘이 어떤 특징들을 배우느냐를 기준으로 선택하기란 어려운 일이다(단, 자연 이미지에 적용했을 때 어떤 종류이든 윤곽선 검출기를 배우지 못하는 알고리즘이 그리 바람직하지 않다는 점은 확실하다). 이러한 특징들은 자연 이미지의 통계적 구조의 한 중요한 부분이며, 이 특징들을 복원할 수 있는 통계적 모형화 접근 방식은 아주 다양하다. 자연 이미지 통계학 분야를 개괄하는 책으로는 [Hyvärinen 외, 2009]가 있다.

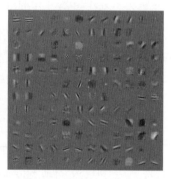

그림 9.19: 여러 기계 학습 알고리즘은 자연 이미지에 적용했을 때 윤곽선을 검출하거나 윤곽선의 특정 색상들을 검출하는 특징들을 학습한다. 이러한 특징 검출기들은 1차 시각피질에 존재한다고 알려진 가보르 함수들을 연상케 한다. (왼쪽) 비지도 학습 알고리즘(스파이크와 슬랩 희소 부호화)을 작은 이미지 패치들에 적용했을 때 신경망이 학습하는 가중치들. (오른쪽) 완전한 지도 학습 합성곱 맥스아웃 신경망의 첫 층이 학습하는 합성곱 핵들. 이웃한 필터들은 동일한 맥스아웃 단위를 활성화한다.

9.11 합성곱 신경망으로 본 심층 학습의 역사

합성곱 신경망은 심층 학습의 역사에서 중요한 역할을 했다. 합성곱 신경망은 뇌에 관한 연구에서 얻은 통찰을 기계 학습 응용에 성공적으로 적용한 대표적인 사례이다. 또한, 합성곱 신경망은 임의의 깊이의 심층 모형을 실제로 사용할 여건이 갖추어지기 훨씬 전에 좋은 성과를 낸 초기 심층 모형 중 하나이다. 예를 들어 1990년대에 AT&T의 신경망 연구진은 수표를 판독하는 합성곱 신경망을 개발했다(LeCun 외, 1998b). 1990년대 말에 NEC는* 그 신경망 시스템을 실제 업무에 투입해서 미합중국의 모든 수표의 10% 이상을 판독했다. 이후 Microsoft가 합성곱 신경망에 기초한 여러 OCR 및 필기 인식 시스템을 개발하고 사용했다(Simard 외, 2003). 이런 응용과 합성곱 신경망의

※ **역주** 일본의 전자회사가 아니라 미국의 National Economic Council(국가경제위원회)을 말한다.

좀 더 현대적인 응용들에 관해서는 제12장에서 좀 더 자세히 논의한다. 2010년까지의 합성곱 신경망의 좀 더 자세한 역사를 알고 싶다면 [LeCun 외, 2010]을 보기 바란다.

합성곱 신경망은 여러 공모전에서 우승을 차지했다. 심층 학습에 대한 현재의 높은 상업적 관심은 [Krizhevsky 외, 2012]의 모형이 ImageNet 사물 인식 대회에서 우승했을 때부터 시작되었지만, 그보다 몇 년 전부터 합성곱 신경망에 기초한 모형들이 다른 여러 기계 학습 대회들과 컴퓨터 시각 대회들(ImageNet 사물 인식 대회보다는 영향력이 덜한)에서 우승을 차지했다.

합성곱 신경망은 역전파로 훈련해서 잘 작동하게 만들 수 있었던 최초의 심층 신경 망 중 하나이다. 일반적인 역전파 신경망들이 실패했다고 간주된 영역에서 합성곱 신경망이 성공을 거둔 이유가 명확하게 밝혀지지는 않았다. 그냥 합성곱 신경망이 완전 연결 신경망보다 계산 비용 면에서 더 효율적이어서, 같은 시간 안에 실험을 더 많이 수행해서 구현과 초매개변수들을 더 조율할 수 있었기 때문일 수도 있다. 한편으로는, 대체로 신경망이 클수록 훈련하기가 쉬운 것으로 보인다. 현대적인 하드웨어에서, 대형 완전 연결 신경망은 여러 과제에서 어느 정도 잘 작동하는 것으로 보인다. 심지어 는 완전 연결 신경망이 잘 작동하지 않을 것이라고 간주되던 시기에 사용할 수 있었 던 자료 집합과 인기 있었던 활성화 함수들을 사용할 때도 그렇다. 신경망의 성공의 주된 장애물은 어쩌면 심리적인 것일 수도 있다(실무자들은 신경망이 잘 작동하리라고 기대하지 않기 때문에, 신경망을 잘 작동하게 만들기 위해 그리 진지하게 노력하지 않았다). 이유야 어쨌든, 수십 년 전부터 합성곱 신경망이 좋은 성과를 냈다는 것은 다행한 일이다. 여러 면에서 합성곱 신경망은 심층 학습의 나머지 부분에 횃불을 전달했으며, 더 크게 보면 일반적인 신경망이(심층 모형만이 아니라) 널리 받아들여지는 길을 닦았다고 할 수 있다.

합성곱 신경망은 명백한 격자 형태의 위상구조를 가진 자료에 맞게 신경망을 특수화하는, 그리고 그런 모형을 아주 큰 규모로 확장할 수 있는 수단을 제공한다. 이러한 접근 방식은 2차원 이미지 위상구조에 가장 성공적으로 쓰였다. 1차원의 순차적인 자료를 처리하는 데는 신경망 프레임워크의 또 다른 특수화인 순환 신경망이 적합하다. 다음 장에서는 순환 신경망을 설명한다.

10

순차열 모형화를 위한 순환 신경망과 재귀 신경망

순환 신경망(recurrent neural networks, RNN)은 순차적인 자료를 처리하는 신경망의 한 종류이다(Rumelhart 외, 1986a). 합성곱 신경망이 이미지처럼 여러 값이 격자 형태로 구성된 입력 **X**를 처리하는 데 특화된 것과 비슷하게, 순환 신경망은 순차열(sequence), 즉 순서 있는 일련의 값들 $x^{(1)}, ..., x^{(\tau)}$을 처리하는 데 특화된 것이다. 합성곱 신경망을 너비와 높이가 더 큰 이미지들로 손쉽게 확장할 수 있는 것과 마찬가지로, 순환 신경망 역시 더 긴(순차열에 특화되지 않은 다른 신경망으로는 처리하는 것이 비현실적일 정도로 긴) 순차열로 손쉽게 확장할 수 있다. 또한, 대부분의 순환 신경망은 가변 길이 순차열도 처리할 수 있다.

역사를 보면, 다층 신경망에서 순환 신경망으로 넘어가는 과정에는 1980년대의 기계 학습 모형들과 통계적 모형들에서 발견된 초기 착안 중 하나가 중요한 역할을 했다. 그것은 바로 모형의 서로 다른 여러 부분에서 매개변수들을 공유한다는 것이었다. 매개변수 공유를 도입하면, 다층 신경망을 형태가 서로 다른(순환 신경망의 경우에는 길이가 서로 다른) 견본들의 모형화에 확장, 적용할 수 있으며, 그럼으로써 그런 견본들에 대해 다층 신경망을 일반화할 수 있다. 만일 매개변수들을 공유하지 않고 시간 색인의 각 값에 대해 매개변수를 따로 둔다면, 훈련 과정에서 경험하지 않은 길이의 순차열들에 대해 신경망을 일반화할 수 없게 되며, 서로 다른 순차열 길이들과 시간의 서로 다른 지점들에서 통계적 강도(세기)들을 공유할 수도 없게 된다. 이러한 매개변수 공유는 특정한 정보가 순차열 안의 여러 지점에서 출현할 수 있는 경우에 특히나 중요하다. 예를 들어 "I went to Nepal in 2009(나는 2009년에 네팔에 갔다)."와 "In 2009, I went to Nepal(2009년에 나는 네팔에 갔다)."라는 두 문장을 기계 학습 모형이 각각 읽고 화자가 네팔에 간 해를 파악해야 한다고 하자. 이 경우 기계 학습 모형은 2009가 문장의 어느 위치에 있든(영문 문장의 여섯째 단어이든, 아니면 둘째 단어이든) 그것이 과제를 푸는 데 중요한 정보임을 인식해야 마땅하다. 어떤 순방향 신경망을 고정 길이 순차열들을 처리하도록 훈련했다고 상상해 보자. 전통적인 완전 연결 순방향 신경망은 입력 특징마다 개별적인 매개변수를 둘 것이므로, 문장의 각 위치에서의 모든 언어 규칙을 배워야 이 과제를 해결할 수 있다. 반면 순환 신경망은 여러 시간 단계가 같은 가중치들을 공유하므로 훨씬 효율적이다.

이와 관련해서, 1차원 시간적 순차열(temporal sequence)에 합성곱 신경망을 적용한다는 착안도 있다. 그러한 합성곱 접근 방식에 기초한 신경망이 바로 시지연 신경망(time-delay neural network; Lang & Hinton, 1988; Waibel 외, 1989; Lang 외, 1990)이다. 그러한 신경망에서 합성곱이 출력한 순차열의 각 성분은 입력에 있는 적은 수의 인접 성분들의 함수이다. 이 신경망은 각 시간 단계에서 동일한 합성곱 핵을 적용하며, 결과적으로 매개변수들이 공유되는 효과가 생긴다. 순환 신경망은 매개변수들을 이와는 다른 방식으로 공유한다. 출력의 각 성분은 출력의 이전 성분의 함수이다. 출력의 각 성분은 이전 성분에 적용한 것과 동일한 규칙에 따라 산출된다. 이는 수학의 점화식과 같은 방식이며, 이에 의해 아주 깊은 계산 그래프를 통해서 매개변수들이 공유된다.

간결한 설명을 위해, 이제부터는 RNN(순환 신경망)이 벡터 $\boldsymbol{x}^{(t)}$들로 이루어진 순차열을 처리한다고 하겠다. 여기서 시간 색인 t는 1에 τ까지의 정수이다. 실제 응용에서 순환 신경망은 개별 순차열이 아니라, τ가 서로 다를 수도 있는 여러 순차열로 이루어진 미니배치를 처리하는 것이 일반적이다. 표기를 간단하게 하기 위해 그러한 미니배치 색인은 생략한다. 더 나아가서, 시간 단계 색인이 반드시 현실 세계에서 흘러가는 시간에 해당해야 하는 것은 아니다. RNN을 이미지 같은 공간적 자료에 대해 2차원으로 적용할 수도 있으며, 시간에 관한 자료에 적용하는 경우에도 현실과는 달리 시간을 거꾸로 되돌리는 방향으로 작용하는 연결들이 신경망에 존재할 수 있다(전체 순차열을 모두 관측한 후 신경망에 입력한다고 할 때).

이번 장은 계산 그래프의 개념에 순환마디(cycle)라는 요소를 추가한다. 순환마디는 한 변수의 현재 값이 미래의 한 시간 단계의 자신의 값에 영향을 미치는 구조를 나타낸다. 순환 신경망을 계산 그래프로 정의하려면 이러한 순환마디가 필요하다. 이번 장에서는 계산 그래프를 이용해서 순환 신경망을 정의한 후, 그러한 순환 신경망을 구축하고 훈련하고 사용하는 여러 방법을 설명한다.

순환 신경망에 관해 이번 장에 나온 것보다 더 많은 정보를 원하는 독자는 [Graves, 2012] 같은 교과서를 보기 바란다.

10.1 계산 그래프 펼치기

계산 그래프는 일단의 계산들의 구조를 공식화하는 한 방법이다. 이를테면 입력을 출력으로 사상하는 계산이나 매개변수들을 손실값으로 사상하는 계산을 계산 그래프 형태로 표현할 수 있다. 계산 그래프의 일반적인 설명은 §6.5.1을 보기 바란다. 이번 절에서는 재귀적인 또는 순환적인 계산을 펼쳐서 반복 구조(흔히 일련의 사건들에 대응되는)를 가진 계산 그래프 형태를 얻는다는 **펼치기**(unfolding; 또는 전개) 개념을 설명한다. 그런 식으로 그래프를 펼치면 심층 신경망 구조 전체에서 매개변수들이 공유되는 효과가 생긴다.

예를 들어 다음과 같은 고전적인 형태의 동역학계(dynamical system)를 생각해 보자.

$$s^{(t)} = f(s^{(t-1)}; \theta). \tag{10.1}$$

여기서 $s^{(t)}$를 계의 상태(state)라고 부른다.

식 10.1을 보면 시간 t에서의 상태 s의 정의가 시간 $t-1$에서의 동일한 정의를 참조한다. 즉, 상태는 재귀적으로 정의된다. 이런 형태의 공식을 점화식(recurrence formula)이라고 부른다.

시간 단계의 수 τ가 유한한 경우에는 이 정의를 $\tau-1$번 적용해서 그래프를 펼칠 수 있다. 예를 들어 다음은 $\tau=3$개의 시간 단계에 대해 식 10.1을 펼친 것이다.

그림 10.1: 식 10.1이 서술하는 고전적인 동역학계를 펼친 계산 그래프. 각 노드는 어떤 시간 단계 t에서의 상태이고 함수 f는 t에서의 상태를 $t+1$에서의 상태로 사상한다. 모든 시간 단계에서 동일한 매개변수들(f를 매개변수화하는 데 쓰이는 $\boldsymbol{\theta}$ 값들)이 쓰인다.

$$\boldsymbol{s}^{(3)} = f(\boldsymbol{s}^{(2)};\boldsymbol{\theta}) \tag{10.2}$$

$$= f(f(\boldsymbol{s}^{(1)};\boldsymbol{\theta});\boldsymbol{\theta}). \tag{10.3}$$

이런 식으로 정의를 거듭 적용해서 공식을 펼치면 순환 관계(점화 관계)가 없는 수식이 나온다. 그러한 수식은 전통적인 유향 비순환 그래프로 표현할 수 있다. 그림 10.1은 식 10.1을 펼쳐서 얻은 식 10.3의 계산 그래프이다.

또 다른 예로, 외부 신호 $\boldsymbol{x}^{(t)}$가 이끄는 동역학계를 생각해 보자.

$$\boldsymbol{s}^{(t)} = f(\boldsymbol{s}^{(t-1)},\boldsymbol{x}^{(t)};\boldsymbol{\theta}). \tag{10.4}$$

정의에서 보듯이, 이 동역학계의 상태는 과거의 모든 정보를 포함한다.

순환 신경망을 구축하는 방법은 여러 가지이다. 거의 모든 함수를 순방향 신경망으로 간주할 수 있듯이, 순환 관계가 관여하는 거의 모든 함수를 순환 신경망으로 간주할 수 있다.

아래의 식 10.5는 순환 신경망의 은닉 단위를 정의하는 공식이다. 여러 순환 신경망이 이 공식 또는 이와 비슷한 공식을 사용한다. 신경망 전체의 상태가 아니라 신경망의 은닉(hidden) 단위들의 상태임을 나타내기 위해 변수 이름으로 $\boldsymbol{h}$를 사용하기로 한다.

$$\boldsymbol{h}^{(t)} = f(\boldsymbol{h}^{(t-1)},\boldsymbol{x}^{(t)};\boldsymbol{\theta}). \tag{10.5}$$

그림 10.2에 이 계산의 그래프가 나와 있다. 전형적인 RNN들은 여기에 상태 $\boldsymbol{h}$에 담긴 정보를 읽어서 예측값을 산출하는 출력층 같은 추가적인 구성요소들이 더해진 형태이다.

과거로부터 미래를 예측해야 하는 과제를 수행하도록 순환 신경망을 훈련할 때는 $\boldsymbol{h}^{(t)}$를 일종의 손실 있는 과거 요약 함수, 즉 t까지의 지난 입력 순차열의 과제 관련 측면들을 손실 있게 요약하는 함수로서 활용할 때가 많다. 일반적으로 그러한 요약

함수는 임의의 길이의 순차열 $(\boldsymbol{x}^{(t)}, \boldsymbol{x}^{(t-1)}, \boldsymbol{x}^{(t-2)}, ..., \boldsymbol{x}^{(2)}, \boldsymbol{x}^{(1)})$을 고정 길이 벡터 $\boldsymbol{h}^{(t)}$에 사상하므로 손실이 있을 수밖에 없다. 훈련의 판정기준에 따라서는 그러한 요약 함수가 과거 순차열의 일부 측면들을 다른 측면들보다 더 높은 정밀도로 선택적으로 유지할 수도 있다. 예를 들어 통계적 언어 모형화(흔히 이전의 단어들에 기초해서 다음 단어를 예측하는 형태의)에 RNN을 사용하는 경우, 시간 t까지의 입력 순차열의 모든 정보를 저장할 필요 없이 문장의 나머지 부분을 예측하는 데 충분한 정보만 저장하면 될 수도 있다. 저장 요구량이 가장 큰 상황은 입력 순차열을 근사적으로 복원할 수 있을 정도로 풍부한 정보를 $\boldsymbol{h}^{(t)}$가 제공해야 할 때인데, 제14장에서 설명하는 자동부호기 프레임워크에서 그런 상황이 발생할 수 있다.

식 10.5의 순환 신경망을 도식화하는 방법은 두 가지이다. 하나는 모형의 물리적 구현(이를테면 동물의 뇌 등)에 존재할만한 각 구성요소를 개별 노드로 두는 것이다. 그러한 도식에서 신경망은 실시간으로 작동하는 하나의 회로를 정의한다. 그림 10.2의 왼쪽이 이에 해당한다. 이번 장 전체에서, 회로도의 검은 사각형은 관련 상호작용이 시간 단계 하나만큼의 지연(시간 단계 t에서의 상태와 시간 단계 $t+1$에서의 상태 사이의)을 두고 일어남을 뜻한다. 다른 하나는 RNN을 펼쳐진 계산 그래프로 표현하는 것이다. 이 경우 그래프는 여러 계산 요소의 개별 시간 단계에서의 상태를 나타내는 다수의 변수로 표현된다. 그림 10.2의 오른쪽이 그러한 그래프인데, 각 시간 단계의 각 변수가 개별 노드로 표시되어 있다. 그림 왼쪽의 회로를 그림 오른쪽의 반복 요소들이 있는 그래프로 만드는 것이 바로 앞에서 말한 펼치기 연산에 해당한다. 펼쳐진 그래프의 크기는 입력 순차열의 길이에 의존한다.

t단계로 펼쳐진 점화식을 다음과 같이 $g^{(t)}$라는 함수로 표현할 수 있다.

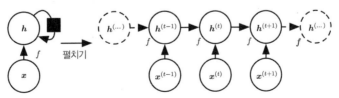

그림 10.2: 출력이 없는 순환 신경망. 이 순환 신경망은 시간의 흐름에 따라 그냥 입력 $\boldsymbol{x}$의 정보를 상태 $\boldsymbol{h}$에 도입한다. (왼쪽) 회로도. 검은 사각형은 하나의 신호 단계의 지연을 나타낸다. (오른쪽) 같은 신경망을 펼쳐진 계산 그래프로 나타낸 모습. 이제는 각 노드에 구체적인 한 시간 단계가 부여되어 있다.

$$\boldsymbol{h}^{(t)} = g^{(t)}(\boldsymbol{x}^{(t)}, \boldsymbol{x}^{(t-1)}, \boldsymbol{x}^{(t-2)}, ..., \boldsymbol{x}^{(2)}, \boldsymbol{x}^{(1)}) \tag{10.6}$$

$$= f(\boldsymbol{h}^{(t-1)}, \boldsymbol{x}^{(t)}; \boldsymbol{\theta}). \tag{10.7}$$

함수 $g^{(t)}$는 전체 과거 순차열 $(\boldsymbol{x}^{(t)}, \boldsymbol{x}^{(t-1)}, \boldsymbol{x}^{(t-2)}, ..., \boldsymbol{x}^{(2)}, \boldsymbol{x}^{(1)})$을 받아서 현재 상태를 산출한다. 그런데 펼쳐진 순환 구조를 이용하면 이 $g^{(t)}$를 함수 f를 여러 번 적용한 형태로 분해할 수 있다. 따라서 펼치기 과정은 다음 두 가지 장점을 제공한다.

1. 학습된 모형은 길이가 가변적인 상태 역사(과거 상태들의 순차열)가 아니라 한 상태에서 다른 상태로의 전이(transition)를 명시하므로, 그 입력 크기는 순차열의 길이와는 무관하게 항상 동일하다.
2. 모든 시간 단계에서 **동일한** 전이 함수 f를 동일한 매개변수들과 함께 적용하는 것이 가능하다.

이 두 요인 덕분에 하나의 모형 f가 모든 시간 단계와 모든 순차열 길이를 지원하게 만들 수 있다. 모든 가능한 시간 단계에 대해 개별 모형 $g^{(t)}$를 학습할 필요가 없는 것이다. 하나의 공유 모형을 학습하면, 모형은 훈련 집합에 없던 길이의 순차열들로도 일반화된다. 그리고 매개변수를 공유하지 않을 때보나 훨씬 적은 수의 훈련 견본으로도 모형을 추정할 수 있다.

순환 그래프와 펼쳐진 그래프는 각자 나름의 쓸모가 있다. 순환 그래프는 표현이 간결하다. 펼쳐진 그래프는 수행할 계산을 명시적으로 서술하므로 이해하기 쉽다. 또한, 펼쳐진 그래프는 시간에 따른 정보의 흐름(출력과 손실을 계산하는 경우)과 시간을 거슬러 가는 정보의 흐름(기울기들을 계산하는 경우)을 파악하기 쉽다. 해당 정보가 흘러가는 경로를 명시적으로 보여주기 때문이다.

10.2 순환 신경망

§10.1에서 설명한 그래프 펼치기와 매개변수 공유 개념에 기초해서 다양한 종류의 순환 신경망을 설계할 수 있다.

다음은 순환 신경망의 설계에서 자주 볼 수 있는 중요한 패턴 몇 가지이다.

- 각 시간 단계에서 하나의 출력을 산출하며, 은닉 단위들 사이에 순환 연결들이 존재하는 순환 신경망. 그림 10.3이 그러한 예이다.
- 각 시간 단계에서 하나의 출력을 산출하며, 한 시간 단계의 출력과 그다음 시간 단계의 은닉 단위들 사이에만 순환 연결들이 존재하는 순환 신경망. 그림 10.4가 그러한 예이다.
- 은닉 단위들 사이에 순환 연결들이 존재하고, 순차열 전체를 읽어서 하나의 출력을 산출하는 순환 신경망. 그림 10.5가 그러한 예이다.

이 셋 중 순환 신경망의 대표적인 예라고 할만한 것은 그림 10.3의 것이다. 이번 장의 대부분에서 이 패턴이 쓰인다.

그림 10.3과 식 10.7의 순환 신경망은, 튜링 기계(Turing machine)로 계산할 수 있는 함수이면 그 어떤 함수도 유한한 크기의 그러한 순환 신경망으로 계산할 수 있다는 점에서 범용적이다. 일정 개수의 시간 단계가 지난 후 RNN의 출력이 곧 함수의 계산 결과인데, 그 시간 단계 수는 튜링 기계에 쓰이는 시간 단계 수에 점근적으로 선형이자 입력의 길이에 점근적으로 선형이다(Siegelmann & Sontag, 1991; Siegelmann, 1995; Siegelmann & Sontag, 1995; Hyotyniemi, 1996). 튜링 기계로 계산할 수 있는 함수는 이산 함수이므로, 그러한 결과는 함수의 근사가 아니라 정확한 구현으로 간주할 수 있다. RNN을 튜링 기계로 사용할 때는 이진수들로 이루어진 순차열 하나를 입력하고, RNN의 출력을 이산화해서 하나의 이진수를 얻는다. 이러한 설정을 적용하면, 유한한 크기의 구체적인 RNN 하나를 이용해서 모든 함수를 계산할 수 있다([Siegelmann & Sontag, 1995]은 886개의 단위로 이루어진 RNN을 사용했다). 튜링 기계의 '입력'은 계산할 함수의 명세이므로, 그러한 튜링 기계를 흉내 내는 하나의 순환 신경망으로 모든 문제를 푸는 것이 가능하다. 증명에 쓰이는 이론적인 RNN은 자신의 활성화들과 가중치들을 정밀도가 무한한 유리수들로 표현함으로써 임의의 깊이의 점화식을 흉내 낼 수 있다.

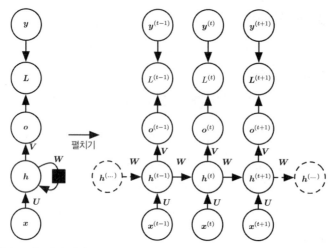

그림 10.3: x 값들로 이루어진 입력 순차열을 o 값들로 이루어진 해당 출력 순차열로 사상하는 순환 신경망의 훈련 손실을 계산하는 계산 그래프. 손실함수 L은 각 o가 해당 훈련 목표 y와 얼마나 떨어져 있는지를 나타낸다. 소프트맥스 출력 단위들을 사용하는 경우에는 o가 정규화되지 않은 로그 확률이라고 가정한다. 손실함수 L은 내부적으로 $\hat{y} = \mathrm{softmax}(o)$를 계산해서 목푯값 y와 비교한다. RNN에는 가중치 행렬 U로 매개변수화된 입력 대 은닉 연결들과 가중치 행렬 W로 매개변수화된 은닉 대 은닉 순환 연결들, 그리고 가중치 행렬 V로 매개변수화된 은닉 대 출력 연결들이 있다. 식 10.7은 이 모형의 순전파를 정의하는 공식이다. (왼쪽) RNN과 손실함수를 순환 연결이 있는 회로도로 나타낸 도식. (오른쪽) 같은 구조를 시간 단계들에 대해 펼친 계산 그래프로 나타낸 도식. 개별 시간 단계에 대한 노드들이 일일이 표시되었다.

이제 그림 10.3에 나온 RNN의 순전파 공식을 만들어 보자. 그림에는 은닉 단위들에 쓰인 활성화 함수가 구체적으로 명시되어 있지 않다. 이 예에서는 쌍곡탄젠트 활성화 함수를 사용한다고 가정하겠다. 그림에는 또한 출력과 손실함수의 구체적인 형태도 명시되어 있지 않다. 이 예에서는, 단어나 문자를 예측하는 데 쓰이는 RNN에서처럼 출력이 이산적이라고 가정한다. 이산 변수를 표현하는 자연스러운 방법 하나는, 출력 o를 이산 변수가 가질 수 있는 각 값에 대한 정규화되지 않은 로그 확률들로 두는 것이다. 그런 다음, 후처리 단계에서 그 출력에 대해 소프트맥스 연산을 적용해서 출력에 관한 정규화된 확률들의 벡터 $\hat{y}$를 구하면 된다. 순전파는 초기 상태 $h^{(0)}$으로 시작해서, $t = 1$에서 $t = \tau$까지의 각 시간 단계에서 다음과 같은 갱신 공식을 적용하는 식으로 진행된다.

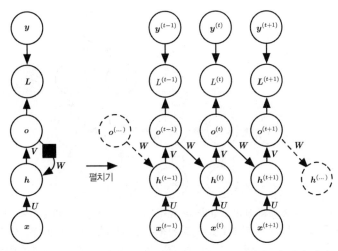

그림 10.4: 출력층과 은닉층 사이만 순환 되먹임 연결들이 있는 순환 신경망. 각 시간 단계 t에서 입력은 x_t이고 은닉층 활성화 값들은 $h^{(t)}$, 출력들은 $o^{(t)}$, 목푯값들은 $y^{(t)}$, 그리고 손실값은 $L^{(t)}$이다. (왼쪽) 회로도. (오른쪽) 펼쳐진 계산 그래프. 이런 RNN은 그림 10.3이 대표하는 부류의 RNN들보다 덜 강력하다(표현할 수 있는 함수들의 집합이 더 작다). 그림 10.3의 RNN은 과거의 정보 중 은닉 표현 h에 입력할(그럼으로써 미래, 즉 이후의 시간 단계로 전달될) 정보를 자신이 원하는 대로 선택할 수 있다. 그러나 이 그림의 RNN은 특정 출력값을 o에 집어넣도록 훈련되며, 미래로 전달할 수 있는 정보는 그 o가 유일하다. h에서 앞으로 나아가는 직접적인 연결은 없다. 과거의 h는 오직 간접적으로만(그것을 산출하는 데 쓰인 예측값들을 통해) 현재와 연결된다. o의 차원이 아주 높고 정보가 풍부한 경우가 아닌 한, 과거로부터의 중요한 정보가 빠져 있을 때가 많다. 그래서 이 그림의 RNN은 표현력이 낮다. 그러나 훈련은 더 쉬울 수 있는데, 왜냐하면 각 시간 단계를 다른 시간 단계들과 격리해서 따로 훈련할 수 있기 때문이다. 그러면 훈련 과정을 높은 수준으로 병렬화할 수 있다(§10.2.1 참고).

$$a^{(t)} \;=\; b + Wh^{(t-1)} + Ux^{(t)}, \tag{10.8}$$

$$h^{(t)} = \tanh\left(a^{(t)}\right), \tag{10.9}$$

$$o^{(t)} = c + Vh^{(t)}, \tag{10.10}$$

$$\hat{y}^{(t)} = \mathrm{softmax}(o^{(t)}). \tag{10.11}$$

여기서 매개변수들은 치우침 벡터 b와 c, 그리고 각각 입력 대 은닉, 은닉 대 출력, 은닉 대 은닉 연결들에 대한 가중치 행렬 U와 V, W이다. 이상은 입력 순차열을 같은 길이의 출력 순차열에 사상하는 순환 신경망의 예이다. 주어진 x 값들의 순차열과 그에 대응되는 y 값들의 순차열에 대한 총 손실함수는 그냥 모든 시간 단계에서의

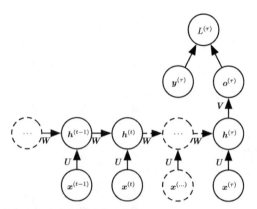

그림 10.5: 시간에 대해 펼친 순환 신경망. 신경망의 출력은 그래프 마지막 노드의 값이다. 이런 순환 신경망은 주어진 순차열을, 추가적인 처리 과정의 입력으로 사용할 하나의 고정 크기 표현으로 요약할 때 유용하다. 오른쪽 끝(이 그림을 기준으로)에 목푯값 하나를 둘 수도 있고, 아니면 추가적인 하향 스트림 모듈들에서의 역전파를 통해 출력 $o^{(t)}$의 기울기를 구할 수도 있다.

손실값들의 총합으로 두면 될 것이다. 예를 들어 $L^{(t)}$가 주어진 $\boldsymbol{x}^{(1)},...,\boldsymbol{x}^{(t)}$에 대한 $y^{(t)}$의 음의 로그가능도라고 하면, 그러한 총 손실함수는 다음과 같이 정의된다.

$$L\left(\{\boldsymbol{x}^{(1)},...,\boldsymbol{x}^{(\tau)}\},\{\boldsymbol{y}^{(1)},...,\boldsymbol{y}^{(\tau)}\}\right) \tag{10.12}$$

$$= \sum_t L^{(t)} \tag{10.13}$$

$$= -\sum_t \log p_{\text{모형}}\left(y^{(t)} | \{\boldsymbol{x}^{(1)},...,\boldsymbol{x}^{(t)}\}\right). \tag{10.14}$$

여기서 $p_{\text{모형}}\left(y^{(t)}|\{\boldsymbol{x}^{(1)},...,\boldsymbol{x}^{(t)}\}\right)$는 모형의 출력 벡터 $\hat{\boldsymbol{y}}^{(t)}$에서 $y^{(t)}$에 대한 성분으로 주어진다. 그런데 이 손실함수의 매개변수들에 대한 기울기를 계산하려면 비용이 많이 든다. 기울기를 계산하려면 그림 10.3의 펼쳐진 그래프를 왼쪽에 오른쪽으로 훑는 순전파 과정을 수행한 후 다시 오른쪽에서 왼쪽으로 훑는 역전파 과정을 수행할 필요가 있다. 실행 시간은 $O(\tau)$인데, 병렬화로 이를 더 줄일 수는 없다. 왜냐하면 순전파 그래프가 본질적으로 순차 계산 방식이기 때문이다. 즉, 각 시간 단계는 오직 그 이전 시간 단계의 계산이 끝난 후에만 진행할 수 있다. 그리고 순전파 과정에서 계산한 상태들을 모두 저장했다가 역전파 과정에서 재사용해야 하기 때문에 메모리 비용 역시 $O(\tau)$이다. 펼쳐진 그래프에 대한, 실행 비용이 $O(\tau)$인 역전파 알고리즘을 시간에 대

한 역전파(back-propagation through time), 줄여서 **시간 역전파**(BPTT)라고 부르는데, 이에 대해서는 §10.2.2에서 좀 더 논의한다. 따라서, 은닉 단위들 사이에 순환 관계가 있는 순환 신경망은 아주 강력하긴 하지만 훈련 비용이 높다. 다른 대안은 없을까?

10.2.1 교사 강제와 출력 순환 연결이 있는 신경망

한 시간 단계에서의 출력과 그다음 시간 단계에서의 은닉 단위들 사이에만 순환 연결이 존재하는 신경망(그림 10.4)은 은닉 대 은닉 순환 연결이 없어서 표현력이 약하다. 예를 들어 그런 신경망은 보편 튜링 기계를 흉내 내지 못한다. 그런 신경망에는 은닉 대 은닉 순환 연결이 없으므로, 신경망이 미래를 예측하는 데 사용할 과거의 모든 정보를 출력 단위들이 포착(반영)해야 한다. 그런데 출력 단위들은 훈련 집합의 목푯값들과 부합하도록 명시적으로 훈련되므로, 입력의 과거 역사에 관한 필수 정보를 출력 단위들이 포착할 가능성은 작다(사용자가 시스템의 완전한 상태를 서술하는 방법을 알아서, 그러한 상태 서술을 훈련 집합 목푯값들의 일부로 시스템에 공급하지 않는 한). 그러나 은닉 대 은닉 순환 연결들을 제거하는 것에도 장점이 있다. 손실함수가 시간 t에서의 예측과 시간 t에서의 훈련 목푯값의 비교에 기초하는 경우, 은닉 대 은닉 순환 연결이 없으면 모든 시간 단계를 분리해서 각 단계 t에서의 기울기를 개별적으로 계산하는 것이 가능하다. 훈련 집합이 현재 출력의 이상적인 값을 제시하므로, 현재 출력을 계산하기 위해 이전 시간 단계의 출력을 먼저 계산할 필요가 없다. 따라서 훈련을 병렬화할 수 있다.

출력에서 모형의 내부로 돌아가는 순환 연결이 있는 모형에는 **교사 강제**(teacher forcing)라는 훈련 기법을 적용할 수 있다. 교사 강제는 최대가능도 판정기준에서 비롯된 하나의 절차로, 모형을 훈련하는 과정에서 바탕 출력 참값 $y^{(t)}$를 시간 $t+1$에서의 입력으로 사용한다. 시간 단계가 두 개인 순차열을 예로 삼아 이 과정을 좀 더 자세히 살펴보기로 하자. 이 예에서 조건부 최대가능도 판정기준은 다음과 같다.

$$\log p\big(\boldsymbol{y}^{(1)}, \boldsymbol{y}^{(2)} \,|\, \boldsymbol{x}^{(1)}, \boldsymbol{x}^{(2)}\big) \tag{10.15}$$

$$= \log p\big(\boldsymbol{y}^{(2)} \,|\, \boldsymbol{y}^{(1)}, \boldsymbol{x}^{(1)}, \boldsymbol{x}^{(2)}\big) + \log p\big(\boldsymbol{y}^{(1)} \,|\, \boldsymbol{x}^{(1)}, \boldsymbol{x}^{(2)}\big). \tag{10.16}$$

이 예에서, $t=2$일 때 모형은 지금까지의 순차열 $\boldsymbol{x}$와 훈련 집합의 이전 목푯값 $\boldsymbol{y}$ 둘 다 주어졌을 때의 $\boldsymbol{y}^{(2)}$의 조건부 확률을 최대화하도록 훈련된다. 따라서 최대가능

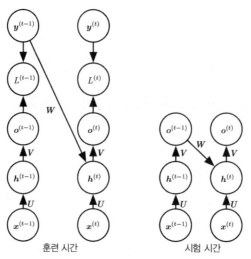

그림 10.6: 교사 강제의 예. 교사 강제는 출력에서 그다음 시간 단계의 은닉 상태들로의 연결들이 존재하는 RNN에 적용할 수 있다. (왼쪽) 훈련 도중에는 훈련 집합에 있는 진 출력(출력의 참값) $y^{(t)}$를 $h^{(t+1)}$의 입력으로 공급한다. (오른쪽) 모형을 과제에 적용할 때는 진 출력을 모르는 것이 일반적이다. 그런 경우 진 출력 $y^{(t)}$를 모형의 출력 $o^{(t)}$로 근사하고, 그것을 다시 모형의 입력으로 공급한다.

도는 이러한 연결들에 정확한 출력이 무엇이어야 하는지를 알려주는 목푯값들을 입력해야 한다는 점을 훈련 도중에 명시한다(모형의 출력을 모형 자신에게 되먹임해서가 아니라). 그림 10.6은 이러한 훈련 방식을 도식화한 것이다.

이처럼 교사 강제는 은닉 대 은닉 연결이 없는 모형에서 시간 역전파(BPTT)를 피하는 한 방법이지만, 은닉 대 은닉 연결이 있는 모형이라도 한 시간 단계에서의 출력에서 그다음 시간 단계에서 계산되는 값들로 가는 연결이 존재한다면 교사 강제를 적용할 수 있다. 그런데 은닉 단계가 이전 시간 단계의 함수가 되면 BPTT 알고리즘이 필수가 된다. 따라서, 교사 강제와 BPTT 모두로 훈련하는 모형들도 존재한다.

엄격한 교사 강제의 단점은 신경망을 나중에 **열린 루프**(open-loop; 또는 개루프, 개방 루프) 모드로 사용하게 될 때 드러난다. 여기서 열린 루프 모드란 신경망의 출력을 다시 입력으로 되먹이는 것을 말한다. 그런 경우, 훈련 과정에서 신경망이 경험하는 입력들의 종류와 시험 과정에서 신경망이 경험하는 입력들의 종류가 상당히 다를 수 있다. 이 문제를 완화하는 한 가지 방법은 교사 강제를 적용할 때의 입력과 자유 실행 시의 입력 모두로 신경망을 훈련하는 것이다. 예를 들어 펼쳐진 순환 출력 대 입력 경로를 따라 몇 시간 단계 이후의 미래의 정확한 목푯값을 예측한다면 그런 훈련이 가능하다. 이 방법을 적용하면 신경망은 훈련 과정에서 경험하지 못한 입력 조건들(자유 실행 모드에서 모형 자신이 생성한 입력 등)을 고려해서 상태를 신경망이 몇 단계 후에 적절한 출력을 생성하게 하는 상태로 다시 사상하는 방법을 배우게 된다. 훈련 과정에서 경험한 입력과 시험 과정에서 경험하는 입력이 달라서 생기는 문제를 완화하는 또다른 접근 방식은 생성된 값들을 입력으로 사용할지 실제 자룟값들을 입력으로 사용할지를 무작위로 선택하는 것이다(Bengio 외, 2015b). 이 접근 방식은 생성된 값들을 점점 더 많이 입력으로 사용하는 커리큘럼 학습 전략을 활용한다.

10.2.2 순환 신경망의 기울기 계산

순환 신경망에서 기울기를 계산하는 것은 간단하다. 그냥 §6.5.6에 나온 일반화된 역전파 알고리즘을 펼쳐진 계산 그래프에 적용하면 된다. 순환 신경망에 특화된 알고리즘은 필요하지 않다. 역전파로 얻은 기울기들은 임의의 범용 기울기 기반 훈련 기법들을 통해서 RNN의 훈련에 사용할 수 있다.

BPTT 알고리즘의 작동 방식을 이해하는 데 도움이 되도록, 앞에 나온 RNN 공식들(식 10.8과 식 10.12)에 대해 BPTT로 기울기들을 계산하는 예를 살펴보기로 하자. 이 예의 계산 그래프는 매개변수 U, V, W, b, c에 대한 노드들과 순차열 $x^{(t)}$, $h^{(t)}$, $o^{(t)}$, $L^{(t)}$에 대한 t를 색인으로 하는 노드들로 구성된다. 각 노드 N에 대해 기울기 $\nabla_N L$을 재귀적으로(계산 그래프에서 그 노드의 다음 노드에 대해 계산된 기울기에 기초해서) 계산해야 한다. 우선 최종 손실값 바로 전의 노드로 재귀를 시작한다. 그 노드의 기울기는 다음과 같다.

$$\frac{\partial L}{\partial L^{(t)}} = 1. \tag{10.17}$$

이 예는 신경망의 출력 $o^{(t)}$를 소프트맥스 함수의 인수로 사용해서 출력에 관한 확률들의 벡터 $\hat{y}$를 얻는다고 가정한다. 또한, 손실값이 지금까지의 입력에 대한 진 목푯값 $y^{(t)}$의 음의 로그가능도라고 가정한다. 모든 i, t에 대해, 시간 단계 t에서의 출력들에 대한 기울기 $\nabla_{o^{(t)}} L$은 다음과 같다.

$$\left(\nabla_{o^{(t)}}L\right)_i = \frac{\partial L}{\partial o_i^{(t)}} = \frac{\partial L}{\partial L^{(t)}} \frac{\partial L^{(t)}}{\partial o_i^{(t)}} = \hat{y}_i^{(t)} - 1_{i,y^{(t)}}. \tag{10.18}$$

이 계산은 재귀적으로, 즉 순차열의 끝에서 시작해서 거꾸로 진행된다. 마지막 시간 단계 τ에서 $h^{(\tau)}$의 후손(후행 노드)은 $o^{(\tau)}$뿐이므로, 기울기는 다음과 같이 간단하다.

$$\nabla_{h^{(\tau)}}L = V^\top \nabla_{o^{(\tau)}}L. \tag{10.19}$$

이제 $t = \tau - 1$에서 $t = 1$로 시간을 거슬러 올라가면서 기울기들을 역전파한다. 이때 부터는(즉, $t < \tau$에 대해서는) $o^{(t)}$뿐만 아니라 $h^{(t+1)}$도 $h^{(t)}$의 후손이다. 따라서 기울기는 다음과 같이 주어진다.

$$\nabla_{h^{(t)}}L = \left(\frac{\partial h^{(t+1)}}{\partial h^{(t)}}\right)^\top \left(\nabla_{h^{(t+1)}}L\right) + \left(\frac{\partial o^{(t)}}{\partial h^{(t)}}\right)^\top \left(\nabla_{o^{(t)}}L\right) \tag{10.20}$$

$$= W^\top \left(\nabla_{h^{(t+1)}}L\right)\mathrm{diag}\left(1 - \left(h^{(t+1)}\right)^2\right) + V^\top \left(\nabla_{o^{(t)}}L\right). \tag{10.21}$$

여기서 $\mathrm{diag}\left(1 - \left(h^{(t+1)}\right)^2\right)$은 성분 $1 - (h_i^{(t+1)})^2$들을 담은 대각행렬을 뜻한다. 이 행렬은 시간 $t+1$에서의 은닉 단위 i와 연관된 쌍곡탄젠트의 야코비행렬이다.

계산 그래프의 내부 노드들에 대한 기울기들을 계산한 후에는 매개변수 노드들에 대한 기울기들을 계산할 수 있다. 매개변수들은 여러 시간 단계가 공유하므로, 그런 변수들이 관여하는 미분 연산을 표기할 때 주의가 필요하다. 우리가 구현하려는 연산들은 §6.5.6의 bprop 메서드를 사용하는데, 그 메서드는 계산 그래프의 한 간선이 기울기에 기여하는 정도를 계산한다. 그러나 미분 연산에 쓰이는 $\nabla_W f$ 연산자는 계산 그래프의 모든 간선에 의해 W가 f의 값에 기여하는 정도를 고려한다. 이러한 중의성을 해소하기 위해 가짜 변수(dummy variable) $W^{(t)}$를 도입한다. 이 $W^{(t)}$는 시간 단계 t에서의 W의 값들(가중치들)을 나타낸다. 이제 $\nabla_{W^{(t)}}$는 시간 단계 t에서 가중치들이 기울기에 기여하는 정도를 나타낸다.

다음은 이러한 표기법을 이용해서 나머지 매개변수들의 기울기를 표현한 것이다.

$$\nabla_c L = \sum_t \left(\frac{\partial o^{(t)}}{\partial c}\right)^\top \nabla_{o^{(t)}}L = \sum_t \nabla_{o^{(t)}}L, \tag{10.22}$$

$$\nabla_b L = \sum_t \left(\frac{\partial \boldsymbol{h}^{(t)}}{\partial \boldsymbol{b}^{(t)}} \right)^\top \nabla_{\boldsymbol{h}^{(t)}} L = \sum_t \mathrm{diag}\left(1 - \left(\boldsymbol{h}^{(t)}\right)^2\right) \nabla_{\boldsymbol{h}^{(t)}} L, \tag{10.23}$$

$$\nabla_V L = \sum_t \sum_i \left(\frac{\partial L}{\partial o_i^{(t)}} \right) \nabla_V o_i^{(t)} = \sum_t \left(\nabla_{\boldsymbol{o}^{(t)}} L \right) \boldsymbol{h}^{(t)\top}, \tag{10.24}$$

$$\nabla_W L = \sum_t \sum_i \left(\frac{\partial L}{\partial h_i^{(t)}} \right) \nabla_{\boldsymbol{W}^{(t)}} h^{(t)}{}_i \tag{10.25}$$

$$= \sum_t \mathrm{diag}\left(1 - \left(\boldsymbol{h}^{(t)}\right)^2\right) \left(\nabla_{\boldsymbol{h}^{(t)}} L\right) \boldsymbol{h}^{(t-1)\top}, \tag{10.26}$$

$$\nabla_U L = \sum_t \sum_i \left(\frac{\partial L}{\partial h_i^{(t)}} \right) \nabla_{\boldsymbol{U}^{(t)}} h^{(t)}{}_i \tag{10.27}$$

$$= \sum_t \mathrm{diag}\left(1 - \left(\boldsymbol{h}^{(t)}\right)^2\right) \left(\nabla_{\boldsymbol{h}^{(t)}} L\right) \boldsymbol{x}^{(t)\top}. \tag{10.28}$$

훈련 과정에서는 $\boldsymbol{x}^{(t)}$에 대한 기울기를 계산할 필요가 없다. 손실을 정의하는 계산 그래프에는 $\boldsymbol{x}^{(t)}$의 조상(선행 노드)에 해당하는 매개변수가 하나도 없기 때문이다.

10.2.3 유향 그래프 모형으로서의 순환 신경망

지금까지 예로 든 순환 신경망의 손실함수 $L^{(t)}$는 훈련 목표 $\boldsymbol{y}^{(t)}$와 출력 $\boldsymbol{o}^{(t)}$ 사이의 교차 엔트로피이다. 그런데 순방향 신경망처럼 순환 신경망도 이론적으로 거의 모든 종류의 손실함수를 지원한다. 손실함수는 과제에 맞게 선택해야 한다. 순방향 신경망처럼 RNN도 그 출력을 하나의 확률분포로 해석하는 것이 바람직할 때가 많은데, 그런 경우 그러한 분포와 연관된 교차 엔트로피를 손실함수로 두는 것이 일반적이다. 예를 들어 순방향 신경망에서처럼, 출력 분포가 단위 가우스 분포일 때 그와 연관된 교차 엔트로피 손실은 평균제곱오차이다.

식 10.12 같은 예측성 로그가능도 훈련 목적함수를 사용하는 경우에는 순환 신경망이 주어진 과거 입력들에 기초해서 순차열의 다음 요소 $\boldsymbol{y}^{(t)}$의 조건부 확률분포를 추정하도록 RNN을 훈련한다. 그러한 훈련은 로그가능도

$$\log p\left(\boldsymbol{y}^{(t)} \mid \boldsymbol{x}^{(1)}, \ldots, \boldsymbol{x}^{(t)} \right) \tag{10.29}$$

를 최대화하는 문제에 해당할 수도 있고, 한 시간 단계의 출력에서 그다음 시간 단계의 출력으로의 연결이 모형에 존재하는 경우에는 다음과 같은 로그가능도를 최대화하는 문제일 수도 있다.

$$\log p(\boldsymbol{y}^{(t)} \mid \boldsymbol{x}^{(1)}, ..., \boldsymbol{x}^{(t)}, \boldsymbol{y}^{(1)}, ..., \boldsymbol{y}^{(t-1)}). \tag{10.30}$$

$\boldsymbol{y}$ 값들의 순차열에 관한 결합분포를 일련의 단일 단계 확률 예측들로 분해하는 것은 전체 순차열에 대한 전체 결합분포를 포착하는 하나의 방법이다. 다음 단계의 예측을 조건화하는 과거 $\boldsymbol{y}$ 값들을 신경망에 다시 입력하지 않는다면, 해당 유향 그래프 모형에는 과거의 임의의 $\boldsymbol{y}^{(i)}$에서 현재의 $\boldsymbol{y}^{(t)}$로 가는 간선이 없다. 그런 경우 출력 $\boldsymbol{y}$들은 주어진 $\boldsymbol{x}$ 값들의 순차열에 대해 조건부 독립이다. 실제 $\boldsymbol{y}$ 값들(예측한 값들이 아니라 실제로 관측한 또는 생성한 값들)을 신경망에 다시 공급하는 경우에는 유향 그래프 모형에 과거의 모든 $\boldsymbol{y}^{(i)}$ 값들에서 현재의 $y^{(t)}$ 값으로 가는 간선들이 존재한다.

간단한 예로, RNN이 스칼라 확률변수들의 순차열 $\mathbb{Y} = \{y^{(1)}, ..., y^{(\tau)}\}$만 모형화할 뿐 추가 입력 x들은 없다고 하자. 즉, 시간 단계 t에서의 입력은 그냥 시간 단계 $t-1$에서의 출력이다. 이러한 RNN은 y 변수들에 관한 하나의 유향 그래프 모형을 정의한다. 이 관측값들의 결합분포를, 조건부 확률에 대한 연쇄법칙(식 3.6)을 이용해서 다음과 같이 매개변수화한다.

$$P(\mathbb{Y}) = P(\mathbf{y}^{(1)}, ..., \mathbf{y}^{(\tau)}) = \prod_{t=1}^{\tau} P(\mathbf{y}^{(t)} \mid \mathbf{y}^{(t-1)}, \mathbf{y}^{(t-2)}, ..., \mathbf{y}^{(1)}). \tag{10.31}$$

물론 $t = 1$일 때는 수직선 연산자의 우변이 없다. 따라서 이러한 모형에 대한 목푯값들의 집합 $\{y^{(1)}, ..., y^{(\tau)}\}$의 음의 로그가능도는 다음과 같이 주어진다.

$$L = \sum_t L^{(t)}. \tag{10.32}$$

여기서

$$L^{(t)} = -\log P(\mathbf{y}^{(t)} = y^{(t)} \mid y^{(t-1)}, y^{(t-2)}, ..., y^{(1)}) \tag{10.33}$$

이다.

그래프 모형의 간선은 변수들 사이의 직접적인 의존관계를 나타낸다. 그래프 모형

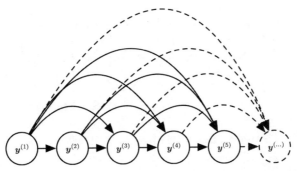

그림 10.7: 차열 $y^{(1)}, y^{(2)}, ..., y^{(t)}, ...$에 대한 완전 연결 그래프 모형. 모든 과거 관측값 $y^{(i)}$가 어떤 $y^{(t)}$(여기서 $t > i$)의 조건부 분포(이전 값들이 주어졌을 때의)에 영향을 줄 수 있다. 그래프 모형을 이 그래프에 따라 직접(식 10.6에서처럼) 매개변수화하면 입력 개수와 매개변수 개수가 순차열 크기(요소 개수)에 따라 계속 증가하므로 아주 비효율적일 수 있다. RNN은 이 모형처럼 완전한 연결성을 가지되, 그림 10.8에서 보듯이 매개변수화가 효율적이다.

중에는 통계적 효율성과 계산 효율성을 높이기 위해 강한 상호작용에 해당하지 않는 간선들을 생략하는 것들도 많다. 예를 들어 그래프 모형에 전체 역사의 간선들을 모두 포함하는 대신 $\{y^{(t-k)}, ..., y^{(t-1)}\}$에서 $y^{(t)}$로의 간선들만 포함해야 한다는 마르코프 가정(Markov assumption)을 적용하는 경우가 흔하다. 그러나 과거의 모든 입력이 순차열의 다음 요소에 영향을 미친다고 간주하는 것이 마땅할 때도 있다. RNN은, $y^{(t)}$에 대한 분포가 $y^{(t-1)}$에 대한 $y^{(i)}$의 효과로는 포착되지 않는 먼 과거의 $y^{(i)}$ 값들에 의존한다고 간주할 때 유용하다.

RNN을 그래프 모형으로 해석하는 한 가지 방법은, RNN이 임의의 두 y 값 사이의 직접적인 의존성을 표현할 수 있는 완전 그래프(complete graph)에 해당하는 구조를 가진 그래프 모형을 정의한다고 보는 것이다. y 값들에 대한, 완전 그래프 구조를 가진 그래프 모형이 그림 10.7에 나와 있다. RNN의 이러한 완전 그래프 해석에는 은닉 단위 $h^{(t)}$들을 주변화를 통해 모형에서 제거함으로써 은닉 단위들을 무시한다는 착안이 깔려 있다.

은닉 단위 $h^{(t)}$들을 확률변수들로 간주하면 RNN의 그래프 모형 구조를 좀 더 흥미로운 방식으로 고찰할 수 있다.[1] 그래프 모형에 은닉 단위들을 포함시키면, RNN에서는 관측값들에 관한 결합분포의 매개변수화가 효율적이라는 점이 좀 더 잘 드러난다.

---

[1] 이 확률변수들의, 해당 부모들이 주어졌을 때의 조건부 분포는 결정론적이다. 그런 결정론적 은닉 단위들이 있는 그래프 모형도 완벽하게 유효하지만, 실제로 그런 모형을 설계해야 하는 경우는 다소 드물다.

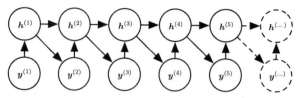

그림 10.8: RNN의 그래프 모형에 상태 변수를 도입하면, 식 10.5에 기초한 매개변수화가 얼마나 효율적인지 파악하기 쉬워진다. 순차열의 각 단계($h^{(t)}$와 $y^{(t)}$에 대한)에는 동일한 구조가 관여한다(노드당 입력 수가 같다). 따라서 각 단계는 다른 단계들과 같은 매개변수들을 공유할 수 있다.

이산 값들에 관한 임의의 결합분포를 표 형태로 표현한다고 하자. 즉, 가능한 각 이산 값에 해당하는 요소들과 확률변수가 각 이산 값을 가질 확률에 해당하는 요소들을 담은 배열이 있다고 하자. 확률변수 y가 가질 수 있는 값이 k가지라고 할 때, 그러한 표 형식 표현(tabular representation)에 필요한 매개변수는 $O(k^\tau)$이다. 그러나 RNN은 매개변수들을 공유하기 때문에 매개변수 개수는 순차열 길이의 함수이고, 그 규모는 $O(1)$이다. 모형의 수용력을 제어하기 위해 RNN의 매개변수 개수를 조절할 수도 있지만, 그런 경우에도 매개변수 개수가 순차열 길이에 비례해서 증가하지는 않는다. 식 10.5에서 보듯이, RNN은 매 시간 단계에서 같은 함수 f와 같은 매개변수 θ를 재귀적으로 적용함으로써 변수들 사이의 장기 관계들을 효율적으로 매개변수화한다. 그림 10.8은 이에 대한 그래프 모형 해석을 보여준다. 그래프 모형에 $h^{(t)}$ 노드들을 도입한 덕분에 과거와 미래가 분리되었다. 이 노드들은 과거와 미래 사이의 중간 수량으로 작용한다. 먼 과거의 변수 $y^{(i)}$는 h에 영향을 미침으로써 변수 $y^{(t)}$에 영향을 줄 수 있다. 이러한 그래프 구조는, 각 시간 단계에서 동일한 조건부 확률분포를 사용함으로써 모형을 효율적으로 매개변수화할 수 있다는 점과 변수들을 모두 관찰한 후에는 모든 변수에 대한 결합 확률을 효율적으로 평가할 수 있다는 점을 보여준다.

이러한 그래프 모형의 매개변수화가 효율적이긴 하지만, 몇몇 연산의 계산 비용은 여전히 높을 수 있다. 예를 들어 순차열 중간의 결측값(missing value)들을 예측하기는 어렵다.

매개변수 개수를 줄이는 대신 순환 신경망이 치르는 대가는, 매개변수들을 **최적화**하기가 어려울 수 있다는 것이다.

순환 신경망의 매개변수 공유는 서로 다른 시간 단계에서 같은 매개변수들을 사용할 수 있다는 가정에 근거한다. 그러한 가정은 시간 $t+1$에서의 변수들의, 시간 t에서의 변수들이 주어졌을 때의 조건부 확률분포가※ **시불변**(stationary)이라는 가정과 동등하다. 간단히 말해서 이는 한 시간 단계와 그 이전 시간 단계의 상호작용이 t에 의존하지 않는다는 뜻이다. 원칙적으로는 t를 각 시간 단계에서 하나의 추가 입력으로 두고, 학습자가 서로 다른 시간 단계들 사이에서 매개변수들을 최대한 공유하면서 임의의 시간 의존성을 발견하게 만드는 것이 가능하다. 그렇게만 해도 t마다 서로 다른 조건부 확률분포를 사용하는 것보다 훨씬 낫다. 단, t의 새 값들을 만나면 신경망은 외삽(extrapolation)을 수행해야 한다.

그래프 모형으로서의 RNN의 상像을 완성하려면, 그러한 모형에서 표본을 추출하는 방법도 서술해야 한다. 수행해야 할 주된 연산은 그냥 각 시간 단계에서 조건부 분포로부터 표본을 추출하는 것이다. 그러나 복잡한 문제가 하나 있다. 바로, 어떤 방법으로든 RNN이 순차열의 길이를 알아낼 수 있어야 한다는 것이다. 이 문제의 해법은 여러 가지이다.

출력이 어떤 어휘(기호 집합)에서 뽑은 하나의 기호인 경우에는 순차열의 끝을 뜻하는 특별한 기호를 그 어휘에 추가해서 이 문제를 해결할 수 있다(Schmidhuber, 2012). 그 기호가 생성되었으면 표집 과정을 멈추면 된다. 훈련 집합의 경우에는 그 기호를 순차열의 각 훈련 견본의 $x^{(\tau)}$ 바로 다음에 추가하면 된다.

또 다른 해법은, 각 시간 단계에서 생성을 계속할 것인지 아니면 멈출 것인지를 결정하는 여분의 베르누이 출력을 모형에 도입하는 것이다. 이 접근 방식은 어휘에 특별한 기호를 추가하는 접근 방식보다 더 일반적이다. 기호들의 순차열을 출력하는 RNN뿐만 아니라 임의의 RNN에 적용할 수 있기 때문이다. 예를 들어 이 접근 방식은 실수열(실수들의 순차열)을 출력하는 RNN에도 적용할 수 있다. 이 접근 방식에서 출력 단위로는 교차 엔트로피 손실함수로 훈련한 S자형 단위를 사용하는 것이 일반적이다. 그러한 S자형 단위는 각 시간 단계에서 순차열이 끝나는지 아니면 계속되는지에 대한 예측이 정확할 가능성(구체적으로는 로그가능도)을 최대화하도록 훈련된다.

※ **역주** 이 번역서에서 "y의, x가 주어졌을 때의 (조건부 확률)분포" 또는 "x가 주어졌을 때의 y의 분포" 형태의 문구는 $p(y|x)$를 뜻한다. 문맥에 따라서는 "x가 주어졌을 때의"를 "x를 조건으로 한/하여"로 표현하기도 한다.

순차열 길이 τ를 파악하는 또 다른 방법은 정수 τ 자체를 예측하는 추가적인 출력을 모형에 도입하는 것이다. 이 경우 모형은 τ의 한 값(단계 수)을 추출하고 그 단계 수만큼의 자료를 추출한다. 이 접근 방식을 위해서는, 각 시간 단계의 점화식 갱신 시 순차열(생성된 순차열)의 끝에 가까워졌는지를 판단하기 위한 여분의 입력을 도입할 필요가 있다. 그러한 여분의 입력은 τ 자체(순차열 길이)일 수도 있고 $\tau - t$, 즉 남은 시간 단계 수일 수도 있다. 이러한 추가 입력이 없다면 RNN은 언제라도 순차열 생성을 멈출 수 있으며, 그러면 예를 들어 RNN이 완성되지 않은 문장을 출력할 수도 있다. 이 접근 방식은 다음과 같은 분해에 기초한다.

$$P(\boldsymbol{x}^{(1)}, ..., \boldsymbol{x}^{(\tau)}) = P(\tau)P(\boldsymbol{x}^{(1)}, ..., \boldsymbol{x}^{(\tau)} | \tau). \tag{10.34}$$

τ를 직접 예측하는 전략은, 이를테면 [Goodfellow 외, 2014d]에 쓰였다.

10.2.4 문맥에 따라 조건화되는 순차열을 모형화하는 RNN

앞 절에서는 입력 $\boldsymbol{x}$들이 없는, 확률변수 $y^{(t)}$들의 순차열에 관한 유향 그래프 모형에 해당하는 RNN을 설명했다. 물론, 이번 장에서 설명하는 주된 RNN(식 10.8에 근거한)은 입력들의 순차열 $\boldsymbol{x}^{(1)}, \boldsymbol{x}^{(2)}, ..., \boldsymbol{x}^{(\tau)}$를 포함한다. 일반적으로, y 변수들에 관한 결합분포뿐만 아니라 $\boldsymbol{x}$가 주어졌을 때의 y에 관한 조건부 분포를 표현하도록 RNN의 그래프 모형을 확장하는 것이 가능하다. 순방향 신경망과 관련해서 §6.2.1.1에서 논의했듯이, 하나의 변수 $P(\boldsymbol{y}; \boldsymbol{\theta})$를 표현하는 임의의 모형을 $\boldsymbol{\omega} = \boldsymbol{\theta}$인 조건부 분포 $P(\boldsymbol{y} | \boldsymbol{\omega})$를 표현하는 모형으로 재해석할 수 있다. 그리고 그러한 모형을 확률분포 $P(\boldsymbol{y} | \boldsymbol{x})$를 나타내도록 확장하는 것이 가능하다. 이전과 동일한 $P(\boldsymbol{y} | \boldsymbol{\omega})$를 사용하되, $\boldsymbol{\omega}$를 $\boldsymbol{x}$의 함수로 두면 된다. RNN에서 이를 실현하는 방법은 여러 가지이다. 이번 절에서는 가장 흔히 쓰이는, 그리고 가장 명백한 선택들을 개괄한다.

앞에서 설명한 RNN은 $t = 1, ..., \tau$에 대한 벡터 $\boldsymbol{x}^{(t)}$들의 순차열을 입력받았다. 그 대신 벡터 $\boldsymbol{x}$ 하나를 입력받는 RNN도 가능하다. $\boldsymbol{x}$가 고정 크기 벡터일 때는 그냥 그것을 $\boldsymbol{y}$ 순차열을 산출하는 RNN의 여분의 입력으로 두면 된다. 다음은 RNN에 여분의 입력을 제공하는 데 흔히 쓰이는 몇 가지 방법이다.

1. 각 시간 단계에 여분의 입력을 추가한다.
2. 여분의 입력을 초기 상태 $\boldsymbol{h}^{(0)}$으로 둔다.

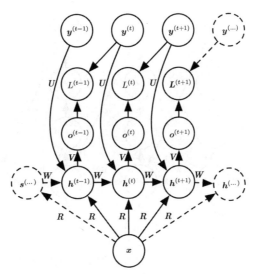

그림 10.9: 고정 길이 벡터 x를 순차열 집합 Y에 관한 분포로 사상하는 RNN. 이 RNN은 모형이 하나의 이미지를 입력받고 그 이미지를 서술하는 문장(단어들의 순차열)을 출력하는 이미지 캡션 달기 같은 과제들에 적합하다. 관측된 출력 순차열의 각 요소 $y^{(t)}$는 입력(현재 시간 단계의)으로 쓰일 뿐만 아니라, 훈련 과정에서는 목표(이전 시간 단계의)로도 쓰인다.

3. 두 방법 다 적용한다.

셋 중 가장 흔히 쓰이는 것은 1번이다. 그림 10.9에 1번 방법이 나와 있다. 입력 x와 각 은닉 단위벡터 $h^{(t)}$ 사이의 상호작용은 새로 도입된(y 값들의 순차열만 다루는 RNN에는 없었던) 가중치 행렬 R에 의해 매개변수화된다. 모든 시간 단계에서 동일한 곱 $x^\top R$을 각 시간 단계의 은닉 단위들에 대한 입력에 추가한다. x의 값에 따라 결정되는 $x^\top R$은 각 은닉 단위에서 새로운 치우침 매개변수의 역할을 한다. 즉, 이 모형의 매개변수 ω는 입력의 함수에 해당하는 치우침 매개변수들을 비조건부 모형의 매개변수 θ에 추가한 것이라고 할 수 있다.

RNN이 하나의 벡터 x를 입력받는 것이 아니라 벡터 $x^{(t)}$들의 순차열을 입력받을 수도 있다. 식 10.8로 정의되는 RNN은 조건부 분포 $P(y^{(1)}, ..., y^{(\tau)} | x^{(1)}, ..., x^{(\tau)})$에 해당하는데, 그러한 RNN에는 이 분포가 다음과 같이 인수분해된다는 조건부 독립성 가정이 깔려 있다.

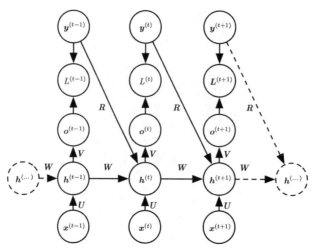

그림 10.10: x 값들의 가변 길이 순차열을 같은 길이의 y 값들의 순차열로 사상하는 조건부 순환 신경망. 그림 10.3에 나온 순환 신경망과 비교해 보면 순환 신경망에는 이전 출력과 현재 상태 사이의 연결들이 있음을 알 수 있다. 그런 연결들 덕분에 이 RNN은 y 순차열의, 같은 길이의 x 순차열이 주어졌을 때의 임의의 분포를 모형화할 수 있다. 반면, 그림 10.3의 RNN은 x 값들이 주어졌을 때 y 값들이 서로 조건부 독립인 분포만 표현할 수 있다.

$$\prod_t P(\boldsymbol{y}^{(t)} \mid \boldsymbol{x}^{(1)}, ..., \boldsymbol{x}^{(t)}). \tag{10.35}$$

그림 10.10에서처럼 시간 t에서의 출력에서 시간 $t+1$에서의 은닉 단위로의 연결을 신경망에 추가하면 그러한 조건부 독립성 가정을 제거할 수 있다. 그러한 연결들이 추가된 모형은 y 순차열에 관한 임의의 확률분포를 표현할 수 있다. 한 순차열이 주어졌을 때의 다른 한 순차열의 분포를 표현하는 이런 종류의 모형에도 여전히 한 가지 제약이 존재한다. 바로, 두 순차열의 길이가 같아야 한다는 것이다. 그러한 제약을 제거하는 방법은 §10.4에서 설명하겠다.

10.3 양방향 순환 신경망

지금까지 살펴본 모든 순환 신경망에는 "인과" 구조(causal structure)가 존재한다. 이는 시간 t에서의 상태가 오직 과거의 $x^{(1)}, \dots, x^{(t-1)}$과 현재 입력 $x^{(t)}$에 있는 정보만 포착한다는 뜻이다. 그리고 지금까지 논의한 모형 중에는 과거 y 값들에 담긴 정보가 현재 상태에 영향을 미치는 것이 가능한(그러한 y 값들이 주어진다고 할 때) 것들도 있었다.

그러나 여러 응용에서는 신경망이 출력할 예측값 $y^{(t)}$가 **입력 순차열 전체**에 의존할 수도 있다. 예를 들어 음성 인식 과제에서, 현재의 음성 자료를 하나의 유효한 음소(phoneme)로 정확히 해석하려면 그다음 몇몇 음소도 고려해야 할 수 있다(이를테면 연음 법칙 때문에). 심지어는 그다음 몇몇 단어까지 살펴보고 인접 단어들 사이의 언어적 의존관계를 고려해야 현재 음소를 결정할 수 있을 때도 있다. 즉, 현재 음성 자료에 부합하는 단어가 여러 개인 경우, 과거뿐만 아니라 미래의 입력들도 살펴봐야 할 수 있는 것이다. 이는 다음 절에서 설명하는, 필기 인식을 비롯한 다른 여러 순차열 대 순차열 학습 과제들에서도 마찬가지이다.

그런 필요성을 충족하기 위해 고안된 것이 양방향(bidirectional) 순환 신경망이다 (Schuster & Paliwal, 1997). 양방향 RNN은 그런 처리가 필요한 여러 응용 분야에서 아주 크게 성공했다(Graves, 2012). 이를테면 필기 인식(Graves 외, 2008; Graves & Schmidhuber, 2009), 음성 인식(Graves & Schmidhuber, 2005; Graves 외, 2013), 생물정보학(Baldi 외, 1999)에서 대단한 성과를 거두었다.

이름에서 짐작하겠지만, 양방향 RNN은 순차열의 첫 요소에서 시작해서 시간을 따라 나아가는 시간순 RNN과 순차열의 마지막 요소에서 시작해서 시간을 거슬러 나아가는 역시간순 RNN을 결합한 것이다. 그림 10.11에 전형적인 양방향 RNN의 구조가 나와 있다. 그림에서 $h^{(t)}$는 시간순 RNN의 상태이고 $g^{(t)}$는 역시간순 RNN의 상태이다. 이러한 구조 덕분에 출력 단위 $o^{(t)}$들은 과거와 미래 모두에 의존하는, 그러나 시간 t 근처의 입력값들에 가장 민감하게 반응하는 표현을 계산할 수 있다. 순방향 신경망이나 합성곱 신경망, 그리고 고정 크기 미리 보기(look-ahead) 버퍼를 가진 보통의 RNN으로 그런 표현을 계산하려면 t를 중심으로 한 고정 크기 구간을 지정해야 하겠지만, 이 구조에서는 그럴 필요가 없다.

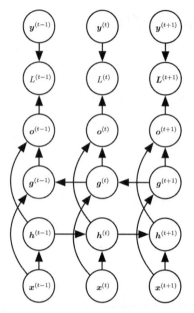

그림 10.11: 입력 순차열 x를 목표 순차열 y로 사상하는 전형적인 양방향 순환 신경망의 계산. $L^{(t)}$은 각 시간 단계 t에서의 손실이다. h 순환 단위들은 정보를 시간순으로(그림에서 오른쪽으로) 전파하지만, g 순환 단위들은 정보를 시간의 역순으로(그림에서 왼쪽으로) 전파한다. 따라서 각 시간 단계 t에서 출력 단위 $o^{(t)}$들은 주어진 $h^{(t)}$ 입력들에서 과거의 관련 요약 정보를, $g^{(t)}$ 입력들에서는 미래의 관련 요약 정보를 얻는다.

이러한 착안을 자연스럽게 2차원 입력(이미지 등)으로 확장할 수 있다. 그런 경우 상하좌우 방향 각각 하나씩 총 네 개의 부분 RNN이 필요하다. 그러면 2차원 격자의 각 점 (i, j)에서 출력 $O_{i,j}$는 주로는 국소 정보(자신의 주변에 있는 입력들)를 포착하되 좀 더 멀리 떨어진 입력들도 고려하는 표현을 계산할 수 있다(그런 입력들을 출력 단위에 공급할 수 있다고 할 때). 합성곱 신경망과 비교할 때, 이미지에 대한 RNN은 대체로 계산 비용이 높지만, 그 대신 같은 특징 지도 안에 있는 특징들 사이의 장거리 잠재적 상호작용들을 잡아낼 수 있다는 장점이 있다(Visin 외, 2015; Kalchbrenner 외, 2015). 실제로, 그런 RNN을 위한 순전파 공식들을 적절히 변형해 보면 그런 RRN이 잠재적 상호작용들이 있는 특징 맵에 대한 순환 전파를 수행하기 전에 각 층에 대한 상향(bottom-up; 아래에서 위로의) 입력을 합성곱을 이용해서 계산한다는 점이 드러난다.

10.4 부호기-복호기 순차열 대 순차열 아키텍처

RNN은 그림 10.5에서처럼 하나의 입력 순차열을 고정 크기 벡터로 사상할 수도 있고, 그림 10.9에서처럼 하나의 고정 크기 벡터를 하나의 순차열로 사상할 수도 있다. 또한, 그림 10.3, 10.4, 10.10, 10.11은 입력 순차열을 같은 길이의 출력 순차열로 사상하는 RNN을 보여주었다.

이번 절에서는 입력 순차열과는 길이가 다를 수도 있는 출력 순차열을 산출하도록 RNN을 훈련하는 방법을 논의한다. 그런 RNN은 음성 인식, 기계 번역, 질문 응답 등 훈련 집합의 입력 순차열들과 출력 순차열들의 길이가 다를(비록 그 길이들 사이에 어떤 관계가 있다고 해도) 때가 많은 여러 응용에 유용하다.

RNN의 입력을 흔히 '문맥(context; 또는 맥락)'이라고 부른다. 이번 절에서 말하는 RNN의 목표는 주어진 문맥 C의 한 표현을 산출하는 것이다. 문맥 C는 입력 순차열 $\boldsymbol{X} = (\boldsymbol{x}^{(1)}, ..., \boldsymbol{x}^{(n_x)})$를 요약하는 하나의 벡터일 수도 있고 그러한 벡터들의 순차열일 수도 있다.

가변 길이 순차열을 또 다른 가변 길이 순차열로 사상하는 RNN의 가장 간단한 아키텍처가 처음 제시된 것은 [Cho 외, 2014a]이다. 얼마 후 그 아키텍처와는 독립적으로 개발한 아키텍처를 [Sutskever 외, 2014]가 제시했다. 후자는 현재 수준의 기계 번역을 가능하게 한 최초의 접근 방식에 해당한다. 전자는 다른 기계 번역 시스템이 생성한 제안들에 점수를 매기는 방식이었지만, 후자는 독립적인 순환 신경망으로 직접 번역문을 산출한다. 두 논문의 저자들은 이런 종류의 아키텍처를 각자 다른 이름으로 불렀다. 하나는 부호기-복호기(encoder-decoder) 아키텍처이고 다른 하나는 순차열 대 순차열(sequence-to-sequence)이다. 여기에 깔린 착안은 간단하다. (1) 판독기(reader) 또는 **입력**(input) RNN이라고도 부르는 **부호기**(encoder) RNN은 입력 순차열을 처리한다. 이 부호기는 하나의 문맥 C를 산출하는데, 보통의 경우 문맥은 부호기의 마지막 은닉 상태의 간단한 함수이다. (2) 기록기(writer) 또는 **출력**(output) RNN이라고도 부르는 **복호기**(decoder) RNN은 고정 길이 벡터를 조건으로 하여 출력 순차열 $\boldsymbol{Y} = (\boldsymbol{y}^{(1)}, ..., \boldsymbol{y}^{(n_y)})$을 산출한다. 이런 종류의 아키텍처가 이번 장의 이전 절까지 설명한 다른 아키텍처에 비해 혁신적인 점은 순차열 길이 n_x와 n_y가 서로 다를 수 있다는 것이다. 이전의 아키텍처들은 반드시 $n_x = n_y = \tau$를 만족해야 했다. 순차열 대 순차열 아키텍처에

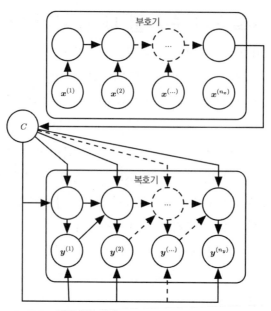

그림 10.12: 주어진 입력 순차열 $(\mathbf{x}^{(1)}, \mathbf{x}^{(2)}, ..., \mathbf{x}^{(n_x)})$로부터 출력 순차열 $(\mathbf{y}^{(1)}, ..., \mathbf{y}^{(n_y)})$를 산출하는 방법을 배우기 위한 부호기-복호기 또는 순차열 대 순차열 아키텍처의 예. 이 아키텍처는 입력 순차열을 읽는 부호기 또는 입력 RNN과 출력 순차열을 생성하는(또는, 주어진 출력 순차열의 확률을 계산하는) 복호기 또는 출력 RNN으로 구성된다. 부호기 RNN의 최종 은닉 상태는 일반적으로 크기가 고정된 문맥 변수 C를 계산하는 데 쓰인다. 문맥 변수 C는 입력 순차열의 의미론적 요약(semantic summary)을 나타내며, 복호기 RNN의 입력으로 주어진다.

서는 두 RNN을 함께 훈련하는데, 훈련의 목적은 훈련 집합의 순차열 $\boldsymbol{x}$와 $\boldsymbol{y}$의 모든 쌍에 대한 $\log P(\boldsymbol{y}^{(1)}, ..., \boldsymbol{y}^{(n_y)} | \boldsymbol{x}^{(1)}, ..., \boldsymbol{x}^{(n_x)})$의 평균을 최대화하는 것이다. 일반적으로 부호기 RNN의 최종 상태 $\boldsymbol{h}_{n_x}$는 입력 순차열을 표현하는 문맥 C로 쓰인다. 이 문맥 C가 복호기 RNN의 입력이다.

문맥 C가 하나의 벡터일 때 복호기 RNN은 그냥 §10.2.4에서 설명한 벡터 대 순차열 RNN이다. 앞에서 보았듯이, 벡터 대 순차열 RNN이 입력을 받는 방식은 적어도 두 가지이다. 즉, 입력을 RNN의 초기 상태로 둘 수도 있고, 아니면 입력을 각 시간 단계에서의 은닉 단위들에 연결할 수도 있다. 그리고 그 두 방법을 결합해서 사용할 수도 있다.

이 아키텍처에서 부호기의 은닉층과 복호기의 은닉층의 크기가 같아야 한다는 제약은 없다.

이 아키텍처의 한 가지 명백한 한계는, 부호기가 출력한 문맥 C의 차원이 너무 낮으면 긴 순차열을 제대로 요약하지 못한다는 것이다. 이러한 현상을 [Bahdanau 외, 2015]가 기계 번역의 맥락에서 지적한 바 있다. 그 논문은 C를 고정 크기 벡터가 아니라 가변 길이 순차열로 두라고 제안했다. 또한, 논문은 순차열 C의 요소들을 출력 순차열의 요소들과 연관시키는 방법을 학습하는 **주의 메커니즘**(attention mechanism; 또는 주목 메커니즘)을 소개했는데, 이에 관해서는 §12.4.5.1에서 좀 더 이야기한다.

10.5 심층 순환 신경망

대부분의 RNN이 수행하는 계산은 매개변수들을 크게 다음 세 블록으로 나누고 각각을 적절한 방식으로 변환하는 것에 해당한다.

1. 입력에서 은닉 상태로의 변환
2. 이전 은닉 상태에서 그다음 은닉 상태로의 변환
3. 은닉 상태에서 출력으로의 변환

그림 10.3에 나온 RNN 아키텍처에서는 세 블록 각각에 하나의 가중치 행렬이 연관된다. 다른 말로 하면, 신경망을 펼쳤을 때 각 블록은 하나의 얕은 변환에 대응된다. 여기서 '얕은(shallow)' 변환이란 심층 MLP의 층 하나로 표현할 수 있는 변환을 말한다. 일반적으로 이러한 변환은 학습된 어파인 변환 다음에 고정된 비선형성을 적용하는 형태로 표현된다.

그런데 그러한 각 변환을 더 깊게 만들면 이득이 되지 않을까? 실험 증거(Graves 외, 2013; Pascanu 외, 2014a)를 보면 실제로 그럴 가능성이 아주 크다. 그 실험 증거는, 요구된 사상을 수행하려면 충분한 깊이가 필요하다는 착안과 부합한다. 심층 RNN에 대한 초기 연구 성과에 관해 더 알고 싶다면 [Schmidhuber, 1992], [El Hihi & Bengio, 1996], [Jaeger, 2007a]도 보기 바란다.

[Graves 외, 2013]은 한 RNN의 상태를 그림 10.13의 (a)처럼 여러 층으로 분해하면 큰 이득이 생긴다는 점을 처음으로 보여준 논문이다. 그림 10.13 (a)에 나온 계통구조의 아래쪽 층들은 원본 입력을 은닉 상태의 상위 수준들에 좀 더 적합한 표현으로 변

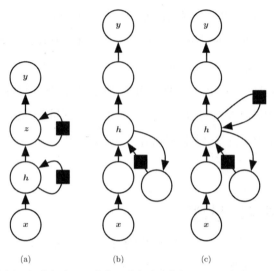

그림 10.13: 순환 신경망을 더 깊게 만드는 방법은 여러 가지이다(Pascanu 외, 2014a) (a) 하나의 은닉 순환 상태를 계통구조를 따르는 여러 그룹으로 분해한다. (b) 입력-은닉, 은닉-은닉, 은닉-출력 블록에 더 깊은 계산(이를테면 하나의 MLP)을 도입한다. 이렇게 하면 서로 다른 시간 단계들을 잇는 최단 경로가 길어질 수 있다. (c) 그러한 경로 연장 문제는 건너뛰기 연결을 도입해서 완화할 수 있다.

환하는 역할을 한다고 할 수 있다. [Pascanu 외, 2014a]는 여기서 한 걸음 더 나아가서, 앞에서 나열한 세 블록 각각을 개별적인 MLP(층이 아주 많을 수도 있는)로 두자고 제안했다. 그림 10.13의 (b)가 그러한 예이다. 표현 수용력을 생각하면 각 블록에 충분한 수용력을 두는 것이 바람직하겠지만, 신경망이 깊어지면 최적화가 어려워져서 학습에 해가 될 수 있다. 일반적으로 아키텍처가 얕을수록 최적화가 쉽고, 그림 10.13의 (b)처럼 깊이를 추가하면 시간 단계 t에서의 한 변수에서 시간 단계 $t+1$에서의 한 변수로 가는 최단 경로가 더 길어진다. 예를 들어 상태 전이에 은닉층이 하나인 MLP를 사용한다면, 임의의 두 시간 단계의 변수들 사이의 최단 경로의 길이가 두 배가 된다(그림 10.3에 나온 보통의 RNN과 비교할 때). 그러나 [Pascanu 외, 2014a]가 주장했듯이, 은닉-은닉 변환의 경로에 건너뛰기 연결들을 도입함으로써 이를 완화하는 것도 가능하다. 그림 10.13의 (c)가 그러한 예이다.

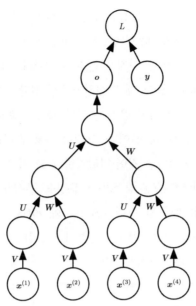

그림 10.14: 재귀 신경망의 계산 그래프는 순환 신경망에 쓰이는 사슬 형태의 계산 그래프를 트리 형태로 일반화한 것이다. 이러한 계산 그래프는 가변 크기 순차열 $x^{(1)}, x^{(2)}, ..., x^{(t)}$를 고정된 개수의 매개변수들(가중치 행렬 U, V, W)을 가진 고정 크기 표현(출력 o)으로 사상할 수 있다. 그림은 순차열 전체와 연관된 어떤 목푯값 y가 주어진 지도 학습 상황을 나타낸 것이다.

10.6 재귀 신경망

재귀 신경망(recursive neural network)은[3] 순환 신경망의 또 다른 일반화에 해당한다. 재귀 신경망은 앞에서 이야기한 RNN과는 다른 종류의 계산 그래프를 사용한다. RNN의 계산 그래프는 사슬 형태이지만 재귀 신경망의 계산 그래프는 깊은 트리 형태이다. 그림 10.14에 재귀 신경망의 전형적인 계산 그래프가 나와 있다. 재귀 신경망은 [Pollack, 1990]이 소개했으며, 이후 [Bottou, 2011]은 추론 학습에 대한 재귀 신경망의 잠재적인 용도를 서술했다. 재귀 신경망은 **자료구조**(data structure)를 신경망의 입력으로 삼아서 처리하는 응용 분야(Frasconi 외, 1997; Frasconi 외, 1998)와 자연어 처리(Socher 외, 2011a; Socher 외, 2011c; Socher 외, 2013a), 그리고 컴퓨터 시각(Socher 외, 2011b)에 성공적으로 적용되었다.

---

3) 'recursive neural network'을 'RNN'으로 줄여 쓰는 것은 바람직하지 않다. 'recurrent neural network(순환 신경망)'와 혼동할 수 있기 때문이다.

순환 신경망과 비교할 때 재귀 신경망의 한 가지 명백한 장점은, 순차열의 길이가 τ라 할 때 순환 신경망의 깊이(비선형 연산들의 합성 개수를 기준으로 한)는 τ이지만 재귀 신경망의 깊이는 $O(\log\tau)$밖에 되지 않는다는 것이다. 이러한 장점은 장기 의존관계를 다루는 데 도움이 될 수 있다. 재귀 신경망에서 정답이 없는 문제 하나는, 트리의 구조를 어떻게 잡는가이다. 한 가지 옵션은 그냥 자료에 의존하지 않는 트리 구조(이를테면 균형 이진 트리)를 사용하는 것이다. 그러나 응용에 따라서는 외부 요인에 근거해서 적절한 트리 구조를 선택하는 것이 바람직할 수도 있다. 예를 들어 자연어 문장을 처리할 때는 자연어 파서parser(구문 분석기)가 문장을 분석해서 산출한 파스 트리parse tree의 구조를 그대로 사용해도 될 것이다(Socher 외, 2011a; Socher 외, 2013a). 이상적인 방식은, 학습 모형 자체가 임의의 주어진 입력에 적합한 트리 구조를 발견, 추론하는 것이다. [Bottou, 2011]이 그런 방식을 제안한 바 있다.

재귀 신경망 개념을 여러 가지로 변형하는 것도 가능하다. 예를 들어 [Frasconi 외, 1997]과 [Frasconi 외, 1998]에 나온 방법은 자료에 하나의 트리 구조를 연관시키고 입력들과 목표들에 그 트리의 개별 노드들을 연관시킨다. 이때 각 노드는 전통적인 인공 뉴런 계산(모든 입력의 어파인 변환 후 단조 비선형성 적용)과는 다른 종류의 계산도 수행할 수 있다. 예를 들어 [Socher 외, 2013a]는 텐서 연산과 겹선형 형식(binlinear form)의 사용을 제안했다. 개념(concept)을 벡터 내장(embedding)을 이용해서 연속된 벡터들로 표현한다고 할 때, 그런 방식이 개념들 사이의 관계를 모형화하는 데 유용하다는 점이 그 전에 밝혀진 바 있다(Weston 외, 2010; Bordes 외, 2012).

10.7 장기 의존성의 어려움

§8.2.5에서 소개했듯이, 장기 의존성(long-term dependency; 또는 장기 의존관계)의 학습에서 나타나는 수학적 문제점 하나는 여러 단계에 걸쳐 전파되는 기울기들이 소멸하거나 폭발하는 경향이 있다는 것이다. 대부분의 경우는 소멸이 발생하고, 폭발은 드물게 일어나지만 최적화에 미치는 악영향이 훨씬 크다. 매개변수들이 적당해서 순환 신경망이 안정적(신경망이 기억들을 저장할 수 있으며, 기울기들이 폭발하지 않는)이라고 가정하는 경우에도, 단기 상호작용들에 주어지는 가중치들보다 지수적으로 작은 가중치들

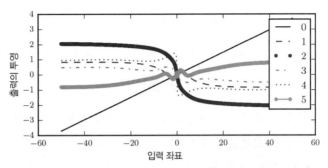

그림 10.15: 반복된 함수 합성. 여러 비선형 함수(여기에 나온 선형 tanh 층 같은)들을 합성하면 그 결과가 고도로 비선형적인 행동을 보인다. 흔히, 대부분의 값의 미분이 아주 작고, 일부 값들은 미분이 크고, 값의 증가와 감소가 번갈아 일어난다. 이 그래프에서 y축은 100차원 은닉 상태를 선형 투영을 통해서 1차원으로 축약한 것이고, x축은 그 100차원 공간의 한 무작위 방향을 기준으로 한 초기 상태의 좌표이다. 이 그래프를 고차원 함수의 한 선형 단면(cross-section)으로 보아도 좋다. 그래프는 각 시간 단계 이후의, 다른 말로 하면 각 합성 횟수에서의 전이 함수의 값을 보여준다.

이 장기 상호작용들(다수의 야코비 행렬 곱셈들이 관여하는)에 주어진다면 장기 의존성과 관련된 어려움이 발생할 수 있다. 이 문제를 좀 더 깊게 논의한 문헌들이 여럿 있다 (Hochreiter, 1991; Doya, 1993; Bengio 외, 1994; Pascanu 외, 2013). 이번 절에서는 이 문제를 §8.2.5에서 다룬 것보다 더 자세하게 설명하고, 이후의 절들에서는 이 문제를 극복하는 여러 접근 방식을 살펴본다.

순환 신경망은 같은 함수를 시간 단계당 한 번씩 여러 번 합성한다. 그러한 다수의 합성(composition) 때문에 신경망이 극도로 비선형적인 방식으로 행동할 수 있다. 그림 10.15가 그러한 예를 보여준다.

특히, 순환 신경망이 사용하는 함수 합성은 행렬 곱셈과 다소 비슷하다. 점화식

$$\boldsymbol{h}^{(t)} = \boldsymbol{W}^{\top} \boldsymbol{h}^{(t-1)} \tag{10.36}$$

을 비선형 활성화 함수가 없고 입력 $\boldsymbol{x}$도 없는 아주 단순한 순환 신경망으로 간주할 수 있다. §8.2.5에서 설명했듯이, 이러한 점화식은 본질적으로 하나의 거듭제곱법(power method)을 나타낸다. 이를 다음과 같이 좀 더 간단한 공식으로 정리할 수 있다.

$$\boldsymbol{h}^{(t)} = \left(\boldsymbol{W}^{t}\right)^{\top} \boldsymbol{h}^{(0)}. \tag{10.37}$$

그리고 만일 $\boldsymbol{W}$의 고윳값 분해가 다음과 같은 형태이면(여기서 $\boldsymbol{Q}$는 직교 행렬)

$$W = Q\Lambda Q^\top,$$ (10.38)

이 점화식을 다음과 같이 좀 더 간단하게 표현할 수 있다.

$$h^{(t)} = Q^\top \Lambda^t Q h^{(0)}.$$ (10.39)

고윳값들이 t를 지수로 해서 거듭제곱되므로, 크기가 1보다 작은 고윳값은 0으로 소멸하고 크기가 1보다 큰 고윳값은 폭발한다. 결과적으로, $h^{(0)}$의 성분 중 가장 큰 고유벡터와 방향이 맞지 않는 모든 성분은 결국 폐기된다.

이 문제점은 순환 신경망에서 두드러진다. 단순함을 위해 벡터 대신 스칼라를 사용한다고 하자. 순환 신경망은 가중치 w를 그 자신과 여러 번 곱할 것이며, 그 거듭제곱 w^t은 w의 크기에 따라 소멸하거나 폭발한다. 그러나 시간 단계마다 다른 가중치 $w^{(t)}$를 사용하는 비순환 신경망에서는 상황이 다르다. 초기 상태가 1이라고 할 때, 시간 t에서의 상태는 곱 $\prod_t w^{(t)}$이다. $w^{(t)}$ 값들을 서로 독립적으로, 평균이 0이고 분산이 v인 분포에 따라 무작위로 생성한다고 가정하자. 그러면 곱의 분산은 $O(v^n)$이다. 우리가 원하는 분산이 v^*라고 하면, 분산이 $v = \sqrt[n]{v^*}$인 가중치들을 선택하면 된다. 정리하자면, 아주 깊은 순방향 신경망에서 비례 계수를 세심하게 선택하면 기울기가 소멸히거니 폭발하는 문제를 피할 수 있다. 이 점은 [Sussillo, 2014]도 주장한 바 있다.

RNN의 기울기 소멸 및 폭발 문제는 여러 연구자가 각자 독립적으로 발견했다 (Hochreiter, 1991; Bengio 외, 1993; Bengio 외, 1994). 그냥 기울기들이 소멸하거나 폭발하지 않는 영역으로 매개변수들을 한정한다면 이 문제를 피할 수 있지 않을까 하는 생각이 들 수도 있지만, 안타깝게도 작은 섭동에 대해 안정적이도록 기억들을 저장하려면 RNN은 반드시 기울기들이 소멸하는 매개변수 영역으로 들어가야 한다(Bengio 외, 1993; Bengio 외, 1994). 좀 더 구체적으로 말하면, 모형이 장기 의존성들을 표현할 수 있다면, 장기 상호작용의 기울기는 그 크기가 단기 상호작용의 기울기보다 지수적으로 작다. 이는 장기 의존성들을 배우는 것이 불가능하다는 뜻이 아니라, 학습에 아주 오랜 시간이 걸릴 수 있다는 뜻이다. 학습이 오래 걸리는 것은, 장기 의존성들에 대한 신호가 단기 의존성들에서 비롯된 아주 작은 변동(fluctuation)들에 가려지는 경향이 있기 때문이다. 실제로, [Bengio 외, 1994]의 실험들에 따르면 포착해야 할 의존성들의 기간을 늘릴수록 기울기 기반 최적화가 점점 어려워져서, 순차열의 길이가 10이나 20 정도만 되어도 전통적인 RNN을 확률적 경사 하강법으로 훈련해서 학습에 성공할 확률이 급격히 0에 접근한다.

동역학계로서의 순환 신경망에 관한 좀 더 깊은 논의는 [Doya, 1993], [Bengio 외, 1994], [Siegelmann & Sontag, 1995] 등을 보기 바란다. 이번 절의 주제를 개괄한 문헌으로는 [Pascanu 외, 2013]이 있다. 이번 장의 나머지 절들은 장기 의존성 학습의 어려움을 완화하는 수단으로 제안된 여러 접근 방식(RNN이 수백 단계 이상 떨어진 의존관계를 학습할 수 있게 하는 것들도 포함해서)들을 살펴본다. 여러 접근 방식이 제안되긴 했지만, 장기 의존성 학습의 어려움은 여전히 심층 학습의 주된 난제로 남아 있다는 점도 기억하기 바란다.

10.8 반향 상태 신경망

$h^{(t-1)}$에서 $h^{(t)}$로의 순환 가중치 사상과 $x^{(t)}$에서 $h^{(t)}$로의 입력 가중치 사상은 순환 신경망에서 학습하기 가장 어려운 매개변수들에 속한다. 그러한 어려움을 해소하기 위해 제안된 접근 방식 하나는, 순환 은닉 단위들이 과거 입력들의 역사를 제대로 포착할 수 있도록 순환가중치들을 설정하되 신경망이 **출력 가중치들만 배우게** 하는 것이다(Jaeger, 2003; Maass 외, 2002; Jaeger & Haas, 2004; Jaeger, 2007b). 이러한 접근 방식을 바탕으로 **반향 상태 신경망**(echo state network, ESN; Jaeger & Haas, 2004; Jaeger, 2007b)과 **액체 상태 기계**(liquid state machine; Maass 외, 2002)가 각자 독립적으로 제시되었다. 둘은 거의 비슷하나, ESN은 연속값 은닉 단위들을 사용하는 반면 후자는 스파이킹 뉴런 spiking neuron(이진 값을 출력하는)을 사용한다. ESN과 액체 상태 기계를 통칭해서 **저장소 컴퓨팅**(reservoir computing)이라고 부른다(Lukoševičius & Jaeger, 2009). 저장소 컴퓨팅은 은닉 단위들이 입력 역사의 서로 다른 측면들을 포착할 수 있는 시간적 특징들의 저장소를 형성한다는 점에서 비롯된 용어이다.

이러한 저장소 RNN들을 핵 기계(kernel machine)와 비슷한 것으로 생각하면 이해에 도움이 될 것이다. 즉, 저장소 RNN은 임의의 길이의 순차열(시간 t까지의 입력 역사)을 고정 길이 벡터(순환 상태 $h^{(t)}$)로 사상하며, 그러한 벡터에 선형 예측기(보통은 선형회귀 모형)를 적용함으로써 주어진 문제를 풀 수 있다. 그러면 훈련 판정기준은 그냥 출력 가중치들의 함수로서의 볼록함수로 두면 된다. 예를 들어 신경망의 출력이 은닉 단위들에서 출력 목푯값들로의 선형회귀로 구성되고 훈련 판정기준이 평균제곱오차이면, 그것은 볼록함수이므로 간단한 학습 알고리즘들로 신뢰성 있게 풀 수 있을 것이다 (Jaeger, 2003).

따라서 중요한 질문은, 순환 신경망 상태가 풍부한 역사를 표현할 수 있도록 입력 가중치들과 순환 가중치들을 설정하는 방법은 무엇인가라는 것이다. 이에 대해 저장소 컴퓨팅 관련 문헌들이 제시한 답은, 순환 신경망을 하나의 동역학계로 간주해서, 입력 가중치들과 순환 가중치들을 그러한 동역학계가 안정성의 가장자리에 놓이게 하는 값들로 설정한다는 것이다.

원래의 착안은 상태 전이 함수의 야코비 행렬의 고윳값들을 1에 가깝게 둔다는 것이었다. §8.2.5에서 설명했듯이, 순환 신경망의 중요한 특성 하나는 야코비행렬 $J^{(t)} = \dfrac{\partial s^{(t)}}{\partial s^{(t-1)}}$ 의 고윳값 스펙트럼이다. 특히 $J^{(t)}$의 **스펙트럼 반경**(spectral radius)이 중요한데, 이 스펙트럼 반경은 절댓값이 가장 큰 고윳값의 절댓값으로 정의된다.

스펙트럼 반경의 효과를 이해하기 위해, t에 따라 변하지 않는 야코비 행렬 J를 가진 신경망의 역전파를 생각해 보자. 예를 들어 신경망이 순수하게 선형일 때는 야코비 행렬이 시불변일 수 있다. v가 J의 한 고유벡터이고 λ는 해당 고윳값이라고 할 때, 기울기 벡터를 시간 역순으로 전파하면 어떤 일이 생기는지 고찰해 보자. 초기 기울기 벡터가 g로 시작해서 역전파를 한 단계 수행하고 나면 기울기 벡터는 Jg가 되며, n단계 후에는 $J^n g$가 된다. 이번에는 g를 섭동(pertubation)한 버전을 역전파한다고 하자. 그러면 $g + \delta v$로 시작해서 한 역전파 단계 후의 기울기들은 $J(g + \delta v)$, n단계 후에는 $J^n(g + \delta v)$이다. 두 경우를 비교해 보면, g로 시작하는 역전파와 $g + \delta v$로 시작하는 역전파는 n단계 후에 $\delta J^n v$만큼 다르다. J의 단위 고유벡터(해당 고윳값이 λ인) 하나를 v로 둔다면, 각 단계에서 야코비 행렬 곱셈은 그냥 그 차이를 일정 비율로 비례하는 효과만 낸다. 즉, 두 역전파 방법은 $\delta \lambda^n$만큼 떨어져 있다. v가 $|\lambda|$의 가장 큰 값에 해당한다면, 초기 섭동 크기 δ로 얻을 수 있는 가장 넓은 분리 거리가 나오게 된다.

$|\lambda| > 1$일 때는 두 방법의 거리 $\delta \lambda^n$이 지수적으로 커진다. $|\lambda| < 1$일 때는 그 거리가 지수적으로 작아진다.

물론 이 예는 모든 시간 단계에서 야코비 행렬이 동일하다고 가정한 것이다. 이러한 가정은 비선형성이 없는 순환 신경망에 해당한다. 비선형성이 존재하는 경우에는 여러 시간 단계 후에 비선형성의 미분이 0에 접근하므로 큰 스펙트럼 반경 때문에 생기는 폭발이 방지된다. 실제로, 반향 상태 신경망에 관한 최근 문헌들은 대부분 단위원單位元 (unity)※보다 훨씬 큰 스펙트럼 반경을 사용할 것을 권한다(Yildiz 외, 2012; Jaeger, 2012).

행렬 곱셈의 반복을 통한 역전파에 관해 지금까지 이야기한 모든 것은 비선형성이 없는, 상태가 $h^{(t+1)} = h^{(t)\top} W$로 정의되는 신경망의 순전파에도 동일하게 적용된다.

선형 사상 $W^\top$가 항상 h를 축소(L^2 노름을 기준으로)할 때, 그러한 사상을 **축약** (contractive) 사상이라고 부른다. 스펙트럼 반경이 1보다 작으면 $h^{(t)}$에서 $h^{(t+1)}$로의 사상은 축약 사상이다. 따라서 작은 변화는 시간 단계마다 더욱 작아진다. 결과적으로, 상태 벡터를 유한한 정밀도(이를테면 32비트 정수 형식)로 저장한다면 신경망은 과거의 정보를 잊게 된다.

야코비 행렬은 $h^{(t)}$의 작은 변화가 다음 단계(순방향)로 어떻게 전파되는지 말해 준다. 또는, 야코비 행렬이 역전파 과정에서 $h^{(t+1)}$의 기울기가 이전 단계(역방향)로 어떻게 전파되는지 말해 준다고 해도 마찬가지이다. 이때 W나 J가 반드시 대칭행렬일 필요는 없음을 주목하기 바란다(단, 둘 다 정방행렬이자 실숫값 행렬이어야 한다). 따라서 둘 다 고윳값과 고유벡터가 복소수일 수 있다. 이때 허수부는 잠재적인 진동 행동 (oscillatory behavior)에 대응된다(동일한 야코비 행렬을 반복해서 적용하는 경우). $h^{(t)}$나 $h^{(t)}$의 작은 변동이 실숫값 벡터라고 해도, 그런 벡터들을 그런 복소수 기저(complex-valued basis) 안에서 표현할 수 있다. 여기서 중요한 것은, 행렬에 벡터를 곱할 때 그런 잠재적으로 복소수일 수 있는 기저 계수들의 크기가 어떻게 변하는가이다. 크기가 1보다 큰 고윳값은 확대(반복 적용 시 지수적 증가) 또는 축소(반복 적용 시 지수적 감소)에 대응된다.

비선형 사상의 경우에는 야코비 행렬이 단계마다 다를 수 있다. 따라서 해당 동역학이 좀 더 복잡해진다. 그렇지만 초기의 작은 변동이 여러 단계 후에 큰 변동으로 바뀐다는 점은 선형의 경우와 동일하다. 순수하게 선형인 사상과 비선형 사상의 한 가지 차이점은, tanh처럼 넓은 정의역 또는 다양한 입력값을 좁은 치역 또는 소수의 출력값으로 줄이는 '압착(squashing)' 비선형 함수를 사용하면 순환 동역학이 유계(bounded)가 될 수 있다는 것이다. 순전파의 동역학이 유계라고 해도 역전파의 동역학은 여전히

※ **역주** 참고로 단위원은 곱셈에 대한 항등원으로, 실수 집합에서는 그냥 1이다. 간단히 말해서 단위원은 친숙한 수 '1'을 실수뿐만 아니라 곱셈이 정의되는 모든 종류의 수학적 대상(특히, 임의의 차원의 벡터나 행렬, 텐서)에 대해 일반화한 것이라 할 수 있다.

유계가 아닐 수 있음을 주목하기 바란다. 예를 들어 일련의 tanh 단위들이 선형 영역 안에 있으며 그 단위들이 스펙트럼 반경이 1보다 큰 가중치 행렬들로 연결되어 있을 때 그럴 수 있다. 그렇긴 하지만, 모든 tanh 단위가 동시에 자신의 선형 활성화 지점에 놓이는 경우는 드물다.

반향 상태 신경망의 전략은 그냥 가중치들의 스펙트럼 반경을, 정보가 시간순으로 흐르되 tanh 같은 비선형성이 포화해서 생기는 안정화 효과 덕분에 폭발이 일어나지 않게 하는 어떤 값(3 등)으로 고정하는 것이다.

좀 더 최근에는 ESN의 가중치들을 설정하는 데 쓰이는 기법들을 전체 훈련이 가능한 순환 신경망(은닉 대 은닉 순환 가중치들을 시간 역전파를 이용해서 훈련하는)의 가중치들을 **초기화**하는 데 사용함으로써 장기 의존성들의 학습을 개선하는 것이 가능하다는 점이 밝혀졌다. 그런 설정에서, 초기 스펙트럼 반경을 1.2로 잡고 §8.4에서 설명한 희소 초기화 방안을 적용하면 신경망이 좋은 성과를 낸다.

10.9 누출 단위 및 여러 다중 시간 축척 전략

장기 의존성을 처리하는 한 가시 방법은 모형이 여러 시간 축척(time scale)들에서 작동하도록 설계하는 것이다. 즉, 모형의 일부는 조밀한(fine-grained) 시간 축척에서 작동해서 작은 세부사항들을 처리하고, 또 다른 일부는 성긴(coarse) 시간 축척 척도에서 작동해서 먼 미래의 정보가 현재로 좀 더 효율적으로 전달되게 만드는 것이다. 조밀한 시간 축척과 성긴 시간 축척을 모두 지원하는 모형을 구축하는 전략은 여러 가지이다. 이를테면 건너뛰기 연결(skip connection; 또는 지름길 연결)을 모형에 추가해서 일부 시간 단계들을 건너뛰거나, 서로 다른 시간 상수를 가진 '누출 단위(leaky unit)'들로 여러 신호를 통합하거나, 조밀한 시간 축척에 쓰이는 연결들의 일부를 제거하는 등의 전략이 있다.

10.9.1 시간 건너뛰기 연결 추가

모형이 작동하는 시간 축척을 성기게 만드는 한 가지 방법은 먼 과거의 변수들이 현재의 변수들에 직접 연결되는 일종의 지름길을 만드는 것이다. 그런 건너뛰기 연결을 사용한다는 착안은 [Lin 외, 1996]에서 비롯된 것인데, 좀 더 거슬러 올라가면 순방향 신경망에 지연을 도입한다는 착안(Lang & Hinton, 1988)에 뿌리를 두고 있다. 보통의 순환 신경망에는 시간 t에서의 한 단위와 시간 $t+1$에서의 한 단위를 잇는 순환 연결들이 있다. 그런데 연결된 두 단위의 시간 차이('지연')가 그보다 큰 순환 신경망도 만들 수 있다(Bengio, 1991).

§8.2.5에서 보았듯이, 시간 단계의 수에 따라서는 기울기들이 지수적으로 소멸하거나 폭발할 수 있다. [Lin 외, 1996]은 시간 지연이 d인 순환 연결을 이용해서 그러한 문제점을 완화하는 방법을 제시했다. 그 방법을 적용하면 기울기들은 τ가 아니라 $\frac{\tau}{d}$의 함수로서 지수적으로 소멸한다. 한 순환 신경망에 시간 지연 연결들과 단일 시간 단계 연결들이 공존하므로, 기울기들이 τ에 따라 지수적으로 폭발할 여지는 여전히 남아 있다. 이 덕분에 학습 알고리즘은 더 긴 의존성들을 잡아낼 수 있게 된다. 그러나 이 방법으로는 잘 표현할 수 없는 장기 의존성도 존재할 수 있다.

10.9.2 누출 단위와 서로 다른 시간 축척들의 스펙트럼

미분들의 곱이 1에 가까워지는 경로들을 얻는 또 다른 방법은 선형 자기 연결(self-connection)들을 가진, 그리고 그런 연결들에서 가중치가 1에 가까운 단위들을 사용하는 것이다.

어떤 값 $v^{(t)}$의 이동 평균 $\mu^{(t)}$를 $\mu^{(t)} \leftarrow \alpha\mu^{(t-1)} + (1-\alpha)v^{(t)}$ 갱신을 반복 적용해서 누적한다고 하자. 이때 매개변수 α가 바로 $\mu^{(t-1)}$에서 $\mu^{(t)}$로의 선형 자기 연결의 예이다. α가 1에 가까운 값이면 이동 평균은 먼 과거의 정보를 기억한다. α가 0에 가까운 값이면 과거의 정보는 빠르게 폐기된다. 선형 자기 연결이 있는 은닉 단위들은 이런 이동 평균과 비슷하게 행동한다. 그런 은닉 단위를 **누출 단위**(leaky unit)라고 부른다.

d개의 시간 단계를 건너뛰는 연결을 두는 것은 하나의 단위가 시간상으로 d단계 이전의 값을 반영하도록 학습하는 한 방법이다. 선형 자기 연결과 1에 가까운 가중치를 사용하는 것은 한 단위가 과거의 값들에 접근하게 하는 또 다른 방법이다. 선형 자기 연결 접근 방식은 정수 건너뛰기 길이가 아니라 실수 α를 사용하므로, 그러한 과거 참조 효과를 좀 더 매끄럽고 유연하게 조율할 수 있다.

이러한 착안들은 [Mozer, 1992]와 [El Hihi & Bengio, 1996]이 제안했다. 그리고 누출 단위는 반향 상태 신경망의 맥락에서도 유용하다는 점이 밝혀졌다(Jaeger 외, 2007).

누출 단위에 쓰이는 시간 상수들을 설정하는 전략은 크게 두 가지이다. 하나는 그냥 고정된 값을 직접 지정하는 것인데, 이를테면 초기화 시점에서 어떤 분포에서 그런 상수들을 추출해서 사용할 수도 있다. 또 다른 전략은 시간 상수를 자유 매개변수로 두어서 신경망이 학습하게 하는 것이다. 서로 다른 시간 축척들에서 그런 누출 단위를 두면 장기 의존성을 처리하는 데 도움이 되는 것으로 보인다(Mozer, 1992; Pascanu 외, 2013).

10.9.3 연결 제거

장기 의존성을 처리하는 또 다른 전략은, RNN의 상태를 서로 다른 여러 시간 축척에서 처리해서(El Hihi & Bengio, 1996), 성긴 시간 축척에서는 멀리 떨어져 있는 시간 단계들 사이에서 정보가 좀 더 수월하게 흐르게 하는 것이다.

앞에서 논의한 시간 건너뛰기 연결 추가 방법도 기본적으로 그런 방식이었지만, 지금 말하는 방식은 길이가 1인 연결을 능동적으로 **제거**하고 더 긴 연결을 삽입한다는 점이 건너뛰기 연결 추가와 다르다. 이런 방식으로 수정된 단위들은 간격이 더 긴 시간 축척에서 작동하게 된다. 반면, 시간 건너뛰기 연결은 간선을 **추가한다**. 그런 새 연결이 추가된 단위는 긴 시간 축척에서 작동하는 방법을 배울 수도 있지만, 그냥 자신의 다른 단기 연결들에 집중할 수도 있다.

여러 순환 난위 그룹들이 서로 다른 시간 축척들에서 작동하도록 강제하는 방법은 여러 가지이다. 하나는 누출 단위들로 이루어진 순환 단위 그룹들을 각자 서로 다른 고정된 시간 축척과 연관시키는 것이다. 이 방법은 [Mozer, 1992]가 제안했고, [Pascanu 외, 2013]에서 성공적으로 쓰였다. 또 다른 방법은 서로 다른 시간 축척들에서 갱신들을 명시적이고 이산적으로 수행하는 것인데, 간단히 말하면 단위 그룹들을 각자 다른 빈도로 갱신하는 것이다. [El Hihi & Bengio, 1996]과 [Koutnik 외, 2014]가 이러한 접근 방식을 사용한다. 이 방법은 여러 벤치마크용 자료 집합에 대해 잘 작동했다.

10.10 장단기 기억과 기타 게이트 제어 RNN들

이 책을 쓰는 현재, 실제 응용에 쓰이는 가장 효과적인 순차열 모형은 게이트로 제어되는 RNN(gated RNN), 줄여서 **게이트 제어 RNN**이라는 것이다. **장단기 기억**(long short-term memory) 신경망과 **게이트 제어 순환 단위**(gated recurrent unit)에 기초한 여러 신경망이 이 게이트 제어 RNN에 속한다.

누출 단위를 사용하는 순환 신경망처럼, 게이트 제어 RNN은 미분들이 소멸하지도, 폭발하지도 않는 시간 경로를 만들어 낸다는 착안에 기초한다. 누출 단위 접근 방식에서는 연결 가중치들을 직접 지정하거나 매개변수로 두어 학습함으로써 그러한 경로를 만들어 낸다. 게이트 제어 RNN은 이를 가중치들이 시간 단계마다 변할 수 있는 모형으로 일반화한다.

누출 단위 접근 방식에서는 신경망이 정보(특정한 특징 또는 범주에 대한 증거 등)를 오랜 기간에 걸쳐 **누적**할 수 있다. 그러나 그러한 정보가 일단 사용된 후에는, 신경망이 기존 상태를 **잊어버리는** 것이 유용할 수 있다. 예를 들어 순차열이 여러 부분순차열(subsequence)들로 이루어지며, 하나의 누출 단위가 각 부분순차열 안에 증거를 누적하게 만든다고 하자. 그러려면 기존 상태를 0으로 설정해서 신경망이 과거의 정보를 망각하게 만드는 메커니즘이 필요하다. 기존 상태를 언제 제거할지를 명시적으로 지정하기보다는, 그 시점을 결정하는 방법을 신경망이 배우게 하는 것이 바람직하다. 게이트 제어 RNN이 하는 일이 바로 그것이다.

10.10.1 장단기 기억(LSTM)

초창기 **장단기 기억**(long short-term memory, LSTM) 모형은 자기 루프(self-loop)를 도입함으로써 기울기가 오랜 기간 흐를 수 있는 경로가 만들어지게 한다는 현명한 착안에 기초한 것이다(Hochreiter & Schmidhuber, 1997). 이후 그러한 자기 연결 루프에 대한 가중치를 고정하는 것이 아니라 문맥에 대해 조건화한다는 중요한 수정이 가해졌다(Gers 외, 2000). 이처럼 자기 연결 루프의 가중치를 조건화하면, 즉 다른 어떤 은닉 단위가 '게이트' 역할을 해서 가중치를 제어하게 만들면, 적분(통합)의 시간 축척이 동적으로 변하게 할 수 있다. 심지어 고정된 매개변수들을 가진 LSTM에서도 적분의 시간 축척이 입력 순차열에 따라 변할 수 있는데, 이는 시간 상수들을 모형 자신이 출력하는 덕분이다. LSTM은 여러 응용에서 대단히 성공적임이 밝혀졌다. 이를테면 제약 없는

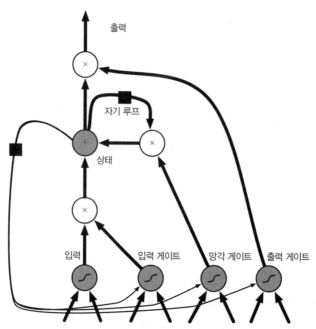

그림 10.16: LSTM 순환 신경망의 '기억 세포'의 구조. 보통의 순환 신경망에 쓰이는 은닉 단위들을 대신하는 이 기억 세포들은 서로 순환적으로 연결되어 있다. 하나의 세포에서, 보통의 인공 뉴런 단위가 주어진 입력들에 기초해서 하나의 입력 특징을 산출한다. 만일 S자형 입력 게이트가 허용한다면, 그 입력 특징이 상태에 누적된다. 상태 단위에는 선형 자기 루프가 있는데, 그 루프의 가중치는 망각 게이트가 결정한다. 비슷하게, 기억 세포의 출력은 출력 게이트가 통과시키거나 차단한다. 모든 게이트 단위는 S자형 비선형성을 사용한다. 그리고 입력 단위에 임의의 압착 비선형성을 둘 수 있다. 검은 사각형은 시간 단계 하나 분량의 지연을 뜻한다.

필기 인식(Graves 외, 2009), 음성 인식(Graves 외, 2013; Graves & Jaitly, 2014), 필기 생성(Graves, 2013), 기계 번역(Sutskever 외, 2014), 이미지 캡션 달기(Kiros 외, 2014b; Vinyals 외, 2014b; Xu 외, 2015), 파싱(Vinyals 외, 2014a) 등에서 큰 성과를 거두었다.

그림 10.16은 장단기 기억의 구조도이다. 그리고 그 아래의 수식들은 이에 해당하는, 얕은 순환 신경망 아키텍처를 위한 순전파를 정의한다. 더 깊은 아키텍처들도 성공적으로 쓰인 바 있다(Graves 외, 2013; Pascanu 외, 2014a). LSTM 순환 신경망은 그냥 성분별 비선형성을 입력들과 순환 단위들의 어파인 변환에 적용하는 단위들이 아니라 '장단기 기억 세포'들로 구성된다. 장단기 기억 세포(LSTM 세포)에는 RNN의 바깥쪽 순환으로의 연결뿐만 아니라 내부 순환(자기 루프) 연결도 있다. 각 세포의 입력들과 출력들은 보통의 순환 신경망 단위의 것들과 동일하지만, 매개변수들이 더 많다. 그리고 각

세포에는 정보의 흐름을 제어하는 게이트 시스템이 존재한다. 한 세포의 가장 중요한 구성요소는 상태 단위 $s_i^{(t)}$인데, 이 단위에는 이전 절에서 설명한 누출 단위의 것과 비슷한 선형 자기 루프가 존재한다. 누출 단위와 다른 점은, 자기 루프 가중치(또는 연관된 시간 상수)를 **망각 게이트**(forget gate) 단위가 제어한다는 것이다. 시간 단계 t에서의 세포 i에 대한 망각 게이트를 $f_i^{(t)}$로 표기하겠다. 이 게이트는 S자형 단위를 통해서 가중치의 값을 0 또는 1로 설정한다.

$$f_i^{(t)} = \sigma\left(b_i^f + \sum_j U_{i,j}^f x_j^{(t)} + \sum_j W_{i,j}^f h_j^{(t-1)}\right). \tag{10.40}$$

여기서 $\boldsymbol{x}^{(t)}$는 현재 입력 벡터이고 $\boldsymbol{h}^{(t)}$는 모든 LSTM 세포의 출력을 담은 현재 은닉층 벡터이다. 그리고 $\boldsymbol{b}^f$와 $\boldsymbol{U}^f$, $\boldsymbol{W}^f$는 각각 망각 게이트들의 치우침 항들, 입력 가중치들, 순환 가중치들이다. LSTM 세포의 내부 상태는 이러한 조건부 자기 루프 가중치 $f_i^{(t)}$에 따라 다음과 같이 갱신된다.

$$s_i^{(t)} = f_i^{(t)} s_i^{(t-1)} + g_i^{(t)} \sigma\left(b_i + \sum_j U_{i,j} x_j^{(t)} + \sum_j W_{i,j} h_j^{(t-1)}\right). \tag{10.41}$$

여기서 $\boldsymbol{b}$, $\boldsymbol{U}$, $\boldsymbol{W}$는 각각 LSTM 세포의 치우침 항들, 입력 가중치들, 순환 가중치들이다. **외부 입력 게이트**(external input gate) 단위 $g_i^{(t)}$의 계산도 망각 게이트와 비슷한 방식(S자형 단위가 게이트 제어 값 0 또는 1을 결정하는)이되, 개별적인 매개변수들을 사용한다.

$$g_i^{(t)} = \sigma\left(b_i^g + \sum_j U_{i,j}^g x_j^{(t)} + \sum_j W_{i,j}^g h_j^{(t-1)}\right). \tag{10.42}$$

LSTM 세포의 출력 $h_i^{(t)}$ 역시 게이트에 의해 차단될 수 있다. 그러한 역할을 하는 **출력 게이트**(output gate) $q_i^{(t)}$도 다른 게이트들처럼 S자형 단위를 사용한다.

$$h_i^{(t)} = \tanh\left(s_i^{(t)}\right) q_i^{(t)}, \tag{10.43}$$

$$q_i^{(t)} = \sigma\left(b_i^o + \sum_j U_{i,j}^o x_j^{(t)} + \sum_j W_{i,j}^o h_j^{(t-1)}\right). \tag{10.44}$$

매개변수 $\boldsymbol{b}^o$, $\boldsymbol{U}^o$, $\boldsymbol{W}^o$는 각각 치우침 항들, 입력 가중치들, 순환 가중치들이다. 장단기 기억 세포의 여러 변형 중에는 기억 세포 상태 $s_i^{(t)}$와 그 가중치들을 i번째 단위의 세 게이트에 대한 여분의 입력으로 사용하는 것이 있는데, 그림 10.16이 그러한 변형이다. 이를 위해서는 여분의 매개변수 세 개가 더 필요하다.

LSTM 순환 신경망이 보통의 순환 신경망보다 장기 의존성들을 더 수월하게 학습한다는 점이 밝혀졌다. 처음에는 장기 의존성 학습 능력을 시험하기 위해 인위적으로 만든 자료 집합에 대해 그런 장점이 증명되었지만(Bengio 외, 1994; Hochreiter & Schmidhuber, 1997; Hochreiter 외, 2001), 이후에는 어려운 순차열 처리 과제에서 LSTM 순환 신경망이 최상급의 성과를 낸다는 점이 밝혀졌다(Graves, 2012; Graves 외, 2013; Sutskever 외, 2014). 이후 LSTM의 여러 변형과 대안들이 연구, 활용되었는데, 그럼 그 중 몇 가지를 간단히 살펴보자.

10.10.2 그 밖의 게이트 제어 RNN들

LSTM 아키텍처의 여러 구성요소 중 실제 응용 시 반드시 필요한 것은 무엇일까? LSTM 외에, 신경망이 시간 축척을 동적으로 제어하고 서로 다른 단위들의 행동을 잊을 수 있게 함으로써 좋은 성과를 낸 다른 아키텍처들은 없을까?

게이트 제어 순환 단위(gated recurrent unit, GRU)라고 부르는 단위들로 이루어진 게이트 제어 RNN에 대한 최근 연구 결과(Cho 외, 2014b; Chung 외, 2014; Chung 외, 2015a; Jozefowicz 외, 2015; Chrupala 외, 2015)에서 이런 질문들의 답을 어느 정도 얻을 수 있다. 그런 순환 신경망과 LSTM의 주된 차이점은, 그런 순환 신경망은 하나의 게이트 단위가 상태 단위 갱신 여부와 망각 인자를 동시에 제어한다는 것이다. 해당 갱신 공식은 다음과 같다.

$$h_i^{(t)} = u_i^{(t-1)}h_i^{(t-1)} + (1 - u_i^{(t-1)})\sigma\Big(b_i + \sum_j U_{i,j}x_j^{(t-1)} + \sum_j W_{i,j}r_j^{(t-1)}h_j^{(t-1)}\Big).$$

(10.45)

여기서 u는 '갱신(update)' 게이트를 뜻하고 r은 '재설정(reset)' 게이트를 뜻한다. 이들의 값은 다른 게이트들과 같은 방식으로 정의된다.

$$u_i^{(t)} = \sigma\Big(b_i^u + \sum_j U_{i,j}^u x_j^{(t)} + \sum_j W_{i,j}^u h_j^{(t)}\Big),$$

(10.46)

$$r_i^{(t)} = \sigma\Big(b_i^r + \sum_j U_{i,j}^r x_j^{(t)} + \sum_j W_{i,j}^r h_j^{(t)}\Big).$$

(10.47)

갱신 게이트와 재설정 게이트는 상태 벡터의 성분들을 각자 독립적으로 '무시'할 수 있다. 갱신 게이트는 임의의 차원을 선형적으로 제어하는 조건부 누출 적분기(leaky integrator)처럼 작동한다. 즉, 갱신 게이트는 특정 차원의 성분을 복사하거나(S자형 함수의 한쪽 극단에 해당), 완전히 무시하거나(다른 극단에 해당), 새 '목표 상태' 값으로 대체할 수 있다(누출 적분기가 수렴하고자 하는 쪽으로). 재설정 게이트는 다음 목표 상태의 계산에 쓰일 상태 성분들을 제어함으로써 과거 상태와 현재 상태의 관계에 비선형적으로 영향을 미친다.

이러한 주제를 중심으로 다양한 변형이 가능하다. 예를 들어 재설정 게이트(또는 망각 게이트)의 출력을 여러 은닉 단위가 공유하게 할 수도 있다. 아니면, 전역 게이트(하나의 층 전체 등 어떤 단위 그룹을 통째로 제어하는)의 출력과 국소 게이트(개별 단위를 제어하는)의 출력을 곱해서 전역 제어와 국소(지역) 제어를 결합할 수도 있다. 그러나, LSTM과 GRU의 여러 아키텍처 변형에 관한 여러 조사 결과를 보면, 다양한 과제들에 대해 LSTM과 GRU보다 확실히 나은 성과를 내는 변형은 없었다(Greff 외, 2015; Jozefowicz 외, 2015). [Greff 외, 2015]는 필수 구성요소로 망각 게이트를 꼽았고, [Jozefowicz 외, 2015]는 LSTM 망각 게이트에 1의 치우침 값을 더하면(이는 [Gers 외, 2000]이 권장한 방식이다) LSTM이 조사된 아키텍처 변형 중 최고의 것만큼이나 좋은 성과를 낸다는 점을 발견했다.

10.11 장기 의존성을 위한 최적화

§8.2.5와 §10.7에서 RNN을 여러 시간 단계 동안 최적화할 때 발생하는 가중치 소멸 및 폭발 문제를 설명했다.

이와 관련해서 [Martens & Sutskever, 2011]은 흥미로운 착안을 제시했는데, 1차 미분이 소멸할 때 2차 미분도 함께 소멸할 수 있다는 것이다. 2차 최적화 알고리즘을 쉽게 이해하는 한 방법은 1차 미분을 2차 미분으로 나눈(더 높은 차원에서는, 기울기에 헤세 역행렬을 곱한) 결과를 생각해 보는 것이다. 만일 2차 미분이 1차 미분과 비슷한 속도로 감소한다면, 1차 미분과 2차 미분의 비는 별로 변하지 않을 것이다. 그러나 안타깝게도 그런 2차 최적화 방법들에는 계산 비용이 높고 큰 미니배치가 필요하며 안장점으로 끌려가기 쉽다는 등의 여러 단점이 있다. [Martens & Sutskever, 2011]은 2차 방법들로도 좋은 성과를 낼 가능성이 있음을 보여주었다. 이후 [Sutskever 외, 2013]은 네스트로프 운동량 같은 좀 더 단순한 방법을 사용하되 초기치들을 세심하게 설정한 다면 비슷한 결과를 얻을 수 있음을 발견했다. 좀 더 자세한 사항은 [Sutskever, 2012]를 보기 바란다. 그러나 이 두 접근 방식 모두 그냥 확률적 경사 하강법(심지어는 운동량을 적용하지 않은)을 LSTM에 적용하는 접근 방식에 밀려났다. 이는 최적화하기 좋은 모형을 설계하는 것이 좀 더 강력한 최적화 알고리즘을 설계하는 것보다 훨씬 쉬울 때가 많다는, 기계 학습에서 거듭 등장하는 주제 중 하나에 해당한다.

10.11.1 기울기 절단

§8.2.4에서 논의했듯이, 고도로 비선형적인 함수들(순환 신경망이 여러 시간 단계에 걸쳐 계산하는 함수가 이에 속한다)은 그 미분의 크기가 아주 커지거나 아주 작아지는 경향이 있다. 그림 10.17(그리고 그림 8.3)이 이 점을 나타낸 것이다. 그림 10.17은 목적함수(매개 변수들의 함수로서의)가 형성하는 '지형'에 존재하는 '절벽'을 보여준다. 비교적 넓고 평 평한 두 영역 사이에 있는 목적함수의 값이 급격히 변하는 작은 영역을 자연 지형의

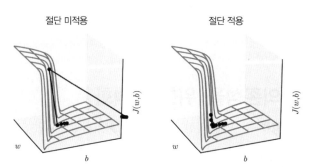

그림 10.17: 두 매개변수 w와 b가 있는 순환 신경망에서 기울기 절단의 효과를 보여주는 예. 기울기 절단을 적용하면 극도로 가파른 절벽 근처에서도 기울기 하강법이 적절히 수행될 수 있다. 순환 신경망에서는, 신경 망이 근사적으로 선형으로 행동하는 영역에서 그런 가파른 절벽이 흔히 나타난다. 절벽은 시간 단계의 수에 지수적으로 가파르다. 이는 각 시간 단계에서 가중치 행렬이 제곱되기 때문이다. (왼쪽) 기울기 절단을 적용하지 않으면 경사 하강 단계에 의해 기울기는 작은 계곡의 바닥에서 절벽을 뛰어넘어서 계곡 위로 올라간다. 기울기가 급격히 커졌기 때문에 매개변수들이 그래프의 축을 아예 벗어났다. (오른쪽) 기울기 절단을 적용하면 경사 하강 단계가 절벽에 대해 좀 더 온건하게 반응한다. 절벽을 거슬러 올라가긴 하지만, 단계 크기가 제한되기 때문에 매개변수들이 해 근처의 가파른 영역을 아예 벗어나지는 않는다. [Pascanu 외, 2013]의 그림을 허락하에 수정했다.

절벽에 비유할 수 있다.

매개변수 기울기가 아주 크면 경사 하강법의 매개변수 갱신 과정에서 매개변수들이 목적함수가 좀 더 커지는 먼 영역으로 단번에 이동할 수 있다. 그러면 현재의 해에 도달하기까지의 성과가 대부분 사라져 버린다. 기울기는 현재 매개변수들이 정의하는 점을 중심으로 한 무한소 영역 안에서 경사가 가장 급한 쪽에 해당하는 방향을 말해 준다. 그 무한소 영역 밖에서는 비용함수의 곡선이 위를 향할 수 있다. 따라서 한 경사 하강 단계의 갱신은 비용이 다시 상승하기 시작하지 않을 정도로 작아야 한다. 일반적으로 쓰이는 방법은, 연속된 단계들의 학습 속도가 대략 같을 정도로 학습 속도를 충분히 느리게 감소하는 것이다. 지형에서 비교적 선형적인 부분에서는 적절한 단계 크기라도, 그다음 단계에서 지형의 좀 더 굴곡진 부분으로 들어가면 단계 크기가 더 이상 적절하지 않아서 비용이 상승하는 결과가 나올 수 있다.

실무자들이 수년간 사용해 온 간단한 해결책은 **기울기 절단**(gradient clipping; 또는 기울기 한정)이다. 기울기를 절단 또는 한정하는 구체적인 방법은 여러 가지이다(Mikolov, 2012; Pascanu 외, 2013). 미니배치의 매개변수를 갱신하기 직전에 매개변수 기울기를 성분별로 절단하는 방법(Mikolov, 2012)도 있고, 매개변수를 갱신하기 직전에 **기울기 g의 노름** $\|g\|$를 절단하는 방법(Pascanu 외, 2013)도 있다. 다음은 후자의 절단 규칙이다.

$$\text{만일 } \|g\| > v \text{이면} \tag{10.48}$$

$$g \leftarrow \frac{gv}{\|g\|}. \tag{10.49}$$

여기서 v는 노름 문턱값이다. 후자, 즉 기울기 노름 절단은 모든 매개변수(가중치들과 치우침 항들 등 서로 다른 매개변수 그룹들을 모두 포함한)의 기울기를 하나의 비례계수로 재정규화하므로, 각 단계가 여전히 기울기 방향을 벗어나지 않는다는 장점이 있다. 그러나 실험 결과에 따르면 전자도 후자와 비슷한 성과를 보인다. 기울기 노름 절단에서는 매개변수 갱신이 진 기울기와 같은 방향을 유지하지만, 매개변수 갱신 벡터의 노름은 유계가 된다. 이러한 유계 기울기는 기울기가 폭발해도 매개변수들이 해에서 너무 멀어지지 않게 하는 효과를 낸다. 그러나 기울기의 크기가 문턱값을 넘으면 그냥 **무작위 단계**(random step)를 적용하는 간단한 방법도 기울기 노름 절단만큼이나 잘 작동한다. 이 방법에서는 폭발이 아주 심해서 기울기가 수치적으로 Inf나 Nan(무한대나 '수가 아닌 수'에 해당)이 되면 크기가 v인 무작위 단계를 적용한다. 앞의 미니배치당 기울기 노름 절단 방법은 개별 미니배치에 대해 기울기의 방향을 변경하지 않는다. 여러 미니 배치에 대해 기울기 노름 절단을 적용해서 얻은 기울기들의 평균을 취하는 것이 진 기울기(모든 견본을 이용해서 실제로 계산한 기울기)의 노름을 절단하는 것과 동등하지는 않다. 평균을 취하면, 기울기 노름이 큰 견본들, 그리고 그런 견본들과 같은 미니배치 에 속한 견본들이 최종 방향에 기여하는 정도가 줄어든다. 이는 진 기울기 방향이 모 든 미니배치 기울기의 평균 방향과 같은 전통적인 미니배치 경사 하강법과는 대조되 는 특성이다. 다른 식으로 말하면, 전통적인 확률적 경사 하강법은 기울기의 불편추정 량을 사용하는 반면 기울기 절단을 적용한 경사 하강법은 일종의 발견법적 편향 (heuristic bias)을 도입한다. 그러한 발견법적 편향의 도입이 유용하다는 점은 경험적으 로만 입증되었다. 성분별 절단에서는 갱신의 방향이 진 기울기나 미니배치 기울기와 같지 않지만, 그래도 하강(비용이 줄어드는) 방향이긴 하다. 역전파 기울기(은닉 단위들 에 대한)를 절단하는 방법도 제안된 바 있지만(Graves, 2013), 이런 여러 변형을 비교한 연구 결과는 아직 없다. 우리는 이 방법들 모두 비슷하게 행동할 것이라고 추측한다.

10.11.2 정보 흐름 촉진을 위한 정칙화

기울기 설단은 기울기의 폭발을 다루는 데 도움이 되지만, 기울기의 소멸을 다루는 데는 도움이 되지 않는다. 기울기 소멸 문제를 해소하고 장기 의존성을 좀 더 잘 포착 하는 한 방편으로, 순환 아키텍처의 펼쳐진 계산 그래프에 간선들에 연관된 기울기들 의 곱이 1에 가까운 노드들로 이루어진 경로를 생성한다는 착안을 앞에서 논의했었다. LSTM이나 기타 자기 루프 및 게이트 제어 메커니즘을 가진 신경망들(§10.10)을 이용해 서 그런 착안을 실현할 수 있다. 아니면, 정보 흐름(information flow)이 촉진되도록 매개 변수들에 정칙화 또는 제약을 가하는 방법도 있다. 좀 더 자세히 말하자면, 이 방법의 목표는 역전파 과정에서 기울기 벡터 $\nabla_{\boldsymbol{h}^{(t)}} L$ 의 크기가 일정하게 유지되게 하는 것이 다(손실함수가 순차열 끝에서의 출력에만 벌점을 가하는 경우에도). 공식으로 표현한다면, 우리가 원하는 것은 수량

$$(\nabla_{\boldsymbol{h}^{(t)}} L) \frac{\partial \boldsymbol{h}^{(t)}}{\partial \boldsymbol{h}^{(t-1)}} \qquad (10.50)$$

이

$$\nabla_{\boldsymbol{h}^{(t)}} L \tag{10.51}$$

보다 작아지지는 않게 만드는 것이다. 이를 위해 [Pascanu 외, 2013]은 다음과 같은 정칙화 항을 제안했다.

$$\Omega = \sum_t \left(\frac{\left\| \left(\nabla_{\boldsymbol{h}^{(t)}} L \right) \frac{\partial \boldsymbol{h}^{(t)}}{\partial \boldsymbol{h}^{(t-1)}} \right\|}{\| \nabla_{\boldsymbol{h}^{(t)}} L \|} - 1 \right)^2. \tag{10.52}$$

이 정칙화 항의 기울기를 계산하기가 어려워 보이겠지만, [Pascanu 외, 2013]은 역전파된 벡터 $\nabla_{\boldsymbol{h}^{(t)}} L$ 들을 상수로 간주해서(이 정칙화의 목적에서는 그 벡터들을 역전파할 필요가 없다) 이 정칙화 항을 근사하는 방법도 제시했다. 이 정칙화 항을 이용한 실험 결과에 따르면, 이 기법을 발견법적 노름 절단(기울기 폭발을 처리하기 위한)과 함께 조합했을 때 RNN이 훨씬 더 긴 의존성들을 학습할 수 있다. 이 기법을 적용하면 RNN의 동역학은 기울기들이 폭발하는 경계선을 넘나들게 되므로, 기울기 절단이 특히나 중요하다. 기울기 절단이 없으면 기울기 폭발 때문에 학습이 진행되지 않는다.

이 방법의 핵심적인 약점은, 자료에 중복이 많은 과제들(이를테면 언어 모형화)에 대해서는 LSTM에 비해 덜 효과적이라는 것이다.

10.12 명시적 기억

지능에는 지식이 필요하다. 그리고 지식은 학습으로 얻을 수 있다. 이 점이 바로 대규모 심층 아키텍처 개발의 동기였다. 그런데 지식의 종류는 여러 가지이다. 암묵적이고 무의식적인, 그리고 말이나 글로 표현하기 어려운 지식도 있다. 이를테면 사람이 어떻게 걷는지, 개의 모습이 고양이와 어떻게 다른지를 말로 설명하기란 쉽지 않다. 반대로 명시적이고 선언적인, 그리고 언어로 표현하기 쉬운 지식도 있다. "고양이는 동물의 일종이다" 같은 일반 상식이나 "오늘 오후 세 시에 141호실에서 영업팀 회의가 있다" 같은 아주 구체적인 사실(어떤 특정한 목표를 달성하기 위한)이 그러한 예이다.

신경망은 암묵적 지식을 저장하는 데 탁월하지만, 구체적인 사실(fact)을 기억하는 데는 그리 적합하지 않다. 확률적 경사 하강법에서 어떤 입력이 신경망의 매개변수들에 저장되려면 같은 입력을 신경망에 여러 번 주입해야 한다. 그리고 입력이 매개변수들에 저장된다고 해도, 아주 정확하게 저장되는 것은 아니다. [Graves 외, 2014b]는 이것이 (인공) 신경망에 인간의 **작업 기억**(working memory; 또는 작용 기억) 시스템에 해당하는 요소가 없기 때문이라는 가설을 제시했다. 사람은 사람이 어떤 목표를 달성하는 데 관련된 정보를 명시적으로 저장하고 조작할 수 있는 것은 작업 기억 시스템 덕분이다. 신경망에 그런 명시적 기억 요소가 있다면, 특정한 사실을 빠르게, 그리고 "의도적으로" 저장하고 조회할 수 있을 뿐만 아니라 그런 사실들을 순차적으로 추론할 수도 있을 것이다. 신경망이 입력에 대해 자동적이고 직관적으로 반응하게 하는 대신 뭔가를 추론할 수 있으려면 정보를 일련의 단계들로 처리하고 각 단계에서 입력이 신경망에 공급되는 방식을 변경할 수 있는 능력이 필요하다는 점은 오래전부터 알려져 있었다(Hinton, 1990).

명시적 기억에 관한 어려움을 해소하기 위해 [Weston 외, 2014]는 **기억망**(memory network)을 소개했다. 초기의 기억망에서는 기억 세포(memory cell)의 활용 방법을 지도하는 신호를 외부에서 공급해야 했다. [Graves 외, 2014b]는 **신경 튜링 기계**(neural Turing machine, NTM)라는 것을 소개했는데, 신경 튜링 기계는 어떤 행동을 취해야 하는지에 대한 외부 지도 신호 없이도 기어 세포들에서 임의의 내용을 읽고 쓰는 방법을 학습할 수 있다. 신경 튜링 기계는 내용 기반 약 주의(soft attention) 메커니즘을 통해서 그러한 외부 신호 없이도 종단간 훈련(end-to-end training)이 가능하다([Bahdanau 외, 2015]와 §12.4.5.1 참고). 내용 기반 약 주의 메커니즘이라는 유연한 주소 접근(soft addressing) 메커니즘은 기울기 기반 최적화가 여전히 가능한 형태로 알고리즘적 메커니즘을 흉내 내는 여러 관련 아키텍처들의 기준이 되었다(Sukhbaatar 외, 2015; Joulin & Mikolov, 2015; Kumar 외, 2015; Vinyals 외, 2015a; Grefenstette 외, 2015).

기억망의 기억 세포를, LSTM과 GRU의 기억 세포를 확장한 것으로 생각해도 될 것이다. 차이점은, 기억망은 읽거나 쓸 기억 세포를 선택하는 내부 상태를 출력한다는 것이다. 이는 디지털 컴퓨터가 특정 주소(address)에 있는 메모리 칸(memory cell)을 읽거나 쓰는 것과 비슷하다.

정확한 정수 주소를 산출하는 함수는 최적화하기가 어렵다. 이 문제를 완화하기 위해 NTM(신경 튜링 기계)은 사실 다수의 기억 세포를 동시에 읽거나 쓴다. 읽기의 경우 NTM은 여러 기억 세포의 가중 평균을 취하고, 쓰기의 경우에는 여러 기억 세포를 서로 다른 양으로 수정한다. 이러한 연산들의 계수들은 각 연산이 적은 수의 세포들에 집중되도록 적절히 선택된다. 예를 들어 그런 계수들을 소프트맥스 함수로 산출할 수도 있다. 0이 아닌 미분들을 가진 가중치들을 사용하면, 메모리 접근을 제어하는 함수를 경사 하강법으로 최적화할 수 있다. 이 계수들의 가중치는 계수들을 증가해야 하는지 아니면 감소해야 하는지를 나타내는데, 일반적으로 이 가중치는 메모리 주소들이 큰 계수를 받을 때만 크다.

하나의 스칼라 값을 담는 LSTM이나 GRU의 기억 세포와는 달리, 신경 튜링 기계의 기억 세포는 여러 값으로 이루어진 벡터를 담는 것이 일반적이다. 기억 세포의 크기를 이처럼 늘리는 이유는 두 가지이다. 하나는, 신경 튜링 기계에서는 기억 세포의 접근 비용이 더 크다는 것이다. 여러 세포에 대해 계수를 산출하는 데는 일정한 계산 비용이 소비된다. 그런데 그 계수들은 적은 수의 기억 세포들을 중심으로 모여 있다고 간주된다. 하나의 스칼라가 아니라 벡터를 읽는다면 그러한 비용을 어느 정도 상각償却할 수 있다. 벡터값 기억 세포를 사용하는 또 다른 이유는, 벡터를 사용하면 한 기억세포의 읽기나 쓰기에 쓰이는 가중치가 그 세포의 한 함수인 **내용 기반 주소 접근** (content-based addressing)이 가능해진다는 것이다. 즉, 벡터의 일부 성분들에만 부합하는 패턴을 이용해서 완전한 벡터값 기억 세포를 조회할 수 있다. 이는 사람이 단어 몇 개만으로 노래 가사 전체를 떠올리는 것과 비슷하다. 내용 기반 주소 접근은 이를테면 "'We all live in a yellow submarine'이라는 후렴구가 있는 노래의 가사를 조회하라" 같은 명령을 수행하는 것에 해당한다. 이러한 내용 기반 주소 접근은 조회할 대상을 크게 만들 때 좀 더 유용하다. 만일 노래 가사의 모든 단어가 각자 개별적인 기억 세포에 들어 있다면 이런 방식으로 가사를 조회할 수는 없을 것이다. 이와 대조적으로 **위치 기반 주소 접근**(location-based addressing)에서는 내용으로 특정 기억 세포를 지정하지 못한다. 위치 기반 주소 접근은 "347번 칸에 들어 있는 노래의 가사를 조회하라" 같은 명령을 수행하는 것에 해당한다. 위치 기반 주소 접근은 기억 세포가 작을 때에도 완벽하게 합당한 메커니즘일 때가 많다.

기억 세포의 내용이 대부분의 시간 단계에서 복사된다면(망각·폐기되는 것이 아니라), 그 내용에 담긴 정보는 시간에 따라 순전파되고 기울기들은 소멸하거나 폭발하는 일 없이 역전파된다.

이러한 명시적 기억 접근 방식이 그림 10.18에 나와 있다. 그 그림은 특정 과제를 수

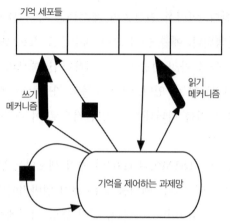

기억 세포들

쓰기
메커니즘

읽기
메커니즘

기억을 제어하는 과제망

그림 10.18: 명시적 기억을 가진 신경망의 구조도. 신경 튜링 기계의 핵심 설계 요소 몇 가지가 나타나 있다. 이 그림은 모형의 '표현' 부분(아래쪽에 '과제망'으로 표시된 순환 신경망)과 '기억' 부분(일단의 기억 세포들)을 명확히 구분해서 보여준다. 기억 부분은 사실들을 저장할 수 있다. 표현 부분의 과제망은 기억을 "제어하는" 방법을 배워서, 어떤 기억 세포를 읽거나 쓸 것인지를 결정한다(읽기와 쓰기는 해당 주소들을 가리키는 검은 화살표로 표시된 읽기 메커니즘과 쓰기 메커니즘을 통해서 실행된다).

행하기 위한 '과제 신경망(간단히 과제망)'을 기억망과 결합한 것이다. 이 과제 신경망은 순방향 신경망일 수도 있고 순환 신경망일 수도 있지만, 이를 기억망과 결합한 시스템 전체는 하나의 순환 신경망에 해당한다. 과제망은 읽거나 쓸 기억 세포의 주소를 선택할 수 있다. 명시적 기억 기법을 적용한 모형은 보통의 RNN이나 LSTM RNN이 배우지 못하는 과제도 학습할 수 있을 것으로 보인다. 그런 장점은 아마도 정보와 기울기들이 아주 오랫동안 전파될(전자는 시간순으로, 후자는 역시간순으로) 수 있기 때문일 것이다.

기억한 내용을 읽을 때 여러 기억 세포의 가중 평균을 취하는 대신, 기억 세포 주소 접근 계수들을 확률로 간주해서 세포 하나만 확률적으로 읽을 수도 있다(Zaremba & Sutskever, 2015). 이산적인 결정을 내리는 모형을 최적화하려면 그에 특화된 최적화 알고리즘이 필요한데, 이에 대해서는 §20.9.1에서 설명한다. 현재까지는, 이산적인 결정을 내리는 확률적 아키텍처를 훈련하는 것이 유연한 결정을 내리는 결정론적 아키텍처를 훈련하는 것보다 더 어렵다.

유연한(역전파가 가능한) 아키텍처이든 아니면 확률적이고 경직된 아키텍처이든, 주소를 선택하는 메커니즘은 **주의 메커니즘**(attention mechanism)의 것과 동일한 형태이다. 주의 메커니즘은 기억망이 나오기 전에 기계 번역의 맥락에서 이미 소개되었으며

(Bahdanau 외, 2015), 이 책의 §12.4.5.1에서도 설명한다. 신경망을 위한 주목 메커니즘은 그보다도 전에 필기 생성의 맥락에서 소개되었다(Graves, 2013). 필기 생성에 쓰인 그 주의 메커니즘은 순차열을 시간순으로만 훑을 수 있었다. 그러나 기계 번역과 기억망의 경우에는 각 단계에서 주의(주목)의 초점을 이전 단계와는 완전히 다른 곳으로 옮길 수 있다.

순환 신경망은 심층 학습을 순차적인 자료로 확장하는 한 방법을 제공한다. 순환 신경망은 우리의 심층 학습 도구상자의 마지막 주요 도구이다. 다음 장부터는 실제 응용 과제들을 해결하기 위해 그런 도구들을 선택하고 적용하는 방법을 논의한다.

11

실천 방법론

심층 학습 기법들을 성공적으로 적용하려면, 사용할 수 있는 알고리즘들이 어떤 것이고 그 알고리즘들이 어떤 원리로 작동하는지 알 필요가 있다. 그러나 그것만으로는 부족하다. 훌륭한 기계 학습 실무자는 주어진 특정한 응용 과제에 맞는 알고리즘을 선택하는 방법과 실험적으로 실행한 학습 모형의 반응을 주시하고 분석해서 기계 학습 시스템을 개선하는 방법도 알아야 한다. 일상적인 기계 학습 시스템 개발 과정에서 실무자는 다양한 결정을 내리게 된다. 이를테면 실무자는 자료를 더 수집할 것인지, 모형의 수용력을 더 늘리거나 줄일 것인지, 정칙화 특징들을 추가 또는 제거할 것인지, 모형의 최적화를 개선할 것인지, 모형의 근사적인 추론을 개선할 것인지, 모형의 소프트웨어 구현을 디버깅할 것인지 등을 결정해야 한다. 그런 활동을 수행하려면 많은 노력이 필요하므로(적어도 시간은 소비된다), 무작정 덤벼들 것이 아니라 어떤 활동들을 어떻게 진행할 것인지를 심사숙고해서 제대로 판단하는 것이 중요하다.

이 책의 대부분은 여러 가지 학습 모형과 훈련 알고리즘, 목적함수에 관한 내용으로 채워져 있다. 그러다 보니 독자가 기계 학습 전문가가 되려면 다양한 기계 학습 기법들과 여러 종류의 수학에 능숙해지는 것이 중요하다는 인상을 받을 수도 있다. 그러나 실제 응용에서는, 흔히 쓰이는 평범한 알고리즘을 제대로 적용하는 것이 고급 알고리즘을 엉성하게 적용하는 것보다 더 나을 때가 많다. 알고리즘을 제대로 적용하려면 적절한 방법론(methodology)에 익숙해질 필요가 있다. 이번 장은 상당히 간단한 방법론 하나를 제시한다. 이번 장의 여러 추천 사항은 [Ng, 2015]의 사항들을 기초로 한 것이다.

우리는 다음과 같은 심층 학습 시스템 설계 과정을 추천한다.

- 목표를 결정한다: 특히, 사용할 오차 측정법과 목표 오차 측도를 결정한다. 그러한 목표와 오차 측정법은 응용 프로그램이 풀고자 하는 문제에 기초해야 한다.
- 실질적인 종단간(end-to-end) 파이프라인, 즉 시작부터 끝까지의 모든 요소를 갖춘 시스템을 최대한 일찍 확립한다. 여기에는 적절한 성과 추정 방법도 포함된다.
- 성과 개선의 병목을 파악할 수 있는 수단을 시스템에 내장한다. 다른 요소들보다 성과가 나쁜 요소를 그런 수단을 통해서 파악할 수 있어야 하고, 나쁜 성과의 원인(과대적합, 과소적합, 자료나 소프트웨어의 결함 등)도 밝혀낼 수 있어야 한다.
- 그러한 내장 수단으로 파악한 사실들에 기초해서, 새 자료를 수집하거나, 초매개변수들을 조정하거나, 알고리즘을 바꾸는 등의 점진적인 변화들을 반복해서 시스템에 가한다.

이번 장은 스트리트 뷰$^{Street View}$ 번지수 선사傳寫(transcription) 시스템(Goodfellow 외, 2014d)을 이러한 개발 과정의 실제 사례로 제시한다. 번지수 전사 시스템의 목적은 구글 지도(Google Maps)에 건물 정보를 추가하는 것이다. 스트리트 뷰 차량들은 건물들의 사진을 찍고, 각 사진에 대응되는 GPS 좌표를 기록해 둔다. 그러한 사진들에 합성곱 신경망을 적용해서, 각 사진에서 번지수(address number)를 식별하여 구글 지도 데이터베이스의 적절한 항목에 번지수 정보를 추가한다. 이러한 상용 응용 프로그램의 개발 경험담은 이번 장에서 추천하는 설계 방법론을 어떻게 따르면 되는지에 관한 좋은 예가 될 것이다.

그럼 학습 시스템 설계 과정의 각 단계를 살펴보자.

11.1 성과 측정

설계 과정의 첫 단계는 오차 측정법과 목표 오차를 결정함으로써 개발 목표를 정의하는 것이 되어야 한다. 이는 그러한 오차 측정법(error metrics)이 이후의 모든 활동의 지침이 되기 때문이다. 또한, 원하는 성과가 어느 정도의 수준인지 미리 정해 둘 필요가 있다.

대부분의 응용에서, 절대오차가 0이 나오는 것은 불가능하다는 점을 기억하기 바란다. 베이즈 오차는 달성 가능한 최소 오류율(error rate)을 정의한다. 즉, 훈련 자료 집합이 무한히 크고 진 확률분포를 복원하는 것이 가능하다고 해도, 베이즈 오차보다 오차를 더 줄이는 것은 불가능하다. 이는 입력 특징들에 출력 변수에 관한 완전한 정보가 들어 있지 않거나, 시스템이 본질적으로 확률적이기 때문이다. 게다가, 현실에서는 훈련 자료가 유한할 수밖에 없다.

훈련 자료의 양이 제한되는 이유는 여러 가지이다. 가능한 최고의 실제 제품이나 서비스를 구축하는 것이 목표라고 할 때, 일반적으로 자료를 더 수집하는 것 자체는 가능한 일이다. 그러나 추가 자료 수집에 드는 비용에 걸맞을 정도로 오차가 크게 감소하는지 따져볼 필요가 있다. 자료 수집에는 시간과 돈이 필요하며, 인간의 고통이 따를 수도 있다(예를 들어 자료 수집에 어떤 침습적인(invasive) 의료 진단 과정이 필요한 경우). 한편, 고정된 벤치마크에 대해 어떤 알고리즘이 더 나은 성과를 내는지에 관한 과학 질문에 답하는 것이 목표일 때는, 해당 벤치마크가 명시한 훈련 집합을 사용해야 하는, 따라서 자료를 더 수집하는 것이 허용되지 않는 경우가 일반적이다.

적절한 목표 성과 수준을 어떻게 결정하는 것이 좋을까? 일반적으로, 학술 연구의 경우에는 달성 가능한 오류율을 이전에 발표된 벤치마크 결과들에 기초해서 추정한다. 실제 응용의 경우에는 응용 프로그램이 안전하고 비용 효율적으로 작동하는 데 필요한 오류율이나 소비자에게 어필할 만한 오류율을 추정한다. 일단 현실적인 목표 오류율을 정했다면, 그 오류율은 이후 설계상의 결정들에서 중요한 기준으로 작용한다.

달성하고자 하는 성과 수준 외에, 성과를 측정하는 방법도 중요한 고려사항이다. 기계 학습 시스템의 구성요소들을 포함해서 하나의 완결적인 응용 프로그램의 효능을 측정하는 방법은 여러 가지이다. 그런 성과 측도들은 모형을 훈련하는 데 쓰이는 비용함수와는 다를 때가 많다. §5.1.2에서 설명했듯이, 흔히 측정하는 측도는 시스템의 정확도(accuracy) 또는 그와 동등한 정보를 제공하는 오류율이다.

그러나 이보다 고급의 측정 방법이 필요한 응용들도 많다.

시스템이 저지르는 실수의 피해가 실수의 종류에 따라 다를 때가 있다. 예를 들어 스팸 메일 검출 시스템은 두 종류의 실수를 저지를 수 있는데, 하나는 멀쩡한 메일을 스팸으로 잘못 분류하는 것이고 다른 하나는 스팸 메일을 잡아내지 못하는 것이다. 그런데 의심스러운 메일을 통과시키는 것보다 멀쩡한 메일을 스팸으로 오인하는 것이 훨씬 나쁘다. 따라서, 스팸 분류기의 성과를 평가할 때 오류율을 측정하는 대신, 멀쩡한 메시지를 차단할 때의 비용이 스팸 메시지를 통과시킬 때의 비용보다 더 크다는 조건을 만족하는 어떤 총비용을 산정하는 것이 나을 수 있다.

드물게 발생하는 사건을 검출하도록 이진 분류기를 훈련해야 할 때가 종종 있다. 예를 들어 100만 명 중 한 명꼴로 걸리는 어떤 희귀병을 진단하는 의료 진단 시스템을 설계한다고 하자. 그런 경우 99.9999퍼센트의 정확도를 달성하는 것은 간단하다. 그냥 분류기가 항상 음성 결과("이 환자에게는 그런 질병이 존재하지 않음")를 출력하게 하면 된다. 이런 시스템의 성과를 특징짓는 데에는 정확도가 전혀 유용하지 않음이 명백하다. 이 문제는 정확도 대신 **정밀도**(precision)와 **재현율**(recall)을 측정해서 해결할 수 있다. 정밀도는 모형이 검출한 사건 중 정확하게 검출한(즉, 실제로 발생한) 사건들의 비율이고, 재현율은 실제로 발생한 모든 사건 중 모형이 검출한 사건들의 비율이다. 항상 음성 결과만 보고하는(즉, 아무도 그런 질병을 가지고 있지 않다고 보고하는) 검출기는 완벽한 정밀도를 달성할 수는 있지만 재현율은 0이다. 반대로, 항상 양성 결과를 보고하는 검출기의 재현율은 100퍼센트이지만 정밀도는 실제로 그 질병이 있는 사람들의 비율이다. 지금 예에서처럼 100만 명 중 한 명이 걸리는 질병이면 검출기의 정밀도는 0.0001밖에 되지 않는다. 이처럼 정밀도와 재현율을 함께 사용하는 경우에는 흔히 정밀도가 y축이고 재현율이 x축인 **PR 곡선**을 그려 볼 때가 많다. 이 곡선을 활용하는 시나리오는 다음과 같다. 검출해야 할 사건이 실제로 발생했으면, 검출기는 더 높은 점수를 산출한다. 예를 들어 어떤 질병을 검출하도록 설계된 순방향 신경망은 $\hat{y} = P(y=1|\boldsymbol{x})$를 출력한다. 여기서 특징들의 집합 $\boldsymbol{x}$는 한 사람의 의료 진단 결과에 해당한다. 그 점수가 특정 문턱값을 넘으면 그 사람이 실제로 그 질병을 가지고 있다고 판정한다. 그 문턱값을 조정함으로써 원하는 정밀도와 원하는 재현율의 균형을 맞

출 수 있다. 그런데 많은 경우 분류기의 성과를 하나의 곡선이 아니라 하나의 수치로 요약하는 것이 바람직하다. 한 가지 방법은 정밀도 p와 재현율 r을 다음과 같은 **F-점수**(F-score)로 변환하는 것이다.

$$F = \frac{2pr}{p+r}. \tag{11.1}$$

또는 PR 곡선 아래의 총면적을 그러한 성과 요약 수치로 사용할 수도 있다.

어떤 응용에서는 기계 학습 시스템이 결정을 내리길 거부할 수도 있다. 이는 기계 학습 알고리즘이 어떠한 결정을 어느 정도의 확신을 두고 내렸는지 추정할 수 있는 경우에 유용하다. 특히, 잘못된 결정이 큰 피해를 부를 수 있으며 필요하다면 인간 운영자가 시스템을 대신해서 결정을 내리는 것이 가능한 상황에서는 그러한 능력이 아주 유용하다. 스트리트 뷰 전사 시스템이 그러한 예이다. 스트리트 뷰 전사 시스템이 풀어야 할 과제는 건물을 찍은 사진에서 번지수(address number)를 추출('전사')해서, 그 번지수를 그 사진의 지도상 위치와 연관시키는 것이다. 지도가 부정확하면 지도의 가치가 크게 떨어지므로, 전사가 정확할 때만 번지수를 지도에 추가하는 것이 바람직하다. 주어진 사진에서 번지수를 정확하게(사람이 했을 때만큼) 추출할 가능성이 낮다고 기계 학습 시스템이 판단한 경우에는 그 사진의 전사를 사람에게 맡기는 것이 최선이다. 물론 사람에게 자주 일을 떠넘기는 기계 학습 시스템은 쓸모가 없다. 이런 경우에 적합한 성과 측도는 **포괄도**(coverage; 또는 포함도)이다. 포괄도란 전체 견본 중 기계 학습 시스템이 반응을 산출할 수 있는 견본들의 비율이다. 포괄도와 정확도는 절충 관계이다. 그 어떤 견본도 처리하지 않는 시스템의 정확도는 10%이지만, 포괄도는 0%이다. 스트리트 뷰 과제의 경우 목표는 포괄도를 95%로 유지하면서 사람 수준의 전사 정확도를 달성하는 것이었다. 이 과제에 대한 사람 수준의 정확도는 98%이다.

그밖에도 여러 가지 측정 방법이 있다. 이를테면 클릭률(click-through rate)을 측정하거나, 설문지를 이용해서 이용자 만족도를 수집하는 등이 가능하다. 또한, 여러 전문 응용 분야에는 해당 응용 분야에 특화된 측정 기준들이 있다.

중요한 것은 개선할 성과 측도들을 미리 정하고, 그 측도를 개선하는 데 집중하는 것이다. 목표를 명확하게 정해 두지 않으면 기계 학습 시스템에 어떤 변화를 가했을 때 시스템이 나아졌는지 아닌지 파악하기 어렵다.

11.2 기준 모형

모든 실제 응용 프로젝트에서, 성과 측도와 목표를 선택한 후 해야 할 일은 실질적인 종단간 시스템을 최대한 일찍 확립하는 것이다. 이번 절에서는 가장 먼저 적용해 볼 만한 기준 접근 방식에 해당하는 알고리즘을 상황별로 추천한다. 심층 학습은 연구가 활발하게 일어나고 있는 분야인 만큼, 이 책이 나온 후에 더 나은 알고리즘들이 등장할 가능성이 있다는 점도 기억하기 바란다.

문제의 복잡도에 따라서는 심층 학습 이외의 방법으로 시작하는 것이 나을 수도 있다. 예를 들어, 그냥 몇 개의 선형 가중치들을 제대로 선택하기만 하면 풀 수 있는 성격의 문제라면 로지스틱 회귀 같은 단순한 통계적 모형으로 시작하는 것이 좋을 것이다.

그러나 여러분이 풀어야 할 문제가 물체 인식이나 음성 인식, 기계 번역처럼 'AI-완전(AI-complete)' 부류에 속하는 문제라면, 적절한 심층 학습 모형으로 시작하면 문제를 해결할 가능성이 높다.

우선 할 일은 자료의 구조에 기초해서 좀 더 넓은 범위의 모형 범주를 선택하는 것이다. 고정 크기 벡터를 입력으로 해서 지도 학습을 수행해야 하는 경우에는 층들이 완전히 연결된 순방향 신경망을 출발점으로 삼는 것이 좋다. 입력에 잘 알려진 위상 구조가 존재한다면(이를테면 입력이 2차원 이미지이면), 합성곱 신경망을 추천한다. 이 경우 성분별 선형 단위(ReLU, 또는 그것을 일반화한 누출 ReLU나 PReLus, 맥스아웃 등)로 시작하는 것이 바람직하다. 입력이나 출력이 순차열이면 게이트 제어 순환망(LSTM 또는 GRU)을 사용해야 한다.

최적화 알고리즘으로는 학습 속도가 감소하는, 그리고 운동량이 적용된 SGD(확률적 경사 하강법)가 적절한 선택이다(흔히 쓰이는 학습 속도 감쇠 방식으로는 고정된 최소 학습 속도에 도달할 때까지 학습 속도를 선형으로 감소하는 방식과 학습 속도를 지수적으로 감소하는 방식, 그리고 검증 오차가 일정하게 유지될 때마다 2분의 1에서 10분의 1 수준으로 학습 속도를 감소하는 방식 등이 있는데, 그 효과는 문제에 따라 다르다). 또 다른 적절한 대안으로 Adam(§8.5.3)이 있다. 배치 정규화는 최적화 성능에 아주 큰 영향을 미칠 수 있는데, 특히 합성곱 신경망과 S자형 비선형 함수를 사용하는 신경망에서 그렇다. 최초의 기준 모형에서는 배치 정규화를 생략하는 것이 합당하지만, 최적화에 문제가 있다는 판단이 들면 즉시 배치 정규화를 적용해야 한다.

훈련 집합의 견본 개수가 수천만 정도가 아닌 한, 처음부터 어느 정도 온건한 형태의 정칙화를 적용하는 것이 좋다. 조기 종료는 거의 모든 경우에서 적용해야 한다. 드롭아웃은 구현하기 쉽고 수많은 학습 모형과 훈련 알고리즘에 적용 가능한 훌륭한 정칙화 수단이다. 배치 정규화 역시 종종 일반화 오류를 줄여주고 드롭아웃을 생략할 수 있게 하는데, 이는 통계 추정량의 잡음이 각 변수의 정규화에 쓰이기 때문이다.

상세히 연구된 다른 과제와 비슷한 과제를 수행하는 경우에는 우선 기존 연구에서 가장 나은 성과를 낸 모형과 알고리즘을 복사하는 것으로 시작하면 좋은 성과를 얻을 수 있을 것이다. 심지어는 기존 연구의 과제에 대해 훈련된 모형을 복사할 수도 있다. 예를 들어 새로운 컴퓨터 시각 과제를 풀 때 ImageNet에 대해 훈련된 합성곱 신경망의 특징들을 활용하는 것도 흔한 일이다(Girshick 외, 2015).

이 단계에서 흔히 제기되는 질문은, 처음부터 비지도 학습(제3부에서 좀 더 설명한다)을 적용할 것인가이다. 대체로, 이 질문의 답은 문제의 영역에 따라 다르다. 자연어 처리 같은 영역은 비지도 학습 기법이 엄청나게 도움이 된다고 알려져 있다. 한편, 컴퓨터 시각 같은 영역에서는 현재의 비지도 학습 기법이 별 도움이 되지 않는다. 단, 아주 적은 수의 표지 붙은 견본들을 사용하는 준지도 학습은 예외이다(Kingma 외, 2014; Rasmus 외, 2015). 여러분이 풀어야 문제가 비지도 학습이 중요하다고 알려진 응용 영역에 속한다면, 첫 번째 종단간 기준 모형에 비지도 학습을 포함시켜야 할 것이다. 그렇지 않은 경우라면, 첫 시도에서는 풀고자 하는 과제가 비지도 과제일 때만 비지도 학습을 적용하는 것이 좋을 것이다. 초기 기준 모형이 과대적합을 일으킨다는 점이 확인되면 그때 비지도 학습을 추가해도 된다.

11.3 추가 자료 수집 여부 결정

첫 번째 종단간 시스템이 확립되었으면, 알고리즘의 성과를 측정하고 개선 방안을 찾아야 한다. 기계 학습 초보자 중에는 서로 다른 여러 알고리즘을 시도함으로써 시스템을 개선하려는 사람이 많다. 그러나 학습 알고리즘을 개선하기보다는 자료를 더 수집할 때 더 나은 성과를 얻을 때가 많다.

자료를 더 수집해야 할지 결정하는 과정은 이렇다. 우선, 훈련 집합에 대한 성과가 받아들일 수 있는 수준인지 결정한다. 만일 훈련 집합에 대한 성과가 나쁘다면 학습 알고리즘은 현재 가지고 있는 훈련 자료도 충분히 사용하지 않는 것이므로, 자료를 더 수집할 이유가 없다. 이 경우에는 층을 더 추가하거나 각 층에 은닉 단위를 더 추가 해서 모형의 크기를 키워보기 바란다. 또한, 학습 알고리즘도 더 개선해 보면 좋을 것 이다(예를 들어 학습 속도 초매개변수를 조율해서). 모형을 키우고 학습 알고리즘을 조율 해도 훈련 집합에 대한 성과가 나아지지 않는다면, 훈련 자료의 **품질**이 문제일 수 있 다. 자료에 잡음이 너무 많이 있거나, 원하는 출력을 예측하는 데 필요한 적절한 입력 들이 포함되어 있지 않은지 확인해 보기 바란다. 이 경우에는 처음부터 다시 시작해서 좀 더 깨끗한 자료를 수집하거나, 또는 좀 더 다채로운 특징들이 있는 자료 집합을 수집해야 할 수 있다.

훈련 집합에 대한 성과가 괜찮은 수준이라면, 시험 집합에 대해 성과를 측정해 본 다. 만일 시험 집합에 대한 성과 역시 받아들일 수 있는 수준이라면 더 할 일은 없다. 그러나 시험 집합에 대한 성과가 훈련 집합 성과에 훨씬 못 미친다면, 자료를 더 수집 하는 것이 아주 효과적일 수 있다. 이때 핵심 고려사항은 추가 자료 수집의 실현 가능 성과 비용, 다른 수단으로 시험 오차를 줄일 가능성과 그 비용, 그리고 시험 집합 성과 를 현저하게 개선하는 데 필요한 추가 자료의 양(추정치)이다. 이용자가 수백만에서 수 십억인 인터넷 대기업들에서는 큰 자료 집합을 수집하는 것이 얼마든지 가능하고 그 비용 역시 다른 대안의 비용보다 훨씬 작을 수 있다. 따라서 답은 거의 항상 더 많은 훈련 자료를 수집하는 것이다. 예를 들어 이름표 붙은 대규모 자료 집합의 개발은 물 체 인식 과제에서 가장 중요한 요인의 하나였다. 그러나 의료 진단 등의 다른 응용 분야에서는 자료를 더 수집하는 것이 불가능하거나 비용이 아주 높을 수 있다. 그런 경우, 추가 자료 수집 대신 사용할 수 있는 간단한 방법은 모형의 크기를 줄이거나 정칙화를 개선하는 것이다. 정칙화는 가중치 감쇄 계수 같은 초매개변수를 조율하거 나 드롭아웃 같은 정칙화 전략을 추가해서 개선할 수 있다. 정칙화를 개선한 후에도 훈련 집합 성과와 시험 집합 성과의 격차가 여전히 받아들일 수 없는 수준이라면, 추 가 자료 수집을 고려해야 할 것이다.

추가 자료 수집을 결정할 때는 자료를 얼마나 더 수집해야 하는지도 중요하다. 이 경우 그림 5.4에 나온 것처럼 훈련 집합 크기와 일반화 오차의 관계를 곡선으로 그려 보는 것이 도움이 된다. 그런 곡선을 외삽해 보면, 원하는 수준의 성과가 나오려면 훈련 자료가 얼마나 더 있어야 하는지 예측할 수 있다. 일반적으로, 전체 견본 수의 몇분의 1 수준의 추가 자료로는 일반화 오차가 눈에 띄게 개선되지 않는다. 그보다는, 실험마다 견본 개수를 두 배로 키우는 식으로 로그 척도에서 여러 훈련 집합 크기를 실험해 보는 것이 바람직하다.

자료를 더 수집하는 것이 현실적으로 불가능하다면, 일반화 오차를 개선하는 유일한 대안은 학습 알고리즘 자체를 개선하는 것이다. 그러나 이는 연구의 영역이지, 응용 프로그램을 개발하는 실무자가 선뜻 시도할 만한 일은 아니다.

11.4 초매개변수 선택

대부분의 심층 학습 알고리즘에는 알고리즘 행동의 여러 측면을 제어하는 다수의 초매개변수(hyperparameter)들이 있다. 그런 초매개변수 중에는 알고리즘의 실행 시간과 메모리 비용에 영향을 미치는 것들도 있고, 훈련 과정에서 복원되는 모형의 품질과 새 입력들이 주어졌을 때 모형이 정확한 결과를 추론하는 능력에 영향을 미치는 것들도 있다.

초매개변수의 값을 선택하는 방법은 크게 두 가지이다. 하나는 수동 선택, 즉 사람이 직접 선택하는 것이고, 다른 하나는 자동 선택, 즉 어떤 알고리즘을 이용해서 선택하는 것이다. 초매개변수를 직접 선택하려면 초매개변수가 어떤 작용을 하며 기계 학습 모형이 어떨 때 잘 일반화되는지 이해해야 한다. 자동 초매개변수 선택 알고리즘을 이용하면 그런 것들을 잘 이해해야 할 필요성이 크게 줄어든다. 그러나 그런 알고리즘을 사용하면 계산 비용이 훨씬 커질 때가 많다.

11.4.1 수동 초매개변수 조율

초매개변수를 수동으로 선택하려면 초매개변수와 훈련 오차, 일반화 오차(시험 오차), 계산 자원(메모리와 실행 시간)의 관계를 이해해야 한다. 그러려면 제5장에서 설명한 학습 알고리즘의 유효 수용력(effective capacity)에 관련된 근본적인 개념들을 확실하게 파악할 필요가 있다.

일반적으로 수동으로 초매개변수를 선택할 때는 일정한 실행 시간 및 메모리 예산의 제약 아래서 일반화 오차가 최소가 되는 값을 찾는다. 여기서 여러 초매개변수의 실행 시간 및 메모리 요구량을 구하는 방법을 이야기하지는 않겠다. 그런 방법은 구체적인 플랫폼에 크게 의존하기 때문이다.

그러한 수동 매개변수 검색의 일차적인 목표는 모형의 유효 수용력을 과제의 복잡도에 부합하는 수준으로 설정하는 것이다. 유효 수용력을 제한하는 요인은 세 가지인데, 하나는 모형의 표현 수용력이고 다른 하나는 학습 알고리즘이 모형의 훈련에 쓰이는 비용함수를 성공적으로 최소화하는 능력, 나머지 하나는 비용함수와 훈련 절차가 모형을 정칙화하는 정도이다. 모형에 층이 많을수록, 그리고 각 층에 은닉 단위가 많을수록 모형의 표현 수용력이 높아진다. 즉, 그럴수록 모형이 더 복잡한 함수들을 표현할 수 있게 된다. 그런데 모형이 그런 함수들을 모두 배울 수 있는 것은 아니다. 훈련 비용이 그리 잘 최소화되지 않는 함수도 있을 수 있고, 가중치 감쇄 같은 정칙화 항 때문에 학습이 불가능한 함수도 있을 수 있다.

일반화 오차를 한 초매개변수의 함수로 두어서 그래프로 그려 보면 U자 형태의 곡선이 나올 때가 많다. 그림 5.3이 그러한 예이다. 한 극단에서 초매개변수의 값은 낮은 수용력에 대응된다. 그 부근에서는 일반화 오차가 큰데, 이는 훈련 오차가 크기 때문이다. 다른 한 극단에서는 초매개변수의 값이 높은 수용력에 대응된다. 그 부근에서도 일반화 오차가 큰데, 앞에서와 달리 이 경우는 훈련 오차와 시험 오차의 격차가 크기 때문이다. 최적의 모형 수용력은 두 극단의 중간 어딘가에 존재한다. 그 지점에서는 가능한 최소의 일반화 오차가 나온다(중간 정도의 일반화 격차가 중간 정도의 훈련 오차에 더해져서).

초매개변수 중에는 그 값이 크면 과대적합이 발생하는 것들이 있다. 한 층의 은닉 단위 개수가 그런 예이다. 은닉 단위가 많으면 모형의 수용력이 높아져서 과대적합이 발생할 수 있다. 한편, 값이 작으면 과대적합이 발생하는 초매개변수들도 있다. 예를 들어 허용 가능한 최소의 가중치 감쇄 계수가 0이면 학습 알고리즘의 유효 수용력이 최대가 된다.

초매개변수에 대한 일반화 오차가 완전한 U자 곡선이 아닌 경우도 있다. 한 층의 단위 개수나 맥스아웃 단위의 선분 개수 등 이산적인 초매개변수들도 많으며, 그런 매개변수의 경우에는 U자 곡선의 일부 점들만 나타난다. 심지어 이진 초매개변수들도 있다. 일반적으로 그런 초매개변수들은 학습 알고리즘의 어떤 선택적 구성요소(예를 들어 입력 특징들에서 해당 평균을 빼고 표준편차로 나누는 전처리 단계 등)의 사용 여부를 결정하는 스위치로 작용한다. 그런 초매개변수의 경우에는 U자 곡선의 점 두 개만 나타난다. 또한, 초매개변수에 최댓값이나 최솟값이 존재하면 모형은 해당 곡선의 일부 영역에 접근하지 못한다. 예를 들어 가중치 감쇄 계수는 0보다 작을 수 없다. 따라서, 가중치 감쇄가 0이어서 모형이 과소적합하는 경우 가중치 감쇄 계수를 수정해서 과대적합 영역으로 들어가는 것이 불가능하다. 다른 말로 하면, 어떤 초매개변수는 수용력을 줄일 수만 있다.

아마도 가장 중요한 초매개변수는 학습 속도일 것이다. 시간이 부족해서 단 하나의 초매개변수만 조율할 수 있다면, 바로 이 학습 속도를 조율해야 한다. 학습 속도는 모형의 유효 수용력을 다른 초매개변수들보다 좀 더 복잡한 방식으로 제어한다. 모형의 유효 수용력은 학습 속도가 주어진 최적화 문제에 잘 맞는 **최적**의 값일 때 최대가 된다(학습 속도가 아주 크거나 아주 작을 때가 아니라). 학습 속도는 일반화 오차가 아니라 **훈련** 오차에 대해 U자 곡선을 보인다(그림 11.1). 학습 속도가 너무 크면 경사 하강법이 훈련 오차를 줄이는 것이 아니라 오히려 증가할 수 있다. 이상적인 이차 오차함수의 경우, 이는 학습 오차가 최적의 값의 적어도 두 배일 때 발생한다(LeCun 외, 1998a). 학습 오차가 너무 작으면 훈련이 느려질 뿐만 아니라, 심지어는 훈련 오차가 큰 지점에서 영원히 벗어나지 못할 수도 있다. 이 현상은 아직 충분히 연구되지 않았다(볼록 손실함수에서는 이런 현상이 나타나지 않을 수 있다).

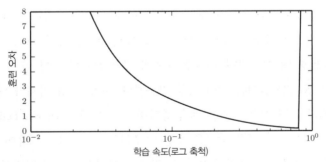

그림 11.1: 학습 속도와 훈련 오차의 전형적인 관계. 학습 속도가 최적값보다 클 때 오차가 급격하게 증가함을 주목하기 바란다. 이 그래프는 훈련 시간이 고정된 경우에 해당한다. 그런 경우 학습 속도가 낮을수록 훈련이 학습 속도의 감소 폭에 비례하는 비율로만 느려질 수도 있다. 일반화 오차의 곡선은 이런 형태일 수도 있고, 학습 속도가 너무 크거나 작을 때 정칙화 효과가 발동해서 이보다 복잡한 형태가 될 수도 있다. 이는, 최적화가 나쁘면 과대적합이 어느 정도 감소하거나 방지될 수 있으며, 훈련 오차가 같은 점들도 일반화 오차는 다를 수 있기 때문이다.

학습 속도 이외의 초매개변수를 조율할 때는 훈련 오차와 시험 오차 모두 주시해서 모형이 과대적합이나 과소적합을 일으키는지 진단하고, 그에 따라 적절히 수용력을 조정해야 한다.

훈련 집합에 대한 오차가 목표 오차율보다 크면 수용력을 높이는 수밖에 없다. 정칙화를 사용하지 않는다면, 그리고 최적화 알고리즘이 제대로 수행된다는 확신이 있다면, 신경망에 층을 더 추가거나 각 층에 은닉 단위를 더 추가해서 수용력을 높여야 한다. 안타깝게도, 그렇게 하면 모형에 관련된 계산 비용이 증가한다.

시험 집합에 대한 오차가 목표 오차율보다 클 때는 두 가지 선택지가 있다. 시험 오차(일반화 오차)는 훈련 오차에 일반화 격차(훈련 오차와 시험 오차의 차이; 그림 5.3 참고)를 더한 것이다. 최적의 시험 오차는 그 두 수량이 적절히 절충될 때 나온다. 대체로 신경망은 시험 오차가 아주 낮을 때 최고의 성과를 내며, 시험 오차를 결정하는 주된 요인은 격차이다. 따라서 목표는 이 일반화 격차를 줄이되, 훈련 오차가 증가하는 것보다 빠른 속도로 줄이지는 않는 것이다. 정칙화 초매개변수들을 변경해서(예를 들어 드롭아웃이나 가중치 감쇄를 추가해서) 모형의 유효 수용력을 낮추면 일반화 격차가 줄어든다. 일반적으로 최고의 성과는 큰 모형을 잘 정칙화했을 때(이를테면 드롭아웃을 이용해서) 나온다.

대부분의 초매개변수는 그것이 모형의 수용력을 증가하느냐 아니면 감소하느냐를 기준으로 추론해서 설정할 수 있다. 몇 가지 예가 표 11.1에 나와 있다.

초매개변수를 수동으로 조율할 때는 시험 집합에서 좋은 성과를 낸다는 궁극의 목표에서 벗어나지 않도록 조심해야 한다. 정칙화를 추가하는 것은 그러한 목표를 달성하는 여러 방법 중 하나일 뿐이다. 훈련 오차를 낮게 유지하는 한, 훈련 자료를 더 수집해서 일반화 오차를 줄이는 것이 항상 가능하다. 사실, 그냥 과제가 해결될 때까지 모형의 수용력과 훈련 집합 크기를 계속 증가하는 '무차별 대입(brute force)' 방법은 항상 성공한다. 그러나 이 접근 방식은 훈련과 추론을 위한 계산 비용이 높기 때문에 적절한 자원이 주어진 경우에만 적용할 수 있다. 이론상으로는 이 방법이 실패할 수도 있다(최적화 관련 난제들 때문에). 그러나, 모형을 적절히 선택했다고 할 때, 다수의 문제들에서 최적화가 어떤 두드러진 장애물은 아닌 것으로 보인다.

표 11.1: 다양한 초매개변수들이 모형 수용력에 미치는 영향.

초매개변수	수용력 증가 시점	이유	주의할 점
은닉 단위 개수	증가	은닉 단위가 많아지면 모형의 표현 수용력이 높아진다.	은닉 단위가 증가하면, 모형에 대한 사실상 모든 연산의 시간과 메모리 비용이 증가한다.
학습 속도	최적으로 조율	학습 속도가 너무 높거나 낮으면 최적화 실패 때문에 모형의 유효 수용력이 낮아진다.	
합성곱 핵 너비	증가	핵의 너비가 증가하면 모형의 매개변수 개수가 증가한다.	핵이 넓으면 출력 차원이 좁아진다. 0 채우기로 이를 보상하지 않으면 모형의 수용력이 낮아질 수 있다. 핵이 넓으면 매개변수들을 저장하는 데 더 많은 메모리가 필요하고 실행 시간도 증가한다. 단, 출력 차원이 좁아지면 메모리 비용이 줄어든다.
암묵적 0 채우기	증가	합성곱 연산 전에 암묵적으로 0들을 채우면 표현의 크기가 유지된다.	대부분의 연산에서 계산 시간과 메모리 비용이 증가한다.
가중치 감쇄 계수	감소	가중치 감쇄 계수를 줄이면 모형의 매개변수들이 더 큰 값을 가질 수 있게 된다.	
드롭아웃 비율	감소	단위들을 덜 제외하면 단위들이 서로 "협력해서" 모형을 훈련 집합에 좀 더 잘 적합시킬 여지가 생긴다.	

11.4.2 자동 초매개변수 최적화 알고리즘

이상적인 학습 알고리즘이라면 초매개변수들을 사람이 일일이 조율하지 않아도 주어진 자료 집합에 대해 하나의 함수를 출력할 것이다. 그러나 현실의 학습 알고리즘들은 그렇지 않다. 로지스틱 회귀나 SVM처럼 널리 쓰이는 학습 알고리즘들이 인기를 끌게 된 이유에는 사람이 조율해야 할 초매개변수가 한두 개 정도라는 점도 포함된다. 그리 많지 않은 개수의 초매개변수들을 조율해도 신경망이 잘 작동할 때가 없지는 않지만, 40여 개 이상의 초매개변수를 조율했을 때 성과가 크게 나아지는 경우도 많다. 초매개변수들을 수동으로 조율하는 접근 방식은 쓸만한 출발점이 있을 때, 이를테면 같은 종류의 응용과 아키텍처에 관한 기존의 연구나 경험에서 얻은 좋은 값들이 존재할 때나 개발자가 비슷한 과제에 대한 신경망의 초매개변수 값들을 수개월에서 수년간 조율해 본 경험이 있을 때는 아주 잘 작동한다. 그러나 그런 쓸만한 출발점을 찾을 수 없는 응용들도 많이 있다. 그런 경우에는 자동화된 알고리즘을 이용해서 유용한 초매개변수 값들을 찾는 방법이 도움이 된다.

학습 알고리즘의 사용자가 좋은 초매개변수 값들을 검색하는 방법을 생각해 보면, 그러한 검색이 결국은 일종의 최적화에 해당함을 깨달을 수 있다. 즉, 좋은 초매개변수 값을 찾는다는 것은 어떤 목적함수(이를테면 검증 오차)를 최적화하는 초매개변수 값을 찾는 것에 해당한다(그리고 그러한 최적화에 훈련 시간이나 메모리 비용, 인식 시간 등의 어떤 제약이 가해질 수도 있다). 따라서, 학습 알고리즘을 감싸는 어떤 **초매개변수 최적화**(hyperparameter optimization) 알고리즘을 개발함으로써 학습 알고리즘의 초매개변수들이 사용자에게 아예 노출되지 않게 만드는 것도 원칙적으로는 가능하다. 안타깝게도 초매개변수 최적화 알고리즘에는 그 알고리즘 자체에 대한 초매개변수들이 존재한다. 이를테면 학습 알고리즘의 각 초매개변수를 최적화할 때 조사할 값들의 범위가 그러한 초매개변수의 예이다. 다행히 그런 이차 초매개변수는 비교적 선택하기 쉽다(모든 과제에 대해 같은 이차 초매개변수들을 사용함으로써 광범위한 과제들에 대해 쓸만한 성능을 얻을 수 있다는 측면에서).

11.4.3 격자 검색

조율할 초매개변수가 셋 이하일 때는 흔히 **격자 검색**(grid search)을 이용해서 초매개변수들을 선택한다. 이 알고리즘의 사용자는 먼저 각 초매개변수에 대해 그 초매개변수가 가질 수 있는 그리 많지 않은 값들의 집합을 지정한다. 격자 검색 알고리즘은 초매개변수 값 집합들의 곱집합(Cartesian product)에 속하는 모든 초매개변수 값 조합에 대해 모형을 훈련한다. 검증 집합 오차를 측정했을 때 그 오차가 최소가 되는 조합의 값들이 바로 최선의 초매개변수들이다. 그림 11.2에 초매개변수 값들의 격자의 예가 나와 있다.

그런데 격자 검색에 사용할 초매개변수 값들의 집합을 어떻게 결정해야 할까? 수치 (순서 있는) 초매개변수의 경우에는 비슷한 과제에 관한 기존 연구나 경험에 기초해서 그 초매개변수가 가질 수 있는 가장 큰 값과 가장 작은 값을 보수적으로(최적값이 그 범위에 속할 수 있도록) 선택한다. 보통의 경우 격자 검색에 사용할 값들은 **로그 축척**에 따라 근사적으로 고르는 것이 무난하다. 예를 들어 학습 속도의 경우에는 가능한 값들의 집합으로 $\{0.1, 0.01, 10^{-3}, 10^{-4}, 10^{-5}\}$을, 은닉 단위 개수로는 $\{50, 100, 200, 500, 1000, 2000\}$을 사용하는 등이다.

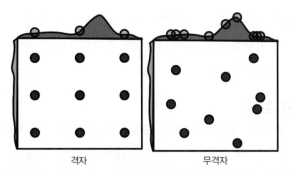

격자   무격자

그림 11.2: 격자 검색과 무작위 검색의 비교. 예시를 위해 초매개변수 두 개만 표시했지만, 실제 응용에서는 초매개변수가 그보다 훨씬 많은 것이 일반적이다. (왼쪽) 격자 검색을 수행할 때 사용자는 각각의 초매개변수에 대해 그 초매개변수가 가질 수 있는 값들의 집합을 지정한다. 검색 알고리즘은 그 두 집합의 곱집합에 속하는 모든 초매개변수 조합에 대해 훈련을 실행한다. (오른쪽) 무작위 검색에서는 사용자가 초매개변수 조합들에 관한 하나의 확률분포를 지정한다. 일반적으로 그런 초매개변수들은 대부분 서로 독립이다. 하나의 초매개변수에 관한 분포로 흔히 쓰이는 것은 균등분포(고른 분포)와 로그 균등분포이다(로그 균등분포를 따를 때는, 그 분포에서 추출한 표본의 exp를 취한다). 검색 알고리즘은 지정된 분포에 따라 무작위로 초매개변수 조합들을 추출해서 각 조합으로 훈련을 실행한다. 격자 검색과 무작위 검색 모두, 검증 집합 오차를 평가해서 최적의 조합을 선택한다. 그림은 결과에 중대한 영향을 미치는 초매개변수가 몇 개 되지 않는 전형적인 경우를 나타낸 것이다. 이 그림에서, 결과에 중대한 영향을 미치는 것은 수평축에 있는 초매개변수뿐이다. 격자 검색은 별 영향을 미치지 않는 초매개변수들의 개수에 지수적으로 비례하는 양만큼의 계산을 낭비하는 반면, 무작위 검색은 거의 모든 시행에서 모든 영향력 있는 초매개변수의 고유한 값을 시험한다. [Bergstra & Bengio, 2012]의 그림을 허락하에 전재했다.

일반적으로 격자 검색은 되풀이해서 적용할 때 가장 좋은 성과를 낸다. 예를 들어 값 집합 $\{-1, 0, 1\}$을 이용해서 초매개변수 α의 최적값을 격자 검색으로 구한다고 하자. 만일 알고리즘이 1을 최적값으로 산출했다면 애초에 최적의 α가 있는 범위를 과소평가한 것이다. 이 경우는 격자를 조금 이동해서, 이를테면 $\{1, 2, 3\}$에서 α를 다시 검색해 보아야 한다. 그렇지 않고 알고리즘이 이를테면 0을 돌려주었다면, 범위를 좀 더 좁혀서 다시 검색을 시도해 볼 수 있다. 이를테면 $\{-0.1, 0, 0.1\}$에 대해 격자 검색을 다시 수행하면 좀 더 정밀한 최적 α 값을 구할 수 있을 것이다.

격자 검색의 명백한 문제점은, 계산 비용이 초매개변수 개수에 지수적으로 증가한다는 것이다. 초매개변수가 m이고 각 초매개변수가 가질 수 있는 값이 최대 n가지이면, 필요한 훈련 및 평가 시행 횟수는 $O(n^m)$의 규모로 증가한다. 느슨한 병렬성(검색을 실행하는 서로 다른 컴퓨터들 사이에서 의사소통이 거의 필요하지 않다는 점에 근거한)을 활용해서 다수의 시행을 병렬로 실행할 수도 있겠지만, 애초에 격자 검색의 비용이 지수적이기 때문에 병렬성을 활용한다고 해도 검색의 규모를 만족할 만한 수준으로 키우는 것이 불가능할 수 있다.

11.4.4 무작위 검색

다행히, 격자 검색 대신 사용할 수 있는, 프로그래밍하기 쉽고 사용하기 편하며 적당한 초매개변수 값들로 좀 더 빨리 수렴하는 대안이 있다. 바로 무작위 검색(Bergstra & Bengio, 2012)이다.

무작위 검색(random search)의 작동 방식은 다음과 같다. 우선, 사용자는 각 초매개변수에 대해 하나의 주변 분포(marginal distribution; 또는 여백 분포)를 정의한다. 예를 들어 이진 초매개변수나 이산 초매개변수에 대해서는 베르누이 분포나 멀티누이 분포를, 양의 실숫값 초매개변수에 대해서는 고른 분포나 로그 축척 분포를 사용하면 된다. 예를 들어 $u(a,b)$가 구간 (a,b)에서 고른 분포에 따라 추출한 하나의 표본이라고 할 때,

$$로그\_학습\_속도 \sim u(-1, -5), \tag{11.2}$$

$$학습\_속도 = 10^{로그\_학습\_속도} \tag{11.3}$$

이다. 마찬가지로, 로그_은닉_단위_개수는 $u(\log(50), \log(2000))$으로 추출하면 될 것이다.

격자 검색과는 달리 무작위 검색은 초매개변수의 값을 **이산화하지 말아야** 한다. 즉, 초매개변수의 여러 값을 일정 간격의 구간들에 나누어 담아서 정숫값으로 변환하는 등의 처리는 하지 말아야 한다. 이는 좀 더 큰 값 집합을 탐색하기 위해서이자 추가적인 계산 비용을 피하기 위해서이다. 사실, 그림 11.2에서 보듯이 무작위 검색은 성과 측도에 강하게 영향을 미치지는 않는 초매개변수들이 많이 있을 때 격자 검색보다 지수적으로 더 효율적일 수 있다. 이 문제를 상세히 연구한 [Bergstra & Bengio, 2012]는 무작위 검색이 검증 집합 오차를 격자 검색보다 더 빨리(각 방법의 시행 횟수를 기준으로) 감소한다는 점을 발견했다.

격자 검색처럼 무작위 검색도 이전 실행의 결과에 기초해서 검색을 좀 더 정련하는 식으로 실행을 반복함으로써 더 나은 결과를 얻을 수 있다.

무작위 검색이 격자 검색보다 좋은 해들을 더 빨리 찾아내는 이유는, 불필요한 실험

적 실행에 의한 낭비가 적기 때문이다. 한 초매개변수의 두 값을 시험할 때, 격자 검색에서는 그 두 값에 대한 두 시행에서 다른 초매개변수들의 값들이 동일하지만, 무작위검색에서는 일반적으로 서로 다른 값들이 쓰인다. 만일 두 값이 같은 결과를 낸다고 (다른 초매개변수들의 값이 같은 조건에서) 하면, 격자 검색은 어차피 같은 결과를 내는 시행을 두 번 시도해서 계산을 낭비하는 셈이 된다. 반면 무작위 검색은 다른 초매개변수들의 값을 달리 두고 두 값을 시험하므로 그런 낭비가 없다.

11.4.5 모형 기반 초매개변수 최적화

좋은 초매개변수 값의 검색을 하나의 최적화 문제로 취급할 수 있다. 이 경우 최적화 문제의 결정 변수(decision variable)들은 초매개변수들이고, 최적화할 비용은 그 초매개변수들을 이용해서 훈련한 신경망의 검증 집합 오차이다. 검증 집합에 대해 측정한 어떤 미분 가능 오차 측도의 기울기(그 초매개변수들에 대한 미분)를 계산하는 것이 가능한 경우에는 그냥 그 기울기를 따라 최적화를 진행하면 된다(Bengio 외, 1999; Bengio, 2000; Maclaurin 외, 2015). 그러나 실제 응용에서는 그러한 기울기를 구하는 것이 불가능할 때가 많다. 기울기를 구하지 못하는 것은 계산 비용과 메모리 비용이 너무 높아서일 수도 있고, 애초에 초매개변수들이 검증 집합 오차와 미분이 불가능한 방식으로 상호작용하기 때문일 수도 있다(이산값 초매개변수들의 경우가 그렇다).

기울기를 구하지 못하는 상황에서 사용할 수 있는 방법 하나는 검증 집합 오차의 모형을 만들고 그 모형 안에서 최적화를 수행함으로써 초매개변수 값들을 추정하는 것이다. 이러한 모형 기반 초매개변수 검색 알고리즘들은 대부분 베이즈 회귀 모형 (Bayesian regression model)을 이용해서 각 초매개변수에 대한 검증 집합 오차의 기댓값과 그러한 기댓값에 관한 불확실도를 추정한다. 따라서, 이 최적화에는 탐험(불확실성이 큰, 따라서 성과가 크게 개선될 수도 있지만 크게 나빠질 수도 있는 초매개변수 값들을 제시하는 것)과 활용(적어도 지금까지 살펴본 초매개변수 값들만큼은 좋은 성과를 낼 것이 확실한 초매개변수 값들을 제시하는 것; 보통은 지금까지 본 살펴본 값들과 아주 비슷한 값들이다)의 절충이 관여한다. 요즘 흔히 쓰이는 초매개변수 최적화 접근 방식으로는 Spearmint(Snoek 외, 2012), TPE(Bergstra 외, 2011), SMAC(Hutter 외, 2011) 등이 있다.

현재로서는, 베이즈 초매개변수 최적화 기법이 더 나은 심층 학습 결과를 내는, 또는 더 적은 노력으로 그런 결과를 산출하는 확실한 도구인지에 대해 의견이 일치하지는 않는다. 어떤 문제에 대해서는 베이즈 초매개변수 최적화가 인간 전문가만큼이나 좋은, 또는 더 나은 성과를 내기도 하지만, 어떤 문제에 대해서는 대재앙 수준의 나쁜 성과를 내기도 한다. 주어진 특정한 문제에 대해 베이즈 초매개변수 최적화가 잘 작동 하는지 시험에 보는 것은 가치 있는 일이지만, 전반적으로 이 기법이 성숙했다거나 신뢰할 만하다는 평가를 하는 것은 시기상조이다. 그렇긴 하지만, 초매개변수 최적화 는 중요한 연구 분야이다. 주로 심층 학습의 요구에 의해 연구가 진행될 때가 많긴 하지만, 이 분야는 그 연구 성과가 기계 학습 전체는 물론이고 공학 전반에 혜택을 줄 잠재력이 있다.

무작위 검색보다 복잡한 초매개변수 최적화 알고리즘들이 대부분 가지고 있는 공통 의 단점 하나는, 하나의 훈련 실험을 처음부터 끝까지 마친 후에야 실험에서 정보를 추출할 수 있다는 것이다. 한 실험의 초기에 얼마나 많은 정보를 뽑아낼 수 있느냐를 기준으로 평가할 때, 인간 실무자가 직접 검색할 때와 비교하면 이는 아주 비효율적인 방식이다. 대체로 사람은 특정 매개변수 값들이 전혀 쓸모가 없다는 점을 일찍부터 알아챌 수 있다. [Swersky 외, 2014]는 다수의 실험을 관리하는 알고리즘의 초기 버전 을 소개했다. 그 초매개변수 최적화 알고리즘은 여러 시점(time point)에서 새 실험을 시작하거나, 실행 중인 실험이 가망이 없다고 간주해서 '동결'하거나, 이전에 동결한 실험을 '해동'해서 실행을 재개하는 등의 판단을 내린다.

11.5 디버깅 전략

기계 학습 시스템의 성과가 나쁠 때, 그것이 알고리즘 자체의 결함 때문인지 아니면 알고리즘의 구현에 버그가 있는 것인지 파악하기가 어려울 때가 많다. 기계 학습 시스 템의 디버깅이 어려운 이유는 다양하다.

대부분의 경우 사용자는 학습 알고리즘이 어떤 식으로 행동할 것인지를 미리 알지 못한다. 사실 기계 학습의 핵심은, 사용자(사람)가 미리 지정할 수 없는 어떤 유용한 행동을 알고리즘이 스스로 발견한다는 것이다. 어떤 신경망을 **새로운** 과제에 대해 훈 련했는데 시험 오차가 5%가 나왔다고 할 때, 이것이 신경망에서 기대할 수 있는 수준 의 결과인지 아니면 기대에 못 미치는 결과인지 바로 알 방법이 없다.

더 나아가서, 대부분의 기계 학습 모형에 각자 적응적으로 행동하는 부분들이 존재한다는 점도 상황을 어렵게 만든다. 한 부분이 고장 나도 다른 부분들이 적절히 적응한 덕분에 대략 받아들일 만한 성과가 나올 수 있다. 예를 들어, 가중치 W와 치우침 항 b로 매개변수화된 층이 여러 개 있는 어떤 신경망을 훈련한다고 하자. 그리고 우리가 각 매개변수에 대해 개별적으로 경사 하강 규칙을 직접 구현했는데, 치우침 항들에 대한 갱신 규칙을 다음과 같이 잘못 설정했다고 하자.

$$b \leftarrow b - \alpha. \tag{11.4}$$

여기서 α는 학습 속도이다. 이 규칙의 문제점은 기울기를 전혀 활용하지 않는다는 것이다. 이 규칙 때문에 치우침 항들이 학습 과정 내내 계속 작아져서 결국은 음수가 된다. 이는 그 어떤 합리적인 학습 알고리즘의 구현에서도 옳다고 말할 수 없는 확실한 오류이다. 그런데 모형의 출력만 봐서는 이러한 버그가 명확히 드러나지 않는다. 입력의 분포에 따라서는, 가중치들이 음의 치우침 항들을 상쇄하도록 적응할 수도 있다.

대부분의 신경망 디버깅 전략은 이상의 두 문제점 중 하나 또는 둘 다를 극복하는 것을 목적으로 고안된 것이다. 어떤 경우이든, 궁극의 해결책은 정확한 행동을 예측할 수 있을 정도로 단순한 모형을 만들거나, 신경망 구현의 한 부분을 따로 격리해서 검사할 수 있게 만드는 것이다.

다음은 주요 디버깅 전략과 검사 방법 몇 가지이다.

모형의 작동을 시각화한다: 예를 들어 이미지에서 물체를 인식하도록 모형을 훈련하는 경우, 모형이 현재 처리 중인 이미지에 모형이 검출한 물체의 외곽선을 겹쳐서 화면에 표시한다. 음성 인식을 위한 생성 모형을 훈련할 때는 모형이 산출한 음성 표본을 실제로 재생해서 들어본다. 너무 당연한 방법이라고 생각하겠지만, 실무에서는 정확도나 로그가능도 같은 성과 측도 수치만 살펴보고 다른 정보를 간과하는 우를 범하기 쉽다. 기계 학습 모형이 과제를 수행하는 모습을 직접 관찰해 보면 수치적인 성과 측도들이 실제로 의미가 있는지 파악하는 데 도움이 된다. 성과를 평가하는 코드의 버그는 가장 파괴적인 버그에 속한다. 그런 버그가 있으면, 시스템이 실제로는 제대로 작동하지 않는데도 잘 작동한다고 오해할 수 있기 때문이다.

최악의 실수를 시각화한다: 대부분의 모형은 자신이 수행하는 과제에 대한 일종의 확신도(confidence)에 해당하는 수치를 산출하는 능력을 갖추고 있다. 예를 들어 소프트맥스 출력층에 기초한 분류기는 각 부류에 하나의 확률을 배정한다. 따라서, 주어진 견본이 속할 가능성이 가장 큰 부류에 배정된 확률은 모형이 자신의 분류 결정을 어느 정도나 확신하는지를 나타내는 수치에 해당한다고 할 수 있다. 일반적으로 최대가능도 훈련에서 그런 확률은 옳은 예측에 대한 정확한 확률이 아니라 과대평가된 확률이다. 그렇긴 해도, 그런 모형은 제대로 이름표가 부여될 가능성이 낮은 견본들에 더 작은 확률을 배정한다는 측면에서, 그런 확률도 나름의 쓸모가 있다. 모형이 제대로 분류하기가 가장 어려운 훈련 집합 견본들을 살펴보면 자료의 전처리 과정이나 자료에 이름표들을 배정하는 과정에 존재하는 문제점을 발견할 때가 많다. 예를 들어 스트리트 뷰 전사 시스템에는 번지수 검출 시스템이 이미지를 너무 작게 잘라내서 일부 숫자가 누락되는 문제점이 있었다. 그런 경우 문제가 발생하면 전사 신경망은 해당 이미지에 대한 정답에 아주 낮은 확률을 배정한다. 실수에 대한 확신도를 기준으로 이미지들을 정렬해 보니 이미지 절단(cropping) 과정의 그러한 결함을 발견할 수 있었다. 이미지를 좀 더 크게 잘라내도록 검출 시스템을 수정한 후에는, 비록 전사 신경망이 인식해야 할 번지수 숫자들의 위치와 크기가 더 다양해졌음에도 전체적인 시스템의 성과가 훨씬 좋아졌다.

훈련 및 시험 오차를 이용해서 소프트웨어의 행동을 추론한다: 바탕 소프트웨어가 제대로 구현되었는지 판단하기가 어려울 때가 많다. 그런 경우 훈련 오차와 시험 오차를 보면 몇 가지 단서를 얻을 수 있다. 훈련 오차가 낮지만 시험 오차가 높다면, 훈련 절차는 제대로 작동하지만 알고리즘에 어떤 근본적인 문제가 있어서 모형이 과대적합하는 것일 수 있다. 또는, 훈련을 마치고 모형을 저장하는 코드와 이후 시험 집합의 평가를 위해 저장된 모형을 불러오는 코드에 뭔가 문제가 있어서 시험 오차가 제대로 측정되지 않는 것일 수도 있다. 훈련 오차와 시험 오차가 모두 높다면 소프트웨어에 결함이 있는지 아니면 알고리즘 때문에 모형이 과소적합한 것인지 판단하기 어렵다. 그런 경우에는 다음 방법들로 학습 시스템을 좀 더 검사해 보아야 할 것이다.

작은 자료 집합에 적합시켜 본다: 훈련 집합에 대한 오차가 높은 경우에는 그것이 전적으로 과소적합 때문인지 아니면 소프트웨어 결함 때문인지를 밝혀야 한다. 일반적으로, 충분히 작은 자료 집합에는 아주 작은 모형이라도 잘 적합한다. 예를 들어 견본이 단 하나뿐인 분류 자료 집합은 그냥 출력층의 치우침 매개변수들만 잘 설정하면 적합이 가능하다. 견본 하나를 제대로 분류하도록 분류기를 훈련하는 데 실패하거나,

하나의 견본을 높은 충실도로 재현하도록 자동부호기를 훈련하는 데 실패하거나, 또는 하나의 견본과 비슷한 견본들을 일관되게 산출하도록 생성 모형을 훈련하는 데 실패했다면, 소프트웨어에 결함이 있어서 훈련 집합에 대해 최적화가 이루어지지 못하는 것일 가능성이 크다. 단일 견본 집합에 대한 이러한 검사를 몇 개의 견본들로 이루어진 작은 자료 집합으로 확장할 수 있다.

역전파 미분들을 수치적으로 계산한 미분들과 비교한다: 사용자가 기울기 계산을 직접 구현해야 하는 소프트웨어 프레임워크를 사용하는 경우, 또는 사용자가 직접 bprop 메서드를 정의해서 기존 라이브러리에 새로운 연산을 추가하는 경우, 기울기 공식을 잘못 구현해서 시스템에 소트웨어적 결함이 생기는 일이 흔하게 일어난다. 미분들이 정확한지 확인하는 한 방법은, 여러분이 구현한 자동 미분 루틴이 계산한 미분들을 **유한차분**(finite difference)을 이용해서 계산한 미분들과 비교해 보는 것이다. 미분(도함수)의 기본적인 정의는 다음과 같다.

$$f'(x) = \lim_{\epsilon \to 0} \frac{f(x+\epsilon) - f(x)}{\epsilon}. \tag{11.5}$$

이러한 미분을 다음과 같이 작고 유한한 ϵ을 이용해서 근사할 수 있다.

$$f'(x) \approx \frac{f(x+\epsilon) - f(x)}{\epsilon}. \tag{11.6}$$

더 나아가서, 다음과 같은 **중심차분**(centered difference 또는 central difference)을 이용해서 이러한 근사의 정확도를 개선할 수 있다.

$$f'(x) \approx \frac{f(x+\frac{1}{2}\epsilon) - f(x-\frac{1}{2}\epsilon)}{\epsilon}. \tag{11.7}$$

섭동의 크기를 결정하는 ϵ은 유한 정밀도 수치 계산 때문에 섭동이 필요 이상으로 작아지지 않을 정도로 큰 값이어야 한다.

보통은 벡터값 함수 $g : \mathbb{R}^m \to \mathbb{R}^n$의 기울기 또는 야코비 행렬을 검사해 봐야 한다. 그런데 유한차분법에서는 한 번에 하나의 미분만 취할 수 있다. 따라서 유한차분법을 mn회 실행해서 g의 모든 편미분을 평가하거나, 아니면 g의 입력과 출력 모두에서의 무작위 투영들을 이용하는 새로운 함수를 검사하는 방법을 사용해야 한다. 예를 들어

$f(x) = \boldsymbol{u}^T g(\boldsymbol{v}x)$이고 $\boldsymbol{u}$와 $\boldsymbol{v}$가 무작위로 선택된 벡터들이라고 할 때, $f(x)$의 미분을 계산하는 구현을 검사한다고 하자. $f'(x)$를 제대로 계산하려면 g를 통과하는 역전파를 정확히 수행할 수 있어야 하지만, f에 입력과 출력이 각각 하나뿐이기 때문에 유한차분법으로 그러한 계산을 효율적으로 수행할 수 있다. 무작위 투영에 직교적인 실수들을 검사가 간과할 확률을 줄이기 위해서는 이러한 검사를 $\boldsymbol{u}$와 $\boldsymbol{v}$의 여러 값에 대해 반복하는 것이 바람직하다.

복소수에 대한 수치 계산이 필요한 경우에는, 복소수를 함수의 입력으로 사용해서 기울기를 아주 효율적으로 추정하는 수치 계산 방법이 있다(Squire & Trapp, 1998). 이 방법은 다음과 같은 관계에 기초한다.

$$f(x + i\epsilon) = f(x) + i\epsilon f'(x) + O(\epsilon^2), \tag{11.8}$$

$$\text{실수}(f(x + i\epsilon)) = f(x) + O(\epsilon^2), \ \text{허수}(\frac{f(x + i\epsilon)}{\epsilon}) = f'(x) + O(\epsilon^2). \tag{11.9}$$

여기서 $i = \sqrt{-1}$ 이다. 앞에서 살펴본 실숫값의 경우와는 달리 이번에는 서로 다른 점들에서의 f 값들의 차이를 취하기 때문에 소거 효과가 없다. 이 덕분에 아주 작은 ϵ 값을 사용할 수 있다. 이를테면 $\epsilon = 10^{-150}$으로 둘 수 있는데, 그러면 모든 실용적인 목적에서 $O(\epsilon^2)$이 무시할 수 있을 정도로 작아진다.

활성화 값들과 기울기들의 히스토그램을 주시한다: 훈련 단계를 아주 많이(이를테면 훈련 집합 전체를 훑을 정도로 많이) 반복해서 얻은, 신경망 활성화 값들과 기울기들의 통계량을 시각화하는 것이 도움이 될 때가 많다. 은닉 단위들의 사전 활성화 값(preactivation value)들을 보면 단위의 포화 여부와 그 빈도를 파악할 수 있다. 예를 들어 정류 단위의 경우 단위들이 얼마나 자주 꺼지는지(off), 항상 꺼져 있는 단위들이 있는지 등을 알 수 있다. tanh 단위의 경우 사전 활성화 값들의 절댓값의 평균은 단위가 얼마나 포화했는지를 말해 준다. 기울기의 경우에는 전파 과정에서 기울기가 증가하거나 소멸하는 속도를 살펴본다. 심층 신경망에서 전파된 기울기들이 빠르게 증가하거나 빠르게 소멸하면 최적화가 잘 안 될 수 있다. 마지막으로, 매개변수 기울기의 크기를 매개변수 자체의 크기와 비교해 보는 것도 유용하다. [Bottou, 2015]가 제안했듯이, 하나의 미니배치에서 기울기에 의한 매개변수 변경 크기는 매개변수 자체의 크기의 1% 정도가 바람직하다. 50%나 0.001%는 바람직하지 않다(후자는 매개변수가 너무 느리게 변한다). 자연어 처리에서처럼 희소한 자료를 다루는 신경망의 일부 매개변수가 아주 가끔만 갱신될 수 있다. 그런 신경망의 통계량을 조사할 때는 이 점을 염두에 두어야 한다.

마지막으로, 여러 심층 학습 알고리즘은 각 단계에서 산출한 결과에 관한 일종의 보장을 제공한다. 예를 들어 제3부에서 설명할 몇몇 근사 추론 알고리즘은 최적화 문제에 대한 대수적 해를 활용한다. 일반적으로 그런 알고리즘의 구현은 해당 보장들을 각각 검사해서 디버깅할 수 있다. 일부 최적화 알고리즘이 제공하는 보장들을 몇 가지 예를 들자면, 알고리즘의 한 단계 이후에 목적함수가 절대로 증가하지 않는다는 보장도 있고, 일부 변수들에 대한 기울기가 알고리즘의 각 단계 이후에 0이 된다는 보장도 있다. 또한, 수렴 시에는 모든 변수에 대한 기울기가 0이 된다는 보장도 있다. 그러나 디지털 컴퓨터에서는 반올림 오차 때문에 그런 조건들이 정확하게 성립하지 않을 수도 있으므로, 디버깅을 위한 검사에는 일종의 허용 오차 매개변수를 포함할 필요가 있다.

11.6 예제: 여러 자리 수의 인식

이 책이 권장하는 설계 방법론을 실제로 적용하는 방법을 파악하는 데 도움이 되도록, 스트리트 뷰 전사 시스템의 개발 과정을 심층 학습 구성요소들의 설계의 관점에서 간략하게나마 소개하겠다. 물론, 전체 시스템에는 다른 요소들도 많이 있다. 이를테면 스트리트 뷰 촬영 차량, 데이터베이스 기반 구조 등이 심층 학습 이외의 주요 구성요소이다.

기계 학습 과제의 관점에서 볼 때, 처리 과정은 자료의 수집에서 시작한다. 차량으로 원본 자료 이미지들을 수집하면 인간 운영자들이 이름표(표지)들을 배정한다. 전사 과제를 실제로 수행하기 전에 상당한 양의 자료 큐레이션 작업이 진행되는데, 여기에는 다른 기계 학습 기법들을 이용해서 건물 이미지에서 번지수에 해당하는 부분을 **검출**하는 과정이 포함된다.

전사 프로젝트의 초기에 우리는 성과 측정 방법과 바람직한 측정 수치들을 선택했다. 이때 중요한 일반 원칙은, 측정 방법의 선택을 프로젝트의 업무 목표(business goal)

에 맞추어야 한다는 것이다. 지도는 아주 정확하지 않으면 쓸모가 없으므로, 이 프로젝트에서는 높은 정확도를 요구조건으로 설정하는 것이 중요했다. 좀 더 구체적으로 말하면, 우리가 설정한 목표는 사람 수준의 정확도, 즉 98%의 정확도를 달성하는 것이었다. 이 정도의 정확도를 달성하는 것이 항상 가능하지는 않을 것이다. 이런 수준의 정확도를 달성하기 위해 스트리트 뷰 전사 시스템은 포괄도를 희생했다. 프로젝트 도중 우리는 정확도를 98%로 고정한 채로 주로 포괄도를 최적화했다. 합성곱 신경망을 계속 개선해 나가면서 신경망이 입력을 전사하길 거부하는 기준이 되는 확신도 문턱값도 점점 낮추었으며, 결국에는 98%의 정확도를 유지하면서 포괄도를 95%까지 끌어올릴 수 있었다.

수치적 목표들을 선택한 후에는, 앞에서 소개한 방법론에 따라 적절한 종단간 기준 시스템을 일찍부터 확립했다. 컴퓨터 시각 과제에서 그러한 시스템은 정류 선형 단위들을 사용하는 합성곱 신경망에 해당한다. 전사 프로젝트는 그런 모형을 출발점으로 삼았다. 당시에는 합성곱 신경망이 예측들의 순차열을 출력하는 일이 드물었다. 가능한 가장 단순한 기준 모형으로 시작하기 위해, 처음에는 서로 다른 n개의 소프트맥스 단위들이 n개의 문자로 이루어진 순차열을 출력하도록 모형의 출력층을 구현했다. 그런 소프트맥스 단위들을 분류 과제를 위한 신경망을 훈련할 때와 정확히 같은 방식으로 훈련하되, 각 소프트맥스 단위를 개별적으로 훈련했다.

이번 장의 방법론의 다음 단계는 기준 모형을 거듭 정련하면서 각 변경이 성과를 개선하는지 시험해 보는 것이다. 스트리트 뷰 전사 시스템에 가한 첫 번째 변경은 포괄도와 자료의 구조에 관한 이론적인 이해에서 비롯된 것이었다. 구체적으로 말하자면, 당시 신경망은 출력 순차열의 확률 $p(\boldsymbol{y}|\boldsymbol{x})$가 지정된 문턱값 t보다 작으면 주어진 입력 $\boldsymbol{x}$의 분류를 거부했다. $p(\boldsymbol{y}|\boldsymbol{x})$라는 정의는 모든 소프트웨어 출력을 그냥 곱하는 방식에 기초해서 다소 임의적으로 선택한 것이었다. 이 점을 개선하기 위해, 원칙적인 로그가능도를 실제로 계산하도록 출력층과 비용함수를 좀 더 구체화했다. 이 덕분에 견본 거부 메커니즘이 훨씬 더 효과적으로 작동하게 되었다.

이 시점에서 포괄도는 여전히 90% 미만이었다. 그러나 이 접근 방식에 명백한 이론적 문제점은 없었다. 그래서 방법론의 다음 단계로 넘어가서 성과 개선의 병목을 파악하는 수단을 시스템에 내장했다. 구체적으로는, 문제의 근원이 과소적합인지 아니면 과대적합인지 파악하기 위해 훈련 집합 성과와 시험 집합 성과를 측정하는 수단을 시스템에 집어넣었다. 측정 결과를 보니 훈련 오차와 시험 오차가 거의 같았다. 사실, 이 프로젝트가 그렇게 매끄럽게 진행된 이유는 수천만 개의 이름표 붙은 견본들로 이루어진 자료 집합을 사용할 수 있었다는 것이었다. 훈련 오차와 시험 오차가 거의 비슷하다는 것은 문제의 근원이 과소적합이거나 훈련 자료의 어떤 결함이라는 뜻이다. 앞에서, 모형의 최악의 실수를 시각화하는 것을 하나의 디버깅 전략으로 추천했었다. 그 전략을 이 예에 적용한다는 것은 훈련 집합에 대해 모형이 높은 확신도로 전사했지만 실제로는 틀린 번지수를 눈으로 확인하는 것에 해당한다. 실제로 확인해 보니, 입력 이미지를 너무 작게 잘라서 번지수의 일부 숫자가 누락되었을 때 모형이 그런 실수를 하게 됨을 알 수 있었다. 예를 들어 '1849'를 찍은 사진을 너무 작게 잘라내서 '849'만 남으면 모형은 틀린 결과를 낼 수밖에 없다. 절단 영역을 결정하는 번지수 검출 시스템의 정확도를 개선한다면 이 문제를 해결할 수 있겠지만, 그러려면 몇 주의 시간이 필요했다. 그래서 개발팀은 절단 영역을 그냥 번지수 검출 시스템이 예측한 것보다 더 넓게 잡는다는 훨씬 실용적인 방법을 채택했다. 이 간단한 변경만으로도 전사 시스템의 포괄도가 10%p(퍼센트 포인트) 증가했다.

마지막으로, 초매개변수들을 좀 더 조율해서 포괄도를 몇 퍼센트포인트 정도 더 끌어올렸다. 이 과정은 주로 계산 비용상의 제약을 지키면서 모형의 크기를 키우는 것이었다. 훈련 오차와 시험 오차가 거의 같게 유지되었으므로, 나쁜 성과의 근원은 과소적합과 데이터베이스 자체에 남아 있는 몇 가지 문제점뿐이었다.

전체적으로 보았을 때 스트리트 뷰 전사 프로젝트는 커다란 성공이었다. 이 프로젝트 덕분에 수천만 개의 번지수들을 사람이 직접 할 때보다 더 빠르고 더 낮은 비용으로 전사할 수 있었다.

이번 장에서 설명한 설계 방법론과 원칙들이 이와 비슷한 다른 여러 성공으로 이어지길 희망한다.

12

응용

이번 장에서는 심층 학습을 컴퓨터 시각, 음성 인식, 자연어 처리 등 상용 제품이나 서비스에서 주목하는 여러 응용 분야에 적용하는 방법을 설명한다. 우선, 대부분의 진지한 인공지능 응용 프로그램에 필요한 대규모 신경망 구현을 설명하고, 그런 다음 심층 학습을 적용해서 좋은 성과를 낸 실적이 있는 구체적인 응용 분야 몇 가지를 살펴본다. 심층 학습의 한 가지 목표는 아주 다양한 과제를 해결할 수 있는 알고리즘을 설계하는 것이지만, 지금까지는 어느 정도의 특수화가 필요했다. 예를 들어 컴퓨터 시각 과제에서는 처리해야 할 견본당 입력 특징(픽셀)들의 개수가 많다는 점을 고려해야 하는 반면, 자연어 처리 과제에서는 입력 특징당 가능한 값들(어휘의 단어들)의 개수가 많다는 점을 고려해야 한다.

12.1 대규모 심층 학습

심층 학습의 바탕은 연결주의 철학이다. 즉, 심층 학습은 생물의 개별 뉴런 또는 기계 학습 모형의 개별 특징은 지능적이지 않지만, 많은 수의 그런 뉴런들이나 특징들이 함께 작동하면 지능적인 행동이 나타난다는 관점에 근거한다. 여기서 중요한 것은, 지능적인 행동이 나타나려면 뉴런들이 아주 **많아야** 한다는 사실이다. 1980년대부터 오늘날까지, 신경망의 정확도와 신경망이 해결할 수 있는 과제의 복잡도를 개선하는 데 있어 핵심적인 요인 하나는 신경망의 크기이다. §1.2.3에서 보았듯이, 지난 30년 동안 신경망의 크기는 지수적으로 증가했다. 그렇지만 현재 인공 신경망의 규모는 기껏해야 곤충의 신경계 수준이다.

신경망의 크기가 이처럼 중요하므로, 성공적인 심층 학습을 위해서는 큰 신경망을 감당할 수 있는 고성능 하드웨어와 소프트웨어 기반구조가 필요하다.

12.1.1 빠른 CPU 구현

예전에는 신경망을 컴퓨터 한 대의 CPU 하나를 이용해서 훈련했지만, 요즘은 그런 접근 방식을 비효율적이라고 간주하는 것이 일반적이다. 요즘은 대부분 GPU 컴퓨팅을 이용하거나 여러 컴퓨터를 네트워크로 연결해서 다수의 CPU를 활용한다. 그런 고가의 설비가 대중화되기 전의 연구자들은 신경망이 요구하는 높은 계산 부담을 CPU가 감당할 수 없음을 입증하는 데 노력을 기울였다.

효율적인 CPU 수치 계산 코드를 구현하는 방법은 이 책의 범위를 넘는 주제이지만, 특정 CPU 제품군에 맞춰 계산을 세심하게 구현한다면 성능을 크게 개선할 수 있다는 점은 강조할 필요가 있다. 예를 들어 2011년 당시 최고 수준의 CPU를 기준으로 할 때, 부동소수점(floating-point) 산술 대신 고정소수점 (fixed-point) 산술을 이용하면 신경망의 작업을 좀 더 빨리 실행할 수 있었다. [Vanhoucke 외, 2011]은 고정 소수점 구현을 세심하게 조율해서 강력한 부동소수점 시스템에 비해 속도를 세 배나 올렸다. 새로 출시되는 CPU 모델은 이전 모델들과는 성능 특성이 다를 때도 많으므로, 때로는 부동소수점 구현이 더 빠를 수도 있다. 어쨌든 중요한 것은, 수치 계산 코드를 세심하게 특수화하면 성능을 크게 개선할 수 있다는 점이다. 고정소수점 대 부동소수점의 선택 이외의 다른 성능 개선 전략으로는 자료구조를 최적화해서 캐시 적중률을 높이는 것과 CPU의 벡터 연산 명령어들을 활용하는 것이 있다. 기계 학습 연구자 중에는 이런 구현상의 세부사항을 무시하는 사람들이 많지만, 구현 성능은 모형의 크기를 제한하며, 따라서 모형의 정확도에 중요한 영향을 미친다.

12.1.2 GPU 구현

현세대 신경망 구현들은 대부분 GPU(graphics processing unit; 그래픽 처리 장치)에 의존한다. GPU는 원래 그래픽 응용 프로그램을 위해 개발된 그래픽 처리 전용 하드웨어이다. GPU를 장착한 그래픽 카드 시장은 기본적으로 비디오 게임을 즐기는 소비자들의 요구에 의해 발생하고 성장했다. 그런데 좋은 비디오 게임 시스템에 필요한 성능 특성은 신경망에도 도움이 된다는 점이 밝혀졌다.

비디오 게임이 게임 속 장면을 효율적으로 렌더링하려면 수많은 연산을 병렬로 바르게 수행해야 한다. 게임 속 캐릭터와 주변 환경을 표현하는 데 쓰이는 3D 그래프 모형은 일련의 3차원 정점들로 정의된다. 그래픽 카드는 다수의 3차원 정점(꼭짓점) 좌표들에 대해 행렬 곱셈과 나눗셈 연산을 수행함과 동시에, 그러한 3차원 좌표들을 2차원 화면 좌표로 변환하는 작업도 병렬로 수행해야 한다. 그와 함께 그래픽 카드는 각 픽셀에 대해 여러 연산을 적용해서 픽셀의 값을 결정하는 연산도 병렬로 수행한다. GPU가 수행하는 이러한 작업의 특징은, 개별 계산이 상당히 단순하다는 점과 통상적인 응용 프로그램(CPU가 실행하는)에 비하면 조건 분기(branching)가 거의 없다는 점이다. 예를 들어 어떤 강체(rigid object) 하나를 처리할 때, 그 강체의 모든 정점에는 동일한 행렬이 곱해진다. 정점마다 if 문 같은 것을 이용해서 특정 행렬을 선택할 필요가 없는 것이다. 또한, 계산들이 서로 완전히 독립적이므로 병렬화하기 쉽다. 그리고 계산들에는 렌더링할 각 물체의 텍스처(질감을 나타내는 색상 패턴)를 서술하는 비트맵을 담은 대량의 메모리 버퍼를 처리하는 과정이 관여한다. 이런 여러 특징을 고려해서, 그래픽 카드 제조사들은 전통적인 CPU에 비해 클록 속도와 분기 능력을 낮추고 대신 병렬성과 메모리 대역폭을 높이는 쪽으로 GPU를 설계했다.

신경망 알고리즘들도 앞에서 설명한 실시간 그래픽 알고리즘과 동일한 성능 특성들을 요구한다. 일반적으로 신경망에는 수많은 매개변수 값, 활성화 값, 기울기 값을 담은 큰 버퍼가 많이 쓰인다. 훈련의 각 단계에서는 그러한 버퍼들을 각각 완전히 갱신해야 한다. 이런 버퍼들은 전통적인 데스크톱 컴퓨터의 캐시 용량을 완전히 넘어설 정도로 크므로, 시스템의 메모리 대역폭이 성능 제한 요소일 때가 많다. CPU에 비해 GPU는 메모리 대역폭이 높다는 점이 아주 매력적이다. 신경망 훈련 알고리즘은 분기나 기타 복잡한 실행 흐름 제어가 그리 많지 않으므로 GPU 하드웨어에서 실행하기에 적합하다. 또한, 신경망 각 층의 개별 '뉴런'을 각자 독립적으로 처리할 수 있으므로, GPU 컴퓨팅의 병렬성을 활용하기가 쉽다.

앞에서 언급했듯이, GPU 하드웨어는 원래 그래픽 작업에 특화된 것이다. 그러나 시간이 지나면서 GPU 하드웨어가 좀 더 유연해져서, 이제는 개별 정점의 좌표를 변환하는 작업이나 픽셀에 색상을 부여하는 작업을 위한 코드를 사용자(개발자)가 임의로 지정할 수 있다. 원칙적으로, 픽셀 값들이 반드시 어떤 그래픽 렌더링 작업에 기초해야 한다는 제한은 없다. 즉, 그래픽과는 무관한 어떤 값들을 픽셀들에 부여함으로써 GPU를 그래픽 이외의 용도로, 특히 과학 계산에 사용하는 것이 가능하다. [Steinkrau 외, 2005]는 GPU에서 구현한 2층 완전 연결 신경망을 소개하고 그것이 CPU 기반 기준 모형보다 세 배 빠르게 작동했다는 결과를 보고했다. 얼마 후 [Chellapilla 외, 2006]은 같은 기법을 이용해서 지도 학습 합성곱 신경망의 속도를 높일 수 있었음을 보여주었다.

GPGPU(general purpose GPU; 범용 GPU) 기술이 등장하면서 신경망 훈련을 위한 그래픽 카드의 인기가 폭발했다. GPGPU는 렌더링 서브루틴에 국한되지 않는 임의의 코드를 GPU에서 실행하는 기술이다. NVIDIA는 GPGPU 코드를 작성하기 위한, C 언어와 비슷한 모습의 CUDA라는 프로그래밍 언어를 내놓았다. 프로그래밍하기가 비교적 편하고 병렬성과 메모리 대역폭이 뛰어난 GPGPU는 신경망 프로그래밍의 이상적인 플랫폼이라 할 수 있다. 이 플랫폼이 나오자마자 여러 심층 학습 연구자들이 이 플랫폼을 빠르게 받아들였다(Raina 외, 2009; Ciresan 외, 2010).

그렇긴 하지만, GPGPU를 위한 효율적인 코드를 작성하는 것은 여전히 어려운 작업이므로 전문가에게 맡기는 것이 낫다. GPU에서 좋은 성능을 뽑아내는 데 필요한 기법들은 기존의 CPU에 대한 것들과는 아주 다르다. 예를 들어 CPU 기반 코드의 성능을 높일 때는 가능하면 캐시에서 최대한 많은 정보를 읽어 들이도록 코드를 설계할 때가 많다. 그러나 GPU에서 대부분의 쓰기 가능 메모리 장소들은 캐시에 저장되지 않으므로, 어떤 한 값을 한 번 계산해서 메모리에 저장한 후 다시 읽어 들이는 것보다는 그 값을 그냥 매번 계산하는 것이 더 빠를 수 있다. GPU 코드는 또한 본질적으로 다중 스레드 방식으로 작동하며, 따라서 서로 다른 스레드들의 실행을 세심하게 중재할 필요가 있다. 예를 들어 메모리 연산들은 **합쳐져서**(coalesce) 수행될 때 더 빠르다. 합쳐진 메모리 읽기 또는 쓰기 연산에 각 스레드에 필요한 어떤 값을 여러 스레드가 동시에, 하나의 메모리 트랜잭션의 일부로 읽거나 쓸 때 발생한다. 그러한 합쳐진 읽기·쓰기 패턴들은 GPU 모델마다 다를 수 있다. 일반적으로, i번째 스레드가 메모리의 $i+j$번째 바이트에 접근하되 j가 2의 거듭제곱의 배수인 패턴으로 다수의 스레드가 메모리에 접근할 때 메모리 연산들이 잘 합쳐진다. 물론, 구체적인 상황은 GPU 모델마다 다를 수 있다. GPU용 코드를 작성할 때 흔히 주의해야 하는 또 다른 사항은, 한 그룹의 각 스레드가 같은 명령을 동시에 수행하게 해야 한다는 것이다. 이는 GPU가 분기에 그리 강하지 않다는 점을 고려한 것이다. GPU의 스레드들은 **워프**warp라고※ 부르는 작은 그룹들로 분할된다. 한 워프의 각 스레드는 각 실행 주기(cycle)에서 동일한 명령을 수행하므로, 만일 같은 워프 안의 서로 다른 스레드가 서로 다른 코드 경로를 실행해야 한다면, 그 서로 다른 코드 경로들은 병렬이 아니라 직렬로(순차적으로) 수행된다.

고성능 GPU 코드를 작성하기란 어려운 일이므로, 연구자는 매번 GPU 코드를 새로 작성하지 않고도 새 모형이나 알고리즘을 시험해 볼 수 있는 형태로 자신의 작업 흐름을 짤 필요가 있다. 일반적으로, 합성곱이나 행렬 곱셈 같은 고성능을 요구하는 연산들을 제대로 구현한 소프트웨어 라이브러리를 갖추고, 개별 모형에서는 그냥 그 라이브러리의 연산들을 호출하기만 하면 되게 한다면 그런 작업 흐름을 구축하는 것이 가능하다. 예를 들어 기계 학습 라이브러리 Pylearn2(Goodfellow 외, 2013c)에 포함된 모든 기계 학습 알고리즘은 앞에서 언급한 고성능 연산들을 제공하는 Theano(Bergstra 외, 2010; Bastien 외, 2012)와 cuda-convnet(Krizhevsky, 2010)에 의존한다. 이러한 모듈식 접근 방식은 다양한 종류의 하드웨어를 지원하는 데에도 도움이 된다. 예를 들어 Theano를 이용하는 프로그램은 해당 Theano 호출들을 전혀 수정하지 않고도 CPU와 GPU 모두에서 실행할 수 있다. TensorFlow(Abadi 외, 2015)나 Torch(Collobert 외, 2011b) 같은 다른 라이브러리들도 이와 비슷한 기능을 제공한다.

12.1.3 대규모 분산 구현

컴퓨터 한 대의 계산 자원으로는 큰 신경망을 실행하기에 부족할 때가 많다. 이에 대한 주된 해결책은, 훈련 및 추론 작업을 여러 대의 컴퓨터로 분산하는 것이다.

추론(inference)의 분산은 간단하다. 그냥 각 입력 견본을 각자 다른 컴퓨터로 처리하면 그만이다. 이런 성질을 **자료 병렬성**(data parallelism)이라고 부른다.

자료 병렬성 말고 **모형 병렬성**(model parallelism)이라는 것도 있는데, 이는 하나의 자료점을 여러 대의 컴퓨터가 처리하게 하는 것이다. 이 경우 각 컴퓨터는 모형의 각자 다른 부분을 실행한다. 이 방식은 추론뿐만 아니라 훈련에도 적용할 수 있다.

훈련 과정에서는 자료 병렬성을 갖추는 것이 다소 어렵다. 하나의 SGD(확률적 경사

※ **역주** 참고로, warp는 씨실과 함께 직물을 구성하는 '날실'을 뜻한다. 이러한 어법은 실행의 흐름을 스레드, 즉 '실'에 비유한 것에서 비롯한 것이다.

하강법) 단계에 쓰이는 미니배치의 크기를 키우는 것이 한 방법이지만, 최적화 성능 면에서 그 이득이 선형에 못 미칠 때가 많다. 그보다는 여러 컴퓨터가 여러 경사 하강 단계들을 병렬로 계산하게 하는 것이 더 낫겠지만, 안타깝게도 표준적인 경사 하강법 은 전적으로 순차적인 알고리즘이다. 단계 t에서의 기울기는 단계 $t-1$에서 산출한 매개변수들의 함수이기 때문이다.

한 가지 해결책은 **비동기 확률적 경사 하강법**(Bengio 외, 2001; Recht 외, 2011)을 사용 하는 것이다. 비동기(asynchronous) 확률적 경사 하강법에서 각 코어^{core}는 잠금 없이 매 개변수들을 읽어서 기울기를 계산한 후 잠금 없이 그 매개변수들을 갱신한다. 잠금을 적용하지 않으므로 일부 코어가 다른 코어의 결과를 덮어쓸 수도 있다. 따라서 각 경 사 하강 단계의 평균 개선량이 감소한다. 그러나 단계들의 산출 속도가 증가한 덕분에 전체적으로는 학습이 좀 더 빨라진다. [Dean 외, 2012]는 이런 무잠금(lock-free) 접근 방식의 다중 컴퓨터 구현을 선구적으로 연구했다. 그들의 구현은 매개변수들을 공유 메모리가 아니라 하나의 **매개변수 서버**(parameter server)로 관리한다. 이 글을 쓰는 지 금도 이러한 분산 비동기 경사 하강법이 대형 심층망 훈련의 주된 전략이다. 업계의 대부분의 주요 심층 학습 그룹이 이 방법을 사용한다(Chilimbi 외, 2014; Wu 외, 2015). 일반적으로 학계의 심층 학습 연구자들은 업계에 쓰이는 규모의 분산 학습 시스템을 마음껏 사용할 수는 없는 사정이지만, 대학교 환경에서 갖출 수 있는 비교적 값싼 하 드웨어를 이용해서 분산 네트워크를 구축하는 방법에 초점을 둔 연구도 있었다(Coates 외, 2013).

12.1.4 모형 압축

상용 응용 프로그램에서는 기계 학습 모형을 훈련하는 데 필요한 시간과 메모리 비용 을 낮추는 것보다 모형을 이용해서 실제로 추론을 실행하는 데 필요한 시간과 메모리 비용을 낮추는 것이 훨씬 더 중요한 것들이 많다. 개인화가 필요하지 않은 응용 프로 그램의 경우에는 한 번만 훈련한 모형을 수많은 사용자가 설치해서 사용하는 것이 가 능하다. 이는, 대체로 최종 사용자의 컴퓨팅 자원이 개발자의 것보다 제한적이라는 점 에서 바람직한 방식이다. 예를 들어 음성 인식 신경망을 강력한 컴퓨터 클러스터에서 훈련한 후 여러 사용자의 이동전화에 설치해서 사용할 수도 있을 것이다.

추론 비용을 줄이는 한 가지 핵심 전략은 **모형 압축**(model compression; Buciluva 외,

2006)이다. 기본적으로, 모형 압축 전략은 원래의 고비용 모형을 더 작은, 저장 비용과 평가 비용이 낮은 모형으로 대체한다.

모형 압축은 주로 과대적합을 피하려고 크기를 키운 모형들에 적용할 수 있다. 대체로, 독립적으로 훈련한 여러 모형으로 구성된 앙상블 모형은 일반화 오차가 아주 낮다. 그러나 앙상블을 구성하는 신경망 n개를 모두 평가하려면 비용이 많이 든다. 그냥 모형 하나의 크기를 키웠을 때(이를테면 드롭아웃으로 정칙화해서) 일반화가 더 나아지는 경우도 종종 있다.

큰 모형들도 작은 모형들처럼 어떤 함수 $f(x)$를 학습한다. 문제는, 학습 과정에서 과제에 실제로 필요한 것보다 훨씬 많은 매개변수가 쓰인다는 점이다. 애초에 모형을 크게 만들어야 했던 유일한 이유는 훈련 견본이 충분하지 않은 것이다. 일단 모형이 함수 $f(x)$에 적합되면, 그냥 그 f를 무작위로 추출한 점들의 집합 x에 적용해서 무한히 많은 견본을 생성할 수 있다. 그런 식으로 충분한 수의 견본들을 얻은 다음에는, 그 견본들을 이용해서 더 작은 모형을 $f(x)$에 적합시키면 된다. 더 작은 새 모형의 수용력을 가장 효율적으로 활용하려면, 나중에 모형에 공급할 실제 시험 입력들과 비슷한 분포로부터 새 x를 추출하는 것이 좋다. 방법은 여러 가지인데, 이를테면 원래의 훈련 집합의 견본들을 조금씩 변형해서 새 견본들을 만들거나, 원래의 훈련 집합으로 훈련한 생성 모형(generative model; 제20장)으로 견본들을 생성하는 방법이 있다.

아니면, 더 작은 모형을 그냥 원래의 훈련 견본들로 훈련하되, 모형의 다른 특징들 (이를테면 부정확한 분류 결과들에 대한 사후분포 등)을 복사하도록 훈련할 수도 있다 (Hinton 외, 2014; Hinton 외, 2015).

12.1.5 동적 구조

자료 처리 시스템의 속도를 높이는 일반적인 전략 하나는, 하나의 입력을 처리하는 데 필요한 계산을 서술하는 계산 그래프에 **동적 구조**(dynamic structure)가 존재하는 시스템을 구축하는 것이다. 자료 처리 시스템은 여러 신경망 중 주어진 한 입력의 처리에 알맞은 것들을 동적으로 선택할 수 있다. 또한, 개별 신경망 역시 입력에 있는 특정 정보를 계산하는 데 알맞은 부분(은닉 단위들의 부분집합)을 동적으로 결정할 수 있다. 신경망의 이런 동적 구조를 **조건부 계산**(conditional computation)이라고 부르기도 한다 (Bengio, 2013; Bengio 외, 2013b). 한 아키텍처의 구성요소 중에는 가능한 입력의 일부에 관련된 것들이 많으므로, 그런 요소들을 필요할 때만 계산한다면 시스템의 실행 속도를 좀 더 높일 수 있다.

계산의 동적 구조는 소프트웨어 공학 전반에 적용되는 기본적인 컴퓨터 과학 원리 중 하나이다. 신경망에 적용되는 가장 단순한 형태의 동적 구조는 주어진 특정 입력에 적용할 신경망(또는 기타 기계 학습 모형)들의 한 부분집합을 동적으로 선택하는 것이다.

예전부터, 분류기의 추론을 가속할 때 분류기들의 **중첩**(cascade; 또는 종속)을 사용하는 전략이 쓰였다. 그런데 어떤 흔치 않은 물체(또는 가끔 발생하는 사건)의 존재를 검출하는 것이 목표일 때도 그런 중첩 전략을 적용할 수 있다. 물체의 존재를 확실하게 검출하려면 수용력이 높은 정교한 분류기를 사용해야 하는데, 그런 모형은 실행 비용이 높다. 그런데 검출하고자 하는 물체가 자주 나타나는 것이 아니므로, 물체가 존재하지 않는 입력을 최대한 빨리 기각한다면 계산량을 줄일 수 있다. 이를 위해 일련의 분류기들을 훈련한다. 첫 분류기는 수용력이 낮은 모형을 사용한다. 이 분류기는 재현율이 높게 나오도록 훈련한다. 다른 말로 하면, 중첩의 첫 분류기는 물체가 존재하는 입력을 잘못 기각하는 일이 없도록 훈련한다. 반면 중첩의 마지막 분류기는 정밀도가 높도록 훈련한다. 시험 과정에서는 분류기들을 순서대로 실행해서 추론을 수행하되, 한 분류기라도 입력을 기각하면 그 즉시 입력에 대한 처리를 중단한다. 이렇게 하면 물체의 존재를 확신도 높게 검출할 수 있으면서도 모든 견본에 대해 완전한 추론 비용을 소비할 필요가 없다. 이러한 신경망 중첩이 높은 수용력을 가지게 하는 방법은 크게 두 가지이다. 하나는 중첩의 후반부에 있는 신경망들의 수용력을 개별적으로 높이는 것이다. 개별 신경망들의 수용력이 높으므로 시스템 전체의 수용력도 높다. 다른 하나는, 중첩의 개별 신경망은 수용력이 낮지만 그 신경망들의 조합은 수용력이 높게 만드는 것이다. [Viola & Jones, 2001]은 부양법(boosting)이 적용된 결정 트리(decision tree)들의 중첩을 이용해서 핸드헬드 디지털카메라에 사용하기 적합한, 빠르고 안정적인 얼굴 검출기를 구현했다. 그들의 분류기는 본질적으로 영역 이동(sliding window) 접근 방식에 해당하는 방법을 이용해서 얼굴을 잡아냈는데, 다수의 인식 영역('창')을 조사해서 얼굴이 들어 있지 않은 영역을 기각하는 방식이었다. 중첩의 초반 요소들로 일종의 강한 주의(hard attention) 메커니즘을 구현하는 형태로 중첩을 활용할 수도 있다. 즉, 중첩의 초반 요소들은 물체의 위치를 검출하고, 후반 요소들은 그 위치에 기초해서 추가적인 처리를 수행한다. 예를 들어 구글은 스트리트 뷰 이미지들에서 번지수를 전사할 때 2단계 중첩을 사용했는데, 첫 단계에서는 하나의 기계 학습 모형을 이용해서 이미지에서 번지수가 있는 영역을 특정하고, 둘째 단계는 또 다른 기계 학습 모형을 이용해서 그 번지수의 숫자들을 전사한다(Goodfellow 외, 2014d).

결정 트리 자체도 동적 구조의 예이다. 결정 트리의 각 노드는 자신의 여러 부분 트리(subtree; 또는 하위 트리) 중 주어진 입력을 위해 평가해야 할 부분 트리를 동적으로 결정하기 때문이다. 심층 학습과 동적 구조를 조합하는 한 가지 간단한 방법은, 각 노드가 신경망을 이용해서 그러한 분기를 결정하는 결정 트리를 훈련하는 것이다(Guo & Gelfand, 1992). 그러나 추론 계산의 속도를 높이는 것을 주목적으로 해서 이 방법을 사용한 예는 별로 없었다.

게이터^{gater}라고 부르는 신경망 역시 동적 구조를 가진 신경망의 예이다. 게이터는 여러 **전문가망**(expert network) 중 하나를 선택해서 현재 입력에 대한 출력을 계산한다. **전문가 혼합**(mixture of experts)이라는 이름으로 제시된 이 착안의 첫 버전(Nowlan, 1990; Jacobs 외, 1991)에서 게이터는 전문가망당 하나씩 여러 개의 확률 또는 가중치(소프트맥스 비선형 함수를 통해 얻은)를 산출하고, 그 값들의 가중 평균을 최종 결과로 출력한다. 이 경우 게이터를 사용한다고 해서 계산 비용이 줄어들지는 않는다. 그러나 각 견본에 대해 게이터가 하나의 전문가망만 선택하도록 변경한 **엄격한 전문가 혼합**(hard mixture of experts; Collobert 외, 2001; Collobert 외, 2002)은 실제로 훈련 시간과 추론 시간을 상당히 줄여준다. 이 전략은 조합적(combinatorial)이 아니기 때문에 게이트 결정 개수가 많지 않아야 잘 작동한다. 그러나 단위들 또는 대수들의 서로 다른 부분집합들을 선택해야 할 때는 그런 '유연한 스위치(soft switch)'를 사용할 수 없다. 그러려면 모든 게이터 조합들을 나열해야(그리고 해당 출력을 계산해야) 하기 때문이다. 이 문제를 극복하기 위해 연구자들은 조합적 게이터들을 훈련하는 다양한 접근 방식을 연구했다. [Bengio 외, 2013b]는 게이팅 확률들에 대한 여러 기울기 추정량을 실험했고 [Bacon 외, 2015]와 [Bengio 외, 2015a]는 강화 학습 기법(정책 기울기)을 이용해서 은닉 단위 블록들에 대한 일종의 조건부 드롭아웃을 학습하는 방법을 연구했는데, 근사의 품질을 떨어뜨리지 않고 실제로 계산 비용을 줄일 수 있었다.

또 다른 종류의 동적 구조로, 한 은닉 단위가 다른 여러 단위 중 하나를 일종의 '스위치'를 통해서 적절히 선택해서 그 단위로부터 입력을 받는 방식이 있다. 이러한 동적 경로 결정 접근 방식은 하나의 주의 메커니즘으로 볼 수 있다(Olshausen 외, 1993).

이러한 엄격한 스위치(hard switch)가 대규모 응용에 효과적인지는 아직 증명되지 않았다. 현재는 그냥 여러 가능한 입력들에 대해 가중 평균을 적용하는 접근 방식이 주로 쓰이는데, 그런 접근 방식에는 동적 구조가 제공하는 계산상의 이득이 없다. 현재 흔히 쓰이는 주의 메커니즘들은 §12.4.5.1에서 설명한다.

동적 구조 시스템의 활용에서 주된 걸림돌은, 시스템이 서로 다른 입력에 대해 서로 다른 코드 경로로 분기하다 보니 병렬성이 줄어든다는 것이다. 동적 구조가 존재하면, 신경망의 연산 중 그냥 행렬 곱셈이나 견본 미니배치에 대한 합성곱으로 서술할 수 있는 연산들이 줄어든다. 각 견본을 서로 다른 핵들과 합성곱하거나 설계 행렬의 각 행에 서로 다른 가중치 열들과 곱하는 좀 더 특화된 서브루틴들을 작성하는 것이 가능하긴 하지만, 안타깝게도 그런 좀 더 특화된 서브루틴들은 효율적으로 구현하기가 어렵다. 그래서 CPU 구현의 경우에는 캐시 응집성이 부족해서 실행 속도가 느려지고, GPU 구현의 경우에는 합쳐진 메모리 트랜잭션이 줄어들고 워프의 스레드들(서로 다른 코드 경로를 따르는)을 차례로 실행해야 할 필요성이 늘어나서 실행 속도가 느려진다. 경우에 따라서는, 견본들을 실행 경로(분기)에 따라 여러 그룹으로 나누고 그 견본 그룹들을 동시에 처리함으로써 이런 문제점을 완화할 수도 있다. 오프라인 환경에서 고정된 개수의 견본들을 처리하는 데 필요한 시간을 최소화하고자 한다면 이 전략을 사용해 볼 만하다. 견본들을 끊임없이 처리해야 하는 실시간 환경에서는 이런 작업 부하 분할 전략이 부하 불균형 문제를 일으킬 수 있다. 예를 들어 한 컴퓨터에 중첩의 첫 단계를 맡기고 다른 한 컴퓨터에 중첩의 마지막 단계를 맡기면 전자는 과부하되기 쉽고 후자는 할 일 없이 놀게 될 가능성이 있다. 신경망 결정 트리의 각 노드를 서로 다른 컴퓨터가 처리하게 하는 경우에도 이와 비슷한 부하 불균형 문제가 발생한다.

12.1.6 심층망 전용 하드웨어 구현

신경망 연구의 초창기부터 하드웨어 설계자들은 신경망 알고리즘의 훈련 속도나 추론 속도(또는 둘 다)를 높일 수 있는 특화된 하드웨어 구현을 고민했다. 초창기 심층망을 위한 전용 하드웨어(specialized hardware)들을 개괄한 문헌으로는 [Lindsey & Lindblad, 1994]가 있고, 좀 더 최근의 상황을 다룬 문헌으로는 [Beiu 외, 2003]과 [Misra & Saha, 2010]이 있다.

지난 수십 년간 다양한 형태의 전용 하드웨어가 개발되었다(Graf & Jackel, 1989; Mead

& Ismail, 2012; Kim 외, 2009; Pham 외, 2012; Chen 외, 2014a; Chen 외, 2014b). ASIC(application-specific integrated circuits) 같은 주문형 집적회로를 이용한 것들도 있었는데, 디지털(이진수 기반) 구현은 물론이고 전압이나 전류 같은 물리적인 연속값들에 기초한 아날로그 구현도 있었다(Graf & Jackel, 1989; Mead & Ismail, 2012). 또한, 디지털 구성요소와 아날로그 구성요소를 결합한 혼성 구현도 있었다. 최근에는 하드웨어 칩을 구축한 후에 회로의 세부 사항을 칩에 기록할 수 있는 유연한 FPGA(field programmable gated array) 구현들이 많이 개발되었다.

범용 처리 장치(CPU나 GPU)에서 실행되는 소프트웨어 구현들은 일반적으로 32비트나 64비트의 정밀도로 부동소수점 수를 표현하지만, 적어도 추론 시점에서는 그보다 낮은 정밀도를 사용하는 것이 가능하다는 점은 오래전부터 알려져 있었다(Holt & Baker, 1991; Holi & Hwang, 1993; Presley & Haggard, 1994; Simard & Graf, 1994; Wawrzynek 외, 1996; Savich 외, 2007). 최근 몇 년간 상용 제품과 서비스들에서 심층 학습이 인기를 끌면서, 그리고 GPU 기반 구현들이 '하드웨어 가속'의 위력을 보여주면서, 전용 하드웨어 구현에 관한 관심이 높아졌다. 심층망 전용 하드웨어에 관한 현재의 연구를 촉진한 또 다른 요인은, 최근 개별 코어(CPU 또는 GPU의)의 속도는 별로 증가하지 않았으며 계산 속도의 향상이 주로 코어들 사이의 병렬성에서 비롯된다는 사실이다. 이는 1990년대(신경망 역사의 이전 시기)와는 상당히 다른 상황이다. 1990년대에는 범용 CPU의 속도가 빠르게 향상되고 비용 역시 빠르게 하락했으며, 신경망의 하드웨어 구현은 그런 발전을 따라잡지 못했다(당시에 구현 설계에서 실제 칩 생산까지는 약 2년 정도 걸렸다). 반면, 요즘은 일반 대중용 심층 학습 응용(이를테면 음성 인식, 컴퓨터 시각, 자연어 처리 등)을 목적으로 한, 휴대전화처럼 계산 능력이 낮은 장치들을 위한 새로운 하드웨어 설계가 개발되고 있다는 점에서, 전용 하드웨어 구축은 이 분야의 한계를 넓히는 노력이라고 할 수 있다.

역전파 기반 신경망의 저정밀도 구현에 관한 최근 연구 성과(Vanhoucke 외, 2011; Courbariaux 외, 2015; Gupta 외, 2015)에 따르면, 역전파 심층 신경망을 사용하거나 훈련하는 데에는 8비트에서 16비트 사이의 정밀도로 충분할 수 있다. 어떤 경우이든 추론보다 훈련에 더 높은 정밀도가 필요한 것은 확실하며, 수의 일종의 동적 고정 소수점 표현을 이용해서 하나의 수를 표현하는 데 필요한 비트수를 줄일 수 있다는 점도 확실하다. 전통적인 고정소수점 수는 고정된 범위의 수들만 표현할 수 있다(그런 고정소수점 수는 지수의 비트수가 고정된 부동소수점 표현에 해당한다). 동적 고정소수점 표현에 서는 각 수집합(이를테면 한 층의 모든 가중치 등)마다 범위를 다르게 둘 수 있다. 부동소 수점 표현 대신 고정 소수점 표현을 사용해서 수당 비트수를 줄이면 하드웨어 칩의 크기와 전력 소비량, 그리고 곱셈을 수행하는 데 필요한 계산 시간이 줄어든다. 그리 고 곱셈은 현세대의 역전파 기반 심층망을 사용하거나 훈련할 때 계산 능력을 가장 많이 소비하는 연산이다.

12.2 컴퓨터 시각

예전부터 컴퓨터 시각(computer vision)은 심층 학습의 응용에서 가장 활발하게 연구된 분야 중 하나이다. 이는, 시각 인식이라는 것이 사람과 여러 동물은 별 힘을 들이지 않고 해내지만 컴퓨터에게는 아주 어려운 과제이기 때문이다(Ballard 외, 1983). 현재 심 층 학습 알고리즘의 벤치마크에 쓰이는 유명 표준 자료 집합 중에는 물체 인식이나 OCR(광학 문자 인식)과 관련된 것들이 많다.

　컴퓨터 시각은 아주 광범위한 분야이다. 컴퓨터 시각을 위해 이미지를 처리하는 방 식도 다양하고, 그 결과를 응용하는 방법도 내단히 다양하다. 컴퓨터 시각의 응용으로 는 얼굴 인식처럼 인간의 시각 능력을 재현하는 것에서부터 완전히 새로운 범주의 시 각 능력을 만들어 내는 것에 이르기까지 다양하다. 후자의 예로, 최근 한 컴퓨터 시각 응용 프로그램은 동영상상에 나온 물체의 미세한 떨림에서 음파를 인식한다(Davis 외, 2014). 그러나 컴퓨터 시각에 관한 대부분의 심층 학습 연구는 이미지로 할 수 있는 일의 범위를 좀 더 넓히려는 그런 이색적인 응용보다는, 인간의 능력을 복제하는 것이 목적인 적은 수의 AI 핵심 목표들에 초점을 둔다. 컴퓨터 시각을 위한 대부분의 심층 학습 시스템은 어떤 형태이든 물체(사물) 인식 또는 물체 검출을 수행한다. 구체적인 형태는 다양한데, 예를 들어 심층 학습 시스템은 주어진 이미지에 특정 사물이 존재하 는지 판정하거나, 그런 물체를 감싸는 경계상자를 이미지에 추가하거나, 이미지에 있 는 일련의 기호들을 전사하거나, 이미지의 각 픽셀에 그 픽셀이 속한 물체의 식별자를 부여한다. 이런 심층 학습 연구에서 생성 모형이 일종의 지도 원리(guiding principle)로 작용하기 때문에, 심층 모형을 이용해서 이미지를 합성하는 문제에 관해서도 많은 연구가 있었다. 일반적으로 **무로부터**(ex nihilo)의 이미지 합성은 컴퓨터 시각의 고려 대상이 아니다. 이미지 합성 능력을 가진 모형은 이미지의 결함을 바로잡거나 이미지에서 특정 물체를 제거하는 등의 처리가 관여하는 컴퓨터 시각 과제인 이미지 복원(image restoration)에 주로 쓰인다.

12.2.1 전처리

원본 입력이, 심층 학습 아키텍처가 표현하기 어려운 형태일 때가 많이 있다. 그런 경우에는 정교한 전처리(preprocessing)가 필요하다. 일반적으로 컴퓨터 시각에는 그런 종류의 전처리가 그리 필요하지 않다. 이미 입력 이미지의 모든 픽셀(의 모든 채널)이 [0, 1]이나 [−1, 1] 같은 적당한 범위로 정규화되어 있기 때문이다. 자료 집합에 픽셀 값이 [0,1] 범위인 이미지와 [0, 255] 범위인 이미지가 섞여 있으면 보통은 신경망이 과제 수행에 실패한다. 컴퓨터 시각에 필요한 전처리는 이미지들을 크기로 통일하는 것뿐이다. 많은 컴퓨터 시각 아키텍처는 이미지들이 표준 크기이어야 한다는 요구조건을 가지고 있다. 따라서 원본 이미지들을 그 크기에 맞게 잘라내거나 비례(확대·축소)하는 전처리 과정이 필요하다. 그러나 그러한 크기 변경 전처리조차도 항상 꼭 필요한 것은 아니다. 일부 합성곱 모형은 가변 크기 이미지를 입력받고 자신의 풀링 영역의 크기를 동적으로 조정해서 출력 크기를 일정하게 유지한다(Waibel 외, 1989). 또 어떤 합성곱 모형들은 출력의 크기를 입력의 크기에 맞게 자동으로 조정한다. 이미지의 잡음을 제거하거나 각 픽셀에 이름표를 부여하는 모형들이 그런 예이다(Hadsell 외, 2007).

자료 집합 증강(§7.4)을 훈련 집합에만 적용하는 일종의 전처리로 볼 수 있다. 대부분의 컴퓨터 시각 모형에서 자료 집합 증강은 일반화 오차를 줄이는 데 탁월한 방법이다. 시험 시점에서 적용할 수 있는 관련 기법 하나는, 모형에 같은 입력의 서로 다른 여러 버전을 보여주어서 각각 출력을 얻고, 그 출력들에 일종의 다수결을 적용해서 최종 출력을 산출하는 것이다. 앙상블 학습 접근 방식이라고도 볼 수 있는 이러한 기법은 일반화 오차를 줄이는 데 도움이 된다.

훈련 집합과 시험 집합 모두에 적용할 수 있는 전처리들도 있다. 그런 전처리들은 각 견본을 좀 더 표준적인 형태로 변환함으로써 모형이 감당해야 할 변동(variation)의 양을 줄이는 것이다. 자료에 존재하는 변동의 양을 줄이면, 훈련 집합에 적합시켜야 할 모형의 일반화 오차와 크기가 모두 줄어든다. 과제가 단순할수록 더 작은 모형으로 해결할 수 있으며, 모형이 작을수록 일반화가 잘 될 가능성이 높다. 이런 종류의 전처리들은 입력 자료의 변동 중 설계자(사람)가 서술하기 쉬운, 그리고 주어진 과제와는 무관하다고 설계자가 확신하는 변동들을 제거하도록 설계된다. 큰 모형을 큰 자료 집합으로 훈련하는 경우에는 이런 종류의 전처리가 필요하지 않을 때가 많다. 그런 경우에는 그냥 과제와 무관한 변동들을 모형 자신이 배우게 하는 것이 낫다. 예를 들어 ImageNet 분류를 위한 AlexNet 시스템은 입력 이미지의 각 픽셀에서 훈련 견본들의 평균을 빼는 전처리 단계 하나만 사용한다(Krizhevsky 외, 2012).

12.2.1.1 명암비 정규화

여러 컴퓨터 시각 과제들에서 안전하게 제거할 수 있는 가장 명백한 변동 요인은 이미지의 명암비(contrast; 또는 대비)이다. 명암비는 이미지의 밝은 픽셀들과 어두운 픽셀들의 차이가 어느 정도인지 말해 주는 값이다. 이미지의 명암비를 구체적으로 수치화하는 방법은 여러 가지인데, 심층 학습에서는 흔히 이미지 전체 또는 한 영역의 픽셀들의 표준편차를 명암비로 간주한다. 입력 이미지를 하나의 텐서 $\mathbf{X} \in \mathbb{R}^{r \times c \times 3}$으로 표현한다고 하자. 그리고 이 텐서의 성분 $\mathbf{X}_{i,j,1}$은 행 i, 열 j에 있는 픽셀의 빨간색 세기(intensity)이고 $\mathbf{X}_{i,j,2}$는 그 픽셀의 녹색 세기, $\mathbf{X}_{i,j,3}$은 파란색 세기라고 하자. 이때 이미지 전체의 명암비는 다음과 같이 주어진다.

$$\sqrt{\frac{1}{3rc}\sum_{i=1}^{r}\sum_{j=1}^{c}\sum_{k=1}^{3}\left(\mathbf{x}_{i,j,k} - \overline{\mathbf{X}}\right)^2}. \tag{12.1}$$

여기서 $\overline{\mathbf{X}}$는 다음과 같이 정의되는 이미지 전체의 평균 세기이다.

$$\overline{\mathbf{X}} = \frac{1}{3rc}\sum_{i=1}^{r}\sum_{j=1}^{c}\sum_{1k=1}^{3}\mathbf{x}_{i,j,k}. \tag{12.2}$$

전역 명암비 정규화(global contrast normalization, GCN)는 다수의 이미지들의 명암비 변동을 줄이기 위해, 각 이미지에서 평균 명암비를 뺀 후 이미지 픽셀들의 표준편차가 어떤 축척 상수 s와 같아지도록 적절히 비례한다. 이 접근 방식의 한 가지 문제점은, 명암비가 0인 이미지(모든 픽셀이 같은 세기인 이미지)는 그 어떤 비례 계수를 사용해도 명암비를 변경할 수 없다는 것이다. 명암비가 아주 낮지만 0은 아닌 이미지는 이미지에 담긴 정보가 거의 없을 때가 많다. 그런 경우에는 진 표준편차로 나누어 봤자 감지기의 잡음이나 압축에 의한 결함이 강조될 뿐이다. 이를 고려해서, 작은 양의 정칙화 매개변수 λ를 표준편차 추정량에 더하는 방법을 사용하기도 한다. 아니면 분모가 ϵ 이상이 되어야 한다는 제약을 도입할 수도 있다. 그 두 방법을 모두 적용했을 때, 입력 이미지 $\mathbf{X}$에 대해 GCN이 출력하는 이미지 $\mathbf{X}'$은 다음과 같이 정의된다.

$$
\mathbf{X}'_{i,j,k} = s \frac{\mathbf{X}_{i,j,k} - \overline{\mathbf{X}}}{\max\left\{\epsilon, \sqrt{\lambda + \dfrac{1}{3rc} \displaystyle\sum_{i=1}^{r}\sum_{j=1}^{c}\sum_{k=1}^{3}\left(\mathbf{X}_{i,j,k} - \overline{\mathbf{X}}\right)^2}\right\}}. \tag{12.3}
$$

큰 이미지에서 관심 대상 물체 부분만 남기고 잘라낸 이미지들로 이루어진 자료 집합의 경우에는 픽셀들의 세기가 거의 일정한 이미지는 별로 많지 않다. 그런 경우에는 분모가 0이어서 생기는 문제를 사실상 무시할 수 있으므로 그냥 $\lambda = 0$으로 두면 된다. 그러나 극히 드물게라도 0으로 나누기가 발생할 수 있으므로, ϵ을 10^{-8} 같은 아주 작은 값으로 두어서 0으로 나누기를 방지한다. [Goodfellow 외, 2013a]는 CIFAR-10 자료 집합에 대해 그런 접근 방식을 사용했다. 한편, 무작위로 잘라낸 작은 이미지들은 픽셀 세기가 일정할 가능성이 더 크므로, 좀 더 적극적인 정칙화가 유용하다. [Coates 외, 2011]은 CIFAR-10에서 뽑은, 작고 무작위로 선택된 이미지 조각들에 대해 $\epsilon = 0$, $\lambda = 10$을 사용했다.

축척 상수 s는 [Coates 외, 2011]에서처럼 그냥 1로 두거나, [Goodfellow 외, 2013a]에서처럼 모든 견본의 픽셀값 표준편차가 1에 가깝게 되는 값으로 설정하는 것이 일반적이다.

식 12.3의 표준편차는 그냥 이미지의 L^2 노름을 적절히 비례한 것일 뿐이다(이미지에서 이미 평균을 뺐다고 할 때). GCN을 L^2이 아니라 표준편차를 이용해서 정의하는 이유는, 그러면 이미지의 크기와 무관하게 모든 이미지에 대해 동일한 s를 사용할 수 있기 때문이다. 그러나 L^2 노름이 표준편차에 비례한다는 사실은 GCN을 직관적으로 이해하는 데 도움이 된다. GCN을, 견본들을 하나의 구면, 즉 구의 표면에 있는 점들에 대응시키는 사상이라고 생각할 수 있다. 그림 12.1에 그러한 예가 나와 있다. 이러한 구면 사상은 신경망이 공간의 구체적인 위치보다는 상대적인 방향에 더 잘 반응할 때가 많다는 점에서 유용하다. 신경망이 원점으로부터 방향이 같고 거리가 서로 다른

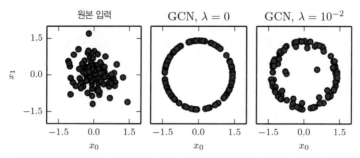

그림 12.1: GCN은 견본들을 구면으로 사상한다. (왼쪽) 원본 입력의 자료점들은 노름이 제각각이다. (가운데) $\lambda = 0$인 GCN은 0이 아닌 견본들을 완벽하게 구면으로 사상한다. 이 예는 $s = 1$이고 $\epsilon = 10^{-8}$일 때이다. L^2 노름이 아니라 표준편차를 정규화하는 GCN을 적용했기 때문에, 결과 구면은 단위 구면이 아니다. (오른쪽) $\lambda > 0$으로 정칙화된 GCN은 견본들을 구면으로 사상하되, 노름들의 변동을 완전히 제거하지는 않는다. s와 ϵ은 이전과 같다.

점들에 반응하려면, 기저는 다르지만 동일 선상에 놓인 가중치 벡터들을 가진 은닉 단위들이 필요하다. 그런 상황은 학습 알고리즘이 발견하기 어려울 수 있다. 더 나아가서, 얕은 그래프 모형으로는 서로 다른 여러 모드가 같은 선에 놓인 구조를 표현하기 어렵다. GCN은 각 견본을 하나의 방향과 하나의 거리의 조합이 아니라 하나의 방향으로 축약함으로써 이런 문제를 피한다.

이름을 보고 오해할 수도 있지만, **구면화**(sphering; 또는 구형화)라는 전처리 연산은 GCN과는 다른 것이다. 구면화는 자료를 구면으로 사상하는 것이 아니라 분산이 같아지도록 주성분들을 재비례하는 것이다. 그렇게 하면 PCA(주성분분석)에 쓰이는 다변량 정규 분포의 윤곽선이 구면 형태가 되기 때문에 구면화라는 이름이 붙었다. 구면화는 **백화**(whitening)와 같은 연산이다. 이 백화라는 용어가 더 많이 쓰인다.

전역 명암비 정규화는 윤곽선이나 모퉁이처럼 좀 더 뚜렷하게 나타나면 좋을 이미지 특징들을 강조하지 못할 때가 많다. 커다란 어두운 영역과 커다란 밝은 영역이 있는 이미지(이를테면 건물 그림자가 이미지의 절반을 차지하는 도시 장면 등)에 대해 GCN은 어두운 영역의 밝기와 밝은 영역의 밝기가 크게 차이가 난다는 점은 잘 반영하지만, 어두운 영역 안의 윤곽선들이 두드러지게 만들지는 않는다.

이 점에 착안해서 **국소 명암비 정규화**(local contrast normalization)라는 기법이 개발되었다. 국소 명암비 정규화는 이미지 전체가 아니라 이미지의 작은 영역('창')들에 대해 명암비를 정규화한다. 그림 12.2는 전역 명암비 정규화와 국소 명암비 정규화를 비교

입력 이미지   GCN   LCN

그림 12.2: 전역 명암비 정규화와 국소 명암비 정규화의 비교. 눈으로 보기에 전역 명암비 정규화의 효과는 미미하다. 전역 명암비 정규화는 모든 이미지를 대략 같은 축척으로 만들어서 학습 알고리즘이 다양한 축척을 처리하는 부담을 줄여준다. 국소 명암비 정규화는 세기가 일정한 영역들을 모두 제거해서 이미지를 훨씬 더 많이 수정한다. 덕분에 학습 모형은 윤곽선들에만 집중할 수 있게 된다. 그러나 정규화 핵의 대역폭이 너무 크면, 둘째 열의 건물들처럼 세밀한 질감이 있는 영역에서 이미지의 세부사항이 일부 소실될 수 있다.

한 것이다.

국소 명암비 정규화의 구체적인 방법은 여러 가지이지만, 각 픽셀에서 인근 픽셀들의 평균을 빼고 인근 픽셀들의 표준편차로 나누는 것은 모든 방법에서 공통이다. 구체적인 방법에 따라서는 픽셀을 중심으로 한 직사각형 영역의 모든 픽셀의 평균과 표준편차를 그대로 사용하기도 하고(Pinto 외, 2008), 가우스 가중치들을 이용한 가중 평균과 가중 표준편차를 사용하기도 한다. 색상 이미지의 경우, 각 색상 채널을 따로 처리해서 픽셀들을 정규화하는 전략도 있고 여러 채널의 정보를 합쳐서 사용하는 전략도 있다(Sermanet 외, 2012).

일반적으로 국소 명암비 정규화는 분리 가능 합성곱(§9.8)으로 국소 평균들과 국소 표준편차들의 특징 맵들을 계산한 후 각 특징 맵에 대해 성분별 뺄셈과 성분별 나눗셈을 적용하는 식으로 효율적으로 구현할 수 있다.

국소 명암비 정규화는 미분 가능 연산이므로, 입력 전처리 연산은 물론 신경망 은닉층의 비선형 함수로도 사용할 수 있다.

전역 명암비 정규화처럼, 국소 명암비 정규화에서도 0으로 나누기를 피하기 위해 정칙화를 적용할 필요가 있다. 사실, 국소 명암비 정규화는 전역 명암비 정규화보다 작은 영역에 적용되는 것이 일반적이므로 정칙화가 더 중요하다. 영역이 작을수록 픽셀들의 세기가 같을 가능성이 더 크므로, 표준편차가 0에 가까울 가능성이 더 크다.

12.2.1.2 자료 집합 증강

§7.4에서 설명했듯이, 분류기의 일반화를 손쉽게 개선하는 한 방법은 부류를 변경하지 않는 변환들로 훈련 견본들을 수정해서 얻은 새 견본들로 훈련 집합의 크기를 키우는 것이다. 이런 종류의 자료 집합 증강은 여러 분류 과제 중 물체 인식에 특히나 잘 맞는다. 이는, 물체 인식 과제에서는 부류를 변경하지 않는 변환들이 아주 많고, 입력을 여러 기하학적 연산으로 손쉽게 변형할 수 있기 때문이다. 이전에 설명했듯이, 물체 인식을 위한 분류기의 경우에는 무작위 이동 변환과 회전 변환으로 견본들을 생성해서 일반화를 개선할 수 있으며, 경우에 따라서는 이미지를 좌우나 상하로 뒤집어서 새 견본을 만들 수도 있다. 그리고 특화된 컴퓨터 시각 응용에서는 그보다 더 정교한 변환들이 자료 집합 증강에 흔히 쓰인다. 이를테면 이미지의 색상들을 무작위로 섭동하거나(Krizhevsky 외, 2012), 입력에 비선형 기하 왜곡 변환을 적용하는(LeCun 외, 1998b) 방법들이 있다.

12.3 음성 인식

음성 인식(speech recognition)의 과제는 자연어 발화(utterance), 즉 입 밖으로 나온 말을 담은 음향 신호를 그에 대응되는, 화자가 의도한 단어들의 순차열로 사상하는 것이다. 음향 입력 벡터들(흔히 음향 자료를 20ms 길이의 프레임들로 분할해서 만들어 낸다)의 순차열을 $\boldsymbol{X} = (\boldsymbol{x}^{(1)}, \boldsymbol{x}^{(2)}, ..., \boldsymbol{x}^{(T)})$로 표기하기로 하자. 대부분의 음성 인식 시스템은 입력을 사람이 직접 설계한 특징들을 이용해서 전처리한다. 그러나 원본 입력에서 직접 특징들을 학습하는 심층 학습 시스템도 있다(Jaitly & Hinton, 2011). 목표 출력 순차열(보통은 문자열 또는 단어열)을 $\boldsymbol{y} = (y_1, y_2, ..., y_N)$으로 표기하기로 하자. **자동 음성 인식**(automatic speech recognition, ASR)은 주어진 음향 정보 순차열 $\boldsymbol{X}$에 대응되는 가장 그럴듯한 언어 정보 순차열 $\boldsymbol{y}$를 계산하는 함수 f^*_{ASR}를 학습하는 것을 목표로 한다.

$$f^*_{\text{ASR}}(\boldsymbol{X}) = \arg\max_{\boldsymbol{y}} P^*(\mathbf{y} | \mathrm{X} = \mathbf{X}), \tag{12.4}$$

여기서 P^*는 입력 $\boldsymbol{X}$를 목표 $\boldsymbol{y}$와 연관시키는 진(true) 조건부 분포이다.

1980년대부터 약 2009~2012년까지, 최고 수준의 음성 시스템들은 기본적으로 은닉 마르코프 모형(hidden Markov model, HMM)과 가우스 혼합 모형(Gaussian mixture model, GMM)의 조합이었다. GMM은 음향 특징들과 음소들의 연관 관계를 모형화했고(Bahl 외, 1987) HMM은 음소들의 순차열을 모형화했다. GMM과 HMM의 조합에 해당하는 부류의 학습 모형들은 처리할 음향 파형 자료가 다음과 같은 과정으로 생성되었다고 가정한다: 먼저, HMM이 음소들과 이산적인 부분음소 상태들(한 음소의 초성, 중성, 종성 등)의 순차열을 산출한다. 그러면 GMM은 그러한 각 이산적 기호들을 짧은 길이의 음향 파형 자료로 변환한다. 최근까지 이런 GMM-HMM 조합 시스템이 ASR 분야를 주도했지만, 사실 음성 인식은 신경망이 최초로 적용된 응용 분야 중 하나이다. 그리고 1980년대 후반과 1990년대 초반에는 신경망을 이용한 ASR 시스템이 많이 있었다 (Bourlard & Wellekens, 1989; Waibel 외, 1989; Robinson & Fallside, 1991; Bengio 외, 1991; Bengio 외, 1992; Konig 외, 1996). 당시 신경망에 기초한 ASR 시스템들은 GMM-HMM 기반 시스템과 대략 비슷한 수준의 성과를 냈다. 예를 들어 [Robinson & Fallside, 1991]의 시스템은 구별 가능한 음소가 39가지인 TIMIT 말뭉치(Garofolo 외, 1993))에 대해 29%의 음소 오차율을 달성했다. 이는 HMM 기반 시스템들보다 낮거나 비슷한 수준이었다. 그때부터 TIMIT는 음소 인식을 위한 대표적인 벤치마크로 자리 잡아서, 현재까지도 물체 인식에 대한 MNIST의 역할과 비슷한 역할을 하고 있다. 그렇긴 하지만, 음성 인식을 위한 소프트웨어 시스템에는 복잡한 공학과 기술이 관여할 뿐만 아니라 GMM-HMM 조합에 기초한 시스템들의 구축에 이미 많은 시간과 비용이 투자되었기 때문에, 업계는 굳이 신경망 기반 음성 인식으로 옮겨갈 생각을 하지 않았다. 그 결과, 2000년대 후반까지 학계와 업계 모두에서 음성 인식을 위한 신경망에 관한 연구는 주로 GMM-HMM 시스템을 위해 추가적인 특징들을 신경망으로 학습하는 문제에 초점을 두었다.

이후 **훨씬 더 크고 깊은** 모형과 훨씬 더 큰 자료 집합을 사용할 수 있게 되면서 신경망의 정확도가 극적으로 개선되었으며, 음향 특징들을 음소들(또는 부분음소 상태들)에 연관시키는 과제를 GMM 대신 신경망이 맡게 되었다. 2009년부터는 음성 연구자들이 비지도 학습에 기초한 일종의 심층 학습 기법을 음성 인식에 적용했다. 심층 학습에 대한 이러한 접근 방식은 제한 볼츠만 기계(restricted Boltzmann machine, RBM)라고 부르는 무향(undirected) 확률적 모형을 훈련해서 입력 자료를 모형화하는 것에 기반을 둔 것이다. RBM은 제3부에서 설명한다. 음성 인식 과제를 풀기 위해, 먼저 비지도 사전 훈련(unsupervised pretraining)을 이용해서 하나의 심층 순방향 신경망을 구축하는데, 이 때 신경망의 각 층을 각각 하나의 RBM의 훈련을 통해서 초기화한다. 이 신경망은 고정 크기 입력 구간(한 프레임을 중심으로 하는) 안의 음향 스펙트럼 표현들을 입력받아서, 그 구간의 중심 프레임에 대한 HMM 상태들의 조건부 확률들을 예측한다. 이런 심층망 훈련 기법 덕분에 TIMIT에 대한 인식률이 크게 증가했으며(Mohamed 외, 2009; Mohamed 외, 2012a), 음소 오차율도 약 26%에서 20.7%로 낮아졌다. 이런 모형들이 성공을 거둔 이유를 분석한 논문으로 [Mohamed 외, 2012b]가 있으니 참고하기 바란다. 이후 이러한 기본적인 음소 인식 파이프라인이 더욱 확장되었는데, 예를 들어 [Mohamed 외, 2011]은 화자 적응(speaker-adaptive) 특징들을 추가해서 오차율을 더욱 낮추었다. 얼마 지나지 않아 음소 인식(TIMIT 벤치마크가 초점을 둔)을 위한 아키텍처를 큰 어휘의 음성 인식(Dahl 외, 2012)으로 확장하는 연구가 진행되었다. 후자를 위해서는 음소 인식 능력뿐만 아니라 큰 어휘에서 적절한 단어들을 인식하는 능력도 필요하다. 시간이 지나면서, 음성 인식을 위한 심층 신경망은 결국 사전훈련과 볼츠만 기계에 기초한 모형에서 정류 선형 단위와 드롭아웃 같은 기술들에 기초한 모형으로 넘어가게 되었다(Zeiler 외, 2013; Dahl 외, 2013). 당시 업계의 여러 주요 음성 인식 연구 그룹들이 학계의 연구자들과 협동해서 심층 학습을 살펴보기 시작했다. [Hinton 외, 2012a]는 그런 협동 연구들에 의한 혁신들을 설명하는데, 그 혁신들은 현재 이동전화 같은 제품들에 실제로 쓰이고 있다.

이후 점점 더 큰 이름표 붙은 자료 집합들을 살펴보고 심층망의 아키텍처를 초기화, 훈련, 설정하는 여러 방법을 시험해 보는 과정에서 이 연구 그룹들은 비지도 사전훈련 단계가 필요 없거나 성과를 별로 개선하지 못한다는 점을 깨닫게 되었다.

이러한 연구 성과 덕분에 음성 인식에서 단어 오차율에 대한 인식 성과가 전례 없이 개선되었다(기존 대비 약 30% 정도). 반면, 그 후 10년간 전통적인 GMM-HMM 기술은 훈련 집합이 계속 커졌음에도 오차율을 별로 개선하지 못했다([Deng & Yu, 2014]의 그림 2.4 참고). 결과적으로 음성 인식 공동체는 심층 학습 쪽으로 빠르게 이동했다. 약 2년 만에 업계의 대부분의 음성 인식 제품들은 심층 신경망을 채용했다. 그러한 추세는 심층 학습 알고리즘들과 ASR을 위한 아키텍처들에 관한 새로운 연구 물결에 의해 더욱 가속화되었으며, 지금도 그러한 추세가 진행 중이다.

주요 혁신 중 하나는 합성곱 신경망을 이용해서 시간과 주파수 모두에 대해 가중치들을 복제하는 것이다(Sainath 외, 2013). 그런 신경망은 시간에 대해서만 가중치들을 복사했던 기존의 시간 지연 신경망보다 더 나은 성과를 낸다. 새로운 2차원 합성곱 모형은 입력 스펙트로그램을 긴 벡터가 아니라 일종의 2차원 이미지로 취급하는데, 입력 이미지의 한 축은 시간에 대응되고 다른 한 축은 스펙트럼 구성요소들의 주파수에 대응된다.

현재도 지속되고 있는 또 다른 중요한 흐름은, HMM을 아예 빼버리고 처음부터 끝까지 심층망으로 이루어진 '종단간 심층 학습 ASR' 시스템을 구축하는 것이다. 이 방향의 첫 번째 주요 혁신은 [Graves 외, 2013]에서 일어났다. 그들은 하나의 심층 LSTM 순환 신경망(§10.10)을 훈련했는데, 그 훈련에는 [LeCun 외, 1998b]에 나온, 그리고 CTC 프레임워크에도 쓰이는(Graves 외, 2006; Graves, 2012) 프레임-음소 정렬(frame-to-phoneme alignment)에 관한 MAP 추론이 쓰였다. [Graves 외, 2013]이 제시한 심층 RNN의 여러 층에는 각 시간 단계에서의 상태 변수들이 있다. 이들에 의해, 펼쳐진 그래프에는 두 종류의 깊이가 생기는데, 하나는 층들이 쌓여서 생긴 보통의 깊이이고 다른 하나는 시간을 펼쳐서 생긴 깊이이다. 이 신경망은 TIMIT에 대한 음소 오차율을 역대 최소 수준인 17.7%로 낮추었다. 이러한 심층 RNN의 다른 여러 변형(지금 소개한 것과는 다른 설정들에 적용된)에 관해서는 [Pascanu 외, 2014a]와 [Chung 외, 2014]를 보기 바란다.

종단간 심층 학습 ASR 시스템으로의 또 다른 흐름은, 시스템이 음향 수준의 정보를 음소 수준의 정보에 '정렬하는(align)'는 방법을 배우게 하는 것이다(Chorowski 외, 2014; Lu 외, 2015).

12.4 자연어 처리

자연어 처리(natural language processing, NLP)는 컴퓨터가 영어나 프랑스어 같은 사람의 언어를 사용하게 만드는 것이다. 일반적으로 컴퓨터 프로그램은 간단한 프로그램으로 효율적이고 중의성 없이 분석할 수 있도록 설계된 특별한 언어를 읽고 쓴다. 사람들이 사용하는 자연어, 그러니까 좀 더 자연적으로 발생한 언어들은 대체로 중의성이 많고 형식적으로 서술하기가 불가능하거나 어렵다. 자연어 처리의 주요 응용은 기계 번역이다. 기계 번역 과제에서 학습 모형은 어떤 인간 언어로 이루어진 문장을 읽어서 그와는 다른 인간 언어로 이루어진 같은 뜻의 문장을 산출하는 방법을 배워야 한다. 다수의 NLP 응용 프로그램들은 자연어의 문자들로 이루어진 문자열(문자 또는 바이트들의 순차열) 또는 단어열(단어들의 순차열)들에 관한 확률분포를 정의하는 언어 모형들에 기초한다.

이번 장에서 논의한 다른 응용들과 마찬가지로, 자연어 처리에도 아주 일반적인 신경망 기법들을 성공적으로 적용할 수 있다. 그러나 탁월한 성과를 내기 위해서는, 그리고 큰 응용 과제들의 확장이 쉬우려면, 자연어 처리 분야에 특화된 몇몇 전략을 사용하는 것이 중요하다. 보통의 경우, 효율적인 자연어 모형을 구축하려면 순차적인 자료의 처리에 특화된 기법들을 사용해야 한다. 일반적으로 자연어를 개별 문자 또는 바이트들의 순차열이 아니라 단어들의 순차열로 간주하는 것이 바람직하다. 그런데 가능한 단어들의 개수는 아주 크기 때문에, 단어 기반 언어 모형은 반드시 차원수가 극히 많은 희소 이산 공간에서 작동하게 된다. 그런 공간에서 모형이 계산 비용 면에서 또는 통계적인 의미에서 효율적으로 작동하게 하는 몇 가지 전략이 개발되었다.

12.4.1 n-그램

언어 모형(language model)은 자연어의 토큰열(sequence of token)들에 관한 하나의 확률분포를 정의한다. 모형의 설계에 따라서는 자연어의 토큰이 단어일 수도 있고 문자, 심지어는 바이트일 수도 있다. 토큰들은 항상 이산적인 개체들이다. 초창기의 성공적인 언어 모형들은 n-그램n-gram이라고 부르는 고정 길이 토큰열을 사용했다. n-그램은 n개의 토큰들로 이루어진 하나의 순차열이다.

n-그램 기반 모형들은 n번째 토큰의, 이전에 관측한 $n-1$개의 토큰들이 주어졌을 때의 조건부 확률을 정의한다. 모형은 그런 조건부 확률들의 곱을 이용해서 더 긴 순

차열들에 관한 확률분포를 정의한다.

$$P(x_1,...,x_\tau) = P(x_1,...,x_{n-1}) \prod_{t=n}^{\tau} P(x_t | x_{t-n+1},...,x_{t-1}).$$ (12.5)

이러한 분해는 확률의 연쇄법칙에 따른 것이다. 초기 순차열 $P(x_1,...,x_{n-1})$에 관한 확률분포를, n 값이 더 작은 또 다른 모형으로 모형화할 수도 있다.

n-그램 모형의 훈련은 간단하다. 그냥 각각의 가능한 n-그램이 훈련 집합에 몇 번이나 나오는지를 센 출현 횟수 또는 '도수'들을 이용해서 최대가능도 추정값을 계산할 수 있기 때문이다. n-그램 기반 모형들은 수십 년간 통계적 언어 모형화의 핵심 구축 요소로 쓰였다(Jelinek & Mercer, 1980; Katz, 1987; Chen & Goodman, 1999).

몇몇 작은 n 값들에 대해서는 모형에 고유한 이름이 붙어 있다. $n = 1$인 모형을 **유니그램**unigram이라고 부르고 $n = 2$는 **바이그램**bigram, $n = 3$은 **트라이그램**trigram이라고 부른다. 이 이름들은 수들에 대한 라틴어 접두사와 "기록된 어떤 것"을 뜻하는 그리스어 접미사 '-그램'에서 비롯된 것이다.

보통은 n-그램 모형과 $(n-1)$-그램 모형을 동시에 훈련한다. 그러면 조건부 확률

$$P(x_t | x_{t-n+1},...,x_{t-1}) = \frac{P_n(x_{t-n+1},...,x_t)}{P_{n-1}(x_{t-n+1},...,x_{t-1})}$$ (12.6)

을 계산할 때 그냥 이미 계산해서 저장해 둔 두 확률을 조회해서 나누기만 하면 된다. 이런 방식에서 P_n의 추론을 정확하게 재현하려면, P_{n-1}을 훈련할 때 각 순차열에서 반드시 마지막 요소를 생략해야 한다.

한 예로, 트라이그램 모형을 이용해서 "THE DOG RAN AWAY."라는 문장의 확률을 실제로 계산해 보자. 이 문장의 첫 단어는 조건부 확률에 기초한 기본 공식으로 처리할 수 없다. 문장의 시작에서는 문맥이 존재하지 않기 때문이다. 대신, 문장의 시작 부분에 있는 단어들에 관한 주변 확률을 사용해야 한다. 즉, P_3(THE DOG RAN)를 평가해야 한다. 마지막 단어는 보통의 경우에 해당하므로 조건부 확률 P(AWAY|DOG RAN)를 이용해서 예측하면 된다. 이들을 식 12.6에 대입하면 다음이 나온다.

$$P(\text{THE DOG RAN AWAY}) = P_3(\text{THE DOG RAN}) P_3(\text{DOG RAN AWAY}) / P_2(\text{DOG RAN}).$$ (12.7)

n-그램 모형에 대한 최대가능도의 근본적인 한계 하나는, 훈련 집합의 단어 도수로 추정한 P_n이 0이 될 가능성이 아주 크다는 점이다. 심지어 시험 집합에 튜플 $(x_{t-n+1}, ..., x_t)$가 나타날 수 있다고 해도 그렇다. 이 때문에 두 가지 아주 끔찍한 결과가 빚어질 수 있다. 분모 P_{n-1}이 0이면 두 확률의 비는 정의되지 않으므로 모형은 적절한 출력을 아예 산출하지 못한다. P_{n-1}은 0이 아니지만 P_n이 0이면 시험 집합에 대한 로그 가능도는 $-\infty$가 된다. 이런 재앙적인 결과를 피하기 위해, 대부분의 n-그램 모형들은 일종의 **평활화**(smoothing)를 사용한다. 평활화를 사용하면 관측된 튜플들에서 관측되지 않은, 그러나 관측된 것들과 비슷한 튜플들로 확률질량이 이동한다. 이 방법을 개괄하고 실험 결과를 비교한 논문으로 [Chen & Goodman, 1999]가 있으니 참고하기 바란다. 또 다른 기본적인 해결책 하나는, 0이 아닌 확률질량을 모든 가능한 다음 기호 값에 더하는 것이다. 이 방법은 도수 매개변수들에 대한 균등 사전분포 또는 디리클레 사전분포를 통한 베이즈 추론에 대응된다. 또 다른 아주 인기 있는 접근 방식은 더 높은 차수의 n-그램 모형들과 더 낮은 차수의 n-그램 모형들로 하나의 혼합 모형을 형성하되, 고차 모형들은 좀 더 높은 수용력을 제공하는 역할을 하고 저차 모형들은 도수가 0이 될 가능성을 줄이는 역할을 하는 것이다. 그런 접근 방식의 하나인 **후퇴법**(back-off method; 또는 양보법)은 문맥 $x_{t-1}, ..., x_{t-n+1}$의 도수가 고차 모형들에서 사용하기에 적합하지 않을 정도로 낮으면 저차 n-그램들을 조회한다. 좀 더 구체적으로, 후퇴법은 k를 증가시켜 가면서 문맥 $x_{t-n+k}, ..., x_{t-1}$을 이용해서 x_t에 관한 분포를 추정하는 과정을 반복하되, 충분히 신뢰할 만한 추정값이 나오면 과정을 멈춘다.

고전적인 n-그램 모형들은 차원의 저주에 특히나 취약하다. 가능한 n-그램의 수는 $|\mathbb{V}|^n$인데, 어휘의 크기인 $|\mathbb{V}|$가 아주 클 때가 많다. 훈련 집합이 거대하고 n이 그리 크지 않은 값이라고 해도, 대부분의 n-그램은 훈련 집합에 나타나지 않는다. 고전적인 n-그램 모형은 일종의 최근접 이웃(nearest neighbor) 조회를 수행한다고 볼 수 있다. 즉, n-그램 모형은 k-최근접 이웃과 비슷한 국소 비매개변수적 예측량(local nonparametric predictor)에 해당한다. 이런 극도로 국소적인 예측량을 다룰 때 발생하는 통계적 문제점들을 §5.11.2에서 설명했다. 언어 모형의 경우에는 그런 문제점들이 더욱 심각하다. 원핫 벡터 공간 안에서는 그 어떤 단어들이든 서로 다른 두 단어의 거리는 항상 같기 때문이다. 그래서 '이웃'들에서 뽑아낼 수 있는 정보가 별로 없다. 국소적인 일반화에

는 같은 문맥을 문자 그대로 되풀이하는 훈련 견본들만 유용하다. 언어 모형이 이런 문제점들을 극복하기 위해서는, 비슷한 의미를 가진 두 단어가 지식을 공유하게 만들 수 있어야 한다.

   n-그램 모형의 통계적 효율성을 개선하는 한 방법으로, 단어 부류(class) 또는 단어 범주(category)라는 개념을 도입한 **부류 기반 언어 모형**(class-based language model; Brown 외, 1992; Ney & Kneser, 1993; Niesler 외, 1998)이라는 것이 있다. 이 모형의 핵심은 군집화 알고리즘을 이용해서 단어들을 다른 단어들과의 공동 출현 횟수에 따라 여러 부류 또는 군집으로 나누는 것이다. 그런 다음에는 개별 단어의 ID가 아니라 단어가 속한 부류의 ID를 이용해서 조건부 확률의 수직선 우변에 있는 문맥을 표현한다. 기존의 단어 기반 모형과 이런 부류 기반 모형을 혼합(mixing) 또는 후퇴(back-off)를 이용해서 결합하는 것도 가능하다. 이런 단어 부류 기반 모형은 일부 단어가 그 단어가 속한 부류의 다른 단어로 대체된 순차열들에 대한 일반화가 잘 된다는 장점이 있지만, 이 모형의 표현 방법에서는 정보가 많이 소실된다는 단점도 있다.

12.4.2 신경망 언어 모형

신경망 언어 모형(neural language model, NLM)은 단어들의 분산 표현을 이용해서 자연어 순차열을 모형화함으로써 차원의 저주를 극복하도록 고안된 일단의 언어 모형들을 아우르는 용어이다(Bengio 외, 2001). 부류 기반 n-그램 모형처럼 신경망 언어 모형도 두 단어가 비슷하다는 점을 알아챌 수 있으나, 부류 기반 n-그램 모형과는 달리 그 두 단어가 서로 다른 단어라는 정보를 여전히 유지하는 능력까지 갖추고 있다. 신경망 언어 모형은 비슷한 두 단어(그리고 그 문맥들) 사이에서 통계적 강도를 공유한다. 그러한 공유는 모형이 각 단어에 대한 분산 표현을 학습하는 능력에서 비롯된다. 그러한 학습에 의해 모형은 공통의 특징들을 가진 단어들을 비슷한 방식으로 처리하며, 결과적으로 정보가 공유된다. 예를 들어 dog라는 단어의 표현과 cat이라는 단어의 표현은 여러 특성을 공유하므로, cat을 담은 문장을 처리할 때 이전에 모형이 dog를 담은 문장에 대해 얻은 결과에 담긴 정보를 활용할 수 있다. 그 역도 마찬가지이다. 공유되는 특성들이 많기 때문에 일반화가 일어나는 방식도 다양하다. 한 훈련 문장에 담긴 정보를 활용할 수 있는 다른 문장(원 문장과 의미상으로 연관된)들은 지수적으로 많다. 다른 언어 모형에서는 차원의 저주 때문에 모형이 일반화할 문장의 수가 문장의 길이에 지

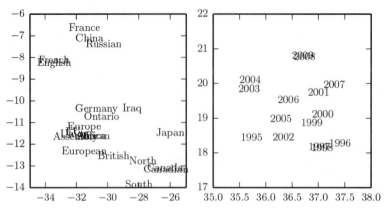

그림 12.3: 한 기계번역 신경망 모형(Bahdanau 외, 2015)으로 산출한 단어 내장 공간의 특정 영역을 2차원으로 시각화한 모습. 의미상으로 연관된 단어들에 해당하는 내장 벡터들이 서로 가까이 있음을 확인할 수 있다. 왼쪽은 나라 이름들, 오른쪽은 수치(연도)들이다. 이 내장들을 2차원으로 표현한 것은 단지 시각화를 위한 것임을 주의하기 바란다. 실제 응용에서 내장 공간은 이보다 훨씬 고차원이며, 더 많은 종류의 단어 유사성들을 동시에 포착할 수 있다.

수적으로 증가한다. 그러나 신경망 언어 모형에서는 각 훈련 문장을 지수적으로 많은 수의 비슷한 문장들과 연관시킴으로써 그러한 저주를 극복한다.

이런 단어 표현을 **단어 내장**(word embedding)이라고 부르기도 한다. 이러한 관점에서는 원래의 언어 기호들을 고차원 공간(차원수가 어휘 크기와 같은)의 점들로 간주한다. 단어 표현은 그런 점들을 그보다 낮은 차원의 특징 공간에 박아넣는다('내장'). 원래의 공간에서 모든 단어는 각각 하나의 원핫 벡터로 표현되므로, 모든 단어 쌍의 유클리드 거리는 $\sqrt{2}$ 이다. 내장 공간에서, 비슷한 문맥에서 자주 나타나는 단어들(즉, 모형이 학습하는 일부 '특징'들을 공유하는 단어들)은 서로 가까이 있다. 이 덕분에, 의미가 비슷한 단어들은 서로 '이웃'이 될 때가 많다. 그림 12.3은 학습된 단어 내장 공간의 특정 영역들을 확대한 모습이다. 의미상으로 비슷한 단어들이 서로 가까운 위치로 사상되었음을 확인할 수 있다.

다른 분야의 신경망도 내장을 정의한다. 예를 들어 합성곱 신경망의 은닉층은 '이미지 내장'을 제공한다. 그러나 내장은 다른 분야보다는 NLP에서 훨씬 더 의미가 있는데, 이는 자연어가 원래부터 실숫값 벡터 공간에 놓여 있지는 않기 때문이다. NLP를 위한 신경망의 은닉층은 자료 표현의 성질을 더 극적인 방식으로 변경한다.

분산 표현을 이용해서 자연어 처리 모형을 개선한다는 기본 착안이 신경망에만 한

정된 것은 아니다. 이 착안은 잠재변수가 여러 개인 형태의 분산 표현을 가진 그래프 모형들에도 적용할 수 있다(Mnih & Hinton, 2007).

12.4.3 고차원 출력

여러 자연어 처리 응용 프로그램들에서는 문자가 아니라 단어를 출력의 기본 단위로 삼는 것이 바람직하다. 어휘가 큰 경우, 단어마다 그 단어의 선택에 관한 확률분포를 출력하려면 계산 비용이 아주 커질 수 있다. 어휘가 크다는 것은 단어 수가 많다는 뜻이기 때문이다. 어휘 $\mathbb{V}$의 단어 수가 수십만 개 정도인 응용들도 많다. 그런 분포를 표현하는 단순한 방법은, 그냥 은닉 표현(은닉층들이 산출한 표현)에 출력 공간으로의 어파인 변환을 적용한 후 소프트맥스 함수를 적용하는 것이다. 어휘가 $\mathbb{V}$이고 그 크기가 $|\mathbb{V}|$라고 하자. 크기 $|\mathbb{V}|$는 곧 출력의 차원이므로, 어휘가 크면 이 어파인 변환의 선형 성분을 서술하는 가중치 행렬도 대단히 크다. 그런 행렬을 표현하려면 메모리를 많이 사용해야 하며, 행렬을 곱하는 계산 비용 역시 높다. 소프트맥스는 $|\mathbb{V}|$개의 출력 모두에 대해 정규화되므로, 시험 시점은 물론 훈련 시점에서도 완전한 행렬 곱셈을 수행해야 한다. 그냥 가중치 벡터와의 내적 연산만으로는 정확한 출력을 계산할 수 없다. 따라서, 훈련 시점(가능도와 그 기울기를 계산하기 위해)과 시험 시점(모든 또는 선택된 단어들에 대해 확률들을 계산하기 위해) 모두에서 출력층의 계산 비용이 높아진다. 특화된 손실함수를 사용한다면 기울기를 좀 더 효율적으로 계산할 수 있지만(Vincent 외, 2015), 전통적인 소프트맥스 출력층에 적용되는 표준 교차 엔트로피 손실함수를 사용해야 하는 경우에는 여러 가지 어려움이 따르게 된다.

출력 확률 $\hat{\boldsymbol{y}}$를 예측하는 데 쓰이는 최상위 은닉층을 $\boldsymbol{h}$로 표기하기로 하자. $\boldsymbol{h}$에서 $\hat{\boldsymbol{y}}$로의 변환을 학습된 가중치 $\boldsymbol{W}$와 학습된 치우침 항 $\boldsymbol{b}$로 매개변수화한다면, 어파인-소프트맥스 출력층은 다음과 같은 계산을 수행한다.

$$a_i = b_i + \sum_j W_{ij} h_j \quad \forall i \in \{1,...,|\mathbb{V}|\}, \tag{12.8}$$

$$\hat{y}_i = \frac{e^{a_i}}{\sum_{i'=1}^{|\mathbb{V}|} e^{a_{i'}}} \tag{12.9}$$

$\boldsymbol{h}$에 n_h개의 성분들이 있다고 할 때, 이 계산의 비용은 $O(|\mathbb{V}|n_h)$이다. n_h가 수천 정도이고 $|\mathbb{V}|$가 수십만 정도이면, 대부분의 자연어 모형에서 이 연산이 계산 시간의 대부분을 차지한다.

12.4.3.1 후보 목록 활용

초창기 신경망 언어 모형들(Bengio 외, 2001; Bengio 외, 2003)은 아주 많은 수의 출력 단어들에 대한 소프트맥스 계산의 고비용 문제를, 그냥 어휘 크기를 1만 단어나 2만 단어로 제한해서 피해갔다. 그러한 접근 방식에 기초해서 [Schwenk & Gauvain, 2002]와 [Schwenk, 2007]이 제시한 아키텍처는 어휘 $\mathbb{V}$를 가장 자주 나타난 단어들로 구성된 일종의 **후보 목록**(shortlist) $\mathbb{L}$과 그 밖의(덜 자주 나타난) 단어들로 구성된 '꼬리(tail)' 목록 $\mathbb{T} = \mathbb{V} \setminus \mathbb{L}$로 나누고, 전자는 신경망 언어 모형으로, 후자는 n-그램 모형으로 처리한다. 두 모형의 예측을 결합할 수 있으려면 전자의 신경망은 문맥 C 다음에 나타나는 단어가 그 꼬리 목록에 속할 확률도 출력해야 한다. 이는 $P(i \in \mathbb{T} \mid C)$의 추정값을 제공하는 S자형 출력 단위 하나를 출력층에 추가해서 해결할 수 있다. 두 모형의 예측과 추가 출력을 이용해서 $\mathbb{V}$의 모든 단어에 관한 확률분포를 추정하는 공식은 다음과 같다.

$$P(y = i \mid C) = 1_{i \in \mathbb{L}} \ P(y = i \mid C, i \in \mathbb{L})(1 - P(i \in \mathbb{T} \mid C))$$
$$+ 1_{i \in \mathbb{T}} \ P(y = i \mid C, i \in \mathbb{T})P(i \in \mathbb{T} \mid C). \tag{12.10}$$

여기서 $P(y = i \mid C, i \in \mathbb{L})$은 신경망 언어 모형이 제공한 확률이고 $P(y = i \mid C, i \in \mathbb{T})$는 n-그램 모형이 제공한 확률이다. 이를 조금 수정해서, 개별 S자형 단위가 아니라 신경망 언어 모형의 소프트맥스 층이 추가 출력을 산출하게 만드는 것도 가능하다.

이러한 후보 목록 접근 방식의 명백한 단점은, 신경망 언어 모형의 잠재적인 일반화 장점이 가장 자주 나타난 단어들에만 한정된다는 것이다. 논쟁의 여지가 있지만, 가장 자주 나타난 단어들은 가장 덜 유용하다. 이러한 단점이 자극제가 되어, 고차원 출력층의 높은 계산 부담을 해결하는 또 다른 방법들이 고안되었다. 그럼 그 방법들을 살펴보자.

12.4.3.2 계통적 소프트맥스

큰 어휘 $\mathbb{V}$에 대한 고차원 출력층의 계산 부담을 줄이는 고전적인 접근 방식(Goodman, 2001)은 확률들을 계통적으로(hierarchically; 또는 위계적으로) 분해하는 것이다. 그러면 필요한 계산 횟수를 $|\mathbb{V}|$(그리고 은닉 단위 개수 n_h)에 비례하는 수준이 아니라 $\log|\mathbb{V}|$에 비례하는 수준으로 낮출 수 있다. [Bengio, 2002]와 [Morin & Bengio, 2005]는 이러한 계통적 분해 접근 방식을 신경망 언어 모형의 맥락에 도입했다.

확률들의 계통구조(hierarchy)를, 단어들의 범주들을 만들고, 단어들의 범주들의 범주들을 만들고, 단어들의 범주들의 범주들의 범주들을 만드는 식으로 나아가는 것이라고 생각하면 될 것이다. 그런 식으로 내포된 범주들은 하나의 트리^{tree} 구조를 형성한다. 실제 단어들은 그러한 트리의 잎(말단 노드)에 있다. 균형 트리(balanced tree)의 경우 트리의 깊이는 $O(\log|\mathbb{V}|)$이다. 한 단어가 선택될 확률은, 트리의 뿌리(root) 노드에서 그 단어가 있는 잎까지의 경로에 있는 모든 노드에서 그 단어로 가는 가지(분기)가 선택될 확률을 모두 곱한 것이다. 이러한 확률 계산에 도움이 되는 간단한 예가 그림 12.4에 나와 있으니 참고하기 바란다. [Mnih & Hinton, 2009]는 또한 여러 가지 의미를 가진 단어를 더 잘 모형화하기 위해 하나의 단어를 여러 개의 경로를 이용해서 식별하는 방법도 설명한다. 그린 방법에서 한 단어가 선택될 확률은 그 단어로 이어지는 모든 경로의 확률을 더한 것이다.

트리의 각 노드에서 조건부 확률을 예측할 때는 흔히 로지스틱 회귀 모형을 사용한다. 이때, 모든 노드의 로지스틱 회귀 모형은 동일한 문맥 C를 입력으로 삼는다. 정확한 출력이 훈련 집합에 부호화되어 있으므로, 그런 로지스틱 회귀 모형들을 지도 학습으로 훈련할 수 있다. 이 훈련에는 흔히 표준 교차 엔트로피 손실함수가 쓰이는데, 이 손실함수를 사용한다는 것은 각 노드에서의 결정이 모두 정확할 로그가능도를 최대화하는 것에 해당한다.

계통적 방법에서는 출력 로그가능도를 효율적으로 계산할 수 있으므로(앞에서 언급했듯이 비례 계수를 $|\mathbb{V}|$가 아니라 $\log|\mathbb{V}|$까지 낮출 수 있다), 그 기울기들도 효율적으로 계산할 수 있다. 출력 매개변수들에 대한 기울기뿐만 아니라 은닉층 활성화 값들에 대한 기울기도 효율적인 계산이 가능하다.

기대 계산 횟수를 최소화하도록 트리 구조를 최적화하는 것도 가능하지만, 일반적으로는 현실적이지 않다. 정보 이론의 몇 가지 수단을 이용하면 단어들의 상대적 도수

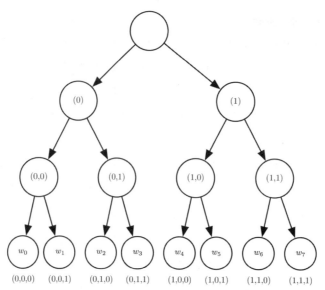

그림 12.4: 간단한 단어 범주 계통구조의 예. 여덟 단어 $w_0 \dots w_7$을 3수준 계통구조로 조직화했다. 이 트리의 잎(말단 노드)들은 구체적인 실제 단어를, 내부 노드들은 단어들의 그룹(범주 또는 부류)을 나타낸다. 트리의 임의의 노드를, 뿌리 노드에서 그 노드로 이어지는 일련의 이진 결정들(0은 왼쪽, 1은 오른쪽)의 순차열로 참조할 수 있다. 상위 부류 (0)은 부류 (0,0)과 (0,1)을 담고, 그 두 부류는 각각 단어 집합 $\{w_0, w_1\}$과 $\{w_2, w_3\}$을 담는다. 마찬가지로 상위 부류 (1)은 부류 (1,0)와 (1,1)을 담고, 그 두 부류는 각각 단어 집합 (w_4, w_5)와 (w_6, w_7)을 담는다. 충분히 균형 잡힌 트리의 경우 최대 깊이(이진 결정들의 수)는 단어 개수 $|\mathbb{V}|$의 로그 규모이다. 즉, $|\mathbb{V}|$개의 단어 중 하나를 $O(\log|\mathbb{V}|)$회의 연산(루트에서 시작하는 경로의 각 노드당 1회씩)으로 결정할 수 있다. 이 예에서, 어떤 단어 y가 선택될 확률은 뿌리에서 y에 해당하는 노드로 가는 경로의 각 노드에서 이진 결정(왼쪽 또는 오른쪽으로의 분기)이 올바르게 일어날 확률들을 모두 곱한 것이다. y로 가는 경로의 i번째 이진 결정을 $b_i(y)$로 표기한다고 하자. 출력 y가 추출될 확률을, 조건부 확률에 대한 연쇄법칙을 이용해서 해당 노드들의 조건부 확률들의 곱으로 분해할 수 있다. 이때 해당 노드들은 주어진 단어를 표현하는 비트 순차열의 접두부(prefix)를 이용해서 지정한다. 예를 들어 w_4가 선택될 확률을 구한다고 할 때, 노드 (1,0)은 접두부 $(b_0(w_4) = 1, b_1(w_4) = 0)$에 해당한다. 그 확률을 연쇄법칙으로 분해하면 다음이 나온다.

$$P(\mathrm{y} = w_4) = P(\mathrm{b}_0 = 1, \mathrm{b}_1 = 0, \mathrm{b}_2 = 0) \tag{12.11}$$

$$= P(\mathrm{b}_0 = 1) P(\mathrm{b}_1 = 0 | \mathrm{b}_0 = 1) P(\mathrm{b}_2 = 0 | \mathrm{b}_0 = 1, \mathrm{b}_1 = 0). \tag{12.12}$$

(빈도)가 주어졌을 때 최적의 이진 부호를 선택하는 것이 가능하다. 간단하게 말하면, 한 단어와 연관된 비트수가 그 단어의 도수의 로그와 거의 비슷해지도록 트리를 구축하면 된다. 그러나 실제 응용에서, 그런 최적화에 들인 노력에 비해 언어 모형의 계산

량 감소가 아주 크지는 않다. 이는 출력 확률들의 계산이 신경망 언어 모형의 전체 계산의 일부일 뿐이기 때문이다. 예를 들어 신경망에 l개의 완전 연결 은닉층들이 있으며, 각 은닉층의 너비가 n_h라고 하자. 그리고 하나의 단어를 식별하는 데 필요한 비트수의 가중 평균이 n_b라고 하자(가중평균의 가중치들은 각 단어의 도수에 의존한다). 이 예에서 은닉층의 활성화 값들을 계산하는 데 필요한 연산의 수는 $O(ln_h^2)$의 규모로 증가하지만, 출력 계산의 증가 규모는 $O(n_h n_b)$이다. $n_b \le ln_h$인 경우에는 n_b를 낮출 때보다 n_h를 낮출 때 계산량을 더 많이 줄일 수 있다. 실제로 n_b는 작은 값일 때가 많다. 어휘의 크기가 100만 단어를 넘는 일은 드물고 $\log_2(10^6) \approx 20$이므로 n_b를 약 20까지 낮추는 것이 가능하다. 그러나 n_h는 그보다 훨씬 커서, 약 10^3 이상일 때가 많다. 균형 인수가 2인 트리를 세심하게 최적화하는 대신, 깊이가 2이고 균형 인수가 $\sqrt{|\mathbb{V}|}$인 트리를 정의할 수도 있다. 그런 트리는 그냥 상호배제적인 단어 부류들의 집합을 정의하는 것에 해당한다. 깊이가 2인 트리에 기초한 간단한 접근 방식은 계통적 전략의 계산상의 이점 대부분을 가진다.

아직 명확한 답이 없는 질문 하나는, 그런 단어 부류들을 정의하는 최선의 방법은 무엇인가, 좀 더 일반적으로는 단어 계통구조를 어떻게 정의해야 하는가이다. 초기 연구는 기존의 계통구조를 사용했지만(Morin & Bengio, 2005), 계통구조 자체를 학습할 수도 있을 것이며, 계통구조와 신경망 언어 모형을 동시에 학습한다면 이상적일 것이다. 그러나 계통구조의 학습은 어렵다. 로그가능도의 정확한 최적화는 처리 불가(intractable) 문제로 보인다. 단어 계통구조의 선택은 이산적이라서 기울기 기반 최적화를 적용하기가 곤란하기 때문이다. 그렇지만 이산 최적화 기법들을 이용해서 단어들을 단어 부류들로 분할하는 과정을 근사적으로 최적화하는 것은 가능하다.

계통적 소프트맥스의 중요한 장점 하나는 훈련 과정과 시험 과정 모두에서 계산량을 줄여준다는 것이다(시험 시 구체적인 단어들의 확률을 계산한다고 할 때).

물론, $|\mathbb{V}|$개의 단어들 모두에 대해 확률을 계산하려면 계통적 소프트맥스를 사용한다고 해도 계산 비용이 아주 높을 것이다. 따라서 주어진 문맥에서 선택될 가능성이 큰 단어들을 선별하는 것도 중요한 연산이다. 안타깝게도 트리 구조는 그런 선별을 위한 효율적이고도 정확한 해법을 제공하지 않는다.

계통적 소프트맥스의 한 가지 단점은, 실제 응용 시 최악의 시험 결과를 낼 때가 다음에 설명할 표집(표본추출) 기반 방법보다 더 잦다는 것이다. 이는 아마도 단어 부류들을 잘못 선택했기 때문일 수 있다.

12.4.3.3 중요도 표집

신경망 언어 모형의 훈련을 가속하는 방법 하나는, 현재 문맥의 다음 위치에 나타날 가망이 없는 모든 단어에 대해서는 기울기 기여도의 계산을 생략하는 것이다. 제대로 된 언어 모형이라면, 모든 부정확한 단어에 낮은 확률을 부여해야 마땅하다. 그런 단어들을 일일이 나열하려면 계산 비용이 많이 들 수 있다. 그 대신, 그 단어들의 한 부분집합만 추출(표집)하는 것이 가능하다. 식 12.8의 표기법을 따른다고 할 때, 기울기를 다음과 같이 표현할 수 있다.

$$\frac{\partial \log P(y \mid C)}{\partial \theta} = \frac{\partial \log \operatorname{softmax}_y(\boldsymbol{a})}{\partial \theta} \tag{12.13}$$

$$= \frac{\partial}{\partial \theta} \log \frac{e^{a_y}}{\sum_i e^{a_i}} \tag{12.14}$$

$$= \frac{\partial}{\partial \theta} \left(a_y - \log \sum_i e^{a_i} \right) \tag{12.15}$$

$$= \frac{\partial a_y}{\partial \theta} - \sum_i P(y = i \mid C) \frac{\partial a_i}{\partial \theta}. \tag{12.16}$$

여기서 $\boldsymbol{a}$는 사전 소프트맥스 활성화 값(presoftmax activation)들, 즉 '점수(score)'들의 벡터이다. 이 벡터는 단어당 하나의 성분으로 구성된다. 식 12.16의 첫 항은 **양의 단계** (positive phase; 또는 긍정 단계)라고 부르는 것인데, 이 항은 a_y를 위로 밀어 올린다. 둘째 항은 **음의 단계**(negative phase; 또는 부정 단계)로, 모든 i에 대해 가중치 $P(i \mid C)$를 이용해서 a_i를 아래로 끌어내린다. 음의 단계는 하나의 기댓값이므로, 이를 몬테카를로 표본 하나를 이용해서 추정할 수 있다. 그러나 그러려면 모형 자체에서 표본을 추출해야 한다. 모형에서 표본을 추출하려면 어휘의 모든 i에 대해 $P(i \mid C)$를 계산해야 하는데, 이는 애초에 우리가 피하려고 했던 일이다.

모형 대신 제안 분포(proposal distribution)라고 부르는 또 다른 분포(q로 표기하자)에서 표본을 추출할 수도 있다. 원래의 분포와는 다른 분포를 표집해서 생긴 편향은 적절한 가중치들을 적용해서 바로잡으면 된다(Bengio & Sénécal, 2003; Bengio & Sénécal, 2008). 이러한 방법은 **중요도 표집**(importance sampling)이라고 하는 좀 더 일반적인 기법의 한 응용이다(중요도 표집은 §17.2에서 좀 더 자세히 설명한다). 안타깝게도, 정확한(참값을 내는) 중요도 표집으로는 계산량을 충분히 줄일 수 없다. 그런 중요도 표집을 위해서는 $p_i = P(i \mid C)$라 할 때 가중치 p_i/q_i들을 계산해야 하는데, 그 가중치들은 점수 a_i들을 모두 계산해야만 계산할 수 있기 때문이다. 해결책은 **편향 중요도 표집**(biased importance sampling)이다. 편향 중요도 표집에서는 중요도 가중치들을 그 합이 1이 되도록 정규화한다. 부정적 단어 n_i가 추출되었을 때, 그에 해당하는 기울기에 적용되는 가중치는 다음과 같다.

$$w_i = \frac{p_{n_i}/q_{n_i}}{\sum_{j=1}^{N} p_{n_j}/q_{n_j}}. \tag{12.17}$$

다음 공식에서 보듯이, 이런 가중치들은 기울기에 대한 음 위상 추정값의 계산에 쓰이는 q 분포의 음 표본 m개에 적절한 중요도를 부여하는 역할을 한다.

$$\sum_{i=1}^{|\mathbb{V}|} P(i \mid C) \frac{\partial a_i}{\partial \theta} \approx \frac{1}{m} \sum_{i=1}^{m} w_i \frac{\partial a_{n_i}}{\partial \theta}. \tag{12.18}$$

제안 분포 q로는 유니그램 분포나 바이그램 분포가 잘 삭동한나. 자료로부터 그린 분포의 매개변수들을 추정하는 것이 어렵지 않다. 일단 매개변수들을 추정했다면, 그런 분포로부터 표본을 아주 효율적으로 추출하는 것도 가능하다.

중요도 표집이 큰 소프트맥스 출력층을 가진 모형의 가속에만 유용한 것은 아니다. 좀 더 일반적으로, 중요도 표집은 크고 희소한 출력층을 가진, n개 중 하나의 선택 확률이 아니라 희소 벡터를 출력하는 모형의 훈련을 가속하는 데 유용하다. **단어 모음**(bag of words)이 그러한 출력의 예이다. 단어 모음은 하나의 희소 벡터 $\boldsymbol{v}$인데, 벡터의 각 성분 v_i는 문서에 쓰인 어휘의 각 단어 i의 존재 여부를 나타낸다. 또는 v_i가 단어 i의 도수(출현 횟수)일 수도 있다. 이런 희소 벡터를 출력하는 기계 학습 모형은 훈련 비용이 높을 수 있는데, 그 이유는 여러 가지이다. 우선, 학습의 초반부에서 모형이 정말로 희소하다고는 말할 수 없는 벡터를 출력할 수도 있다. 더 나아가서, 훈련에 쓰이는 손실함수가 본질적으로 출력의 모든 성분을 목표의 모든 성분과 비교하는 방식으로 작동하는 함수일 수도 있다. 즉, 모형이 출력의 대부분을 0이 아닌 성분들로 채우기로 선택할 수도 있으며, 그러한 0이 아닌 값들을 모두 훈련 목표 벡터와 비교해야 한다(심지어 목표가 0 벡터라고 해도). 간단히 말해서, 희소 출력을 사용한다고 해서 계산량이 확실히 줄어든다고는 말하기 어렵다. [Dauphin 외, 2011]은 그런 모형들을 중요도 표집을 이용해서 가속할 수 있음을 보여주었다. 그들의 효율적인 알고리즘은 '긍정적 단어(목표 벡터에 0이 아닌 성분들이 있는)'들에 대한 손실 재구축을 최소화하며, 그런 단어들과 같은 수의 '부정적 단어'들에 대한 손실 재구축도 최소화한다. 부정적 단어들은 잘못 선택될 가능성이 큰 단어들을 추출하는 일종의 발견법적 방법을 이용해서 무작위로 선택한다. 이런 발견법적 과다표집(oversampling) 때문에 생기는 편향은 중요도 가중치들을 이용해서 바로잡을 수 있다.

이 모든 경우에서, 출력층의 기울기 추정을 위한 계산 복잡도는 출력 벡터의 크기에 비례하는 규모에서 부정적 표본 개수에 비례하는 규모로 줄어든다.

12.4.3.4 순위 손실과 잡음 대비 추정

큰 어휘에 대한 신경망 언어 모형을 훈련하는 데 필요한 계산 비용을 줄이는 표집 기반 접근 방식들은 그 외에도 여러 개 있는데, 초기의 예로는 [Collobert & Weston, 2008a]가 제시한 순위 손실(ranking loss) 방법을 들 수 있다. 순위 손실 방법은 각 단어에 대한 신경망 언어 모형의 출력을 하나의 점수로 산주해서, 성확한 단어가 다른 단어들보다 더 높은 순위가 되도록 그 단어의 점수 a_y를 다른 단어들의 점수 a_i들보다 높게 책정한다. 그런 다음, 다음과 같은 공식으로 순위 손실 값을 계산한다.

$$L = \sum_i \max\left(0, 1 - a_y + a_i\right). \tag{12.19}$$

만일 관측된 단어의 점수 a_y가 부정적 단어의 점수 a_i보다 1 이상 크면, i번째 항에 대한 기울기는 0이 된다. 이러한 판정기준의 한 가지 문제점은 조건부 확률 추정값을 산출하지 않는다는 것이다. 그런 조건부 확률은 음성 인식과 텍스트 생성(기계 번역 같은 조건부 텍스트 생성을 포함한)을 비롯한 몇몇 응용에 유용하다.

좀 더 최근에는 신경망 언어 모형의 훈련 목적함수로 잡음 대비 추정(noise-contrastive estimation; §18.6 참고)이 쓰였다. 이 접근 방식이 신경망 언어 모형에 성공적으로 적용된 사례가 있다(Mnih & Teh, 2012; Mnih & Kavukcuoglu, 2013).

12.4.4 신경망 언어 모형과 n-그램의 조합

신경망 언어 모형에 비한 n-그램 모형의 주된 장점은 모형의 수용력이 높으면서도(아주 많은 튜플들의 도수를 저장한 덕분에) 견본 하나의 처리에 드는 계산 비용은 아주 적다는 것이다(현재 문맥과 부합하는 소수의 튜플들만 참조하면 되므로). 단어 도수들을 해시테이블이나 트리에 담아 두고 조회한다면, n-그램 모형의 계산 비용은 수용력과 거의 독립적이다. 반면, 신경망 언어 모형에서는 매개변수의 개수가 두 배가 되면 계산 시간도 대략 두 배가 된다. 단, 모든 패스에서 모든 매개변수를 평가하지는 않은 모형들은 예외이다. 단어 내장 층들은 각 패스에서 단 하나의 내장만 참조하므로, 어휘의 크기를 증가해도 견본당 계산 비용은 증가하지 않는다. 타일식 합성곱 신경망 같은 일부 모형들에서는 매개변수들을 더 추가해도, 매개변수 공유 정도를 적절히 줄이면 계산량을 매개변수 추가 이전 수준으로 유지할 수 있다. 그러나 행렬 곱셈에 기초한 전형적인 신경망 층들은 그 계산 비용이 매개변수 개수에 비례한다.

두 접근 방식을 결합해서 계산량을 크게 증가하지 않고 수용력을 높이는 것이 가능하다. [Bengio 외, 2001]과 [Bengio 외, 2003]은 신경망 언어 모형 하나와 n-그램 언어 모형 하나로 앙상블을 구성했다. 다른 모든 앙상블 학습 기법과 마찬가지로, 이 앙상블 역시 앙상블의 각 구성원이 각자 독립적으로 실수를 저지른다면 시험 오차가 감소한다. 앙상블 학습 분야는 앙상블 구성원들의 예측들을 결합하는 다양한 방법을 제공하는데, 이를테면 균등한 가중치들을 적용하는 방법도 있고 검증 집합에서 선택한 가중치들을 적용하는 방법도 있다. [Mikolov 외, 2011a]는 이 접근 방식을 좀 더 확장해서, 단 두 모형이 아니라 훨씬 많은 수의 모형들로 앙상블을 구성했다. 또한, 신경망 언어 모형과 최대 엔트로피 모형을 결합해서 그 둘을 함께 훈련하는 것도 가능하다 (Mikolov 외, 2011b). 이 접근 방식은, 출력층에 직접 연결되는(모형의 다른 부분은 전혀 거치지 않고) 추가적인 입력 벡터를 기존의 신경망에 덧붙여서 신경망을 훈련하는 것이라고 볼 수 있다. 그러한 추가 입력들은 입력 문맥에 특정 n-그램이 존재하는지의 여부를 나타낸다. 따라서 그런 입력들은 차원수가 아주 높고 희소하다. 이에 의한 모형 수용력 증가는 엄청나다. 신경망 아키텍처에 추가된 부분은 최대 $|sV|^n$개의 매개변수를 담을 수 있다. 그러나 한 입력을 처리하는 데 필요한 계산량의 증가는 미미한데, 이는 추가 입력이 아주 희소하기 때문이다.

12.4.5 신경망 기계 번역

기계 번역은 어떤 자연어(인간의 언어)로 된 문장을 읽어서 다른 자연어로 된 같은 뜻의 문장을 산출하는 과제이다. 기계 번역 시스템은 다수의 구성요소로 이루어질 때가 많다. 대체로 시스템의 상위 수준에는 여러 개의 후보 번역문을 제시하는 구성요소가 하나 존재한다. 원본 언어와 대상 언어의 차이 때문에, 그런 번역문 중에는 문법에 맞지 않는 것들이 많다. 예를 들어 형용사를 명사 뒤에 두는 언어들이 많이 있으므로, 그런 언어로 된 문구(phrase)를 직접 영어로 번역하면 "apple red" 같은 틀린 문구가 나온다. 번역문 제시 구성요소는 단어들의 순서를 여러 가지로 변형해서 다양한 번역문을 제시하는데, 이상적으로는 그중에 "red apple"도 있을 것이다. 기계 번역 시스템의 두 번째 구성요소인 언어 모형은 제시된 번역문들을 평가해서 더 나은 번역문에 더 높은 점수를 부여한다. 예를 들어 "apple red"보다 "red apple"을 더 높게 평가한다.

신경망을 기계 번역에 활용하는 방법을 탐색하던 초창기에 이미 부호기(encoder)와 복호기(decoder)의 개념이 쓰였다([Allen, 1987], [Chrisman, 1991], [Forcada & ~Neco, 1997]). 그러나 신경망이 처음으로 대규모의 경쟁력 있는 기계 번역에 쓰이게 된 것은 번역 시스템의 언어 모형을 신경망 언어 모형으로 업그레이드하면서이다(Schwenk 외, 2006; Schwenk, 2010). 그 전의 기계 번역 시스템들은 대부분 n-그램 모형을 언어 모형으로 사용했다. 기계 번역에 쓰인 n-그램 기반 모형에는 전통적인 후퇴법 n-그램 모형들(Jelinek & Mercer, 1980; Katz, 1987; Chen & Goodman, 1999)뿐만 아니라 **최대 엔트로피 언어 모형**(maximum entropy language model; Berger 외, 1996)도 포함된다. 최대 엔트로피 언어 모형에서는 하나의 어파인-소프트맥스 층이 다음 단어를 예측한다(해당 문맥에 자주 나온 n-그램들에 기초해서).

전통적인 언어 모형들은 그냥 자연어 문장의 확률을 보고한다. 기계 번역은 주어진 입력 문장에 대해 하나의 출력 문장을 산출하는 것이므로, 자연어 모형을 조건부 모형으로 확장하는 것이 합당하다. §6.2.1.1에서 설명했듯이, 주어진 모형을 어떤 변수에 대한, 문맥 C가 주어졌을 때의 조건부 분포를 정의하는 하나의 주변 분포(그 변수에 대한)를 정의하는 모형으로 확장하는 것은 어렵지 않은 일이다. 이때 문맥 C는 하나의 변수일 수도 있고 변수들의 목록일 수도 있다. [Devlin 외, 2014]는 주어진 원본 언어 문구 $s_1, s_2, ..., s_n$에 대한 대상 언어 문구 $t_1, t_2, ..., t_k$에 하나의 MLP를 이용해서 점수

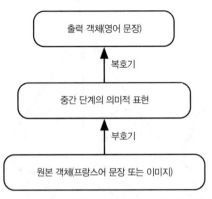

그림 12.5: 피상적 표현(surface representation; 단어들의 순차열 또는 이미지)과 의미적 표현(semantic representation) 을 대응시키는 부호기-복호기 구조. 한 양식(modality)의 자료를 부호화하는 부호기(이를테면 프랑스어 문장을 그 문장의 의미를 포착한 은닉 표현으로 사상하는 부호기)의 출력을 또 다른 양식의 자료로 복호화하는 복호기 (이를테면 입력 문장의 의미를 포착한 은닉 표현들을 영어 문장으로 사상하는 복호기)의 입력으로 사용하는 덕 분에, 시스템은 한 양식의 자료를 다른 양식의 자료로 번역하는 방법을 배울 수 있다. 이러한 개념은 기계 번역 뿐만 아니라 이미지로부터 캡션(이미지를 설명하는 문장)을 생성하는 과제에도 성공적으로 적용되었다.

를 부여함으로써 몇몇 통계적 기계 번역 벤치마크에서 최고 점수를 갱신했다. 그 MLP 는 $P(t_1, t_2, ..., t_k | s_1, s_2, ..., s_n)$을 추정하며, 그 추정값이 조건부 n-그램 모형이 제공한 추정값 대신 쓰인다.

이러한 MLP 기반 접근 방식의 단점은, 순차열들을 고정된 길이로 만드는 전처리 과정이 필요하다는 점이다. 번역 작업이 좀 더 유연하려면 가변 길이 입력과 가변 길 이 출력을 지원하는 모형이 바람직하다. RNN이 그러한 능력을 제공한다. §10.2.4에서 는 어떤 입력이 주어졌을 때의 한 순차열의 조건부 분포를 나타내는 RNN을 구축하는 여러 방법을 설명한다. 그리고 §10.4에서는 입력이 순차열일 때 그러한 조건화 능력을 활용하는 방법을 설명한다. 어떤 경우이든, 모형은 입력 순차열을 읽고 그 입력 순차 열을 요약하는 하나의 자료 구조를 출력한다. 그러한 요약(summary) 자료 구조를 '문맥 (context)'이라고 부르고 C로 표기한다. 입력을 읽어서 C를 산출하는 모형은 RNN(Cho 외, 2014a; Sutskever 외, 2014; Jean 외, 2014)일 수도 있고 합성곱 신경망(Kalchbrenner & Blunsom, 2013)일 수도 있다. 모형이 산출한 문맥 C를 또 다른 모형(흔히 RNN이 쓰인다) 이 읽어서 대상 언어의 문장을 생성함으로써 기계 번역이 완료된다. 이러한 기계 번역 용 부호기-복호기 프레임워크의 일반적인 개념이 그림 12.5에 나와 있다.

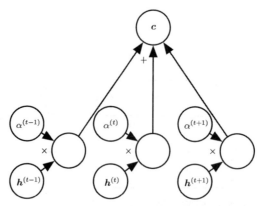

그림 12.6: [Bahdanau 외, 2015]가 소개한 현대적인 주의 메커니즘은 본질적으로 하나의 가중 평균이다. 특징 벡터 $h^{(t)}$들과 가중치 $\alpha^{(t)}$들의 가중 평균으로 문맥 벡터 c를 만든다. 응용에 따라서는 특징 벡터 h들이 한 신경망의 은닉 단위들일 수도 있고 그냥 신경망에 주어진 원본 입력일 수도 있다. 가중치 $\alpha^{(t)}$들은 모형 자신이 산출한다. 일반적으로 이 가중치들은 $[0,1]$ 구간의 값인데, 모형이 단 하나의 $h^{(t)}$ 주변에 집중하게 함으로써 각 단계에서 해당 특징에 대한 가중 평균 근삿값이 계산되게 만드는 역할을 한다. 가중치 $\alpha^{(t)}$들은 흔히 모형의 다른 부분이 출력한 적절성 점수들에 소프트맥스 함수를 적용해서 산출한다. 이러한 주의 메커니즘은 원하는 $h^{(t)}$를 직접 참조해서 계산에 사용하는 방식보다 계산 비용이 높지만, 직접 참조 방법은 경사 하강법으로 훈련할 수 없다. 가중 평균에 기초한 주의 메커니즘은 매끄러운 미분 가능 근사이기 때문에 기존의 최적화 알고리즘들로 훈련할 수 있다.

완전한 원본 문장을 조건으로 한 완전한 대상 문장을 생성하려면 모형은 반드시 완전한 원본 문장을 표현하는 방법을 갖추어야 한다. 초기 모형들은 개별 단어나 문구만 표현할 수 있었다. 표현 학습의 관점에서는, 뜻이 같은 문장들이라면 그것이 원본 언어로 된 것이든 대상 언어로 된 것이든 비슷하게 표현되는 것이 바람직하다. 이러한 전략은 [Kalchbrenner & Blunsom, 2013]이 처음으로 시도했는데, 그들은 합성곱 신경망과 RNN의 조합을 사용했다. 이후에는 제안된 번역문의 점수를 RNN을 이용해서 매기는 모형(Cho 외, 2014a)과 역시 RNN을 이용해서 번역문을 생성하는 모형(Sutskever 외, 2014)이 연구되었다. [Jean 외, 2014]는 그런 모형들을 더 큰 어휘들로 확장했다.

12.4.5.1 주의 메커니즘과 자료 조각 정렬의 활용

아주 긴 문장, 이를테면 단어가 60개 정도인 문장의 모든 의미 세부사항을 하나의 고정 크기 표현으로 포착하기란 아주 어렵다. [Cho 외, 2014a]와 [Sutskever 외, 2014]가 보여 주었듯이, 충분히 큰 RNN을 충분히 잘, 그리고 충분히 오래 훈련한다면 가능하긴 하다. 그러나 좀 더 효율적인 접근 방식은, 일단 문장 또는 문단 전체를(문단 전체는 해당 문장의 문맥과 요지를 파악하는 데 도움이 된다) 읽은 후, 각 단계에서 입력 문장의 서로 다른 부분에 주목해서 다음 출력 단어를 산출하는 데 필요한 의미론적 세부사항을 수집하는 식으로 진행하면서 한 번에 한 단어씩 출력해 나가는 것이다. 이것이 바로 [Bahdanau 외, 2015]가 처음 소개한 착안이다. 각 단계에서 입력 순차열의 특정 부분에 집중하는 데 쓰인 주의(attention; 또는 주목) 메커니즘이 그림 12.6에 나와 있다.

주의 기반 시스템은 크게 다음 세 가지 요소로 구성된다고 할 수 있다.

1. 원본 자료(이를테면 원본 문장의 단어들)를 읽어서 분산 표현으로 변환하는 판독 과정. 이때 분산 표현은 단어 위치당 하나씩의 특징 벡터들로 구성된다.

2. 판독 과정이 출력한 특징 벡터들을 저장한 목록. 이를 사실(fact)들의 순차열을 담은 하나의 기억(메모리)으로 생각하면 될 것이다. 이후 시스템은 이 기억에 담긴 특정 요소를 임의로(원래의 출력 순서와 무관하게, 그리고 처음부터 모든 성분을 훑지 않고도) 조회할 수 있다.

3. 기억 내용을 활용해서 과제를 순차적으로 처리하는 과정. 각 단계에서 하나의(가중치에 따라서는 몇 개의) 기억 요소의 내용에 집중할 수 있다.

이 중 번역문을 생성하는 것은 셋째 구성요소이다.

한 언어의 문장에 있는 단어들이 다른 언어의 번역문에 있는 단어들과 정렬 (alignment)된다면, 대응되는 단어 내장들을 연관시키는 것이 가능하다. 초기 연구 성과 중에는 한 언어의 단어 내장들을 다른 언어의 단어 내장들과 연관시키는 일종의 번역 행렬(translation matrix)을 학습하는 것이 가능함을 보여주는 것이 있다(Kočisky 외, 2014). 그들의 모형은 문구표(phrase table)에 담긴 단어 도수들에 기초한 전통적인 접근 방식들보다 더 낮은 정합 오류율을 보였다. 그전에는 심지어 언어 간(cross-lingual) 단어 벡터들의 학습에 관한 연구도 있었다(Klementiev 외, 2012). 이 접근 방식을 여러 가지 방식으로 확장할 수 있다. 예를 들어, 언어 간 정렬의 효율을 높이면(Gouws 외, 2014) 더 큰 자료 집합에 대한 훈련이 가능해진다.

12.4.6 역사적 관점

기호들의 분산 표현이라는 개념은 초창기 역전파 연구와 관련해서 [Rumelhart 외, 1986a]가 처음으로 소개했다. 그 논문에서 기호들은 가족 구성원의 신원에 대응되었으며, 신경망은 가족 구성원 사이의 관계를 포착했다. 신경망은 (콜린, 어머니, 빅토리아) 같은 삼중항(triplet; 또는 세 값 쌍) 형태의 견본들로 훈련되었다. 신경망의 첫 층은 각 가족 구성원의 표현을 학습했다. 예를 들어 콜린의 특징들은 콜린이 속한 가계도 (family tree; 족보)가 무엇인지, 콜린이 그 가계도의 어떤 가지에 있는지, 그리고 몇 대 (세대)인지 등을 표현할 수 있다. 이 경우 신경망은 그런 특징들을 함께 연관시켜서 바람직한 예측을 산출하는 규칙들을 학습하는 장치로 간주할 수 있다. 이 경우 모형 은, 예를 들어 콜린의 어머니를 추론하는 등의 예측을 수행한다.

[Deerwester 외, 1990]은 한 기호에 대한 내장을 형성한다는 착안을 한 단어에 대한 내장으로 확장했다. 그들은 그러한 단어 내장들을 SVD(특잇값 분해)를 이용해서 학습 했지만, 이후에는 신경망을 이용해서 학습하게 되었다.

자연어 처리의 역사는 모형의 입력을 표현하는 여러 가지 방식의 인기가 어떻게 변 해 왔는지로 서술할 수 있다. 앞에서 언급한 기호와 단어에 관한 초기 연구 성과 이후 에 자연어 처리에 신경망을 최초로 적용한 몇몇 연구 성과들(Miikkulainen & Dyer, 1991; Schmidhuber, 1996)이 나왔다. 이들은 입력을 문자들의 순차열로 표현했다.

[Bengio 외, 2001]은 초점을 단어들의 모형화로 돌려서, 해석 가능한 단어 내장들을 산출하는 신경망 언어 모형들을 소개했다. 그러한 신경망 언어 모형들은 1980년대에 는 그리 많지 않은 기호들을 표현하는 수준이었지만, 현재는 단어 수백만 개를 표현하 는 수준으로 규모가 확장되었다. 이러한 계산 규모 확장 덕분에 §12.4.3에서 설명한 기법들이 등장하게 되었다.

초기에 언어 모형화의 성과가 개선된 계기는 개별 문자가 아니라 단어를 언어 모형 의 기본 단위로 사용한 것이었다(Bengio 외, 2001). 그러나 요즘에는 단어 기반 모형들은 물론이고 문자 기반 모형들(Sutskever 외, 2011)의 성과를 개선하는 새로운 기법들이 계 속 나오고 있다. 최근에는 심지어 유니코드 문자의 개별 바이트들을 모형화하는 연구 성과(Gillick 외, 2015)도 있었다.

자연어 모형에 깔린 착안들은 다양한 자연어 처리 응용들로 확장되었는데, 이를테면 파싱(Henderson, 2003; Henderson, 2004; Collobert, 2011), 품사 분석, 의미역 결정(semantic role labeling) 등이 있다. 단어 내장들을 여러 과제가 공유하는 하나의 다중 과제 학습 아키텍처를 이용해서 이런 응용 과제들을 수행하기도 한다(Collobert & Weston, 2008a; Collobert 외, 2011a).

t-SNE 차원 축소 알고리즘(van der Maaten & Hinton, 2008)이 개발되고 2009년에 조지프 터리언^{Joseph Turian}이 개발한 단어 내장 시각화 응용 프로그램이 주목을 받으면서, 내장들의 2차원 시각화가 언어 모형 분석 도구로 인기를 끌게 되었다.

12.5 기타 응용들

이번 절에서는 지금까지 살펴본 표준적인 사물(물체) 인식, 음성 인식, 자연어 처리 과제와는 다른 종류의 몇 가지 심층 학습 응용들을 개괄한다. 이 책의 제3부에서는 범위를 좀 더 넓혀서, 기본적으로 연구 영역에 머물러 있는 과제들도 살펴볼 것이다.

12.5.1 추천 시스템

IT 업계에서 기계 학습의 주된 응용 분야 중 하나는 잠재적인 사용자 또는 고객에게 제품을 추천하는 것이다. 이런 응용은 크게 두 가지로 나뉘는데, 하나는 온라인 광고이고 다른 하나는 항목 추천(item recommendation)이다(그리고 그러한 추천은 어떤 상품을 판매하기 위한 것일 때가 많다). 두 응용 모두 사용자와 항목 사이의 연관 관계를 파악하는 능력에 의존하는데, 이때 모형은 사용자에게 어떤 광고를 표시하거나 어떤 제품을 추천했을 때 어떤 행동(사용자의 제품 구매 또는 그에 준하는 행위)이 발생할 확률을 예측하거나 그에 따른 기대 수익(구체적인 수치는 제품의 가치에 의존할 수 있다)을 예측한다. 현재 인터넷의 대부분은 어떤 형태이든 온라인 광고 수익을 바탕으로 돌아간다. 그리고 경제의 상당 부분이 온라인 쇼핑에 의존한다. Amazon과 eBay를 비롯한 기업들은 심층 학습을 포함한 기계 학습 기법들을 이용해서 제품 추천 기능을 구현한다. 그런데 '항목'이 반드시 판매 가능한 제품이나 서비스인 것은 아니다. 예를 들어 SNS 뉴스피드에 표시할 게시물을 선택하거나, 비디오 게임에서 플레이어들을 연결해 주거나, 데이트 서비스에서 사람들을 짝지어 주는 데도 항목 추천 시스템이 쓰인다.

이러한 연관 문제를 지도 학습 문제처럼 처리할 때가 많다. 즉, 항목과 사용자에 관한 정보를 제시했을 때 사용자의 참여 행위(광고를 클릭하거나, 평점을 입력하거나, "좋아요" 버튼을 클릭하거나, 제품을 구매하거나, 제품에 일정 금액을 소비하거나, 제품 관련 페이지를 방문하는 등등)를 예측하는 문제로 취급하는 것이다. 그러면 결국에는 하나의 회귀 문제(어떤 조건부 기댓값을 예측하는)나 확률적 분류 문제(어떤 이산적인 사건의 조건부 확률을 예측하는)를 푸는 것이 될 때가 많다.

추천 시스템(recommender system)에 관한 초기 연구 결과물들은 사용자 ID와 항목 ID라는 최소한의 정보만 입력으로 삼았다. 그런 경우 유일한 일반화 방법은 서로 다른 사용자들 또는 서로 다른 항목들에 대한 목표 변수(target variable) 값들의 패턴들에 존재하는 유사성에 의존하는 것이다. 사용자 1과 사용자 2가 둘 다 항목 A, B, C를 좋아한다고 하자. 이로부터 우리는 사용자 1과 사용자 2의 취향이 비슷하다는 결론을 유도할 수 있다. 만일 사용자 1이 항목 D를 좋아한다는 정보가 주어진다면, 그러한 정보는 사용자 2도 항목 D를 좋아할 것임을 강하게 시사하는 단서이다. 이런 원리에 기초한 알고리즘들을 통칭해서 **협업 필터링**(collaborative filtering)이라고 부른다. 협업 필터링에 대해 비매개변수적 접근 방식(선호도 패턴들의 추정된 유사성에 기초한 최근접 이웃 방법 등)과 매개변수적 접근 방식이 모두 가능하다. 대체로 매개변수적 접근 방식은 각 사용자와 각 항목에 대한 분산 표현(이 경우에도 내장이라고 부른다)의 학습에 의존한다. 간단한 매개변수적 방법으로는 목표변수의 겹선형(bilinear) 예측이 있다. 아주 성공적인 겹선형 예측은 최신 기계 학습 시스템의 일부로 흔히 쓰인다. 겹선형 예측 방법은 사용자 내장과 항목 내장의 내적으로 예측값을 산출한다(경우에 따라서는 사용자 ID나 항목 ID 중 하나에만 의존하는 상수로 내적을 보정하기도 한다). $\hat{R}$이 예측값들을 담은 행렬이고 A가 행들에 사용자 내장들이 담긴 행렬, 그리고 B가 열들에 항목 내장들이 담긴 행렬이라고 하자. 그리고 b와 c가 각 사용자와 각 항목에 대한 일종의 치우침 값들을 담은 벡터들이라고 하자(전자는 해당 사용자가 대체로 얼마나 까다로운지 또는 관대한지를 나타내고, 후자는 해당 항목의 전반적인 인기를 나타낸다). 이때 겹선형 예측은 다음과 같이 주어진다.

$$\hat{R}_{u,i} = b_u + c_i + \sum_j A_{u,j} B_{j,i}. \tag{12.20}$$

모형을 훈련할 때는 예측된 평점 $\hat{R}_{u,i}$와 실제 평점 $R_{u,i}$의 제곱오차를 최소화하는 것을 목표로 삼는 것이 일반적이다. 훈련 과정에서는, 사용자 내장들과 항목 내장들이 처음으로 낮은 차원(2차원 또는 3차원)으로 축소될 때 또는 그런 내장들을 사용자들 또는 항목들을 서로 비교하는 데 사용할 수 있게 될 때 내장들을 시각화해 보는 것이 도움이 된다(단어 내장들을 시각화할 때처럼). 그런 내장들을 구하는 한 가지 방법은 실제 목푯값(평점 등)들의 행렬 R에 특잇값 분해(SVD)를 적용하는 것이다. 이는 $R = UDV'$(또는 그 정규화한 버전)을 더 낮은 차수의 행렬 $A = UD$와 $B = V'$의 곱으로 인수분해하는 것에 해당한다. 그런데 이러한 SVD 기반 방법의 한 가지 문제점은 이 방법이 결측 성분들을 멋대로 처리한다는 것이다. 이 방법은 결측 성분들이 목푯값 0에 해당하는 것처럼 처리한다. 그보다는, 결측 성분들에 대해서는 예측을 생략해서 계산 비용을 줄이는 것이 바람직하다. 다행히, 관측된 평점들에 대한 제곱오차들의 합 역시 기울기 기반 최적화 기법들을 이용해서 손쉽게 최소화할 수 있다. SVD와 식 12.20의 겹선형 예측 둘 다 Netflix Prize 대회(아주 많은 수의 익명 사용자들이 입력한 이전 평점들에만 기초해서 영화의 평점을 예측하는)에서 아주 좋은 성적을 냈다(Bennett & Lanning, 2007). 2006년에서 2009년까지 열린 이 대회에 여러 기계 학습 전문가가 참여했다. 이 대회는 고급 기계 학습을 이용한 추천 시스템의 연구 수준을 끌어올렸으며, 결과적으로 추천 시스템들이 개선되었다. 단순한 겹선형 예측이나 SVD 자체가 대회에서 좋은 성적을 올린 것은 아니었다. 겹선형 예측이나 SVD는 우승자들을 포함한 대부분의 참가자들이 제출한 앙상블 모형의 한 구성요소로 쓰였다(Töscher 외, 2009; Koren, 2009).

겹선형 예측과 분산 표현의 조합 외에, 협업 필터링에 신경망을 적용한 초기 사례 중 하나는 RBM 무향 확률적 모형에 기초한 것이었다(Salakhutdinov 외, 2007). RBM(제한 볼츠만 기계)은 Netflix 대회의 앙상블 방법들에서 중요한 요소로 쓰였다(Töscher 외, 2009; Koren, 2009). 신경망 공동체는 평점 행렬의 인수분해라는 착안에 대한 여러 고급 변형들도 모색했다(Salakhutdinov & Mnih, 2008).

그런데 협업 필터링 시스템들에는 한가지 기본적인 제한이 있다. 바로, 새 항목이나 새 사용자가 도입되었을 때는 기존의 평점 역사가 없기 때문에 그 항목과 다른 항목들의 유사성 또는 그 사용자와 다른 사용자들의 유사성을 추정할 방법이 없으며, 마찬가지 이유로 새 사용자와 기존 항목들 사이의 연관 정도를 추정할 방법도 없다는 것이다. 이를 콜드스타트cold-start 추천 문제라고 부른다. 콜드스타트 추천 문제를 해결하는 일반적인 방법은 개별 사용자와 항목에 관한 추가 정보를 도입하는 것이다. 예를 들어 사용자 프로필 정보나 각 항목의 특징들이 그러한 추가 정보가 될 수 있다. 그런 정보를 사용하는 추천 시스템을 **내용 기반**(content-based) 추천 시스템이라고 부른다. 다양한 사용자 특징들이나 항목 특징들로 이루어진 입력을 하나의 내장과 연관시키는 방법을 심층 학습 아키텍처를 통해서 학습하는 것도 가능하다(Huang 외, 2013; Elkahky 외, 2015).

합성곱 신경망처럼 특화된 심층 학습 아키텍처들을, 풍부한 내용으로부터 특징들을 추출하는 방법을 학습하는 데 적용한 연구들도 있었다. 예를 들어 [van den Oörd 외, 2013]은 음악 추천을 위해 음악 오디오 트랙들에서 특징들을 추출하는 문제를 연구했다. 그들의 신경망은 음향 특징들을 입력받아서, 그와 연관된 노래에 대한 내장을 계산한다. 그런 다음, 노래 내장과 사용자 내장의 내적을 그 사용자가 그 노래를 들을 것인지를 예측하는 데 사용한다.

12.5.1.1 탐험 대 활용

사용자에게 뭔가를 추천할 때는 보통의 지도 학습의 영역을 벗어나서 강화 학습(reinforcement learning)의 영역으로 넘어가는 문제점 하나가 제기된다. 추천 문제 중에는 이론적으로 **맥락적 강도**(contextual bandit)의※ 관점에서 서술할 때 가장 정확하게 서술할 수 있는 것들이 많다(Langford & Zhang, 2008; Lu 외, 2010). 앞에서 언급한 문제점이란, 추천 시스템을 이용해서 자료를 수집할 때 편향이 생겨서 사용자의 선호도를 제대로 파악하지 못하게 된다는 것이다. 우리는 추천 시스템이 사용자에게 추천한 항목에 대한 사용자의 반응만 볼 수 있을 뿐, 추천하지 않은 항목에 대한 사용자의 반응은 보지 못한다. 또한, 사용자에게 아무런 추천도 제공되지 않았기 때문에 사용자의 취향을 전혀 파악하지 못하는 일도 종종 생긴다(예를 들어 광고 경매에서 한 광고에 대해 제시된 가격이 최소 가격 문턱값보다 낮거나 광고가 경매에서 탈락해서 광고가 아예 표시되지 않을 수 있다). 좀 더 중요한 점은, 다른 항목들을 추천했을 때 어떤 결과가 나올 것인지에 대해 아무런 정보도 없다는 것이다. 각 훈련 견본 x에 대해 하나의 부류 $\hat{y}$(보통은 모형이 가장 높은 확률을 산출한 부류)를 선택한 후, 그 부류가 맞는지 아닌지에 관한 피드백만 제공해서 분류기를 훈련하는 것과 비슷하다. 그러한 각 견본은 지도 학습의 경우(정확한 목푯값 y에 직접 접근할 수 있는)에 비해 더 적은 정보를 제공함이 명백하다. 따라서 더 많은 견본이 필요하다. 더 나아가서, 만일 그러한 훈련을 세심하게 진행하지 않는다면 자료를 더 수집해도 모형이 계속해서 틀린 결정을 내릴 수 있다. 이는 애초에 정확한 결정의 확률이 아주 낮기 때문이다. 즉, 학습자는 정확한 결정을 선택하기

※ **역주** 참고로, 문맥적 강도의 '강도'는 결정이론에 관한 예제에 종종 등장하는 슬롯머신의 별명인 '외팔이 강도(one-armed bandit; 또는 외팔이 노상강도)'에서 유래한 것이다.

전까지는 정확한 결정에 관해 배우지 못한다. 이는 강화 학습에서 선택된 행동에 대한 보상만 관측하는 상황과 비슷하다. 일반적으로 강화 학습에는 여러 행동과 여러 보상의 순차열이 관여한다. 강도 시나리오는 학습자가 단 하나의 행동만 취하고 하나의 보상만 받는, 강화 학습의 한 특수 사례에 해당한다. 어떤 행동에 어떤 보상이 연관되어 있는지를 학습자가 안다는 점에서 강도 문제가 일반적인 강화 학습 문제보다 쉽다. 일반적인 강화 학습 시나리오에서는 최근의 행동 또는 먼 과거의 행동에 의해 높은 보상 또는 낮은 보상이 주어질 수 있다. **문맥적 강도**라는 용어는 학습자의 결정에 관한 정보를 제공하는 어떤 입력 변수의 문맥(맥락) 안에서 학습자가 행동을 선택하는 경우를 말한다. 예를 들어 추천 시스템은 적어도 사용자의 신원을 아는 상태에서 하나의 항목을 선택한다. 문맥에서 행동으로의 사상을 **정책**(policy; 또는 방침)이라고 부르기도 한다. 학습자와 자료 분포(지금 예에서는 학습자의 행동들에 의존하는) 사이의 피드백 루프는 강화 학습과 강도 문제에 관한 문헌들에서 중심적인 연구 주제이다.

강화 학습에서는 **탐험**(exploration; 또는 탐사)과 **활용**(exploitation)의 적절한 절충점을 찾아야 한다. 활용은 현재까지 학습한 최고의 정책에 기초해서 보상이 가장 클 것이라고 예상하는 행동을 취하는 것을 말한다. 한편, 탐험은 훈련 자료를 좀 더 수집하는 행동을 취하는 것을 말한다. 주어진 문맥 x에서 행동 a가 제공히는 보상이 1이라는 점을 알고 있다고 하자. 그 상태에서는 그것이 가능한 최고의 보상인지 알 수 없다. 그냥 현재 정책을 활용해서 행동 a를 취함으로써 1이라는 비교적 확실한 보상을 얻을 수도 있지만, 또 다른 행동 a'이 어떤 보상을 제공할 것인지 탐험해 보는 쪽을 선택하는 것이 더 나을 수도 있다. 행동 a'을 취했을 때 어떤 일이 일어날지는 알 수 없다. 2라는 보상을 얻으면 좋겠지만, 어쩌면 보상이 0일 수도 있다. 어떤 경우이든, 적어도 지식이 더 늘어난다는 점은 확실하다.

탐험을 구현하는 방법은 가능한 행동들의 공간을 좀 더 구석구석 살펴보기 위해 가끔 무작위 행동을 취하는 방법에서부터 기대 보상과 그 보상에 관한 모형의 불확실성 정도에 기초해서 행동을 선택하는 모형 기반 접근 방식에 이르기까지 다양하다.

탐험과 활용 중 어느 쪽을 더 선호할 것인가를 결정하는 요인 역시 다양하다. 가장 두드러진 요인 중 하나는 우리가 관심을 두는 시간의 척도이다. 인공지능 에이전트가 보상을 확보하는 데 걸리는 시간이 아주 짧다면 활용에 좀 더 무게를 싣는 것이 바람직하다. 반대로, 에이전트가 보상을 얻는 데 걸리는 시간이 길다면 탐험을 더 많이 해서 지식을 더 축적하는 것이 낫다. 그러면 향후 행동들을 좀 더 효과적으로 계획할 수 있을 것이기 때문이다. 시간이 흐르면서 학습된 정책이 개선되면 무게중심을 점차 활용 쪽으로 옮긴다.

지도 학습에는 이러한 탐험과 활용의 절충이 없는데, 이는 각 입력에 대한 정확한 출력이 지도 신호를 통해서 모형에게 전달되기 때문이다. 모형은 주어진 출력이 현재 출력보다 더 나은지 판단할 때 다른 여러 출력을 시험해 볼 필요가 없다. 모형은 지도 신호를 통해 지정된 이름표가 항상 최고의 출력임을 알고 있다.

탐험과 학습의 절충 외에 강화 학습의 맥락에서 발생하는 또 다른 어려움은 정책들을 평가하고 비교하기가 쉽지 않다는 것이다. 강화 학습에는 학습자와 환경 사이의 상호작용이 관여한다. 학습자와 환경 사이에 피드백 루프가 존재하기 때문에, 고정된 시험 집합 입력값들을 이용해서 학습자의 성과를 평가하기가 간단하지 않다. 정책 자체가 이후 관측할 입력을 선택한다. [Dudik 외, 2011]은 문맥적 강도를 평가하는 기법들을 제시한다.

12.5.2 지식 표현, 추론, 질의응답

심층 학습 접근 방식들은 언어 모형화, 기계 번역, 자연어 처리에서 아주 성공적이었는데, 이는 기호들에 대한 내장(Rumelhart 외, 1986a)과 단어들에 대한 내장(Deerwester 외, 1990; Bengio 외, 2001)을 사용한 덕분이다. 그런 내장들은 개별 단어와 개념에 관한 의미론적 지식을 표현한다. 이 분야에서 연구의 최전선은 문구에 대한 내장과 단어와 사실의 관계에 대한 내장을 개발하는 것이다. 이미 검색 엔진들은 이런 목적으로 기계 학습을 활용하고 있지만, 그러한 좀 더 고급 표현에는 개선의 여지가 아주 많이 남아 있다.

12.5.2.1 지식, 관계, 질의응답

한 가지 흥미로운 연구 방향은 두 개체(entity) 사이의 **관계**(relation)를 포착하도록 분산 표현을 훈련하려면 어떻게 해야 하는가이다. 그런 관계를 표현할 수 있으면, 객체들에 관한 사실이나 개체들 사이의 상호작용 방식을 공식화할 수 있다.

수학에서 **이항관계**(binary relation)는 두 객체(object; 또는 대상)로 이루어진 순서쌍들의 집합으로 정의된다. 어떤 두 객체의 순서쌍이 그 집합에 존재한다면 그 두 객체 사이에는 집합이 나타내는 관계가 있는 것이고, 집합에 없다면 둘은 그런 관계가 없는 것이다. 예를 들어 개체 집합 {1,2,3}에 대한 미만 관계, 즉 "~은 ~보다 작다(is less than)" 관계를 순서쌍 집합 $\mathbb{S} = \{(1,2),(1,3),(2,3)\}$으로 정의할 수 있다. 일단 관계를 정의하고 나면 그것을 일종의 동사(술어)처럼 사용할 수 있다. $(1,2) \in \mathbb{S}$이므로 1은 2보다 작다. $(2,1) \notin \mathbb{S}$이므로 2는 1보다 작지 않다. 물론 이런 식으로 관계를 맺는 개체들이 반드시 수치일 필요는 없다. 예를 들어 (개, 포유류) 같은 튜플들을 담은 is_a_type_of(~는 ~의 일종이다) 관계를 정의할 수도 있다.

AI의 맥락에서는 관계라는 것을, 구문이 간단하고 고도로 구조화된 언어의 문장으로 생각할 수 있다. 관계는 동사의 역할을 하고, 관계에 대한 두 인수는 주어와 목적어의 역할을 한다. 관계를 나타내는 문장을 다음과 같이 토큰 세 개로 이루어진 삼중항으로 표현할 수 있다.

$$(\text{주어, 동사, 목적어}) \tag{12.21}$$

이러한 삼중항은 다음과 같은 값들을 가진다.

$$(\text{개체}_i, \text{관계}_j, \text{개체}_k) \tag{12.22}$$

또한, 관계와 비슷하되 인수가 하나인 개념인 **특성**(attribute)도 정의할 수 있다.

$$(\text{개체}_i, \text{특성}_j) \tag{12.23}$$

예를 들어 has_fur(털이 있음) 특성을 개 같은 개체들에 적용할 수 있다.

인공지능 응용 중에는 관계들을 표현하고 그에 관한 추론을 수행해야 하는 것들이 많다. 신경망의 맥락에서 관계를 표현하고 추론하는 최상의 방법은 무엇일까?

기계 학습 모형에 훈련 자료가 필요함은 당연하다. 구조화되지 않은 자연어로 구성된 훈련 자료 집합으로 개체들 사이의 관계를 추론하는 것이 가능하다. 또한, 관계들을 명시적으로 식별하는 구조적 데이터베이스도 있다. 그런 구조적 데이터베이스로 흔히 쓰이는 것이 **관계형 데이터베이스**이다. 관계형 데이터베이스도 앞에서 말한 것과 같은 종류의 정보를 저장한다(단, 3토큰 문장 형태로 저장하지는 않는다). 일상생활에 관한 상식이나 응용 영역에 관한 전문 지식을 인공지능 시스템에 전달하는 것을 목적으로 쓰이는 데이터베이스를 가리켜 **지식 베이스**(knowledge base; 또는 지식 기지)라고 부른다. 지식 베이스는 Freebase나 OpenCyc, WordNet, Wikibase[1] 같은 범용적인 지식 베

---

1) 각각 해당 웹사이트 freebase.com, cyc.com/opencyc, wordnet.princeton.edu, wikiba.se에서 구할 수 있다.

이스부터 GeneOntology[2] 같은 좀 더 특화된 지식 베이스에 이르기까지 다양하다. 개체 표현과 관계 표현을 학습하려면, 지식 베이스의 삼중항들을 훈련 견본들로 삼아서 그 견본들의 결합분포를 포착하는 훈련 목적함수를 최대화하면 된다(Bordes 외, 2013a).

훈련 자료 외에, 훈련할 모형도 정의해야 한다. 흔히 쓰이는 접근 방식은 개체들과 관계들을 포착하도록 신경망 언어 모형을 확장하는 것이다. 신경망 언어 모형은 각 단어의 분산 표현을 제공하는 벡터를 학습하며, 그런 벡터들의 함수들을 학습함으로써 단어들 사이의 상호작용(이를테면 일련의 단어들 다음에 어떤 단어가 나올 확률이 큰가 등등)도 학습한다. 이러한 접근 방식을, 각 관계에 대한 내장 벡터를 학습함으로써 개체와 관계를 학습하는 것으로까지 확장할 수 있다. 사실, 모형화 언어와 관계들로 부호화된 모형화 지식은 병렬적으로 아주 유사하기 때문에, 연구자들은 그런 개체들의 표현을 지식 기지와 자연어 문장 **둘 다** 이용해서 훈련했을 정도이다(Bordes 외, 2011; Bordes 외, 2012; Wang 외, 2014a). 또한, 여러 관계형 데이터베이스의 자료를 조합해서 훈련한 사례도 있다(Bordes 외, 2013b). 그런 모형과 연관된 구체적인 매개변수화에는 수많은 가능성이 존재한다. 개체들 사이의 관계를 학습하는 문제에 관한 초기 연구(Paccanaro & Hinton, 2000)는 고도로 제한된 매개변수 형식('선형 관계형 내장')에 국한되었으며, 개체의 표현과 관계의 표현이 다른 형태일 때가 많았다. 예를 들이 [Paccanaro & Hinton, 2000]과 [Bordes 외, 2011]은 개체에 대해서는 벡터를, 관계에 대해서는 행렬을 사용했는데, 이는 관계가 개체들에 대한 일종의 연산자로 작용한다는 착안에 기초한 것이었다. 그와는 달리 관계를 다른 개체들과 다를 바 없이 취급할 수도 있는데(Bordes 외, 2012), 그러면 관계들에 관한 문장을 만들 수 있으며, 관계들을 조합해서 그 결합분포를 모형화하는 메커니즘이 좀 더 유연해진다.

그런 모형의 실용적인 단기(short-term) 응용으로 **링크 예측**(link prediction; 또는 연결 고리 예측)이 있다. 링크 예측은 지식 그래프에 누락된 연결선(호)을 예측하는 것이다. 이는 기존 사실에 기초해서 새 사실을 예측하는 일종의 일반화에 해당한다. 현존하는 지식 베이스들은 대부분 사람이 수작업으로 구축한 것이기 때문에, 진짜 관계들이 상당히 많이(어쩌면 대부분) 빠져 있을 때가 많다. 이런 응용의 예로는 [Wang 외, 2014b]와 [Lin 외, 2015], [Garcia-Duran 외, 2015]를 보기 바란다.

---

2) geneontology.org

링크 예측 과제에서는 긍정적인 견본들(참이라고 알려진 사실들)의 자료 집합만 주어지기 때문에, 한 모형의 성과를 평가하기가 쉽지 않다. 모형이 자료 집합에 없는 어떤 사실을 제시했을 때, 모형이 실수를 저지른 것인지 아니면 예전에는 몰랐던 어떤 새로운 사실을 발견한 것인지 확실하지 않다. 따라서 측도들이 다소 부정확하며, 참이라고 알려진 긍정적 사실들의 집합에 대한 모형의 평점과 참일 가능성이 적은 다른 사실들의 집합에 대한 모형의 평점을 비교해서 모형의 성과를 간접적으로 평가할 수밖에 없다. 참일 가능성이 적은 흥미로운 견본들을 구축할 때는 참인 사실에서 출발해서 그 사실을 손상한(이를테면 관계의 한 개체를 무작위로 선택한 다른 개체로 대체하는 등) 버전들을 만들어 내는 방법이 흔히 쓰인다. 그리고 모형의 정밀도는 흔히 10% 측도로 평가하는데, 10% 측도는 하나의 '정확한' 사실에 대한 모형의 평점이 그 사실을 손상해서 만든 모든 버전의 상위 10%에 속한 횟수를 센 것이다.

지식 베이스와 분산 표현에 기초한 모형의 또 다른 응용은 **단어 의미 중의성 해소** (Navigli & Velardi, 2005; Bordes 외, 2012)이다. 단어 의미 중의성 해소(word-sense disambiguation) 과제에서 모형은 한 단어의 여러 의미 중 주어진 문맥에 가장 적합한 것을 선택해야 한다.

궁극적으로는, 관계들의 지식과 추론 과정 및 자연어의 이해를 결합함으로써 우리는 범용 질의응답(question-answering) 시스템을 구축할 수 있을 것이다. 범용 질의응답 시스템은 입력 정보를 처리해서 중요한 사실들을 기억해야 한다. 즉, 그 사실들을 이후에 조회하고 추론에 활용할 수 있는 형태로 조직화할 수 있어야 한다. 이 부분은 오직 제한된 '장난감' 환경에서만 해결할 수 있는 난해한 열린 문제로 남아 있다. 현재, 구체적인 선언적 사실들을 기억하고 조회하는 최고의 접근 방식은 명시적 기억 메커니즘(§10.12)을 활용하는 것이다. 기억망(memory network)은 원래 장난감 수준의 질의응답 과제를 해결하기 위해 제안된 것이다(Weston 외, 2014). 이후 [Kumar 외, 2015]는 GRU 순환 신경망을 이용해서 입력을 기억 장소로 읽어 들이고 기억의 내용에 기초해서 응답을 산출하는 확장을 제시했다.

심층 학습은 지금까지 설명한 응용 분야 외에도 여러 응용 분야에 적용되었으며, 이 책이 나온 후에는 더 많은 응용 분야에 적용될 것이 확실하다. 심층 학습의 응용은 너무나 방대한 주제이므로 하나의 장은 커녕 한 권의 책으로도 상세히 다루기 힘들 것이다. 이번 장은 이 책을 쓰는 현재 심층 학습으로 할 수 있는 일의 대표적인 예

몇 가지를 간단하게 제시했을 뿐이다.

이번 장으로 심층 신경망과 관련된 현세대의 실천 관행을 서술하는 제2부를 마무리하겠다. 제2부는 가장 성공적인 방법들을 모두 망라했다. 전체적으로 보았을 때 이 방법들의 공통점은, 우리가 원하는 어떤 함수를 모형이 잘 근사하게 만드는 매개변수들을 어떤 비용함수의 기울기를 이용해서 찾아낸다는 것이다. 훈련 자료가 충분하다면 이 접근 방식은 엄청나게 강력하게 작동한다. 다음 장부터는 연구 영역을 다루는 제3부가 시작된다. 제3부에서는 더 적은 훈련 자료로 작동하도록 설계된 방법들과 좀 더 다양한 과제를 수행하도록 고안된 방법들을 다룬다. 이 방법들과 관련해서 해결해야할 도전 과제들은 제2부까지 나왔던 것들보다 풀기 어려우며, 아직까지는 해법이 없는 것도 많다.

제3부

심층 학습 연구

제3부는 현재 연구 공동체가 추구하는 좀 더 야심에 찬 고급 심층 학습 접근 방식들을 설명한다.

이 책의 제1부와 제2부에서는 지도 학습의 문제를 푸는 방법들, 그러니까 한 벡터에서 다른 벡터로의 사상에 대한 견본들이 충분히 주어졌을 때 학습 모형이 그러한 사상을 배우게 하는 방법을 살펴보았다.

그런데 인공지능 응용에서 우리가 풀고자 하는 모든 문제가 그런 범주에 속하는 것은 아니다. 새 견본을 생성하거나, 어떤 자료점의 발생 가능성을 추정하거나, 결측값을 처리하거나, 이름표가 붙어 있지 않은 다수의 견본들 또는 관련 과제에서 얻은 다수의 견본들을 활용해야 할 때도 있다. 현재 업계의 인공지능 응용에서 한 가지 부족한 점은, 학습 알고리즘이 정확도 높은 성과를 내려면 대량의 지도 학습 자료가 필요하다는 것이다. 이 책의 제3부에서는 기존 모형들이 잘 작동하는 데 필요한 이름표 붙은 자료의 양을 줄이고 기존 모형들을 좀 더 다양한 과제들에 적용할 수 있게 하는 몇 가지 잠정적인 접근 방식들을 논의한다. 대체로, 그런 목표들을 달성하려면 일종의 비지도 또는 준지도 학습이 필요하다.

비지도 학습이 어려운 핵심 원인은, 학습 모형이 근사하려는 확률변수들의 차원이 높다는 것이다. 이 때문에 통계적 측면과 계산적 측면에서 어려움이 발생한다. **통계적 이려움**(statistical challenge)은 일반화에 관련된 것으로, 구분하고자 하는 구성(configuration)의 수가 관심 있는 차원의 수에 지수적으로 증가한다는 점에서 비롯된다. 그 때문에 구성의 수가 조금만 많아도 차원의 수가 확보할 수 있는(또는 제한된 계산 자원으로 활용할 수 있는) 견본의 수보다 훨씬 커진다. 고차원 분포와 관련된 **계산적 어려움**(computational challenge)은 학습을 위한 여러 알고리즘 또는 학습된 모형을 활용하는 여러 알고리즘에 처리 불가능한(intractable) 계산이 관여하기 때문에 발생한다. 그런 계산들은 계산 비용이 차원의 수에 지수적으로 증가한다.

확률 모형에서는 처리 불가능한 추론의 수행이나 분포 정규화에서 그러한 계산적 어려움이 생긴다.

- **처리 불가능한 추론**: 추론은 주로 제19장에서 논의한다. 확률 모형에서 추론은 변수 a, b, c에 관한 결합분포를 포착한 어떤 모형에 대해, 변수 b가 주어졌을 때 변수 a가 가질 가능성이 큰 값을 추측하는 것이다. 그런 조건부 확률을 계산하려면 변수 c의 값들에 관한 합을 구해야 할 뿐만 아니라 변수 a와 c의 값들에 관한 합에 해당하는 정규화 상수도 구해야 한다.
- **처리 불가능한 정규화 상수(분배함수)**: 분배함수(partition function)는 주로 제18장에서 논의한다. 확률 함수의 정규화 상수는 추론(위)뿐만 아니라 학습에서도 나온다. 여러 확률 모형에는 그런 정규화 상수가 관여한다. 안타깝게도, 정규화 상수가 관여하는 모형이 학습하려면 분배함수의 기울기(모형 매개변수들에 대한)를 계산해야 할 때가 많다. 일반적으로 그러한 계산은 처리 불가능이다(분배함수의 계산 자체가 처리 불가능이라서). 분배함수를 마르코프 연쇄 몬테카를로(Markov chain Monte Carlo, MCMC) 방법(제17장)을 이용해서 다룰 때가 많지만, 안타깝게도 MCMC 방법은 모형 분포에 최빈값들이 많고 잘 분리되어 있으면 잘 통하지 않는다. 특히 고차원 공간에서 그렇다(§17.5).

이런 처리 불가능 계산들을 해결하는 한 가지 방법은 참값이 아니라 근삿값을 구하는 것인데, 그러한 근사를 위한 여러 접근 방식이 제안되었다. 그런 접근 방식들을 제3부에서 논의한다. 또 다른 흥미로운 방법(역시 제3부에서 논의한다)은 적절한 설계를 통해서 그런 처리 불가능 계산들을 아예 피하는 것이다. 그런 방법은 계산을 아예 피한다는 점에서 아주 매력적이다. 최근 몇 년 사이에 그런 목적으로 여러 생성 모형이 고안되었다. 생성 모형화에 관한 현재의 아주 다양한 접근 방식들을 제20장에서 논의한다.

제3부는 이 책의 여러 대상 독자 중 '연구자'에 해당하는 독자에게 가장 중요하다. 심층 학습 분야에 도입된 다양한 관점들을 이해하고자 하는, 그리고 이 분야를 본격적인 인공지능의 수준으로 끌어올리고자 하는 독자라면 제3부에 주목하기 바란다.

CHAPTER

13

선형 인자 모형

심층 학습의 최신 연구 주제 중에는 입력 확률 모형 $p_{모형}(x)$의 구축과 관련된 것이 많다. 원칙적으로 그런 모형은 자신의 환경에 있는 변수 중 임의의 변수의 값을 다른 변수들의 값에 기초해서 추론한다. 또한, 그런 모형 중에는 $p_{모형}(x) = \mathbb{E}_h p_{모형}(x \mid h)$를 만족하는 잠재변수 h를 가진 것들이 많다. 이러한 잠재변수(latent variable)는 또 다른 자료 표현 수단을 제공한다. 잠재변수들에 기초한 분산 표현은 심층 순방향 신경망과 순환 신경망을 논의할 때 이야기한 표현 학습의 모든 장점을 가질 수 있다.

이번 장에서는 잠재변수가 있는 가장 단순한 확률 모형에 해당하는 선형 인자 모형(linear factor model)을 소개한다. 선형 인자 모형에 해당하는 모형들은 혼합 모형의 구성요소로 쓰이기도 하고(Hinton 외, 1995a; Ghahramani & Hinton, 1996; Roweis 외, 2002), 좀 더 큰 심층 확률 모형의 구성요소로 쓰기도 한다(Tang 외, 2012). 이 모형은 또한 좀 더 고급의 심층 모형들을 더욱 확장한 형태인 생성 모형(generative model)을 구축하는 데 꼭 필요한 여러 기존 접근 방식들도 보여준다.

선형 인자 모형의 주된 특징은, h의 선형 변환에 잡음을 더함으로써 x를 생성하는 확률적 선형 복호기(stochastic linear decoder) 함수를 활용한다는 것이다.

선형 인자 모형은 단순한 결합분포를 가진 설명 인자(explanatory factor)들을 발견할 수 있다는 점에서 흥미롭다. 이런 모형은 선형 복호기를 사용하기 때문에 다루기가 쉽다. 그래서 초기에 상세하게 연구된 잠재변수 모형 중에는 선형 인자 모형에 해당하는 것이 많았다.

선형 인자 모형의 자료 생성 과정은 이렇다. 우선, 주어진 분포로부터 설명 인자 $\boldsymbol{h}$를 추출한다.

$$\mathbf{h} \sim p(\boldsymbol{h}). \tag{13.1}$$

여기서 $p(\boldsymbol{h})$는 $p(\boldsymbol{h}) = \prod_i p(h_i)$를 만족하는 형태의 인수곱 분포(factorial distribution)이므로 표본을 추출하기 쉽다. 다음으로, 주어진 인자들에 기초해서 실숫값 관측 가능 변수를 추출한다.[※]

$$\boldsymbol{x} = \boldsymbol{W}\mathbf{h} + \boldsymbol{b} + \text{잡음}. \tag{13.2}$$

여기서 '잡음'으로는 흔히 가우스 대각 잡음(차원들에 대해 독립인)이 쓰인다. 이러한 선형 인자 모형의 구조가 그림 13.1에 나와 있다.

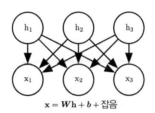

$$\mathbf{x} = \boldsymbol{W}\mathbf{h} + \boldsymbol{b} + \text{잡음}$$

그림 13.1: 선형 인자 모형족을 서술하는 유향 그래프 모형. 관측된 자료 벡터 $\boldsymbol{x}$를, 독립 잠재변수 $\boldsymbol{h}$의 선형 결합에 어떤 잡음을 더해서 얻는다는 가정을 깔고 있다. 이 모형족에 속하는 여러 모형들, 이를테면 확률적 PCA나 인자분석, ICA 등은 어떤 형태의 잡음을 사용하는지, 그리고 어떤 사전분포 $p(\boldsymbol{h})$를 사용하는지에 따라 구별된다.

[※] **역주** 일반적인 의미에서 factorial은 주어진 대상이 인수들로 구성된다는, 즉 다수의 수학적 대상들을 곱셈으로만 결합한 것이라는 뜻이다. 그러한 의미의 factorial의 번역어로 '인수곱'을 제안한다. 흔히 말하는 '계승' 또는 '차례곱'은 인수들이 1에서 n까지의 순차적인 정수들인, 인수곱의 한 특수 사례에 해당한다.

13.1 확률적 PCA와 인자분석

확률적 PCA(주성분분석)와 인자분석(factor analysis; 또는 요인분석), 그리고 다른 여러 구체적인 선형 인자 모형들은 위의 방정식들(식 13.1과 식 13.2)의 특수 사례들이다. 이런 모형들은 어떤 분포를 이용해서 잡음을 얻는지, 그리고 모형의 잠재변수들에 관한 사전분포($\boldsymbol{x}$를 관측하기 전의)로 어떤 분포를 사용하는지에서 차이가 난다.

인자분석(Bartholomew, 1987; Basilevsky, 1994)에서, 잠재변수의 사전 분포는 그냥 단위 분산 가우스 분포

$$\mathbf{h} \sim \mathcal{N}(\boldsymbol{h}; \boldsymbol{0}, \boldsymbol{I}) \tag{13.3}$$

이다. 인자분석에서는 관측변수(observed variable) x_i들이 $\boldsymbol{h}$가 주어졌을 때 **조건부 독립**(conditionally independent)이라고 가정한다. 구체적으로 말하면, 인자분석에서는 잡음을 공분산 행렬이 $\boldsymbol{\psi} = \mathrm{diag}(\boldsymbol{\sigma}^2)$인 대각 공분산 가우스 분포에서 얻는다. 여기서 $\boldsymbol{\sigma}^2 = [\sigma_1^2, \sigma_2^2, ..., \sigma_n^2]^\top$는 변수별 분산들을 담은 벡터이다.

이러한 모형에서 잠재변수들의 역할은 서로 다른 관측변수 x_i들 사이의 **의존성**을 포착하는 것이다. 실제로, $\boldsymbol{x}$가 그냥 다음을 만족하는 다변량 정규분포 확률변수임을 보이는 것이 어렵지 않다.

$$\mathbf{x} \sim \mathcal{N}(\boldsymbol{x}; \boldsymbol{b}, \boldsymbol{W}\boldsymbol{W}^\top + \boldsymbol{\psi}). \tag{13.4}$$

확률론의 틀에서 주성분분석을 수행하려면, 인자분석 모형을 약간 수정해야 한다. 구체적으로 말하면, 조건부 분산 σ_i^2들을 모두 같게 만들어야 한다. 그러면 $\boldsymbol{x}$의 공분산은 그냥 $\boldsymbol{W}\boldsymbol{W}^\top + \sigma^2\boldsymbol{I}$가 되는데, 여기서 σ^2은 하나의 스칼라이다. 이제 조건부 분포는 다음과 같이 정의된다.

$$\mathbf{x} \sim \mathcal{N}(\boldsymbol{x}; \boldsymbol{b}, \boldsymbol{W}\boldsymbol{W}^\top + \sigma^2\boldsymbol{I}). \tag{13.5}$$

이를 다음과 같이 표현할 수도 있다.

$$\mathbf{x} = \boldsymbol{W}\mathbf{h} + \boldsymbol{b} + \sigma\mathbf{z}. \tag{13.6}$$

여기서 $\mathbf{z} \sim \mathcal{N}(\boldsymbol{z}; \boldsymbol{0}, \boldsymbol{I})$는 가우스 잡음이다. [Tipping & Bishop, 1999]가 보여 주었듯이, 이렇게 하면 반복적인 EM 알고리즘을 이용해서 매개변수 $\boldsymbol{W}$와 σ^2을 추정할 수 있다.

이러한 **확률적 주성분분석**(probabilistic PCA) 모형은 자료에 존재하는 대부분의 변동을 어떤 작은 잔차(residual) **재구축 오차**(reconstruction error; 또는 복원 오차, 재구성 오차)까지는 잠재변수 h로 포착할 수 있다는 관찰 결과를 활용한다. [Tipping & Bishop, 1999]가 보여 주었듯이, 확률적 PCA는 $\sigma \to 0$에 따라 보통의 PCA가 된다. 그런 경우 x가 주어졌을 때의 h의 조건부 기댓값은 보통의 PCA에서처럼 $x - b$를 W의 d의 열들이 차지하는 공간에 직교 투영한 것과 같다.

$\sigma \to 0$에 따라, 확률적 PCA가 정의하는 밀도 모형은 W의 열들이 차지하는 d개의 차원들 주변에서 아주 날카로워진다. 결과적으로 그러한 모형은 하나의 초평면(hyperplane) 근처에 뭉쳐 있지 않은 자료점에 대해서는 아주 낮은 가능도를 배정할 수 있다.

13.2 독립성분분석(ICA)

독립성분분석(independent component analysis, ICA)은 가장 오래된 표현 학습 알고리즘에 속한다(Herault & Ans, 1984; Jutten & Herault, 1991; Comon, 1994; Hyvärinen, 1999; Hyvärinen 외, 2001a; Hinton 외, 2001; Teh 외, 2003). 선형 인자들을 모형화하기 위한 접근 방식의 하나인 독립성분분석은 관측된 신호를 여러 바탕(underlying) 신호들로 분리하고, 그 바탕 신호들을 비례하고 더해서 관측 자료를 만들어 낸다. 그러한 신호들은 단지 상관관계가 없을 뿐만이 아니라 서로 완전히 독립이라고 가정된다.[1]

크게 ICA로 분류되지만 세부적으로는 서로 다른 방법론들이 많이 있다. 이 책에서 설명하는 다른 여러 생성 모형들과 가장 비슷한 변형은 [Pham 외, 1992]가 소개한 것인데, 이 변형은 완전 매개변수적(fully parametric) 생성 모형을 훈련한다. 이 변형에서는 바탕 인자들에 관한 사전분포 $p(h)$를 미리 사용자가 명시적으로 지정해야 한다. 주어진 사전분포에 기초해서 모형은 결정론적으로 $x = Wh$를 생성한다. 변수들을 비선형적으로 변화해서(식 3.47을 이용) $p(x)$를 구할 수 있다. 그런 다음에는 모형을 평소대로 최대가능도를 이용해서 학습시킨다.

이러한 접근 방식의 동기는, $p(h)$를 독립분포로 두면 바탕 인자들을 최대한 독립에

---

1) 무상관 변수들과 독립 변수들의 차이에 관해서는 §3.8의 논의를 보기 바란다.

가깝게 재구축할 수 있다는 것이다. 이 접근 방식은 고수준 추상적 인과 요인들을 포착하는 목적보다는 서로 섞여 있는 저수준 신호들을 재구축하는 목적으로 흔히 쓰인다. 그런 경우 각 훈련 견본은 시간상의 한 순간이고 각 x_i는 한 감지기(sensor)가 혼합 신호를 관측한 결과이다. 그리고 각 h_i는 원래의 신호들 중 하나의 한 추정값이다. 예를 들어 n명의 사람이 동시에 말을 하는 상황을 생각해 보자. n개의 마이크를 서로 다른 위치에 배치했다고 할 때, 각 마이크에 도달한 음성 신호의 크기(음량) 변화를 검출한 결과들에 대해 ICA를 적용함으로써 각 h_i가 단 한 사람이 똑똑하게 말한 신호에만 대응되게 할 수 있다. 실제로 신경과학 분야에서는 뇌에서 나오는 전기 신호를 기록하는 기술인 뇌파기록법(electroencephalography)에 이런 접근 방식을 흔히 사용한다. 뇌파기록법에서는 여러 개의 전극을 피험자의 머리에 부착해서 피험자의 몸에서 나오는 여러 전기 신호를 측정한다. 일반적으로 실험자는 뇌에서 나온 신호에만 관심을 두지만, 피험자의 심장과 눈에서 나온 신호가 꽤 강하기 때문에 피험자의 두피에 있는 전극들의 측정값들까지 영향을 미칠 수 있다. 즉, 한 전극의 측정 결과에는 여러 개의 신호가 섞여 있을 수 있으므로, ICA를 이용해서 심장에서 나온 전기 신호와 뇌에서 나온 전기 신호를, 그리고 뇌의 서로 다른 영역에서 나온 전기 신호들을 분리할 필요가 있다.

앞에서 언급했듯이 ICA는 다양한 변형이 존재한다. 결정론적 복호기를 사용하는 대신 잡음을 추가해서 x를 생성하는 변형들도 있다. 대부분의 변형은 최대가능도 판정 기준을 사용하지 않는다. 대신 $h = W^{-1}x$의 성분들이 서로 독립이 되게 하는 것을 목표로 삼는다. 그러한 목표를 달성할 수 있는 판정기준은 많이 있다. 식 3.47은 W의 행렬식(determinant)을 취해야 하는데, 행렬식 계산은 비용이 높고 수치적으로 불안정해질 여지가 있다. ICA의 일부 변형들은 W를 직교행렬로 제한함으로써 그러한 문제 있는 연산을 피한다.

ICA의 모든 변형에서 공통인 점은, $p(h)$가 반드시 비 가우스 분포이어야 한다는 것이다. 이는, 만일 $p(h)$가 가우스 구성분포들로 이루어진 하나의 독립 사전분포이면 W의 식별이 불가능해지기 때문이다. 다른 말로 하면, 서로 다른 여러 W 값들이 $p(x)$에 관한 동일한 분포에 대응된다. 이러한 제한 조건은, 모형에 대한 여러 연산이 닫힌 형식의 해를 가지려면 $p(h)$가 반드시 가우스 분포이어야 한다는 제한 조건이 있는 다른 선형 인자 모형들(확률적 PCA와 인자분석 등)과는 아주 다른 측면이다. 사용자가 분포를 명시적으로 지정해야 하는 최대가능도 접근 방식에서는 흔히 $p(h_i) = \frac{d}{dh_i}\sigma(h_i)$를 사용한다. 흔히 쓰이는 이 비 가우스 분포는 가우스 분포에 비해 0 부근에서 봉우리 (peak)가 더 높다. 대부분의 ICA 구현들이 희소 표현의 학습을 목적으로 하는 것은 바로 이 때문이다.

ICA의 변형 중에는 이 책에서 말하는 의미에서의 '생성 모형'이 아닌 것들도 많다. 이 책에서, 생성 모형은 $p(\boldsymbol{x})$를 표현하거나 그로부터 표본을 추출할 수 있다. 그러나 ICA의 여러 변형은 $\boldsymbol{x}$를 $\boldsymbol{h}$로(또는 그 반대로) 변환하는 방법만 알 뿐 $p(\boldsymbol{h})$를 표현하는 방법은 가지고 있지 않으며, 따라서 $p(\boldsymbol{x})$에 관한 어떠한 분포를 강제하지 않는다. 예를 들어 여러 ICA 변형은 $\boldsymbol{h} = \boldsymbol{W}^{-1}\boldsymbol{x}$의 표본 첨도(kurtosis; 뾰족한 정도)를 높이려 하는데, 첨도가 높다는 것은 $p(\boldsymbol{h})$가 비 가우스 분포라는 뜻이기 때문이다. 그러나 그런 변형들은 $p(\boldsymbol{h})$를 명시적으로 표현하지 않고 첨도를 높인다. 이런 변형들이 많은 이유는, ICA가 자료를 생성하거나 자료의 밀도를 추정하는 것보다는 신호 분리를 위한 분석 도구로 쓰일 때가 더 많기 때문이다.

PCA를 제14장에서 설명하는 비선형 자동부호기로 일반화할 수 있는 것과 비슷하게, ICA는 비선형 생성 모형, 즉 비선형 함수 f를 이용해서 관측 자료를 생성하는 모형으로 일반화할 수 있다. 비선형 ICA의 초기 연구에 관해서는 [Hyvärinen & Pajunen, 1999]를, 그리고 비선형 ICA를 앙상블 학습에 성공적으로 적용한 사례에 관해서는 [Roberts & Everson, 2001]과 [Lappalainen 외, 2000]을 보기 바란다. ICA의 또 다른 비선형 확장으로는 **비선형 독립성분 추정**(nonlinear independent components estimation)이라는 접근 방식이 있다(Dinh 외, 2014). NICE로 줄여 쓰는 이 접근 방식은 일련의 비가역적 변환들(부호기 단계들)을 누적하는데, 각 변환의 야코비 행렬의 행렬식을 효율적으로 계산할 수 있다는 장점이 있다. 이 덕분에 가능도의 참값을 계산할 수 있다. 그리고 ICA처럼 NICE도 자료를 인수분해된 주변 분포가 있는 공간으로 변환하려 하는데, 비선형 부호기 덕분에 그러한 변환에 성공할 가능성이 ICA보다 크다. 각 부호기에는 그것의 완전한 역함수인 복호기가 연관된다. 그러한 복호기들 덕분에 모형에서 표본을 간단하게 생성할 수 있다(먼저, $p(\boldsymbol{h})$에서 표본을 추출한 후 복호기를 적용하기만 하면 된다).

ICA의 또 다른 일반화는, 그룹 안의 통계적 의존성은 허용하되 그룹들 사이의 의존성은 억제하는 방식으로 특징 그룹들을 학습하는 것이다(Hyvärinen & Hoyer, 1999; Hyvärinen 외, 2001b). 연관된 단위들을 서로 겹치지 않는 그룹들로 조직화해서 학습하는 경우에는 이 접근 방식을 **독립 부분공간 분석**(independent subspace analysis)이라고 부른다. 또한, 각 은닉 단위에 공간 좌표를 배정하고 공간에서 가까이 있는 단위들을 서로 겹치는 그룹들로 조직화하는 것도 가능하다. 그렇게 하면 가까이 있는 단위들은 비슷한 특징을 배울 가능성이 커진다. 이런 접근 방식을 **지형 ICA**(topographic ICA)라고 부른다. 지형 ICA를 자연경관 이미지에 적용하면 가버 필터(Gabor filter)를 학습할 수 있다. 즉, 모형은 방향이나 위치, 도수가 비슷한 인접 특징들을 배울 수 있다. 이미지의 각 영역 안에서 비슷한 가버 함수의 서로 다른 여러 위상 오프셋(phase offset)들이 발생하므로, 작은 영역들에 대해 풀링을 적용함으로써 이동 불변성을 얻을 수 있다.

13.3 느린 특징 분석

느린 특징 분석(slow feature analysis, SFA)은 시간 신호들에 있는 정보를 이용해서 불변 특징들을 학습하는 선형 인자 모형이다(Wiskott & Sejnowski, 2002).

느린 특징 분석은 느림 원리(slowness principle; 또는 지체 원리)라고 부르는 일반 원리에 기초한다. 이 원리의 핵심은, 장면의 중요한 특징들은 그 장면의 서술을 구성하는 개별 측도들에 비해 느리게 변한다는 것이다. 예를 들어 컴퓨터 시각에서 개별 픽셀 값은 아주 빠르게 변한다. 얼룩말이 이미지를 왼쪽에서 오른쪽으로 가로지른다면, 얼룩말의 줄무늬가 지나감에 따라 픽셀의 색이 검은색과 흰색을 빠르게 교차한다. 반면, 이미지에 얼룩말이 존재하는지의 여부를 나타내는 특징은 전혀 변하지 않으며, 얼룩말의 특징을 서술하는 특징은 느리게 변한다. 이런 특징들이 더 중요하므로, 시간에 따라 느리게 변하는 특징들을 학습하도록 모형을 정칙화하는 것이 바람직하다.

느림 원리는 느린 특징 분석보다 더 먼저 나온 것으로, 다양한 모형들에 적용된 바 있다(Hinton, 1989; Földiák, 1989; Mobahi 외, 2009; Bergstra & Bengio, 2009). 일반적으로, 경사 하강법으로 훈련할 수 있는 미분 가능 모형이라면 어떤 것이든 이 느림 원리를 적용할 수 있다. 느림 원리를 모형에 적용하는 한 방법은, 비용함수에 다음과 같은 형태의 항을 하나 추가하는 것이다.

$$\lambda \sum_t L(f(\boldsymbol{x}^{(t+1)}), f(\boldsymbol{x}^{(t)})). \tag{13.7}$$

여기서 λ는 느림 정칙화 항의 강도(세기)를 결정하는 초매개변수이고 t는 시간순 견본 순차열의 특정 견본을 지칭하는 시간 색인, f는 정칙화할 특징 추출기(feature extractor), 그리고 L은 $f(\boldsymbol{x}^{(t)})$와 $f(\boldsymbol{x}^{(t+1)})$의 거리를 측정하는 손실함수이다. 이 L로는 흔히 평균제곱오차를 사용한다.

느린 특징 분석은 느림 원리의 여러 응용 중에서 특히나 효율적이다. 그러한 효율성은 느림 원리를 선형 특징 추출기에 적용하기 때문에 생긴다. 그 덕분에 훈련 시 닫힌 형식을 사용할 수 있다. ICA의 일부 변형들처럼 SFA가 그 자체로 생성 모형은 아니다. SFA가 입력 공간에서 특징 공간으로의 선형 사상을 정의하긴 하지만 특징 공간에 관한 사전분포를 정의하지 않으므로, 따라서 입력 공간에 대해 분포 $p(\boldsymbol{x})$를 강제하지 않으므로, 생성 모형이라고 부르기는 좀 곤란하다.

SFA 알고리즘(Wiskott & Sejnowski, 2002)은 $f(\boldsymbol{x};\boldsymbol{\theta})$를 하나의 선형 변환으로 정의하고 다음과 같은 최적화 문제를 푼다.

$$\min_{\boldsymbol{\theta}} \mathbb{E}_t (f(\boldsymbol{x}^{(t+1)})_i - f(\boldsymbol{x}^{(t)})_i)^2. \tag{13.8}$$

단, 최적해는 반드시 다음 제약들을 충족해야 한다.

$$\mathbb{E}_t f(\boldsymbol{x}^{(t)})_i = 0, \tag{13.9}$$

$$\mathbb{E}_t [f(\boldsymbol{x}^{(t)})_i^2] = 1. \tag{13.10}$$

문제가 유일한 해를 가지려면 학습된 특징의 평균이 0이어야 한다는 제약(식 13.9)이 꼭 필요하다. 그렇지 않은 경우, 그냥 모든 특징 값에 하나의 상수를 더해서 또 다른 해(느림 목적함수의 값이 같은)를 얻을 수 있다. 특징들은 분산이 1이어야 한다는 제약 (식 13.10)은 모든 특징이 0으로 축약되는 병적인 해를 방지하기 위한 것이다. PCA처럼 SFA의 특징들에는 순서가 있다. 첫 특징은 가장 느리게 변하는 특징이다. 여러 개의 특징을 학습하려면 다음 제약을 추가해야 한다.

$$\forall i < j, \ \mathbb{E}_t [f(\boldsymbol{x}^{(t)})_i f(\boldsymbol{x}^{(t)})_j] = 0. \tag{13.11}$$

즉, 학습된 특징들은 반드시 서로 선형 무상관이어야 한다. 이 제약이 없다면, 모든 학습된 특징이 그냥 가장 느린 신호 하나만 포착하는 결과가 빚어질 수 있다. 재구축 오차를 최소화해서 특징들의 다양성을 강제하는 등의 메커니즘을 떠올리는 독자도 있겠지만, SFA 특징들이 선형이기 때문에 그냥 이처럼 무상관 제약을 가하는 것이 간단한 해결책이다. SFA 최적화 문제를 선형대수 패키지를 이용해서 닫힌 형식으로 풀 수도 있다.

일반적으로 SFA는 먼저 x에 비선형 기저 확장(basis expansion)을 적용한 후 SFA를 적용해서 비선형 특징들을 학습하는 형태로 쓰인다. 흔히 x를 이차 기저(모든 i와 j에 대한 성분 $x_i x_j$들로 이루어진 벡터)로 확장한다. 그러면 선형 SFA 모듈들을 적절히 조합해서 심층 비선형 느린 특징 추출기를 학습할 수 있다. 하나의 SFA 특징 추출기를 배우고, 그 출력에 비선형 기저 확장을 적용하고, 그러한 확장에 기초해서 또 다른 비선형 SFA 추출기를 배우는 과정을 반복하면 된다.

SFA와 이차 기저 확장의 조합으로 이루어진 모형을 자연경관을 담은 동영상의 작은 공간적 패치들로 훈련하면 모형은 V1 피질의 복합세포들이 대표하는 특징들과 공통점이 많은 특징들을 배우게 된다(Berkes & Wiskott, 2005). 그러한 심층 SFA 모형을 컴퓨터로 렌더링한 3차원 환경 안에서 카메라를 무작위로 이동한 장면을 동영상들로 훈련하면 모형은 쥐의 뇌에서 공간이동(네비게이션)에 쓰이는 뉴런들이 대표하는 특징들과 공통점이 많은 특징들을 배우게 된다(Franzius 외, 2007). 따라서 SFA는 생물학적으로 어느 정도 그럴듯한 모형인 것으로 보인다.

SFA의 주된 장점은, SFA가 배울 특징들을 예측하는 것이 이론적으로 가능하다는 점이다. 심지어 심층 비선형 환경에서도 가능하다. 그런 이론적 예측을 위해서는 연구자가 환경의 동역학을 구성 공간(configuration space)의 관점에서 파악할 필요가 있다(예를 들어 3차원 렌더링 환경의 무작위 운동의 경우 이론적 분석은 카메라의 위치와 속도에 관한 확률분포에 대한 지식으로부터 출발한다). 바탕 인자들의 실제 변화 방식에 관한 지식이 있다면, 그런 인자들을 표현하는 최적의 함수를 해석적으로 푸는 것이 가능하다. 실제로, 심층 SFA를 시뮬레이션 자료에 적용해 보면 이론적으로 예측한 함수들을 모형이 재구축하는 것으로 보이는 결과가 나온다. 반면, 다른 학습 알고리즘들은 비용함수가 구체적인 특정 픽셀 값에 크게 의존하기 때문에 모형이 어떤 특징들을 배울지 예측하기 어렵다.

심층 SFA는 물체 인식과 자세 추정을 위해 특징들을 학습하는 용도로도 쓰였다 (Franzius 외, 2008). 지금까지 느림 원리가 최고 수준의 응용에서 기초로 쓰인 사례는 없다. 성과를 제한하는 요인이 어떤 것인지는 아직 확실하지 않다. 아마도 느림 사전 분포가 너무 강한 것이 문제일 것이라고, 그래서 특징들이 근사적으로 일정해야 한다 는 사전 믿음에 해당하는 사전분포 대신 한 시간 단계의 특징들로부터 그다음 시간 단계의 특징들을 예측하기 쉬워야 한다는 사전 믿음에 해당하는 사전분포를 강제하는 것이 더 나을 수도 있다고 추측할 뿐이다. 물체의 위치는 물체의 속도가 높든 낮든 유용한 특징이지만, 느림 원리는 모형이 속도가 높은 물체의 위치를 무시하게 만든다.

13.4 희소 부호화

희소 부호화(sparse coding; Olshausen & Field, 1996)는 비지도 특징 학습과 특징 추출 메커 니즘으로서 자세히 연구된 선형 인자 모형이다. 엄밀히 말해서 '희소 부호화'는 이 모 형에서 h의 값을 추론하는 과정에만 해당한다. 모형을 설계하고 학습하는 과정은 '희 소 모형화(sparse modeling)'라고 부르는 것이 정확하지만, 두 과정 모두 그냥 '희소 부호 화'라고 부를 때가 많다.

다른 대부분의 선형 인자 모형들처럼 희소 부호화 모형은 하나의 선형 복호기에 x 의 재구축을 위한 잡음을 더한 것이다(식 13.2에 나온 것처럼). 좀 더 구체적으로 말하면, 희소 부호화 모형은 선형 인자들이 다음과 같은 가우스 잡음을 사용한다고 가정하는 데, 여기서 β는 등방 정밀도(isotropic precision)이다.

$$p(\boldsymbol{x}|\boldsymbol{h}) = \mathcal{N}(\boldsymbol{x}; \boldsymbol{Wh} + \boldsymbol{b}, \frac{1}{\beta}\boldsymbol{I}). \tag{13.12}$$

분포 $p(\boldsymbol{h})$로는 0 부근에서 봉우리가 날카로운 분포를 선택한다(Olshausen & Field, 1996). 흔히 쓰이는 것으로는 인수분해된(factorized) 라플라스 분포나 코시Cauchy 분포, 인수분해된 스튜던트Student t 분포 등이 있다. 예를 들어 희소성 벌점 계수 λ로 매개 변수화된 라플라스 사전분포는 다음과 같이 주어진다.

$$p(h_i) = \mathrm{Laplace}(h_i; 0, \frac{2}{\lambda}) = \frac{\lambda}{4}e^{-\frac{1}{2}\lambda|h_i|}. \tag{13.13}$$

그리고 스튜던트 t 사전분포는 다음과 같다.

$$p(h_i) \propto \frac{1}{\left(1 + \frac{h_i^2}{\nu}\right)^{\frac{\nu+1}{2}}}. \tag{13.14}$$

희소 부호화를 최대가능도로 훈련하는 것은 처리 불가능 문제에 해당한다. 대신, 자료의 부호화와 복호기의 훈련을 번갈아 수행하면 주어진 부호화에 대해 자료를 좀 더 잘 재구축할 수 있다. 이 접근 방식의 근거는, §19.3에 나오는 최대가능도의 원칙 있는 근사에 의해 더욱 튼튼해진다.

이전에 보았듯이, PCA 같은 모형에서는 오직 가중치 행렬의 곱셈으로만 이루어진 매개변수적 부호기(parametric encoder) 함수를 이용해서 h를 예측한다. 그런데 희소 부호화에서는 그런 매개변수적 부호기를 사용하지 않는다. 희소 부호화에 쓰이는 부호기는 일종의 최적화 알고리즘으로, 가능성이 가장 큰 하나의 부호 값을 구하는 다음과 같은 최적화 문제를 푸는 역할을 한다.

$$\boldsymbol{h}^* = f(\boldsymbol{x}) = \operatorname*{argmax}_{\boldsymbol{h}} p(\boldsymbol{h}|\boldsymbol{x}). \tag{13.15}$$

이를 식 13.13, 식 13.12와 결합하면 다음과 같은 최적화 문제가 나온다.

$$\operatorname*{argmax}_{\boldsymbol{h}} p(\boldsymbol{h}|\boldsymbol{x}) \tag{13.16}$$

$$= \operatorname*{argmax}_{\boldsymbol{h}} \log p(\boldsymbol{h}|\boldsymbol{x}) \tag{13.17}$$

$$= \operatorname*{argmin}_{\boldsymbol{h}} \lambda\|\boldsymbol{h}\|_1 + \beta\|\boldsymbol{x} - \boldsymbol{W}\boldsymbol{h}\|_2^2. \tag{13.18}$$

공식을 간단하게 하려고, h에 의존하지 않으며 양의 비례 인수들로 나누어지는 항들은 생략했다.

h에 가해진 L^1 노름 제약 때문에, 이 절차는 희소한 $\boldsymbol{h}^*$를 산출한다(§7.1.2 참고).

모형으로 그냥 추론을 수행하는 것이 아니라 모형을 훈련하기 위해서는 h에 대한 최소화와 W에 대한 최소화를 번갈아 수행해야 한다. 이 경우 β를 하나의 초매개변수로 취급한다. 보통은 이 매개변수를 1로 두는데, 왜냐하면 이 최적화 문제에서 이 매개변수의 역할이 λ의 역할과 겹치므로 둘 다 초매개변수로 둘 필요가 없기 때문이다.

앞의 공식들에는 h에 의존하지 않는 몇몇 항들이 생략되어 있는데, 그 항들이 β에는 의존한다. β를 학습하려면 그런 항들도 포함해야 한다. 그렇지 않으면 β가 0으로 축약된다.

희소 부호화에 대한 접근 방식 중에는 $p(h)$와 $p(x|h)$를 명시적으로 구축하지 않는 것들도 있다. 이러한 추론 절차를 이용해서 추출했을 때 그 활성화 값이 0이 되는 경우가 많은 특징들의 사전(dictionary)을 학습하는 것이 주된 목표일 때도 많다.

만일 h를 라플라스 사전분포에서 추출한다면, h의 한 성분이 실제로 0이 되는 사건의 확률은 사실상 0이다. 생성 모형 자체가 특별히 희소한 것은 아니다. 희소한 것은 특징 추출기이다. [Goodfellow 외, 2013d]는 지금 이야기하는 것과는 다른 부류의 모형인 스파이크와 슬래브(spike and slab) 희소 부호화 모형에서의 근사 추론 방법을 서술한다. 그 모형에서, 사전분포에서 추출한 표본들은 진(true) 0들을 담고 있을 때가 많다.

이론적으로, 희소 부호화 접근 방식을 비매개변수적 부호기와 조합하면 재구축 오차와 로그 사전분포의 조합을 다른 어떤 구체적인 매개변수적 부호기보다 더 잘 최소화할 수 있다. 또 다른 장점은 부호기에 대한 일반화 오차가 없다는 것이다. 매개변수적 부호기는 반드시 일반화가 잘 되는 방식으로 x를 h로 사상하는 방법을 배우게 된다. 훈련 자료와 유사성이 없는 비정상적인 x의 경우에는 학습된 매개변수적 부호기가 적절한(정확한 재구축 값 또는 희소 부호로 이어지는) h를 찾아내지 못할 수도 있다. 그러나 추론 문제가 볼록함수에 해당하는 대부분의 희소 부호화 모형 공식화들에서는 최적화 절차가 항상 최적의 부호를 찾아낸다(복제된 가중치 벡터들이 발생하는 퇴화 경우를 제외할 때). 물론 유사성이 낮은 자료점들에서는 여전히 희소성과 재구축 비용이 높아지지만, 이는 복호기 가중치들의 일반화 오차 때문이지 부호기의 일반화 오차 때문이 아니다. 희소 부호화의 최적화 기반 부호화 과정에 일반화 오차가 없다는 점 때문에, 희소 부호화를 부호 예측을 위한 매개변수적 함수로 사용할 때보다 분류기를 위한 특징 추출기로 사용할 때 일반화가 더 잘 될 수 있다. [Coates & Ng, 2011]은 희소 부호화 특징들이 매개변수적 부호기에 기초한 관련 모형인 선형 S자 자동부호기(linear-sigmoid autoencoder)의 특징들보다 더 잘 일반화됨을 보여주었다. 그들의 연구 성과에 영감을 받아서 [Goodfellow 외, 2013d]는 극히 적은 이름표들만 주어진(부류당 이름표 20개 이하) 상황에서 희소 부호화의 한 변형이 다른 특징 추출기들보다 더 잘 일반화됨을 보였다.

그림 13.2: MNIST 자료 집합으로 훈련한 스파이크와 슬랩 희소 부호화 모형에서 나온 표본들과 가중치들의 예. (왼쪽) 모형이 산출한 표본들이 훈련 견본들과는 다른 모습이다. 언뜻 보면 모형이 자료 집합에 잘 적합되지 않은 것 같다. (오른쪽) 그러나 모형의 가중치 벡터들은 숫자를 구성하는 필획들을 표현하는 방법을 배웠으며, 종종 완전한 숫자를 배우기도 했다. 즉, 모형은 유용한 특징들을 학습했다. 문제는, 특징들에 관한 인수곱 사전분포 때문에 특징들의 무작위 부분집합들이 결과에 섞여 들어갔다는 점이다. 그런 부분집합 중 식별 가능한 MNINST 숫자를 형성하는 데 적절한 것은 많지 않다. [Goodfellow 외, 2013d]의 그림을 허락하에 전재했다.

비매개변수적 부호기의 주된 단점은 x가 주어졌을 때 h를 계산하는 데 시간이 더 많이 걸린다는 점이다. 이는, 비매개변수적 접근 방식에서는 반복적 알고리즘을 돌려야 하기 때문이다. 반면 제14장에서 설명하는 매개변수적 자동부호기 접근 방식은 고정된 개수의 층들만 사용하는데, 단 하나의 층을 사용할 때가 많다. 또 다른 단점은, 비매개변수적 부호기에 대해 역전파를 수행하기가 간단하지 않다는 것이다. 이 때문에 먼저 비지도 학습 판정기준을 이용해서 희소 부호화 모형을 미리 훈련한 후 지도 학습 판정기준을 이용해서 모형을 세밀하게 조정하는 기법을 적용하기가 어려워진다. 미분들을 근사할 수 있도록 수정한 희소 부호화 변형들도 있지만, 널리 쓰이지는 않는다(Bagnell & Bradley, 2009).

희소 부호화는 다른 여러 선형 인자 모형들처럼 종종 질 나쁜 표본들을 산출한다. 그림 13.2에 그러한 예가 나와 있다. 모형이 자료를 잘 재구축할 수 있으며 분류기에게 유용한 특징들을 제공할 수 있는 경우에도 이런 일이 발생한다. 이유는, 모형이 개별 특징을 잘 배운다고 해도, 은닉 부호에 대한 인수곱 사전분포 때문에 모형이 생성한 표본에 모든 특징 중 일부 특징들이 무작위로 포함된다는 것이다. 이러한 문제점은 가장 깊은 부호층에 비인수곱(nonfactorial) 분포를 강제할 수 있는 더 깊은 모형을 개발하는 동기가 되었으며, 얕은 모형들을 좀 더 정교하게 만드는 동기도 되었다.

13.5 PCA의 다양체 해석

PCA와 인자분석을 비롯한 선형 인자 모형이 하는 일을, 하나의 다양체(manifold)를 학습하는 것이라고 해석할 수 있다(Hinton 외, 1997). 확률적 PCA는 확률이 높은 점들로 이루어진 얇은 팬케이크 모양의 영역을 정의한다고 할 수 있다. 그러한 영역은 곧 일부 축들을 따라 아주 좁게 펼쳐진 가우스 분포에 해당한다. 두께(수직축)는 얇지만 넓게(수평축) 퍼져 있는 팬케이크를 상상하면 될 것이다. 그림 13.3에 그러한 평평한 가우스 분포 영역이 나와 있다. PCA는 고차원 공간에서 이 팬케이크를 하나의 선형 다양체에 맞게 방향을 정렬하는 것이라 할 수 있다. 이러한 해석은 전통적인 PCA뿐만 아니라, 재구축된 x가 원래의 x와 최대한 가까이 놓이는 것을 목표로 행렬 W와 V를 학습하는 모든 선형 자동부호기에도 적용된다.

부호기가 다음과 같이 정의된다고 하자.

$$\boldsymbol{h} = f(\boldsymbol{x}) = \boldsymbol{W}^\top (\boldsymbol{x} - \boldsymbol{\mu}). \tag{13.19}$$

이 부호기는 h의 저차원 표현을 계산한다. 자동부호기의 관점에서, 복호기는 다음과 같이 x를 재구축한다.

$$\hat{\boldsymbol{x}} = g(\boldsymbol{h}) = \boldsymbol{b} + \boldsymbol{Vh}. \tag{13.20}$$

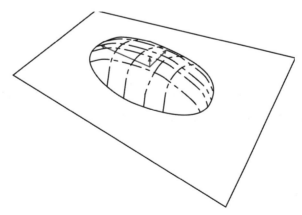

그림 13.3: 하나의 저차원 다양체 부근의 밀도 집중을 포착한 평평한 가우스 분포. 이 그림은 '팬케이크'의 중간을 통과하는 '다양체 평면' 위로 드러난 팬케이크의 위쪽 절반을 보여준다. 다양체와 수직인 방향의 분산은 아주 작다(평면에서 밖으로 나오는 방향의 짧은 화살표). 이 분산은 '잡음'으로 간주할 수 있다. 다른 방향의 분산들은 크다(평면에 놓인 두 화살표). 이들은 '신호'에 해당하며, 축소된 차원의 자료를 위한 좌표계에 대응된다.

재구축 오차

$$\mathbb{E}\left[\|\boldsymbol{x} - \hat{\boldsymbol{x}}\|^2\right] \tag{13.21}$$

을 최소화하는 선형 부호기와 복호기를 선택하는 것은 $\boldsymbol{V} = \boldsymbol{W}$, $\boldsymbol{\mu} = \boldsymbol{b} = \mathbb{E}\left[\boldsymbol{x}\right]$로 두는 것에 해당하며, $\boldsymbol{W}$의 열들은 하나의 정규직교 기저를 형성한다. 그 기저는 공분산행렬

$$\boldsymbol{C} = \mathbb{E}\left[(\boldsymbol{x} - \boldsymbol{\mu})(\boldsymbol{x} - \boldsymbol{\mu})^{\top}\right] \tag{13.22}$$

의 주 고유벡터들과 동일한 부분공간을 차지한다.

PCA의 경우 $\boldsymbol{W}$의 열들은 그러한 고유벡터들을 해당 고윳값의 크기순으로 정렬한 것이다(그 고윳값들은 모두 음이 아닌 실수이다).

또한, $\boldsymbol{C}$의 고윳값 λ_i가 고유벡터 $\boldsymbol{v}^{(i)}$ 방향으로의 $\boldsymbol{x}$의 분산에 해당한다는 점도 증명할 수 있다. $\boldsymbol{x} \in \mathbb{R}^D$이고 $d < D$에 대해 $\boldsymbol{h} \in \mathbb{R}^d$일 때, 최적의 재구축 오차는

$$\min \mathbb{E}\left[\|\boldsymbol{x} - \hat{\boldsymbol{x}}\|^2\right] = \sum_{i=d+1}^{D} \lambda_i \tag{13.23}$$

이다($\boldsymbol{\mu}$, $\boldsymbol{b}$, $\boldsymbol{V}$, $\boldsymbol{W}$를 앞에서처럼 선택한 경우). 따라서, 만일 공분산의 계수(rank)가 d이면, λ_{d+1}에서 λ_D까지의 고윳값들은 0이고 재구축 오차는 0이다.

더 나아가서, 앞의 해를 재구축 오차를 최소화하는 것이 아니라 직교 $\boldsymbol{W}$하에서 $\boldsymbol{h}$의 성분들의 분산들을 최대화해서 구할 수 있다는 점도 증명이 가능하다.

선형 인자 모형들은 가장 간단한 생성 모형에 속하며, 자료의 표현을 학습하는 모형 중에서도 가장 단순한 축에 속한다. 선형 분류기와 선형회귀 모형을 심층 순방향 신경망으로 확장할 수 있는 것과 아주 비슷하게, 이 선형 인자 모형들을 자동부호기 신경망과 심층 확률 모형으로 확장할 수 있다. 그런 모형들은 자동부호기와 동일한 과제들을 수행하되, 훨씬 더 강력하고 유연하다.

자동부호기(autoencoder; 또는 자가부호기)는[※] 주어진 입력을 출력으로 복사하는 방법을 배우도록 훈련되는 신경망이다. 자동부호기의 내부에는 입력을 표현하는 데 쓰이는 **부호**(code)를 서술하는 은닉층 h가 있다. 자동부호기 신경망은 크게 두 부분으로 구성되는데, 하나는 부호기(encoder) 함수 $h = f(x)$이고 다른 하나는 복원 값 $r = g(h)$를 산출하는 복호기(decoder)이다. 이러한 구조가 그림 14.1에 나와 있다. 자동부호기가 그냥 모든 점에서 $g(f(x)) = x$로 설정하는 방법을 배운다면 별로 쓸모가 없을 것이다. 실제로는 그렇지 않다. 자동부호기는 그런 완벽한 복사를 학습하지 못하도록 설계된다. 일반적으로 자동부호기에는 입력을 오직 근사적으로만 복사하도록, 그리고 훈련 자료와 비슷한 입력만 복사하도록 하는 제약이 가해진다. 복사할 입력의 특정 측면들에 대한 제약이 가해지기 때문에, 모형이 자료의 유용한 속성들을 배우게 될 때가 많다.

현세대의 자동부호기들은 부호기와 복호기의 조합이라는 개념을 결정론적 함수의 영역을 넘어서 확률적 사상 $p_{부호기}(h|x)$와 $p_{복호기}(x|h)$로까지 일반화했다.

자동부호기 개념은 수십 년간 신경망 역사의 일부였다(LeCun, 1987; Bourlard & Kamp,

[※] **역주** autoencoder의 auto-는 "저절로"보다는 "스스로"나 "자기 자신의"에 가까우므로(기본적으로 입력을 출력으로 복사하며, 부호기와 복호기가 함께 있다는 점에서), 흔히 쓰이는 자동부호기보다는 자가부호기 또는 자체부호기가 더 적합할 것이다. 그러나 기존 용례를 뒤집을 정도로 의미의 차이가 크지는 않다고 판단해서, 이 책에서도 '자동부호기'를 사용한다.

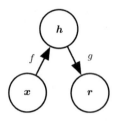

그림 14.1: 자동부호기의 일반적인 구조. 입력 x를 내부 표현에 해당하는 부호(code) h를 거쳐서 출력 r(복원 값)로 사상한다. 자동부호기는 두 부분으로 구성되는데, 하나는 부호기 f이고 다른 하나는 복호기 g이다. 부호기는 x를 h로 사상하고, 복호기는 h를 r로 사상한다.

1988; Hinton & Zemel, 1994). 예전에는 자동부호기가 차원 축소나 특징 학습에 쓰였다. 제20장에서 보겠지만, 자동부호기와 잠재변수 사이의 이론적 연관 관계가 밝혀진 덕분에 요즘은 자동부호기가 생성 모형화를 이끌고 있다. 자동부호기를 순방향 신경망의 한 특수 사례로 간주해서 순방향 신경망과 동일한 기법들로(흔히 쓰이는 훈련 방법은 역전파로 계산된 기울기를 따라가는 미니배치 경사 하강법이다) 훈련할 여지가 있다. 그러나 일반적인 순방향 신경망과는 달리 자동부호기는 **재순환**(recirculation) 기법(Hinton & McClelland, 1988)으로 훈련할 수도 있다. 재순환은 원래의 입력에 대한 신경망의 활성화 값들과 복원된 입력에 대한 활성화 값들의 비교에 기초한 학습 알고리즘이다. 재순환은 생물학의 관점에서는 역전파보다 더 그럴듯하다고 간주되지만, 기계 학습 응용에는 별로 쓰이지 않는다.

14.1 과소완전 자동부호기

입력을 출력으로 복사한다는 것이 별 쓸모 없게 들리겠지만, 보통의 경우 우리의 관심 대상은 복호기의 출력이 아니다. 우리가 원하는 것은, 자동부호기가 입력을 복사하는 방법을 학습한 결과로 h가 어떤 유용한 성질들을 포착하게 되는 것이다.

자동부호기로부터 유용한 특징들을 얻는 한 가지 방법은 h가 x보다 낮은 차원을 가지도록 제한하는 것이다. 부호의 차원이 입력의 차원보다 낮은 자동부호기를 가리켜 **과소완전**(undercomplete) 자동부호기라고 부른다. 과소완전 표현을 학습하게 하면 자동부호기는 훈련 자료에서 가장 두드러진 특징들을 포착하게 된다.

과소완전 자동부호기의 학습 과정은 그냥 손실함수

$$L(\boldsymbol{x}, g(f(\boldsymbol{x})))\tag{14.1}$$

를 최소화하는 것에 해당한다. 이 손실함수 L은 $\boldsymbol{x}$와 비슷하지 않은 $g(f(\boldsymbol{x}))$에 벌점 (penalty)을 부여하는 역할을 한다. 이러한 손실함수로 흔히 쓰이는 것은 평균제곱오차 이다.

복호기가 선형 함수이고 L이 평균제곱오차일 때, 과소완전 자동부호기는 PCA와 동일한 부분공간을 포괄하는 법을 배운다. 그런 경우, 입력 복사 과제를 수행하도록 훈련된 자동부호기는 부차적으로 훈련 자료의 주(principal) 부분공간을 배우는 셈이 된다.

더 나아가서, 부호기 함수 f와 복호기 함수 g가 비선형 함수들인 자동부호기는 PCA의 좀 더 강력한 비선형 일반화를 배울 수 있다. 안타깝게도, 부호기와 복호기의 수용력이 너무 커지게 놔두면 자동부호기가 자료의 분포에 관한 유용한 정보를 추출하는 것이 아니라 그냥 입력을 그대로 복사하는 방법만 배우게 될 수 있다. 이론적으로, 부호가 1차원이고 부호기가 아주 강력한 비선형 함수인 자동부호기는 각 훈련 견본 $\boldsymbol{x}^{(i)}$를 부호 i로 표현하는 방법을 배우게 될 것이다. 그리고 복호기는 그러한 정수 색인들을 다시 해당 훈련 견본의 값으로 사상하는 방법을 배우게 될 것이다. 실제 응용에서 이런 시나리오가 발생하지는 않지만, 이 시나리오는 자동부호기의 수용력을 너무 높게 허용한다면 복사 과제를 수행하도록 훈련된 자동부호기가 자료 집합의 유용한 특징을 전혀 배우지 못할 수 있음을 잘 보여준다.

14.2 정칙화된 자동부호기

앞 절에서 말했듯이, 부호의 차원이 입력의 차원보다 낮은 과소완전 자동부호기는 자료 분포의 가장 두드러진 특징들을 배울 수 있다. 그리고 부호기와 복호기의 수용력이 너무 크면 그런 자동부호기가 자료에 관해 유용한 사실을 전혀 배우지 못할 수 있다는 점도 앞에서 언급했다.

은닉 부호의 차원이 입력 차원과 같을 때도 비슷한 문제들이 발생할 수 있다. 더 나아가서, 은닉 부호의 차원이 입력 차원보다 높은 **과대완전**(overcomplete)의 경우에도 그런 문제들이 나타날 수 있다. 두 경우 모두에서, 심지어 선형 부호기와 선형 복호기를 사용한 자동부호기도, 자료 분포에 관한 쓸모 있는 사실을 전혀 배우지 못한 채로 입력을 출력으로 복사하는 방법만 배우는 결과가 나올 수 있다.

이상적으로는, 부호의 차원과 부호기 및 복호기의 수용력을 모형화할 자료 분포의 복잡성에 기초해서 적절히 선택한다면 그 어떤 자동부호기 아키텍처도 성공적으로 훈련할 수 있어야 한다. 정칙화된 자동부호기(regularized autoencoder), 줄여서 정칙화 자동부호기가 바로 그러한 능력을 제공한다. 정칙화 자동부호기는 부호기와 복호기를 얕게, 부호의 크기를 작게 해서 모형의 수용력을 제한하는 대신, 모형이 입력을 출력으로 복사하는 능력 이외의 성질들을 가지도록 추동하는 손실함수를 사용함으로써 모형의 수용력을 제한한다. 그런 추가 성질들로는 표현의 희소성, 표현 미분이 작음, 잡음 또는 결측 입력에 대한 강건성 등이 있다. 정칙화 자동부호기가 비선형이거나 과대완전일 수도 있지만, 그런 경우에도 여전히 자료 분포에 관한 유용한 무언가를 배우게 된다. 심지어 자명한 항등함수를 배울 정도로 모형의 수용력이 높을 때도 그렇다.

지금까지 설명한 방법들은 가장 자연스러운 형태의 정칙화 자동부호기에 해당한다. 그 외에도, 잠재변수가 있고 추론 절차(주어진 입력에 대한 잠재 표현들을 계산하는)를 갖춘 거의 모든 생성 모형을 자동부호기의 특정한 변형으로 간주할 수 있다. 자동부호기와의 관계가 강조된 생성 모형화 접근 방식 두 가지를 들자면, 하나는 변분 자동부호기(§20.10.3) 같은 헬름홀츠^{Helmholtz} 기계(Hinton 외, 1995b)의 후손들이고 다른 하나는 생성 확률망(§20.12)이다. 이 모형들은 자연스럽게 입력의 고수용력 과대완전 부호화들을 학습하는데, 정칙화를 가하지 않아도 유용한 부호화를 배우게 된다. 이 부호화들이 저절로 유용한 이유는 입력을 출력으로 복사하도록 훈련하는 대신 훈련 자료의 확률을 근사적으로 최대화하도록 모형을 훈련했기 때문이다.

14.2.1 희소 자동부호기

희소 자동부호기(sparse autoencoder)는 훈련 판정기준에 복원 오차뿐만 아니라 부호층 $\boldsymbol{h}$에 대한 희소성 벌점 $\Omega(\boldsymbol{h})$도 포함된 자동부호기이다. 훈련 판정기준은

$$L(\boldsymbol{x}, g(f(\boldsymbol{x}))) + \Omega(\boldsymbol{h}) \tag{14.2}$$

인데, 여기서 $g(\boldsymbol{h})$는 복호기의 출력이다. 그리고 일반적으로 $\boldsymbol{h} = f(\boldsymbol{x})$로 둔다. 즉, 부호기의 출력이 곧 은닉 부호이다.

일반적으로 희소 자동부호기는 분류 과제 같은 다른 어떤 과제를 위해 특징들을 학습하는 데 쓰인다. 희소성을 갖추도록 정칙화된 자동부호기는 반드시 훈련에 쓰인 자료 집합의 독특한 통계적 특징들에 반응해야 한다(그냥 하나의 항등함수로 작용하는 것이 아니라). 그렇게 하면, 복사 과제를 수행하는 것이 목적이되 희소성 벌점을 부여해서 훈련한 모형은 부차적으로 유용한 특징들도 배우게 된다.

벌점 $\Omega(\boldsymbol{h})$를, 그냥 입력을 출력으로 복사하는(비지도 학습 목적함수를 이용해서) 것이 주된 과제이되 희소한 특징들에 따라서는 어떤 지도 학습 과제도 수행하는(지도 학습 목적함수를 이용해서) 순방향 신경망에 추가된 하나의 정칙화 항으로 간주할 수 있다. 가중치 감쇄 같은 다른 정칙화 항과는 달리, 이 벌점 항에 대한 직접적인 베이즈 해석은 없다. §5.6.1에서 설명했듯이, 가중치 감쇄와 기타 정칙화 벌점들을 이용한 훈련은 베이즈 추론에 대한 하나의 MAP 근사로 해석할 수 있다. 이때, 추가된 정칙화 벌점은 모형 매개변수들에 관한 하나의 사전분포에 해당한다. 이러한 관점에서 정칙화된 최대가능도는 $p(\boldsymbol{\theta}|\boldsymbol{x})$의 최대화에 해당하는데, 이는 $\log p(\boldsymbol{x}|\boldsymbol{\theta}) + \log p(\boldsymbol{\theta})$를 최대화하는 것과 동등하다. $\log p(\boldsymbol{x}|\boldsymbol{\theta})$ 항은 흔히 쓰이는 자료 로그가능도 항이고 $\log p(\boldsymbol{\theta})$ 항은 매개변수들에 대한 로그 사전분포인데, $\boldsymbol{\theta}$의 특정 값들에 대한 선호도를 반영한 것이다. 이러한 관점을 §5.6에서 설명했다. 정칙화 자동부호기에는 그러한 해석을 적용할 수 없는데, 왜냐하면 정칙화 항이 자료에 의존하기 때문에 자료를 관측하기 전의 어떤 '사전(prior)' 믿음을 표현하는 사전분포로 간주할 수 없기 때문이다. 그래도 이런 정칙화 항들이 함수들에 대한 어떤 선호도를 암묵적으로 표현한다고 생각하는 것은 여전히 가능하다.

희소성 벌점을 복사 과제에 대한 하나의 정칙화 항으로 생각하는 대신, 희소 자동부호기 프레임워크 전체를 잠재변수를 가진 생성 모형의 근사적 최대가능도 훈련으로 생각할 수도 있다. 가시 변수 $\boldsymbol{x}$와 잠재변수 $\boldsymbol{h}$, 그리고 명시적인 결합분포 $p_{\text{모형}}(\boldsymbol{x}, \boldsymbol{h}) = p_{\text{모형}}(\boldsymbol{h}) p_{\text{모형}}(\boldsymbol{x}|\boldsymbol{h})$를 가진 하나의 모형을 생각해 보자. 이 $p_{\text{모형}}(\boldsymbol{h})$를 잠재변수들에 관한 모형의 사전분포라고 부른다. 이 사전분포는 $\boldsymbol{x}$를 관측하기 전의 모형의 믿음들을 대표한다. 이것이 이전에 말한 '사전분포'와는 의미가 조금 다르다는 점을 주의하기 바란다. 이전에 나온 사전분포 $p(\boldsymbol{\theta})$는 훈련 자료를 관측하기 전의 모형의 매개변수들에 대한 우리의 믿음을 나타낸다. 지금 예에서 로그가능도를 다음과 같이 분해할 수 있다.

$$\log p_{\text{모형}}(\boldsymbol{x}) = \log \sum_{\boldsymbol{h}} \log p_{\text{모형}}(\boldsymbol{h}, \boldsymbol{x}). \tag{14.3}$$

자동부호기는 $\boldsymbol{h}$의 아주 가능성이 큰 값 하나만을 위해 이 합을 하나의 점 추정값(point estimate)으로 근사하는 것이라고 할 수 있다. 이는 희소 부호화 생성 모형(§13.4)과 비슷하지만, $\boldsymbol{h}$가 최적화(가장 가능성이 큰 $\boldsymbol{h}$를 추론하는)의 결과가 아니라 매개변수적 부호기의 출력이라는 점이 다르다. 이러한 관점에서, 그리고 $\boldsymbol{h}$를 그런 식으로 선택했다고 할 때, 최대화할 함수는 다음과 같은 모습이 된다.

$$\log p_{\text{모형}}(\boldsymbol{h}, \boldsymbol{x}) = \log p_{\text{모형}}(\boldsymbol{h}) + \log p_{\text{모형}}(\boldsymbol{x} \mid \boldsymbol{h}). \tag{14.4}$$

$\log p_{\text{모형}}(\boldsymbol{h})$ 항은 희소성을 유발할 수 있다. 예를 들어 라플라스 사전분포

$$p_{\text{모형}}(h_i) = \frac{\lambda}{2} e^{-\lambda |h_i|} \tag{14.5}$$

는 절댓값 희소성 벌점에 해당한다. 로그 사전분포를 하나의 절댓값 벌점으로 표현하면 다음과 같은 공식들이 나온다.

$$\Omega(\boldsymbol{h}) = \lambda \sum_i |h_i|, \tag{14.6}$$

$$-\log p_{\text{모형}}(\boldsymbol{h}) = \sum_i \left(\lambda |h_i| - \log \frac{\lambda}{2} \right) = \Omega(\boldsymbol{h}) + \text{상수} \tag{14.7}$$

여기서 상수항은 오직 λ에만 의존할 뿐 $\boldsymbol{h}$에는 의존하지 않는다. 일반적으로 λ를 하나의 초매개변수로 취급하며, 상수항은 매개변수 학습에 영향을 미치지 않으므로 그냥 생략한다. 스튜던트 t 사전분포 같은 다른 사전분포들도 희소성을 유발할 수 있다. 희소성이 근사 최대가능도 학습에 대한 $p_{\text{모형}}(\boldsymbol{h})$의 효과에 기인한다는 이러한 관점에서, 희소성 벌점은 전혀 정칙화 항이 아니다. 희소성 벌점은 그냥 모형의 잠재변수들에 관한 모형의 분포 때문에 생긴 결과일 뿐이다. 이러한 관점은 자동부호기의 훈련에 대한 또 다른 동기를 제공한다. 즉, 지금 말하는 과정은 생성 모형을 근사적으로 훈련하는 한 방법에 해당한다. 또한, 이러한 관점은 자동부호기가 학습한 특징들이 유용한 또 다른 이유를 제공한다. 바로, 그 특징들은 입력을 설명하는 잠재변수들을 서술한다는 것이다.

희소 자동부호기에 관한 초기 연구들(Ranzato 외, 2007a; Ranzato 외, 2008)은 다양한 형

태의 희소성을 조사하고 희소성 벌점과 $\log Z$ 항(최대가능도를 무향 확률 모형 $p(\boldsymbol{x}) = \frac{1}{Z}\tilde{p}(\boldsymbol{x})$ 에 적용했을 때 나오는) 사이의 연관 관계를 제시했다. $\log Z$를 최소화하면 모든 점에서 확률 모형이 높은 확률을 가지는 사태가 방지되며, 자동부호기에 희소성을 강제하면 모든 점에서 자동부호기의 복원 오차가 낮게 나오는 사태가 방지된다. 이 연구들에서 두 항의 연관 관계는 그냥 일반적인 메커니즘을 직관적으로 이해하는 수준이었지, 어떤 수학적 대응 관계를 밝힌 것은 아니었다. 수학적으로는, 희소성 벌점을 유향 모형 $p_{\text{모형}}(\boldsymbol{h}) p_{\text{모형}}(\boldsymbol{x}|\boldsymbol{h})$의 $\log p_{\text{모형}}(\boldsymbol{h})$에 해당하는 것으로 해석하는 관점이 더 직접적이다.

희소한(그리고 잡음을 제거하는) 자동부호기의 $\boldsymbol{h}$가 실제로 0들이 되게 하는 한 방법을 [Glorot 외, 2011b]가 소개했다. 그 방법의 핵심은 정류 선형 단위(ReLU)를 이용해서 부호층을 산출한다는 것이다. 표현들을 실제로 0으로 이끄는(절댓값 벌점처럼) 사전분포를 사용한다면, 표현에 존재하는 0들의 평균 개수를 간접적으로 제어할 수 있다.

14.2.2 잡음 제거 자동부호기

벌점 Ω를 비용함수에 더하는 대신 비용함수의 복원 오차항을 변경함으로써 자동부호기가 뭔가 유용한 것을 배우게 만들 수도 있다.

전통적으로 자동부호기는

$$L(\boldsymbol{x}, g(f(\boldsymbol{x}))) \tag{14.8}$$

와 같은 형태의 함수를 최소화한다. 여기서 L은 $\boldsymbol{x}$와 비슷하지 않은 $g(f(\boldsymbol{x}))$에 벌점을 가하는 손실함수이다. 이를테면, 둘의 차이의 L^2 노름을 이러한 손실함수로 사용할 수 있다. 그런데 손실 함수만 사용한다면, $g \circ f$는 그냥 하나의 항등함수 역할을 하는 방법만 배우게 된다(수용력이 충분하다고 할 때).

잡음 제거 자동부호기(denoising autoencoder, DAE)는 위의 함수 대신

$$L(\boldsymbol{x}, g(f(\tilde{\boldsymbol{x}}))) \tag{14.9}$$

를 최소화한다. 여기서 $\tilde{\boldsymbol{x}}$는 일종의 잡음을 이용해서 $\boldsymbol{x}$를 일부분 손상시킨 복사본이다. 따라서 잡음 제거 자동부호기는 반드시 그러한 손상을 복구할 수 있어야 한다(단지 입력을 그대로 복사하는 것이 아니라).

[Alain & Bengio, 2013]과 [Bengio 외, 2013c]에서 보듯이, 잡음 제거 훈련은 f와 g가

암묵적으로 $p_{\text{자료}}(\boldsymbol{x})$의 구조를 배우게 만든다. 따라서 잡음 제거 자동부호기는 복원 오차를 최소화했더니 그 부산물로 유용한 성질들이 나오는 또 다른 예에 해당한다. 또한, 잡음 제거 자동부호기는 항등함수를 학습하지 못하도록 잘 처리하기만 한다면 과대완전·고수용력 모형을 자동부호기로 사용할 수 있음을 보여주는 예이기도 하다. 잡음 제거 자동부호기는 §14.5에서 좀 더 자세히 살펴본다.

14.2.3 미분 벌점을 통한 정칙화

자동부호기를 정칙화하는 또 다른 전략은 희소 자동부호기에서처럼 벌점 Ω를 도입하되,

$$L(\boldsymbol{x},g(f(\boldsymbol{x})))+\Omega(\boldsymbol{h},\boldsymbol{x}), \tag{14.10}$$

희소 부호기와는 다른, 다음과 같은 Ω를 사용하는 것이다.

$$\Omega(\boldsymbol{h},\boldsymbol{x}) = \lambda\sum_i \|\nabla_{\boldsymbol{x}} h_i\|^2. \tag{14.11}$$

이러한 벌점 항을 사용하면 모형은 $\boldsymbol{x}$가 약간 변했을 때 값이 변하지 않는 함수를 배우게 된다. 이 벌점은 훈련 견본들에만 적용되므로, 자동부호기는 훈련 분포에 관한 정보를 포착하는 특징들을 배우게 된다.

이런 식으로 정칙화한 자동부호기를 **축약 자동부호기**(contractive autoencoder, CAE; 또는 수축 자동부호기)라고 부른다. 이 접근 방식은 잡음 제거 자동부호기, 다양체 학습, 확률 모형화와 이론적으로 연관되어 있다. CAE는 §14.7에서 좀 더 자세히 설명한다.

14.3 표현력, 층의 크기, 모형의 깊이

자동부호기를 단층 부호기와 단층 복호기만으로 훈련할 때가 많다. 그러나 꼭 그래야 하는 것은 아니다. 실제로, 좀 더 깊은 부호기와 복호기를 사용하면 여러 가지 장점이 생긴다.

§6.4.1에서 이야기했듯이, 깊은(층이 많은) 순방향 신경망에는 다양한 장점이 있다. 자동부호기도 순방향 신경망에 속하므로, 그러한 장점들은 자동부호기에도 적용된다. 더 나아가서, 부호기는 그 자체로 하나의 순방향 신경망이며, 복호기도 마찬가지이다. 따라서 자동부호기의 이러한 구성요소들은 개별적으로 깊이에 의한 장점들을 누릴 수

있다.

충분히 깊은 신경망의 한 가지 주된 장점은, 보편 근사 정리(universal approximation theorem) 때문에 적어도 하나의 은닉층을 가진 신경망이 임의의 함수(넓은 함수류 안의)를 임의의 정확도로 표현할 수 있다는(은닉 단위들이 충분히 많다고 할 때) 것이다. 따라서, 은닉층이 하나인 자동부호기는 항등함수를 자료의 정의역을 따라 얼마든지 잘 표현할 수 있다. 그러나 입력에서 부호로의 사상이 얕을 수 있다. 이는 부호가 희소해야 한다는 등의 어떤 임의적인 제약을 강제하는 것이 불가능하다는 뜻이다. 부호기 안에 추가적인 은닉층이 적어도 하나는 있고 은닉 단위들이 충분히 많은 심층 자동부호기는 입력에서 부호로의 임의의 사상을 얼마든지 잘 근사할 수 있다.

함수에 따라서는, 함수를 표현하는 비용이 깊이의 증가에 따라 지수적으로 감소할 수 있다. 또한, 함수에 따라서는 함수를 학습하는 데 필요한 훈련 자료의 양이 깊이의 증가에 따라 지수적으로 감소할 수 있다. 순방향 신경망에서 깊이의 장점은 §6.4.1에서 개괄했다.

경험에 따르면, 심층 자동부호기는 같은 급의 얕은 자동부호기 또는 선형 자동부호기들보다 자료를 훨씬 더 잘 압축한다(Hinton & Salakhutdinov, 2006).

심층 자동부호기를 훈련하는 데 흔히 쓰이는 전략은, 얕은 자동부호기들의 스택을 훈련함으로써 심층 아키텍처를 탐욕적으로 사전훈련하는 것이다. 이 때문에, 궁극적인 목표는 심층 자동부호기를 훈련하는 것이라고 해도 얕은 자동부호기들을 자주 보게 된다.

14.4 확률적 부호기와 복호기

자동부호기는 그냥 순방향 신경망이다. 전통적인 순방향 신경망에 사용할 수 있는 손실함수들과 출력 단위들을 자동부호기에도 사용할 수 있다.

§6.2.2.4에서 설명했듯이, 순방향 신경망의 출력 단위와 손실함수를 설계하는 일반적인 전략은 출력 분포 $p(y|x)$를 정의하고 음의 로그가능도 $-\log p(y|x)$를 최소화하는 것이다. 그런 설정에서 y는 목푯값(견본이 속한 부류를 식별하는 이름표 등)들의 벡터이다.

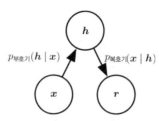

그림 14.2: 확률적 자동부호기의 구조. 부호기와 복호기 모두 단순한 함수가 아니고, 어떤 잡음 주입이 관여한다. 이 때문에, 두 함수의 출력들은 어떤 확률분포에서 표본을 추출한 것이라고 간주할 수 있다. 부호기의 경우 해당 분포는 $p_{부호기}(\boldsymbol{h}|\boldsymbol{x})$이고 복호기는 $p_{복호기}(\boldsymbol{x}|\boldsymbol{h})$이다.

자동부호기에서는 $\boldsymbol{x}$가 입력이자 목푯값이다. 그래도 이전과 동일한 수단을 적용할 수 있다. 은닉 부호 $\boldsymbol{h}$가 주어졌을 때 복호기는 하나의 조건부 분포 $p_{복호기}(\boldsymbol{x}|\boldsymbol{h})$를 제공한다고 할 수 있다. 그렇다면 $-\log p_{복호기}(\boldsymbol{x}|\boldsymbol{h})$를 최소화해서 자동부호기를 훈련하는 것이 가능할 것이다. 이 손실함수의 정확한 형태는 $p_{복호기}$의 형태에 따라 달라진다. 전통적인 순방향 신경망에서처럼, $\boldsymbol{x}$가 실숫값 벡터인 경우 일반적으로 선형 출력 단위를 이용해서 가우스 분포의 평균을 매개변수화한다. 그런 경우 음의 로그가능도를 최소화하는 것은 평균제곱오차를 판정기준으로 사용하는 셈이 된다. 그와 비슷하게, $\boldsymbol{x}$가 이진값일 때는 S자형 출력 단위로 주어진 매개변수들로 매개변수화된 베르누이 분포를 사용하고 $\boldsymbol{x}$가 이산값들일 때는 소프트맥스 분포를 사용하는 등으로 달라진다. 대체로 출력 변수들은 $\boldsymbol{h}$가 주어졌을 때 조건부 독립이라고 취급하므로, 이 확률분포를 평가하는 비용이 그리 크지 않다. 또한, 출력들에 상관관계가 있는 경우에도 출력들의 모형화를 처리 가능한 수준으로 만드는 몇 가지 기법이 존재한다(혼합 밀도 출력 등).

부호화 함수 $f(\boldsymbol{x})$를 **부호화 분포**(encoding distribution) $p_{부호기}(\boldsymbol{h}|\boldsymbol{x})$로 일반화하면, 이전에 살펴본 순방향 신경망들에서 좀 더 많이 벗어난 구조가 된다. 그림 14.2에 그러한 구조가 나와 있다.

임의의 잠재변수 모형 $p_{모형}(\boldsymbol{h},\boldsymbol{x})$는 확률적 부호기(stochastic encoder)

$$p_{부호기}(\boldsymbol{h}|\boldsymbol{x}) = p_{모형}(\boldsymbol{h}|\boldsymbol{x}) \tag{14.12}$$

와 확률적 복호기

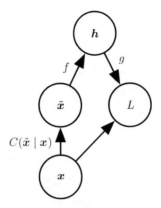

그림 14.3: 잡음 제거 자동부호기 비용함수의 계산 그래프. 잡음 제거 자동부호기는 손상된 자료점 $\tilde{x}$ 로부터 원래의 깨끗한 자료점 x 를 재구축하는 법을 배운다. 그러한 학습을 위해 손실함수 $L = -\log p_{복호기}(x \mid h = f(\tilde{x}))$ 를 최소화하는데, 여기서 $\tilde{x}$ 는 원래의 자료 견본 x 를 주어진 $C(\tilde{x} \mid x)$ 과정을 통해서 손상한 버전이다. 일반적으로 분포 $p_{복호기}$ 는 하나의 인수곱 분포인데, 해당 평균 매개변수들은 순방향 신경망 g 로 구한다.

$$p_{복호기}(x \mid h) = p_{모형}(x \mid h) \tag{14.13}$$

를 정의한다. 일반적으로, 부호기와 복호기의 분포들이 반드시 유일한 결합분포 $p_{모형}$ (x, h) 와 호환되는(compatible; 또는 양립하는) 조건부 분포일 필요는 없다. [Alain 외, 2015]가 보여주었듯이, 부호기와 복호기를 잡음 제거 자동부호기로서 훈련하면 그 둘이 점근적으로 호환되는 경향이 있다(수용력과 견본들이 충분하다고 할 때).

14.5 잡음 제거 자동부호기

잡음 제거 자동부호기(denoising autoencoder, DAE)는 손상된 자료점이 입력되었을 때 손상되지 않은 원래의 자료점을 출력하도록 훈련되는 자동부호기이다.

DAE 훈련 절차가 그림 14.3에 나와 있다. 훈련 절차에는 자료를 손상(corruption)하는 $C(\tilde{x} \mid x)$ 과정이 있는데, 이 과정은 손상된 표본 집합 $\tilde{x}$ 의, 자료 표본 x 가 주어졌을 때의 한 조건부 분포를 대표한다. 이 과정 이후 자동부호기는 훈련 쌍 $(x, \tilde{x})$ 로부터 추정한 **재구축 분포**(reconstruction distribution; 또는 복원 분포) $p_{재구축}(x \mid \tilde{x})$ 를 다음과 같은 단계들로 학습한다.

1. 훈련 자료에서 훈련 견본 $\boldsymbol{x}$를 추출한다.

2. $C(\tilde{\mathbf{x}} \mid \mathbf{x} = \boldsymbol{x})$로부터 손상된 버전 $\tilde{\boldsymbol{x}}$를 추출한다.

3. $(\boldsymbol{x}, \tilde{\boldsymbol{x}})$를 하나의 훈련 견본으로 사용해서 자동부호기 재구축 분포 $p_{\text{재구축}}(\boldsymbol{x} \mid \tilde{\boldsymbol{x}}) = p_{\text{복호기}}(\boldsymbol{x} \mid \boldsymbol{h})$를 추정한다. 여기서 $\boldsymbol{h}$는 부호기 $f(\tilde{\boldsymbol{x}})$의 출력이고, $p_{\text{복호기}}$는 일반적으로 복호기 $g(\boldsymbol{h})$로 정의된다.

보통의 경우에는 그냥 음의 로그가능도 $-\log p_{\text{복호기}}(\boldsymbol{x} \mid \boldsymbol{h})$에 대해 기울기 기반 근사 최소화 알고리즘(미니배치 경사 하강법 등)을 적용하면 된다. 결정론적인 함수를 부호기로 사용하는 잡음 제거 자동부호기는 순방향 신경망에 속하므로, 다른 순방향 신경망에서와 정확히 동일한 기법으로 훈련할 수 있다.

따라서, DAE는 다음과 같은 기댓값에 대해 확률적 경사 하강법을 수행한다고 볼 수 있다.

$$-\mathbb{E}_{\mathbf{x} \sim \hat{p}_{\text{자료}}(\mathbf{x})} \mathbb{E}_{\tilde{\mathbf{x}} \sim C(\tilde{\mathbf{x}} \mid \boldsymbol{x})} \log p_{\text{복호기}}(\boldsymbol{x} \mid \boldsymbol{h} = f(\tilde{\boldsymbol{x}})). \tag{14.14}$$

여기서 $\hat{p}_{\text{자료}}(\mathbf{x})$는 훈련 자료 분포이다.

14.5.1 점수의 추정

최대가능도 대신 사용할 수 있는 것으로 점수 부합(score matching; Hyvärinen, 2005)이 있다. 점수 부합을 이용하면, 모형이 모든 훈련 점 $\boldsymbol{x}$에서 훈련 자료의 분포와 동일한 **점수**(score)를 가지도록 하는 것에 기초해서 확률분포들을 일치성 있게 추정할 수 있다. 지금 맥락에서 '점수'는 특정한 기울기 장(gradient field)

$$\nabla_{\boldsymbol{x}} \log p(\boldsymbol{x}) \tag{14.15}$$

이다. 점수 부합은 §18.4에서 좀 더 논의한다. 자동부호기에 관한 지금 논의에서는 그냥 $\log p_{\text{자료}}$의 기울기 장을 학습하는 것이 $p_{\text{자료}}$ 자체의 구조를 배우는 한 방법이라는 점만 이해하고 넘어가도 된다.

DAE의 아주 중요한 성질 하나는, 훈련 판정기준(그리고 조건부 가우스 분포 $p(\boldsymbol{x} \mid \boldsymbol{h})$) 때문에 자동부호기가 자료 분포의 점수를 추정하는 하나의 벡터장(vector field) $(g(f(\boldsymbol{x})) - \boldsymbol{x})$를 학습하게 된다는 것이다. 이 점이 그림 14.4에 나와 있다.

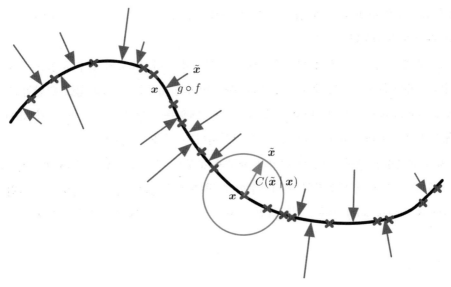

그림 14.4: 잡음 제거 자동부호기를 손상된 자료점 $\tilde{x}$를 다시 원래의 자료점 x로 사상하도록 훈련한다. 그림에서 굵은 선은 저차원 다양체이고, 그 위에 놓인 빨간 가위표(X)들은 훈련 견본 x들이다. 회색 원은 손상 과정 $C(\tilde{x}|x)$이고, 원 안의 회색 화살표는 하나의 훈련 견본을 손상 과정으로 변환한 표본을 가리킨다. 제곱오차 $\|g(f(\tilde{x})) - x\|^2$을 최소화하도록 잡음 제거 자동부호기를 훈련하면 재구축 함수 $g(f(\tilde{x}))$는 $\mathbb{E}_{\mathbf{x}, \tilde{\mathbf{x}} \sim p_{\text{자료}}(\mathbf{x})C(\tilde{\mathbf{x}}|\mathbf{x})}$ $[\mathbf{x}|\tilde{\mathbf{x}}]$의 추정값을 산출한다. 벡터 $g(f(\tilde{x})) - \tilde{x}$는 다양체에 있는 가장 가까운 점을 근사적으로 가리키는데, 이는 $g(f(\tilde{x}))$가 $\tilde{x}$들의 원본에 해당하는 깨끗한 점 x들의 질량 중심을 추정하기 때문이다. 결과적으로 자동부호기는 녹색 화살표들이 가리키는 벡터장 $g(f(x)) - x$를 배우게 된다. 이 벡터장은 점수 $\nabla_x \log p_{\text{자료}}(x)$를 하나의 곱셈적 인수(multiplicative factor)까지 추정하는데, 그 인수는 평균적인(average) 제곱평균제곱근(RMS) 재구축 오차이다.

S자형 은닉 단위와 선형 재구축 단위를 사용하는 특정 종류의 자동부호기를 가우스 잡음을 이용해서, 그리고 평균제곱오차를 재구축 비용으로 두어서 잡음을 제거하도록 훈련하는 것은 가우스 분포 이진 가시 단위들을 가진 RBM(RBM with Gaussian visible units)이라고 부르는 특정 종류의 무향 확률 모형을 훈련하는 것과 동등하다(Vincent, 2011). 그런 종류의 모형은 §20.5.1에서 자세히 설명한다. 일단 지금은, 그러한 모형이 명시적인 $p_{\text{모형}}(x; \boldsymbol{\theta})$를 제공한다는 점만 알면 된다. 그런 RBM을 **잡음 제거 점수 부합** (denoising score matching; Kingma & LeCun, 2010)을 이용해서 훈련하는 학습 알고리즘은 해당 자동부호기의 잡음 제거 훈련 알고리즘과 동등하다. 잡음 수준이 고정된 경우에는 정칙화된 점수 부합이 일치 추정량이 아니다. 대신 정칙화된 점수 부합은 분포의 흐린(blurred) 버전을 복원한다. 그러나 견본 수가 무한대에 접근함에 따라 잡음 수준이

0에 접근하게 하면 추정의 일치성이 회복된다. 잡음 제거 점수 부합은 §18.5에서 좀 더 자세히 논의한다.

그 밖에도 자동부호기와 RBM의 연관 관계가 더 있다. RBM에 점수 부합을 적용할 때의 비용함수는 재구축 오차에 CAE의 축약 벌점과 비슷한 정칙화 항을 결합한 것과 동일하다(Swersky 외, 2011). [Bengio & Delalleau, 2009]는 자동부호기의 기울기가 RBM의 대조 발산(contrastive divergence) 훈련을 근사한다는 점을 보여주었다.

$\boldsymbol{x}$가 연속값인 경우, 가우스 손상과 재구축 분포를 사용하는 잡음 제거 판정기준은 일반적인 부호기와 복호기의 매개변수화에 적용할 수 있는 점수 추정량을 산출한다 (Alain & Bengio, 2013). 이는, 일반적인 부호기-복호기 아키텍처를 제곱오차 판정기준

$$\|g(f(\tilde{\boldsymbol{x}})) - \boldsymbol{x}\|^2 \tag{14.16}$$

과 손상

$$C(\tilde{\mathbf{x}} = \tilde{\boldsymbol{x}} | \boldsymbol{x}) = \mathcal{N}(\tilde{\boldsymbol{x}}; \mu = \boldsymbol{x}, \Sigma = \sigma^2 I), \tag{14.17}$$

그리고 잡음 분산 σ^2으로 훈련하면 부호기-복호기가 점수를 추정할 수 있음을 뜻한다. 그림 14.5는 그러한 추정이 어떻게 일어나는지 보여준다.

일반적으로, 재구축 $g(f(\boldsymbol{x}))$ 빼기 입력 $\boldsymbol{x}$가 점수의 기울기라는 보장은 없다. 어쩌면 그 어떤 함수의 기울기도 아닐 수 있다. 이는 초기 연구들(Vincent, 2011)이 다른 함수의 미분을 취해서 $g(f(\boldsymbol{x})) - \boldsymbol{x}$를 구할 수 있는 특정한 매개변수화들에만 국한된 이유이다. [Kamyshanska & Memisevic, 2015]는 $g(f(\boldsymbol{x})) - \boldsymbol{x}$가 모임(family)의 모든 구성원의 점수에 대응되는 얕은 자동부호기들의 모임을 밝혀서 [Vincent, 2011]의 결과를 일반화했다.

지금까지는 잡음 제거 자동부호기가 하나의 확률분포를 표현하는 방법을 학습하는 문제만 설명했다. 좀 더 일반적으로는, 자동부호기를 그런 확률분포에서 표본들을 뽑아내는 생성 모형으로 사용할 수도 있다. 이에 관해서는 §20.11에서 설명한다.

14.5.1.1 역사적 관점

잡음을 제거하기 위해 MLP를 사용한다는 착안은 [LeCun, 1987]과 [Gallinari 외, 1987]의 시기로 거슬러 올라간다. 또한, [Behnke, 2001]은 이미지의 잡음 제거를 위해 순환 신경망을 사용했다. 어떤 면에서 잡음 제거 자동부호기는 그냥 잡음 제거를 위해 훈련한 MLP이다. 그러나 '잡음 제거 자동부호기'라는 용어는 입력의 잡음 제거를 배울 뿐

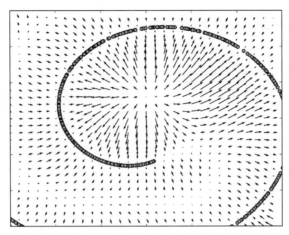

그림 14.5: 2차원 공간의 한 1차원 곡선 다양체(근처에 자료가 집중되어 있다)와, 잡음 제거 부호기가 그 주변에서 학습한 벡터장. 각 화살표의 크기는 자동부호기의 재구축 값 빼기 입력 벡터에 비례하고, 그 방향은 암묵적으로 추정된 확률분포에 따라 더 높은 확률이 있는 쪽을 가리킨다. 추정된 밀도함수(자료 다양체에 대한)의 극소점들과 극대점들에 해당하는 벡터들은 모두 영(0)벡터이다. 예를 들어, 나선형으로 배치된 점들은 서로 연결된 극소점들로 이루어진 하나의 1차원 다양체를 형성한다. 또한, 나선 팔 사이의 여백 중간 부근에 극소점들이 나타났다. 재구축 오차의 노름(화살표의 길이에 해당)이 클 때는, 화살표 방향으로 이동할 때 확률이 크게 증가할 수 있다. 확률이 낮은 점들에서는 대부분 그렇다. 자동부호기는 그러한 저확률 점들을 더 높은 확률의 재구축 점들로 사상한다. 확률이 최대이면 화살표가 줄어드는데, 이는 재구축이 좀 더 정확해지기 때문이다. [Alain & Bengio, 2013]의 그림을 허락하에 전재했다.

만 아니라 그러한 잡음 제거 학습의 부차적인 효과로 좋은 내부 표현까지도 배우는 모형을 가리킨다. 부차적인 내부 표현 학습이라는 착안은 훨씬 뒤에야 등장했다(Vincent 외, 2008; Vincent 외, 2010). 학습된 표현은 더 깊은 비지도 학습 신경망이나 지도 학습 신경망의 사전훈련에 사용할 수 있다. 희소 자동부호기나 다른 여러 정칙화 자동부호기처럼, DAE의 동기는 부호기와 복호기가 쓸모없는 항등함수를 배우지 않게 하면서 수용력이 아주 큰 부호기를 학습하게 만드는 것이었다.

현대적인 DAE가 소개되기 전에 [Inayoshi & Kurita, 2005]는 그와 동일한 일부 목표들과 방법들을 조사했다. 그들의 접근 방식은 지도 학습 MLP의 은닉층에 잡음을 주입하고, 지도 학습 목적함수와 함께 재구축 오차도 최소화하는 것이었는데, 재구축 오차 도입과 잡음 주입의 주된 의도는 일반화를 향상하는 것이었다. 그러나 그들의 방법은 선형 부호기에 기초한 것이었기 때문에 현대적인 DAE처럼 강력한 함수족들을 학습할 수는 없었다.

14.6 자동부호기로 다양체 배우기

다른 여러 기계 학습 알고리즘들처럼, 자동부호기는 자료가 하나의 저차원 다양체 또는 그런 다양체들의 작은 집합 근처에 집중되어 있다는 착안(§5.11.3 참고)을 활용한다. 일부 기계 학습 알고리즘들은 그런 착안을, 다양체에 속한 자료점에 대해서는 정상적으로 행동하지만 다양체에서 벗어난 입력이 주어졌을 때는 비정상적인 행동을 보일 수 있는 함수 하나를 배우는 정도로만 활용한다. 그러나 자동부호기는 그러한 착안을 좀 더 적극적으로 활용해서 다양체의 구조까지도 학습하고자 한다.

자동부호기가 어떻게 다양체의 구조를 배우는지 이해하려면 다양체의 중요한 특징 몇 가지를 알 필요가 있다.

다양체를 특징짓는 중요한 요소 하나는 다양체의 **접평면**(tangent plane)들의 집합이다. d차원 다양체의 한 점 x에 접하는 접평면은 다양체 상에서 허용되는 국소적 변경 방향들을 포괄하는 d개의 기저 벡터들로 정의된다. 그림 14.6에서 보듯이, 그러한 국소 방향들은 x가 다양체를 벗어나지 않게 하면서 x를 무한소(미분)만큼 변경하는 방법을 결정한다.

모든 자동부호기 훈련 절차에는 다음 두 요인의 절충이 관여한다.

1. 훈련 견본이 x이고 그것의 표현이 h라고 할 때, 복호기를 이용해서 h로부터 x를 복원하는 방법의 학습. 이때 x가 훈련 자료에서 추출한 것이라는 사실이 아주 중요하다. 이는 자동부호기가 자료 생성 분포로부터 나올 가능성이 없는 입력들을 성공적으로 재구축할 필요가 없음을 뜻하기 때문이다.
2. 제약 또는 정칙화 벌점의 충족. 여기서 제약 또는 정칙화 벌점은 자동부호기의 수용력을 제한하는 아키텍처적 제약일 수도 있고 재구축 비용에 추가되는 정칙화 항일 수도 있다. 일반적으로 이런 기법들은 입력의 변화에 덜 민감하게 반응하는 해들을 선호한다.

두 요인 모두, 개별적으로는 유용하지 않음이 명백하다. 입력을 출력으로 복사하는 것이 그 자체로 유용하지는 않으며, 입력을 무시하는 것 역시 그 자체로 유용하지는 않다. 그러나 두 요인이 합쳐지면 비로소 유용해진다. 둘의 조합은 은닉 표현이 자료 생성 분포의 구조에 관한 정보를 포착하게 만든다. 여기서 중요한 원리는, 자동부호기

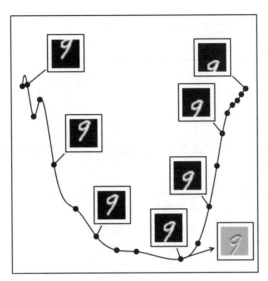

그림 14.6: 초접평면(tangent hyperplane)의 개념을 보여주는 그림. 784차원 공간 안의 한 1차원 다양체를 나타낸 것이다. 픽셀 784개로 이루어진 MNIST 이미지를 수직 이동으로 변환해서 여러 개의 이미지를 만들었다. 각 수직 이동 거리는 이미지 공간 안에서 곡선 경로를 따라가는 하나의 1차원 다양체 상의 좌표를 결정한다. 이 그림은 그 다양체에 있는 몇 개의 점을 나타낸 것이다. 시각화를 위해, 다양체를 PCA를 이용해서 2차원 공간으로 투영했다. n차원 다양체의 모든 점에 n차원 접평면이 있다. 각 점의 접평면은 바로 그 점에서 다양체와 접하며, 그 점이 있는 표면과 평행인 방향이다. 접평면은 점이 다양체를 벗어나지 않으면서 이동할 수 있는 방향들의 공간을 정의한다. 이 1차원 다양체의 각 점에는 하나의 접선(tangent line)이 있다. 그림에는 그런 접선 중 하나와 이미지 공간에서 그 접선이 어떻게 보이는지를 보여주는 이미지를 표시해 두었다. 회색 픽셀들은 접선을 따라 이동해도 변하지 않는 픽셀들이고 흰 픽셀들은 더 밝아지는 픽셀들, 검은 픽셀은 더 어두워지는 픽셀들을 뜻한다.

가 훈련 견본의 재구축에 필요한 변분(variation)들만 표현할 수 있다는 것이다. 만일 자료 생성 분포가 저차원 다양체 부근에 집중되어 있다면, 둘의 조합은 그 다양체의 국소 좌표계를 암묵적으로 포착한 표현을 산출한다. 그 표현들은 $h = f(x)$의 변화에 대응되어야 하는, x 부근에서 다양체에 접하는 변분들에 해당한다. 즉, 부호기는 입력 공간 x에서 하나의 표현 공간으로의 사상이되 다양체 접평면 방향들의 변화에만 민감하고 다양체 접평면에 직교인 변화들에는 반응하지 않는 사상을 학습한다.

그림 14.7에 나온 1차원 예는 재구축 함수를 자료점들 부근에서 입력의 섭동들에 둔감하게 만들면 자동부호기가 다양체 구조를 복원할 수 있음을 보여준다.

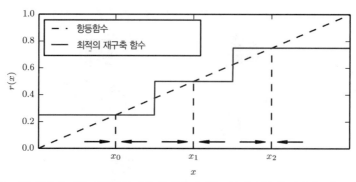

그림 14.7: 자료점들 부근의 작은 섭동들에 대해 불변인 재구축 함수를 학습한 자동부호기는 자료의 다양체 구조를 포착한다. 이 예에서 다양체 구조는 0차원 다양체들의 집합이다. 점선 대각선은 재구축의 목표에 해당하는 항등함수를 나타낸다. 최적의 재구축 함수는 자료점이 존재하는 모든 곳에서 항등함수와 교차한다. 그래프 하단에 있는 수평 화살표들은 입력 공간에서의 재구축 방향 벡터 $r(x) - x$를 나타낸다. 이 벡터들은 항상 가장 가까운 '다양체(이 1차원의 예에서는 하나의 자료점)'를 가리킨다. 잡음 제거 자동부호기는 명시적으로 자료점 부근에서 재구축 함수 $r(x)$의 미분이 작아지게 만들려 한다. 축약 자동부호기는 부호기에 대해 그렇게 한다. 자료점 부근에서 $r(x)$의 미분이 작아지게 해도, 자료점들 사이에서는 미분이 커질 수 있다. 자료점들 사이의 공간은 다양체들 사이의 영역에 대응되며, 그 영역에서 손상된 점들이 다시 다양체로 돌아가려면 재구축 함수의 미분이 커야 한다.

자동부호기를 다른 다양체 학습 접근 방식들과 비교해 보면 자동부호기가 다양체 학습에 유용한 이유를 이해하는 데 도움이 될 것이다. 다양체를 특징짓는 요소로 가장 흔히 학습되는 것은 다양체에 있는(또는 다양체 부근의) 자료점들의 **표현**(representation)이다. 특정 견본에 대한 그러한 표현을 그 견본의 내장(embedding)이라고 부르기도 한다. 한 견본의 내장은 흔히 그 견본의 원래 차원보다 더 낮은 차원의 벡터로 주어지는데, 그러한 내장의 차원은 다양체가 하나의 저차원 부분집합인 '환경' 공간(ambient space)보다 몇 차원 낮다. 다양체 학습 알고리즘 중에는 각 훈련 견본의 내장을 직접 학습하는 알고리즘들도 있고(잠시 후에 설명하는 비매개변수적 다양체 학습 알고리즘들), 환경 공간(입력 공간)의 임의의 점을 해당 내장에 대응시키는 좀 더 일반적인 사상(종종 부호기나 표현 함수라고 부르는)을 학습하는 알고리즘들도 있다.

다양체 학습에 관한 연구는 주로 그런 다양체들을 포착하고자 하는 비지도 학습 절차들에 초점을 두었다. 비선형 다양체 학습에 관한 초기 기계 학습 연구들은 대부분 **최근접 이웃 그래프**(nearest neighbor graph)에 기초한 **비매개변수적**(nonparametric; 또는 비모수적) 방법들을 주된 대상으로 삼았다. 최근접 이웃 그래프는 훈련 견본당 하나의

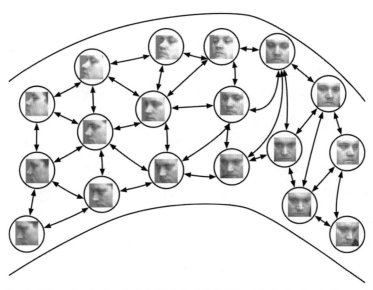

그림 14.8: 최근접 이웃 그래프에 기초한 비매개변수적 다양체 학습 절차의 예. 최근접 이웃 그래프에서 노드들은 훈련 견본들을, 그리고 유향 간선들은 이웃한 견본들의 연결 관계를 나타낸다. 다양한 절차를 이용해서 그래프의 이웃 영역과 연관된 접평면을 구할 수 있으며, 각 훈련 견본을 실숫값 벡터 위치로 연관시키는 좌표계도 구할 수 있다. 그러한 실숫값 벡터 표현을 흔히 **내장**(embedding)이라고 부른다. 그런 표현을 일종의 보간을 통해서 새 견본들로 일반화하는 것도 가능하다. 다양체의 굴곡을 포괄할 수 있을 정도로 견본들이 많다면 이 접근 방식들이 잘 작동한다. 이미지들의 출처는 QMUL Multiview Face Dataset(Gong 외, 2000)이다.

노드와 인접한 견본 노드들을 잇는 간선으로 이루어진다. 그런 비매개변수적 방법들(Schölkopf 외, 1998; Roweis & Saul, 2000; Tenenbaum 외, 2000; Brand, 2003; Belkin & Niyogi, 2003; Donoho & Grimes, 2003; Weinberger & Saul, 2004; Hinton & Roweis, 2003; van der Maaten & Hinton, 2008)은 각 노드에, 해당 견본과 그 이웃들 사이의 차이 벡터들과 연관된 변분 방향들을 포괄하는 하나의 접평면을 연관시킨다. 그림 14.8에 이러한 그래프의 예가 나와 있다.

그러한 그래프가 주어졌을 때, 최적화를 수행하거나 연립방정식을 풀어서 전역 좌표계를 얻을 수 있다. 그림 14.9는 하나의 다양체를 많은 수의 국소 선형 가우스류(Gaussian-like) 패치들로 타일링한 예이다(가우스 분포가 접선 방향으로 평평하다는 점에서 그런 패치들을 흔히 '팬케이크'에 비유한다).

[Bengio & Monperrus, 2005]는 다양체 학습에 대한 그런 국소 비매개변수적 접근 방식들의 근본적인 어려움 하나를 제시했다. 그 어려움이란, 만일 다양체가 아주 매끄

럽지는 않다면(즉, 다양체에 봉우리나 계곡, 꼬임(twist)들이 많이 있다면), 그런 여러 변동을 모두 포괄하기 위해서는 아주 많은(변동당 하나씩) 훈련 견본이 필요할 수 있으며, 그러면 이전에 본 적이 없는 변이들로의 일반화는 아예 불가능해진다는 것이다. 실제로 이 방법들은 오직 이웃 견본들을 보간함으로써만 다양체의 형태를 일반화할 수 있다. 그러나 안타깝게도 인공지능 문제와 관련된 다양체들은 국소적인 보간만으로는 포착하기 어려운 아주 복잡한 구조를 가질 수 있다. 그림 14.6에 나온, 수직 이동으로 얻은 다양체를 예로 들어 보자. 이미지를 이동하는 과정에서 입력 벡터의 한 좌표성분 x_i만 관측한다면, 이미지 밝기 공간의 모든 봉우리나 계곡에서 그 좌표성분이 봉우리나 계곡을 만나게 됨을 알 수 있다. 다른 말로 하면, 바탕 이미지 틀의 밝기 패턴들은 단순한 이미지 변환으로 생성한 다양체의 복잡성을 규정한다. 이러한 어려움은 다양체 구조의 포착을 위해 분산 표현과 심층 학습을 사용하는 동기로 작용한다.

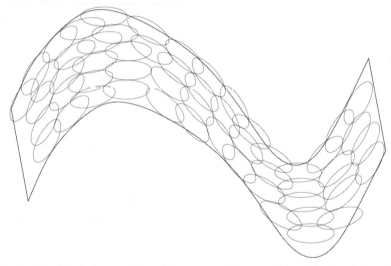

그림 14.9: 각 지점의 접평면(그림 14.6)이 알려진 경우, 그 접평면들을 타일을 깔듯이 배치해서 하나의 전역 좌표계 또는 밀도함수를 형성할 수 있다. 그런 경우 각 국소 패치를 하나의 국소 유클리드 좌표계 또는 국소적으로 평평한 가우스 분포로 간주할 수 있는데, 분포에 수직인 방향들로는 분산이 작고 수평인 방향들로는 분산이 아주 크다는 점에서 그러한 분포를 '팬케이크'에 비유한다. 그런 가우스 분포들의 혼합은 밀도함수를 추정하는 데 사용할 수 있다. 다양체 파르젠 구간(Parzen window) 알고리즘(Vincent & Bengio, 2003) 또는 그 것의 비국소 신경망 기반 변형들(Bengio 외, 2006c)이 그런 방법을 사용한다.

14.7 축약 자동부호기

축약 자동부호기(contractive autoencoder, CAE; Rifai 외, 2011a; Rifai 외, 2011b)는 부호 $h = f(x)$에 대한 다음과 같은 명시적인 정칙화 항을 도입한다. 이 정칙화 항은 f의 미분을 최대한 작게 만드는 역할을 한다.

$$\Omega(h) = \lambda \left\| \frac{\partial f(x)}{\partial x} \right\|_F^2 . \tag{14.18}$$

이 벌점 $\Omega(h)$는 부호화 함수와 연관된 편미분들로 이루어진 야코비 행렬의 제곱 프로베니우스 노름(성분들의 제곱합)이다.

잡음 제거 자동부호기와 축약 자동부호기 사이에는 연관 관계가 존재한다. [Alain & Bengio, 2013]이 보여 주었듯이, 작은 가우스 입력 잡음의 한계 안에서 잡음 제거 자동부호기의 재구축 오차는 축약 자동부호기의 재구축 함수(x를 $r = g(f(x))$로 사상하는)에 대한 축약 벌점 항과 동등하다. 다른 말로 하면, 잡음 제거 자동부호기는 재구축 함수가 입력에 대한 작지만 유한한 크기의 섭동들에 저항하게 만들고, 축약 자동부호기는 특징 추출 함수가 입력의 무한소 섭동들에 저항하게 만든다. 분류기를 사용할 특징 $f(x)$들을 야코비 행렬 기반 축약 벌점을 이용해서 사전훈련하는 경우, 축약 벌점을 $g(f(x))$가 아니라 $f(x)$에 적용할 때 최상의 분류 정확도를 얻게 되는 경우가 많다. 또한, $f(x)$에 대한 축약 벌점은 §14.5.1에서 논의한 점수 부합과 밀접한 관련이 있다.

축약(contractive)이라는 이름은 CAE가 공간을 왜곡하는 방식에서 비롯했다. 구체적으로 말하면, CAE는 입력의 섭동들에 저항하도록 훈련되므로, 입력 점들의 이웃 영역(neighborhood)을 출력 점들의 더 작은 이웃 영역으로 사상하도록 유도된다. 이를 입력 이웃 영역을 더 작은 출력 이웃 영역으로 '축약(수축)'하는 것이라고 간주할 수 있다.

CAE는 오직 국소적으로만 축약을 적용한다는 점을 명확히 할 필요가 있겠다. 즉, 한 훈련 견본 점 x의 모든 섭동은 $f(x)$ 부근으로 사상된다. 전역적으로는, 서로 다른 두 점 x와 x'의 거리보다 그 두 점을 사상한 두 점 $f(x)$와 $f(x')$의 거리가 더 멀 수 있다. f가 자료 다양체들 사이로 또는 자료 다양체들과는 먼 곳으로 확장되는 것도 가능한 일이다(예를 들면, 그림 14.7의 1차원 장난감 예제에서 일어난 일을 살펴보기 바란다). 벌점 $\Omega(h)$를 S자형 단위들에 적용하는 경우, 야코비 행렬을 수축하는 간단한 방법은 S자형 단위들이 0 또는 1로 포화하게 만드는 것이다. 그러면 CAE는 입력 점들을 S자형 함수의 극값들로 부호화하는 쪽을 선호하게 된다(그런 값들을 이진 부호로 해석할 수도 있다). 또한, CAE는 부호 값들을 S자형 은닉 단위들이 포괄할 수 있는 초입방체(hypercube)의 대부분의 점으로 분산하게 된다.

점 x에서의 야코비 행렬 J를, 비선형 부호기 $f(x)$를 하나의 선형 연산자(linear operator; 또는 선형 작용소)로 근사하는 것으로 생각할 수 있다. 그런 관점에서는 '축약'이라는 단어를 좀 더 공식적으로 사용할 수 있다. 선형 연산자 이론에서, 모든 단위 노름 x에 대해 Jx의 노름이 1 이하임을 충족하는 선형 연산자를 가리켜 축약 선형 연산자라고 부른다. 다른 말로 하면, 만일 J가 단위 구를 더 작게 만든다면 J는 축약 연산자이다. 따라서 CAE는 그러한 각 국소 선형 연산자가 축약 연산자가 되도록 모든 훈련 점 x에서 $f(x)$의 국소 선형 근사의 프로베니우스 노름에 벌점을 가하는 것이라고 생각할 수 있다.

§14.6에서 설명했듯이, 정칙화 자동부호기는 서로 대립하는 두 요인을 절충함으로써 다양체를 학습한다. CAE의 경우 대립하는 두 요인은 재구축 오차와 축약 벌점 $\Omega(h)$이다. 재구축 오차만으로는 CAE가 항등함수를 배우게 될 뿐이고, 축약 벌점만으로는 CAE가 x에 대해 상수인 특징들을 배우게 될 뿐이다. 이 두 요인을 잘 절충하면, 대부분의 점에서 미분 $\dfrac{\partial f(x)}{\partial x}$가 작은 값이 되는 자동부호기가 나온다. 미분 값은 입력의 적은 수의 방향들에 대응되는 적은 수의 은닉 단위들에서만 크게 나온다.

CAE의 목표는 자료의 다양체 구조를 학습하는 것이다. Jx가 큰 x 방향에서는 h가 빠르게 변하므로, 그런 방향은 다양체의 접평면을 근사하는 방향일 가능성이 크다. [Rifai 외, 2011a]와 [Rifai 외, 2011b]의 실험에 따르면, CAE를 훈련하면 J의 대부분의 특잇값들이 크기가 1보다 작아지며, 따라서 J는 축약 선형 연산자가 된다. 그러나 어떤 특잇값들은 여전히 1보다 큰데, 이는 재구축 오차 벌점 때문에 CAE가 국소 분산이 가장 큰 방향들로 입력을 부호화하게 되기 때문이다. 가장 큰 특잇값에 해당하는 방향은 축약 자동부호기가 학습한 접선 방향으로 해석할 수 있다. 이상적으로는 그런 접선 방향들이 자료의 실제 변이들에 대응해야 한다. 예를 들어, 이미지에 적용한 CAE는 반드시 이미지 안 물체들의 자세(위치와 방향)가 점차 변함에 따라 이미지가 변하는 방식을 보여주는 접벡터들을 배워야 한다(그림 14.10 참고).

CAE 정칙화 판정기준의 한 가지 실질적인 문제점 하나는, 단일 은닉층 자동부호기

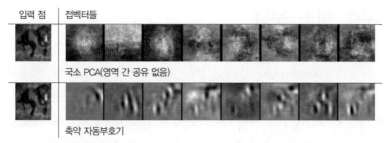

입력 점 | 접벡터들

국소 PCA(영역 간 공유 없음)

축약 자동부호기

그림 14.10: 국소 PCA와 축약 자동부호기가 추정한 다양체 접벡터들을 시각화한 이미지들. 입력은 CIFAR-10 자료 집합에서 뽑은, 개의 모습을 담은 이미지이다. 이 입력 이미지는 다양체의 위치를 결정한다. 접벡터들은 입력-부호 사상의 야코비 행렬 $\frac{\partial h}{\partial x}$의 선행(앞쪽) 특잇값 벡터들로 추정한다. 국소 PCA와 CAE 둘 다 국소 접선들을 포착할 수 있지만, CAE는 제한된 훈련 자료로도 좀 더 정확한 추정값들을 구할 수 있다. 이는 CAE 가 활성 은닉 단위들의 부분집합을 공유하는 서로 다른 장소들에서 매개변수들을 공유할 수 있기 때문이다. 일반적으로 CAE의 접선 방향들은 물체의 움직이는 또는 변하는 부분(머리나 다리 등)들에 대응된다. [Rifai 외, 2011c]의 그림들을 허락하에 전재했다.

의 경우에는 그러한 판정기준을 계산하는 비용이 작지만 좀 더 깊은 자동부호기의 경 우에는 그 비용이 훨씬 커진다는 점이다. 이에 대해 [Rifai 외, 2011a]가 사용한 전략은 일련의 단층 자동부호기들을 개별적으로 훈련하되, 각각을 이전 자동부호기의 은닉층 을 재구축하도록 훈련하는 것이었다. 그런 다음에는 그 자동부호기들을 조합해서 하 나의 심층 자동부호기를 만든다. 각 층을 국소 축약 자동부호기가 되도록 훈련했으므 로, 그 층들을 조합한 심층 자동부호기 역시 축약 자동부호기이다. 그 결과는 전체 아 키텍처를 심층 모형의 야코비 행렬에 대한 벌점을 이용해서 결합적으로 훈련할 때 기 대할 수 있는 결과와는 다르지만, 여러 바람직한 정성적 특징들을 많이 포착한다.

또 다른 실질적 문제점은, 부호기에 일종의 비례 변환을 가하지 않으면 축약 벌점이 쓸모 있는 효과를 내지 못한다는 것이다. 예를 들어, 부호기가 주어진 입력에 작은 상 수 ϵ을 곱하는 함수이고 복호기는 주어진 부호를 그 ϵ으로 나누는 함수라고 하자. ϵ 이 0에 접근함에 따라, 부호기는 분포에 관해서는 아무것도 배우지 못한 채로 그저 축약 벌점 $\Omega(h)$를 0에 접근하게 만들기만 한다. 한편, 복호기는 완벽한 재구축을 유 지한다. [Rifai 외, 2011a]는 f와 g의 가중치들을 결합함으로써 그런 사태를 방지한다. f와 g 둘 다 하나의 어파인 변환 다음에 성분별 비선형성을 적용하는 표준 신경망 층들이므로, g의 가중치 행렬을 f의 가중치 행렬의 전치행렬로 설정하는 것은 쉬운 일이다.

14.8 예측 희소 분해

예측 희소 분해(predictive sparse decomposition, PSD)는 희소 부호화와 매개변수적 자동부호기를 섞은 것이다(Kavukcuoglu 외, 2008). PSD는 반복적 추론의 결과를 예측하도록 매개변수적 자동부호기를 훈련한다. PSD는 이미지와 동영상 안의 물체 인식을 위한 비지도 특징 학습(Kavukcuoglu 외, 2009; Kavukcuoglu 외, 2010; Jarrett 외, 2009; Farabet 외, 2011)에 적용되었으며, 음향 자료에 대해서도(Henaff 외, 2011) 적용된 바 있다. PSD 모형은 하나의 부호기 $f(\boldsymbol{x})$와 하나의 복호기 $g(\boldsymbol{h})$로 구성되는데, 둘 다 매개변수 함수(모수 함수)이다. 훈련 과정에서는 최적화 알고리즘을 통해서 $\boldsymbol{h}$를 제어한다. 훈련은 다음을 최소화하는 것으로 진행된다.

$$\|\boldsymbol{x} - g(\boldsymbol{h})\|^2 + \lambda|\boldsymbol{h}|_1 + \gamma\|\boldsymbol{h} - f(\boldsymbol{x})\|^2. \tag{14.19}$$

희소 부호화에서처럼, 훈련 알고리즘은 $\boldsymbol{h}$에 대한 최소화와 모형 매개변수들에 대한 최소화를 번갈아 진행한다. $\boldsymbol{h}$에 대한 최소화는 빠르게 진행되는데, 이는 $f(\boldsymbol{x})$가 $\boldsymbol{h}$의 좋은 초기치를 제공할 뿐만 아니라 어차피 비용함수 때문에 $\boldsymbol{h}$가 $f(\boldsymbol{x})$ 부근을 벗어나지 않기 때문이다. 간단한 경사 하강법으로도 열 단계 정도이면 $\boldsymbol{h}$의 적당한 값을 구할 수 있다.

PSD가 사용하는 훈련 절차는 그냥 먼저 희소 부호화 모형을 훈련한 다음 $f(\boldsymbol{x})$를 훈련해서 희소 부호화 특징들의 값들을 예측하는 것과는 다르다. PSD 훈련 절차는 $f(\boldsymbol{x})$로 좋은 부호 값들을 추론할 수 있는 매개변수들을 사용하도록 복호기를 정칙화한다.

예측 희소 부호화는 **학습된 근사 추론**(learned approximate inference)의 한 예이다. 이 주제는 §19.5에서 좀 더 자세히 설명한다. 제19장에 나온 수단들을 보면 확실해지겠지만, PSD는 유향 희소 부호화 확률 모형의 로그가능도에 대한 하계(lower bound)를 최대화함으로써 그러한 모형을 훈련하는 것으로 해석할 수 있다.

PSD의 실제 응용에서 반복 최적화는 훈련 과정에만 쓰인다. 모형으로 실제로 과제를 수행할 때, 매개변수적 부호기 f는 학습된 특징들을 계산하는 데 쓰인다. f의 평가에 드는 계산 비용은 경사 하강법으로 $\boldsymbol{h}$를 추론하는 데 드는 계산 비용보다 작다. f가 미분 가능 매개변수 함수이므로, PSD 스택(여러 PSD 모형을 쌓아 만든 아키텍처)을 다른 어떤 판정기준으로 훈련할 심층망의 초기화에 사용할 수도 있다.

14.9 자동부호기의 응용

자동부호기는 차원 축소(dimensionality reduction) 과제와 정보 검색 과제들에 성공적으로 적용된 바 있다. 차원 축소는 표현 학습과 심층 학습의 초창기 응용 중 하나이다. 차원 축소는 자동부호기 연구의 초기 동기 중 하나였다. 예를 들어 [Hinton & Salakhutdinov, 2006]은 RBM들의 스택을 훈련한 후 그 가중치들을 은닉층들이 점차 작아지는(단위가 30개인 병목 은닉층에 이를 때까지) 심층 자동부호기의 초기화에 사용했다. 그 결과로 나온 부호들의 재구축 오차는 30차원에 대한 PCA의 것보다 작았으며, 학습된 표현은 그 성질을 해석하기 쉽고 바탕 범주들과 연관시키기도 쉬웠다. 그리고 그 범주들은 잘 분리된 군집들을 형성했다.

분류를 비롯한 여러 기계 학습 과제에서, 저차원 표현이 더 나은 성과를 낼 수 있다. 공간이 작은 모형은 메모리와 실행 시간을 덜 소비한다. [Salakhutdinov & Hinton, 2007b]와 [Torralba 외, 2008]이 보여 주었듯이, 다양한 형태의 차원 축소 기법들은 의미상으로 연관된 견본들을 서로 가까운 곳에 배치한다. 저차원 공간으로의 사상이 제공한 힌트들은 일반화에 도움이 된다.

차원 축소가 특히나 유용한 과제로 **정보 검색**(information retrieval; 또는 정보 조회)이 있다. 정보 검색은 주어진 질의 항목(query entry)과 유사한 항목들을 데이터베이스에서 찾아내는 것을 말한다. 차원 축소는 다른 과제에서와 같은 방식으로 이 과제에 도움을 줄 뿐만 아니라, 특정 종류의 저차원 공간에서는 검색이 극도로 효율적이라는 측면에서 추가적인 혜택을 제공한다. 좀 더 구체적으로 말하면, 저차원 **이진** 부호를 산출하도록 차원 축소 알고리즘을 훈련하면, 데이터베이스의 모든 항목을 하나의 해시 테이블(그 이진 부호 벡터들을 항목들로 사상하는)에 저장할 수 있다. 이 해시 테이블을 이용해서 주어진 질의와 동일한 이진 부호를 가진 모든 데이터베이스 항목을 돌려주면 정보 검색 과제가 완수된다. 또한, 주어진 질의와 약간 덜 비슷한 항목들도 아주 효율적으로 검색할 수 있다. 그냥 질의 부호의 개별 비트들을 뒤집어서 해시 테이블을 조회하면 된다. 차원 축소와 이진화를 통한 이러한 정보 조회 접근 방식을 **의미 해싱**(semantic hashing; Salakhutdinov & Hinton, 2007b; Salakhutdinov & Hinton, 2009b)이라고 부른다. 의미 해싱은 텍스트 입력(Salakhutdinov & Hinton, 2007b; Salakhutdinov & Hinton, 2009b)과 이미지(Torralba 외, 2008; Weiss 외, 2008; Krizhevsky & Hinton, 2011) 모두에 적용되었다.

의미 해싱을 위해 이진 부호를 생성하는 데 흔히 쓰이는 방법은, 마지막 층에서 S자형 단위들과 함께 부호화 함수를 사용하는 것이다. 이때 S자형 단위들은 반드시 모든 입력값에 대해 거의 0이나 거의 1로 포화하도록 훈련해야 한다. 그렇게 하는 요령 하나는, 훈련 과정에서 그냥 S자형 비선형성 바로 앞에 가산적 잡음을 주입하는 것이다. 그 잡음은 시간에 따라 크기(magnitude)가 점차 커져야 한다. 그 잡음에 저항해서 최대한 많은 정보를 보존하려면 신경망은 반드시 S자형 함수의 입력들의 크기를 증가해야 한다(포화가 발생할 때까지).

해싱 함수를 학습한다는 착안을 여러 방향으로 좀 더 확장한 연구들이 있는데, 예를 들어 [Norouzi & Fleet, 2011]은 해시 테이블에서 인접 견본들을 찾는 과제에 좀 더 직접적으로 연관된 손실함수를 최적화하도록 표현을 훈련하는 착안을 제시했다.

15

표현 학습

이번 장에서는 먼저 표현을 학습한다는 것이 무슨 뜻인지 논의한 후 표현이라는 개념이 심층 아키텍처의 설계에 어떻게 유용한지 논의한다. 그리고 학습 알고리즘들이 서로 다른 과제들에서 통계적 강도(statistical strength)를 공유하는 방법들을 살펴보는데, 이를테면 비지도 학습 과제에서 얻은 정보로 지도 학습 과제를 수행하는 방법을 이야기한다. 공유 표현은 다중 모달리티 문제 또는 다중 영역 문제를 처리하는 데 유용하며, 한 과제에서 학습한 지식을 다른 과제들(견본이 없거나 아주 적지만 과제의 표현은 존재하는)에 전달하는 데에도 유용하다. 마지막으로는 잠시 속도를 늦춰서, 표현 학습이 성공을 거둔 이유들을 논한다. 분산 표현의 이론적 장점들(Hinton 외, 1986)과 심층 표현의 이론적 장점들에서 시작해서 좀 더 일반적인 자료 생성 과정에 관한 바탕 가정들(특히, 관측된 자료의 바탕 원인들)에 이르기까지 다양한 이유를 살펴본다.

정보 처리 과제 중에는 정보를 어떻게 표현하느냐에 따라 아주 쉬워지거나 아주 어려워지는 것들이 많다. 이는 기계 학습뿐만 아니라 컴퓨터 과학 전반과 일상생활에도 적용되는 일반적인 원리이다. 예를 들어 대부분의 사람은 210을 6으로 나누는 데 별 어려움을 느끼지 않는다. 그러나 아라비아 숫자 대신 로마 숫자로 수치들을 표현하면 과제가 훨씬 어려워진다. 대부분의 현대인은 CCX를 VI로 나누라고 하면 먼저 그 수치들을 아라비아 기수법으로 변환할 것이다. 아라비아 기수법에서는 수를 구성하는 각 숫자의 가치가 수 안에서의 자리에 의존하기 때문에 장제법을 적용하기 편하다. 컴퓨터 과학의 경우에도, 적절한 표현을 사용했을 때와 부적절한 표현을 사용했을 때 연산의 점근적 실행 시간이 크게 다를 수 있다. 예를 들어 다수의 수들을 정렬한 목록의 적절한 위치에 한 수를 삽입하는 연산의 실행 시간은, 그 목록을 연결 목록(linked list)으로 표현했다면 $O(n)$이지만 적흑 트리(red-black tree)로 표현했다면 $O(\log n)$밖에 되지 않는다.

기계 학습의 맥락으로 돌아와서, 어떤 표현이 좋은 표현일까? 일반적인 원칙을 말하자면, 좋은 표현은 이후의 학습 과제를 더 쉽게 만들어 주는 표현이다. 대체로 표현의 선택은 이후의 학습 과제의 선택에 따라 달라진다.

지도 학습 기법으로 순방향 신경망을 훈련하는 것을 일종의 표현 학습을 수행하는 것으로 간주할 수 있다. 구체적으로 말하면, 순방향 신경망의 마지막 층은 일반적으로 하나의 선형 분류기(이를테면 소프트맥스 회귀 분류기)이고, 신경망의 나머지 부분은 그 분류기에게 하나의 표현을 제공하는 방법을 배운다. 지도 학습 판정기준을 이용한 신경망 훈련은 모든 은닉층에서의 표현이 분류 과제를 좀 더 쉽게 만드는 성질들을 취하게 만드는 쪽으로 신경망을 이끈다(이는 최상위 층에 가까운 은닉층들에서 더 두드러진다). 예를 들이 입력 특징들 안에서 선형으로 분리되지 않은 부류들이 마지막 은닉층에서는 선형으로 분리될 수 있다. 이론적으로 마지막 층은 최근접 이웃 분류기 같은 다른 종류의 모형일 수 있다(Salakhutdinov & Hinton, 2007a). 마지막 바로 전 층이 학습하는 특징들은 마지막 층의 종류에 따라 달라진다.

순방향 신경망의 지도 학습 훈련에서는 학습된 중간 특징들에 관한 그 어떤 조건도 명시적으로 강제되지 않는다. 그러나, 애초에 특정한 형태의 표현을 산출하도록 설계된 표현 학습 알고리즘들도 있다. 예를 들어 밀도 추정이 쉬워지는 표현을 신경망이 학습하게 하고 싶다고 하자. 분포들이 독립적일수록 모형화하기 쉬우므로, 표현 벡터 $\boldsymbol{h}$가 독립이 되는 쪽으로 이끄는 목적함수를 고안하면 도움이 될 것이다. 지도 학습의 경우처럼 비지도 심층 학습 알고리즘에는 주된 훈련 목적함수가 있지만, 부차적인 결과로 하나의 표현도 배우게 된다. 표현을 어떻게 배우게 되든, 일단 배운 표현은 다른 과제에 활용할 수 있다. 또는, 어떤 공유 내부 표현을 이용해서 여러 과제(일부는 지도, 일부는 비지도)에 대한 학습을 동시에 진행할 수도 있다.

대부분의 표현 학습 문제에서는 입력에 관한 정보를 최대한 유지한다는 목표와 좋은 성질들(독립성 등)을 얻는다는 목표의 적절한 절충점을 찾을 필요가 있다.

표현 학습은 비지도 학습과 준지도 학습을 수행하는 한 방법을 제공한다는 점에서 특히나 흥미롭다. 이름표가 붙지 않은 훈련 자료는 아주 많지만, 이름표가 붙은 훈련 자료는 상대적으로 아주 적을 때가 많다. 지도 학습 기법을 이용해서 이름표 붙은 부분집합으로 신경망을 훈련하면 심각한 과대적합이 발생하기 쉽다. 준지도 학습은 이름표 없는 자료도 훈련에 활용함으로써 그러한 과대적합 문제를 해결할 기회를 제공한다. 구체적으로 말하면, 이름표 없는 자료를 이용해서 좋은 표현들을 학습한 후, 그 표현들을 이용해서 지도 학습 과제를 풀면 된다.

인간과 동물은 아주 적은 수의 이름표 없는 견본들로부터도 뭔가를 배울 수 있다. 그러나 그것이 어떻게 가능한지는 아직 밝혀지지 않았다. 인간의 우월한 성과를 설명하는 요인들은 많이 있다. 예를 들어 인간의 뇌가 아주 큰 분류기 앙상블을 사용할 수도 있고, 어떤 베이즈 추론 기법을 사용할 수도 있다. 한 가지 인기 있는 가설은, 뇌에 비지도 학습 또는 준지도 학습을 활용하는 능력이 있다는 것이다. 이름표 없는 자료를 활용하는 방법은 많다. 이번 장은 이름표 없는 자료로부터 좋은 표현을 배울 수 있다는 가설에 초점을 둔다.

15.1 탐욕적 층별 비지도 사전훈련

인공지능의 역사에서 비지도 학습은 심층 신경망의 부활에 핵심적인 역할을 했다. 연구자들이 합성곱 신경망이나 순환 신경망 같은 특화된 아키텍처를 사용하지 않고도 심층 지도 신경망을 훈련할 수 있게 된 것은 **비지도 사전훈련**(unsupervised pretraining), 좀 더 정확히는 **탐욕적 층별 비지도 사전훈련**(greedy layer-wise unsupervised pretraining)이라고 부르는 절차 덕분이다. 탐욕적 층별 비지도 사전훈련은 한 과제(입력 분포의 형태를 포착하려는 비지도 학습)에서 배운 표현이 다른 과제(같은 입력 영역에 대한 지도 학습)에도 유용할 수 있음을 보여주는 대표적인 예이다.

탐욕적 층별 비지도 사전훈련은 단일층 표현 학습 알고리즘에 의존한다. RBM이나 단일층 자동부호기, 희소 부호 모형, 또는 잠재 표현을 배우는 여타의 모형이 그런 알고리즘에 해당한다. 이 절차는 신경망의 각 층을 비지도 학습 기법으로 사전훈련하는 데, 이때 각 층은 이전 층의 출력을 입력으로 삼아서 다음 층의 입력이 될 새로운 자료 표현을 출력한다. 그런 표현의 분포(또는, 예측할 범주들 같은 다른 변수들과의 관계)가 이전 층의 것보다 더 단순하다면 지도 학습 과제의 해결에 도움이 된다. 이러한 절차의 공식적인 정의가 알고리즘 15.1에 나와 있다.

비지도 판정기준에 기초한 탐욕적 층별 비지도 사전훈련 절차는 오래전부터 심층 신경망의 층들을 하나의 지도 학습 과제를 위해 결합적으로 훈련할 때 생기는 어려움을 우회하는 데 쓰였다. 이 접근 방식은 적어도 네오코그니트론(Fukushima, 1975) 시절까지 거슬러 올라간다. 2006년의 심층 학습 부활은 이 탐욕적 학습 절차를 모든 층의 결합(joint) 학습에 적합한 초기치를 찾는 데 사용할 수 있다는 사실과 심지어는 완전 연결 아키텍처의 훈련에도 이 접근 방식이 성공적일 수 있다는 사실의 발견으로 시작한다(Hinton 외, 2006; Hinton & Salakhutdinov, 2006; Hinton, 2006; Bengio 외, 2007; Ranzato 외, 2007a). 이 발견 이전에는 합성곱 심층 신경망이나 순환 덕분에 깊어진 신경망들만 훈련할 수 있다고 생각했다. 오늘날 우리는 완전 연결 심층 아키텍처의 훈련에 탐욕적 층별 사전훈련이 꼭 필요한 것은 아니라는 점을 알고 있지만, 어쨌든 그런 훈련을 처음으로 가능하게 만든 것은 이러한 비지도 사전훈련 접근 방식이었다.

탐욕적 층별 비지도 사전훈련이라는 이름의 **탐욕적**(greedy)은 이 절차가 하나의 **탐욕적 알고리즘**(greedy algorithm)이라는 뜻이다. 즉, 이 절차는 해의 각 조각을 한 번에 하나씩 독립적으로 최적화한다(모든 조각을 결합적으로 최적화하는 것이 아니라). 그리고 **층별**(layer-wise)은 그러한 독립적인 조각들이 신경망의 층들이라는 뜻이다. 좀 더 구체적으로, 탐욕적 층별 비지도 사전훈련은 신경망의 여러 층을 한 번에 하나씩 처리한다. 즉, 이 절차의 한 반복은 다른 층들을 고정한 채로 k번째 층만 훈련한다. 특히, 하위 층들(먼저 훈련된)은 상위 층들이 도입된 후에는 더 이상 변경되지 않는다. 절차 이름의 **비지도**(unsupervised)는 각 층을 비지도 표현 학습 알고리즘으로 훈련한다는 점에서 붙은 것이다. 마지막으로, **사전훈련**은 이것이 모든 층을 함께 **미세조정**(fine-tune)하는 결합 훈련 알고리즘을 위한 일종의 전처리 단계일 뿐이라는 뜻이다. 지도 학습 과제의 맥락에서는 탐욕적 층별 비지도 사전훈련을 하나의 정칙화 항(몇몇 실험에서는 사전훈련이 훈련 오차를 감소하는 일 없이 시험 오차를 감소한다는 결과가 나왔다)과 일종의 매개변수 초기화 기법의 조합으로 볼 수 있다.

이 알고리즘에 쓰이는 요소들은 다음과 같다. $\mathcal{L}$은 훈련 견본들의 집합을 입력받고 부호기 또는 특징 함수 f를 돌려주는 비지도 특징 학습 알고리즘이다. X는 견본당 하나의 행으로 이루어진 원본 입력 자료이다. $f^{(1)}(X)$는 X에 대한 1단계 부호기의 출력이다. 미세조정을 수행하는 경우에는 학습자(학습 모형) $\mathcal{T}$가 쓰이는데, 이 학습자는 초기 함수 f와 입력 견본들을 담은 X(그리고 지도 미세조정의 경우에는 연관된 목푯값들을 담은 Y)를 입력받고 미세조정된 함수를 출력한다. m은 반복 단계(stage)의 수이다.

$f \leftarrow$ 항등함수

$\tilde{X} = X$

for $k = 1, \ldots, m$ do

    $f^{(k)} = \mathcal{L}(\tilde{X})$.

    $f \leftarrow f^{(k)} \circ f$.

    $\tilde{X} \leftarrow f^{(k)}(\tilde{X})$.

end for

if *미세조정 수행* then

    $f \leftarrow \mathcal{T}(f, X, Y)$.

end if

return f

'사전훈련'이라는 용어는 실제 사전훈련 단계만이 아니라 사전훈련 단계와 지도학습 단계를 조합한 2단계 프로토콜 전체를 지칭하는 데 흔히 쓰인다. 지도 학습 단계에서는 사전훈련 단계에서 배운 특징들에 기초해서 단순한 분류기를 훈련할 수도 있고, 사전훈련 단계를 통해 학습된 신경망 전체를 지도 학습 기법으로 미세조정할 수도 있다. 물론 세부적인 사항은 어떤 비지도 학습 알고리즘을 사용하느냐에 따라 다르지만, 대부분의 비지도 사전훈련 응용은 지금까지 설명한 기본적인 절차를 따른다.

탐욕적 층별 비지도 사전훈련을 다른 비지도 학습 알고리즘의 초기화에도 사용할 수 있다. 이를테면 심층 자동부호기(Hinton & Salakhutdinov, 2006)나 여러 잠재변수 층들이 있는 확률 모형들에 이 절차를 적용할 수 있다. 그런 확률 모형으로는 심층 믿음망(Hinton 외, 2006)과 심층 볼츠만 기계(Salakhutdinov & Hinton, 2009a) 등이 있는데, 이런 심층 생성 모형들은 제20장에서 설명한다.

§8.7.4에서 논의했듯이, 탐욕적 층별 **지도** 사전훈련도 가능하다. 그런 접근 방식은

깊은 신경망보다 얕은 신경망이 더 훈련하기 쉽다는 가정에 근거한 것인데, 그 가정이 여러 맥락에서 실제로 참이라는 주장이 있다(Erhan 외, 2010).

15.1.1 비지도 사전훈련은 언제, 왜 효과가 있는가?

여러 분류 과제에서 탐욕적 층별 비지도 사전훈련은 시험 오차를 크게 개선할 수 있다. 이 점은 2006년부터 심층 신경망이 다시 관심을 끌게 한 계기였다(Hinton 외, 2006; Bengio 외, 2007; Ranzato 외, 2007a). 그러나 비지도 사전훈련이 이득이 되지 않거나 심지어 해가 되는 과제들도 많이 있다. [Ma 외, 2015]는 화학적 활성화 예측을 위한 기계 학습 모형에 대한 사전훈련의 효과를 연구했는데, 평균적으로는 사전훈련이 약간 해가 되지만 사전훈련이 크게 도움이 되는 과제들도 많았다는 결과를 얻었다. 비지도 사전훈련이 도움이 되기도 하고 해가 되기도 하므로, 주어진 과제에 비지도 사전훈련을 적용할 것인지 결정하려면 비지도 사전훈련이 언제, 왜 효과를 내는지 이해하는 것이 중요하다.

우선, 이 논의의 대부분은 탐욕적 비지도 사전훈련에 국한된 것임을 명심하기 바란다. 이것과는 완전히 다른 방식으로 신경망의 준지도 학습을 수행하는 패러다임들도 있다. §7.13에서 설명한 가상 대립 훈련이 그러한 예이다. 또한, 자동부호기나 생성 모형을 지도 학습 모형과 동시에 훈련하는 것도 가능하다. 그러한 단일 단계 접근 방식의 예로는 판별(discriminative) RBM(Larochelle & Bengio, 2008)과 사다리망(ladder network; Rasmus 외, 2015)이 있는데, 후자의 총목적함수는 두 항(하나는 이름표들을 사용하고, 다른 하나는 입력만 사용한다)의 명시적 합(explicit sum; 양함수 합)이다.

비지도 사전훈련은 서로 다른 두 착안을 조합한 것이다. 첫째로, 비지도 사전훈련은 심층 신경망 매개변수들의 초기치를 잘 선택하면 모형에 현저한 정칙화 효과가 생길 수 있다는 착안을 활용한다. 둘째로, 비지도 사전훈련은 입력 분포에 관한 학습이 입력에서 출력으로의 사상에 관한 학습에 도움이 될 수 있다는 좀 더 일반적인 착안을 활용한다.

두 착안 모두 기계 학습 알고리즘의 여러 부분 사이의 복잡한 상호작용들이 많이 관여하는데, 그 상호작용들이 완전히 파악된 것은 아니다.

두 착안 중 첫 착안, 즉 심층 신경망의 초기 매개변수 선택에 따라서는 신경망의 성과에 강한 정칙화 효과가 발생할 수 있다는 착안은 다른 착안보다 덜 파악된 상태이다. 사전훈련이 인기를 끌기 시작했을 때는 사람들이 이 착안을, 모형이 특정한 극소점으로 가게 되는 시작 위치에서 모형을 초기화하는 것이라고 이해했다. 요즘은 신경망 최적화에서 극소점을 그리 심각한 문제로 간주하지 않는다. 오늘날 우리는 표준 신경망 훈련 절차들이 극소점을 비롯한 그 어떤 종류의 임계점에도 도달하지 않을 때가 많다는 점을 알고 있다. 그러나 사전훈련이 다른 방식으로는 접근하지 못할 장소에서 모형을 초기화할 가능성은 여전히 남아 있다. 이를테면 한 견본에서 다른 견본으로 넘어갈 때 비용함수가 너무 많이 변해서 미니배치들이 잡음이 많이 섞인 기울기 추정값만 제공할 수 있는 영역들로 둘러싸인 곳이나 헤세 행렬의 조건화가 너무나 나빠서 경사 하강법이 반드시 아주 작은 크기의 단계를 사용해야 하는 영역들로 둘러싸인 곳이 그러한 장소의 예이다. 이러한 가능성은 현대적 접근 방식들이 비지도 학습과 지도 학습을 차례로 각각 적용하는 대신 동시에 적용하는 이유 중 하나이다. 또한, 그냥 특징 추출기의 매개변수들을 고정하고, 지도 학습은 학습된 특징들 위에 분류기를 추가하는 용도로만 사용한다면, 지도 학습 단계의 최적화에서 비지도 학습 단계의 정보가 유지되게 만들기 위한 복잡한 착안들을 아예 피할 수도 있다.

또 다른 착안, 즉 학습 알고리즘이 비지도 학습 단계에서 배운 정보를 지도 학습 단계에서 활용함으로써 더 나은 성과를 낼 수 있다는 착안은 앞의 착안보다는 더 잘 파악된 상태이다. 이 착안의 핵심은, 비지도 학습 과제에 유용한 일부 특징들이 지도 학습 과제에도 유용하다는 것이다. 예를 들어 자동차와 오토바이 이미지로 생성 모형을 훈련하려면 생성 모형은 바퀴를 알아야 하며, 이미지에 바퀴가 몇 개나 있는지도 알아야 한다. 운이 좋다면, 그러한 바퀴들의 표현이 지도 학습 모형이 접근하기에 쉬운 형태일 것이다. 이 부분은 아직 수학적, 이론적 수준에서 파악되지 않았기 때문에, 어떤 과제에 이런 방식의 비지도 학습이 도움이 될지 예측하는 것이 항상 가능하지는 않다. 이 접근 방식에는 사용되는 구체적인 모형에 의존하는 측면이 많다. 예를 들어 사전훈련된 특징들 위에 하나의 선형 분류기를 추가하려면, 그 특징들은 반드시 바탕 부류들을 선형으로 분리할 수 있게 만들어야 한다. 그런 성질이 자연스럽게 나타날 때가 많지만, 항상 그런 것은 아니다. 이는 지도 학습과 비지도 학습의 동시 적용이 바람직한 또 다른 이유이다. 지도 학습과 비지도 학습의 동시 적용에서는 출력층이 가하는 제약들이 처음부터 자연스럽게 포함된다.

비지도 사전학습을 일종의 표현 학습으로 보는 관점에서는, 초기 표현이 나쁠 때는 비지도 사전훈련이 더 효과적이라고 예상할 수 있다. 좋은 예가 단어 내장의 사용이다. 원핫 벡터로 표현된 단어들은 정보를 그리 많이 제공하지 않는데, 왜냐하면 서로 다른 모든 원핫 벡터들은 서로 같은 거리(제곱 L^2 거리로 2)에 있기 때문이다. 학습된 단어 내장들은 서로의 거리를 통해서 단어들 사이의 유사성을 자연스럽게 부호화한다. 이 때문에 비지도 사전훈련은 단어들을 처리할 때 특히나 유용하다. 이미지 처리에는 덜 유용한데, 아마도 이는 이미지들이 이미 이미지들 사이의 거리가 저품질 유사도 측도를 제공하는 풍부한 벡터 공간에 놓여 있기 때문일 것이다.

정칙화 수단으로서의 비지도 사전훈련의 관점에서는, 이름표 붙은 견본들이 아주 적을 때 비지도 사전훈련이 가장 유용하다고 예상할 수 있다. 비지도 사전훈련이 추가한 정보 출처는 이름표가 붙지 않은 자료 집합이므로, 이름표가 붙지 않은 견본들이 아주 많을 때 비지도 사전훈련이 가장 유용하다고도 예상할 수 있다. 다수의 이름표 없는 견본들과 소수의 이름표 붙은 견본들의 비지도 사전훈련을 통한 준지도 학습의 장점은 2011년에 두 국제 전이 학습(transfer learning) 대회에서 비지도 사전훈련이 우승한 성과(Mesnil 외, 2011; Goodfellow 외, 2011)로 아주 명확해졌다. 그 대회들의 목표 과제에서 이름표 붙은 견본들의 수는 적었다(부류별 견본 수가 수십 개 정도). 이러한 효과들은 [Paine 외, 2014]가 수행한 세심하게 통제된 실험들로도 입증되었다.

지금까지 이야기한 것 이외의 요인들이 관여할 가능성도 크다. 예를 들어 비지도 사전훈련은 학습 대상 함수가 극도로 복잡할 때 가장 유용할 가능성이 크다. 비지도 학습과 정칙화(가중치 감쇄 같은)의 차이는, 비지도 학습은 학습 모형을 단순한 함수를 발견하는 쪽으로 이끌기보다는 비지도 학습 과제에 유용한 특징 함수들을 발견하는 쪽으로 이끈다는 것이다. 진(true) 바탕 함수들이 복잡하고 입력 분포의 규칙성들에 의해 형태가 결정되는 경우, 비지도 학습이 정칙화보다 더 적합할 수 있다.

"언제, 왜"에 관한 고려사항들은 이 정도로 마무리하고, 이제부터는 비지도 사전훈련이 성과를 성공적으로 개선한 몇 가지 사례들에서 그런 개선이 어떻게 발생했는지 분석한 결과를 소개하겠다. 비지도 사전훈련은 분류기를 개선하는 데 쓰였으며, 대체로 시험 집합 오차의 감소라는 관점에서 흥미로운 결과를 낼 때가 많았다. 그러나 비지도 사전훈련은 분류 과제 이외의 과제에서도 유용할 수 있으며, 단순히 하나의 정칙화 항으로 작용하는 것이 아니라 최적화를 개선하는 역할을 할 수도 있다. 예를 들어 비지도 사전훈련은 심층 자동부호기의 훈련 재구축 오차와 시험 재구축 오차를 모두 개선할 수 있다(Hinton & Salakhutdinov, 2006).

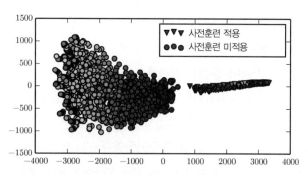

그림 15.1: 함수 공간(function space)에서의 서로 다른 신경망들의 학습 자취를 비선형 투영을 통해 시각화한 모습(매개변수 벡터들에서 함수들로의 다대일 사상을 피하기 위해 매개변수 공간 대신 함수 공간을 사용했다). 신경망들은 무작위 초기화 여부와 비지도 사전훈련 여부에 따라 달라진다. 각 점은 훈련 과정 도중 특정 시점에서의 서로 다른 신경망에 대응된다. 이 그림은 [Erhan 외, 2010]의 것을 해당 저자들의 허락하에 수정한 것이다. 함수 공간의 한 좌표는 모든 입력 x를 하나의 출력 y에 연관시키는 무한 차원 벡터이다. [Erhan 외, 2010]은 여러 구체적인 x 점들에 대한 y들을 연결해서 고차원 공간으로 선형 투영하고, 그것을 다시 Isomap(Tenenbaum 외, 2000)을 이용해서 2차원으로 비선형 투영해서 학습 자취들을 시각화했다. 색조 변화는 시간의 흐름을 나타낸다. 모든 신경망은 그래프의 중심 부근(대부분의 입력에 대해 부류 y에 관한 근사 균등 분포를 산출하는 함수들의 영역에 해당)에서 초기화되었다. 시간이 지남에 따라 학습 알고리즘은 함수를 좀 더 바깥쪽에 있는, 강한 예측값을 산출하는 점들로 이동한다. 사전훈련을 적용한 경우에는 훈련이 일관되게 한 영역에서 끝나고, 사전훈련을 적용하지 않은 경우에는 그 영역과는 겹치지 않는 다른 영역에서 끝난다. Isomap이 전역 상대 거리를(따라서 부피를) 유지하려 한다는 점을 생각하면, 사전훈련된 모형들에 해당하는 영역이 작다는 것은 사전훈련 기반 추정 함수가 분산을 감소했다는 뜻일 수 있다.

[Erhan 외, 2010]은 비지도 사전훈련의 여러 성공 사례를 설명하기 위해 다양한 실험을 수행했다. 이들에 따르면, 훈련 오차의 개선과 시험 오차의 개선 둘 다 비지도 사전훈련이 매개변수들을 다른 방법으로는 접근할 수 없는 영역으로 몰고 간다는 점으로 설명할 수 있다. 신경망 훈련은 비결정론적이라서 실행할 때마다 매번 다른 함수로 수렴할 수 있다. 그리고 기울기가 작아지는 점에서 훈련이 끝나거나 과대적합 방지를 위한 조기 종료에 의해 훈련이 끝나기도 하고, 기울기가 크긴 하지만 헤세 행렬의 무작위성 또는 나쁜 조건화 같은 문제 때문에 언덕 아래로 내려가는 단계를 찾기 어려운 점에서 훈련이 끝나기도 한다. 신경망에 비지도 사전훈련을 적용하면 매번 함수 공간의 동일한 영역에서 훈련이 중단된다. 그러나 사전훈련을 거치지 않은 신경망은 매번 다른 영역에서 훈련이 끝난다. 그림 15.1은 이러한 현상을 시각화한 것이다. 그림을 보면 사전훈련된 신경망이 도달한 영역이 더 작은데, 이는 사전훈련이 추정 과정의 분산을 줄였음을 의미한다. 추정 과정의 분산이 작아지면 심각한 과대적합의 위험이

줄어들 수 있다. 다른 말로 하면, 비지도 사전훈련은 신경망 매개변수들이 벗어나지 못하는 영역으로 매개변수들을 초기화하며, 그러면 훈련 결과들이 좀 더 일관되고 아주 나쁜 결과가 나올 확률이 줄어든다(이런 초기화를 사용하지 않았을 때에 비해).

[Erhan 외, 2010]은 또한 사전훈련이 가장 효과적일 때가 **언제인가**라는 질문에도 어느 정도의 답을 제공했다. 논문에 따르면, 사전훈련을 좀 더 깊은 신경망에 적용했을 때 시험 오차의 평균과 분산이 가장 크게 줄어들었다. 단, 이 실험들은 아주 깊은 신경망의 훈련을 위한 현대적인 기법들(정류 선형 단위, 드롭아웃, 배치 정규화 등)이 고안되고 대중화되기 전에 수행된 것임을 명심하기 바란다. 따라서, 현대적인 접근 방식들과 관련한 비지도 사전훈련의 효과는 덜 파악된 상태이다.

중요한 질문 하나는, 비지도 사전훈련이 어떻게 하나의 정칙화 항으로 작용하는가이다. 한 가지 가설은 사전훈련이 관측된 자료를 생성한 바탕 원인과 관련된 특징들을 발견하도록 학습 알고리즘을 이끈다는 것인데, 이는 비지도 사전훈련 이외의 여러 알고리즘들(§15.3에서 좀 더 상세하게 이야기한다)의 동기가 된 중요한 착안이다.

다른 형태의 비지도 학습과 비교할 때 비지도 사전훈련의 단점은 개별적인 두 훈련 단계를 수행해야 한다는 것이다. 정칙화 전략 중에는 사용자가 단 하나의 초매개변수의 값을 조정함으로써 정칙화의 세기를 제어할 수 있게 한다는 장점을 가진 것들이 많다. 그러나 비지도 사전훈련의 경우에는 비지도 단계에서 비롯되는 정칙화의 세기를 조정하는 명확한 방법이 없다. 대신 초매개변수들이 아주 많이 있는데, 그것들의 효과를 사후에 측정할 수는 있지만 미리 예측하는 것은 어려울 때가 많다. 사전훈련 전략을 사용하는 대신 비지도 학습과 지도 학습을 동시에 수행하는 경우에는 초매개변수가 단 하나인데, 일반적으로 그 초매개변수는 비지도 학습의 비용함수에 포함된 하나의 계수이다. 그 계수는 비지도 목적함수가 지도 학습 모형을 얼마나 강하게 정칙화하는지를 결정한다. 그 계수가 작을수록 정칙화가 약해진다는 가정은 항상 성립한다. 반면 비지도 사전훈련에서는 정칙화의 세기를 유연하게 조정하는 방법이 없다. 지도 학습 모형을 사전훈련된 매개변수들로 초기화하든 그렇지 않든 마찬가지이다.

개별적인 두 훈련 단계를 사용하는 것의 또 다른 단점은, 각 단계에 고유의 초매개변수들이 존재한다는 것이다. 일반적으로 첫 단계의 성과로 둘째 단계의 성과를 예측할 수는 없기 때문에, 첫 단계를 위해 초매개변수들을 제시한 때에서 시간이 한참 지난 후에야 둘째 단계의 피드백을 이용해서 그 매개변수들을 갱신할 수 있게 된다. 이 문제에 대한 가장 원칙적인 접근 방식은, 지도 훈련 단계의 검증 집합 오차를 이용해서 사전훈련 단계의 초매개변수들을 선택하는 것이다. [Larochelle 외, 2009]에 그러한 방법이 나와 있다. 실제 응용에서, 사전훈련 반복 횟수 같은 일부 초매개변수들은 비지도 목적함수에 조기 종료를 적용함으로써 사전훈련 단계에서 편하게 설정할 수 있다. 그런 목적함수가 이상적이지는 않지만, 지도 목적함수를 사용하는 것보다는 계산 비용이 훨씬 작다.

현재는 자연어 처리 분야를 제외하고는 비지도 사전훈련이 거의 버려진 상태이다. 자연어 처리에서는 단어들의 자연스러운 표현인 원핫 벡터가 유사도 정보를 담지 않는다는 점과 아주 큰 이름표 없는 자료 집합을 사용할 수 있다. 이 덕분에 커다란 이름표 없는 자료 집합(이를테면 수십 억 개의 단어를 담은 말뭉치)으로 사전훈련을 한 번만 실행해서 좋은 표현(보통은 단어들의 표현이지만 문장들의 표현일 수도 있다)을 배운 후, 그 표현을 훈련 집합에 견본이 별로 없는 지도 학습 과제에 사용하거나 미세조정할 수 있다는 장점이 생긴다. 이러한 접근 방식은 [Collobert & Weston, 2008b]와 [Turian 외, 2010], [Collobert 외, 2011a]가 개척했으며, 현재도 흔히 쓰인다.

지도 학습에 기초한, 그리고 드롭아웃이나 배치 정규화를 정칙화 전략으로 사용하는 심층 학습 기법들은 여러 과제들에서 인간 수준의 성과를 올릴 수 있다. 단, 그러려면 엄청나게 큰 이름표 붙은 자료 집합이 주어져야 한다. 그리고 그런 기법들은 CIFAR-10이나 MNIST 같은 중간 크기(부류당 이름표 붙은 견본이 대략 5,000개 정도인) 자료 집합에서 비지도 사전훈련보다 나은 성과를 낸다. 선택적 스플라이싱(alternative splicing; 또는 대체 잘라잇기) 자료 집합처럼 극히 작은 자료 집합들의 경우에는 베이즈 방법들이 비지도 사전훈련에 기초한 방법보다 나은 성과를 낸다(Srivastava, 2013). 이런 이유들로 비지도 사전훈련은 인기가 떨어졌다. 그렇긴 하지만 비지도 사전훈련은 심층 학습 역사에서 중요한 이정표로 남아 있으며, 현재의 접근 방식들에 계속해서 영향을 미친다. 사전훈련 개념은 §8.7.4에서 논의한 **지도 사전훈련**(supervised pretraining)으로 일반화되었다. 전이 학습을 위한 지도 사전훈련(Oquab 외, 2014; Yosinski 외, 2014)은 합성곱 신경망에 사용하기 위해 ImageNet 자료 집합을 사전훈련하는 데 흔히 쓰인다. 그런 목적으로 실무자들은 자신이 훈련한 신경망의 매개변수들을 공유하는데, 이는 자연어 처리 과제를 위해 사전훈련된 단어 벡터들을 공유하는(Collobert 외, 2011a; Mikolov 외, 2013a) 것과 비슷한 관행이다.

15.2 전이 학습과 영역 적응

전이 학습(transfer learning)과 영역 적응(domain adaptation)은 한 설정(이를테면 분포 P_1)에서 학습한 것을 다른 설정(이를테면 분포 P_2)의 일반화를 개선하기 위해 활용하는 것을 말한다. 이는 이전 절에서 논의한, 비지도 학습 과제와 지도 학습 과제 사이에서 표현을 전달(전이)한다는 착안을 좀 더 일반화한 것에 해당한다.

전이 학습에서 학습자는 반드시 둘 이상의 서로 다른 과제들을 수행해야 한다. 그런데 그 과제들이 완전히 무관한 것은 아니다. 전이 학습에서는 P_1의 변동들을 설명하는 여러 인자들이 P_2의 학습을 위해 포착해야 하는 변동들과 관련이 있다고 가정한다. 이 점은 입력은 같지만 목표는 그 성질이 다를 수 있는 지도 학습의 예를 생각하면 이해하기 쉽다. 예를 들어 첫 설정에서 어떤 시각적 범주들(개와 고양이 등)의 집합을 배우고, 둘째 설정에서 그와는 다른 시각적 범주들(개미와 말벌 등)의 집합을 배운다고 하자. 만일 첫 설정(분포 P_1에서 견본들을 추출하는)의 자료가 둘째 설정의 것보다 훨씬 많다면, P_2에서 추출한 아주 적은 견본들로도 빠르게 일반화되는 데 도움이 되는 표현을 배우는 것이 바람직할 것이다. 여러 시각적 범주들은 윤곽선이나 기하도형, 기하학적 변화나 조명 변화의 효과 같은 저수준 개념들을 **공유**한다. 일반적으로, 서로 다른 설정들(또는 과제들)에 유용한 특징들(둘 이상의 설정에 나타나는 바탕 인자들에 대응되는)이 존재하는 경우, 표현 학습 기법을 통해서 전이 학습과 다중 과제 학습(§7.7), 영역 적응을 수행할 수 있다. 그러한 구조가 그림 7.2에 나와 있다. 그림에서 과제에 의존적인 위쪽 층들이 아래 층들을 공유함을 주목하기 바란다.

그런데 서로 다른 과제들이 입력의 의미론(semantics)이 아니라 출력의 의미론을 공유할 때도 있다. 예를 들어 음성 인식 시스템은 출력층에서 유효한 문장을 산출해야 하지만, 입력층에 가까운 이전 층들은 화자에 따라 동일한 음소 또는 부분 음소 파형의 아주 다른 버전들을 인식해야 할 수 있다. 그런 경우에는 신경망의 위쪽 층들(출력층에 가까운)을 공유하고 과제 의존적 전처리 층을 하나 도입한 구조가 더 바람직할 것이다. 그런 구조가 그림 15.2에 나와 있다.

전이 학습과 관련된 기법인 **영역 적응**의 경우, 서로 다른 설정들에서 과제는(그리고 최적의 입력 대 출력 사상은) 동일하지만 입력의 분포가 약간 다르다. 예를 들어, 어떤 댓글(comment)에 담긴 정서가 긍정적인지 부정적인지 판정하는 감성 분석(sentiment

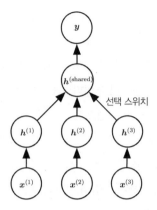

그림 15.2: 다중 과제 또는 전이 학습 아키텍처의 예. 출력 변수 y의 의미론은 모든 과제에서 동일하지만, 입력 변수 x는 과제마다(또는, 이를테면 사용자마다) 의미가(심지어는 차원도) 다르다. 그림의 $\mathbf{x}^{(1)}$, $\mathbf{x}^{(2)}$, $\mathbf{x}^{(3)}$은 그러한 서로 다른 입력을 나타낸다. 아래쪽 층들은 자신의 과제 의존적 입력을 일반적인 특징 집합으로 변환하는 방법을 배운다.

analysis) 과제에서 영역 과제의 예를 찾을 수 있다. 웹에서 볼 수 있는 댓글들의 대상은 다양한 범주('영역')로 나뉜다. 어떤 감성 예측기(sentiment predictor)를 책이나 영화, 음악 같은 매체 콘텐츠에 대한 고객 리뷰들로 훈련한 후 그것을 TV나 스마트폰 같은 전자기기에 관한 평을 분석하는 데 사용한다면, 한 영역의 결과를 다른 영역에 적응시킨 셈이 된다. 주어진 문장이 긍정적인지, 중립적인지, 부정적인지 말해 주는 어떤 하나의 바탕 함수가 존재하겠지만, 구체적인 어휘와 문체는 영역마다 다를 수 있기 때문에 영역 간 일반화가 쉽지 않다. 간단한 비지도 사전훈련(잡음 제거 자동부호기를 이용한)이 감성 분석의 영역 적응에 아주 성공적이었다는 결과가 있다(Glorot 외, 2011b).

이와 관련된 문제로 **개념 변화**(concept drift)라는 것이 있다. 자료 분포가 시간에 따라 점차 변한다는 점을 생각하면 이 개념 변화를 일종의 전이 학습으로 볼 수도 있다. 그리고 개념 변화와 전이 학습 모두 다중 과제 학습의 특정한 형태라고 할 수 있다. '다중 과제 학습'이라는 용어는 일반적으로 지도 학습 과제들을 뜻하지만, 전이 학습의 좀 더 일반적인 개념은 비지도 학습과 강화 학습에도 적용된다.

이 모든 경우에서 목표는 첫 설정의 자료에서 추출한 정보를 둘째 설정의 학습에, 또는 둘째 설정에서 실제로 예측값을 구하는 데 활용하는 것이다. 표현 학습의 핵심 착안은 하나의 표현이 두 설정 모두에서 유용할 수 있다는 것이다. 두 설정에서 같은 표현을 사용한다면, 두 과제 모두에 사용 가능한 훈련 자료로부터 더 나은 표현을 얻을 수 있다.

앞에서 언급했듯이, 전이 학습을 위한 비지도 심층 학습은 몇몇 기계 학습 대회에서 성공을 거두었다(Mesnil 외, 2011; Goodfellow 외, 2011). 그중 첫 대회의 진행 방식은 이렇다. 각 참가자에게 첫 설정의 자료 집합(분포 P_1에서 추출한)이 주어진다. 그 자료 집합은 일정한 범주들에 속한 견본들을 나타낸다. 참가자는 반드시 그 자료 집합을 이용해서 좋은 특징 집합(원본 입력을 어떤 표현으로 사상하는)을 학습해야 한다. 여기서 '좋은'이란, 학습된 변환을 전이 설정(분포 P_2)의 입력들에 적용했을 때, 하나의 선형 분류기를 적은 수의 이름표 붙은 표본들로 훈련해서 잘 일반화되게 할 수 있어야 한다는 뜻이다. 이 대회에서 나온 가장 놀라운 결과 중 하나는, 아키텍처가 사용하는 표현(첫 설정 P_1에서 추출한 자료를 이용해서 순수한 비지도 학습 방식으로 학습된)이 깊어짐에 따라 둘째 설정(전이 설정) P_2의 새 범주들에 대한 학습 곡선이 훨씬 나아진다는 것이었다. 표현이 깊은 경우에는 전이 과제에서 더 적은 수의 이름표 붙은 견본들로도 명백히 점근적인 일반화 성과를 달성할 수 있었다.

전이 학습의 두 극단적인 형태로 **단발 학습**(one-shot learning)과 **무발 학습**(zero-shot learning)이 있다. 무발 학습을 **무자료 학습**(zero-data learning)이라고 부르기도 한다. 단발 학습은 이름표 붙은 견본을 하나만 사용하고, 무발 학습은 이름표 붙은 견본을 아예 사용하지 않는다.

단발 학습(Fei-Fei 외, 2006)이 가능한 이유는, 첫 단계에서 표현이 바탕 부류들을 깔끔하게 분리하는 방법을 배울 수 있기 때문이다. 전이 학습 단계에는 이름표 붙은 견본 하나만으로도 표현 공간의 한 점 주변에 몰려 있는 다수의 가능한 시험 견본들의 이름표를 추론할 수 있다. 이는 표현 공간에서 그러한 불변성들에 대응되는 변동 요인들이 다른 요인들과 명백하게 분리되는 지점까지는, 그리고 특정 범주들의 물체들을 판별하는 데 중요한 인자들과 그렇지 않은 인자들이 어떤 것인지를 어떻게든 배우게 되는 지점까지는 잘 작동한다.

무발 학습 설정의 예로, 학습 모형이 대량의 텍스트를 읽은 후 물체 인식 문제를 푸는 상황을 생각해 보자. 텍스트가 어떤 물체를 충분히 잘 서술한다면, 학습자는 그 물체의 이미지를 보지 않고도 그 물체를 식별할 수 있다. 예를 들어 전에 고양이를 한 번도 본 적이 없는 학습자라도, 고양이가 다리가 네 개이고 귀가 뾰족하다는 텍스트를 읽은 후에는 주어진 이미지에 고양이가 존재하는지 추측할 수 있다.

무자료 학습(Larochelle 외, 2008)과 무발 학습(Palatucci 외, 2009; Socher 외, 2013b)이 가능

한 이유는, 이미 훈련 과정에서 추가 정보가 활용되었기 때문이다. 확률변수 세 개가 관여하는 무자료 학습 상황을 상상해 보자. 하나는 전통적인 입력 x이고 다른 하나는 전통적인 출력 또는 목푯값 y, 나머지 하나는 과제를 서술하는 확률변수 T이다. 모형은 조건부 분포 $p(y|x, T)$를 추정하도록 훈련되는데, 여기서 T는 모형으로 수행하려는 과제의 서술이다. 고양이에 관한 글을 읽은 후 고양이를 식별하는 예에서, 출력은 하나의 이진 변수 y이다. 이때 $y = 1$은 '예', $y = 0$은 '아니요'를 뜻한다. 과제 변수 T는 학습 모형이 답해야 하는 질문, 이를테면 "이미지에 고양이가 있는가?"를 나타낸다. T와 같은 공간에 존재하는 사물들의 비지도 견본들로 이루어진 훈련 집합으로 학습 모형을 훈련한다면, 학습은 본 적이 없는 T의 사례들의 의미를 추론할 수 있다. 고양이 이미지를 본 적이 없는 학습 모형이 고양이를 식별하게 하는 예에서는 "고양이는 다리가 네 개이다"나 "고양이는 귀가 뾰족하다" 같은 의미를 담은 이름표 없는 텍스트 자료가 반드시 훈련 집합에 포함되어 있어야 한다.

무발 학습을 위해서는 일종의 일반화가 가능한 형태로 T를 표현할 수 있어야 한다. 예를 들어 T를 그냥 물체의 범주를 나타내는 원핫 벡터 형태의 부호로 두어서는 안 된다. 대신 [Socher 외, 2013b]는 각 범주에 연관된 단어에 대한 학습된 단어 내장을 이용해서 물체 범주들을 분산 표현 방식으로 표현했다.

기계 번역에서도 비슷한 현상이 나타난다(Klementiev 외, 2012; Mikolov 외, 2013b; Gouws 외, 2014). 한 언어의 단어들이 있다고 하자. 그 단어들 사이의 관계는 그 언어만으로 된 말뭉치로부터 배울 수 있다. 한편, 그 언어의 단어들을 다른 언어의 단어들과 연관시키는 번역문들이 있다고 하자. 비록 언어 X의 단어 A를 언어 Y의 단어 B로 번역하는 이름표 붙은 견본들이 없어도, 언어 X의 단어들에 대한 분산 표현과 언어 Y의 단어들에 대한 분산 표현을 배웠으므로 그것을 일반화해서 단어 A의 번역어(언어 Y의 단어)를 추측하는 것이 가능하다. 두 언어의 문장들에서 서로 부합하는 쌍들로 이루어진 훈련 견본들을 통해서, 두 공간을 연관시키는 하나의 연결고리(어쩌면 양방향일 수도 있는)를 만들 수 있다. 이러한 전이 학습은 모든 구성요소(두 표현과 그들 사이의 관계들)를 결합적으로 학습할 수 있을 때 가장 성공적일 것이다.

무발 학습은 전이 학습의 한 특정한 형태이다. **다중 모드 학습**(multimodal learning)이 한 모달리티(modality)의 표현과 다른 한 모달리티의 표현, 그리고 한 모달리티에서의 관측값 x와 다른 모달리티에서의 관측값 y로 구성된 쌍 (x, y)들 사이의 관계(일반적으로 하나의 결합분포)를 포착하는 것에도 같은 원리가 적용된다(Srivastava & Salakhutdinov, 2012). 세 매개변수 집합(x에서 그 표현으로의 매개변수들과 y에서 그 표현으로의 매개변수들, 그리고 두 표현의 관계)을 모두 학습하면 각 표현의 개념들이 다른 표현에 정착 (anchoring)하게 되며, 결과적으로 모형은 새로운 쌍들에 대해 의미 있는 방식으로 일반화된다. 이러한 절차가 그림 15.3에 나와 있다.

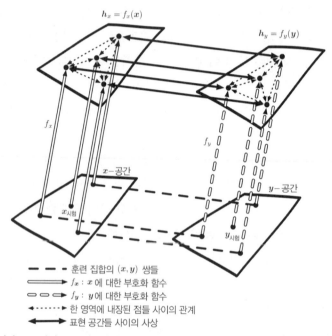

그림 15.3: 두 영역(x 공간과 y 공간) 사이의 전이 학습 덕분에 무발 학습이 가능하다. 학습 모형은 x의 이름표 붙은/붙지 않은 견본들을 통해서 표현 함수 f_x를 배우며, 마찬가지로 y의 견본들을 통해서 f_y를 배운다. 함수 f_x와 f_y의 적용들이 각각 다른 스타일의 위쪽 화살표로 표시되어 있다. h_x 공간에서 임의의 두 점 사이의 거리는 x 공간에서의 그 두 점의 유사도에 해당하는데, 이 거리가 x 공간에서의 거리보다 의미가 더 클 수 있다. 마찬가지로, h_y 공간에서의 두 점의 거리는 y 공간에서의 두 점의 유사도를 제공한다. 그러한 두 유사도 함수들이 양방향 점선 화살표로 표시되어 있다. (x, y) 쌍은 이름표 붙은 견본(점선 수평선)에 해당한다. 이 견본들 덕분에 모형은 표현 $f_x(x)$와 표현 $f_y(y)$ 사이의 단방향 또는 양방향 사상(실선 양방향 화살표)을 배우게 된다. 또한, 이 견본들은 그런 표현들이 서로에 정착되게 만든다. 이러한 표현들 덕분에 무자료 학습이 가능해진다. 무자료 학습에서 학습 모형은 하나의 이미지 $x_{시험}$을 하나의 단어 $y_{시험}$에 연관시킬 수 있다. 심지어 그 단어의 이미지를 학습 모형이 한 번도 관측하지 않았어도 그러한 연관이 가능하다. 단어 표현 $f_y(y_{시험})$들과 이미지 표현 $f_x(x_{시험})$을 그냥 표현 공간들 사이의 사상을 통해서 연관시킬 수 있기 때문이다. 비록 그 이미지와 그 단어가 하나의 쌍을 이룬 적이 없다고 해도, 해당 특징 벡터 $f_x(x_{시험})$과 $f_y(y_{시험})$은 이미 연관되어 있다. 이 그림은 흐란트 카차트리안Hrant Khachatrian의 제안에서 영감을 얻어 만들어 낸 것이다.

15.3 준지도 학습 기법을 이용한 원인 분리

표현 학습에서 중요한 질문 하나는 "어떤 표현이 좋은 표현인가?"이다. 이에 대한 한 가지 가설은, 이상적인 표현은 표현의 서로 다른 특징들(다른 식으로 말하면, 특징 공간 안에서의 서로 다른 방향들)이 관측된 자료의 서로 다른 바탕 원인들에 대응되는, 그럼으로써 원인들을 풀어헤치는(disentangle) 효과를 내는 표현이라는 것이다. 이러한 가설은 $p(\mathbf{x})$에 대한 좋은 표현을 구하는 여러 접근 방식의 동기가 된다. 만일 $\mathbf{y}$가 $\mathbf{x}$의 가장 두드러진 원인들 중 하나에 해당한다면, 그러한 표현은 $p(\mathbf{y}|\mathbf{x})$를 계산하기에도 좋은 표현일 수 있다. 적어도 1990년대부터 심층 학습 연구의 상당 부분은 이러한 착안을 지침으로 삼았다. 이에 관해서는 [Becker & Hinton, 1992]와 [Hinton & Sejnowski, 1999]에 좀 더 자세히 나와 있다. 준지도 학습이 순수한 지도 학습보다 나은 성과를 내는 이유에 관한 그 밖의 주장들은 [Chapelle 외, 2006]의 §1.2를 보기 바란다.

표현 학습의 다른 접근 방식들에서는 모형화하기 쉬운 표현을 좋은 표현으로 간주할 때가 많다. 예를 들어 성분들이 희소하거나 서로 독립적이면 모형화가 쉽다. 바탕에 깔린 원인(causal factor)들을 깔끔하게 분리하는 표현이 반드시 모형화하기 쉬운 것은 아니다. 그러나 비지도 표현 학습을 통한 준지도 학습의 동기가 된 가설의 일부는, 여러 AI 과제들에서 그 두 성질이 일치한다는 것이다. 즉, 관측된 자료에 대한 바탕 설명을 얻을 수 있다면, 개별 특성들을 서로 분리하기도 쉬워진다. 좀 더 구체적으로, 어떤 표현 $\mathbf{h}$가 관측 자료 $\mathbf{x}$의 여러 바탕 원인들을 나타내고 출력 $\mathbf{y}$가 가장 두드러진 원인들 중 하나라고 하면, $\mathbf{h}$로부터 $\mathbf{y}$를 예측하기 쉽다.

우선, $p(\mathbf{x})$의 비지도 학습이 $p(\mathbf{y}|\mathbf{x})$의 학습에 도움이 되지 않기 때문에 준지도 학습이 실패하는 경우를 생각해 보자. 예를 들어 $p(\mathbf{x})$가 균등분포이고 모형이 $f(\boldsymbol{x}) = \mathbb{E}[\mathbf{y}|\boldsymbol{x}]$를 배워야 하는 경우, 단지 훈련 집합의 $\boldsymbol{x}$ 값들을 관측하는 것만으로는 $p(\mathbf{y}|\mathbf{x})$에 관해 어떠한 정보도 얻지 못한다.

다음으로, 준지도 학습이 성공할 수 있는 예를 살펴보자. $\mathbf{x}$가 하나의 혼합분포에서 추출되는데, 그 혼합분포가 $\mathbf{y}$의 각 값당 하나씩의 성분 분포들을 혼합한 것이라고 하자(그림 15.4). 그 성분 분포들이 잘 분리되어 있는 경우, $p(\mathbf{x})$를 모형화하면 각 성분 분포가 정확히 어떤 것인지 드러나며, 부류당 단 하나의 이름표 붙은 견본으로도 $p(\mathbf{y}|\mathbf{x})$를 완벽하게 학습할 수 있다. 그러나 이보다 더 일반적인 상황에서 $p(\mathbf{y}|\mathbf{x})$와

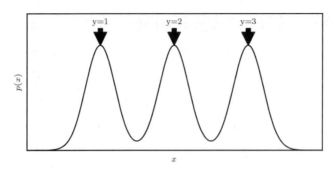

그림 15.4: 혼합 모형. 그래프는 x의 밀도를 나타낸 것인데, 이 밀도는 세 성분 분포로 이루어진 혼합 분포에 해당한다. 각 성분 분포는 바탕 원인변수 y에 해당한다. 성분 분포들(예를 들어, 이미지 자료의 경우에는 자연 사물 부류들)은 통계적으로 두드러지므로, 그냥 $p(x)$를 비지도 학습 방식으로 모형화하기만 해도 원인 y가 드러난다.

$p(\mathbf{x})$를 함께 묶는 요소는 무엇일까?

만일 $\mathbf{y}$가 $\mathbf{x}$의 원인 중 하나와 밀접하게 연관된다면, $p(\mathbf{x})$와 $p(\mathbf{y}|\mathbf{x})$는 강하게 묶일 것이며, 그러면 변동의 바탕 인자들을 풀어헤치려 하는 비지도 표현 학습이 하나의 준지도 학습 전략으로 유용할 가능성이 크다.

$\mathbf{y}$가 $\mathbf{x}$의 원인 중 하나라고 가정하자. 그리고 표현 $\mathbf{h}$가 그런 원인들을 모두 나타낸다고 하자. 진(참값) 생성 과정은 다음과 같이 $\mathbf{h}$가 $\mathbf{x}$의 부모인 유향 그래프 모형에 따라 조직화된다고 할 수 있다.

$$p(\mathbf{h},\mathbf{x}) = p(\mathbf{x}|\mathbf{h})p(\mathbf{h}). \tag{15.1}$$

따라서 자료의 주변 확률은

$$p(\boldsymbol{x}) = \mathbb{E}_{\mathbf{h}}p(\boldsymbol{x}|\boldsymbol{h}) \tag{15.2}$$

이다. 이러한 직접적인 관측으로부터 $\mathbf{x}$의 가능한 최선의(일반화의 관점에서) 모형은 위와 같은 '진' 구조를 드러내는 모형, 즉 $\boldsymbol{h}$가 $\boldsymbol{x}$의 관측된 변동들을 설명하는 하나의 잠재변수인 모형이라는 결론을 얻을 수 있다. 그러므로 앞에서 논의한 "이상적인" 표현 학습을 적용하면 그러한 잠재인자들이 드러날 것이다. 만일 $\mathbf{y}$가 그런 잠재 인자의 하나(또는 그런 잠재 인자와 밀접히 관련된 인자)이면, 모형은 그런 표현으로부터 $\mathbf{y}$를 예측하는 방법을 쉽게 배울 수 있을 것이다. 또한, $\mathbf{x}$가 주어졌을 때의 $\mathbf{y}$의 조건부 분포가 베이즈 정리에 의해 앞의 방정식의 구성요소들과 묶인다는 점도 주목하기 바란다.

$$p(\mathbf{y}|\mathbf{x}) = \frac{p(\mathbf{x}|\mathbf{y})p(\mathbf{y})}{p(\mathbf{x})}.$$ (15.3)

따라서 주변 확률 $p(\mathbf{x})$는 조건부 확률 $p(\mathbf{y}|\mathbf{x})$와 밀접하게 연관되며, 전자의 구조에 관한 지식이 후자의 학습에 도움이 될 것이다. 그러므로, 이러한 가정들이 성립하는 상황에서는 준지도 학습이 성과를 개선할 것이다.

대부분의 관측값이 극히 많은 수의 바탕 원인들에 의해 형성된다는 사실과 관련한 중요한 연구 문제가 있다. $\mathbf{y} = h_i$지만 비지도 학습자는 그 h_i가 어떤 것인지 알지 못한다고 하자. 비지도 학습에서 이에 대한 무차별 대입(brute force) 해법은, 학습자가 어느 정도 현저한 생성 요인 h_j들을 모두 포착해서 그것들을 풀어헤치는 것이다. 그러면 어떤 h_i가 $\mathbf{y}$에 연관되는지와는 무관하게 $\mathbf{h}$에서 $\mathbf{y}$를 쉽게 예측할 수 있다.

실제 응용에서 그런 무차별 대입 해법은 실현 가능성이 없다. 왜냐하면, 하나의 관측값에 영향을 주는 변동의 모든 또는 대부분의 인자를 포착하는 것 자체가 불가능하기 때문이다. 예를 들어 어떤 장면을 찍은 이미지에 대한 표현이 배경에 있는 가장 작은 물체들까지도 항상 부호화할까? 사람은 배경의 변화 중 자신이 현재 수행하고 있는 과제와 직접 관련이 있는 것은 아닌 변화는 잘 인식하지 못한다. 이는 잘 문서화된 심리적 현상인데, 이를테면 [Simons & Levin, 1998]을 보라. 각 상황에 무엇을 부호화할 것인지 결정하는 문제는 준지도 학습의 중요한 최전선 연구 과제 중 하나이다. 현재, 대량의 바탕 원인을 다루는 주된 전략 두 가지는 지도 학습 신호와 비지도 학습 신호를 동시에 사용해서 모형이 변동의 가장 의미 있는 인자들을 선택해서 포착하게 하는 것과 좀 더 큰 표현들을 사용하는 것(비지도 학습만 적용하는 경우)이다.

비지도 학습에서 인기를 얻고 있는 전략 하나는 가장 두드러진 바탕 원인의 정의 자체를 수정하는 것이다. 역사적으로 자동부호기나 생성 모형은 하나의 고정된 판정 기준(주로 평균제곱오차와 비슷한 어떤 것)을 최적화하도록 훈련되었다. 어떤 원인이 두드러진 원인인지는 그런 고정된 판정기준으로 결정된다. 예를 들어 이미지의 픽셀들에 평균제곱오차를 적용하면, 많은 수의 픽셀들의 밝기가 크게 변하게 하는 원인만 두드러진 원인으로 간주된다. 그런데 작은 물체들과의 상호작용이 관여하는 과제를 풀 때는 그러한 방식이 문제가 될 수 있다. 그림 15.5는 어떤 로봇 공학 과제에서 자동부호기가 작은 탁구공을 부호화하는 데 실패하는 상황을 나타낸 것이다. 이 로봇은

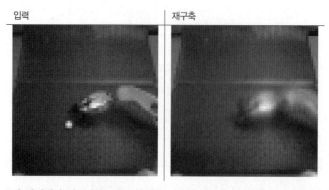

입력　　　　　　　　　　　재구축

그림 15.5: 로봇 공학 과제에서 평균제곱오차로 훈련한 자동부호기가 탁구공의 재구축에 실패한 상황. 탁구공의 존재와 그 공간 좌표들은 모두 이미지를 생성한 중요한 바탕 원인들이자 로봇의 과제에 중요한 정보이다. 안타깝게도 자동부호기의 수용력이 낮았고 평균제곱오차를 이용한 훈련이 탁구공을 부호화하기에 충분히 두드러진 대상으로 식별하지 못했다. 첼시 핀Chelsea Finn이 관대하게 제공한 이미지들이다.

야구공처럼 좀 더 큰 물체와의 상호작용은 성공적으로 수행했는데, 이는 평균제곱오차의 기준으로 야구공은 좀 더 두드러진 바탕 원인에 해당하기 때문이다.

'두드러짐'을 그와는 다른 방식으로 정의하는 것이 가능하다. 예를 들어 일단의 픽셀들이 식별하기 아주 좋은 패턴을 따른다면, 그 패턴에 극단적으로 밝거나 어두운 픽셀들이 관여하지 않는다고 해도, 그 패턴을 극히 두드러진 것으로 간주할 수 있다. 그런 두드러짐 정의를 구현하는 한 방법은 최근 개발된 **생성 대립 신경망**(generative adversarial network, GAN; Goodfellow 외, 2014c)이라는 접근 방식을 사용하는 것이다. 이 접근 방식에서는 한 생성 모형을 분류기 역할을 하는 순방향 신경망을 속이도록 훈련한다. 순방향 분류기는 생성 모형이 만들어 낸 모든 견본을 '가짜'로 판정하고, 훈련 집합의 모든 견본은 '진짜'로 판정하려 한다. 그러한 틀에서, 순방향 분류기가 진짜라고 판정하는 임의의 구조적 패턴은 크게 두드러진 패턴이라 할 수 있다. GAN은 §20.10.4에서 좀 더 자세히 설명한다. 지금 논의에서는 이 GAN이 무엇이 두드러진 것인지 결정하는 방법을 배운다는 점만 이해하면 될 것이다. [Lotter 외, 2015]는 사람 얼굴 이미지를 생성하는 것을 목표로 한 모형을 평균제곱오차를 이용해서 훈련한 경우 종종 귀를 빼먹지만 대립 신경망의 틀로 훈련한 경우에는 귀를 빼먹지 않고 잘 생성한다는 점을 보여주었다. 그림 15.6에 예제 이미지들이 있다. GAN은 표현해야 할 인자들을 결정하는 문제의 해법으로의 한 걸음일 뿐이다. 표현할 인자들을 좀 더 잘 결

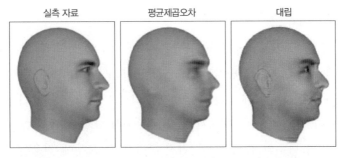

실측 자료	평균제곱오차	대립

그림 15.6: 예측 생성망(predictive generative network)은 두드러진 특징들을 식별하는 능력이 중요한 이유를 보여주는 예이다. 이 그림은 특정 각도에서 본 3차원 인간 두상 모형의 모습을 예측하도록 훈련된 예측 생성망이 생성한 결과를 보여준다. (왼쪽) 실측자료(ground truth)에 해당하는, 생성망이 산출해야 할 정확한 이미지. (가운데) 평균제곱오차만으로 훈련한 예측 생성망이 산출한 이미지. 귀의 밝기가 주변 피부과 크게 다르지 않기 때문에 학습 모형은 귀를 충분히 두드러진 특징으로 간주하지 않았다. 결과적으로 학습 모형은 귀의 표현 방법을 배우지 못했다. (오른쪽) 평균제곱오차와 대립 손실함수의 조합으로 훈련한 모형이 산출한 이미지. 그러한 비용함수를 사용했을 때는 귀의 픽셀들이 예측 가능한 패턴을 따르기 때문에 충분히 두드러진 특징으로 간주되었다. 중요한, 그리고 모형화하기에 충분할 정도로 과제와 관련이 있는 원인들이 무엇인지 학습하는 것은 아직 활발히 연구 중인 주제이다. [Lotter 외, 2015]가 관대하게 제공한 그림들이다.

정하는 방법을 추가 연구가 발견할 것이며, 과제에 따라 서로 다른 인자들을 표현하는 메커니즘도 개발할 것이라고 기대한다.

[Schölkopf 외, 2012]가 지적했듯이 바탕 원인들의 학습이 주는 장점은, 만일 진 생성 과정에서 $\mathbf{x}$가 결과이고 $\mathbf{y}$가 원인이라면, $p(\mathbf{x}|\mathbf{y})$에 대한 모형이 $p(\mathbf{y})$의 변화에 안정적이라는(robust; 강건한) 것이다. 그러나 결과와 원인이 뒤집힌 경우에는 그렇지 않은데, 이는 베이즈 정리에 의해 $p(\mathbf{x}|\mathbf{y})$가 $p(\mathbf{y})$의 변화에 민감하게 반응하기 때문이다. 서로 다른 영역들의 차이나 시간적 비정상성(nonstationarity), 과제의 성격 변화에 의한 분포의 변화를 생각해 보면, 바탕 원인들에 관한 주변 확률분포는 변하지만 **인과 메커니즘은 변하지 않을** 때가 아주 많다("우주는 변치 않는다"의 원리라고 할 수 있겠다). 따라서, 그 어떤 종류의 변화에 대해서든, 원인 $\mathbf{h}$와 $p(\mathbf{x}|\mathbf{h})$를 복원하려 하는 생성 모형의 학습을 통해서 더 나은 일반화와 안정성(강건성)을 기대할 수 있다.

15.4 분산 표현

개념의 분산 표현(distributed representation), 즉 각자 따로 설정할 수 있는 다수의 성분으로 이루어진 표현은 표현 학습에서 가장 중요한 도구의 하나이다. 분산 표현은 각각 k개의 값을 가질 수 있는 n개의 특징으로 서로 다른 k^n가지 개념을 나타낼 수 있다는 점에서 강력하다. 지금까지 이 책에서 보았듯이, 분산 표현 전략은 다수의 은닉 단위를 가진 신경망과 다수의 잠재변수를 가진 확률 모형 모두에 적용할 수 있다. 이번 절에서는 분산 표현에 관해 알려진 또 다른 내용을 소개한다. 심층 학습 알고리즘 중에는 §15.3에서 설명한 것처럼 자료를 설명하는 바탕 원인들을 표현하는 방법을 은닉 단위들이 배울 수 있다는 가정이 동기가 된 것들이 많다. 분산 표현은 그런 접근 방식에 자연스럽게 맞아떨어진다. 표현 공간의 각 차원을 서로 다른 바탕 구성 변수(configuration variable)의 값에 대응시킬 수 있기 때문이다.

분산 표현의 한 예로, n개의 이진 특징으로 이루어진 하나의 벡터를 생각해 보자. 그러한 벡터는 총 2^n개의 구성을 표현할 수 있으며, 각 표현은 잠재적으로 입력 공간의 서로 다른 영역에 대응될 수 있다. 이진 특징이 세 개인 예가 그림 15.7에 나와 있다. 이러한 분산 표현을, 하나의 입력을 하나의 기호 또는 범주에 연관시키는 **기호 표현**(symbolic representation)과 비교해 보기 바란다. 사전(dictionary)에 n개의 기호가 있다면, 각 기호에 연관된 범주의 존재 여부를 검출하는 특징 검출기도 n개가 필요하다. 그런 경우 표현 공간의 서로 다른 공간(입력 공간을 n개의 서로 다른 영역으로 가르는)이 n가지뿐이다. 그림 15.8에 그러한 예가 나와 있다. n개의 비트 중 단 하나만 1이 될 수 있는 벡터로 특징들을 표현한다는 점에서 이런 기호 표현을 원핫(one-hot) 표현이라고 부르기도 한다. 기호 표현은 비분산 표현(nondistributed representation)이라는 좀 더 넓은 범주의 한 특수 사례이다. 비분산 표현은, 여러 개의 성분으로 구성될 수 있지만 개별 성분을 어떤 의미 있는 방식으로 제어하는 수단이 두드러지지는 않는 표현들을 통칭하는 용어이다.

다음은 비분산 표현에 기초하는 학습 알고리즘들의 예이다.

- k-평균 알고리즘을 포함한 군집화(clustering) 방법: 각 입력 점이 정확히 하나의 군집에 배정된다.
- k-최근접 이웃 알고리즘: 하나 또는 소수의 템플릿, 즉 원형(prototype) 견본들을

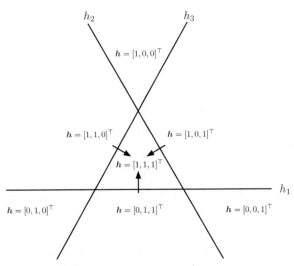

그림 15.7: 분산 표현에 기초한 학습 알고리즘이 입력 공간을 어떻게 여러 영역(region)으로 분할하는지 보여주는 그림. 이 예에는 세 개의 이진 특징 h_1, h_2, h_3이 있다. 각 특징은 학습된 선형 변환의 출력이 특정 문턱값을 넘는지의 여부를 나타낸다. 각 특징은 $\mathbb{R}^2$ 공간을 두 개의 반평면(half-plane)으로 나눈다. h_i^+가 $h_i = 1$인 입력 점들의 집합이고 h_i^-가 $h_i = 0$인 입력 점들의 집합이라고 하자. 그림의 각 선은 한 h_i의 결정 경계선을 나타낸다. 경계선에 수직인 화살표는 h_i^+인 쪽을 가리킨다. 세 특징의 값들로 이루어진 전체적인 표현은 이러한 반평면들의 모든 가능한 각 교점에 해당하는 값들을 가진다. 예를 들어, 표현 값 $[1,1,1]^\top$는 영역 $h_1^+ \cap h_2^+ \cap h_3^+$에 해당한다. 이를 그림 15.8의 비분산 표현과 비교해 보기 바란다. 일반화하자면, 입력 차원이 d일 때 하나의 분산 표현은 반평면이 아니라 반공간(half-space)들을 이용해서 $\mathbb{R}^d$을 분할한다. 특징이 n개인 분산 표현은 $O(n^d)$개의 서로 다른 영역에 고유한 부호를 배정하지만, 견본이 n개인 최근접 이웃 알고리즘은 단 n개의 영역에만 고유한 부호를 배정한다. 따라서 분산 표현은 비분산 표현보다 지수적으로 많은 영역을 구분할 수 있다. 그러나 항상 h의 모든 값이 나오지는 않으며(이 예의 경우 $h = 0$이 없다), 이러한 분산 표현에 기초한 선형 분류기가 모든 인접 영역에 서로 다른 부류 부호를 부여하지는 못한다는 점을 기억하기 바란다. 심지어 심층 선형 문턱값 신경망이라도 가중치 개수가 w라고 할 때 VC 차원은 $O(w\log w)$밖에 되지 않는다(Sontag, 1998). 강한 표현층과 약한 분류기 층의 조합은 하나의 강력한 정칙화 수단이 될 수 있다. 그런 경우, '사람' 대 '사람 아님'의 개념을 배우려 하는 분류기는 '안경 쓴 여성'으로 표현되는 입력과 '안경 안 쓴 남성'으로 표현되는 입력에 서로 다른 부류를 배정할 필요가 없다. 이러한 수용력 제약 때문에 각 분류기는 적은 수의 h_i들에 집중하는 쪽으로 이끌리고, h 층은 선형으로 분리 가능한 방식으로 부류들을 표현하는 방법을 배우는 쪽으로 이끌린다.

주어진 입력에 연관시킨다. $k > 1$인 경우 각 입력을 다수의 값이 서술하지만, 그 값들을 개별적으로 제어할 수는 없기 때문에 진정한 분산 표현으로는 간주하지 않는다.

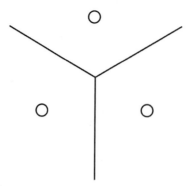

그림 15.8: 최근접 이웃 알고리즘이 입력 공간을 어떻게 여러 영역으로 분할하는지 보여주는 그림. 최근접 이웃 알고리즘은 비분산 표현에 기초한 학습 알고리즘의 한 예이다. 구체적인 기하 구조는 비분산 표현 기반 알고리즘마다 다르겠지만, 대체로 비분산 표현 기반 알고리즘들은 입력 공간을 여러 영역으로 나누되 각 영역에 대해 개별적인 매개변수 집합을 둔다. 비분산 접근 방식의 장점은, 충분한 수의 매개변수들이 주어진다면 어려운 최적화 문제를 풀지 않고도 모형을 훈련 집합에 적합시킬 수 있다는 것이다. 이는 각 영역에 대해 서로 다른 출력을 독립적으로 선택하기가 쉽기 때문이다. 단점은, 그런 비분산 모형은 평활성 사전분포(smoothness prior)를 통해서 오직 국소적으로만 일반화된다는 점이다. 그래서 봉우리와 계곡의 수가 사용 가능한 견본의 수보다 큰 복잡한 함수를 배우기가 힘들다. 이 그림을 그림 15.7의 분산 표현과 비교해 보기 바란다.

- 결정 트리(decision trees): 하나의 입력이 주어졌을 때 단 하나의 잎(말단) 노드(그리고 뿌리에서 그 잎 노드로의 경로에 있는 노드들)만 활성화된다.

- 가우스 혼합모형(Gaussian mixtures)과 전문가 혼합(mixtures of expert): '전문가'라고 부르는 템플릿(군집 중심)들을 **활성화 정도**(degree of activation)에 연관시킨다. k-최근접 이웃 알고리즘처럼 각 입력에는 여러 개의 값이 연관되지만, 그 값들을 따로 제어할 수는 없다.

- 가우스 핵(또는 그와 비슷한 국소 핵)을 사용하는 핵 기계(kernel machine): 이 경우는 각 '지지 벡터(support vector)' 또는 템플릿 견본의 활성화 정도가 연속값이지만, 그래도 가우스 혼합과 동일한 문제가 있으므로 분산 표현으로는 치지 않는다.

- n-그램에 기초한 언어 모형 또는 번역 모형: 문맥(기호 순차열)들의 집합을 접미부(suffix) 트리 구조에 따라 분할한다. 한 잎 노드가 마지막 두 단어(이를테면 w_1과 w_2)에 대응될 수 있다. 트리의 값 잎 노드에 대해 개별적으로 매개변수들을 추정한다(일부 매개변수들을 공유할 수도 있다).

이런 비분산 알고리즘 중에는 출력이 부분별로 상수인 형태가 아니라 인접 영역들 사이의 보간인 것들이 있다. 매개변수 개수(또는 견본 개수)와 알고리즘이 정의할 수 있는 영역의 수 사이의 관계는 여전히 선형이다.

이와 관련해서, 분산 표현과 기호 표현을 구별하는 중요한 개념 하나는 서로 다른 개념들이 공유하는 **공유 특성에 기인한 일반화**이다. 순수한 기호 표현에서, 이를테면 '고양이'와 '개'라는 두 기호 사이의 거리는 다른 임의의 두 기호 사이의 거리와 같다. 그러나 이들에 어떤 의미 있는 분산 표현을 배정한다면, 고양이에 관한 사실들을 개에 관한 사실들로(그리고 그 역으로) 일반화하는 것이 가능하다. 예를 들어 분산 표현에 '털이_있음'이나 '다리_수' 같은 특징들이 있을 때, '고양이'와 '개'의 분산 표현(내장)들에서 그 특징들은 값이 같을 것이다. §12.4에서 논의했듯이, 단어들의 분산 표현을 다루는 신경망 언어 모형들은 단어들의 원핫 벡터 표현을 직접 다루는 다른 모형보다 훨씬 잘 일반화된다. 분산 표현은 풍부한 **유사도 공간**(similarity space)으로 이어지는데, 유사도 공간에서는 의미가 비슷한 개념(입력)들 사이의 거리가 그렇지 않은 개념들 사이의 거리보다 가깝다. 이는 순수한 기호 표현에는 없는 성질이다.

학습 알고리즘의 일부로 분산 표현을 사용하는 것이 통계적으로 이득이 되는 때는 언제이고 그 이유는 무엇일까? 분산 표현은 겉보기에 복잡한 구조를 적은 수의 매개변수들로 간결하게 표현할 수 있을 때 통계적으로 이득이 된다. 몇몇 전통적인 비분산 학습 알고리즘은 평활성 가정에 의해서만 일반화된다. 여기서 평활성 가정이란, 목표 함수(배우려는 함수)가 f라고 할 때 일반적으로 만일 $u \approx v$이면 $f(u) \approx f(v)$라는 것이다. 이런 가정을 공식화하는 방법은 여러 가지가 있지만, 어떤 방법이든 최종 결과는 동일하다. 그런 방법들은 모두, $f(x) \approx y$임을 알고 있는 어떤 견본 (x, y)이 있다고 할 때 그러한 가정을 지키는, 그리고 인근 입력 점 $x + \epsilon$으로 이동할 때 최소한으로만 변하는 추정 함수 $\hat{f}$를 선택한다. 평활성 가정이 아주 유용하다는 점은 명확하지만, 차원의 저주를 벗어나지는 못한다. 즉, 서로 다른 다수의 영역에서 여러 번 증가하고 감소하는 목표 함수를 배우려면[1] 견본들의 수가 구별되는 영역들의 수만큼은 되어야 한다. 그러한 영역들 각각을 하나의 범주나 기호로 간주할 수 있다. 각 기호(또는

---

[1] 응용 과제에 따라서는 지수적으로 많은 영역에서 다르게 행동하는 함수를 배워야 할 수도 있다. 차원당 구분되는 값이 적어도 두 가지인 d차원 공간에서 f는 총 2^d가지의 서로 다른 영역들을 구분해야 하며, 그러려면 $O(2^d)$개의 훈련 견본이 필요하다.

영역)에 대해 개별적인 자유도(degree of freedom)를 둔다면, 기호에서 값으로의 임의의 복호기 사상을 학습할 수 있다. 그러나 그렇다고 해서 모형이 새 영역에 대한 새 기호들로 일반화되지는 않는다.

운이 좋다면 목표 함수에 평활성 이외의 어떤 규칙성이 있을 수도 있다. 예를 들어 최댓값 풀링을 사용하는 합성곱 신경망은 이미지 안의 물체를 이미지 안에서의 물체 위치와는 무관하게 식별할 수 있다. 심지어 물체의 공간 이동이 입력 공간의 매끄러운 (평활) 변환들에 대응되지 않을 때도 그러한 식별이 가능하다.

그럼 구체적인 분산 표현 학습 알고리즘의 예 하나를 살펴보자. 이 예의 학습 알고리즘은 입력에 문턱값 선형 함수를 적용해서 이진 특징들을 추출한다. 각 이진 특징은 그림 15.7에서처럼 $\mathbb{R}^d$ 공간을 두 반공간으로 분할한다. 그런 n개의 반공간들의 교점들의 수(지수적으로 많다)는 분산 표현 학습 모형이 구분할 수 있는 영역의 수를 정의한다. $\mathbb{R}^d$ 공간에서 n개의 초평면이 만들어 내는 영역은 몇 개나 될까? 초평면들의 교차에 관련된 일반 원리들(Zaslavsky, 1975)을 이용하면, 이 이진 특징 표현이 구분할 수 있는 영역의 수가 다음과 같음을 보일 수 있다(Pascanu 외, 2014b).

$$\sum_{j=0}^{d}\binom{n}{j}= O(n^{d}). \tag{15.4}$$

즉, 구분 가능한 영역의 수는 입력 크기의 거듭제곱에, 그리고 은닉 단위 개수의 다항식에 비례해서 증가한다.

이상의 논의에서 분산 표현의 일반화 능력을 설명해 주는 기하학적 논거를 이끌어 낼 수 있다. 바로, $\mathbb{R}^d$ 공간에 있는 n개의 선형 문턱값 특징에 대한 $O(nd)$개의 매개변수들로 입력 공간의 서로 다른 $O(n^d)$개의 영역을 표현할 수 있다는 것이다. 분산 표현을 사용하는 대신 자료에 관해 그 어떤 가정도 두지 않고 각 영역을 단 하나의 고유한 기호로 표현한다면, 그리고 각 기호에 대응되는 $\mathbb{R}^d$의 영역을 개별적인 매개변수 값들로 지정한다면, $O(n^d)$개의 영역을 지정하기 위해서는 $O(n^d)$개의 견본이 필요하다. 좀 더 일반적으로는, 분산 표현이 바람직함을 말해 주는 이러한 논거를 분산 표현의 각 특성에 대해 선형 문턱값 단위 대신 비선형 특징 추출기(어쩌면 연속값일 수도 있는)를 사용하는 경우로까지 확장할 수도 있다. 이 경우 논거는, 만일 k개의 매개변수들에 대한 매개변수적 변환이 입력 공간의 r개의 영역들에 관해 뭔가를 배울 수 있다면(여기서 $k \ll r$), 그리고 그런 표현을 얻는 것이 애초에 풀고자 했던 과제에 도움이 되었다면, 비분산 설정(동일한 특징들과 입력 공간을 r개의 영역들로 분할하는 방법을 배우려면 $O(r)$개의 견본이 필요한)보다 이런 설정이 훨씬 더 잘 일반화될 가능성이 있다는 것이다. 모형을 더 적은 수의 매개변수를 이용해서 표현한다는 것은 적합시킬 매개변수가 더 적다는, 따라서 모형이 잘 일반화되게 하는 데 필요한 훈련 견본이 훨씬 더 적다는 뜻이다.

분산 표현에 기초한 모형이 잘 일반화되는 이유에 대한 이러한 논거는 모형이 아주 많은 영역을 구분할 수 있음에도 그 수용력은 제한적이라는 관찰과 연관이 있다. 예를 들어 선형 문턱값 단위들을 사용하는 신경망의 VC 차원은 단 $O(w \log w)$밖에(여기서 w는 가중치 개수) 되지 않는다(Sontag, 1998). 이러한 한계는 모형이 표현 공간에 아주 많은 수의 유일한 부호들을 배정할 수는 있지만 부호 공간 전체를 사용할 수는 없으며, 표현 공간 h에서 출력 y로 사상하는 임의의 함수를 선형 분류기를 이용해서 배울 수는 없다는 사실에서 비롯된다. 따라서, 분산 표현과 선형 분류기의 조합은 식별할 부류들이 h가 포착한 바탕 원인들의 함수로서 선형으로 분리될 수 있다는 우리의 사전 믿음을 나타낸다고 할 수 있다. 일반적으로 분류 과제에서 모형이 학습하는 것은 녹색 물체가 있는 모든 이미지의 집합이나 자동차가 있는 모든 이미지의 집합 같은 범주들을 분류하는 방법이지, 어떤 비선형 XOR 논리가 필요한 범주들을 분류하는 방법이 아니다. 예를 들어 모든 빨간색 승용차와 녹색 트럭을 하나의 부류로 묶고 모든 녹색 승용차와 빨간색 트럭을 다른 하나의 부류로 묶는 경우는 별로 없다.

지금까지 논의한 착안들은 추상적이었지만, 이들을 실험으로 검증하는 것도 가능할 것이다. [Zhou 외, 2015]는 ImageNet과 Places 벤치마크 자료 집합들로 훈련한 심층 합성곱 신경망의 은닉 단위들이 해석 가능한(interpretable), 사람이 자연스럽게 배정했을 이름표에 대응되는 특징들을 학습할 때가 많음을 발견했다. 물론 실제 응용에서 은닉 단위들이 어떤 간단한 언어적 이름을 가진 뭔가를 배우는 일이 항상 발생하지는 않지만, 그래도 최고의 컴퓨터 시각 심층망의 최상위 수준 근처에서 이런 현상이 나타났다는 것은 흥미로운 일이다. 그런 특징들의 한 가지 공통점은, **다른 모든 특징의 모든 구성을 보지 않고도 각각을 배울 수 있다는 것이다.** [Radford 외, 2015]는 생성 모형이, 변동의 서로 다른 바탕 인자들을 포착하는 표현 공간에서 개별적인 방향들을 가진 얼굴 이미지 표현들을 학습할 수 있음을 입증했다. 그림 15.9의 예에서 표현 공간의 한

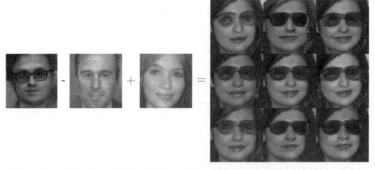

그림 15.9: 성별 개념과 안경 착용 개념을 분리하는 분산 표현을 배운 생성 모형. 안경 쓴 남자라는 개념의 표현에서 안경을 쓰지 않은 남자라는 개념을 나타내는 벡터를 뺀 후 안경을 쓰지 않은 여자라는 개념을 나타내는 벡터를 더하면 안경 쓴 여자라는 개념을 나타내는 벡터가 나온다. 생성 모형은 이 모든 표현 벡터들을 정확히 복호화해서, 해당 부류에 속하는 것으로 간주할 수 있을 만한 이미지들을 만들어 냈다. [Radford 외, 2015]의 이미지들을 허락하에 전재했다.

방향은 주어진 얼굴이 남자인지 여자인지를 나타내고, 다른 한 방향은 그 사람이 안경을 썼는지 아닌지를 나타낸다. 이런 특징들은 사람이 미리 지정한 것이 아니라 모형이 스스로 발견한 것이다. 은닉 단위 분류기에 이름표들을 부여할 필요가 없다. 과제에 맞는 목적함수에 경사 하강법을 적용하면 자연스럽게 모형은 의미상 흥미로운 특징들을 배운다(과제에 그러한 특징들이 필요하다고 할 때). 실제로 모형은 주어진 얼굴이 남자인지 여자인지, 안경을 썼는지 아닌지를 해당 값들의 모든 조합을 포괄하는 견본들을 이용해서 나머지 $n-1$의 특징들의 모든 구성을 일일이 지정해 주지 않아도 배울 수 있다. 이런 형태의 통계적 분리성(separability) 덕분에, 모형은 훈련 과정에서 본 적이 없는 사람의 특징들에 해당하는 새로운 구성들로도 잘 일반화된다.

15.5 깊이의 지수적 이득

§6.4.1에서 보았듯이, 다층 퍼셉트론(MLP)은 일종의 보편적 근사기(universal approximator; 또는 범용 근사 함수)이며, 일부 함수의 경우 심층 신경망을 이용하면 얕은 신경망에 비해 크기가 지수적으로 작은 신경망으로 함수를 표현할 수 있다. 그러한 모형 크기의 감소는 통계적 효율성의 증가로 이어진다. 이번 절에서는 그와 비슷한 결과가 분산 은닉 표현을 사용하는 다른 종류의 모형들에 좀 더 일반적으로 적용된다는 점을 이야

기한다.

§15.4에서 우리는 얼굴 이미지들의 바탕 설명 인자(원인변수)들을 배우는 생성 모형의 예를 보았다. 그 생성 모형은, 이를테면 주어진 인물의 성별과 안경 착용 여부를 배울 수 있었다. 그런 과제를 완수한 생성 모형은 하나의 심층 신경망에 기초한 것이었다. 선형 신경망 같은 얕은 신경망이 추상적인 설명 인자들과 이미지 픽셀들 사이의 복잡한 관계를 배우리라고 기대하는 것은 비합리적이다. 이런 과제나 기타 인공지능 과제에서, 다른 인자들과 거의 독립적으로 선택되지만 그래도 여전히 의미 있는 입력에 대응되는 인자들은 그 수준이 아주 높고 입력과 고도의 비선형적인 방식으로 연관될 가능성이 크다. 우리는, 그러한 특성을 위해서는 반드시 높은 수준의 특징(입력의 함수로 간주되는)들 또는 인자(생성 원인으로 간주되는)들이 여러 비선형성의 조합을 통해서 얻어지는 깊은(심층) 분산 표현이 필요하다고 주장한다.

다수의 비선형성들과 재사용된 특징들의 계통구조(hierarch)의 조합을 통해서 계산을 조직화하면 통계적 효율성이 지수적으로 증가한다는(분산 표현에 의한 지수적 증가와 더불어) 점이 다양한 설정들에서 입증되었다. 은닉층이 하나인 신경망 중에는 그것이 하나의 보편적 근사기에 해당함을 증명할 수 있는 것들이 많다(이를테면 포화 비선형성이나 부울 게이트, 합곱 단위, RBF 단위를 사용하는 신경망 등). 보편적 근사기에 해당하는 모형족은 은닉 단위들이 충분히 많다면 아주 다양한 함수들(모든 연속 함수를 포함해서)을 임의의 0이 아닌 허용 오차(tolerance) 수준까지 근사할 수 있다. 그러나 필요한 은닉 단위의 수가 아주 클 수도 있다. 심층 아키텍처의 표현력에 관한 이론 연구 결과에 따르면, 깊이가 k인 아키텍처로 효율적으로 표현할 수 있는 함수족들이 존재하지만, 깊이가 충분하지 않으면(2에서 $k-1$) 지수적으로(입력 크기에 대해) 많은 수의 은닉 단위들이 필요하다.

§6.4.1에서는 결정론적 순방향 신경망이 함수들의 보편적 근사기임을 보았다. 잠재변수들로 이루어진 은닉층이 하나인 구조적 확률 모형들, 이를테면 제한 볼츠만 기계(RBM)와 심층 믿음망 등은 확률분포의 보편적 근사기에 해당한다(Le Roux & Bengio, 2008; Le Roux & Bengio, 2010; Montúfar & Ay, 2011; Montúfar, 2014; Krause 외, 2013).

§6.4.1에서는 또한 충분히 깊은 순방향 신경망이 너무 얕은 신경망에 비해 지수적으로 이득이 됨을 보았다. 확률 모형 같은 다른 모형들에서도 그런 결과를 얻을 수 있다. 그런 확률 모형 중 하나로 **합곱망**(sum-product network, SPN; Poon & Domingos, 2011)이

있다. 이런 모형들은 다항식 회로(polynomial circuit)들을 이용해서 일단의 확률변수들에 관한 확률분포를 계산한다. [Delalleau & Bengio, 2011]은 지수적으로 큰 모형이 필요해지는 상황을 피하기 위해서는 SPN의 깊이를 최소로 두어야 하는 확률분포들이 존재함을 보여주었다. 이후 [Martens & Medabalimi, 2014]는 유한한 두 SPN 깊이 사이에는 의미 있는 차이가 존재하며, SPN을 처리 가능하게(tractable) 만드는 데 쓰이는 일부 제약들이 SPN의 표현력을 제한할 수 있음을 보여주었다.

또한, 합성곱 신경망과 관련한 심층 회로들의 표현력에 관한 흥미로운 이론적인 결과들도 나왔다. 이들은 얕은 회로로는 깊은 회로가 계산하는 함수를 근사할 수만 있는 상황에서 얕은 회로에 비한 깊은 회로의 지수적 이득을 강조한다(Cohen 외, 2015). 이와는 대조적으로, 이전의 이론 연구 결과들은 얕은 회로가 반드시 특정 함수를 정확하게 복제하는 경우에만 유효했다.

15.6 바탕 원인을 발견하기 위한 단서 제공

"어떤 표현이 좋은 표현인가?"라는 원래의 질문을 다시 고찰하는 것으로 이번 장을 마무리하겠다. §15.3에서 소개한 한 가지 답은, 이상적인 표현은 바탕 원인들, 특히 주어진 응용에 관련이 있는 원인들을 풀어헤치는(분리하는) 표현이라는 것이다. 대부분의 표현 학습 전략은 그러한 변동의 바탕 인자들을 학습하는 데 도움이 되는 단서들을 도입하는 것에 기초한다. 그런 단서들은 학습자가 관측된 인자들을 서로 분리하는 데 도움이 된다. 지도 학습은 아주 강력한 단서를 제공한다. 각 x에 대해 연관된 이름표(또는 목푯값) y가 바로 그것이다. 일반적으로 그러한 단서는 여러 변동 인자 중 적어도 한 변동 인자의 값을 직접 지정한다. 좀 더 일반적으로, 표현 학습은 풍부한 이름표 없는 자료를 활용하기 위해 바탕 인자에 대한 덜 직접적인 힌트를 활용한다. 그런 힌트는 우리, 즉 학습 알고리즘의 설계자가 학습 모형을 올바른 방향으로 이끌기 위해 강제하는 암묵적인 사전 믿음의 형태를 가진다. "공짜 점심은 없다" 정리 같은 결과들에 따르면, 일반화가 잘 되려면 정칙화 전략이 꼭 필요하다. 비록 보편적으로 우월한 하나의 정칙화 전략을 찾는 것은 불가능하지만, 다양한 인공지능 과제들(사람과 동물이 풀 수 있는 과제들과 비슷한)에 적용할 수 있는 꽤 일반적인 정칙화 전략들의 집합을 찾는 것은 심층 학습 연구의 한 목표이다.

　다음은 그런 일반적인 정칙화 전략들의 목록이다. 당연히 이 목록이 모든 전략을 포함하지는 않지만, 그래도 바탕 인자들에 해당하는 특징들을 발견하도록 학습 알고리즘이 모형을 이끄는 방법들을 어느 정도 구체적으로 파악하는 데 도움이 될 것이다. 이 목록은 원래 [Bengio 외, 2013d]의 §3.1에 나온 것을 조금 확장한 것이다.

- **평활성**: 이것은 단위 d와 작은 ϵ에 대해 $f(x+\epsilon d) \approx f(x)$라는 가정이다. 이 가정 덕분에 학습자는 훈련 견본들을 입력 공간에서 그 견본들 부근에 있는 점들로 일반화할 수 있다. 이러한 착안을 활용하는 기계 학습 알고리즘이 많지만, 이것만으로는 차원의 저주를 극복하지 못한다.

- **선형성**: 여러 학습 알고리즘은 어떤 변수들 사이의 관계가 선형이라고 가정한다. 이에 의해 알고리즘은 관측 자료에서 아주 멀리 떨어진 결과도 예측할 수 있지만, 가끔은 과도하게 극단적인 예측을 하기도 한다. 대부분의 단순한 기계 학습 알고리즘들은 평활성 가정 대신 이 선형성 가정에 기초한다. 사실 두 가정은 서로 다르다. 고차원 공간에 적용되는, 가중치들이 큰 선형 함수는 그리 매끄럽지 않을 수 있다. 선형성 가정의 한계에 대한 추가 논의로는 [Goodfellow 외, 2014b]를 보기 바란다.

- **다중 설명 인자**: 여러 표현 학습 알고리즘은 자료가 여러 개의 바탕 설명 인자(explanatory factor)들로 생성되었으며, 그런 인자들 각각의 상태가 주어지면 대부분의 과제를 쉽게 풀 수 있다는 가정에 기초한다. 이러한 관점이 동기가 된, 표현 학습을 통한 준지도 학습 기법을 §15.3에서 설명했다. 모형이 $p(x)$의 구조를 학습하려면, $p(y|x)$의 모형화에 유용한 일부 특징들을 배워야 한다. 이는 그 두 분포 모두 동일한 바탕 설명 인자들을 가리키기 때문이다. §15.4에서는 이러한 관점이 동기가 된, 표현 공간의 개별 방향들이 분산의 개별 인자들에 대응되는 분산 표현을 설명한다.

- **원인**: 이 전략에서 학습 모형은 학습된 표현 h가 서술하는 변동 요인들을 관측 자료 x의 원인으로 취급한다(관측 자료가 변동 요인의 원인이 아니라). §15.3에서 논의했듯이, 이러한 전략은 준지도 학습에 도움이 되며, 바탕 원인들에 관한 분포가 변하거나 모형을 새로운 과제에 사용할 때 학습된 모형이 좀 더 강건하게 반응하

게 만든다.

- **깊이, 또는 설명 인자들의 계통적 조직화(hierarchical organization):** 고수준 추상 개념들을 더 단순한 개념들로 조직화함으로써 하나의 계통구조를 형성한다. 다른 관점에서 볼 때, 심층 아키텍처를 사용한다는 것은 과제를 반드시 각 단계가 이전 단계의 처리 결과를 참조하는 다중 단계(multistep) 프로그램으로 수행해야 한다는 우리의 믿음을 표현하는 것이라고 할 수 있다.

- **과제 간 인자 공유:** 서로 다른 y_i 변수들에 대응되는 여러 과제가 같은 입력 $\mathbf{x}$를 공유하거나 각 과제가 전역 입력 $\mathbf{x}$의 한 부분집합 또는 함수 $f^{(i)}(\mathbf{x})$와 연관되는 상황에서, 이 전략은 각 y_i가 공통의 유관 인자 $\mathbf{h}$들의 풀^{pool}의 서로 다른 부분집합과 연관된다고 가정한다. 그런 부분집합들이 겹치기 때문에, 하나의 공유 중간 표현 $P(\mathbf{h}|\mathbf{x})$를 통해서 $P(y_i|\mathbf{x})$를 공유하면 과제들 사이에서 통계적 강도를 공유할 수 있게 된다.

- **다양체:** 확률밀도는 특정 영역들에 집중되며, 그런 영역들은 가까이 몰려 있기 때문에 전체 공간에서 작은 부피만 차지한다. 연속값의 경우 그런 영역들을 자료가 있는 원래의 공간보다 차원이 훨씬 낮은 저차원 다양체를 이용해서 근사할 수 있다. 기계 학습 알고리즘 중에는 이런 다양체상에서만 의미 있게 행동하는 것들이 많다(Goodfellow 외, 2014b). 몇몇 기계 학습 알고리즘들, 특히 자동부호기는 그러한 다양체의 구조를 명시적으로 학습하려 한다.

- **자연스러운 군집화:** 여러 기계 학습 알고리즘은 입력 공간에서 서로 연결된 다양체를 각각 하나의 부류에 배정할 수 있다고 가정한다. 자료가 서로 연결되지 않은 여러 다양체에 걸쳐 있을 수도 있지만, 각 다양체 안에서는 해당 부류가 변하지 않는다. 이러한 가정은 접선 전파, 이중 역전파, 다양체 접선 분류기, 대립 훈련을 포함한 다양한 학습 알고리즘의 동기가 되었다.

- **시간 및 공간 응집성:** 느린 특징 분석 및 관련 알고리즘들은 가장 중요한 설명 인자들이 느리게 변한다고 가정한다. 또는, 적어도 진정한 바탕 인자들을 예측하는 것이 픽셀값 같은 미가공 관측값들을 예측하는 것보다는 쉽다고 가정한다. 이 접근 방식에 대한 좀 더 자세한 설명은 §13.3을 보기 바란다.

- **희소성:** 대다수의 특징은 입력의 대부분을 서술하는 것과 무관하다고 가정된다. 예를 들어 고양이 이미지를 표현하려 할 때 코끼리의 몸통을 검출하는 특징을 사

용할 필요는 없다. 따라서 '존재' 또는 '부재'로 해석할 수 있는 모든 특징은 대부분의 경우 '부재'에 해당한다는 사전 분포를 적용하는 것이 합당하다.

- **단순한 인자 종속관계:** 좋은 고수준 표현에서 인자들 사이의 종속관계(의존성)는 단순하다. 가능한 가장 단순한 관계는 주변 독립(marginal independence) $P(\mathbf{h}) = \prod_i P(\mathbf{h}_i)$ 이지만, 선형 의존성이나 얕은 자동부호기가 포착하는 관계들을 가정하는 것도 합리적이다. 이런 가정은 여러 물리 법칙들에서도 볼 수 있으며, 학습된 표현 위에 하나의 선형 예측기나 인수분해된 사전분포를 얹을 때 이런 가정을 둔다.

표현 학습이라는 개념은 모든 형태의 심층 학습을 하나로 묶는다. 순방향 신경망과 순환 신경망, 자동부호기와 심층 확률 모형은 모두 표현을 학습하고 활용한다. 가능한 최상의 표현을 학습하는 방법은 여전히 연구 과제로 남아 있다.

CHAPTER

16

심층 학습을 위한
구조적 확률 모형

심층 학습은 연구자들이 알고리즘을 설계하고 서술할 때 지침이 되는 다양한 모형화 형식론(modeling formalism)들을 제공한다. 그런 형식론 중 하나로 **구조적 확률 모형**(structured probabilistic model)이라는 개념이 있다. 구조적 확률 모형은 §3.14에서 간략하게 논의했다. 그때는 구조적 확률 모형을 제2부의 몇몇 알고리즘을 서술하는 하나의 언어로 사용하기에 충분할 정도로만 설명했었다. 제3부에서 구조적 확률 모형은 심층 학습의 여러 주요 연구 주제의 핵심 요소이다. 그런 연구 주제들을 논의하려면 구조적 확률 모형이 무엇인지 좀 더 상세하게 이해할 필요가 있는데, 이번 장의 목적이 바로 그것이다. 이번 장은 자기완결적인 방식으로 작성되었다. 즉, 이번 장을 읽기 위해 먼저 제3장의 간략한 소개를 다시 읽을 필요는 없다.

　구조적 확률 모형은 확률분포를 서술하는 한 방법으로, 확률분포의 확률변수들이 서로 직접 상호작용하는 방식을 나타낸 그래프를 활용한다. 여기서 '그래프'는 그래프 이론에서 말하는 그래프, 즉 일단의 정점(vertex)들이 일단의 간선(edge)들로 연결된 것을 말한다. 모형의 구조를 그래프로 서술한다는 점에서, 구조적 확률 모형을 **그래프 모형**(graphical model)이라고 부르기도 한다.

그래프 모형 연구 공동체는 크다. 그리고 다양한 모형과 훈련 알고리즘, 추론 알고리즘을 개발했다. 이번 장은 그래프 모형의 핵심 개념 중 몇 가지에 관한 기초 배경지식을 제공하는데, 특히 심층 학습 연구 공동체에 가장 유용하다고 판명된 개념들에 초점을 둔다. 그래프 모형을 아주 잘 알고 있는 독자라면 이번 장의 대부분을 건너뛰어도 좋다. 다만, 그래프 모형 전문가라도 이번 장의 마지막 절인 §16.7은 읽어 보면 도움이 될 것이다. 그 절에서는 그래프 모형을 심층 학습 알고리즘에 사용하는 고유한 방식 몇 가지를 강조한다. 대체로 심층 학습 실무자들이 사용하는 모형 구조와 학습 알고리즘, 추론 절차는 그래프 모형 연구 공동체의 심층 학습 이외의 분야에서 흔히 쓰이는 것과는 아주 다르다. 이번 장에서는 그런 선호도 상의 차이점들을 제시하고 그 이유를 설명한다.

이번 장은 우선 대규모 확률 모형 구축 시 생기는 어려움들을 설명한다. 그런 다음에는 그래프를 이용해서 확률 모형의 구조를 서술하는 방법을 설명한다. 그래프 모형 접근 방식을 이용하면 여러 어려움을 극복할 수 있지만, 이 접근 방식 자체의 문제점들도 있다. 그래프 모형화의 주된 어려움 중 하나는 직접 상호작용할 필요가 있는 변수들을 파악하는 것, 다시 말해 주어진 문제에 가장 적절한 그래프 구조가 어떤 것인지 파악하는 것이다. §16.5에서는 이러한 어려움을 의존성에 관한 학습을 통해서 해결하는 두 가지 접근 방식을 개괄한다. 마지막으로, §16.7에서는 심층 학습 실무자들이 선호하는 특정한 그래프 모형화 접근 방식들에 관한 논의로 이번 장을 마무리한다.

16.1 비구조적 모형화의 문제점

심층 학습의 목표는 기계 학습의 규모를, 인공지능이 풀어야 하는 부류의 난제들을 풀 수 있을 정도로 확장하는 것이다. 이는 풍부한(rich) 구조를 가진 고차원 자료를 인공지능 시스템이 이해할 수 있어야 한다는 뜻이다. 예를 들어 인공지능 알고리즘들은 자연 이미지나[1] 사람의 음성을 담은 음향 파형 자료, 다수의 단어와 문장부호로 이루어진 문서 등을 이해할 수 있어야 한다.

---

[1] 여기서 **자연 이미지**(natural image)는 비교적 평범한 주변 환경을 카메라로 찍은 이미지를 말한다(인위적인 렌더링 이미지나 웹페이지 화면 갈무리 같은 것이 아니라).

분류(classification) 알고리즘들은 그런 풍부한 고차원 분포에서 비롯한 입력을 받아서 그것을 하나의 범주 이름표로 요약할 수 있다. 그러한 범주 이름표(categorical label; 또는 범주 표지)는 이를테면 사진에 있는 물체의 정체(indentity)가 무엇인지, 음성 녹음 자료의 단어가 무엇인지, 문서의 주제가 무엇인지 등을 나타낸다. 분류 절차는 입력에 있는 대부분의 정보를 폐기하고 하나의 단일한 출력을(또는, 단일한 출력이 가질 수 있는 값들의 확률분포를) 산출한다. 또한, 분류기가 입력의 여러 부분을 무시하게 할 수 있을 때도 많다. 예를 들어 사진 안의 물체를 식별할 때는 분류기가 사진의 배경을 무시하게 만들 수 있다.

분류 과제 말고도 확률 모형으로 수행할 수 있는 과제는 다양하다. 그런 과제들은 분류 과제보다 비용이 클 때가 많다. 여러 개의 출력값을 산출해야 하는 과제들도 있다. 대부분의 과제에서는 모형이 입력의 전체 구조를 완전히 이해해야 한다. 즉, 입력의 일부를 무시하면 안 된다. 다음 과제들이 그런 종류의 과제에 속한다.

- **밀도 추정**: 주어진 입력 x에 대해 기계 학습 시스템은 자료 생성 분포하에서의 진(true) 밀도를 추정한다. 이 과제에서 시스템은 하나의 출력만 산출하면 되지만, 입력 전체를 완전히 이해해야 한다. 입력 벡터의 성분 하나만 비정상이어도 시스템은 반드시 그 입력 벡터에 낮은 확률을 배정해야 한다.

- **잡음 제거**: 손상된 또는 부정확하게 관측된 입력 $\tilde{x}$가 주어졌을 때, 기계 학습 시스템은 원래의 또는 정확한 입력 x를 추정한 결과를 돌려준다. 오래된 사진에서 먼지나 흠집을 제거하는 것이 이런 과제에 해당한다. 이 과제에서 기계 학습 시스템은 다수의 출력값(추정한 깨끗한 견본 x의 모든 성분)을 산출해야 하며, 입력 전체를 이해해야 한다(손상된 영역을 하나만 빼먹어도 최종 추정값이 원본과는 다른 손상된 버전이 될 것이므로).

- **결측값 대체**: x의 일부 성분들의 관측값이 주어졌을 때, 모형은 x의 관측되지 않은 일부 성분 또는 모든 성분에 관한 확률분포를 추정한다. 이 과제를 위해서는 모형이 여러 개의 출력값을 산출해야 한다. x의 어떤 성분들을 복원해야 할지 미리 알 수 없으므로, 모형은 반드시 입력 전체를 이해해야 한다.

- **표본추출**(표집): 모형은 분포 $p(x)$에 기초해서 새 표본들을 생성한다. 이 과제를 위해서는 모형이 여러 개의 출력값을 산출해야 한다. 그리고 성분 하나라도 엉뚱

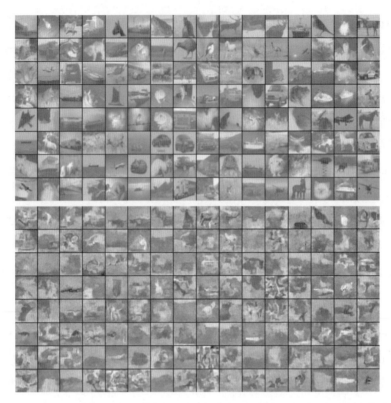

그림 16.1: 자연 이미지의 확률 모형화. (위) CIFAR-10 자료 집합(Krizhevsky & Hinton, 2009)의 일부 32×32 RGB 픽셀 이미지들. (아래) 그 자료 집합으로 훈련한 구조적 확률 모형이 산출한 표본들. 격자에서 각 표본의 위치는 그에 가장 가까운(유클리드 공간에서) 훈련 견본의 위치와 일치한다. 두 이미지 집합을 비교해 보면 모형이 훈련 자료를 기억해서 그대로 복제한 것이 아니라 정말로 새 이미지를 생성했음을 알 수 있다. 지면상의 가시성을 위해 두 이미지 집합 모두 대비(contrast)를 적절히 조정했다. [Courville 외, 2011]의 그림을 허락하에 전재했다.

한 표본에서 추출되면 표본추출 과정이 잘못될 것이므로, 입력 전체를 이해할 필요가 있다. 이런 과제의 예로는 사람이 말하는 것처럼 자연스럽게 들리는 새 음성 파형 자료를 생성하는 음성 합성을 들 수 있다. 그리고 그림 16.1에 작은 자연 이미지들을 이용한 표본추출 과제의 한 예가 나와 있다.

수천 또는 수백만 개의 확률변수에 관한 풍부한 분포를 모형화하는 것은 계산 측면에서나 통계 측면에서나 쉬운 일이 아니다. 우선 모형화할 확률변수들이 모두 이진변수인 경우를 생각해 보자. 이는 가장 간단한 경우에 해당하지만, 그래도 변수가 많으면 감당하기 어려울 정도로 큰 문제가 된다. 예를 들어 작은 32×32 RGB 픽셀 이미지라도 가능한 픽셀값들의 구성은 무려 2^{3072}가지이다. 이 수치는 우주에 존재하는 원자 수 추정값의 약 10^{800}배를 넘는다.

이를 일반화해서, 가질 수 있는 값이 각각 k가지인 서로 다른 변수 n개로 이루어진 확률벡터 $\mathbf{x}$를 모형화한다고 하자. $P(\mathbf{x})$를 표현하는 소박한 방식은 가능한 구성마다 하나씩의 확률값을 담은 참조표(lookup table)를 만드는 것인데, 그러려면 무려 k^n개의 매개변수가 필요하다.

이런 접근 방식은 다음과 같은 여러 이유로 실현이 사실상 불가능하다.

- **메모리—표현 저장 비용**: n과 k의 값이 아주 작은 경우가 아닌 한, 분포를 참조표로 표현하려면 너무나 많은 값을 저장해야 한다.

- **통계적 효율성**: 모형의 매개변수가 많아질수록 통계적 추정량을 이용해서 그 매개변수들의 값을 선택하는 데 필요한 훈련 자료의 양도 많아진다. 참조표 기반 모형의 매개변수 개수는 천문학적인 수이기 때문에, 모형이 정확하게 적합하려면 훈련 집합의 크기 역시 천문학적 규모가 되어야 한다. 그리고 그런 모든 모형은 표의 서로 다른 항목들을 연결하는 어떤 추가적인 가정들(이를테면 §12.4.1의 후퇴법이나 평활화된 n-그램 모형에 쓰이는)을 두지 않는 한, 훈련 집합에 아주 심각하게 과대적합한다.

- **실행 시간—추론 비용**: 결합분포 $P(\mathbf{x})$의 모형을 이용해서 주변 분포 $P(x_1)$이나 조건부 분포 $P(x_2 | x_1)$ 같은 어떤 다른 분포를 계산하는 추론을 수행한다고 하자. 그런 분포를 계산하려면 표의 모든 성분을 합해야 하므로, 그런 연산의 실행 시간은 모형을 저장하는 메모리 비용만큼이나 처리 불가능(intractable)할 정도로 길다.

- **실행 시간—표본추출 비용**: 마찬가지로, 모형에서 표본을 추출하는 비용도 처리 불가능에 해당한다. 단순한 표본추출 방법은, 먼저 $u \sim U(0,1)$을 추출한 후 참조표를 훑으면서 확률값들을 더하되 누적된 확률값이 u를 넘기면 그 위치의 항목을 돌려주는 것이다. 이를 위해서는 최악의 경우 표 전체를 읽어야 하므로, 앞의 두 연산처럼 그 비용이 지수적이다.

참조표 기반 접근 방식의 문제점은, 그 접근 방식이 변수들의 모든 가능한 부분집합 사이의 모든 가능한 종류의 상호작용을 명시적으로 모형화하려 든다는 것이다. 실제 응용 과제들에서 우리가 마주치는 확률분포들은 그보다 훨씬 단순하다. 일반적으로 대부분의 변수는 간접적으로만 다른 변수들과 상호작용한다.

예를 들어 세 주자 앨리스, 밥, 캐럴로 이루어진 육상팀의 계주 완주 시간을 모형화한다고 하자. 첫 주자는 앨리스이다. 앨리스는 바통을 쥐고 트랙을 한 바퀴 돈 후 밥에게 바통을 넘긴다. 밥은 자신의 바퀴를 돈 후 캐럴에게 바통을 넘긴다. 캐럴이 자신의 바퀴를 돌면 계주가 끝난다. 각 주자의 완주 시간(계주가 시작된 시점과 해당 주자가 트랙을 한 바퀴 돌아 결승선에 도달한 시점의 차이)을 하나의 연속 확률변수로 모형화할 수 있다. 앨리스가 첫 주자이므로 앨리스의 완주 시간은 다른 주자들의 완주 시간에 의존하지 않는다. 그러나 밥의 완주 시간은 앨리스의 완주 시간에 종속적이다. 밥은 앨리스가 트랙을 다 돈 후에야 출발할 수 있기 때문이다. 다른 모든 조건이 같다고 할 때, 앨리스가 트랙을 빨리 돌수록 밥의 완주 시간이 짧아진다. 캐럴의 완주 시간은 다른 두 주자 모두에 종속적이다. 앨리스가 느리면 밥 역시 더 늦게 결승선에 도달할 것이며, 그러면 캐럴이 더 늦게 출발할 것이므로 캐럴의 완주 시간 역시 늦춰질 것이다. 그러나 캐럴의 완주 시간은 앨리스의 완주 시각과 **간접적으로만**(밥의 것을 거쳐서) 의존한다. 밥의 완주 시간을 이미 알고 있다면, 앨리스의 완주 시간을 안다고 해서 캐럴의 완주 시간을 더 잘 추정할 수 있는 것은 아니다. 따라서 이 계주 경기를 밥에 대한 앨리스의 효과와 캐럴에 대한 밥의 효과라는 단 두 개의 상호작용만으로 모형화할 수 있다. 나머지 상호작용, 즉 앨리스와 캐럴 사이의 간접적인 상호작용은 모형에서 생략해도 된다.

구조적 확률 모형은 확률변수들 사이의 직접 상호작용만 모형화하는 공식적인 틀을 제공한다. 이 덕분에 모형의 매개변수 개수가 크게 줄어들고, 따라서 모형을 더 적은 자료로도 신뢰성 있게 추정할 수 있다. 모형이 작으면 관련 비용들, 즉 모형의 표현을 저장하는 비용과 모형으로 추론을 수행하는 비용, 그리고 모형에서 표본을 추출하는 비용도 극적으로 줄어든다.

16.2 그래프를 이용한 모형 구조의 서술

구조적 확률 모형은 그래프를 이용해서 확률변수들 사이의 상호작용들을 나타낸다(여기서 그래프는 그래프 이론에서 말하는, '노드' 또는 '정점'들이 간선으로 연결된 그래프이다). 그래프의 각 노드는 확률변수를 나타내고, 각 간선은 변수들 사이의 직접적인 상호작용을 나타낸다. 그런 직접 상호작용은 다른 간접 상호작용들을 함의하지만, 모형이 명시적으로 표현해야 할 것은 그런 직접 상호작용들뿐이다.

그런데 하나의 확률분포 안의 상호작용들을 그래프를 이용해서 서술하는 방법은 한 가지가 아니다. 다음 절들에서는 가장 흔히 쓰이고 유용한 접근 방식 몇 가지를 설명한다. 그래프 모형은 크게 두 범주로 나뉘는데, 하나는 유향 비순환 그래프에 기초한 모형들이고 다른 하나는 무향 그래프에 기초한 모형들이다.

16.2.1 유향 모형들

구조적 확률 모형의 두 가지 범주 중 하나는 **유향 그래프 모형**(directed graphical model) 이다. 이를 **믿음망**(belief network)이나[※] **베이즈 망**(Bayesian network; Pearl, 1985)이라고[2] 부르기도 한다.

유향 그래프 모형의 '유향'은 이 그래프의 간선들에 방향이 있다는 뜻이다. 즉, 이 그래프의 간선은 한 정점에서 다른 한 정점을 가리킨다. 그래프 도식에서는 이 방향을 하나의 화살표로 표시한다. 화살표의 방향은 한 변수의 확률분포가 다른 변수의 확률분포로 정의됨을 뜻한다. 구체적으로, a에서 b를 가리키는 화살표는 b에 관한 확률분포가 조건 수직선 오른쪽에 a에 관한 확률분포가 있는 하나의 조건부 분포를 통해서 정의된다는 뜻이다. 다른 말로 하면, b에 관한 분포는 a의 값에 의존한다.

[※] **역주** belief network의 belief는 확률이라는 것을 불확실한 대상에 대한 "... quantification of a personal belief"(출처는 https://en.wikipedia.org/wiki/Bayesian_probability), 즉 "개인적인 믿음의 정도를 수량화한 것" 으로 해석하는 베이즈 확률론에서 비롯된 용어로, §3.1에서 말한 '확실성의 수준'과 직접 연관된다(또한, 저자 각주 2에서 말하는 '견해적 본성'과도 연관된다). belief network를 신뢰망이나 신뢰 네트워크로 번역하기도 하지만, '신뢰'라는 용어는 베이즈 확률론에서 말하는 belief보다는 보안이나 신용과 관련된 trust에 더 가깝다고 판단해서 이 번역서에서는 믿음망이라는 용어를 사용한다. 예를 들어 "나는 기상청을 별로 신뢰하지 않지만, 오늘 오후에 비가 올 것이라는 예보는 믿는다" 같은 문장이 trust와 belief의 차이를 보여준다. 한편 '신념망'도 가능한 선택이긴 하지만, 신념은 '~하다'를 붙여서 동사를 만들 수 없다는 점에서 믿음이 더 나은 선택이라고 판단했다.

2) 주디어 펄[Judea Pearl]이 '베이즈 망'이라는 용어를 제시한 의도는, 그 망이 계산하는 값들의 "견해적(judgemental) 본성을 강조하는" 것, 다시 말해 일반적으로 그 값들이 사건들의 빈도가 아니라 믿음의 정도를 나타낸다는 점을 강조하는 것이었다.

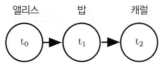

그림 16.2: 계주 경주의 예를 나타낸 유향 그래프 모형. 앨리스의 완주 시간 t_0은 밥의 완주 시간 t_1에 영향을 미친다. 밥은 앨리스가 트랙을 다 돈 후에야 출발할 수 있기 때문이다. 마찬가지로, 캐럴은 밥이 완주한 후에야 출발할 수 있으므로 밥의 완주 시간 t_1은 캐럴의 완주 시간 t_2에 직접 영향을 미친다.

§16.1에서 논의한 계주의 예를 이어서, 앨리스의 완주 시간이 t_0이고 밥의 완주 시간이 t_1, 캐럴의 완주 시간이 t_2라고 하자. 앞에서 이야기했듯이, t_1의 추정값은 t_0에 의존한다. t_2의 추정값은 t_1에 직접 의존하지만 t_0에는 간접적으로만 의존한다. 이러한 관계를 유향 그래프 모형으로 나타낸 것이 그림 16.2이다.

공식화하자면, 변수 $\mathbf{x}$에 대한 유향 그래프 모형은 정점들이 모형의 확률변수들인 유향 비순환 그래프 $\mathcal{G}$와 **국소 조건부 확률분포**(local conditional probability distribution) $p(\mathrm{x}_i \mid Pa\mathcal{G}(\mathrm{x}_i))$들의 집합으로 정의된다. 여기서 $Pa\mathcal{G}(\mathrm{x}_i)$는 $\mathcal{G}$에서 x_i의 부모에 해당하는 정점(화살표 꼬리 쪽 정점)들을 뜻한다. $\mathbf{x}$에 관한 확률분포는 다음과 같이 주어진다.

$$p(\mathbf{x}) = = \prod_i p(\mathrm{x}_i \mid Pa\mathcal{G}(\mathrm{x}_i)). \tag{16.1}$$

계주 경주의 예에서, 그림 16.2의 그래프를 이용해서 이 확률분포를 표현하면 다음과 같다.

$$p(t_0, t_1, t_2) = p(t_0)p(t_1 \mid t_0)p(t_2 \mid t_1). \tag{16.2}$$

이상이 우리의 첫 번째 구조적 확률 모형의 실제 사례이다. 비구조적 모형화에 비해 구조적 모형화의 여러 장점을 살펴보기 위해, 이 모형의 여러 비용을 조사해 보자.

완주 시간을, 0분에서 10분까지를 6초 단위 구간들로 나누어서 이산화한다고 하자. 그러면 t_0, t_1, t_2는 각각 100가지의 이산적인 값들을 가질 수 있다. $p(t_0, t_1, t_2)$를 하나의 참조표로 표현한다면 999,999개의 값을 저장해야 한다(999,999는 t_0의 값 100개 × t_1의 값 100개 × t_2의 값 100개 빼기 1인데, 1을 뺀 것은 확률들의 합이 1이어야 한다는 제약 덕분에 구성 하나의 확률은 생략할 수 있기 때문이다). 그 대신 각 조건부 확률분포만 담은 표를 만든다면, t_0에 관한 분포를 표현하는 데 99개의 값이 필요하고, t_0가 주어졌을 때의 t_1에 관한 분포를 표현하는 데 9,900개의 값이 필요하며, t_1이 주어졌을 때의 t_2에 관한 분포 역시 9,900개의 값이 필요하므로 총 19,899개의 값만 담으면 된다. 따라서, 유향 그래프 모형을 사용하면 매개변수가 50분의 1 이하로 줄어든다.

일반화하자면, 각각 k개의 값을 가질 수 있는 n개의 이산 변수들을 모형화할 때 단일 참조표 접근 방식의 비용은 앞에서 보았듯이 $O(k^n)$의 규모이다. 한편, 그런 변수들에 대해 유향 그래프 모형을 구축한다면, 하나의 조건부 확률분포(의 조건 수직선 양쪽에)에 나타나는 변수들이 최대 m개라고 할 때 그 비용은 $O(k^m)$ 규모이다. 결론적으로, $m << n$이 되도록 유향 그래프 모형을 설계한다면 비용이 엄청나게 줄어든다.

다른 말로 하면, 그래프에서 각 변수의 부모가 그리 많지 않은 한, 분포를 아주 적은 수의 매개변수로 표현할 수 있다. 그래프 구조에 대한 몇 가지 제약들(이를테면 그래프가 하나의 트리를 형성해야 하는 등) 역시 변수들의 부분집합들에 관한 주변 분포나 조건부 분포의 계산을 효율적으로 만드는 요인이다.

이러한 그래프로 부호화할 수 있는 종류의 정보와 그렇지 않은 정보를 잘 아는 것이 중요하다. 그래프는 단지 어떤 변수들이 서로 조건부 독립인지에 관한 단순화 가정(simplifying assumption)들을 부호화할 뿐이다. 다른 종류의 단순화 가정들을 두는 것도 가능하다. 예를 들어, 앨리스의 성적과는 무관하게 밥이 항상 같은 시간으로 트랙을 돈다고 가정할 수도 있다. (현실에서는 앨리스의 성적이 밥의 성적에 영향을 미칠 것이다. 밥의 성격에 따라서는, 주어진 한 경기에서 앨리스가 특히나 빨리 뛴다면 그것에 고무받아서 더 분발할 수도 있고, 반대로 앨리스 덕분에 전체 완주 시간이 단축될 것이니 좀 여유를 부려도 된다고 생각할 수 있다.) 그러한 가정하에서 밥의 완주 시간에 대한 앨리스의 유일한 효과는, 앨리스의 완주 시간을 밥이 뛰어야 한다고 우리가 생각하는 총 시간에 더해야 한다는 것이다. 그러면 $O(k^2)$개가 아니라 $O(k)$개의 매개변수로 모형을 정의할 수 있다. 그러나 이 가정에서도 여전히 t_1이 t_0에 직접 종속됨을 주의하기 바란다. t_1은 밥이 트랙을 다 돌았을 때의 계주팀의 총 완주 시간이지 밥이 트랙을 도는 데 걸린 개인 일주一周 시간이 아니기 때문이다. 그러므로 그래프에는 여전히 t_0에서 t_1로의 화살표가 있어야 한다. 밥의 개인 일주 시간이 다른 모든 인자와 독립이라는 가정은 t_0, t_1, t_2에 관한 그래프에 부호화할 수 없다. 그러한 정보는 조건부 분포 자체의 정의에서 부호화해야 한다. 그런 경우 조건부 분포는 더 이상 $k \times k - 1$개의 항목들로 이루어진, 그리고 t_0과 t_1을 색인으로 해서 접근하는 참조표가 아니라, 단 $k-1$개의 매개변수만 사용하는 약간 좀 더 복잡한 확률분포 공식의 형태이다. 유향 그래프 모형의 구문으로는 조건부 분포의 정의에 관해 그 어떤 제약도 가할 수 없다. 유향 그래프 모형은 단지 인수로 취할 수 있는 변수들이 어떤 것인지만 정의한다.

16.2.2 무향 그래프 모형

유향 그래프 모형은 구조적 확률 모형을 서술하는 하나의 언어를 제공할 뿐이며, 그것이 유일한 언어는 아니다. 흔히 쓰이는 또 다른 언어로 **무향 그래프 모형**(undirected graphical model)이 제공하는 것이 있다. 무향 그래프 모형을 **마르코프 무작위장**(Markov random field, MRF; 또는 마르코프 확률장)이나 **마르코프 망**(Markov network)이라고 부르기도 한다(Kindermann, 1980). 이름에서 알 수 있듯이, 무향 그래프 모형이 사용하는 그래프의 간선들에는 방향이 없다.

유향 그래프 모형은 각 화살표를 특정 방향으로 그릴 만한 명확한 이유가 존재하는 상황에 잘 맞는다. 우리가 인자들의 인과관계를 파악하고 있으며 그 인과관계가 오직 한 방향으로 흐를 때가 흔히 그런 상황에 해당한다. 계주 예제가 그러한 예이다. 선발 주자의 완주 시간은 후발 주자의 완주 시간에 영향을 미치지만, 후발 주자의 완주 시간은 선발 주자의 완주 시간에 영향을 미치지 않는다.

그런데 실제 응용에서 우리가 모형화하고자 하는 대상 중에는 상호작용들의 방향이 그렇게 명확하지 않은 것들이 있다. 상호작용에 어떤 본질적인 방향이 존재하지는 않는 것으로 보이거나 상호작용이 양방향으로 작동하는 경우에는 무향 모형을 사용하는 것이 더 적절할 수 있다.

그런 상황의 한 예로, 요슈아^{Yoshua}가※ 감기에 걸렸는지의 여부와 요슈아의 직장 동료가 감기에 걸렸는지의 여부, 그리고 요슈아의 룸메이트가 감기에 걸렸는지의 여부에 해당하는 세 이진 변수에 관한 분포를 모형화한다고 하자. 직장 동료와 룸메이트는 서로 알지 못한다고, 따라서 한 사람이 다른 사람에게 직접 감기를 옮길 가능성은 사실상 없다고 하자. 즉, 그러한 상호작용은 굳이 모형화하지 않기로 한다. 그러나 직장 동료나 룸메이트가 요슈아에게 감기를 옮길 가능성과 요슈아가 그들에게 감기를 옮길

※ **역주** 원문은 요슈아가 아니라 'you', 즉 책을 읽는 '당신'이지만, 자연스러운 한국어 문장을 위해 특정한 이름을 도입했음을 알린다. 요슈아라는 이름은 단지 해당 확률변수의 아래 첨자 y(원래는 you의 첫 글자) 와 부합하기 때문에 선택한 것일 뿐, 이 책의 저자 중 한 명과는 무관하다는 점도 밝혀 둔다.

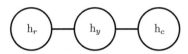

그림 16.3: 요슈아의 룸메이트의 건강 상태 h_r과 요슈아의 건강 상태 h_y, 그리고 요슈아의 직장 동료의 건강 상태 h_c가 서로 영향을 미치는 관계를 나타낸 무향 그래프. 요슈아와 룸메이트는 서로 감기를 옮길 수 있고, 요슈아와 직장 동료 역시 서로 감기를 옮길 수 있다. 그러나 룸메이트와 직장 동료가 모르는 사이라는 가정하에서, 그 둘은 오직 요슈아를 통해서 간접적으로만 감기를 옮길 수 있다.

가능성은 확실히 있다. 직장 동료가 요슈아를 거쳐서 룸메이트에게 간접적으로 감기를 옮기는 사건은 동료가 요슈아에게 감기를 옮기는 사건의 모형화와 요슈아가 룸메이트에게 감기를 옮기는 사건의 모형화를 통해서 모형화할 수 있다.

이 예에서, 요슈아가 룸메이트에게 감기를 옮길 확률은 룸메이트가 요슈아에게 감기를 옮길 확률과 같다. 즉, 두 사건 사이에는 모형화에 사용할 만한 어떤 뚜렷한 하나의 방향이 존재하지 않는다. 따라서 무향 모형을 사용하는 것이 바람직하다. 유향 모형의 경우처럼 무향 모형에서도 만일 두 노드가 하나의 간선으로 연결되어 있으면 그 노드들에 해당하는 두 확률변수는 서로 직접 상호작용하는 것이다. 그러나 유향 모형과는 달리 무향 모형의 간선에는 화살표가 없으며, 조건부 확률분포와 연관되지도 않는다.

요슈아의 건강 상태를 나타내는 확률변수를 h_y라는 표기하고 룸메이트roommate의 건강 상태를 h_r로, 그리고 직장 동료(colleague)는 h_c로 표기하겠다. 그림 16.3에 이러한 시나리오를 표현하는 그래프가 나와 있다.

공식으로 표현하자면, 하나의 무향 그래프 모형은 하나의 무향 그래프 $\mathcal{G}$로 정의되는 하나의 구조적 확률 모형이다. 그 그래프의 각 파벌(clique) $\mathcal{C}$에[3] 대해, **인수**(factor) $\phi(\mathcal{C})$는 그 파벌 안에 있는 변수들을 친화도(affinity)를 나타낸다. 여기서 친화도는 그 변수들 각각이 그 변수들이 형성할 수 있는 결합 상태들에 속하는 정도를 측정한 것이다. 그러한 파벌 인수를 **파벌 포텐셜**(clique potential)이라고 부르기도 한다. 그러한 파벌 인수들의 합은 다음과 같이 하나의 **비정규화 확률분포**(unnormalized probability distribution)를 정의한다.

---

3) 그래프에서 서로 완전히 연결된 노드들로 이루어진 부분집합을 파벌이라고 부른다(예를 들어 그림 3.8에서 a, b, c가 하나의 파벌을 형성한다 — 옮긴이).

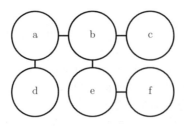

그림 16.4: 이 그래프는 ϕ 함수를 적절히 선택한다면 $p(a, b, c, d, e, f)$를 $\frac{1}{Z}\phi_{a,b}(a, b)\phi_{b,c}(b, c)\phi_{a,d}(a, d)\phi_{b,e}(b, e)$ $\phi_{e,f}(e, f)$로 표기할 수 있음을 함의한다.

$$\tilde{p}(\mathbf{x}) = \prod_{\mathcal{C} \in \mathcal{G}} \phi(\mathcal{C}). \tag{16.3}$$

모든 파벌이 작다면 비정규화 확률분포를 효율적으로 다룰 수 있다. 비정규화 확률분포는 친화도가 높은 파벌이 발생 가능성이 더 크다는 개념을 부호화한다. 그러나 베이즈 망과는 달리 파벌들의 정의에는 구조가 거의 없기 때문에, 해당 확률들을 곱한다고 해서 반드시 유효한 확률분포가 나오리라는 보장이 없다. 그림 16.4에 무향 그래프에서 인수분해 정보를 읽는 예가 나와 있다.

요슈아와 룸메이트, 직장 동료 사이의 감기 전염 예제에는 두 개의 파벌이 있다. 한 파벌은 h_y와 h_c로 구성된다. 이 파벌의 인수를 하나의 표로 정의할 수 있다. 예를 들어, 그러한 표의 각 칸에 다음과 같은 값들을 배정하면 될 것이다.

	$h_y = 0$	$h_y = 1$
$h_c = 0$	2	1
$h_c = 1$	1	10

1이라는 상태는 건강하다는 뜻이고 0이라는 상태는 건강이 나쁘다는(감기에 걸렸다는) 뜻이다. 요슈아와 직장 동료가 모두 건강하면 해당 상태의 값(친화도)이 크다. 상태가 가장 낮은 칸들은 둘 중 하나만 아픈 경우에 해당한다. 이는 둘 중 하나만 감기에 걸린 상태가 되는 일은 드물기 때문이다. 둘 다 아픈(둘 중 하나가 다른 사람에게 감기를 옮겼기 때문에) 경우는 그보다 친화도 상태가 높지만, 그래도 둘 다 건강할 때보다는 상태가 낮다(즉, 그보다는 덜 흔한 경우에 해당한다).

h_y와 h_r로 구성된 다른 한 파벌에 대해서도 이와 비슷한 방식으로 파벌 인수를 정

의하면 모형이 완성된다.

16.2.3 분배함수

비정규화 확률분포는 모든 점에서 확률이 반드시 음이 아니지만, 확률들의 합 또는 적분이 반드시 1이라는 보장은 없다. 비정규화 확률분포를 유효한 확률분포로 만들려면 다음과 같이 정규화해야 한다.[4)]

$$p(\mathbf{x}) = \frac{1}{Z} \tilde{p}(\mathbf{x}). \tag{16.4}$$

여기서 Z는 확률분포를 합산 또는 적분했을 때 1이 나오게 하는 값으로, 다음과 같이 정의된다.

$$Z = \int \tilde{p}(\mathbf{x}) d\mathbf{x}. \tag{16.5}$$

ϕ 함수들을 고정했을 때는 Z를 하나의 상수로 간주할 수 있다. 만일 ϕ 함수들에 매개변수들이 있다면, Z는 그 매개변수들의 함수임을 주의하기 바란다. 관련 문헌들에서는 Z를 표기할 때 지면을 절약하기 위해 그 인수들을 생략하는 것이 일반적이다. 이러한 정규화 상수 Z를 **분배함수**(partition function)라고 부르는데, 이 용어는 통계물리학(statistical physics)에서 빌려온 것이다.

Z는 상태 $\mathbf{x}$의 모든 가능한 결합 배정에 관한 적분 또는 합이므로, 계산이 처리 불가능(intractable)일 때가 많다. 무향 모형의 정규화 확률분포를 구할 수 있으려면, 모형의 구조와 ϕ 함수들의 정의가 Z의 효율적인 계산에 적합해야 한다. 심층 학습의 맥락에서 Z는 실제로 처리 불가능인 것이 보통이다. Z의 참값 계산이 처리 불가능이므로, 근사에 의존할 수밖에 없다. 그러한 근사 알고리즘들은 제18장에서 소개한다.

무향 모형을 설계할 때 염두에 둘 중요한 고려사항 하나는, Z가 존재하지 않는 방식으로 파벌 인수들을 지정하는 것이 가능하다는 점이다. 모형의 일부 변수들이 연속이고 해당 정의역에 관한 $\tilde{p}$의 적분이 발산할 때 그런 일이 발생할 수 있다. 예를 들어 하나의 스칼라 변수 $x \in \mathbb{R}$를 하나의 파벌 포텐셜 $\phi(x) = x^2$으로 모형화한다고 하자. 이 경우

---

4) 파벌 포텐셜들의 곱을 정규화해서 정의한 분포를 **기브스 분포**(Gibbs distribution)라고도 부른다.

$$Z = \int x^2 dx \qquad (16.6)$$

이다. 이 적분은 발산하므로, 이런 특정한 $\phi(x)$에 해당하는 확률분포는 존재하지 않는다. 확률분포의 존재 여부가 ϕ 함수들의 일부 매개변수의 선택에 좌우되기도 한다. 예를 들어 $\phi(x;\beta) = \exp(-\beta x^2)$의 경우 매개변수 β가 Z의 존재 여부를 결정한다. β가 양수이면 x에 관한 가우스 분포가 나오지만, β가 0이거나 음수이면 ϕ의 정규화가 불가능해진다.

유향 모형화와 무향 모형화의 핵심 차이 하나는, 유향 모형은 처음부터 확률분포들로 직접 정의하지만 무향 모형을 정의할 때는 먼저 ϕ 함수들을 결정하고 그것들을 확률분포로 변환하는 간접적인 과정을 밟는다는 것이다. 이런 차이점들에서, 여러분이 이런 모형들을 다룰 때 가져야 할 직관들을 이끌어낼 수 있다. 무향 모형을 다룰 때 염두에 두어야 할 핵심 사항 하나는, 주어진 ϕ 함수들의 집합에 대응되는 확률분포의 종류에 각 변수의 정의역이 결정적인 영향을 미친다는 것이다. 예를 들어 n차원 벡터값 확률변수 $\mathbf{x}$에 대한, 편향들의 벡터 $\boldsymbol{b}$로 매개변수화되는 무향 모형을 생각해 보자. $\mathbf{x}$의 성분마다 하나의 파벌 $\phi^{(i)}(\mathrm{x}_i) = \exp(b_i \mathrm{x}_i)$이 있다고 가정할 때, 이 모형이 정의하는 확률분포는 어떤 것일까? 답은, 그것이 어떤 확률분포인지 파악하기에 충분한 정보가 없다는 것이다. $\mathbf{x}$의 정의역을 아직 지정하지 않았기 때문이다. 만일 $\mathbf{x} \in \mathbb{R}^n$이면 Z를 정의하는 적분이 발산하므로 확률분포가 존재하지 않는다. 만일 $\mathbf{x} \in \{0,1\}^n$이면 $p(\mathbf{x})$는 $p(\mathrm{x}_i = 1) = \mathrm{sigmoid}(b_i)$인 n개의 독립 분포들로 인수분해된다. 만일 $\mathbf{x}$의 정의역이 기본 기저벡터들의 집합 $\{[1,0,...,0],[0,1,...,0],...,[0,0,...,1]\}$이면 $p(\mathbf{x}) = \mathrm{softmax}(\boldsymbol{b})$이다. 따라서 b_i의 값이 크면 $j \neq i$인 $p(\mathrm{x}_j = 1)$들이 감소한다. 종종 한 변수의 정의역을 잘 선택하면 비교적 단순한 ϕ 함수들의 집합으로도 복잡한 행동을 이끌어낼 수 있다. 이런 착안의 실질적인 응용을 §20.6에서 살펴볼 것이다.

16.2.4 에너지 기반 모형

무향 모형에 관한 흥미로운 이론적 결과 중에는 $\forall \mathbf{x}, \tilde{p}(\mathbf{x}) > 0$이라는 가정에 의존하는 것들이 많다. 이 조건을 강제하는 한 가지 편리한 방법은 다음과 같은 **에너지 기반 모형**(energy-based model, EBM)을 이용하는 것이다.

$$\tilde{p}(\mathbf{x}) = \exp(-E(\mathbf{x})). \tag{16.7}$$

여기서 $E(\mathbf{x})$는 소위 **에너지 함수**(energy function)이다. $\exp(z)$는 모든 z에 대해 양수이므로, 그 어떤 $\mathbf{x}$에 대해서도 에너지 함수 때문에 식 16.7의 확률이 0이 되는 일은 없다. 따라서 그 어떤 함수도 에너지 함수로 사용할 수 있으며, 그 덕분에 학습이 좀 더 간단해진다. 파벌 포텐셜들을 직접 학습하는 모형에서는, 최적화 시 확률이 특정 값 이하가 되지 않게 하는 어떤 제약을 가해야 한다. 그러한 에너지 함수를 학습하는 모형에는 제약 없는 최적화를 사용할 수 있다.[5] 에너지 기반 모형의 확률들은 0에 얼마든지 가까이 접근하긴 하지만, 실제로 0에 도달하는 일은 없다.

식 16.7에 나온 형태의 모든 분포는 **볼츠만 분포**(Boltzmann distribution)의 한 사례이다. 그래서 여러 에너지 기반 모형을 **볼츠만 기계**(Boltzmann machine; Fahlman 외, 1983; Ackley 외, 1985; Hinton 외, 1984; Hinton & Sejnowski, 1986)라고 부른다. 주어진 한 모형을 에너지 기반 모형이라고 부를지 볼츠만 기계라고 부를지에 관해 어떤 합의된 지침이 있는 것은 아니다. 원래 볼츠만 기계라는 용어는 이진 변수들로만 이루어진 모형을 가리켰지만, 요즘은 평균 공분산 제한 볼츠만 기계처럼 실숫값 변수들을 포함하는 모형들도 볼츠만 기계라고 부른다. 원래의 정의에서 볼츠만 기계에는 잠재변수가 있는 모형들과 없는 모형들이 모두 포함되었지만, 요즘은 주로 잠재변수가 있는 모형들을 볼츠만 기계라고 부르고 잠재변수가 없는 모형들은 마르코프 무작위장이나 로그선형 (log-linear) 모형이라고 부를 때가 더 많다.

무향 그래프의 파벌들은 비정규화 확률 함수의 파벌 인수들에 대응된다. $\exp(a) \times \exp(b) = \exp(a+b)$이므로, 한 무향 그래프의 서로 다른 파벌들은 에너지 함수의 서로 다른 항들에 대응된다. 다른 말로 하면, 에너지 기반 모형은 그냥 특별한 종류의 마르코프 망이다. 지수 함수 때문에 에너지 함수의 각 항은 각각 다른 파벌의 인수에 대응된다. 무향 그래프 구조를 하나의 에너지 함수로 해석하는 예가 그림 16.5에 나와 있다. 다수의 항이 있는 에너지 함수를 가진 에너지 기반 모형을 하나의 **전문가 곱** (product of experts; Hinton, 1999)으로 볼 수도 있다. 이 관점에서 에너지 함수의 각 항은 확률분포의 다른 인수에 대응된다. 에너지 함수의 각 항은 특정한 약 제약(soft contraint) 이 충족되었는지의 여부를 결정하는 '전문가'에 해당한다. 각 전문가는 확률변수들의

---

5) 일부 모형의 경우 Z가 존재하려면 제약 있는 최적화를 사용해야 할 수 있다.

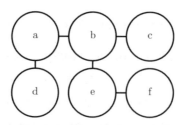

그림 16.5: 이 그래프는 $E(a,b,c,d,e,f)$를 $E_{a,b}(a,b) + E_{b,c}(b,c) + E_{a,d}(a,d) + E_{b,e}(b,e) + E_{e,f}(e,f)$로 표기할 수 있음을 함의한다. 만일 음의 에너지의 지수 함수(거듭제곱)를 개별 ϕ 함수로 간주하면, 예를 들어 $\phi_{a,b}(a,b) = \exp(-E(a,b))$로 두면, 그림 16.4의 ϕ 함수들을 얻게 된다는 점에 주목하기 바란다.

저차원 투영에만 관여하는 단 하나의 제약만 강제할 수 있지만, 그런 전문가들을 확률 곱셈으로 결합하면 복잡한 고차원 제약이 강제되는 효과가 생긴다.

에너지 기반 모형의 정의 중에는 기계 학습의 목적에서는 아무런 기능도 하지 않는 부분이 있다. 식 16.7의 '−' 기호가 바로 그것이다. 이 '−' 기호를 그냥 E의 정의 자체에 포함해도 될 것이다. E로 사용할 수 있는 함수 중에서는 에너지의 부호(sign)를 그냥 학습 알고리즘이 자유롭게 결정할 수 있는 것들이 많다. 기본적으로 '−' 기호는 기계 학습 문헌과 물리학 문헌 사이의 호환성을 보존하기 위해 식에 남겨 두었을 뿐이다. 확률 모형화 분야의 여러 연구 성과는 통계물리학자들이 이룩한 것인데, 통계물리학자들에게 E는 부호를 연구자가 마음대로 정할 수 없는 실제 물리 에너지를 뜻한다. '에너지'나 '분배함수' 같은 용어들은 그런 상황을 반영하고 있다. 수학적으로 이들은, 해당 용어가 고안된 원래의 물리학의 맥락보다 훨씬 다양한 맥락에서 적용할 수 있다. 일부 기계 학습 연구자는 '−' 기호를 아예 생략하기도 하지만(예를 들어 [Smolensky, 1986]은 음의 에너지를 **하모니**harmony라고 불렀다), 그것이 표준적인 관행은 아니다.

확률 모형을 다루는 여러 알고리즘은 $p_{모형}(\boldsymbol{x})$는 물론 $\log \tilde{p}_{모형}(\boldsymbol{x})$도 계산해야 한다. 잠재변수 $\boldsymbol{h}$가 있는 에너지 기반 모형의 경우, 그 수량의 부정(부호를 반대로 한 것)을 사용하도록 알고리즘들을 고쳐서 사용할 때도 있다. 다음과 같은 $\log \tilde{p}_{모형}(\boldsymbol{x})$의 부정을 **자유 에너지**(free energy)라고 부른다.

$$\mathcal{F}(\boldsymbol{x}) = -\log \sum_{\boldsymbol{h}} \exp(-E(\boldsymbol{x}, \boldsymbol{h})). \tag{16.8}$$

그러나 이 책에서는 좀 더 일반적으로 통용되는 $\log \tilde{p}_{모형}(\boldsymbol{x})$을 사용한다.

16.2.5 분리와 종속 분리(d-분리)

그래프 모형에서, 직접 상호작용하는 변수들은 간선들을 보고 바로 파악할 수 있다. 그러나 **간접적으로** 상호작용하는 변수들을 파악해야 할 때도 많이 있다. 그런 간접 상호작용 중에는 다른 변수의 관측에 의해 활성화 또는 비활성화되는 것들도 있다. 좀 더 공식적인 용어로 말하자면, 다른 일부 변수들의 값들이 주어졌을 때 서로 조건부 독립인 변수들의 부분집합을 파악해야 할 때가 많이 있다.

무향 모형에서는 그래프에서 조건부 독립관계(독립성)를 간단하게 식별할 수 있다. 무향 모형의 경우, 그래프가 함의하는 조건부 독립관계를 **분리**(separation)라고 부른다. 변수들의 집합 $\mathbb{A}$와 또 다른 변수들의 집합 $\mathbb{B}$, 그리고 그 둘 모두와 다른 변수들의 집합 $\mathbb{S}$가 있을 때, 만일 그래프 구조가 $\mathbb{S}$가 주어졌을 때 $\mathbb{A}$가 $\mathbb{B}$와 독립임을 함의한다면, $\mathbb{A}$가 $\mathbb{B}$와 **분리되었다**(separated)고 말한다. 두 변수 a와 b를 연결하는 경로에 비관측변수(관측되지 않은 변수)들만 있으면 그 두 변수는 분리되지 않은 것이다. 그렇지 않고 두 변수를 잇는 경로가 없거나 모든 경로에 관측변수가 존재하면 그 둘은 분리된 것이다. 비관측변수들로만 이루어진 경로를 가리켜 '활성(active)' 경로라고 부르고, 관측변수가 포함된 경로를 가리켜 '비활성(inactive)' 경로라고 부른다.

그래프 작성 시 관측변수를 표현하는 한 방법은 해당 노드에 음영을 칠하는 것이다. 그림 16.6에 무향 모형의 활성 경로와 비활성 경로를 그런 식으로 표현한 예가 나와 있다. 또한, 그림 16.7은 무향 그래프에서 분리를 식별하는 방법을 보여준다.

유향 모형에도 이와 비슷한 개념들이 적용된다. 단, 유향 그래프에서는 '분리'를 **종속 분리**(의존 분리) 또는 **d-분리**(d-separation)라고 부른다. 여기서 d는 'dependence(종속 또는 의존)'를 뜻한다. 유향 그래프의 종속 분리는 무향 그래프의 분리와 정의가 같다. 즉, 세 변수 집합 $\mathbb{A}$, $\mathbb{B}$, $\mathbb{S}$가 있을 때, 만일 $\mathbb{S}$가 주어졌을 때 $\mathbb{A}$가 $\mathbb{B}$와 독립임을 그래

그림 16.6: (a) 확률변수 a와 확률변수 b 사이의 경로는 활성 경로이다. 그 경로에 있는 확률변수 s가 관측되지 않았기 때문이다. 둘 사이의 유일한 경로가 활성이므로 a와 b는 분리되지 않았다. (b) 이 경우는 s에 음영이 표시되어 있다. 이는 s가 관측되었다는 뜻이다. a와 b 사이의 유일한 경로는 s를 거치며 그 경로는 비활성이므로 a와 b는 s가 주어졌을 때 분리되었다고 결론지을 수 있다.

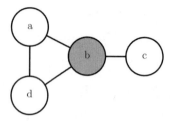

그림 16.7: 무향 그래프에서 분리 성질을 파악하는 예. b에 음영이 있는데, 이는 이 변수가 관측되었다는 뜻이다. b가 관측되면 a와 c 사이의 유일한 경로가 차단된다. 이를 두고, b가 주어졌을 때 a와 c가 분리되었다고 말한다. b는 또한 a와 d 사이의 한 경로도 차단하지만, 그 둘 사이에는 다른 활성 경로가 존재한다. 따라서 a와 d는 b가 주어졌을 때 분리되지 않는다.

프 구조가 함의한다면 $\mathbb{A}$와 $\mathbb{B}$는 분리된 것이다.

무향 모형에서처럼, 그래프가 함의하는 독립성은 그래프의 활성 경로가 존재하는지의 여부로 판단할 수 있다. 이전처럼 두 변수 사이에 활성 경로가 존재하면 둘은 독립이고 그런 경로가 없으면 둘을 종속 분리이다. 그림 16.8에 유향 모형에서 활성 경로를 식별하는 방법이 나와 있다. 그리고 그림 16.9는 그래프에서 몇 가지 성질들을 파악하는 예이다.

분리와 종속 분리는 **그래프가 함의하는** 조건부 독립성만 말해 줄 뿐임을 기억하는 것이 중요하다. 그래프가 모든 독립성의 존재를 함의해야 한다는 요구조건은 없다. 특히, 완전 그래프(complete graph; 모든 가능한 간선이 존재하는 그래프)를 이용해서 임의의 분포를 표현하는 것은 항상 적법한 일이다. 사실, 기존의 그래프 표기법으로는 표현할 수 없는 독립관계가 있는 분포도 존재한다. 망의 일부 변수들의 값에 대한 독립 또는 종속관계를 말할 때 **문맥 국한 독립**(context-specific independence)이라는 용어를 사용한다. 예를 들어 세 이진 변수 a, b, c의 모형을 생각해 보자. a가 0일 때는 b와 c가 독립이지만 a가 1일 때는 b가 결정론적으로 c와 같다고 가정하자. a = 1일 때의 행동을 그래프로 부호화하려면, b와 c를 하나의 간선으로 연결해야 한다. 그러나 그러한 그래프는 a = 0일 때 b와 c가 독립이라는 점을 표현하지 못한다.

일반적으로, 실제로는 존재하지 않는 독립관계를 그래프가 함의하는 일은 결코 없다. 그러나 존재하는 독립관계를 그래프가 표현하지 못할 수는 있다.

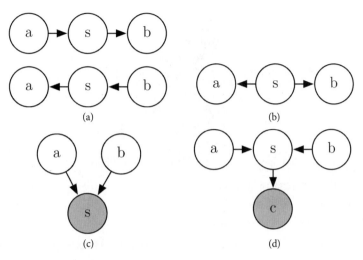

그림 16.8: 확률변수 a와 b 사이의 모든 가능한 길이 2 활성 경로들. (a) a에서 b로 또는 그 반대로 직접 나아가는, 화살표가 있는 모든 경로. 이런 종류의 경로는 s가 관측되면 차단된다. 이런 종류의 경로를 이미 계주 경주의 예에서 본 적이 있다. (b) 변수 a와 b가 하나의 공통 원인(common cause) s로 연결되어 있다. 예를 들어 s가 주어진 한 지역에 태풍이 지나가고 있는지를 나타내는 변수이고 a와 b가 그 지역의 기상관측소들에서 측정한 풍속들이라고 하자. 만일 한 관측소의 풍속 a가 아주 높다면, 다른 관측소의 풍속 b도 높을 것이라고 기대할 수 있다. 이런 종류의 경로는 s를 관측하면 차단된다. 태풍이 지나가고 있음을 이미 알고 있다면, 풍속 a와는 무관하게 풍속 b가 높을 것이라고 기대할 수 있기 때문이다. 태풍 영향 지역인데도 풍속 a가 비교적 낮을 수도 있지만, 그렇다고 해서 풍속 b가 높을 것이라는 기대(태풍이 지나가고 있음을 아는 상태에서의)가 바뀌지는 않는다. 즉, 두 풍속은 서로 독립이다. 그러나 s를 관측하지 않은 상태에서는 a와 b가 종속 관계이며, 둘의 경로는 활성 경로이다. (c) 변수 a와 b가 둘 다 s의 부모인 예이다. 이런 구조를 **V 구조** (V-structure) 또는 **충돌기 사례**(collider case)라고 부른다. 이러한 V 구조에서 a와 b는 소위 **해명 효과** (explaining away effect)를 통해서 연관된다. 이 경우 s가 관측되었을 때 둘 사이의 경로는 실제로 활성 경로 이다. 예를 들어 s가 여러분의 동료가 출근했는지 나타내는 변수이고 a는 동료가 아픈지를 나타내는 변수, 그리고 b는 동료가 휴가 중인지를 나타내는 변수라고 하자. 만일 동료가 출근하지 않았다면 아마도 아프거나 휴가 중이라고 추측할 수 있지만, 둘 다일(즉, 아픈 상태에서 휴가를 썼을) 가능성은 적다. 동료가 휴가 중임을 알게 된다면, 그 사실은 동료의 결근을 해명하기에 충분하다. 또한, 동료가 아마 아프지 않을 것이라는 점도 그 사실로부터 추론할 수 있다. (d) 해명 효과는 s의 임의의 후손 노드가 관측될 때도 발생한다! 예를 들어, c가 여러분이 그 동료로부터 보고서를 받았는지의 여부를 나타내는 변수라고 하자. 만일 아직 보고서를 받지 않았다면, 동료가 출근하지 않았을 확률이 커지며, 그러면 동료가 아프거나 휴가 중일 가능성도 커진다. V 구조에서 경로를 차단하는 유일한 방법은 공유 자식 노드의 후손 노드들을 하나도 관측하지 않는 것뿐이다.

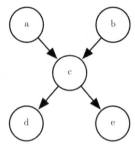

그림 16.9: 이 그래프에서 여러 종속 분리 성질들을 파악할 수 있다. 이를테면:

- a와 b는 공집합이 주어졌을 때 종속 분리이다.
- a와 e는 c가 주어졌을 때 종속 분리이다.
- d와 e는 c가 주어졌을 때 종속 분리이다.

또한, 일부 변수들이 관측되었을 때 일부 변수들이 더 이상 종속 분리가 아니라는 점도 알 수 있다. 구체적으로 말하면:

- a와 b는 c가 주어졌을 때 종속 분리가 아니다.
- a와 b는 d가 주어졌을 때 종속 분리가 아니다.

16.2.6 무향 그래프와 유향 그래프의 변환

구체적인 기계 학습 모형들을 유향 또는 무향이라고 칭할 때가 많다. 예를 들어 RBM은 흔히 무향 모형으로 칭하고, 희소 부호화는 유향 모형이라고 부른다. 그러나 이러한 단어 선택이 오해를 부를 수도 있다. 왜냐하면 확률분포 자체는 유향이냐 무향이냐를 가를 수 없기 때문이다. 단지 유향 그래프를 이용해서 설명하기 쉬운 모형과 무향 그래프를 이용해서 설명하기 쉬운 모형이 있을 뿐이다.

유향 모형과 무향 모형 둘 다 나름의 장단점이 있다. 둘 중 어느 하나가 확실히 더 낫다고, 보편적으로 더 선호된다고 말할 수는 없다. 중요한 것은 주어진 구체적인 과제에 적합한 접근 방식을 선택하는 것이다. 그러한 선택은 서술하고자 하는 확률분포가 어떤 것인가에 부분적으로 의존한다. 유향 모형과 무향 모형 중 확률분포에 존재하는 독립성들을 더 많이 포착하는 것을 선택할 수도 있고, 더 적은 수의 간선들로 분포를 서술하는 것을 선택할 수도 있다. 모형 서술 언어의 선택 기준은 이외에도 많이 있다. 그리고 하나의 확률분포를 다루는 도중에도 필요에 따라 다른 모형화 언어로 전환하기도 한다. 일부 변수들이 관측되었을 때는 현재 사용하는 것과는 다른 언어로 전환하는 것이 나은 상황도 있고, 서로 다른 계산 과제들에 대해 각각 다른 언어를

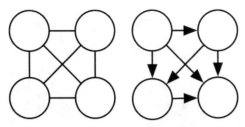

그림 16.10: 그 어떤 확률분포도 서술할 수 있는 완전 그래프의 예들. 둘 다 확률변수가 네 개인 경우이다. (왼쪽) 완전 무향 그래프. 무향의 경우 완전 그래프는 고유(유일)하다. (오른쪽) 완전 유향 그래프. 유향의 경우 완전 그래프가 여러 개이다. 변수들의 순서 관계를 정하고, 각 변수의 노드에 대해 그 변수에서 그보다 앞에 있는 변수들로 호(방향 있는 간선)를 그리면 완전 유향 그래프가 된다. 모든 변수에 대해 가능한 순서 관계의 수를 생각해 보면, 가능한 유향 그래프의 수가 변수 개수의 계승임을 알 수 있다. 이 예에서 변수들은 왼쪽에서 오른쪽, 위에서 아래로의 순서 관계를 가진다.

사용할 수도 있다. 예를 들어, 유향 모형을 이용하면 모형에서 표본을 효율적으로 뽑아내는 접근 방식을 쉽게 파악할 수 있다(§16.3 참고). 한편, 무향 모형은 근사 추론 절차를 유도하는 데 유용할 때가 많다(이 점은 제19장에서 보게 될 것이다. 식 19.50에서 무향 모형의 역할이 강조된다).

모든 확률분포는 유향 모형 아니면 무향 모형으로 표현할 수 있다. 최악의 경우라도, '완전 그래프'를 이용하면 그 어떤 분포도 표현할 수 있다. 유향 모형의 경우, 확률변수들에 대해 어떤 순서 관계를 강제할 수 있는, 그리고 그러한 순서 관계에서 각 변수 앞에 있는 모든 변수가 그래프에서 그 변수의 조상 노드들임을 만족하는 모든 비순환 그래프는 완전 그래프이다. 무향 모형의 경우 완전 그래프는 그냥 모든 변수를 포괄하는 하나의 파벌을 담은 그래프이다. 그림 16.10에 완전 그래프의 예들이 나와 있다.

물론 그래프 모형은 서로 직접 상호작용하지 않는 어떤 변수들을 함의할 때나 유용하다. 완전 그래프는 그 어떤 독립관계도 함의하지 않으므로 별로 유용하지 않다.

확률분포를 그래프로 표현할 때는 최대한 많은 독립관계를 함의하는, 그리고 실제로 존재하지 않는 독립관계는 전혀 함의하지 않는 그래프를 선택하는 것이 바람직하다.

이러한 관점에서, 분포 중에는 유향 모형으로 표현하는 것이 더 효율적인 것들도 있고 무향 모형으로 표현하는 것이 더 효율적인 것들도 있다. 다른 말로 하면, 유향 모형으로는 부호화할 수 있지만 무향 모형으로는 부호화할 수 없는 독립관계들이 있고, 그 역도 마찬가지이다.

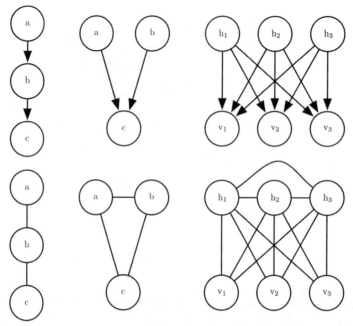

그림 16.11: 교화된 그래프를 만들어서 유향 모형(위 줄)을 무향 모형(아래 줄)으로 변환하는 예들. (왼쪽) 이 예처럼 간단한 사슬 형태의 그래프는 그냥 유향 간선을 무향 간선으로 바꾸기만 하면 교화된 그래프로 변한다. 결과적인 무향 모형은 원래의 유향 모형과 정확히 동일한 독립관계들과 조건부 독립관계들을 함의한다. (가운데) 이 그래프는 일부 독립관계를 소실하지 않고서는 무향 모형으로 변환할 수 있는 가장 간단한 형태의 유향 모형에 해당한다. 이 그래프 전체는 하나의 불륜 구조이다. a와 b가 c의 부모이므로, c가 관측될 때 둘은 하나의 활성 경로로 연결된다. 무향 모형이 이러한 의존성을 포착하려면 세 변수 모두를 포괄하는 하나의 파벌을 반드시 포함해야 한다. 그러나 그러한 파벌은 a⊥b라는 사실을 부호화하지 못한다. (오른쪽) 일반적으로, 교화 때문에 많은 수의 간선이 그래프에 추가될 수 있으며, 그러면 원래의 그래프가 함의하는 여러 독립관계가 소실될 수 있다. 이 예에서 유향 희소 부호화 그래프를 교화하려면 모든 은닉 단위 쌍에 교화 간선을 추가해야 하며, 결과적으로 은닉 단위 수의 제곱에 비례하는 수의 새 직접 종속관계들이 그래프에 도입된다.

무향 모형으로는 완벽하게 표현할 수 없지만 유향 모형으로는 가능한 부분구조의 예로 **불륜**(immorality) 구조라는 것이 있다. 이 구조는 두 확률변수 a와 b가 둘 다 어떤 확률변수 c의 부모일 때, 그리고 a와 b를 직접 연결하는 간선(어떤 방향이든)이 없을 때 발생한다. ('불륜'이라는 이름이 좀 이상하겠지만, 이 이름은 그래프 모형 문헌에서 이런 구조를 농담조로 결혼하지 않은 두 사람이 낳은 자식에 비유한 것에서 비롯한 것이다). 유향 그래프 $\mathcal{D}$를 사용하는 유향 모형을 무향 모형으로 변환하려면 새로운 그래프를 만들어야 한다. 새 무향 그래프를 $\mathcal{U}$라고 표기하기로 하자. 모든 변수 쌍 (x, y)에 대해,

만일 $\mathcal{D}$에 x와 y를 직접 연결하는 간선(어떤 방향이든)이 있으면, 또는 $\mathcal{D}$에서 x와 y가 둘 다 어떤 변수 z의 부모이면, $\mathcal{U}$에 x와 y를 잇는 무향 간선을 추가한다. 이런 식으로 만든 $\mathcal{U}$를 **교화된 그래프**(moralized graph)라고 부른다. 그림 16.11에 유향 모형을 교화를 통해서 무향 모형으로 변환하는 세 가지 예가 나와 있다.

이와 비슷하게, 유향 모형으로는 완벽하게 표현할 수 없지만 무향 모형으로는 가능한 부분구조도 있다. 구체적으로 말하자면, 만일 무향 그래프 $\mathcal{U}$에 길이가 3을 넘는 **루프**loop(닫힌 고리)가 존재하면, 그리고 그 루프에 **현**(chord)이 포함되어 있지 않다면, 유향 그래프 $\mathcal{D}$는 그 $\mathcal{U}$가 함의하는 조건부 독립성 중 일부를 표현하지 못한다. 여기서 루프는 일련의 변수들이 무향 간선들로 차례로 연결될 뿐만 아니라 마지막 변수가 다시 첫 변수로 연결된 구조를 말한다. 그리고 현은 루프에 속하되 인접하지 않은 두 변수가 간선으로 연결된 것을 말한다. 무향 그래프 $\mathcal{U}$에 길이가 4 이상인 루프들이 있으며 그 루프들에 현이 전혀 없다면, 루프들에 현을 추가한 후에야 $\mathcal{U}$를 유향 그래프로 변환할 수 있다. 단, 현을 추가하면 $\mathcal{U}$에 부호화된 독립관계 정보의 일부가 폐기된다. $\mathcal{U}$에 현들을 추가해서 만든 그래프를 **현 그래프**(chordal graph) 또는 **삼각화 그래프** (triangulated graph)라고 부르는데, 후자의 이름은 루프들을 더 작은 삼각형 루프들로 서술할 수 있다는 점에서 붙은 것이다. 현 그래프를 유향 그래프 $\mathcal{D}$로 변환하려면 간선들에 방향을 배정해야 한다. 이때 $\mathcal{D}$에 어떤 유향 순환마디(directed cycle)가 만들어져서는 안 된다. 유향 순환마디가 있는 그래프로는 유효한 유향 확률 모형을 정의할 수 없다. $\mathcal{D}$의 간선들에 방향을 배정하는 한 가지 방법은 확률변수들에 어떤 순서를 부여하고, 각 간선이 그 순서에서 앞쪽에 있는 노드에서 뒤쪽에 있는 노드를 가리키게 하는 것이다. 그림 16.12에 이러한 방향 배정의 예가 나와 있다.

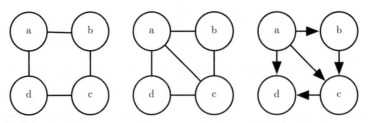

그림 16.12: 무향 모형을 유향 모형으로 변환하는 예. (왼쪽) 이 무향 모형에는 현이 없고 길이가 4인 루프가 존재하므로, 이 모형을 바로 유향 모형으로 변환할 수는 없다. 구체적으로, 이 무향 모형이 부호화한 독립관계 중 a⊥c|{b,d}와 b⊥d|{a,c}는 유향 모형으로 동시에 부호화할 수 없다. (가운데) 무향 모형을 유향 모형으로 변환하려면 그래프를 삼각화해서 길이가 4 이상인 모든 루프에 반드시 현이 존재하게 만들어야 한다. 이 예의 경우 a와 c를 잇는 간선을 추가할 수도 있고 b와 d를 잇는 간선을 추가할 수도 있는데, 그림은 a와 c를 잇는 간선을 추가한 것이다. (오른쪽) 변환 과정을 마무리하면 각 간선에 방향을 배정해야 한다. 이때 유향 순환마디가 생기지 않게 조심해야 한다. 유향 순환마디를 피하는 한 방법은 노드들에 어떤 순서 관계를 적용하고, 간선들이 항상 그 순서 관계의 앞쪽에 있는 노드에서 뒤쪽에 있는 노드를 가리키게 하는 것이다. 이 예에서는 변수 이름들의 알파벳 순서를 적용했다.

16.2.7 인수 그래프

인수 그래프(factor graph)는 무향 모형의 그래프를 서술하는 표준적인 문법에 존재하는 중의성을 해소하는 한 방법이다. 무향 모형에서 모든 ϕ 함수의 범위(scope)는 반드시 그래프의 어떤 파벌의 한 **부분집합**이어야 한다. 그런데 각 파벌이 그 파벌 전체를 실제로 포괄하는 하나의 인수에 대응되는지가 명확하지 않다는 점 때문에 중의성(ambiguity)이 발생한다. 예를 들어 노드 세 개로 이루어진 한 파벌이 그 세 노드 모두에 대한 인수에 대응될 수도 있고, 각각 노드 두 개만 포괄하는 세 인수에 대응될 수도 있다. 인수 그래프는 각 ϕ 함수의 범위를 명시적으로 표현함으로써 그러한 중의성을 해소한다. 구체적으로, 인수 그래프는 하나의 무향 이분 그래프(bipartite graph)로 구성된 무향 모형을 그래프로 표현한 것이다. 그러한 그래프에서, 확률변수에 해당하는 노드는 표준적인 무향 모형에서처럼 원으로 그린다. 그 외의 변수들은 사각형으로 그린다. 그러한 사각형 노드는 비정규화 확률분포의 인수 ϕ에 해당한다. 변수와 인수는 무향 간선으로 연결할 수 있다. 만일 어떤 변수가 비정규화 확률분포의 어떤 인수의 한 인자(argument)이면, 그리고 오직 그럴 때만, 그 변수와 그 인수를 연결한다. 인수와 인수를 연결할 수는 없으며, 마찬가지로 변수와 변수를 연결하지도 못한다. 그림 16.13에 인수 그래프로 무향 모형의 해석에 존재하는 중의성을 해소하는 예가 나와 있다.

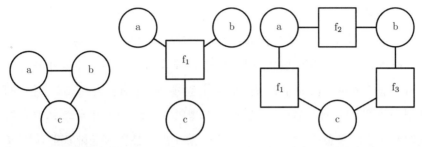

그림 16.13: 무향 모형의 해석에 존재하는 중의성을 인수 그래프로 해소하는 예. (왼쪽) 세 변수 a, b, c로 이루어진 파벌이 있는 무향 모형. (가운데) 그 무향 모형에 해당하는 인수 그래프 이 인수 그래프에는 세 변수 모두에 관한 하나의 인수가 있다. (오른쪽) 같은 무향 모형에 대한, 또 다른 유효한 인수 그래프 이 인수 그래프에는 인수가 세 개이고, 각 인수는 세 변수 중 둘만 포괄한다. 가운데 인수 그래프와 이 인수 그래프 둘 다 동일한 무향 그래프에 대응되지만, 표현 비용과 추론 비용, 학습 비용은 이 인수 그래프가 점근적으로 더 작다.

16.3 그래프 모형의 표본추출

그래프 모형은 모형에서 표본을 추출하는 과제에도 도움이 된다.

유향 그래프 모형의 장점 하나는, **조상 표집**(ancestral sampling; 또는 조상 표본추출)이라고 부르는 간단하고도 효율적인 절차를 이용해서 모형이 나타내는 결합분포로부터 하나의 표본을 뽑을 수 있다는 것이다.

조상 표집의 기본 착안은 간단하다. 우선, 그래프의 변수 x_i들을, 모든 i와 j에 대해 만일 x_i가 x_j의 부모이면 j가 i보다 크다는 조건을 만족하는 위상 순서(topological ordering)에 따라 정렬한다. 그런 다음 그 변수들을 그 순서에 따라 추출한다. 즉, 첫 번째 표본추출에서는 $x_1 \sim P(x_1)$를 추출하고, 그다음 표본추출에서는 $P(x_2 \,|\, Pa\mathcal{G}(x_2))$를 추출하고, 등등으로 나아가서 마지막으로는 $P(x_n \,|\, Pa\mathcal{G}(x_n))$을 추출하는 것이다. 이런 방식에서는 각 조건부 분포 $p(x_i \,|\, Pa\mathcal{G}(x_i))$의 표집이 쉽다면 모형 전체의 표집도 쉽다. 위상 정렬 연산 덕분에, 항상 식 16.1에 나온 조건부 분포들이 그 순서대로 표집된다. 위상 정렬이 없다면 부모 변수를 추출하기도 전에 자식 변수를 추출하는 일이 벌어질 수 있다.

그래프에 따라서는 유효한 위상 순서가 여러 가지일 수도 있는데, 그런 경우 유효 위상 순서 중 그 어떤 것도 조상 표집에 사용할 수 있다.

일반적으로 조상 표집은 아주 빠르고(각 조건부 분포의 표본추출이 빠르다고 할 때) 편리하다.

조상 표집의 한 단점은 유향 그래프 모형에만 적용할 수 있다는 것이다. 또 다른 단점은 조상 표집이 모든 조건부 표본추출 연산을 지원하지는 않는다는 것이다. 한 유향 그래프 모형에서 일부 변수들이 주어졌을 때의 다른 일부 변수들의 조건부 분포에서 표본을 추출하려면, 표집할 변수들보다 앞에(위상 순서를 기준으로) 있는 모든 조건화 변수가 필요할 때가 많다. 그런 경우 모형의 분포로 지정된 국소 조건부 확률분포로부터 표본을 추출할 수도 있다. 그렇지 않다면 표본을 추출하고자 하는 조건부 분포들은 관측변수들이 주어졌을 때의 사후분포(posterior distribution)들이다. 일반적으로 이 사후분포들은 명시적으로 지정하거나 모형에서 매개변수화하지 않는다. 이런 사후분포들을 추론하려면 비용이 많이 들 수 있다. 이에 해당하는 모형에 대해서는 조상 표집이 효율적이지 않다.

안타깝게도 조상 표집은 유향 모형에만 적용할 수 있다. 무향 모형을 먼저 유향 모형으로 변환한 후 조상 표집을 적용할 수도 있겠지만, 그러한 변환을 위해서는 처리 불가능한 추론 문제(새 유향 그래프의 뿌리 노드에 관한 주변 분포를 결정하기 위한)를 풀어야 하거나, 변환 과정에서 간선이 너무 많이 추가되어서 최종 유향 모형이 처리 불가능한 수준이 될 때가 많다. 한편, 유향 모형으로 변환하지 않고 무향 모형 자체에서 표본을 추출하려면 순환 의존성을 해소해야 하는 것으로 보인다. 모든 변수가 다른 모든 변수와 상호작용하므로, 표집 과정의 시작 지점이 명확하지 않다. 유감스럽게도, 무향 그래프 모형에서 표본을 추출하는 것은 비용이 큰 다중 패스 과정이다. 개념적으로 가장 간단한 접근 방식은 **기브스 표집**(Gibbs sampling)이다. n개의 확률변수로 이루어진 n차원 벡터 $\mathbf{x}$에 관한 그래프 모형을 생각해 보자. 표본추출 과정에서는 그 벡터를 훑으면서, 각 변수 x_i에 대해 다른 모든 변수를 조건으로 한 조건부 분포 $p(x_i | x_{-i})$로부터 그 변수의 값을 추출한다. 그런데 그래프 모형의 분리 성질 덕분에, x_i의 이웃들만 조건으로 두고 표본을 추출해도 같은 결과를 얻을 수 있다. 안타까운 일이지만, 그래프 모형 전체를 한 번 훑어서 n개의 변수들을 모두 추출한다고 해도 그 결과가 $p(\mathbf{x})$의 공정한(fair) 표본은 아니다. 공정한 표본을 얻으려면 n개의 변수 모두를 다시 표집하는(갱신된 이웃 변수들을 이용해서) 과정을 반복해야 한다. 점근적으로, 그런 과정을 여러 번 반복하면 표집 결과가 진 분포의 표본에 수렴한다. 무향 모형의 표집 기법은 고급 주제에 해당하며, 제17장에서 좀 더 자세히 살펴본다.

16.4 구조적 모형화의 장점

구조적 확률 모형을 사용할 때 얻을 수 있는 주된 장점은 확률분포의 표현 비용은 물론 학습과 추론 비용도 극적으로 줄어든다는 것이다. 또한, 유향 모형의 경우에는 표본추출도 빨라진다. 단, 무향 모형에서는 상황이 복잡해질 수 있다. 구조적 모형화 접근 방식에서 그런 모든 연산의 실행 시간과 메모리 요구량이 줄어드는 주된 원인은, 특정 상호작용들이 모형에서 제외된다는 것이다. 그래프 모형은 특정 간선들을 제외함으로써 정보를 부호화한다. 어떤 두 노드를 간선으로 연결하지 않는다는 그 둘 사이의 직접 상호작용을 모형화할 필요가 없다는 가정을 명시하는 것에 해당한다.

구조적 확률 모형 사용의 덜 두드러진 장점은, 학습으로 얻은 지식의 표현과 기존 지식에 기초한 추론으로 얻은 지식의 표현을 명시적으로 분리할 수 있다는 것이다. 이 덕분에 모형을 개발하고 디버깅하기가 쉽다. 다양한 부류의 그래프들에 적용할 수 있는 학습 알고리즘과 추론 알고리즘을 설계, 분석, 평가할 수 있으며, 그와는 독립적으로 자료에 존재하는 중요한(우리가 중요하다고 믿는) 관계들을 포착하는 다양한 구조를 설계할 수 있다. 그리고 그러한 다수의 알고리즘과 다수의 구조를 마치 두 집합의 곱집합처럼 조합함으로써 다양한 가능성을 얻게 된다. 모든 가능한 상황에 대해 종단간(처음부터 끝까지의) 알고리즘을 매번 설계해야 한다면 일이 훨씬 힘들어질 것이다.

16.5 종속관계의 학습

좋은 생성 모형은 관측변수, 즉 '가시(visible)' 변수 $\mathbf{v}$에 관한 분포를 정확하게 포착할 수 있어야 한다. 그러한 $\mathbf{v}$의 서로 다른 성분들 사이에 고도의 의존성(종속관계)이 존재할 때가 많다. 심층 학습의 맥락에서 그러한 의존성을 모형화하는 데 가장 흔히 쓰이는 접근 방식은 여러 잠재변수 또는 '은닉(hidden)' 변수 $\mathbf{h}$를 도입하는 것이다. 은닉 변수가 도입된 모형은 임의의 두 변수 v_i와 v_j 사이의 간접적인 종속관계를 v_i와 $\mathbf{h}$ 사이의 직접 종속관계와 $\mathbf{h}$와 v_j 사이의 직접 종속관계를 통해서 포착할 수 있다.

잠재변수가 전혀 없는 $\mathbf{v}$를 제대로 모형화하려면, 베이즈 망의 경우에는 노드마다 엄청나게 많은 수의 부모 노드가 필요할 것이고 마르코프 망의 경우라면 아주 큰 파벌들이 필요할 것이다. 그런 고차원 상호작용들은 비용이 크다. 계산 측면에서는 메모리에 저장해야 할 매개변수 개수가 파벌 구성원 수에 지수적으로 비례하며, 통계적 측면에서는 그러한 지수적으로 많은 매개변수를 정확하게 추정하려면 엄청나게 큰 자료 집합이 필요하다.

직접 연결된 가시 변수들 사이의 의존성을 모형으로 포착하려는 경우, 모든 변수를 연결하는 것은 일반적으로 비현실적이므로 서로 밀접하게 연관된 변들만 연결하고 그 외의 변수들 사이의 간선은 생략한 그래프를 만들어야 한다. **구조 학습**(structure learning) 이라는 기계 학습의 한 분야는 이 문제에만 전념한다. 구조 학습에 관한 좋은 참고서로는 [Koller & Friedman, 2009]가 있다. 대부분의 구조 학습 기법들은 일종의 탐욕적 검색 기법이다. 구조 학습 알고리즘들은 지정된 특정한 구조를 가진 모형을 훈련해서 점수를 부여한다. 이때, 훈련 집합에 대한 정확도가 높을수록 점수가 높고, 모형이 복잡할수록 점수가 낮다. 주어진 구조에 적은 수의 간선들을 더하거나 제거해서 새로운 후보 구조들을 만들어서 같은 방식으로 훈련하고, 최고 점수를 받은 구조를 이용해서 다음번 후보 구조들을 생성한다. 이러한 과정을 점수가 더 높아지지 않을 때까지 반복한다.

적응적(adaptive) 구조 대신 잠재변수를 이용하면 이산적 검색을 수행할 필요가 없고 훈련을 여러 번 반복할 필요가 없다. 가시 변수들과 은닉 변수들에 대한 고정된 구조의 경우에는 가시 단위들과 은닉 단위들 사이의 직접 상호작용들을 이용해서 가시 단위들 사이의 간접 상호작용을 강제할 수 있다. 그런 구조의 모형에 간단한 매개변수 학습 기법을 적용하면, 주변 분포 $p(\mathbf{v})$에 적절한 구조를 부여하는 고정된 구조를 가진 모형을 학습할 수 있다.

잠재변수에는 $p(\mathbf{v})$를 효율적으로 포착하는 것 이상의 장점들이 있다. 새 변수 $\mathbf{h}$는 $\mathbf{v}$의 또 다른 표현이기도 하다. 예를 들어, §3.9.6에서 논의했듯이 가우스 혼합모형은 입력이 속한 견본 범주에 대응되는 잠재변수를 학습한다. 이는 가우스 혼합모형의 잠재변수를 분류 과제에 사용할 수 있다는 뜻이다. 제14장에서 보았듯이, 희소 부호화 같은 간단한 확률 모형이 학습하는 잠재변수들을 분류기를 위한 입력 특징들로 사용할 수 있으며, 다양체를 기준으로 한 좌표들로 사용할 수도 있다. 다른 모형들도 그와 같은 방식으로 사용할 수 있지만, 더 깊은 모형이나 서로 다른 종류의 상호작용들이 있는 모형은 더욱 풍부한 입력 서술을 만들어 낼 수 있다. 잠재변수들을 학습함으로써 특징을 학습하는 접근 방식들이 많다. 실험 결과에 따르면, $\mathbf{v}$와 $\mathbf{h}$의 어떤 모형이 주어졌을 때 $\mathbb{E}[\mathbf{h}\,|\,\mathbf{v}]$나 $\arg\max_{\boldsymbol{h}} p(\boldsymbol{h},\boldsymbol{v})$가 $\boldsymbol{v}$에 대한 좋은 특징 사상일 때가 자주 있다.

16.6 추론과 근사 추론

확률 모형의 주된 용도 중 하나는 변수들 사이의 관계를 질의하는 것이다. 예를 들어 특정 환자가 가지고 있을 만한 질병을, 주어진 의료 진단 자료를 조건으로 하여 확률 모형으로 알아낼 수 있다. 잠재변수 모형에서는 흔히 관측변수 $\mathbf{v}$를 서술하는 특징 $\mathbb{E}[\mathbf{h}|\mathbf{v}]$를 추출해야 할 때가 있다. 그리고 다른 과제들에서도 그런 관계 질의 문제를 할 때가 종종 있다. 모형을 훈련할 때는 흔히 최대가능도 원리를 사용한다. 이때

$$\log p(\boldsymbol{v}) = \mathbb{E}_{\mathbf{h} \sim p(\mathbf{h}|\boldsymbol{v})}[\log p(\boldsymbol{h}, \boldsymbol{v}) - \log p(\boldsymbol{h}|\boldsymbol{v})] \tag{16.9}$$

이므로, 학습 규칙을 구현하려면 $p(\mathbf{h}|\boldsymbol{v})$를 계산해야 한다. 이상의 문제들은 모두 어떤 변수들의 값이 주어졌을 때 다른 어떤 변수들의 값 또는 그에 관한 확률분포를 예측해야 하는 **추론**(inference) 문제에 속한다.

안타깝게도, 대부분의 흥미로운 심층 모형에서 이런 추론 문제는 처리 불가능이다. 심지어 구조적 그래프 모형을 이용해서 모형을 단순화해도 그렇다. 그래프 구조를 이용하면 복잡한 고차원 분포를 적당한 수의 매개변수들로 표현할 수 있지만, 대체로 심층 학습에 쓰이는 그래프들은 효율적인 추론까지 가능할 정도로 제한적이지는 않다.

일반적인 그래프 모형의 주변 확률을 계산하는 문제가 #P 난해(#P hard) 문제에 해당한다는 점을 보이는 것은 어렵지 않다. #P라는 복잡도 부류(complexity class)는 복잡도 부류 NP의 한 일반화이다. NP에 속하는 문제의 경우에는 그 문제에 해가 있는지, 그리고 해가 있다면 그 해를 찾을 수 있는지만 판정하면 된다. 그러나 #P에 속하는 문제에서는 해의 개수를 세어야 한다. 최악의 경우에 해당하는 그래프 모형을 구축하는 예로, 3-SAT 문제※ 이진 변수들에 관한 그래프 모형을 정의한다고 상상해 보자. 한 가지 방법은 그 변수들에 하나의 균등분포(고른 분포)를 가하고, 조건식을 구성하는 절(clause)마다 그 절이 충족되었는지를 나타내는 이진 잠재변수들과 모든 절이 충족되었는지를 나타내는 또 다른 이진 잠재변수를 모형에 추가하는 것이다. 잠재변수들로 환원 트리(reduction tree), 즉 트리의 각 노드가 다른 두 변수의 충족 여부에 해당하는 트리를 만든다면, 큰 파벌이 만들어지는 일을 피할 수 있다. 그러한 트리의 잎 노드들

※ **역주** 참고로 SAT 문제는 satisfiability problem, 즉 충족(만족) 가능성 문제를 말하며, 3-SAT는 충족할 조건식을 구성하는 요소('절')가 세 개 이하인 SAT를 말한다. 3-SAT 문제는 임의의 SAT 문제를 3-SAT 문제들의 조합으로 변환할 수 있다는 점에서 중요하다.

은 각 절의 변수들이고, 뿌리(루트) 노드는 문제 전체가 충족되었는지의 여부에 해당한다. 절들을 구성하는 리터럴들에 관한 분포가 균등분포이므로, 환원 트리의 뿌리에 관한 주변 분포는 배정들 중 문제를 충족하는 것들의 비율을 지정한다. 이상의 최악의 경우의 모형은 다소 작위적이지만, NP-난해 문제에 해당하는 그래프들이 실제 응용에서 흔히 나타난다.

이러한 어려움 때문에 근사 추론(approximate inference) 기법들이 나오게 되었다. 심층 학습의 맥락에서는 그런 근사 추론을 흔히 변분 추론(variational inference)이라고 부른다. 변분 추론에서는 진 분포 $p(\mathbf{h}|\boldsymbol{v})$를 그것에 최대한 가까운 어떤 분포 $q(\mathbf{h}|\boldsymbol{v})$로 근사한다. 변분 추론을 비롯한 다른 여러 기법은 제19장에서 좀 더 자세히 설명한다.

16.7 구조적 확률 모형에 대한 심층 학습 접근 방식

대체로, 심층 학습 실무자들이 사용하는 기본적인 계산 기법들은 구조적 확률 모형을 다루는 다른 기계 학습 분야 실무자들이 사용하는 것과 다르지 않다. 차이점은 그런 기법들을 조합하는 방식이다. 심층 학습 실무자들은 조합과 관련한 설계 사항들을 다른 분야의 실무자들과 다른 식으로 결정하기 때문에, 전체적인 알고리즘과 모형의 맛과 향이 좀 더 전통적인 그래프 모형에 쓰이는 것들과 크게 다르다.

심층 학습에 쓰이는 그래프 모형이 그리 깊지 않을 때도 있다. 그래프 모형의 맥락에서는, 주어진 심층 학습 모형의 깊이를 계산 그래프가 아니라 그래프 모형을 기준으로 정의한다. 잠재변수 h_i와 어떤 관측변수 사이의 최단 경로의 길이(경로를 구성하는 단계 수)가 j라고 할 때, 그 j를 곧 h_i의 깊이로 간주할 수 있다. 그리고 모형 전체의 깊이는 그런 식으로 정의한 가장 깊은 h_i의 깊이이다. 이런 종류의 깊이는 계산 그래프에서 유도한 깊이와는 다르다. 심층 학습에 쓰이는 생성 모형 중에는, 잠재변수를 포함한 층이 아예 없거나 하나뿐이지만 모형 안의 조건부 분포들을 정의하는 데에는 깊은 계산 그래프를 사용하는 것들이 많다.

본질적으로 심층 학습은 항상 분산 표현 개념을 활용한다. 심층 학습을 위한 얕은 모형들(이를테면, 사전훈련을 거쳐서 이후 심층 모형을 구성하는 데 쓰이는 얕은 모형들)조차도 거의 항상 잠재변수 층을 하나 사용한다. 일반적으로 심층 모형에는 관측변수보다 잠재변수가 더 많다. 변수들 사이의 복잡한 비선형 상호작용은 다수의 잠재변수를 따라가는 간접 연결을 통해서 포착된다.

반면, 전통적인 그래프 모형의 변수들은 대부분 적어도 가끔은 관측되는 변수들이다. 심지어 그 변수 중 대다수가 일부 훈련 견본에 무작위로 빠져 있을 때도 그렇다. 대체로 전통적인 모형들은 고차 항들과 구조 학습을 이용해서 변수들 사이의 복잡한 비선형 상호작용을 포착한다. 모형에 잠재변수들이 있다고 해도, 그 수가 아주 적은 것이 일반적이다.

심층 학습에서는 잠재변수들을 설계하는 방식도 전통적인 분야와 다르다. 대체로 심층 학습 실무자들은 잠재변수에 어떤 구체적인 의미를 미리 부여하려 들지 않는다. 주어진 특정한 자료 집합을 모형화하는 데 필요한 개념을 고안하는 것은 훈련 알고리즘의 몫이다. 훈련 이후에 잠재변수들의 의미를 사람이 이해하기가 그리 쉽지는 않지만, 시각화 기법들을 이용하면 그 잠재변수들이 무엇을 나타내는지를 어느 정도는 파악할 수 있다. 반면, 전통적인 그래프 모형에서는 실무자가 잠재변수들의 구체적인 의미(이를테면 문서의 주제, 학생의 지능, 환자의 증상을 유발한 질병 등)를 미리 정해 둔다. 그런 모형들은 사람이 해석하기가 훨씬 쉽고 이론적인 보장들이 더 많을 때가 많지만, 복잡한 문제들로의 확장성이나 서로 다른 여러 문맥에서의 재사용성은 심층 모형보다 떨어진다.

심층 학습 접근 방식에 흔히 쓰이는 연결성의 종류도 전통적인 접근 방식과 명백히 다른 점이다. 일반적으로 심층 그래프 모형에는 큰(다수의 단위로 이루어진) 그룹의 단위들이 다른 그룹의 단위들과 모두 서로 연결된 구조가 존재한다. 그러면 두 그룹 사이의 상호작용을 하나의 행렬로 서술할 수 있다. 그러나 전통적인 그래프 모형에는 연결이 아주 적으며, 각 변수의 연결 관계를 사용자가 개별적으로 설계할 수 있다. 모형 구조의 설계는 추론 알고리즘의 선택과 밀접하게 연관된다. 그래프 모형에 대한 전통적인 접근 방식은 정확한 추론의 처리 가능성을 유지하는 것을 목적으로 둘 때가 많다. 그러한 제약이 너무 제한적일 때는 **루프 있는 믿음 전파**(loopy belief propagation) 라고 하는 근사 추론 알고리즘이 흔히 쓰인다. 희소하게 연결된 그래프에서는 두 접근 방식 모두 잘 작동할 때가 많다. 비교하자면, 심층 학습에 쓰이는 모형은 각 가시 단위 v_i를 다수의 은닉 단위 h_j들에 연결하는 경향이 있다. 그러면 $\mathbf{h}$는 v_i의(그리고 어쩌면 다른 여러 관측변수의) 분산 표현을 제공할 수 있다. 분산 표현에는 장점이 많지만, 그래프 모형과 계산 복잡도의 관점에서 분산 표현은 전통적인 정확 추론 기법을 적용하기에는 충분히 희소하지 않은, 그래서 루프 있는 믿음 전파 기법이 필요해지는 그래프를 산출할 때가 많다는 단점이 있다. 결과적으로, 심층 학습에는 루프 있는 믿음 전파가 거의 쓰이지 않는다(이는 좀 더 큰 전통적인 그래프 모형 공동체와 심층 그래프 모형 공동체의 가장 두드러진 차이점이다). 대신 대부분의 심층 모형은 기브스 표집이나 변분 추론 알고리즘이 효율적으로 실행되는 것을 염두에 두고 설계된다. 또 다른 고려사항은, 심층 학습 모형에는 잠재변수가 아주 많을 수 있기 때문에 효율적인 수치 계산 코드를 작성하는 것이 필수라는 점이다. 이는 두 층(그룹)의 상호작용을 하나의 행렬로 서술할 수 있는 형태로 단위들을 층별로 조직화하는 것이 바람직한 또 다른 이유(고수준 추론 알고리즘을 사용할 수 있다는 것 외에)이다. 그렇게 하면 알고리즘의 개별 단계를 효율적인 행렬 곱셈 연산으로(또는 행렬 곱셈의 희소 연결 일반화인 블록 대각행렬 곱셈 또는 합성곱 같은 연산으로) 구현할 수 있다.

마지막으로, 그래프 모형에 대한 심층 학습 접근 방식의 또 다른 특징은 미지수에 대한 허용 오차를 명확하게 적용한다는 것이다. 심층 학습에서는 우리가 원하는 모든 수량을 모형이 정확하게 계산할 수 있을 때까지 모형을 단순화하는 것이 아니라, 그냥 모형을 훈련하거나 사용할 수 있게 될 때까지만 모형의 능력을 키운다. 계산할 수 없는 주변 분포를 가진 모형을 이용해서 그 모형으로부터 그냥 근사적인 표본들을 추출하는 것으로 만족할 때가 많다. 심지어, 적당한 시간으로는 근사조차 어려운 처리 불가능한 목적함수를 가진 모형이라도, 그런 목적함수의 기울기 추정값을 효율적으로 구할 수만 있다면 모형을 근사적으로 훈련할 수 있을 때가 많다. 대체로 심층 학습 접근 방식을 이용하면 절대적으로 필요한 정보의 최소량이 어느 정도인지 파악하고 그에 기초해서 그 정보의 쓸만한 근사치를 최대한 빨리 구하는 방법을 알아낼 수 있다.

16.7.1 예제: 제한 볼츠만 기계(RBM)

하모니엄harmonium이라고도 하는 **제한 볼츠만 기계**(restricted boltzmann machine, RBM; Smolensky, 1986)는 그래프 모형을 심층 학습에 사용하는 전형적인 예에 해당한다. RBM 자체는 심층 모형이 아니다. RBM에는 입력의 표현을 배우는 데 사용할 수 있는, 잠재변수들로 이루어진 층이 하나 있을 뿐이다. 제20장에서는 RBM을 부품으로 사용해서 좀 더 깊은 여러 모형을 구축하는 방법을 논의한다. 이번 절에서는 광범위한 그래프 모형에 쓰이는 바람직한 실천 관행들에 해당하는 RBM 접근 방식의 여러 특징을 예제

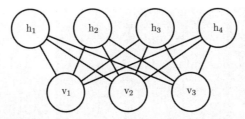

그림 16.14: RBM을 하나의 마르코프 망으로 표현한 그래프.

를 통해서 살펴본다. 그 특징들을 나열하자면, 신경망의 단위들을 층이라고 부르는 커다란 그룹들로 조직화한다는 점과 두 층 사이의 연결관계를 하나의 행렬로 서술한다는 점, 그러한 연결관계가 비교적 조밀하다는 점, 효율적인 기브스 표집이 가능하도록 모형을 설계한다는 점, 그리고 모형 설계의 초점이 설계자가 의미를 명시적으로 정의하지 않은 잠재변수들을 모형이 자유로이 학습하게 하는데 있다는 점이다. RBM은 §20.2에서 좀 더 자세히 논의한다.

표준적인 RBM은 이진 가시 단위들과 이진 은닉 단위들로 이루어진 에너지 기반 모형이다. 해당 에너지 함수는 다음과 같다.

$$E(\boldsymbol{v}, \boldsymbol{h}) = -\boldsymbol{b}^\top \boldsymbol{v} - \boldsymbol{c}^\top \boldsymbol{h} - \boldsymbol{v}^\top \boldsymbol{W} \boldsymbol{h}. \tag{16.10}$$

여기서 $\boldsymbol{b}$, $\boldsymbol{c}$, $\boldsymbol{W}$는 제약 없는 실숫값 매개변수들이다. 모형은 이 매개변수들을 학습할 수 있다. 모형은 두 그룹의 단위들로 나뉜다. 한 그룹은 $\boldsymbol{v}$이고 다른 그룹은 $\boldsymbol{h}$이다. 두 그룹의 상호작용은 하나의 함수 $\boldsymbol{W}$로 서술한다. 그림 16.14는 이러한 모형을 그래프로 표현한 것이다. 그림을 보면 확실히 알겠지만, 이 모형의 중요한 특징 하나는 가시 단위와 가시 단위 사이와 은닉 단위와 은닉 단위 사이에는 직접 상호작용이 전혀 없다는 것이다(이 점이 제한 볼츠만 기계의 '제한'에 해당한다. 일반적인 볼츠만 기계에서는 어떤 단위들이라도 연결될 수 있다).

RBM의 구조에 대한 이러한 제한에서 다음과 같은 두 가지 바람직한 성질이 나온다.

$$p(\mathbf{h}|\mathbf{v}) = \prod_i p(\mathbf{h}_i|\mathbf{v}), \tag{16.11}$$

$$p(\mathbf{v}|\mathbf{h}) \equiv \prod_i p(\mathbf{v}_i|\mathbf{h}). \tag{16.12}$$

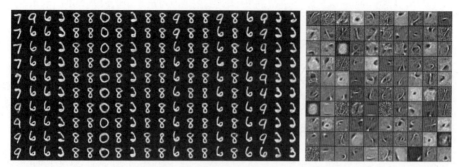

그림 16.15: 훈련된 RBM과 그 가중치들로부터 얻은 표본들의 예. (왼쪽) MNIST로 훈련한 모형에서 기브스 표집으로 뽑은 표본들이다. 각 열은 개별 기브스 표집 과정에서 나온 것이고, 각 행은 기브스 표집의 또 다른 1,000단계가 산출한 출력을 나타낸다. 이웃한 표본들 사이에는 밀접한 상관관계가 있다. (오른쪽) 해당 가중치 벡터들을 시각화한 것이다. 이를 그림 13.2에 나온 선형 인자 모형의 표본 및 가중치와 비교해 보기 바란다. 이 그림의 표본들이 훨씬 나은데, 이는 RBM에서는 사전분포 $p(\boldsymbol{h})$가 인수곱 분포이어야 한다는 제약이 없기 때문이다. 한편, RBM의 사후분포 $p(\boldsymbol{h}|\boldsymbol{v})$는 인수곱 분포이지만 희소 부호화의 사후분포 $p(\boldsymbol{h}|\boldsymbol{v})$는 그렇지 않다. 따라서 특징 추출에는 희소 부호화 모형이 나을 수 있다. 다른 모형들은 비인수곱 분포 $p(\boldsymbol{h})$와 비인수곱 분포 $p(\boldsymbol{h}|\boldsymbol{v})$를 둘 다 가질 수 있다. [LISA, 2008]의 이미지들을 허락하에 전재했다.

합산에 관여하는 개별 조건부 분포들 역시 계산이 간단하다. 이진 RBM에서는 다음이 성립한다.

$$P(\mathrm{h}_i = 1 \,|\, \mathbf{v}) = \sigma\big(\mathbf{v}^\top \boldsymbol{W}_{:,i} + b_i\big), \tag{16.13}$$

$$P(\mathrm{h}_i = 0 \,|\, \mathbf{v}) = 1 - \sigma\big(\mathbf{v}^\top \boldsymbol{W}_{:,i} + b_i\big). \tag{16.14}$$

이런 성질들이 함께 작용하면 효율적인 **블록 기브스 표집**(block Gibbs sampling)이 가능해진다. 블록 기브스 표집은 $\mathbf{h}$의 모든 변수를 동시에 표집하는 과정과 $\mathbf{v}$의 모든 변수를 동시에 표집하는 과정을 번갈아 수행한다. RBM 모형에 대한 깁스 표집으로 생성된 표본들의 예가 그림 16.15에 나와 있다.

에너지 함수 자체는 그냥 매개변수들의 선형 함수일 뿐이므로 그 미분을 취하기 쉽다. 이를테면

$$\frac{\partial}{\partial W_{i,j}} E(\mathbf{v}, \mathbf{h}) = -\mathrm{v}_i \mathrm{h}_j \tag{16.15}$$

이다.

이 두 가지 특징, 즉 효율적인 기브스 표집이 효율적이라는 점과 미분이 효율적이라는 점 덕분에 훈련이 편해진다. 제18장에서 보겠지만, 무향 모형에서 추출한 표본들에 대해 그런 미분들을 계산해서 무향 모형을 훈련할 수도 있다.

모형을 훈련하면 자료 v에 대한 표현 h가 유도된다. 그런 경우, 흔히 $\mathbb{E}_{\mathbf{h} \sim p(\mathbf{h}|v)}[h]$를 자료 v를 서술하는 특징들의 집합으로 사용한다.

정리하자면, RBM은 그래프 모형에 대한 전형적인 심층 학습 접근 방식, 즉 잠재변수들을 여러 층으로 조직화하고 그 층들 사이의 상호작용들을 행렬을 이용해서 효율적으로 매개변수화함으로써 표현 학습을 수행하는 접근 방식을 잘 보여주는 예이다.

그래프 모형은 확률 모형을 서술하는 우아하고 유연하며 명확한 언어를 제공한다. 심층 확률 모형을 서술하는 수단은 여러 가지지만, 이후의 장들에서는 그래프 모형의 언어를 이용해서 아주 다양한 심층 확률 모형들을 서술한다.

17

몬테카를로 방법

무작위 알고리즘은 크게 두 범주로 나뉘는데, 하나는 라스베이거스^{Las Vegas} 알고리즘이고 다른 하나는 몬테카를로^{Monte Carlo} 알고리즘이다. 라스베이거스 알고리즘들은 항상 정확한 답을 돌려주거나 그런 답을 찾지 못했음을 보고한다. 그런 알고리즘들이 소비하는 자원(보통은 메모리나 시간)의 양은 무작위다. 반면 몬테카를로 알고리즘들은 무작위한 오차가 있는 답을 돌려준다. 일반적으로 오차의 크기는 자원(보통은 메모리와 시간)을 많이 소비할수록 줄어든다. 임의의 고정된 계산 자원에 대해 몬테카를로 방법은 하나의 근사 해답을 제공할 수 있다.

기계 학습으로 풀려고 하는 문제 중에는 정확한 답을 얻으리라고 기대할 수 없을 정도로 어려운 것들이 많다. 이 때문에 정확한 결정론적 알고리즘들과 라스베이거스 알고리즘들은 고려 대상에서 제외할 수밖에 없다. 그런 알고리즘 대신 결정론적 근사 알고리즘이나 몬테카를로 근사 방법을 사용해야 한다. 결정론적 근사 방법과 몬테카를로 방법 모두 기계 학습에서 보편적으로 쓰인다. 이번 장에서는 몬테카를로 방법에 초점을 둔다.

17.1 표본추출과 몬테카를로 방법

기계 학습의 목표들을 달성하는 데 쓰이는 여러 주요 기술은 어떤 확률분포에서 뽑은 표본들을 이용해서 원하는 수량에 대한 하나의 몬테카를로 추정값을 만들어 내는 접근 방식에 기초한다.

17.1.1 왜 표본추출인가?

확률분포에서 표본을 뽑는 것이 바람직한 이유는 여러 가지이다. 표본추출(표집)은 다양한 종류의 합과 적분을 낮은 비용으로 근사하는 유연한 수단을 제공한다. 종종, 비용이 높지만 처리 가능한 합을 구하는 시간을 표본추출을 이용해서 크게 줄일 수 있다. 전체 훈련 집합의 일부 견본들만 추출해서 미니배치로 사용하는 것이 그런 예이다. 아예 처리 불가능한 수준의 합이나 적분을 학습 알고리즘이 근사해야 할 때도 표본추출이 쓰인다. 무향 모형의 로그 분배함수의 기울기를 구하는 것이 좋은 예이다. 그리고 표본추출 자체가 목표일 때도 많다. 이를테면 훈련 분포로부터 표본을 추출할 수 있도록 모형을 훈련하는 것이 그러한 경우에 해당한다.

17.1.2 몬테카를로 표집의 기초

어떤 합이나 적분의 참값을 계산하는 것이 불가능할 경우(이를테면 합산의 항들이 지수적으로 많고 정확한 단순화 방법을 알지 못하는 등), 몬테카를로 표집을 이용하면 그 근삿값을 구할 수 있을 때가 많다. 몬테카를로 표집의 핵심은 합 또는 적분을 어떤 분포하에서의 기댓값으로 간주하고, 평균을 통해서 그 기댓값을 근사하는 것이다. p가 확률변수 $\mathbf{x}$에 관한 하나의 확률분포(합의 경우) 또는 확률밀도(적분의 경우)라고 할 때, 추정하고자 하는 합 또는 적분을 기댓값 형태로 표현하면

$$s = \sum_{\boldsymbol{x}} p(\boldsymbol{x}) f(\boldsymbol{x}) = E_p[f(\mathbf{x})] \tag{17.1}$$

또는

$$s = \int p(\boldsymbol{x}) f(\boldsymbol{x}) d\boldsymbol{x} = E_p[f(\mathbf{x})] \tag{17.2}$$

이다.

이러한 합 또는 적분 s를, 다음과 같이 p에서 뽑은 n개의 표본 $\boldsymbol{x}^{(1)}, ..., \boldsymbol{x}^{(n)}$에 대한

경험 평균(empirical average)으로 근사할 수 있다.

$$\hat{s}_n = \frac{1}{n} \sum_{i=1}^{n} f(\boldsymbol{x}^{(i)}). \tag{17.3}$$

이러한 근사가 정당하다는 점을 말해 주는 여러 수학적 성질이 존재한다. 우선 자명한 것은

$$\mathbb{E}[\hat{s}_n] = \frac{1}{n} \sum_{i=1}^{n} \mathbb{E}[f(\boldsymbol{x}^{(i)})] = \frac{1}{n} \sum_{i=1}^{n} s = s \tag{17.4}$$

이다. 이는 추정량 $\hat{s}$가 치우치지 않았다는, 즉 하나의 불편추정량(unbiased estimator) 이라는 뜻이다. 또한, **큰 수의 법칙**(law of large numbers)에 따르면 표본 $\boldsymbol{x}^{(i)}$들은 독립동 일분포(i.i.d.)이며, 따라서 개별 항들의 분산 $\mathrm{Var}[f(\boldsymbol{x}^{(i)})]$이 유계(bounded)이면 평균은 거의 확실하게 기댓값으로 수렴한다. 즉,

$$\lim_{n \to \infty} \hat{s}_n = s \tag{17.5}$$

이다. 이 점을 좀 더 확실하게 이해하기 위해, n의 증가에 따라 $\hat{s}_n$의 분산이 어떻게 변하는지 살펴보자. $\mathrm{Var}[f(\mathbf{x}^{(i)})] < \infty$인 한, n이 증가하면 분산 $\mathrm{Var}[\hat{s}_n]$은 감소해서 0으로 수렴한다.

$$\mathrm{Var}[\hat{s}_n] = \frac{1}{n^2} \sum_{i=1}^{n} \mathrm{Var}[f(\mathbf{x})] \tag{17.6}$$

$$= \frac{\mathrm{Var}[f(\mathbf{x})]}{n}. \tag{17.7}$$

이러한 편리한 결과로부터 몬테카를로 평균의 불확실성의 정도를 추정하는, 따라서 몬테카를로 근사의 기대 오차의 크기를 추정하는 방법도 이끌어낼 수 있다. $f(\boldsymbol{x}^{(i)})$의 경험적 평균과 경험적 분산[1] 모두 계산이 가능하며, 추정된 분산을 표본 개수 n으로 나누면 $\mathrm{Var}[\hat{s}_n]$의 추정량이 나온다. **중심극한정리**(central limit theorem)에 따르면, 추정 된 평균 $\hat{s}_n$의 분포는 평균이 s이고 분산이 $\dfrac{\mathrm{Var}[f(\mathbf{x})]}{n}$인 하나의 정규분포로 수렴한

---

1) 이보다는 분산의 불편추정량, 즉 제곱오차들의 합을 n이 아니라 $n-1$로 나눈 값을 사용할 때가 많다.

다. 따라서 추정값 $\hat{s}_n$ 주변의 신뢰구간들을 정규밀도(normal density)의 누적 분포를 이용해서 추정할 수 있다.

이 모든 계산은 기반 분포 $p(\mathbf{x})$로부터 표본을 손쉽게 추출할 수 있을 때의 이야기인데, 항상 그렇지는 않다. p에서 표본을 뽑기가 곤란한 경우라면, 다음 절(17.2)에서 소개하는 중요도 표집을 사용할 수도 있다. 좀 더 일반적인 접근 방식은 원하는 분포로 수렴하는 추정량(estimator)들의 순차열을 만드는 것인데, 17.3에서 소개하는 마르코프 연쇄 몬테카를로 방법이 그런 접근 방식을 사용한다.

17.2 중요도 표집

식 17.2의 몬테카를로 방법에 쓰이는 적분 또는 합산의 대상을 분해할 때 중요한 단계는, 그 대상(적분의 경우 피적분함수)의 어떤 부분이 확률 $p(\boldsymbol{x})$의 역할을 하고 어떤 부분이 수량 $f(\boldsymbol{x})$(확률분포하에서 추정하려는 기댓값에 해당하는)의 역할을 하는지 결정하는 것이다. 그러한 분해 방법이 유일하지는 않다. 왜냐하면, $p(\boldsymbol{x})f(\boldsymbol{x})$를 항상 다음과 같이 표기할 수 있기 때문이다.

$$p(\boldsymbol{x})f(\boldsymbol{x}) = q(\boldsymbol{x})\frac{p(\boldsymbol{x})f(\boldsymbol{x})}{q(\boldsymbol{x})}. \tag{17.8}$$

그런 다음에는 q에서 표본을 추출해서 $\frac{pf}{q}$의 평균을 구하면 된다. 많은 경우 우리가 원하는 것은 주어진 p와 f에 대한 기댓값을 계산하는 것이고, 애초에 문제가 기댓값의 형태로 명시되므로, 대상을 이처럼 p와 f로 분해하는 것이 자연스럽다. 그러나, 주어진 수준의 정확도를 얻는 데 필요한 표본의 수를 고려한다면 원래의 문제 정의에 따른 이러한 분해 방식이 최적의 선택이 아닐 수 있다. 다행히, 최적의 q^*를 유도하는 것이 어렵지 않다. 그러한 최적 표집 함수 q^*는 소위 최적 중요도 표집(optimal importance sampling)에 해당한다.

식 17.8의 항등식에 의해, 임의의 몬테카를로 추정량

$$\hat{s}_p = \frac{1}{n} \sum_{i=1, \mathbf{x}^{(i)} \sim p}^{n} f(\boldsymbol{x}^{(i)}) \tag{17.9}$$

를 중요도 표집 추정량

$$\hat{s}_q = \frac{1}{n} \sum_{i=1, \mathbf{x}^{(i)} \sim q}^{n} \frac{p(\boldsymbol{x}^{(i)})f(\boldsymbol{x}^{(i)})}{q(\boldsymbol{x}^{(i)})} \tag{17.10}$$

로 변환할 수 있다. 이 추정량의 기댓값이 q에 의존하지 않음은 자명하다. 왜냐하면

$$\mathbb{E}_q[\hat{s}_q] = \mathbb{E}_q[\hat{s}_p] = s \tag{17.11}$$

이기 때문이다. 그러나 중요도 표집 추정량의 분산은 q의 선택에 아주 민감하게 반응할 수 있다. 분산은 다음과 같이 주어진다.

$$\mathrm{Var}[\hat{s}_q] = \mathrm{Var}[\frac{p(\mathbf{x})f(\mathbf{x})}{q(\mathbf{x})}]/n. \tag{17.12}$$

이 분산은 q가

$$q^*(\boldsymbol{x}) = \frac{p(\boldsymbol{x})|f(\boldsymbol{x})|}{Z} \tag{17.13}$$

일 때 최소가 되는데, 여기서 Z는 $q^*(\boldsymbol{x})$의 합 또는 적분이 1이 되게 하는 정규화 상수이다. 중요도 표집 분포는 더 큰 적분 또는 합산 대상에 더 큰 가중치를 가할수록 좋은 분포로 간주한다. 실제로, $f(\boldsymbol{x})$의 부호가 변하지 않는 경우 $\mathrm{Var}[\hat{s}_{q^*}] = 0$이다.
이는, 최적의 분포를 사용한다면 **하나의 표본으로 충분하다**는 뜻이다. 물론, 그런 경우는 본질적으로 q^*가 원래 문제의 해일 때만 가능하다. 따라서 실제 응용들에 이처럼 원래의 분포에서 표본 하나만 뽑는 접근 방식을 적용할 수 있는 경우는 흔치 않다.

그 어떤 표집 분포도 유효한(정확한 기댓값을 산출할 수 있다는 점에서) q로 사용할 수 있으며, q^*는 그런 모든 분포 중 최적의(분산이 최소인 기댓값이 나온다는 점에서) 분포에 해당한다. 보통의 경우 q^*에서 표본을 추출하는 것은 비현실적이지만, 표본추출이 가능한, 그리고 분산을 어느 정도는 줄일 수 있는 다른 q를 선택하는 것은 가능하다.

또 다른 접근 방식은 **편향 중요도 표집**(biased importance sampling, BIS; 또는 치우친 중요도 표집)을 사용하는 것이다. 편향 중요도 표집에는 p나 q를 정규화할 필요가 없다는 장점이 있다. 이산 변수의 경우 편향 중요도 표집 추정량은 다음과 같이 주어진다.

$$\hat{s}_{BIS} = \frac{\displaystyle\sum_{i=1}^{n} \frac{p(\boldsymbol{x}^{(i)})}{q(\boldsymbol{x}^{(i)})} f(\boldsymbol{x}^{(i)})}{\displaystyle\sum_{i=1}^{n} \frac{p(\boldsymbol{x}^{(i)})}{q(\boldsymbol{x}^{(i)})}} \tag{17.14}$$

$$= \frac{\displaystyle\sum_{i=1}^{n} \frac{p(\boldsymbol{x}^{(i)})}{\tilde{q}(\boldsymbol{x}^{(i)})} f(\boldsymbol{x}^{(i)})}{\displaystyle\sum_{i=1}^{n} \frac{p(\boldsymbol{x}^{(i)})}{\tilde{q}(\boldsymbol{x}^{(i)})}} \tag{17.15}$$

$$= \frac{\displaystyle\sum_{i=1}^{n} \frac{\tilde{p}(\boldsymbol{x}^{(i)})}{\tilde{q}(\boldsymbol{x}^{(i)})} f(\boldsymbol{x}^{(i)})}{\displaystyle\sum_{i=1}^{n} \frac{\tilde{p}(\boldsymbol{x}^{(i)})}{\tilde{q}(\boldsymbol{x}^{(i)})}}. \tag{17.16}$$

여기서 $\tilde{p}$와 $\tilde{q}$는 p와 q의 정규화되지 않은 형태이고, $\boldsymbol{x}^{(i)}$들은 q에서 뽑은 표본들이다. $\mathbb{E}[\hat{s}_{BIS}] \neq s$이므로 이 추정량은 불편추정량이 아니다. 단, 식 17.14의 분모가 $n \to \infty$에 따라 1로 수렴할 때는 점근적으로 불편추정량이 된다. 그래서 이 추정량을 점근 불편추정량이라고 부른다.

q를 잘 선택하면 몬테카를로 추정의 효율성이 크게 증가할 수 있지만, q를 잘못 선택하면 효율성이 훨씬 더 나빠질 수 있다. 식 17.12를 다시 보면, 만일 비(ratio) $\frac{p(\boldsymbol{x})|f(\boldsymbol{x})|}{q(\boldsymbol{x})}$가 큰 표본들이 q에서 뽑혔다면, 추정량의 분산이 아주 커질 수 있음을 알 수 있다. $q(\boldsymbol{x})$가 아주 작고 $p(\boldsymbol{x})$와 $f(\boldsymbol{x})$ 둘 다 그것을 상쇄할 정도로 작지는 않을 때 그런 일이 발생할 수 있다. 일반적으로, q로는 표본을 뽑기 쉬운 단순한 분포를 사용한다. 그러나 $\boldsymbol{x}$의 차원이 높을 때는, q의 그러한 단순함 때문에 q가 p나 $p|f|$와 잘 부합하지 않게 된다. $q(\boldsymbol{x}^{(i)}) \gg p(\boldsymbol{x}^{(i)})|f(\boldsymbol{x}^{(i)})|$일 때 중요도 표집은 쓸모 없는 표본들(그 합이 아주 작은 수나 0이 되는)을 끌어모을 뿐이다. 반면, $q(\boldsymbol{x}^{(i)}) \ll p(\boldsymbol{x}^{(i)})|f(\boldsymbol{x}^{(i)})|$인 경우에는 그 비가 아주 커질 수 있다. 그러나 그런 경우는 드물기 때문에 전형적인 표본에서는 그런 현상이 나타나지 않을 수 있으며, 그러면 s가 과소평가되는 전형적인 결과가 나온다. 그런 결과를 전반적인 과대평가가 보상하는 경우는 드물다. 이처럼 아주 크거나 아주 작은 값들은 $\boldsymbol{x}$의 차원이 높을 때 흔히 나오는데, 이는 고차원에서는 결합 확

률들의 동적 범위(dynamic range)가 아주 커질 수 있기 때문이다.

이런 위험이 있지만, 중요도 표집과 그 변형들은 심층 학습 알고리즘들을 포함한 여러 기계 학습 알고리즘에서 아주 유용하다는 점이 입증되었다. 예를 들어 §12.4.3.3 에서는 어휘가 큰 신경망 언어 모형의 훈련을 중요도 표집을 이용해서 가속할 수 있음을 보았다. 출력이 많은 다른 신경망들에서도 마찬가지이다. 또한, 중요도 표집은 §18.7의 분배함수(확률분포의 정규화 상수)를 추정하는 데에도 쓰였으며, §20.10.3에서 보겠지만 변분 자동부호기 같은 심층 유향 모형에서 로그가능도를 추정하는 데에도 쓰였다. 확률적 경사 하강법으로 모형의 매개변수들을 학습하는 데 쓰이는 비용함수의 기울기 추정값을 개선하는 데 중요도 표집을 활용할 수도 있을 것이다. 특히, 총비용함수 값들의 대부분이 잘못 분류된 적은 수의 견본들에서 비롯되는 분류기 같은 모형들에 중요도 표집을 적용할 수 있을 것이다. 그런 경우, 분류하기 어려운 견본들을 더 많이, 더 자주 표집하면 기울기의 분산을 줄일 수 있다(Hinton, 2006).

17.3 마르코프 연쇄 몬테카를로 방법

몬테카를로 방법을 사용하고 싶긴 하지만 분포 $p_{모형}(\mathbf{x})$ 또는 좋은(분산이 낮은) 중요도 표집 분포 $q(\mathbf{x})$에서 표본을 뽑는 비용이 처리 불가능한 수준으로 높을 때도 많다. 심층 학습의 맥락에서 그런 상황은 $p_{모형}(\mathbf{x})$을 무향 모형으로 표현할 때 가장 자주 발생한다. 그런 경우에는 **마르코프 연쇄**(Markov chain; 또는 마르코프 사슬)라고 부르는 수학 도구를 이용해서 $p_{모형}(\mathbf{x})$의 표본을 근사할 수 있다. 마르코프 연쇄를 이용해서 몬테카를로 방법을 근사하는 부류의 알고리즘들을 통칭해서 **마르코프 연쇄 몬테카를로 방법**(Markov chain Monte Carlo method), 줄여서 MCMC 방법이라고 부른다. 기계 학습을 위한 마르코프 연쇄 몬테카를로 방법은 [Koller & Friedman, 2009]에 좀 더 자세히 나와 있다. MCMC 방법의 가장 표준적이고 일반적인 보장들은 모형이 그 어떤 상태에도 0의 확률을 배정하지 않을 때만 적용된다. 따라서, 이런 기법들은 §16.2.4에서 설명한 에너지 기반 모형(EBM) $p(\boldsymbol{x}) \propto \exp(-E(\boldsymbol{x}))$에서 표본을 추출하는 기법으로 표현하면 다루기가 아주 편하다. 그러나 MCMC의 작동 방식과 관련된 이론적인 보장들은 그런 분포의 서로 다른 부류에 대해 각각 따로 증명해야 한다. 심층 학습의 맥락에서는, 모든 에너지 기반 모형에 자연스럽게 적용되는 일반적인 이론적 보장들에 의존하는 것이 가장 일반적이다.

에너지 기반 모형에서 표본을 뽑는 것이 어려운 이유를, 분포 $p(a, b)$를 정의하는 단 두 개의 변수에 관한 EBM의 예를 통해서 살펴보자. a의 표본을 추출하려면 $p(a|b)$에서 a를 뽑아야 한다. 그런데 b의 표본을 추출하려면 $p(b|a)$에서 표본을 뽑아야 한다. 따라서 이는 일종의 처리 불가능한 '닭과 달걀' 문제, 즉 닭이 먼저냐 달걀이 먼저냐의 문제처럼 보인다. 유향 모형은 방향이 있는 비순환 그래프를 사용하므로 이런 문제가 발생하지 않는다. **조상 표집**(ancestral sampling)을 수행하려면 그냥 위상 순서대로 각 변수의 표본을 해당 부모들을 조건으로 해서 추출하면 그만이다. 위상 순서 덕분에, 한 변수를 처리할 때 그 변수의 부모들은 이미 추출된 후이다(§16.3). 즉, 조상 표집을 이용하면 하나의 표본을 하나의 패스로 효율적으로 추출할 수 있다.

EBM에서는 마르코프 연쇄를 이용한 표집으로 이러한 닭과 달걀 문제를 피할 수 있다. 마르코프 연쇄의 핵심은 상태 $\boldsymbol{x}$를 임의의 값으로 초기화한 후 그것을 무작위로 갱신하는 과정을 반복하는 것이다. 그러다 보면 $\boldsymbol{x}$는 $p(\boldsymbol{x})$의 공정한(fair) 표본에 아주 가까워진다. 공식적으로 서술하자면, 하나의 마르코프 연쇄는 하나의 무작위 상태(확률 상태) $\boldsymbol{x}$와 전이 분포(transition distribution) $T(\boldsymbol{x}'|\boldsymbol{x})$로 구성된다. 이 전이 분포는 무작위 갱신 과정에 의해 상태 $\boldsymbol{x}$가 상태 $\boldsymbol{x}'$로 바뀔('전이') 확률을 제공한다. 마르코프 연쇄를 실행한다는 것은 상태 $\boldsymbol{x}$가 $T(\boldsymbol{x}'|\boldsymbol{x})$에서 추출한 값 $\boldsymbol{x}'$이 될 때까지 갱신을 반복한다는 뜻이다.

MCMC 방법의 작동 방식을 이론적으로 파악하는 데 도움이 되도록 문제를 다시 매개변수화해 보자. 우선, 확률변수 $\mathbf{x}$가 가질 수 있는 상태의 수를 셀 수 있다고, 즉 상태 수가 가산적(countable)이라고 가정한다. 그러면 하나의 상태를 그냥 양의 정수 x로 표현할 수 있다. x의 서로 다른 정숫값들은 원래의 문제에 있는 $\boldsymbol{x}$의 서로 다른 상태들에 대응된다.

무한히 많은 마르코프 연쇄를 병렬로 실행하면 어떤 일이 생기는지 생각해 보자. 각 마르코프 연쇄의 모든 상태는 어떤 분포 $q^{(t)}(x)$에서 추출되는데, 여기서 t는 지금까지 거쳐 온 시간 단계의 수이다. 시작 시점에서는 어떠한 분포 $q^{(0)}$을 이용해서 각 마르코프 연쇄의 x를 임의로 값으로 초기화한다. 이후의 마르코프 연쇄 단계들에서

$q^{(t)}$는 그때까지 실행된 모든 단계에 영향을 받는다. 목표는 $q^{(t)}(x)$가 $p(x)$에 수렴하게 하는 것이다.

문제를 양의 정수 x를 이용해서 다시 매개변수화했으므로, 확률분포 q를 벡터 $\boldsymbol{v}$를 이용해서 다음과 같이 서술할 수 있다.

$$q(\mathrm{x} = i) = v_i. \tag{17.17}$$

그럼, 한 마르코프 연쇄의 상태 x를 새 상태 x'으로 갱신하는 과정을 살펴보자. 주어진 상태가 상태 x'으로 전이할 확률은 다음과 같이 주어진다.

$$q^{(t+1)}(x') = \sum_x q^{(t)}(x)\, T(x'\,|\,x). \tag{17.18}$$

정수 매개변수화에서는 전이 연산자 T의 효과를 행렬 $\boldsymbol{A}$로 나타낼 수 있다. 그러한 $\boldsymbol{A}$는 다음과 같이 정의된다.

$$A_{i,j} = T(\mathbf{x}' = i\,|\,\mathbf{x} = j). \tag{17.19}$$

이제 이 정의를 이용해서 식 17.18을 다시 표현해 보자. 식 17.18에서는 하나의 상태가 갱신되는 방식을 이해하는 데 도움이 되도록 갱신 규칙을 q와 T로 표현했다. 반면 다음의 식 17.20은 서로 다른 모든 마르코프 연쇄(병렬로 실행되는)에 관한 전체 분포가 한 번의 갱신에 의해 어떻게 변하는지 파악하기 쉽도록 $\boldsymbol{v}$와 $\boldsymbol{A}$를 이용해서 갱신을 서술한다.

$$\boldsymbol{v}^{(t)} = \boldsymbol{A}\boldsymbol{v}^{(t-1)}. \tag{17.20}$$

이러한 마르코프 연쇄 갱신을 반복해서 적용하는 것은 행렬 $\boldsymbol{A}$를 반복해서 곱하는 것과 동등하다. 다른 말로 하면, 마르코프 연쇄 과정을 다음과 같이 행렬 $\boldsymbol{A}$를 거듭제곱하는 것으로 생각할 수 있다.

$$\boldsymbol{v}^{(t)} = \boldsymbol{A}^t \boldsymbol{v}^{(0)}. \tag{17.21}$$

행렬 $\boldsymbol{A}$는 각 열이 하나의 확률분포를 표현한다는 특별한 구조로 되어 있다. 이런 행렬을 **확률 행렬**이라고 부른다. 어떤 지수 t에 대해 임의의 상태 x가 임의의 다른 상태 x'로 전이할 확률이 0이 아닌 한, 페론-프로베니우스 정리(Perron, 1907; Frobenius,

1908)에 따라 그 행렬의 가장 큰 고윳값은 반드시 실수 1이다. 다음에서 보듯이, 갱신을 반복함에 따라 모든 고윳값이 거듭제곱된다.

$$\boldsymbol{v}^{(t)} = \left(\boldsymbol{V}\mathrm{diag}(\boldsymbol{\lambda})\,\boldsymbol{V}^{-1}\right)^t \boldsymbol{v}^{(0)} = \boldsymbol{V}\mathrm{diag}(\boldsymbol{\lambda})^t\,\boldsymbol{V}^{-1}\boldsymbol{v}^{(0)}. \tag{17.22}$$

이러한 과정에 의해, 1이 아닌 모든 고윳값은 0으로 소멸한다. 몇 가지 온건한(충족하기가 그리 어렵지 않은) 추가 조건하에서, $\boldsymbol{A}$에서 고윳값이 1인 고유벡터는 단 하나만 남게 된다. 결과적으로 이 과정은 하나의 **정류 분포**(stationary distribution)로 수렴한다. 정류 분포를※ 평형분포(equilibrium distribution)라고 부르기도 한다. 수렴 시 다음이 성립한다.

$$\boldsymbol{v}' = \boldsymbol{A}\boldsymbol{v} = \boldsymbol{v}. \tag{17.23}$$

이 조건은 수렴 이후의 모든 추가 단계에서도 성립한다. 이것은 하나의 고유벡터 등식이다. $\boldsymbol{v}$가 하나의 정류점(stationary point)이 되려면, $\boldsymbol{v}$는 반드시 고윳값이 1인 고유벡터이어야 한다. 정류 분포에 도달해서 전이 표집 절차를 더 반복해도 서로 다른 모든 마르코프 연쇄의 상태들에 관한 **분포**가 변하지 않게 되면(물론, 비록 전이 연산자에 의해 개별 상태는 변한다고 해도) 그런 조건이 충족된다.

T를 제대로 선택했다면, 정류 분포 q는 우리가 표본을 추출하고자 하는 분포 p와 같아진다. T를 선택하는 방법은 §17.4에서 설명한다.

상태 수가 가산적인 마르코프 연쇄가 가진 여러 성질을 상태 변수가 연속 변수인 경우로도 일반화할 수 있다. 그런 식으로 일반화된 마르코프 연쇄를 **해리스 연쇄**(Harris chain)라고 부르는 문헌도 있지만, 이 책에서는 두 경우 모두 그냥 마르코프 연쇄라고 부르기로 한다. 일반적으로, 몇 가지 온건한 조건하에서 마르코프 연쇄는 다음과 같은 방정식으로 서술되는 하나의 고정점으로 수렴한다(T는 마르코프 연쇄의 전이 연산자).

$$q'(\mathbf{x}') = \mathbb{E}_{\mathbf{x}\sim q}T(\mathbf{x}'|\mathbf{x}). \tag{17.24}$$

이산 변수의 경우에서 이것은 식 17.23을 다르게 표현할 것일 뿐이다. $\mathbf{x}$가 이산 변수

일 때 기댓값은 합에 해당하고, **x**가 연속 변수일 때 기댓값은 적분에 해당한다.

상태가 이산이든 연속이든, 모든 마르코프 연쇄 방법은 평형분포의 표본이 나오기 시작할 때까지 확률적 갱신을 반복한다. 평형분포에 도달할 때까지 마르코프 연쇄를 실행하는 것을 가리켜 마르코프 연쇄를 **연소**(burning in; 또는 소진)한다고 말한다. 일단 마르코프 연쇄가 평형분포에 도달하면, 그 평형분포로부터 무한히 많은 표본을 연달아 추출할 수 있다. 그 표본들은 동일 분포이되 독립은 아니다. 이웃한 두 표본 사이에는 높은 상관관계가 존재한다. 그런데 유한한 개수의 표본들은 평형분포를 그리 잘 대표하지 못할 수 있다. 이 문제를 완화하는 한 방법은 표본들을 띄엄띄엄 돌려주는 것, 즉 매 n개의 표본마다 하나의 표본을 돌려주는 것이다. 그러면 평형분포의 통계량을 추정한 값들은 MCMC 표본과 그다음의 여러 표본들 사이의 상관관계에 의해 편향되지 않는다. 그러나 이 방법에서는 연쇄가 소진할 때까지의 연쇄를 실행해야 할 뿐만 아니라 평형에 도달한 후 한 표본이 비교적 상관관계가 없는 다른 표본으로 전이할 때까지의 시간이 더해지므로, 전체적인 계산 비용이 높아진다. 서로 진정으로 독립인 표본들을 원한다면, 여러 개의 마르코프 연쇄를 병렬로 실행하는 방법이 있다. 이 접근 방식은 잠복지연(latency)을 피하기 위해 추가적인 병렬 계산을 사용한다. 마르코프 연쇄의 한쪽 극단은 단 하나의 마르코프 연쇄로 모든 표본을 생성하는 것이고, 반대쪽 극단은 원하는 표본마다 하나의 마르코프 연쇄를 사용하는 것이다. 심층 학습에서는 미니배치 하나에 있는 견본들과 같은 수의 마르코프 연쇄를 두고, 그러한 고정된 개수의 마르코프 연쇄들로부터 필요한 만큼의 표본을 뽑는 접근 방식이 흔히 쓰인다. 많은 경우 그러한 마르코프 연쇄의 개수는 100이다.

마르코프 연쇄가 평형분포에 도달하기까지의 단계 수를 미리 알 수 없다는 점도 마르코프 연쇄를 활용하기 어렵게 만드는 요인이다. 평형에 도달하는 단계 수를 **혼합 시간**(mixing time)이라고 부른다. 마르코프 연쇄가 평형에 도달했는지 판정하는 것도 쉽지 않다. 이 질문의 답을 구하는 데 지침이 될만한 정확한 이론이 아직 충분하지 않다. 현재 이론적으로 확실한 것은 마르코프 연쇄가 언젠가는 수렴한다는 정도이다. 확률들의 벡터 v에 작용하는 행렬 A의 관점에서 마르코프 연쇄를 분석해 보면, A의 고윳값들이 유일한 1을 제외하고는 모두 A^t에서 소멸했다는 것이 연쇄가 혼합(연소)되었음을 말해 주는 한 증거임을 알 수 있다. 이는 크기가 두 번째로 큰 고윳값이 혼합

시간을 결정한다는 뜻이다. 그러나 실제 응용에서 마르코프 연쇄를 실제로 행렬로 표현하지는 못한다. 확률 모형이 방문할 수 있는 상태의 수는 변수 개수에 지수적으로 비례하므로, v나 A, 또는 A의 고윳값들을 표현하는 것은 처리 불가능한 수준의 문제이다. 이 점과 기타 여러 장애물 때문에 마르코프 연쇄가 혼합되었는지 판정하기가 불가능할 때가 많다. 고윳값들을 살펴보는 것 외에, 사람이 직접 표본들을 조사하거나 이웃 표본들의 상관관계를 측정하는 등의 발견법적 판정 방법들이 있다.

17.4 기브스 표집

지금까지 $x \leftarrow x' \sim T(x'|x)$를 계속 갱신해서 분포 $q(x)$로부터 표본들을 뽑는 방법을 논의했다. 이번에는 분포 $q(x)$ 자체로 관심을 돌려서, 이것이 유용한 분포임을 보장하는 문제를 살펴보자. 이에 관해 이 책에서 고려하는 접근 방식은 두 가지이다. 하나는 주어진, 학습된 분포 $p_{모형}$으로부터 T를 유도하는 것이다. 이 접근 방식은 이번 절에서 EBM 표본추출의 예를 통해 설명한다. 또 다른 접근 방식은 T를 직접 매개변수화해서, 해당 정류 분포가 $p_{모형}$을 암묵적으로 정의할 수 있도록 그 매개변수들을 학습하는 것이다. 이에 관한 예들은 §20.12에서 논의한다.

심층 학습에서는 분포 $p_{모형}(x)$를 정의하는 에너지 기반 모형에서 표본들을 마르코프 연쇄를 이용해서 추출하는 것이 일반적이다. 그런 경우 마르코프 연쇄에 대한 $q(x)$를 $p_{모형}(x)$로 사용하는 것이 좋다. 바람직한 $q(x)$를 얻으려면 적절한 $T(x'|x)$를 선택해야 한다.

기브스 표집(Gibbs sampling)이라는 접근 방식을 이용하면 $p_{모형}(x)$에서 표본을 추출하는 마르코프 연쇄를 간단하고(개념적으로) 효과적으로 구축할 수 있다. 기브스 표집은 하나의 변수 x_i를 선택하고, 에너지 기반 모형의 구조를 정의하는 무향 그래프 $\mathcal{G}$에서 그 변수의 이웃 변수들을 조건으로 해서 $p_{모형}(x)$으로부터 그 변수의 표본을 추출한다. 또한, 여러 개의 변수를 동시에 추출하는 것도 가능하다. 단, 그러한 추출은 그 변수들의 모든 이웃 변수가 주어졌을 때 그 변수들이 조건부 독립인 경우에만 유효하다. §16.7.1에 나온 RBM(제한 볼츠만 기계)의 예에서 보았듯이, 한 RBM의 모든 은닉 단위를 동시에 표집하는 것이 가능하다. 이는 모든 가시 단위가 주어졌을 때 그 은닉 단위들이 서로 조건부 독립이기 때문이다. 마찬가지로, 가시 단위들은 모든 은닉 단위가 주어졌을 때 서로 조건부 독립이므로 모든 가시 단위의 표본을 동시에 추출할 수 있다. 그런 방식으로 여러 변수를 동시에 갱신하는 기브스 표집 접근 방식을 **블록 기브스 표집**(block Gibbs sampling)이라고 부른다.

$p_{모형}(\boldsymbol{x})$의 표집을 위한 마르코프 연쇄를 이와는 다른 방식으로 설계할 수도 있다. 예를 들어 다른 분야에서는 메트로폴리스-헤이스팅스$^{\text{Metropolis-Hastings}}$ 알고리즘이 널리 쓰인다. 그러나 무향 모형에 대한 심층 학습 접근 방식에서 기브스 표집 이외의 접근 방식이 쓰이는 경우는 드물다. 개선된 표집 기법을 고안하는 것은 심층 학습 연구의 최전선에 속한다고 할 수 있다.

17.5 분리된 모드 사이의 혼합과 관련된 어려움들

MCMC 방법과 관련된 주된 어려움은, 마르코프 연쇄가 잘 **혼합**(mixing)되지 않는 경향이 있다는 점이다. 이상적으로는, $p(\boldsymbol{x})$의 표집을 위해 설계된 마르코프 연쇄로 추출한 일련의 표본들은 서로 완전히 독립이어야 하며, 해당 확률들에 비례하는 $\boldsymbol{x}$ 공간의 서로 다른 다수의 영역에 대응되어야 한다. 그러나 실제로는, 특히 고차원의 경우에는, MCMC 표본들 사이의 상관관계가 아주 높을 수 있다. 그런 경우 MCMC 방법이 잘 작동하지 않는데, 이를 두고 "혼합이 느리다"(심지어는 "혼합에 실패한다")라고 말한다. 주어진 MCMC 방법이 느리게 혼합된다는 것을, 의도치 않게 에너지 함수에 대해 연쇄의 잡음 섞인(noisy) 경사 하강법과 비슷한 뭔가가 상태(추출되는 확률변수)에 대해 수행되는 것으로 생각할 수 있다. 마르코프 연쇄는 한 구성 $\boldsymbol{x}^{(t-1)}$에서 다른 한 구성 $\boldsymbol{x}^{(t)}$로의 작은 단계들(마르코프 연쇄 상태 공간 안에서의)을 취하는 경향이 있다. 이때 에너지 $E(\boldsymbol{x}^{(t)})$는 대체로 낮거나 에너지 $E(\boldsymbol{x}^{(t-1)})$가 근사적으로 같으며, 마르코프 연쇄는 더 낮은 에너지 구성이 산출되는 방향을 선호한다. 실제로 발생할 확률이 그리 높지 않은($p(\mathbf{x})$에서 흔히 뽑히는 것보다 에너지가 더 높은) 구성에서 출발하는 경우 마르코프 연쇄 과정은 그 상태의 에너지를 지속적으로 낮추기만 하고, 다른 모드로는 아주 가끔만 이동하는 경향을 보인다. 에너지가 낮은 영역(예를 들어 확률변수들이 이미지의 픽셀들에 대응되는 경우, 그러한 저에너지 영역은 같은 물체의 이미지들로 이루어진 하나의 연

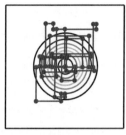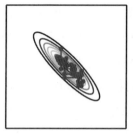

그림 17.1: 세 가지 분포에 대한 기브스 표집의 자취들. 세 경우 모두 마르코프 연쇄를 모드(저에너지 영역)에서 초기화했다. (왼쪽) 독립변수가 두 개인 다변량 정규분포. 변수들이 독립이라서 기브스 표집이 잘 혼합된다. (가운데) 상관관계가 높은 변수들로 이루어진 다변량 정규분포. 변수들의 상관관계 때문에 마르코프 연쇄가 잘 혼합되지 않는다. 상관관계 때문에 각 변수의 갱신 시 반드시 다른 변수들을 조건으로 두어야 하며, 그래서 마르코프 연쇄가 출발점에서 멀어져 가는 속도가 줄어든다. (오른쪽) 축에 정렬되지 않은 모드들이 멀리 떨어져 있는 가우스 혼합분포. 한 번에 한 변수만 갱신하다 보니 모드가 잘 바뀌지 않으며, 그래서 기브스 표집이 아주 느리게 혼합된다.

결된 다양체에 해당한다)을 '모드mode'라고 부르는데, 마르코프 연쇄는 어떤 한 모드에 도달하면 그 모드 주변을 맴도는(일종의 무작위 보행 절차에 따라) 경향이 있다. 가끔은 그 모드에서 벗어나기도 하지만 보통은 다시 그 모드로 돌아가고, 탈출로를 발견한 경우에는 다른 모드로 이동하기도 한다. 문제는, 여러 흥미로운 분포에서는 그런 탈출로를 찾을 수 있을 때가 드물다는 점이다. 그래서 마르코프 연쇄는 필요 이상으로 오랫동안 같은 모드에서 표본들을 추출하게 된다.

이 문제는 기브스 표집 알고리즘(§17.4)을 생각해 보면 아주 명확해진다. 기브스 표집의 맥락에서, 일정한 단계 수 이내에서 한 모드에서 그 이웃 모드로 갈 확률을 생각해 보자. 그 확률을 결정하는 것은 두 모드 사이의 '에너지 장벽'의 생김새이다. 하나의 에너지 장벽(energy barrier)으로 분리된 두 모드 사이의 전이 확률은 그 장벽의 높이에 지수적으로 감소한다. 그림 17.1은 이 점을 도식화한 것이다. 이 문제는 확률이 높은 여러 개의 모드가 확률이 낮은 영역들로 분리되어 있을 때, 특히 각 기브스 표집 단계가 그 값이 다른 변수들에 크게 영향을 받는 적은 수의 변수들만 갱신해야 할 때 두드러지게 발생한다.

간단한 예로, 각각 값 -1과 1만 취할 수 있는 부호(sign) 있는 이진 변수 a와 b에 관한 에너지 기반 모형을 생각해 보자. 만일 어떤 큰 양수 w에 대해 $E(a,b) = -wab$가 성립한다면, 이 모형은 a와 b의 부호가 같다는 강한 사전 믿음을 표현한다. $a = 1$

인 한 기브스 표집 단계에서 b를 갱신할 때, b에 관한 조건부 분포는 $P(b = 1 | a = 1) = \sigma(w)$이다. 만일 w가 크면 S자형 함수 σ가 포화하므로 b에 1이 배정될 확률은 1에 가깝다. 마찬가지로, a = −1가 일일 때 b에 −1이 배정될 확률도 1에 가깝다. $P_\text{모형}(a, b)$에 따르면 두 변수의 부호들이 같을 확률과 다를 확률이 같지만, $P_\text{모형}(a | b)$에 따르면 두 변수의 부호가 같을 확률이 1에 가깝다. 따라서 기브스 표집이 변수들의 부호를 뒤집는 일은 아주 가끔만 일어난다.

실제 응용에서는 이런 문제가 더욱 심각하다. 왜냐하면, 실제 응용에서는 대체로 모형의 모드가 훨씬 많기 때문이다. 모드들 사이의 혼합에 따른 어려움 때문에 그런 다수의 모드 사이의 전환이 잘 일어나지 않으면, 그 모드들 대부분을 포괄하는 쓸만한 표본 집합을 얻는 데 드는 비용이 아주 커지고 마르코프 연쇄가 정류 분포에 도달하는 시간이 아주 길어질 수 있다.

경우에 따라서는 이 문제, 의존성이 높은 일단의 단위들을 식별하고 그것들을 하나의 블록으로 동시에 갱신해서 해결할 수도 있다. 그러나 단위들 사이의 종속관계가 복잡한 경우에는 그런 일단의 단위들에서 표본을 뽑는 것이 계산 비용 면에서 처리 불가능한 수준일 수 있다. 애초에 마르코프 연쇄를 사용하는 목적은 많은 수의 변수들에서 효율적으로 표본을 추출하는 것이었음을 기억하기 바란다.

하나의 결합분포 $P_\text{모형}(\boldsymbol{x}, \boldsymbol{h})$를 정의하는 잠재변수들이 있는 모형의 경우에는 $P_\text{모형}(\boldsymbol{x} | \boldsymbol{h})$의 표집과 $P_\text{모형}(\boldsymbol{h} | \boldsymbol{x})$의 표집을 번갈아 수행해서 $\boldsymbol{x}$의 표본들을 뽑는 방법이 흔히 쓰인다. 빠른 혼합을 위해서는 $P_\text{모형}(\boldsymbol{h} | \boldsymbol{x})$의 엔트로피가 높은 것이 바람직하다. $\boldsymbol{h}$의 유용한 표현을 학습하는 측면에서는 $\boldsymbol{h}$가 $\boldsymbol{x}$에 관한 정보를 충분히($\boldsymbol{x}$를 잘 재구축할 수 있도록) 부호화하는 것이 중요하다. 그런데 이는 $\boldsymbol{h}$와 $\boldsymbol{x}$가 많은 정보를 공유해야 한다는 뜻이다. 따라서 두 목표는 서로 어긋난다. 실제로, $\boldsymbol{x}$를 $\boldsymbol{h}$로 아주 잘 부호화하는 생성 모형은 그리 잘 혼합되지 않을 때가 많다. 그런 상황은 볼츠만 기계에서 자주 발생한다. 볼츠만 기계가 학습하는 분포가 뾰족할수록, 모형 분포의 표집을 위한 마르코프 연쇄는 잘 혼합되지 않는다. 그림 17.2에 이러한 문제점의 예가 나와 있다.

이러한 모든 문제점 때문에, 부류마다 개별적인 다양체가 있는 다양체 구조를 가진 분포에 대해서는 MCMC 방법들이 그리 유용하지 않다. 그런 분포의 확률들은 다수의 모드들에 몰려 있으며, 그 모드들이 광대한 고에너지 영역들을 사이에 두고 떨어져 있기 때문이다. 그런 분포는 여러 분류 과제에서 흔히 볼 수 있다. 그런 분포에서는

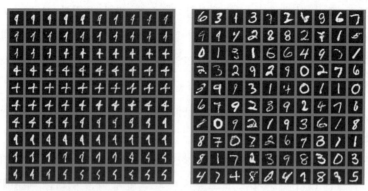

그림 17.2: 심층 확률 모형에서 혼합이 느리게 일어나는 문제의 예. 격자의 칸들은 왼쪽에서 오른쪽으로, 위에서 아래로 읽어 나가야 한다. (왼쪽) MNIST 자료 집합으로 훈련한 심층 볼츠만 기계에 기브스 표집을 적용해서 얻은 일련의 표본들. 인접한 표본들은 서로 비슷한 모습이다. 기브스 표집을 심층 그래프 모형에 적용했으므로, 이러한 유사성은 가공되지 않은 시각적 특징들의 비슷함보다는 이미지에 담긴 의미(이 예의 경우 특정 숫자)의 비슷함에 좀 더 많이 근거한 것이라 할 수 있다. 그렇지만 기브스 표집의 마르코프 연쇄는 여전히 한 모드에서 다른 모드로(즉, 한 숫자에서 다른 한 숫자로) 잘 넘어가지 못한다. (오른쪽) GAN(생성 대립 신경망)에서 조상 표집으로 뽑은 일련의 표본들. 조상 표집은 각 표본을 다른 표본들과는 독립적으로 생성하므로 혼합 문제가 발생하지 않는다.

모드들 사이의 혼합이 잘 일어나지 않기 때문에 MCMC 방법이 아주 느리게 수렴한다.

17.5.1 모드 간 혼합을 위한 단련

분포에 뾰족한 고확률 봉우리(peak)들이 있고 그 봉우리들을 저확률 영역들이 감싸고 있다면, 분포의 서로 다른 모드들 사이의 혼합이 어렵다. 그런 경우 혼합을 빠르게 만드는 기법들이 있는데, 그런 기법들은 원래의 분포의 봉우리들을 더 낮추고 주변 계곡들을 좀 더 높여서 만든 버전들을 활용하는 접근 방식을 사용한다. 에너지 기반 모형은 그런 접근 방식을 적용하기가 특히나 간단하다. 앞에서는 에너지 기반 모형을 다음과 같은 하나의 확률분포로 정의했다.

$$p(\pmb{x}) \propto \exp(-E(\pmb{x})). \tag{17.25}$$

이러한 기본적인 에너지 기반 모형 정의를 조금 확장해서, 분포의 봉우리가 얼마나 뾰족한지를 제어하는 매개변수 β를 추가해 보자.

$$p_\beta(\boldsymbol{x}) \propto \exp(-\beta E(\boldsymbol{x})). \tag{17.26}$$

이 β 매개변수를 흔히 **온도**(temperature)의 역수로 설명한다. '온도'라는 용어는 원래 에너지 기반 모형이 통계물리학에서 왔다는 사실을 반영한 것이다. 온도가 0이 되면, 즉 β가 무한대가 되면, 에너지 기반 모형은 결정론적 모형이 된다. 온도가 무한대가 되어서 β가 0이 되면 에너지 기반 모형의 분포(이산 $\boldsymbol{x}$에 대한)는 균등분포가 된다.

보통의 경우, 이러한 에너지 기반 모형을 훈련할 때는 모형이 $\beta = 1$에서 평가되게 한다. 그러나 다른 온도, 특히 $\beta < 1$인 온도를 사용할 수도 있다. $\beta < 1$로 두고 표본들을 추출함으로써 p_1의 모드 간 혼합을 빠르게 하는 일반적인 전략을 **단련**(tempering; 또는 열처리)이라고 부른다.

이러한 **단련된 전이**(tempered transition)들에 기초한 마르코프 연쇄(Neal, 1994)는 일시적으로 고온 분포에서 표본들을 뽑아서 서로 다른 모드들을 혼합한 후 단위 온도 분포의 표집을 재개한다. 이런 기법이 RBM 같은 모형들에 적용되었다(Salakhutdinov, 2010). 또 다른 접근 방식으로 **병렬 단련**(parallel tempering; Iba, 2001)이 있다. 병렬 단련에서 마르코프 연쇄는 서로 다른 여러 상태를 각각 다른 온도에서 병렬로 시뮬레이션한다. 온도가 가장 높은 상태는 혼합이 느리고, 온도가 가장 낮은 상태는 온도 1에서 평가했을 때 모형의 정확한 표본을 산출한다. 이때 쓰이는 전이 연산자로는 온도가 서로 다른 상태들을 확률적으로 교환하는 것이 있다. 그러한 교환 때문에, 고온 슬롯의 확률이 충분히 높은 표본이 더 낮은 온도의 슬롯으로 단번에 건너갈 여지가 생긴다. 이 접근 방식 역시 RBM에 적용되었다(Desjardins 외, 2010; Cho 외, 2010). 단련이 유망한 접근 방식이긴 하지만, 현재로서는 복잡한 EBM의 표집에 따른 어려움을 연구자들이 해결하는 데 단련이 큰 도움이 되지는 않는다. 한 가지 가능한 이유는, **임계온도**(critical temperature)라고 부르는 온도들(그런 온도들이 존재한다) 근처에서는 온도의 전이가 너무 느려서(온도가 점차 낮아지기 때문이다) 단련이 효과를 보기 어렵다는 것이다.

17.5.2 혼합에 대한 깊이의 효과

앞에서 언급했듯이, 잠재변수 모형 $p(\boldsymbol{h}, \boldsymbol{x})$에서 표본들을 추출할 때 만일 $p(\boldsymbol{h}|\boldsymbol{x})$가 $\boldsymbol{x}$를 너무 잘 부호화하면 $p(\boldsymbol{x}|\boldsymbol{h})$의 표집이 $\boldsymbol{x}$를 그리 많이 변경하지 않기 때문에 혼합이 잘 안 된다. 이 문제를 해결하는 한 가지 방법은 $\boldsymbol{h}$를 심층 표현으로 두어서, $\boldsymbol{h}$의

공간에서 마르코프 연쇄가 좀 더 쉽게 혼합되도록 x를 h로 부호화하는 것이다. 자동부호기와 RBM 같은 여러 표현 학습 알고리즘이 산출하는 h에 관한 주변 분포는 x에 관한 원래의 자료 분포보다 균등분포와 단봉분포(unimodal)에 좀 더 가까울 때가 많다. 그런 경향은 그런 학습 알고리즘이 가능한 표현 공간을 모두 사용하면서 재구축 오차를 최소화하려 들기 때문에 생기는 것일 수 있다. 왜냐하면, 훈련 견본들에 관한 재구축 오차는 h 공간에서 서로 다른 훈련 견본들이 잘 구분될수록, 따라서 훈련 견본들이 더 잘 분리될수록 더 잘 최소화되기 때문이다. [Bengio 외, 2013a]에 따르면, 정칙 자동부호기들이나 RBM들을 더 많이 쌓을수록 최상위 h 공간의 주변 분포가 좀 더 넓게 퍼진, 균등분포에 가까운 모습이 되고, 서로 다른 모드들(그 논문에서는 '범주(category)'들)에 해당하는 영역들 사이의 간격이 줄어들었다. 그런 고수준 공간에서 RBM을 훈련하면 기브스 표집의 모드 간 혼합이 좀 더 빨라졌다. 그러나 이러한 관찰 결과를 심층 생성 모형의 훈련과 표집을 개선하는 데 활용하는 방법은 아직 명확하지 않다.

혼합이 어렵다는 문제점이 있긴 하지만, 몬테카를로 방법은 유용한 도구이며, 주어진 상황에서 최고의 도구일 때도 많다. 사실 몬테카를로 방법은 무향 모형의 처리 불가능한 분배함수를 공략하는 주된 무기이다. 이에 관해서는 다음 장에서 설명한다.

18

분배함수 공략

§16.2.2에서 보았듯이, 확률 모형 중에는 하나의 비정규화 확률분포 $\tilde{p}(\mathbf{x};\theta)$로 정의되는 것들이 많다. 그런 확률 모형들을 흔히 무향 그래프 모형이라고 부른다. 그런 모형을 사용할 때는 다음과 같이 비정규화 확률분포 $\tilde{p}$를 분배함수(partition function) $Z(\boldsymbol{\theta})$로 나누어서 유효한 확률분포를 구해야 한다.

$$p(\mathbf{x};\boldsymbol{\theta}) = \frac{1}{Z(\boldsymbol{\theta})}\tilde{p}(\mathbf{x};\boldsymbol{\theta}). \tag{18.1}$$

이처럼 정규화 상수로 쓰이는 분배함수는 모든 상태의 비정규화 확률에 관한 적분(연속변수의 경우)

$$\int \tilde{p}(\boldsymbol{x})d\boldsymbol{x} \tag{18.2}$$

또는 합(이산변수의 경우)

$$\sum_{\boldsymbol{x}} \tilde{p}(\boldsymbol{x}) \tag{18.3}$$

이다.

그런데 여러 흥미로운 모형에서 이러한 적분이나 합을 구하는 연산은 처리 불가능한(intractable) 문제이다.

제20장에서 보겠지만, 여러 심층 학습 모형은 처리 가능한(tractable) 정규화 상수를 가지도록 설계되거나 $p(\mathbf{x})$를 계산할 필요가 아예 없는 형태로 설계된다. 그렇지만 그 외의 무향 모형들에서는 처리 불가능한 분배함수를 구하는 문제를 실제로 해결해야 한다. 이번 장에서는 처리 불가능한 분배함수를 가진 모형을 훈련하고 평가하는 데 쓰이는 기법들을 설명한다.

18.1 로그가능도의 기울기

무향 모형에서는 최대가능도에 기초한 학습이 특히나 어려운데, 그 이유는 분배함수가 매개변수들에 의존하기 때문이다. 로그가능도의 매개변수들에 대한 기울기(gradient)에는 분배함수의 기울기에 해당하는 항이 있다.

$$\nabla_{\boldsymbol{\theta}} \log p(\mathbf{x};\boldsymbol{\theta}) = \nabla_{\boldsymbol{\theta}} \log \tilde{p}(\mathbf{x};\boldsymbol{\theta}) - \nabla_{\boldsymbol{\theta}} \log Z(\boldsymbol{\theta}). \tag{18.4}$$

이 방정식은 학습을 **양의 단계**(positive phase; 또는 긍정 단계)와 **음의 단계**(negative phase; 또는 부정 단계)로 분해하는 잘 알려진 방법에 해당한다.

우리가 관심을 두는 대부분의 무향 모형에서는 음의 단계를 계산하기 어렵다. 잠재변수가 없거나 잠재변수들 사이의 상호작용이 적은 모형에서는 양의 단계가 처리 가능한 수준일 때가 많다. 양의 단계는 쉽지만 음의 단계가 어려운 모형의 좋은 예가 RBM이다. RBM의 은닉 단위들은 가시 단위들이 주어졌을 때 서로 조건부 독립이기 때문에 양의 단계가 쉽다. 잠재변수들 사이의 상호작용이 복잡해서 양의 단계가 어려운 경우는 제19장에서 주되게 논의하겠다. 이번 장은 음의 단계가 어려운 경우에 초점을 둔다.

$\log Z$의 기울기를 좀 더 자세히 살펴보자.

$$\nabla_{\boldsymbol{\theta}} \log Z \tag{18.5}$$

$$= \frac{\nabla_{\boldsymbol{\theta}} Z}{Z} \tag{18.6}$$

$$= \frac{\nabla_{\boldsymbol{\theta}} \sum_{\mathbf{x}} \tilde{p}(\mathbf{x})}{Z} \tag{18.7}$$

$$= \frac{\sum_{\mathbf{x}} \nabla_{\boldsymbol{\theta}} \tilde{p}(\mathbf{x})}{Z}. \tag{18.8}$$

모든 $\mathbf{x}$에 대해 $p(\mathbf{x}) > 0$이 보장되는 모형들에서는 이 공식의 $\tilde{p}(\mathbf{x})$에 $\exp(\log \tilde{p}(\mathbf{x}))$를 대입할 수 있다. 그러면 다음과 같은 공식이 나온다.

$$\frac{\sum_{\mathbf{x}} \nabla_{\boldsymbol{\theta}} \exp(\log \tilde{p}(\mathbf{x}))}{Z} \tag{18.9}$$

$$= \frac{\sum_{\mathbf{x}} \exp(\log \tilde{p}(\mathbf{x})) \nabla_{\boldsymbol{\theta}} \log \tilde{p}(\mathbf{x})}{Z} \tag{18.10}$$

$$= \frac{\sum_{\mathbf{x}} \tilde{p}(\mathbf{x}) \nabla_{\boldsymbol{\theta}} \log \tilde{p}(\mathbf{x})}{Z} \tag{18.11}$$

$$= \sum_{\mathbf{x}} p(\mathbf{x}) \nabla_{\boldsymbol{\theta}} \log \tilde{p}(\mathbf{x}) \tag{18.12}$$

$$= \mathbb{E}_{\mathbf{x} \sim p(\mathbf{x})} \nabla_{\boldsymbol{\theta}} \log \tilde{p}(\mathbf{x}). \tag{18.13}$$

이상의 유도 과정에는 이산 $\boldsymbol{x}$에 관한 합산이 쓰였지만, 연속 $\boldsymbol{x}$에 관한 적분의 경우에도 이와 비슷한 결과를 얻을 수 있다. 연속 버전의 유도에서는 적분 기호 하에서의 미분에 대한 라이프니츠 법칙을 이용해서 다음과 같은 항등식을 얻는다.

$$\nabla_{\boldsymbol{\theta}} \int \tilde{p}(\mathbf{x}) d\boldsymbol{x} = \int \nabla_{\boldsymbol{\theta}} \tilde{p}(\mathbf{x}) d\boldsymbol{x}. \tag{18.14}$$

이 항등식은 $\tilde{p}$와 $\nabla_{\boldsymbol{\theta}} \tilde{p}(\mathbf{x})$에 대한 특정한 정칙성(regularity) 조건들이 충족될 때만 적용할 수 있다. 측도론(measure theory)의 용어로 그 조건들은, (1) 비정규화 분포 $\tilde{p}$가 반드시 $\boldsymbol{\theta}$의 모든 값에 대해 $\boldsymbol{x}$의 르베그 적분가능(Lebesque-integrable) 함수이어야 하고, (2) 기울기 $\nabla_{\boldsymbol{\theta}} \tilde{p}(\mathbf{x})$가 모든 $\boldsymbol{\theta}$와 거의 모든 $\boldsymbol{x}$에 대해 존재해야 하고, (3) 모든 $\boldsymbol{\theta}$와 거의 모든 $\boldsymbol{x}$에 대해 $\max_i |\frac{\partial}{\partial \theta_i} \tilde{p}(\mathbf{x})| \leq R(\boldsymbol{x})$라는 의미에서 $\nabla_{\boldsymbol{\theta}} \tilde{p}(\mathbf{x})$를 유계로 만드는 적분가능 함수 $R(\boldsymbol{x})$이 존재해야 한다는 것이다. 다행히 우리가 관심을 두는 대부분의

기계 학습 모형은 이 조건들을 충족한다.

다음 항등식을 보자.

$$\nabla_\theta \log Z = \mathbb{E}_{\mathbf{x} \sim p(\mathbf{x})} \nabla_\theta \log \tilde{p}(\mathbf{x}).$$ (18.15)

이 항등식은 처리 불가능한 분배함수를 가진 모형의 가능도를 근사적으로 최적화하는, 몬테카를로 방법의 한 변형의 기초가 된다.

무향 모형의 학습을 위한 몬테카를로 접근 방식은 양의 단계와 음의 단계 모두의 고찰에 도움이 되는 하나의 직관적인 틀을 제공한다. 양의 단계는 자료에서 뽑은 x에 대한 $\log\tilde{p}(\mathbf{x})$를 증가한다. 음의 단계는 모형 분포에서 뽑은 $\log\tilde{p}(\mathbf{x})$를 감소함으로써 분배함수를 감소한다.

심층 학습 문헌들에서는 흔히 $\log\tilde{p}$를 에너지 함수(식 16.7)를 이용해서 매개변수화 한다. 그런 경우 양의 단계는 훈련 견본을 아래로 끌어내리는 것으로, 음의 단계는 훈련 견본을 위로 밀어 올리는 것으로 해석할 수 있다. 그림 18.1은 그러한 해석을 보여주는 예이다.

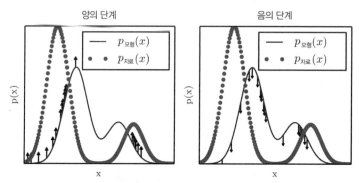

그림 18.1: 알고리즘 18.1을 '양의 단계'와 '음의 단계'로 나누어 표시한 모습. (왼쪽) 양의 단계에서는 자료 분포에서 표본점들을 추출하고 해당 비정규화 확률을 위로 밀어 올린다. 이에 의해, 자료에 있을 가능성이 큰 표본점들이 위로 좀 더 올라가게 된다. (오른쪽) 음의 단계에서는 자료 분포에서 표본점들을 추출하고 해당 비정규화 확률을 아래로 끌어내린다. 이에 의해, 양의 단계가 그냥 모든 점에서 비정규화 확률에 큰 상수를 더하는 경향 때문에 생긴 효과가 바로잡힌다. 자료 분포와 모형 분포가 같을 때는 양의 단계가 한 점을 위로 밀어 올릴 확률과 음의 단계가 그 점을 아래로 끌어내릴 확률이 같다. 그런 경우에는 더 이상 그 어떤 기울기(기댓값의)도 없으므로 훈련을 끝내야 한다.

18.2 확률적 최대가능도와 대조 발산

식 18.15를 단순한 방식으로 구현한다면, 기울기가 필요할 때마다 매번 일단의 마르코프 연쇄들을 무작위로 초기화해서 연소(혼합)하는 형태가 될 것이다. 확률적 경사 하강법을 이용해서 학습을 수행하는 경우에는 연쇄들을 경사 하강법 단계마다 한 번씩 연소해야 한다. 알고리즘 18.1은 이러한 접근 방식에 기초한 훈련 절차이다. 안쪽 루프에서 마르코프 연쇄들을 연소하는 비용이 높기 때문에 이 절차는 계산 비용의 측면에서 처리 불가능이다. 그러나 이 절차는 다른 좀 더 근사 알고리즘들이 기준으로 삼을 만한 출발점 역할을 한다.

최대가능도에 대한 MCMC 접근 방식을, 모형 분포를 자료가 발생한 지점으로 밀어 올리려는 힘과 모형 분포를 모형 표본들이 발생한 지점으로 끌어내리려는 힘 사이의

알고리즘 18.1 처리 불가능한 분배함수를 가진 모형의 로그가능도를 경사 하강법을 이용해서 최대화하는 단순한 MCMC 알고리즘.

단계 크기 ϵ을 작은 양수로 설정한다.
기브스 표집 갱신 단계 수 k를 마르코프 연쇄들이 연소하기에 충분할 정도의 근 값으로 설정한다. 작은 이미지 패치에 대한 RBM을 훈련하는 데는 100 정도면 될 것이다.
while 아직 수렴하지 않은 동안 **do**

    훈련 집합에서 견본 m개짜리 미니배치 $\{\mathbf{x}^{(1)},...,\mathbf{x}^{(m)}\}$을 뽑는다.

    $\mathbf{g} \leftarrow \frac{1}{m} \sum_{i=1}^{m} \nabla_{\boldsymbol{\theta}} \log \tilde{p}(\mathbf{x}^{(i)}; \boldsymbol{\theta})$.

    표본 m개짜리 집합 $\{\tilde{\mathbf{x}}^{(1)},...,\tilde{\mathbf{x}}^{(m)}\}$을 무작위로 초기화한다(무작위한 초기치들은 이를테면 균등분포나 정규분포에서 뽑을 수도 있고, 모형의 주변 분포와 부합하는 주변 확률들을 가진 분포에서 뽑을 수도 있을 것이다).

    for $i=1$ **to** k **do**

      for $j=1$ **to** m **do**

        $\tilde{\mathbf{x}}^{(j)} \leftarrow$ 기브스_갱신$(\tilde{\mathbf{x}}^{(j)})$

      end for

    end for

    $\mathbf{g} \leftarrow \mathbf{g} - \frac{1}{m} \sum_{i=1}^{m} \nabla_{\boldsymbol{\theta}} \log \tilde{p}(\tilde{\mathbf{x}}^{(i)}; \boldsymbol{\theta})$.

    $\boldsymbol{\theta} \leftarrow \boldsymbol{\theta} + \epsilon \mathbf{g}$.
end while

균형을 맞추려는 과정이라고 해석할 수 있다. 그림 18.1이 그러한 과정을 보여준다. 두 힘은 $\log \tilde{p}$의 최대화와 $\log Z$의 최소화에 대응된다. 음의 단계 항을 근사하는 방법은 여러 가지이다. 본질적으로 그러한 근사 방법들은 모두 음의 단계 항의 계산 비용을 낮추긴 하지만, 근사된 음의 단계 항 때문에 모형이 잘못된 지점으로 이동하는 부작용을 일으키기도 한다.

음의 단계 계산에는 모형의 분포에서 표본을 추출하는 과정이 관여한다. 따라서, 음의 단계 계산을 모형이 강하게 믿는 점들을 찾는 과정으로 생각할 수 있다. 음의 단계는 그런 점들의 확률을 낮추는 효과를 내므로, 대체로 연구자들은 음의 단계가 세계에 관한 모형의 부정확한 믿음을 표현한다고 간주한다. 관련 문헌들은 음의 단계를 '환각(hallucination)'이나 '환상 입자(fantasy particle)'라고 칭할 때가 많다. 사실 음의 단계라는 개념은 인간이나 기타 동물이 꿈을 꾸는 이유에 대한 한 가지 가설로 도입된 것이다 (Crick & Mitchison, 1983). 여기에 깔린 착안은, 뇌는 세계에 관한 하나의 확률 모형을 유지·갱신하며, 깨어 있는 동안 실제 사건들을 경험할 때는 $\log \tilde{p}$의 기울기를 따라가지만 꿈을 꾸면서 현재의 확률 모형에서 추출한 사건들을 경험할 때는 $\log Z$를 최소화하기 위해 $\log \tilde{p}$의 음의 기울기(negative gradient; 기울기의 부호를 반대로 한 것)를 따라간다는 것이다. 이러한 가설이 음의 단계와 양의 단계를 가진 알고리즘을 서술하는 데 쓰이는 어법의 상당 부분을 설명해 주긴 하지만, 신경과학 실험을 통해서 실제로 입증된 적은 없다. 기계 학습 모형에서는 양의 단계와 음의 단계를 각성 상태와 REM 수면 상태에서 따로 사용하는 것이 아니라 동시에 사용해야 할 때가 많다. §19.5에서 보겠지만, 다른 목적을 위해 모형 분포에서 표본들을 추출하는 다른 기계 학습 알고리즘들로도 꿈의 기능을 설명할 수 있다.

학습의 양의 단계와 음의 단계가 어떤 역할을 하는지 알게 되었으니, 이제 단순한 MCMC 알고리즘(알고리즘 18.1)이 하는 일을 좀 더 낮은 비용으로 수행하는 알고리즘을 설계해 보자. 단순한 MCMC 알고리즘의 주된 비용은 각 반복 단계에서 무작위로 초기화한 마르코프 연쇄를 연소하는 데 드는 비용이다. 그 비용을 낮추는 자연스러운 해법 하나는 모형 분포와 아주 비슷한 분포를 이용해서 마르코프 연쇄를 초기화하는 것이다. 그러면 연소에 필요한 단계 수가 줄어든다.

대조 발산(contrastive divergence, CD; 기브스 단계 수 k를 명시해서 CD-k의 형태로 표기하

알고리즘 18.2 경사 하강법을 최적화 절차로 사용하는 대조 발산 알고리즘

단계 크기 ϵ을 작은 양수로 설정한다.

기브스 표집 갱신 단계 수 k를, $p(\mathbf{x};\boldsymbol{\theta})$에서 표본을 추출하는 마르코프 연쇄를 $p_{\text{자료}}$로 초기화했을 때 마르코프 연쇄가 연소하기에 충분할 정도의 큰 값으로 설정한다. 작은 이미지 패치에 대한 RBM을 훈련하는 데는 1에서 20 정도의 값이면 될 것이다.

while 아직 수렴하지 않은 동안 **do**

    훈련 집합에서 견본 m개짜리 미니배치 $\{\mathbf{x}^{(1)},...,\mathbf{x}^{(m)}\}$을 뽑는다.

    $\mathbf{g} \leftarrow \dfrac{1}{m}\sum_{i=1}^{m}\nabla_{\boldsymbol{\theta}}\log\tilde{p}(\mathbf{x}^{(i)};\boldsymbol{\theta})$.

    for $i=1$ **to** m **do**

        $\tilde{\mathbf{x}}^{(i)} \leftarrow \mathbf{x}^{(i)}$.

    end for

    for $i=1$ **to** k **do**

        for $j=1$ **to** m **do**

            $\tilde{\mathbf{x}}^{(j)} \leftarrow$ 기브스_갱신$(\tilde{\mathbf{x}}^{(j)})$.

        end for

    end for

    $\mathbf{g} \leftarrow \mathbf{g} - \dfrac{1}{m}\sum_{i=1}^{m}\nabla_{\boldsymbol{\theta}}\log\tilde{p}(\widetilde{\mathbf{x}^{(i)}};\boldsymbol{\theta})$.

    $\boldsymbol{\theta} \leftarrow \boldsymbol{\theta} + \epsilon\mathbf{g}$.

end while

기도 한다) 알고리즘은 각 단계에서 자료 분포에서 추출한 표본들로 마르코프 연쇄를 초기화한다(Hinton, 2000; Hinton, 2010). 이 접근 방식을 사용하는 구체적인 알고리즘이 알고리즘 18.2에 나와 있다. 자료 집합이 이미 주어졌으므로, 자료 분포에서 표본을 얻는 비용은 0이다. 초기에는 그 자료 분포가 모형 분포에 가깝지 않으므로 음의 단계가 그리 정확하지 않다. 다행히 양의 단계는 여전히 모형의 자료 확률을 정확히 증가할 수 있다. 어느 정도 시간이 지나서 양의 단계가 효과를 발휘하기 시작하면 모형 분포가 자료 분포에 가까워지며, 그러면 음의 단계도 정확해지기 시작한다.

물론 CD는 여전히 정확한(참값에 해당하는) 음의 단계에 대한 근사이다. CD가 정확한 음의 단계를 구현하는 데 정성적으로(qualitatively) 실패하는 상황은 CD가 실제 훈련 견본과는 거리가 멀지만 확률은 높은 영역들을 제대로 억제하지 못할 때 주로 발생한다. 모형 분포에서는 확률이 높지만 자료 생성 분포에서는 확률이 낮은 그런 영역을 **가짜 모드**(spurious mode)라고 부른다. 그림 18.2는 이런 상황이 발생하는 이유를 나타낸 것이다. 본질적으로, k가 아주 크지 않은 한 훈련 견본들로 초기화한 마르코프 연

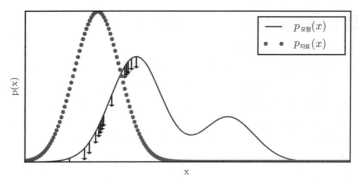

그림 18.2: 가짜 모드. 이 그래프는 알고리즘 18.2에 나온 대조 발산(CD) 알고리즘의 음의 단계가 가짜 모드들을 억제하지 못하는 상황을 보여준다. 가짜 모드는 모형 분포에 존재하지만 자료 분포에는 존재하지 않는 모드이다. 대조 발산 알고리즘은 자료점들로 초기화한 마르코프 연쇄를 그리 많지 않은 수의 단계들로 실행하므로, 연쇄가 자료점들과는 거리가 먼 모형의 모드들을 모두 방문할 가능성은 작다. 그래서 모형에서 표본을 추출하면 실제 자료와 비슷하지 않은 표본이 나올 수 있다. 또한, 그런 가짜 모드들에 확률질량의 일부가 낭비되므로, 모형이 정확한 모드들에 높은 확률질량을 집중하기가 어려워진다. 시각화를 위해 이 그래프는 거리를 다소 단순화된 방식으로 취급했다. 이 그래프에서 가짜 모드는 $\mathbb{R}$의 수직선에서 정확한 모드와 멀리 떨어져 있다. 이는 $\mathbb{R}$의 단일 변수 x에 대한 국소 이동에 기초한 마르코프 연쇄에 해당한다. 그러나 대부분의 심층 확률 모형에서 마르코프 연쇄는 기브스 표집에 기초하며, 개별 변수의 비국소 이동이 가능하다. 그러나 모든 변수를 동시에 이동하지는 못한다. 대체로 이런 문제들에 대해서는 모드들 사이의 거리를 유클리드 거리보다는 편집 거리(edit distance)로 측정하는 것이 나을 수 있다. 그러나 고차원 공간의 편집 거리는 지면상의 2차원 그래프로 표현하기 어렵다.

쇄는 자료 분포와는 동떨어진 모형 분포의 모드들을 방문하지 않는다.

[Carreira-Perpiñan & Hinton, 2005]는 완전 가시 볼츠만 기계와 RBM에서 CD의 추정량이 편향됨(최대가능도 추정량과는 다른 점들로 수렴한다는 측면에서)을 보였다. 그 논문은 편향이 작기 때문에 먼저 CD를 이용해서 낮은 비용으로 모형을 초기화한 후 그 모형을 좀 더 비싼 MCMC 방법들로 미세 조정하는 식으로 CD를 활용할 수 있다고 주장했다. 한편 [Bengio & Delalleau, 2009]는 CD를 정확한 MCMC 갱신 기울기의 최소 항들을 폐기하는 수단으로 해석할 수 있음을 보여주었다. 앞의 편향은 그런 항들이 사라져서 생긴 것이라고 할 수 있다.

CD는 RBM 같은 얕은 모형을 훈련하는 데 유용하다. 그리고 그런 얕은 모형들을 층층이 쌓아서 DBN이나 DBM 같은 더 깊은 모형을 초기화할 수 있다. 그러나 더 깊은 모형을 직접 훈련하는 데에는 CD가 별 도움이 되지 않는다. 이는, 가시 단위들의 표본이 주어졌을 때의 은닉 단위들의 표본을 얻기가 어렵기 때문이다. 은닉 단위들은 자료에 포함되지 않으므로, 훈련 집합의 자료점들로 초기화한다고 해서 이 문제가 해결되지는 않는다. 가시 단위들을 자료점들로 초기화한다고 해도, 그런 가시 표본들을 조건으로 한 은닉 단위들의 조건부 분포에서 표본을 추출하는 마르코프 연쇄를 연소해야 한다는 점은 여전하다.

CD 알고리즘을, 자료 집합에서 온 입력을 마르코프 연쇄가 빠르게 변경하지 못하게 억제하는 것으로 생각할 수 있다. 따라서 CD를 이용한 훈련은 자동부호기 훈련과 비슷한 면이 있다. 비록 다른 일부 훈련 방법들보다 CD가 좀 더 편향되긴 하지만, 이후에 층층이 쌓아서 심층 모형을 구성하는 데 사용할 얕은 모형들을 사전훈련하는 데는 CD가 유용할 수 있다. 이는, CD가 그러한 심층 모형의 초반 층들이 좀 더 많은 정보를 잠재변수들로 복사하게 만드는 효과를 내기 때문이다(덕분에 이후의 층들이 그런 정보를 더 많이 활용하게 된다). 그러나 이는 CD의 한 부수 효과일 뿐(자주 활용되긴 하지만) 애초에 CD가 그런 목적으로 설계된 것은 아니다.

[Sutskever & Tieleman, 2010]은 CD 갱신 방향이 그 어떤 함수의 기울기에도 해당하지 않음을 보였다. 이 때문에 CD가 무한히 순환되는 상황이 벌어질 수 있지만, 실제 응용에서 이것이 심각한 문제는 아니다.

CD의 여러 문제를 해결하는 또 다른 전략은 각 경사 하강법 단계에서 마르코프 연쇄의 상태들을 이전 경사 하강법 단계의 것들을 이용해서 초기화하는 것이다. 이 접근 방식은 원래 응용수학 분야와 통계학 분야에서 발견한 것인데, 그쪽에서는 이를 **확률적 최대가능도**(stochastic maximum likelihood, SML)라고 불렀다(Younes, 1998). 이후 심층 학습 공동체가 그 분야들과는 독립적으로 이 전략을 재발견해서 **지속 대조 발산**(persistent contrastive divergence, PCD; 기브스 단계 수 k를 명시해서 PCD-k의 형태로 표기하기도 한다)라는 이름을 붙였다(Tieleman, 2008). 알고리즘 18.3에 이 접근 방식을 구현한 알고리즘이 나와 있다. 이 접근 방식에 깔린 기본 착안은, 확률적 경사 하강법의 갱신 단계가 작다면 이전 단계의 모형이 현재 단계의 모형과 비슷하리라는 것이다. 따라서 이전 단계의 모형 분포에서 뽑은 표본들이 현재 단계의 모형 분포들과 아주 비슷할 것이며, 그런 표본들로 마르코프 연쇄를 초기화하면 혼합에 이르는 시간이 그리 길지 않을 것이다.

SML(SML)의 학습 과정에서 각 마르코프 연쇄는 끊임없이 갱신되므로(각 경사 하강법 단계에서 재시작하는 것이 아니라) 연쇄들이 자유로이 이동해서 모형의 모든 모드를

알고리즘 18.3 경사 하강법을 최적화 절차로 사용하는, 확률적 최대가능도와 지속 대조 발산을 조합한 알고리즘.

단계 크기 ϵ을 작은 양수로 설정한다.

기브스 표집 갱신 단계 수 k를, $p(\mathbf{x};\boldsymbol{\theta})$의 표본들로 시작해서 $p(\mathbf{x};\boldsymbol{\theta}+\epsilon\mathbf{g})$에서 표본을 추출하는 마르코프 연쇄가 연소하기에 충분할 정도의 큰 값으로 설정한다. 작은 이미지 패치에 대한 RBM을 훈련하는 데는 1, DBM 같은 좀 더 복잡한 모형에는 5~50 정도가 적당할 것이다.

표본 m개짜리 집합 $\{\tilde{\mathbf{x}}^{(1)},...,\tilde{\mathbf{x}}^{(m)}\}$을 무작위로 초기화한다(무작위한 초기치들은 이를테면 균등분포나 정규분포에서 뽑을 수도 있고, 모형의 주변 분포와 부합하는 주변 확률들을 가진 분포에서 뽑을 수도 있을 것이다).

while 아직 수렴하지 않은 동안 **do**

　　훈련 집합에서 견본 m개짜리 미니배치 $\{\mathbf{x}^{(1)},...,\mathbf{x}^{(m)}\}$을 뽑는다.

　　$\mathbf{g} \leftarrow \frac{1}{m}\sum_{i=1}^{m}\nabla_{\boldsymbol{\theta}}\log\tilde{p}(\mathbf{x}^{(i)};\boldsymbol{\theta})$.

　　for $i=1$ **to** k **do**

　　　　for $j=1$ **to** m **do**

　　　　　　$\tilde{\mathbf{x}}^{(j)} \leftarrow$ 기브스_갱신$(\tilde{\mathbf{x}}^{(j)})$.

　　　　end for

　　end for

　　$\mathbf{g} \leftarrow \mathbf{g} - \frac{1}{m}\sum_{i=1}^{m}\nabla_{\boldsymbol{\theta}}\log\tilde{p}(\tilde{\mathbf{x}}^{(i)};\boldsymbol{\theta})$.

　　$\boldsymbol{\theta} \leftarrow \boldsymbol{\theta} + \epsilon\mathbf{g}$.

end while

발견할 여지가 있다. 따라서 SML은 CD보다 가짜 모드들을 좀 더 잘 억제한다. 게다가, 표집된 모든 변수(가시 변수이든 잠재변수이든)의 상태를 저장해 두는 것이 가능하므로, SML로는 가시 단위뿐만 아니라 은닉 단위의 초기화도 가능하다. 반면 CD는 가시 단위들만 초기화할 수 있으므로 심층 모형을 위해서는 마르코프 연쇄의 연소가 필요하다. SML은 심층 모형을 효율적으로 훈련할 수 있다. [Marlin 외, 2010]은 SML을 이번 장에 나온 다른 여러 판정기준과 비교해서, RBM에 대해 SML이 가장 좋은 시험 집합 로그가능도를 산출했으며 RBM의 은닉 단위들을 SVM 분류기를 위한 특징들로 사용한 경우 SML이 가장 좋은 분류 정확성을 보였다는 결과를 얻었다.

　SML은 확률적 경사 하강법 알고리즘이 모형을 이동하는 속도가 마르코프 연쇄가 단계들 사이에서 혼합되는 속도보다 크면 부정확해지기 쉽다. k가 너무 작거나 ϵ이 너무 크면 그런 일이 발생할 수 있다. 그런 값들의 적당한 범위는 주어진 구체적인 문제에 크게 의존한다. 마르코프 연쇄가 단계들 사이에서 성공적으로 혼합되는지를 엄밀하게 판정하는 방법은 아직 알려지지 않았다. 인간 운영자가 살펴볼 만한 사항은, 만일 기브스 갱신 단계 수에 비해 학습 속도가 너무 높으면 경사 하강법 단계 사이의 음의 단계 표본들의 분산이 서로 다른 마르코프 연쇄 사이의 음의 단계 표본들의 분산이 훨씬 커진다는 점이다. 예를 들어 MNIST 자료 집합으로 훈련한 모형이 한 단계에서 숫자 7 이미지를 담은 표본들만 추출했다고 하자. 그러면 학습 과정은 그 7들에 해당하는 모드를 아래로 크게 끌어내릴 것이며, 그다음 단계에서 모형은 숫자 9 이미지들만 추출하게 될 것이다.

SML을 이용해서 훈련한 모형에서 뽑은 표본들을 평가할 때 주의할 점 하나는, 모형의 훈련을 마친 후 무작위 출발점으로 초기화한 신선한 마르코프 연쇄로 표본들을 추출해야 한다는 것이다. 훈련에 쓰인 PCD 음의 단계 연쇄에 존재하는 표본들은 이미 모형의 여러 최근 버전들에 영향을 받은 것들이므로, 모형의 수용력이 실제보다 더 크게 나타날 수 있다.

[Berglund & Raiko, 2013]은 CD와 SML이 제공하는 기울기 추정량의 편향과 분산을 조사하기 위한 실험들을 수행했다. CD로 구한 추정량의 분산은 정확한 표집에 기초한 추정량의 분산보다 작았지만, SML의 분산은 더 컸다. CD의 분산이 낮은 이유는 같은 훈련 자료점들을 양의 단계와 음의 단계 모두에 사용했기 때문이다. 다른 훈련 자료점들로 음의 단계를 초기화한다면 정확한 표집에 기초한 추정량보다 분산이 더 높게 나올 것이다.

MCMC를 이용해서 모형에서 표본들을 추출하는 것에 기초한 모든 방법은 원칙적으로 MCMC의 거의 모든 변형과 함께 사용할 수 있다. 이는 제17장에서 설명한 모든 고급 MCMC 기법(병렬 단련 등)을 SML 같은 기법의 성과를 개선하는 데 사용할 수 있다는 뜻이다(Desjardins 외, 2010; Cho 외, 2010).

학습 도중의 혼합을 가속하는 접근 방식 하나로, 몬테카를로 표집 기술을 바꾸는 것이 아니라 모형과 비용함수의 매개변수화를 바꾸어서 혼합을 가속하는 것이 있다. **빠른 PCD**(fast PCD), 줄여서 FPCD(Tieleman & Hinton, 2009)가 바로 그것이다. FPCD는 전통적인 모형의 매개변수 θ를 다음으로 대체한다.

$$\theta = \theta^{(\text{느린})} + \theta^{(\text{빠른})}. \tag{18.16}$$

이전보다 매개변수 개수가 두 배가 되었다. 두 매개변수 벡터를 성분별로 더한 결과가 원래의 모형 정의의 매개변수들이다. '빠른' 매개변수들은 학습 속도를 훨씬 더 빠르게 설정해서 훈련한다. 따라서 이 매개변수들은 학습의 음의 단계에 좀 더 빠르게 적응해서 마르코프 연쇄를 새로운 영역으로 이끈다. 결과적으로 마르코프 연쇄가 좀 더 빨리 혼합되지만, 이런 효과는 학습 과정에서 빠른 가중치들이 자유로이 변할 수 있는 도중에만 발생한다. 보통의 경우에는 이와 함께 빠른 가중치들에 상당한 크기의 가중치 감쇄를 적용해서 가중치들이 작은 값들로 수렴하게 만들기도 한다. 단, 그러한 가중치 감쇄는 마르코프 연쇄가 모드들을 전환할 수 있을 정도로 오랫동안 큰 값들을 취한 후에만 적용한다.

이번 절에서 설명한 MCMC 기반 방법들의 핵심적인 장점 하나는 그런 방법들이 $\log Z$의 기울기 추정값을 제공한다는 것이다. 그 덕분에 본질적으로 문제를 $\log \tilde{p}$의 기여와 $\log Z$의 기여로 분해할 수 있으며, 따라서 $\log \tilde{p}(\mathbf{x})$를 다른 어떤 임의의 방법을 이용해서 구할 수 있다. 그런 다음에는 그냥 음의 단계 기울기를 그 방법의 기울기에 더하기만 하면 된다. 특히 이는 $\tilde{p}$의 하계(lower bound)만 제공하는 방법들을 양의 단계에서 활용할 수 있음을 뜻한다. 이번 장에서 소개한, $\log Z$를 다루는 대부분의 다른 방법은 하계 기반 양의 단계 방법들과는 호환되지 않는다.

18.3 유사가능도

분배함수와 그 기울기를 근사하는 몬테카를로 방법들은 분배함수를 직접 공략한다. 그와는 달리, 분배함수를 계산하지 않고 모형을 훈련함으로써 문제를 해소하는 우회적인 접근 방식들도 있다. 그런 접근 방식들은 대부분 무향 확률 모형에서 확률들의 비(ratio)를 쉽게 계산할 수 있다는 점에 기초한다. 확률 비를 계산하기 쉬운 이유는 분배함수가 확률 비의 분자와 분모 모두에 나타나기 때문이다. 즉, 다음에서 보듯이 그냥 분배함수를 약분해서 없애버리면 된다.

$$\frac{p(\mathbf{x})}{p(\mathbf{y})} = \frac{\frac{1}{Z}\tilde{p}(\mathbf{x})}{\frac{1}{Z}\tilde{p}(\mathbf{y})} = \frac{\tilde{p}(\mathbf{x})}{\tilde{p}(\mathbf{y})}. \tag{18.17}$$

유사가능도(pseudolikelihood) 접근 방식은 조건부 확률이 이런 비 형태로 정의되므로 분배함수를 몰라도 조건부 확률을 계산할 수 있다는 점에 기초한다. $\mathbf{x}$가 $\mathbf{a}$와 $\mathbf{b}$, $\mathbf{c}$로 분배된다고 하자. 그리고 $\mathbf{a}$는 조건부 확률을 알고자 하는 변수들이고, $\mathbf{b}$는 그러한 조건부 확률의 조건이 되는 변수들, 그리고 $\mathbf{c}$는 조건부 확률과 무관한 변수들이라고 하자. 이때 조건부 확률은 다음과 같이 정의된다.

$$p(\mathbf{a}|\mathbf{b}) = \frac{p(\mathbf{a},\mathbf{b})}{p(\mathbf{b})} = \frac{p(\mathbf{a},\mathbf{b})}{\sum_{\mathbf{a},\mathbf{c}} p(\mathbf{a},\mathbf{b},\mathbf{c})} = \frac{\tilde{p}(\mathbf{a},\mathbf{b})}{\sum_{\mathbf{a},\mathbf{c}} \tilde{p}(\mathbf{a},\mathbf{b},\mathbf{c})}. \tag{18.18}$$

이 수량을 계산하려면 $\mathbf{a}$를 주변화해야 하는데, 그러한 연산은 $\mathbf{a}$와 $\mathbf{c}$에 변수가 그리 많지 않다면 아주 효율적으로 수행할 수 있다. $\mathbf{a}$의 변수가 단 하나이고 $\mathbf{c}$가 공집합(빈 벡터)인 극단적인 경우에서 이 연산은 그냥 $\tilde{p}$를 단 하나의 변수가 가질 수 있는 값들의 개수만큼 평가하기만 하면 된다.

그러나 안타깝게도 로그가능도를 계산하려면 많은 수의 변수를 주변화해야 한다. 변수가 총 n개일 때 주변화할 변수들은 $n-1$개이다. 확률의 연쇄법칙에 따라

$$\log p(\mathbf{x}) = \log p(x_1) + \log p(x_2|x_1) + \ldots + p(x_n|\mathbf{x}_{1:n-1}) \tag{18.19}$$

이다. 이 경우 $\mathbf{a}$는 최대한 작아지지만 $\mathbf{c}$는 $\mathbf{x}_{2:n}$만큼 커질 수 있다. 계산 비용을 줄이기 위해 그냥 $\mathbf{c}$를 $\mathbf{b}$로 옮기면 어떨까? 그러면 모든 특징 $\boldsymbol{x}_{-i}$이 주어졌을 때의 특징 x_i의 값을 예측하는 것에 기초한 **유사가능도**(pseudolikelihood; Besag, 1975) 목적함수

$$\sum_{i=1}^{n} \log p(x_i|\boldsymbol{x}_{-i}) \tag{18.20}$$

가 나온다.

각 확률변수가 가질 수 있는 서로 다른 값이 k가지일 때, 이 유사가능도는 $\tilde{p}$를 단 $k \times n$회만 평가해서 계산할 수 있다. 반면 분배함수를 계산하려면 k^n회의 평가가 필요하다.

이것이 이론적인 근거가 없는 편법처럼 보이겠지만, 유사가능도의 최대화를 이용해서 얻은 추정값이 점근적으로 참값과 일치함을 증명하는 것이 가능하다(Mase, 1995). 물론 커다란 표본 극한에 접근하지 않는 자료 집합의 경우에는 유사가능도 추정량이

최대가능도 추정량과 다른 행동을 보일 수 있다.

일반화된 유사가능도 추정량(generalized pseudolikelihood estimator), 줄여서 **일반 유사가능도 추정량**을 이용하면 계산 복잡도는 높아지지만, 그 대신 최대가능도와의 행동 차이를 줄일 수 있다(Huang & Ogata, 2002). 일반 유사가능도 추정량은 조건화 수직선 기호의 좌변에 함께 나타나는 색인들에 해당하는, 서로 다른 m개의 집합 $\mathbb{S}^{(i)}$들(여기서 $i = 1,...,m$)을 사용한다. $m = 1$이고 $\mathbb{S}^{(1)} = 1,...,n$인 한 극단에서 일반 유사가능도 추정량은 로그가능도가 되고, $m = n$이고 $\mathbb{S}^{(i)} = \{i\}$인 다른 한 극단에서 일반 유사가능도 추정량은 유사가능도가 된다. 일반 유사가능도 목적함수는 다음과 같이 주어진다.

$$\sum_{i=1}^{m} \log p(\mathbf{x}_{\mathbb{S}(i)} | \mathbf{x}_{-\mathbb{S}(i)}). \tag{18.21}$$

유사가능도 기반 접근 방식들의 성과는 모형의 용도에 크게 의존한다. 밀도 추정이나 표본추출처럼 완전 결합분포 $p(\mathbf{x})$의 좋은 모형이 필요한 과제들에서는 유사가능도가 나쁜 성과를 내는 경향이 있다. 그러나 조건부 분포가 훈련 도중에만 필요한 과제들에서는 최대가능도보다 나은 성과를 낼 수 있다. 이를테면 적은 수의 결측값들을 채우는 과제가 그러한 예이다. 일반 유사가능도 기법들은 자료에 규칙적인 구조가 존재해서 $\mathbb{S}$ 색인 집합들로 가장 중요한 상관관계들을 포착할 수 있는, 그러면서도 상관관계가 무시할 수 있을 정도로 낮은 변수들은 생략할 수 있는 경우에 특히나 위력을 발휘한다. 예를 들어 자연 이미지의 경우 공간에 널리 퍼져 있는 픽셀들은 상관관계도 약하므로, 국소 공간에 집중된 작은 $\mathbb{S}$ 집합들을 지정해서 일반 유사도 기법을 적용할 수 있다.

유사가능도 추정량의 한 가지 약점은, $\tilde{p}(\mathbf{x})$에 대한 하계만 제공하는 다른 근사 기법과는 함께 사용할 수 없다는 것이다. 제19장에서 다룬 변분 추론이 그런 근사 기법의 예이다. 이는 $\tilde{p}$가 분모에 나오기 때문이다. 분모에 대한 하계는 표현식 전체의 상계만 결정하며, 상계를 최대화하는 것은 별 이득이 없다. 따라서, 상호작용하는 다수의 은닉층을 근사적으로 주변화하기 위해 주로 변분 방법들을 사용하는 심층 모형들(심층 볼츠만 기계 등)에는 이런 유사가능도 접근 방식을 적용하기 어렵다. 그래도 심층 학습에는 유사가능도가 여전히 유용하다. 단층 모형 또는 하계에 의존하지 않는 근사 추론 방법을 이용하는 심층 모형을 훈련하는 데 유사가능도를 사용할 수 있기 때문이다.

경사 하강법 단계당 비용은 유사가능도 접근 방식이 SML보다 훨씬 크다. 이는 모든 조건부 확률들을 명시적으로 계산해야 하기 때문이다. 단, 견본당 무작위로 선택한 조건부 확률을 단 하나만 선택해서 사용한다면, 그래서 계산 비용을 SML의 수준으로 낮출 수 있다면, 일반 유사가능도 및 그와 비슷한 판정기준들이 여전히 잘 작동할 수 있다(Goodfellow 외, 2013b).

유사가능도 추정량이 $\log Z$를 명시적으로 최소화하지는 않지만, 그래도 유사가능도 추정량이 음의 단계와 비슷한 뭔가를 가지고 있다고 생각할 수 있다. 각 조건부 분포의 분모 때문에, 학습 알고리즘은 훈련 견본과 변수 하나만 다른 모든 상태의 확률을 억제하게 된다.

유사가능도의 점근적 효율성에 관한 이론적 분석으로는 [Marlin & de Freitas, 2011]을 보기 바란다.

18.4 점수 부합과 비 부합

점수 부합(Hyvärinen, 2005)은 Z나 그 미분을 추정하지 않고도 모형을 훈련하는 또 다른 일치 추정(consistent estimation) 방법이다. **점수 부합**(score matching)이라는 이름은 로그 밀도의 그 인수들에 대한 미분 $\nabla_{\boldsymbol{x}} \log p(\boldsymbol{x})$를 **점수**(score)라고 부르는 데서 비롯한 것이다. 점수 부합은 입력에 대한 모형의 로그 밀도 미분과 입력에 대한 자료의 로그 밀도 미분의 기대 제곱 차이를 최소화한다.

$$L(\boldsymbol{x},\boldsymbol{\theta}) = \frac{1}{2} \| \nabla_{\boldsymbol{x}} \log p_{\text{모형}}(\boldsymbol{x};\boldsymbol{\theta}) - \nabla_{\boldsymbol{x}} \log p_{\text{자료}}(\boldsymbol{x}) \|_2^2, \tag{18.22}$$

$$J(\boldsymbol{\theta}) = \frac{1}{2} \mathbb{E}_{p_{\text{자료}}(\boldsymbol{x})} L(\boldsymbol{x},\boldsymbol{\theta}), \tag{18.23}$$

$$\boldsymbol{\theta}^* = \min_{\boldsymbol{\theta}} J(\boldsymbol{\theta}). \tag{18.24}$$

이 목적함수에는 분배함수 Z의 미분과 관련된 어려움이 없다. Z가 $\boldsymbol{x}$의 함수가 아니므로 $\nabla_{\mathbf{x}} Z = 0$이기 때문이다. 대신, 자료 분포의 점수를 계산하려면 훈련 자료를 생성한 진 분포 $p_{\text{자료}}$를 알아야 한다는 문제가 있다. 그러나 다행히 $L(\boldsymbol{x},\boldsymbol{\theta})$의 기댓값을 최소화하는 것은 다음을 최소화하는 것과 동등하다.

$$\widetilde{L}(\boldsymbol{x},\boldsymbol{\theta}) = \sum_{j=1}^{n} \left(\frac{\partial^2}{\partial x_j^2} \log p_{\text{모형}}(\boldsymbol{x};\boldsymbol{\theta}) + \frac{1}{2} \left(\frac{\partial}{\partial x_j} \log p_{\text{모형}}(\boldsymbol{x};\boldsymbol{\theta}) \right)^2 \right). \tag{18.25}$$

여기서 n은 $\boldsymbol{x}$의 차원이다.

점수 부합에서는 $\mathbf{x}$에 대한 미분을 취해야 하므로, 자료가 이산인 모형에는 점수 부합을 적용할 수 없다. 단, 모형의 잠재변수들이 이산변수일 때는 적용할 수 있다.

유사가능도처럼 점수 부합은 $\log \tilde{p}(\mathbf{x})$와 그 미분을 직접 평가할 수 있을 때만 작동한다. 점수 부합은 $\log \tilde{p}(\mathbf{x})$에 대한 하계만 제공하는 방법들과는 호환되지 않는다. 이는, 점수 부합에서는 $\log \tilde{p}(\mathbf{x})$의 미분과 이차 미분을 구해야 하는데, 하계는 그런 미분들에 관한 정보를 전혀 제공하지 않기 때문이다. 따라서 희소 부호화 모형이나 심층 볼츠만 기계처럼 은닉 단위들이 복잡하게 상호작용하는 모형에는 점수 부합을 적용할 수 없다. 큰 모형의 첫 은닉층을 사전훈련하는 데는 점수 부합을 사용할 수 있지만, 큰 모형의 더 깊은 층들을 사전훈련하는 목적으로 점수 부합이 쓰인 사례는 없다. 아마도 이는 그런 모형의 은닉층들이 이산변수들이 포함할 때가 많기 때문일 것이다.

점수 부합에 음의 단계가 명시적으로 포함되어 있지는 않지만, 점수 부합을 특별한 종류의 마르코프 연쇄를 사용하는 대조 분산의 한 버전으로 볼 수도 있다(Hyvärinen, 2007a). 이 경우 마르코프 연쇄는 기브스 표집이 아니라 기울기를 지침으로 국소 이동을 수행하는 다른 어떤 접근 방식에 해당한다. 국소 이동의 크기가 0에 접근할 때는 점수 부합이 대조 분산(그런 특별한 종류의 마르코프 연쇄를 사용하는)과 동등해진다.

[Lyu, 2009]는 점수 부합을 이산변수들로 일반화했다(그러나 유도 과정에서 실수가 있었는데, 그 실수는 [Marlin 외, 2010]이 바로잡았다). [Marlin 외, 2010]은 관측 확률이 0인 사건들이 많이 있는 고차원 이산 공간에서는 그러한 **일반화된 점수 부합**(generalized score matching, GSM)이 작동하지 않음을 발견했다.

점수 부합의 기본 착안을 이산 자료로 좀 더 성공적으로 일반화한 접근 방식으로 **비 부합**(ratio matching; Hyvärinen, 2007b)이 있다. 비 부합은 이진 자료에 특화된 것이다. 비 부합은 견본들에 관해 다음 목적함수를 최소화한다.

$$L^{(\text{RM})}(\boldsymbol{x},\boldsymbol{\theta}) = \sum_{j=1}^{n} \left(\frac{1}{1 + \dfrac{p_{\text{모형}}(\boldsymbol{x};\boldsymbol{\theta})}{p_{\text{모형}}(f(\boldsymbol{x}),j);\boldsymbol{\theta})}} \right)^2. \tag{18.26}$$

여기서 $f(\boldsymbol{x},j)$는 $\mathbf{x}$의 j번째 비트를 뒤집은 결과를 돌려준다. 비 부합은 유사가능도 추정량에 쓰이는 것과 같은 요령을 이용해서 분배함수를 피한다. 즉, 두 확률의 비에서 분자와 분모의 분배함수를 약분한다. [Marlin 외, 2010]에 따르면, 시험 집합 이미지에서 잡음을 제거하는 과제에서 비 부합으로 훈련한 모형이 SML이나 유사가능도, GSM으로 훈련한 모형보다 나은 성과를 냈다.

유사가능도 추정량처럼 비 부합에서도 자료점마다 $\tilde{p}$를 n회 평가해야 한다. 따라서 갱신당 계산 비용은 SML의 n배이다.

유사가능도 추정량과 비슷하게 비 부합도 훈련 견본과 변수 하나만 다른 모든 공상 상태(fantasy state)를 끌어내리는 것으로 생각할 수 있다. 비 부합은 이진 자료에만 적용되므로, 이는 훈련 견본과 해밍 거리가 1 이내인 모든 공상 상태를 억제하는 것에 해당한다.

비 부합은 단어 개수 벡터 같은 고차원 희소 자료를 위한 편향으로도 유용하다. MCMC 기반 방법들은 그런 자료를 잘 다루지 못한다. 그런 종류의 자료를 조밀한 (dense) 형식으로 표현하려면 비용이 엄청나게 높은데, MCMC 표본추출기는 모형이 자료 분포의 희소성을 표현하는 법을 배우기 전까지는 희소한 값들을 산출하지 못하기 때문이다. [Dauphin & Bengio, 2013]은 비 부합의 확률적 불편(unbiased) 근사 방법을 고안해서 이 문제를 극복했다. 그 근사 방법은 목적함수의 항들에서 무작위로 선택한 일부 항들만 평가하며, 모형이 공상 표본들을 모두 생성할 필요가 없다.

비 부합의 점근적 효율성에 대한 이론적 분석으로는 [Marlin & de Freitas, 2011]을 보기 바란다.

18.5 잡음 제거 점수 부합

종종, 모형을 진 분포 $p_\text{자료}$가 아니라 다음 분포에 적합시켜서 점수 부합을 정칙화하는 것이 바람직한 경우가 있다.

$$p_\text{평활}(\boldsymbol{x}) = \int p_\text{자료}(\boldsymbol{y})q(\boldsymbol{x}\,|\,\boldsymbol{y})d\boldsymbol{y}. \tag{18.27}$$

여기서 분포 $q(\boldsymbol{x}\,|\,\boldsymbol{y})$는 손상 과정(corruption process)에 해당하는데, $\boldsymbol{y}$에 적은 양의 잡음을 추가해서 $\boldsymbol{x}$를 형성하는 방법이 흔히 쓰인다.

이러한 잡음 제거 점수 부합(denoising score matching)은 실제 응용에서 특히나 유용하다. 왜냐하면, 실제 응용에서는 진 분포 $p_\text{자료}$에 직접 접근할 수 없고, 대신 그 분포에서 나온 표본들로 정의되는 하나의 경험분포(empirical distribution)에만 접근할 수 있을 때가 많기 때문이다. 수용력이 충분히 주어진다면 그 어떤 일치 추정량이라도 $p_\text{모형}$을 훈련 점들을 중심으로 한 디랙 분포들의 집합으로 만들 수 있다. q를 평활화하면 이 문제가 완화되지만, 대신 점근적 일치성($\S 5.4.5$에서 설명했다)을 잃게 된다. [Kingma & LeCun, 2010]은 정규분포 잡음을 평활화 분포 q로 두고 정칙화된 점수 부합을 수행하는 절차를 소개했다.

$\S 14.5.1$에서 이야기했듯이, 여러 자동부호기 훈련 알고리즘은 점수 부합 또는 잡음 제거 점수 부합과 동등하다. 따라서 그런 자동부호기 훈련 알고리즘들은 분배함수의 문제를 극복하는 한 방법이라 할 수 있다.

18.6 잡음 대조 추정

처리 불가능한 분배함수를 가진 모형을 추정하는 기법들은 대부분 분배함수의 추정값을 제공하지 않는다. SML과 CD는 분배함수 자체가 아니라 로그 분배함수의 기울기만 추정할 뿐이다. 점수 부합과 유사가능도는 분배함수와 관련된 수량의 계산을 아예 피한다.

잡음 대조 추정(noise-contrastive estimation, NCE; Gutmann & Hyvarinen, 2010)은 그와는 다른 전략을 취한다. 잡음 대조 추정에서 모형이 추정하는 확률분포는 정확히 다음과 같은 형태이다.

$$\log p_{\text{모형}}(\mathbf{x}) = \log \tilde{p}_{\text{모형}}(\mathbf{x};\boldsymbol{\theta}) + c. \tag{18.28}$$

여기서 c는 $-\log Z(\boldsymbol{\theta})$의 근삿값으로서 명시적으로 도입된 항이다. 잡음 대조 추정은 $\boldsymbol{\theta}$만 추정하는 것이 아니라, c를 또 다른 매개변수로 취급해서 $\boldsymbol{\theta}$와 c를 동시에, 그리고 같은 알고리즘을 이용해서 추정한다. 따라서, 그 결과로 나온 $\log p_{\text{모형}}(\mathbf{x})$이 반드시 유효한 확률분포인 것은 아니지만, c의 추정값이 개선됨에 따라 유효한 분포에 점점 가까워진다.[1]

이런 접근 방식에서는 최대가능도를 추정의 판정기준으로 사용하는 것이 바람직하지 않다. 최대가능도 판정기준은 c를 유효한 확률분포에 맞는 값으로 설정하기보다는 그냥 임의로 큰 값으로 설정하려 들 것이기 때문이다.

NCE는 $p(\mathbf{x})$를 추정하는 비지도 학습 문제를 범주 중 하나가 모형이 생성한 자료에 해당하는 이진 분류기 지도 학습 문제로 환원한다. 그러한 지도 학습 문제는 최대가능도 추정이 원래 문제의 점근적 일치 추정량을 정의하게 하는 방식으로 구성된다.

이를 구체적으로 살펴보자. 우선, **잡음 분포**(noise distribution)라고 부르는 또 다른 분포를 도입한다. $p_{\text{잡음}}(\mathbf{x})$로 표기하는 이 잡음 분포는 평가와 표집이 처리 가능한 수준이어야 한다. 그리고 이진 분류 변수 y도 새로 도입한다. 이제 $\mathbf{x}$와 y 모두에 관한, 다음을 모두 충족하는 새 보형을 구축한다.

$$p_{\text{결합}}(y=1) = \frac{1}{2}, \tag{18.29}$$

$$p_{\text{결합}}(\mathbf{x}|y=1) = p_{\text{모형}}(\mathbf{x}), \tag{18.30}$$

$$p_{\text{결합}}(\mathbf{x}|y=0) = p_{\text{잡음}}(\mathbf{x}). \tag{18.31}$$

다른 말로 하면, y는 $\mathbf{x}$의 표본을 모형에서 뽑을 것인지 아니면 잡음 분포에서 뽑을 것인지 결정하는 스위치 변수이다.

훈련 자료에 대해서도 이와 비슷한 결합 모형을 구축할 수 있다. 이 경우 스위치 변수는 $\mathbf{x}$를 **자료**(data)에서 뽑을 것인지 잡음 분포에서 뽑을 것인지 결정한다. 공식으로

---

1) NCE는 분배함수가 처리 가능한 경우에도 적용할 수 있다. 그런 경우에는 추가 매개변수 c를 도입할 필요가 없다. 그렇긴 하지만, 대부분의 경우 NCE는 계산하기 어려운 분배함수를 가진 모형을 근사하는 수단으로서 관심을 끌었다.

표현하자면 $p_{훈련}(y=1) = \frac{1}{2}$, $p_{훈련}(\mathbf{x}|y=1) = p_{자료}(\mathbf{x})$, $p_{훈련}(\mathbf{x}|y=0) = p_{잡음}(\mathbf{x})$ 이다.

다음으로, **지도** 학습 문제를 위한 표준적인 최대가능도 훈련 알고리즘을 이용해서 $p_{결합}$을 $p_{훈련}$에 적합시킨다.

$$\boldsymbol{\theta}, c = \arg\max_{\boldsymbol{\theta}, c} \mathbb{E}_{\mathbf{x}, y \sim p_{훈련}} \log p_{결합}(y|\mathbf{x}). \tag{18.32}$$

분포 $p_{결합}$은 본질적으로 모형의 로그 확률들과 잡음 분포의 로그 확률들의 차이에 적용되는 하나의 로지스틱 회귀 모형이다.

$$p_{결합}(y=1|\mathbf{x}) = \frac{p_{모형}(\mathbf{x})}{p_{모형}(\mathbf{x}) + p_{잡음}(\mathbf{x})} \tag{18.33}$$

$$= \frac{1}{1 + \dfrac{p_{잡음}(\mathbf{x})}{p_{모형}(\mathbf{x})}} \tag{18.34}$$

$$= \frac{1}{1 + \exp\left(\log \dfrac{p_{잡음}(\mathbf{x})}{p_{모형}(\mathbf{x})}\right)} \tag{18.35}$$

$$= \sigma\left(-\log \frac{p_{잡음}(\mathbf{x})}{p_{모형}(\mathbf{x})}\right) \tag{18.36}$$

$$= \sigma(\log p_{모형}(\mathbf{x}) - \log p_{잡음}(\mathbf{x})). \tag{18.37}$$

이상의 공식들에서 보듯이, $\log \tilde{p}_{모형}$의 역전파가 쉬운 한, 그리고 $p_{잡음}$의 평가($p_{결합}$을 평가하기 위한)와 표본추출(훈련 자료를 생성하기 위한)이 쉬운 한, NCE를 적용하는 것도 쉽다.

NCE는 확률변수가 많지 않은 문제에 적용할 때 가장 성공적이지만, 그런 확률변수들이 가질 수 있는 값들이 아주 많을 때도 잘 작동한다. 예를 들어 단어의 문맥이 주어졌을 때의 단어에 관한 조건부 분포를 모형화하는 데 NCE가 성공적으로 적용된 사례가 있다(Mnih & Kavukcuoglu, 2013). 아주 큰 어휘에서 단어를 뽑는다고 해도, 단어는 단 하나뿐이다.

확률변수가 많은 문제에 NCE를 적용하면 효율성이 떨어진다. 로지스틱 회귀 분류기는 뭔가 비정상적인 값을 가진(즉, 가질 가능성이 적은 값을 가진) 변수가 하나만 발견되면 잡음 표본 전체를 기각하는 경향이 있다. 이 때문에, $p_{모형}$이 기본적인 주변 통계량들을 배우고 나면 학습의 속도가 크게 떨어진다. 비구조적 가우스 잡음 분포를 $p_{잡음}$으로 사용하는 얼굴 이미지 모형을 학습시킨다고 하자. 눈(eye)을 배운 $p_{모형}$은 거의 모든 비구조적 잡음 표본을 기각할 수 있으며, 그러면 입 같은 다른 얼굴 특징들에 관해 아무것도 배우지 못하게 될 수 있다.

$p_{잡음}$의 평가와 표본추출이 쉬워야 한다는 제약이 필요 이상으로 과한 제약일 수도 있다. $p_{잡음}$이 단순하면 대부분의 표본이 자료와 너무 명백하게 다를 가능성이 크며, $p_{모형}$이 눈에 띄게 개선되지 못할 수 있다.

점수 부합이나 유사가능도처럼 NCE도 $\tilde{p}$의 하계만 주어지는 상황에서는 작동하지 않는다. 그런 하계로 $p_{결합}(y=1|\mathbf{x})$의 하계를 구할 수도 있지만, 그러한 하계는 NCE 목적함수의 절반의 항들에 나타나는 $p_{결합}(y=0|\mathbf{x})$의 상계를 구하는 데만 사용할 수 있다. 마찬가지로, $p_{잡음}$의 하계 역시 $p_{결합}(y=1|\mathbf{x})$의 상계만 제공할 뿐이므로 유용하지 않다.

각 경사 하강법 단계의 시작에서 모형 분포를 복사해서 새로운 잡음 분포를 정의하는 식으로 NCE를 변형한 절차를 가리켜 **자기 대조 추정**(self-contrastive estimation)이라고 부른다. 자기 대조 추정의 기대 기울기는 최대가능도의 기대 기울기와 같다(Goodfellow, 2014). 잡음 표본들을 모형으로 생성하도록 NCE를 특화할 수도 있는데, 그런 경우를 고찰해 보면 최대가능도 방법은 모형이 자신의 진화하는 믿음들과 현실을 구분하는 방법을 계속해서 배우게 만드는 절차이고, 잡음 대조 추정은 모형을 현실을 고정된 기준선(잡음 모형)하고만 구분하게 함으로써 계산 비용을 어느 정도 줄이는 기법임을 깨달을 수 있을 것이다.

훈련 견본과 생성된 표본(분류기를 정의하는 데 쓰인 모형 에너지 함수를 이용해서)의 지도 분류 과제를 이용해서 모형에 대한 기울기를 구하는 방법이 다양한 형태로 소개된 바 있다(Welling 외, 2003b; Bengio, 2009).

잡음 대조 추정은, 좋은 생성 모형이라면 자료와 잡음을 구분할 수 있어야 한다는 착안에 기초한다. 이와 밀접히 관련된 착안은, 좋은 생성 모형이라면 그 어떤 분류기도 자료와 구분할 수 없는 표본을 생성할 수 있어야 한다는 것이다. 이 착안에서 생성 대립망(GAN)이 나왔다. 생성 대립망은 §20.10.4에서 다룬다.

18.7 분배함수의 추정

이번 장의 대부분은 무향 그래프 모형과 연관된 처리 불가능한 분배함수 $Z(\boldsymbol{\theta})$를 계산할 필요가 없는 방법들을 설명한다. 그러나 이번 절에서는 분배함수를 직접 추정하는 몇 가지 방법을 논의한다.

자료의 정규화된 가능도를 계산해야 할 때는 분배함수를 추정할 필요가 있다. 특히, 모형을 **평가**하거나, 훈련 성과를 감시하거나, 모형들을 서로 비교할 때 분배함수의 추정이 중요해진다.

한 예로, 확률분포 $p_A(\mathbf{x};\boldsymbol{\theta}_A) = \frac{1}{Z_A}\tilde{p}_A(\mathbf{x};\boldsymbol{\theta}_A)$를 정의하는 모형 $\mathcal{M}_A$와 확률분포 $p_B(\mathbf{x};\boldsymbol{\theta}_B) = \frac{1}{Z_B}\tilde{p}_B(\mathbf{x};\boldsymbol{\theta}_B)$를 정의하는 모형 $\mathcal{M}_B$를 비교해 보자. 흔히 쓰이는 모형 비교 방법은 하나의 독립동일분포 시험 자료 집합에 대한 두 모형의 가능도를 평가해서 비교하는 것이다. 그 시험 집합이 m개의 견본으로 구성된 $\{\boldsymbol{x}^{(1)},...,\boldsymbol{x}^{(m)}\}$이라고 하자. 만일 $\prod_i p_A(\mathrm{x}^{(i)};\boldsymbol{\theta}_A) > \prod_i p_B(\mathrm{x}^{(i)};\boldsymbol{\theta}_B)$이면, 다른 식으로 표현해서 만일

$$\sum_i \log p_A(\mathrm{x}^{(i)};\boldsymbol{\theta}_A) - \sum_i \log p_B(\mathrm{x}^{(i)};\boldsymbol{\theta}_B) > 0 \tag{18.38}$$

이면, 시험 로그가능도의 관점에서 $\mathcal{M}_A$가 $\mathcal{M}_B$보다 나은(또는, 적어도 주어진 시험 집합에 대해서는 더 나은) 모형이라고 말한다. 그러나 식 18.38의 조건이 성립하는지 판정하려면 분배함수에 관한 지식이 필요하다. 식 18.38의 조건을 평가하려면 모형이 각 점에 배정한 로그가능도를 평가해야 하며, 그러자면 분배함수를 평가해야 한다. 다행히, 식 18.38을 두 모형의 분배함수들의 **비**(ratio)만 알면 되는 형태로 변환해서 상황을 좀 더 단순하게 만들 수 있다. 다음이 그러한 공식이다.

$$\sum_i \log p_A(\mathbf{x}^{(i)};\boldsymbol{\theta}_A) - \sum_i \log p_B(\mathbf{x}^{(i)};\boldsymbol{\theta}_B) = \sum_i \left(\log \frac{\tilde{p}_A(\mathbf{x}^{(i)};\boldsymbol{\theta}_A)}{\tilde{p}_B(\mathbf{x}^{(i)};\boldsymbol{\theta}_B)} \right) - m \log \frac{Z(\boldsymbol{\theta}_A)}{Z(\boldsymbol{\theta}_B)}.$$
$$\tag{18.39}$$

이 덕분에 모형 $\mathcal{M}_A$와 모형 $\mathcal{M}_B$의 분배함수들을 몰라도 그냥 두 분배함수의 비만 알면 어느 모형이 더 나은지 알아낼 수 있다. 그리고 잠시 후에 보겠지만, 두 모형이 비슷한 경우에는 이 비를 중요도 표집으로 추정할 수 있다.

그런데 $\mathcal{M}_A$나 $\mathcal{M}_B$ 중 하나에서 시험 자료의 실제 확률을 계산해야 한다면 분배함수의 값을 실제로 구해야 한다. 그렇긴 하지만, 두 분배함수의 비 $r = \dfrac{Z(\boldsymbol{\theta}_B)}{Z(\boldsymbol{\theta}_A)}$를 알고 두 분배함수 중 하나의 실제 값을 안다면 다른 분배함수의 값을 계산할 수 있다. 예를 들어 $Z(\boldsymbol{\theta}_A)$를 알고 있을 때,

$$Z(\boldsymbol{\theta}_B) = r Z(\boldsymbol{\theta}_A) = \frac{Z(\boldsymbol{\theta}_B)}{Z(\boldsymbol{\theta}_A)} Z(\boldsymbol{\theta}_A) \tag{18.40}$$

이다.

중요도 표집 같은 몬테카를로 방법을 이용하면 분배함수를 간단하게 추정할 수 있다. 지금 소개하는 추정 방법은 연속변수와 적분에 대한 것이지만, 적분을 합산으로 대체하면 이산변수에도 적용할 수 있다. 이 방법은 제안 분포(proposal distribution) $p_0(\mathbf{x}) = \dfrac{1}{Z_0} \tilde{p}_0(\mathbf{x})$를 사용한다. 이 제안 분포를 이용하면 분배함수 Z_0과 비정규화 분포 $\tilde{p}_0(\mathbf{x})$의 표집과 평가를 처리 가능한 수준의 계산 비용으로 수행할 수 있다. 구체적인 추정 공식은 다음과 같다.

$$Z_1 = \int \tilde{p}_1(\mathbf{x}) d\mathbf{x} \tag{18.41}$$

$$= \int \frac{p_0(\mathbf{x})}{p_0(\mathbf{x})} \tilde{p}_1(\mathbf{x}) d\mathbf{x} \tag{18.42}$$

$$= Z_0 \int p_0(\mathbf{x}) \frac{\tilde{p}_1(\mathbf{x})}{\tilde{p}_0(\mathbf{x})} d\mathbf{x} \tag{18.43}$$

$$\hat{Z}_1 = \frac{Z_0}{K} \sum_{k=1}^{K} \frac{\tilde{p}_1(\mathbf{x}^{(k)})}{\tilde{p}_0(\mathbf{x}^{(k)})}, \ \text{단} \ \mathbf{x}^{(k)} \sim p_0. \tag{18.44}$$

마지막 행의 $\hat{Z}_1$은 그 위의 적분에 대한 몬테카를로 추정량이다. 이 추정량은 $p_0(\mathbf{x})$에서 뽑은 표본들에 비정규화 분포 $\tilde{p}_1$와 제안 분포 p_0의 비율을 가중치로 적용해서 적분을 추정한다.

이러한 접근 방식을 이용하면 분배함수들의 비를 다음과 같이 추정하는 것도 가능하다.

$$\frac{1}{K}\sum_{k=1}^{K}\frac{\tilde{p}_1(\mathbf{x}^{(k)})}{\tilde{p}_0(\mathbf{x}^{(k)})}, \ \text{단} \ \mathbf{x}^{(k)} \sim p_0. \tag{18.45}$$

이 비 추정값을 식 18.39에 직접 대입해서 두 모형을 비교하면 된다.

분포 p_0이 p_1과 비슷할 때는 식 18.44를 이용해서 분배함수를 효과적으로 추정할 수 있다(Minka, 2005). 그러나 p_1이 복잡하고(보통은 다봉분포(multimodal distribution; 또는 다중 모드 분포)의 형태) 고차원 공간에 관해 정의되는 경우가 대부분이다. 간단히 평가할 수 있을 정도로 처리 가능하면서도 고품질의 근삿값이 나올 정도로 p_1과 충분히 비슷한 p_0을 찾기란 쉽지 않다. 만일 p_0과 p_1이 비슷하지 않다면, p_0의 표본들은 대부분 p_1 분포에서 낮은 확률을 가지며, 따라서 식 18.44의 합에 기여하는 정도가 (상대적으로) 무시할 수 있을 정도로 작다.

이 합에 가중치가 큰 표본이 많지 않으면 품질이 나쁜 추정값이 나온다(분산이 높기 때문에). 이 점은 추정값 $\hat{Z}_1$의 분산의 추정값

$$\hat{\mathrm{Var}}\left(\hat{Z}_1\right) = \frac{Z_0}{K^2}\sum_{k=1}^{K}\left(\frac{\tilde{p}_1(\mathbf{x}^{(k)})}{\tilde{p}_0(\mathbf{x}^{(k)})} - \hat{Z}_1\right)^2 \tag{18.46}$$

을 정성적으로 분석해 보면 확실해진다. 이 추정값은 중요도 가중치 $\frac{\tilde{p}_1(\mathbf{x}^{(k)})}{\tilde{p}_0(\mathbf{x}^{(k)})}$ 들의 편차가 두드러질 때 최댓값이 된다.

이제 고차원 공간에 관한 복잡한 분포에 대한 분배함수의 추정에 관련된 어려움을 극복하기 위해 개발된, 서로 연관된 전략 두 가지를 살펴보자. 하나는 정련된 중요도 표집이고 다른 하나는 다리 표집(bridge sampling)이다. 둘 다 앞에서 소개한 간단한 중요도 표집 전략으로 출발하며, 둘 다 제안 분포 p_0이 p_1과 너무 많이 다르다는 문제를 p_0과 p_1 사이에 다리를 놓아서 그 간극을 메우는(bridge the gap) 중개 분포들을 도입함으로써 해결하려 한다.

18.7.1 정련된 중요도 표집

$D_{KL}(p_0 \parallel p_1)$가 큰 상황(즉, p_0과 p_1가 별로 겹치지 않는 상황)에서는 **정련된 중요도 표집** (annealed importance sampling, AIS)이라는 전략이 유용하다. 이 전략은 중개(intermediate) 분포들을 도입해서 두 분포의 간극(격차)을 메우려 한다(Jarzynski, 1997; Neal, 2001). $0 = \eta_0 < \eta_1 < \cdots < \eta_{n-1} < \eta_n = 1$을 만족하는 분포들의 순차열 $p_{\eta_0}, \ldots, p_{\eta_n}$이 있다고 하자. 이 순차열에서 첫 분포와 마지막 분포는 각각 p_0과 p_1이다.

정련된 중요도 표집 접근 방식을 이용하면 고차원 공간에 관해 정의된 다봉분포(훈련된 RBM이 정의하는 분포 같은)의 분배함수를 추정할 수 있다. 이 접근 방식은 먼저 분배함수가 알려진 더 간단한 모형(이를테면 가중치들이 0인 RBM)으로 시작해서 두 모형의 분배함수 비를 추정한다. 이 비의 추정값은 일련의 비슷한 여러 분포(이를테면 가중치들이 0과 학습된 가중치들을 보간해서 얻은 가중치들을 사용하는 일련의 RBM들)의 비들을 추정한 것에 기초한다.

이러한 설정에서 비 $\dfrac{Z_1}{Z_0}$을 다음과 같이 표현할 수 있다.

$$\frac{Z_1}{Z_0} = \frac{Z_1}{Z_0} \frac{Z_{\eta_1}}{Z_{\eta_1}} \cdots \frac{Z_{\eta_{n-1}}}{Z_{\eta_{n-1}}} \tag{18.47}$$

$$= \frac{Z_{\eta_1}}{Z_0} \frac{Z_{\eta_2}}{Z_{\eta_1}} \cdots \frac{Z_{\eta_{n-1}}}{Z_{\eta_{n-2}}} \frac{Z_1}{Z_{\eta_{n-1}}} \tag{18.48}$$

$$= \prod_{j=0}^{n-1} \frac{Z_{\eta_{j+1}}}{Z_{\eta_j}}. \tag{18.49}$$

모든 $0 \le j \le n-1$에 대해 분포 p_{η_j}와 $p_{\eta_{j+1}}$이 충분히 비슷하다고 할 때, 인수 $\dfrac{Z_{\eta_{j+1}}}{Z_{\eta_j}}$들을 각각 간단한 중요도 표집을 이용해서 신뢰성 있게 추정할 수 있다. 그 추정값들을 모두 곱하면 $\dfrac{Z_1}{Z_0}$의 추정값이 나온다.

그런데 이런 중개 분포들이 어디에서 온 것일까? 원래의 제안 분포 p_0이 설계상의 선택인 것처럼, 일련의 분포들 $p_{\eta_1} \cdots p_{\eta_{n-1}}$ 역시 설계상의 선택일 뿐이다. 즉, 주어진 문제 영역에 맞게 실무자가 명시적으로 구축하면 된다. 범용적인 중개 분포로 즐겨 쓰이는 것은 목표 분포 p_1과 시작 제안 분포(분배함수가 알려진) p_0의 가중 기하평균으로 구한 분포

$$p_{\eta_j} \propto p_1^{\eta_j} p_0^{1-\eta_j} \tag{18.50}$$

이다.

이런 중개 분포들에서 표본을 추출하려면, $\boldsymbol{x}$에서 $\boldsymbol{x}'$으로 전이할 조건부 확률들의 분포를 정의하는 일련의 마르코프 연쇄 전이 함수 $T_{\eta_j}(\boldsymbol{x}'|\boldsymbol{x})$들을 정의해야 한다. 전이 연산자 $T_{\eta_j}(\boldsymbol{x}'|\boldsymbol{x})$는 $p_{\eta_j}(\boldsymbol{x})$가 불변이 되도록 정의된다.

$$p_{\eta_j}(\boldsymbol{x}) = \int p_{\eta_j}(\boldsymbol{x}')\, T_{\eta_j}(\boldsymbol{x}|\boldsymbol{x}')d\boldsymbol{x}'. \tag{18.51}$$

이러한 전이들을 임의의 마르코프 연쇄 몬테카를로 방법(이를테면 메트로폴리스-헤이스팅스나 기브스 등)으로 구축할 수도 있다. 그런 방법에는 모든 확률변수를 여러 번 훑거나 다른 종류의 반복을 사용하는 방법들이 포함된다.

AIS 전략은 p_0에서 표본들을 생성한 후, 전이 연산자들을 이용해서 중간 분포들에서 차례로 표본들을 생성하는 과정을 그 표본들이 목표 분포 p_1의 표본들과 같아질 때까지 반복한다. 즉,

- 루프: $k = 1...K$에 대해
  - $\boldsymbol{x}_{\eta_1}^{(k)} \sim p_0(\mathbf{x})$를 추출한다.
  - $\boldsymbol{x}_{\eta_2}^{(k)} \sim T_{\eta_1}(\mathbf{x}_{\eta_2}^{(k)}|\boldsymbol{x}_{\eta_1}^{(k)})$을 추출한다.
  - ...
  - $\boldsymbol{x}_{\eta_{n-1}}^{(k)} \sim T_{\eta_{n-2}}(\mathbf{x}_{\eta_{n-1}}^{(k)}|\boldsymbol{x}_{\eta_{n-2}}^{(k)})$을 추출한다.
  - $\boldsymbol{x}_{\eta_n}^{(k)} \sim T_{\eta_{n-1}}(\mathbf{x}_{\eta_n}^{(k)}|\boldsymbol{x}_{\eta_n}^{(k)})$를 추출한다.
- 루프 끝

표본 k에 대한 중요도 가중치는 식 18.49로 주어진 중개 표본들 사이의 비약(jump)들에 대한 중요도 가중치들을 연결해서 구한다.

$$w^{(k)} = \frac{\tilde{p}_{\eta_1}(\boldsymbol{x}_{\boldsymbol{\eta}_1}^{(k)})}{\tilde{p}_0(\boldsymbol{x}_{\boldsymbol{\eta}_1}^{(k)})} \frac{\tilde{p}_{\eta_2}(\boldsymbol{x}_{\boldsymbol{\eta}_2}^{(k)})}{\tilde{p}_{\eta_1}(\boldsymbol{x}_{\boldsymbol{\eta}_2}^{(k)})} \cdots \frac{\tilde{p}_1(\boldsymbol{x}_1^{(k)})}{\tilde{p}_{\eta_{n-1}}(\boldsymbol{x}_{\boldsymbol{\eta}_n}^{(k)})}. \tag{18.52}$$

위넘침 같은 수치 계산상의 문제를 피하려면, 확률들을 곱하고 나누어서 $w^{(k)}$를 구하는 대신 로그 확률들을 더하고 빼서 $\log w^{(k)}$를 계산하는 것이 가장 좋은 방법일 것이다.

이제 이러한 표본추출 절차와 식 18.52로 주어진 중요도 가중치들을 이용해서 분배 함수들의 비를 추정할 수 있다. 추정 공식은 다음과 같다.

$$\frac{Z_1}{Z_0} \approx \frac{1}{K} \sum_{k=1}^{K} w^{(k)}. \tag{18.53}$$

이 절차가 유요한 중요도 표집 방안을 정의한다는 점을 확인하는 한 방법은, AIS 절차가 곱 공간(product space) $[\boldsymbol{x}_{\eta_1}, \ldots, \boldsymbol{x}_{\eta_{n-1}}, \boldsymbol{x}_1]$에서 추출한 점들로 이루어진 확장된 상태 공간에 대한 단순한 중요도 표집과 동등함을 보이는 것이다. 이를 위해, 확장된 공간에 관한 분포를 다음과 같이 정의한다.

$$\tilde{p}(\boldsymbol{x}_{\eta_1}, \ldots, \boldsymbol{x}_{\eta_{n-1}}, \boldsymbol{x}_1) \tag{18.54}$$

$$= \tilde{p}_1(\boldsymbol{x}_1) \widetilde{T}_{\eta_{n-1}}(\boldsymbol{x}_{\eta_{n-1}} | \boldsymbol{x}_1) \widetilde{T}_{\eta_{n-2}}(\boldsymbol{x}_{\eta_{n-2}} | \boldsymbol{x}_{\eta_{n-1}}) \ldots \widetilde{T}_{\eta_1}(\boldsymbol{x}_{\eta_1} | \boldsymbol{x}_{\eta_2}). \tag{18.55}$$

여기서 $\widetilde{T}_a$는 T_a가 정의하는 전이 연산자의 역이다(베이즈 법칙을 적용했다).

$$\widetilde{T}_a(\boldsymbol{x}' | \boldsymbol{x}) = \frac{p_a(\boldsymbol{x}')}{p_a(\boldsymbol{x})} T_a(\boldsymbol{x} | \boldsymbol{x}') = \frac{\widetilde{p_a}(\boldsymbol{x}')}{\widetilde{p_a}(\boldsymbol{x})} T_a(\boldsymbol{x} | \boldsymbol{x}'). \tag{18.56}$$

식 18.56을 확장된 상태 공간에 대한 결합분포 공식(식 18.55)에 대입하면 다음이 나온다.

$$\tilde{p}(\boldsymbol{x}_{\eta_1}, \ldots, \boldsymbol{x}_{\eta_{n-1}}, \boldsymbol{x}_1) \tag{18.57}$$

$$= \tilde{p}_1(\boldsymbol{x}_1) \frac{\tilde{p}_{\eta_{n-1}}(\boldsymbol{x}_{\eta_{n-1}})}{\tilde{p}_{\eta_{n-1}}(\boldsymbol{x}_1)} T_{\eta_{n-1}}(\boldsymbol{x}_1 | \boldsymbol{x}_{\eta_{n-1}}) \prod_{i=1}^{n-2} \frac{\tilde{p}_{\eta_i}(\boldsymbol{x}_{\eta_i})}{\tilde{p}_{\eta_i}(\boldsymbol{x}_{\eta_{i+1}})} T_{\eta_i}(\boldsymbol{x}_{\eta_{i+1}} | \boldsymbol{x}_{\eta_i}) \tag{18.58}$$

$$= \frac{\tilde{p}_1(\boldsymbol{x}_1)}{\tilde{p}_{\eta_{n-1}}(\boldsymbol{x}_1)} T_{\eta_{n-1}}(\boldsymbol{x}_1 | \boldsymbol{x}_{\eta_{n-1}}) \tilde{p}_{\eta_1}(\boldsymbol{x}_{\eta_1}) prod_{i=1}^{n-2} \frac{\tilde{p}_{\eta_{i+1}}(\boldsymbol{x}_{\eta_{i+1}})}{\tilde{p}_{\eta_i}(\boldsymbol{x}_{\eta_{i+1}})} T_{\eta_i}(\boldsymbol{x}_{\eta_{i+1}} | \boldsymbol{x}_{\eta_i}). \tag{18.59}$$

이제 확장된 표본에 관한 결합 제안 분포 q의 표본들을 앞에서 설명한 표본추출 방안을 통해서 생성하는 수단이 갖추어졌다. 결합 제안 분포 q는 다음과 같이 주어진다.

$$q(\boldsymbol{x}_{\boldsymbol{\eta}_1}, \ldots, \boldsymbol{x}_{\boldsymbol{\eta}_{n-1}}, \boldsymbol{x_1}) = p_0(\boldsymbol{x}_{\boldsymbol{\eta}_1}) T_{\eta_1}(\boldsymbol{x}_{\boldsymbol{\eta}_2} | \boldsymbol{x}_{\boldsymbol{\eta}_1}) \ldots T_{\eta_{n-1}}(\boldsymbol{x_1} | \boldsymbol{x}_{\boldsymbol{\eta}_{n-1}}). \tag{18.60}$$

그리고 확장된 상태 공간에 관한 결합분포는 식 18.59와 같이 주어진다. $q(\boldsymbol{x}_{\eta_1}, \ldots,$ $\boldsymbol{x}_{\eta_{n-1}}, \boldsymbol{x_1})$을 그러한 확장된 상태 공간에 관한 제안 분포(표본들을 뽑을)로 두면, 이제 중요도 가중치들만 결정하면 된다.

$$w^{(k)} = \frac{\tilde{p}(\boldsymbol{x}_{\boldsymbol{\eta}_1}, \ldots, \boldsymbol{x}_{\boldsymbol{\eta}_{n-1}}, \boldsymbol{x_1})}{q(\boldsymbol{x}_{\boldsymbol{\eta}_1}, \ldots, \boldsymbol{x}_{\boldsymbol{\eta}_{n-1}}, \boldsymbol{x_1})} = \frac{\tilde{p}_1(\boldsymbol{x}_1^{(k)})}{\tilde{p}_{\eta_{n-1}}(\boldsymbol{x}_{\boldsymbol{\eta}_{n-1}}^{(k)})} \cdots \frac{\tilde{p}_{\eta_2}(\boldsymbol{x}_{\boldsymbol{\eta}_2}^{(k)})}{\tilde{p}_1(\boldsymbol{x}_{\boldsymbol{\eta}_1}^{(k)})} \frac{\tilde{p}_{\eta_1}(\boldsymbol{x}_{\boldsymbol{\eta}_1}^{(k)})}{\tilde{p}_0(\boldsymbol{x}_0^{(k)})}. \tag{18.61}$$

이 가중치들은 AIS에 쓰이는 것들과 같다. 따라서 AIS를 확장된 상태에 단순한 중요도 표집을 적용하는 것과 같다고 해석할 수 있다. 결론적으로, 중요도 표집이 유효하므로 AIS도 유효하다.

정련된 중요도 표집은 [Jarzynski, 1997]이 처음 발견했고, 이후 그와는 독립적으로 [Neal, 2001]이 다시 발견했다. 현재 AIS는 무향 확률 모형의 분배함수를 추정하는 데 가장 흔히 쓰이는 방법이다. 이러한 인기는 아마도 제한 볼츠만 기계나 심층 믿음망의 분배함수를 추정할 때 이 방법이 제공하는 장점들(다음에 설명하는 다른 방법들에 비한)을 설명한 영향력 있는 논문(Salakhutdinov & Murray, 2008) 덕분일 것이다.

AIS 추정량의 성질들(이를테면 분산과 효율성)을 논의한 문헌으로는 [Neal, 2001]이 있다.

18.7.2 다리 표집

다리 표집(Bennett, 1976)도 AIS처럼 중요도 표집의 단점을 해결하려 한다. 단, 연결 표집은 일련의 중개 표본들을 연결하는 대신 '다리(bridge)' 분포라고 부르는 하나의 분포 p_*를 이용해서 두 분포, 즉 분배함수가 알려진 좀 더 단순한 분포 p_0과 우리가 추정하고자 하는 분배함수 Z_1의 분포 p_1을 보간한다.

다리 표집은 $\tilde{p}_0$과 $\tilde{p}_*$ 사이와 $\tilde{p}_1$과 $\tilde{p}_*$ 사이의 기대 중요도 가중치들의 비를 통해서 분배함수 비 Z_1/Z_0을 추정한다.

$$\frac{Z_1}{Z_0} \approx \sum_{k=1}^{K} \frac{\tilde{p}_*(\boldsymbol{x}_0^{(k)})}{\tilde{p}_0(\boldsymbol{x}_0^{(k)})} \bigg/ \sum_{k=1}^{K} \frac{\tilde{p}_*(\boldsymbol{x}_1^{(k)})}{\tilde{p}_1(\boldsymbol{x}_1^{(k)})}. \tag{18.62}$$

p_0과 p_1이 많이 겹치도록 다리 분포 p_*를 잘 선택한다면, 다리 표집은 표준적인 중요도 표집보다 거리(좀 더 공식적으로는 $D_{\text{KL}}(p_0 \| p_1)$)가 훨씬 더 큰 두 분포의 간극을 메

울 수 있다.

최적의 다리 분포가 $p_*^{(최적)}(\mathbf{x}) \propto \dfrac{\tilde{p}_0(\boldsymbol{x})\tilde{p}_1(\boldsymbol{x})}{r\tilde{p}_0(\boldsymbol{x}) + \tilde{p}_1(\boldsymbol{x})}$ 로 주어짐을 증명할 수 있다. 여기서 $r = Z_1/Z_0$이다. 애초에 우리가 추정하려는 수량 Z_1/Z_0이 분모에 있으므로 이해를 구하는 것이 불가능하지 않을까 하는 생각이 들겠지만, 비 r을 대충 근사한 값으로 시작해서 추정을 반복함으로써 비를 정련하는 것이 가능하다(Neal, 2005). 즉, 추정한 r 값으로 다리 분포를 갱신하고, 갱신된 다리 분포로 r을 다시(좀 더 정확하게) 추정하는 과정을 반복하면 된다.

연결된 중요도 표집

AIS와 다리 표집에는 각각의 단점이 있다. $D_{\mathrm{KL}}(p_0 \parallel p_1)$가 그리 크지 않으면($p_0$과 p_1이 충분히 가까우면 그렇다) AIS보다 다리 표집이 분배함수들의 비를 더 효과적으로 추정한다. 그러나 p_0과 p_1이 너무 멀리 떨어져 있어서 다리 분포로 두 분포의 간극을 메울 수 없는(따라서 다리 표집이 효과적이지 않은) 경우라도 AIS로는 다수의 중개 분포들을 통해서 두 분포를 연결하는 것이 가능할 수 있다. [Neal, 2005]는 다리 표집 전략의 위력을 활용해서 중개 분포들(AIS에 쓰이는)을 연결하는 방식의 연결된 중요도 표집(linked importance sampling) 방법을 소개하고, 그 방법을 이용해서 전체적인 분배함수 추정을 크게 개선할 수 있었음을 보고했다.

훈련 도중 분배함수 추정

AIS가 여러 무향 모형의 분배함수 추정에서 표준적인 방법으로 자리 잡았지만, 계산 비용이 꽤 크기 때문에 훈련 도중에 사용하기에는 여전히 부적합하다. 그래서 훈련 과정에서 분배함수를 추정하는 다른 여러 전략이 연구되었다.

[Desjardins 외, 2011]은 다리 표집과 연쇄가 짧은(중개 분포가 많지 않은) AIS, 그리고 병렬 단련(parallel tempering)을 조합해서, 훈련 과정에서 RBM의 분배함수를 추정, 갱신하는 방안 하나를 고안했다. 그들의 전략은 병렬 단련의 모든 온도에서 RBM 분배함수의 독립 추정값을 유지하는 것에 기초한다. 저자들은 이웃 연쇄들(병렬 단련에서 온)의 분배함수 비를 다리 표집으로 추정한 값들을 시간에 따른 AIS 추정값들과 결합함으로써, 학습 과정의 모든 반복에서 분산이 낮은 분배함수 추정값들을 얻을 수 있었다.

이번 장에서는 처리 불가능한 분배함수를 다루는 문제의 여러 가지 해법을 제공하

는 도구들을 설명했다. 그런데 생성 모형을 훈련하고 활용하는 데에는 분배함수 외에
도 여러 가지 어려움이 있다. 그중 두드러진 것 하나는 추론의 처리 불가능성인데, 이
에 관해서는 다음 장에서 설명한다.

19

근사 추론

확률 모형 중에는 훈련하기 어려운 것들이 많은데, 이는 그런 모형으로 추론(inference)을 수행하기가 어렵기 때문이다. 심층 학습의 맥락에서 모형에는 흔히 가시 변수들의 집합 v와 잠재변수들의 집합 h가 있다. 보통의 경우 추론이 어렵다는 것은 $p(h|v)$를 계산하기 어렵거나 그 수량들에 대한 기댓값을 취하기 어렵다는 뜻이다. 최대가능도 학습 같은 과제에서는 그런 연산들이 필요할 때가 많다.

제한 볼츠만 기계(restricted Boltzmann machine, RBM)나 확률적 PCA처럼 은닉층이 하나인 여러 단순 그래프 모형들은 $p(h|v)$의 계산이나 그에 대한 기댓값 계산 같은 추론 연산을 간단하게 수행할 수 있도록 설계된다. 안타깝게도 은닉층이 여러 개인 대부분의 그래프 모형에서는 사후분포의 계산이 처리 불가능(intractable)이다. 그런 모형에서 정확한(참값) 추론에는 지수적인 시간이 필요하다. 경우에 따라서는 희소 부호화처럼 층이 하나인 모형에도 그런 문제가 있다.

이번 장에서는 그런 처리 불가능한 추론 문제를 공략하는 여러 기법을 소개한다. 그리고 다음 장(제20장)에서는 다른 방법으로는 훈련이 불가능한 확률 모형들(심층 믿음망과 심층 볼츠만 기계 등)을 이번 장의 기법들로 훈련하는 방법을 설명한다.

일반적으로, 심층 학습의 처리 불가능인 것은 구조적 그래프 모형의 잠재변수들 사이의 상호작용 때문이다. 그림 19.1에 그러한 예가 몇 가지 나와 있다. 이런 상호작용

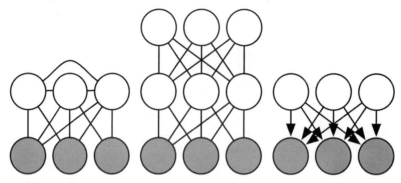

그림 19.1: 일반적으로 심층 학습의 처리 불가능 추론 문제는 구조적 그래프 모형의 잠재변수들 사이의 상호작용 때문에 발생한다. 이런 상호작용은 두 잠재변수를 직접 연결하는 간선 때문에 생길 수도 있고, V 구조의 한 자식 노드가 관측되었을 때 활성화되는 더 긴 경로 때문에 생길 수도 있다. (왼쪽) 은닉 단위들이 서로 연결된 **준제한 볼츠만 기계**(semi-restricted boltzmann machine; Osindero & Hinton, 2008). 잠재변수들 사이의 직접 연결 때문에 잠재변수들의 큰 파벌(clique)들이 형성되며, 그래서 사후분포가 처리 불가능해진다. (가운데) 층 내부 연결이 없는 심층 볼츠만 기계라도 층 간 연결 때문에 사후분포가 처리 불가능해질 수 있다. (오른쪽) 이 유향 모형의 경우 가시 변수들이 관측되면 잠재변수들이 상호작용한다. 모든 잠재변수 쌍이 모든 가시 변수의 부모이기 때문이다. 이런 구조를 가졌음에도 추론이 처리 가능인 확률 모형들이 있다. 그래프가 서술하는 것 이외의 추가 독립성들이 도입되도록 조건부 확률분포를 세심하게 선택하면 그런 일이 가능해진다. 예를 들어 확률적 PCA의 그래프 구조는 오른쪽 그림에 나온 것과 동일하지만, 해당 조건부 분포(기저 벡터들이 서로 직교인 선형 가우스 조건분포)의 특별한 성질들 덕분에 추론이 간단하다.

들은 무향 모형 안의 직접적인 상호작용들이나 유향 모형의 가시 단위의 서로 다른 조상들 사이의 '해명(explaining away)' 상호작용들에서 비롯한 것일 수 있다.

19.1 최적화로서의 추론

어려운 추론 문제를 공략하는 접근 방식 중에는 정확한 추론을 일종의 최적화 문제로 서술할 수 있다는 점을 활용하는 것들이 많다. 그런 경우 해당 최적화 문제를 근사해 보면 근사 추론 알고리즘을 유도할 여지가 생긴다.

추론을 최적화 문제로 변환하는 방법을 살펴보자. 우선, 모형이 관측변수 v와 잠재변수 h로 구성된다고 하자. 우리가 원하는 것은 관측 자료의 로그가능도 $\log p(v;\theta)$를 계산하는 것이다. 그런데 h를 주변화해서 제거하는 데 비용이 많이 든다면 $\log p(v;\theta)$를 계산하기가 너무 어려울 수 있다. 그런 경우 로그가능도 대신 $\log p(v;\theta)$의 하계

$\mathcal{L}(\boldsymbol{v},\boldsymbol{\theta},q)$를 구하는 방법이 있다. 이 하계를 **증거 하계**(evidence lower bound, ELBO)라고 부른다. 그리고 **변분 자유 에너지**(variational free energy)라는 이름도 흔히 쓰인다. 증거 하계의 구체적인 정의는 다음과 같다.

$$\mathcal{L}(\boldsymbol{v},\boldsymbol{\theta},q) = \log p(\boldsymbol{v};\boldsymbol{\theta}) - D_{\mathrm{KL}}(q(\boldsymbol{h}|\boldsymbol{v}) \parallel p(\boldsymbol{h}|\boldsymbol{v};\boldsymbol{\theta})). \tag{19.1}$$

여기서 q는 $\boldsymbol{h}$에 관한 임의의 확률분포이다.

$\log p(\boldsymbol{v})$와 $\mathcal{L}(\boldsymbol{v},\boldsymbol{\theta},q)$의 차이는 KL 발산값으로 주어지므로, 그리고 KL 발산값은 항상 음수가 아니므로, $\mathcal{L}$은 반드시 로그가능도(원래 구하고자 했던)보다 작거나 같다. 둘은 만일 q가 $p(\boldsymbol{h}|\boldsymbol{v})$와 같은 분포이면, 그리고 오직 그럴 때만 같다.

놀랍게도, 분포 q에 따라서는 $\mathcal{L}$을 상당히 쉽게 계산할 수 있다. 간단한 대수 법칙들을 적용하면 $\mathcal{L}$을 다음과 같이 훨씬 다루기 쉬운 형태로 표현할 수 있다.

$$\mathcal{L}(\boldsymbol{v},\boldsymbol{\theta},q) = \log p(\boldsymbol{v};\boldsymbol{\theta}) - D_{\mathrm{KL}}(q(\boldsymbol{h}|\boldsymbol{v}) \parallel p(\boldsymbol{h}|\boldsymbol{v};\boldsymbol{\theta})) \tag{19.2}$$

$$= \log p(\boldsymbol{v};\boldsymbol{\theta}) - \mathbb{E}_{\mathbf{h}\sim q}\log\frac{q(\boldsymbol{h}|\boldsymbol{v})}{p(\boldsymbol{h}|\boldsymbol{v})} \tag{19.3}$$

$$= \log p(\boldsymbol{v};\boldsymbol{\theta}) - \mathbb{E}_{\mathbf{h}\sim q}\log\frac{q(\boldsymbol{h}|\boldsymbol{v})}{\frac{p(\boldsymbol{h},\boldsymbol{v};\boldsymbol{\theta})}{p(\boldsymbol{v};\boldsymbol{\theta})}} \tag{19.4}$$

$$= \log p(\boldsymbol{v};\boldsymbol{\theta}) - \mathbb{E}_{\mathbf{h}\sim q}[\log q(\boldsymbol{h}|\boldsymbol{v}) - \log p(\boldsymbol{h},\boldsymbol{v};\boldsymbol{\theta}) + \log p(\boldsymbol{v};\boldsymbol{\theta})] \tag{19.5}$$

$$= -\mathbb{E}_{\mathbf{h}\sim q}[\log q(\boldsymbol{h}|\boldsymbol{v}) - \log p(\boldsymbol{h},\boldsymbol{v};\boldsymbol{\theta})]. \tag{19.6}$$

이로부터 증거 하계의 좀 더 표준적인 정의를 이끌어낼 수 있다.

$$\mathcal{L}(\boldsymbol{v},\boldsymbol{\theta},q) = \mathbb{E}_{\mathbf{h}\sim q}[\log p(\boldsymbol{h},\boldsymbol{v})] + H(q). \tag{19.7}$$

q를 적절히 선택하면 $\mathcal{L}$의 계산은 처리 가능한 문제가 된다. q를 어떻게 선택하든, $\mathcal{L}$은 로그가능도의 하계이다. $p(\boldsymbol{h}|\boldsymbol{v})$를 좀 더 잘 근사하는 $q(\boldsymbol{h}|\boldsymbol{v})$의 경우 그 하계가 좀 더 엄격하다(tight). 즉, $\log p(\boldsymbol{v})$에 좀 더 가깝다. $q(\boldsymbol{h}|\boldsymbol{v}) = p(\boldsymbol{h}|\boldsymbol{v})$일 때는 근사가 완벽해져서 $\mathcal{L}(\boldsymbol{v},\boldsymbol{\theta},q) = \log p(\boldsymbol{v};\boldsymbol{\theta})$가 성립한다.

이러한 추론을, $\mathcal{L}$을 최대화하는 q를 찾는 문제로 생각할 수 있다. 정확한 추론은 $p(\boldsymbol{h}|\boldsymbol{v})$를 포함한 분포 q들의 모임(분포족) 전체를 검색해서 $\mathcal{L}$를 완벽하게 최대화한

다. 이번 장 전반에서는 q를 구하는 최적화 문제를 여러 가지 형태로 근사함으로써 추론을 근사하는 여러 방법을 살펴본다. 검색할 분포 q들의 모임을 제한함으로써 그러한 최적화 절차의 비용을 낮출 수 있다(대신 참값이 아니라 근삿값에 해당하는 해가 나오지만). 또는, $\mathcal{L}$을 완전히 최대화하지는 못하고, 그냥 충분히 크게 증가하는 것으로 만족하는 불완전한 최적화 절차를 이용해서 비용을 낮출 수도 있다.

q를 어떻게 선택하든 $\mathcal{L}$은 하계이다. 이 최적화 문제에 어떤 식으로 접근하느냐에 따라 더 엄격한 또는 더 느슨한(계산 비용이 더 큰 또는 더 작은) 하계가 나온다. 불완전한 최적화 절차를 이용하거나, 완전한 최적화 절차를 제한된 q 분포족에 대해 적용해서 계산 비용을 줄일 수 있다(대신 덜 정확한 q를 얻게 된다).

19.2 기댓값 최대화

하계 $\mathcal{L}$의 최대화에 기초한 알고리즘으로 가장 먼저 살펴볼 것은 잠재변수가 있는 모형의 훈련에 즐겨 쓰이는 **기댓값 최대화**(expectation maximization) 알고리즘, 줄여서 EM 알고리즘이다. 이번 절에서는 [Neal & Hinton, 1999]의 관점에서 이 EM 알고리즘을 설명한다. 이번 장에서 설명하는 다른 대부분의 알고리즘과는 달리 EM은 근사 추론에 대한 접근 방식이 아니라 근사 사후분포를 이용한 학습에 대한 한 접근 방식이다.

EM 알고리즘은 다음 두 단계를 수렴에 도달할 때까지 번갈아 수행한다.

- **기댓값 단계**(expectation step), 줄여서 E-단계: 단계 시작에서의 매개변수들의 값을 $\boldsymbol{\theta}^{(0)}$으로 표기한다고 하자. 모형의 훈련에 사용할 훈련 견본(배치와 미니배치 변형들 모두 유효하다) $\boldsymbol{v}^{(i)}$들의 모든 색인 i에 대해 $q(\boldsymbol{h}^{(i)}|\boldsymbol{v}) = p(\boldsymbol{h}^{(i)}|\boldsymbol{v}^{(i)};\boldsymbol{\theta}^{(0)})$으로 설정한다. 암묵적으로 이는 q를 $\boldsymbol{\theta}^{(0)}$의 현재 매개변수 값을 이용해서 정의하는 것에 해당한다. $\boldsymbol{\theta}$를 변경하면 $p(\boldsymbol{h}|\boldsymbol{v};\boldsymbol{\theta})$가 변하지만, $q(\boldsymbol{h}|\boldsymbol{v})$는 여전히 $p(\boldsymbol{h}|\boldsymbol{v};\boldsymbol{\theta}^{(0)})$과 같다.
- **최대화 단계**(maximization step), 줄여서 M-단계: 선택한 최적화 알고리즘을 이용해서

$$\sum_i \mathcal{L}(\boldsymbol{v}^{(i)},\boldsymbol{\theta},q) \tag{19.8}$$

를 $\boldsymbol{\theta}$에 대해 완전히 또는 부분적으로 최대화한다.

이러한 알고리즘을, $\mathcal{L}$을 최대화하는 좌표 상승법(coordinate ascent) 알고리즘으로 볼 수 있다. 이 알고리즘은 한 단계에서는 $\mathcal{L}$을 q에 대해 최대화하고, 다른 한 단계에서는 $\mathcal{L}$을 $\boldsymbol{\theta}$에 대해 최대화한다.

잠재변수 모형에 대한 확률적 경사 하강법을, M 단계가 하나의 경사 하강법 단계를 수행하는 EM 알고리즘의 한 특수 사례로 볼 수 있다. EM의 다른 변형들은 그보다 더 큰 단계를 취할 수 있다. 일부 모형족의 경우 M 단계를 해석적으로 수행하는 것도 가능하다. 즉, 한 단계에서 현재 q에 기초해서 $\boldsymbol{\theta}$의 최적해로 직접 도약할 수도 있다.

E 단계에 참값 추론이 관여하지만, 그래도 EM 알고리즘을 근사 추론 알고리즘으로 볼 수 있다. 구체적인 이유는, M 단계가 같은 q 값을 $\boldsymbol{\theta}$의 모든 값에 사용할 수 있다고 가정한다는 점이다. 이 때문에 M 단계가 E 단계에 쓰인 $\boldsymbol{\theta}^{(0)}$ 값에서 멀어질수록 $\mathcal{L}$과 진 $\log p(\boldsymbol{v})$의 격차가 커진다. 다행히 다음 반복에서 E 단계가 그러한 격차를 0으로 줄인다.

EM 알고리즘에는 여러 가지 통찰이 담겨 있다. 첫째로, 이 알고리즘에는 학습 과정의 기본 구조가 존재한다. 알고리즘이 모형의 매개변수들을 갱신해서 완전한 자료 집합의 가능도를 개선한다는 점과 모든 결측변수의 값을 사후분포의 추정값으로 설정한다는 점이 그렇다. 그런데 이러한 통찰이 EM 알고리즘만의 것은 아니다. 예를 들어 경사 하강법으로 로그가능도를 최대화할 때도 그런 성질이 나타나는데, 이는 로그가능도의 기울기를 계산하려면 은닉 단위들에 관한 사후분포에 대한 기댓값을 취해야 하기 때문이다. EM 알고리즘의 또 다른 핵심 통찰은, $\boldsymbol{\theta}$의 다른 값으로 이동한 후에도 같은 q 값을 계속 사용할 수 있다는 것이다. 이러한 통찰은 전통적인 기계 학습 전반에서 큰 M 단계 갱신을 유도하는 데 쓰였다. 심층 학습의 맥락에서는 대부분의 모형이 너무 복잡해서 최적의 큰 M 단계 갱신에 대한 처리 가능한 해를 얻기 힘들기 때문에, 이 둘째 통찰(EM 알고리즘에 좀 더 고유한)은 거의 쓰이지 않는다.

19.3 MAP 추론과 희소 부호화

심층 학습에서 **추론**推論(inference)이라는 용어는 주로 한 변수 집합이 주어졌을 때의 다른 한 변수 집합의 조건부 확률분포를 계산하는 것을 가리킨다. 잠재변수가 있는 확률 모형을 훈련할 때는 $p(\boldsymbol{h}|\boldsymbol{v})$가 그러한 조건부 확률분포이다. 이와는 조금 다른 형태의 추론으로, 결측변수들의 모든 가능한 값에 대한 전체 분포를 추론하는 대신 그런 변수들이 가질 가능성이 가장 많은 값을 계산하는 것이 있다. 잠재변수 모형의 경우 이는 다음을 계산하는 것에 해당한다.

$$\boldsymbol{h}^* = \underset{\boldsymbol{h}}{\arg\max}\, p(\boldsymbol{h}|\boldsymbol{v}). \tag{19.9}$$

이런 추론을 **최대 사후확률**(maximum a posteriori) 추론, 줄여서 MAP 추론이라고 부른다.

일반적으로 MAP 추론은 근사 추론으로 치지 않는다. MAP 추론은 가능성이 가장 큰 $\boldsymbol{h}^*$의 참값을 계산하기 때문이다. 그러나 $\mathcal{L}(\boldsymbol{v},\boldsymbol{h},q)$의 최대화에 기초한 학습 과정을 개발할 때는 MAP 추론을 q의 값을 제공하는 하나의 절차로 생각하는 것이 도움이 된다. 그러한 MAP 추론이 최적의 q 값을 제공하지는 않는다는 점에서, MAP 추론을 하나의 근사 추론 방법으로 간주할 수 있다.

§19.1에서 말했듯이, 정확한 추론(참값 추론)에서는 정확 최직화 알고리즘을 이용해서

$$\mathcal{L}(\boldsymbol{v},\boldsymbol{\theta},q) = \mathbb{E}_{\boldsymbol{h}\sim q}[\log p(\boldsymbol{h},\boldsymbol{v})] + H(q) \tag{19.10}$$

를 제한 없는(unrestricted) 확률분포 q들의 모임에 관해 최대화한다. MAP 추론 절차를, 표본을 추출할 분포 q들의 모임을 제한함으로써 추론을 근사하는 형태로 유도할 수 있다. 이를 구체적으로 살펴보자. 우선, q는 반드시 다음과 같은 디랙 분포(Dirac distribution)의 형태이어야 한다.

$$q(\boldsymbol{h}|\boldsymbol{v}) = \delta(\boldsymbol{h} - \boldsymbol{\mu}). \tag{19.11}$$

이는 q를 전적으로 $\boldsymbol{\mu}$를 통해 제어할 수 있다는 뜻이다. $\boldsymbol{\mu}$에 따라 변하지 않는 $\mathcal{L}$의 항들을 제거하면 다음과 같은 최적화 문제가 남는다.

$$\boldsymbol{\mu}^* = \underset{\boldsymbol{\mu}}{\arg\max}\, \log p(\boldsymbol{h} = \boldsymbol{\mu}, \boldsymbol{v}). \tag{19.12}$$

이는 다음과 같은 MAP 추론 문제와 동등하다.

$$\boldsymbol{h}^* = \underset{\boldsymbol{h}}{\arg\max}\, p(\boldsymbol{h}|\boldsymbol{v}). \tag{19.13}$$

이상의 유도 결과는 MAP 추론으로 $\boldsymbol{h}^*$를 추론하는 단계와 $\boldsymbol{\theta}$를 갱신해서 $\log p(\boldsymbol{h}^*, \boldsymbol{v})$가 증가하는 단계를 번갈아 수행하는 형태의, EM과 비슷한 학습 절차가 이론적으로 정당함을 말해 준다. EM과 비슷하게, 그러한 학습 알고리즘은 $\mathcal{L}$에 대한 일종의 좌표 상승법($\mathcal{L}$을 q에 대해 최적화하는 추론 단계와 $\mathcal{L}$을 $\boldsymbol{\theta}$에 대해 최적화하는 매개변수 갱신 단계를 번갈아 수행하는)에 해당한다. 전체적인 절차는 $\mathcal{L}$이 $\log p(\boldsymbol{v})$의 하계라는 점으로 정당화할 수 있다. MAP 추론의 경우 이러한 정당화는 다소 공허하다. 디랙 분포의 미분 엔트로피가 음의 무한대라서 그 하계가 무한히 느슨하기 때문이다. 그러나 $\boldsymbol{\mu}$에 잡음을 추가하면 하계가 유의미해진다.

심층 학습에서 MAP 추론은 학습 메커니즘뿐만 아니라 특징 추출기로도 쓰인다. 기본적으로 MAP 추론은 희소 부호화 모형에 쓰인다.

§13.4에서 설명했듯이, 희소 부호화(sparce coding)는 희소성을 유발하는 사전분포를 은닉 단위들에 가하는 하나의 선형 인자 모형이다. 그러한 사전분포로는

$$p(h_i) = \frac{\lambda}{2} e^{-\lambda|h_i|} \tag{19.14}$$

들의 곱 형태인 인수곱 라플라스 분포가 흔히 쓰인다. 그리고 희소 부호화는 다음과 같이 선형 변환에 잡음을 추가해서 가시 단위들을 생성한다.

$$p(\boldsymbol{x}|\boldsymbol{h}) = \mathcal{N}(\boldsymbol{v}; \boldsymbol{W}\boldsymbol{h} + \boldsymbol{b}, \beta^{-1}\boldsymbol{I}). \tag{19.15}$$

그런데 $p(\boldsymbol{h}|\boldsymbol{v})$는 계산은 물론이고 표현하기도 어렵다. 모든 은닉 단위 쌍에서 두 변수 h_i와 h_j는 둘 다 $\boldsymbol{v}$의 부모이므로, $\boldsymbol{v}$가 관측되면 그래프 모형에는 h_i와 h_j를 연결하는 활성 경로가 생긴다. 결과적으로 모든 은닉 단위가 $p(\boldsymbol{h}|\boldsymbol{v})$ 안에서 하나의 거대한 파벌에 속하게 된다. 만일 모형이 가우스 분포이면 그러한 상호작용들을 공분산 행렬을 이용해서 효율적으로 모형화할 수 있지만, 희소 사전분포 때문에 그러한 상호작용들은 비가우스 분포를 따르게 된다.

$p(\boldsymbol{h}|\boldsymbol{v})$가 처리 불가능이므로, 로그가능도와 그 기울기의 계산도 처리 불가능이다.

따라서 정확한 최대가능도 학습은 사용할 수 없다. 대신 MAP 추론으로 h를 추정하고, 그러한 추정값에 관한 디랙 분포로 정의되는 증거 하계를 최대화함으로써 매개변수들을 학습하는 방법이 있다.

훈련 집합의 모든 h 벡터를 모아서 하나의 행렬 H를 형성하고 모든 v 벡터를 모아서 하나의 행렬 V를 형성한다면, 희소 부호화 학습 과정은 다음을 최소화하는 것이 된다.

$$J(H, W) = \sum_{i,j} |H_{i,j}| + \sum_{i,j} \left(V - HW^\top \right)^2_{i,j}. \tag{19.16}$$

또한, 대부분의 희소 부호화 응용에서는 극히 작은 H와 극히 큰 W 때문에 아주 나쁜 해가 나오는 일을 피하기 위해 가중치 감쇄를 적용하거나 W의 열들의 노름에 대한 어떤 제약을 가한다.

식 19.16의 J를, H에 대한 최소화와 W에 대한 최소화를 번갈아 수행해서 최소화할 수도 있다. 두 부분문제 모두 볼록함수 최적화 문제에 해당한다. 사실 W에 대한 최소화는 그냥 하나의 선형회귀 문제이다. 그러나 J를 두 인수 모두에 대해 최소화하는 것은 볼록함수 최적화 문제가 아니다.

H에 대한 최소화를 위해서는 특징 부호 심색(feature-sign search) 같은 특화된 알고리즘이 필요하다(Lee 외, 2007).

19.4 변분 추론과 변분 학습

앞에서 증거 하계 $\mathcal{L}(v, \theta, q)$가 $\log p(v; \theta)$의 한 하계라는 점과 추론을 $\mathcal{L}$을 q에 대해 최대화하는 절차로 볼 수 있다는 점, 그리고 학습을 $\mathcal{L}$을 θ에 대해 최대화하는 절차로 볼 수 있다는 점을 이야기했다. 또한, EM 알고리즘을 이용하면 고정된 q로 큰 학습 단계를 만들 수 있다는 점과 MAP 추론에 기초한 학습 알고리즘을 이용하면 전체 분포를 추론하는 대신 $p(h|v)$의 점 추정량을 이용해서 학습을 수행할 수 있다는 점도 이야기했다. 이번 절에서는 좀 더 일반적인 접근 방식인 변분 학습(variational learning)을 살펴본다.

변분 학습의 핵심 개념은, $\mathcal{L}$을 제한된 분포 q들의 모임(분포족)에 관해 최대화할 수 있다는 것이다. 이때 중요한 것은 $\mathbb{E}_q \log p(\boldsymbol{h},\boldsymbol{v})$의 계산이 쉬운 분포족을 선택하는 것인데, 이를 위해 흔히 쓰이는 방법은 q의 인수분해 방식에 관한 적절한 가정들을 도입하는 것이다.

구체적으로, 변분 학습에서는 q가 반드시 다음과 같은 형태의 인수곱 분포이어야 한다는 제약을 가하는 접근 방식이 흔히 쓰인다.

$$q(\boldsymbol{h}|\boldsymbol{v}) = \prod_i q(h_i|\boldsymbol{v}). \tag{19.17}$$

이를 **평균장**(mean field) 접근 방식이라고 부른다. 좀 더 일반적으로는 q에 대해 그 어떤 그래프 모형 구조도 강제할 수 있다. 따라서 근사가 얼마나 많은 상호작용을 포착할 것인지를 유연하게 결정할 수 있다. 그러한 완전히 일반적인 그래프 모형 접근 방식을 **구조적 변분 추론**(structured variational inference; Saul & Jordan, 1996)이라고 부른다.

변분 접근 방식의 장점은 우리가 q의 구체적인 매개변수 형식을 지정할 필요가 없다는 것이다. 우리는 그냥 그 분포가 어떤 인수들의 곱 형태인지만 지정하면 된다. 그러면 최적화 알고리즘이 그러한 인수분해 제약 안에서 최적의 확률분포를 결정한다. 이산 잠재변수의 경우 이는 분포 q를 서술하는 유한한 개수의 변수들을 그냥 전통적인 최적화 기법들을 이용해서 최적화하면 된다는 뜻이다. 연속 잠재변수의 경우 이는 변분법(calculus of variations)이라고 하는 수학의 한 분야를 이용해서 함수들의 공간에 관한 최적화를 수행함으로써 q를 표현하는 함수를 알아낼 수 있다는 뜻이다. '변분 학습'과 '변분 추론'이라는 용어는 바로 이 변분법에서 온 것이다(비록 잠재변수들이 이산 변수라서 변분법이 필요하지는 않은 경우에도 변분 학습이나 변분 추론이 쓰이긴 하지만). 잠재변수가 연속변수인 경우 변분법은 모형을 설계할 때 사람이 해야 할 일을 상당히 제거해 주는 강력한 기법이다. 이 경우 사람 설계자는 사후분포를 정확하게 근사할 만한 구체적인 q를 설계하느라 고민할 필요 없이 q의 인수분해 방식만 지정하면 된다.

$\mathcal{L}(\boldsymbol{v},\boldsymbol{\theta},q)$가 $\log p(\boldsymbol{v};\boldsymbol{\theta}) - D_{\mathrm{KL}}(q(\boldsymbol{h}|\boldsymbol{v}) \parallel p(\boldsymbol{h}|\boldsymbol{v};\boldsymbol{\theta}))$로 정의되므로, q에 대한 $\mathcal{L}$의 최대화를 $D_{\mathrm{KL}}(q(\boldsymbol{h}|\boldsymbol{v}) \parallel p(\boldsymbol{h}|\boldsymbol{v}))$의 최소화로 생각할 수 있다. 이런 관점에서 변분 학습은 q를 p에 적합시키는 것이라 할 수 있다. 그러나 근사를 적합시킬 때 사용하는 것과는 KL 발산값의 방향이 반대라는 점을 주의하기 바란다. 최대가능도 학습 알고리즘을 이용해서 모형을 자료에 적합시킬 때는 $D_{\mathrm{KL}}(p_{\text{자료}} \parallel p_{\text{모형}})$을 최소화한다. 그림 3.6에

나와 있듯이, 이 경우 최대가능도는 자료의 확률이 높은 모든 점에서 모형의 확률이 높아지는 쪽으로 모형을 이끈다. 그러나 지금 이야기하는 최적화 기반 추론 절차는 진 사후분포의 확률이 낮은 모든 점에서 q의 확률이 낮아지는 쪽으로 모형을 이끈다. KL 발산값의 두 방향 모두 나름의 장단점이 있다. 어떤 방향을 선택할 것인가는 주어진 구체적인 응용에서 어떤 성질이 가장 중요한지에 의존한다. 추론 최적화 문제에서는 계산 비용 면에서 $D_{KL}(q(\boldsymbol{h}|\boldsymbol{v}) \parallel p(\boldsymbol{h}|\boldsymbol{v}))$를 선택하는 것이 바람직하다. 구체적으로 말하자면, $D_{KL}(q(\boldsymbol{h}|\boldsymbol{v}) \parallel p(\boldsymbol{h}|\boldsymbol{v}))$의 계산에는 기댓값들을 q에 대해 평가하는 과정이 관여하므로, q를 단순하게 설계하면 기댓값들의 평가도 간단해진다. 반대 방향의 KL 발산값에서는 진 사후분포에 대한 기댓값들을 계산해야 한다. 진 사후분포의 형태는 모형에 따라 다르므로, $D_{KL}(p(\boldsymbol{h}|\boldsymbol{v}) \parallel q(\boldsymbol{h}|\boldsymbol{v}))$의 참값을 더 낮은 비용으로 계산하는 절차를 설계할 수는 없다.

19.4.1 이산 잠재변수

이산 잠재변수에 대한 변분 추론은 비교적 간단하다. 그런 변분 추론에서는 분포 q를 그냥 q의 각 인수를 하나의 참조표로 두어서 정의하는 것이 일반적이다. 가장 단순한 경우에서 $\boldsymbol{h}$는 이진 변수들이다. 그리고 q가 개별 이진 변수 h_i들에 관해 인수분해된다는 평균장 가정을 둔다. 이 경우 q를 확률값들로 이루어진 벡터 $\hat{\boldsymbol{h}}$로 매개변수화할 수 있다. 그러면 $q(h_i = 1|\boldsymbol{v}) = \hat{h}_i$이다.

q의 표현을 결정한 후에는 그냥 그 매개변수들을 최적화하면 된다. 잠재변수들이 이산변수일 때 이는 그냥 표준적인 최적화 문제이다. 이론적으로, 경사 하강법을 비롯한 그 어떤 최적화 알고리즘으로도 q를 선택할 수 있다.

이 최적화는 반드시 학습 알고리즘의 내부 루프에서 수행해야 하므로 그 속도가 빨라야 한다. 최적화 속도를 높이기 위해 흔히 쓰는 방법은 비교적 작고 간단한 문제를 적은 수의 반복으로 풀도록 고안된 특별한 최적화 알고리즘을 적용하는 것이다. 그런 목적으로 인기 있는 알고리즘은 고정점 방정식(fixed-point equation)을 반복 평가하는 것, 다시 말해 방정식

$$\frac{\partial}{\partial \hat{h}_i}\mathcal{L} = 0 \tag{19.18}$$

을 $\hat{h}_i$에 대해 푸는 것이다. 수렴 판정기준이 충족될 때까지 $\hat{h}$의 서로 다른 성분들을 되풀이해서 갱신하면 된다.

좀 더 구체적인 설명을 위해 **이진 희소 부호화 모형**(binary sparse coding model)에 변분 추론을 적용해 보자. (여기서 예제로 사용하는 모형은 [Henniges 외, 2010]이 개발한 것이다. 단, 그 논문은 특화된 알고리즘을 그 모형에 적용했지만 여기서는 좀 더 전통적이고 일반적인 평균장 알고리즘을 적용한다.) 이 예제의 알고리즘 유도 과정을 따라가려면 상당히 세부적인 수학 지식이 필요하다. 이 예제는 지금까지 다소 고수준에서 개념적으로만 설명한 변분 추론과 변분 학습에 관해 뭔가 애매하거나 헷갈리는 점을 완전히 해소하고 싶은 독자들을 위한 것임을 주의하기 바란다. 지금까지 설명한 것 이외의 새로운 고수준 개념은 등장하지 않으니, 변분 학습 알고리즘을 유도하거나 구현할 계획이 없는 독자라면 다음 절로 넘어가도 무방하다. 이 이진 희소 부호화 예제를 따라가기로 결심한 독자라면, §3.10에서 설명한, 확률 모형에 흔히 쓰이는 함수들의 유용한 성질들을 다시 살펴보길 권한다. 다음의 유도 과정에서 그 성질들이 자주 쓰이는데, 그 점을 일일이 언급하지는 않겠다.

이진 희소 부호화 모형에서 입력 $v \in \mathbb{R}^n$은 서로 다른 m개의 이진 성분들의 합에 가우스 잡음을 더하는 과정을 통해서 생성된 것이다. 그러한 성분들은 각각 개별적으로 존재하거나 존재하지 않을 수 있다. 각 성분은 $h \in \{0,1\}^m$의 해당 은닉 단위에 의해 켜지거나(존재) 꺼진다(부재).

$$p(h_i = 1) = \sigma(b_i), \tag{19.19}$$

$$p(v \mid h) = \mathcal{N}(v; Wh, \beta^{-1}), \tag{19.20}$$

여기서 b는 학습 가능한 치우침 항들의 집합이고 W는 학습 가능한 가중치 행렬, β는 학습 가능한 대각 정밀도 행렬이다.

이 모형을 최대가능도로 훈련하려면 매개변수들에 대한 미분을 취해야 한다. 치우침 항 중 하나에 대한 미분을 취하는 과정은 다음과 같다.

$$\frac{\partial}{\partial b_i} \log p(v) \tag{19.21}$$

$$= \frac{\frac{\partial}{\partial b_i} p(\boldsymbol{v})}{p(\boldsymbol{v})} \tag{19.22}$$

$$= \frac{\frac{\partial}{\partial b_i} \sum_{\boldsymbol{h}} p(\boldsymbol{h}, \boldsymbol{v})}{p(\boldsymbol{v})} \tag{19.23}$$

$$= \frac{\frac{\partial}{\partial b_i} \sum_{\boldsymbol{h}} p(\boldsymbol{h}) p(\boldsymbol{v} \mid \boldsymbol{h})}{p(\boldsymbol{v})} \tag{19.24}$$

$$= \frac{\sum_{\boldsymbol{h}} p(\boldsymbol{v} \mid \boldsymbol{h}) \frac{\partial}{\partial b_i} p(\boldsymbol{h})}{p(\boldsymbol{v})} \tag{19.25}$$

$$= \sum_{\boldsymbol{h}} p(\boldsymbol{h} \mid \boldsymbol{v}) \frac{\frac{\partial}{\partial b_i} p(\boldsymbol{h})}{p(\boldsymbol{h})} \tag{19.26}$$

$$= \mathbb{E}_{\boldsymbol{h} \sim p(\boldsymbol{h} \mid \boldsymbol{v})} \frac{\partial}{\partial b_i} \log p(\boldsymbol{h}). \tag{19.27}$$

이 미분을 구하려면 $p(\boldsymbol{h} \mid \boldsymbol{v})$에 대한 기댓값들을 계산해야 한다. 안타깝게도 $p(\boldsymbol{h} \mid \boldsymbol{v})$는 복잡한 분포이다. 그림 19.2에 $p(\boldsymbol{h}, \boldsymbol{v})$와 $p(\boldsymbol{h} \mid \boldsymbol{v})$의 그래프 구조가 나와 있다. 사후분포는 은닉 단위들의 완전 연결 그래프에 해당하므로, 변수 제거 알고리즘을 적용한다고 해도 그 기댓값들을 전수 계산 방법(brute force)보다 더 빠르게 계산할 수는 없다.

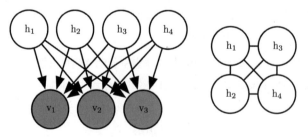

그림 19.2: 은닉 단위가 네 개인 이진 희소 부호화 모형의 그래프 구조. (왼쪽) $p(\boldsymbol{h}, \boldsymbol{v})$의 그래프 구조. 간선들에 방향이 있으며, 모든 은닉 단위 쌍 모든 가시 단위의 공동 부모임을 주목하기 바란다. (오른쪽) $p(\boldsymbol{h} \mid \boldsymbol{v})$의 그래프 구조. 공동 부모 사이의 활성 경로들이 사후분포에 반영되려면 모든 은닉 단위가 연결되어야 한다.

최대가능도 학습 대신 변분 추론과 변분 학습을 이용하면 이러한 어려움을 해결할 수 있다.

우선, 다음과 같은 평균장 근사를 도입한다.

$$q(\boldsymbol{h}|\boldsymbol{v}) = \prod_i q(h_i|\boldsymbol{v}). \tag{19.28}$$

이진 희소 부호화 모형의 잠재변수들은 이진 변수이므로, 하나의 인수곱 분포 q를 그냥 m개의 베르누이 분포 $q(h_i|\boldsymbol{v})$들로 표현할 수 있다. 그리고 베르누이 분포의 평균을 $q(h_i = 1|\boldsymbol{v}) = \hat{h}_i$인 확률값들의 벡터 $\hat{\boldsymbol{h}}$로 자연스럽게 표현할 수 있다. 수치 오류(이를테면, $\log \hat{h}_i$의 계산에서)를 피하기 위해서는 $\hat{h}_i$가 결코 0이나 1과 같지 않다는 제약을 가해야 한다.

변분 추론 방정식을 해석적으로 풀 때는 $\hat{h}_i$에 0이나 1이 배정되는 일이 절대로 생기지 않는다. 그러나 소프트웨어 구현에서는 컴퓨터의 반올림 오차 때문에 0이나 1이라는 값이 나올 수 있다. 소프트웨어에서 이진 희소 부호화 모형을 구현할 때는 변분 매개변수들의 제한 없는 벡터 $\boldsymbol{z}$를 사용하며, 관계식 $\hat{\boldsymbol{h}} = \sigma(\boldsymbol{z})$를 이용해서 $\hat{\boldsymbol{h}}$를 구한다. 따라서, S자형 함수와 소프트플러스 함수 사이의 항등식 $\log \sigma(z_i) = -\zeta(-z_i)$을 이용하면 컴퓨터에서 $\log \hat{h}_i$를 안전하게 계산할 수 있다.

이진 희소 부호화 모형의 변분 학습 알고리즘을 유도하기 위해, 우선 이 평균장 근사 덕분에 학습이 처리 가능한 문제가 된다는 점을 확인해 보자.

증거 하계는 다음과 같이 주어진다.

$$\mathcal{L}(\boldsymbol{v}, \boldsymbol{\theta}, q) \tag{19.29}$$

$$= \mathbb{E}_{\mathbf{h} \sim q}[\log p(\boldsymbol{h}, \boldsymbol{v})] + H(q) \tag{19.30}$$

$$= \mathbb{E}_{\mathbf{h} \sim q}[\log p(\boldsymbol{h}) + \log p(\boldsymbol{v}|\boldsymbol{h}) - \log q(\boldsymbol{h}|\boldsymbol{v})] \tag{19.31}$$

$$= \mathbb{E}_{\mathbf{h} \sim q}\left[\sum_{i=1}^{m} \log p(h_i) + \sum_{i=1}^{n} \log p(v_i|\boldsymbol{h}) - \sum_{i=1}^{m} \log q(h_i|\boldsymbol{v})\right] \tag{19.32}$$

$$= \sum_{i=1}^{m} \left[\hat{h}_i(\log \sigma(b_i) - \log \hat{h}_i) + (1 - \hat{h}_i)(\log \sigma(-b_i) - \log(1 - \hat{h}_i))\right] \tag{19.33}$$

$$+ \mathbb{E}_{\mathbf{h} \sim q} \left[\sum_{i=1}^{n} \log \sqrt{\frac{\beta_i}{2\pi}} \exp\left(-\frac{\beta_i}{2}(v_i - \boldsymbol{W}_{i,:}.\boldsymbol{h})^2 \right) \right] \tag{19.34}$$

$$= \sum_{i=1}^{m} \left[\hat{h}_i(\log\sigma(b_i) - \log\hat{h}_i) + (1 - \hat{h}_i)(\log\sigma(-b_i) - \log(1 - \hat{h}_i)) \right] \tag{19.35}$$

$$+ \frac{1}{2}\sum_{i=1}^{n} \left[\log\frac{\beta_i}{2\pi} - \beta_i\left(v_i^2 - 2v_i\boldsymbol{W_{i,:}}.\hat{\boldsymbol{h}} + \sum_j \left[W_{i,j}^2\hat{h}_j + \sum_{k \neq j} W_{i,j}W_{i,k}\hat{h}_j\hat{h}_k \right] \right) \right]. \tag{19.36}$$

그리 아름답지 않은 수식들이지만, 이 수식들은 $\mathcal{L}$을 적은 수의 단순한 산술 연산들로 표현할 수 있음을 보여준다. 따라서 증거 하계 $\mathcal{L}$은 처리 가능이다. 그리고 처리 불가능한 로그가능도 대신 이 $\mathcal{L}$을 최적화함으로써 학습을 진행할 수 있다.

원칙적으로는 그냥 $\boldsymbol{v}$와 $\boldsymbol{h}$ 모두에 대해 경사 상승법(gradient ascent)을 실행하면 된다. 이는 충분히 받아들일 만한 추론 및 훈련 결합 알고리즘에 해당한다. 그러나 일반적으로는 이런 접근 방식을 사용하지 않는데, 이유는 두 가지이다. 첫째로, 이 접근 방식에서는 $\boldsymbol{v}$마다 $\hat{\boldsymbol{h}}$를 저장해야 한다. 각각의 견본에 대해 따로 메모리를 요구하는 알고리즘은 대체로 바람직하지 않다. 각 견본에 연관된 벡터를 동적으로 갱신해서 따로 저장해야 하는 학습 알고리즘은 견본이 수십억 개 규모인 문제로는 잘 확장되지 않는다. 둘째로, $\boldsymbol{v}$의 내용을 인식하려면 특징 $\hat{\boldsymbol{h}}$를 아주 빠르게 추출할 수 있어야 한다. 현실적인 설정에서는 $\hat{\boldsymbol{h}}$를 실시간으로 계산할 수 있을 정도의 성능이 요구될 것이다.

이 두 이유로, 평균장 매개변수 $\hat{\boldsymbol{h}}$를 계산하는 데 경사 하강법을 사용하는 경우는 드물다. 대신 고정점 방정식으로 평균장 매개변수들을 빠르게 추정한다.

기본적으로 고정점 방정식은 $\hat{\boldsymbol{h}}$에 대한, $\nabla_{\boldsymbol{h}}\mathcal{L}(\boldsymbol{v},\boldsymbol{\theta},\hat{\boldsymbol{h}}) = 0$인 극소점을 찾기 위한 것이다. 그런데 이 방정식을 $\hat{\boldsymbol{h}}$의 모든 성분에 대해 효율적으로 풀 수는 없다. 그러나 다음과 같이 하나의 변수에 대해서는 풀 수 있다.

$$\frac{\partial}{\partial\hat{h}_i}\mathcal{L}(\boldsymbol{v},\boldsymbol{\theta},\hat{\boldsymbol{h}}) = 0. \tag{19.37}$$

이제, $i = 1,...,m$에 대해 이 방정식을 적용해서 해들을 갱신하는 과정을 수렴 판정기준이 충족될 때까지 반복한다. 흔히 쓰이는 수렴 판정기준으로는, 모든 성분에 대해 해를 갱신하는 한 번의 주기에서 $\mathcal{L}$이 이전 주기보다 어떤 문턱값 이상으로 갱신되지 않았거나 $\hat{\boldsymbol{h}}$가 일정량 이상 변하지 않았을 때 반복을 멈추는 것 등이 있다.

평균장 고정점 방정식을 반복 갱신하는 것은 다양한 모형에 대해 변분 추론을 빠르게 수행하는 일반적인 기법이다. 좀 더 구체적인 이해를 위해, 이진 희소 부호화 모형을 위한 고정점 방정식 갱신 과정을 유도해 보자.

우선 $\hat{h}_i$에 대한 미분 공식이 필요하다. 식 19.36을 식 19.37의 좌변에 대입해서 적절히 정리하면 된다.

$$\frac{\partial}{\partial \hat{h}_i} \mathcal{L}(\boldsymbol{v}, \boldsymbol{\theta}, \hat{\boldsymbol{h}}) \tag{19.38}$$

$$= \frac{\partial}{\partial \hat{h}_i} \left[\sum_{j=1}^{m} \left[\hat{h}_j (\log \sigma(b_j) - \log \hat{h}_j) + (1 - \hat{h}_j)(\log \sigma(-b_j) - \log(1 - \hat{h}_j)) \right. \right. \tag{19.39}$$

$$\left. \left. + \frac{1}{2} \sum_{j=1}^{n} \left[\log \frac{\beta_j}{2\pi} - \beta_j \left(v_j^2 - 2 v_j \boldsymbol{W}_{j,:} \hat{\boldsymbol{h}} + \sum_{k} \left[W_{j,k}^2 \hat{h}_k + \sum_{l \neq k} W_{j,k} W_{j,l} \hat{h}_k \hat{h}_l \right] \right) \right] \right] \right] \tag{19.40}$$

$$= \log \sigma(b_i) - \log \hat{h}_i - 1 + \log(1 - \hat{h}_i) + 1 - \log \sigma(-b_i) \tag{19.41}$$

$$+ \sum_{j=1}^{n} \left[\beta_j \left(v_j W_{j,i} - \frac{1}{2} W_{j,i}^2 - \sum_{k \neq i} \boldsymbol{W}_{j,k} W_{j,i} \hat{h}_k \right) \right] \tag{19.42}$$

$$= b_i - \log \hat{h}_i + \log(1 - \hat{h}_i) + \boldsymbol{v}^\top \boldsymbol{\beta} \boldsymbol{W}_{:,i} - \frac{1}{2} \boldsymbol{W}_{:,i}^\top \boldsymbol{\beta} \boldsymbol{W}_{:,i} - \sum_{j \neq i} \boldsymbol{W}_{:,j}^\top \boldsymbol{\beta} \boldsymbol{W}_{:,i} \hat{h}_j. \tag{19.43}$$

고정점 갱신 추론 규칙을 적용하기 위해, 식 19.43이 0이 되게 하는 $\hat{h}_i$를 구한다.

$$\hat{h}_i = \sigma \left(b_i + \boldsymbol{v}^\top \boldsymbol{\beta} \boldsymbol{W}_{:,i} - \frac{1}{2} \boldsymbol{W}_{:,i}^\top \boldsymbol{\beta} \boldsymbol{W}_{:,i} - \sum_{j \neq i} \boldsymbol{W}_{:,j}^\top \boldsymbol{\beta} \boldsymbol{W}_{:,i} \hat{h}_j \right). \tag{19.44}$$

이상의 유도 과정을 보면 순환 신경망과 그래프 모형의 추론 사이에 밀접한 관계가 있음을 알 수 있다. 구체적으로 말하자면, 평균장 고정점 방정식은 하나의 순환 신경망을 정의한다. 이 신경망의 임무는 추론을 수행하는 것이다. 모형 서술로부터 순방향 신경망을 유도하는 방법은 이전에 설명했다. 그런데 이러한 추론 신경망을 직접 훈련하는 것도 가능하다. 이 주제에 기초한 몇 가지 착안을 제20장에서 소개한다.

이진 희소 부호화의 경우 식 19.44에 명시된 순환 신경망 연결은 각 은닉 단위를 이웃 은닉 단위들의 변경된 값에 기초해서 갱신하는 과정을 반복하는 것에 해당한다.

입력은 항상 $\boldsymbol{v}^\top \beta \boldsymbol{W}$라는 고정된 메시지를 은닉 단위들에 보내지만, 은닉 단위들은 그 메시지를 서로 주고받으면서 거듭 갱신한다. 좀 더 구체적으로 말하자면, 두 단위 $\hat{h}_i$ 와 $\hat{h}_j$는 해당 가중치 벡터들의 방향이 같으면 서로를 억제한다. 이는 일종의 경쟁이다. 즉, 두 은닉 단위가 하나의 입력을 설명하려 하는데, 둘 중 입력을 더 잘 설명하는 단위 하나만 활성화 상태가 될 수 있다. 이러한 경쟁은 평균장 근사가 이진 희소 부호화 사후분포의 해명 상호작용들을 포착하려 한다는 점에 해당한다. 해명 효과는 사후분포를 다봉(다중 모드) 사후분포로 만들기 때문에, 사후분포에서 뽑은 표본 중 일부 표본은 두 단위 중 하나만 활성이고 또 다른 표본들은 다른 한 단위만 활성이지만 두 단위 모두 활성인 표본은 별로 없는 현상이 나타난다. 그러나 안타깝게도 평균장에 쓰이는 인수곱 분포 q로는 해명 상호작용들을 모형화할 수 없다. 그래서 평균장 근사는 모형의 모드를 하나만 선택해야 한다. 이는 그림 3.6이 보여준 행동의 한 사례이다.

식 19.44를 다음과 같은 형태로 정리하면 또 다른 통찰을 얻을 수 있다.

$$\hat{h}_i = \sigma\!\left(b_i + \left(\boldsymbol{v} - \sum_{j \neq i} \boldsymbol{W}_{:,j}\hat{h}_j\right)^\top \beta \boldsymbol{W}_{:,i} - \frac{1}{2}\boldsymbol{W}_{:,i}^\top \beta \boldsymbol{W}_{:,i}\right). \tag{19.45}$$

이 수식을 보면 각 단계의 입력이 $\boldsymbol{v}$가 아니라 $\boldsymbol{v} - \sum_{j \neq i} \boldsymbol{W}_{:,j}\hat{h}_j$로 구성됨을 알 수 있다. 이를, i번째 단위가 다른 단위의 부호가 주어졌을 때의 $\boldsymbol{v}$의 잔차(residual error)를 부호화하려 한다고 해석할 수 있다. 그리고 그러한 해석하에서 희소 부호화를, 자신의 입력을 부호화하고 복호화하는 과정을 반복하면서 재구축(복원) 오차를 점차 줄이려고 하는 일종의 반복적 자동부호기(iterative autoencoder)로 간주할 수 있다.

이 예에서는 단위들을 한 번에 하나씩 갱신하는 갱신 규칙을 유도했다. 그런데 다수의 단위를 동시에 갱신할 수 있다면 더 좋을 것이다. 심층 볼츠만 기계 같은 일부 그래프 모형은 $\hat{\boldsymbol{h}}$의 여러 성분을 동시에 풀 수 있는 구조로 되어 있다. 안타깝게도 이진 희소 부호화에서는 그런 일괄 갱신이 불가능하다. 대신 **감쇠**(damping)라고 하는 발견법적 기법을 이용해서 일괄 갱신을 수행할 수 있다. 감쇠 접근 방식에서는 $\hat{\boldsymbol{h}}$의 모든 성분의 개별 최적값을 구하고, 그 값들을 모두 그 방향으로 조금 이동한다. 이 접근 방식에서 반복마다 $\mathcal{L}$이 증가한다는 보장은 없지만, 실제 응용에서는 여러 모형에서 이 접근 방식이 잘 작동한다. 메시지 전달 알고리즘에서 동기화의 정도와 감쇠 전략을 선택하는 문제에 관해 좀 더 알고 싶다면 [Koller & Friedman, 2009]를 보기 바란다.

19.4.2 변분법

변분 학습에는 **변분법**에 속하는 여러 수학적 도구가 중요하게 쓰인다. 변분 학습을 설명하기 전에 먼저 변분법을 간략하게 소개할 필요가 있겠다.

기계 학습 기법 중에는 함수 $J(\boldsymbol{\theta})$의 최소화에, 즉 입력 벡터 $\boldsymbol{\theta} \in \mathbb{R}^n$에 대해 함수 $J(\boldsymbol{\theta})$가 최솟값이 되게 만드는 것에 기초한 것들이 많다. 그러한 최소화는 다변량 미적분과 선형 대수를 이용해서 $\nabla_{\boldsymbol{\theta}} J(\boldsymbol{\theta}) = \boldsymbol{0}$인 임계점들을 구하는 식으로 수행할 수 있다. 그런데 경우에 따라서는 함수 $f(\boldsymbol{x})$에 대해 그러한 최소화를 수행해야 할 수도 있다. 어떤 확률변수에 관한 확률밀도함수를 구해야 하는 경우가 그러한 예이다. 변분법을 이용하면 그런 일이 실제로 가능하다.

함수 f의 함수, 즉 함수 f가 입력인 함수를 **범함수**(functional)라고 부르고 $J[f]$로 표기한다. 입력이 벡터인 함수의 경우 그 입력 벡터의 개별 성분들에 대한 함수의 편미분을 취할 수 있는 것과 마찬가지로, 범함수 $J[f]$의 경우에는 임의의 구체적인 $\boldsymbol{x}$ 값에서의 함수 $f(\boldsymbol{x})$의 개별 값들에 대한 편미분을 취할 수 있다. 그런 편미분을 **범함수 미분**(functional derivative) 또는 **변분 미분**(variational derivative)이라고 부른다. 점 $\boldsymbol{x}$에서의 함수 f의 값에 대한 범함수의 범함수 미분을 $\frac{\delta}{\delta f(x)} J$로 표기한다.

범함수 미분을 수학적으로 완전하게 설명하는 것은 이 책의 범위를 넘는 일이다. 이 책의 목적에서는 미분 가능이고 해당 도함수가 연속함수인 두 함수 $f(\boldsymbol{x})$와 $g(y, \boldsymbol{x})$에 대해 다음이 성립한다는 점을 이야기하는 것으로 충분할 것이다.

$$\frac{\delta}{\delta f(\boldsymbol{x})} \int g(f(\boldsymbol{x}), \boldsymbol{x}) d\boldsymbol{x} = \frac{\partial}{\partial y} g(f(\boldsymbol{x}), \boldsymbol{x}). \tag{19.46}$$

함수 $f(\boldsymbol{x})$를, 셀 수 없이 많은 성분으로 이루어진 특정한 벡터를 실수 벡터 $\boldsymbol{x}$를 색인으로 해서 얻는 것이라고 생각하면 이 항등식에서 통찰을 얻을 수 있다. 그러한 (다소 불완전한) 관점에서 볼 때, 이 항등식은 범함수 미분이 양의 정수들을 색인으로 해서 벡터 $\boldsymbol{\theta} \in \mathbb{R}^n$을 얻는 것과 같음을 말해 준다.

$$\frac{\partial}{\partial \theta_i} \sum_j g(\theta_j, j) = \frac{\partial}{\partial \theta_i} g(\theta_i, i). \tag{19.47}$$

다른 기계 학습 분야의 문헌 중에는 이보다 더 일반적인 **오일러-라그랑주 방정식** (Euler-Lagrange equation)을 이용해서 결과를 표현하는 것들이 많다. 오일러-라그랑주 방정식을 이용하면 f뿐만 아니라 f의 미분들에 의존하는 g를 표현할 수 있다. 그러나 이 책이 제시하는 결과들에는 그런 완전히 일반적인 형식이 필요하지 않다.

보통의 함수를 하나의 벡터에 대해 최적화할 때는 함수의 그 벡터에 대한 기울기를 취하고 그 기울기의 모든 성분이 0인 점을 찾는다. 그와 비슷하게, 범함수를 최적화할 때는 모든 점에서 범함수 미분이 0인 함수를 찾는다.

그러한 최적화 과정의 이해를 돕는 예로, $x \in \mathbb{R}$에 관한 확률분포 함수 중 미분 엔트로피(differential entropy)가 최대인 확률분포 함수를 구하는 문제를 생각해 보자. 기억하겠지만, 한 확률분포 $p(x)$의 엔트로피는 다음과 같이 정의된다.

$$H[p] = -\mathbb{E}_x \log p(x). \tag{19.48}$$

연속값들의 경우 기댓값은 다음과 같은 적분이다.

$$H[p] = -\int p(x) \log p(x) dx. \tag{19.49}$$

그런데 단순히 $H[p]$를 $p(x)$에 대해 최대화할 수는 없다. 그런 최대화의 결과가 반드시 유효한 확률분포인 것은 아니기 때문이다. 대신 라그랑주 승수(Lagrange multiplier)들을 이용해서 $p(x)$의 적분이 1이어야 한다는 제약을 가해야 한다. 또한, 분산이 증가함에 따라 엔트로피가 무한히 증가할 수 있는데, 그러면 '최대' 엔트로피를 구한다는 것이 무의미해진다. 그래서 고정된 분산 σ^2에 대해 엔트로피가 최대인 분포를 찾는 것으로 최적화 문제를 수정할 필요가 있다. 마지막으로, 분산을 임의로 이동(shift)해도 엔트로피가 변하지 않을 수 있으며, 그러면 최적화 문제는 해가 무수히 많은 과소결정(underdetermined) 문제가 된다. 해의 유일성을 위해서는 분산의 평균이 반드시 μ이어야 한다는 제약을 가해야 한다. 이런 식으로 수정된 최적화 문제를 위한 라그랑주 범함수는 다음과 같다.

$$\mathcal{L}[p] = \lambda_1 \left(\int p(x) dx - 1 \right) + \lambda_2 (\mathbb{E}[x] - \mu) + \lambda_3 (\mathbb{E}[(x-\mu)^2] - \sigma^2) + H[p] \tag{19.50}$$

$$= \int \left(\lambda_1 p(x) + \lambda_2 p(x) x + \lambda_3 p(x)(x-\mu)^2 - p(x) \log p(x) \right) dx - \lambda_1 - \mu \lambda_2 - \sigma^2 \lambda_3. \tag{19.51}$$

이러한 라그랑주 범함수를 p에 대해 최소화하기 위해, 범함수 미분들을 0으로 둔다.

$$\forall\, x, \frac{\delta}{\delta p(x)}\mathcal{L} = \lambda_1 + \lambda_2 x + \lambda_3(x-\mu)^2 - 1 - \log p(x) = 0. \tag{19.52}$$

이 방정식은 $p(x)$의 범함수 형식을 말해 준다. 이 방정식을 대수학의 법칙들을 이용해서 다음과 같이 정리할 수 있다.

$$p(x) = \exp\!\big(\lambda_1 + \lambda_2 x + \lambda_3(x-\mu)^2 - 1\big). \tag{19.53}$$

이상의 과정에서, $p(x)$가 이러한 범함수 형식을 가진다고 직접 가정한 적은 없다. 이 수식 자체는 범함수를 해석적으로 최소화해서 얻은 것이다. 최소화 문제를 완성하기 위해서는 앞에서 언급한 모든 제약을 반드시 충족하는 λ 값들을 선택해야 한다. 제약들이 충족되는 한 λ 변수들에 대한 라그랑주 범함수의 기울기가 0이므로, 그 어떤 λ 값도 자유로이 선택할 수 있다. 예를 들어 $\lambda_1 = 1 - \log \sigma\sqrt{2\pi}$, $\lambda_2 = 0$, $\lambda_3 = -\dfrac{1}{2\sigma^2}$으로 두면 모든 제약이 충족되며, 다음과 같은 분포를 얻게 된다.

$$p(x) = \mathcal{N}(x; \mu, \sigma^2). \tag{19.54}$$

이는 우리가 진 분포에 대해 아는 것이 없을 때 일단은 정규분포를 사용하는 이유 중 하나이다. 정규분포는 엔트로피가 최대이므로, 정규분포를 사용한다는 것은 분포의 구조에 대한 가정이 최소한이라는 뜻이다.

앞에서 엔트로피를 위해 라그랑주 범함수의 임계점들을 조사할 때는 고정된 분산의 엔트로피를 최대화하는 것에 해당하는 임계점 하나만 구할 수 있었다. 그런데 엔트로피를 **최소화**하는 확률분포 함수는 어떨까? 앞에서 최솟값에 해당하는 또 다른 임계점을 찾지 못한 이유는 무엇일까? 그 이유는, 엔트로피가 최소가 되는 하나의 특정한 함수는 없다는 것이다. 분산이 고정되어 있으므로, 확률밀도함수가 두 점 $x = \mu + \sigma$와 $x = \mu - \sigma$에 더 큰 확률밀도를 배정함에 따라 그리고 x의 다른 값들에 대해서는 더 작은 확률밀도를 배정함에 따라 엔트로피가 줄어든다. 엔트로피가 최소가 되려면 함수는 그 두 점을 제외한 모든 점에 정확히 0의 질량을 배정해야 하는데, 그런 모든 함수는 적분이 1이 아니므로 유효한 확률분포가 되지 못한다. 즉, 유효한 확률분포가 아닌 것이다. 따라서 유일한 최소 엔트로피 확률분포 함수는 존재하지 않는다. 이는 양의 실수에 유일한 최솟값이 존재하지 않는 것과 마찬가지이다. 대신, 그 두 점에만 질량을 부여하는 분포로 수렴하는 일련의 확률분포들이 존재한다고는 말할 수 있다. 그런 수렴은 디랙 분포들의 혼합으로 설명할 수도 있는 일종의 퇴화(degenerate) 시나리오에 해당한다. 디랙 분포는 하나의 확률분포 함수로는 서술되지 않으며, 그 어떤 디랙 분포 또는 디랙 분포들의 혼합도 함수 공간의 특정한 하나의 점에 대응되지 않는다. 따라서 범함수 미분이 0이 되는 특정한 하나의 점을 찾는 우리의 방법은 그런 분포들을 보지 못한다. 이는 이 방법의 한 한계이다. 디랙 분포 같은 분포들은 해를 추측한 후 그 해가 옳음을 증명하는 등의 다른 방법으로 구해야 한다.

19.4.3 연속 잠재변수

그래프 모형에 연속 잠재변수들이 있는 경우에도 $\mathcal{L}$의 최대화를 통해서 변분 추론과 변분 학습을 수행할 수 있다. 단, 이 경우에는 반드시 변분법을 이용해서 $\mathcal{L}$을 $q(\boldsymbol{h}|\boldsymbol{v})$에 대해 최대화해야 한다.

실제 응용에서 실무자가 변분법 문제를 스스로 풀어야 하는 일은 별로 없다. 그냥 일반적인 평균장 고정점 갱신 방정식을 사용하면 된다. 평균장 근사가

$$q(\boldsymbol{h}|\boldsymbol{v}) = \prod_i q(h_i|\boldsymbol{v}) \tag{19.55}$$

이고, 모든 $j \neq i$에 대해 $q(h_j|\boldsymbol{v})$를 고정한다고 하자. 그러면, p가 변수들의 그 어떤 결합 구성에도 0의 확률을 배정하지 않는 한, 비정규화 분포

$$\tilde{q}(h_i|\boldsymbol{v}) = \exp\left(\mathbb{E}_{\mathbf{h}_{-i} \sim q(\mathbf{h}_{-i}|\boldsymbol{v})} \log \tilde{p}(\boldsymbol{v}, \boldsymbol{h})\right) \tag{19.56}$$

를 정규화해서 최적의 $q(h_i|\boldsymbol{v})$를 구할 수 있다. 식 19.56 우변에 있는 기댓값을 구하면 $q(h_i|\boldsymbol{v})$의 정확한 범함수 형식이 나온다. 변분법을 이용해서 q의 범함수 형식을 직접 유도할 수도 있지만, 그런 일은 새로운 형태의 변분 학습을 개발할 때만 필요하다. 그 어떤 확률 모형에 대해서도 식 19.56은 평균장 근사를 산출한다.

식 19.56은 수렴이 일어날 때까지 i의 각 값에 대해 반복해서 적용할 하나의 고정점 방정식이다. 그러나 식 19.56에서 더 많은 것을 알아낼 수 있다. 이 공식은 최적해의 범함수 형식을 말해 주며, 이를 통해서 고정점 방정식을 통해서 최적해에 도달할 수 있는지를 파악할 수 있다. 이는, 그 방정식으로부터 범함수 형식을 취하되 일부 값들을 매개변수로 취급함으로써 그것들을 우리가 선택한 임의의 최적화 알고리즘으로 최

적화할 수 있다는 뜻이다.

한 예로, 잠재변수들이 $\boldsymbol{h} \in \mathbb{R}^2$이고 가시 변수는 v 하나인 간단한 확률 모형을 생각해 보자. $p(\boldsymbol{h}) = \mathcal{N}(\boldsymbol{h};0,\boldsymbol{I})$이고 $p(v|\boldsymbol{h}) = \mathcal{N}(v;\boldsymbol{w}^\top \boldsymbol{h};1)$이라고 가정하자. 그러면 이 모형을, 그냥 $\boldsymbol{h}$를 적분해서 실제로 단순화할 수 있다. 그 결과는 v에 관한 하나의 가우스 분포이다. 이 모형 자체는 별로 흥미로울 것이 없다. 이 예는 단지 변분법을 확률 모형에 어떻게 적용하는지 보여주기 위한 것일 뿐이다.

정규화 상수까지의 진 사후분포는 다음과 같다.

$$p(\boldsymbol{h}|\boldsymbol{v}) \tag{19.57}$$

$$\propto p(\boldsymbol{h},\boldsymbol{v}) \tag{19.58}$$

$$= p(h_1)p(h_2)p(\boldsymbol{v}|\boldsymbol{h}) \tag{19.59}$$

$$\propto \exp\!\left(-\frac{1}{2}\left[h_1^2 + h_2^2 + (v - h_1 w_1 - h_2 w_2)^2\right]\right) \tag{19.60}$$

$$= \exp\!\left(-\frac{1}{2}\left[h_1^2 + h_2^2 + v^2 + h_1^2 w_1^2 + h_2^2 w_2^2 - 2vh_1 w_1 - 2vh_2 w_2 + 2h_1 w_1 h_2 w_2\right]\right). \tag{19.61}$$

h_1과 h_2가 곱해진 항들이 있기 때문에 이 진 사후분포는 h_1와 h_2에 대해 인수분해되지 않는다.

식 19.56을 적용하면 다음이 나온다.

$$\tilde{q}(h_1|\boldsymbol{v}) \tag{19.62}$$

$$= \exp\!\left(\mathbb{E}_{\mathrm{h}_2 \sim q(\mathrm{h}_2|\boldsymbol{v})}\log \tilde{p}(\boldsymbol{v},\boldsymbol{h})\right) \tag{19.63}$$

$$= \exp\!\left(-\frac{1}{2}\mathbb{E}_{\mathrm{h}_2 \sim q(\mathrm{h}_2|\boldsymbol{v})}\left[h_1^2 + h_2^2 + v^2 + h_1^2 w_1^2 + h_2^2 w_2^2\right]\right. \tag{19.64}$$

$$\left. - 2vh_1 w_1 - 2vh_2 w_2 + 2h_1 w_1 h_2 w_2\right). \tag{19.65}$$

이 수식을 보면, $q(h_2|\boldsymbol{v})$에서 구해야 하는 값이 사실상 단 두 가지임을 알 수 있다. 바로 $\mathbb{E}_{\mathrm{h}_2 \sim q(\mathrm{h}|\boldsymbol{v})}[h_2]$와 $\mathbb{E}_{\mathrm{h}_2 \sim q(\mathrm{h}|\boldsymbol{v})}[h_2^2]$이다. 이들을 각각 $\langle h_2 \rangle$와 $\langle h_2^2 \rangle$으로 표기해

서 수식을 정리하면 다음이 나온다.

$$\tilde{q}(h_1|\boldsymbol{v}) = \exp\left(-\frac{1}{2}\left[h_1^2 + \langle h_2^2 \rangle + v^2 + h_1^2 w_1^2 + \langle h_2^2 \rangle w_2^2 \right.\right. \tag{19.66}$$

$$\left.\left. - 2vh_1 w_1 - 2v\langle h_2 \rangle w_2 + 2h_1 w_1 \langle h_2 \rangle w_2 \right]\right). \tag{19.67}$$

이로부터, $\tilde{q}$의 범함수 형식이 가우스 분포를 따른다는 점을 알 수 있다. 따라서 $q(\boldsymbol{h}|\boldsymbol{v}) = \mathcal{N}(\boldsymbol{h};\boldsymbol{\mu},\boldsymbol{\beta}^{-1})$이라는 결론을 내릴 수 있는데, 여기서 $\boldsymbol{\mu}$와 대각 $\boldsymbol{\beta}$는 우리가 원하는 임의의 기법으로 최적화할 수 있는 변분 매개변수들이다. 애초에 q가 가우스 분포라는 가정을 둔 적이 없음을 기억하기 바란다. q의 가우스 분포 범함수 형식은 변분법으로 q를 $\mathcal{L}$에 대해 최대화하는 과정에서 자동으로 유도된 것일 뿐이다. 이러한 접근 방식을 다른 모형에 적용하면 이와는 다른 미분 범함수 형식의 q가 나올 것이다.

물론 이상의 예는 설명을 위해 만든 작은 예일 뿐이다. 심층 학습의 맥락에서 연속 변수들이 있는 모형에 변분 학습을 실제로 적용하는 사례들에 관해서는 [Goodfellow 외, 2013d]를 보기 바란다.

19.4.4 학습과 추론의 상호작용

학습 알고리즘의 일부로 근사 추론을 사용하면 그렇지 않을 때와는 학습 과정이 달라지며, 그러한 변화는 다시 추론 알고리즘의 정확성에 영향을 미친다.

구체적으로 말하자면, 근사 추론을 포함한 훈련 알고리즘은 근사 추론에 깔린 근사 가정이 실제로 성립할 가능성이 좀 더 커지는 쪽으로 모형을 적응시키는 경향이 있다. 매개변수들을 훈련할 때 변분 학습은

$$\mathbb{E}_{\mathbf{h} \sim q} \log p(\boldsymbol{v},\boldsymbol{h}) \tag{19.68}$$

를 증가한다. 그러면 특정한 $\boldsymbol{v}$에 대해, $\boldsymbol{h}$의 값 중 $q(\boldsymbol{h}|\boldsymbol{v})$ 하에서 확률이 높은 값들에 대한 $p(\boldsymbol{h}|\boldsymbol{v})$가 증가하고, $\boldsymbol{h}$의 값 중 $q(\boldsymbol{h}|\boldsymbol{v})$ 하에서 확률이 낮은 값들에 대한 $p(\boldsymbol{h}|\boldsymbol{v})$가 감소한다.

이러한 행동 방식 때문에 근사 가정이 자기충족적 예언(self-fulfilling prophecy; 또는 자기실현적 예언)이 되어 버린다. 즉, 어떤 단봉(unimodal) 근사 사후분포를 가진 모형을 훈련하면, 정확한 추론으로 훈련할 때 얻을 수 있는 것보다 그 단봉 분포에 훨씬 더

가까운 진 사후분포를 가진 모형이 만들어진다.

이 때문에 변분 근사가 모형에 끼치는 피해의 정확한 양을 계산하는 것이 몹시 어렵다. $\log p(\boldsymbol{v})$를 추정하는 방법은 여러 가지이다. 모형을 훈련시킨 후 $\log p(\boldsymbol{v};\boldsymbol{\theta})$를 추정해 보면, 그 추정값과 $\mathcal{L}(\boldsymbol{v},\boldsymbol{\theta},q)$의 격차가 작을 때가 많다. 이 점을 생각하면, 변분 근사가 학습 과정에서 얻은 $\boldsymbol{\theta}$의 구체적인 값에 대해 정확하다는 결론을 내릴 수 있다. 그러나 변분 근사가 일반적으로 정확하다거나 학습 과정에 피해를 거의 끼치지 않는다는 결론을 내려서는 안 된다. 변분 추론이 가하는 피해의 정확한 양을 측정하려면 $\boldsymbol{\theta}^{*} = \max_{\boldsymbol{\theta}} \log p(\boldsymbol{v};\boldsymbol{\theta})$를 알아야 할 것이다. $\mathcal{L}(\boldsymbol{v},\boldsymbol{\theta},q) \approx \log p(\boldsymbol{v};\boldsymbol{\theta})$와 $\log p(\boldsymbol{v};\boldsymbol{\theta}) \ll \log p(\boldsymbol{v};\boldsymbol{\theta}^{*})$가 동시에 성립하는 것도 가능하다. 만일 $\max_{q} \mathcal{L}(\boldsymbol{v},\boldsymbol{\theta}^{*},q) \ll \log p(\boldsymbol{v};\boldsymbol{\theta}^{*})$이면, 모형이 포착해야 할 q 분포족에 대한 사후분포가 $\boldsymbol{\theta}^{*}$ 때문에 너무 복잡해져서 학습 과정이 결코 $\boldsymbol{\theta}^{*}$에 접근하지 못한다. 이런 문제는 검출하기가 아주 어렵다. 이런 문제가 발생했음을 확실히 알 수 있으려면, 비교할 $\boldsymbol{\theta}^{*}$를 구할 수 있는 어떤 우월한 학습 알고리즘이 있어야 하기 때문이다.

19.5 학습된 근사 추론

앞에서 살펴보았듯이, 추론을 함수 $\mathcal{L}$의 값을 증가하는 일종의 최적화 절차로 볼 수 있다. 고정점 방정식이나 기울기 기반 최적화 같은 반복적 절차를 이용해서 최적화를 명시적으로 수행하려면 시간이 아주 오래 걸릴 수 있다. 학습된 근사 추론(learned approximate inference)이라고 부르는 여러 추론 접근 방식은 근사 추론을 수행하는 방법을 학습함으로써 그러한 비용 문제를 피한다. 좀 더 구체적으로 말하자면, 추론 과정을 입력 $\boldsymbol{v}$를 근사 분포 $q^{*} = \arg\max_{q} \mathcal{L}(\boldsymbol{v},q)$로 사상하는 하나의 함수 f로 간주할 수 있다. 일단 반복적 최적화 과정을 하나의 함수로 간주하면, 근사 $\hat{f}(\boldsymbol{v};\boldsymbol{\theta})$를 구현하는 하나의 신경망을 이용해서 그 함수를 근사할 수 있게 된다.

19.5.1 각성-수면 알고리즘

$\boldsymbol{v}$에서 $\boldsymbol{h}$를 추론하도록 모형을 훈련할 때 주된 어려움 중 하나는 훈련에 사용할 지도 학습 자료 집합이 없다는 것이다. 즉, 주어진 $\boldsymbol{v}$에 맞는 $\boldsymbol{h}$가 없는 것이다. $\boldsymbol{v}$에서 $\boldsymbol{h}$로의 사상은 모형족의 선택에 의존하며, 학습 과정에서 $\boldsymbol{\theta}$가 변함에 따라 점차 진화한다. 각

성-수면 알고리즘(wake-sleep algorithm; Hinton 외, 1995b; Frey 외, 1996)은 모형 분포에서 h와 v 모두의 표본을 추출함으로써 이 문제를 피해간다. 예를 들어 유향 모형이라면 h에서 시작해서 v로 끝나는 조상 표집을 통해서 이를 낮은 비용으로 수행할 수 있다. 표본들을 추출한 후에는 역사상(reverse mapping), 즉 현재의 v의 원인이 된 h가 무엇인지를 예측하는 사상을 통해서 추론 신경망을 훈련하면 된다. 이 접근 방식의 주된 단점은, 모형 분포하에서 확률이 높은 v의 값들에 대해서만 추론 신경망을 훈련할 수 있다는 것이다. 학습 과정의 초기에서 모형 분포는 자료 분포와 비슷하지 않으므로, 추론 신경망은 자료와 비슷한 표본들을 학습할 기회가 없다.

§18.2에서 말했듯이, 인간과 동물의 꿈 수면(자면서 꿈을 꾸는 것)에 관한 하나의 가설은, 몬테카를로 학습 알고리즘이 무향 모형의 로그 분배함수의 음의 기울기를 근사하는 데 사용하는 음의 단계(negative phase) 표본들을 꿈 수면이 제공한다는 것이다. 생물학적 꿈의 역할에 대한 또 다른 가설은 주어진 v로부터 h를 예측하는 추론 신경망의 훈련에 사용할 수 있는 $p(h,v)$의 표본들을 꿈이 제공한다는 것이다. 어떤 의미에서는 이 가설이 앞의 분배함수 가설보다 더 그럴듯하다. 대체로 몬테카를로 알고리즘들은 한동안 기울기의 양의 단계(positive phase)들만 적용한 후 한동안 음의 단계들만 적용하는 식으로 실행될 때는 성과가 그리 좋지 않다. 대체로 사람과 동물은 여러 시간 동안 계속 깨어 있다가 여러 시간 동안 계속 잠을 잔다. 그러한 각성-수면 패턴을 무향 모형의 몬테카를로 훈련 방법에 반영하는 방법은 확실하지 않다. 그렇지만 $\mathcal{L}$의 최대화에 기초한 학습 알고리즘은 한동안 q만 개선한 후 한동안 θ만 개선하는 식으로 실행할 수 있다. 생물학적 꿈의 역할이 q를 예측하는 신경망을 훈련하는 것이라고 가정할 때, 이 점은 동물이 자신의 내부 모형을 손상하지 않고도 여러 시간 계속 깨어 있다가(그러한 각성 기간이 길수록 $\mathcal{L}$와 $\log p(v)$의 격차가 커지지만, $\mathcal{L}$의 한계는 유지된다) 여러 시간 계속 잠을 잘 수 있는(생성모형 자체는 수면 동안 수정되지 않는다) 이유를 말해 준다. 물론 이런 착안들은 전적으로 추측일 뿐이며, 꿈이 실제로 그런 목표들을 달성한다는 확고한 증거는 없다. 어쩌면 꿈은 확률 모형이 아니라 강화 학습(동물의 전이 모형으로부터 합성 경험을 추출해서 동물의 정책을 훈련하는)의 역할을 할 수도 있다. 아니면, 기계 학습 공동체가 아직 예측하지 못한 다른 어떤 역할을 할 수도 있다.

19.5.2 그 밖의 학습된 추론 접근 방식

지금까지 설명한 학습된 근사 추론 전략은 다른 모형들에도 적용되었다. [Salakhutdinov & Larochelle, 2010]은 학습된 추론 신경망의 패스 한 번으로도 DBM(심층 볼츠만 기계)에서 평균장 고정점 방정식을 반복할 때보다 더 빨리 추론을 수행할 수 있음을 보여주었다. 그 논문의 훈련 절차는 추론 신경망을 실행해서 추정값을 얻고, 평균장 갱신 단계를 한 번 수행해서 그 추정값을 갱신하고, 추론 신경망을 훈련해서 정련된 추정값(원래의 추정값이 아니라)을 출력하는 방식이었다.

예측 희소 분해(PSD) 모형으로 얕은 부호기 신경망을 훈련해서 입력의 희소 부호를 예측하는 방법은 §14.8에서 이미 살펴보았다. 그러한 접근 방식을 자동부호기와 희소 부호화의 혼합으로 볼 수 있다. 부호기를 학습된 근사 MAP 추론을 수행하는 것으로 간주할 수 있도록 모형에 어떤 확률적 의미론을 부여하는 것이 가능하다. PSD는 얕은 부호기를 사용하므로, 단위들 사이의 경쟁(평균장 추론에서 본)을 PSD로 구현할 수는 없다. 그러나 ISTA 기법(Gregor & LeCun, 2010b)에서처럼 심층 부호기를 훈련해서 학습된 근사 추론을 수행하게 하면 그런 문제가 완화된다.

학습된 근사 추론은 최근 생성 모형화의 주된 접근 방식이 되었다. 변분 자동부호기 (Kingma, 2013; Rezende 외, 2014)가 바로 그러한 접근 방식을 사용한다. 이 우아한 접근 방식에서는 추론 신경망을 위해 명시적인 목푯값들을 만들 필요가 약다. 대신 추론 신경망은 그냥 $\mathcal{L}$을 정의하기만 하면 된다. 그런 다음에는 $\mathcal{L}$이 증가하도록 추론 신경망의 매개변수들을 적응시킨다. 이러한 모형은 §20.10.3에서 상세하게 설명한다.

근사 추론을 이용하면 다양한 모형들을 훈련하고 사용할 수 있다. 다음 장에서는 그런 여러 모형을 설명한다.

CHAPTER

20

심층 생성 모형

이번 장에서는 제16장에서 설명한 기법들로 구축하고 훈련할 수 있는 구체적인 종류의 생성 모형 몇 가지를 소개한다. 이번 장의 모형들은 모두 다수의 변수에 관한 확률분포를 나름의 방식으로 표현한다. 이 중에는 해당 확률분포 함수를 명시적으로 평가하는 것이 가능한 모형도 있고, 확률분포를 평가할 수는 없지만 암묵적으로 확률분포에 관한 지식이 필요한 연산(이를테면 분포에서 표본들을 추출하는 연산 등)은 지원하는 모형도 있다. 또한, 이번 장의 모형 중에는 제16장에서 소개한 그래프 모형 언어를 이용해서 그래프와 인수(파벌 인수)들로 서술되는 구조적 확률 모형들도 있고 인수들로는 쉽게 서술할 수 없지만 그래도 확률분포를 표현하는 것들도 있다.

20.1 볼츠만 기계

볼츠만 기계는 원래 이진 벡터들에 관한 임의의 확률분포를 학습하기 위한 일반적 '연결주의(connectionism)' 접근 방식으로 고안되었다(Fahlman 외, 1983; Ackley 외, 1985; Hinton 외, 1984; Hinton & Sejnowski, 1986). 그러나 이진 변수가 아닌 변수들도 지원하는 여러 변형의 인기가 원래의 이진 볼츠만 기계의 인기를 뛰어넘은 지도 오랜 시간이 지났다. 이번 절에서는 이진 볼츠만 기계를 간략히 소개하고, 그런 모형의 훈련과 추론에서 발생하는 몇 가지 문제점을 논의한다.

볼츠만 기계는 d차원 이진 확률벡터 $\mathbf{x} \in \{0,1\}^d$에 관해 정의된다. 볼츠만 기계는 에너지 기반 모형(§16.2.4)에 속한다. 실제로, 볼츠만 기계의 결합 확률분포는 다음과 같이 에너지 함수를 통해서 정의된다.

$$P(\boldsymbol{x}) = \frac{\exp(-E(\boldsymbol{x}))}{Z}. \tag{20.1}$$

여기서 $E(\boldsymbol{x})$는 하나의 에너지 함수이고 Z는 $\sum_{\boldsymbol{x}} P(\boldsymbol{x}) = 1$이 되게 하는 분배함수이다. 볼츠만 기계의 에너지 함수는 다음과 같이 주어진다.

$$E(\boldsymbol{x}) = -\boldsymbol{x}^\top \boldsymbol{U} \boldsymbol{x} - \boldsymbol{b}^\top \boldsymbol{x}. \tag{20.2}$$

여기서 $\boldsymbol{U}$는 모형 매개변수들의 '가중치' 행렬이고 $\boldsymbol{b}$는 치우침 매개변수들의 벡터이다.

볼츠만 기계의 일반적인 설정에서는 n차원의 훈련 견본들로 이루어진 훈련 자료 집합이 주어진다. 이 경우 식 20.1은 관측변수들에 관한 결합 확률분포이다. 이런 시나리오도 얼마든지 유효하긴 하지만, 관측변수들과 가중치 행렬이 서술하는 변수들 사이의 상호작용의 종류가 제한적이다. 구체적으로 말하면, 이런 설정에서는 한 단위가 켜질(on) 확률이 다른 단위 값들에 대한 선형 모형(로지스틱 회귀)에 의해 결정된다.

볼츠만 기계는 모든 변수가 관측되지는 않을 때 좀 더 강력해진다. 그런 경우 잠재 변수들은 MLP(다층 퍼셉트론)의 은닉 단위들과 비슷하게 행동하며, 가시 단위들 사이의 고차 상호작용들을 모형화하게 된다. 로지스틱 회귀 모형에 은닉 단위들을 추가해서 만든 MLP가 일종의 보편적 함수 근사기(universal approximator of functions)인 것과 비슷하게, 볼츠만 기계에 은닉 단위들을 추가하면 변수들 사이의 선형 관계들을 모형화하는 것 이상의 일을 할 수 있게 된다. 은닉 단위들을 추가하면 볼츠만 기계는 이산 변수들에 관한 확률질량함수를 근사하는 보편적 근사기가 된다(Le Roux & Bengio, 2008).

공식으로 표현하자면, $\boldsymbol{x}$가 가시 단위 $\boldsymbol{v}$와 잠재(은닉) 단위 $\boldsymbol{h}$로 구성된다고 할 때, 에너지 함수는 다음이 된다.

$$E(\boldsymbol{v}, \boldsymbol{h}) = -\boldsymbol{v}^\top \boldsymbol{R} \boldsymbol{v} - \boldsymbol{v}^\top \boldsymbol{W} \boldsymbol{h} - \boldsymbol{h}^\top \boldsymbol{S} \boldsymbol{h} - \boldsymbol{b}^\top \boldsymbol{v} - \boldsymbol{c}^\top \boldsymbol{h}. \tag{20.3}$$

볼츠만 기계의 학습

볼츠만 기계의 학습에는 최대가능도에 기초한 학습 알고리즘들이 흔히 쓰인다. 모든 볼츠만 기계의 분배함수는 처리 불가능이므로, 최대가능도의 기울기를 제18장에서 설명한 기법들을 이용해서 근사해야 한다.

최대가능도에 기초한 학습 규칙을 이용해서 볼츠만 기계를 훈련할 때 나타나는 한 가지 흥미로운 특성은, 두 단위를 연결하는 한 가중치에 대한 갱신이 그 두 단위의 통계량(각자 다른 분포 $P_{모형}(v)$와 $\hat{P}_{자료}(v)P_{모형}(h|v)$ 하에서 수집한)에만 의존한다는 것이다. 신경망의 나머지 부분이 그러한 통계량들의 형성에 관여하긴 하지만, 해당 가중치 자체는 신경망의 나머지 부분에 관해서나 통계량이 어떻게 산출되는지에 관해 아무것도 알지 못해도 갱신할 수 있다. 이는 학습 규칙이 '국소적'이라는 뜻이다. 이 덕분에 볼츠만 기계의 학습은 생물학적으로도 그럴듯하다. 생물학적 뇌의 각 뉴런이 볼츠만 기계의 각 확률변수라고 한다면, 두 확률변수를 연결하는 신경돌기(축삭돌기)와 가지돌기(수상돌기)는 실제로(물리적으로) 서로 접촉한 세포들의 발화(firing) 패턴을 관측함으로써만 학습할 수 있다. 특히, 양의 단계에서 두 단위가 자주 함께 활성화되면 두 단위의 연결이 강해진다. 이는 흔히 "함께 발화하면 함께 연결된다(fire together, wire together)"라는 문구로 요약하는 헤브 학습 규칙(Hebbian learning rule; Hebb, 1949)의 한 예이다. 헤브 학습 규칙은 생물학적 시스템의 학습을 설명하는 가장 오래된 가설 중 하나이며, 지금도 여전히 유효하다(Giudice 외, 2009).

국소적인 통계량 이외의 정보도 활용하는 다른 학습 알고리즘들에서는 추가적인 메커니즘의 존재를 상정할 필요가 있는 것으로 보인다. 예를 들어 생물학적 뇌가 MLP의 역전파를 구현하려면 기울기 정보를 신경망을 따라 거꾸로 전달하기 위한 또 다른 통신망을 유지할 필요가 있을 것이다. 역전파를 생물학적으로 타당성 있게 구현(그리고 근사)하는 방안들이 제안된 바 있지만(Hinton, 2007a; Bengio, 2015), 아직 입증되지는 않았다. 그리고 [Bengio, 2015]는 기울기 역전파를 볼츠만 기계와 비슷한(그러나 연속 잠재변수들이 있는) 에너지 기반 모형의 추론에 연결했다.

볼츠만 기계의 음의 단계(negative phase)는 생물학적 관점에서 설명하기가 좀 더 어렵다. §18.2에서 논의했듯이, 꿈 수면은 어쩌면 일종의 음의 단계 표집일 수도 있다. 그러나 이 착안은 추측에 좀 더 가깝다.

20.2 제한 볼츠만 기계

원래는 **하모니엄**harmonium이라는 이름으로 제안된(Smolensky, 1986) 제한 볼츠만 기계
(restricted Boltzmann machine, RBM)는 심층 확률 모형을 구축하는 데 가장 흔히 쓰이는
요소의 하나이다. RBM은 §16.7.1에서 간략하게 설명했다. 이번 절에서는 이전의 내용
을 개괄하고, RBM을 좀 더 세부적으로 살펴본다. RBM은 관측 가능한 변수들로 이루
어진 층 하나와 잠재변수들로 이루어진 층 하나를 담은 무향 확률 그래프 모형이다.
다수의 RBM을 층층이 쌓아서 더 깊은 모형을 만들 수 있다. 그림 20.1에 몇 가지 예가
나와 있다. 그림 20.1의 (a)는 RBM 자체의 그래프 구조이다. 이 그래프는 관측층
(observed layer; 관측된 가시 변수들의 층)의 변수들 사이에 그 어떤 연결도 없고 잠재층의
변수들 사이에도 그 어떤 연결도 없는 이분 그래프(bipartite graph)이다.

일단 지금은 이진 버전의 제한 볼츠만 기계를 살펴본다. 이후에 이진 RBM을 다른
종류의 가시, 은닉 단위들로 확장하는 방법을 소개할 것이다.

좀 더 공식적으로, 관측층이 n_v개의 이진 변수들로 이루어지며, 그 변수들을 벡터
$\mathbf{v}$로 통칭한다고 하자. 그리고 잠재층(은닉층)은 n_h개의 이진 확률변수들로 이루어지
며, 그 확률변수들은 벡터 $\boldsymbol{h}$로 통칭한다고 하자.

일반 볼츠만 기계처럼 제한 볼츠만 기계는 하나의 에너지 기반 모형이다. 해당 결합
확률분포는 다음과 같이 에너지 함수를 통해 서술된다.

$$P(\mathbf{v}=\boldsymbol{v},\mathbf{h}=\boldsymbol{h})=\frac{1}{Z}\exp(-E(\boldsymbol{v},\boldsymbol{h})). \tag{20.4}$$

에너지 함수 자체의 정의는 다음과 같다.

$$E(\boldsymbol{v},\boldsymbol{h})=-\boldsymbol{b}^\top\boldsymbol{v}-\boldsymbol{c}^\top\boldsymbol{h}-\boldsymbol{v}^\top\boldsymbol{W}\boldsymbol{h}. \tag{20.5}$$

그리고 흔히 분배함수라고 부르는 정규화 상수 Z는 다음과 같이 정의된다.

$$Z=\sum_{\boldsymbol{v}}\sum_{\boldsymbol{h}}\exp\{-E(\boldsymbol{v},\boldsymbol{h})\}. \tag{20.6}$$

분배함수 Z의 정의를 보면, 단순한 계산 방식(즉, 모든 상태에 관해 합산하는)으로는 Z
의 계산이 처리 불가능일 수 있음이 명백하다(확률분포에 존재하는 어떤 규칙성을 활용해
서 Z를 빠르게 계산하도록 현명하게 설계된 알고리즘을 사용하지 않는 한). 실제로 [Long &

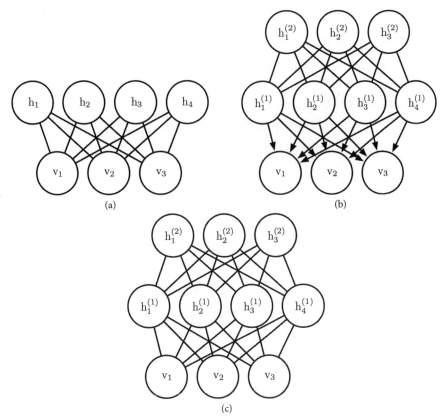

(a)

(b)

(c)

그림 20.1: 제한 볼츠만 기계로 만들 수 있는 모형의 예. **(a)** 제한 볼츠만 기계 자체는 가시 단위들과 은닉 단위들이 연결된 이분 그래프 구조를 가진 무향 그래프 모형이다. 층 내 연결은 없다. 즉, 가시 단위들이 자기들끼리 연결되지는 않으며, 은닉 단위들 역시 자기들끼리 연결되지는 않는다. 일반적으로 모든 가시 단위가 모든 은닉 단위와 연결되지만, 합성곱 RBM처럼 연결들이 희소한 RBM을 만드는 것도 가능하다. **(b)** 심층 믿음망(DBN)은 유향 연결과 무향 연결이 모두 있는 혼성 그래프 모형이다. RBM처럼 층 내 연결(같은 종류의 단위들끼리의 연결)은 없다. 그러나 DBN은 은닉층이 여러 개이므로, 한 은닉층의 은닉 단위들은 다른 은닉층의 은닉 단위들과 연결된다. DBN에 필요한 모든 국소 조건부 확률분포는 DBN을 구성하는 RBM들의 국소 조건부 확률분포들로부터 직접 복사된다. 그림에 나온 것과는 달리 무향 연결만 있는 무향 그래프로 심층 믿음망을 표현할 수도 있지만, 그런 경우 부모들 사이의 의존성을 포착하려면 층 내 연결이 필요하다. **(c)** 심층 볼츠만 기계(DBM)는 은닉층(잠재변수들에 해당하는)이 여러 개인 무향 그래프 모형에 해당한다. RBM과 DBN처럼 DBM도 한 층 안에서는 연결이 없다. DBM은 RBM보다 DBN에 더 가깝다. 층층이 쌓인 RBM들로 DBM을 초기화할 때는 RBM의 매개변수들을 약간 수정할 필요가 있다. 특정 종류의 DBM들은 해당 RBM들을 먼저 훈련하는 과정을 거치지 않고 훈련할 수 있다.

Servedio, 2010]은 제한 볼츠만 기계에 쓰이는 분배함수 Z의 평가가 처리 불가능임을 수학적으로 증명했다. 분배함수 Z의 평가가 처리 불가능이면 정규화된 결합 확률분포 $P(\boldsymbol{v})$의 평가도 처리 불가능이다.

20.2.1 조건부 분포

$P(\boldsymbol{v})$가 처리 불가능이긴 하지만, RBM의 이분 그래프 구조에는 해당 조건부 분포 $P(\boldsymbol{h}|\boldsymbol{v})$와 $P(\mathbf{v}|\mathbf{h})$가 인수곱(factorial) 분포들이라서 그 평가와 추출이 비교적 간단하다는 바람직한 성질이 있다.

결합 분포에서 조건부 분포를 유도하는 것은 간단하다.

$$P(\boldsymbol{h}|\boldsymbol{v}) = \frac{P(\boldsymbol{h},\boldsymbol{v})}{P(\boldsymbol{v})} \tag{20.7}$$

$$= \frac{1}{P(\boldsymbol{v})}\frac{1}{Z}\exp\{\boldsymbol{b}^\top\boldsymbol{v} + \boldsymbol{c}^\top\boldsymbol{h} + \boldsymbol{v}^\top\boldsymbol{W}\boldsymbol{h}\} \tag{20.8}$$

$$= \frac{1}{Z'}\exp\{\boldsymbol{c}^\top\boldsymbol{h} + \boldsymbol{v}^\top\boldsymbol{W}\boldsymbol{h}\} \tag{20.9}$$

$$= \frac{1}{Z'}\exp\left\{\sum_{j=1}^{n_h}c_jh_j + \sum_{j=1}^{n_h}\boldsymbol{v}^\top\boldsymbol{W}_{:,j}\boldsymbol{h}_j\right\} \tag{20.10}$$

$$= \frac{1}{Z'}\prod_{j=1}^{n_h}\exp\{c_jh_j + \boldsymbol{v}^\top\boldsymbol{W}_{:,j}\boldsymbol{h}_j\}. \tag{20.11}$$

여기서 $\mathbf{v}$의 가시 변수들은 조건에 해당하므로, 분포 $P(\mathbf{h}|\mathbf{v})$에 대해서는 그 가시 변수들을 상수로 취급할 수 있다. 조건부 분포 $P(\mathbf{h}|\mathbf{v})$가 인수곱 분포라는 점은 식 20.11에서 보듯이 벡터 $\boldsymbol{h}$에 관한 결합 분포를 개별 성분 h_j들에 관한 (정규화되지 않은) 분포들의 곱으로 표현할 수 있다는 점으로 직접 증명된다. 이제 개별 이진 h_j에 관한 분포들을 정규화하는 것은 간단한 문제이다.

$$P(h_j = 1|\boldsymbol{v}) = \frac{\widetilde{P}(h_j=1|\boldsymbol{v})}{\widetilde{P}(h_j=0|\boldsymbol{v}) + \widetilde{P}(h_j=1|\boldsymbol{v})} \tag{20.12}$$

$$= \frac{\exp\{c_j + \boldsymbol{v}^\top \boldsymbol{W}_{:,j}\}}{\exp\{0\} + \exp\{c_j + \boldsymbol{v}^\top \boldsymbol{W}_{:,j}\}} \tag{20.13}$$

$$= \sigma\big(c_j + \boldsymbol{v}^\top \boldsymbol{W}_{:,j}\big). \tag{20.14}$$

결과적으로, 은닉층에 관한 전체 조건부 분포를 다음과 같은 하나의 인수곱 분포로 표현할 수 있다.

$$P(\boldsymbol{h}|\boldsymbol{v}) = \prod_{j=1}^{n_h} \sigma\big((2\boldsymbol{h}-1) \odot (\boldsymbol{c} + \boldsymbol{W}^\top \boldsymbol{v})\big)_j. \tag{20.15}$$

다른 한 조건부 분포 $P(\boldsymbol{v}|\boldsymbol{h})$ 역시 마찬가지 유도 과정을 통해서 다음과 같은 인수곱 분포로 표현할 수 있다.

$$P(\boldsymbol{v}|\boldsymbol{h}) = \prod_{i=1}^{n_v} \sigma\big((2\boldsymbol{v}-1) \odot (\boldsymbol{b} + \boldsymbol{W}\boldsymbol{h})\big)_i. \tag{20.16}$$

20.2.2 제한 볼츠만 기계의 훈련

RBM에서는 $\tilde{P}(\boldsymbol{v})$의 평가와 미분을 효율적으로 수행할 수 있고 MCMC 표집도 블록 기브스 표집 방식을 이용해서 효율적으로 수행할 수 있으므로, 처리 불가능한 분배함수를 가진 모형을 훈련하는 기법 중 어떤 것으로도 RBM을 손쉽게 훈련할 수 있다. 제18장에서 CD, SML(PCD), 비 부합 등의 기법을 설명했다. RBM의 훈련은 심층 학습에 쓰이는 다른 무향 모형들의 훈련보다 간단하다. 이는 $P(\boldsymbol{h}|\boldsymbol{v})$를 닫힌 형식으로 정확히 계산할 수 있기 때문이다. 반면, 심층 볼츠만 기계 같은 다른 심층 모형들에서는 분배함수의 평가뿐만 아니라 추론도 처리 불가능한 문제에 해당한다.

20.3 심층 믿음망

심층 믿음망(deep belief network, DBN)은 합성곱 모형을 제외할 때 최초로 심층 구조를 성공적으로 훈련할 수 있었던 모형 중 하나이다(Hinton 외, 2006; Hinton, 2007b). 현재의 심층 학습 부흥기는 2006년에 이 심층 믿음망이 도입되면서 시작했다. 심층 믿음망이 등장하기 전 사람들은 심층 모형을 최적화하기가 너무 어렵다고 생각했다. 당시 대부분의 연구자는 볼록 목적함수를 가진 핵 기계(kernel machine)를 주로 연구했다. 심층 믿음망은 MNIST 자료 집합에 대한 벤치마크에서 핵을 적용한 지지 벡터 기계보다 우월한 성과를 내서 심층 구조의 가능성을 보여주었다(Hinton 외, 2006). 요즘은 심층 믿음망이 사람들의 관심에서 거의 완전히 벗어나서 별로 쓰이지 않지만(심지어 다른 비지도 또는 생성 학습 알고리즘들보다도 덜 쓰인다), 그래도 심층 믿음망이 심층 학습의 역사에서 중요한 역할을 했다는 점은 널리 인정되고 있다.

심층 믿음망은 여러 개의 잠재변수 층(은닉층)을 가진 생성 모형이다. 보통의 경우 잠재변수들은 이진 변수이지만, 가시 단위들은 이진일 수도 있고 실수일 수도 있다. 층 내부에는 연결이 없다. 보통의 경우 한 층의 모든 단위가 이웃 층들의 모든 단위와 연결된다. 그러나 단위들이 좀 더 희소하게 연결된 DBN을 구축하는 것도 가능하다. 최상위 두 층(제일 위 층과 그 아래 층) 사이의 연결에는 방향이 없고, 그 밖의 모든 층 사이의 연결은 방향이 있다. 유향 연결에서 화살표는 자료에 좀 더 가까운 층 쪽을 가리킨다. 그림 20.1의 (b)가 그러한 연결 관계를 보여주는 예이다.

은닉층이 l개인 DBN에는 l개의 가중치 행렬 $\boldsymbol{W}^{(1)},...,\boldsymbol{W}^{(l)}$이 있다. 또한, $l+1$개 의 기저벡터 $\boldsymbol{b}^{(0)},...,\boldsymbol{b}^{(l)}$도 있는데, $\boldsymbol{b}^{(0)}$는 가시층의 치우침 항들을 담고 있다. 이러한 DBN이 나타내는 확률분포는 다음과 같이 주어진다.

$$P(\boldsymbol{h}^{(l)},\boldsymbol{h}^{(l-1)}) \propto \exp\left(\boldsymbol{b}^{(l)\top}\boldsymbol{h}^{(l)} + \boldsymbol{b}^{(l-1)\top}\boldsymbol{h}^{(l-1)} + \boldsymbol{h}^{(l-1)\top}\boldsymbol{W}^{(l)}\boldsymbol{h}^{(l)}\right), \tag{20.17}$$

$$P(h_i^{(k)} = 1 \mid \boldsymbol{h}^{(k+1)}) = \sigma\left(b_i^{(k)} + \boldsymbol{W}_{:,i}^{(k+1)\top}\boldsymbol{h}^{(k+1)}\right) \forall i, \forall k \in 1,...,l-2, \tag{20.18}$$

$$P(v_i = 1 \mid \boldsymbol{h}^{(1)}) = \sigma\left(b_i^{(0)} + \boldsymbol{W}_{:,i}^{(1)\top}\boldsymbol{h}^{(1)}\right) \forall i. \tag{20.19}$$

가시 단위들이 실숫값이면 계산의 처리 가능성을 위해

$$\mathbf{v} \sim \mathcal{N}\left(\boldsymbol{v};\boldsymbol{b}^{(0)} + \boldsymbol{W}^{(1)\top}\boldsymbol{h}^{(1)},\boldsymbol{\beta}^{-1}\right) \tag{20.20}$$

를 대각 $\boldsymbol{\beta}$로 대체해야 한다. 이를 다른 지수족(exponential family) 가시 단위들로 일반 화하는 것이 어렵지 않다(적어도 이론적으로는). 은닉층이 단 하나인 DBN은 그냥 하나 의 RBM이다.

DBN에서 표본을 생성하려면 먼저 제일 위의 두 은닉층에 대해 기브스 표집을 몇 단계 정도 실행해야 한다. 이 과정은 본질적으로 그 두 은닉층으로 정의되는 하나의

RBM에서 표본을 뽑는 것에 해당한다. 그런 다음에는 모형의 나머지 부분에 대해 조상 표집을 한 번 돌려서 가시 단위들에서 표본 하나를 뽑는다.

심층 믿음망은 유향 모형의 여러 문제점과 무향 모형의 여러 문제점을 모두 가지고 있다.

각 유향 층 안에서의 해명 효과와 무향 연결들로 연결된 두 은닉층 사이의 상호작용 때문에, 심층 믿음망의 추론은 처리 불가능이다. 로그가능도에 대한 표준 증거 하계의 평가나 최대화 역시 처리 불가능인데, 이는 증거 하계를 구하려면 크기가 네트워크의 너비와 같은 파벌들의 기댓값을 취해야 하기 때문이다.

로그가능도의 평가나 최대화를 위해서는 잠재변수들의 주변화를 위한 추론이 처리 불가능하다는 문제뿐만 아니라 최상위 두 은닉층이 정의하는 무향 모형의 분배함수가 처리 불가능하다는 문제도 해결해야 한다.

심층 믿음망을 훈련하는 방법은 이렇다. 우선 하나의 RBM을, 대조 발산이나 확률적 최대가능도를 이용해서 $\mathbb{E}_{\mathbf{v} \sim p_{\text{자료}}} \log p(\boldsymbol{v})$를 최대화하도록 훈련한다. 그러한 RBM의 매개변수들은 DBN의 첫 층의 매개변수들을 정의한다. 다음으로, 둘째 RBM을

$$\mathbb{E}_{\mathbf{v} \sim p_{\text{자료}}} \mathbb{E}_{\mathbf{h}^{(1)} \sim p^{(1)}(\boldsymbol{h}^{(1)}|\boldsymbol{v})} \log p^{(2)}(\boldsymbol{h}^{(1)}) \qquad (20.21)$$

을 근사적으로 최대화하도록 훈련한다. 여기서 $p^{(1)}$은 첫 RBM이 표현하는 확률분포이고 $p^{(2)}$는 둘째 RBM이 표현하는 확률분포이다. 다른 말로 하면, 첫 RBM은 훈련 자료를 이용해서 훈련하고, 둘째 RBM은 첫 RBM의 은닉 단위들에서 뽑은 표본들로 정의되는 분포를 모형화하도록 훈련한다. 이처럼 새 RBM이 이전 RBM의 표본들을 모형화하는 방식으로 RBM을 추가하는 과정을 DBN이 원하는 깊이가 될 때까지 반복한다. 그러한 각각의 새 RBM은 RBM의 새로운 층이 된다. 이러한 절차는, 이것이 DBN 하에서 자료의 로그가능도에 대한 변분 하계를 증가하는 과정이라는 점에서 정당화된다 (Hinton 외, 2006).

대부분의 응용에서, 탐욕적 층별 절차를 완료한 이후에 DBN을 결합적으로 훈련하는 데에는 추가적인 노력이 필요하지 않다. 그러나 각성-수면 알고리즘을 이용해서 생성적 미세조정(generative fine-tuning) 절차를 수행할 수도 있다.

훈련된 DBN을 하나의 생성 모형으로 직접 사용할 수도 있지만, 대부분의 경우 우리가 관심을 두는 것은 분류 모형을 개선하는 DBN의 능력이다. DBN의 가중치들을

다음과 같이 하나의 MLP를 정의하는 데 사용할 수 있다.

$$\boldsymbol{h}^{(1)} = \sigma\big(b^{(1)} + \boldsymbol{v}^\top \boldsymbol{W}^{(1)}\big), \tag{20.22}$$

$$\boldsymbol{h}^{(l)} = \sigma\big(b_i^{(l)} + \boldsymbol{h}^{(l-1)\top} \boldsymbol{W}^{(l)}\big), \quad \forall\, l \in 2, ..., m. \tag{20.23}$$

생성 모형으로서의 DBN을 훈련해서 얻은 가중치들과 치우침 값들로 이 MLP를 초기화하고 난 후에는 이 MLP를 분류 과제를 수행하도록 훈련한다. 이러한 MLP의 추가 훈련은 판별적 미세조정(discriminative fine-tuning)의 한 예이다.

제19장의 여러 추론 방정식은 일차 원리들에서 유도한 것이지만, 식 20.22와 식 20.23의 MLP는 다소 임의로 선택한 것이다. 이 MLP는 실제 응용 시 잘 작동하는 것으로 보이는, 그리고 다른 문헌들에서도 흔히 쓰이는 것을 그냥 발견법적으로 선택한 것일 뿐이다. 근사 추론 기법들은 일단의 제약들 하에서 로그가능도에 대한 최대한 **엄격한** 변분 하계를 찾아내는 능력에 주목하는 것들이 많다. 로그가능도에 대한 변분 하계는 DBN의 MLP가 정의하는 은닉 단위 기댓값들을 이용해서 구할 수 있지만, 사실 은닉 단위들에 관한 그 어떤 확률분포로도 그러한 하계를 구할 수 있으며, DBN의 MLP를 이용해서 구한 하계가 특별히 엄격한 하계라고 믿을 이유는 없다. 사실 DBN에 기초한 MLP는 DBN의 그래프 모형에 있는 여러 중요한 상호작용을 무시한다. MLP는 위로, 그러니까 가시 단위들에서 가장 깊은 은닉 단위들의 방향으로 정보를 전파할 뿐, 아래나 옆으로는 전파하지 않는다. 그렇지만 DBN 그래프 모형에는 같은 층의 모든 은닉 단위들 사이에 해명 상호작용들이 있을 뿐만 아니라, 층들 사이의 하향식(top-down) 상호작용들도 있다.

DBN의 로그가능도 평가가 처리 불가능이긴 하지만, 로그가능도를 AIS 기법 (Salakhutdinov & Murray, 2008)으로 근사할 수도 있다. 그러면 생성 모형으로서의 DBN의 품질을 평가하는 것이 가능하다.

모든 심층 신경망을 '심층 믿음망'이라고 잘못 부르는 경우가 많다. 심지어는 잠재 변수 의미론이 없는 심층 신경망까지도 심층 믿음망이라고 잘못 부르는 경우가 있다. 심층 믿음망이라는 이름은 최상위 두 층 사이에만 무향 연결이 있고 나머지 모든 인접 층들 사이에는 아래쪽 유향 연결이 있는 모형에만 해당한다.

유향 연결들만 있는 모형을 '믿음망'이라고 부르는 경우가 있다는 점도 혼란을 가중

하는 요소이다. 알다시피 심층 믿음망에는 무향 연결 층이 하나 있다. 게다가 심층 믿음망의 약자 DBN이 마르코프 연쇄를 표현하기 위한 베이즈 망인 동적 베이즈 망(dynamic Bayesian network; Dean & Kanazawa, 1989)의 약자 DBN과 겹친다는 점도 헷갈리는 요소이다.

20.4 심층 볼츠만 기계

심층 볼츠만 기계(deep Boltzmann machine, DBM; Salakhutdinov & Hinton, 2009a)는 또 다른 종류의 심층 생성 모형이다. 심층 믿음망(DBN)과는 달리 심층 볼츠만 기계는 전적으로 무향 무형이다. RBM(제한 볼츠만 기계)과의 차이점은, DBM에는 잠재변수 층이 여러 개 있다는 것이다(RBM에는 하나만 있다). 각 층 안에서 변수들이 이웃 층들의 변수를 조건으로 하여 서로 독립이라는 점은 RBM과 같다. 그림 20.2에 DBM의 그래프 구조가 나와 있다. 심층 볼츠만 기계는 문서 모형화(Srivastava 외, 2013)를 비롯한 다양한 과제에 적용되었다.

RBM과 DBN처럼 DBM은 일반적으로 이진 단위들로만 구성된다. 이번 절에서도 단순함을 위해 이진 DBM을 예로 든다. 그러나 실숫값 가시 단위들을 모형에 포함하는 것도 어렵지 않다.

DBM은 하나의 에너지 기반 모형이다. 이는 모형 변수들에 관한 결합 확률분포가 하나의 에너지 함수 E로 매개변수화된다는 뜻이다. 가시층이 하나이고 은닉층이 셋인 심층 볼츠만 기계의 경우, 가시층이 $\boldsymbol{v}$이고 세 은닉층이 $\boldsymbol{h}^{(1)}$, $\boldsymbol{h}^{(2)}$, $\boldsymbol{h}^{(3)}$이라 할 때 결합 확률분포는 다음과 같이 주어진다.

$$P(\boldsymbol{v},\boldsymbol{h}^{(1)},\boldsymbol{h}^{(2)},\boldsymbol{h}^{(3)}) = \frac{1}{Z(\boldsymbol{\theta})} \exp\big(-E(\boldsymbol{v},\boldsymbol{h}^{(1)},\boldsymbol{h}^{(2)},\boldsymbol{h}^{(3)};\boldsymbol{\theta})\big). \tag{20.24}$$

간결한 설명을 위해, 이하의 수식들에서 치우침 매개변수들은 생략하기로 한다. DBM의 에너지 함수는 다음과 같이 주어진다.

$$E(\boldsymbol{v},\boldsymbol{h}^{(1)},\boldsymbol{h}^{(2)},\boldsymbol{h}^{(3)};\boldsymbol{\theta}) = -\boldsymbol{v}^{\top}\boldsymbol{W}^{(1)}\boldsymbol{h}^{(1)} - \boldsymbol{h}^{(1)\top}\boldsymbol{W}^{(2)}\boldsymbol{h}^{(2)} - \boldsymbol{h}^{(2)\top}\boldsymbol{W}^{(3)}\boldsymbol{h}^{(3)}. \tag{20.25}$$

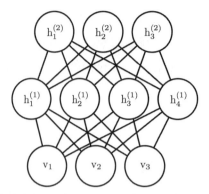

그림 20.2: 가시층(제일 아래)이 하나이고 은닉층이 두 개인 심층 볼츠만 기계의 그래프 모형. 인접 층들 사이에만 연결이 있고, 층 안에서는 연결이 없다.

RBM의 에너지 함수(식 20.5)와 비교할 때, DBM의 에너지 함수에는 은닉 단위(잠재 변수)들 사이의 연결들을 반영하는 가중치 행렬 $\boldsymbol{W}^{(2)}$과 $\boldsymbol{W}^{(3)}$이 있다. 차차 보겠지만, 이 연결들은 모형의 행동 방식뿐만 아니라 우리가 모형의 추론을 수행하는 데에도 중요한 영향을 미친다.

모든 단위가 다른 모든 단위와 연결된 완전 연결(fully connected) 볼츠만 기계에 비해 DBM에는 몇 가지 장점(RBM의 것들과 비슷한)이 있다. 구체적으로 말하자면, DBM의 층들은 하나의 이분 그래프 형태로 조직화할 수 있다. 그림 20.3은 홀수 층들을 한쪽에, 짝수 층들을 다른 한쪽에 배치해서 만든 이분 그래프 구조를 보여준다. 이러한 이분 그래프 구조 덕분에, 짝수 층들에 있는 변수들을 조건으로 할 때 홀수 층의 변수들은 서로 조건부 독립이 되고, 마찬가지로 홀수 층들의 변수들을 조건으로 짝수 층의 변수들은 서로 조건부 독립이 된다.

DBM이 이분 그래프 구조를 따른다는 것은, 이전에 RBM의 조건부 분포를 구하는 데 사용한 공식들을 DBM의 조건부 분포를 구하는 데 그대로 사용할 수 있다는 뜻이다. 한 층의 단위들은 이웃 층들의 값들을 조건으로 하여 서로 조건부 독립이므로, 이진 변수들에 관한 분포들(각 변수가 활성화될 확률을 제공하는)을 베르누이 분포의 매개변수들로 완전히 서술하는 것이 가능하다. 은닉층이 두 개인 지금의 예에서, 두 층의 이진 단위의 활성화 확률은 각각 다음과 같이 주어진다.

$$P(v_i = 1 \mid \boldsymbol{h}^{(1)}) = \sigma\big(\boldsymbol{W}^{(1)}_{i,:}\boldsymbol{h}^{(1)}\big), \tag{20.26}$$

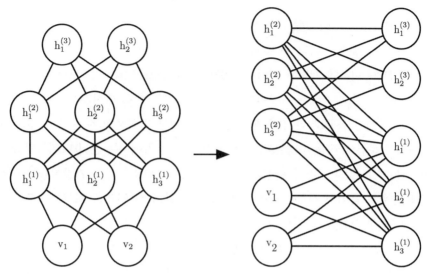

그림 20.3: 심층 볼츠만 기계는 이분 그래프 구조를 따른다.

$$P(h_i^{(1)} = 1 \,|\, \boldsymbol{v}, \boldsymbol{h}^{(2)}) = \sigma\big(\boldsymbol{v}^\top \boldsymbol{W}_{:,i}^{(1)} + \boldsymbol{W}_{i,:}^{(2)} \boldsymbol{h}^{(2)}\big), \tag{20.27}$$

$$P(h_k^{(2)} = 1 \,|\, \boldsymbol{h}^{(1)}) = \sigma\big(\boldsymbol{h}^{(1)\top} \boldsymbol{W}_{:,k}^{(2)}\big). \tag{20.28}$$

이러한 이분 구조 덕분에, 심층 볼츠만 기계에서는 기브스 표집이 효율적이다. 단순한 기브스 표집은 그냥 한 번에 하나의 변수만 갱신하지만, RBM에서는 모든 가시 단위를 하나의 블록으로 갱신하고, 모든 은닉 단위를 또 다른 하나의 블록으로 갱신할수 있다. 그렇다면 층이 l개인 DBM의 기브스 표집에는 $l+1$번의 갱신이 필요하리라추측할 수 있다. 그렇지만 실제로는 모든 단위를 단 두 번의 반복으로 갱신하는 것이가능하다. 좀 더 구체적으로, 모든 짝수 층(가시층 포함)의 단위들을 한 번에 갱신하고,모든 홀수 층의 단위들을 한 번에 갱신하면 된다. DBM의 연결 패턴이 이분 그래프의구조이기 때문에, 짝수 층들이 주어졌을 때 홀수 층들에 관한 분포는 인수곱 분포이다. 따라서 홀수 층들을 하나의 블록으로 취급해서 동시에, 그리고 독립적으로 표본을추출할 수 있다. 마찬가지로, 홀수 층들이 주어졌을 때 짝수 층들을 하나의 블록으로취급해서 동시에 독립적으로 표본을 추출할 수 있다. 표본추출의 효율성은 확률적 최대가능도 알고리즘으로 모형을 훈련할 때 특히나 중요하다.

20.4.1 흥미로운 성질들

심층 볼츠만 기계에는 여러 가지 흥미로운 성질들이 있다.

DBM은 DBN 이후에 개발된 것이다. DBM의 사후분포 $P(\boldsymbol{h}|\boldsymbol{v})$는 DBN의 것보다 간단하다. 직관에 다소 반하는 사실이지만, 사후분포가 단순하면 사후분포의 근사는 오히려 더 풍부해진다. DBN의 경우에는 발견법적 접근 방식을 따르는 근사 추론 절차를 이용해서 분류 과제를 수행한다. 그런 근사 추론 절차에서는 은닉 단위들의 평균장(mean field) 기댓값을, S자형 활성화 함수와 원래의 DBN과 같은 가중치들을 사용하는 MLP를 위로 훑어서 적절히 추정한다. 그 어떤 분포 $Q(\boldsymbol{h})$라도 로그가능도의 변분 하계를 얻는 데 사용할 수 있다. 따라서, 이러한 발견법적 절차를 이용하면 그런 하계를 구할 수 있다. 그렇지만 그 하계는 명시적인 최적화가 가해지지 않은 것이므로, 엄격한 하계와는 거리가 멀 수 있다. 특히 Q의 발견법적 추정은 같은 층에 속한 은닉단위들 사이의 상호작용은 물론이고 더 깊은 층에 있는 은닉 단위들이 입력에 가까운 은닉 단위들에 미치는 하향식 피드백의 영향도 무시한다. DBN의 발견법적 MLP 기반 추론 절차가 그런 상호작용들을 반영하지 못하므로, 그 결과로 나온 Q는 최적의 분포와는 거리가 멀 가능성이 크다. 반면 DBM에서는 다른 층들이 주어졌을 때 한 층의 모든 은닉 단위가 조건부 독립이다. 즉, 층 안의 상호작용이 없다. 이 덕분에 고정점 방정식으로 변분 하계를 최적화해서 진(true) 최적 평균장 기댓값을 구할 수 있다(어떤 수치적 허용 오차 안에서).

적절한 평균장을 사용하면, DBM에 대한 근사 추론 절차를 이용해서 하향식 피드백 상호작용의 영향력을 포착할 수 있게 된다. 그러면 DBM이 신경과학의 관점에서 좀더 흥미로워지는데, 왜냐하면 인간의 뇌는 하향식 피드백 연결을 많이 사용한다고 알려졌기 때문이다. 이 성질 덕분에 DBM이 신경과학의 실제 현상들에 대한 계산 모형으로 쓰였다(Series 외, 2010; Reichert 외, 2011).

DBM의 한 가지 안타까운 성질은 표본을 추출하기가 비교적 어렵다는 것이다. DBN에서 표본을 뽑을 때는 MCMC 표집을 최상위 두 층에만 적용하면 된다. 나머지 층들은 표본추출 과정의 끝에서 효율적인 조상 표집을 한 번 적용할 때만 관여한다. 그러나 DBM에서 표본 하나를 뽑으려면 모든 층에 대해 MCMC를 적용해야 하며, 모형의 모든 층이 모든 마르코프 연쇄 전이에 관여한다.

20.4.2 DBM 평균장 추론

DBM의 한 층에 관한 조건부 분포(이웃 층들이 주어졌을 때의)는 인수곱 분포(factorial distribution)이다. 은닉층이 두 개인 DBM의 예에서 세 조건부 분포는 $P(\boldsymbol{v}|\boldsymbol{h}^{(1)})$과 $P(\boldsymbol{h}^{(1)}|\boldsymbol{v},\boldsymbol{h}^{(2)})$, $P(\boldsymbol{h}^{(2)}|\boldsymbol{h}^{(1)})$이다. 보통의 경우 모든 은닉층에 관한 분포는 인수곱의 형태로 인수분해되지 않는다(층들 사이의 상호작용 때문에). 은닉층이 두 개인 예에서 분포 $P(\boldsymbol{h}^{(1)},\boldsymbol{h}^{(2)}|\boldsymbol{v})$는 $\boldsymbol{h}^{(1)}$과 $\boldsymbol{h}^{(2)}$ 사이의 상호작용 가중치 $\boldsymbol{W}^{(2)}$(이 가중치들에 의해 해당 변수들은 상호 의존하게 된다) 때문에 인수분해되지 않는다.

DBN에 대해 했던 것처럼, DBM의 사후분포를 근사하는 방법을 살펴보자. DBN의 경우와는 달리 DBM의 사후분포는 비록 복잡하긴 하지만 변분 근사 방법들(§19.4에서 논의한), 특히 평균장 근사를 이용해서 수월하게 근사할 수 있다. 평균장 근사는 완전히 인수분해할 수 있는 인수곱 분포의 근사에만 한정된, 간단한 형태의 변분 추론이다. DBM의 맥락에서 평균장 방정식은 층들 사이의 양방향 상호작용들을 반영한다. 이번 절에서는 원래 [Salakhutdinov & Hinton, 2009a]에 나온 반복적 근사 추론 절차를 유도해 본다.

추론을 위한 변분 근사 방법들은 특정 목표 분포(지금 예에서는 가시 단위들이 주어졌을 때의 은닉 단위들에 관한 사전분포)를 비교적 간단한 어떤 분포족(family of distributions)으로 근사하는 접근 방식을 사용한다. 평균장 근사의 경우 그러한 근사 분포족은 은닉 단위들이 조건부 독립인 분포들의 집합이다.

그럼 은닉층이 둘인 DBM에 대한 평균장 근사 절차를 만들어 보자. 우선, $P(\boldsymbol{h}^{(1)}, \boldsymbol{h}^{(2)}|\boldsymbol{v})$의 근사(우리가 구하고자 하는)를 $Q(\boldsymbol{h}^{(1)},\boldsymbol{h}^{(2)}|\boldsymbol{v})$로 표기하자. 평균장 가정에 의해 다음이 성립한다.

$$Q(\boldsymbol{h}^{(1)},\boldsymbol{h}^{(2)}|\boldsymbol{v}) = \prod_j Q(h_j^{(1)}|\boldsymbol{v})\prod_k Q(h_k^{(2)}|\boldsymbol{v}). \tag{20.29}$$

평균장 근사의 목표는 이러한 분포족에 속하는 분포 중 진 사후분포 $P(\boldsymbol{h}^{(1)},\boldsymbol{h}^{(2)}|\boldsymbol{v})$와 가장 잘 맞는(최적 적합) 분포를 찾는 것이다. 여기서 중요한 것은, $\boldsymbol{v}$의 새 값을 사용할 때마다 매번 그러한 추론 과정을 다시 실행해서 다른 Q를 찾아야 한다는 것이다.

$Q(\boldsymbol{h}|\boldsymbol{v})$가 $P(\boldsymbol{h}|\boldsymbol{v})$와 얼마나 잘 적합하는지 평가하는 방법은 여러 가지이다. 평균장 접근 방식에서는 다음 수량을 기준으로 사용한다(작을수록 좋다).

$$KL(Q \parallel P) = \sum_{\boldsymbol{h}} Q(\boldsymbol{h}^{(1)}, \boldsymbol{h}^{(2)} \mid \boldsymbol{v}) \log \left(\frac{Q(\boldsymbol{h}^{(1)}, \boldsymbol{h}^{(2)} \mid \boldsymbol{v})}{P(\boldsymbol{h}^{(1)}, \boldsymbol{h}^{(2)} \mid \boldsymbol{v})} \right). \tag{20.30}$$

보통의 경우, 반드시 근사 분포의 매개변수 형식을 제공할 필요는 없다. 독립성 가정을 강제할 수만 있으면 된다. 일반적으로 변분 근사 절차는 근사 분포의 함수 형식을 복원할 수 있다. 그러나 지금처럼 이진 은닉 단위들에 평균장 근사를 적용할 때에는 모형의 매개변수화를 미리 고정한다고 해서 일반성이 훼손되지는 않는다.

지금 예에서는 Q를 베르누이 분포들의 곱으로 매개변수화한다. 즉, $\boldsymbol{h}^{(1)}$의 각 성분의 확률에 하나의 매개변수를 연관시킨다. 좀 더 구체적으로 말하면, 각 j에 대해 $\hat{h}_j^{(1)} = Q(h_j^{(1)} = 1 \mid \boldsymbol{v})$로 두고, 각 k에 대해 $\hat{h}_k^{(2)} = Q(h_k^{(2)} = 1 \mid \boldsymbol{v})$로 둔다. 이때 $\hat{h}_j^{(1)} \in [0,1]$이고 $\hat{h}_k^{(2)} \in [0,1]$이다. 이로부터 다음과 같은 근사 사후분포를 유도할 수 있다.

$$Q(\boldsymbol{h}^{(1)}, \boldsymbol{h}^{(2)} \mid \boldsymbol{v}) = \prod_j Q(h_j^{(1)} \mid \boldsymbol{v}) \prod_k Q(h_k^{(2)} \mid \boldsymbol{v}) \tag{20.31}$$

$$= \prod_j (\hat{h}_j^{(1)})^{h_j^{(1)}} (1 - \hat{h}_j^{(1)})^{(1 - h_j^{(1)})} \times \prod_k (\hat{h}_k^{(2)})^{h_k^{(2)}} (1 - \hat{h}_k^{(2)})^{(1 - h_k^{(2)})}. \tag{20.32}$$

이를 층이 더 많은 DBM의 근사 사후분포 매개변수화로 확장하는 것도 간단하다. 모형의 이분 그래프 구조를 활용해서, 기브스 표집과 동일한 일정에 따라 모든 짝수 층을 동시에 갱신하고 모든 홀수 층을 동시에 갱신하면 된다.

식 20.32의 Q는 하나의 근사 분포족을 정의한다. 이제 이 분포족의 분포 중 P와 가장 잘 맞는 하나를 고르는 절차를 만들어야 한다. 가장 직접적인 방법은 식 19.56의 평균장 방정식들을 이용하는 것이다. 이 방정식들은 변분 하계의 미분이 0인 점들을 구해서 유도한 것이다. 그 유도 과정에서, 임의의 모형에 대한 변분 하계를 최적화하는 일반적인 방법을 배울 수 있다. 그것은 바로 Q에 대한 기댓값을 취하는 것이다.

그러한 일반적인 방정식을 지금 문제에 적용하면 다음과 같은 갱신 규칙이 나온다 (앞에서처럼 치우침 항들은 생략했다).

$$\hat{h}_j^{(1)} = \sigma \left(\sum_i v_i W_{i,j}^{(1)} + \sum_{k'} W_{j,k'}^{(2)} \hat{h}_{k'}^{(2)} \right), \quad \forall j, \tag{20.33}$$

$$\hat{h}_k^{(2)} = \sigma \left(\sum_{j'} W_{j',k}^{(2)} \hat{h}_{j'}^{(1)} \right), \quad \forall k. \tag{20.34}$$

이 연립방정식의 한 고정점에서 변분 하계 $\mathcal{L}(Q)$는 극솟값이 된다. 따라서 이러한 고정점 갱신 방정식들은 $\hat{h}_j^{(1)}$의 갱신(식 20.33을 이용한)과 $\hat{h}_k^{(2)}$의 갱신(식 20.34를 이용한)을 번갈아 수행하는 하나의 반복적 알고리즘을 정의한다. MNIST 같은 작은 문제에서는 학습을 위한 양의 단계 기울기를 근사하는 데 필요한 반복 횟수는 10회 정도이다. 그리고 일반적으로, 정확도 높은 분류에 쓰이는 하나의 구체적인 견본의 고품질 표현을 얻는 데에는 50회 정도로 충분하다. 근사 변분 추론을 더 깊은 DBM으로 확장하는 것도 간단하다.

20.4.3 DBM 매개변수 학습

DBM의 학습을 위해서는 처리 불가능한 분배함수 문제를 해결해야 하며(제18장의 기법들을 이용해서), 또한 처리 불가능한 사전분포 문제도 해결해야 한다(제19장의 기법들을 이용해서).

$20.4.2에서 설명했듯이, 변분 추론을 이용하면 처리 불가능한 $P(\boldsymbol{h}|\boldsymbol{v})$를 근사하는 분포 $Q(\boldsymbol{h}|\boldsymbol{v})$를 구할 수 있다. 그러면 학습은 $\mathcal{L}(\boldsymbol{v},Q,\boldsymbol{\theta})$, 즉 로그가능도 $\log P(\boldsymbol{v};\boldsymbol{\theta})$의 변분 하계를 최대화하는 것이 된다.

은닉층이 둘인 심층 볼츠만 기계(DBM)에서 $\mathcal{L}$은 다음과 같이 주어진다.

$$\mathcal{L}(Q,\boldsymbol{\theta}) = \sum_i \sum_{j'} v_i W_{i,j}^{(1)} \hat{h}_{j'}^{(1)} + \sum_{j'} \sum_{k'} \hat{h}_{j'}^{(1)} W_{j',k'}^{(2)} \hat{h}_{k'}^{(2)} - \log Z(\boldsymbol{\theta}) + \mathcal{H}(Q). \quad (20.35)$$

이 공식에는 여전히 로그 분배함수 $\log Z(\boldsymbol{\theta})$가 있다. 심층 볼츠만 기계는 제한 볼츠만 기계(RBM)들로 구성되므로, RBM의 분배함수와 표본추출의 어려움들이 심층 볼츠만 기계에도 적용된다. 따라서, 볼츠만 기계의 확률질량함수를 평가하려면 정련된 중요도 표집(AIS) 같은 근사 방법이 필요하다. 마찬가지로, DBM의 학습을 위해서는 로그 분배함수의 기울기를 근사해야 한다. 제18장에서 그런 방법들을 개괄적으로 설명했다. 보통의 경우 DBM의 훈련에는 확률적 최대가능도를 사용한다. 제18장에서 설명한 다른 여러 기법들은 DBM에 맞지 않는다. 유사가능도 같은 기법을 적용하려면 비정규화 확률들을 실제로 평가해야 한다(그냥 그 확률들에 대한 하계를 구하는 것이 아니라). 그리고 DBM에서 대조 발산 기법은 너무 느리다. 가시 단위들이 주어졌을 때의 은닉 단위들의 표집을 효율적으로 수행할 수 없기 때문이다. DBM에 대조 발산을 적용하려면, 새로운 음의 단계 표본이 필요할 때마다 마르코프 연쇄를 연소해야 할 것이다.

확률적 최대가능도 알고리즘의 비변분 버전을 §18.2에서 논의했다. 변분 확률적 최대가능도를 DBM에 적용하는 절차가 알고리즘 20.1에 나와 있다. 간결함을 위해 치우침 매개변수들은 생략했음을 주의하기 바란다. 그 매개변수들을 도입하는 것도 어렵지 않다.

20.4.4 층별 사전훈련

안타깝게도, DBM을 무작위 초기화로 시작해서 확률적 최대가능도를 이용해서 훈련하면(위에서 설명한 대로) 보통은 학습에 실패한다. 모형이 분포를 제대로 표현하지 못할 때도 있고, 분포를 잘 표현하긴 하지만 그냥 RBM 하나를 사용한 경우보다 가능도가 그리 크지 않을 때도 있다. 첫 층을 제외한 나머지 층들에서 가중치들이 아주 작은 DBM은 RBM과 대략 동일한 분포를 표현한다.

DBM의 결합 훈련(joint training)을 가능하게 하는 다양한 기법이 개발되었다. 그런 기법들은 §20.4.5에서 소개하겠지만, 그중 독창적이고 가장 유명한 것 하나는 이번 절에서 설명하기로 한다. 그 기법은 바로 탐욕적 층별 사전훈련(greedy layer-wise pretraining)이다. 이 방법은 DBM의 각 층을 하나의 RBM으로 취급해서 따로 훈련한다. 첫 층에 해당하는 RBM은 입력 자료를 모형화하는 방법을 배우게 하고, 그 이후의 RBM은 이전 RBM의 사후분포에 있는 표본들을 모형화하는 방법을 배우게 한다. 그런 식으로 모든 RBM을 훈련한 후에는, 그 RBM들로 이루어진 하나의 DBM을 훈련한다. DBM을 훈련하는 방법으로는 PCD(지속 대조 발산)가 있다. 일반적으로 PCD 훈련 알고리즘은 모형의 매개변수들을 조금만 변경한다. 그리고 PCD 훈련의 성과는 자료에 배정된 로그가능도로 측정할 수도 있고 모형이 입력들을 분류하는 능력으로 측정할 수도 있다. 그림 20.4는 이러한 훈련 절차를 시각화한 것이다.

단계 크기 ϵ을 작은 양수로 설정한다.

기브스 표집 갱신 단계 수 k를, $p(\boldsymbol{v},\boldsymbol{h}^{(1)},\boldsymbol{h}^{(2)};\boldsymbol{\theta}+\epsilon\Delta_{\boldsymbol{\theta}})$의 마르코프 연쇄가 $p(\boldsymbol{v},\boldsymbol{h}^{(1)},\boldsymbol{h}^{(2)};\boldsymbol{\theta})$의 표본들로 시작해서 연소하기에 충분할 정도의 큰 값으로 설정한다.

세 행렬 $\tilde{\boldsymbol{V}}$, $\tilde{\boldsymbol{H}}^{(1)}$, $\tilde{\boldsymbol{H}}^{(2)}$를 각각 m개의 무작위 값(난수) 행들로 초기화한다(난수들은 이를테면 베르누이 분포에서 얻으면 될 것이다. 그러한 베르누이 분포의 주변 확률들을 모형의 주변 확률들과 동일하게 둘 수도 있다).

while 아직 수렴하지 않은 동안(학습 루프) **do**

　훈련 집합에서 견본 m개짜리 미니배치를 뽑고, 그 견본들을 설계 행렬 $\boldsymbol{V}$의 행들로 배치한다.

　행렬 $\hat{\boldsymbol{H}}^{(1)}$과 $\hat{\boldsymbol{H}}^{(2)}$를 초기화한다(모형의 주변 분포로 초기화할 수도 있다).

　while 아직 수렴하지 않은 동안(평균장 추론 루프) **do**

$$\hat{\boldsymbol{H}}^{(1)}\leftarrow\sigma\left(\boldsymbol{V}\boldsymbol{W}^{(1)}+\hat{\boldsymbol{H}}^{(2)}\boldsymbol{W}^{(2)\top}\right).$$

$$\hat{\boldsymbol{H}}^{(2)}\leftarrow\sigma\left(\hat{\boldsymbol{H}}^{(1)}\boldsymbol{W}^{(2)}\right).$$

　end while

$$\Delta_{\boldsymbol{W}^{(1)}}\leftarrow\frac{1}{m}\boldsymbol{V}^{\top}\hat{\boldsymbol{H}}^{(1)}.$$

$$\Delta_{\boldsymbol{W}^{(2)}}\leftarrow\frac{1}{m}\hat{\boldsymbol{H}}^{(1)\top}\hat{\boldsymbol{H}}^{(2)}.$$

　for $l=1$ **to** k **do** (기브스 표집)

　　기브스 블록 1:

　　$\forall i,j$에 대해 $P(\tilde{V}_{i,j}=1)=\sigma\left(\boldsymbol{W}_{j,:}^{(1)}\left(\tilde{\boldsymbol{H}}_{i,:}^{(1)}\right)^{\top}\right)$에서 $\tilde{V}_{i,j}$들을 뽑는다.

　　$\forall i,j$에대해 $P(\tilde{H}_{i,j}^{(2)}=1)=\sigma\left(\tilde{\boldsymbol{H}}_{i,:}^{(1)}\boldsymbol{W}_{:,j}^{(2)}\right)$에서 $\tilde{H}_{i,j}^{(2)}$들을 뽑는다.

　　기브스 블록 2:

　　$\forall i,j$에 대해 $P(\tilde{H}_{i,j}^{(1)}=1)=\sigma\left(\tilde{\boldsymbol{V}}_{i,:}\boldsymbol{W}_{:,j}^{(1)}+\tilde{\boldsymbol{H}}_{i,:}^{(2)}\boldsymbol{W}_{j,:}^{(2)\top}\right)$에서 $\tilde{H}_{i,j}^{(1)}$들을 뽑는다.

　end for

$$\Delta_{\boldsymbol{W}^{(1)}}\leftarrow\Delta_{\boldsymbol{W}^{(1)}}-\frac{1}{m}\boldsymbol{V}^{\top}\tilde{\boldsymbol{H}}^{(1)}.$$

$$\Delta_{\boldsymbol{W}^{(2)}}\leftarrow\Delta_{\boldsymbol{W}^{(2)}}-\frac{1}{m}\tilde{\boldsymbol{H}}^{(1)\top}\tilde{\boldsymbol{H}}^{(2)}.$$

$\boldsymbol{W}^{(1)}\leftarrow\boldsymbol{W}^{(1)}+\epsilon\Delta_{\boldsymbol{W}^{(1)}}$. (이것은 설명을 위해 단순화한 것일 뿐이다. 실제 응용에서는 학습 속도가 감소하는 운동량 방법 같은 좀 더 효과적인 알고리즘을 사용한다.)

$\boldsymbol{W}^{(2)}\leftarrow\boldsymbol{W}^{(2)}+\epsilon\Delta_{\boldsymbol{W}^{(2)}}$.

end while

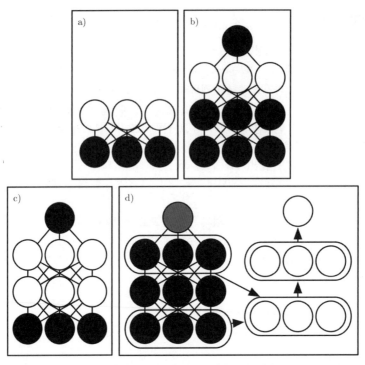

그림 20.4: MNIST 자료 집합의 분류에 쓰인 심층 볼츠만 기계의 훈련 절차(Salakhutdinov & Hinton, 2009a; Srivastava 외, 2014). (a) CD(대조 발산)를 이용해서, 하나의 RBM을 $\log P(\boldsymbol{v})$를 근사적으로 최대화하도록 훈련한다. (b) CD-k를 이용해서 $\boldsymbol{h}^{(1)}$과 목표 부류 y를 모형화하는 둘째 RBM을 $\log P(\boldsymbol{h}^{(1)}, \text{y})$를 근사적으로 최대화하도록 훈련한다. 이때 $\boldsymbol{h}^{(1)}$은 자료를 조건으로 한 첫 RBM의 사후분포에서 뽑는다. 학습 도중 k를 1에서 20까지 증가한다. (c) 두 RBM을 모아서 하나의 DBM을 만들고, $k = 5$인 확률적 최대가능도를 이용해서 그 DBM을 $\log P(\mathbf{v}, \text{y})$를 근사적으로 최대화하도록 훈련한다. (d) 모형에서 y를 삭제한다. y가 없는 모형에서 평균장 추론을 실행해서 얻은 특징들로 새 특징 집합 $\boldsymbol{h}^{(1)}$과 $\boldsymbol{h}^{(2)}$를 정의한다. 그 특징들을 평균장의 추가 패스와 동일한 구조를 가진, 그리고 y를 추정하는 추가적인 출력층이 있는 MLP에 입력한다. 이 MLP의 가중치들은 DBM의 가중치들과 같게 초기화한다. 확률적 경사 하강법과 드롭아웃 정칙화를 이용해서 이 MLP를 $\log P(\text{y}|\mathbf{v})$를 근사적으로 최대화하도록 훈련한다. [Goodfellow 외, 2013b]의 그림을 전재했다.

이상의 층별 사전훈련 절차가 그냥 좌표 상승법(coordinate ascent)인 것은 아니다. 매개변수들의 부분집합들을 한 번에 하나씩 최적화한다는 점에서는 층별 사전훈련이 좌표 상승법과 비슷하지만, 층별 사전훈련 절차에는 단계마다 다른 목적함수를 사용한다는 중요한 차이점이 있다.

그리고 DBM의 탐욕적 층별 사전훈련은 DBN의 탐욕적 층별 사전훈련과 다르다. DBN에서는 개별 RBM의 매개변수들을 DBN에 그대로 복사할 수 있다. 그러나 DBM

의 경우에는 RBM의 매개변수들을 수정한 후 DBM에 집어넣어야 한다. 층층이 쌓인 RBM들의 중간에 있는 RBM은 오직 상향식(bottom-up) 입력으로만 훈련되지만, 그 RBM들로 하나의 DBM을 형성하고 나면 중간에 있는 층은 상향식 입력뿐만 아니라 하향식 입력도 받게 된다. 이런 효과를 반영하기 위해, [Salakhutdinov & Hinton, 2009a]는 최상위와 최하위의 두 RBM을 제외한 모든 RBM의 가중치들을 절반으로 나누어서 DBM에 넣는 방법을 권장한다. 더 나아가서, 최하위 RBM은 반드시 각 가시변수의 두 '복사본'을 이용해서 훈련해야 하고, 두 복사본에 동일한 가중치들을 배정해야 한다. 결과적으로 그 가중치들은 상향 패스에서 사실상 두 배가 된다. 마찬가지로, 최상위 RBM은 반드시 최상위 층의 두 복사본으로 훈련해야 한다.

심층 볼츠만 기계로 현재 최고 수준의 성과를 얻으려면 표준적인 확률적 최대가능도 알고리즘을, 결합 PCD 훈련 과정의 음은 단계에서 작은 양의 평균장을 사용하도록 수정해서 사용할 필요가 있다(Salakhutdinov & Hinton, 2009a). 구체적으로 말하자면, 에너지 기울기의 기댓값을 모든 단위가 서로 독립인 평균장 분포에 대해 계산해야 한다. 이 평균장 분포의 매개변수들은 반드시 단 하나의 단계를 위한 평균장 고정점 방정식들을 실행해서 구해야 한다. 음의 단계에서 부분 평균장을 사용할 때와 그렇지 않을 때의 DBM을 중심으로 성과들을 비교한 결과가 [Goodfellow 외, 2013b]에 나온다.

20.4.5 심층 볼츠만 기계의 결합 훈련

고전적인 DBM을 훈련하려면 탐욕적 비지도 사전훈련이 필요하다. 그리고 분류 과제에서 좋은 성과를 내려면 DBM이 추출한 은닉 특징들에 대해 개별적인 MLP 기반 분류기를 적용해야 한다. 이런 요구사항들로부터 몇 가지 단점이 발생할 수 있다. 하나는 훈련 도중 성과를 추적하기가 어렵다는 것이다. 이는, 첫 RBM을 훈련하는 동안에는 DBM 전체의 성질들을 평가할 수 없기 때문이다. 그래서, 훈련 과정의 상당히 후반부에 도달하기 전까지는 우리가 선택한 초매개변수들이 얼마나 잘 작용하는지는 파악하기 어렵다. 또 다른 단점으로, DBM의 소프트웨어 구현은 개별 RBM의 CD(대조 발산) 훈련을 위한 구성요소, 전체 DBM의 PCD 훈련을 위한 구성요소, MLP를 훑는 역전파에 기초한 훈련을 위한 구성요소 등 여러 가지 구성요소를 제공해야 한다. 마지막으로, 볼츠만 기계의 결과에 MLP를 적용하면 볼츠만 기계의 확률 모형이 가진 여러 장점(일부 입력이 누락되어도 추론을 수행할 수 있는 등)이 사라진다.

심층 볼츠만 기계의 결합 훈련 문제를 푸는 방법은 크게 두 가지이다. 하나는 훈련 과정의 시작에서 '중심화(centering)'라는 기법으로 모형을 재매개변수화해서 비용함수의 헤세 행렬의 조건화를 개선하는 것이다. 그런 모형을 중심화된(centered) 심층 볼츠만 기계, 줄여서 **중심 심층 볼츠만 기계**(Montavon & Muller, 2012)라고 부른다. 중심화된 모형은 탐욕적 층별 사전훈련 단계 없이도 훈련할 수 있다. 중심화된 모형은 시험 집합의 로그가능도가 아주 좋으며, 고품질의 표본들을 산출한다. 안타깝게도, 분류 과제에서 이런 모형은 적절히 정칙화된 MLP를 능가하지 못한다. 심층 볼츠만 기계를 결합적으로 훈련하는 또 다른 방법은 **다중 예측 심층 볼츠만 기계**(multi-prediction deep Boltzmann machine; Goodfellow 외, 2013b)를 사용하는 것이다. 이 모형은 보통의 DBM과는 다른 훈련 판정기준을 사용하는 덕분에 역전파 알고리즘을 사용할 수 있으며, 결과적으로 기울기의 MCMC 추정과 관련된 문제들을 피할 수 있다. 안타깝게도, 그러한 판정기준을 사용해도 MCMC 접근 방식보다 가능도나 표본들이 더 나아지지는 않는다. 그렇지만 분류 성과와 결측 입력에 관한 추론 능력은 MCMC 접근 방식보다 우월하다.

볼츠만 기계의 중심화 요령은 볼츠만 기계를 가중치 행렬 U와 치우침 항들의 벡터 b, 그리고 단위들의 집합 x로 구성된 모형으로 보는 일반적인 관점에서 설명하는 것이 가장 쉽다. 식 20.2에서 보았듯이, 이러한 모형의 에너지 함수는 다음과 같이 주어진다.

$$E(x) = -x^\top U x - b^\top x. \tag{20.36}$$

가중치 행렬 U의 희소성 패턴을 적절히 설정함으로써, 층의 수가 서로 다른 여러 볼츠만 기계 구조들(이를테면 RBM이나 DBM 등)을 구현할 수 있다. 그러한 표현에서 핵심은 x를 가시 단위들과 은닉 단위들로 분할하고, 서로 상호작용하지 않는 단위들에 해당하는 U의 성분들을 0으로 설정하는 것이다. 중심 볼츠만 기계에는 μ라는 또 다른 벡터가 관여한다. 에너지 함수에서 이 벡터는 모든 상태를 일정한 양만큼 감소하는 역할을 한다.

$$E'(x; U, b) = -(x - \mu)^\top U (x - \mu) - (x - \mu)^\top b. \tag{20.37}$$

보통의 경우 이 μ는 훈련 전에 미리 정해 두는, 그리고 훈련 과정에서 변하지 않는 하나의 초매개변수이다. 이 초매개변수로는 모형 초기화 시점에서 $x - \mu \approx 0$을 만족하는 벡터가 흔히 쓰인다. 모형을 이런 식으로 재매개변수화해도 모형이 표현할 수 있는 확률분포들의 집합은 변하지 않지만, 가능도에 대한 확률적 경사 하강법의 작동 방식은 변한다. 좀 더 구체적으로 말하면, 많은 경우 이러한 재매개변수화에 의해 헤세 행렬의 조건화가 개선된다. [Melchior 외, 2013]은 헤세 행렬의 조건화가 개선된다는 점을 실험적으로 확인하고, 중심화 요령이 볼츠만 기계의 또 다른 학습 기법인 **기울기 강화**(enhanced gradient; Cho 외, 2011)와 동등한 것임을 밝혔다. 헤세 행렬의 조건화가 개선되면 층이 여러 개인 심층 볼츠만 기계를 훈련할 때 같은 어려운 상황에서도 학습이 성공하게 된다.

심층 볼츠만 기계의 결합 훈련에 대한 또 다른 접근 방식으로는 다중 예측 심층 볼츠만 기계(multiprediction deep Boltzmann machine, MP-DBM)이라는 것이 있다. MP-DBM은 평균장 방정식들이 모든 가능한 추론 문제를 근사적으로 풀기 위한 순환 신경망들의 집합을 정의한다는 관점에 기초한다(Goodfellow 외, 2013b). MP-DBM에서 모형은 가능도를 최대화하도록 훈련되는 것이 아니라 각 순환 신경망이 해당 추론 문제의 정확한 답을 산출하도록 훈련된다. 그러한 훈련 과정이 그림 20.5에 나와 있다. 훈련 과정은 훈련 견본 하나를 무작위로 추출하고, 추론망(추론을 수행하는 순환 신경망)에 대한 입력들의 한 부분집합을 무작위로 추출하고, 나머지 단위들의 값들을 예측하도록 추론망을 훈련하는 것으로 진행된다.

근사 추론을 위한 계산 그래프에 대한 역전파라는 이러한 일반 원리는 다른 모형들에도 적용된 바 있다(Stoyanov 외, 2011; Brakel 외, 2013). 그런 모형들에서, 그리고 MP-DBM에서, 최종 손실함수는 가능도의 하계가 아니다. 일반적으로 최종 손실함수는 근사 추론망이 결측값들에 가하는 근사 조건부 분포에 기초한다. 이는, 이런 모형들의 훈련이 어느 정도 발견법적 접근 방식을 따른다는 것이다. MP-DBM으로 훈련한 볼츠만 기계가 표현하는 분포 $p(v)$를 조사해 보면 알 수 있지만, 대체로 그런 분포에는 어느 정도 결함이 있다(기브스 표집을 적용했을 때 품질 나쁜 표본들이 산출된다는 면에서).

추론 그래프에 비한 역전파의 주된 장점은 두 가지이다. 첫째로, 그러한 역전파는 모형을 실제로 사용할 때처럼 근사 추론을 통해서 훈련한다. 이는, 예를 들어 결측 입력들을 채우거나 결측 입력이 존재하는 상황에서도 분류 과제를 수행하기 위해 근사 추론을 수행할 때, 원래의 DBM보다 MP-DBM이 더 정확하다는 뜻이다. 원래의 DBM

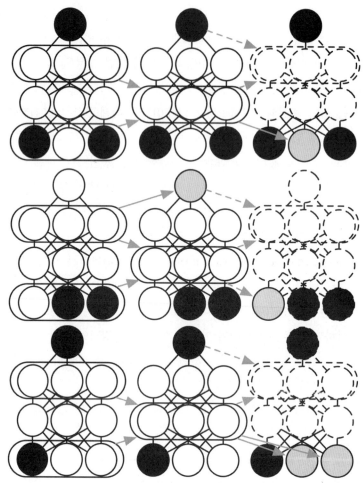

그림 20.5: 심층 볼츠만 기계의 다중 예측 훈련 과정. 행들은 같은 훈련 단계에서 한 미니배치 안의 서로 다른 견본들에 해당한다. 열들은 평균장 추론 과정의 여러 시간 단계들이다. 각 견본에 대해 훈련 알고리즘은 자료 변수들의 한 부분집합을 추출해서 추론 과정의 입력으로 사용한다. 그림에서 그런 변수들은 검은색으로 표시되어 있는데, 이는 그런 변수들이 조건화되었음을 뜻한다. 그런 다음에는 평균장 추론 과정을 실행한다. 그림의 실선 화살표는 추론 과정에서 어떤 변수가 다른 어떤 변수에 영향을 미치는지를 나타낸다. 실제 응용에서는 평균장의 여러 단계를 펼친다(unroll). 이 그림은 두 단계만 펼친 것이다. 점선 화살표는 추론 과정을 더 많은 단계로 펼치는 방향을 나타낸다. 추론 과정의 입력으로 쓰이지 않은 자료 변수들은 목표 변수가 된다. 회색으로 표시한 변수들이 그런 변수들이다. 각 견본에 대한 추론 과정을 하나의 순환 신경망으로 볼 수 있다. 그런 순환 신경망을, 주어진 입력에 대해 정확한 목푯값을 산출하도록 경사 하강법과 역전파를 이용해서 훈련한다. 이상의 훈련 과정에 의해, MP-DBM은 정확한 추정값을 산출하는 방법을 배우게 된다. [Goodfellow 외, 2013b]의 그림을 수정했다.

은 그 자체로는 정확한 분류기가 아니다. 원래의 DBM으로 최상의 분류 성과를 내려면, DBM 자체에서 추론을 이용해서 부류 이름표들에 관한 분포를 계산하는 것이 아니라 DBM이 추출한 특징들을 이용해서 개별적인 분류기를 훈련해야 한다. 반면 MP-DBM의 평균장 추론은 따로 수정하지 않아도 분류기로 잘 작동한다. 근사 추론 그래프에 대한 역전파의 둘째 장점은, 역전파가 손실함수의 정확한 기울기를 계산한다는 것이다. 최적화에는 SML 훈련의 근사 기울기(편향과 분산의 문제가 있는)보다 그러한 기울기 참값이 더 낫다. 이는, DBM의 결합 훈련에는 탐욕적 층별 사전훈련이 필요하지만 MP-DBM의 결합 훈련에는 그런 사전훈련이 필요하지 않은 한 이유일 것이다. 근사 추론 그래프에 대한 역전파의 단점은 로그가능도를 최적화할 수단을 제공하지 않는다는 것이다. 역전파는 일반화된 유사가능도의 발견법적 근사를 제공할 뿐이다.

MP-DBM은 §20.10.10에서 설명하는 NADE 프레임워크의 한 확장인 NADE-k(Raiko 외, 2014)에 영감을 주었다.

MP-DBM은 드롭아웃과 어느 정도 관련이 있다. 드롭아웃 방법에서, 각 단위의 포함 또는 배제 여부가 서로 다른 여러 계산 그래프가 동일한 매개변수들을 공유한다. MP-DBM에서도 여러 계산 그래프가 매개변수들을 공유한다. 단, MP-DBM의 경우 그래프들의 차이는 각 입력 단위의 관측 여부이다. 배제된 단위를 완전히 삭제하는 드롭아웃과는 달리, MP-DBM은 관측되지 않은 단위를 완전히 삭제하지 않는다. 대신 MP-DBM은 그런 단위를 하나의 잠재변수로(따라서 추론의 대상으로) 취급한다. 일부 단위를 잠재변수로 만드는 대신 제거함으로써 드롭아웃을 MP-DBM에 적용할 수도 있을 것이다.

20.5 실숫값 자료에 대한 볼츠만 기계

원래 볼츠만 기계는 이진 자료에 사용할 목적으로 개발되었다. 그러나 이미지나 음성을 모형화하는 등의 여러 응용에서는 실숫값들에 관한 확률분포를 표현할 수 있어야 한다. 경우에 따라서는 [0, 1] 구간의 실숫값 자료를 이진 변수의 기댓값으로 취급하는 것이 가능하다. 예를 들어 [Hinton, 2000]은 훈련 집합의 회색조(grayscale) 이미지들이 [0, 1] 구간의 확률값들을 정의한다고 간주한다. 그러한 이미지의 각 픽셀은 한 이진 확률변수의 값이 1일 확률을 정의한다. 그리고 모든 이진 픽셀은 서로 독립적으로 추출된다. 이는 회색조 이미지 자료 집합에 대한 이진 모형을 평가할 때 흔히 쓰이는 방식이다. 그러나 이것이 이론적으로 특별히 만족스러운 접근 방식은 아니며, 이미지들에서 픽셀들을 이처럼 독립적으로 추출하면 잡음 섞인 결과가 나온다. 이번 절에서는 실숫값 자료에 관한 확률밀도를 정의하는 여러 종류의 볼츠만 기계를 살펴본다.

20.5.1 가우스-베르누이 RBM

제한 볼츠만 기계(RBM)는 다양한 지수족 조건부 분포를 표현할 수 있다(Welling 외, 2005). 그런 RBM 중 가장 흔히 쓰이는 것은 은닉 단위들이 이진이고 가시 단위들은 실숫값인, 그리고 평균이 은닉 단위들의 함수인 가우스 분포가 가시 단위들에 관한 조건부 분포인 RBM이다. 이를 가우스-베르누이 RBM(Gaussian-Bernoulli RBM)이라고 부른다.

가우스-베르누이 RBM을 매개변수화하는 방법은 여러 가지인데, 가우스 분포를 공분산행렬도 두는 방법도 있고 정밀도 행렬로 두는 방법도 있다. 여기서는 정밀도 행렬을 사용하는 방법을 설명한다. 이 방법을 공분산행렬에 맞게 고치는 것도 어렵지 않다. 가우스-베르누이 RBM이 표현하려는 조건부 분포는 다음과 같이 정의된다.

$$p(\boldsymbol{v}|\boldsymbol{h}) = \mathcal{N}(\boldsymbol{v}; \boldsymbol{Wh}, \boldsymbol{\beta}^{-1}). \tag{20.38}$$

에너지 함수에 더해야 하는 항들은 비정규화 로그 조건부 분포

$$\log \mathcal{N}(\boldsymbol{v}; \boldsymbol{Wh}, \boldsymbol{\beta}^{-1}) = -\frac{1}{2}(\boldsymbol{v} - \boldsymbol{Wh})^{\top}\boldsymbol{\beta}(\boldsymbol{v} - \boldsymbol{Wh}) + f(\boldsymbol{\beta}) \tag{20.39}$$

를 전개해서 구할 수 있다. 여기서 f는 모형의 매개변수들만의 함수인(확률변수들의 함수는 아닌) 모든 항을 대표한다. 그런데 이 f는 생략해도 된다. 이 f는 분포를 정규화하는 역할만 하는데, 우리가 그 어떤 에너지 함수를 선택하든 어차피 그 에너지 함수의 분배함수가 정규화 상수로 작용할 것이기 때문이다.

식 20.39에서 $\boldsymbol{v}$가 관여하는 모든 항을 에너지 함수에 포함하고(부호를 모두 뒤집어서) $\boldsymbol{v}$가 관여하는 다른 모든 항은 더하지 않는다면, 에너지 함수는 우리가 원했던 분포 $p(\boldsymbol{v}|\boldsymbol{h})$를 표현하게 된다.

다른 조건부 분포 $p(\boldsymbol{h}|\boldsymbol{v})$에 관해서는 선택의 자유가 어느 정도 있다. 식 20.39에

$$\frac{1}{2}\boldsymbol{h}^\top \boldsymbol{W}^\top \boldsymbol{\beta} \boldsymbol{W} \boldsymbol{h} \qquad (20.40)$$

이라는 항이 있음을 주목하기 바란다. 이 항에는 은닉 단위들 사이의 간선(상호작용)에 해당하는 $h_i h_j$ 항들이 있으므로, 이것을 그대로 모형에 포함해서는 안 된다. 그 항들을 포함하면 제한 볼츠만 기계가 아니라 그냥 하나의 선형 인자 모형이 되어버린다. 볼츠만 기계를 설계할 때는 이 $h_i h_j$ 교차 항들을 그냥 생략한다. 이 항들을 생략해도 조건부 분포 $p(\boldsymbol{v}|\boldsymbol{h})$는 변하지 않으므로 식 20.39가 여전히 유효하다. 그러나 하나의 h_i만 관여하는 항들의 포함 여부에는 선택의 여지가 있다. 대각 정밀도 함수를 사용하는 경우에는 각 은닉 단위 h_i에 대해 다음과 같은 항을 유도할 수 있다.

$$\frac{1}{2}h_i \sum_j \beta_j W_{j,i}^2. \qquad (20.41)$$

이 유도에는 $h_i^2 = h_i$라는 항등식이 쓰였다. $h_i \in \{0,1\}$이므로 이 항등식이 성립한다. 식 20.41의 항을 에너지 함수에 포함하면, 은닉 단위 h_i의 가중치들이 크고 그 은닉 단위가 정밀도가 높은 가시 단위들에 연결되어 있는 경우 에너지 함수는 그 은닉 단위를 꺼버리는(0으로 만드는) 쪽으로 치우치게 된다. 이러한 치우침 항을 포함하느냐 아니냐가 모형이 표현할 수 있는 분포족에 영향을 미치지는 않지만(은닉 단위들에 대한 치우침 매개변수들을 포함한다고 가정할 때), 모형의 학습 특성에는 영향을 미친다. 그 항을 포함하면, 가중치들의 크기가 빠르게 증가해도 은닉 단위의 활성화 값이 적당한 값을 유지하는 데 도움이 될 수 있다.

다음은 이상의 논의를 반영한, 가우스-베르누이 RBM의 에너지 함수의 정의이다.

$$E(\boldsymbol{v},\boldsymbol{h}) = \frac{1}{2}\boldsymbol{v}^\top (\boldsymbol{\beta} \odot \boldsymbol{v}) - (\boldsymbol{v} \odot \boldsymbol{\beta})^\top \boldsymbol{W} \boldsymbol{h} - \boldsymbol{b}^\top \boldsymbol{h}. \qquad (20.42)$$

필요하다면 또 다른 항들을 추가하거나, 정밀도 대신 분산의 관점에서 에너지 함수를 매개변수화할 수도 있다.

앞의 에너지 함수에는 가시 단위들에 대한 치우침 항을 포함하지 않았지만, 그런 항을 추가하는 것도 어렵지 않다. 가우스-베르누이 RBM의 서로 다른 매개변수화를 결정하는 최종적인 변동 요인 정밀도 행렬을 다루는 방법이다. 정밀도 행렬을 하나의 상수 행렬로 고정할 수도 있고(자료의 주변 정밀도에 기초해서 추정한 값들로 그런 상수행렬을 만들 수도 있을 것이다), 학습을 통해서 정밀도 행렬을 결정할 수도 있다. 또는 단위행렬에 하나의 스칼라를 곱한 행렬이나 대각 행렬을 사용할 수도 있다. 일반적으로 비대각 행렬을 가우스-베르누이 RBM의 정밀도 행렬로 사용하지는 않는데, 왜냐하면 가우스 분포에 대한 일부 연산에서 역행렬을 구해야 하기 때문이다. 대각행렬은 역행렬을 구하기가 아주 쉽다. 다음 절에서는 공분산 구조의 모형화가 가능한 다른 형태의 볼츠만 기계를 살펴보는데, 다양한 기법을 이용해서 정밀도 행렬의 역행렬을 구하는 연산을 피한다.

20.5.2 조건부 공분산의 무향 모형

가우스 RBM이 실숫값 자료에 대한 표준적인 에너지 모형으로 쓰여 왔지만, [Ranzato 외, 2010a]는 가우스 RBM의 귀납적 편향(inductive bias)이 특정 종류의 실숫값 자료들에서 볼 수 있는, 특히 자연 이미지에서 볼 수 있는 통계적 변동들에 잘 맞지 않는다고 주장한다. 그 논문이 제기하는 문제는, 자연 이미지에 담긴 정보의 상당 부분이 원본 픽셀값들이 아니라 픽셀들 사이의 공분산에 내장되어 있다는 것이다. 다른 말로 하면, 이미지의 유용한 정보는 대부분 각각의 픽셀값 자체가 아니라 픽셀들 사이의 관계에 담겨 있다. 가우스 RBM은 은닉 단위들이 주어졌을 때의 입력의 조건부 평균만 모형화하므로, 조건부 공분산 정보는 포착하지 못한다. 이러한 비판에 내응해서 연구자들은 실숫값 자료의 공분산을 좀 더 잘 반영하는 변형들을 제시했다. 이를테면 평균 공분산 RBM, 스튜던트 t-분포 평균 곱, 스파이크 슬래브 RBM이 그러한 예이다.

평균 공분산 RBM

평균 공분산 RBM(mean and covariance RBM), 줄여서 mcRBM[1])에서 은닉 단위들은 모든 관측 단위의 조건부 평균 및 공분산을 각자 독립적으로 부호화한다. mcRBM의 은닉층은 두 그룹으로 나뉘는데, 하나는 평균 단위들이고 다른 하나는 공분산 단위들이다. 조건부 평균을 모형화하는 그룹은 그냥 하나의 가우스 RBM이다. 나머지 그룹은 공분산 RBM(Ranzato 외, 2010a)인데, cRBM이라고 부르기도 한다. 공분산 RBM의 구성요소들은 조건부 공분산 구조를 모형화한다.

---

1) 'mcRBM'이라는 용어는 M-C-R-B-M엠-시-아르-비-엠으로 발음한다. mc를 이를테면 "McDonald's"의 'Mc'맥으로 발음하면 안 된다.

공분산 RBM의 단위들이 조건부 공분산 구조를 모형화하는 방식을 구체적으로 살펴보자. 이진 평균 단위들이 $\boldsymbol{h}^{(m)}$이고 이진 공분산 단위들이 $\boldsymbol{h}^{(c)}$라고 할 때, mcRBM 모형은 다음과 같이 두 에너지 함수의 결합으로 정의된다.

$$E_{\mathrm{mc}}(\boldsymbol{x},\boldsymbol{h}^{(m)},\boldsymbol{h}^{(c)}) = E_{\mathrm{m}}(\boldsymbol{x},\boldsymbol{h}^{(m)}) + E_{\mathrm{c}}(\boldsymbol{x},\boldsymbol{h}^{(c)}). \tag{20.43}$$

여기서 E_{m}은 표준적인 가우스-베르누이 RBM 에너지 함수[2]

$$E_{\mathrm{m}}(\boldsymbol{x},\boldsymbol{h}^{(m)}) = \frac{1}{2}\boldsymbol{x}^{\top}\boldsymbol{x} - \sum_{j}\boldsymbol{x}^{\top}\boldsymbol{W}_{:,j}h_{j}^{(m)} - \sum_{j}b_{j}^{(m)}h_{j}^{(m)} \tag{20.44}$$

이고 E_{c}는 다음과 같이 조건부 공분산 정보를 모형화하는 cRBM 에너지 함수이다.

$$E_{\mathrm{c}}(\boldsymbol{x},\boldsymbol{h}^{(c)}) = \frac{1}{2}\sum_{j}h_{j}^{(c)}(\boldsymbol{x}^{\top}\boldsymbol{r}^{(j)})^{2} - \sum_{j}b_{j}^{(c)}h_{j}^{(c)}. \tag{20.45}$$

매개변수 $\boldsymbol{r}^{(j)}$는 $h_{j}^{(c)}$와 연관된 공분산 가중치 벡터에 대응되고, $\boldsymbol{b}^{(c)}$는 공분산 오프셋들의 벡터이다. 결합된 에너지 함수는 다음과 같은 결합 분포를 정의한다.

$$p_{\mathrm{mc}}(\boldsymbol{x},\boldsymbol{h}^{(m)},\boldsymbol{h}^{(c)}) = \frac{1}{Z}\exp\{-E_{\mathrm{mc}}(\boldsymbol{x},\boldsymbol{h}^{(m)},\boldsymbol{h}^{(c)})\}. \tag{20.46}$$

그리고 $\boldsymbol{h}^{(m)}$과 $\boldsymbol{h}^{(c)}$가 주어졌을 때의 관측값들에 관한 해당 조건부 분포는 다음과 같이 정의된다.

$$p_{\mathrm{mc}}(\boldsymbol{x}\,|\,\boldsymbol{h}^{(m)},\boldsymbol{h}^{(c)}) = \mathcal{N}\left(\boldsymbol{x}; \boldsymbol{C}_{\boldsymbol{x}|\boldsymbol{h}}^{\mathrm{mc}}\left(\sum_{j}\boldsymbol{W}_{:,j}h_{j}^{(m)}\right), \boldsymbol{C}_{\boldsymbol{x}|\boldsymbol{h}}^{\mathrm{mc}}\right). \tag{20.47}$$

공분산행렬 $\boldsymbol{C}_{\boldsymbol{x}|\boldsymbol{h}}^{\mathrm{mc}} = \left(\sum_{j}h_{j}^{(c)}\boldsymbol{r}^{(j)}\boldsymbol{r}^{(j)\top} + \boldsymbol{I}\right)^{-1}$이 비대각행렬이고 $\boldsymbol{W}$가 조건부 평균들을 모형화하는 가우스 RBM과 연관된 가중치 행렬임을 주의하기 바란다. 비대각 조건부 공분산 구조 때문에, 대조 발산(CD)이나 지속 대조 발산(PCD)으로는 mcRBM을 훈련하기 어렵다. CD나 PCD에서는 $\boldsymbol{x}$, $\boldsymbol{h}^{(m)}$, $\boldsymbol{h}^{(c)}$의 결합분포에서 표본을 뽑아야 하는데, 표준적인 RBM에서는 이를 조건부 분포에 대한 기브스 표집으로 처리하면 된다.

---

2) 이 버전의 가우스-베르누이 RBM 에너지 함수는 이미지 자료의 픽셀당 평균이 0이라고 가정한다. 픽셀당 평균이 0이 아닌 모형의 경우에는 그냥 적당한 픽셀 오프셋들을 추가하면 된다.

그러나 mcRBM의 경우 $p_{\mathrm{mc}}(\boldsymbol{x}\,|\,\boldsymbol{h}^{(m)},\boldsymbol{h}^{(c)})$에서 표본을 추출하려면 학습의 매 반복에서 $(\boldsymbol{C}^{\mathrm{mc}})^{-1}$을 계산해야 하는데, 관측값들이 많으면 계산 비용이 비현실적으로 클 수 있다. [Ranzato & Hinton, 2010]은 mcRBM 자유 에너지에 해밀턴(혼성) 몬테카를로 방법 (Neal, 1993)을 적용해서 주변 분포 $p(\boldsymbol{x})$에서 직접 표본을 뽑음으로써 조건부 분포 $p_{\mathrm{mc}}(\boldsymbol{x}\,|\,\boldsymbol{h}^{(m)},\boldsymbol{h}^{(c)})$의 직접적인 표본추출을 피한다.

스튜던트 t 분포 평균곱

스튜던트 t 분포 평균곱(mean product of Student t-distribution, mPoT) 모형(Ranzato 외, 2010b)은 PoT 모형(Welling 외, 2003a)을, cRBM을 mcRBM으로 확장한 것과 비슷한 방식으로 확장한 모형이다. 즉, 이 모형은 가우스 RBM의 은닉 단위들과 비슷한 은닉 단위들을 추가함으로써 평균이 0이 아닌 가우스 분포를 지원한다. mcRBM처럼 PoT의 관측값들에 관한 조건부 분포는 다변량 가우스 분포(공분산행렬이 대각행렬이 아닌)이다. 그러나 mcRBM과는 달리 은닉 변수들에 관한 여(complementary) 조건부 분포는 조건부 독립 가우스 분포로 주어진다. 감마 분포 $\mathcal{G}(k,\theta)$는 양의 실수들에 관한, 평균이 $k\theta$인 확률분포이다. 감마 분포에 관해서는 이 정도만 알면 mPoT 모형에 깔린 기본 개념들을 이해하는 데 충분하다.

mPoT의 에너지 함수는

$$E_{\mathrm{mPoT}}(\boldsymbol{x},\boldsymbol{h}^{(m)},\boldsymbol{h}^{(c)}) \tag{20.48}$$

$$= E_m(\boldsymbol{x},\boldsymbol{h}^{(m)}) + \sum_j \left(h_j^{(c)}\left(1 + \frac{1}{2}\left(\boldsymbol{r}^{(j)\top}\boldsymbol{x}\right)^2\right) + (1-\gamma_j)\log h_j^{(c)} \right) \tag{20.49}$$

이다. 여기서 $\boldsymbol{r}^{(j)}$는 단위 $h_j^{(c)}$와 연관된 공분산 가중치 벡터이고 $E_m(\boldsymbol{x},\boldsymbol{h}^{(m)})$은 식 20.44에 정의된 표준적인 에너지 함수이다.

mcRBM처럼 mPoT 모형의 에너지 함수는 $\boldsymbol{x}$에 관한 조건부 분포가 비대각 공분산 구조를 가진 하나의 다변량 가우스 분포를 정의한다. 역시 mcRBM처럼, mPoT 모형의 학습은 비대각 가우스 조건부 분포 $p_{\mathrm{mPoT}}(\boldsymbol{x}\,|\,\boldsymbol{h}^{(m)},\boldsymbol{h}^{(c)})$의 직접 표집이 불가능하다는 점 때문에 어렵다. 그래서 [Ranzato 외, 2010b]는 해밀턴(혼성) 몬테카를로 방법을 통해서 $p(\boldsymbol{x})$를 직접 표집하는 방안도 권장했다.

스파이크와 슬래브 RBM

스파이크와 슬래브(spike and slab) 제한 볼츠만 기계(Courville 외, 2011), 줄여서 ssRBM은 실숫값 자료의 공분산 구조를 모형화하는 또 다른 수단을 제공한다. mcRBM에 비해 ssRBM은 역행렬 계산이나 해밀턴 몬테카를로 방법이 필요하지 않다는 장점이 있다. mcRBM과 mPoT 모형처럼 ssRBM의 이진 은닉 단위들은 보조적인 실숫값 변수들을 통해서 픽셀들의 조건부 공분산을 부호화한다.

스파이크와 슬래브 RBM의 은닉 단위들은 두 부류로 나뉜다. 하나는 이진 **스파이크** (spike; 또는 첨두) 단위들의 집합 $\mathbf{h}$이고 다른 하나는 실숫값 **슬래브**(slab; 또는 평판) 단위들의 집합 $\mathbf{s}$이다. 은닉 단위들을 조건으로 한 가시 단위들의 평균은 $(\mathbf{h} \odot \mathbf{s}) \mathbf{W}^\top$이다. 다른 말로 하면, 각 열 $\mathbf{W}_{:,i}$는 $h_i = 1$일 때 입력에 나타날 수 있는 하나의 성분을 정의한다. 해당 스파이크 변수 h_i는 그 성분의 존재 여부를 결정한다. 그리고 해당 슬래브 변수 s_i는 그 성분의 값(이미지 자료의 경우 픽셀의 세기 또는 밝기)을 결정한다(그 성분이 존재하는 경우). 스파이크 단위가 활성화되면 해당 슬래브 단위는 $\mathbf{W}_{:,i}$로 정의되는 축을 따라 입력에 일정한 변동을 추가한다. 이에 의해 RBM은 입력 자료의 공분산을 모형화할 수 있게 된다. 다행히 스파이크와 슬래브 RBM에는 기브스 표집을 이용한 대조 발산과 지속 대조 발산을 적용할 수 있다. 그 어떤 역행렬도 구할 필요가 없다.

공식으로 표현하자면, ssRBM 모형은 다음과 같은 에너지 함수를 통해서 정의된다.

$$E_{\mathrm{ss}}(\boldsymbol{x}, \boldsymbol{s}, \boldsymbol{h}) = -\sum_i \boldsymbol{x}^\top \boldsymbol{W}_{:,i} s_i h_i + \frac{1}{2} \boldsymbol{x}^\top \left(\boldsymbol{\Lambda} + \sum_i \boldsymbol{\Phi}_i h_i \right) \boldsymbol{x} \tag{20.50}$$

$$+ \frac{1}{2} \sum_i \alpha_i s_i^2 - \sum_i \alpha_i \mu_i s_i h_i - \sum_i b_i h_i + \sum_i \alpha_i \mu_i^{2h_i}. \tag{20.51}$$

여기서 b_i는 h_i의 오프셋이고 $\boldsymbol{\Lambda}$는 관측 자료 $\boldsymbol{x}$에 대한 대각 정밀도 행렬이다. 매개변수 $\alpha_i > 0$은 실숫값 슬래브 변수 $\boldsymbol{s}_i$에 대한 스칼라 정밀도 매개변수이다. 매개변수 $\boldsymbol{\Phi}_i$는 $\boldsymbol{x}$에 대한 제곱 벌점($\boldsymbol{h}$로 변조되는)을 정의하는 음이 아닌 대각행렬이다. 각 μ_i는 슬래브 변수 s_i에 대한 평균 매개변수이다.

결합 분포가 이러한 에너지 함수로 정의되기 때문에, ssRBM의 조건부 분포를 유도하기란 그리 어렵지 않다. 예를 들어 슬래브 변수 $\boldsymbol{s}$를 주변화해서 제거하면, 이진 스파이크 변수 $\boldsymbol{h}$가 주어졌을 때의 관측값들에 관한 조건부 분포를 다음과 같이 유도할 수 있다.

$$p_{ss}(\boldsymbol{x}\,|\,\boldsymbol{h}) = \frac{1}{P(\boldsymbol{h})} \frac{1}{Z} \int \exp\{-E(\boldsymbol{x},\boldsymbol{s},\boldsymbol{h})\} d\boldsymbol{s} \qquad (20.52)$$

$$= \mathcal{N}\left(\boldsymbol{x}; \boldsymbol{C}_{\boldsymbol{x}|\boldsymbol{h}}^{ss} \sum_i \boldsymbol{W}_{:,i}\mu_i h_i, \boldsymbol{C}_{\boldsymbol{x}|\boldsymbol{h}}^{ss}\right). \qquad (20.53)$$

여기서 $\boldsymbol{C}_{\boldsymbol{x}|\boldsymbol{h}}^{ss} = \left(\boldsymbol{\Lambda} + \sum_i \boldsymbol{\Phi}_i h_i - \sum_i \alpha_i^{-1} h_i \boldsymbol{W}_{:,i} \boldsymbol{W}_{:,i}^{\top}\right)^{-1}$ 이다. 마지막 등호는 공분산행렬 $\boldsymbol{C}_{\boldsymbol{x}|\boldsymbol{h}}^{ss}$ 이 양의 정부호(positive definite) 행렬일 때만 성립한다.

스파이크 변수로 각 성분의 존재를 제어한다는 것은 $\boldsymbol{h} \odot \boldsymbol{s}$에 대한 진 주변 분포가 희소함을 뜻한다. 그렇다고 이것이 희소 부호화는 아니다. 희소 부호화에서 표본을 추출하는 모형은 그 부호에 0들이 존재하는 경우가 "거의 없으며"(almost never; 측도론의 어법에서), 희소성을 가하려면 MAP 추론이 필요하다.

mcRBM 및 mPoT 모형과 비교할 때, ssRBM은 관측자료의 조건부 공분산을 상당히 다른 방식으로 매개변수화한다. mcRBM과 mPoT는 둘 다 관측값들의 공분산 구조를 $\left(\sum_j h_j^{(c)} \boldsymbol{r}^{(j)} \boldsymbol{r}^{(j)\top} + \boldsymbol{I}\right)^{-1}$으로 모형화하되, 은닉 단위 $h_j > 0$들의 활성화를 이용해서 $\boldsymbol{r}^{(j)}$ 방향의 조건부 공분산에 제약들을 가한다. 이와는 달리 ssRBM은 은닉 스파이크 활성화 값 $h_i = 1$들을 이용해서 해당 가중치 벡터가 가리키는 방향으로 정밀도 행렬을 몰아넣음으로써 관측값들의 조건부 공분산을 지정한다. ssRBM의 조건부 공분산은 확률적 주성분분석 곱(product of probabilistic principal components analysis, PoPPCA; Williams & Agakov, 2002)이라는 또 다른 모형의 조건부 공분산과 비슷하다. 과대완전 (overcomplete) 설정에서 ssRBM 매개변수화의 활성화들이 희소하면, 희소하게 활성화된 h_i의 일부 선택된 방향들에서만 유의미한($\boldsymbol{\Lambda}^{-1}$으로 주어진 명목상의 분산보다 큰) 분산이 나온다. mcRBM이나 mPoT 모형의 경우 표현이 과대완전이면, 관측 공간에서 특정 방향의 변동을 포착하기 위해서는 그 방향으로의 투영이 양(positive)인 모든 제약을 제거해야 할 수도 있다. 이는 과대적합 설정에서 이런 모형들이 그리 적합하지 않을 수 있음을 암시한다.

스파이크와 슬래브 RBM의 주된 단점은 일부 매개변수 설정이 양의 정부호가 아닌 공분산행렬에 해당할 수 있다는 것이다. 양의 정부호가 아닌 공분산행렬은 평균에서 먼 값에 더 큰 비정규화 확률을 배정하며, 그러면 모든 가능한 결과에 관한 적분이 발산하게 된다. 일반적으로 이런 문제는 간단한 발견법적 요령으로 피할 수 있다. 이론적으로 만족스러운 해법은 아직 발견되지 않았다. 확률이 정해지지 않는 지역을 피하도록 제약 있는 최적화를 명시적으로 가하는 방법은 과도하게 보수적인 접근 방식을 취하지 않는 한 적용하기 어렵다. 또한, 그런 방법은 모형이 매개변수 공간의 성과 좋은 영역에 접근하지 못하게 하는 부작용이 있다.

ssRBM의 합성곱 변형은 자연 이미지의 품질 좋은 표본을 산출한다. 그림 16.1에 그런 표본의 몇 가지 예가 나왔다.

ssRBM을 다양한 방식으로 확장할 수 있다. ssRBM 모형에 고차 상호작용들을 포함하고 슬래브 변수들의 평균 풀링을 적용한 분류기는 이름표 붙은 자료가 많지 않은 상황에서도 특징들을 잘 학습한다(Courville 외, 2014). 분배함수가 정의되지 않는 상황을 방지하는 항을 에너지 함수에 추가하면 스파이크와 슬래브 희소 부호화(spike and slab sparse coding; Goodfellow 외, 2013d), 줄여서 S3C라고 부르는 희소 부호화 모형이 된다.

20.6 합성곱 볼츠만 기계

제9장에서 논의했듯이, 이미지처럼 차원이 극도로 많은 입력을 기계 학습 모형이 처리하려면 계산과 메모리, 통계 요구량 면에서 부담이 아주 크다. 이동 불변적 공간 또는 시간 구조를 가진 입력의 경우 그런 부담을 줄이는 표준적인 방법은 행렬 곱셈을 작은 핵을 가진 이산 합성곱으로 대체하는 것이다. [Desjardins & Bengio, 2008]은 이런 접근 방식이 RBM에도 잘 적용됨을 보였다.

일반적으로, 심층 합성곱 신경망에서 한 층에서 다음 층으로 넘어갈 때 공간 크기가 줄어들게 하려면 풀링pooling 연산이 필요하다. 순방향 합성곱 신경망에서는 성분들의 최댓값을 풀링하는 방식의 풀링 함수가 자주 쓰인다. 그러한 풀링 방식을 에너지 기반 모형으로 일반화하는 방법은 아직 명확하지 않다. 한 가지 방법은 n개의 이진 검출기 단위들의 집합 $\mathbf{d}$에 대해 하나의 이진 풀링 단위 $\mathbf{p}$를 두고 $p = \max_i d_i$라는 제약을 도입해서, 만일 그 조건이 위반되면 에너지 함수를 ∞로 설정해서 그 제약을 강제하는 것이다. 그러나 이 방법은 규모 확장이 어렵다. 정규화 상수를 계산하려면 2^n가지 서로 다른 에너지 구성들을 평가해야 하기 때문이다. 작은 3×3 풀링 영역이라도, 풀링 단위당 에너지 함수를 $2^9 = 512$회나 평가해야 한다!

이 문제에 대해 [Lee 외, 2009]는 **확률 최댓값 풀링**(probabilistic max pooling)이라는 해법을 제시했다(합성곱 순방향 신경망의 앙상블들을 암묵적으로 구축하는 기법인 '확률적 풀링(stochastic pooling)'과는 다른 것임을 주의하기 바란다). 확률 최댓값 풀링에 깔린 전략은 검출기 단위들이 한 번에 하나만 활성화되게 제한하는 것이다. 그러면 전체 상태 수는 단 $n+1$(n개의 검출기 단위 각각이 켜졌는지를 나타내는 n개의 상태와, 모든 검출기 단위가 꺼졌는지를 나타내는 상태 하나)밖에 되지 않는다. 풀링 단위는 만일 검출기 단위 중 하나가 켜지면, 그리고 오직 그럴 때만 켜진다. 모든 단위가 꺼진 상태에는 0의 에너지가 부여된다. 이를, 하나의 변수로 이루어진 모형에서 그 변수가 $n+1$가지 상태를 가지는 것으로 생각할 수도 있고, 또는 $n+1$개의 변수로 이루어진 모형에서 변수들의 결합 배정 $n+1$개를 제외한 모든 배정에 대해 무한대(∞)의 에너지를 부여하는 것으로 생각할 수도 있다.

확률 최댓값 풀링이 효율적이긴 하지만, 검출기 단위들이 서로를 배제하게 만드는 효과를 낸다. 맥락에 따라서는 이러한 효과가 하나의 유용한 정칙화 제약으로 작용할 수도 있고 모형의 수용력을 제한하는 부정적인 요인이 될 수도 있다. 또한, 확률 최댓값 풀링은 풀링 영역들의 중첩을 지원하지 않는다. 보통의 경우 순방향 합성곱 신경망으로 최고의 성과를 내려면 풀링 영역 중첩이 필요하다. 따라서 이 제약은 합성곱 볼츠만 기계의 성과를 크게 감소하는 요인이다.

[Lee 외, 2009]는 확률 최댓값 풀링을 이용해서 합성곱 심층 볼츠만 기계(convolutional deep Boltzman machine)를[3] 구축할 수 있음을 보였다. 그러한 모형은 입력의 결측 자료를 채우는 등의 연산을 수행할 수 있다. 그러한 모형이 지적으로 흥미롭긴 하지만, 실제로 작동하게 만드는 것은 그리 쉽지 않으며, 지도 학습으로 훈련한 전통적인 합성곱 신경망보다 더 나은 성과를 내는 경우도 드물다.

합성곱 모형 중에는 공간적 크기가 서로 다른 여러 입력에 대해 동일하게 잘 작동하는 것들이 많다. 그러나 볼츠만 기계의 경우에는 입력 크기를 변경하기 어려운데, 이유는 여러 가지이다. 우선, 입력의 크기가 바뀌면 분배함수가 달라진다. 더 나아가

---

3) 해당 논문의 저자들은 자신의 모형을 '심층 믿음망(deep belief network)'의 일종이라고 설명했지만, 처리 가능한 층별 평균장 고정점 갱신 규칙을 가진 순수한 무향 모형으로 서술할 수 있다는 점에서 그 모형은 심층 볼츠만 기계의 정의에 더 잘 부합한다.

서, 여러 합성곱 신경망은 풀링 영역을 입력 크기에 비례해서 키움으로써 크기 불변성을 획득하지만, 볼츠만 기계의 풀링 영역은 크기를 키우기가 곤란하다. 전통적인 합성곱 신경망은 고정된 개수의 풀링 단위들을 사용하되 해당 풀링 영역의 크기를 동적으로 키움으로써 가변 크기 입력에 대한 고정 크기 표현을 얻는다. 그러나 볼츠만 기계에서 큰 풀링 영역은 비용이 너무 높다(단순한 접근 방식을 사용하는 경우). [Lee 외, 2009]의 접근 방식은 같은 풀링 영역에 있는 검출기 단위들을 상호 배타적으로 만들어서 계산 비용 문제를 해결하지만, 그 접근 방식이 가변 크기 풀링 영역까지 지원하지는 않는다. 예를 들어 검출기 단위들에 대한 2×2 확률적 최댓값 풀링을 사용하는 모형을 외곽선 변 검출 과제를 위해 훈련한다고 하자. 그러면 하나의 2×2 영역에는 여러 외곽선 변 중 단 하나만 나타날 수 있다. 만일 입력 이미지의 크기를 가로세로 각각 50%만큼 증가한다면, 변들의 수도 그에 따라 증가할 것이다. 그런데 만일 풀링 영역의 크기를 가로세로 각각 5% 증가해서 3×3이 되게 하면, 상호 배제성 제약은 하나의 3×3 영역에 하나의 변만 나타날 수 있다는 것이 된다. 모형의 입력 이미지를 이런 식으로 키우면 모형이 생성하는 변들의 밀도가 낮아진다. 물론 이런 문제는 모형이 고정된 크기의 출력 벡터를 산출하기 위해 풀링의 양을 가변적으로 조정해야 하는 경우에만 발생한다. 확률적 최댓값 풀링을 사용하는 모형이라도, 모형이 입력 이미지의 크기에 비례해서 변하는 하나의 특징 맵을 산출한다면 가변 크기 입력 이미지들을 받아들일 수 있다.

이미지 가장자리에 있는 픽셀들도 어느 정도의 문제를 일으킨다. 이 문제는 볼츠만 기계의 연결들이 대칭이라는 점 때문에 더욱 심해진다. 입력에 암묵적으로 0들을 채워 넣지 않는다면 가시 단위들보다 은닉 단위들이 더 적으며, 이미지 가장자리의 가시 단위들은 더 적은 수의 가시 단위들의 수용 영역 안에 놓이기 때문에 잘 모형화되지 않는다. 그렇다고 암묵적으로 입력에 0들을 채워 넣으면, 가장자리의 은닉 단위들이 더 적은 수의 입력 픽셀들을 받게 되므로 필요할 때 활성화되지 못할 수 있다.

20.7 구조적 출력 또는 순차열 출력을 위한 볼츠만 기계

구조적 출력(structured output) 시나리오에서 모형은 입력 x를 어떠한 구조를 가진 출력 y로 사상한다. 출력에 구조가 있다는 것은 출력의 성분들 사이에 어떠한 제약 조건을 충족하는 관계가 존재한다는 뜻이다. 예를 들어 음성 합성 과제에서 y는 하나의 파형이며, 전체 파형은 반드시 응집성 있는 발화(coherent utterance)처럼 들려야 한다.

y의 성분들 사이의 관계를 표현하는 자연스러운 방법 하나는 확률분포 $p(y \mid x)$를 이용해서 그러한 관계를 표현하는 것이다. 조건부 볼츠만 기계(조건부 분포를 모형화하도록 확장한 볼츠만 기계)는 그러한 확률 모형을 제공할 수 있다.

볼츠만 기계의 조건부 분포 모형화에 사용하는 도구를 구조적 출력 과제뿐만 아니라 순차열의 모형화에도 사용할 수 있다. 순차열 모형화에서 모형은 입력 x를 출력 y로 사상하는 것이 아니라, 변수들의 순차열에 관한 확률분포 $p(\mathbf{x}^{(1)}, ..., \mathbf{x}^{(\tau)})$를 추정해야 한다. 조건부 볼츠만 기계는 $p(\mathbf{x}^{(t)} \mid \mathbf{x}^{(1)}, ..., \mathbf{x}^{(t-1)})$ 형태의 인수들을 표현함으로써 그러한 확률분포를 추정할 수 있다.

비디오 게임과 영화 업계에서 중요시하는 순차열 모형화 과제로, 3차원 캐릭터의 렌더링에 쓰이는 골격(skeleton) 구조의 관절 각도들로 이루어진 순차열을 모형화하는 것이 있다. 그런 순차열 자료는 모션캡처 시스템을 이용해서 실제 배우의 움직임으로부터 수집할 때가 많다. 캐릭터의 움직임을 확률 모형으로 포착하면 이전에는 본 적이 없는 새로운, 그러나 사실적인 애니메이션을 생성하는 것이 가능하다. 이러한 순차열 모형화 과제를 푸는 수단으로 [Taylor 외, 2007]은 조건부 RBM 모형화 분포 $p(x^{(t)} \mid x^{(t-1)}, ..., x^{(t-m)})$을(여기서 m은 작은 양의 정수) 소개했다. 이 조건부 확률 모형은 $p(x^{(t)})$에 관한 하나의 RBM인데, 치우침 매개변수들은 x의 이전 m개의 값들의 선형 함수이다. 조건으로 사용할 $x^{(t-1)}$과 이전 변수들의 값들을 바꾸면 $\mathbf{x}$에 관한 다른 RBM을 얻게 된다. $\mathbf{x}$에 관한 RBM의 가중치들은 절대 변하지 않지만, 다른 이전 값들을 조건으로 두면 활성화된 RBM의 다른 은닉 단위들의 확률이 변한다. 즉, 어떤 은닉 단위들을 활성화 또는 비활성화하느냐에 따라 $\mathbf{x}$에 가해지는 확률분포가 크게 변한다. 이외에도 다른 형태의 조건부 RBM들이 있으며(Mnih 외, 2011), 조건부 RBM을 이용한 순차열 모형화 방법 역시 여러 가지이다(Taylor & Hinton, 2009; Sutskever 외, 2009; Boulanger-Lewandowski 외, 2012).

구체적인 순차열 모형화 과제의 또 다른 예는 음악 작곡을 위해 음표(musical note)들의 순차열에 관한 분포를 모형화하는 것이다. [Boulanger-Lewandowski 외, 2012]는 **RNN-RBM** 순차열 모형을 소개하고 그것을 음표 순차열 모형화에 적용했다. RNN-RBM은 프레임 $x^{(t)}$들의 순차열에 대한 생성 모형으로, 각 시간 단계에 대한 RBM 매개변수들을 하나의 RNN을 이용해서 산출한다. 각 시간 단계에서 RBM의 치우침 매개변수들만 달라지는 이전의 접근 방식과는 달리, RNN-RBM의 RNN은 가중치들을 포함해서 RBM의 모든 매개변수를 산출한다. 이 모형을 훈련하려면 손실함수의 기울기를 RNN 전체에 대해 역전파할 수 있어야 한다. 그런데 그 손실함수는 RNN의 출력에 직접 적용되는 것이 아니라 RBM에 적용된다. 이는 손실함수를 RBM 매개변수들에 대해 근사적으로 미분해야 함을 뜻한다(대조 발산이나 관련 알고리즘을 이용해서). 그런 다음에는 근사 기울기를 통상적인 시간 역전파 기법을 이용해서 RNN에 대해 역전파하면 된다.

20.8 기타 볼츠만 기계

이번 절에서는 볼츠만 기계를 변형, 확장하는 다양한 방법을 소개한다.

우선, 훈련 판정기준을 달리 두어서 볼츠만 기계를 확장할 수 있다. 앞의 논의는 생성 판정기준 $\log p(v)$를 근사적으로 최대화하도록 볼츠만 기계를 훈련하는 데 초점을 두었다. 그 대신 $\log p(y|v)$를 최대화하게 할 수도 있다. 그런 RBM을 판별(discriminative) RBM(Larochelle & Bengio, 2008)이라고 부른다. 이 접근 방식은 생성 판정기준과 판별 판정기준의 선형 결합을 사용하는 경우에 최고의 성과를 낼 때가 많다. 안타깝게도 RBM은 MLP만큼 강력한 지도 학습 모형은 아닌 것으로 보인다(적어도 기존 방법론을 사용하는 경우).

실제 응용에 쓰이는 대부분의 볼츠만 기계의 에너지 함수에는 이차(second-order) 상호작용만 있다. 즉, 에너지 함수는 다수의 항들을 합하는 형태이며, 각 항은 기본적으로 두 확률변수의 곱에 기타 인수(가중치 등)들이 곱해진 형태이다. 항 $v_i W_{i,j} h_j$이 그러한 예이다. 그런데 에너지 함수에 그보다 많은 변수들의 곱이 관여하는 더 높은 차수의 볼츠만 기계를 훈련하는 것도 가능하다(Sejnowski, 1987). 한 은닉 단위와 서로 다른 두 이미지 사이의 3방향 상호작용은 동영상의 한 프레임에서 다음 프레임으로의 공간 변환을 모형화할 수 있다(Memisevic & Hinton, 2007; Memisevic & Hinton, 2010). 주어진 자료가 속한 하나의 부류를 나타내는 원핫 벡터 변수를 곱함으로써, 가시 단위와 은닉 단위 사이의 관계를 현재 부류에 따라 변경할 수 있다(Nair & Hinton, 2009). 고차 상호작용의 최근 활용 사례 하나로, 두 그룹의 은닉 단위들을 사용하는 볼츠만 기계가 있다. 그 모형에서 한 그룹의 은닉 단위들은 가시 단위 v와 부류 이름표 y 모두와 상호작용하고, 다른 한 그룹의 은닉 단위들은 v의 입력값들하고만 상호작용한다(Luo 외, 2011). 이를, 한 그룹의 은닉 단위들은 현재 부류와 관련이 있는 특징들을 이용해서 입력을 모형화하고, 다른 한 그룹의 은닉 단위들은 견본의 부류를 결정하지 않고도 사실적인 v의 표본들을 추출하는 데 필요한 세부 사항을 설명하는 역할을 한다고 해석할 수 있다. 고차 상호작용의 또 다른 용례는 일부 특징들을 선택적으로 활성화하는 것이다. [Sohn 외, 2013]은 3차 상호작용과 각 가시 단위에 연관된 이진 마스크 변수들을 가진 볼츠만 기계를 소개했다. 마스크 변수를 0으로 설정하면 해당 가시 단위는 은닉 단위들에 영향을 미치지 않게 된다. 이를 이용해서, 분류 문제와 무관한 가시 변수들을 추론 경로(부류를 추정하는)에서 제거할 수 있다.

솜 더 일반적으로, 볼츠만 기계라는 틀은 지금까지 등장한 아주 많은 모형 구조를 포괄한다. 새로운 형태의 볼츠만 기계를 개발하려면 새로운 신경망 층을 개발하는 것보다 더 많은 주의와 창의력이 필요하다. 볼츠만 기계를 사용할 때 필요한 서로 다른 모든 조건부 분포의 처리 가능성을 유지해 주는 에너지 함수를 찾기 어려울 때가 많기 때문이다. 그런 어려움이 있긴 하지만, 이 분야는 여전히 혁신의 가능성이 많이 남아 있다.

20.9 확률적(무작위) 연산에 대한 역전파

전통적인 신경망은 어떤 입력 변수 x의 결정론적 변환을 구현한다. 그러나 생성 모형을 개발할 때는 x의 확률적 변환을 구현하도록 그러한 신경망을 확장해야 한다. 간단한 확장 방법 하나는, 균등분포나 가우스 분포 같은 간단한 확률분포에서 값을 추출하는 확률변수 z를 신경망 입력 벡터의 한 성분으로 추가하는 것이다. 그런 식으로 확장된 신경망은 내부적으로는 여전히 결정론적 계산을 수행하지만, z에 직접 접근할 수 없는 외부 관찰자의 눈에는 함수 $f(\boldsymbol{x}, \boldsymbol{z})$가 확률적으로 작동하는 것처럼 보인다. 그 f가 연속이고 미분 가능이라고 하면, 평소대로 역전파를 이용해서 모형을 훈련하는 데 필요한 기울기를 계산할 수 있다.

한 예로, 평균이 μ이고 분산이 σ^2인 가우스 분포에서 표본 y들을 뽑는 연산을 생각해 보자.

$$y \sim \mathcal{N}(\mu, \sigma^2). \tag{20.54}$$

개별 표본 y를 결정론적인 함수로 구하는 것이 아니라 매번 출력이 변하는 표본추출 과정으로 구하므로, 해당 분포의 매개변수 μ와 σ^2에 대한 y의 미분을 취한다는 것이 잘 이해가 되지 않을 수 있다. 그러나 그러한 표집 과정을, 바탕 확률변수의 값 $z \sim \mathcal{N}(z; 0, 1)$을 변환해서 원하는 분포로부터 표본을 얻는 형태로 표현할 수 있다.

$$y = \mu + \sigma z. \tag{20.55}$$

이제는 표집 연산을 여분의 입력 z가 있는 결정론적인 연산으로 취급해서 역전파를 적용할 수 있다. 여기서 핵심은, 여분의 입력이 하나의 확률변수이고, 그 확률변수의 분포를 정의하는 함수에는 우리가 미분을 계산하려는 변수들이 전혀 관여하지 않는다는 것이다. 따라서 그러한 미분은, z의 같은 값으로 표집 연산을 반복할 때 μ나 σ의 무한소 변화에 따라 출력이 얼마나 변하는지를 말해 준다.

이러한 표집 연산에 대한 역전파가 가능하면, 표집 연산을 더 큰 그래프에 포함할 수 있게 된다. 즉, 표집 분포의 출력 위에 그래프의 구성요소들을 얹어서 모형을 구축할 수 있는 것이다. 그런 방법으로는 예를 들어 어떤 손실함수 $J(y)$의 미분을 계산할 수 있다. 반대로, 그래프 구성요소의 출력을 표집 연산의 입력이나 매개변수로 사용할 수도 있다. 그러면 예를 들어 $\mu = f(\boldsymbol{x}; \boldsymbol{\theta})$이고 $\sigma = g(\boldsymbol{x}; \boldsymbol{\theta})$인 더 큰 그래프를 구축할 수 있으며, 그러한 증강된 그래프의 해당 함수들에 대해 역전파를 적용해서 $\nabla_{\boldsymbol{\theta}} J(y)$를 유도할 수 있다.

앞의 가우스 표집 예제에 쓰인 원리를 좀 더 일반적으로 적용하는 것이 가능하다. $p(\mathrm{y}; \boldsymbol{\theta})$나 $p(\mathrm{y} | \boldsymbol{x}; \boldsymbol{\theta})$ 형태의 그 어떤 확률분포도 $p(\mathrm{y} | \boldsymbol{\omega})$의 형태로 표현할 수 있는데, 여기서 $\boldsymbol{\omega}$는 매개변수 $\boldsymbol{\theta}$를 포함하는, 그리고 $p(\mathrm{y} | \boldsymbol{x}; \boldsymbol{\theta})$의 경우에는 입력 $\boldsymbol{x}$도 포함하

는 하나의 변수이다. 분포 $p(\mathbf{y}|\boldsymbol{\omega})$에서 추출한 y 값이 주어졌을 때(이때 $\boldsymbol{\omega}$를 다른 변수들의 함수로 표현할 수도 있다), 표집 연산

$$\mathbf{y} \sim p(\mathbf{y}|\boldsymbol{\omega}) \tag{20.56}$$

를 무작위성(확률성)의 근원으로 쓰이는 $\mathbf{z}$를 이용해서

$$\mathbf{y} = f(\mathbf{z};\boldsymbol{\omega}) \tag{20.57}$$

로 표현할 수 있다. 그러면 $\boldsymbol{\omega}$에 대한 $\mathbf{y}$의 미분을 f에 대한 역전파 같은 전통적인 수단을 이용해서 계산할 수 있다. 물론 그러려면 f가 거의 모든 점에서 연속이자 미분 가능이어야 한다. 이때 중요한 것은 $\boldsymbol{\omega}$가 $\mathbf{z}$의 함수가 아니어야 하고, 마찬가지로 $\mathbf{z}$가 $\boldsymbol{\omega}$의 함수가 아니어야 한다는 것이다. 이런 기법을 흔히 **재매개변수화 요령**(reparametrization trick)이나 **확률적 역전파**(stochastic back-propagation), **섭동 분석**(perturbation analysis)이라고 부른다.

f가 연속이자 미분 가능이려면 당연히 $\mathbf{y}$ 자체가 연속이어야 한다. 그런데 이산값 표본들을 산출하는 표집 과정이라도 $\boldsymbol{\omega}$의 기울기를 근사할 수만 있다면 역전파를 적용할 수 있다. 그리고 §20.9.1에서 논의하는 REINFORCE 알고리즘(Williams, 1992)의 변형들 같은 강화 학습 알고리즘을 이용하면 그러한 근사가 가능하다.

신경망 응용에는 $\mathbf{z}$를 균등분포나 가우스 분포 같은 어떤 간단한 분포에서 추출하는 방식이 흔히 쓰인다. 그리고 신경망의 결정론적 부분에서 입력의 형태를 변경하기 위해 더 복잡한 분포를 사용하기도 한다.

확률적 연산들에 대해 기울기를 전파하거나 그런 연산들을 최적화한다는 착안은 20세기 중반으로까지 거슬러 올라간다(Price, 1958; Bonnet, 1964). 기계 학습 분야에서 그런 착안은 강화 학습의 맥락에서 처음으로 쓰였다(Williams, 1992). 좀 더 최근에는 변분 근사(Opper & Archambeau, 2009)와 생성 신경망(Bengio 외, 2013b; Kingma, 2013; Kingma & Welling, 2014b; Kingma & Welling, 2014a; Rezende 외, 2014; Goodfellow 외, 2014c)에 적용되었다. 잡음 제거 자동부호기나 드롭아웃 정칙화를 사용하는 신경망 같은 여러 모형 역시 잡음을 자연스럽게(잡음을 모형과 독립으로 만드는 어떤 특별한 재매개변수화를 적용하지 않아도) 입력으로 받아들이도록 설계된다.

20.9.1 이산 확률적 연산에 대한 역전파

이산변수 y를 산출하는 모형에는 앞의 재매개변수화 기법을 적용할 수 없다. 모형이 입력 x와 매개변수 θ로 이루어진 벡터 ω에 무작위 잡음 z를 결합해서 출력 y를 산출한다고 하자.

$$y = f(z; \omega). \tag{20.58}$$

y가 이산변수이므로 f는 하나의 계단함수(step function)일 수밖에 없다. 계단함수의 미분은 그 어떤 점에서도 유용하지 않다. 각 계단의 경계에서는 미분이 정의되지 않는다는 점도 문제이지만, 더 큰 문제가 있다. 바로, 계단 경계 사이 영역의 거의 모든 점에서 미분이 0이라는 것이다. 결과적으로 임의의 비용함수 $J(y)$의 미분은 모형 매개변수 θ를 갱신하는 데 유용한 정보를 전혀 제공하지 않는다.

"REward Increment(보상 증가) = nonnegative Factor(음이 아닌 인수) $\times$ Offset Reinforcement (오프셋 강화) $\times$ Characteristic Eligibility(특징 적격성)"를 줄인 REINFORCE 알고리즘은 이에 대한 간단하지만 강력한 여러 해법의 틀을 제공한다(Williams, 1992). 이 알고리즘의 핵심 착안은, 비록 $J(f(z; \omega))$가 계단함수라서 그 미분이 쓸모가 없지만, 기대 비용(비용함수의 기댓값) $\mathbb{E}_{z \sim p(z)} J(f(z; \omega))$는 경사 하강법에 사용할 수 있는 매끄러운 함수일 때가 많다는 것이다. y가 고차원일 때는(또는, 여러 이산 확률적 결정들의 조합한 결과일 때는) 대체로 이 기댓값을 구하는 것이 처리 불가능한 문제이지만, 몬테카를로 평균을 이용해서 편향 없이 추정할 수 있다. 그러한 확률적 기울기 추정값을 SGD(확률적 경사 하강법)나 기타 확률적 기울기 기반 최적화 기법에 사용할 수 있다.

REINFORCE의 가장 간단한 버전은 다음과 같이 그냥 기대 비용을 미분해서 유도할 수 있다.

$$\mathbb{E}_z[J(y)] = \sum_y J(y) p(y), \tag{20.59}$$

$$\frac{\partial \mathbb{E}[J(y)]}{\partial \omega} = \sum_y J(y) \frac{\partial p(y)}{\partial \omega} \tag{20.60}$$

$$= \sum_y J(y) p(y) \frac{\partial \log p(y)}{\partial \omega} \tag{20.61}$$

$$\approx \frac{1}{m} \sum_{\mathbf{y}^{(i)} \sim p(\mathbf{y}),\ i=1}^{m} J(\mathbf{y}^{(i)}) \frac{\partial \log p(\mathbf{y}^{(i)})}{\partial \boldsymbol{\omega}}. \tag{20.62}$$

식 20.60이 성립하려면 J가 ω를 직접 참조하지 않는다는 가정이 필요하다. 이 접근 방식을 확장해서 그러한 가정을 완화하는 것도 어렵지 않다. 식 20.61에는 로그에 대한 미분 법칙 $\frac{\partial \log p(\mathbf{y})}{\partial \boldsymbol{\omega}} = \frac{1}{p(\mathbf{y})} \frac{\partial p(\mathbf{y})}{\partial \boldsymbol{\omega}}$ 가 쓰였다. 식 20.62가 기울기의 몬테카를로 불편추정량이다.

이번 절의 수식에서 모든 $p(\mathbf{y})$는 $p(\mathbf{y}|\mathbf{x})$로 대체할 수 있다. 이는 $p(\mathbf{y})$가 ω로 매개변수화되며, ω에 θ와 $\mathbf{x}$가 모두 포함되어 있기 때문이다($\mathbf{x}$가 주어진 경우).

단순한 REINFORCE 추정량의 한 가지 문제점은 분산이 아주 크다는 것이다. 그래서 제대로 된 기울기 추정값을 얻으려면 $\mathbf{y}$의 표본을 많이 뽑아야 한다. 달리 말하자면, 표본을 하나만 뽑으면 SGD가 아주 느리게 수렴하기 때문에 학습 속도를 낮추어야 한다. **분산 감소**(variance reduction)라는 방법을 이용하면 추정량의 분산을 크게 줄일 수 있다(Wilson, 1984; L'Ecuyer, 1994). 이 방법의 핵심은, 추정량의 기댓값은 변하지 않되 그 분산은 줄어들도록 추정량을 수정하는 것이다. REINFORCE에 대한 분산 감소 방법은 **기준선**(baseline) b를 계산해서 그것을 $J(\mathbf{y})$의 오프셋으로 사용한다. 오프셋 $b(\boldsymbol{\omega})$가 $\mathbf{y}$에 의존하지 않는다면, 그 오프셋을 더해도 추정된 기울기의 기댓값은 바뀌지 않는다. 왜냐하면,

$$E_{p(\mathbf{y})}\left[\frac{\partial \log p(\mathbf{y})}{\partial \boldsymbol{\omega}}\right] = \sum_{\mathbf{y}} p(\mathbf{y}) \frac{\partial \log p(\mathbf{y})}{\partial \boldsymbol{\omega}} \tag{20.63}$$

$$= \sum_{\mathbf{y}} \frac{\partial p(\mathbf{y})}{\partial \boldsymbol{\omega}} \tag{20.64}$$

$$= \frac{\partial}{\partial \boldsymbol{\omega}} \sum_{\mathbf{y}} p(\mathbf{y}) = \frac{\partial}{\partial \boldsymbol{\omega}} 1 = 0 \tag{20.65}$$

이므로

$$E_{p(\mathbf{y})}\left[\left(J(\mathbf{y}) - b(\boldsymbol{\omega})\right) \frac{\partial \log p(\mathbf{y})}{\partial \boldsymbol{\omega}}\right] = E_{p(\mathbf{y})}\left[J(\mathbf{y}) \frac{\partial \log p(\mathbf{y})}{\partial \boldsymbol{\omega}}\right] - b(\boldsymbol{\omega}) E_{p(\mathbf{y})}\left[\frac{\partial \log p(\mathbf{y})}{\partial \boldsymbol{\omega}}\right] \tag{20.66}$$

$$= E_{p(\mathbf{y})}\left[J(\mathbf{y}) \frac{\partial \log p(\mathbf{y})}{\partial \boldsymbol{\omega}}\right] \tag{20.67}$$

이기 때문이다. 더 나아가서, 최적의 오프셋 $b(\boldsymbol{\omega})$는 분포 $p(\boldsymbol{y})$ 하에서 $(J(\boldsymbol{y}) - b(\boldsymbol{\omega}))$ $\frac{\partial \log p(\boldsymbol{y})}{\partial \boldsymbol{\omega}}$의 분산을 계산하고 그것을 $b(\boldsymbol{\omega})$에 대해 최소화해서 얻을 수 있다. 그러한 최적의 기준선 $b^*(\boldsymbol{\omega})_i$은 벡터 $\boldsymbol{\omega}$의 성분 ω_i마다 다르다.

$$b^*(\boldsymbol{\omega})_i = \frac{E_{p(\boldsymbol{y})}\left[J(\boldsymbol{y})\dfrac{\partial \log p(\boldsymbol{y})^2}{\partial \omega_i}\right]}{E_{p(\boldsymbol{y})}\left[\dfrac{\partial \log p(\boldsymbol{y})^2}{\partial \omega_i}\right]}. \tag{20.68}$$

ω_i에 대한 기울기 추정량은 다음과 같다.

$$(J(\boldsymbol{y}) - b(\boldsymbol{\omega})_i)\frac{\partial \log p(\boldsymbol{y})}{\partial \omega_i}. \tag{20.69}$$

여기서 $b(\boldsymbol{\omega})_i$는 앞의 $b^*(\boldsymbol{\omega})_i$를 추정한 값이다. 일반적으로 추정값 b는 신경망에 여분의 출력들을 추가하고 그 새 출력들이 $\boldsymbol{\omega}$의 각 성분에 대해 $E_{p(\boldsymbol{y})}\left[J(\boldsymbol{y})\dfrac{\partial \log p(\boldsymbol{y})^2}{\partial \omega_i}\right]$ 과 $E_{p(\boldsymbol{y})}\left[\dfrac{\partial \log p(\boldsymbol{y})^2}{\partial \omega_i}\right]$ 을 추정하도록 신경망을 훈련해서 구한다. 주어진 $\boldsymbol{\omega}$에 대해 $p(\boldsymbol{y})$로부터 $\boldsymbol{y}$를 추출한다고 할 때, 그러한 여분의 출력들은 각각 $J(\boldsymbol{y})\dfrac{\partial \log p(\boldsymbol{y})^2}{\partial \omega_i}$ 과 $\dfrac{\partial \log p(\boldsymbol{y})^2}{\partial \omega_i}$ 을 목표로 두고 평균제곱오차 목적함수를 사용해서 훈련하면 된다. 훈련으로 얻은 추정값들을 식 20.68에 대입하면 추정값 b가 나온다. [Mnih & Gregor, 2014]는 목표 $J(\boldsymbol{y})$를 기준선 $b(\boldsymbol{\omega}) \approx E_{p(\boldsymbol{y})}[J(\boldsymbol{y})]$로 사용해서 하나의 공유 출력($\boldsymbol{\omega}$의 모든 성분 i가 공유하는)을 훈련하는 방법을 선호했다.

분산 감소 방법은 강화 학습의 맥락에서 처음 소개되었는데(Sutton 외, 2000; Weaver & Tao, 2001), 이진 보상에 관한 기존 연구 성과([Dayan, 1990])를 일반화한 것이었다. 심층 학습의 맥락에서 REINFORCE 알고리즘과 분산 감소 방법의 현대적인 용례에 관해서는 [Bengio 외, 2013b]나 [Mnih & Gregor, 2014], [Ba 외, 2014], [Mnih 외, 2014], [Xu 외, 2015]를 보기 바란다. [Mnih & Gregor, 2014]는 입력 의존적 기준선 $b(\boldsymbol{\omega})$의 용도와 함께, 훈련 도중 이동 평균으로 추정한 $(J(\boldsymbol{y}) - b(\boldsymbol{\omega}))$의 표준편차로 $(J(\boldsymbol{y}) - b(\boldsymbol{\omega}))$를 나누어서 $(J(\boldsymbol{y}) - b(\boldsymbol{\omega}))$의 규모를 동적으로 조정할 수 있다는 점도 밝혔다. 학습 도중 분산 크기가 미치는 중요한 영향에 대항하기 위한 일종의 학습 속도 적응 기법이라 할 수 있는 이 방법을 그 논문에서는 발견법적 **분산 정규화**(variance normalization)라고 불렀다.

REINFORCE 기반 추정 방법은 y의 선택과 $J(y)$의 해당 값을 상호 연관시킴으로써 기울기를 추정하는 것으로 생각할 수 있다. 현재의 매개변수화에서 y의 좋은 값이 나올 가능성이 작다면, 좋은 값이 우연히 나오기까지, 그리고 이 구성이 강화될 필요가 있음을 말해 주는 필수적인 신호가 발생하기까지 시간이 오래 걸릴 수 있다.

20.10 유향 생성망

제16장에서 보았듯이, 중요한 그래프 모형 중에는 유향 그래프 모형이 많다. 좀 더 넓은 범위의 기계 학습 공동체에서는 유향 그래프 모형이 예전부터 인기가 있었지만, 더 작은 심층 학습 공동체의 경우 대략 2013년까지는 유향 모형이 RBM 같은 무향 모형들의 그늘에 가려 있었다.

이번 절에서는 예전부터 심층 학습 공동체와 관련이 있던 표준적인 유향 그래프 모형 몇 가지를 살펴본다.

부분적 유향 모형이라 할 수 있는 심층 믿음망은 앞에서 이미 논의했다. 또한, 얕은 유향 생성 모형으로 간주할 수 있는 희소 부호화 모형도 이미 논의했다. 심층 학습의 맥락에서 이런 모형들은 주로 특성 학습 모형으로 쓰인다. 표본 생성이나 밀도 추정에서는 이런 모형들이 좋지 않은 성과를 내는 경향이 있다. 이번 절에서는 이런 모형들 대신 다양한 심층 완전 유향 모형을 소개한다.

20.10.1 S자형 믿음망

S자형 믿음망(sigmoid belief network; Neal, 1990)은 특별한 종류의 조건부 확률분포를 사용하는 간단한 형태의 유향 그래프 모형이다. 일반적으로 S자형 믿음망은 이진 상태들의 벡터 s를 사용하는 것으로 간주되는데, 이 벡터의 각 성분(상태)은 다음과 같이 그 조상 상태들에 영향을 받는다.

$$p(s_i) = \sigma\left(\sum_{j < i} W_{j,i} s_j + b_i\right). \tag{20.70}$$

가장 흔히 쓰이는 종류의 S자형 믿음망은 다수의 은닉층과 하나의 가시층으로 구성된다. 일련의 은닉층들을 거치면서 조상 표집이 진행되고, 최종적으로 가시층의 출력이 생성되는 형태이다. 이러한 구조는 심층 믿음망과 아주 비슷하지만, 표집 과정의 시작에서 단위들이 서로 독립이라는(하나의 RBM에서 단위들을 추출하는 것이 아니라) 점이 다르다. 이런 구조는 여러 가지 면에서 흥미롭다. 무엇보다도, 이 구조는 깊이가 충분하다면 이진 변수들에 관한 임의의 확률분포를 임의로 잘 근사할 수 있다는 점에서 가시 단위들의 확률분포에 관한 하나의 보편적 근사기에 해당한다. 심지어는 개별 층의 너비가 가시층의 차원으로 제한되는 경우에도 그렇다(Sutskever & Hinton, 2008).

S자형 믿음망에서 가시층의 표본을 생성하는 연산은 아주 효율적이지만, 다른 대부분의 연산은 그렇지 않다. 가시 단위들이 주어졌을 때의 은닉 단위들에 대한 추론은 처리 불가능이다. 평균장 추론 역시 처리 불가능인데, 이는 변분 하계를 계산할 때 층 전체를 포괄하는 파벌들의 기댓값을 취해야 하기 때문이다. 이것이 여전히 어려운 문제로 남아 있다는 점은 유향 이산 신경망의 인기를 제한하는 요인 중 하나이다.

S자형 믿음망의 추론을 처리 가능하게 만드는 한 가지 접근 방식은 S자형 믿음망에 맞게 특화된 하계를 계산하는 것이다(Saul 외, 1996). 이 접근 방식은 아주 작은 S자형 믿음망들에만 적용되었다. 또 다른 접근 방식은 §19.5에서 설명한 학습된 추론 메커니즘을 사용하는 것이다. 헬름홀츠 기계(Helmholtz machine; Dayan 외, 1995; Dayan & Hinton, 1996)는 은닉 단위들에 관한 평균장 분포의 매개변수들을 예측하는 추론망을 S자형 믿음망에 결합한 것이다. S자형 믿음망에 대한 현대적인 접근 방식들(Gregor 외, 2014; Mnih & Gregor, 2014)도 여전히 이러한 추론망 접근 방식을 사용한다. 그러나 잠재변수들의 이산적인 성질 때문에 이 기법들은 여전히 적용하기 어렵다. 추론망의 출력들에 대해 그냥 역전파를 수행할 수는 없고, 이산 표집 공정에 대한 비교적 신뢰성 낮은 역전파 메커니즘(§20.9.1)을 사용해야 한다. 다행히 중요도 표집에 기초한 최근의 접근 방식들인 재가중 각성-수면(reweighted wake-sleep; Bornschein & Bengio, 2015)과 양방향 헬름홀츠 기계(Bornschein 외, 2015)는 S자형 믿음망의 빠른 훈련이 가능하며, 여러 벤치마크 과제에서 최고 수준의 성과를 냈다.

S자형 믿음망의 한 특수 사례로, 잠재변수가 아예 없는 S자형 믿음망이 있다. 이 경우에는 가능도 계산 시 잠재변수들을 주변화해서 제거할 필요가 없으므로 학습이 효율적이다. 이러한 완전 가시 믿음망을 이진 변수 이외의 변수들과 로그선형 관계 이외의 조건부 분포 구조로 일반화한 형태의 모형들을 통칭해서 자기회귀망이라고 부른다. 자기회귀망은 §20.10.7에서 설명한다.

20.10.2 미분 가능 생성자망

여러 생성 모형은 미분 가능 **생성자망**(generator network)이라는 개념에 기초한다. 그런 모형들은 미분 가능 함수 $g(z;\theta^{(g)})$를 이용해서 잠재변수 표본 z를 표본 $\mathbf{x}$로 변환하거나 표본 $\mathbf{x}$에 관한 분포로 변환한다. 그러한 미분 가능 함수는 흔히 하나의 신경망으로 표현된다. 이를테면 생성자망과 추론망을 짝지은 변분 자동부호기나 생성자망과 판별자망을 짝지은 생성 대립 신경망(GAN), 그리고 생성자망을 따로 훈련하는 여러 기법이 그러한 부류의 모형에 해당한다.

본질적으로 생성자망은 표본 생성을 위한, 하나의 매개변수화된 계산 절차일 뿐이다. 어떤 분포에서 표본을 추출하느냐, 그리고 그러한 표본을 정의하는 매개변수들을 어떻게 설정하느냐 따라 서로 다른 생성자망이 만들어진다.

한 예로, 평균이 $\boldsymbol{\mu}$이고 공분산행렬이 $\boldsymbol{\Sigma}$인 정규분포에서 표본을 추출하는 표준적인 방법은, 평균이 0이고 공분산행렬이 단위행렬인 정규분포에서 뽑은 표본 z를 아주 간단한 생성자망에 공급하는 것이다. 그러한 생성자망은 그냥 다음과 같은 하나의 어파인 층이다.

$$x = g(z) = \mu + Lz. \tag{20.71}$$

여기서 L은 $\boldsymbol{\Sigma}$의 숄레스키 분해(Cholesky decomposition)이다.

의사난수 발생기 역시 간단한 분포의 비선형 변환 함수로 사용할 수 있다. 예를 들어 **역변환 표집**(inverse transform sampling; Devroye, 2013)은 $U(0,1)$에서 스칼라 표본 z를 뽑고 그것에 비선형 변환 $g(z)$를 적용해서 스칼라 x를 얻는다. 이 경우 $g(z)$는 누적분포함수 $F(x) = \int_{-\infty}^{x} p(v)dv$의 역이다. 만일 우리가 $p(x)$를 직접 지정하고 x에 관해 적분한 결과의 그 역함수를 구할 수 있다면, 기계 학습 없이도 $p(x)$에서 표본을 추출할 수 있다.

직접 지정하기 어렵거나 적분하기 어려운, 또는 역함수를 취하기 어려운 복잡한 분포에서 표본을 생성하려면, 비선형 함수 g의 매개변수족(parametric family)을 표현하는 하나의 순방향 신경망을 만들고, 그것을 훈련 자료로 학습시켜서 해당 함수를 선택하는 매개변수들을 추론하면 된다.

비선형 함수 g는 z에 관한 분포를 $\mathbf{x}$에 관한 분포(우리가 원했던)로 변환하기 위해 변수들을 비선형적으로 변경하는 수단이라고 생각할 수 있다.

식 3.47에서 보았듯이, 가역 미분 가능 연속 함수 g에 대해 다음이 성립한다.

$$p_z(\boldsymbol{z}) = p_x(g(\boldsymbol{z})) \left| \det\left(\frac{\partial g}{\partial \boldsymbol{z}}\right) \right|. \tag{20.72}$$

이는 암묵적으로 다음과 같은 **x**에 관한 확률분포를 모형에 부여한다.

$$p_x(\boldsymbol{x}) = \frac{p_z(g^{-1}(\boldsymbol{x}))}{\left| \det\left(\frac{\partial g}{\partial \boldsymbol{z}}\right) \right|}. \tag{20.73}$$

물론, g가 구체적으로 어떤 함수이냐에 따라서는 이 공식을 평가하기 어려울 수 있다. 그래서 $\log p(\boldsymbol{x})$를 직접 최대화하지 않고 g를 간접적으로 학습하는 접근 방식이 흔히 쓰인다.

경우에 따라서는 g를 $\boldsymbol{x}$의 표본을 직접 산출하는 용도가 아니라 $\boldsymbol{x}$에 관한 조건부 분포를 정의하는 용도로 사용하기도 한다. 예를 들어, 생성자망의 마지막 층의 S자형 출력 단위들로 베르누이 분포의 평균 매개변수를 산출할 수도 있다.

$$p(\mathrm{x}_i = 1 \mid \boldsymbol{z}) = g(\boldsymbol{z})_i. \tag{20.74}$$

이처럼 g로 $p(\boldsymbol{x} \mid \boldsymbol{z})$를 정의하는 경우, $\boldsymbol{z}$를 주변화함으로써 $\boldsymbol{x}$에 관한 다음과 같은 분포를 부여하게 된다.

$$p(\boldsymbol{x}) = \mathbb{E}_z p(\boldsymbol{x} \mid \boldsymbol{z}). \tag{20.75}$$

두 접근 방식 모두 분포 $p_g(\boldsymbol{x})$를 정의하며, §20.9에서 말한 재매개변수화 요령을 이용해서 p_g의 다양한 판정기준을 훈련할 수 있다.

생성자망에 대한 두 접근 방식, 즉 표본을 직접 생성하는 방식과 표본을 뽑을 조건부 분포의 매개변수들을 생성하는 방식은 각자 나름의 장단점이 있다. $\boldsymbol{x}$에 관한 조건부 분포를 정의하는 생성자망은 연속 자료뿐만 아니라 이산 자료도 생성할 수 있다. 표본을 직접 산출하는 생성자망은 연속 자료만 생성할 수 있다(순전파에 이산화 (discretization) 과정을 도입할 수도 있지만, 그러면 모형을 역전파로 훈련할 수 없게 된다). 직접 표본 생성 접근 방식의 장점은, 설계자(사람)가 표현하기 쉽고 대수적으로 조작하기 쉬운 형태의 조건부 분포를 사용해야 한다는 제약이 없다는 점이다.

미분 가능 생성자망에 기초한 접근 방식들은 분류 과제를 위한 미분 가능 순방향 신경망에 경사 하강법이 성공적으로 적용된 것이 동기가 되어 개발되었다. 지도 학습의 맥락에서, 기울기 기반 학습 알고리즘으로 훈련한 심층 순방향 신경망은 은닉 단위들과 훈련 자료가 충분하다면 실질적으로 좋은 성과를 보장하는 것으로 보인다. 생성 모형에서도 그런 접근 방식이 성공적일까?

생성 모형화는 분류나 회귀보다 어려운 것으로 보이는데, 이유는 학습 과정에서 최적화할 판정기준이 처리 불가능이기 때문이다. 미분 가능 생성자망의 맥락에서 판정 기준이 처리 불가능인 이유는, 생성자망에 입력 z와 출력 x가 둘 다 주어지지는 않기 때문이다. 지도 학습의 경우에는 입력 x와 출력 y 둘 다 주어지며, 최적화 절차에서는 그 둘을 잇는 구체적인 사상을 산출하는 방법만 배우면 된다. 그러나 생성 모형화에서 학습 절차는 z를 x로 사상하는 방법은 배우는 것은 물론이고 z 공간을 유용한 방식으로 배치하는 방법도 파악해야 한다.

[Dosovitskiy 외, 2015]는 z와 x 사이의 대응 관계가 미리 주어진, 좀 더 단순한 형태의 문제를 연구했다. 구체적으로 말하면, 이 연구에서 훈련 자료는 컴퓨터로 의자를 렌더링한 이미지들이고, 잠재변수 z는 렌더링할 의자 모형과 장면 안에서의 의자의 위치를 비롯한 이미지의 렌더링에 영향을 미치는 여러 세부 설정에 해당하는 여러 렌더링 매개변수들에 해당한다. 이런 인위적으로 생성한 자료로 합성곱 신경망을 훈련하면 합성곱 신경망은 이미지 내용을 서술하는 자료를 담은 z를 렌더링된 이미지의 근사인 x로 사상하는 방법을 배울 수 있다. 이런 연구 결과를 생각하면, 현재의 미분 가능 생성자망은 좋은 생성 모형이 되기에 충분한 모형 수용력을 가지고 있으며, 현재의 최적화 알고리즘들은 그런 모형을 적합시킬 능력을 갖추고 있다고 말할 수 있을 것이다. 그러나 각 x에 대한 z의 값이 고정되지 않고 미리 알려지지 않을 때 생성자망을 훈련하는 것은 여전히 어려운 문제이다.

그럼 x의 훈련 표본들만 주어질 때 미분 가능 생성자망을 훈련하는 여러 접근 방식을 살펴보자.

20.10.3 변분 자동부호기

변분 자동부호기(variational autoencoder), 줄여서 VAE는 학습된 근사 추론을 이용하는 하나의 유향 모형이다(Kingma, 2013; Rezende 외, 2014). 변분 자동부호기는 기울기 기반 방법만으로도 훈련할 수 있다.

변분 자동부호기 모형에서 표본을 생성할 때는 우선 부호 분포(code distribution) $p_\text{모형}(\boldsymbol{z})$에서 표본 하나를 뽑는다. 그런 다음에는 그것을 입력으로 삼아서 미분 가능 생성 자망 $g(\boldsymbol{z})$을 실행한다. 마지막으로, 분포 $p_\text{모형}(\boldsymbol{x};g(\boldsymbol{z})) = p_\text{모형}(\boldsymbol{x}|\boldsymbol{z})$에서 $\boldsymbol{x}$를 추출한다. 그런데 훈련 과정에서는 근사 추론망(또는 부호기) $q(\boldsymbol{z}|\boldsymbol{x})$를 이용해서 $\boldsymbol{z}$를 구하고, $p_\text{모형}$
$(\boldsymbol{x}|\boldsymbol{z})$를 하나의 복호기망으로 사용한다.

변분 자동부호기의 핵심 착안은, 자료점 $\boldsymbol{x}$와 연관된 변분 하계 $\mathcal{L}(q)$를 최대화함으로써 변분 자동부호기를 훈련할 수 있다는 것이다.

$$\mathcal{L}(q) = \mathbb{E}_{\boldsymbol{z} \sim q(\boldsymbol{z}|\boldsymbol{x})} \log p_\text{모형}(\boldsymbol{z}, \boldsymbol{x}) + \mathcal{H}(q(\boldsymbol{z}|\boldsymbol{x})) \tag{20.76}$$

$$= \mathbb{E}_{\boldsymbol{z} \sim q(\boldsymbol{z}|\boldsymbol{x})} \log p_\text{모형}(\boldsymbol{x}|\boldsymbol{z}) - D_{\text{KL}}(q(\boldsymbol{z}|\boldsymbol{x}) \| p_\text{모형}(\boldsymbol{z})) \tag{20.77}$$

$$\leq \log p_\text{모형}(\boldsymbol{x}). \tag{20.78}$$

식 20.77에서 우선 주목할 점은, 첫 항이 잠재변수들에 관한 근사 사후분포 하에서의 가시 변수들과 은닉 변수들의 결합 로그가능도라는 것이다(이는 EM과 비슷하나, 진 사후분포가 아니라 근사 사후분포를 사용한다는 점이 다르다). 또한, 둘째 항은 근사 사후분포의 엔트로피이다. q가 가우스 분포이고 예측된 평균값에 잡음을 추가하는 경우, 이 엔트로피 항을 최대화하면 그러한 잡음의 표준편차가 증가하게 된다. 좀 더 일반화하자면, 이 엔트로피 항은 변분 사후분포가 $\boldsymbol{x}$를 생성했을 만한 다수의 $\boldsymbol{z}$ 값들에 높은 확률질량이 배치되게 만든다(가능성이 가장 큰 값의 점 추정값 하나에 높은 확률질량을 배치되는 것이 아니라). 식 20.77의 첫 항은 다른 자동부호기에서 볼 수 있는 재구축 로그가능도에 해당한다. 둘째 항은 근사 사후분포 $q(\boldsymbol{z}|\boldsymbol{x})$와 모형 사전분포 $p_\text{모형}(\boldsymbol{z})$가 서로 접근하게 만드는 역할을 한다.

전통적인 변분 추론 및 학습 접근 방식들은 최적화 알고리즘을 이용해서 q를 추론한다. 그런 추론에는 고정점 방정식(§19.4)을 반복 평가하는 알고리즘이 흔히 쓰인다. 그런 접근 방식들은 느리며, $\mathbb{E}_{\boldsymbol{z} \sim q} \log p_\text{모형}(\boldsymbol{z}, \boldsymbol{x})$를 닫힌 형식으로 계산할 수 있어야 적용이 가능할 때가 많다. 변분 자동부호기에 깔린 주된 착안은 매개변수적 부호기(때에 따라서는 추론망 또는 인식 모형이라고도 부른다)를 훈련해서 q의 매개변수들을 산출한

다는 것이다. z가 연속변수인 한, $q(z|x) = q(z; f(x; \theta))$에서 뽑은 z의 표본들에 대해 역전파를 수행해서 θ에 대한 기울기를 구할 수 있다. 그러면 학습은 그냥 $\mathcal{L}$를 부호기와 복호기의 매개변수들에 대해 최대화하는 것이 된다. $\mathcal{L}$의 모든 기댓값을 몬테카를로 표집으로 근사할 수도 있다.

변분 자동부호기 접근 방식은 우아하고 이론적으로 만족스러우며 구현하기도 간단하다. 또한, 생성 모형화 접근 방식 중 최고 수준에 속할 정도로 성과도 좋다. 주된 단점은, 이미지들로 훈련한 변분 자동부호기로 뽑은 표본 이미지가 다소 흐릿한(blurry) 경향이 있다는 것이다. 이런 현상의 원인은 아직 밝혀지지 않았다. 어쩌면 $D_{KL}(p_{자료} \| p_{모형})$를 최소화하는 최대가능도 기법 자체가 원인일 수도 있다. 그림 3.6에서 보았듯이, 최대가능도를 사용해서 훈련한 모형은 훈련 집합에 존재하는 자료점뿐만 아니라 다른 자료점들에도 높은 확률을 배정할 수 있다. 그런 점들이 최종 표본에 포함되면 이미지가 흐릿해질 수 있다. 모형이 공간의 다른 부분이 아니라 굳이 흐릿한 이미지에 해당하는 점들에 확률질량을 배정하는 부분적인 이유는, 실제로 쓰이는 변분 자동부호기에서 $p_{모형}(x; g(z))$로 가우스 분포가 주로 쓰인다는 점이다. 그런 분포의 가능도에 대한 하계를 최대화하는 것은 전통적인 자동부호기를 평균제곱오차로 훈련하는 것과 비슷하다. 구체적으로 말하면, 입력 이미지에서 적은 수의 픽셀들만 차지하는 특징이나 픽셀들의 밝기를 조금만 변경하는 특징을 무시하는 경향이 있다는 점이 비슷하다. [Theis 외, 2015]와 [Huszar, 2015]가 주장했듯이, 이 문제는 VAE에만 국한된 것은 아니며, 로그가능도를 최대화하는($D_{KL}(p_{자료} \| p_{모형})$를 최대화하는 것도 마찬가지) 생성 모형들에서 공통으로 나타난다. 현재의 VAE 모형들이 가진 또 다른 문제점은 z의 일부 차원들만 사용하는 경향이 있다는 것이다. 차원들을 충분히 사용하지 못하면, 마치 부호기가 입력 공간의 국소 방향들을 주변 분포가 인수분해된 사전분포와 부합하는 공간으로 충분히 변환하지 못하는 것처럼 보인다.

VAE 프레임워크를 다양한 모형 아키텍처로 손쉽게 확장할 수 있다. 이는 처리 가능성을 유지하려면 모형을 세심하게 설계해야 하는 볼츠만 기계에 비해 중요한 장점이다. VAE는 아주 다양한 미분 연산자(미분 작용소)들과 잘 작동한다. 특히나 정교한 VAE의 예로 **심층 순환 주의 기록기**(deep recurrent attention writer, DRAW) 모형(Gregor 외, 2015)이 있다. DRAW는 순환 부호기와 순환 복호기에 주의(주목) 메커니즘을 결합한 형태이다. DRAW 모형에서 표본을 생성할 때는, 서로 다른 작은 이미지 패치들을 차례로 훑으면서 해당 점에서의 픽셀값을 뽑는다. VAE 프레임워크 안에서 하나의 순환 부호기 복호기 쌍을 이용해서 변분 RNN을 정의함으로써 순차열을 생성하도록 VAE를 확장할 수도 있다(Chung 외, 2015b). 전통적인 RNN에서 표본을 생성하는 데에는 출력 공간에서 비결정론적 연산들만 수행하면 된다. 변분 RNN의 경우에는, VAE 잠재변수들로 포착되는 잠재적으로 좀 더 추상적인 수준에서 무작위 변동성(variability)이 존재할 수 있다.

VAE 프레임워크는 전통적인 하계를 최대화하는 쪽으로 확장되었을 뿐만 아니라, 다음과 같은 **중요도 가중 자동부호기**(importance-weighted autoencoder; Burda 외, 2015)를 목적함수로 사용하는 쪽으로도 확장되었다.

$$\mathcal{L}_k(\boldsymbol{x}, q) = \mathbb{E}_{\boldsymbol{z}^{(1)}, \ldots, \boldsymbol{z}^{(k)} \sim q(\boldsymbol{z}|\boldsymbol{x})} \left[\log \frac{1}{k} \sum_{i=1}^{k} \frac{p_{\text{모형}}(\boldsymbol{x}, \boldsymbol{z}^{(i)})}{q(\boldsymbol{z}^{(i)}|\boldsymbol{x})} \right]. \tag{20.79}$$

$k = 1$일 때는 이 새로운 목적함수가 전통적인 하계 $\mathcal{L}$과 동등하다. 그러나 이런 접근 방식을, 중요도 표집을 이용해서 제안 분포 $q(\boldsymbol{z}|\boldsymbol{x})$로부터 $\boldsymbol{z}$ 표본을 추출해서 진 $\log p_{\text{모형}}(\boldsymbol{x})$의 추정값을 형성하는 것으로 해석할 수도 있다. 중요도 가중 자동부호기의 목적함수는 $\log p_{\text{모형}}(\boldsymbol{x})$에 대한 하계이기도 하다. 이 하계는 k가 증가함에 따라 더 엄격해진다.

변분 자동부호기는 MP-DBM(다중 예측 심층 볼츠만 기계)과, 그리고 근사 추론 그래프에 대해 역전파를 수행하는 다른 여러 접근 방식과 흥미로운 연관성을 가지고 있다(Goodfellow 외, 2013b; Stoyanov 외, 2011; Brakel 외, 2013). 그런 기존 접근 방식들에서 계산 그래프를 처리하려면 평균장 고정점 방정식 등의 추론 절차가 필요하다. 반면 변분 자동부호기는 임의의 계산 그래프에 대해 정의된다. 즉, 처리 가능한 평균장 고정점 방정식이 존재하는 모형을 골라야 한다는 제약이 없다. 그래서 변분 자동부호기를 좀 더 다양한 확률 모형들에 적용할 수 있다. 변분 자동부호기는 또한 모형의 로그가능도에 대한 한계를 증가한다는 장점이 있다. 반면 MP-DBM 및 관련 모형들의 판정기준은 좀 더 발견법적이고, 근사 추론 결과를 좀 더 정확하게 만드는 것 말고는 확률적 해석의 여지가 적다. 변분 자동부호기의 한 가지 단점은 오직 하나의 문제에 대한 추론망(주어진 $\boldsymbol{x}$에 대한 $\boldsymbol{z}$를 추론하는)만 배운다는 것이다. 기존 방법들은 임의의 변수들

그림 20.6: 변분 자동부호기가 학습한, 고차원 다양체의 2차원 좌표계의 예(Kingma & Welling, 2014a). 2차원은 화면이나 지면에 직접 표현할 수 있었다. 이런 2차원 시각화는 2차원 잠재 부호들로 모형을 훈련했을 때 모형이 어떻게 작동하는지 이해하는 데 도움이 된다(또한, 자료 다양체의 본질적인 차원이 그보다 더 높으리라 추측하는 경우에도 이런 시각화가 도움이 된다). 그림의 이미지들은 훈련 집합의 견본들이 아니라, 모형의 $p(x|z)$에서 직접 생성한 x 표본 이미지들이다. 이 표본들은 그냥 2차원 '부호' z를 변경해서 생성했다(각 이미지는 2차원 균등 격자 상에서 '부호' z의 서로 다른 선택들에 해당한다). (왼쪽) Frey 얼굴 다양체의 2차원 사상. 모형이 발견한 한 차원(수평)은 대부분 얼굴의 회전에 대응되고, 다른 차원(수직)은 표정에 대응된다. (오른쪽) MNIST 다양체의 2차원 사상.

이 주어졌을 때 임의의 변수들에 관한 근사 추론을 수행할 수 있다. 즉, 조건화 변수들과 추론 대상 변수들의 구성을 달리함으로써 다양한 문제를 풀 수 있는 것이다. 그런 능력은 서로 다른 모든 문제에 대한 계산 그래프들이 매개변수들을 공유하는 방식을 평균장 고정점 방정식으로 명시할 수 있다는 점에서 비롯한다.

변분 자동부호기의 아주 바람직한 성질 하나는 생성자망을 매개변수적 부호기와 함께 훈련함으로써, 부호기가 포착할 수 있는 예측 가능한 좌표계를 모형이 배우게 만들 수 있다는 것이다. 이로부터 훌륭한 다양체 학습 알고리즘이 나온다. 그림 20.6은 변분 자동부호기가 학습한 저차원 다양체의 예이다. 왼쪽 그림을 잘 살펴보면, 알고리즘이 얼굴 이미지들에 존재하는 서로 다른 두 변동 인자들을 발견했음을 알 수 있다. 하나는 얼굴의 회전 각도이고 다른 하나는 표정(얼굴에 나타난 감정 표현)이다.

20.10.4 생성 대립 신경망(GAN)

흔히 GAN으로 줄여 표기하는 생성 대립 신경망(generative adversarial network; 또는 생성적 적대 신경망)은 미분 가능 생성자에 기초한 또 다른 생성 모형화 접근 방식이다(Goodfellow 외, 2014c).

생성 대립 신경망은 생성자망이 하나의 대립자(adversary, 또는 대항자)와 경쟁해야 하는 게임 이론적 시나리오에 기초한다. 생성자망은 표본 $\boldsymbol{x} = g(\boldsymbol{z}; \boldsymbol{\theta}^{(g)})$들을 직접 생성한다. 한편, 대립자 역할을 하는 **판별자망**(discriminator network)은 훈련 집합에서 뽑은 표본과 생성자망이 생성한 표본을 구분하려 한다. 판별자망은 하나의 확률값 $d(\boldsymbol{x}; \boldsymbol{\theta}^{(d)})$를 산출하는데, 이 확률값은 $\boldsymbol{x}$가 모형에서 뽑은 가짜 표본이 아니라 진짜 훈련 견본일 확률을 나타낸다.

생성 대립 신경망의 학습 과정은 영합게임(zero-sum game^{제로섬 게임})의 관점에서 설명하는 것이 가장 쉽다. 이 영합게임에서 함수 $v(\boldsymbol{\theta}^{(g)}, \boldsymbol{\theta}^{(d)})$는 판별자가 받는 보상을 결정한다. 생성자는 그것의 부정인 $-v(\boldsymbol{\theta}^{(g)}, \boldsymbol{\theta}^{(d)})$를 보상으로 받는다. 학습 과정에서 두 '선수'는 자신의 보상을 최대화하려 한다. 따라서, 학습이 수렴했을 때 최적해는 다음과 같이 주어진다.

$$g^* = \underset{g}{\arg\min} \, \underset{d}{\max} \, v(g, d). \tag{20.80}$$

함수 v로는 기본적으로 다음이 쓰인다.

$$v(\boldsymbol{\theta}^{(g)}, \boldsymbol{\theta}^{(d)}) = \mathbb{E}_{\mathbf{x} \sim p_{\text{자료}}} \log d(\boldsymbol{x}) + \mathbb{E}_{\boldsymbol{x} \sim p_{\text{모형}}} \log(1 - d(\boldsymbol{x})). \tag{20.81}$$

이상의 설정에서 판별자는 표본이 진짜인지 가짜인지를 최대한 정확하게 판별하려 하며, 그와 동시에 생성자는 판별자가 진짜라고 오인할 정도로 좋은 가짜 표본을 생성하려 한다. 수렴 시 생성자의 표본은 실제 자료와 구분할 수 없을 정도이며, 판별자는 모든 점에 대해 $\frac{1}{2}$의 확률을 출력한다. 그러면 판별자를 폐기해도 된다.

GAN의 설계에 동기가 된 주된 착안은, 학습 과정에 근사 추론이나 분배함수 기울기의 근사가 전혀 필요하지 않다는 것이다. $\max_d v(g, d)$가 $\boldsymbol{\theta}^{(g)}$에서 볼록함수일 때는 (최적화를 확률밀도함수의 공간에서 직접 수행하면 이 조건이 성립한다) 학습 절차가 반드시 수렴하며 점근적 일치성이 보장된다.

안타깝게도, 실제 응용에서 g와 d를 신경망들로 표현하고 $\max_d v(g,d)$가 볼록함수가 아닐 때는 GAN의 학습이 어려울 수 있다. [Goodfellow, 2014]는 학습의 비수렴을, GAN의 과소적합을 유발할 수 있는 하나의 문제점으로 분류했다. 일반적으로, 두 선수의 비용에 대해 동시에 경사 하강법을 적용할 때 경사 하강법이 반드시 평형에 도달한다는 보장은 없다. 예를 들어 값 함수 $v(a,b) = ab$를 두고 두 선수가 경쟁하는 시나리오를 생각해 보자. a를 제어하는 한 선수의 비용은 ab이고, b를 제어하는 다른 선수의 비용은 $-ab$이다. 만일 각 선수가 무한히 작은 경사 하강법 단계를 취한다면, 한 선수의 비용이 줄면 다른 한 선수의 비용이 커진다. 그런 식으로 경사 하강법 단계들이 진행되면, a와 b는 원점에서 평형 상태에 도달하는 것이 아니라 원점을 중심으로 한 안정적인 원형 궤도를 돌게 된다. 이런 최소최대(minimax) 게임의 평형점들이 v의 극소점이 아니라는 점을 주의하기 바란다. 이 게임의 평형점들은 한 선수의 매개변수들에 대해서는 극소점이고 다른 한 선수의 매개변수들에 대해서는 극대점인 v의 안장점들에 해당한다. 그런 안장점에 정확히 도달하는 대신, 두 선수가 v를 번갈아 감소하고 증가하는 과정이 무한히 지속될 수도 있다. 그러면 그 어떤 선수도 자신의 비용을 줄이지 못한다. 이런 비수렴 문제가 GAN에 어느 정도나 영향을 미치는지는 아직 밝혀지지 않았다.

[Goodfellow, 2014]는 두 선수의 게임이 더 이상 영합게임이 아니게 되는 또 다른 보상 공식을 제시했다. 논문의 공식화에서, 판별자가 최적일 때는 항상 최대가능도 학습에서와 동일한 기울기 기댓값이 나온다. 표본이 충분히 많을 때 최대가능도 학습은 반드시 수렴하므로, 그런 공식화를 따르는 GAN 게임도 수렴할 것이다. 안타깝게도, 실제 응용에서 그 공식화가 실제로 GAN 학습의 수렴성을 개선하지는 않는 것으로 보인다. 아마도 이유는 판별자가 최적에 못 미치거나, 기울기 기댓값 주변의 분산이 높아서일 것이다.

현실적인 실험들에서 가장 좋은 성과를 낸 GAN 게임 공식화는 [Goodfellow 외, 2014c]에 나온 것인데, 이 공식화는 영합게임과 다르고 최대가능도 평형 게임과도 다르다. 발견법적 접근 방식에서 영감을 얻은 이 공식화에서 생성자는 판별자가 표본을 정확하게 판별할 로그 확률이 아니라 판별자가 실수를 저지를 로그 확률을 증가하려 한다. 이러한 재공식화는 판별자가 생성자의 모든 표본을 확신 있게 기각하는 상황에서도 생성자 비용함수의 미분(판별자의 로짓에 대한)이 큰 값을 유지한다는 관찰이 유일한 동기가 되었다.

GAN 학습의 안정화는 여전히 열린 연구 주제이다. 다행히, 모형 아키텍처와 초매개변수들을 세심하게 선택한다면 GAN의 학습이 잘 이루어진다. [Radford 외, 2015]는 이미지 합성 과제에서 아주 좋은 성과를 내는 심층 합성곱 GAN(deep convolutional GAN, DCGAN)을 소개하고, 그 모형의 잠재 표현 공간이 중요한 변동 요인들을 잘 포착함을 보였다. 그림 15.9의 예가 그러한 특징을 보여준다. 그림 20.7은 DCGAN이 생성한 이미지들의 예이다.

생성 과정을 여러 세부 수준으로 분할해서 GAN 학습 문제를 단순화할 수도 있다. 그냥 주변 분포 $p(\boldsymbol{x})$를 표집하는 것이 아니라 조건부 분포 $p(\boldsymbol{x}|\boldsymbol{y})$를 표집하는 방법을 배우도록 조건부 GAN(Mirza & Osindero, 2014)을 훈련하는 것이 가능하다. [Denton 외, 2015]는 처음에는 이미지의 저해상도 버전을 생성하되 점차 이미지에 세부사항을 추가하도록 일련의 조건부 GAN들을 훈련할 수 있음을 보였다. 이런 기법을 LAPGAN 모형이라고 부르는데, 이 이름은 이 모형이 라플라스 각뿔(Laplacian pyramid)을 이용해서 다양한 수준의 세부사항을 담은 이미지를 생성하기 때문에 붙은 것이다. LAPGAN 생성자는 판별자망은 물론 외부 관찰자(사람)도 속일 수 있다. 관련 실험에서 인간 피실험자들은 LAPGAN이 생성한 출력의 40%를 진짜 자료로 분류했다. 그림 20.7에 LAPGAN의 생성자망이 생성한 이미지들이 예가 있다.

GAN 훈련 절차의 독특한 특징 하나는 훈련 자료점들에 0의 확률을 배정하는 확률 분포에도 모형을 적합시킬 수 있는 능력이다. 생성자망은 특정 점들의 로그가능도를 최대화하는 대신, 어떤 면에서 훈련 자료점들과 비슷한 점들로 이루어진 다양체를 추적하는 방법을 배운다. 다소 모순적이지만, 이 때문에 모형은 생성 과정의 본질을 잘 포착한(관찰자가 보기에) 다양체를 표현하면서도 시험 집합에 음의 무한대 로그가능도를 배정할 수 있다. 이것이 장점인지 단점인지는 아직 확실하지 않으며, 필요하다면 생성자망이 모든 점에 0이 아닌 확률을 배정하게 만들 수 있다. 생성자망의 마지막 층에서, 그때까지 생성된 모든 값에 가우스 잡음을 추가하면 된다. 그런 식으로 가우스 잡음을 추가하는 생성자망은 조건부 가우스 분포의 평균을 매개변수화하는 생성자망으로 얻을 수 있는 분포와 동일한 분포에서 표본을 추출하게 된다.

판별자망에는 드롭아웃이 중요해 보인다. 구체적으로 말하면, 생성자망이 따라갈

그림 20.7: LSUN 자료 집합으로 훈련한 여러 GAN이 생성한 이미지들. (왼쪽) DCGAN 모형이 생성한 침실 이미지들. 허락하에 [Radford 외, 2015]에서 전재했다. (오른쪽) LAPGAN 모형이 생성한 교회 이미지들. 허락하에 [Denton 외, 2015]에서 전재했다.

기울기를 계산할 때 판별자망의 단위들을 확률적으로 탈락(drop)시키는 것이 바람직하다. 가중치들을 2로 나눈 결정론적 판별자의 기울기를 따라가는 것은 효과적이지 않은 것으로 보인다. 또한, 드롭아웃을 아예 사용하지 않아도 나쁜 결과가 나오는 것으로 보인다.

GAN 프레임워크는 원래 미분 가능 생성자망을 위해 설계된 것이지만, GAN에 깔린 원리들을 다른 종류의 모형에 적용하는 것도 가능하다. 예를 들어 **자기지도 부양법**(self-supervised boosting)을 이용해서 생성자로서의 RBM이 판별자로서의 로지스틱 회귀 모형을 속이도록 훈련할 수도 있다(Welling 외, 2002).

20.10.5 생성 적률 부합망

생성 적률 부합망(generative moment matching network; Li 외, 2015; Dziugaite 외, 2015)은 또 다른 형태의 미분 가능 생성자망이다. VAE나 GAN과는 달리 생성 적률 부합망에서는 생성자망을 다른 신경망(VAE의 추론망이나 GAN의 판별자망)과 짝지을 필요가 없다.

생성 적률 부합망은 **적률 부합**(moment matching)이라고 하는 기법으로 훈련한다. 적률 부합의 기본 착안은, 훈련 집합 견본들의 통계량들과 최대한 부합하는 여러 통계량을 가진 표본들을 모형이 생성하도록 생성자망을 훈련하는 것이다. 이런 맥락에서 적률(모멘트moment)은 확률변수의 서로 다른 거듭제곱들의 기댓값이다. 예를 들어 1차 적률은 평균이고 2차 적률은 제곱 값들을 평균, 3차 적률은 세제곱 값들의 평균, 등등이다. 다차원 확률변수에서 확률변수의 각 성분을 서로 다른 지수로 거듭제곱할 수도 있다. 따라서 하나의 적률의 일반식은

$$\mathbb{E}_{\boldsymbol{x}} \prod_i x_i^{n_i} \tag{20.82}$$

인데, 여기서 $\boldsymbol{n} = [n_1, n_2, ..., n_d]^\top$ 는 음이 아닌 정수들의 벡터이다.

첫눈에도 이런 접근 방식은 계산 비용이 너무 커서 비현실적으로 보인다. 예를 들어 $x_i x_j$ 형태의 모든 적률을 부합하려면 $\boldsymbol{x}$의 차원의 제곱에 해당하는 개수의 값들 사이의 차이를 최소화해야 한다. 더 나아가서, 1차 적률과 2차 적률들만 부합시키는 경우 모형은 그저 다변량 가우스 분포 정도만 학습할 수 있다. 다변량 가우스 분포는 값들 사이의 선형 관계들만 반영할 뿐이다. 그러나 심층 학습에서 우리의 목표는 복잡한 비선형 관계들을 포착하는 것이고, 그러려면 훨씬 더 높은 차수의 적률들을 부합시킬 수 있어야 한다. GAN은 생성자망이 가장 비효과적으로 부합하는 통계량들에 자동으로 집중하도록 동적으로 갱신되는 판별자망을 이용해서 모든 적률을 일일이 나열함으로써 이 문제를 피해간다.

그런 방식 대신, **최대 평균 불일치도**(maximum mean discrepancy, MMD)라는 비용함수를 최소화해서 생성 적률 부합망을 훈련할 수도 있다(Schölkopf & Smola, 2002; Gretton 외, 2012). 이 MMD 비용함수는 무한 차원 공간에서의 1차 적률의 오차를 측정한다. 이때, 무한 차원 벡터의 계산을 처리 가능하게 만들기 위해 핵 함수로 정의되는 특징 공간으로의 암묵적인 사상을 이용한다. MMD 비용함수는 만일 두 분포가 상등이면, 그리고 오직 그럴 때만 0이다.

눈으로 보기에는 생성 적률 부합망이 생성한 표본들이 다소 실망스럽다. 다행히, 생성자망에 자동부호기를 결합시키면 좀 더 그럴듯한 표본이 나온다. 우선 자동부호기를 훈련 집합을 재구축하도록 훈련한다. 그런 다음 자동부호기의 부호기를 부호 표본들을 생성하도록 훈련한다. 복호기는 그 표본들을 좀 더 보기 좋은 표본들로 사상할 수 있다.

GAN과는 달리 생성 적률 부합망의 비용함수는 훈련 집합의 견본들과 생성자망의 표본들을 함께 담은 배치에 대해서만 정의된다. 훈련 갱신 규칙을 훈련 집합의 한 견

본 또는 생성자망이 산출한 한 표본에 대한 함수로 정의하는 것은 불가능하다. 이는, 적률을 반드시 다수의 표본들에 대한 경험 평균(empirical average)으로 계산해야 하기 때문이다. 배치가 너무 작으면 MMD가 표집되는 분포에 있는 변동의 양을 실제보다 작게 추정할 수 있다. 배치가 아무리 커도 이 문제가 완전히 사라지지는 않지만, 배치가 클수록 그러한 과소 추정의 정도가 작아진다. 한편, 배치가 너무 크면 훈련 절차가 대단히 느려질 수 있다. 작은 경사 하강법 단계 하나를 계산하는 데에도 수많은 견본을 처리해야 하기 때문이다.

GAN에서는 생성자망이 훈련 자료점들에 0의 확률을 배정하는 경우에도 MMD를 이용해서 생성자망을 훈련하는 것이 가능하다.

20.10.6 합성곱 생성망

이미지를 생성하는 과제에는 합성곱 구조를 포함한 생성자망을 사용하는 것이 유용할 때가 많다(이를테면 [Goodfellow 외, 2014c]나 [Goodfellow 외, 2014c], [Dosovitskiy 외, 2015], [Dosovitskiy 외, 2015]를 보라). 그런 경우 §9.5에서 설명한 합성곱 연산자의 '전치(transpose)'를 사용한다. 이런 접근 방식은 매개변수들을 공유하지 않는 완전 연결 층들을 사용할 때보다 더 적은 수의 매개변수들을 사용하면서도 좀 더 사실적인 이미지를 산출할 때가 많다.

인식 과제를 위한 합성곱 신경망에서는 이미지의 정보가 신경망의 층들을 거쳐서 신경망 최상위에 있는 어떤 요약층에 도달한다. 일반적으로 그런 요약층은 하나의 부류 이름표(class label)를 산출한다. 이미지의 정보가 이처럼 위쪽으로 흘러가는 과정에서 이미지의 표현은 성가신 세부 변환들에 대해 좀 더 불변이 되며, 그에 따라 인식 과제와 무관한 정보들이 점차 폐기된다. 생성자망에서는 그 반대의 특징이 바람직하다. 즉, 정보가 생성자망을 통과하는 과정에서 이미지의 표현에 풍부한 세부사항이 점차 추가되어야 하며, 그런 세부사항들이 누적되어서 하나의 완전한 이미지, 그러니까 물체의 위치와 방향, 질감, 조명 등이 모두 세세하게 표현된 이미지가 산출되어야 한다. 합성곱 인식망에서 정보를 폐기하는 데 쓰이는 주된 메커니즘은 풀링 층이다. 그와는 달리 생성자망은 정보를 추가해야 한다. 이를 위해 풀링 층을 뒤집어서 생성자망에 집어넣는 것은 대체로 불가능하다. 대부분의 풀링 함수는 가역 함수가 아니기 때문이다. 좀 더 간단한 방법은 그냥 표현의 공간 크기를 키우는 것이다. 그런 접근 방식

중 어느 정도 쓸만한 성과를 내는 것으로 보이는 접근 방식 하나는 [Dosovitskiy 외, 2015]가 소개한 언풀링un-pooling(풀링 취소)이다. 단순화를 위한 가정 몇 개를 두었을 때, 언풀링 층은 최댓값 풀링 연산의 역에 해당한다. 첫 가정은 최댓값 풀링 연산의 보폭(stride), 즉 풀링 영역 사이의 거리가 풀링 영역의 크기와 같다는 것이고, 둘째 가정은 각 풀링 영역의 영역의 왼쪽 상단 모서리에 있는 입력점이 그 영역 안에서의 입력 최대점이라는 것이고, 마지막 가정은 각 풀링 영역에서 최대점이 아닌 입력은 모두 0이라는 것이다. 이 가정들은 모두 아주 강력하고 비현실적이지만, 이 가정들이 충족된다면 최댓값 풀링 연산의 역을 구할 수 있다. 언풀링 연산, 즉 역 최댓값 풀링 연산은 0들로 이루어진 텐서를 두고, 입력의 각 공간 좌표 i의 값을 출력의 공간 좌표 $i \times k$에 복사한다. 여기서 정숫값 k는 풀링 영역의 크기이다. 언풀링 연산자가 요구하는 가정들이 비현실적이긴 하지만, 이후의 층들이 비정상적인 출력을 상쇄하는 (compensate) 방법을 배울 수 있으므로, 결국에는 모형이 그럴듯한 모습의 표본을 생성하게 된다.

20.10.7 자기회귀망

자기회귀망(auto-regressive network)은 잠재 확률변수가 없는 유향 확률 모형이다. 이런 모형들의 조건부 확률분포는 신경망으로 표현되며(종종 로지스틱 회귀 같은 극히 단순한 신경망으로 표현하기도 한다), 그래프 구조는 완전 그래프이다. 이들은 관측변수들에 관한 결합확률분포를 확률 연쇄 법칙들을 이용해서 $P(x_d | x_{d-1}, ..., x_1)$ 형태의 조건부 분포 곱으로 분해한다. 예전에는 이런 모형들을 **완전 가시 베이즈 망**(fully-visible bayes network, FVBN)이라고 불렀으며, 다양한 형태로 성공을 거두었다. 처음에는 각 조건부 분포를 로지스틱 회귀로 표현하는 형태였고(Frey, 1998), 이후에는 은닉 단위들이 있는 신경망으로 조건부 분포들을 표현하는 형태가 쓰였다(Bengio & Bengio, 2000b; Larochelle & Murray, 2011). §20.10.10에서 설명하는 NADE(Larochelle & Murray, 2011) 같은 형태의 자기회귀망은 통계적 장점(고유한 매개변수들이 더 적다)과 계산적 장점(계산 비용이 낮다)을 얻기 위해 일종의 매개변수 공유를 도입한다. 심층 학습 기법 중에는 **특징 재사용**(reuse of features)을 동기로 해서 개발된 것이 많은데, 이러한 매개변수 공유 자기회귀망 역시 그런 사례에 해당한다.

20.10.8 선형 자기회귀망

가장 단순한 형태의 자기회귀망은 은닉 단위가 전혀 없고 매개변수나 특징을 공유하지 않는 선형(linear) 자기회귀망이다. 그런 형태에서 각 분포 $P(x_i|x_{i-1},...,x_1)$은 하나의 선형 모형(실숫값 자료의 경우에는 선형회귀, 이진 자료의 경우에는 로지스틱 회귀, 이산 자료의 경우에는 소프트맥스 회귀)으로 표현된다. 이런 선형 자기회귀망 모형은 [Frey, 1998]이 처음 소개했다. 모형의 변수가 d개일 때, 매개변수는 $O(d^2)$개이다.

변수들이 연속일 때, 선형 자기회귀 모형은 그냥 하나의 다변량 가우스 분포(각 관측 변수 쌍의 선형 상호작용을 포착한)를 다른 형태의 공식으로 표현한 것일 뿐이다.

본질적으로, 선형 자기회귀망은 선형 분류 방법을 생성 모형화로 일반화한 것이라 할 수 있다. 따라서 선형 자기회귀망의 장단점은 선형 분류기의 것들과 같다. 이런 모형은 선형 분류기처럼 볼록 손실함수로 훈련할 수 있으며, 때에 따라서는 닫힌 형식의 해도 가능하다(가우스 분포의 경우에서처럼). 역시 선형 분류기처럼, 이런 모형 자체는 수용력을 높이는 수단을 제공하지 않는다. 따라서 수용력을 키우려면 입력의 기저 확장이나 핵 요령 같은 기법을 이용해야 한다.

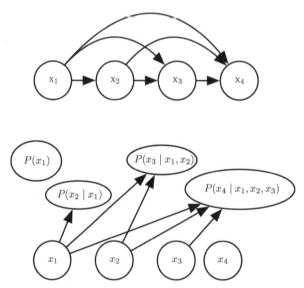

그림 20.8: 완전 가시 믿음망(FVBN)은 이전의 변수 $i-1$개로부터 i번째 변수를 예측한다. (위) 한 FVBN의 유향 그래프 모형. (아래) 로지스틱 FVBN의 해당 계산 그래프. 각 예측값을 선형 예측함수가 산출한다.

20.10.9 신경 자기회귀망

신경 자기회귀망(neural auto-regressive network; Bengio & Bengio, 2000a; Bengio & Bengio, 2000b)은 로지스틱 자기회귀망과 동일한 왼쪽에서 오른쪽으로의 그래프 모형을 사용한다(그림 20.8). 그러나 그래프 모형 구조 안에서 조건부 분포를 매개변수화하는 방식은 로지스틱 자기회귀망과 다르다. 신경 자기회귀망의 매개변수화는 모형의 수용력을 필요에 따라 얼마든지 높일 수 있다는 점에서 더 강력하다. 모형의 수용력을 얼마든지 높일 수 있다는 것은 모형이 그 어떤 결합 분포도 근사할 수 있다는 뜻이다. 또한, 신경 자기회귀망의 매개변수화는 심층 학습에서 흔히 쓰이는 매개변수 공유와 특징 공유를 도입함으로써 일반화를 개선할 수 있다. 이러한 모형은 전통적인 표 형태(tabular)의 그래프 모형(그림 20.8과 같은 구조를 공유하는)에서 발생하는 '차원의 저주'를 피하는 것을 목적으로 개발되었다. 표 형태의 이산 확률 모형에서 각 조건부 분포는 확률표(관련 변수들의 모든 가능한 구성 각각에 대해 하나의 표 항목에 하나의 매개변수를 담은)로 표현된다. 그런 표 대신 신경망을 사용하면 다음 두 가지 장점이 생긴다.

1. 각 $P(x_i|x_{i-1},...,x_1)$을 입력이 $(i-1) \times k$개, 출력이 k개(이를 k가지 값을 가질 수 있는 이산 변수들의 원핫 벡터 하나로 부호화할 수 있다)인 신경망으로 매개변수화하면, 지수적으로 많은 수의 매개변수들(그리고 견본들)을 사용하지 않고도 조건부 확률을 추정할 수 있으며, 그러면서도 확률변수들 사이의 고차 종속관계들을 포착할 수 있다.

2. 각 x_i의 예측에 서로 다른 신경망을 사용할 필요가 없다. 그림 20.9에 나와 있듯이 그래프가 **왼쪽**에서 **오른쪽**으로 연결되므로, 모든 예측 신경망을 하나의 큰 신경망으로 합칠 수 있다. 또는 x_i의 예측을 위해 계산한 은닉층 특징들을 x_{i+k}(여기서 $(k > 0)$의 예측에 재사용할 수 있다고 말해도 같은 뜻이다. 즉, 은닉 단위들은 여러 **그룹**으로 조직화되는데, i번째 그룹의 은닉 단위들이 오직 입력값 x_1, ..., x_i에만 의존한다. 그런 은닉 단위들을 계산하는 데 쓰이는 매개변수들을 함께 최적화함으로써 순차열의 모든 변수의 예측을 개선한다. 이는 순환 신경망과 합성곱 신경망 아키텍처에서부터 다중 과제 학습과 전달 학습에 이르기까지 심층 학습 분야의 전반에서 볼 수 있는 **재사용 원리**의 한 사례이다.

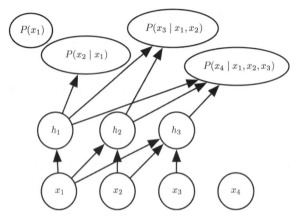

그림 20.9: 신경 자기회귀망은 이전의 변수 $i-1$개로부터 i번째 변수를 예측한다. 선형 자기회귀망과 다른 점은, x_1, …, x_i의 함수인 특징(h_i로 표기하는 은닉 단위들의 그룹)들을 이후의 모든 변수 x_{i+1}, x_{i+2}, …, x_d의 예측에 재사용할 수 있는 형태로 매개변수화된다는 것이다.

각 $P(x_i|x_{i-1},…,x_1)$에 대해 신경망은 x_i의 조건부 분포의 **매개변수들**을 예측한다 (§6.2.1.1에서 논의한 방법들로). 이에 의해 하나의 조건부 분포가 표현된다. 원래 신경 자기회귀망은 순수한 이산 다변량 자료의 맥락(베르누이 변수에 대한 S자형 출력 또는 멀티누이 변수에 대한 소프트웨어 출력을 가진)에서 평가되었지만, 이 모형은 연속변수에 관한 분포나 이산변수와 연속변수 모두에 관한 결합분포로도 자연스럽게 일반화된다.

20.10.10 NADE

신경 자기회귀 밀도 추정기(neural auto-regressive density estimator, NADE)는 신경 자기회귀망의 일종으로, 최근 아주 좋은 성과를 냈다(Larochelle & Murray, 2011). NADE의 연결 구조는 [Bengio & Bengio, 2000b]에 나온 원래의 신경 자기회귀망의 그것과 같지만, 그림 20.10에 나온 또 다른 매개변수 공유 방안을 도입했다는 점이 다르다. NADE에서는 서로 다른 그룹의 은닉 단위들이 매개변수들을 공유한다.

구체적으로, i번째 입력 x_i에서 j번째 은닉 단위 그룹($j \geq i$인 은닉 단위 $h_k^{(j)}$들로 이루어진)의 k번째 성분(은닉 단위)으로 가는 가중치 $W'_{j,k,i}$를 여러 그룹이 다음과 같이 공유한다.

$$W'_{j,k,i} = W_{k,i}.$$ (20.83)

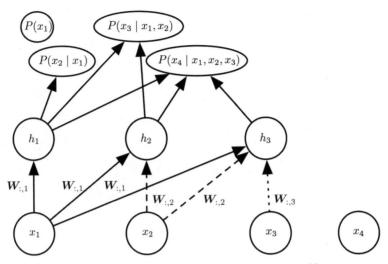

그림 20.10: 신경 자기회기 밀도 추정기(NADE)의 구조. 은닉 단위들은 그룹 $h^{(i)}$의 계산과 $P(x_j|x_{j-1},...,$ $x_1)$의 예측에 오직 입력 $x_1,...,x_i$만 관여하는 식으로 여러 그룹 $h^{(j)}$들로 조직화된다(여기서 $j>i$). NADE는 $W_{j,k,i}=W_{k,i}$라는 특별한 가중치 공유 패턴을 사용한다는 점에서 이전의 신경 자기회귀망과 다르다. 구체적으로, 입력 x_i에서 임의의 그룹 $j \geq i$의 k번째 단위로 가는 모든 가중치를 모든 그룹이 공유한다. $W_{:,i}$라는 표기는 $(W_{1,i},\ W_{2,i},...,W_{n,i})$를 줄여 쓴 것임을 기억하기 바란다.

그리고 $j < i$인 나머지 가중치들은 0이다.

[Larochelle & Murray, 2011]은 이 공유 방식을 이용해서, NADE 모형의 순전파가 RBM의 결측 입력을 채우기 위한 평균장 추론에서 수행하는 것과 대략 비슷한 계산을 수행하게 했다. 그러한 평균장 추론은 공유된 가중치들을 가진 순환 신경망을 실행하는 것에 해당하는데, 추론의 첫 단계가 NADE의 것과 동일하다. 유일한 차이는, NADE의 경우 은닉 단위들을 출력에 연결하는 출력 가중치들이 입력 단위들을 은닉 단위들에 연결하는 가중치들과는 독립적으로 매개변수화된다는 것이다. RBM의 경우 은닉 단위들에서 출력으로의 가중치들은 입력 단위들에서 은닉 단위들로의 가중치의 전치이다. NADE 아키텍처를, 평균장 순환 추론의 시간 단계 하나만 흉내 내는 것이 아니라 k개의 단계들을 흉내 내는 것으로도 확장할 수 있다. 그런 접근 방식을 NADE-k (Raiko 외, 2014)라고 부른다.

앞에서 언급했듯이, 자기회귀망을 연속값 자료를 처리하도록 확장하는 것도 가능하다. 연속 밀도를 매개변수화하는 특히나 강력하고 일반적인 방법은 혼합 가중치가 α_i

(성분 i의 계수 또는 사전확률)이고 성분별 조건부 평균이 μ_i, 성분별 조건부 분산이 σ_i^2인 하나의 가우스 혼합 분포(§3.9.6 참고)로 연속 밀도를 매개변수화하는 것이다. RNADE라는 모형(Uria 외, 2013)은 그런 매개변수화를 이용해서 NADE를 실숫값들로 확장한다. 다른 혼합 밀도망들처럼 이 분포의 매개변수들은 밀도망의 출력들인데, 혼합 가중치 확률들은 소프트맥스 단위가 산출한다. 그리고 분산들은 항상 양수가 되도록 매개변수화된다. 조건부 평균 μ_i와 조건부 분산 σ_i^2의 상호작용 때문에, 확률적 경사 하강법은 수치적 문제를 일으킬 수 있다. 그러한 문제를 완화하기 위해 [Uria 외, 2013]은 역전파 단계에서 평균에 대한 기울기 대신 유사 기울기(pseudo-gradient)를 사용한다.

신경 자기회귀 아키텍처의 또 다른 아주 흥미로운 확장은, 관측변수들의 순서를 설계자가 미리 정해야 할 필요가 없게 만드는 것이다(Murray & Larochelle, 2014). 이 확장은 그 어떤 구체적인 표본추출 순서라도 무작위 순서로 대처할 수 있도록, 그리고 관측해야 할 입력들(조건화 수직선 기호의 우변에 놓이는)에 관한 정보와 예측해야 할 입력들(조건화 수직선 기호의 좌변에 놓이는)에 관한 정보(이는 곧 결측 입력으로 간주할 입력들에 관한 정보이다)를 은닉 단위들에 제공할 수 있는 능력을 갖추도록 자기회귀망을 훈련한다. 그런 능력들은 아주 바람직하다. 그런 식으로 훈련된 자동부호기는 그 어떤 **주론 문제**(임의의 변수들이 주이겼을 때의 다른 임의의 변수들에 관한 확률분포로부터 표본을 예측 또는 추출하는)라도 극히 효율적으로 수행할 수 있기 때문이다. 마지막으로, 변수들의 순서가 아주 다양하므로(변수가 n개이면 가능한 순서는 $n!$가지이다), 그리고 순서 o마다 서로 다른 분포 $p(\mathbf{x}|o)$가 나오므로, o의 여러 값에 대한 모형들로 다음과 같이 하나의 앙상블을 구성할 수 있다.

$$p_{\text{앙상블}}(\mathbf{x}) = \frac{1}{k} \sum_{i=1}^{k} p(\mathbf{x}|o^{(i)}). \tag{20.84}$$

일반적으로 이 앙상블 모형은 하나의 순서 관계로만 정의된 개별 모형보다 일반화가 잘 되고 시험 집합에 더 높은 확률을 배정한다.

같은 논문에서 저자들은 이 아키텍처의 심층 버전들을 제시했지만, 안타깝게도 그런 버전들은 [Bengio & Bengio, 2000b]에 나온 원래의 신경 자기회귀망만큼이나 계산 비용이 크다. 각 층에 은닉 단위 h개짜리 그룹(그림 20.10의 그룹 h_i)이 n개 있다고 할 때, 첫 층과 출력층은 보통의 NADE에서처럼 $O(nh)$회의 곱셈 및 덧셈 연산들로 계산할 수 있다(참고로, 원래의 신경 자기회귀망은 $O(nh^2)$이었다). 그러나 다른 층들에서는, 만일 층 l의 모든 '이전' 그룹들이 층 $l+1$의 '다음' 그룹에 관여한다면 연산 횟수는 $O(n^2h^2)$이다. 층 $l+1$의 i번째 그룹이 [Murray & Larochelle, 2014]에서처럼 층 l의 i번째 그룹에만 의존하게 하면 연산 횟수는 $O(nh^2)$으로 줄어들지만, 그래도 보통의 NADE보다 h배 많다.

20.11 자동부호기의 표본추출

제14장에서 자료 분포를 학습하는 여러 종류의 자동부호기를 살펴보았다. 점수 부합과 잡음 제거 자동부호기, 축약 자동부호기 사이에는 밀접한 연관 관계들이 있다. 그런 관계들은 여러 종류의 자동부호기가 자료 분포를 학습하는 방식의 유사점과 차이점을 말해 준다. 그런데 그런 자동부호기에서 표본을 뽑는 방법은 아직 살펴보지 않았다.

변분 자동부호기처럼 확률분포를 명시적으로 표현하는 자동부호기들은 조상 표집을 이용해서 간단하게 표본을 추출할 수 있다. 그러나 그렇지 않은 대부분의 자동부호기들은 MCMC 표집을 사용해야 한다.

축약 자동부호기(contractive autoencoder)는 자료 다양체의 접평면의 추정값을 복원하도록 설계된 것이다. 그렇기 때문에, 잡음을 주입해서 부호화와 복호화를 반복하면 해당 자료 다양체 표면 위를 무작위로 보행하게 된다(Rifai 외, 2012; Mesnil 외, 2012). 그러한 다양체 확산 기법은 일종의 마르코프 연쇄에 해당한다.

그 어떤 잡음 제거 자동부호기에서도 표본을 추출할 수 있는 좀 더 일반적인 마르코프 연쇄도 존재한다.

20.11.1 임의의 잡음 제거 자동부호기를 위한 마르코프 연쇄

앞의 문단들을 읽으면, 자동부호기에 어떤 잡음을 주입해야 하고 자동부호기가 추정하는 분포를 생성할 만한 마르코프 연쇄를 어디에서 얻어야 하는지 궁금할 것이다. [Bengio 외, 2013c]는 일반화된 잡음 제거 자동부호기(generalized denoising autoencoder), 줄여서 **일반 잡음 제거 자동부호기**를 위한 마르코프 연쇄를 구축하는 방법을 보여주었다. 일반 잡음 제거 자동부호기는 손상된 입력이 주어졌을 때 깨끗한 입력의 추정값을 추출하는 하나의 잡음 제거 분포를 통해서 정의된다.

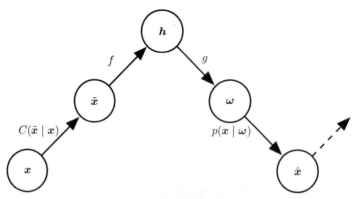

그림 20.11: 훈련된 잡음 제거 자동부호기와 연관된 마르코프 연쇄의 각 단계. 암묵적으로 잡음 제거 로그가능도 판정기준으로 훈련된 확률 모형에서 표본들을 생성한다. 각 단계는 (a) 손상 과정 C를 통해 상태 x에 잡음을 주입해서 $\tilde{x}$를 얻고, (b) 그것을 함수 f로 부호화해서 $h = f(\tilde{x})$를 얻고, © 그것을 함수 g로 복호화해서 재구축 분포의 매개변수 ω를 얻고, (d) 재구축 분포 $p(\mathbf{x}|\omega = g(f(\tilde{x})))$로부터 새 상태를 추출한다. 전형적인 제곱 재구축 오차 설정에서 $g(h) = \hat{x}$는 $\mathbb{E}[x|\tilde{x}]$를 추정한다. 손상 과정은 입력에 가우스 잡음을 더하며, $p(\mathbf{x}|\omega)$의 표집 과정은 재구축 값 $\hat{x}$에 또다시 하나의 가우스 잡음을 더한다. 후자의 잡음은 재구축 값의 평균제곱오차에 해당하는 크기이어야 한다. 전자의 잡음(손상 과정에 쓰이는)은 하나의 초매개변수로, 마르코프 연쇄의 혼합 속도를 제어하며 추정량이 경험분포를 평활화하는 정도도 결정한다(Vincent, 2011). 이 그림의 예에서 C 단계와 조건부 분포 p의 표집 단계만 확률적이다(f와 g의 계산은 결정론적이다). 그러나 생성 확률망에서처럼 잡음을 자동부호기 안에서 주입할 수도 있다(Bengio 외, 2014).

추정된 분포로부터 표본을 생성하는 마르코프 연쇄의 각 단계는 다음과 같은 부분단계들로 구성된다(그림 20.11 참고).

1. 이전 상태 x에서 시작해서 손상 입력(잡음)을 주입하고, $C(\tilde{x}|x)$로부터 $\tilde{x}$를 추출한다.

2. $\tilde{x}$를 $h = f(\tilde{x})$로 부호화한다.

3. h를 복호화해서 $p(\mathbf{x}|\omega = g(h)) = p(\mathbf{x}|\tilde{x})$의 매개변수 $\omega = g(h)$를 구한다.

4. $p(\mathbf{x}|\omega = g(h)) = p(\mathbf{x}|\tilde{x})$에서 다음 상태 x를 추출한다.

[Bengio 외, 2014]는 만일 자동부호기 $p(\mathbf{x}|\tilde{x})$가 해당 진 조건부 분포의 일치 추정량을 형성한다면, 앞의 마르코프 연쇄의 정류 분포는 $\mathbf{x}$의 자료 생성 분포의 일치 추정량(비록 암묵적인 추정량이긴 하지만)을 형성함을 보였다.

20.11.2 고정과 조건부 표집

볼츠만 기계처럼 잡음 제거 자동부호기와 그 일반화 모형들(이를테면 잠시 후에 설명하는 GSN 등)을 조건부 분포 $p(\mathbf{x}_f|\mathbf{x}_o)$에서 표본을 뽑는 데 사용할 수 있다. 방법은 간단하다. **관측된** 단위 $\mathbf{x}_f$를 고정(clamping)하고, 주어진 $\mathbf{x}_f$와 표집된 잠재변수들(있는 경우)에 대한 **자유**(free) 단위들만 재표집하면 된다. 예를 들어 MP-DBM은 일종의 잡음 제거 자동부호기라 할 수 있으며, 따라서 결측 입력들을 추출할 수 있다. GSN은 MP-DBM의 몇 가지 착안들을 그런 표집 연산들을 수행하도록 일반화했다(Bengio 외, 2014). [Alain 외, 2015]는 [Bengio 외, 2014]의 Propositon(명제) 1에 조건이 하나 빠졌음을 발견했는데, 그 조건이란 전이 연산자(연쇄의 한 상태에서 다음 상태로 가는 확률적 사상으로 정의되는)가 **미세 균형**(detailed balance)이라는 성질을 충족해야 한다는 것이다. 여기서 미세 균형 성질은 평형에 도달한 마르코프 연쇄는 전이 연산자를 순방향 또는 역방향으로 실행해도 여전히 평형을 유지해야 함을 뜻한다.

픽셀들의 절반(이미지의 오른쪽 부분)을 고정하고 나머지 절반에 대해 마르코프 연쇄를 실행한 실험의 결과가 그림 20.12에 나와 있다.

그림 20.12: 이미지의 오른쪽 절반을 고정하고 각 단계에서 왼쪽 절반의 픽셀들만 재표집해 마르코프 연쇄를 실행한 결과. 각 시간 단계에서 MNIST 자료 집합의 숫자들을 재구축하도록 뒤로 걷기 절차를 이용해서 훈련한 GSN이 산출한 표본들이다.

20.11.3 뒤로 걷기 훈련 절차

뒤로 걷기(walk-back) 훈련 절차는 잡음 제거 자동부호기의 생성적 훈련의 수렴을 가속하는 한 방편으로 [Bengio 외, 2013c]가 제안했다. 뒤로 걷기 절차는 부호화-복호화 재구축 단계를 한 번 수행하는 대신 확률적 부호화와 복호화 단계들을 번갈아서(생성 마르코프 연쇄에서처럼) 여러 번 수행한다. 초기에는 하나의 훈련 견본으로 상태를 초기화하고(§18.2에서 설명한 대조 발산 알고리즘에서처럼), 부호화와 복호화를 반복하면서 가장 최근의 확률 재구축 값(또는 지금까지의 재구축 값들)에 벌점을 가한다.

이러한 절차를 k단계 반복해서 모형을 훈련하는 것은 한 단계만 반복해서 훈련하는 것과 이론적으로 동등하지만(동일한 정류 분포에 도달한다는 점에서), 실제 응용에서는 자료와 거리가 먼 가짜 모드들을 좀 더 효율적으로 제거할 수 있다는 장점이 있다.

20.12 생성 확률적 신경망

생성 확률적 신경망(generative stochastic network, GSN; Bengio 외, 2014)은 가시 변수들(흔히 $\mathbf{x}$로 표기하는)뿐만 아니라 생성 마르코프 연쇄의 잠재변수들($\mathbf{h}$로 표기하는)을 포함하도록 잡음 제거 자동부호기를 일반화한 것이다.

GSN은 마르코프 연쇄의 한 단계를 결정하는 다음 두 조건부 분포로 매개변수화된다.

1. $p(\mathbf{x}^{(k)}|\mathbf{h}^{(k)})$는 현재 잠재 상태로부터 그다음 가시 변수를 생성하는 방법을 말해 준다. 이런 '재구축 분포(reconstruction distribution)'는 잡음 제거 자동부호기나 RBM, DBN, DBM에서도 볼 수 있다.

2. $p(\mathbf{h}^{(k)}|\mathbf{h}^{(k-1)},\mathbf{x}^{(k-1)})$은 이전 잠재 상태와 가시 변수에 기초해서 잠재 상태 변수를 갱신하는 방법을 말해 준다.

잡음 제거 자동부호기와 GSN이 전통적인 확률 모형(유향이든 무향이든)과 다른 점은, 가시 변수들과 잠재변수들의 결합 분포를 서술하는 수학 공식이 아니라 생성 과정 자체를 매개변수화한다는 것이다. 잡음 제거 자동부호기와 GSN에서 결합분포는 만일 **존재한다면 암묵적으로**(생성 마르코프 연쇄의 정류 분포의 형태로) 정의된다. 정류 분포가 존재할 조건들은 온건하며, 표준 MCMC 모형들이 요구하는 것들(§17.3 참고)과 같다.

연쇄가 혼합되려면 그 조건들을 충족해야 하지만, 전이 분포를 잘 선택하면(예를 들어 결정론적인 전이 분포를 사용하면) 위반할 수도 있다.

GSN의 훈련에 다른 판정기준들을 사용할 수도 있다. [Bengio 외, 2014]는 잡음 제거 자동부호기에서처럼 그냥 가시 단위들의 재구축 로그 확률을 판정기준으로 사용할 것을 제안하고 그 효과를 평가했다. GSN에 그러한 훈련 판정기준을 적용하는 방법은, $\mathbf{x}^{(0)} = \boldsymbol{x}$를 관측된 견본으로 고정하고, 이후의 일부 시간 단계들에서 $\boldsymbol{x}$가 생성될 확률을 최대화하는 것, 즉 $\log p(\mathbf{x}^{(k)} = \boldsymbol{x} | \mathbf{h}^{(k)})$를 최대화하는 것이다. 여기서 $\mathbf{h}^{(k)}$는 $\mathbf{x}^{(0)} = \boldsymbol{x}$가 주어졌을 때 마르코프 연쇄에서 뽑은 표본이다. 모형의 다른 요소들에 대한 $\log p(\mathbf{x}^{(k)} = \boldsymbol{x} | \mathbf{h}^{(k)})$의 기울기를 추정하기 위해 [Bengio 외, 2014]는 §20.9에서 소개한 재매개변수화 요령(§20.9)을 사용했다.

또한, [Bengio 외, 2014]는 GSN의 훈련 수렴 속도를 높이기 위해 뒤로 걷기 훈련 절차(§20.11.3)도 사용했다.

20.12.1 판별 GSN

원래의 GSN(Bengio 외, 2014)은 비지도 학습을 통해서 관측 자료 $\mathbf{x}$에 대한 분포 $p(\mathbf{x})$를 암묵적으로 모형화하기 위한 것이었지만, 틀을 조금 수정하면 $p(\mathbf{y}|\boldsymbol{x})$를 최적화하는 데 사용할 수도 있다.

GSN을 그런 식으로 일반화한 예로, [Zhou & Troyanskaya, 2014]는 입력 변수들은 그대로 고정하고 출력 변수들에 관한 재구축 로그 확률만 역전파하는 모형을 제시했다. 그들은 이를 순차열(단백질 이차구조) 모형화에 성공적으로 적용했으며, 마르코프 연쇄의 전이 연산자에 (1차원) 합성곱 구조를 도입하는 데에도 성공했다. 여기서 중요한 점은, 마르코프 연쇄의 한 시간 단계에는 각 층에 대해 새로운 순차열을 생성되고, 그 순차열은 그다음 시간 단계에서 다른 층들(이를테면 바로 위층과 바로 아래층)의 값들을 계산하는 데 입력으로 쓰인다는 점이다.

따라서 마르코프 연쇄는 사실 출력 변수(그리고 관련된 고수준 은닉층들)에 관한 것이고, 입력 순차열은 그냥 연쇄를 조건화하는 용도로만 쓰인다. 그리고 역전파는 입력 순차열이 마르코프 연쇄가 암묵적으로 표현하는 출력 분포를 조건화하는 방법을 모형이 배우게 하는 역할은 한다. 그러므로 [Zhou & Troyanskaya, 2014]의 접근 방식은 GSN을 구조적 출력의 맥락에서 활용하는 사례라 할 수 있다.

[Zöhrer & Pernkopf, 2014]는 지도 학습 목적함수(앞의 논문이 사용한)와 비지도 학습 목적함수(원래의 GSN 논문이 사용한)를 결합한 혼성 모형을 소개했다. 두 목적함수를 결합하는 방법은 그냥 지도 학습 비용과 비지도 학습 비용을 더하는 것이었다(단, 가중치는 서로 다르게 해서). 여기서 두 비용은 각각 y와 x의 재구축 로그 확률이다. 이런 혼성 판정기준은 이전에 [Larochelle & Bengio, 2008]이 RBM에 적용한 적이 있다. 그들은 이 방식을 사용했을 때 분류 성과가 향상되었음을 보였다.

20.13 기타 생성 방안들

지금까지 살펴본 방법들이 MCMC 표집이나 조상 표집, 또는 그 둘의 어떤 조합을 이용해서 표본을 생성한다. 이들이 가장 인기 있는 생성 모형화 방법이긴 하지만, 유일한 방법은 아니다.

[Sohl-Dickstein 외, 2015]는 비평형 열역학에 기초한 **확산 역전**(diffusion inversion)이라는 생성 모형 학습 방안을 개발했다. 이 접근 방식에는 표본을 추출하고자 하는 확률분포에 존재하는 구조를 확산 과정을 통해서 점차 파괴함으로써 확률분포의 엔트로피를 늘린다는 착안이 깔려 있다. 그러한 과정을 뒤집으면, 즉 구조기 없는 분포에서 원래의 구조를 점차 복원하도록 모형을 훈련하면, 하나의 생성 모형이 형성된다. 모형의 분포를 목표 분포에 좀 더 가깝게 만드는 과정을 반복해서 목표 분포에 점차 다가가는 이러한 접근 방식은 여러 번의 반복을 통해서 하나의 표본을 산출한다는 측면에서 MCMC 방법들과 비슷하다. 그러나 다른 MCMC 방법들과는 달리 확산 역전 모형은 연쇄의 마지막 단계에서 확률분포를 산출하도록 설계된다. 다른 말로 하면, 반복 절차에서 그 어떤 근사도 발생하지 않는다. [Sohl-Dickstein 외, 2015]가 소개한 이 접근 방식은 잡음 제거 자동부호기의 생성 모형적 해석(§20.11.1)과도 아주 가깝다. 잡음 제거 자동부호기처럼 확산 역전은 잡음 추가의 효과를 확률적으로 되돌리도록(undo) 전이 연산자를 훈련한다. 잡음 제거 자동부호기와의 차이는, 확산 역전에서는 확산 과정의 단계 하나만 되돌리면 된다는 것이다(깨끗한 자료점으로 돌아가는 경로의 모든 단계를 되돌릴 필요 없이). 이러한 장점은 잡음 제거 자동부호기에 쓰이는 통상적인 재구축 로그가능도 목적함수에서 볼 수 있는 한 가지 딜레마를 해결한다. 그 딜레마란, 잡음이

작으면 낮으면 학습 모형은 자료점들 근처의 구성들만 보게 되고, 잡음이 크면 학습이 거의 불가능해진다는(잡음 제거 분포가 너무 복잡하고 모드가 너무 많아서) 것이다. 확산 역전의 목적함수에서는 학습 모형이 자료점들 부근의 밀도의 형태를 좀 더 정확하게 학습할 수 있으며, 자료점들과 멀리 떨어진 곳에 나타나는 가짜 모드들도 제거된다.

또 다른 표본 생성 접근 방식으로 **근사 베이즈 확률 계산**(approximate Bayesian computation, ABC; Rubin 외, 1984)이 있다. 이 접근 방식에서는 표본들을 기각하거나 수정함으로써 표본 생성 함수의 적률(모멘트)을 원하는 분포의 적률과 일치시킨다. 이 방법이 적률 부합 방법에서처럼 표본들의 적률을 사용하긴 하지만, 원하는 적률을 가진 표본들을 자동으로 산출하도록 모형을 훈련하는 것이 아니라 표본 자체를 수정한다는 점에서 적률 부합과는 다르다. [Bachman & Precup, 2015]는 ABC의 착안을 심층 학습의 맥락에서 적용하는 방법을 보여 주었다. 그들은 ABC를 이용해서 GSN의 MCMC 자취(궤적)들의 형태를 제어했다.

이외에도 다양한 생성 모형화 접근 방식들이 등장하리라고 기대한다.

20.14 생성 모형의 평가

생성 모형을 연구하는 연구자들은 종종 한 생성 모형을 다른 생성 모형과 비교한다. 특히, 자신이 새로 고안한 생성 모형이 기존의 모형보다 어떤 분포를 더 잘 포착함을 보여주기 위해 그러한 비교를 수행할 때가 많다.

그런데 두 모형을 비교하기가 어렵고 까다로울 수 있다. 주어진 한 모형에서 자료의 로그가능도를 실제로 평가할 수는 없고 오직 그 근삿값만 평가할 수 있을 때가 많다. 그런 경우에는 무엇을 측정하는지를 명확하게 고찰하고 명시하는 것이 중요하다. 예를 들어 모형 A의 로그가능도의 확률적 추정값과 모형 B의 결정론적 하계를 평가할 수 있다고 하자. 만일 모형 A의 점수가 모형 B의 것보다 높다면, 두 모형 중 어느 게 더 나을까? 만일 내부적으로 분포를 더 잘 표현하는 모형을 골라야 한다면, 모형 B의 하계가 어느 정도나 느슨한지 파악하는 방법이 없는 한 두 측도만으로 두 모형 중 하나를 고를 수는 없다. 그러나 모형이 실제 과제에 얼마나 유용할 것인지 파악하는 경우라면, 이를테면 비정상 검출을 얼마나 잘 수행할지 예측하는 경우라면, 해당 과제에 국한된 기준(시험 견본들에 대한 정밀도나 재현율 등)에 근거해서 두 모형 중 하나가 더 낫다고 말하는 것이 정당하다.

생성 모형의 평가가 까다로운 또 다른 이유는, 평가 측도가 그 자체로 어려운 연구 문제일 때가 많다는 것이다. 모형들을 정당하게 비교하는 틀을 만드는 것 자체가 아주 어려울 수 있다. 예를 들어 새로 고안한 모형의 $\log \tilde{p}(\boldsymbol{x}) - \log Z$를 계산하기 위해 AIS (정련된 중요도 표집)를 이용해서 $\log Z$를 추정한다고 하자. AIS를 계산 효율성을 위주로 구현했다면 모형 분포에서 다수의 모드를 놓쳐서 Z를 과소평가할 수 있으며, 그러면 $\log p(\boldsymbol{x})$가 과대평가된다. 그러면 가능도가 높은 추정값이 모형이 좋아서 나온 것인지 아니면 AIS의 구현이 나빠서 나온 것인지 구분하기 어렵다.

기계 학습의 다른 분야에서는 자료의 전처리 방식에 선택의 여지가 있을 때가 많다. 예를 들어 물체 인식 알고리즘들의 정확도를 비교할 때, 각 알고리즘이 요구하는 입력의 종류에 맞게 입력 이미지를 전처리하는 것이 대체로 허용된다. 그러나 생성 모형에서는 사정이 다르다. 전처리 방식이 아주 조금만 바뀌어도 결과가 완전히 달라질 수 있기 때문이다. 입력 자료가 바뀌면 모형이 포착할 분포가 달라지며, 결과적으로 과제 자체가 근본적으로 변한다. 예를 들어 입력에 인위적으로 0.1을 곱하면 가능도는 10배로 증가한다.

전처리와 관련된 문제점은 아주 인기 있는 생성 모형화 벤치마크의 하나인 MNIST 자료 집합으로 생성 모형들을 벤치마킹할 때 흔히 볼 수 있다. MNIST 자료 집합은 회색조 이미지들로 구성된다. MNIST 이미지들을 실수 벡터 공간의 점들로 취급하는 모형들도 있고 그냥 이진 순차열로 취급하는 모형들도 있으며, 회색조 픽셀 밝기를 이진 표본의 확률로 취급하는 모형들도 있다. 여기서 중요한 점은, 실숫값 모형은 다른 실숫값 모형하고만 비교하고, 이진값 모형은 다른 이진값 모형하고만 비교해야 한다는 것이다. 그렇지 않으면 측정한 로그가능도들이 같은 공간이 아니게 된다. 이진값 모형의 경우 로그가능도는 대부분의 점에서 0일 수 있으며, 실숫값 모형에서는 로그 가능도가 밀도의 측도이므로 얼마든지 높을 수 있다. 이진 모형들을 비교할 때는 모형들이 정확히 동일한 종류의 이진화(binarization)를 사용했는지가 중요하다. 예를 들어 회색조 픽셀을 이진화할 때는 픽셀 밝기가 0.5 이상이냐 아니냐에 따라 0 또는 1의 값을 배정할 수도 있고, 픽셀 밝기를 픽셀값이 1일 확률로 간주해서 무작위로 표본을 뽑을 수도 있다. 후자의 무작위 이진화를 사용하는 경우는 자료 집합 전체를 한 단계로 이진화할 수도 있고, 훈련의 각 단계에서 서로 다른 무작위 견본을 뽑은 후 해당 확률분포에서 여러 개의 표본을 추출해서 이진 픽셀값을 결정할 수도 있다. 이러한 세 가지 이진화 방안 중 어떤 것을 사용하느냐에 따라 로그가능도 수치가 상당히 다를 수 있으므로, 이진 모형들을 비교할 때는 두 모형이 훈련과 평가에서 동일한 이진화 방법을 사용하는 것이 중요하다. 실제로, 단일 단계 무작위 이진화를 사용하는 연구자들은 이진화 방법의 차이 때문에 평가가 달라지는 일이 없도록, 자신의 무작위 이진화의 결과를 담은 파일을 공개한다.

자료 분포에서 사실적인 표본을 생성하는 것이 생성 모형의 목표 중 하나이므로, 실무자들은 표본을 눈으로 확인해서 생성 모형을 평가할 때가 많다. 그런 경우 생성 모형을 만든 연구자보다는 표본들의 출처를 알지 못하는 객관적인 피실험자들이 생성 모형을 평가하는 것이 바람직하다(Denton 외, 2015). 안타깝게도, 아주 나쁜 확률 모형이 아주 좋은 표본을 산출할 수도 있다. 모형이 그냥 몇몇 훈련 견본을 그대로 복사하기만 한 것은 아닌지 확인할 때 흔히 쓰이는 방법이 그림 16.1에 나와 있다. 이 방법에서 연구자는 생성된 표본 몇 개를 그에 대응되는 훈련 집합의 인접(x 공간의 유클리드 거리를 기준으로 한) 견본들과 비교해서, 혹시 모형이 훈련 집합에 과대적합되어서 그냥 훈련 견본을 거의 그대로 재현한 것은 아닌지 확인한다. 경우에 따라서는, 과대적합과 과소적합이 동시에 일어났는데도 개별적으로는 그럴듯해 보이는 표본들이 산출될 수 있다. 고양이 이미지들과 개 이미지들로 훈련한 생성 모형이 개 이미지 훈련 견본을 재현하는 방법만 배웠다고 상상해 보자. 그런 모형은 훈련 집합에 존재하는 다른 이미지들을 산출하지 못한다는 점에서 과대적합된 것이지만, 훈련 집합의 고양이 이미지들에 0의 확률을 배정한다는 점에서는 과소적합된 것이다. 그래도 모형이 산출한 개별 표본은 사람이 보기에 아주 사실적인 개의 모습이다. 이 간단한 예에서는 관찰자(사람)가 표본들에 고양이 이미지가 전혀 없다는 점을 알아채는 것이 어렵지 않다. 그러나 생성 모형을 모드가 수만 개인 자료 집합으로 훈련하는 좀 더 현실적인 설정에서는, 생성 모형이 모드 몇 개를 무시해서 표본들의 다양성이 조금 떨어진다고 해도 사람이 그 점을 알아차릴 수 있을 정도로 충분히 많은 수의 표본 이미지를 조사하거나 기억하기가 쉽지 않다.

이처럼 표본의 시각적 품질이 믿을 만한 기준은 아니므로, 흔히 연구자들은 모형이 자료 집합에 배정한 로그가능도도 평가한다(계산 비용이 허용하는 한). 안타깝게도, 우리가 관심이 있는 모형의 특성들을 로그가능도가 전혀 반영하지 않는 경우도 있다. 한 예로, MNIST 자료 집합에 대한 실숫값 모형은 절대 변하지 않는 배경 픽셀들에 얼마든지 낮은 분산을 배정할 수 있으며, 그러면 얼마든지 높은 로그가능도가 나온다. 그런 고정된 특징들을 검출하는 모형과 알고리즘은 무제한의 보상을 받을 수 있다(비록 일반적으로는 그러한 검출이 그리 유용하지는 않지만). 실수 자료에 대한 그 어떤 최대가능도 방법에도 비용이 음의 무한대에 접근할 여지가 존재하지만, MNIST에 대한 생성 모형에서는 이것이 특히나 문제가 된다. 왜냐하면, 출력값 중 예측하기가 아주 쉬운 것들이 많기 때문이다. 이는 생성 모형을 평가하는 또 다른 방법들을 개발할 필요가 있음을 강하게 시사한다.

[Theis 외, 2015]는 생성 모형의 평가와 관련된, 앞에서 말한 것들을 포함하는 여러 문제점을 개괄했다. 논문은 생성 모형의 용도가 다양하다는 사실과 모형의 용도에 맞게 측정 방법을 선택해야 한다는 점을 강조했다. 예를 들어 생성 모형 중에는 좀 더 사실적인 점들에 높은 확률을 배정하는 데 강점을 보이는 모형들도 있고, 사실적이지 않은 점들에 높은 확률이 배정되지 않게 하는 데 강점을 보이는 모형들도 있다. 그런 차이는 생성 모형이 $D_{\mathrm{KL}}(p_{\text{자료}} \parallel p_{\text{모형}})$을 최소화하는지 아니면 $D_{\mathrm{KL}}(p_{\text{모형}} \parallel p_{\text{자료}})$를 최소화하는지를 반영한 것일 수 있다(그림 3.6 참고). 안타깝게도, 주어진 과제에 직합한 측도만 사용하게 한다고 해도, 현재 쓰이는 모든 측도에는 심각한 약점들이 존재하며, 그 약점들은 이후에도 사라지지 않을 것이다. 따라서, 생성 모형을 개선하는 것뿐만 아니라 우리가 새로 고안한 생성 모형이 기존 모형들보다 얼마나 개선되는지 측정하는 새로운 기법을 고안하는 것도 생성 모형화 분야의 아주 중요한 연구 주제이다.

20.15 결론

은닉 단위가 있는 생성 모형을 훈련하는 것은 주어진 훈련 자료로 표현된 세계를 모형이 이해하게 만드는 강력한 방법의 하나이다. 생성 모형은 모형 $p_{\text{모형}}(\boldsymbol{x})$와 표현 $p_{\text{모형}}(\boldsymbol{h}|\boldsymbol{x})$를 학습함으로써 $\boldsymbol{x}$의 입력 변수들 사이의 관계에 관한 여러 추론 문제에 답을 줄 수 있으며, 계통구조의 여러 수준에서 $\boldsymbol{h}$의 기댓값들을 추론함으로써 $\boldsymbol{x}$를 표현하는 서로 다른 여러 방법을 제공할 수 있다. 서로 다른 여러 직관적인 개념들을

이해하고, 불확실성이 존재하는 상황에서도 그런 개념들에 관한 뭔가를 추론할 수 있는 능력을 갖춘 AI 시스템을 구축하는 열쇠는 생성 모형이 가지고 있다. 이 책의 독자들이 생성 모형의 접근 방식들을 좀 더 강력하게 만들기를, 그리고 학습과 지능에 깔린 원리들을 좀 더 잘 이해하고자 하는 우리의 여정을 계속 이어나가기를 기원한다.

Abadi, M., Agarwal, A., Barham, P., Brevdo, E., Chen, Z., Citro, C., Corrado, G. S., Davis, A., Dean, J., Devin, M., Ghemawat, S., Goodfellow, I., Harp, A., Irving, G., Isard, M., Jia, Y., Jozefowicz, R., Kaiser, L., Kudlur, M., Levenberg, J., Mané, D., Monga, R., Moore, S., Murray, D., Olah, C., Schuster, M., Shlens, J., Steiner, B., Sutskever, I., Talwar, K., Tucker, P., Vanhoucke, V., Vasudevan, V., Viégas, F., Vinyals, O., Warden, P., Wattenberg, M., Wicke, M., Yu, Y., Zheng, X. (2015). TensorFlow: Large-scale machine learning on heterogeneous systems. tensorflow.org 에서 소프트웨어를 다운로드할 수 있음.

Ackley, D. H., Hinton, G. E., Sejnowski, T. J. (1985). A learning algorithm for Boltzmann machines. *Cognitive Science*, **9**, 147–169.

Alain, G., Bengio, Y. (2013). What regularized auto-encoders learn from the data generating distribution. *ICLR'2013, arXiv:1211.4246.*

Alain, G., Bengio, Y., Yao, L., Éric Thibodeau-Laufer, Yosinski, J., Vincent, P. (2015). GSNs: Generative stochastic networks. *arXiv:1503.05571.*

Allen, R. B. (1987). Several studies on natural language and back-propagation. *IEEE First International Conference on Neural Networks*, 권 2, pp. 335–341, San Diego. http://boballen.info/RBA/PAPERS/NL-BP/nl-bp.pdf.

Anderson, E. (1935). The Irises of the Gaspé Peninsula. *Bulletin of the American Iris Society*, **59**, 2–5.

Ba, J., Mnih, V., Kavukcuoglu, K. (2014). Multiple object recognition with visual attention. *arXiv:1412.7755*.

Bachman, P., Precup, D. (2015). Variational generative stochastic networks with collaborative shaping. *Proceedings of the 32nd International Conference on Machine Learning, ICML* 2015, Lille, France, 2015년 7월 6–11일, pp. 1964–1972.

Bacon, P.-L., Bengio, E., Pineau, J., Precup, D. (2015). Conditional computation in neural networks using a decision-theoretic approach. *2nd Multidisciplinary Conference on Reinforcement Learning and Decision Making (RLDM 2015)*.

Bagnell, J. A., Bradley, D. M. (2009). Differentiable sparse coding. D. Koller, D. Schuurmans, Y. Bengio, L. Bottou 엮음, *Advances in Neural Information Processing Systems 21 (NIPS'08)*, pp. 113–120.

Bahdanau, D., Cho, K., Bengio, Y. (2015). Neural machine translation by jointly learning to align and translate. *ICLR'2015, arXiv:1409.0473*.

Bahl, L. R., Brown, P., de Souza, P. V., Mercer, R. L. (1987). Speech recognition with continuous-parameter hidden Markov models. *Computer, Speech and Language*, **2**, 219–234.

Baldi, P., Hornik, K. (1989). Neural networks and principal component analysis: Learning from examples without local minima. *Neural Networks*, **2**, 53–58.

Baldi, P., Brunak, S., Frasconi, P., Soda, G., Pollastri, G. (1999). Exploiting the past and the future in protein secondary structure prediction. *Bioinformatics*, **15**(11), 937–946.

Baldi, P., Sadowski, P., Whiteson, D. (2014). Searching for exotic particles in high-energy physics with deep learning. *Nature communications*, **5**.

Ballard, D. H., Hinton, G. E., Sejnowski, T. J. (1983). Parallel vision computation. *Nature*.

Barlow, H. B. (1989). Unsupervised learning. *Neural Computation*, **1**, 295–311.

Barron, A. E. (1993). Universal approximation bounds for superpositions of a sigmoidal function. *IEEE Trans. on Information Theory*, **39**, 930–945.

Bartholomew, D. J. (1987). *Latent variable models and factor analysis*. Oxford University Press.

Basilevsky, A. (1994). *Statistical Factor Analysis and Related Methods: Theory and Applications*. Wiley.

Bastien, F., Lamblin, P., Pascanu, R., Bergstra, J., Goodfellow, I. J., Bergeron, A., Bouchard, N., Bengio, Y. (2012). Theano: new features and speed improvements. Deep Learning and Unsupervised Feature Learning NIPS 2012 Workshop.

Basu, S., Christensen, J. (2013). Teaching classification boundaries to humans. *AAAI'2013*.

Baxter, J. (1995). Learning internal representations. *Proceedings of the 8th International Conference on Computational Learning Theory (COLT'95)*, pp. 311–320, Santa Cruz, California. ACM Press.

Bayer, J., Osendorfer, C. (2014). Learning stochastic recurrent networks. *arXiv:1411.7610v1*.

Becker, S., Hinton, G. (1992). A self-organizing neural network that discovers surfaces in random-dot stereograms. *Nature*, **355**, 161–163.

Behnke, S. (2001). Learning iterative image reconstruction in the neural abstraction pyramid. *Int. J. Computational Intelligence and Applications*, **1**(4), 427–438.

Beiu, V., Quintana, J. M., Avedillo, M. J. (2003). VLSI implementations of threshold logic-a comprehensive survey. *Neural Networks, IEEE Transactions on*, **14**(5), 1217–1243.

Belkin, M., Niyogi, P. (2002). Laplacian eigenmaps and spectral techniques for embedding and clustering. T. Dietterich, S. Becker, Z. Ghahramani 엮음, *Advances in Neural Information Processing Systems 14 (NIPS'01)*, Cambridge, MA. MIT Press.

Belkin, M., Niyogi, P. (2003). Laplacian eigenmaps for dimensionality reduction and data representation. *Neural Computation*, **15**(6), 1373–1396.

Bengio, E., Bacon, P.-L., Pineau, J., Precup, D. (2015a). Conditional computation in neural networks for faster models. *arXiv:1511.06297*.

Bengio, S., Bengio, Y. (2000a). Taking on the curse of dimensionality in joint distributions using neural networks. *IEEE Transactions on Neural Networks, special issue on Data Mining and Knowledge Discovery*, **11**(3), 550–557.

Bengio, S., Vinyals, O., Jaitly, N., Shazeer, N. (2015b). Scheduled sampling for sequence prediction with recurrent neural networks. Technical report, *arXiv:1506.03099*.

Bengio, Y. (1991). *Artificial Neural Networks and their Application to Sequence Recognition*. Ph.D. 학위 논문, McGill University, (Computer Science), Montreal, Canada.

Bengio, Y. (2000). Gradient-based optimization of hyperparameters. *Neural Computation*, **12**(8), 1889–1900.

Bengio, Y. (2002). New distributed probabilistic language models. Technical Report 1215, Dept. IRO, Université de Montréal.

Bengio, Y. (2009). *Learning deep architectures for AI*. Now Publishers.

Bengio, Y. (2013). Deep learning of representations: looking forward. *Statistical Language and Speech Processing, Lecture Notes in Computer Science* 권 7978, pp. 1–37. Springer. arXiv.org에도 있음(http://arxiv.org/abs/1305.0445).

Bengio, Y. (2015). Early inference in energy-based models approximates back-propagation. Technical Report *arXiv:1510.02777*, Universite de Montreal.

Bengio, Y., Bengio, S. (2000b). Modeling high-dimensional discrete data with multi-layer neural networks. *NIPS 12*, pp. 400–406. MIT Press.

Bengio, Y., Delalleau, O. (2009). Justifying and generalizing contrastive divergence. *Neural Computation*, **21**(6), 1601–1621.

Bengio, Y., Grandvalet, Y. (2004). No unbiased estimator of the variance of k-fold cross-validation. S. Thrun, L. Saul, B. Schölkopf 엮음, *Advances in Neural Information Processing Systems 16 (NIPS'03)*, Cambridge, MA. MIT Press, Cambridge.

Bengio, Y., LeCun, Y. (2007). Scaling learning algorithms towards AI. *Large Scale Kernel Machines*.

Bengio, Y., Monperrus, M. (2005). Non-local manifold tangent learning. L. Saul, Y. Weiss, L. Bottou 엮음, *Advances in Neural Information Processing Systems 17 (NIPS'04)*, pp. 129–136. MIT Press.

Bengio, Y., Sénécal, J.-S. (2003). Quick training of probabilistic neural nets by importance sampling. *Proceedings of AISTATS 2003*.

Bengio, Y., Sénécal, J.-S. (2008). Adaptive importance sampling to accelerate training of a neural probabilistic language model. *IEEE Trans. Neural Networks*, **19**(4), 713–722.

Bengio, Y., DeMori, R., Flammia, G., Kompe, R. (1991). Phonetically motivated acoustic parameters for continuous speech recognition using artificial neural networks. *Proceedings of EuroSpeech'91.*

Bengio, Y., DeMori, R., Flammia, G., Kompe, R. (1992). Neural network-Gaussian mixture hybrid for speech recognition or density estimation. *NIPS 4*, pp. 175–182. Morgan Kaufmann.

Bengio, Y., Frasconi, P., Simard, P. (1993). The problem of learning long-term dependencies in recurrent networks. *IEEE International Conference on Neural Networks*, pp. 1183–1195, San Francisco. IEEE Press. (초청논문).

Bengio, Y., Simard, P., Frasconi, P. (1994). Learning long-term dependencies with gradient descent is difficult. *IEEE Tr. Neural Nets.*

Bengio, Y., Latendresse, S., Dugas, C. (1999). Gradient-based learning of hyper-parameters. Learning Conference, Snowbird.

Bengio, Y., Ducharme, R., Vincent, P. (2001). A neural probabilistic language model. T. K. Leen, T. G. Dietterich, V. Tresp 엮음, *NIPS'2000*, pp. 932–938. MIT Press.

Bengio, Y., Ducharme, R., Vincent, P., Jauvin, C. (2003). A neural probabilistic language model. *JMLR*, **3**, 1137–1155.

Bengio, Y., Le Roux, N., Vincent, P., Delalleau, O., Marcotte, P. (2006a). Convex neural networks. *NIPS'2005*, pp. 123–130.

Bengio, Y., Delalleau, O., Le Roux, N. (2006b). The curse of highly variable functions for local kernel machines. *NIPS'2005.*

Bengio, Y., Larochelle, H., Vincent, P. (2006c). Non-local manifold Parzen windows. *NIPS'2005.* MIT Press.

Bengio, Y., Lamblin, P., Popovici, D., Larochelle, H. (2007). Greedy layer-wise training of deep networks. *NIPS'2006.*

Bengio, Y., Louradour, J., Collobert, R., Weston, J. (2009). Curriculum learning. *ICML'09.*

Bengio, Y., Mesnil, G., Dauphin, Y., Rifai, S. (2013a). Better mixing via deep representations. *ICML'2013.*

Bengio, Y., Léonard, N., Courville, A. (2013b). Estimating or propagating gradients through stochastic neurons for conditional computation. *arXiv:1308.3432*.

Bengio, Y., Yao, L., Alain, G., Vincent, P. (2013c). Generalized denoising auto-encoders as generative models. *NIPS'2013*.

Bengio, Y., Courville, A., Vincent, P. (2013d). Representation learning: A review and new perspectives. *IEEE Trans. Pattern Analysis and Machine Intelligence (PAMI)*, **35**(8), 1798–1828.

Bengio, Y., Thibodeau-Laufer, E., Alain, G., Yosinski, J. (2014). Deep generative stochastic networks trainable by backprop. *ICML'2014*.

Bennett, C. (1976). Efficient estimation of free energy differences from Monte Carlo data. *Journal of Computational Physics*, **22**(2), 245–268.

Bennett, J., Lanning, S. (2007). The Netflix prize.

Berger, A. L., Della Pietra, V. J., Della Pietra, S. A. (1996). A maximum entropy approach to natural language processing. *Computational Linguistics*, **22**, 39–71.

Berglund, M., Raiko, T. (2013). Stochastic gradient estimate variance in contrastive divergence and persistent contrastive divergence. *CoRR*, **abs/1312.6002**.

Bergstra, J. (2011). *Incorporating Complex Cells into Neural Networks for Pattern Classification*. Ph.D. 학위 논문, Université de Montréal.

Bergstra, J., Bengio, Y. (2009). Slow, decorrelated features for pretraining complex cell-like networks. *NIPS'2009*.

Bergstra, J., Bengio, Y. (2012). Random search for hyper-parameter optimization. *J. Machine Learning Res.*, **13**, 281–305.

Bergstra, J., Breuleux, O., Bastien, F., Lamblin, P., Pascanu, R., Desjardins, G., Turian, J., Warde-Farley, D., Bengio, Y. (2010). Theano: a CPU and GPU math expression compiler. *Proc. SciPy*.

Bergstra, J., Bardenet, R., Bengio, Y., Kégl, B. (2011). Algorithms for hyper-parameter optimization. *NIPS'2011*.

Berkes, P., Wiskott, L. (2005). Slow feature analysis yields a rich repertoire of complex cell properties. *Journal of Vision*, **5**(6), 579–602.

Bertsekas, D. P., Tsitsiklis, J. (1996). *Neuro-Dynamic Programming*. Athena Scientific.

Besag, J. (1975). Statistical analysis of non-lattice data. *The Statistician*, **24**(3), 179–195.

Bishop, C. M. (1994). Mixture density networks.

Bishop, C. M. (1995a). Regularization and complexity control in feed-forward networks. *Proceedings International Conference on Artificial Neural Networks ICANN'95*, 권 1, page 141–148.

Bishop, C. M. (1995b). Training with noise is equivalent to Tikhonov regularization. *Neural Computation*, **7**(1), 108–116.

Bishop, C. M. (2006). *Pattern Recognition and Machine Learning*. Springer.

Blum, A. L., Rivest, R. L. (1992). Training a 3-node neural network is NP-complete.

Blumer, A., Ehrenfeucht, A., Haussler, D., Warmuth, M. K. (1989). Learnability and the Vapnik–Chervonenkis dimension. *Journal of the ACM*, **36**(4), 929–865.

Bonnet, G. (1964). Transformations des signaux aléatoires à travers les systèmes non linéaires sans mémoire. *Annales des Télécommunications*, **19**(9–10), 203–220.

Bordes, A., Weston, J., Collobert, R., Bengio, Y. (2011). Learning structured embeddings of knowledge bases. *AAAI 2011*.

Bordes, A., Glorot, X., Weston, J., Bengio, Y. (2012). Joint learning of words and meaning representations for open-text semantic parsing. *AISTATS'2012*.

Bordes, A., Glorot, X., Weston, J., Bengio, Y. (2013a). A semantic matching energy function for learning with multi-relational data. *Machine Learning: Special Issue on Learning Semantics*.

Bordes, A., Usunier, N., Garcia-Duran, A., Weston, J., Yakhnenko, O. (2013b). Translating embeddings for modeling multi-relational data. C. Burges, L. Bottou, M. Welling, Z. Ghahramani, K. Weinberger 엮음, *Advances in Neural Information Processing Systems 26*, pp. 2787–2795. Curran Associates, Inc.

Bornschein, J., Bengio, Y. (2015). Reweighted wake-sleep. *ICLR'2015, arXiv:1406.2751*.

Bornschein, J., Shabanian, S., Fischer, A., Bengio, Y. (2015). Training bidirectional Helmholtz machines. Technical report, *arXiv:1506.03877*.

Boser, B. E., Guyon, I. M., Vapnik, V. N. (1992). A training algorithm for optimal margin classifiers. *COLT '92: Proceedings of the fifth annual workshop on Computational learning theory*, pp. 144–152, New York, NY, USA. ACM.

Bottou, L. (1998). Online algorithms and stochastic approximations. D. Saad 엮음, *Online Learning in Neural Networks*. Cambridge University Press, Cambridge, UK.

Bottou, L. (2011). From machine learning to machine reasoning. Technical report, *arXiv.1102.1808*.

Bottou, L. (2015). Multilayer neural networks. Deep Learning Summer School.

Bottou, L., Bousquet, O. (2008). The tradeoffs of large scale learning. *NIPS'2008*.

Boulanger-Lewandowski, N., Bengio, Y., Vincent, P. (2012). Modeling temporal dependencies in high-dimensional sequences: Application to polyphonic music generation and transcription. *ICML'12*.

Boureau, Y., Ponce, J., LeCun, Y. (2010). A theoretical analysis of feature pooling invision algorithms. *Proc. International Conference on Machine learning (ICML'10)*.

Boureau, Y., Le Roux, N., Bach, F., Ponce, J., LeCun, Y. (2011). Ask the locals: multi-way local pooling for image recognition. *Proc. International Conference on Computer Vision (ICCV'11)*. IEEE.

Bourlard, H., Kamp, Y. (1988). Auto-association by multilayer perceptrons and singular value decomposition. *Biological Cybernetics*, **59**, 291–294.

Bourlard, H., Wellekens, C. (1989). Speech pattern discrimination and multi-layered perceptrons. *Computer Speech and Language*, **3**, 1–19.

Boyd, S., Vandenberghe, L. (2004). *Convex Optimization*. Cambridge University Press, New York, NY, USA.

Brady, M. L., Raghavan, R., Slawny, J. (1989). Back-propagation fails to separate where perceptrons succeed. *IEEE Transactions on Circuits and Systems*, **36**, 665–674.

Brakel, P., Stroobandt, D., Schrauwen, B. (2013). Training energy-based models for time-series imputation. *Journal of Machine Learning Research*, **14**, 2771–2797.

Brand, M. (2003). Charting a manifold. *NIPS'2002*, pp. 961–968. MIT Press.

Breiman, L. (1994). Bagging predictors. *Machine Learning*, **24**(2), 123–140.

Breiman, L., Friedman, J. H., Olshen, R. A., Stone, C. J. (1984). *Classification and*

Regression Trees. Wadsworth International Group, Belmont, CA.

Bridle, J. S. (1990). Alphanets: a recurrent 'neural' network architecture with a hidden Markov model interpretation. *Speech Communication*, **9**(1), 83–92.

Briggman, K., Denk, W., Seung, S., Helmstaedter, M. N., Turaga, S. C. (2009). Maximin affinity learning of image segmentation. *NIPS'2009*, pp. 1865–1873.

Brown, P. F., Cocke, J., Pietra, S. A. D., Pietra, V. J. D., Jelinek, F., Lafferty, J. D., Mercer, R. L., Roossin, P. S. (1990). A statistical approach to machine translation. *Computational linguistics*, **16**(2), 79–85.

Brown, P. F., Pietra, V. J. D., DeSouza, P. V., Lai, J. C., Mercer, R. L. (1992). Class-based *n*-gram models of natural language. *Computational Linguistics*, **18**, 467–479.

Bryson, A., Ho, Y. (1969). *Applied optimal control: optimization, estimation, and control*. Blaisdell Pub. Co.

Bryson, Jr., A. E., Denham, W. F. (1961). A steepest-ascent method for solving optimum programming problems. Technical Report BR-1303, Raytheon Company, Missle and Space Division.

Buciluǎ, C., Caruana, R., Niculescu-Mizil, A. (2006). Model compression. *Proceedings of the 12th ACM SIGKDD international conference on Knowledge discovery and data mining*, pp. 535–541. ACM.

Burda, Y., Grosse, R., Salakhutdinov, R. (2015). Importance weighted autoencoders. *arXiv 사전배포본 arXiv:1509.00519*.

Cai, M., Shi, Y., Liu, J. (2013). Deep maxout neural networks for speech recognition. *Automatic Speech Recognition and Understanding (ASRU), 2013 IEEE Workshop on*, pp. 291–296. IEEE.

Carreira-Perpiñan, M. A., Hinton, G. E. (2005). On contrastive divergence learning. R. G. Cowell, Z. Ghahramani 엮음, *Proceedings of the Tenth International Workshop on Artificial Intelligence and Statistics (AISTATS'05)*, pp. 33–40. Society for Artificial Intelligence and Statistics.

Caruana, R. (1993). Multitask connectionist learning. *Proc. 1993 Connectionist Models Summer School*, pp. 372–379.

Cauchy, A. (1847). Méthode générale pour la résolution de systèmes d'équations simultanées. *Compte rendu des séances de l'académie des sciences*, pp. 536–538.

Cayton, L. (2005). Algorithms for manifold learning. Technical Report CS2008-0923, UCSD.

Chandola, V., Banerjee, A., Kumar, V. (2009). Anomaly detection: A survey. *ACM computing surveys (CSUR)*, **41**(3), 15.

Chapelle, O., Weston, J., Schölkopf, B. (2003). Cluster kernels for semi-supervised learning. S. Becker, S. Thrun, K. Obermayer 엮음, *Advances in Neural Information Processing Systems 15 (NIPS'02)*, pp. 585–592, Cambridge, MA. MIT Press.

Chapelle, O., Schölkopf, B., Zien, A. 엮음 (2006). *Semi-Supervised Learning*. MIT Press, Cambridge, MA.

Chellapilla, K., Puri, S., Simard, P. (2006). High Performance Convolutional Neural Networks for Document Processing. Guy Lorette 엮음, *Tenth International Workshop on Frontiers in Handwriting Recognition*, La Baule (France). Université de Rennes 1, Suvisoft. http://www.suvisoft.com.

Chen, B., Ting, J.-A., Marlin, B. M., de Freitas, N. (2010). Deep learning of invariant spatio-temporal features from video. NIPS*2010 Deep Learning and Unsupervised Feature Learning Workshop.

Chen, S. F., Goodman, J. T. (1999). An empirical study of smoothing techniques for language modeling. *Computer, Speech and Language*, **13**(4), 359–393.

Chen, T., Du, Z., Sun, N., Wang, J., Wu, C., Chen, Y., Temam, O. (2014a). DianNao: A small-footprint high-throughput accelerator for ubiquitous machine-learning. *Proceedings of the 19th international conference on Architectural support for programming languages and operating systems*, pp. 269–284. ACM.

Chen, T., Li, M., Li, Y., Lin, M., Wang, N., Wang, M., Xiao, T., Xu, B., Zhang, C., Zhang, Z. (2015). MXNet: A flexible and efficient machine learning library for heterogeneous distributed systems. *arXiv 사전배포본 arXiv:1512.01274*.

Chen, Y., Luo, T., Liu, S., Zhang, S., He, L., Wang, J., Li, L., Chen, T., Xu, Z., Sun, N., etal. (2014b). DaDianNao: A machine-learning supercomputer. *Microarchitecture*

(MICRO), 2014 47th Annual IEEE/ACM International Symposium on, pp. 609–622. IEEE.

Chilimbi, T., Suzue, Y., Apacible, J., Kalyanaraman, K. (2014). Project Adam: Building an efficient and scalable deep learning training system. *11th USENIX Symposium on Operating Systems Design and Implementation (OSDI'14)*.

Cho, K., Raiko, T., Ilin, A. (2010). Parallel tempering is efficient for learning restricted Boltzmann machines. *IJCNN'2010*.

Cho, K., Raiko, T., Ilin, A. (2011). Enhanced gradient and adaptive learning rate for training restricted Boltzmann machines. *ICML'2011*, pp. 105–112.

Cho, K., van Merriënboer, B., Gulcehre, C., Bougares, F., Schwenk, H., Bengio, Y. (2014a). Learning phrase representations using RNN encoder-decoder for statistical machine translation. *Proceedings of the Empiricial Methods in Natural Language Processing (EMNLP 2014)*.

Cho, K., VanMerriënboer, B., Bahdanau, D., Bengio, Y. (2014b). On the properties of neural machine translation: Encoder-decoder approaches. *ArXiv 전자 문서*, **abs/1409.1259**.

Choromanska, A., Henaff, M., Mathieu, M., Arous, G. B., LeCun, Y. (2014). The loss surface of multilayer networks.

Chorowski, J., Bahdanau, D., Cho, K., Bengio, Y. (2014). End-to-end continuous speech recognition using attention-based recurrent NN: First results. *arXiv:1412.1602*.

Chrisman, L. (1991). Learning recursive distributed representations for holistic computation. *Connection Science*, **3**(4), 345–366. http://repository.cmu.edu/cgi/viewcontent.cgi?article=3061&context=compsci.

Christianson, B. (1992). Automatic Hessians by reverse accumulation. *IMA Journal of Numerical Analysis*, **12**(2), 135–150.

Chrupala, G., Kadar, A., Alishahi, A. (2015). Learning language through pictures. *arXiv:1506.03694*.

Chung, J., Gulcehre, C., Cho, K., Bengio, Y. (2014). Empirical evaluation of gated recurrent neural networks on sequence modeling. NIPS'2014 Deep Learning workshop, *arXiv:1412.3555*.

Chung, J., Gülçehre, Ç., Cho, K., Bengio, Y. (2015a). Gated feedback recurrent neural networks. *ICML'15*.

Chung, J., Kastner, K., Dinh, L., Goel, K., Courville, A., Bengio, Y. (2015b). A recurrent latent variable model for sequential data. *NIPS'2015*.

Ciresan, D., Meier, U., Masci, J., Schmidhuber, J. (2012). Multi-column deep neural network for traffic sign classification. *Neural Networks*, **32**, 333–338.

Ciresan, D. C., Meier, U., Gambardella, L. M., Schmidhuber, J. (2010). Deep big simple neural nets for handwritten digit recognition. *Neural Computation*, **22**, 1–14.

Coates, A., Ng, A. Y. (2011). The importance of encoding versus training with sparse coding and vector quantization. *ICML'2011*.

Coates, A., Lee, H., Ng, A. Y. (2011). An analysis of single-layer networks in unsupervised feature learning. *Proceedings of the Thirteenth International Conference on Artificial Intelligence and Statistics (AISTATS 2011)*.

Coates, A., Huval, B., Wang, T., Wu, D., Catanzaro, B., Andrew, N. (2013). Deep learning with COTS HPC systems. S. Dasgupta, D. McAllester 엮음, *Proceedings of the 30th International Conference on Machine Learning (ICML-13)*, 권 28 (3), pp. 1337–1345. JMLR Workshop and Conference Proceedings.

Cohen, N., Sharir, O., Shashua, A. (2015). On the expressive power of deep learning: A tensor analysis. *arXiv:1509.05009*.

Collobert, R. (2004). *Large Scale Machine Learning*. Ph.D. 학위 논문, Université de Paris VI, LIP6.

Collobert, R. (2011). Deep learning for efficient discriminative parsing. *AISTATS'2011*.

Collobert, R., Weston, J. (2008a). A unified architecture for natural language processing: Deep neural networks with multitask learning. *ICML'2008*.

Collobert, R., Weston, J. (2008b). A unified architecture for natural language processing: Deep neural networks with multitask learning. *ICML'2008*.

Collobert, R., Bengio, S., Bengio, Y. (2001). A parallel mixture of SVMs for very large scale problems. Technical Report IDIAP-RR-01-12, IDIAP.

Collobert, R., Bengio, S., Bengio, Y. (2002). Parallel mixture of SVMs for very large scale problems. *Neural Computation*, **14**(5), 1105–1114.

Collobert, R., Weston, J., Bottou, L., Karlen, M., Kavukcuoglu, K., Kuksa, P. (2011a). Natural language processing (almost) from scratch. *The Journal of Machine Learning Research*, **12**, 2493–2537.

Collobert, R., Kavukcuoglu, K., Farabet, C. (2011b). Torch7: A Matlab-like environment for machine learning. *BigLearn, NIPS Workshop*.

Comon, P. (1994). Independent component analysis - a new concept? *Signal Processing*, **36**, 287–314.

Cortes, C., Vapnik, V. (1995). Support vector networks. *Machine Learning*, **20**, 273–297.

Couprie, C., Farabet, C., Najman, L., LeCun, Y. (2013). Indoor semantic segmentation using depth information. *International Conference on Learning Representations (ICLR2013)*.

Courbariaux, M., Bengio, Y., David, J.-P. (2015). Low precision arithmetic for deep learning. *Arxiv:1412.7024, ICLR'2015 Workshop*.

Courville, A., Bergstra, J., Bengio, Y. (2011). Unsupervised models of images by spike-and-slab RBMs. *ICML'11*.

Courville, A., Desjardins, G., Bergstra, J., Bengio, Y. (2014). The spike-and-slab RBM and extensions to discrete and sparse data distributions. *Pattern Analysis and Machine Intelligence, IEEE Transactions on*, **36**(9), 1874–1887.

Cover, T. M., Thomas, J. A. (2006). *Elements of Information Theory, 2nd Edition*. Wiley-Interscience.

Cox, D., Pinto, N. (2011). Beyond simple features: A large-scale feature search approach to unconstrained face recognition. *Automatic Face & Gesture Recognition and Workshops (FG 2011), 2011 IEEE International Conference on*, pp. 8–15. IEEE.

Cramér, H. (1946). *Mathematical methods of statistics*. Princeton University Press.

Crick, F. H. C., Mitchison, G. (1983). The function of dream sleep. *Nature*, **304**, 111–114.

Cybenko, G. (1989). Approximation by superpositions of a sigmoidal function. *Mathematics of Control, Signals, and Systems*, **2**, 303–314.

Dahl, G. E., Ranzato, M., Mohamed, A., Hinton, G. E. (2010). Phone recognition with the mean-covariance restricted Boltzmann machine. *NIPS'2010*.

Dahl, G. E., Yu, D., Deng, L., Acero, A. (2012). Context-dependent pre-trained deep neural networks for large vocabulary speech recognition. *IEEE Transactions on Audio, Speech, and Language Processing*, **20**(1), 33–42.

Dahl, G. E., Sainath, T. N., Hinton, G. E. (2013). Improving deep neural networks for LVCSR using rectified linear units and dropout. *ICASSP'2013*.

Dahl, G. E., Jaitly, N., Salakhutdinov, R. (2014). Multi-task neural networks for QSAR predictions. *arXiv:1406.1231*.

Dauphin, Y., Bengio, Y. (2013). Stochastic ratio matching of RBMs for sparse high-dimensional inputs. *NIPS26*. NIPS Foundation.

Dauphin, Y., Glorot, X., Bengio, Y. (2011). Large-scale learning of embeddings with reconstruction sampling. *ICML'2011*.

Dauphin, Y., Pascanu, R., Gulcehre, C., Cho, K., Ganguli, S., Bengio, Y. (2014). Identifying and attacking the saddle point problem in high-dimensional non-convex optimization. *NIPS'2014*.

Davis, A., Rubinstein, M., Wadhwa, N., Mysore, G., Durand, F., Freeman, W. T. (2014). The visual microphone: Passive recovery of sound from video. *ACM Transactions on Graphics (Proc. SIGGRAPH)*, **33**(4), 79:1–79:10.

Dayan, P. (1990). Reinforcement comparison. *Connectionist Models: Proceedings of the 1990 Connectionist Summer School*, San Mateo, CA.

Dayan, P., Hinton, G. E. (1996). Varieties of Helmholtz machine. *Neural Networks*, **9**(8), 1385–1403.

Dayan, P., Hinton, G. E., Neal, R. M., Zemel, R. S. (1995). The Helmholtz machine. *Neural computation*, **7**(5), 889–904.

Dean, J., Corrado, G., Monga, R., Chen, K., Devin, M., Le, Q., Mao, M., Ranzato, M., Senior, A., Tucker, P., Yang, K., Ng, A. Y. (2012). Large scale distributed deep networks. *NIPS'2012*.

Dean, T., Kanazawa, K. (1989). A model for reasoning about persistence and causation.

Computational Intelligence, **5**(3), 142–150.

Deerwester, S., Dumais, S. T., Furnas, G. W., Landauer, T. K., Harshman, R. (1990). Indexing by latent semantic analysis. *Journal of the American Society for Information Science*, **41**(6), 391–407.

Delalleau, O., Bengio, Y. (2011). Shallow vs. deep sum-product networks. *NIPS*.

Deng, J., Dong, W., Socher, R., Li, L.-J., Li, K., Fei-Fei, L. (2009). ImageNet: A Large-Scale Hierarchical Image Database. *CVPR09*.

Deng, J., Berg, A. C., Li, K., Fei-Fei, L. (2010a). What does classifying more than 10,000 image categories tell us? *Proceedings of the 11th European Conference on Computer Vision: Part V*, ECCV'10, pp. 71–84, Berlin, Heidelberg. Springer-Verlag.

Deng, L., Yu, D. (2014). Deep learning – methods and applications. *Foundations and Trends in Signal Processing*.

Deng, L., Seltzer, M., Yu, D., Acero, A., Mohamed, A., Hinton, G. (2010b). Binary coding of speech spectrograms using a deep auto-encoder. *Interspeech 2010*, Makuhari, Chiba, Japan.

Denil, M., Bazzani, L., Larochelle, H., de Freitas, N. (2012). Learning where to attend with deep architectures for image tracking. *Neural Computation*, **24**(8), 2151–2184.

Denton, E., Chintala, S., Szlam, A., Fergus, R. (2015). Deep generative image models using a Laplacian pyramid of adversarial networks. *NIPS*.

Desjardins, G., Bengio, Y. (2008). Empirical evaluation of convolutional RBMs for vision. Technical Report 1327, Département d'Informatique et de Recherche Opérationnelle, Université de Montréal.

Desjardins, G., Courville, A. C., Bengio, Y., Vincent, P., Delalleau, O. (2010). Tempered Markov chain Monte Carlo for training of restricted Boltzmann machines. *International Conference on Artificial Intelligence and Statistics*, pp. 145–152.

Desjardins, G., Courville, A., Bengio, Y. (2011). On tracking the partition function. *NIPS'2011*.

Desjardins, G., Simonyan, K., Pascanu, R., etal. (2015). Natural neural networks. *Advances in Neural Information Processing Systems*, pp. 2062–2070.

Devlin, J., Zbib, R., Huang, Z., Lamar, T., Schwartz, R., Makhoul, J. (2014). Fast and robust neural network joint models for statistical machine translation. *Proc. ACL'2014*.

Devroye, L. (2013). *Non-Uniform Random Variate Generation*. SpringerLink : Bücher. Springer New York.

DiCarlo, J. J. (2013). Mechanisms underlying visual object recognition: Humans vs. neurons vs. machines. NIPS Tutorial.

Dinh, L., Krueger, D., Bengio, Y. (2014). NICE: Non-linear independent components estimation. *arXiv:1410.8516*.

Donahue, J., Hendricks, L. A., Guadarrama, S., Rohrbach, M., Venugopalan, S., Saenko, K., Darrell, T. (2014). Long-term recurrent convolutional networks for visual recognition and description. *arXiv:1411.4389*.

Donoho, D. L., Grimes, C. (2003). Hessian eigenmaps: new locally linear embedding techniques for high-dimensional data. Technical Report 2003-08, Dept. Statistics, Stanford University.

Dosovitskiy, A., Springenberg, J. T., Brox, T. (2015). Learning to generate chairs with convolutional neural networks. *Proceedings of the IEEE Conference on Computer Vision and Pattern Recognition*, pp. 1538–1546.

Doya, K. (1993). Bifurcations of recurrent neural networks in gradient descent learning. *IEEE Transactions on Neural Networks*, **1**, 75–80.

Dreyfus, S. E. (1962). The numerical solution of variational problems. *Journal of Mathematical Analysis and Applications*, **5(1)**, 30–45.

Dreyfus, S. E. (1973). The computational solution of optimal control problems with time lag. *IEEE Transactions on Automatic Control*, **18(4)**, 383–385.

Drucker, H., LeCun, Y. (1992). Improving generalisation performance using double back-propagation. *IEEE Transactions on Neural Networks*, **3(6)**, 991–997.

Duchi, J., Hazan, E., Singer, Y. (2011). Adaptive subgradient methods for online learning and stochastic optimization. *Journal of Machine Learning Research*.

Dudik, M., Langford, J., Li, L. (2011). Doubly robust policy evaluation and learning.

Proceedings of the 28th International Conference on Machine learning, ICML '11.

Dugas, C., Bengio, Y., Bélisle, F., Nadeau, C. (2001). Incorporating second-order functional knowledge for better option pricing. T. Leen, T. Dietterich, V. Tresp 엮음, *Advances in Neural Information Processing Systems 13 (NIPS'00)*, pp. 472–478. MIT Press.

Dziugaite, G. K., Roy, D. M., Ghahramani, Z. (2015). Training generative neural networks via maximum mean discrepancy optimization. *arXiv 사전배포본 arXiv:1505.03906.*

El Hihi, S., Bengio, Y. (1996). Hierarchical recurrent neural networks for long-term dependencies. *NIPS'1995.*

Elkahky, A. M., Song, Y., He, X. (2015). A multi-view deep learning approach for cross domain user modeling in recommendation systems. *Proceedings of the 24th International Conference on World Wide Web*, pp. 278–288.

Elman, J. L. (1993). Learning and development in neural networks: The importance of starting small. *Cognition*, **48**, 781–799.

Erhan, D., Manzagol, P.-A., Bengio, Y., Bengio, S., Vincent, P. (2009). The difficulty of training deep architectures and the effect of unsupervised pre-training. *Proceedings of AISTATS'2009.*

Erhan, D., Bengio, Y., Courville, A., Manzagol, P., Vincent, P., Bengio, S. (2010). Why does unsupervised pre-training help deep learning? *J. Machine Learning Res.*

Fahlman, S. E., Hinton, G. E., Sejnowski, T. J. (1983). Massively parallel architectures for AI: NETL, thistle, Boltzmann machines. *Proceedings of the National Conference on Artificial Intelligence AAAI-83.*

Fang, H., Gupta, S., Iandola, F., Srivastava, R., Deng, L., Dollár, P., Gao, J., He, X., Mitchell, M., Platt, J. C., Zitnick, C. L., Zweig, G. (2015). From captions to visual concepts and back. *arXiv:1411.4952.*

Farabet, C., LeCun, Y., Kavukcuoglu, K., Culurciello, E., Martini, B., Akselrod, P., Talay, S. (2011). Large-scale FPGA-based convolutional networks. R. Bekkerman, M. Bilenko, J. Langford 엮음, *Scaling up Machine Learning: Parallel and Distributed*

Approaches. Cambridge University Press.

Farabet, C., Couprie, C., Najman, L., LeCun, Y. (2013). Learning hierarchical features for scene labeling. *IEEE Transactions on Pattern Analysis and Machine Intelligence,* **35**(8), 1915–1929.

Fei-Fei, L., Fergus, R., Perona, P. (2006). One-shot learning of object categories. *IEEE Transactions on Pattern Analysis and Machine Intelligence,* **28**(4), 594–611.

Finn, C., Tan, X. Y., Duan, Y., Darrell, T., Levine, S., Abbeel, P. (2015). Learning visual feature spaces for robotic manipulation with deep spatial autoencoders. *arXiv 사전배포본 arXiv:1509.06113.*

Fisher, R. A. (1936). The use of multiple measurements in taxonomic problems. *Annals of Eugenics,* **7**, 179–188.

Földiák, P. (1989). Adaptive network for optimal linear feature extraction. *International Joint Conference on Neural Networks (IJCNN),* 권 1, pp. 401–405, Washington 1989. IEEE, New York.

Forcada, M., and Ñeco, R. (1997). Recursive hetero-associative memories for translation. *Biological and Artificial Computation: From Neuroscience to Technology,* pp. 453–462. http://citeseerx.ist.psu.edu/viewdoc/summary?doi=10.1.1.43.1968.

Franzius, M., Sprekeler, H., Wiskott, L. (2007). Slowness and sparseness lead to place, head-direction, and spatial-view cells.

Franzius, M., Wilbert, N., Wiskott, L. (2008). Invariant object recognition with slow feature analysis. *Artificial Neural Networks-ICANN 2008,* pp. 961–970. Springer.

Frasconi, P., Gori, M., Sperduti, A. (1997). On the efficient classification of data structures by neural networks. *Proc. Int. Joint Conf. on Artificial Intelligence.*

Frasconi, P., Gori, M., Sperduti, A. (1998). A general framework for adaptive processing of data structures. *IEEE Transactions on Neural Networks,* **9**(5), 768–786.

Freund, Y., Schapire, R. E. (1996a). Experiments with a new boosting algorithm. *Machine Learning: Proceedings of Thirteenth International Conference,* pp. 148–156, USA. ACM.

Freund, Y., Schapire, R. E. (1996b). Game theory, on-line prediction and boosting. *Proceedings of the Ninth Annual Conference on Computational Learning Theory,* pp.

325–332.

Frey, B. J. (1998). *Graphical models for machine learning and digital communication*. MIT Press.

Frey, B. J., Hinton, G. E., Dayan, P. (1996). Does the wake-sleep algorithm learn good density estimators? D. Touretzky, M. Mozer, M. Hasselmo 엮음, *Advances in Neural Information Processing Systems 8 (NIPS'95)*, pp. 661–670. MIT Press, Cambridge, MA.

Frobenius, G. (1908). Über matrizen aus positiven elementen, s. *B. Preuss. Akad. Wiss. Berlin, Germany*.

Fukushima, K. (1975). Cognitron: A self-organizing multilayered neural network. *Biological Cybernetics*, **20**, 121–136.

Fukushima, K. (1980). Neocognitron: A self-organizing neural network model for a mechanism of pattern recognition unaffected by shift in position. *Biological Cybernetics*, **36**, 193–202.

Gal, Y., Ghahramani, Z. (2015). Bayesian convolutional neural networks with Bernoulli approximate variational inference. *arXiv 사전배포본 arXiv:1506.02158*.

Gallinari, P., LeCun, Y., Thiria, S., Fogelman-Soulie, F. (1987). Memoires associatives distribuees. *Proceedings of COGNITIVA 87*, Paris, La Villette.

Garcia-Duran, A., Bordes, A., Usunier, N., Grandvalet, Y. (2015). Combining two and three-way embeddings models for link prediction in knowledge bases. *arXiv 사전배포본 arXiv:1506.00999*.

Garofolo, J. S., Lamel, L. F., Fisher, W. M., Fiscus, J. G., Pallett, D. S. (1993). Darpa timit acoustic-phonetic continous speech corpus cd-rom. nist speech disc 1-1.1. *NASA STI/Recon Technical Report N*, **93**, 27403.

Garson, J. (1900). The metric system of identification of criminals, as used in Great Britain and Ireland. *The Journal of the Anthropological Institute of Great Britain and Ireland*, (2), 177–227.

Gers, F. A., Schmidhuber, J., Cummins, F. (2000). Learning to forget: Continual prediction with LSTM. *Neural computation*, **12**(10), 2451–2471.

Ghahramani, Z., Hinton, G. E. (1996). The EM algorithm for mixtures of factor analyzers. Technical Report CRG-TR-96-1, Dpt. of Comp. Sci., Univ. of Toronto.

Gillick, D., Brunk, C., Vinyals, O., Subramanya, A. (2015). Multilingual language processing from bytes. *arXiv 사전배포본 arXiv:1512.00103.*

Girshick, R., Donahue, J., Darrell, and Malik, J. (2015). Region-based convolutional networks for accurate object detection and segmentation.

Giudice, M. D., Manera, V., Keysers, C. (2009). Programmed to learn? The ontogeny of mirror neurons. *Dev. Sci.*, **12**(2), 350–363.

Glorot, X., Bengio, Y. (2010). Understanding the difficulty of training deep feedforward neural networks. *AISTATS'2010.*

Glorot, X., Bordes, A., Bengio, Y. (2011a). Deep sparse rectifier neural networks. *AISTATS'2011.*

Glorot, X., Bordes, A., Bengio, Y. (2011b). Domain adaptation for large-scale sentiment classification: A deep learning approach. *ICML'2011.*

Goldberger, J., Roweis, S., Hinton, G. E., Salakhutdinov, R. (2005). Neighbourhood components analysis. L. Saul, Y. Weiss, L. Bottou 엮음, *Advances in Neural Information Processing Systems 17 (NIPS'04).* MIT Press.

Gong, S., McKenna, S., Psarrou, A. (2000). *Dynamic Vision: From Images to Face Recognition.* Imperial College Press.

Goodfellow, I., Le, Q., Saxe, A., Ng, A. (2009). Measuring invariances in deep networks. *NIPS'2009,* pp. 646–654.

Goodfellow, I., Koenig, N., Muja, M., Pantofaru, C., Sorokin, A., Takayama, L. (2010). Help me help you: Interfaces for personal robots. *Proc. of Human Robot Interaction (HRI),* Osaka, Japan. ACM Press, ACM Press.

Goodfellow, I. J. (2010). Technical report: Multidimensional, downsampled convolution for autoencoders. Technical report, Université de Montréal.

Goodfellow, I. J. (2014). On distinguishability criteria for estimating generative models. *International Conference on Learning Representations, Workshops Track.*

Goodfellow, I. J., Courville, A., Bengio, Y. (2011). Spike-and-slab sparse coding for unsupervised feature discovery. *NIPS Workshop on Challenges in Learning*

Hierarchical Models.

Goodfellow, I. J., Warde-Farley, D., Mirza, M., Courville, A., Bengio, Y. (2013a). Maxout networks. S. Dasgupta, D. McAllester 엮음, *ICML'13*, pp. 1319–1327.

Goodfellow, I. J., Mirza, M., Courville, A., Bengio, Y. (2013b). Multi-prediction deep Boltzmann machines. *NIPS26*. NIPS Foundation.

Goodfellow, I. J., Warde-Farley, D., Lamblin, P., Dumoulin, V., Mirza, M., Pascanu, R., Bergstra, J., Bastien, F., Bengio, Y. (2013c). Pylearn2: a machine learning research library. *arXiv 사전배포본 arXiv:1308.4214.*

Goodfellow, I. J., Courville, A., Bengio, Y. (2013d). Scaling up spike-and-slab models for unsupervised feature learning. *IEEE Transactions on Pattern Analysis and Machine Intelligence*, **35**(8), 1902–1914.

Goodfellow, I. J., Mirza, M., Xiao, D., Courville, A., Bengio, Y. (2014a). An empirical investigation of catastrophic forgetting in gradient-based neural networks. *ICLR'2014.*

Goodfellow, I. J., Shlens, J., Szegedy, C. (2014b). Explaining and harnessing adversarial examples. *CoRR*, **abs/1412.6572**.

Goodfellow, I. J., Pouget-Abadie, J., Mirza, M., Xu, B., Warde-Farley, D., Ozair, S., Courville, A., Bengio, Y. (2014c). Generative adversarial networks. *NIPS'2014.*

Goodfellow, I. J., Bulatov, Y., Ibarz, J., Arnoud, S., Shet, V. (2014d). Multi-digit number recognition from Street View imagery using deep convolutional neural networks. *International Conference on Learning Representations.*

Goodfellow, I. J., Vinyals, O., Saxe, A. M. (2015). Qualitatively characterizing neural network optimization problems. *International Conference on Learning Representations.*

Goodman, J. (2001). Classes for fast maximum entropy training. *International Conference on Acoustics, Speech and Signal Processing (ICASSP)*, Utah.

Gori, M., Tesi, A. (1992). On the problem of local minima in backpropagation. *IEEE Transactions on Pattern Analysis and Machine Intelligence*, **PAMI-14**(1), 76–86.

Gosset, W. S. (1908). The probable error of a mean. *Biometrika*, **6**(1), 1–25. 원래는 'Student스튜던트'라는 필명으로 출판되었음.

Gouws, S., Bengio, Y., Corrado, G. (2014). BilBOWA: Fast bilingual distributed representations without word alignments. Technical report, *arXiv:1410.2455.*

Graf, H. P., Jackel, L. D. (1989). Analog electronic neural network circuits. *Circuits and Devices Magazine, IEEE,* **5**(4), 44–49.

Graves, A. (2011). Practical variational inference for neural networks. *NIPS'2011.*

Graves, A. (2012). *Supervised Sequence Labelling with Recurrent Neural Networks.* Studies in Computational Intelligence. Springer.

Graves, A. (2013). Generating sequences with recurrent neural networks. Technical report, *arXiv:1308.0850.*

Graves, A., Jaitly, N. (2014). Towards end-to-end speech recognition with recurrent neural networks. *ICML'2014.*

Graves, A., Schmidhuber, J. (2005). Framewise phoneme classification with bidirectional LSTM and other neural network architectures. *Neural Networks,* **18**(5), 602–610.

Graves, A., Schmidhuber, J. (2009). Offline handwriting recognition with multidimensional recurrent neural networks. D. Koller, D. Schuurmans, Y. Bengio, L. Bottou 엮음, *NIPS'2008,* pp. 545–552.

Graves, A., Fernández, S., Gomez, F., Schmidhuber, J. (2006). Connectionist temporal classification: Labelling unsegmented sequence data with recurrent neural networks. *ICML'2006,* pp. 369–376, Pittsburgh, USA.

Graves, A., Liwicki, M., Bunke, H., Schmidhuber, J., Fern'andez, S. (2008). Unconstrained on-line handwriting recognition with recurrent neural networks. J. Platt, D. Koller, Y. Singer, S. Roweis 엮음, *NIPS'2007,* pp. 577–584.

Graves, A., Liwicki, M., Fernández, S., Bertolami, R., Bunke, H., Schmidhuber, J. (2009). A novel connectionist system for unconstrained handwriting recognition. *Pattern Analysis and Machine Intelligence, IEEE Transactions on,* **31**(5), 855–868.

Graves, A., Mohamed, A., Hinton, G. (2013). Speech recognition with deep recurrent neural networks. *ICASSP'2013,* pp. 6645–6649.

Graves, A., Wayne, G., Danihelka, I. (2014a). Neural Turing machines. *arXiv:1410.5401.*

Graves, A., Wayne, G., Danihelka, I. (2014b). Neural Turing machines. *arXiv 사전배포본 arXiv:1410.5401.*

Grefenstette, E., Hermann, K. M., Suleyman, M., Blunsom, P. (2015). Learning to transduce with unbounded memory. *NIPS'2015*.

Greff, K., Srivastava, R. K., Koutník, J., Steunebrink, B. R., Schmidhuber, J. (2015). LSTM: a search space odyssey. *arXiv 사전배포본 arXiv:1503.04069*.

Gregor, K., LeCun, Y. (2010a). Emergence of complex-like cells in a temporal product network with local receptive fields. Technical report, *arXiv:1006.0448*.

Gregor, K., LeCun, Y. (2010b). Learning fast approximations of sparse coding. L. Bottou, M. Littman 엮음, *Proceedings of the Twenty-seventh International Conference on Machine Learning (ICML-10)*. ACM.

Gregor, K., Danihelka, I., Mnih, A., Blundell, C., Wierstra, D. (2014). Deep autoregressive networks. *International Conference on Machine Learning (ICML'2014)*.

Gregor, K., Danihelka, I., Graves, A., Wierstra, D. (2015). DRAW: A recurrent neural network for image generation. *arXiv 사전배포본 arXiv:1502.04623*.

Gretton, A., Borgwardt, K. M., Rasch, M. J., Schölkopf, B., Smola, A. (2012). A kernel two-sample test. *The Journal of Machine Learning Research*, **13**(1), 723–773.

Gülçehre, Ç., Bengio, Y. (2013). Knowledge matters: Importance of prior information for optimization. *International Conference on Learning Representations (ICLR'2013)*.

Guo, H., Gelfand, S. B. (1992). Classification trees with neural network feature extraction. *Neural Networks, IEEE Transactions on*, **3**(6), 923–933.

Gupta, S., Agrawal, A., Gopalakrishnan, K., Narayanan, P. (2015). Deep learning with limited numerical precision. *CoRR*, **abs/1502.02551**.

Gutmann, M., Hyvarinen, A. (2010). Noise-contrastive estimation: A new estimation principle for unnormalized statistical models. *Proceedings of The Thirteenth International Conference on Artificial Intelligence and Statistics (AISTATS'10)*.

Hadsell, R., Sermanet, P., Ben, J., Erkan, A., Han, J., Muller, U., LeCun, Y. (2007). Online learning for offroad robots: Spatial label propagation to learn long-range traversability. *Proceedings of Robotics: Science and Systems*, Atlanta, GA, USA.

Hajnal, A., Maass, W., Pudlak, P., Szegedy, M., Turan, G. (1993). Threshold circuits of bounded depth. *J. Comput. System. Sci.*, **46**, 129–154.

Håstad, J. (1986). Almost optimal lower bounds for small depth circuits. *Proceedings of the 18th annual ACM Symposium on Theory of Computing*, pp. 6–20, Berkeley, California. ACM Press.

Håstad, J., Goldmann, M. (1991). On the power of small-depth threshold circuits. *Computational Complexity*, **1**, 113–129.

Hastie, T., Tibshirani, R., Friedman, J. (2001). *The elements of statistical learning: data mining, inference and prediction*. Springer Series in Statistics. Springer Verlag.

He, K., Zhang, X., Ren, S., Sun, J. (2015). Delving deep into rectifiers: Surpassing human-level performance on ImageNet classification. *arXiv 사전배포본 arXiv:1502.01852*.

Hebb, D. O. (1949). *The Organization of Behavior*. Wiley, New York.

Henaff, M., Jarrett, K., Kavukcuoglu, K., LeCun, Y. (2011). Unsupervised learning of sparse features for scalable audio classification. *ISMIR'11*.

Henderson, J. (2003). Inducing history representations for broad coverage statistical parsing. *HLT-NAACL*, pp. 103–110.

Henderson, J. (2004). Discriminative training of a neural network statistical parser. *Proceedings of the 42nd Annual Meeting on Association for Computational Linguistics*, page95.

Henniges, M., Puertas, G., Bornschein, J., Eggert, J., Lücke, J. (2010). Binary sparse coding. *Latent Variable Analysis and Signal Separation*, pp. 450–457. Springer.

Herault, J., Ans, B. (1984). Circuits neuronaux à synapses modifiables: Décodage de messages composites par apprentissage non supervisé. *Comptes Rendus de l'Académie des Sciences*, **299(III-13)**, 525–528.

Hinton, G. (2012). Neural networks for machine learning. Coursera 강의 동영상.

Hinton, G., Deng, L., Dahl, G. E., Mohamed, A., Jaitly, N., Senior, A., Vanhoucke, V., Nguyen, P., Sainath, T., Kingsbury, B. (2012a). Deep neural networks for acoustic modeling in speech recognition. *IEEE Signal Processing Magazine*, **29**(6), 82–97.

Hinton, G., Vinyals, O., Dean, J. (2015). Distilling the knowledge in a neural network. *arXiv 사전배포본 arXiv:1503.02531*.

Hinton, G. E. (1989). Connectionist learning procedures. *Artificial Intelligence*, **40**, 185–234.

Hinton, G. E. (1990). Mapping part-whole hierarchies into connectionist networks. *Artificial Intelligence*, **46**(1), 47–75.

Hinton, G. E. (1999). Products of experts. *ICANN'1999*.

Hinton, G. E. (2000). Training products of experts by minimizing contrastive divergence. Technical Report GCNU TR 2000-004, Gatsby Unit, University College London.

Hinton, G. E. (2006). To recognize shapes, first learn to generate images. Technical Report UTML TR 2006-003, University of Toronto.

Hinton, G. E. (2007a). How to do backpropagation in a brain. Invited talk at the NIPS'2007 Deep Learning Workshop.

Hinton, G. E. (2007b). Learning multiple layers of representation. *Trends in cognitive sciences*, **11**(10), 428–434.

Hinton, G. E. (2010). A practical guide to training restricted Boltzmann machines. Technical Report UTML TR 2010-003, Department of Computer Science, University of Toronto.

Hinton, G. E., Ghahramani, Z. (1997). Generative models for discovering sparse distributed representations. *Philosophical Transactions of the Royal Society of London*.

Hinton, G. E., McClelland, J. L. (1988). Learning representations by recirculation. *NIPS'1987*, pp. 358–366.

Hinton, G. E., Roweis, S. (2003). Stochastic neighbor embedding. *NIPS'2002*.

Hinton, G. E., Salakhutdinov, R. (2006). Reducing the dimensionality of data with neural networks. *Science*, **313**(5786), 504–507.

Hinton, G. E., Sejnowski, T. J. (1986). Learning and relearning in Boltzmann machines. D. E. Rumelhart, J. L. McClelland 엮음, *Parallel Distributed Processing*, 권 1, 제7장, pp. 282–317. MIT Press, Cambridge.

Hinton, G. E., Sejnowski, T. J. (1999). *Unsupervised learning: foundations of neural computation*. MIT Press.

Hinton, G. E., Shallice, T. (1991). Lesioning an attractor network: investigations of acquired dyslexia. *Psychological review,* **98**(1), 74.

Hinton, G. E., Zemel, R. S. (1994). Autoencoders, minimum description length, Helmholtz free energy. *NIPS'1993.*

Hinton, G. E., Sejnowski, T. J., Ackley, D. H. (1984). Boltzmann machines: Constraint satisfaction networks that learn. Technical Report TR-CMU-CS-84-119, Carnegie-Mellon University, Dept. of Computer Science.

Hinton, G. E., McClelland, J., Rumelhart, D. (1986). Distributed representations. D. E. Rumelhart, J. L. McClelland 엮음, *Parallel Distributed Processing: Explorations in the Microstructure of Cognition,* 권 1, pp. 77–109. MIT Press, Cambridge.

Hinton, G. E., Revow, M., Dayan, P. (1995a). Recognizing handwritten digits using mixtures of linear models. G. Tesauro, D. Touretzky, T. Leen 엮음, *Advances in Neural Information Processing Systems 7 (NIPS'94),* pp. 1015–1022. MIT Press, Cambridge, MA.

Hinton, G. E., Dayan, P., Frey, B. J., Neal, R. M. (1995b). The wake-sleep algorithm for unsupervised neural networks. *Science,* **268**, 1558–1161.

Hinton, G. E., Dayan, P., Revow, M. (1997). Modelling the manifolds of images of handwritten digits. *IEEE Transactions on Neural Networks,* **8**, 65–74.

Hinton, G. E., Welling, M., Teh, Y. W., Osindero, S. (2001). A new view of ICA. *Proceedings of 3rd International Conference on Independent Component Analysis and Blind Signal Separation (ICA'01),* pp. 746–751, San Diego, CA.

Hinton, G. E., Osindero, S., Teh, Y. (2006). A fast learning algorithm for deep belief nets. *Neural Computation,* **18**, 1527–1554.

Hinton, G. E., Deng, L., Yu, D., Dahl, G. E., Mohamed, A., Jaitly, N., Senior, A., Vanhoucke, V., Nguyen, P., Sainath, T. N., Kingsbury, B. (2012b). Deep neural networks for acoustic modeling in speech recognition: The shared views of four research groups. *IEEE Signal Process. Mag.,* **29**(6), 82–97.

Hinton, G. E., Srivastava, N., Krizhevsky, A., Sutskever, I., Salakhutdinov, R. (2012c). Improving neural networks by preventing co-adaptation of feature detectors. Technical report, *arXiv:1207.0580.*

Hinton, G. E., Vinyals, O., Dean, J. (2014). Dark knowledge. Invited talk at the BayLearn Bay Area Machine Learning Symposium.

Hochreiter, S. (1991). Untersuchungen zu dynamischen neuronalen Netzen. 학위 논문, T. U. München.

Hochreiter, S., Schmidhuber, J. (1995). Simplifying neural nets by discovering flat minima. *Advances in Neural Information Processing Systems 7*, pp. 529–536. MIT Press.

Hochreiter, S., Schmidhuber, J. (1997). Long short-term memory. *Neural Computation*, **9**(8), 1735–1780.

Hochreiter, S., Bengio, Y., Frasconi, P. (2001). Gradient flow in recurrent nets: the difficulty of learning long-term dependencies. J. Kolen, S. Kremer 엮음, *Field Guide to Dynamical Recurrent Networks*. IEEE Press.

Holi, J. L., Hwang, J.-N. (1993). Finite precision error analysis of neural network hardware implementations. *Computers, IEEE Transactions on*, **42**(3), 281–290.

Holt, J. L., Baker, T. E. (1991). Back propagation simulations using limited precision calculations. *Neural Networks, 1991., IJCNN-91-Seattle International Joint Conference on*, 권 2, pp. 121–126. IEEE.

Hornik, K., Stinchcombe, M., White, H. (1989). Multilayer feedforward networks are universal approximators. *Neural Networks*, **2**, 359–366.

Hornik, K., Stinchcombe, M., White, H. (1990). Universal approximation of an unknown mapping and its derivatives using multilayer feedforward networks. *Neural networks*, **3**(5), 551–560.

Hsu, F.-H. (2002). *Behind Deep Blue: Building the Computer That Defeated the World Chess Champion*. Princeton University Press, Princeton, NJ, USA.

Huang, F., Ogata, Y. (2002). Generalized pseudo-likelihood estimates for Markov random fields on lattice. *Annals of the Institute of Statistical Mathematics*, **54**(1), 1–18.

Huang, P.-S., He, X., Gao, J., Deng, L., Acero, A., Heck, L. (2013). Learning deep structured semantic models for web search using clickthrough data. *Proceedings of the 22nd ACM international conference on Conference on information & knowledge management*, pp. 2333–2338. ACM.

Hubel, D., Wiesel, T. (1968). Receptive fields and functional architecture of monkey striate cortex. *Journal of Physiology (London)*, **195**, 215–243.

Hubel, D. H., Wiesel, T. N. (1959). Receptive fields of single neurons in the cat'sstriate cortex. *Journal of Physiology*, **148**, 574–591.

Hubel, D. H., Wiesel, T. N. (1962). Receptive fields, binocular interaction, and functional architecture in the cat'svisual cortex. *Journal of Physiology (London)*, **160**, 106–154.

Huszar, F. (2015). How (not) to train your generative model: schedule sampling, likelihood, adversary? *arXiv:1511.05101*.

Hutter, F., Hoos, H., Leyton-Brown, K. (2011). Sequential model-based optimization for general algorithm configuration. *LION-5*. UBC Tech report TR-2010-10에 실린 확장판.

Hyotyniemi, H. (1996). Turing machines are recurrent neural networks. *STeP'96*, pp. 13–24.

Hyvärinen, A. (1999). Survey on independent component analysis. *Neural Computing Surveys*, **2**, 94–128.

Hyvärinen, A. (2005). Estimation of non-normalized statistical models using score matching. *Journal of Machine Learning Research*, **6**, 695–709.

Hyvärinen, A. (2007a). Connections between score matching, contrastive divergence, and pseudolikelihood for continuous-valued variables. *IEEE Transactions on Neural Networks*, **18**, 1529–1531.

Hyvärinen, A. (2007b). Some extensions of score matching. *Computational Statistics and Data Analysis*, **51**, 2499–2512.

Hyvärinen, A., Hoyer, P. O. (1999). Emergence of topography and complex cell properties from natural images using extensions of ica. *NIPS*, pp. 827–833.

Hyvärinen, A., Pajunen, P. (1999). Nonlinear independent component analysis: Existence and uniqueness results. *Neural Networks*, **12**(3), 429–439.

Hyvärinen, A., Karhunen, J., Oja, E. (2001a). *Independent Component Analysis*. Wiley-Interscience.

Hyvärinen, A., Hoyer, P. O., Inki, M. O. (2001b). Topographic independent component analysis. *Neural Computation*, **13**(7), 1527–1558.

Hyvärinen, A., Hurri, J., Hoyer, P. O. (2009). *Natural Image Statistics: A probabilistic approach to early computational vision*. Springer-Verlag.

Iba, Y. (2001). Extended ensemble Monte Carlo. *International Journal of Modern Physics*, **C12**, 623–656.

Inayoshi, H., Kurita, T. (2005). Improved generalization by adding both auto-association and hidden-layer noise to neural-network-based-classifiers. *IEEE Workshop on Machine Learning for Signal Processing*, pp. 141–146.

Ioffe, S., Szegedy, C. (2015). Batch normalization: Accelerating deep network training by reducing internal covariate shift.

Jacobs, R. A. (1988). Increased rates of convergence through learning rate adaptation. *Neural networks*, **1**(4), 295–307.

Jacobs, R. A., Jordan, M. I., Nowlan, S. J., Hinton, G. E. (1991). Adaptive mixtures of local experts. *Neural Computation*, **3**, 79–87.

Jaeger, H. (2003). Adaptive nonlinear system identification with echo state networks. *Advances in Neural Information Processing Systems 15*.

Jaeger, H. (2007a). Discovering multiscale dynamical features with hierarchical echo state networks. Technical report, Jacobs University.

Jaeger, H. (2007b). Echo state network. *Scholarpedia*, **2**(9), 2330.

Jaeger, H. (2012). Long short-term memory in echo state networks: Details of a simulation study. Technical report, Technical report, Jacobs University Bremen.

Jaeger, H., Haas, H. (2004). Harnessing nonlinearity: Predicting chaotic systems and saving energy in wireless communication. *Science*, **304**(5667), 78–80.

Jaeger, H., Lukosevicius, M., Popovici, D., Siewert, U. (2007). Optimization and applications of echo state networks with leaky-integrator neurons. *Neural Networks*, **20**(3), 335–352.

Jain, V., Murray, J. F., Roth, F., Turaga, S., Zhigulin, V., Briggman, K. L., Helmstaedter, M. N., Denk, W., Seung, H. S. (2007). Supervised learning of image restoration with convolutional networks. *Computer Vision, 2007. ICCV 2007. IEEE 11th International*

Conference on, pp. 1–8. IEEE.

Jaitly, N., Hinton, G. (2011). Learning a better representation of speech soundwaves using restricted Boltzmann machines. *Acoustics, Speech and Signal Processing (ICASSP), 2011 IEEE International Conference on*, pp. 5884–5887. IEEE.

Jaitly, N., Hinton, G. E. (2013). Vocal tract length perturbation (VTLP) improves speech recognition. *ICML'2013*.

Jarrett, K., Kavukcuoglu, K., Ranzato, M., LeCun, Y. (2009). What is the best multi-stage architecture for object recognition? *ICCV'09*.

Jarzynski, C. (1997). Nonequilibrium equality for free energy differences. *Phys. Rev. Lett.*, **78**, 2690–2693.

Jaynes, E. T. (2003). *Probability* Theory: The Logic of Science. Cambridge University Press.

Jean, S., Cho, K., Memisevic, R., Bengio, Y. (2014). On using very large target vocabulary for neural machine translation. *arXiv:1412.2007*.

Jelinek, F., Mercer, R. L. (1980). Interpolated estimation of Markov source parameters from sparse data. E. S. Gelsema, L. N. Kanal 엮음, *Pattern Recognition in Practice.* North-Holland, Amsterdam.

Jia, Y. (2013). Caffe: An open source convolutional architecture for fast feature embedding. http://caffe.berkeleyvision.org/.

Jia, Y., Huang, C., Darrell, T. (2012). Beyond spatial pyramids: Receptive field learning for pooled image features. *Computer Vision and Pattern Recognition (CVPR), 2012 IEEE Conference on*, pp. 3370–3377. IEEE.

Jim, K.-C., Giles, C. L., Horne, B. G. (1996). An analysis of noise in recurrent neural networks: convergence and generalization. *IEEE Transactions on Neural Networks*, 7(6), 1424–1438.

Jordan, M. I. (1998). *Learning in Graphical Models*. Kluwer, Dordrecht, Netherlands.

Joulin, A., Mikolov, T. (2015). Inferring algorithmic patterns with stack-augmented recurrent nets. *arXiv 사전배포본 arXiv:1503.01007*.

Jozefowicz, R., Zaremba, W., Sutskever, I. (2015). An empirical evaluation of recurrent network architectures. *ICML'2015.*

Judd, J. S. (1989). *Neural Network Design and the Complexity of Learning.* MIT press.

Jutten, C., Herault, J. (1991). Blind separation of sources, part I: an adaptive algorithm based on neuromimetic architecture. *Signal Processing*, **24**, 1–10.

Kahou, S. E., Pal, C., Bouthillier, X., Froumenty, P., Gülçehre, c., Memisevic, R., Vincent, P., Courville, A., Bengio, Y., Ferrari, R. C., Mirza, M., Jean, S., Carrier, P. L., Dauphin, Y., Boulanger-Lewandowski, N., Aggarwal, A., Zumer, J., Lamblin, P., Raymond, J.-P., Desjardins, G., Pascanu, R., Warde-Farley, D., Torabi, A., Sharma, A., Bengio, E., C^oté, M., Konda, K. R., Wu, Z. (2013). Combining modality specific deep neural networks for emotion recognition in video. *Proceedings of the 15th ACM on International Conference on Multimodal Interaction.*

Kalchbrenner, N., Blunsom, P. (2013). Recurrent continuous translation models. *EMNLP'2013.*

Kalchbrenner, N., Danihelka, I., Graves, A. (2015). Grid long short-term memory. *arXiv 사전배포본 arXiv:1507.01526.*

Kamyshanska, H., Memisevic, R. (2015). The potential energy of an autoencoder. *IEEE Transactions on Pattern Analysis and Machine Intelligence.*

Karpathy, A., Li, F.-F. (2015). Deep visual-semantic alignments for generating image descriptions. *CVPR'2015. arXiv:1412.2306.*

Karpathy, A., Toderici, G., Shetty, S., Leung, T., Sukthankar, R., Fei-Fei, L. (2014). Large-scale video classification with convolutional neural networks. *CVPR.*

Karush, W. (1939). *Minima of Functions of Several Variables with Inequalities as Side Constraints.* Master'sthesis, Dept. of Mathematics, Univ. of Chicago.

Katz, S. M. (1987). Estimation of probabilities from sparse data for the language model component of a speech recognizer. *IEEE Transactions on Acoustics, Speech, Signal Processing*, **ASSP-35**(3), 400–401.

Kavukcuoglu, K., Ranzato, M., LeCun, Y. (2008). Fast inference in sparse coding algorithms with applications to object recognition. Technical report, Computational and Biological Learning Lab, Courant Institute, NYU. Tech Report CBLL-TR-

2008-12-01.

Kavukcuoglu, K., Ranzato, M.-A., Fergus, R., LeCun, Y. (2009). Learning invariant features through topographic filter maps. *CVPR'2009.*

Kavukcuoglu, K., Sermanet, P., Boureau, Y.-L., Gregor, K., Mathieu, M., LeCun, Y. (2010). Learning convolutional feature hierarchies for visual recognition. *NIPS'2010.*

Kelley, H. J. (1960). Gradient theory of optimal flight paths. *ARS Journal,* **30**(10), 947–954.

Khan, F., Zhu, X., Mutlu, B. (2011). How do humans teach: On curriculum learning and teaching dimension. *Advances in Neural Information Processing Systems 24 (NIPS'11),* pp. 1449–1457.

Kim, S. K., McAfee, L. C., McMahon, P. L., Olukotun, K. (2009). A highly scalable restricted Boltzmann machine FPGA implementation. *Field Programmable Logic and Applications, 2009. FPL 2009. International Conference on,* pp. 367–372. IEEE.

Kindermann, R. (1980). *Markov Random Fields and Their Applications (Contemporary Mathematics ; V. 1).* American Mathematical Society.

Kingma, D., Ba, J. (2014). Adam: A method for stochastic optimization. *arXiv 사전배포본 arXiv:1412.6980.*

Kingma, D., LeCun, Y. (2010). Regularized estimation of image statistics by score matching. *NIPS'2010.*

Kingma, D., Rezende, D., Mohamed, S., Welling, M. (2014). Semi-supervised learning with deep generative models. *NIPS'2014.*

Kingma, D. P. (2013). Fast gradient-based inference with continuous latent variable models in auxiliary form. Technical report, *arXiv:1306.0733.*

Kingma, D. P., Welling, M. (2014a). Auto-encoding variational bayes. *Proceedings of the International Conference on Learning Representations (ICLR).*

Kingma, D. P., Welling, M. (2014b). Efficient gradient-based inference through transformations between bayes nets and neural nets. Technical report, *arXiv:1402.0480.*

Kirkpatrick, S., Jr., C. D. G., , Vecchi, M. P. (1983). Optimization by simulated annealing. *Science*, **220**, 671–680.

Kiros, R., Salakhutdinov, R., Zemel, R. (2014a). Multimodal neural language models. *ICML'2014*.

Kiros, R., Salakhutdinov, R., Zemel, R. (2014b). Unifying visual-semantic embeddings with multimodal neural language models. *arXiv:1411.2539 [cs.LG]*.

Klementiev, A., Titov, I., Bhattarai, B. (2012). Inducing crosslingual distributed representations of words. *Proceedings of COLING 2012*.

Knowles-Barley, S., Jones, T. R., Morgan, J., Lee, D., Kasthuri, N., Lichtman, J. W., Pfister, H. (2014). Deep learning for the connectome. *GPU Technology Conference*.

Koller, D., Friedman, N. (2009). *Probabilistic Graphical Models: Principles and Techniques*. MIT Press.

Konig, Y., Bourlard, H., Morgan, N. (1996). REMAP: Recursive estimation and maximization of a posteriori probabilities – application to transition-based connectionist speech recognition. D. Touretzky, M. Mozer, M. Hasselmo 엮음, *Advances in Neural Information Processing Systems 8 (NIPS'95)*. MIT Press, Cambridge, MA.

Koren, Y. (2009). The BellKor solution to the Netflix grand prize.

Kotzias, D., Denil, M., de Freitas, N., Smyth, P. (2015). From group to individual labels using deep features. *ACM SIGKDD*.

Koutnik, J., Greff, K., Gomez, F., Schmidhuber, J. (2014). A clockwork RNN. *ICML'2014*.

Kočisk'y, T., Hermann, K. M., Blunsom, P. (2014). Learning Bilingual Word Representations by Marginalizing Alignments. *Proceedings of ACL*.

Krause, O., Fischer, A., Glasmachers, T., Igel, C. (2013). Approximation properties of DBNs with binary hidden units and real-valued visible units. *ICML'2013*.

Krizhevsky, A. (2010). Convolutional deep belief networks on CIFAR-10. Technical report, University of Toronto. 미출판 원고:

http://www.cs.utoronto.ca/kriz/conv-cifar10-aug2010.pdf.

Krizhevsky, A., Hinton, G. (2009). Learning multiple layers of features from tiny images. Technical report, University of Toronto.

Krizhevsky, A., Hinton, G. E. (2011). Using very deep autoencoders for content-based image retrieval. *ESANN*.

Krizhevsky, A., Sutskever, I., Hinton, G. (2012). ImageNet classification with deep convolutional neural networks. *NIPS'2012*.

Krueger, K. A., Dayan, P. (2009). Flexible shaping: how learning in small steps helps. *Cognition*, **110**, 380–394.

Kuhn, H. W., Tucker, A. W. (1951). Nonlinear programming. *Proceedings of the Second Berkeley Symposium on Mathematical Statistics and Probability*, pp. 481–492, Berkeley, Calif. University of California Press.

Kumar, A., Irsoy, O., Su, J., Bradbury, J., English, R., Pierce, B., Ondruska, P., Iyyer, M., Gulrajani, I., Socher, R. (2015). Ask me anything: Dynamic memory networks for natural language processing. *arXiv:1506.07285*.

Kumar, M. P., Packer, B., Koller, D. (2010). Self-paced learning for latent variable models. *NIPS'2010*.

Lang, K. J., Hinton, G. E. (1988). The development of the time-delay neural network architecture for speech recognition. Technical Report CMU-CS-88-152, Carnegie-Mellon University.

Lang, K. J., Waibel, A. H., Hinton, G. E. (1990). A time-delay neural network architecture for isolated word recognition. *Neural networks*, **3**(1), 23–43.

Langford, J., Zhang, T. (2008). The epoch-greedy algorithm for contextual multi-armed bandits. *NIPS'2008*, pp. 1096–1103.

Lappalainen, H., Giannakopoulos, X., Honkela, A., Karhunen, J. (2000). Nonlinear independent component analysis using ensemble learning: Experiments and discussion. *Proc. ICA*. Citeseer.

Larochelle, H., Bengio, Y. (2008). Classification using discriminative restricted Boltzmann machines. *ICML'2008*.

Larochelle, H., Hinton, G. E. (2010). Learning to combine foveal glimpses with a third-order Boltzmann machine. *Advances in Neural Information Processing Systems 23*, pp. 1243–1251.

Larochelle, H., Murray, I. (2011). The Neural Autoregressive Distribution Estimator. *AISTATS'2011*.

Larochelle, H., Erhan, D., Bengio, Y. (2008). Zero-data learning of new tasks. *AAAI Conference on Artificial Intelligence.*

Larochelle, H., Bengio, Y., Louradour, J., Lamblin, P. (2009). Exploring strategies for training deep neural networks. *Journal of Machine Learning Research*, **10**, 1–40.

Lasserre, J. A., Bishop, C. M., Minka, T. P. (2006). Principled hybrids of generative and discriminative models. *Proceedings of the Computer Vision and Pattern Recognition Conference (CVPR'06)*, pp. 87–94, Washington, DC, USA. IEEE Computer Society.

Le, Q., Ngiam, J., Chen, Z., hao Chia, D. J., Koh, P. W., Ng, A. (2010). Tiled convolutional neural networks. J. Lafferty, C. K. I. Williams, J. Shawe-Taylor, R. Zemel, A. Culotta 엮음, *Advances in Neural Information Processing Systems 23 (NIPS'10)*, pp. 1279–1287.

Le, Q., Ngiam, J., Coates, A., Lahiri, A., Prochnow, B., Ng, A. (2011). On optimization methods for deep learning. *Proc. ICML'2011*. ACM.

Le, Q., Ranzato, M., Monga, R., Devin, M., Corrado, G., Chen, K., Dean, J., Ng, A. (2012). Building high-level features using large scale unsupervised learning. *ICML'2012*.

Le Roux, N., Bengio, Y. (2008). Representational power of restricted Boltzmann machines and deep belief networks. *Neural Computation*, **20**(6), 1631–1649.

Le Roux, N., Bengio, Y. (2010). Deep belief networks are compact universal approximators. *Neural Computation*, **22**(8), 2192–2207.

LeCun, Y. (1985). Une procédure d'apprentissage pour Réseau à seuil assymétrique. *Cognitiva 85: A la Frontière de l'Intelligence Artificielle, des Sciences de la Connaissance et des Neurosciences*, pp. 599–604, Paris 1985. CESTA, Paris.

LeCun, Y. (1986). Learning processes in an asymmetric threshold network. F. Fogelman-Soulié, E. Bienenstock, G. Weisbuch 엮음, *Disordered Systems and Biological Organization*, pp. 233–240. Springer-Verlag, Les Houches, France.

LeCun, Y. (1987). *Modèles connexionistes de l'apprentissage*. Ph.D. 학위논문, Université de Paris VI.

LeCun, Y. (1989). Generalization and network design strategies. Technical Report CRG-TR-89-4, University of Toronto.

LeCun, Y., Jackel, L. D., Boser, B., Denker, J. S., Graf, H. P., Guyon, I., Henderson, D., Howard, R. E., Hubbard, W. (1989). Handwritten digit recognition: Applications of neural network chips and automatic learning. *IEEE Communications Magazine*, **27**(11), 41–46.

LeCun, Y., Bottou, L., Orr, G. B., Müller, K.-R. (1998a). Efficient backprop. *Neural Networks, Tricks of the Trade, Lecture Notes in Computer Science* LNCS 1524. Springer Verlag.

LeCun, Y., Bottou, L., Bengio, Y., Haffner, P. (1998b). Gradient based learning applied to document recognition. *Proc. IEEE*.

LeCun, Y., Kavukcuoglu, K., Farabet, C. (2010). Convolutional networks and applications in vision. *Circuits and Systems (ISCAS), Proceedings of 2010 IEEE International Symposium on*, pp. 253–256. IEEE.

L'Ecuyer, P. (1994). Efficiency improvement and variance reduction. *Proceedings of the 1994 Winter Simulation Conference*, pp. 122–132.

Lee, C.-Y., Xie, S., Gallagher, P., Zhang, Z., Tu, Z. (2014). Deeply-supervised nets. *arXiv 사전배포본 arXiv:1409.5185*.

Lee, H., Battle, A., Raina, R., Ng, A. (2007). Efficient sparse coding algorithms. B. Schölkopf, J. Platt, T. Hoffman 엮음, *Advances in Neural Information Processing Systems 19 (NIPS'06)*, pp. 801–808. MIT Press.

Lee, H., Ekanadham, C., Ng, A. (2008). Sparse deep belief net model for visual area V2. *NIPS'07*.

Lee, H., Grosse, R., Ranganath, R., Ng, A. Y. (2009). Convolutional deep belief networks for scalable unsupervised learning of hierarchical representations. L. Bottou, M. Littman 엮음, *Proceedings of the Twenty-sixth International Conference on Machine Learning (ICML'09)*. ACM, Montreal, Canada.

Lee, Y. J., Grauman, K. (2011). Learning the easy things first: self-paced visual category discovery. *CVPR'2011*.

Leibniz, G. W. (1676). Memoir using the chain rule. (Cited in TMME 7:2&3 p 321–332, 2010).

Lenat, D. B., Guha, R. V. (1989). *Building large knowledge-based systems; representation and inference in the Cyc project*. Addison-Wesley Longman Publishing Co., Inc.

Leshno, M., Lin, V. Y., Pinkus, A., Schocken, S. (1993). Multilayer feedforward networks with a nonpolynomial activation function can approximate any function. *Neural Networks*, **6**, 861–867.

Levenberg, K. (1944). A method for the solution of certain non-linear problems in least squares. *Quarterly Journal of Applied Mathematics*, **II**(2), 164–168.

L'H^opital, G. F. A. (1696). *Analyse des infiniment petits, pour l'intelligence des lignes courbes*. Paris: L'Imprimerie Royale.

Li, Y., Swersky, K., Zemel, R. S. (2015). Generative moment matching networks. *CoRR*, **abs/1502.02761**.

Lin, T., Horne, B. G., Tino, P., Giles, C. L. (1996). Learning long-term dependencies is not as difficult with NARX recurrent neural networks. *IEEE Transactions on Neural Networks*, 7(6), 1329–1338.

Lin, Y., Liu, Z., Sun, M., Liu, Y., Zhu, X. (2015). Learning entity and relation embeddings for knowledge graph completion. *Proc. AAAI'15*.

Linde, N. (1992). The machine that changed the world, episode 3. Documentary miniseries.

Lindsey, C., Lindblad, T. (1994). Review of hardware neural networks: a user's perspective. *Proc. Third Workshop on Neural Networks: From Biology to High Energy Physics*, pp. 195–202, Isola d'Elba, Italy.

Linnainmaa, S. (1976). Taylor expansion of the accumulated rounding error. *BIT Numerical Mathematics*, **16**(2), 146–160.

LISA (2008). Deep learning tutorials: Restricted Boltzmann machines. Technical report, LISA Lab, Université de Montréal.

Long, P. M., Servedio, R. A. (2010). Restricted Boltzmann machines are hard to approximately evaluate or simulate. *Proceedings of the 27th International Conference on Machine Learning (ICML'10)*.

Lotter, W., Kreiman, G., Cox, D. (2015). Unsupervised learning of visual structure using predictive generative networks. *arXiv 사전배포본 arXiv:1511.06380*.

Lovelace, A. (1842). Notes upon L. F. Menabrea's "Sketch of the Analytical Engine invented by Charles Babbage".

Lu, L., Zhang, X., Cho, K., Renals, S. (2015). A study of the recurrent neural network encoder-decoder for large vocabulary speech recognition. *Proc. Interspeech*.

Lu, T., Pál, D., Pál, M. (2010). Contextual multi-armed bandits. *International Conference on Artificial Intelligence and Statistics*, pp. 485–492.

Luenberger, D. G. (1984). *Linear and Nonlinear Programming*. Addison Wesley.

Lukoševičius, M., Jaeger, H. (2009). Reservoir computing approaches to recurrent neural network training. *Computer Science Review*, **3**(3), 127–149.

Luo, H., Shen, R., Niu, C., Ullrich, C. (2011). Learning class-relevant features and class-irrelevant features via a hybrid third-order RBM. *International Conference on Artificial Intelligence and Statistics*, pp. 470–478.

Luo, H., Carrier, P. L., Courville, A., Bengio, Y. (2013). Texture modeling with convolutional spike-and-slab RBMs and deep extensions. *AISTATS'2013*.

Lyu, S. (2009). Interpretation and generalization of score matching. *Proceedings of the Twenty-fifth Conference in Uncertainty in Artificial Intelligence (UAI'09)*.

Ma, J., Sheridan, R. P., Liaw, A., Dahl, G. E., Svetnik, V. (2015). Deep neural nets as a method for quantitative structure – activity relationships. *J. Chemical information and modeling*.

Maas, A. L., Hannun, A. Y., Ng, A. Y. (2013). Rectifier nonlinearities improve neural network acoustic models. *ICML Workshop on Deep Learning for Audio, Speech, and Language Processing*.

Maass, W. (1992). Bounds for the computational power and learning complexity of analog neural nets (extended abstract). *Proc. of the 25th ACM Symp. Theory of Computing*, pp. 335–344.

Maass, W., Schnitger, G., Sontag, E. D. (1994). A comparison of the computational power of sigmoid and Boolean threshold circuits. *Theoretical Advances in Neural Computation and Learning*, pp. 127–151.

Maass, W., Natschlaeger, T., Markram, H. (2002). Real-time computing without stable states: A new framework for neural computation based on perturbations. *Neural Computation*, **14**(11), 2531–2560.

MacKay, D. (2003). *Information Theory, Inference and Learning Algorithms*. Cambridge University Press.

Maclaurin, D., Duvenaud, D., Adams, R. P. (2015). Gradient-based hyperparameter optimization through reversible learning. *arXiv 사전배포본 arXiv:1502.03492*.

Mao, J., Xu, W., Yang, Y., Wang, J., Huang, Z., Yuille, A. L. (2015). Deep captioning with multimodal recurrent neural networks. *ICLR'2015. arXiv:1410.1090*.

Marcotte, P., Savard, G. (1992). Novel approaches to the discrimination problem. *Zeitschrift für* Operations Research (Theory), **36**, 517–545.

Marlin, B., de Freitas, N. (2011). Asymptotic efficiency of deterministic estimators for discrete energy-based models: Ratio matching and pseudolikelihood. *UAI'2011*.

Marlin, B., Swersky, K., Chen, B., de Freitas, N. (2010). Inductive principles for restricted Boltzmann machine learning. *Proceedings of The Thirteenth International Conference on Artificial Intelligence and Statistics (AISTATS'10)*, 권 9, pp. 509–516.

Marquardt, D. W. (1963). An algorithm for least-squares estimation of non-linear parameters. *Journal of the Society of Industrial and Applied Mathematics*, **11**(2), 431–441.

Marr, D., Poggio, T. (1976). Cooperative computation of stereo disparity. *Science*, **194**.

Martens, J. (2010). Deep learning via Hessian-free optimization. L. Bottou, M. Littman 엮음, *Proceedings of the Twenty-seventh International Conference on Machine Learning (ICML-10)*, pp. 735–742. ACM.

Martens, J., Medabalimi, V. (2014). On the expressive efficiency of sum product networks. *arXiv:1411.7717*.

Martens, J., Sutskever, I. (2011). Learning recurrent neural networks with Hessian-free optimization. *Proc. ICML'2011.* ACM.

Mase, S. (1995). Consistency of the maximum pseudo-likelihood estimator of continuous state space Gibbsian processes. *The Annals of Applied Probability,* **5**(3), pp. 603–612.

McClelland, J., Rumelhart, D., Hinton, G. (1995). The appeal of parallel distributed processing. *Computation & intelligence,* pp. 305–341. American Association for Artificial Intelligence.

McCulloch, W. S., Pitts, W. (1943). A logical calculus of ideas immanent in nervous activity. *Bulletin of Mathematical Biophysics,* **5**, 115–133.

Mead, C., Ismail, M. (2012). *Analog VLSI* implementation of neural systems, 권 80. Springer Science & Business Media.

Melchior, J., Fischer, A., Wiskott, L. (2013). How to center binary deep Boltzmann machines. *arXiv 사전배포본 arXiv:1311.1354.*

Memisevic, R., Hinton, G. E. (2007). Unsupervised learning of image transformations. *Proceedings of the Computer Vision and Pattern Recognition Conference (CVPR'07).*

Memisevic, R., Hinton, G. E. (2010). Learning to represent spatial transformations with factored higher-order Boltzmann machines. *Neural Computation,* **22**(6), 1473–1492.

Mesnil, G., Dauphin, Y., Glorot, X., Rifai, S., Bengio, Y., Goodfellow, I., Lavoie, E., Muller, X., Desjardins, G., Warde-Farley, D., Vincent, P., Courville, A., Bergstra, J. (2011). Unsupervised and transfer learning challenge: a deep learning approach. *JMLR W&CP: Proc. Unsupervised and Transfer Learning,* 권 7.

Mesnil, G., Rifai, S., Dauphin, Y., Bengio, Y., Vincent, P. (2012). Surfing on the manifold. Learning Workshop, Snowbird.

Miikkulainen, R., Dyer, M. G. (1991). Natural language processing with modular PDP networks and distributed lexicon. *Cognitive Science,* **15**, 343–399.

Mikolov, T. (2012). *Statistical Language Models based on Neural Networks.* Ph.D. 학위 논문, Brno University of Technology.

Mikolov, T., Deoras, A., Kombrink, S., Burget, L., Cernocky, J. (2011a). Empirical evaluation and combination of advanced language modeling techniques. *Proc. 12th annual conference of the international speech communication association*

(INTERSPEECH 2011).

Mikolov, T., Deoras, A., Povey, D., Burget, L., Cernocky, J. (2011b). Strategies for training large scale neural network language models. *Proc. ASRU'2011.*

Mikolov, T., Chen, K., Corrado, G., Dean, J. (2013a). Efficient estimation of word representations in vector space. *International Conference on Learning Representations: Workshops Track.*

Mikolov, T., Le, Q. V., Sutskever, I. (2013b). Exploiting similarities among languages for machine translation. Technical report, *arXiv:1309.4168.*

Minka, T. (2005). Divergence measures and message passing. *Microsoft Research Cambridge UK Tech Rep MSRTR2005173,* **72**(TR-2005-173).

Minsky, M. L., Papert, S. A. (1969). *Perceptrons.* MIT Press, Cambridge.

Mirza, M., Osindero, S. (2014). Conditional generative adversarial nets. *arXiv 사전배포본 arXiv:1411.1784.*

Mishkin, D., Matas, J. (2015). All you need is a good init. *arXiv 사전배포본 arXiv:1511.06422.*

Misra, J., Saha, I. (2010). Artificial neural networks in hardware: A survey of two decades of progress. *Neurocomputing,* **74**(1), 239–255.

Mitchell, T. M. (1997). *Machine Learning.* McGraw-Hill, New York.

Miyato, T., Maeda, S., Koyama, M., Nakae, K., Ishii, S. (2015). Distributional smoothing with virtual adversarial training. *ICLR.* 사전배포본: *arXiv:1507.00677.*

Mnih, A., Gregor, K. (2014). Neural variational inference and learning in belief networks. *ICML'2014.*

Mnih, A., Hinton, G. E. (2007). Three new graphical models for statistical language modelling. Z. Ghahramani 엮음, *Proceedings of the Twenty-fourth International Conference on Machine Learning (ICML'07),* pp. 641–648. ACM.

Mnih, A., Hinton, G. E. (2009). A scalable hierarchical distributed language model. D. Koller, D. Schuurmans, Y. Bengio, L. Bottou 엮음, *Advances in Neural Information Processing Systems 21 (NIPS'08),* pp. 1081–1088.

Mnih, A., Kavukcuoglu, K. (2013). Learning word embeddings efficiently with noise-contrastive estimation. C. Burges, L. Bottou, M. Welling, Z. Ghahramani, K. Weinberger 엮음, *Advances in Neural Information Processing Systems 26*, pp. 2265–2273. Curran Associates, Inc.

Mnih, A., Teh, Y. W. (2012). A fast and simple algorithm for training neural probabilistic language models. *ICML'2012*, pp. 1751–1758.

Mnih, V., Hinton, G. (2010). Learning to detect roads in high-resolution aerial images. *Proceedings of the 11th European Conference on Computer Vision (ECCV)*.

Mnih, V., Larochelle, H., Hinton, G. (2011). Conditional restricted Boltzmann machines for structure output prediction. *Proc. Conf. on Uncertainty in Artificial Intelligence (UAI)*.

Mnih, V., Kavukcuoglo, K., Silver, D., Graves, A., Antonoglou, I., Wierstra, D. (2013). Playing Atari with deep reinforcement learning. Technical report, *arXiv:1312.5602*.

Mnih, V., Heess, N., Graves, A., Kavukcuoglu, K. (2014). Recurrent models of visual attention. Z. Ghahramani, M. Welling, C. Cortes, N. Lawrence, K. Weinberger 엮음, *NIPS'2014*, pp. 2204–2212.

Mnih, V., Kavukcuoglo, K., Silver, D., Rusu, A. A., Veness, J., Bellemare, M. G., Graves, A., Riedmiller, M., Fidgeland, A. K., Ostrovski, G., Petersen, S., Beattie, C., Sadik, A., Antonoglou, I., King, H., Kumaran, D., Wierstra, D., Legg, S., Hassabis, D. (2015). Human-level control through deep reinforcement learning. *Nature*, **518**, 529–533.

Mobahi, H., Fisher, III, J. W. (2015). A theoretical analysis of optimization by Gaussian continuation. *AAAI'2015*.

Mobahi, H., Collobert, R., Weston, J. (2009). Deep learning from temporal coherence in video. L. Bottou, M. Littman 엮음, *Proceedings of the 26th International Conference on Machine Learning*, pp. 737–744, Montreal. Omnipress.

Mohamed, A., Dahl, G., Hinton, G. (2009). Deep belief networks for phone recognition.

Mohamed, A., Sainath, T. N., Dahl, G., Ramabhadran, B., Hinton, G. E., Picheny, M. A. (2011). Deep belief networks using discriminative features for phone recognition. *Acoustics, Speech and Signal Processing (ICASSP), 2011 IEEE International Conference on*, pp. 5060–5063. IEEE.

Mohamed, A., Dahl, G., Hinton, G. (2012a). Acoustic modeling using deep belief networks. *IEEE Trans. on Audio, Speech and Language Processing*, **20**(1), 14–22.

Mohamed, A., Hinton, G., Penn, G. (2012b). Understanding how deep belief networks perform acoustic modelling. *Acoustics, Speech and Signal Processing (ICASSP), 2012 IEEE International Conference on*, pp. 4273–4276. IEEE.

Moller, M. F. (1993). A scaled conjugate gradient algorithm for fast supervised learning. *Neural Networks*, **6**, 525–533.

Montavon, G., Muller, K.-R. (2012). Deep Boltzmann machines and the centering trick. G. Montavon, G. Orr, K.-R. Müller 엮음, *Neural Networks: Tricks of the Trade, Lecture Notes in Computer Science* 권 7700, pp. 621–637. 사전배포본: http://arxiv.org/abs/1203.3783.

Montúfar, G. (2014). Universal approximation depth and errors of narrow belief networks with discrete units. *Neural Computation*, **26**.

Montúfar, G., Ay, N. (2011). Refinements of universal approximation results for deep belief networks and restricted Boltzmann machines. *Neural Computation*, **23**(5), 1306–1319.

Montufar, G. F., Pascanu, R., Cho, K., Bengio, Y. (2014). On the number of linear regions of deep neural networks. *NIPS'2014*.

Mor-Yosef, S., Samueloff, A., Modan, B., Navot, D., Schenker, J. G. (1990). Ranking the risk factors for cesarean: logistic regression analysis of a nationwide study. *Obstet Gynecol*, **75**(6), 944–7.

Morin, F., Bengio, Y. (2005). Hierarchical probabilistic neural network language model. *AISTATS'2005*.

Mozer, M. C. (1992). The induction of multiscale temporal structure. J. M. S. Hanson, R. Lippmann 엮음, *Advances in Neural Information Processing Systems 4 (NIPS'91)*, pp. 275–282, San Mateo, CA. Morgan Kaufmann.

Murphy, K. P. (2012). *Machine Learning: a Probabilistic Perspective*. MIT Press, Cambridge, MA, USA.

Murray, B. U. I., Larochelle, H. (2014). A deep and tractable density estimator.

ICML'2014.

Nair, V., Hinton, G. (2010). Rectified linear units improve restricted Boltzmann machines. *ICML'2010.*

Nair, V., Hinton, G. E. (2009). 3d object recognition with deep belief nets. Y. Bengio, D. Schuurmans, J. D. Lafferty, C. K. I. Williams, A. Culotta 엮음, *Advances in Neural Information Processing Systems 22*, pp. 1339–1347. Curran Associates, Inc.

Narayanan, H., Mitter, S. (2010). Sample complexity of testing the manifold hypothesis. *NIPS'2010.*

Naumann, U. (2008). Optimal Jacobian accumulation is NP-complete. *Mathematical Programming*, **112**(2), 427–441.

Navigli, R., Velardi, P. (2005). Structural semantic interconnections: a knowledge-based approach to word sense disambiguation. *IEEE Trans. Pattern Analysis and Machine Intelligence*, **27**(7), 1075–1086.

Neal, R., Hinton, G. (1999). A view of the EM algorithm that justifies incremental, sparse, and other variants. M. I. Jordan 엮음, *Learning in Graphical Models*. MIT Press, Cambridge, MA.

Neal, R. M. (1990). Learning stochastic feedforward networks. Technical report.

Neal, R. M. (1993). Probabilistic inference using Markov chain Monte-Carlo methods. Technical Report CRG-TR-93-1, Dept. of Computer Science, University of Toronto.

Neal, R. M. (1994). Sampling from multimodal distributions using tempered transitions. Technical Report 9421, Dept. of Statistics, University of Toronto.

Neal, R. M. (1996). *Bayesian* Learning for Neural Networks. Lecture Notes in Statistics. Springer.

Neal, R. M. (2001). Annealed importance sampling. *Statistics and Computing*, **11**(2), 125–139.

Neal, R. M. (2005). Estimating ratios of normalizing constants using linked importance sampling.

Nesterov, Y. (1983). A method of solving a convex programming problem with convergence rate $O(1/k^2)$. *Soviet Mathematics Doklady*, **27**, 372–376.

Nesterov, Y. (2004). *Introductory lectures on convex optimization : a basic course*. Applied optimization. Kluwer Academic Publ., Boston, Dordrecht, London.

Netzer, Y., Wang, T., Coates, A., Bissacco, A., Wu, B., Ng, A. Y. (2011). Reading digits in natural images with unsupervised feature learning. Deep Learning and Unsupervised Feature Learning Workshop, NIPS.

Ney, H., Kneser, R. (1993). Improved clustering techniques for class-based statistical language modelling. *European Conference on Speech Communication and Technology (Eurospeech)*, pp. 973–976, Berlin.

Ng, A. (2015). Advice for applying machine learning.
`https://see.stanford.edu/materials/aimlcs229/ML-advice.pdf`.

Niesler, T. R., Whittaker, E. W. D., Woodland, P. C. (1998). Comparison of part-of-speech and automatically derived category-based language models for speech recognition. *International Conference on Acoustics, Speech and Signal Processing (ICASSP)*, pp. 177–180.

Ning, F., Delhomme, D., LeCun, Y., Piano, F., Bottou, L., Barbano, P. E. (2005). Toward automatic phenotyping of developing embryos from videos. *Image Processing, IEEE Transactions on*, **14**(9), 1360–1371.

Nocedal, J., Wright, S. (2006). *Numerical Optimization*. Springer.

Norouzi, M., Fleet, D. J. (2011). Minimal loss hashing for compact binary codes. *ICML'2011*.

Nowlan, S. J. (1990). Competing experts: An experimental investigation of associative mixture models. Technical Report CRG-TR-90-5, University of Toronto.

Nowlan, S. J., Hinton, G. E. (1992). Simplifying neural networks by soft weight-sharing. *Neural Computation*, **4**(4), 473–493.

Olshausen, B., Field, D. J. (2005). How close are we to understanding V1? *Neural Computation*, **17**, 1665–1699.

Olshausen, B. A., Field, D. J. (1996). Emergence of simple-cell receptive field properties by learning a sparse code for natural images. *Nature*, **381**, 607–609.

Olshausen, B. A., Anderson, C. H., VanEssen, D. C. (1993). A neurobiological model of visual attention and invariant pattern recognition based on dynamic routing of information. *J. Neurosci.*, **13**(11), 4700–4719.

Opper, M., Archambeau, C. (2009). The variational Gaussian approximation revisited. *Neural computation*, **21**(3), 786–792.

Oquab, M., Bottou, L., Laptev, I., Sivic, J. (2014). Learning and transferring mid-level image representations using convolutional neural networks. *Computer Vision and Pattern Recognition (CVPR), 2014 IEEE Conference on*, pp. 1717–1724. IEEE.

Osindero, S., Hinton, G. E. (2008). Modeling image patches with a directed hierarchy of Markov random fields. J. Platt, D. Koller, Y. Singer, S. Roweis 엮음, *Advances in Neural Information Processing Systems 20 (NIPS'07)*, pp. 1121–1128, Cambridge, MA. MIT Press.

Ovid and Martin, C. (2004). *Metamorphoses*. W. W. Norton.

Paccanaro, A., Hinton, G. E. (2000). Extracting distributed representations of concepts and relations from positive and negative propositions. *International Joint Conference on Neural Networks (IJCNN)*, Como, Italy. IEEE, New York.

Paine, T. L., Khorrami, P., Han, W., Huang, T. S. (2014). An analysis of unsupervised pre-training in light of recent advances. *arXiv 사전배포본 arXiv:1412.6597*.

Palatucci, M., Pomerleau, D., Hinton, G. E., Mitchell, T. M. (2009). Zero-shot learning with semantic output codes. Y. Bengio, D. Schuurmans, J. D. Lafferty, C. K. I. Williams, A. Culotta 엮음, *Advances in Neural Information Processing Systems 22*, pp. 1410–1418. Curran Associates, Inc.

Parker, D. B. (1985). Learning-logic. Technical Report TR-47, Center for Comp. Research in Economics and Management Sci., MIT.

Pascanu, R., Mikolov, T., Bengio, Y. (2013). On the difficulty of training recurrent neural networks. *ICML'2013*.

Pascanu, R., Gülçehre, Ç., Cho, K., Bengio, Y. (2014a). How to construct deep recurrent neural networks. *ICLR'2014*.

Pascanu, R., Montufar, G., Bengio, Y. (2014b). On the number of inference regions of deep feed forward networks with piece-wise linear activations. *ICLR'2014*.

Pati, Y., Rezaiifar, R., Krishnaprasad, P. (1993). Orthogonal matching pursuit: Recursive function approximation with applications to wavelet decomposition. *Proceedings of the 27 th Annual Asilomar Conference on Signals, Systems, and Computers*, pp. 40–44.

Pearl, J. (1985). Bayesian networks: A model of self-activated memory for evidential reasoning. *Proceedings of the 7th Conference of the Cognitive Science Society, University of California, Irvine*, pp. 329–334.

Pearl, J. (1988). *Probabilistic Reasoning in Intelligent Systems: Networks of Plausible Inference*. Morgan Kaufmann.

Perron, O. (1907). Zur theorie der matrices. *Mathematische Annalen*, **64**(2), 248–263.

Petersen, K. B., Pedersen, M. S. (2006). The matrix cookbook. Version 20051003.

Peterson, G. B. (2004). A day of great illumination: B. F. Skinner'sdiscovery of shaping. *Journal of the Experimental Analysis of Behavior*, **82**(3), 317–328.

Pham, D.-T., Garat, P., Jutten, C. (1992). Separation of a mixture of independent sources through a maximum likelihood approach. *EUSIPCO*, pp. 771–774.

Pham, P.-H., Jelaca, D., Farabet, C., Martini, B., LeCun, Y., Culurciello, E. (2012). NeuFlow: dataflow vision processing system-on-a-chip. *Circuits and Systems (MWSCAS), 2012 IEEE 55th International Midwest Symposium on*, pp. 1044–1047. IEEE.

Pinheiro, P. H. O., Collobert, R. (2014). Recurrent convolutional neural networks for scene labeling. *ICML'2014*.

Pinheiro, P. H. O., Collobert, R. (2015). From image-level to pixel-level labeling with convolutional networks. *Conference on Computer Vision and Pattern Recognition (CVPR)*.

Pinto, N., Cox, D. D., DiCarlo, J. J. (2008). Why is real-world visual object recognition hard? *PLoS Comput Biol*, **4**.

Pinto, N., Stone, Z., Zickler, T., Cox, D. (2011). Scaling up biologically-inspired computer vision: A case study in unconstrained face recognition on facebook. *Computer Vision and Pattern Recognition Workshops (CVPRW), 2011 IEEE Computer Society Conference on*, pp. 35–42. IEEE.

Pollack, J. B. (1990). Recursive distributed representations. *Artificial Intelligence*, **46**(1), 77–105.

Polyak, B., Juditsky, A. (1992). Acceleration of stochastic approximation by averaging. *SIAM* J. Control and Optimization, **30(4)**, 838–855.

Polyak, B. T. (1964). Some methods of speeding up the convergence of iteration methods. *USSR Computational Mathematics and Mathematical Physics*, **4**(5), 1–17.

Poole, B., Sohl-Dickstein, J., Ganguli, S. (2014). Analyzing noise in autoencoders and deep networks. *CoRR*, **abs/1406.1831**.

Poon, H., Domingos, P. (2011). Sum-product networks: A new deep architecture. *Proceedings of the Twenty-seventh Conference in Uncertainty in Artificial Intelligence (UAI)*, Barcelona, Spain.

Presley, R. K., Haggard, R. L. (1994). A fixed point implementation of the backpropagation learning algorithm. *Southeastcon'94. Creative Technology Transfer-A Global Affair., Proceedings of the 1994 IEEE*, pp. 136–138. IEEE.

Price, R. (1958). A useful theorem for nonlinear devices having Gaussian inputs. *IEEE Transactions on Information Theory*, **4**(?), 69–72.

Quiroga, R. Q., Reddy, L., Kreiman, G., Koch, C., Fried, I. (2005). Invariant visual representation by single neurons in the human brain. *Nature*, **435**(7045), 1102–1107.

Radford, A., Metz, L., Chintala, S. (2015). Unsupervised representation learning with deep convolutional generative adversarial networks. *arXiv* 사전배포본 *arXiv:1511.06434*.

Raiko, T., Yao, L., Cho, K., Bengio, Y. (2014). Iterative neural autoregressive distribution estimator (NADE-k). Technical report, *arXiv:1406.1485*.

Raina, R., Madhavan, A., Ng, A. Y. (2009). Large-scale deep unsupervised learning using graphics processors. L. Bottou, M. Littman 엮음, *Proceedings of the Twenty-sixth International Conference on Machine Learning (ICML'09)*, pp. 873–880, New York, NY, USA. ACM.

Ramsey, F. P. (1926). Truth and probability. R. B. Braithwaite 엮음, *The Foundations of Mathematics and other Logical Essays*,제7장, pp. 156–198. McMaster University

Archive for the History of Economic Thought.

Ranzato, M., Hinton, G. H. (2010). Modeling pixel means and covariances using factorized third-order Boltzmann machines. *CVPR'2010*, pp. 2551–2558.

Ranzato, M., Poultney, C., Chopra, S., LeCun, Y. (2007a). Efficient learning of sparse representations with an energy-based model. *NIPS'2006*.

Ranzato, M., Huang, F., Boureau, Y., LeCun, Y. (2007b). Unsupervised learning of invariant feature hierarchies with applications to object recognition. *Proceedings of the Computer Vision and Pattern Recognition Conference (CVPR'07)*. IEEE Press.

Ranzato, M., Boureau, Y., LeCun, Y. (2008). Sparse feature learning for deep belief networks. *NIPS'2007*.

Ranzato, M., Krizhevsky, A., Hinton, G. E. (2010a). Factored 3-way restricted Boltzmann machines for modeling natural images. *Proceedings of AISTATS 2010*.

Ranzato, M., Mnih, V., Hinton, G. (2010b). Generating more realistic images using gated MRFs. *NIPS'2010*.

Rao, C. (1945). Information and the accuracy attainable in the estimation of statistical parameters. *Bulletin of the Calcutta Mathematical Society*, **37**, 81–89.

Rasmus, A., Valpola, H., Honkala, M., Berglund, M., Raiko, T. (2015). Semi-supervised learning with ladder network. *arXiv 사전배포본 arXiv:1507.02672*.

Recht, B., Re, C., Wright, S., Niu, F. (2011). Hogwild: A lock-free approach to parallelizing stochastic gradient descent. *NIPS'2011*.

Reichert, D. P., Seriès, P., Storkey, A. J. (2011). Neuronal adaptation for sampling-based probabilistic inference in perceptual bistability. *Advances in Neural Information Processing Systems*, pp. 2357–2365.

Rezende, D. J., Mohamed, S., Wierstra, D. (2014). Stochastic backpropagation and approximate inference in deep generative models. *ICML'2014*. 사전배포본: *arXiv:1401.4082*.

Rifai, S., Vincent, P., Muller, X., Glorot, X., Bengio, Y. (2011a). Contractive auto-encoders: Explicit invariance during feature extraction. *ICML'2011*.

Rifai, S., Mesnil, G., Vincent, P., Muller, X., Bengio, Y., Dauphin, Y., Glorot, X. (2011b).

Higher order contractive auto-encoder. *ECML PKDD*.

Rifai, S., Dauphin, Y., Vincent, P., Bengio, Y., Muller, X. (2011c). The manifold tangent classifier. *NIPS'2011*.

Rifai, S., Bengio, Y., Dauphin, Y., Vincent, P. (2012). A generative process for sampling contractive auto-encoders. *ICML'2012*.

Ringach, D., Shapley, R. (2004). Reverse correlation in neurophysiology. *Cognitive Science*, **28**(2), 147–166.

Roberts, S., Everson, R. (2001). *Independent component analysis: principles and practice*. Cambridge University Press.

Robinson, A. J., Fallside, F. (1991). A recurrent error propagation network speech recognition system. *Computer Speech and Language*, **5**(3), 259–274.

Rockafellar, R. T. (1997). Convex analysis. princeton landmarks in mathematics.

Romero, A., Ballas, N., EbrahimiKahou, S., Chassang, A., Gatta, C., Bengio, Y. (2015). Fitnets: Hints for thin deep nets. *ICLR'2015, arXiv:1412.6550*.

Rosen, J. B. (1960). The gradient projection method for nonlinear programming. part i. linear constraints. *Journal of the Society for Industrial and Applied Mathematics*, **8**(1), pp. 181–217.

Rosenblatt, F. (1958). The perceptron: A probabilistic model for information storage and organization in the brain. *Psychological Review*, **65**, 386–408.

Rosenblatt, F. (1962). *Principles of Neurodynamics*. Spartan, New York.

Roweis, S., Saul, L. K. (2000). Nonlinear dimensionality reduction by locally linear embedding. *Science*, **290**(5500).

Roweis, S., Saul, L., Hinton, G. (2002). Global coordination of local linear models. T. Dietterich, S. Becker, Z. Ghahramani 엮음, *Advances in Neural Information Processing Systems 14 (NIPS'01)*, Cambridge, MA. MIT Press.

Rubin, D. B. 외 (1984). Bayesianly justifiable and relevant frequency calculations for the applied statistician. *The Annals of Statistics*, **12**(4), 1151–1172.

Rumelhart, D., Hinton, G., Williams, R. (1986a). Learning representations by back-propagating errors. *Nature*, **323**, 533–536.

Rumelhart, D. E., Hinton, G. E., Williams, R. J. (1986b). Learning internal representations by error propagation. D. E. Rumelhart, J. L. McClelland 엮음, *Parallel Distributed Processing*, 권 1, 제8장, pp. 318-362. MIT Press, Cambridge.

Rumelhart, D. E., McClelland, J. L., and the PDP ResearchGroup (1986c). *Parallel Distributed Processing: Explorations in the Microstructure of Cognition*. MIT Press, Cambridge.

Russakovsky, O., Deng, J., Su, H., Krause, J., Satheesh, S., Ma, S., Huang, Z., Karpathy, A., Khosla, A., Bernstein, M., Berg, A. C., Fei-Fei, L. (2014a). ImageNet Large Scale Visual Recognition Challenge.

Russakovsky, O., Deng, J., Su, H., Krause, J., Satheesh, S., Ma, S., Huang, Z., Karpathy, A., Khosla, A., Bernstein, M., etal. (2014b). Imagenet large scale visual recognition challenge. *arXiv 사전배포본 arXiv:1409.0575*.

Russel, S. J., Norvig, P. (2003). *Artificial Intelligence: a Modern Approach*. Prentice Hall.

Rust, N., Schwartz, O., Movshon, J. A., Simoncelli, E. (2005). Spatiotemporal elements of macaque V1 receptive fields. *Neuron*, **46**(6), 945-956.

Sainath, T., Mohamed, A., Kingsbury, B., Ramabhadran, B. (2013). Deep convolutional neural networks for LVCSR. *ICASSP 2013*.

Salakhutdinov, R. (2010). Learning in Markov random fields using tempered transitions. Y. Bengio, D. Schuurmans, C. Williams, J. Lafferty, A. Culotta 엮음, *Advances in Neural Information Processing Systems 22 (NIPS'09)*.

Salakhutdinov, R., Hinton, G. (2009a). Deep Boltzmann machines. *Proceedings of the International Conference on Artificial Intelligence and Statistics*, 권 5, pp. 448-455.

Salakhutdinov, R., Hinton, G. (2009b). Semantic hashing. *International Journal of Approximate Reasoning*.

Salakhutdinov, R., Hinton, G. E. (2007a). Learning a nonlinear embedding by preserving class neighbourhood structure. *Proceedings of the Eleventh International Conference on Artificial Intelligence and Statistics (AISTATS'07)*, San Juan, Porto Rico. Omnipress.

Salakhutdinov, R., Hinton, G. E. (2007b). Semantic hashing. *SIGIR'2007*.

Salakhutdinov, R., Hinton, G. E. (2008). Using deep belief nets to learn covariance kernels for Gaussian processes. J. Platt, D. Koller, Y. Singer, S. Roweis 엮음, *Advances in Neural Information Processing Systems 20 (NIPS'07)*, pp. 1249-1256, Cambridge, MA. MIT Press.

Salakhutdinov, R., Larochelle, H. (2010). Efficient learning of deep Boltzmann machines. *Proceedings of the Thirteenth International Conference on Artificial Intelligence and Statistics (AISTATS 2010), JMLR W&CP*, 권 9, pp. 693-700.

Salakhutdinov, R., Mnih, A. (2008). Probabilistic matrix factorization. *NIPS'2008*.

Salakhutdinov, R., Murray, I. (2008). On the quantitative analysis of deep belief networks. W. W. Cohen, A. McCallum, S. T. Roweis 엮음, *Proceedings of the Twenty-fifth International Conference on Machine Learning (ICML'08)*, 권 25, pp. 872-879. ACM.

Salakhutdinov, R., Mnih, A., Hinton, G. (2007). Restricted Boltzmann machines for collaborative filtering. *ICML*.

Sanger, T. D. (1994). Neural network learning control of robot manipulators using gradually increasing task difficulty. *IEEE Transactions on Robotics and Automation*, **10**(3).

Saul, L. K., Jordan, M. I. (1996). Exploiting tractable substructures in intractable networks. D. Touretzky, M. Mozer, M. Hasselmo 엮음, *Advances in Neural Information Processing Systems 8 (NIPS'95)*. MIT Press, Cambridge, MA.

Saul, L. K., Jaakkola, T., Jordan, M. I. (1996). Mean field theory for sigmoid belief networks. *Journal of Artificial Intelligence Research*, **4**, 61-76.

Savich, A. W., Moussa, M., Areibi, S. (2007). The impact of arithmetic representation on implementing mlp-bp on fpgas: A study. *Neural Networks, IEEE Transactions on*, **18**(1), 240-252.

Saxe, A. M., Koh, P. W., Chen, Z., Bhand, M., Suresh, B., Ng, A. (2011). On random weights and unsupervised feature learning. *Proc. ICML'2011*. ACM.

Saxe, A. M., McClelland, J. L., Ganguli, S. (2013). Exact solutions to the nonlinear dynamics of learning in deep linear neural networks. *ICLR*.

Schaul, T., Antonoglou, I., Silver, D. (2014). Unit tests for stochastic optimization.

International Conference on Learning Representations.

Schmidhuber, J. (1992). Learning complex, extended sequences using the principle of history compression. *Neural Computation*, **4**(2), 234–242.

Schmidhuber, J. (1996). Sequential neural text compression. *IEEE Transactions on Neural Networks*, **7**(1), 142–146.

Schmidhuber, J. (2012). Self-delimiting neural networks. *arXiv 사전배포본 arXiv:1210.0118.*

Schölkopf, B., Smola, A. J. (2002). *Learning with kernels: Support vector machines, regularization, optimization, and beyond.* MIT Press.

Schölkopf, B., Smola, A., Müller, K.-R. (1998). Nonlinear component analysis as a kernel eigenvalue problem. *Neural Computation*, **10**, 1299–1319.

Schölkopf, B., Burges, C. J. C., Smola, A. J. (1999). *Advances in Kernel Methods — Support Vector Learning.* MIT Press, Cambridge, MA.

Schölkopf, B., Janzing, D., Peters, J., Sgouritsa, E., Zhang, K., Mooij, J. (2012). On causal and anticausal learning. *ICML'2012*, pp. 1255–1262.

Schuster, M. (1999). On supervised learning from sequential data with applications for speech recognition.

Schuster, M., Paliwal, K. (1997). Bidirectional recurrent neural networks. *IEEE Transactions on Signal Processing*, **45**(11), 2673–2681.

Schwenk, H. (2007). Continuous space language models. *Computer speech and language*, **21**, 492–518.

Schwenk, H. (2010). Continuous space language models for statistical machine translation. *The Prague Bulletin of Mathematical Linguistics*, **93**, 137–146.

Schwenk, H. (2014). Cleaned subset of WMT '14 dataset.

Schwenk, H., Bengio, Y. (1998). Training methods for adaptive boosting of neural networks. M. Jordan, M. Kearns, S. Solla 엮음, *Advances in Neural Information Processing Systems 10 (NIPS'97)*, pp. 647–653. MIT Press.

Schwenk, H., Gauvain, J.-L. (2002). Connectionist language modeling for large vocabulary continuous speech recognition. *International Conference on Acoustics,*

Speech and Signal Processing (ICASSP), pp. 765–768, Orlando, Florida.

Schwenk, H., Costa-jussà, M. R., Fonollosa, J. A. R. (2006). Continuous space language models for the IWSLT 2006 task. *International Workshop on Spoken Language Translation*, pp. 166–173.

Seide, F., Li, G., Yu, D. (2011). Conversational speech transcription using context-dependent deep neural networks. *Interspeech 2011*, pp. 437–440.

Sejnowski, T. (1987). Higher-order Boltzmann machines. *AIP Conference Proceedings 151 on Neural Networks for Computing*, pp. 398–403. American Institute of Physics Inc.

Series, P., Reichert, D. P., Storkey, A. J. (2010). Hallucinations in Charles Bonnet syndrome induced by homeostasis: a deep Boltzmann machine model. *Advances in Neural Information Processing Systems*, pp. 2020–2028.

Sermanet, P., Chintala, S., LeCun, Y. (2012). Convolutional neural networks applied to house numbers digit classification. *CoRR*, **abs/1204.3968**.

Sermanet, P., Kavukcuoglu, K., Chintala, S., LeCun, Y. (2013). Pedestrian detection with unsupervised multi-stage feature learning. *Proc. International Conference on Computer Vision and Pattern Recognition (CVPR'13)*. IEEE.

Shilov, G. (1977). *Linear Algebra*. Dover Books on Mathematics Series. Dover Publications.

Siegelmann, H. (1995). Computation beyond the Turing limit. *Science*, **268**(5210), 545–548.

Siegelmann, H., Sontag, E. (1991). Turing computability with neural nets. *Applied Mathematics Letters*, **4**(6), 77–80.

Siegelmann, H. T., Sontag, E. D. (1995). On the computational power of neural nets. *Journal of Computer and Systems Sciences*, **50**(1), 132–150.

Sietsma, J., Dow, R. (1991). Creating artificial neural networks that generalize. *Neural Networks*, **4**(1), 67–79.

Simard, D., Steinkraus, P. Y., Platt, J. C. (2003). Best practices for convolutional neural networks. *ICDAR'2003*.

Simard, P., Graf, H. P. (1994). Backpropagation without multiplication. *Advances in*

Neural Information Processing Systems, pp. 232–239.

Simard, P., Victorri, B., LeCun, Y., Denker, J. (1992). Tangent prop - A formalismfor specifying selected invariances in an adaptive network. NIPS'1991.

Simard, P. Y., LeCun, Y., Denker, J. (1993). Efficient pattern recognition using a new transformation distance. NIPS'92.

Simard, P. Y., LeCun, Y. A., Denker, J. S., Victorri, B. (1998). Transformation invariance in pattern recognition — tangent distance and tangent propagation. Lecture Notes in Computer Science, 1524.

Simons, D. J., Levin, D. T. (1998). Failure to detect changes to people during a real-world interaction. Psychonomic Bulletin & Review, 5(4), 644–649.

Simonyan, K., Zisserman, A. (2015). Very deep convolutional networks for large-scale image recognition. ICLR.

Sjöberg, J., Ljung, L. (1995). Overtraining, regularization and searching for a minimum, with application to neural networks. International Journal of Control, 62(6), 1391–1407.

Skinner, B. F. (1958). Reinforcement today. American Psychologist, 13, 94–99.

Smolensky, P. (1986). Information processing in dynamical systems: Foundations of harmony theory. D. E. Rumelhart, J. L. McClelland 엮음, Parallel Distributed Processing, 권 1, 제6장, pp. 194–281. MIT Press, Cambridge.

Snoek, J., Larochelle, H., Adams, R. P. (2012). Practical Bayesian optimization of machine learning algorithms. NIPS'2012.

Socher, R., Huang, E. H., Pennington, J., Ng, A. Y., Manning, C. D. (2011a). Dynamic pooling and unfolding recursive autoencoders for paraphrase detection. NIPS'2011.

Socher, R., Manning, C., Ng, A. Y. (2011b). Parsing natural scenes and natural language with recursive neural networks. Proceedings of the Twenty-Eighth International Conference on Machine Learning (ICML'2011).

Socher, R., Pennington, J., Huang, E. H., Ng, A. Y., Manning, C. D. (2011c). Semi-supervised recursive autoencoders for predicting sentiment distributions. EMNLP'2011.

Socher, R., Perelygin, A., Wu, J. Y., Chuang, J., Manning, C. D., Ng, A. Y., Potts, C. (2013a). Recursive deep models for semantic compositionality over a sentiment treebank. *EMNLP'2013*.

Socher, R., Ganjoo, M., Manning, C. D., Ng, A. Y. (2013b). Zero-shot learning through cross-modal transfer. *27th Annual Conference on Neural Information Processing Systems (NIPS 2013)*.

Sohl-Dickstein, J., Weiss, E. A., Maheswaranathan, N., Ganguli, S. (2015). Deep unsupervised learning using nonequilibrium thermodynamics.

Sohn, K., Zhou, G., Lee, H. (2013). Learning and selecting features jointly with point-wise gated Boltzmann machines. *ICML'2013*.

Solomonoff, R. J. (1989). A system for incremental learning based on algorithmic probability.

Sontag, E. D. (1998). VC dimension of neural networks. *NATO* ASI Series F Computer and Systems Sciences, **168**, 69–96.

Sontag, E. D., Sussman, H. J. (1989). Backpropagation can give rise to spurious local minima even for networks without hidden layers. *Complex Systems*, **3**, 91–106.

Sparkes, B. (1996). *The Red and the Black: Studies in Greek Pottery*. Routledge.

Spitkovsky, V. I., Alshawi, H., Jurafsky, D. (2010). From baby steps to leapfrog: how "less is more" in unsupervised dependency parsing. *HLT'10*.

Squire, W., Trapp, G. (1998). Using complex variables to estimate derivatives of real functions. *SIAM* Rev., **40**(1), 110–112.

Srebro, N., Shraibman, A. (2005). Rank, trace-norm and max-norm. *Proceedings of the 18th Annual Conference on Learning Theory*, pp. 545–560. Springer-Verlag.

Srivastava, N. (2013). *Improving Neural Networks With Dropout*. Master'sthesis, U. Toronto.

Srivastava, N., Salakhutdinov, R. (2012). Multimodal learning with deep Boltzmann machines. *NIPS'2012*.

Srivastava, N., Salakhutdinov, R. R., Hinton, G. E. (2013). Modeling documents with deep Boltzmann machines. *arXiv 사전배포본 arXiv:1309.6865*.

Srivastava, N., Hinton, G., Krizhevsky, A., Sutskever, I., Salakhutdinov, R. (2014). Dropout: A simple way to prevent neural networks from overfitting. *Journal of Machine Learning Research*, **15**, 1929–1958.

Srivastava, R. K., Greff, K., Schmidhuber, J. (2015). Highway networks. *arXiv:1505.00387*.

Steinkrau, D., Simard, P. Y., Buck, I. (2005). Using GPUs for machine learning algorithms. *2013 12th International Conference on Document Analysis and Recognition*, **0**, 1115–1119.

Stoyanov, V., Ropson, A., Eisner, J. (2011). Empirical risk minimization of graphical model parameters given approximate inference, decoding, and model structure. *Proceedings of the 14th International Conference on Artificial Intelligence and Statistics (AISTATS), JMLR Workshop and Conference Proceedings* 권 15, pp. 725–733, Fort Lauderdale. 보충 자료(4쪽 분량)도 있음.

Sukhbaatar, S., Szlam, A., Weston, J., Fergus, R. (2015). Weakly supervised memory networks. *arXiv 사전배포본 arXiv:1503.08895*.

Supancic, J., Ramanan, D. (2013). Self-paced learning for long-term tracking. *CVPR'2013*.

Sussillo, D. (2014). Random walks: Training very deep nonlinear feed-forward networks with smart initialization. *CoRR*, **abs/1412.6558**.

Sutskever, I. (2012). *Training Recurrent Neural Networks*. Ph.D. 학위 논문, Department of computer science, University of Toronto.

Sutskever, I., Hinton, G. E. (2008). Deep narrow sigmoid belief networks are universal approximators. *Neural Computation*, **20**(11), 2629–2636.

Sutskever, I., Tieleman, T. (2010). On the Convergence Properties of Contrastive Divergence. Y. W. Teh, M. Titterington 엮음, *Proc. of the International Conference on Artificial Intelligence and Statistics (AISTATS)*, 권 9, pp. 789–795.

Sutskever, I., Hinton, G., Taylor, G. (2009). The recurrent temporal restricted Boltzmann machine. *NIPS'2008*.

Sutskever, I., Martens, J., Hinton, G. E. (2011). Generating text with recurrent neural networks. *ICML'2011*, pp. 1017–1024.

Sutskever, I., Martens, J., Dahl, G., Hinton, G. (2013). On the importance of initialization and momentum in deep learning. *ICML.*

Sutskever, I., Vinyals, O., Le, Q. V. (2014). Sequence to sequence learning with neural networks. *NIPS'2014, arXiv:1409.3215.*

Sutton, R., Barto, A. (1998). *Reinforcement Learning: An Introduction.* MIT Press.

Sutton, R. S., Mcallester, D., Singh, S., Mansour, Y. (2000). Policy gradient methods for reinforcement learning with function approximation. *NIPS'1999,* pp. 1057–1063. MIT Press.

Swersky, K., Ranzato, M., Buchman, D., Marlin, B., de Freitas, N. (2011). On autoencoders and score matching for energy based models. *ICML'2011.* ACM.

Swersky, K., Snoek, J., Adams, R. P. (2014). Freeze-thaw Bayesian optimization. *arXiv 사전배포본 arXiv:1406.3896.*

Szegedy, C., Liu, W., Jia, Y., Sermanet, P., Reed, S., Anguelov, D., Erhan, D., Vanhoucke, V., Rabinovich, A. (2014a). Going deeper with convolutions. Technical report, *arXiv:1409.4842.*

Szegedy, C., Zaremba, W., Sutskever, I., Bruna, J., Erhan, D., Goodfellow, I. J., Fergus, R. (2014b). Intriguing properties of neural networks. *ICLR,* **abs/1312.6199**.

Szegedy, C., Vanhoucke, V., Ioffe, S., Shlens, J., Wojna, Z. (2015). Rethinking the Inception Architecture for Computer Vision. *arXiv 전자 문서.*

Taigman, Y., Yang, M., Ranzato, M., Wolf, L. (2014). DeepFace: Closing the gap to human-level performance in face verification. *CVPR'2014.*

Tandy, D. W. (1997). *Works and Days: A Translation and Commentary for the Social Sciences.* University of California Press.

Tang, Y., Eliasmith, C. (2010). Deep networks for robust visual recognition. *Proceedings of the 27th International Conference on Machine Learning,* 2010년 6월 21-24일, Haifa, Israel.

Tang, Y., Salakhutdinov, R., Hinton, G. (2012). Deep mixtures of factor analysers. *arXiv 사전배포본 arXiv:1206.4635.*

Taylor, G., Hinton, G. (2009). Factored conditional restricted Boltzmann machines for modeling motion style. L. Bottou, M. Littman 엮음, *Proceedings of the Twenty-sixth*

International Conference on Machine Learning (ICML'09), pp. 1025–1032, Montreal, Quebec, Canada. ACM.

Taylor, G., Hinton, G. E., Roweis, S. (2007). Modeling human motion using binary latent variables. B. Schölkopf, J. Platt, T. Hoffman 엮음, *Advances in Neural Information Processing Systems 19 (NIPS'06)*, pp. 1345–1352. MIT Press, Cambridge,MA.

Teh, Y., Welling, M., Osindero, S., Hinton, G. E. (2003). Energy-based models for sparse overcomplete representations. *Journal of Machine Learning Research*, **4**, 1235–1260.

Tenenbaum, J., de Silva, V., Langford, J. C. (2000). A global geometric framework for nonlinear dimensionality reduction. *Science*, **290**(5500), 2319–2323.

Theis, L., vanden Oord, A., Bethge, M. (2015). A note on the evaluation of generative models. *arXiv:1511.01844*.

Thompson, J., Jain, A., LeCun, Y., Bregler, C. (2014). Joint training of a convolutional network and a graphical model for human pose estimation. *NIPS'2014*.

Thrun, S. (1995). Learning to play the game of chess. *NIPS'1994*.

Tibshirani, R. J. (1995). Regression shrinkage and selection via the lasso. *Journal of the Royal Statistical Society B*, **58**, 267–288.

Tieleman, T. (2008). Training restricted Boltzmann machines using approximations to the likelihood gradient. W. W. Cohen, A. McCallum, S. T. Roweis 엮음, *Proceedings of the Twenty-fifth International Conference on Machine Learning (ICML'08)*, pp. 1064–1071. ACM.

Tieleman, T., Hinton, G. (2009). Using fast weights to improve persistent contrastive divergence. L. Bottou, M. Littman 엮음, *Proceedings of the Twenty-sixth International Conference on Machine Learning (ICML'09)*, pp. 1033–1040. ACM.

Tipping, M. E., Bishop, C. M. (1999). Probabilistic principal components analysis. *Journal of the Royal Statistical Society B*, **61**(3), 611–622.

Torralba, A., Fergus, R., Weiss, Y. (2008). Small codes and large databases for recognition. *Proceedings of the Computer Vision and Pattern Recognition Conference (CVPR'08)*, pp. 1–8.

Touretzky, D. S., Minton, G. E. (1985). Symbols among the neurons: Details of a connectionist inference architecture. *Proceedings of the 9th International Joint Conference on Artificial Intelligence - Volume 1*, IJCAI'85, pp. 238–243, San Francisco, CA, USA. Morgan Kaufmann Publishers Inc.

Töscher, A., Jahrer, M., Bell, R. M. (2009). The BigChaos solution to the Netflix grand prize.

Tu, K., Honavar, V. (2011). On the utility of curricula in unsupervised learning of probabilistic grammars. *IJCAI'2011*.

Turaga, S. C., Murray, J. F., Jain, V., Roth, F., Helmstaedter, M., Briggman, K., Denk, W., Seung, H. S. (2010). Convolutional networks can learn to generate affinity graphs for image segmentation. *Neural Computation*, **22**(2), 511–538.

Turian, J., Ratinov, L., Bengio, Y. (2010). Word representations: A simple and general method for semi-supervised learning. *Proc. ACL'2010*, pp. 384–394.

Uria, B., Murray, I., Larochelle, H. (2013). Rnade: The real-valued neural autoregressive density-estimator. *NIPS'2013*.

vanden Oörd, A., Dieleman, S., Schrauwen, B. (2013). Deep content-based music recommendation. *NIPS'2013*.

van der Maaten, L., Hinton, G. E. (2008). Visualizing data using t-SNE. *J. Machine Learning Res.*, **9**.

Vanhoucke, V., Senior, A., Mao, M. Z. (2011). Improving the speed of neural networks on CPUs. *Proc. Deep Learning and Unsupervised Feature Learning NIPS Workshop*.

Vapnik, V. N. (1982). *Estimation of Dependences Based on Empirical Data*. Springer-Verlag, Berlin.

Vapnik, V. N. (1995). *The Nature of Statistical Learning Theory*. Springer, New York.

Vapnik, V. N., Chervonenkis, A. Y. (1971). On the uniform convergence of relative frequencies of events to their probabilities. *Theory of Probability and Its Applications*, **16**, 264–280.

Vincent, P. (2011). A connection between score matching and denoising autoencoders. *Neural Computation*, **23**(7).

Vincent, P., Bengio, Y. (2003). Manifold Parzen windows. *NIPS'2002*. MIT Press.

Vincent, P., Larochelle, H., Bengio, Y., Manzagol, P.-A. (2008). Extracting and composing robust features with denoising autoencoders. *ICML 2008*.

Vincent, P., Larochelle, H., Lajoie, I., Bengio, Y., Manzagol, P.-A. (2010). Stacked denoising autoencoders: Learning useful representations in a deep network with a local denoising criterion. *J. Machine Learning Res.*, **11**.

Vincent, P., de Brébisson, A., Bouthillier, X. (2015). Efficient exact gradient update for training deep networks with very large sparse targets. C. Cortes, N. D. Lawrence, D. D. Lee, M. Sugiyama, R. Garnett 엮음, *Advances in Neural Information Processing Systems 28*, pp. 1108–1116. Curran Associates, Inc.

Vinyals, O., Kaiser, L., Koo, T., Petrov, S., Sutskever, I., Hinton, G. (2014a). Grammar as a foreign language. Technical report, *arXiv:1412.7449*.

Vinyals, O., Toshev, A., Bengio, S., Erhan, D. (2014b). Show and tell: a neural image caption generator. *arXiv:1411.4555*.

Vinyals, O., Fortunato, M., Jaitly, N. (2015a). Pointer networks. *arXiv 사전배포본 arXiv:1506.03134*.

Vinyals, O., Toshev, A., Bengio, S., Erhan, D. (2015b). Show and tell: a neural image caption generator. *CVPR'2015. arXiv:1411.4555*.

Viola, P., Jones, M. (2001). Robust real-time object detection. *International Journal of Computer Vision*.

Visin, F., Kastner, K., Cho, K., Matteucci, M., Courville, A., Bengio, Y. (2015). ReNet: A recurrent neural network based alternative to convolutional networks. *arXiv 사전배포본 arXiv:1505.00393*.

VonMelchner, L., Pallas, S. L., Sur, M. (2000). Visual behaviour mediated by retinal projections directed to the auditory pathway. *Nature*, **404**(6780), 871–876.

Wager, S., Wang, S., Liang, P. (2013). Dropout training as adaptive regularization. *Advances in Neural Information Processing Systems 26*, pp. 351–359.

Waibel, A., Hanazawa, T., Hinton, G. E., Shikano, K., Lang, K. (1989). Phoneme recognition using time-delay neural networks. *IEEE Transactions on Acoustics, Speech, and Signal Processing*, **37**, 328–339.

Wan, L., Zeiler, M., Zhang, S., LeCun, Y., Fergus, R. (2013). Regularization of neural networks using dropconnect. *ICML'2013*.

Wang, S., Manning, C. (2013). Fast dropout training. *ICML'2013*.

Wang, Z., Zhang, J., Feng, J., Chen, Z. (2014a). Knowledge graph and text jointly embedding. *Proc. EMNLP'2014*.

Wang, Z., Zhang, J., Feng, J., Chen, Z. (2014b). Knowledge graph embedding by translating on hyperplanes. *Proc. AAAI'2014*.

Warde-Farley, D., Goodfellow, I. J., Courville, A., Bengio, Y. (2014). An empirical analysis of dropout in piecewise linear networks. *ICLR'2014*.

Wawrzynek, J., Asanovic, K., Kingsbury, B., Johnson, D., Beck, J., Morgan, N. (1996). Spert-II: A vector microprocessor system. *Computer*, **29**(3), 79-86.

Weaver, L., Tao, N. (2001). The optimal reward baseline for gradient-based reinforcement learning. *Proc. UAI'2001*, pp. 538-545.

Weinberger, K. Q., Saul, L. K. (2004). Unsupervised learning of image manifolds by semidefinite programming. *CVPR'2004*, pp. 988-995.

Weiss, Y., Torralba, A., Fergus, R. (2008). Spectral hashing. *NIPS*, pp. 1753-1760.

Welling, M., Zemel, R. S., Hinton, G. E. (2002). Self supervised boosting. *Advances in Neural Information Processing Systems*, pp. 665-672.

Welling, M., Hinton, G. E., Osindero, S. (2003a). Learning sparse topographic representations with products of Student t-distributions. *NIPS'2002*.

Welling, M., Zemel, R., Hinton, G. E. (2003b). Self-supervised boosting. S. Becker, S. Thrun, K. Obermayer 엮음, *Advances in Neural Information Processing Systems 15 (NIPS'02)*, pp. 665-672. MIT Press.

Welling, M., Rosen-Zvi, M., Hinton, G. E. (2005). Exponential family harmoniums with an application to information retrieval. L. Saul, Y. Weiss, L. Bottou 엮음, *Advances in Neural Information Processing Systems 17 (NIPS'04)*, 권 17, Cambridge, MA. MIT Press.

Werbos, P. J. (1981). Applications of advances in nonlinear sensitivity analysis. *Proceedings of the 10th IFIP Conference, 31.8 - 4.9, NYC*, pp. 762-770.

Weston, J., Bengio, S., Usunier, N. (2010). Large scale image annotation: learning to rank with joint word-image embeddings. *Machine Learning*, **81**(1), 21–35.

Weston, J., Chopra, S., Bordes, A. (2014). Memory networks. *arXiv 사전배포본 arXiv:1410.3916*.

Widrow, B., Hoff, M. E. (1960). Adaptive switching circuits. *1960 IRE WESCON Convention Record*, 권 4, pp. 96–104. IRE, New York.

Wikipedia (2015). List of animals by number of neurons — Wikipedia, the free encyclopedia. [온라인; 2015년 3월 4일에 조회].

Williams, C. K. I., Agakov, F. V. (2002). Products of Gaussians and Probabilistic Minor Component Analysis. *Neural Computation*, **14**(5), 1169–1182.

Williams, C. K. I., Rasmussen, C. E. (1996). Gaussian processes for regression. D. Touretzky, M. Mozer, M. Hasselmo 엮음, *Advances in Neural Information Processing Systems 8 (NIPS'95)*, pp. 514–520. MIT Press, Cambridge, MA.

Williams, R. J. (1992). Simple statistical gradient-following algorithms connectionist reinforcement learning. *Machine Learning*, **8**, 229–256.

Williams, R. J., Zipser, D. (1989). A learning algorithm for continually running fully recurrent neural networks. *Neural Computation*, **1**, 270–280.

Wilson, D. R., Martinez, T. R. (2003). The general inefficiency of batch training for gradient descent learning. *Neural Networks*, **16**(10), 1429–1451.

Wilson, J. R. (1984). Variance reduction techniques for digital simulation. *American Journal of Mathematical and Management Sciences*, **4**(3), 277–312.

Wiskott, L., Sejnowski, T. J. (2002). Slow feature analysis: Unsupervised learning of invariances. *Neural Computation*, **14**(4), 715–770.

Wolpert, D., MacReady, W. (1997). No free lunch theorems for optimization. *IEEE Transactions on Evolutionary Computation*, **1**, 67–82.

Wolpert, D. H. (1996). The lack of a priori distinction between learning algorithms. *Neural Computation*, **8**(7), 1341–1390.

Wu, R., Yan, S., Shan, Y., Dang, Q., Sun, G. (2015). Deep image: Scaling up image recognition. *arXiv:1501.02876*.

Wu, Z. (1997). Global continuation for distance geometry problems. *SIAM* Journal of Optimization, **7**, 814–836.

Xiong, H. Y., Barash, Y., Frey, B. J. (2011). Bayesian prediction of tissue-regulated splicing using RNA sequence and cellular context. *Bioinformatics*, **27**(18), 2554–2562.

Xu, K., Ba, J. L., Kiros, R., Cho, K., Courville, A., Salakhutdinov, R., Zemel, R. S., Bengio, Y. (2015). Show, attend and tell: Neural image caption generation with visual attention. *ICML'2015, arXiv:1502.03044.*

Yildiz, I. B., Jaeger, H., Kiebel, S. J. (2012). Re-visiting the echo state property. *Neural networks*, **35**, 1–9.

Yosinski, J., Clune, J., Bengio, Y., Lipson, H. (2014). How transferable are features in deep neural networks? *NIPS'2014.*

Younes, L. (1998). On the convergence of Markovian stochastic algorithms with rapidly decreasing ergodicity rates. *Stochastics and Stochastics Models*, pp. 177–228.

Yu, D., Wang, S., Deng, L. (2010). Sequential labeling using deep-structured conditional random fields. *IEEE Journal of Selected Topics in Signal Processing.*

Zaremba, W., Sutskever, I. (2014). Learning to execute. *arXiv:1410.4615.*

Zaremba, W., Sutskever, I. (2015). Reinforcement learning neural Turing machines. *arXiv:1505.00521.*

Zaslavsky, T. (1975). *Facing Up to Arrangements: Face-Count Formulas for Partitions of Space by Hyperplanes*. Number no. 154 in Memoirs of the American Mathematical Society. American Mathematical Society.

Zeiler, M. D., Fergus, R. (2014). Visualizing and understanding convolutional networks. *ECCV'14.*

Zeiler, M. D., Ranzato, M., Monga, R., Mao, M., Yang, K., Le, Q., Nguyen, P., Senior, A., Vanhoucke, V., Dean, J., Hinton, G. E. (2013). On rectified linear units for speech processing. *ICASSP 2013.*

Zhou, B., Khosla, A., Lapedriza, A., Oliva, A., Torralba, A. (2015). Object detectors emerge in deep scene CNNs. ICLR'2015, *arXiv:1412.6856.*

Zhou, J., Troyanskaya, O. G. (2014). Deep supervised and convolutional generative stochastic network for protein secondary structure prediction. *ICML'2014.*

Zhou, Y., Chellappa, R. (1988). Computation of optical flow using a neural network. *Neural Networks, 1988., IEEE International Conference on,* pp. 71–78. IEEE.

Zöhrer, M., Pernkopf, F. (2014). General stochastic networks for classification. *NIPS'2014.*

찾아보기